9787101138443
U0841059

中华二千年史

卷四　宋辽金夏元

邓之诚　著

娄建勇　陈虎　点校

中華書局

目　录

宋辽金夏元

宋世系

自太祖赵匡胤代周（西元九六〇年），至帝昺灭于元（西元一二七九年），凡十八主，共三百二十年。

太祖姓赵名匡胤，涿郡人。仕周，世宗时，拜检校太傅、殿前都点检。恭帝即位，改归德军节度、检校太尉。七年春，北汉结契丹入边，命太祖出师御之，次陈桥驿。夜五鼓，诸校露刃列于庭曰："诸军无主，愿策太尉为天子。"未及对，有以黄衣加身者，众皆罗拜，拥还，遂受周禅，国号曰宋。建元建隆（三年）、乾德（五年）、开宝（八年），在位凡十六年。

太宗初名匡义，赐改光义，太祖之弟，继立。改元太平兴国（八年）、雍熙（四年）、端拱（二年）、淳化（五年）、至道（三年），在位凡二十二年。

真宗名恒，太宗第三子，嗣立。改元咸平（六年）、景德（四年）、大中祥符（九年）、天禧（五年）、乾兴（一年），在位凡二十五年。

仁宗名祯，真宗第六子，嗣立。改元天圣（九年）、明道（二年）、景祐（四年）、宝元（二年）、康定（一年）、庆历（八年）、皇祐（五年）、至和（二年）、嘉祐（八年），在位凡四十一年。

英宗名曙，濮安懿王允让（太宗孙）之第十三子。仁宗养之于内，嘉祐七年，立为皇子。仁宗崩，遗诏立为帝，即位。改元治平（四年），在位凡四年。

神宗名顼，英宗长子，嗣立。改元熙宁（十年）、元丰（八年），在位凡十八年。

哲宗名煦，神宗第六子，嗣立。改元元祐（八年）、绍圣（四年）、元符（三年），在位凡十五年。

徽宗名佶，神宗第十一子，继立。改元建中靖国（一年）、崇宁（五年）、大观（四年）、政和（七年）、重和（一年）、宣和（七年）。金兵围汴急，乃禅位于钦宗，尊为“教主道君太上皇帝”，在位凡二十五年。及金人破汴，胁帝北行，金主封为“昏德公”，卒于五国城。

钦宗名桓，徽宗长子，嗣立。改元靖康（一年），在位凡一年。随徽宗北去，金主封为“重昏侯”。金主亮时殂。

（以上凡九帝，共一百六十七年〔自西元九六〇年，至西元一一二六年〕，史称为北宋）

高宗名构，徽宗第九子。封康王，徽、钦北去，即帝位于应天府（河南商丘县）。旋因金人之逼，避走江南，建都于临安（浙江杭县），改元建炎（四年）、绍兴（三十二年）。传位于孝宗，称太上皇，在位凡三十六年。

孝宗名昚，太祖七世孙。高宗诏选太祖之后，绍兴二年，选帝育于禁中。三十年，立为皇子，继立。改元隆兴（二年）、乾道（九年）、淳熙（十六年），传位于光宗，上尊号曰“至尊寿皇圣帝”，在位凡二十七年。

光宗名惇，孝宗第三子。乾道七年，立为皇太子，嗣立。改元绍熙（五年），传位于宁宗，上尊号曰“圣安寿仁太上皇帝”，在位凡五年。

宁宗名扩，光宗第二子，嗣立。改元庆元（六年）、嘉泰（四年）、开禧（三年）、嘉定（十七年），在位凡三十年。

理宗名昀，太祖十世孙。初，宁宗无子，择太祖后二人养之宫中，一曰贵和，一曰贵诚。寻立贵和为皇子，改赐名竑。宁宗崩，史弥远矫诏立贵诚为帝，改名昀。即位，改元宝庆（三年）、绍定（六年）、端平（三年）、嘉熙（四年）、淳祐（十二年）、宝祐（六年）、开庆（一年）、景定（五年），在位凡四十年。

度宗名禥，太祖十一世孙。父荣王與芮，理宗母弟，理宗无子，宝祐元年立为皇太子，受遗诏继立。改元咸淳（十年），在位凡十年。

恭帝名㬎，度宗子，继立。改元德祐（一年）。德祐二年正月，元兵南侵，至临安皋亭山，以势穷乃出降，在位凡一年。朝元主于上都，封瀛国公。

端宗名昰，度宗庶子，恭帝兄，封吉王。德祐二年五月，陈宜中等立之于福州，改元景炎（二年）。元兵袭之，奔粤，殂于碙州（广东吴川县南海中），在位凡二年。

帝昺，度宗庶子，端宗之弟，继立。改元祥兴（二年）。避元兵，迁于厓山（广东赤溪县东有二山，对峙如门，亦谓之厓门山）。元将张弘范袭至，陆秀夫知事已去，乃负帝投海死。在位凡二年，宋亡。

（以上凡九帝，共一百五十三年〔自西元一一二七年，至西元一二七九年〕，史称为南宋）

附宋世系表

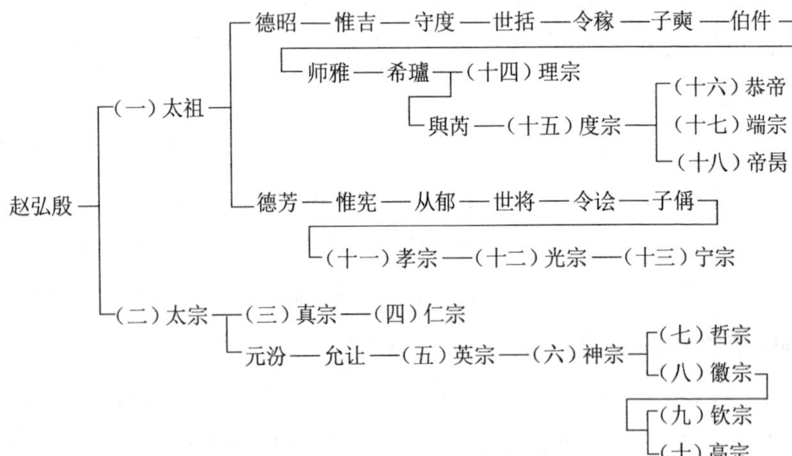

辽世系

自太祖阿保机称帝（西元九一六年），至天祚帝降于金（西元一一二五年），凡九主，共二百十年。

太祖姓耶律氏，名亿，字阿保机，小字啜里只，契丹迭剌部霞濑益石烈乡，耶律弥里人（事迹详前）。于后梁太祖贞明二年称帝，国号曰契丹。建元神册（六年）、天赞（四年）、天显（一年），在帝位凡十一年。

太宗名德光，太祖第二子，嗣立，仍用天显年号（由二年至十一年，凡十年）。后晋天福二年（西元九三七年），改国号曰辽，改元会同（十年）、大同（一年），在位凡二十一年。

世宗名阮，太祖长子托允（出镇勃海扶余城，号曰人皇王）之子。太宗爱之如子，从伐晋。太宗崩于乐城，遂即位于柩前。太后闻帝即位，遣太弟李胡率兵拒之，旋罢兵，趋上京，改元天禄（四年）。祭于行宫，遇弑，在位凡四年。

穆宗名璟，太宗长子，继立。改元应历（十八年）。帝荒淫无道，猎于怀州，为近侍所弑，在位凡十八年。

景宗名贤，世宗第二子。继立，改元保宁（十年）、乾亨（四年），在位凡十四年。

圣宗名隆绪，景宗长子，继立。太后萧氏辅政，复国号曰大契丹，改元统和（二十九年）、开泰（九年）、太平（十年），在位凡四十八年。

兴宗名宗真，圣宗长子，继立。改元景福（一年）、重熙（二十三年），在位凡二十四年。

道宗名洪基，兴宗长子，继立。改元清宁（十年）、咸雍（十年）、太康（十年）、大安（十年）、寿隆（六年），复改国号曰辽，凡在位四十六年。

天祚帝名延禧，道宗之孙。道宗崩，奉遗诏即帝位。改元乾统（十年）、天庆（十年）、保大（四年）。金兵克上京，帝走云中，复走夹山（内蒙五原县西北）。燕京破，又出奔四部（山西阴山附近），金兵袭之，复奔走西夏。帝为谋恢复，至武州，为金兵所败，谋奔党项，被金将完颜娄室等所获，时宋徽宗宣和七年、金太宗天会三年也。至金，封为海滨王，以疾终。在位凡二十四年，辽亡。

附辽世系表

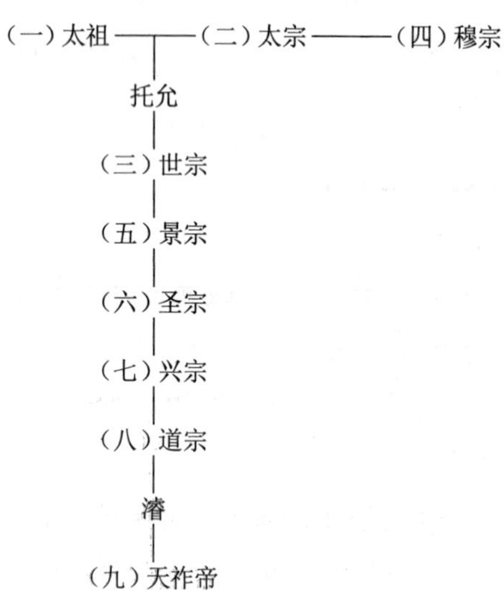

金世系

自太祖阿骨打称帝（西元一一一五年），至哀宗死于蔡州（西元一二三四年），凡九主，共一百二十年。

太祖姓完颜氏，名阿骨打。世为生女真节度使。至太祖袭立，叛辽，取辽东北诸州。辽将萧嗣先又大败于混同江，势遂不可制。群臣劝进，即皇帝位，国号曰金，色尚白，更名旻。时宋徽宗政和五年、辽天祚帝天庆五年也。建元收国（二年）、天辅（六年），在位凡八年。

太宗名晟（本名吴乞买），太祖弟。太祖四出征伐，常居守。太祖卒，百官请正位，遂即皇帝位。改元天会（十二年），在位凡十二年。

熙宗名亶（本名合剌），太祖孙，继立。仍用天会年号（由十三年至十五年，凡三年），改元天眷（三年）、皇统（八年），为废帝所弑，在位凡十四年。

废帝名亮（本名迪古乃），辽王宗干次子，弑熙宗而自立。改元天德（四年）、贞元（三年）、正隆（五年）。帝自将兵伐宋，师于瓜州。完颜元宜等变，帝遇害（时宋高宗绍兴三十年），在位凡十二年。

世宗名雍（本名乌禄），太祖孙，睿宗宗尧子。任东京留守，封曹国公。废帝出师，金人立之于辽阳。改元大定（二十九年），在位凡二十九年。

章宗名璟（本名麻达葛），显宗允恭子。大定二十六年，立为皇太孙。世宗崩，继立。改元明昌（六年）、承安（五年）、泰和（八年），在位凡十九年。

卫绍王名永济（本名兴胜），更名允济，世宗第七子。章宗无子而疏忌宗室，以王柔弱鲜智能，遂使为嗣。章宗卒，继立。改元大安（三年）、崇庆（一年）、至宁（一年）。呼沙呼作乱，以兵入宫，自称监国都元帅，逼帝出宫，载至故邸而禁锢之。寻使宦者杀王而迎立宣宗，在位凡五年。

宣宗名珣（本名吾睹补），显宗长子，进封升王。卫绍王被杀，呼沙呼迎帝于彰德而立之。改元贞祐（四年）、兴定（五年）、元光（二年）。以蒙古日逼，国蹙兵弱，乃迁都于汴。在位凡十一年。

哀宗名守绪（又名宁甲速），宣宗第三子，继立。改元正大（八年）、开兴（一年）、天兴（三年）。蒙古兵围汴，帝走蔡州，宋与蒙古合兵围之，帝知事急，传位于宗室承麟，冀突围而出。未几城破，帝自经，承麟亦为乱兵所杀。时宋理宗端平元年也。在位凡十一年，金亡。

附金世系表

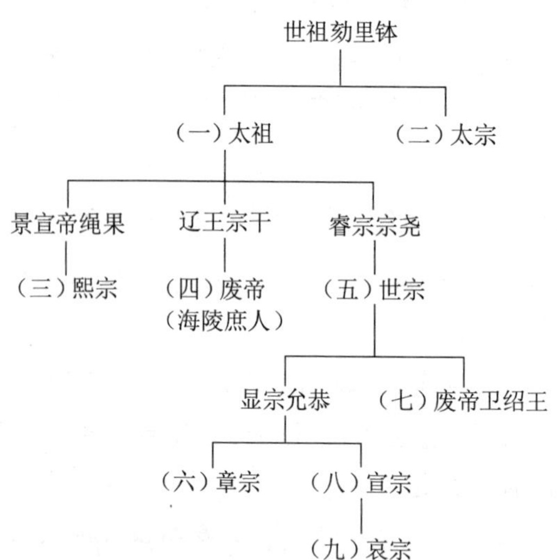

其在称帝以前者，另列表以明之。

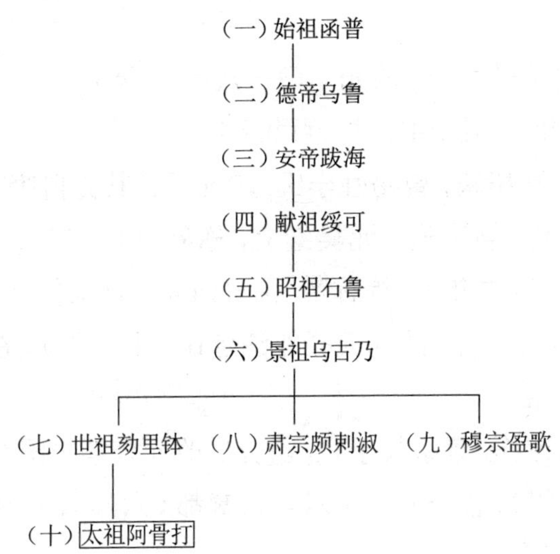

夏世系

自景宗元昊称帝（西元一〇三八年），至末帝降于蒙古（西元一二二七年），凡十主，共一百九十年。

景宗本姓拓跋，曾赐姓李氏，名元昊。其先自唐末，即据有银、夏、绥、宥、静诸州。元昊继立，称显道（二年）、开运、广运（二年）、大庆（二年）。旋称帝，国号曰夏。时宋仁宗宝元元年、辽兴宗重熙七年也。改元天授礼法延祚（十一年），在帝位凡十一年。

毅宗名谅祚，景宗长子也，继立。改元延嗣宁国（一年）、天祐垂圣（三年）、福圣承道（四年）、䄙都（六年）、拱化（六年），在位凡二十年。

惠宗名秉常，毅宗长子，继立。改元乾道（二年）、天赐礼盛国庆（五年）、大安（十年）、天定礼定（一年），在位凡十八年。

崇宗名乾顺，惠宗长子，继立。改元天仪治平（四年）、天祐民安（八年）、永安（三年）、贞观（十三年）、雍宁（五年）、元德（七年）、正德（八年）、大德（四年），在位凡五十二年。

仁宗名仁孝，崇宗长子，继立。改元大庆（五年）、人庆（五年）、天盛（二十二年）、乾祐（二十三年），在位凡五十五年。

桓宗名纯佑，仁宗长子，继立。改元天庆（十二年）。后为镇夷王安全所废，在位凡十二年。

襄宗名安全，崇宗之孙，越王仁友之子。废桓宗而自立。改元应天（四年）、皇建（一年），在位凡五年。

神宗名遵顼，始以宗室策试进士及第，位至大都督，继立。改元光定（十二年），传位于子德旺，自称太上皇，在位凡十二年。

献宗名德旺，神宗子，继立。改元乾定（四年）。闻蒙古兵至，以忧悸卒，在位凡四年。

末帝名晛，神宗之孙，清平郡王之子。国人立以为主，蒙古太祖攻之，力屈乃降，时宋理宗宝庆三年、金哀宗正大四年也。在位凡一年，夏亡。

附夏世系表

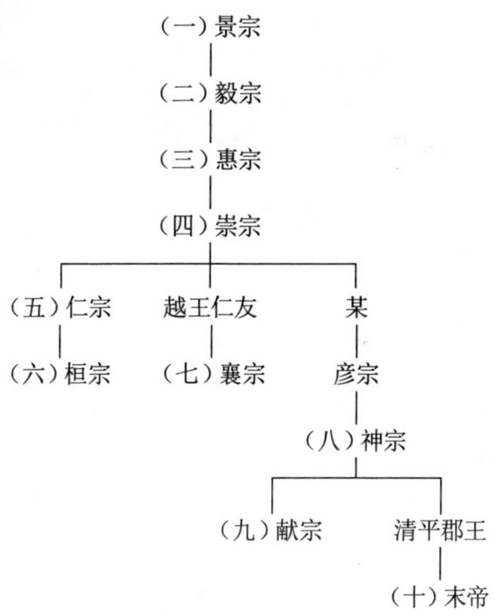

其在称帝以前者，另列表以明之。

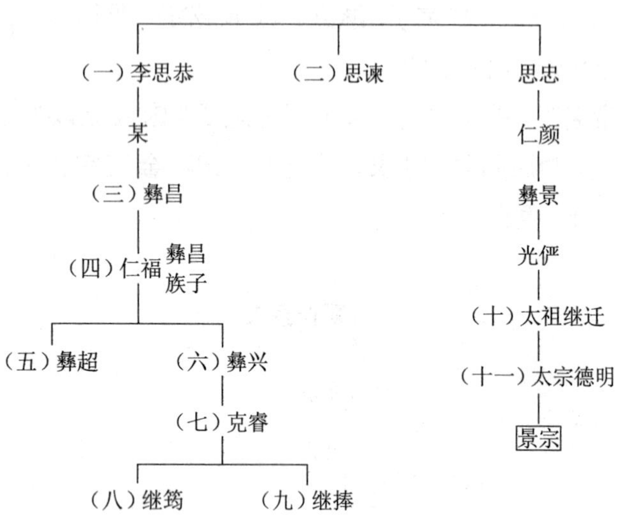
（一）李思恭
（二）思谏
思忠
某
仁颜
（三）彝昌
彝景
（四）仁福
彝昌
族子
光俨
（十）太祖继迁
（五）彝超
（六）彝兴
（十一）太宗德明
（七）克睿
景宗
（八）继筠
（九）继捧

元世系

自太祖铁木真称帝（西元一二〇六年），至顺帝北走（西元一三六八年），凡十五主，共一百六十三年。

太祖名铁木真，姓奇渥温氏，蒙古部人。征服诸部，即帝位于斡难河之源，上尊号曰成吉思可汗，时宋宁宗开禧二年、金章宗泰和六年也。在位凡二十二年（四太子拖雷监国一年）。

太宗名窝阔台，太祖第三子，继立。六年，灭金，在位凡十三年。

皇后乃马真氏临朝称制，凡四年。

定宗名贵由，太宗长子，继立。在位凡三年。

皇后斡兀立海迷失氏，抱太孙失烈门临朝称制，凡二年。

宪宗名蒙哥，太祖之孙、拖雷长子，继立。九年，攻略蜀地，殁于合州，在位凡九年。

世祖名忽必烈，拖雷第四子，宪宗母弟，长且贤，任漠南汉地军国庶事。宪宗殁于蜀，世祖还师至开平，自立为帝，时宋理宗景定元年（西元一二六〇年）。建元中统（四年）、至元（三十一年）。至元八年（宋度宗咸淳七年），改国号曰元，取《易》“大哉乾元”之义。十六年，灭宋，统一中国，在位凡三十五年。

成宗名铁穆耳，世祖之孙，太子真金之第三子，继立。改元元贞（二年）、大德（十一年），在位凡十三年。

武宗名海山，真金第二子，答剌麻八剌之长子，继立。改元至大（四年），在位凡四年。

仁宗名爱育黎拔力八达，武宗之弟，继立。改元皇庆（二年）、延祐（七年），在位凡九年。

英宗名硕德八剌，仁宗嫡子，继立。改元至治（三年），为知枢密院事铁失等所弒，在位凡三年。

泰定帝名也孙铁木儿，晋王甘麻剌之长子。袭封镇北边，英宗遇弑，诸王等奉皇帝玺，迎帝于镇，即帝位。改元泰定（四年），在位凡四年。以自立，故文宗不为立庙上谥，止称为泰定帝。

天顺帝名阿速吉八，泰定帝子。上都丞相倒剌沙立之为帝，改元天顺。时文宗立于大都，乃遣兵攻之，战败逃亡，在位凡月余。

明宗名和世㻋，武宗长子。泰定帝崩，文宗立二年，以帝居长固让，帝遂即位和宁之北。还京师，于途次暴崩，在位凡八月。

文宗名图帖睦尔，武宗之次子，明宗之弟，即帝位，改元天历（二年）。让位明宗，明宗立帝为皇太子。及明宗崩，复位，改元至顺（三年），在位凡五年。

宁宗名懿璘质班，明宗次子，继立。旋崩，在位凡月余。

顺帝名妥欢贴睦尔，明宗之长子，居广西。宁宗崩，迎归京师，即帝位。改元元统（二年）、至元（六年）、至正（二十七年），在位凡三十五年。明兵陷都城，帝北走，元亡。

附元世系表

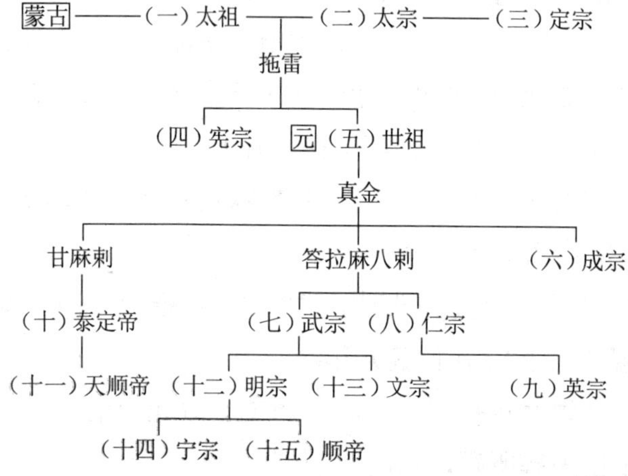

其先世，依《元朝秘史》（卷一），别列表以明之。

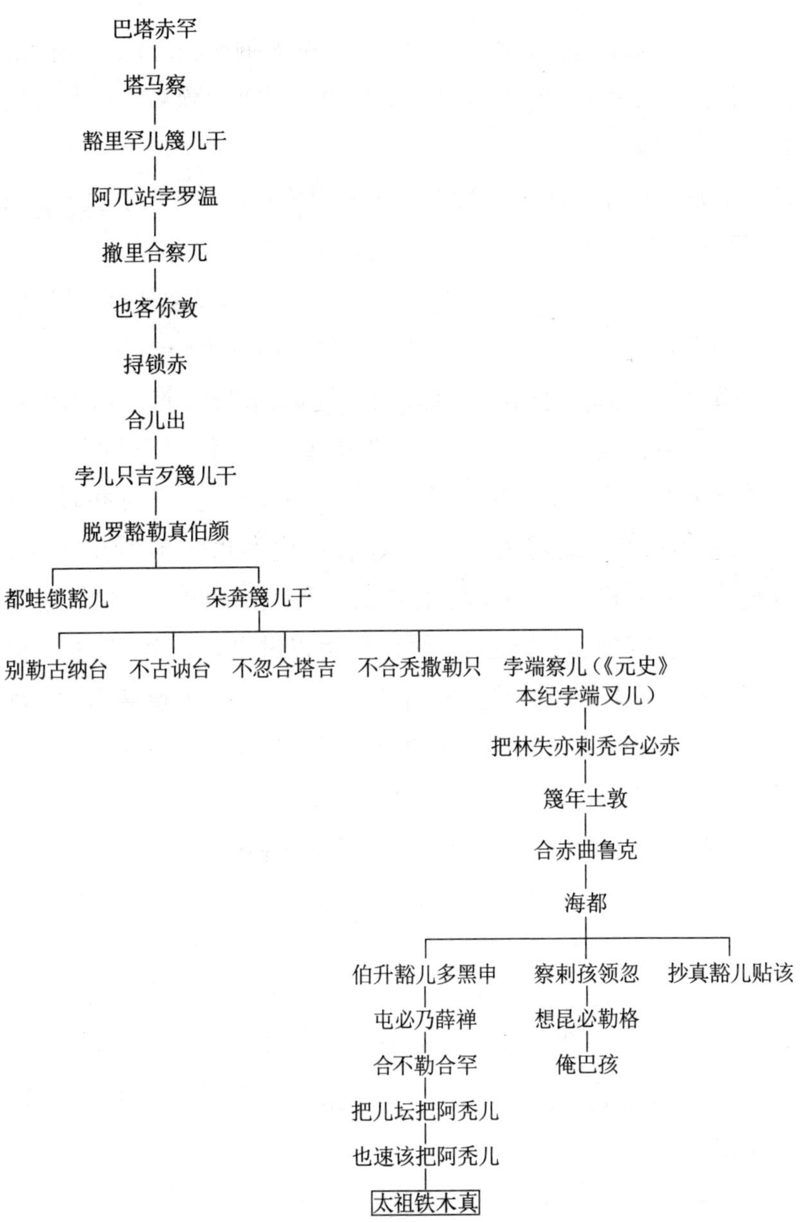

（一）宋之统一

太祖代周，诸国并峙，次第用兵，先灭荆南、南平、后蜀、南汉、南唐。太宗继之，又灭北汉，吴越先来归，除燕、云十六州外，复归一统。

乾德元年（西元九六三）年二月……慕容延钊入荆南，高继冲请归朝，得州三、县十七（《宋史》卷一《太祖本纪一》）。

乾德元年三月……慕容延钊破三江口，下岳州，克复朗州，湖南平，得州十四、监一、县六十六（《宋史》卷一《太祖本纪一》）。

按：马希萼时，朗州将王逵、周行逢据州以叛，推辰州刺史刘言为主。南唐破潭州后，未几，仍为王逵等所得，尽有马氏故地。王逵自为武安节度使，周行逢自为武安行军司马，三雄并峙。达与行逢比而杀言，逵亦为其下所杀，行逢代为武平节度使。宋初，行逢卒，子保权继立。部将张文表为乱，据潭州。保权求援于宋，宋遣慕容延钊、李处耘，假道荆南以讨之。未至，保权已克潭州，杀文表。荆南主继冲闻宋师至，出迎，钊等遂袭取之，荆南亡。更进趋潭州，保权与宋师战，大败被擒，武平遂亡。

乾德三年（西元九六五年）正月……王全斌取利州，蜀王孟昶降，得州四十五、县一百九十八（《宋史》卷二《太祖本纪二》）。

按：蜀帝昶，奢纵无度，知枢密院事王昭远，大言欲建奇勋，以蜡书约北汉伐宋。太祖闻之，于乾德二年十一月，以王全斌为西川行营前军兵马都部署，崔彦进副之，将步骑三万出凤州道；刘光义为西川行营前军兵马都部署，曹彬副之，出归州道以伐蜀。王昭远出战被擒，师至魏城，昶降，后蜀遂亡。昶至京师，封秦国公。

开宝四年（西元九七一年）二月……潘美克广州，俘刘𬬮，广南平，得州六十、县二百十四（《宋史》卷三《太祖本纪二》）。

按：南汉帝铱在位，残酷奢侈，屡侵宋。太祖开宝三年八月，命潭州防御使潘美，为贵州道兵马行营都部署，朗州团练使尹崇珂副之，遣使发十州兵会贺州，以伐南汉。美等克广州，俘铱，南汉遂亡。铱至京师，封为恩赦侯。

开宝八年（西元九七五年）十一月……曹彬夜败江南军于城下……克升州，俘其国主煜，江南平，凡得州十九、军三、县一百八十（《宋史》卷三《太祖本纪三》）。

按：宋平南汉，南唐李煜闻之，自贬国号曰江南国主，遣使朝宋。南唐宿将林宏肇，为宋太祖所忌，纵反间，言其将降，煜竟酖杀之，守备益弛。太祖欲伐之，以师出无名，先征之入朝，不至。开宝七年，命曹彬为西南路行营马步军战棹都部署，潘美为都监，曹翰为先锋都指挥使，将兵十万，出荆南以伐之，兼使吴越王俶出师为犄角。彬等由荆南浮江而下，自采石渡江围金陵，俶亦取江南常州。金陵破，煜降，南唐遂亡。煜至京师，封为违命侯。

太平兴国三年（西元九七八年）四月……陈洪进献漳、泉二州，凡得县十四（《宋史》卷四《太宗本纪一》）。

按：闽越为唐所灭，牙将留从效据漳、泉。从效卒，子绍镃继立，为统军陈洪进所废，推副使张汉思为留后，自为副使，既复幽汉思而代之。宋平南唐，吴越王入朝，洪进遣子入贡。太平兴国二年八月，洪进入朝。三年四月，献地，诏以为武宁节度使同平章事。

太平兴国三年五月……钱俶献其两浙诸州，凡得州十三、军一、县八十六（《宋史》卷四《太宗本纪一》）。

按：吴越王钱俶，自太祖时已称藩，俶入朝，太祖遇之以礼，赐赉甚厚，留两年遣还。至是举国归朝，封为淮海王，吴越遂亡。

太平兴国四年（西元九七九年）二月……帝发京师。四月……幸太原城，诏谕北汉主刘继元使降。五月……继元降，北汉平，凡得州十、县四十（《宋史》卷四《太宗本纪一》）。

按：宋太祖灭后蜀后，转伐北汉。时北汉刘继元新立，求救于辽，辽兵入侵晋、绛二州。太祖自将攻之，不克而还。是年，太宗自将伐北汉，次太原，招降继元，封为彭城郡公，北汉遂亡。

（二）宋之疆域

唐室既衰，五季迭兴……寓县分裂，莫之能一。宋太祖受周禅，初有州百一十一、县六百三十八。……建隆四年，取荆南，得州府三、县一十七。……平湖南，得州一十五、监一、县六十六。……乾德三年，平蜀，得州府四十六、县一百九十八。……开宝四年，平广南，得州六十、县二百一十四。……八年，平江南，得州一十九、军三、县一百八。……计其末年，凡有州二百九十七、县一千八十六。……太宗太平兴国三年，陈洪进献地，得州二、县十四。……钱俶入朝，得州十三、军一、县八十六。……四年，平太原，得州十、军一、县四十。……五年，李继捧来朝，得州四、县八（雍熙元年，以四州授继捧，自后不复领职方）。至是天下既一，疆理几复汉唐之旧，其未入职方氏者，唯燕、云十六州而已。至道三年（公元九九七年），分天下为十五路（先是，淳化四年，法唐制，分天下为十道：曰河南，曰河东，曰河北，曰关西，曰剑南，曰淮南，曰峡西，曰江南东西，曰浙东西，曰广南）。天圣（仁宗年号）析为十八，元丰（神宗年号）又析为二十三：曰京东东西，曰京西南北，曰河北东西，曰永兴，曰秦凤，曰河东，曰淮南东西，曰两浙，曰江南东西，曰荆湖南北，曰成都，曰梓利夔，曰福建，曰广南东西。东南际海，西尽巴僰，北极三关，东西六千四百八十五里，南北万一千六百二十里。崇宁（徽宗）四年（西元一一〇五年），复置京畿路。……宣和四年（西元一一二二年），又置燕山府及云中府路，天下分路二十六、京府四、府三十、州二百五十四、监六十三、县一千二百三十四，可谓极盛矣。……自崇宁以来，益、梓、夔、黔、广西、荆湖南北，迭相视效，大斥土宇。……凡所建州、军、关城、砦、堡，纷然莫可胜纪（《宋史》卷八十五《地理志序》）。

高宗苍黄渡江，驻跸吴会，中原、陕右尽入于金，东画长淮，西割商、秦之半，以散关为界，其所存者两浙、两淮、江东西、湖南北、西蜀、福建、广东、广西十五路而已（合京西，共为十六路。〔《宋史》卷八十五《地理志序》〕）。

是时，舆地登于职方者，东尽明越，西抵岷嶓，南斥琼崖，北至淮汉，补短截长，分路十六：曰浙西，曰浙东，曰江东，曰江西，曰淮东，曰淮西，曰湖南，曰湖北，曰京西，曰成都，曰潼川，曰利州，曰夔州，曰福建，曰广东，曰广西，凡府、州、军、监一百九十、县七百有三，而武都、河池、兴元、襄阳、鄂州、庐州、楚州、扬州皆为重镇（顾祖禹《读史方舆纪要》卷八）。

宋疆域简表

<table>
<tr><th colspan="9">北宋</th><th colspan="3">南宋</th></tr>
<tr><th colspan="3">太宗时</th><th colspan="2">仁宗时</th><th colspan="2">神宗时</th><th colspan="2">徽宗时</th><th rowspan="2">道名</th><th rowspan="2">统府、州、军、监</th><th rowspan="2">备考</th></tr>
<tr><th>道名</th><th>四界</th><th>统府、州、军、监</th><th>道名</th><th>统府、州、军、监</th><th>道名</th><th>统府、州、军、监</th><th>道名</th><th>统府、州、军、监</th></tr>
<tr><td rowspan="2">京东路</td><td rowspan="2">东至海，西抵汴，南极淮泗，北薄于河。</td><td rowspan="2">开封府、宋州、兖州、徐州、曹州、青州、郓州、密州、齐州、济州、沂州、登州、莱州、淄州、濮州、单州、潍州。
广济军、清平军、淮阳军、宣化军。
莱芜监、利国监。
凡统府一、州十六、军四、监二。</td><td rowspan="2">京东路</td><td rowspan="2">应天府（宋州升）。
兖州、徐州、曹州、青州、郓州、密州、齐州、济州、沂州、登州、莱州、淄州、濮州、单州、潍州。
广济军、清平军、淮阳军、宣化军。
莱芜监、利国监。
凡统府一、州十五、军四、监二。</td><td>京东东路</td><td>齐州、青州、密州、沂州、登州、莱州、淄州、潍州。
淮阳军。
凡统州八、军一。</td><td>京东东路</td><td>济南府（齐州升）。
青州、密州、沂州、登州、莱州、淄州、潍州。
淮阳军。
凡统府一、州七、军一。</td><td rowspan="2"></td><td rowspan="2"></td><td rowspan="2">全路没于金。</td></tr>
<tr><td>京东西路</td><td>应天府。
兖州、徐州、曹州、郓州、济州、濮州、单州。
广济军。
莱芜监、利国监。</td><td>京东西路</td><td>应天府、袭庆府（兖州升）、兴仁府（曹州升）、东平府（郓州升）。
徐州、济州、濮州、单州、拱州。</td></tr>
</table>

续表

北宋									南宋		
太宗时			仁宗时		神宗时		徽宗时		道名	统府、州、军、监	备考
						凡统府一、州七、军一、监二。		广济军。莱芜监、利国监。 凡统府四、州五、军一、监二。			
京西路	东暨汝颍、西距崤函、南逾汉沔、北抵河津。	河南府。 滑州、郑州、汝州、陈州、许州、蔡州、颍州、孟州、唐州、邓州、襄州、均州、房州、金州、随州、郢州。 信阳军、光化军。 凡统府一、州十六、军二。	京畿路	开封府。 曹州、陈州、许州、郑州、滑州。 凡统府一、州五。	开封	开封府。 凡统县十六。	京畿路	开封府。 置四辅郡、颍昌府为南辅、郑州为西辅、澶州为北辅、拱州为东辅，其后旋罢旋复。开封府界，依旧为京畿。			全路没于金。
			京西路	河南府。 汝州、蔡州、颍州、孟州、唐州、邓州、襄州、均	京西北路	河南府。 颍昌府（许州升）。 滑州、郑州、汝	京西北路	河南府、颍昌府、淮宁府（陈州升）、顺昌府（颍州升）。			

续表

北宋									南宋		
太宗时			仁宗时		神宗时		徽宗时		道名	统府、州、军、监	备考
				州、房州、金州、随州、郢州。 信阳军、光化军。 凡统府一、州十二、军二。		州、陈州、蔡州、颍州、孟州。 信阳军。 凡统府二、州七、军一。		滑州、郑州、汝州、蔡州、孟州。 信阳军。 凡统府四、州五、军一。			
					京西南路	唐州、邓州、襄州、均州、房州、金州、随州、郢州。 光化军。 凡统州八、军一。	京西南路	襄阳府（襄州升）。 唐州、邓州、均州、房州、金州、随州、郢州。 光化军。 凡统府一、州七、军一。	京西路	襄阳府。 均州、房州、随州、郢州。 光化军、枣阳军。 凡统府一、州四、军二。	金州并入利州路。 唐、邓二州没于金。
河北路	东滨海，西薄太行，南临	大名府。 镇州、瀛州、贝州、博州、德州、沧州、	高阳关路	瀛州、贝州、沧州、冀州、莫州、雄州、霸州。	河北东路	大名府。 瀛州、贝州、沧州、冀州、莫州、	河北东路	大名府、开德府（澶州升）、河间府（瀛州升）。			全路没于金。

续表

<table>
<tr><th colspan="9">北宋</th><th colspan="3">南宋</th></tr>
<tr><th colspan="3">太宗时</th><th colspan="2">仁宗时</th><th colspan="2">神宗时</th><th colspan="2">徽宗时</th><th>道名</th><th>统府、州、军、监</th><th>备考</th></tr>
<tr><td rowspan="2">河北路</td><td rowspan="2">河，北据三关。</td><td rowspan="2">棣州、深州、洺州、邢州、冀州、赵州、定州、莫州、相州、怀州、卫州、澶州、磁州、祁州、滨州、雄州、霸州、保州。
德清军、保顺军、定远军、破虏军、平戎军、静戎军、威虏军、乾宁军、顺安军、宁边军、天威军、承天军、静安军、通利军。
凡统府一、州二十四、军十四。</td><td>高阳关路</td><td>永静军（定远改）、保定军（平戎改）、信安军（破虏改）、乾宁军。
凡统州七、军四。</td><td rowspan="2"></td><td rowspan="2">雄州、霸州、博州、棣州、德州、滨州、澶州。
德清军、保顺军、永静军、保定军、信安军、乾宁军。
凡统府一、州十二、军六。</td><td rowspan="2">河北东路</td><td rowspan="2">沧州、冀州、莫州、雄州、博州、棣州、霸州、德州、恩州（贝州改）、清州（乾宁军升）、滨州。
德清军、保顺军、永静军、信安军、保定军。
凡统府三、州十一、军五。</td><td rowspan="2"></td><td rowspan="2"></td><td rowspan="2"></td></tr>
<tr><td>大名府路</td><td>大名府。
博州、棣州、怀州、卫州、德州、澶州、滨州。
安利军（通利改）、保顺军、德清军。
凡统府一、州七、军三。</td></tr>
</table>

续表

<table>
<tr><th colspan="9">北宋</th><th colspan="3">南宋</th></tr>
<tr><th colspan="3">太宗时</th><th colspan="2">仁宗时</th><th colspan="2">神宗时</th><th colspan="2">徽宗时</th><th>道名</th><th>统府、州、军、监</th><th>备考</th></tr>
<tr><td rowspan="2">河北路</td><td rowspan="2"></td><td rowspan="2"></td><td>真定府路</td><td>真定府（镇州升）。
洺州、邢州、相州、赵州、磁州。
天威军。
凡统府一、州五、军一。</td><td rowspan="2">河北西路</td><td rowspan="2">真定府。
怀州、卫州、洺州、邢州、相州、赵州、磁州、定州、深州、祁州、保州。
天成军、安利军、广信军、安肃军、永宁军、顺安军。
凡统府一、州十一、军六。</td><td rowspan="2">河北西路</td><td rowspan="2">真定府、中山府（定州升）、信德府（邢州升）、庆源府（赵州升）。
洺州、相州、磁州、怀州、卫州、深州、祁州、保州、浚州（安利军升）。
天威军、安肃军、永宁军、广信军、顺安军、北平军。
凡统府四、州九、军六。</td><td rowspan="2"></td><td rowspan="2"></td><td rowspan="2">全路没于金。</td></tr>
<tr><td>定州路</td><td>定州、深州、祁州、保州。
广信军（威勇改）、安肃军（静戎改）、永宁军（宁边改）、顺安军。
凡统州四、军四。</td></tr>
</table>

续表

北宋									南宋		
太宗时			仁宗时		神宗时		徽宗时		道名	统府、州、军、监	备考
河东路	东际常山，西逾河，南距底柱，北塞雁门。	并州、代州、忻州、汾州、辽州、泽州、潞州、晋州、绛州、慈州、隰州、石州、岚州、宪州、丰州、麟州、府州。 平定军、火山军、定羌军、宁化军、岢岚军、威胜军。 永利监、大通监。 凡统州十七、军六、监二。	河东路	太原府（并州升）。 代州、忻州、汾州、辽州、泽州、潞州、晋州、绛州、隰州、慈州、石州、岚州、宪州、麟州、府州。 平定军、火山军、定羌军、宁化军、岢岚军、威胜军。 永利监、大通监。 凡统府一、州十五、军六、监二。	河东路	太原府。 代州，忻州、汾州、辽州、泽州、潞州、晋州、绛州、隰州、石州、岚州、宪州、麟州、府州。 平定军、火山军、保德军（定羌改）、宁化军、岢岚军、威胜军、威胜军。 永利监、大通监。 凡统府一、州十四、军六、监二。	河东路	太原府、隆德府（潞州升）、平阳府（晋州升）。 代州、忻州、汾州、辽州、泽州、绛州、慈州、隰州、石州、岚州、宪州、丰州、麟州、府州。 平定军、火山军、保德军、宁化军、岢岚军、威胜军、晋宁军、庆祚军。 永利监、大通监。 凡统府三、州十四、军八、监二。			全路没于金。

续表

北宋									南宋		
太宗时			仁宗时		神宗时		徽宗时		道名	统府、州、军、监	备考
陕西路	东尽殽函，西包汧陇，南连商洛，北控萧关。	京兆府、河中府、凤翔府。 华州、同州、解州、虢州、陕州、商州、乾州。耀州、丹州、延州、鄜州、坊州、邠州、宁州、泾州、原州、庆州、环州、渭州、陇州、仪州、凤州、阶州、成州、秦州。 保安军、镇戎军。 开宝监、沙苑监。 凡统府三、州二十五、军二、监二。	陕西路	京兆府、河中府、凤翔府。 华州、同州、解州、虢州、陕州、商州、乾州、耀州、丹州、延州、汧州、坊州、邠州、宁州、泾州、原州、庆州、环州、渭州、陇州、仪州、凤州、阶州、成州、秦州。 保安军、镇戎军、永兴军、庆成军、德顺军。 开宝监、沙苑监。	永兴路	京兆府、河中府。 华州、同州、解州、虢州、陕州、商州、耀州、丹州、延州、鄜州、坊州、邠州、宁州、庆州、环州。 保安军、庆成军。 沙苑监。 凡统府二、州十五、军二、监一。	永兴路	京兆府、河中府、延安府（延州升）、庆阳府（庆州升）。 华州、同州、陕州、解州、虢州、商州、醴州、耀州、丹州、鄜州、坊州、邠州、宁州、环州、银州。 保安军、庆成军、清平军、绥德军、定边军。 凡统府四、州十五、军五。			

续表

<table>
<tr><th colspan="9">北宋</th><th colspan="3">南宋</th></tr>
<tr><th colspan="3">太宗时</th><th colspan="2">仁宗时</th><th colspan="2">神宗时</th><th colspan="2">徽宗时</th><th>道名</th><th>统府、州、军、监</th><th>备考</th></tr>
<tr><td>陕西路</td><td></td><td></td><td></td><td>凡统府三、州二十五、军五、监二。</td><td>秦凤路</td><td>凤翔府。
泾州、原州、渭州、凤州、陇州、阶州、成州、秦州、熙州、河州、兰州、岷州。
镇戎军、德顺军。
凡统府一、州十二、军二。</td><td>秦凤路</td><td>凤翔府。
泾州、原州、渭州、凤州、陇州、阶州、成州、秦州、熙州、河州、兰州、岷州、巩州（通远军升）、西安州、会州、洮州、廓州、乐州、西宁州。
镇戎军、德顺军、积石军、震武军、怀德军。
凡统府一、州十九、军五。</td><td></td><td></td><td>成、阶、凤、岷四州，尚为宋有，并入利州路。</td></tr>
</table>

续表

<table>
<tr><th colspan="9">北宋</th><th colspan="3">南宋</th></tr>
<tr><th colspan="3">太宗时</th><th colspan="2">仁宗时</th><th colspan="2">神宗时</th><th colspan="2">徽宗时</th><th>道名</th><th>统府、州、军、监</th><th>备考</th></tr>
<tr><td rowspan="2">淮南路</td><td rowspan="2">东至海,西距汉,南濒江,北据淮。</td><td rowspan="2">扬州、楚州、濠州、寿州、光州、黄州、蕲州、舒州、庐州、和州、滁州、海州、泗州、亳州、宿州、泰州、通州。
建安军、涟水军、高邮军、无为军。
海陵监、利丰监。
凡统州十七、军四、监二。</td><td rowspan="2">淮南路</td><td rowspan="2">扬州、楚州、濠州、光州、黄州、蕲州、舒州、庐州、和州、滁州、海州、泗州、亳州、宿州、泰州、通州、真州(建安军升)。
涟水军、高邮军、无为军。
海陵监、利丰监。
凡统州十八、军三、监二。</td><td>淮南东路</td><td>扬州、楚州、滁州、海州、泗州、亳州、宿州、泰州、通州、真州。
高邮军。
海陵监、利丰监。
凡统州十、军一、监二。</td><td>淮南东路</td><td>扬州、楚州、滁州、海州、泗州、亳州、宿州、泰州、通州、真州。
高邮军、涟水军。
海陵监、利丰监。
凡统州十、军二、监二。</td><td>淮东路</td><td>扬州、楚州、滁州、泰州、通州、真州、安东州(涟水军升)。
高邮军、招信军、淮安军、清河军。
凡领州七、军四。</td><td>海、泗二州没于金。</td></tr>
<tr><td>淮南西路</td><td>寿州、庐州、蕲州、和州、舒州、濠州、光州、黄州。
无为军。
凡统州八、军一。</td><td>淮南西路</td><td>寿春府(寿州升)。
庐州、蕲州、和州、舒州、濠州、光州、黄州。
无为军、六安军。
凡统府一、州七、军二。</td><td>淮西路</td><td>安庆府(舒州升)、寿春府。
庐州、蕲州、和州、濠州、光州、黄州。
无为军、六安军、怀远军。
凡统府二、州六、军三。</td><td></td></tr>
</table>

续表

北宋									南宋		
太宗时			仁宗时		神宗时		徽宗时		道名	统府、州、军、监	备考
江南路	东限闽海，西界夏口，南抵大庾，北际大江。	升州、太平州、宣州、歙州、池州、饶州、信州、抚州、江州、洪州、袁州、筠州、吉州、虔州。广德军、南康军、兴国军、临江军、南安军、建昌军。凡统州十四、军六。	江南路	江宁府（升州升）。宣州、歙州、池州、饶州、信州、抚州、江州、洪州、袁州、筠州、吉州、虔州、太平州。广德军、南康军、兴国军、临江军、南安军、建昌军。凡统府一、州十三、军六。	江南东路	江宁府。太平州、宣州、歙州、池州、饶州、信州、江州。广德军、南康军。凡统府一、州七、军二。	江南东路	江宁府。太平州、宣州、徽州（歙州改）、池州、饶州、信州、江州。广德军、南康军。凡统府一、州七、军二。	江南东路	建康府（江宁改）、宁国府（宣州升）。太平州、徽州、池州、饶州、信州。广德军、南康军。凡统府二、州五、军二。	
					江南西路	洪州、虔州、吉州、袁州、抚州、筠州。兴国军、南安		洪州、虔州、吉州、袁州、抚州、筠州。兴国军、南安	江南西路	隆兴府（洪州升）。赣州（虔州改）、江州、吉州、袁	

续表

北宋									南宋		
太宗时			仁宗时		神宗时		徽宗时		道名	统府、州、军、监	备考
江南路					江南西路	军、临江军、建昌军。 凡统州六、军四。	江南西路	军、临江军、建昌军。 凡统州六、军四。	江南西路	州、抚州、筠州。 兴国军、南安军、临江军、建昌军。 凡统府一、州六、军四。	
荆湖南路	东据衡岳，西接蛮僚，南阻五岭，北界洞庭。	潭州、衡州、道州、永州、邵州、郴州、全州。 桂阳监。 凡统州七、监一。	荆湖南路	潭州、衡州、道州、永州、邵州、郴州、全州。 桂阳监。 凡统州七、监一。	荆湖南路	潭州、衡州、道州、永州、邵州、郴州、全州。 桂阳监。 凡统州七、监一。	荆湖南路	潭州、衡州、道州、永州、邵州、郴州、全州。 武冈军。 桂阳监。 凡统州七、军一、监一。	荆湖南路	宝庆府（邵州升）。 潭州、衡州、道州、永州、郴州、全州。 武冈军、茶陵军、桂阳军（桂阳监改）。 凡统府一、州六、军三。	

续表

北宋									南宋		
太宗时			仁宗时		神宗时		徽宗时		道名	统府、州、军、监	备考
荆湖北路	东尽鄂渚，西控巴峡，南抵洞庭，北限荆山。	江陵府。 鄂州、岳州、复州、安州、朗州、沣州、峡州、归州、辰州。 汉阳军、荆门军。 凡统府一、州九、军二。	荆湖北路	江陵府。 鄂州、岳州、安州、复州、鼎州（朗州改）、沣州、峡州、归州、辰州。 汉阳军、荆门军。 凡统府一、州九、军二。	荆湖北路	江陵府。 鄂州、岳州、安州、复州、鼎州、沣州、峡州、归州、辰州、沅州、诚州。 汉阳军、荆门军。 凡统府一、州十一、军二。	荆湖北路	江陵府、德安府（安州升）。 鄂州、岳州、复州、鼎州、沣州、峡州、归州、辰州、靖州（诚州改）、沅州。 汉阳军、荆门军。 凡统府二、州十、军二。	荆湖北路	江陵府、德安府、常德府（鼎州升）。 鄂州、岳州、复州、沣州、 峡州、归州、辰州、沅州、靖州。 汉阳军、荆门军、寿昌军。 凡统府三、州九、军三。	
两浙路	东至海，南接岭岛，西控震泽，北枕大江。	杭州、睦州、湖州、秀州、苏州、常州、润州、越州、婺州、衢州、处州、温州、台州、明州。 江阴军、顺化军。 凡统州十四、军二。	两浙路	杭州、睦州、湖州、秀州、苏州、常州、润州、越州、婺州、衢州、处州、温州、台州、明州。	两浙路	杭州、睦州、湖州、秀州、苏州、常州、润州、越州、婺州、衢州、处州、温州、台州、明州。 凡统州十四《宋	两浙路	平江府（苏州升）、镇江府（润州升）。 杭州、湖州、严州（睦州改）、秀州、常州、越州、婺州、衢州、	浙西路	临安府（杭州升）、平江府。 镇江府、嘉兴府（秀州升）、建德府（严州升）。 安吉州（湖州改）、	高宗绍兴三十二年，复分两浙为东西路。

续表

北宋									南宋		
太宗时			仁宗时		神宗时		徽宗时		道名	统府、州、军、监	备考
两浙路			两浙路	江阴军。 凡统州十四、军一。	两浙路	史·地理志》：两浙路，熙宁七年分为两路，寻合为一。九年复分，十年复合）。	两浙路	处州、温州、台州、明州。 凡统府二、州十二。	浙西路	常州。 江阴军、南兴军。 凡统府五、州二、军二。	
									浙东路	绍兴府（越州升）、庆元府（明州升）、瑞安府（温州升）。 婺州、衢州、处州、台州。 凡统府三、州四。	
福建路	东南际海，西北据岭。	福州、建州、泉州、漳州、汀州、南剑州。 兴化军、邵武军。 凡统州六、军二。	福建路	福州、建州、泉州、漳州、汀州、南剑州。 兴化军、邵武军。 凡统州六、军二。	福建路	福州、建州、泉州、漳州、汀州、南剑州。 兴化军、邵武军。 凡统州六、军二。	福建路	福州、建州、泉州、漳州、汀州、南剑州。 兴化军、邵武军。 凡统州六、军二。	福建路	福安府（福州升）、建宁府（建州升）。 泉州、漳州、汀州、南剑州、兴	

续表

北宋									南宋		
太宗时			仁宗时		神宗时		徽宗时		道名	统府、州、军、监	备考
福建路			福建路		福建路		福建路		福建路	安州（兴化军升）。 邵武军。 凡统府二、州五、军一。	
西川路	东距峡江，西控生番，南环泸水，北阻岷山。	成都府。 蜀州、彭州、汉州、绵州、梓州、遂州、荣州、简州、资州、陵州、普州、果州、合州、渠州、昌州、泸州、戎州、眉州、嘉州、邛州、雅州、黎州、茂州、维州。 永康军、怀安军、广安军。 富顺监。	西川路	成都府。 蜀州、彭州、汉州、绵州、梓州、遂州、荣州、简州、资州、陵州、普州、果州、合州、渠州、昌州、泸州、戎州、眉州、嘉州、邛州、雅州、黎州、茂州、威州（维州改）。	成都府路	成都府。 蜀州、彭州、绵州、汉州、简州、嘉州、邛州、雅州、黎州、茂州、眉州、威州。 永康军、威戎军、通化军。 陵井监（陵州废）。 凡统府一、州十二、军三、监一。	成都府路	成都府。 蜀州、彭州、绵州、汉州、简州、嘉州、邛州、雅州、黎州、茂州、眉州、威州。 永康军、石泉军。 仙井监（陵井监改）。 凡统府一、州十二、军二、监一。	成都府路	成都府、崇庆府（蜀州升）、嘉定府（嘉州升）。彭州、绵州、汉州、简州、眉州、邛州、雅州、黎州、茂州、威州、降州（仙井监改）。永康军、石泉军。 凡统府三、州十一、军二。	

续表

北宋									南宋		
太宗时			仁宗时		神宗时		徽宗时		道名	统府、州、军、监	备考
西川路		凡统府一、州二十四、军三、监一。	西川路	永康军、怀安军、广安军。 富顺监。 凡统府一、州二十四、军三、监一。	梓州路	梓州、遂州、果州、资州、普州、昌州、戎州、泸州、合州、荣州、渠州。 怀安军、广安军。 清井监。 凡统州十一、军二、监一。	潼川府路	潼川府（梓州升）、遂宁府（遂州升）。 果州、资州、普州、昌州、叙州（戎州改）、泸州、合州、荣州、渠州。 怀安军、广安军、长宁军（淯井监改）。 富顺监。 凡统府二、州九、军三、监一。	潼川府路	潼川府、遂宁府、顺庆府（果州升）。 资州、普州、昌州、叙州、江安州（泸州改）、合州、荣州、渠州。 怀安军、广安军、长宁军。 富顺监。 凡统府三、州八、军三、监一。	
峡西路	东接三峡，西抵阴平，南扼群僚，	兴元府。 洋州、兴州、利州、阆州、剑州、文州、龙州、巴州、集州、	峡西路	兴元府。 洋州、兴州、利州、阆州、剑州、文州、龙州、巴	利州路	兴元府。 洋州、兴州、利州、阆州、剑州、文州、龙州、巴	利州路	兴元府。 洋州、兴州、利州、阆州、剑州、文州、政州（龙	利州路	兴元府、隆庆府（剑州升）、同庆府（成州升）。 沔州（兴州改）、	开禧二年，吴曦叛，以关外

续表

北宋									南宋		
太宗时			仁宗时		神宗时		徽宗时		道名	统府、州、军、监	备考
峡西路	北连大散。	蓬州、壁州、渝州、夔州、忠州、万州、开州、达州、涪州、施州、黔州。 云安军、梁山军。 大宁监。 凡统府一、州二十、军二、监一。	峡西路	州、集州、蓬州、壁州、渝州、夔州、忠州、万州、开州、达州、涪州、施州、黔州。 云安军、梁山军。 大宁监。 凡统府一、州二十、军二、监一。	利州路	州、蓬州。 凡统府一、州九。	利州路	州改）、巴州、蓬州。 凡统府一、州九。	利州路	利州、洋州、阆州、文州、龙州（政州改）、巴州、蓬州、金州、阶州、西和州（旧岷州）、凤州。 大安军、天水军。 凡统府三、州十二、军二。	阶、成、和、凤四州附于金。明年，曦诛，遂复故境。
					夔州路	恭州（渝州改）、夔州、忠州、万州、开州、达州、涪州、施州、黔州。 云安军、梁山军、南平军。 大宁监。	夔州路	恭州、夔州、忠州、万州、开州、达州、涪州、施州、黔州、珍州、思州。 云安军、梁山军、南平军。 大宁监。	夔州路	重庆府（恭州升）、绍庆府（黔州升）、咸淳府（忠州升）。 夔州、万州、开州、达州、涪州、施州、思州、播州。	

续表

北宋									南宋		
太宗时			仁宗时		神宗时		徽宗时		道名	统府、州、军、监	备考
峡西路			峡西路		夔州路	凡统州九、军三、监一。	夔州路	凡统州十一、军三、监一。	夔州路	云安军、梁山军、南平军。 大宁监。 凡统府三、州八、军三、监一。	
广南东路	东南据大海，西北距五岭。	广州、连州、韶州、南雄州、英州、桢州、循州、梅州、潮州、端州、康州、新州、春州、恩州、封州、贺州。 凡统州十六。	广南东路	广州、连州、韶州、南雄州、英州、循州、惠州（桢州改）、梅州、潮州、端州、康州、新州、春州、南恩州（旧恩州）、封州、贺州。 凡统州十六。	广南东路	广州、连州、韶州、南雄州、英州、循州、惠州、梅州、潮州、端州、康州、新州、南恩州、封州、贺州。 凡统州十五。	广南东路	肇庆府（端州升）。 广州、连州、韶州、南雄州、英州、循州、惠州、梅州、潮州、康州、新州、南恩州、封州。 凡统府一、州十三。	广南东路	肇庆府、德庆府（康州升）、英德府（英州升）。 广州、连州、韶州、南雄州、循州、惠州、梅州、潮州、新州、南恩州、封州。 凡统府三、州十一。	

续表

北宋									南宋		
太宗时			仁宗时		神宗时		徽宗时		道名	统府、州、军、监	备考
广南西路	东北距岭，南控交阯，西抚蛮獠。	桂州、昭州、梧州、龚州、藤州、白州、容州、郁林州、浔州、贵州、横州、邕州、宾州、象州、柳州、融州、宜州、高州、化州、雷州、廉州、钦州、琼州、儋州、万安州、崖州。 凡统州二十六。	广南西路	桂州、昭州、梧州、龚州、藤州、白州、容州、郁林州、浔州、贵州、横州、邕州、宾州、象州、柳州、融州、宜州、高州、化州、雷州、廉州、钦州、琼州、儋州、万安州、崖州。 凡统州二十六。	广南西路	桂州、昭州、梧州、龚州、藤州、白州、容州、郁林州、浔州、贵州、横州、邕州、宾州、象州、柳州、融州、宜州、高州、化州、雷州、廉州、钦州、琼州。 昌化军（儋州降）、万安军（万安州降）、朱崖军（崖州降）。 凡统州二十三、军三。	广南西路	桂州、昭州、梧州、龚州、藤州、白州、容州、郁林州、浔州、贵州、横州、邕州、宾州、象州、柳州、融州、宜州、高州、化州、雷州、廉州、钦州、琼州、贺州。 昌化军、万安军、朱崖军。 凡统州二十六、军三。	广南西路	静江府（桂州升）、庆远府（宜州升）。 昭州、梧州、藤州、容州、郁林州、浔州、贵州、横州、邕州、宾州、象州、柳州、融州、高州、化州、雷州、廉州、钦州、琼州、贺州。 南宁军（昌化改）、吉阳军（朱崖改）、万安军。 凡统府二、州二十、军三。	

续表

北宋									南宋		
太宗时			仁宗时		神宗时		徽宗时		道名	统府、州、军、监	备考
广南西路			广南西路		广南西路		燕山府路	燕山府（唐幽州）。涿州、檀州、平州、易州、营州、顺州、蓟州、景州、经州（玉田县改）。凡统府一、州九。	广南西路		
							云中府路	云中府（唐云州）。武州、应州、朔州、蔚州、奉圣州（唐新州）、归化州（旧毅州）、儒州、妫州。凡统府一、州八。			

附记

一、本表以《宋史》为据，而参以《通考》《续通考》及顾祖禹《读史方舆纪要》、陈芳绩《历代地理沿革表》诸书。

一、上表所列，北宋有府三十八、州二百五十四、军五十九，南宋有府三十七、州一百二十四、军三十七，其旋增旋废各州及羁縻诸州，概未阑入。

一、宋初因周制，以大梁为东京开封府、洛阳为西京河南府，真宗建宋州为南京应天府，仁宗又建大名府为北京，谓之四京。高宗南渡，以临安府为行都，后遂定都焉。

（三）宋之制度

（1）官制

（甲）中央官

中央官制简表

官别＼沿革	宋初	元丰以后	政和以后		南宋		备考
三师 三公	太师 太傅 太保 太尉 司徒 司空	太师 太傅 太保 太尉 司徒 司空	三公 三孤	太师 太傅 太保 少师 少傅 少保	三公 三孤	太师 太傅 太保 少师 少傅 少保	《宋史·职官志》：三师三公，为宰相亲王使相加官，其特拜者，不预政事。大观元年，蔡京为太尉，二年为太师。政和二年九月，诏以太师、太傅、太保，古三公之官，今为三师，古无此称，合依三代为三公，为真相之任。司徒、司空，周六卿之官，太尉秦主兵之任，皆非三公，并宜罢之。仍考周制，立三孤：少师、少傅、少保，亦称三少，为三次相之任。至是，京始以三公任真相。三公自国初以来，未尝备官。独宣和

续表

官别＼沿革		宋初	元丰以后		政和以后		南宋		备考
									末，三公至十八人，三少不计也。自绍熙后，三公未尝备官。其后韩侂胄、史弥远、贾似道专政，皆至太师焉。
宰执	宰相	同中书门下平章事 参知政事（副相）	门下侍中 中书令 尚书令	（不除人）	左辅 右弼	（不除人）	左丞相 右丞相 参知政事		徐度《却扫篇》：国朝中书宰相、参知政事，多不过五员，两相则三参，三相则两参。
			尚书左仆射 尚书右仆射 门下侍郎 中书侍郎 尚书左丞 尚书左丞		太宰（左仆射改） 少宰（右仆射改） 门下侍郎 中书侍郎 尚书左丞 尚书右丞				
	枢密院	使（或称知院事） 副使（或称同知院事）	知院事 同知院事 签书院事		知院事 同知院事 签书院事 同签书院事		使 副使 知院事 签书院事 同签书院事		《宋史·职官志》：国初，官无定制，有使则置副，有知院则置同知院，资浅则用直学士签书院事。元丰五年，乃定置知院、同知院二人，副使悉罢。元祐初，复置签书院事。绍兴七

续表

官别＼沿革		宋初	元丰以后	政和以后	南宋	备考
宰执	枢密院					年，诏可依故事置枢密使，以宰相张浚兼之。至开禧，以宰臣兼使，遂为永制。使与知院、同知、副使亦或并除，其签书、同签书，并为端明殿学士，恩数特依执政。或以武臣为之，亦异典也。
三省	门下省	侍中（不常除人） 侍郎	侍郎 左散骑常侍（不除人） 左谏议大夫一人 左司谏一人 左正言一人	侍郎 左散骑常侍（不除人） 左谏议大夫一人 左司谏一人 左正言一人	侍郎 左散骑常侍（不除人） 左谏议大夫一人 左司谏一人 左正言一人	《宋史·职官志》：侍中，国朝以秩高罕除。自建隆至熙宁，真拜侍中才五人。虽有用他官兼领，而实不任其事。官制行，以左仆射兼门下侍郎，行侍中职，别置侍郎以佐之。南渡后，置左右丞相，省侍中不置。 按：左散骑常侍、左谏议大夫、左司谏、左正言，唐宋五代时，均为谏院官。宋神宗改定官制，隶于门下省。 《宋史·职官志》：

续表

<table>
<tr><th colspan="2">沿革
官别</th><th>宋初</th><th colspan="2">元丰以后</th><th colspan="2">政和以后</th><th>南宋</th><th>备考</th></tr>
<tr><td rowspan="4">三省</td><td>中书省</td><td>令（不真除）
侍郎</td><td colspan="2">侍郎
右散骑常侍（不除人）
右谏议大夫一人
右司谏一人
右正言一人</td><td colspan="2">侍郎
右散骑常侍（不除人）
右谏议大夫一人
右司谏一人
右正言一人</td><td></td><td>令，国朝未尝真拜。以他官兼领者，不预政事，然止曹佾一人，余皆赠官。官制行，以右仆射兼中书侍郎，行令之职，别置侍郎以佐之。中兴后。置左右丞相，省令不置。
又南渡后，复置参知政事，省中书侍郎不置。
按：右散骑常侍、右谏议大夫、右司谏、右正言，唐末五代时，均为谏院官。宋神宗改定官制，隶于中书省。</td></tr>
<tr><td rowspan="3">尚书省</td><td rowspan="3">令（不除人）
左仆射
右仆射
左丞
右丞</td><td colspan="2">令（不除人）</td><td colspan="2">令（不除人）</td><td rowspan="3"></td><td rowspan="3">《宋史·职官志》：自官制行，不置侍中中书令，以左仆射兼门下侍郎、右仆射兼中书侍郎，行侍中中书令职事。政和中，诏改左仆射为太宰、右仆射为少宰。南渡后，置左右丞相，省仆射不置。</td></tr>
<tr><td>左仆射
右仆射</td><td>（任正相）</td><td>太宰
少宰</td><td>（任正相）</td></tr>
<tr><td>左丞
右丞</td><td>（任副相）</td><td>左丞
右丞</td><td>（任副相）</td></tr>
</table>

续表

沿革 官别		宋初	元丰以后	政和以后	南宋	备考
三司使		使一人 副使三人				《宋史·职官志》：元丰官制行，罢三司使，并归户部。
学士院		翰林学士	翰林学士 翰林侍读学士 翰林侍讲学士			
谏院		知谏院六人				《宋史·职官志》：国初虽置谏院，知院官凡六人，以司谏、正言充职，而他官领者，谓之知谏院，正言、司谏亦有领他职而不预谏诤者。官制行，始皆正名。
六部	吏部	知审官院二人 判部事二人	尚书一人（长） 侍郎一人（贰）	尚书一人 侍郎一人	尚书一人 侍郎一人	《宋史·职官志》：宋初，三省六曹二十四司，类以他官主判。元丰官制成，以阶寄禄，而省台、寺、监之官，各还所职矣。
	户部	判部事一人	尚书一人（长） 侍郎二人（贰）	尚书一人 侍郎二人	尚书一人 侍郎二人	

续表

官别＼沿革		宋初	元丰以后	政和以后	南宋	备考
六部	礼部	判礼议院一人 判部事人一	尚书一人（长） 侍郎一人（贰）	尚书一人 侍郎一人	尚书（不常置） 侍郎一人	
	兵部	判部事一人	尚书一人（长） 侍郎一人（贰）	尚书一人 侍郎一人	尚书一人 侍郎一人（长贰互置）	
	刑部	知审刑院一人 判部事一人	尚书一人（长） 侍郎二人（贰）	尚书一人 侍郎二人	尚书一人 侍郎二人 （长贰互置）	
	工部	判部事一人	尚书一人（长） 侍郎一人（贰）	尚书一人 侍郎一人	尚书一人 侍郎一人	
御史台		大夫（不除正员） 中丞	大夫（不除人） 中丞一人（长）	中丞一人	中丞一人	
九寺	太常寺	判寺事 判太常礼院	卿一人（长） 少卿一人（贰）	卿一人 少卿一人	卿一人 少卿一人	
	宗正寺	知大宗正事一人 判寺事二人	知大宗正事一人 卿一人（长） 少卿一人（贰）	知大宗正事一人 卿一人 少卿一人	判大宗正事一人 卿（不常置） 少卿一人	
	光禄寺	判寺事人一	卿一人（长） 少卿一人（贰）	卿一人 少卿一人		《宋史·职官志》：中兴后废，并入礼部。
	卫尉寺	判寺事一人	卿一人（长） 少卿一人（贰）	卿一人 少卿一人		《宋史·职官志》：中兴后，卫尉寺废，并入工部。

续表

官别＼沿革		宋初	元丰以后	政和以后	南宋	备考
九寺	太仆寺	群牧使一人 判寺事一人	卿一人（长） 少卿一人（贰）	卿一人 少卿一人		《宋史·职官志》：中兴后，废太仆寺，并入兵部。
	大理寺	判寺事一人	卿一人（长） 少卿二人（贰）	卿一人 少卿二人	卿一人 少卿二人	
	鸿胪寺	判寺事一人	卿一人（长） 少卿一人（贰）	卿一人 少卿一人		《宋史·职官志》：中兴后，废鸿胪不置，并入礼部。
	司农寺	判寺事一人	卿一人（长） 少卿一人（贰）	卿一人 少卿一人	卿一人 少卿一人	
	太府寺	判寺事一人	卿一人（长） 少卿一人（贰）	卿一人 少卿一人	卿一人 少卿一人	
五监	国子监	判监事二人	祭酒一人（长） 司业一人（贰）	祭酒一人 司业一人	祭酒一人 司业一人	
	少府监	判监事一人	监一人（长） 少监一人（贰）	监一人 少监一人	监一人 少监一人	
	将作监	判监事一人	监一人（长） 少监一人（贰）	监一人 少监一人	监一人 少监一人	

续表

官别		宋初	元丰以后	政和以后	南宋	备考
五监	军器监	领于三司	监一人（长） 少监一人（贰）	监一人 少监一人		《宋史·职官志》：南渡，置御前军器所。建炎三年，诏军器监并归工部。绍兴三年，复置丞一员。十一年，诏复置长、贰各一员。隆兴初，诏置造军器，已有军器所，隶工部，本监惟置丞一员。
	都水监	判监事一人	使者一人	使者一人		《宋史·职官志》：绍兴十年，诏都水事归于工部，不复置官。

宋初官制，虽承袭于唐，特徒存其名，而任非其官。

宋承唐制，抑又甚焉。三师、三公不常置，宰相不专任三省长官，尚书、门下并列于外，又别置中书禁中，是为政事堂，与枢密对掌大政。天下财赋，内庭诸司，中外筦库，悉隶三司。中书省但掌册文、覆奏、考帐；门下省主乘舆八宝，朝会版位，流外考较，诸司附奏挟名而已。台、省、寺、监，官无定员，无专职，悉皆出入分莅庶务。故三省、六曹、二十四司，类以他官主判，虽有正官，非别敕不治本司事，事之所寄，十亡二三。故中书令、侍中、尚书令不预朝政，侍郎、给事不领省职，谏议无言责，起居不记注；中书常阙舍人，门下罕除常侍，司谏、正言非特旨供职亦不任谏诤。至于仆射、尚书、丞、郎、员外，居其官不知其职者，十常八九（《宋史》卷一六一《职官志序》)。

其官人受授之别，则有官、有职、有差遣。官以寓禄秩、叙位著，职以待文学之选，而别为差遣以治内外之事。其次又有阶、有勋、有爵。故仕人以登台阁、升禁从为显宦，而不以官之迟速为荣滞；以差遣要剧为贵途，而不以阶、勋、爵邑有无为轻重。时人语曰："宁登瀛，不为卿；宁抱椠，不为监。"(《宋史》卷一六一《职官志序》)

至其初设官之意，则在集权中央，又为防专擅之弊，不惜颠倒而错综之，而实权所寄，则以中书主政，枢密主兵，三司理财。

宰相

宋承唐制，以同平章事为真相之任，无常员；有二人，则分日知印。以丞、郎以上至三师为之。其上相为昭文馆大学士、监修国史，其次为集贤殿大学士。或置三相，则昭文、集贤二学士并监修国史，各除(《宋史》卷一六一《职官志》)。

唐初始合中书门下之职，故有同中书门下三品、同中书门下平章事。其后又置政事堂，盖以中书出诏令，门下掌封驳，日有争论，纷纭不决，故使两省先于政事堂议定，然后奏闻。开元中，张说奏改政事堂为中书门下，自是相承……莫之能改。……向日所谓中书者，乃中书门下政事堂也(《通考》卷五十《职官考四》)。

枢密使

掌军国机务、兵防、边备、戎马之政令，出纳密命，以佐邦治。凡侍卫诸班直、内外禁兵招募、阅试、迁补、屯戍、赏罚之事，皆掌之。……宋初，循唐、五代之制，置枢密院，与中书对持文、武二柄，号为"二府"(《宋史》卷一六二《职官志二》)。

唐末，诸司使皆内臣领之，枢密使始与宰相分权矣。降及五代，改用士人，枢密使皆天子腹心之臣。……其权重于宰相。太祖受命，以宰相专主文事，参知政事佐之；枢密使专掌武事，副使佐之(《通考》卷五十

《职官考四》）。

三司使

国初沿五代之制，置使以总国计，应四方贡赋之入，朝廷不预，一归三司。通管盐铁、度支、户部，号曰“计省”，位亚执政，目为“计相”（《宋史》卷一六二《职官志二》）。

唐自天宝以后，天下多事，户口凋耗，租税日削，法既变而用不给，故兴利者进而征敛，名额繁矣。方镇握重兵，皆留财赋自赡，其上供殊鲜。五代疆境偪蹙，藩镇益强，率令、部曲主场院，其属三司者，补大吏以临之，输额之外，亦私有焉（《宋史》卷一七九《食货志下一》）。

太祖周知其弊，及受命，务恢远略，修建法程，示之以渐。建隆中，牧守来朝，犹不贡奉以助军实。乾德三年，始诏诸州支度经费外，凡金帛悉送阙下，毋或占留。时藩郡有阙，稍命文臣权知所在场务，或遣京朝官廷臣监临，于是外权始削而利归公上，条禁文簿，渐为精密（《宋史》卷一七九《食货志下一》）。

淳化元年诏曰：“周设司会之职，以一岁为准；汉制上计之法，以三年为期。所以详知国用之盈虚，大行群吏之诛赏，斯乃旧典，其可废乎？三司自今每岁具见管金银、钱帛、军储等簿以闻。”四年，改三司为总计司，左右大计分掌十道财赋。令京东西南北各以五十州为率，每州军岁计金银、钱、缯帛、刍粟等费，逐路关报总计司，总计司置簿，左右计使通计置裁给，余州亦如之。未几，复为三部。宋聚兵京师，外州无留财，天下支用悉出三司（《宋史》卷一七九《食货志下一》）。

宋朝艺祖开基，惩五季之乱，藩臣擅有财赋，不归王府，自乾德以后，僭伪略平，始置诸道转运使，以总利权。……其转运使之名，国初但曰勾当某路水陆计度转运事，官高者则曰某路计度转运使。太平兴国初皆曰使，两省以上则为都转运使，又置副使与诸路判官焉。……真宗每用兵，或令都部署兼转运使；王师征讨，则有随军转运使，事毕即停。至

道中，诏曰："天下物宜，民间利病，惟转运使得以周知。令更互赴阙，延见询问焉。"（《通考》卷六十一《职官考五》）

宋财政职官简表

	名称	职掌	备考
中央	三司史	见前	《宋史·职官志》：太平兴国八年，分置三使。淳化四年，复置使一员，总领三部。又分天下为十道，在京东曰左计，京西曰右计，置使二员分掌。俄又置总计使，判左右计事。左右计使，判十道事。五年，罢十道左右计使，复置三部使。咸平六年，罢三部使，复置三司一员。
地方	都转运使 转运使 副使 判官	《宋史·职官志》：掌经度一路财赋，而察其登耗，有以足上供，及郡县之费。每岁行所部，检察储积，稽考帐籍。凡吏蠹民瘼，悉条以上達，及专举刺史官吏之事。	
临时	随军转运使	《宋史·职官志》：有军旅之事，则供馈钱粮，或令本官随军移运，或别置随军转运使一员。	

但自真、仁之际，已起改革之议。至神宗，始见诸实行。

自真宗、仁宗以来，议者多以正名为请。咸平中，杨亿首言文昌会府有名无实，宜复其旧。既而言者相继，乞复二十四司之制。至和中，吴育亦言，尚书省天下之大有司，而废为闲所，当渐复之然。朝论异同，未遑厘正（《宋史》卷一六一《职官志序》）。

神宗即位，慨然欲更其制。熙宁末，始命馆阁校《唐六典》。元丰三年，以摹本赐群臣，乃置局中书，命翰林学士张璪等详定。八月，下诏，肇新官制，省台、寺、监领空名者，一切罢去，而易之以阶。五年，省台、寺、监法成。六年，尚书新省成，帝亲临幸，召六曹长、贰以下，询以职事，因诫敕焉（所置之官，见前表。〔《宋史》卷一六一《职官志序》〕）。

徽宗时，蔡京辅政，复加变更，与元丰之制，又多不同。

大抵自元祐以后，渐更元丰之制，二府不分班奏事，枢密加置签书。户部则不令右曹专典常平，而总于其长。起居郎、舍人，则通记起居，而不分言、动，馆职则增置校勘黄本。凡此皆与元丰稍异也。其后蔡京当国，率意自用，然动以继志为言。……又更两省之长为左辅、右弼，易端揆之称为太宰、少宰。是时员既滥冗，名且紊杂。……宣和末，王黼用事，方且追咎元祐纷更，乃请设局以修官制，格目为正名，亦何补矣（《宋史》卷一六一《职官志序》）。

南宋改革官制，其特异者，则去三省长官虚称，而置丞相。

建炎中兴，参酌润色，因吕颐浩之请，左右仆射，并同中书门下平章事、两省侍郎，改为参知政事，三省之政合乎一。乾道八年，又改左右仆射为左右丞相，删去三省长官虚称，道揆之名遂定。……惟枢密本兵，与中书对掌机务，号东西二府，命宰相兼知院事。建炎四年，实用庆历故典。其后，兵兴则兼枢密使，兵罢则免。至开禧初，始以宰臣兼枢密为永制。当多事时，诸部或长、贰不并置，或并郎、曹使相兼之，惟吏部、户部不省不并，兵休稍稍增置（《宋史》卷一六一《职官志序》）。

北宋之末，宰相上，复有贵官。

唐初，始定制以三省为宰相之司存，以三省长官为宰相之职任。然省分为三，各有所掌，而其官亦复不一，相职既尊，无所不统。……于是始有同中书门下三品、同平章事、参知机务、参预政事之名焉。……所谓同平章事者，唐初虽以称宰相，乃以处资浅之人，在参知政事之下。中世以后，则独为真宰相之官。……自唐开元以来，郭子仪、李光弼相继以平章事为节度使，谓之使相，而宰相之职侪于他官自此始。自宋元祐以后，文潞公（彦博）、吕申公（公著）相继以平章军国重事序宰臣上，而宰相之上复有贵官自此始（《通考》卷四十九《职官考三》）。

平章军国重事，元祐中置，以文彦博太师、吕公著守司空相继为之，序宰臣上。所以处老臣硕德，特命以宠之也。故或称“平章军国重事”，或称“同平章军国事”。五日或两日一朝，非朝日不至都堂。其后，蔡京、王黼以太师总三省事，三日一朝，赴都堂治事。开禧元年，韩侂胄拜平章，讨论典礼，乃以“平章军国事”为名。盖省“重”字则所预者广，去“同”字则所任者专。边事起，乃命一日一朝，省印亦归其第，宰相不复知印。其后，贾似道专权，窃位日久，尊宠日隆，位皆在丞相上（《宋史》卷一六一《职官志一》）。

翰林学士知制诰，唐时已极重之。至宋特定资权，尤为清要显美之官。

按：唐之所谓翰林学士，只取文学之人，随其官之崇卑，入院者皆为学士，延觐之际，则各随其元官立班。而所谓学士，未尝有一定之品秩也。故其尊贵亲遇者……参议政事，或一迁而为宰相。而其孤远新进者，或起自初阶，或元无出身，至试令草麻制，甚者或试以诗赋，如试进士之法，其人皆呼学士，自唐至五代皆然。至宋则始定制，资浅者为直院，暂行者为权直，于是真为翰林学士者，职始显贵，可以比肩台长，举武政路矣（《通考》卷五十四《职官考八》）。

翰林学士院……凡他官入院未除学士，谓之直院学士。……他官暂行院中文书，谓之权直。国初至元丰，官制行，百司事失其实，多所厘正，独学士院承唐旧典不改（《宋史》卷一六二《职官志二》）。

元丰官制，废翰林侍读、侍讲学士不置，但以为兼官，然必侍从以上，乃得兼之。其秩卑资浅，则为说书（《宋史》卷一六二《职官志二》）。

学士侍从有学术者，为侍讲侍读。其秩卑资浅而可备讲说者，则为读书人（《宋史》卷一六二《职官制二》）。

翰苑经筵，在近代为至清要显美之官。……元丰官制既行，而讲、读始去翰林之名，自为经筵之官矣（《通考》卷五十四《职官考八》）。

馆阁学士，所选皆英俊，号为储才之地。一经此职，遂为名流，故宋代最重馆职。

国初，以史馆（历代多属秘书，唐太宗始移史馆于门下，令宰相监修。玄宗复移之中书）、昭文馆（门下省有弘文馆，唐太宗所置，宋改为昭文馆）、集贤院（中书省有集贤殿书院，唐玄宗所置，皆贮图籍，多大臣兼领）为三馆，皆寓崇文院（《宋史》卷一六二《职官志二）》。

其上相为昭文馆大学士、监修国史，其次为集贤殿大学士。或置三相，则昭文、集贤二学士并监修国史各除。唐以来，三大馆皆宰臣兼，故仍其制（《宋史》卷一六一《职官志一）》。

太宗端拱元年，诏就崇文院中堂建秘阁，择三馆真本书籍万余卷及内出古画、墨迹藏其中，以右司谏直史馆宋泌为直秘阁。直馆、直院则谓之馆职，以他官兼者谓之贴职。元丰以前，凡状元、制科一任还，即试诗赋各一而入，否则用大臣荐而试，谓之入馆。官制行，废崇文院为秘书监，建秘阁于中，自监少至正字列为职事官。罢直馆、直院之名，独以直秘阁为贴职，皆不试而除，盖特以为恩数而已（《宋史》卷一六二《职官志二）》。

国朝儒馆仍唐制，有四：曰昭文馆、曰史馆、曰集贤院、曰秘阁，率以上相领昭文大学士，其次监修国史，其次领集贤。若只两相，则首厅兼国史，唯秘阁最低，故但以两制判之。四局各置直官，均谓之馆职，皆称学士，其下则为校理、检讨、校勘，地望清切，非名流不得处。……自熙宁以来，或颇用赏劳。元丰官制行，不置昭文、集贤，以史馆入著作局，而直秘阁只为贴职。至崇宁、政、宣，以处大臣子弟姻戚，其滥及于钱谷文俗吏，士大夫不复贵重（洪迈《容斋四笔》卷一）。

宋朝殿学士，有观文殿大学士学士、资政殿大学士学士、端明殿学士。殿学士资望极峻，无吏守，无典掌，惟出入侍从备顾问而已。观文殿大学士，非曾为宰相不除。观文殿学士、资政殿大学士及学士，并以宠辅臣之去位者。端明殿学士，惟学士久次者始除（《通考》卷五十四《职官考八》）。

总阁学士、直学士，宋朝庶官之外，别加职名，所以厉行义文学之士，高以备顾问，其次与论议、典校雠，得之为荣，选择尤精（《宋史》卷一六二《职官志二》）。

国朝馆阁之选，皆天下英俊，然必试而后命。一经此职，遂为名流。其高者，曰集贤殿修撰、史馆修撰、直龙图阁、直昭文馆、史馆、集贤院、秘阁。次曰集贤、秘阁校理。官卑者，曰馆阁校勘、史馆检讨，均谓之馆职。记注官缺，必于此取之，非经修注，未有直除知制诰者。官至员外郎则任之，中外皆称为学士。及元丰官制行，凡带职者，皆迁一官而罢之，而置秘书省官，大抵与职事官等（洪迈《容斋随笔》卷十六）。

旧贴职止于直秘阁、直龙图阁、右文殿修撰三等（神宗罢集贤院。徽宗政和六年，以集贤院无此名，其见任集贤院修撰，并改为右文殿修撰）。政和六年九月，手诏："天下人才富盛，趋事赴功者众，不足以待多士，可增置直徽猷阁、直显谟阁、直宝文阁、直天章阁秘阁修撰，集英殿修撰凡九等。"中兴以后，又增敷文、焕章、华文、宝谟、宝章五等矣。等级既多，迁转亦易，非旧比也（王栐《燕翼诒谋录》卷四）。

（乙）地方官

宋初，革五季之患，召诸镇节度会于京师，赐第以留之。分命朝臣出守列郡，号权知军州事。军谓兵，州谓民政焉（《宋史》卷一六七《职官志七》）。

太祖始削外权，命文臣往莅之。由是内外所授官，多非本职，惟以差遣为资历（《宋史》卷一五八《选举志四》）。

外官则有“亲民”“厘务”二等（《宋史》卷一六一《职官志序》）。

外官则惩五代藩镇专恣，颇用文臣知州，复设通判以贰之。阶官未行之先，州、县守令，多带中朝职事官（《宋史》卷一六一《职官志序》）。

府、州、军、监……其后文武官参为知州军事，二品以上，及带中书、枢密院、宣徽使职事，称判某府、州、军、监。诸府置知府事一人，州、军、监亦如之，掌总理郡政，宣布条教，导民以善而纠其奸慝，岁时劝课农桑，旌别孝悌，其赋役、钱谷、狱讼之事、兵民之政皆总焉。……察郡吏德义材能而保任之，若疲软不任事，或奸贪冒法，则按劾以闻。……若河南、应天、大名府，则兼留守司公事。太原府、延安府、庆州、渭州、熙州、秦州，则兼经略安抚使、马步军都总管。定州、真定府、瀛州、大名府、京兆府，则兼安抚使、马步军都总管。泸州、潭州、广州、桂州、雄州，则兼安抚使、兵马钤辖。颍昌府、青州、郓州、许州、邓州，则兼安抚使、兵马巡检。其余大藩府或沿边州郡，或当一道冲要者，并兼兵马钤辖、巡检，或带沿边安抚、提辖兵甲、沿边溪洞都巡检。余州、军，则别其地望之高下与职务之繁简而置之，分曹以理之，而总其纲要，凡属县之事皆统焉（《宋史》卷一六七《职官志七》）。

通判，宋初惩五代藩镇之弊，乾德初，下湖南，始置诸州通判，命刑部郎中贾玭等充。建隆四年，诏知府公事并须长史、通判签议连书，方许行下。时大郡置二员，余置一员，州不及万户不置，武臣知州，小郡亦特置焉。其广南小州，有试秩通判兼知州者。职掌倅贰郡政，凡兵民、钱谷、户口、赋役、狱讼听断之事，可否裁决，与守臣通签书施行。所部官有善否及职事修废，得刺举以闻（《宋史》卷一六七《职官志七》）。

县令，建隆元年，令天下诸县，除赤、畿外，有望、紧、上、中、下，掌总治民政（《宋史》卷一六七《职官志七》）。

建隆三年，始以朝臣为知县。其间复参用京官或幕职为之（《通考》卷六十三《职官考十七》）。

按：宋初地方官，为两级制度，即以州统县是也。其特异之点，则有节度州、刺史州之别，复分"亲民""厘务"二等，且不设正官，而以差遣形式，以京朝官外补。又诸州设通判以为佐贰，县令亦由吏部殿最，意在集权中央，以杜专擅之弊。其后设置诸使，兼按察之事，始有监司之官，成为三层等级。

转运使

初主一路财权，太宗后各事无所不总，南宋谓之漕司。

宋朝艺祖开基，惩五季之乱，藩臣擅有财赋，不归王府。自乾德以后，僭伪略平，始置诸道转运使，以总利权。……其转运使之名，国初但曰勾当某路水陆计度转运事，官高者则曰某路计度转运使。太平兴国初，皆曰使。两省以上则为都转运使。……至道中，诏曰："天下物宜，民间利病，惟转运使得以周知，令更互赴阙，延见询问焉。"庆历中，皆带按察之任（《宋史·仁宗本纪》：庆历三年五月，诏诸路转运使并兼按察使，岁具官吏能否以闻）。六年罢之（《通考》卷六十一《职官考十五》）。

都转运使、转运使……掌经度一路财赋。……岁行所部，检察储积，稽考帐籍。凡吏蠹民瘼，悉条以上达，及专举刺官吏之事（《宋史》卷一六七《职官志七》）。

提点刑狱公事

初为转运使属官，真宗时析出，南宋谓之宪司。

宋太宗淳化二年，以司门员外郎董循等一十一人，分充诸路转运司、提点刑狱，四年省。景德四年，真宗谓王旦曰："朕虑四方刑狱官吏，未尽得人。……今军民事务，虽有转运使，且地远无由知。先帝尝选朝臣为诸路提点刑狱，今可复置，仍以使臣副之。”于是置诸路提点刑狱公事，以朝臣充。……熙宁十年，复置提点京畿刑狱。……元丰因之，总郡国之庶狱，核其情实而覆以法。督治奸盗，申理冤滥，则隶提刑司。岁察所部廉能而保任之，若疲软或冒法，则随其职事劾奏（《通考》卷六十一《职官考十五》）。

提点刑狱公事，掌察所部之狱讼而平其曲直，所至审问囚徒，详覆案牍。凡禁系淹延而不决，盗窃逋窜而不获，皆劾以闻，及举刺官吏之事（《宋史》卷一六七《职官志七》）。

提举常平茶盐公事

提举常平盐、茶二司，高宗时合并，谓之仓司。

提举常平司，掌常平、义仓、免役、市易、坊场、河渡、水利之法，视岁之丰歉，而为之敛散以惠农民。凡役钱，产有厚薄，则输有多寡，及给吏禄，亦视其执役之重轻难易，以为之等；商有滞货，则官为敛之，复售于民，以平物价，皆总其政令，仍专举刺官吏之事。熙宁初，先遣官提举河北、陕西路常平。未几，诸路悉置提举官（《宋史》卷一六七《职官志七》）。

提举茶盐司，掌摘山、煮海之利，以佐国用。皆有钞法，视其岁额之登损，以诏赏罚。凡给之不如期，鬻之不如式，与州、县之不加恤者，皆劾以闻。政和改元，诏江、淮、荆、浙六路，共置一员，既而诸路皆置（《宋史》卷一六七《职官志七》）。

中兴后，通置提举常平茶盐司。……绍兴十五年……诏诸路提举茶盐官，改充提举常平茶盐公事。……是年冬，诏提举官依旧法为盐司，与转运判官叙官，岁举升改。官员有不职，则按以闻（《宋史》卷一六七《职官志七》）。

经略安抚使

南宋谓之帅司。

经略安抚使一人，以直秘阁以上充，掌一路兵民之事，皆帅其属而听其狱讼，颁其禁令，定其赏罚，稽其钱谷、甲械出纳之名籍而行以法。若事难专决，则具可否具奏。……帅臣任河东、陕西、岭南路职，在绥御戎夷，则为经略安抚使兼都总管，以统制军旅（《宋史》卷一六七《职官志七》）。

宋朝不常置。咸平五年，始以右仆射张齐贤，为邠宁环庆泾原路经略使，判汾州诸路军马，并受节度；又以邓州观察使钱若水，为并代经略使，判并州。自后不除人。宝元中，夏人入寇，始命陕西沿边大将，皆兼经略。皇祐间，侬智高扰边，诏知广桂州并带经略安抚使。自后西南二边，常带经略，所以重帅权，而服羌夷也（《通考》卷六十二《职官考十六）》。

此外，宣抚、制置不常置。宋本唐制，设节度使、大都督，唯徒有其名。南宋都督绾军符，始有实权。

节度使，宋初无所掌，其事务悉归本州知州、通判兼总之，亦无定员，恩数与执政同。初除锁院降麻，其礼尤异，以待宗室、近属、外戚、国婿、年劳久次者，若外任除殿帅，始授此官，亦止于一员。或有功勋显著，任帅守于外，及前宰执拜者，尤不轻授。又遵唐制，以节度使兼中书令，或侍中或中书门下平章事，皆谓之使相，以待勋贤故老及宰相久次罢政者。随其旧职，或检校官，加节度使，出判大藩，通谓之使相。元丰以新制，始改为开府仪同三司。……中兴，诸州升改节政镇，凡十有二。是时，诸将勋名，有兼两镇三镇者，实为希阔之典。其后相承，宰执从官及后妃之族，拜者不一（《宋史》卷一六六《职官志六》）。

大都督及长史，掌司牧尹（注：亲王为节度，则大都督领之。庶姓为节度，则长史领之），阙则置知府事一人、通判一人，司马不厘务。旧制：凡都督州，建官如上。南渡后，以见任宰相充都督，次有同都督，有督视军马，多执政为之。虽名称略同，然掌总诸路军马，督护诸将，非旧制比也（《宋史》卷一六七《职官志七》）。

（2）兵制

五代以来，禁军骄横，藩镇跋扈。宋惩其弊，故所定兵制，集权中央，天子直辖禁军，且使分屯于外。

太祖、太宗平一海内，惩累朝藩镇跋扈，尽收天下劲兵，列营京畿，以备藩卫，其分营于外者曰就粮。就粮者，本京师兵，而便廪食于外，故听其家往。其边防要郡，须兵屯守，即遣自京师。诸镇之兵，亦皆戍更。真宗、仁宗、英宗嗣守，其法益以完密。于时天下山泽之利，悉入县官，以资廪赐。将帅之臣，入奉朝请，以备指踪。犷悍之民，收隶尺籍，以给守卫。兵无常帅，帅无常师，内外相维，上下相制，等级相轧，虽有暴戾恣睢，无所厝于其间（《通考》卷一五二《兵考四》）。

其兵之种类有四。

制兵之额有四：曰禁兵，曰厢兵，曰乡兵，曰藩兵，分隶殿前侍卫总管司，而籍藏枢密院。凡召募、廪给、训练、屯戍、拣选补之政，皆枢密院掌之（《通考》卷一五二《兵考四》）。

（甲）禁兵

禁兵者，天子之卫兵也，殿前侍卫二司总之。其最亲近扈从者，号诸班直。其次总于御前忠佐军头司、皇城骐骥院，皆以守京师，备征伐。其在外者，非屯驻屯泊，则就粮军也。太祖鉴前代之失，萃精锐于京师（《宋史》卷一八七《兵志一》）。

殿前司都指挥使、副都指挥使、都虞候各一人，掌殿前诸班直，及步骑诸指挥之名籍，凡统制、训练、蕃卫、戍守、迁补、赏罚，皆总其政令（《宋史》卷一六六《职官志六》）。

侍卫亲军马军都指挥使、副都指挥使、都虞候各一人，掌马军诸指挥之名籍，凡统制、训练、番卫、戍守、迁补、赏罚，皆总其政令（《宋史》卷一六六《职官志六》）。

侍卫亲军步军都指挥使、副都指挥使、都虞候各一人，掌步军诸指挥之名籍，凡统制、训练、番卫、戍守、迁补、赏罚，皆总其政令（《宋史》卷一六六《职官志六》）。

石林叶氏曰："……始唐制有十二卫兵，后又有六军，十二卫兵为南衙，汉之南军也；六军为北衙，汉之北军也，末年常以大臣一人总之。……都指挥使本方镇军校之名，自梁起宣武军，乃以其镇兵，因仍旧号，置在京马步军都指挥使而自将之。盖于唐六军诸卫之外，别为私兵。至后唐明宗，遂改为侍卫亲军，以康义诚为马步军都指挥使，秦王从荣以河南尹为大元师，典六军。此侍卫司所从始也。"（《通考》卷五十八《职官考十二》）

（乙）厢兵

厢兵者，诸州之镇兵也，内总于侍卫司。一军之额，有分隶数州者，或一州之管兼屯数州者。在京诸司之额五，隶宣徽院以分给畜牧、缮修之役，而诸州则各以其事属焉。建隆初，选诸州募兵之壮勇者，部送京师，以备禁卫；余留本城，虽无戍更，然罕教阅，类多给役而已（《宋史》卷一八九《兵志三》）。

（丙）乡兵

乡兵者，选自户籍，或土民应募，在所团结训练，以为防守之兵也。周广顺中，点秦州税户，充保毅军，宋因之。自建隆四年，分命使臣往关西道，令调发乡兵赴庆州。咸平四年，令陕西系税人户，家出一丁，号曰保毅，官给粮赐，使之分番戍守。五年，陕西缘边丁壮充保毅者，至六万八千七百七十五人。……天禧间……河北强壮，恐夺其农时，则以十月至正月旬休日，召集而教阅之。……当是时，河北、河东有神锐、忠勇、强壮，河北有忠顺、强人，陕西有保毅强人、砦户强人、弓手，河东、陕西有弓箭手，河北东、陕西有义勇，麟州有义兵，川峡有土丁、壮丁，荆湖南北有弩手、土丁，广南东西有枪手、土丁，邕州有溪洞壮丁、土丁，广南东西有壮丁（《宋史》卷一九〇《兵志四》）。

（丁）藩兵

藩兵者，塞下内属诸部落，团结以为藩篱之兵也（《通考》卷一五六《兵考八》）。

又有藩兵，其法始于国初，具籍塞下，团结以为藩篱之兵。其后分队伍，给旗帜，缮营堡，备器械，一律以乡兵之制（《宋史》卷一八七《兵志序》）。

乡兵、藩兵，非所在皆有，而厢兵亦罕教阅，给役而已。是可称为兵者，只有禁兵耳。其招募及训练方法，亦皆有规定。

召募之制，起于府卫之废。唐末，士卒疲于征役，多亡命者，梁祖令诸军悉黥面为字，以识军号，是为长征之兵。方其募时，先度人材，次阅走跃，试瞻视，然后黥面，赐以缗钱、衣履而隶诸籍。国初因之，或募土人就所在团立，或取营伍子弟听从本军，或募饥民以补本城，或以有罪配隶给役。取之虽非一途，而伉健者迁禁卫，短弱者为厢军，制以队伍，束以法令。……初，太祖拣军中强勇者号兵样，分送诸道，令如样招募。后更为木梃，差以尺寸高下，谓之等长杖，委长吏、都监度人材取之。当部送阙者，军头司覆验，引对便坐，分隶诸军（《宋史》卷一九三《兵志七》）。

拣选之制，建隆初，令诸州召募军士部送阙下，至则军头司覆验等第，引对便坐，而分隶诸军焉。其自厢军而升禁兵，禁兵而升上军，上军而升班直者，皆临轩亲阅，非材勇绝伦，不以应募，余皆自下选补（《宋史》卷一九四《兵志八》）。

先是，太祖惩潘镇之弊，分遣禁旅，戍守边城，立更戍法，使往来道路，以习勤苦，均劳逸，故将不得专其兵，兵不至于骄惰（《宋史》卷一八八《兵志二》)。

惟相沿日久，教阅废弛，遂有“数日增，而其不可一战也，亦愈甚”之弊。故王荆公变法，乃以民兵代募兵，而民兵遂盛于一时。

咸平以后，承平既久，武备渐宽。仁宗之世，西兵招刺太多，将骄士惰，徒耗国用，忧世之士屡以为言，竟莫之改。神宗奋然更制，于是联比其民以为保甲，部分诸路以隶将兵（保甲将兵，详后王安石变法），虽不能尽拯其弊，而亦足以作一时之气。时其所任者，王安石也（《宋史》卷一八七《兵志序》）。

元祐复古，废保甲，罢教阅，于是民兵亦衰。

自元丰而后，民兵日盛，募兵日衰，其募兵阙额，则收其廪给，以为民兵教阅之费。元祐以降，民兵亦衰。崇宁、大观以来，蔡京用事，兵弊日滋，至于受逃亡，收配隶，犹恐不足。政和之后，久废搜补，军士死亡之余，老疾者徒费廪给，少健者又多冗占，阶级既坏，纪律遂亡。童贯握兵，势倾内外，凡遇阵败，耻于人言，第申逃窜。河北将兵，十无二三，往往多住招阙额，以其封桩为上供之用。陕右诸路，兵亦无几，种师道将兵入援，止得万五千人。故靖康之变，虽画一之诏，哀痛激切，而事已无及矣（《宋史》卷一八七《兵志一》）。

高宗南渡建国，适在扰攘之秋，虽立御前五军之名，而实权仍操之诸帅之手。及罢三宣抚司，诸军直隶于朝廷，旧制始复。

高宗南渡，始建御营司。未几，复并御营，归枢密院。绍兴四年，改御前五军为神武军，御营为神武军副，并隶枢密院。五年，上以祖宗故事，兵皆隶三衙（殿前司及侍卫亲军马、步司），乃废神武中军，隶殿前司，于是殿、司兵柄始一（《宋史》卷一八七《兵志一》）。

诸屯驻大军，则皆诸将之部曲。高宗开元帅府，诸将兵悉隶焉。建炎后，诸大将兵浸盛，因时制变，屯无常所。如刘光世军或在镇江、池州、太平，韩世忠军或屯江州、江阴，岳飞一军或屯宜兴、蒋山，王彦八字军随张浚入蜀，吴玠兵多屯凤州、大散关、和尚原。是时合内外大军十九万四千余，川、陕不与焉。及杨沂中将中军总宿卫，江东刘光世（右军）、淮东韩世忠（后军）、湖北岳飞（左军）、湖南王燮（前军后归张俊，刘光世军降齐，以吴玠军升补）四军共十九万一千六百，亦未尝有屯。绍兴十一年，范同以诸将握兵难制，献谋秦桧，且以柘皋之捷言于上，召张俊、韩世忠、岳飞入觐，张俊首纳所部兵。分命三大帅副校各统所部，自为一军，更衔曰统制御前军马。罢宣抚司（韩、张、岳均带宣抚使职，号为三宣抚司），遇出师取旨，兵皆隶枢密院，屯驻仍旧（《宋史》卷一八七《兵志一》）。

旧制，出师征讨，诸将不相统一，则拔一人为都统制以总之，未为官称也。建炎初，置御营司，擢王渊为都统制，名官自此始。……绍兴十一年，三大将（张、韩、岳）兵罢，诸军皆冠以御前二字，擢其偏裨为御前统领官，以统制御前军马入衔，秩高者为御前诸军都统制，且令仍旧驻扎，以屯驻州名，冠军额之上（《宋史》卷一六七《职官志七》）。

南来依江淮为守，故扩水军。

至于水军之制，则有加于前者，南渡以后，江、淮皆为边境故也。建炎初，李纲请于沿江、淮、河帅府置水兵二军，要郡别置水兵一军，次要郡别置中军，招善舟楫者充，立军号曰凌波、楼船军。其战舰则有海鳅、水哨马、双车、得胜、十棹、大飞、旗捷、防沙、平底、水飞马之名。隆兴以后至于宝祐、景定间，江、淮沿流堡隘相望，守御益繁，民劳益甚。迨咸淳末，广东籍蜑丁，闽海拘舶船民船，公私俱弊矣（《宋史》卷一八七《兵志一》）。

（3）刑法

宋之法律，一仍唐旧。至于事势扞格，则事改革，而以敕行之。

宋法制，因《唐律》令、格、式而随时损益，则有《编敕》，一司、一路、一州、一县，又别有《敕》。建隆初，诏判大理寺窦仪等，上《编敕》四卷，凡一百有六条，诏与新定《刑统》三十卷并颁天下，参酌轻重为详，世称平允（《宋史》卷一九九《刑法志一》）。

凡断狱本于律，律所不该，以敕、令、格、式定之。凡律之名十有二：曰名例，曰禁卫，曰职制，曰户婚，曰厩库，曰擅兴，曰盗贼，曰斗讼，曰诈伪，曰杂律，曰捕亡，曰断狱。……其一司、一路、海行所不该者，折而为专法（《宋史》卷一六三《职官志三》）。

厥后敕条递有增加，亦屡经修改。至神宗时，乃变更其目。

神宗以律不足以周事情，凡律所不载者，一断以敕，乃更其目曰敕、令、格、式，而律恒存乎敕之外。熙宁初，置局修敕。……元丰中始成书，二千有六卷，复下二府参订，然后颁行（《宋史》卷一九九《刑法志一》）。

法令之书，其别有四，敕、令、格、式是也。神宗圣训曰："禁于未然之谓敕，禁于已然之谓令，设于此以待彼之至谓之格，设于此使彼效之谓之式。"凡入笞、杖、徒、流、死，自例以下至断狱十有二门，丽刑名轻重者，皆为敕；自品官以下至断狱三十五门，约束禁止者，皆为令；命官庶人之等，倍全分厘之给，有等级高下者，皆为格；表奏、帐籍、关牒、符檄之类，有体制模楷者，皆为式。《元丰编敕》用此，后来虽数有修定，然大体悉循用之（洪迈《容斋三笔》卷十六）。

自此迄于南渡，均遵行此种制度。但经绍兴、乾道、淳熙、庆元、淳祐，凡修改五次，其余一司、一路、一州、一县之《敕》，时有损益，不可胜记。

太祖受禅，始定折杖之制。凡"流"刑四：加役流，脊杖二十，配役三年。流三千里，脊杖二十；二千五百里，脊杖十八；二千里，脊杖十七，并配役一年。凡"徒"刑五：徒三年，脊杖二十；徒二年半，脊杖十八；二年，脊杖十七；一年半，脊杖十五；一年，脊杖十三。凡"杖"刑五：杖一百，臀杖二十；九十，臀杖十八；八十，臀杖十七；七十，臀杖十五；六十，臀杖十三。凡“笞”刑五：笞五十，臀杖十下；四十、三十，臀杖八下；二十、十，臀杖七下（《宋史》卷一九九《刑法志一》）。

宋制有加杖、配役、刺配，与唐不同。

流配旧制，止于远徙，不刺。而晋天福中，始创刺面之法，遂为戢奸重典。宋因其法（《通考》卷一六八《刑考七》）。

凡应配役者傅军籍，用重典者黥其面，会赦则有司上其罪状，轻者纵之，重者终身不释（《宋史》卷二〇一《刑法志三》）。

太宗以国初诸方割据，沿五代之制，罪人率配隶西北边，多亡投塞外，诱羌为寇，乃诏：“当徒者，勿复隶……缘边诸郡。”时江广已平，乃皆流南方。先是，犯死罪获贷者，多配隶登州沙门岛，及通州海岛，皆有屯兵使者领护（《宋史》卷二〇一《刑法志三》）。

宋人承五代，为刺配之法，既杖其脊，又配其人，而且刺其面，是一人之身，一事之犯，而兼受三刑也。……聚罪废无聊之人，于牢城之中，使之合群以构怨。……其亡去为盗，挺起为乱，又何怪哉！宋江以三十六人，横行河朔，迄不能制之，是皆刺配之徒，在在而有以为之耳目也（邱濬《大学衍义补》卷一〇五）

又矫专杀之弊，凡诸州刑狱，皆须上奏，经详断，始命论决。

建隆三年，令诸州奏大辟案，须刑部详覆。寻如旧制。大理寺详断而后覆于刑部，凡诸州狱，则录事参军与司法掾参断之。……又惧刑部、大理寺用法之失，别置审刑院谳之（《宋史》卷一九九《刑法志一》）。

判刑部李昌龄言：“旧制大理定刑，送部详覆，官入法状，主判官下断语，乃具奏。”……淳化初……帝又虑大理、刑部吏舞文巧诋，置审刑院于禁中。……凡狱上奏，先达审刑院，印讫，付大理寺、刑部断覆以闻。乃下审刑院详议申覆，裁决讫，以付中书省。当，即下之；其未允者，宰相覆以闻，始命论决（《宋史》卷一九九《刑法志一》）。

国朝旧制，刑部、审刑院、大理寺主断内外所上刑狱，与凡法律之事。又有纠察在京刑狱司，以参稽审覆。官制既行，审刑院、纠察司皆省，而归其职于刑部。四方之狱，非奏谳者，则提点刑狱主焉（《通考》卷一六七《刑考六》）。

（4）学校

（甲）京师学

国子学

初，国子监因周旧制，颇增学舍，以应荫子孙隶学受业。开宝八年，国子监上言："生徒旧数七十人，奉诏分习《五经》，然系籍者或久不至，而在京进士、诸科，常赴讲席肄业，请以补监生之阙。"诏从之。景德间，许文武升朝官嫡亲附国学取解，而远乡久寓京师，其文艺可称，有本乡命官保任，监官验之，亦听附学充贡（《宋史》卷一五七《选举志三》）。

太学

太学生，以八品以下子弟，若庶人之俊异者为之（《宋史》卷一五七《选举志三》）。

四门学

自入品至庶人子弟充学生（《宋史》卷一五七《选举志三》）。

宗学

元丰六年，宗室令铄乞建宗学。诏从之。既而中辍。建中靖国元年复置（其后废置无常。〔《宋史》卷一六五《职官志五》〕）。

武学

庆历三年，诏置武学于武成王庙。……八月，罢武学。……熙宁五年，枢密院言，乞复置武学。诏于武成王庙置学（《宋史》卷一六五《职官志五》）。

律学

熙宁六年，始即国子监设学。……凡命官、举人，皆得入学。……习断按，则试按一道。……习律令，则试大义五道。……各以所习，月一公试、三私试（《宋史》卷一五七《选举志三》）。

算学

崇宁三年，始建学，以二百一十人为额，许命官及庶人为之。其业以《九章》《周髀》，及假设疑数为算问，仍兼《海岛》《孙子》《五曹》、张丘建、夏侯算法，并历算三式、天文书为本科。本科外，人占一小经，愿占大经者听（《宋史》卷一五七《选举志三》）。

书学

书学生，习篆、隶、草三体，明《说文》《字说》《尔雅》《大雅》《方言》，兼通《论语》《孟子》义，愿占大经者听（创于神宗时。〔《宋史》卷一五七《选举志三》〕）。

画学

画学之业，曰佛道，曰人物，曰山水，曰鸟兽，曰花竹，曰屋木。……仍分士流、杂流，别其斋以居之。士流兼习一大经，或一小经，杂流则诵小经或读律（创于神宗时。〔《宋史》卷一五七《选举志三》〕）。

医学

医学，初隶太常寺。神宗时，始置提举制局官及教授一人，学生三百人，设三科以教之，曰方脉科、针科、疡科（《宋史》卷一五七《选举志三》）。

大观四年，以算学生归之太史局，并书学生入翰林书艺局，画学生入翰林图画局，医学生入太医局（《宋史》卷一五七《选举志三》）。

诸学之中，以国子太学为最重，然时人方注意于科举，视同传舍，故宋初尚未甚盛。

庆历四年……天章阁侍讲王洙言："国子监每科场诏下，许品官子弟投保试艺，给牒充广文、太学、律学三馆学生，多致千余。就试试已，则生徒散归，讲官倚席，但为游寓之所，殊无肄习之法。居常听讲者，一二十人尔。”乃限在学满五百日，旧已尝充贡者止百日。本授官会其实，京朝官保任，始预秋试，每十人与解三人。凡入学授业，月旦即亲书到历。如遇私故或疾告、归宁，皆给假，违程及期月不来参者，去其籍。后谏官余靖极言非便，遂罢听读日限（《宋史》卷一五七《选举志三》）。

至神宗时，锐意兴学，太学经扩充整厘，规模始备。

熙宁四年，侍御史邓绾言：“国家治平百余年，虽有国子监，仅容释奠斋庖，而生员无所容。至于太学，未尝营建，止假锡庆院廊庑数十间，生员才三百人，请以锡庆院为太学。”……乃诏尽以锡庆院及朝集院西庑，建讲书堂四。诸生斋舍官掌事者直庐略具，而太学栋宇始仅足用（《通考》卷四十二《学校考三》）。

自主判官外，增置直讲为十员，率二员共讲一经，令中书遴选，或主判官奏举。生员厘为三等：始入学为外舍，初不限员，后定额七百人；外舍升内舍，员二百；内舍升上舍，员百。各执一经，从所讲官受学，月考试其业，优等上之中书。其正、录、学谕，以上舍生为之，经各二员；学行卓异者，主判、直讲复荐之中书，奏除官（《宋史》卷一五七《选举志三》）。

王安石变法，欲以“学校养士”代“科举取士”，故增广太学生员之额，创设三舍升试之法。

元丰二年，颁《学令》：太学置八十斋，斋容三十人。外舍生二千人，内舍生三百人，上舍生百人，总二千四百。月一私试，岁一公试，补内舍生；间岁一舍试，补上舍生。封弥、誊录如贡举法。而上舍试则学官不与考校。公试，外舍生入第一、第二等，参以所书行艺与籍者，升内舍；内舍生试入优、平二等，参以行艺，升上舍。上舍分三等：俱优为上，一优一平为中，俱平若一优一否为下。上等命以官，中等免礼部试，下等免解。学正增为五人，学录增为十人，学录参以学生为之（《通考》卷四十二《学校考三》）。

岁赐缗钱至二万五千，又取州、县田租屋课息钱之类，增为学费

（《宋史》卷一五七《选举志三》）。

凡私试，孟月经义，仲月论，季月策。凡公试，初场经义，次场策论（《宋史》卷一五七《选举志三》）。

旧法，自外舍升内舍，虽有校试，必公试合格，乃许升补。盖私试皆学官自考，而公试则降敕差官（《宋史》卷一五七《选举志三》）。

徽宗时，曾一罢科举，而专以学校取士，是以人数激增。

崇宁元年，宰臣请："天下州、县并置学，州置教授二员，县亦置小学。县学生选考升诸州学，州学生每三年贡太学。至则附试，别立号。考分三等：入上等补上舍，入中等补下等上舍，入下等补内舍，余居外舍。诸州、军解额，各以三分之一充贡士。"（《宋史》卷一五七《选举志三》）

崇宁元年，徽宗创立辟雍，增生徒共三千八百人。内上舍生二百人，内舍生六百人，教养于太学；外舍生三千人，教养于辟雍。废太学自讼斋，太学之不率教者，移之辟雍。以祭酒总治两学，辟雍别置司业、丞各一人，博士十人，正、录各五人，分为百斋，讲堂凡四所。其后王黼反蔡京之政，奏废之，而辟雍之士，太学无所容矣（王楙《燕翼诒谋录》卷五）。

南渡之后，太学仍用三舍之法，待遇益隆，惟受政治与科举影响，日益颓坏。

建炎初，即行在置国子监，立博士二员，以随幸之士三十六人为监生。……绍兴十三年，兵事稍宁，始建太学。……养士七百人，上舍生三十员，内舍生百员，外舍生五百七十员……充弟子员，每岁春、秋两试之，旋命一岁一补。于是多士云集，至分场试之。俄又诏三年一试，增至千员，中选者皆给绫纸赞词以宠之。每科场四取其一，自外舍有月校，而公试入等曰内舍。自内舍有月校，而舍试入等曰上舍。凡升上舍者，皆直赴廷对（《宋史》卷一五七《选举志三》）。

光宗绍熙三年……吏部尚书赵汝愚等合奏曰：" ……炎祚中兴，始建太学于行都，行贡举于诸郡。然奔竞之风胜，忠信之俗微，亦惟荣辱升沈，皆不由乎学校，至于德行道艺，惟取决于糊名，苟为雕篆之文，无复进修之志，视庠序如传舍，目师儒如路人，季考月书，尽成文具。”（《通考》卷四十二《学校考三》）

（乙）地方学

宋时书院颇盛，而四大书院最著。

宋太宗皇帝太平兴国二年，知江州周述言：“庐山白鹿洞，学徒常数千百人，乞赐《九经》肄习。”诏国子监给本，仍传送之。先时，南唐升元中，白鹿洞建学馆，以本道为洞主，掌其教授（《通考》卷四十六《学校考七》）。

又赐石鼓书院敕额。书院唐元和间，衡州李宽所建，国初赐额（《通考》卷四十六《学校考七》）。

真宗大中祥符二年，应天府民曹诚，即楚丘戚同文旧居，造舍百五十间，聚书数千卷，博延生徒，讲习甚盛。府奏其事，诏赐额曰“应天府书院”（《通考》卷四十六《学校考七》）。

八年，赐潭州岳麓书院额。始，开宝中，郡守朱洞首度基创宇，以待四方学者（《通考》卷四十六《学校考七》）。

宋兴之初，天下四书院，建置之本末如此。此外则又有西京嵩阳书院，赐额于至道二年。江宁府茅山书院，赐额于天圣二年。嵩阳、茅山，后来无闻，独四书院之名著。是时未有州、县之学，先有乡党之学。……乡党之学，贤士大夫留意斯文者所建也，故前规后随，皆务兴起。后来所至书院尤多，而其田土之锡、教养之规，往往过于州、县学，盖皆欲仿四书院云（《通考》卷四十六《学校考七》）。

官设州、县学，至仁宗时大兴，神宗定试程，哲宗并推行三舍法，规模始可观。

仁宗……即位，初赐兖州学田。已而命藩辅皆得立学（《宋史》卷一五七《选举志三》）。

庆历四年，诏曰："……其令州若县皆立学。"……由是州郡奉诏兴学，而士有所劝矣（《宋史》卷一五七《选举志三》）。

神宗尤垂意儒学，自京师至郡、县，既皆有学，岁时月各有试（《宋史》卷一五七《选举志三》）。

景祐四年，诏藩镇始立学，他州勿听。庆历四年，诏诸路州、军、监各令立学，学者二百人以上，许更置县学。自是州郡无不有学（《宋史》卷一六七《职官志七》）。

元符（哲宗）二年，初令诸州行三舍法，考选升补，悉如太学。州许补上舍一人、内舍二人，岁贡之。其上舍附太学外舍，试中补内舍生，三试不升舍，遣还其州。其内舍免试，至则补外舍为生（《宋史》卷一五七《选举志三》）。

徽宗时，欲以学校取士，故于地方学校，特定员额。

崇宁（徽宗）三年，始定诸路增养县学弟子员，大县五十人，中县四十人，小县二十人。凡州、县学生，曾经公私试者复其身。内舍免户役，上舍仍免借，借如官户法（《宋史》卷一五七《选举志三》）。

管理州、府学政官，则有教授。其选差，初由监司官，后乃命之朝廷，以示尊重。

始置教授，以经术行义训导诸生，掌其课试之事，而纠正不如规者。委运司及长吏于幕职、州县内荐，或本处举人有德艺者充。熙宁六年，诏诸路学官委中书门下选差，至是，始命于朝廷。元丰元年，州、府学官共五十三员，诸路惟大郡有之，军、监未尽置。元祐元年，诏齐、庐、宿、常等州各置教授一员，自是列郡各置教官。建炎三年，教授并罢。绍兴三年，复置四十二州。十二年，诏无教授官州、军，令吏部申尚书省选差。二十六年，诏并不许兼他职，令提举司常切遵守。若试教官，则始于元丰；添差教授，则始于政和（《宋史》卷一六七《职官志七》）。

提举学事司。掌一路州、县学政，岁巡所部，以察师儒之优劣、生员之勤惰，而专举刺之事。崇宁二年置，宣和三年罢（《宋史》卷一六七《职官志七》）。

熙宁八年秋，诏诸州学官，先赴学士院试大义五道，取优通者选差（《通考》卷四十六《学校考七》）。

（5）科举

（甲）贡举

初，礼部贡举，设进士、《九经》《五经》《开元礼》《三史》《三礼》《三传》、学究、明经、明法等科，皆秋取解，冬集礼部，春考试。合格及第者，列名发榜于尚书省（《宋史》卷一五五《选举志一》）。

诸科考试之艺业，均有规定，但历朝渐加改易，略有不同。下所述，则最初之制也。

凡“进士”，试诗、赋、论各一首，策五道，帖《论语》十帖，对《春秋》或《礼记》墨义十条。凡《九经》，帖书一百二十帖，对墨义六十条。凡《五经》，帖书八十帖，对墨义五十条。凡《三礼》，对墨义九十条。凡《三传》，一百一十条。凡《开元礼》，凡《三史》，各对三百条。凡学究，《毛诗》对墨义五十条，《论语》十条，《尔雅》《孝经》共十条，《周易》《尚书》各二十五条。凡明法，对律令四十条，兼经并同《毛诗》之制。各间经引试，通六为合格，仍抽卷问律，本科则否（《宋史》卷一五五《选举志一》）。

士经州考中格，而上送之礼部，谓之发解。再经礼部考试中格，方为及第。

诸州判官试进士，录事参军试诸科，不通经义，则别选官考校，而判官监之。试纸，长官印署面给之。试中格者，第其甲乙，具所试经义，朱书通、否，监官、试官署名其下。进士文卷，诸科义卷、帖由，并随解牒上之礼部。……凡诸州长吏举送，必先稽其版籍，察其行为；乡里所推，每十人相保，内有缺行，则连坐不得举（《宋史》卷一五五《选举志一》）。

凡见任官应进士举，谓之锁厅试。所属官司，先以名闻，得旨而后解（《通考》卷三十《选举考三》）。

远方寒士，预乡荐，欲试礼部，假丐不可得，则宁寄举不试，良为可念。谨按开宝二年十月丁亥诏，西川、山南、荆湖等道所荐举人，并给来往公券，令枢密院定例施行。盖自初起程以至还乡，费皆给于公家（王栐《燕翼诒谋录》卷一）。

开宝六年，是岁诏贡士之下第者，特免将来请解，许直诣贡部（《通考》卷三十《选举考三》）。

殿试之法，始于太祖，凡举子中礼帏试，复试于内殿，始为及第。此又唐以后科举制度一种变革。

进士之举，至本朝尤盛，而沿革不同。开宝六年，因徐士廉伐鼓诉讼，帝御讲武殿复试。复试自此始（王辟之《渑水燕谈录》卷七）。

开宝六年，下第人徐士廉，挝登闻鼓，言久困场屋。乃诏入策进士终场经学，并试殿庭。三月庚午，御讲武殿，复试新进士（王栐《燕翼诒谋录》卷一）。

按：殿前试士始于唐武后。然唐制以考功员外郎任取士之责，后不过下行其事，以取士誉，非于考功已试之后再试之也。开元以后，始以礼部侍郎知贡举，送中书门下详覆。然惟元和间，钱徽为侍郎知贡举，宰相段文昌言其取士不公，复试多不中选，徽坐免官。长庆以后，则礼部所取士，先详覆而后放榜，则虽有详覆之名，而实未曾再试矣。五代以来，所谓详覆者，间有升黜人。宋太祖乾德六年，命中书复试，则以帝疑陶谷之子不能文而中选，故覆之，亦未尝别为之升黜也。至开宝六年，李昉知举，放进士后，下第人徐士廉等打鼓论榜，上遂于讲武殿命题重试。御试自此试始。……亦未尝有省试、殿试之分也。至八年，复试礼部贡院合格举人王式等于讲武殿，内出试题，得进士三十六人，而以王嗣宗为首；王式者，礼部所定合格第一人，则居其四。盖自是年御试始别为升降，始有省试、殿试之分，省元、状元之别云（《通考》卷三十《选举考三》）。

旧制，殿试皆有黜落，临时取旨，或三人取一，或二人取一，或三人取二，故有累经省试取中，屡摈弃于殿试者。故张元以积忿降元昊，大为中国之患。……于是群臣建议，归咎于殿试黜落。嘉祐（仁宗）二年三月辛巳，诏进士与殿试者，皆不黜落，迄今不改（王栐《燕翼诒谋录》卷五）。

科举年限，初无定制，后乃定为三年。

太平兴国三年……是冬，诸州举人并集，会将亲征北汉，罢之。自是间一年或二年，乃贡举。……英宗即位，议者以间岁贡士法不便，乃诏礼部，三岁一贡举（《宋史》卷一五五《选举志一》）。

英宗治平三年，诏曰："先帝以士久不贡则怠于学，而豪杰者不时举，故下间岁之令。而自更法以来，其弊浸长。里选之牒仍故，而郡国之取减半；计偕之籍屡上，而道途之劳良苦，朕甚闵焉。其令礼部三岁一贡举，天下解额，于未行间岁之法已前，四分取三为率，明经诸科不得过进士之数。"恩典不增而贡举期缓，士得休息，官以不烦矣（《通考》卷三十一《选举考四》）。

宋虽设诸科取士，而进士为最盛，若明经等科，殊不为人所重。盖以当时崇尚文学，而帖书墨义，视为记诵之学故也。

宋之科目，有进士，有诸科……而进士得人为盛。……自唐以来，所谓明经，不过帖书墨义，观其记诵而已，故贱其科，而"不通"者其罚特重（《宋史》卷一五五《选举志一》）。

乾德元年，诏曰："一经皓首，十上干名，前史之明文，昔贤之苦节，悬科取士，固当优容。按旧制，《九经》一举，不第而止，非所以启迪仕进之路也。自今一依诸科举人，许令再应。"（《通考》卷三十《选举

考三》)

试场所问,本经义疏,不过记出处而已。如吕申公试卷,问:“子谓子产,有君子之道四焉,所谓四者何也?”答曰:“对:其行己也恭,其事上也敬,其养民也惠,其使人也义。谨对。”……虽已封弥,而兼采誉望犹在。观其字画,可以占其为人。而士之应举者,知勉于小学,亦所以诱人为善也(王栐《燕翼诒谋录》卷二)。

礼部贡院试进士日,设香案于阶前,主司与举人对拜,此唐故事也。所坐设位供张甚盛,有司具茶汤饮浆。至试学究,则悉彻帐幕、毡席之类,亦无茶汤,渴则饮砚水,人人皆黔其吻。非故欲困之,乃防毡幕及供应人私传所试经义。盖尝有败者,故事为之防。欧文忠有诗“焚香礼进士,彻幕待经生”,以为礼数重轻如此,其实自有谓也(沈括《梦溪笔谈》卷一)。

朝廷亦重视进士,所定考第之制,遂益详密。

太平兴国八年,试进士,始分三甲(《通考》卷三十《选举考三》)。

景德(真宗)四年,命有司详定考校进士程序,送礼部贡院,颁之诸州。……又定亲试进士条制……其考第之制凡五等,学识优长,词理精纯为第一;才思该通,文理周率为第二;文理俱通为第三;文理中平为第四;文理疏浅为第五。然后临轩唱第,上二等曰及第,三等曰出身,四等、五等曰同出身(《宋史》卷一五五《选举志一》)。

尊崇进士之典,尤加优隆。

太平兴国八年……进士始分三甲,自是锡宴,就琼林苑。……雍熙二年,廷试初唱名及第(《宋史》卷一五五《选举志一》)。

赐贡士宴,名曰闻喜宴(《宋史》卷一一四《礼志十七》)。

故事,进士闻喜燕,例赐诗以为宠。自何丞相文缜榜后,遂不复赐,易诏书以示训戒(叶梦得《石林避暑录话》卷下)。

范镇,蜀郡忠文公,字景仁。……公少举进士……及贡院奏名,皆第一。故事，殿廷唱第，过三人，则为奏名之首者，必抗声自陈以祈恩。……景仁独不然（朱熹《三朝名臣言行录》卷五）。

国初，进士尚仍唐旧制，每岁多不过二三十人。太平兴国二年，太宗皇帝以郡县阙官颇多，放进士几五百人，比旧二十倍。正月己巳，宴新进士吕蒙正等于开宝寺，赐御制诗二首。故事，唱第之后，醵钱于曲江为闻喜之饮。近代于名园佛庙，至是官为供帐，岁以为常。先是，进士参选方解褐衣绿，是岁锡宴后五日癸酉，诏赐新进士并诸科人绿袍、靴、笏。自后以唱第日赐之，惟赐袍、笏，不复赐靴（王林《燕翼诒谋录》卷一）。

旧制，进士首选同唱第，人皆自备钱为鞍马费，而京师游手之民，亦自以鞍马候于禁门外，虽号廷魁，与众无以异也。大中祥符八年二月戊申，诏进士第一人，金吾司差七人导从，两节前引，始与同列特异矣（王林《燕翼诒谋录》卷二）。

蔡文忠公……祥符中擢进士，为天下第一。真宗临轩日，大悦之……特诏给金吾卫七人清道，时以为荣。寻诏自今第一人及第，给金吾七人当直，许出两引喝（王辟之《渑水燕谈录》卷六）。

旧进士，工于诗赋有声场屋者，往往一时皆莫与之敌。如王沂公、郑毅夫数人，取解省试殿试，皆为第一，谓之三元（叶梦得《石林避暑录话》卷上）。

诸科经试及第，始赐出身。然亦有例外得之者，则为恩赐，谓之特奏名。

开宝三年，诏礼部阅贡士及十五举尝终场者，得一百六人，赐本科出身。特奏名恩例，盖自此始（《宋史》卷一五五《选举志一》）。

太平兴国二年……复试诸科，得二百人，并赐及第。又阅贡籍，得十举以上，至十五举进士诸科一百八十余人，并赐出身。《九经》七人不中格，亦怜其老，特赐同《三传》出身，凡五百余人（《宋史》卷一五五《选举志一》）。

太平兴国五年……有赵昌国者，求应百篇举（注：谓一日作诗百篇，不设此科，求应者即试之），上出杂题二十字……各令赋五篇，篇八句，逮日旰，仅成数十首，率无可观。上以此科久废，特赐及第，以劝来者。仍诏有司，今后应百篇举，约此题为式（《通考》卷三十《选举考三》）。

雍熙中，著作佐郎乐史，特赐进士及第，诏附于兴国五年第一等之下。赐第附榜始于此（王辟之《渑水燕谈录》卷七）。

宋初场规尚宽，后为防弊，乃有弥封、誊录等法。

国初，进士科场尚宽，礼闱与州郡不异。景德二年七月甲戌，礼部贡院言，举人除书案外……不得怀挟书策，犯者扶出，殿一举（王栐《燕翼诒谋录》卷二）。

大中祥符元年，试礼部进士，内出“清明象天赋”等题，仍录题解摹印以示之。至景祐元年，始诏御药院，御试日，进士题目，具经史所出，摹印给之（洪迈《容斋随笔》卷三）。

张邓公士逊，以监察御史为诸科考试官，以举子有当避亲者，求免去。主司不从，真宗嘉之。自后试官亲戚，悉牒送别头考校，至今著为令（王辟之《渑水燕谈录》卷七）。

雍熙四年，先是，上阅试举人，累日方毕，宰相屡请……如唐故事，乃诏岁命春官知举。……淳化三年……苏易简知贡举……既受诏，径赴贡院，以避请求，后遂为例（《通考》卷三十《选举考三》）。

淳化三年……苏易简知举殿试，始令糊名考校（《通考》卷三十《选举考三》）。

景德八年，始置誊录院，令封印官封试卷，付之集书吏录本，监以内侍二人（《宋史》卷一五五《选举志一》）。

取士至仁宗，始有糊名考校之律。虽号至公，然尚未绝其弊。其后，袁州人李夷宾上言，请别加誊录，因著为令。而后识认字画之弊始绝（吴曾《能改斋漫录》卷一）。

所纳卷子，径发下弥封。所封卷头……于每卷上打号头，三场共一号（吴自牧《梦粱录》卷二）。

景德四年……又定《亲试进士条制》。凡策士，即殿两庑张帟，列几席，标姓名其上。先一日表其次序，揭示阙外。翌旦拜阙下，乃入就席。试卷，内臣收之，付编排官，去其卷首乡贯状，别以字号第之；付封弥官誊写校勘，用御书院印，付考官定等毕，复封弥送覆考官再定等。编排官阅其同异，未同者再考之；如复不同，即以相附近者为定。始取乡贯状字号合之，即第其姓名、差次，并试卷以闻（《宋史》卷一五五《选举志一》）。

应举之艺，多违实用。范仲淹建议更张，特格于旧例不能行。

范仲淹参知政事，意欲复古劝学，数言兴学校，本行实。诏近臣议，于是宋祁等奏："教不本于学校，士不察于乡里，则不能核名实。有司束以声病，学者专于记诵，则不足尽人材。……莫若使士皆土著，而教之于学校，然后州、县察其履行，则学者修饬矣。"乃诏州、县立学，士须在学三百日，乃听预秋试，旧尝充试者百日而止。……三场：先策，次论，次诗赋，通考为去取，而罢帖经、墨义。士通经术，愿对大义者，试十道。仲淹既去，而执政意皆异。是冬，诏罢入学日限。言初令不便者甚众，以为诗赋声病易考，而策论汗漫难知。……天子下其议，有司请如旧法（《宋史》卷一五五《选举志一》）。

至王安石变法，改革科举制度，始罢诸科而独存进士。又立明法，以待不能业进士者，且废诗赋、帖经、墨义，而改试诸经大义。

王安石对曰："今人材乏少，且其学术不一，异论纷然，不能一道德故也。一道德则修学校，欲修学校，则贡举法不可不变。……今以少壮时，正当讲求天下正理，乃闭门学作诗赋，及其入官，世事皆所不习，此科法败坏人材，致不如古。"（《宋史》卷一五五《选举志一》）

自京师至郡县，既皆有学。岁时月各有试，程其艺能，以差次升舍，其最优者为上舍，免发解及礼部试而特赐之第。遂专以此取士。……始命诸州置学官，率给田十顷赡士。初置小学教授（《宋史》卷一五七《选举志三》）。

王安石谓："古之取士俱本于学，请兴建学校以复古。其明经、诸科欲行废罢，取明经人数增进士额。"……中书门下又言："古之取士，皆本学校，道德一于上，习俗成于下，其人才皆足以有为于世。今欲追复古制，则患于无渐。宜先除去声病偶对之文，使学者得专意经术，以俟朝廷兴建学校，然后讲求三代所以教育选举之法，施于天下，则庶几可以复古矣。"于是改法，罢诗赋、帖经、墨义，士各占治《易》《诗》《书》《周礼》《礼记》一经，兼《论语》《孟子》。每试四场，初大经，次兼经，大义凡十道，次论一首，次策三道……中书撰大义式颁行。试义者须通经、有文采乃为中格，不但如明经、墨义粗解章句而已。……又立新科明法，试律令、《刑统》大义、断按，所以待诸科之不能业进士者（《宋史》卷一五五《选举志一》）。

初，安石训释《诗》《书》《周礼》既成，颁之学官，天下号曰《新义》。晚居金陵，又作《字说》……其流入于佛老。一时学者无敢不传习，主司纯用以取士，士莫得自名一说，先儒传注，一切废不用。黜《春秋》之书，不使列于学官，至戏目为"断烂朝报"（《宋史》卷三二七《王安石传》）。

公（王安石）改科举，暮年乃觉其失，曰："本欲变学究为秀才，不谓变秀才为学究。"盖举子专诵王氏章句而不解义，正如学究诵注疏尔（朱熹《三朝名臣言行录》卷六）。

此后党派竞起，兴废不恒，而经试大义，则相沿未改。至徽宗时，曾罢科举，以学校取士。然其弊也，有不平之讥，故科举终不可废。

崇宁（徽宗）三年，诏曰："神考议以三舍取士，而罢州郡科举，其法行于畿甸。……然州郡犹以科举取士，不专于学校。其诏天下，将来科场取士，悉由学校升贡；其州郡发解，及试礼部法并罢。"（《通考》卷三十一《选举考四》）

四年，诏："将来大比，更参用科举取士。"……时州、县悉行三舍法，当官者子弟得免试入学，而士之在学者积岁月累试乃得应格。……不得如在籍者三舍、解试兼与而两得，其贫且老者尤甚病之。时人议其法曰："利贵不利贱，利少不利老，利富不利贫。"故诏书及此（《通考》卷三十一《选举考四》）。

南渡，仍重进士科，而试经义、试诗赋，则分为两科。其制始于元祐四年，实因南人擅长词藻，北士素好研经，故两立之，以为调剂。

参知政事欧阳修上言："……盖言事之人，但见每次科场，东南进士得多，而西北进士得少，故欲改法，使多取西北进士。尔殊不知天下至广，四方风俗异宜，而人性各有利钝。东南之俗好文，故进士多而经学少；西北之人尚质，故进士少而经学多。……今以进士、经学合而较之，则其数均。"（《通考》卷三十一《选举考四》）

元祐四年，乃立经义、诗赋两科（均兼试经义、诗赋）。……专经者用经义定取舍，兼诗赋者以诗赋为去留。其名次高下，则于策论参之（《宋史》卷一五五《选举志一》）。

高宗建炎二年，定诗赋、经义取士。第一场诗赋各一首，习经者本经义三道，《语》《孟》义各一道。第二场并论一道。第三场并策三道。殿试策如之（《宋史》卷一五六《选举志二》）。

自经、赋分科，声律日盛，帝尝曰："向为士不读史，遂用诗、赋。今则不读经，不出数年，经学废矣。"绍兴二十七年，诏："复行兼经，如十三年之制。"（《宋史》卷一五六《选举志二》）

三十一年，礼部侍郎金安节言："熙宁、元丰以来，经义、诗赋废兴离合，随时更革，初无定制。近合科以来，通经者苦赋体雕刻，习赋者病经旨渊微，心有弗精，智难兼济。……论既并场，策问太寡，议论器识，无以尽人。士守传注，史学尽废，此后进往往得志，而老生宿儒多困也。请复立两科，永为成宪。"从之（《宋史》卷一五六《选举志二》）。

按：熙宁四年，始罢词赋，专用经义取士，凡十五年。至元祐元年，复词赋与经义并行。至绍圣元年，复罢词赋，专用经义，凡三十五年。至建炎二年，又兼用经、赋。盖熙宁、绍圣则专用经而废赋，元祐、建炎则虽复赋而未尝不兼经。……至建炎、绍兴之间，则朝廷以经义取士者且五六十年，其间兼用诗赋才十余年耳。然共场而试，则经拙而赋工；分科而试，则经少而赋多。流传既久，后来所至场屋，率是赋居其三之二，盖有自来矣（《通考》卷三十二《选举考五》）。

综之，宋时科举，虽承于唐，而多所改革。至殿试及第，即行除官，亦为后来相袭不变之制。

宋初承唐制，贡举虽广，而莫重于进士、制科（《宋史》卷一五五《选举志序》）。

开宝六年，李昉知贡举。……会有诉昉用情取舍者，上乃……御讲武殿，各赐纸札，别试诗赋。……得进士二十六人……皆赐及第。……自兹，殿试遂为常制（《通考》卷三十《选举考三》）。

宋自中兴以后，每科进士及第动以四五百人计，盖倍于唐有余矣。又唐士之及第者，未能便解褐入仕，尚有试吏部一关。韩文公三试于吏部无成，则十年犹布衣，且有出身二十年不获禄者。而宋则一登第之后，即为入仕之期（《通考》卷二十九《选举考二》）。

此外武举之试，起于仁宗朝。至南宋孝宗，垂意武事，其制始隆。

唐设武举，以选将帅。五代以来，皆以军卒为将，此制久废。天圣

（仁宗）七年，以西边用兵，将帅乏人，复置武举。至皇祐元年，边事浸息，遂废此科。治平（英宗）元年九月丁卯复置，迄于今不废（王栐《燕翼诒谋录》卷五）。

天圣八年，亲试武举十二人，先阅其骑射，而试之以策为去留，弓马为高下（《宋史》卷一五七《选举志三》）。

孝宗乾道五年，廷试始依文举给黄牒，同正奏名三十三人，榜首赐武举及第，余并赐武举出身（《通考》卷三十四《选举考七》）。

（乙）制举

即特科也。

制举无常科，所以待天下之才杰，天子每亲策之。然宋之得才，多由进士，而以是科应诏者少。惟召试馆职，及后来博学宏词而得忠鲠文学之士，或起之山林，或取之朝著，召之州、县，多至大用焉（《宋史》卷一五六《选举志二》）。

历朝特设科目，其目之可记者如下。

太祖始置贤良方正能直言极谏、经学优深可为师法、详闲吏理达于教化凡三科，不限前资、见任职官，黄衣、草泽，悉许应诏，对策三千言，词理俱优则中选（《宋史》卷一五六《选举志二》）。

仁宗初（天圣七年），诏曰："朕开数路以详延天下之士，而制举独久不设，意者吾豪杰或以故见遗也，其复置此科。"于是增其名，曰：贤良方正能直言极谏科，博通坟典明于教化科，才识兼茂明于体用科，详明吏理可使从政科，识洞韬略运筹帷幄科，军谋宏远材任边寄科，凡六，以待京、朝之被举及起应选者。又置书判拔萃科，以待选人。又置高蹈丘园科，沉沦草泽科，茂材异等科，以待布衣之被举者。其法先上艺业于有司，有司较之，然后试秘阁，中格，然后天子亲策之（《宋史》卷一五六《选举志二》）。

治平三年，命宰执举馆职各五人（《宋史》卷一五六《选举志二》）。

哲宗……罢制科。既而三省言：“今进士纯用经术。如诏诰、章表、箴铭、赋颂、赦敕、檄书、露布、诫谕，其文皆朝廷官守日用不可阙，且无以兼收文学博异之士。”遂改置宏词科，岁许进士及第者诣礼部请试，如见守官则受代乃请（《宋史》卷一五六《选举志二》）。

大观四年，诏宏词科，格法未详，不足以致文学之士，改立词学兼茂科，岁附贡士院试取，毋过三人（《宋史》卷一五六《选举志二》）。

高宗立博学宏词科（绍兴三年），凡十二题，制诰、诏表、露布、檄、箴铭、记赞、颂序内杂出六题，分为三场，每场体制一古一今。遇科场年，应命官……公卿子弟之秀者皆得试。先投所业三卷，学士院考之，拔其尤者召试，定为三等。上等转一官，选人改秩，无出身人赐进士及第，并免召试，除馆职。中等减三年磨勘，与堂除，无出身人赐进士出身；下等减二年磨勘，无出身人赐同进士出身，并许召试馆职（《宋史》卷一五六《选举志二》）。

开宝八年，诏诸州察民有孝弟力田、奇才异行或文武材干，年二十至五十可任使者，其送阙下（《宋史》卷一五六《选举志二》）。

鲁平曰：宋初以来，至真宗方设制科，陈越、王曙为之首。其后夏竦等数人皆以制科登第，既而中废。今上即位，天圣六年始复置。其后，每开科场则置之，有官者举贤良方正，无官者举茂材异等，余四科多不应。皆自投牒，献所著文论，差官考校。中者召诣阁下，试论六首；又中选，则于殿廷试策一道，五千字以上。其中选者不过一二人，然数年之后即为美官（司马光《涑水记闻》卷三）。

故事，制科必先用从官二人，举上其所为文五十篇，考于学士院。中选而后召试，得召者不过三之一（叶梦得《石林避暑录话》卷下）。

（四）宋初之政治

（1）削夺藩镇兵权

石守信。开封浚仪人。……建隆二年，移镇郓州，兼侍卫亲军马步军都指挥使。……乾德初，帝因晚朝与守信等饮酒，酒酣，帝曰："我非尔曹不及此，然吾为天子，殊不若为节度使之乐，吾终夕未尝安枕而卧。"守信等顿首曰："今天命已定，谁复敢有异心，陛下何为出此言耶？"帝曰："人孰不欲富贵，一旦有以黄袍加汝之身，虽欲不为，其可得乎！"守信等谢曰："臣愚不及此，惟陛下哀矜之。"帝曰："人生驹过隙尔，不如多积金、市田宅以遗子孙，歌儿舞女以终天年。君臣之间无所猜嫌，不亦善乎！"守信谢曰："陛下念及此，所谓生死而肉骨也！"明日，皆称病，乞解兵权，帝从之，皆以散官就第，赏赉甚厚（《宋史》卷二五〇《石守信传》）。

太祖初受天命……普（赵普）曰："……唐季以来，战争不息，家国不安者无他，节镇太重，君弱臣强而已。今欲治之，惟稍夺其权，制其钱谷，收其精兵，则天下安矣。"语未卒，帝曰："卿勿复言，吾已悉矣。"顷之，上因晚朝，与故人石守信、王审琦饮酒。……明日，皆称疾，请解军政，许之。尽以散官就第。……于是更置易制者，使主亲军。其后又置转运使、通判，使主诸道钱谷。收天下精兵以备宿卫，而诸功臣亦以善终（邵伯温《河南邵氏闻见前录》卷一）。

建隆以来，释藩镇兵权……以塞浊乱之源（《宋史》卷三《太祖本纪一赞》）。

（2）优礼士大夫

（甲）制禄之厚

《宋史·职官志》载俸禄之制：京朝官宰相、枢密使，月三百千，春、冬服各绫二十匹，绢三十匹，绵百两。参知政事、枢密副使，月二百千，绫十匹，绢三十匹，绵五十两。其下以是为差。节度使月四百千，节度、观察留后三百千，观察二百千，绫绢随品分给，其下亦以是为差。凡俸钱并支一分见钱，二分折支，此正俸也。其禄粟则宰相、枢密使月一百石，三公、三少一百五十石，权三司使七十石，其下以是为差。节度使一百五十石，观察、防御使一百石，其下以是为差。凡一石给六斗，米、麦各半。熙宁中，又诏县令、录事等官，三石者增至四石，两石者增至三石，此亦正俸也。俸钱、禄米之外，又有“职钱”，御史大夫、六曹尚书六十千，翰林学士五十千，其下以是为差。职钱惟给京朝官，外任者不给，因别有公用钱也。元丰官制行，俸钱稍有增减。其在京官司供给之数皆并为职钱，如大夫为郎官者，既请大夫俸，又给郎官职钱，视国初之数已优。至崇宁间，蔡京当国，复增供给食料等钱，如京仆射俸外又请司空俸，视元丰禄制更倍增矣。俸钱、职钱之外，又有元“随傔人衣粮”（注：在京任宰相、枢密使，在外任使相至刺史，皆有随身，余止傔人）。宰相、枢密使各七十人，参知政事至尚书左右丞各五十人，节度使百人，留后及观察使五十人，其下以是为差。衣粮之外，又有“傔人餐钱”（注：中书、枢密及正刺史以上，傔人皆有衣粮，余止给餐钱），朝官自二十千至五千凡七等，京官自十五千至三千凡八等，诸司使副等官九等。此外又有“茶酒厨料”之给，“薪蒿炭盐”诸物之给，“饲马刍粟”之给，“米面羊口”之给。其官于外者别有“公用钱”，自节度使兼使相以下二万贯至七千贯凡四等，节度使自万贯至三千贯凡四等，观察、防团以下以是为差。公用钱之外，又有“职田”之制，两京大藩府四十顷，次藩镇三十五顷，防团以下各按品级为差。选人使臣无职田者，“别有茶汤钱”。……此宋一代制禄之大略也，其待士大夫可谓厚矣。……然给赐过优，究于国计易耗。恩逮于百官者惟恐其不足，财取于万民者不留其有余（赵翼《廿二史札记》卷二十五《宋制禄之厚》）。

（乙）退职之恩礼

宋制，设祠禄之官，以佚老优贤。先时员数绝少，熙宁以后乃增置焉。在京宫、观，旧制以宰相、执政充使，或丞、郎、学士以上充副使，两省或五品以上为判官，内侍官或诸司使、副（注：政和改武臣官制，以使为大夫，以副使为郎）为都监。又有提举、提点、主管。其戚里、近属及前宰执留京师者，多除宫观，以示优礼（《宋史》卷一七〇《职官志十》）。

宋制，设祠禄之官，以佚老优贤。自真宗置玉清昭应宫使，以王旦为之。后旦以病致仕，乃命以太尉领玉清昭应宫使，给宰相半俸，祠禄自此始也。在京有玉清昭应宫、景灵宫、会灵观、祥源观等，以宰相、执政充使，丞、郎、学士充副使，庶僚充判官，都监、提举、提点等各食其禄（赵翼《廿二史札记》卷二十五《宋祠禄之制》）。

国朝，凡登从班，无在外闲居者，有罪则落职，归班亦奉朝请，或黜守偏州，甚者分司安置，不然则告老挂冠。熙宁间，始置在外宫、观，本王荆公意以处异论者。而荆公首以观使闲居钟山者八年（王明清《挥麈前录》卷二）。

（丙）荫子之滥

荫子……未有如宋代之滥者。文臣自太师及开府仪同三司，可荫子若孙及期亲、大功以下亲并异姓亲及门客；太子太师至保和殿大学士，荫至异姓亲，无门客；中大夫至中散大夫，荫至小功以下亲，无异姓亲，武臣亦以是为差。凡遇南郊大礼及诞圣节，俱有荫补，宰相执政荫本宗、异姓及门客、医人各一人，太子太师至谏议大夫荫本宗一人，寺长贰监以下至左右司谏荫子或孙一人，余以是为差。此外又有致仕荫补，曾任宰执及见任三少使相者荫三人，曾任三少及侍御史者荫一人，余以是为差。此外又有遗表荫补，曾任宰相及现任三少使相荫五人，曾任执政官，至大中大夫以上荫一人，诸卫上将军四人，观察使三人，余以是为差。由斯以观，一人入仕，则子孙亲族俱可得官，大者并可及于门客、医士，可谓滥矣（俱见《职官志》）。然此犹属定例，非出于特恩也。天圣中，诏五代时三品以上告身存者，子孙听用荫，则并及于前代矣。明道中，录故宰臣及员外郎以上致仕者子孙，授官有差，则并及于故臣矣。甚至新天子即位，监司郡守遣亲属入贺，亦得授官（见《司马旦传》），则更出于常荫之外矣。曹彬卒，官其亲族门客亲校十余人；李继隆卒，官其子，又录其门下二十余人；雷有终卒，官其子八人，此以功臣加荫者也。李沆卒，录其子宗简为大理评事，婿苏昂，妻兄之子朱涛，并同进士出身；王旦卒，录其子弟侄、外孙、门客，常从授官者数十人，诸子服除，又各进一官；向敏中卒，子、婿并迁官，又官亲校数人；王钦若卒，录其亲属及所亲信二十余人，此以优眷加荫者也。郭遵战殁，官其四子，并女之为尼者亦赐紫袍；任福战殁，官其子及从子凡六人；石（王）珪战殁，官其三子；徐禧战殁，官其家十二人，此又以死事而优恤者也。范仲淹疏，请乾元节恩泽，须在职满三年者，始得荫子。则仲淹未奏以前，甫莅任即得荫矣。阎日新疏言，群臣子弟以荫得官，往往未离童龀即受俸，望自今二十以上始给。龚茂贞亦疏言，庆寿礼行，若自一命以上覃转，不知月添给俸几何。是甫荫即给俸矣。朱胜非疏述宣和中谏官之论曰：“尚从竹马之行，已造荷囊之列。”则甫荫得服章服矣。熙宁初，诏齐、密等十八州及庆、渭等四州，并从中书选授，毋以恩例奏补。则他州通判皆可以荫官奏补矣。金安节疏言，致仕遗表恩泽，不宜奏异姓亲，使得高赀为市。则恩荫并听其鬻卖矣（赵翼《廿二史札记》卷二十五《宋恩荫之滥》）。

（3）台谏之横

宋初为防制大臣专擅，特假台谏以重权，台、省并重，台臣随时随事得弹劾执政，许以风闻，不加罚谴，终成一代台、省相争之局。

御史台，掌纠察官邪，肃正纲纪，大事则廷辨，小事则奏弹。其属有三院：一曰台院，侍御史隶焉；二曰殿院，殿中侍御史隶焉；三曰察院，监察御史隶焉。……咸平四年，以御史二人充左、右巡使，分纠不如法者。文官右巡主之，武官左巡主之，分其职掌，纠其违失，常参班簿、禄料、假告皆主之（《宋史》卷一六四《职官志四》）。

历观秦汉，以及五代，谏争而死，盖数百人。而自建隆以来，未尝罪一言者，纵有薄责，旋即超升。许以风闻，而无官长；风采所系，不问尊卑；言及乘舆，则天子改容；事关廊庙，则宰相待罪。故仁宗之世，议者讥宰相，但奉行台谏风旨而已（《苏轼文集》卷十《上神宗皇帝书》）。

宋制：京朝官轮对而外，许以专章白事。是亦为臣下交哄之由。

建隆三年二月甲午，御札曰："……今后每遇内殿起居，依旧例次第差官转对。……如有事干要切，即许非时上章，不必须候轮次。"（岳珂《愧郯录》卷五）

宋人结习，务为高名，好持苛论，于是台谏遂为掀动政潮之地，而朋党之势以成。以废后及濮议之争为烈，新法继之，成一哄之局。始则君子与君子相争，继则君子自命而以小人目人，其流毒遂不可问。

仁宗郭皇后……天圣二年，立为皇后。初，帝宠张美人，欲以为后，章献太后难之。后既立，而颇见疏。其后尚美人、杨美人俱幸，数与后忿争。一日，尚氏于上前有侵后语，后不胜忿，批其颊，上自起救之，误批上颈，上大怒。入内都知阎文应，因与上谋废后，且劝帝以爪痕示执政。上以示吕夷简，且告之故，夷简亦以前罢相怨后，乃曰："古亦有之。"后遂废。……于是中丞孔道辅、谏官御史范仲淹、段少连等十人伏阁言："后无过，不可废。"道辅等俱被黜责（《宋史》卷二四二《仁宗郭皇后传》）。

会郭皇后废，率谏官御史伏阁争之，不能得。明日……诏出知睦州。岁余……召还……权知开封府事。吕夷简执政，进用者多出其门。仲淹上百官图，指其次第曰：“如此为序迁，如此为不次。如此则公，如此则私。……凡超格者，不宜全委之宰相。”夷简不悦。……仲淹乃为四论以献，大抵讥切时政，且曰：“汉成帝信张禹，不疑舅家，故有新莽之祸。臣恐今日亦有张禹，坏陛下家法。”夷简怒诉曰：“仲淹离间陛下君臣，所引用皆朋党也。”仲淹对益切，由是罢知饶州（《宋史》卷三一四《范仲淹传》）。

殿中侍御史韩渎，希宰相旨，请书仲淹朋党，揭之朝堂。于是秘书丞余靖上言曰：“仲淹以一言忤宰相，遽加贬窜。……请追改前命。”太子中允尹洙自讼与仲淹师友，且尝荐己，愿从降黜。馆阁校勘欧阳修以高若讷在谏官，坐视而不言，移书责之。由是，三人者偕坐贬。明年，夷简亦罢（《宋史》卷三一四《范仲淹传》）。

初，范仲淹之贬饶州也，修与尹洙、余靖皆以直仲淹见逐，目之曰党人。自是朋党之论起，修乃为《朋党论》以进（《宋史》卷三一九《欧阳修传》）。

拱辰……拜御史中丞，夏竦除枢密使，拱辰言：“竦经略西师，无功称而归。今置诸二府，何以厉世？”因对，极论之。帝未省，遽起，拱辰前引裾，乃纳其说，竦遂罢（《宋史》卷三一八《王拱辰传》）。

范仲淹以言事去国，余靖论救之，尹洙请与同贬，欧阳修移书责司谏高若讷，由是三人者皆坐谴，襄作《四贤一不肖》诗。……夏竦罢枢密使，韩琦、范仲淹在位，襄言：“陛下罢竦而用琦、仲淹，士大夫贺于朝，庶民歌于路。……且退一邪，进一贤……海内有不泰乎！”（《宋史》卷三二〇《蔡襄传》）

吕夷简罢相，夏竦既除枢密使，复夺之以衍代，章得象、晏殊、贾昌朝、范仲淹、富弼及韩琦同时执政，欧阳修、余靖、王素、蔡襄并为谏官，介喜曰：“此盛事也，歌颂吾职，其可已乎？”作《庆历圣德》诗……盖斥竦也（《宋史》卷四三二《石介传》）。

时杜衍、范仲淹为政，多所更张，拱辰之党不便。舜钦（苏）、益柔（王），皆仲淹所荐，而舜钦衍婿也，故因是倾之（《宋史》卷三一八《王拱辰传》）。

舜钦娶宰相杜衍女，衍时与仲淹、富弼在政府，多引用一时闻人，欲更张庶事。御史中丞王拱辰等不便其所为。会进奏院祠神，舜钦与右班殿直刘巽辄用鬻故纸公钱召妓乐，间夕会宾客。拱辰廉得之，讽其属鱼周询等劾奏，因欲摇动衍。事下开封府劾治，于是舜钦与巽俱坐自盗除名，同时会者皆知名士，因缘得罪逐出四方者十余人。世以为过薄，而拱辰等方自喜曰："吾一举网尽矣。"（《宋史》卷四四二《苏舜钦传》）

时范仲淹、富弼欲更理天下事，与用事者不合。仲淹、弼既出宣抚，言者附会，益攻二人之短。帝欲罢仲淹、弼政事，衍独左右之。……以尚书左丞，出知兖州（《宋史》卷三一〇《杜衍传》）。

假藉言职，互相攻讦报复，继废后之争而起者，又有濮议之争。

治平二年四月，诏议崇奉濮安懿王典礼（《宋史》卷十三《英宗本纪》）。

光料必有追隆本生事，即奏言："汉宣帝为孝昭后，终不追尊卫太子、史皇孙；光武上继元帝，亦不追尊巨鹿、南顿君，此万世法也。"后诏两制集议濮王典礼，学士王珪等相视莫敢先，光独奋笔书曰："为人后者为之子，不得顾私亲。王宜准封赠期亲尊属故事，称为皇伯，高官大国，极其尊荣。"议成，珪即命吏以其手稿为按。既上与大臣意殊，御史六人争之力，皆斥去。光乞留之，不可，遂请与俱贬（《宋史》卷三三六《司马光传》）。

濮王追崇典礼，珪与侍从礼官合议：宜称皇伯，三夫人改封大国。执政不以为然，其后三夫人之称，卒如初议（《宋史》卷三一二《王珪传》）。

光与珪主议如是，而欧阳修殊非之。

帝将追崇濮王，命有司议，皆谓当称皇伯，改封大国。修引《丧服记》，以为："'为人后者，为其父母报。'降三年为期，而不没父母之名，以见服可降而名不可没也。若本生之亲，改称皇伯，历考前世，皆无典据。进封大国，则又礼无加爵之道。"（《宋史》卷三一九《欧阳修传》）

议久不决，太后竟出手书，从欧阳修所议。

故中书之职，不与众同。太后出手书，许帝称亲，尊王为皇王，夫人为后。帝不敢当（《宋史》卷三一九《欧阳修传》）。

但修议虽为太后所许，而攻驳者纷起。

于是御史吕诲等，诋修主此议，争论不已，皆被逐。惟蒋之奇之说合修意，修荐为御史，众目为奸邪（《宋史》卷三一九《欧阳修传》）。

濮议起，侍从请称王为皇伯，中书不以为然，诲引义固争。……七上章，不听；乞解台职，亦不听。遂劾宰相韩琦不忠五罪，曰："昭陵之土未干，遽欲追崇濮王，使陛下厚所生而薄所继，隆小宗而绝大宗。言者论辨累月，琦犹遂非，不为改正，中外愤郁，万口一词。愿黜居外藩，以慰士论。"又与御史范纯仁、吕大防共劾欧阳修"首开邪议，以枉道说人主，以近利负先帝，陷陛下于过举"。皆不报。已而诏濮王称亲，诲等知言不用，即上还告敕，居家待罪，且言与辅臣势难两立。帝以问执政，修曰："御史以为理难并立，若臣等有罪，当留御史。"帝犹豫久之，命出御史（《宋史》卷三二一《吕诲传》）。

纯仁……迁侍御史。时方议濮王典礼，宰相韩琦、参知政事欧阳修等议尊崇之。翰林学士王珪等议，宜如先朝追赠期亲尊属故事。纯仁言："陛下受命仁宗而为之子，与前代定策入继之主异，宜如王珪等议。"继与御史吕诲等更论奏，不听。纯仁还所授告敕，家居待罪。既而皇太后手书尊王为皇，夫人为后。纯仁复言……请出不已，遂通判安州（《宋史》卷三一四《范纯仁传》）。

治平三年正月……皇太后下书中书门下，封濮安懿王，宜如前代故事，至夫人王氏、韩氏、任氏，皇帝可称亲。尊濮安懿王为皇，夫人为后。……黜御史吕诲、范纯仁、吕大防。二月……黜谏官傅尧俞、御史赵鼎、赵瞻（《宋史》卷十三《英宗本纪》）。

按：废后与濮议，与时政无关，而朝臣意气用事，攻讦不已，固可见结习之深，而一代朋党之祸，实由此始。

（五）王安石之变法

（1）变法之起因

宋初设制，为防前代之失，集权于中央。然矫枉过正，流弊渐生。降及中叶，尤以“军”“财”两政为最紊乱。其情况分叙于下。

（甲）属于军政者

兵额递见增加，据《宋史》（卷一八七）《兵志》，列举以明之。兵额虽多，而不训练，故多而不精，外患愈烈。

兵额简表

开宝（太祖）	三七八〇〇〇人
至道（太宗）	六六六〇〇〇人
天禧（真宗）	九一二〇〇〇人
庆历（仁宗）	一二五九〇〇〇人
治平（英宗）	一一六二〇〇〇人

嘉祐（仁宗）七年，宰相韩琦言：“祖宗以兵定天下，凡有征戍则募置，事已则并，故兵日精而用不广。今二边（辽与夏）虽号通好，而西北屯边之兵，常若待敌之至，故竭天下之力而不能给。不于此时先虑而豫备之，一旦边陲用兵，水旱相继，卒起而图之，不可及矣。”（《宋史》卷一八七《兵志一》）

为惩兵骄之害，乃募及灾民，则寻常募置之难可知。

皇祐（仁宗）中，河北水灾，农民流入京东三十余万。安抚使富弼募以为兵，拔其尤壮者，得九指挥，教以武技。虽禀以厢兵，而得禁兵之用，且无骄横难制之患（《宋史》卷一八九《兵志三》）。

平时养兵费已巨，每出戍，又各有赏赐，国力所以不支。而姑息已久，兵所以不可用。

每上军遣戍，皆本司整比，军头司引对便殿，给以装钱。代还亦入见，犒以饮食，拣拔精锐升补之，或退其疲老者。凡大祀有赏给，每岁寒食、端午、冬至，各有特支。戍边每季又加给银鞋，环、庆缘边，艰于爨给者，又有薪水钱；其役兵劳苦者，或季给钱；或川、广而代还者，别给装钱；川、广递补卒，或给时服钱屦。凡出外率有口粮（《通考》卷一五二《兵考四》）。

（乙）属于财政者

国家财政收支概况，亦据《宋史》（卷一七九）《食货志》，列表以明之。

收支简表

时代	岁入	岁出	比较	
			盈余	不足
太宗至道末	二二二四五八〇〇缗		余大半	
真宗天禧末	一五〇八五〇一〇〇缗	一二六七七五二〇〇缗	二四〇七四九〇〇缗	
仁宗皇祐元年	一二六二五一九六四缗	一二六二五一九六四缗	无	无
英宗治平二年	一一六一三八四〇五缗	一三一八六四.四五二缗（内有非常支出一一五二一二七八缗）		一五七二六〇四七缗

据上表，知在天禧以前，尚有盈余。皇祐元年，收支相抵。至治平二年，竟有巨额亏耗。其变迁情形，详于下列论述。

初，吴、蜀、江南、荆湖、南粤皆号富强，相继降附，太祖、太宗因其蓄藏，守以恭俭简易。天下生齿尚寡，而养兵未甚蕃，任官未甚冗，佛、老之徒未甚炽；外无金缯之遗，百姓亦各安其生，不为巧伪放侈，故上下给足，府库羡溢。承平既久，户口岁增，兵籍益广，吏员益众；佛、老、外国耗蠹中土，县官之费数倍于昔，百姓亦稍纵侈，而上下始困于财矣。仁宗承之，经费浸广。……自祥符天书一出，斋醮縻费甚众，京城之内，一夕数处。……京师营造，多内侍传旨呼索，费无艺极（《宋史》卷一七九《食货志下一》）。

是宋之财政所以竭蹶者，因外耗于“募兵”与“馈遗”，而内耗于“祀祠”与“冗禄”也。

会元昊请臣，朝廷亦已厌兵，屈意抚纳，岁赐缯、茶增至二十五万；而契丹邀割地，复增岁遗至五十万，自是岁费弥有所加。西兵既罢，而调用无所减。……初真宗时……宗室、吏员受禄者九千七百八十五。宝元以后……宗室蕃衍，吏员岁增……宗室、吏员受禄者万五千四百四十三，禄廪奉赐从而增广。又景德中，祀南郊，内外赏赉金帛、缗钱总六百一万。至是，飨明堂，增至一千二百余万，故用度不得不屈（《宋史》卷一七九《食货志下一》）。

国用不足则增税，官司承旨，亦以聚敛为能。

宋聚兵京师，外州无留财，天下支用悉出三司，故其费浸多。……真宗嗣位……是时，条禁愈密，较课以租额前界，递年相参。景德初，榷务连岁增羡，三司即取多收者为额（《宋史》卷一七九《食货志下一》）。

其时农民生活困苦，可于司马光所言窥见之。

司马光……抗疏曰：“……水旱、霜雹、蝗蜮间为之灾，幸而收成，公私之债，交争互夺，壳未离场，帛未下机，已非己有。所食者糠籺而不

足，所衣者绨褐而不完，直以世服田亩，不知舍此之外，有何可生之路耳。”（《宋史》卷一七三《食货志上一》）

言理财者，已訾及中枢制度不良，遂开后来变法之基。

至和（仁宗）中，谏官范镇上疏曰：“陛下每遇水旱之灾，必露立仰天，痛自刻责，而吏不称职，陛下忧勤于上，人民愁叹于下。今岁无麦，朝廷为放税免役及发仓廪拯贷，存恤之恩不为不至。然人民流离，父母妻子不相保者，平居无事时，不少宽其力役，轻其租赋；岁大熟，民不得终岁之饱；及有小歉，虽加重放，已不及事。此无他，重敛之政在前也。国家自陕西用兵以来，赋役烦重。及近年，转运使复于常赋外进羡钱以助南郊，其余无名敛率不可胜计。”又言：“古者冢宰制国用，今中书主民，枢密主兵，三司主财，各不相知。故财已匮而枢密院益兵不已，民已困而三司取财不已。中书视民之困，而不知使枢密减兵、三司宽财者，制国用之职不在中书也。愿使中书、枢密通知兵民财利大计，与三司量其出入，制为国用，则天下民力庶几少宽。”（《宋史》卷一七九《食货志下一》）

民穷财困，已至此境，非改弦更张，不足以挽救。王安石变法之议，乃乘时而起。

于是上万言书，以为：“今天下之财力，日以困穷，风俗日以衰坏，患在不知法度。……因天下之力，以生天下之财；取天下之财，以供天下之费。自古治世，未尝以财不足为公患也，患在治财无其道尔。……愿监苟且因循之弊，明诏大臣，为之以渐，期合于当世之变。”（《宋史》卷三二七《王安石传》）

（2）变法之实行

神宗嗣位，尤先理财。熙宁初，命翰林学士司马光等，置局看详，裁减国用制度，仍取庆历二年数，比今支费不同者，开析以闻。后数日，光等对言：“国用不足，在用度太奢，赏赐不节，宗室繁多，官职冗滥，军旅不精。必须陛下与两府大臣及三司官吏，深思救弊之术，虚以岁月，庶几有效，非愚臣一朝一夕所能裁减。”帝遂罢裁减局，但下三司共析。王安石执政，议置三司条例司，讲修钱谷之法（《宋史》卷一七九《食货志下一》）。

上问：“然则卿所施设，以何为先？”安石曰：“变风俗，立法度，正方今之所急也。”上以为然。于是设制置三司条例司，令制知枢密院事陈升之同领之，安石令其党吕惠卿预其事。……诸役相继并兴，号为新法。遣提举官四十余辈，颁行天下（《宋史》卷三二七《王安石传》）。

三司条例司为改革总汇，其首先规定者，即为预算。

时天下承平，帝……每以财用为忧不给，日与大臣讲求其故。命官考三司簿籍，商量经久废置之宜，凡一岁用度，郊祀大费，皆编著定式。……所裁省冗费十之四（《宋史》卷一七九《食货志下一》）。

此后各项新政，次第举行。兹按其性质，叙之如下。

（甲）民政上之设施

有“青苗”与“免役”两法。其设施之意义与反对者之言论，并撮录之，以观其得失。

青苗法

常平仓法，以丰岁谷贱伤农，故增价收粜，使蓄积之家无由抑塞，农夫须令贱粜；凶岁谷贵伤民，故减价出粜，使蓄积之家无由邀勒，贫民须令贵粜。物价常平，公私两利也。安石以常平法为不善，更将粜本作青苗钱，散与人户，令出息二分，置提举官以督之（王偁《东都事略》卷七十九《王安石传》）。

河北转运司干当公事王广廉……奏乞度僧牒数千道为本钱，于陕西转运司私行青苗法，春散秋敛，与安石意合。至是，请施行之河北，于是安石决意行之，而常平、广惠仓之法，遂变而为青苗矣（《宋史》卷一七六《食货志上四》)。

青苗法之设，为使兼并之家，不能乘人之急以邀利。但实行之后，反对者纷起指摘。

舜俞……上疏自劾曰："民间出举财物，取息重止一倍，约偿缗钱，而谷粟、布缕、鱼盐、薪蔌、耰鉏、釜锜之属，得杂取之。朝廷募民贷取，有司约中熟为价，而必偿缗钱，欲如私家杂偿他物不可得，故愚民多至卖田宅、质妻孥。有识耆老，戒其乡党子弟，未尝不以贳贷为苦。祖宗著令，以财物相出，举任从书契，官不为理。其保全元元之意，深远如此。今诱之以便利，督之以威刑，方之旧法，异矣。诏谓振民乏绝而抑兼并，然使十户为甲，浮浪无根者毋得给俵，则乏绝者已不蒙其惠。此法终行，愈为兼并地尔。何以言之？天下之有常平，非能人人计口受饷，但权谷价贵贱之柄，使积贮者不得深藏以邀利尔。今散为青苗，唯恐不尽，万一饥馑荐至，必有乘时贵粜者，未知将何法以制之？官制急放钱取息，富室藏镪，坐待邻里逋欠之时，田宅妻孥随欲而得，是岂不为兼并利哉？虽分为夏、秋二科，而秋放之月与夏敛之期等，夏放之月与秋敛之期等，不过辗转计息，以给为纳，使吾民终身以及世世，每岁两输息钱，无有穷已。是别为一赋以敝海内，非王道之举也。"(《宋史》卷三三一《陈舜俞传》)

辙曰："以钱贷民，使出息二分，本非为利。然出纳之际，吏缘为奸，虽有法不能禁；钱入民手，虽良民不免非理费用；及其纳钱，虽富民不免违限。如此则鞭笞必用，州、县多事矣。唐刘晏掌国计，未尝有所假贷。有尤之者，晏曰：'使民侥幸得钱，非国之福；使吏倚法督责，非民之便。吾虽未尝假贷，而四方丰凶贵贱，知之未尝逾时。有贱必籴，有贵必粜，以此四方无甚贵甚贱之病，安用贷为？'晏之言，汉常平法耳，公诚能行之，晏之功可立竢也。"(《宋史》卷一七六《食货志上四》)

今言青苗之害者，不过谓使者骚动州、县，为今日之患耳。而臣之所忧，乃在十年之外，非今日也。夫民之贫富，由勤惰不同，惰者常乏，故必资于人。今出钱贷民而敛其息，富者不愿取，使者以多散为功，一切抑配。恐其逋负，必令贫富相保，贫者无可偿，则散而之四方；富者不能去，必责使代偿数家之负。春算秋计，辗转日滋，贫者既尽，富者亦贫。十年之外，百姓无复存者矣。又尽散常平钱谷，专行青苗，它日若思复之，将何所取？富室既尽，常平已废，加之以师旅，因之以饥馑，民之羸者必委死沟壑，壮者必聚而为盗贼，此事之必至者也（《宋史》卷三三六《司马光传》）。

琦（韩）复上疏曰："……今放青苗钱，凡春贷十千，半年之内，便令纳利二千；秋再放十千，至岁终又令纳利二千，则是贷万钱者，不问远近，岁令出息四千。……制置司言，比《周礼》取息已不为多，是欺罔圣听。"（《宋史》卷一七六《食货志上四》）

时初行青苗法，琦上疏论其害，以为国之颁号令、立法制，必信其言而使民受实惠。陛下遣使给散青苗，乃令乡村自第一等而下，皆立借钱贯百；三等以上，更许增数；坊郭户有物业抵当者，依青苗例支借。且乡村上三等并坊郭有物力，乃从来兼并之家也，今皆得借钱，每借一千令纳一千三百，则是官放息钱，岂抑兼并、济困乏之意哉（王偁《东都事略》卷六十九《韩琦传》）。

光曰："青苗出息，平民为之，尚能以蚕食下户至饥寒流离，况县官法度之威乎？"惠卿曰："青苗法愿则取之，不愿不强也。"光曰："愚民知取债之利，不知还债之害，非独县官不强，富民亦不强也。"（王偁《东都事略》卷八十七上《司马光传》）

当是时，争青苗钱者甚众，翰林学士范镇言："陛下初诏云：公家无所利其入。今提举司以户等给钱，皆令出三分之息，物议纷纭，皆云自古未有天子开课场者。民虽至愚，不可不畏。"后以言不行致仕。台谏官吕公著、孙觉、李常、张戬、程颢等皆以论青苗罢黜。知亳州富弼、知青州欧阳修，继韩琦论青苗之害，且持之不行，亦坐移镇（《宋史》卷一七六《食货志上四》）。

按：反对青苗法者所持之理由，概括之则为：（一）官放钱取息；（二）取息二分过重；（三）州、县以多借出为功，不免勒借；（四）富人不愿借，贫人不易还。且借钱到手，最易浪费，追索之时，州、县因之多事；（五）出入之际，吏缘为奸，法不能禁。然当时民间借贷，普通且逾一倍，则二分取息，实为最轻者。其县吏张皇，则奉行不善，非法之不善也。

免役法

宋之役法，名目繁多，最为粃政。

役法。役出于民，州、县皆有常数。宋因前代之制，以“衙前”主官物，以“里正”“户长”“乡书手”课督赋税，以“耆长”“弓手”“壮丁”逐捕盗贼，以“承符”“人力”“手力”“散从”官给使令；县曹司至押、录，州曹司至孔目官，下至杂职、虞候、拣、掐等人，各以乡户等第定差。京百司补吏，须不碍役乃听。……京西转运使程能，请定诸州户为九等，著于籍，上四等量轻重给役，余五等免之，后有贫富，随时升降。诏加裁定。淳化五年，始令诸县以第一等户为里正，第二等户为户长，勿冒名以给役。自余众役，多调厢军。……然役有轻重劳佚之不齐，人有贫富强弱之不一，承平既久，奸伪滋生。命官、形势占田无限，皆得复役，衙前将吏得免里正、户长；而应役之户，困于繁数，伪为券售田于形势之家，假佃户之名，以避徭役。……自里正、乡户为衙前，主典府库或辇运官物，往往破产。……民避役者，或窜名浮图籍，号为出家。……韩琦上疏曰：“州、县生民之苦，无重于里正衙前。有孀母改嫁，亲族分居，或弃田与人，以免上等，或非命求死，以就单丁，规图百端，苟免沟壑之患。每乡被差疏密，与赀力高下不均。……富者休息有余，贫者败亡相继……请罢里正衙前。”（《宋史》卷一七七《食货志上五》）

三司使韩绛言："闻京东民有父子二丁将为衙前役者，其父告其子曰'吾当求死，使汝曹免于冻馁'，遂自缢而死。又闻江南有嫁其祖母及与母析居以避役者，又有鬻田减其户等者。田归官户不役之家，而役并于同等见存之户。"（《宋史》卷一七七《食货志上五》）

熙宁元年，知谏院吴充言："今乡役之中，衙前为重。民间规避重役，土地不敢多耕，而避户等；骨肉不敢义聚，而惮人丁。故近年上户浸少，中下户浸多，役使频仍，生资不给。……不得已而为盗贼。"（《宋史》卷一七七《食货志上五》）

帝阅内藏库奏，有衙前越千里输金七钱，库吏邀乞，逾年不得还者。帝重伤之（《宋史》卷一七七《食货志上五》）。

宋代役夫之名，有衙前、散从。衙前今之内班门子也，散从今之外班皂隶也（杨慎《艺林伐山》卷十三）。

按：力役即唐之庸也。庸钱既将入两税，即不应有所谓力役者。自唐中叶以后，仍按"人户等第"出力役，是又重加一层担负。宋沿用之，致有上述之苛酷结果，故荆公改签役而为雇役，以洗其弊。新旧之争，旧人秉政，并免役而推翻之，所以不能服变法者之心。

天下土俗不同，役重轻不一，民贫富不等，从所便为法。凡当役人户，以等第出钱，名免役钱。其……未成丁、单丁、女户、寺观、品官之家，旧无色役而出钱者，名助役钱。凡敷钱，先视州若县应用雇直多少，随户等均取；雇直既已用足，又率其数增取二分，以备水旱欠阁，虽增毋得过二分，谓之免役宽剩钱（《宋史》卷一七七《食货志上五》）。

免役之法，据家赀高下，各令出钱雇人充役。下至单丁、女户本来无役者，亦一概输钱，谓之助役钱（《宋史》卷三二七《王安石传》）。

免役法实行，其反对最力者，则为刘挚、杨绘。

监察御史刘挚谓："昨者团结保甲，民方惊扰，又作法使人均出缗钱，非时升降户等，期会急迫，人情惶骇。”因陈新法十害，其要曰：“上户常少，中下户常多，故旧法上户之役类皆数而重，下户之役率常简而轻；今不问上下户，概视物力以差出钱，故上户以为幸，而下户苦之。岁有丰凶，而役人有定数，助钱岁不可阙，则是赋税有时减阁，而助钱更无蠲损也。役人必用乡户，为其有常产则自重，今既招雇，恐止得浮浪奸伪之人，则帑庾、场务、纲运不惟不能典干，窃恐不胜其盗用而冒法者众；至于弓手、耆、壮、承符、散从、手力、胥史之类，恐遇寇则有纵逸，因事辄为搔扰也。”（《宋史》卷一七七《食货志上五》）

杨绘……疏辨之曰：“……助役之利一，而难行有五。请先言其利：假如民田有一家而百顷者，亦有户才三顷者，其等乃俱在第一，以百顷而较三顷，则已三十倍矣，而受役月日，均齐无异；况如官户，则除耆长外皆应无役，今例使均出雇钱，则百顷所输必三十倍于三顷者，而又永无决射之讼，此其利也。然难行之说亦有五：民惟种田，而责其输钱，钱非田之所出，一也。近边州军，就募者非土著，奸细难防，二也。逐处田税，多少不同，三也。耆长雇人，则盗贼难止，四也。衙前雇人，则失陷官物，五也。乞先议防此五害，然后著为定制。”（《宋史》卷一七七《食货志上五》）

于是同判司农寺曾布，摭杨绘、刘挚所言而加以反诘，其理由至为充足，大为变法者张目。

其略曰：畿内上等户尽罢昔日衙前之役，故今所输钱比旧受役时，其费十减四五；中等人户旧充弓手、手力、承符、户长之类，今使上等及坊郭、寺观、单丁、官户皆出钱以助之，故其费十减六七；下等人户尽除前日冗役，而专充壮丁，且不输一钱，故其费十减八九。大抵上户所减之费少，下户所减之费多。言者谓优上户而虐下户，得聚敛之谤，臣所未喻也。提举司以诸县等第不实，故首立品量升降之法。……今品量增减亦未为非；又况方晓谕民户，苟有未便，皆与厘正，则凡所增减，实未尝行。

言者则以谓品量立等者，盖欲多敛雇钱，升补上等以足配钱之数。……此臣所未谕也。凡州县之役，无不可募人之理。今投名衙前半天下，未尝不典主仓库、场务、纲运；而承符、手力之类，旧法皆许雇人，行之久矣；惟耆长、壮丁，以今所措置最为轻役，故但轮差乡户，不复募人。言者则以谓衙前雇人，则失陷官物；耆长雇人，则盗贼难止；又以谓近边奸细之人应募，则焚烧仓库，或守把城门，则恐潜通外境，此臣所未喻也。免役或输见钱，或纳斛斗，皆从民便，为法至此，亦已周矣。言者则谓直使输钱，则丝帛、粟麦必贱，若用他物准直为钱，则又退拣乞索，且为民害。如此则当如何而可？此臣所未喻也。昔之徭役皆百姓所为，虽凶荒饥馑，未尝罢役；今役钱必欲稍有余羡，乃所以为凶年蠲减之备，其余又专以兴田利、增吏禄。言者则以谓助钱非如税赋有倚阁减放之期，臣不知昔之衙前、弓手、承符、手力之类，亦尝倚阁减放否？此臣所未喻也。两浙一路，户一百四十余万，所输缗钱七十万尔；而畿内户十六万，率缗钱亦十六万。是两浙所输才半畿内，然畿内用以募役，所余亦自无几。言者则以谓吏缘法意，广收大计，如两浙欲以羡钱徼幸，司农欲以出剩为功，此臣所未喻也（《宋史》卷一七七《食货志上五》）。

（乙）财政上之设施

有“方田均税”“农田水利”“均输”“市易”诸法。

方田均税法

神宗患田赋不均，熙宁五年，重修定方田法，诏司农以方田均税条约并式颁之天下。以东西南北各千步，当四十一顷六十六亩一百六十步，为“一方”；岁以九月，县委令、佐分地计量，随陂原平泽而定其地，因赤淤黑垆而辨其色；方量毕，以地及色参定肥瘠而分五等，以定税则；至明年三月毕，揭以示民，一季无讼，即书户帖，连庄帐付之，以为地符。“均税”之法，县各以其租额税数为限，旧尝收蹙奇零，如米不及十合而收为升，绢不满十分而收为寸之类，今不得用其数均摊增展，致溢旧额，凡越额增数皆禁。若瘠卤不毛，及众所食利山林、陂塘、沟路、坟墓，皆不立税。凡田方之角，立土为埄，植其野之所宜木以封表之。有方帐，有庄帐，有甲帖，有户帖；其分烟析产、典卖割移，官给契，县置簿，皆以今所方之田为正（《宋史》卷一七四《食货志上二》）。

其利益如何，由蔡京等所称道者可以概见之。

自开阡陌，使民得以田私相贸易，富者恃其有余，厚立价以规利，贫者迫于不足，薄移税以速售，而天下之赋调不平久矣。神宗讲究方田利害，作法而推行之，方为之帐，而步亩高下丈尺不可隐；户给之帖，而升合尺寸无所遗；以卖买，则民不能容其巧；以推收，则吏不能措其奸。今文籍具在，可举而行（《宋史》卷一七四《食货志上二》）。

淳熙九年，著作郎袁枢振两淮还，奏："豪民占田不知其数，二税既免，止输谷、帛之课。力不能垦，则废为荒地；他人请佃，则以疆界为词，官无稽考。是以野不加辟，户不加多，而郡县之计益窘。望诏州、县画疆立券，占田多而输课少者，随亩增之；其余闲田，给与佃人，庶几流民有可耕之地，而田莱不至多荒。"（《宋史》卷一七三《食货志上一》）

绍熙元年……熹（朱熹）访问讲求，致悉备至，乃奏言："经界，最为民间莫大之利。"（《宋史》卷一七三《食货志上一》）

按：正理经界，平均担负，实为清厘要政。迨及南宋百年之后，贤者犹思继轨。或其初令、佐奉行不善，豪强不免阻挠，致贻人口实。元祐诸人，因噎废食，致一律罢免，实为可惜。

农田水利法

神宗熙宁元年，遣使察农田水利，程颢等八人充使。……中书言："诸州、县古迹陂塘，异时皆畜水溉田，民利数倍，近岁多所湮废。"诏诸路监、司访寻州、县，可兴复水利，如能设法劝诱兴修塘堰、圩堤，功利有实，当议旌宠（《通考》卷六《田赋考六》）。

于是司农寺请立法，先行之开封，视可行，颁于天下。民种桑柘，毋得增赋。安肃、广信、顺安军、保州，令民即其地植桑榆或所宜木，因可限阂戎马。官计其活茂多寡，得差减在户租数，活不及数者罚，责之补种。兴修水利田，起熙宁三年至九年，府界及诸路凡一万七百九十三处，为田三十六万一千一百七十八顷有奇。神宗元丰元年，诏开废田，兴水利，民力不能给役者，贷以常平钱谷，京西南路流民买耕牛者免征。五年，都水使者范子渊奏："自大名抵乾宁，跨十五州，河徙地凡七千顷，乞募人耕种。"从之（《宋史》卷一七三《食货志上一》）

按：农田水利法实行，已著效于一时矣。

市易法

先是，有魏继宗者，自称草泽，上言："京师百货无常价，贵贱相倾，富能夺，贫能与，乃可以为天下。今富人大姓，乘民之亟，牟利数倍，财既偏聚，国用亦屈。请假榷货务钱，置常平市易司，择通财之官任其责，求良贾为之转易。使审知市物之价，贱则增价市之，贵则损价鬻之，因收余息，以给公上。"于是中书奏在京置市易务官。凡货之可市及滞于民而不售者，平其价市之，愿以易官物者听。若欲市于官，则度其抵而贷之钱，责期使偿，半岁输息十一，及岁倍之。凡诸司配率，并仰给焉。以吕嘉问为提举，赐内库钱百万缗、京东路钱八十七万缗为本。三司请立市易条，有"兼并之家，较固取利，有害新法，本务觉察，三司按治"之文，帝削去之（《宋史》卷一八六《食货志下八》）。

市易之法，听人赊贷县官财货，以田宅或金帛为抵当，出息十分之二。过期不输息外，每月更加罚钱百分之二（《宋史》卷三二七《王安石传》）。

按：市易法取息甚低，章制甚严，所不利者豪强兼并之家，所利者在贫民，亦非不可行之法也。

均输法

均输之法，所以通天下之货，制为轻重敛散之术，使输者既便，而有无得以懋迁焉。熙宁二年，制置三司条例司言:“天下财用无余，典领之官拘于弊法，内外不相知，盈虚不相补。诸路上供，岁有常数。丰年便道，可以多致而不能赢；年俭物贵，难于供亿而不敢不足。远方有倍蓰之输，中都有半价之鬻，徒使富商大贾乘公私之急，以擅轻重敛散之权。今发运使实总六路赋入，其职以制置茶、盐、矾、酒税为事，军储国用，多所仰给。宜假以钱货，资其用度，周知六路财赋之有无而移用之。凡籴买税敛上供之物，皆得徙贵就贱，用近易远。令预知中都帑藏年支见在之定数，所当供办者，得以从便变易蓄买，以待上令。稍收轻重敛散之权归之公上，而制其有无，以便转输，省劳费，去重敛，宽农民。庶几国用可足，民财不匮。”诏本司具条例以闻(《宋史》卷一八六《食货志下八》)。

均输法者，以发运之职改为均输，假以钱货。凡上供之物，皆得徙贵就贱，用近易远。预知在京仓库所当办者，得以便宜蓄买(《宋史》卷三二七《王安石传》)

按：均输法，于物价调节最有关系，为刘晏成法，论者亦攻之不已，以为扰民。其意不在法而在人可知。其攻击最力者，为苏轼兄弟，借口亏税，转为商贾张目。其词虽辩，而非就诸法本身立论，宜其不足以服主新法者之心也。

轼上书论其不便曰:“……昔汉武帝以财力匮竭，用贾人桑弘羊之说，买贱卖贵，谓之均输。于时商贾不行，盗贼滋炽，几至于乱。……不意今日此论复兴。立法之初，其费已厚，纵使薄有所获……则指为劳绩。……亏商税而取均输之利……臣窃以为过矣。”(《宋史》卷三三八《苏轼传》)

侍御史刘琦、侍御史里行钱颉等言:“向小人，假以货泉，任其变易，纵有所入，不免夺商贾之利。”……条例司检详文字苏辙言:“昔汉武外事四夷，内兴宫室，财用匮竭，力不能支，用贾人桑弘羊之说，买贱卖贵，谓之均输。虽曰民不加赋而国用饶足，然法术不正，吏缘为奸，掊克日深，民受其病。……今此论复兴，众口纷然，皆谓其患必甚于汉，何者？方今聚敛之臣，材智方略，未见有桑弘羊比；而朝廷破坏规矩，解纵绳墨，使得驰骋自由，唯利是嗜，其害必有不可胜言者矣。"……权开封府推官苏轼亦言："均输徙贵就贱，用近易远。然广置官属，多出缗钱，豪商大贾皆疑而不敢动，以为虽不明言贩卖，既已许之变易，变易既行，而不与商贾争利，未之闻也。夫商贾之事，曲折难行，其买也先期而予钱，其卖也后期而取直，多方相济，委曲相通，倍称之息，由此而得。今先设官置吏，簿书廪禄，为费已厚，非良不售，非贿不行。是官买之价比民必贵，及其卖也，弊复如前，商贾之利，何缘而得？朝廷不知虑此，乃捐五百万缗以予之，此钱一出，恐不可复。纵使其间薄有所获，而征商之额，所损必多矣。"（《宋史》卷一八六《食货志下八》）

（丙）军政上之设施

有"置将""保甲""保马""军器监"诸法。

置将法

将兵者，熙宁之更制也。先是，太祖惩藩镇之弊，分遣禁旅戍守边城，立更戍法。……淳化、至道以来，持循益谨。……更戍交错，旁午道路。议者以为徒使兵不知将，将不知兵，缓急恐不可恃。神宗即位，乃部分诸路将兵，总隶禁旅，使兵知其将，将练其士，平居知有训厉而无番戍之劳，有事而后遣焉，庶不为无用矣。熙宁七年，始诏总开封府畿、京东西、河北路兵分置将、副，由河北始（《宋史》卷一八八《兵志二》）。

熙、丰置将简表

官别	路名及军名		员数	次第
	地别	路别		
将	京畿及河北	河北	十七将	第一至第十七
		府畿	七将	第十八至第二十四
		京东	九将	第二十五至第三十三
		京西	四将	第三十四第三十七
	关陇	鄜延	九将	第一至第九
		泾原	十一将	第十至第二十
		环庆	八将	第二十一至第二十八
		秦凤	五将	第二十九至第三十三
		熙河	九将	第三十四至第四十二
	东南	淮南东	一将	第一
		淮南西	一将	第二
		两浙西	一将	第三
		两浙东	一将	第四
		江南东	一将	第五
		江南西	一将	第六
		荆湖北	一将	第七
		荆湖南	二将	第八与第九
		福建	一将	第十
		广南东	一将	第十一
		广南西	二将	第十二与第十三

续表

<table>
<tr><td rowspan="2">官别</td><td colspan="2">路名及军名</td><td rowspan="2">员数</td><td rowspan="2">次第</td></tr>
<tr><td>地别</td><td>路别</td></tr>
<tr><td rowspan="3">指挥</td><td colspan="2">马军</td><td>十三指挥</td><td></td></tr>
<tr><td colspan="2">忠果</td><td>十指挥</td><td></td></tr>
<tr><td colspan="2">土兵</td><td>二指挥</td><td></td></tr>
<tr><td>附记</td><td colspan="4">一、共置将九十二员。
一、凡诸路将，各置副一人。
一、以路将兵数，东南兵三千人以下，指挥各五人。其余史无明文，待考。</td></tr>
</table>

保甲法

熙宁初，王安石变募兵而行保甲。……民十家为一保，选主户有干力者一人为保长；五十家为一大保，选一人为大保长；十大保为一都保，选为众所服者为都保正，又以一人为之副。应主客户两丁以上，选一人为保丁。附保两丁以上有余丁而壮勇者亦附之，内家赀最厚、材勇过人者亦充保丁，兵器非禁者听习。每一大保，夜轮五人警盗。……既行之畿甸，遂推之五路，以达于天下。时则以捕盗贼相保任，而未肄以武事也。四年，始诏畿内保丁肄习武事。岁农隙，所隶官期日于要便乡村都试骑步射，并以射中亲疏远近为等（《宋史》卷一九二《兵志六》）。

保甲之法，籍乡村之民，二丁取一，十家为保，保丁皆授以弓弩，教之战阵（《宋史》卷三二七《王安石传》）。

按：保甲法为民兵计划，期以渐革募兵之弊。若以府兵法例之，亦不能发见若何窒碍与其不应行也。

保马法

保甲养马者，自熙宁五年始。……诏开封府界诸县保甲愿牧马者听，仍以陕西所市马选给之。六年，曾布等承诏上其条约：凡五路义勇保甲愿养马者，户一匹，物力高愿养二匹者听，皆以监牧见马给之，或官与其直，令自市，毋或强与。……在府界者，免体量草二百五十束，加给以钱布；在五路者，岁免折变缘纳钱。三等以上，十户为一保；四等以下，十户为一社，以待病毙逋偿者。保户马毙，保户独偿之；社户马毙，社户半偿之。岁一阅其肥瘠，禁苛留者。凡十四条，先从府界颁焉。五路委监司、经略司、州、县更度之。于是保甲养马行于诸路矣（《宋史》卷一九八《兵志十二》）。

保马之法，凡五路义保，愿养马者，户一匹，以监牧见马给之。或官与其直，使自市。岁一阅其肥瘠，死病者补偿（《宋史》卷三二七《王安石传》）。

按：保马法为马政计划，惟蓄马与牧马迥别。马之死及病，为不可避免之事，颇为养马者之累，遂为反对者所借口。

军器监法

帝欲利戎器，而患有司苟简。王雱上疏曰："……方今外御边患，内虞贼盗，而天下岁课弓弩、甲胄入充武库者以千万数，乃无一坚好精利实可为备者。臣尝观诸州作院兵匠乏少，至拘市人以备役，所作之器，但形质而已。武库之吏，计其多寡之数而藏之，未尝责其实用，故所积虽多，大抵敝恶。……莫若更制法度，敛数州之作聚为一处，若今钱监之比，择知工事之臣使专其职；且募天下良工散为匠师，而朝廷内置工官以总制其事，察其精窳而赏罚之，则人人务胜，不加责而皆精矣。"……熙宁六年，始置"军器监"，总内外军器之政。……先是，军器领于三司，至是罢之，一总于监。凡产材州，置都作院。凡知军器利害者，听诣监陈述，于是吏民献器械法式者甚众（《宋史》卷一九七《兵志十一》）。

此为军器改良计画，亦为整军经武不可少之措施也。当时多痛诋保甲法者，兹撮辩论之点如下。

帝谓府兵与租庸调法相须，安石则曰："今义勇、土军上番供役，既有廪给，则无贫富皆可以入卫出戍，虽无租庸调法，亦自可为。第义勇皆良民，当以礼义奖养。今皆倒置者，以涅其手背也，教阅而縻费也，使之运粮也。三者皆人所不乐，若更驱之就敌，使被杀戮，尤人所惮也。”冯京曰：“义勇亦有以挽强得试推恩者。”安石曰：“挽强而力有不足，则绝于进取，是朝廷有推恩之滥，初非劝奖使人趋武事也。今欲措置义勇皆当反此。……臣愿择乡闾豪杰以为将校，稍加奖拔，则人自悦服。矧今募兵为宿卫，及有积官至刺史以上者。移此与彼，固无不可。……诚能审择，近臣皆有政事之材，则异时可使分将此等军矣。今募兵出于无赖之人，尚可为军、厢主，则近臣以上岂不及此辈？”……帝以为然。时有欲以义勇代正兵者，曾公亮以为置义勇、弓手，渐可以省正兵。安石曰：“诚然，第今江、淮置新弓手，适足以伤农。”……帝又言节财用，安石对以减兵最急。帝曰：“比庆历数已甚减矣。”……安石则曰：“精训练募兵而鼓舞三路之民习兵，则兵可省。臣屡言，河北旧为武人割据，内抗朝廷，外敌四邻。……今河北户口蕃息，又举天下财物奉之，常若不足；以当一面之敌，其施设乃不如武人割据时。则三路事有当讲画者，在专用其民而已。”帝又言：“边兵不足以守，徒费衣廪。然固边圉又不可悉减。”安石曰：“今更减兵，即诚无以待急缓；不减，则费财困国无已时。臣以谓傥不能理兵，稍复古制，则中国无富强之理。”……陈升之欲令义勇以渐戍近州。安石曰：“陛下若欲去数百年募兵之敝，则宜果断，详立法制，令本末备具。不然，无补也。”……帝曰：“募兵专于战守，故可恃；至民兵，则兵农之业相半，可恃以战守乎？”安石曰：“唐以前未有黥兵，然亦可以战守。臣以谓募兵与民兵无异，顾所用将帅如何尔。……有将帅，则不患民兵不为用矣。”……时开封鞫保户有质衣而买弓箭者，帝恐其贫乏，艰于出备。安石曰：“民贫宜有之，抑民使置弓箭，则法所弗去也。往者冬阅及巡检番上，唯就用在官弓矢，不知百姓何故至于质衣也。……夫出钱之多不足以止盗，而保甲之能止盗，其效已见，则虽令民出少钱以置器械，未有损也。”……帝谓安石曰：“曾孝宽言，民有斩指诉保甲者。”安石曰：“……大抵保甲法，上自执政大臣，中则两制，下则盗贼及停藏之人，皆所不欲。然臣召乡人问之，皆以为便。则虽有斩指以避丁者，不皆然也。况保甲非特除盗，固可渐习为兵。既人皆能射，又为旗鼓变其耳目，且约以免税上番代巡检兵；又自正、长而上，能捕贼者奖之以官，则人竞劝。然后使与募兵相参，则可以销募兵骄志，且省财费，此宗社长久之计。”……帝遂变三路义勇如府畿保甲法。……或曰：“保甲不可代正军上番否？”安石曰：“俟其习熟，然后上番。……臣观……今为募兵者，大抵皆偷惰顽猾不能自振之人。为农者，皆朴力一心听令之人，则缓急莫如民兵可用。”冯京曰：“太祖征伐天下，岂用农兵？”安石曰：“太祖时接五代，百姓困极，豪杰多以从军为利。今百姓安业乐生，而军中不复有如向时拔起为公侯者，即豪杰不复在军，而应募者大抵皆偷惰不能自振之人尔。……今厢军既少，禁兵亦不多，臣愿早训练民兵。民兵成，则募兵当减矣。”又为上言：“……今保甲阅艺八等，劝奖至优，人竞私习，不必上番然后就学。臣愚愿以数年，其艺非特胜义勇，当必胜正兵。正兵技艺取应官法而已，非若保甲人人有劝心也。”（《宋史》卷一九二《兵志六》）

（六）党争之误国

（1）新旧党之分张

初，安石入相，举朝皆非之。

神宗曰:“卿去，谁可属国者？王安石何如？”琦曰:“安石为翰林学士则有余，处辅弼之地则不可。”上不答（《宋史》卷三二一《韩琦传》）。

帝欲用安石，曾公亮因荐之，介言其难大任，帝曰:“文学不可任耶？吏事不可任耶？经术不可任耶？”对曰:“安石好学而泥古，故论议迂阔，若使为政，必多所变更。”退谓公亮曰:“安石果用，天下必困扰。”（《宋史》卷三一六《唐介传》）

神宗问王安石可相否，对曰:“安石文行甚高，处侍从献纳之职可矣。宰相自有其度，安石狷狭少容。”（《宋史》卷三四一《孙固传》）

诲曰:“安石虽有时名，然好执偏见，轻信奸回，喜人佞己，听其言则美，施于用则疏。置诸宰辅，天下必受其祸。”（《宋史》卷三二一《吕诲传》）

安石未执政，已中举朝之忌。后来一切施设，不论是非，动遭抨击，不与为伍。安石自不得不引用新进者，以为己助。

陈升之……王安石用事，患正论盈庭，引升之自助。升之……竭力为之用，安石德之，故使先己为相（《宋史》卷三一二《陈升之传》）。

吕惠卿……熙宁初，安石为政，惠卿方编校集贤书籍。安石言于帝曰:“惠卿之贤，岂特今人，虽前世儒者未易比也。”……及设制置三司条例司，以为检详文字，事无大小必谋之。凡所建请章奏，皆其笔。……惠卿为之谋主，而安石力行之（《宋史》卷四七一《吕惠卿传》）。

章惇……熙宁初，王安石秉政，悦其才用为编修三司条例官，加集贤校理中书检正……擢知制诰，直学士院，制军器监（《宋史》卷四七一《章惇传》）。

曾布……与吕惠卿共创青苗、助役、保甲、农田之法，一时故臣及朝士多争之。布疏言："陛下……思大有为于天下，而大臣玩令倡之于上，小臣横议和之于下，人人窥伺间隙，巧言丑诋以哗众罔上。……诚推赤心以待遇君子而厉其气，奋威断以屏斥小人而消其萌，使四方晓然皆知主不可抗，法不可侮，则何为而不可？何欲而不成哉？"布欲坚神宗意，使专任安石以威胁众，使毋敢言政（《宋史》卷四七一《曾布传》）。

安石为实行政见，凡诋毁新政者皆斥逐之，而新旧党派之争愈烈。

吕公著……亦以请罢新法，出颍州刺史。刘述、刘琦、钱觊、孙昌龄、王子韶、程颢、张戬、陈襄、陈荐、谢景温、杨绘、刘挚，谏官范纯仁、李常、孙觉、胡宗愈皆不得其言，相继去。……知制诰宋敏求、李大临、苏颂，封还词头，御史林旦、薛昌朝、范育……皆罢逐。翰林学士范镇，三疏言青苗，夺职致仕。……欧阳修乞致仕……乃听之。富弼以格青苗，解使相。……文彦博言市易与下争利……出彦博守魏。……富弼、韩琦……司马光……悉排斥不遗力（《宋史》卷三二七《王安石传》）。

新党得政，旧派藉端攻击，其争愈甚。会新党内哄，安石不安于位，乃辞职以去。

熙宁七年春，天下久旱，饥民流离，帝忧形于色，对朝嗟叹，欲尽罢法度之不善者。……自近臣以至后族，无不言其害。……监安上门郑侠上疏，绘所见流民扶老携幼困苦之状，为图以献曰："旱由安石所致，去安石天必雨。"侠又坐窜岭南。慈圣、宣仁二太后流涕谓帝曰："安石乱天下。"帝亦疑之，遂罢为观文殿大学士，知江陵府。……吕惠卿服阕，安石朝夕汲引之，至是白为参知政事。又乞召韩绛代己，二人守其成谟不少失，时号绛为"传法沙门"，惠卿为"护法善神"（《宋史》卷三二七《王安石传》）。

安石求去，惠卿使其党变姓名，日投匦上书留之。安石力荐惠卿为参知政事，惠卿惧安石去，新法必摇，作书遍遗监司、郡守，使陈利害。又从容白帝下诏，言终不以吏违法之故，为之废法。故安石之政，守之益坚。……已而安石弟安国恶惠卿奸谄，面辱之。于是乘势并陷三人，皆获罪。安石以安国之故，始有隙。惠卿既叛安石，凡可以害王氏者无不为。韩绛为相不能制，请复用安石（《宋史》卷四七一《吕惠卿传》）。

惠卿实欲自得政，忌安石复来，因郑侠狱陷其弟安国。……绛觉其意，密白帝，请召之。熙宁八年二月，复拜相。安石承命，即倍道来（《宋史》卷三二七《王安石传》）。

初，吕惠卿迎合安石，建立新法，安石故力援引，骤至执政。惠卿既得志，有射羿之意，忌安石复用，遂欲逆闭其途，凡可以害安石者，无所不用其智。一时朝士见惠卿得君，谓可倾安石以媚惠卿，遂更朋附之（陈邦瞻《宋史纪事本末》卷三十七）。

雱……取邓绾所列惠卿事，杂他书下制狱，安石不知也。省吏告惠卿，于是惠卿以状闻，且讼安石……又发安石私书曰“无使上知”者。帝以示安石，安石谢无有，归以问雱，雱言其情，安石咎之。雱愤恚，疽发背死。……上颇厌安石……安石之再相也，屡谢病求去。及子雱死，尤悲伤不堪，力请解几务。上益厌之，罢为镇南军节度使、同平章事、判江宁府（《宋史》卷三二七《王安石传》）。

（2）新旧党之倾轧

（甲）元祐之政

神宗崩，哲宗继位，时年十岁，太皇太后高氏（宣仁太后）临朝，同听政。已而以司马光为相。光素诋新法，既执政，用旧人，复旧制，安石新法，一切俱罢矣。

元丰八年七月……诏罢保甲法。……十一月，罢方田。……十二月，罢市易法。……罢保马法。哲宗元祐元年三月……诏修定役书。……八月，诏复常平旧法，罢青苗钱（陈邦瞻《宋史纪事本末》卷四十三）。

宣仁后临朝，用司马光、吕公著，欲革弊事，而旧相蔡确、韩缜、枢密使章惇，皆在位窥伺得失，辙皆论去之。吕惠卿……自知不免，乞宫观以避贬窜。辙具疏其奸，以散官安置建州（《宋史》卷三三九《苏辙传》）。

光等措置过急，不免报复，即旧人亦有非难之者。

宣仁后垂帘，司马光为政，将尽改熙宁、元丰法度。纯仁谓光："去其泰甚者可也。差役一事，尤当熟讲而缓行，不然，滋为民病。愿公虚心以延众论，不必谋自己出；谋自己出，则谄谀得乘间迎合矣。"……光不从，持之益坚。纯仁曰："是使人不得言尔。若欲媚公以为容悦，何如少年合安石以速富贵哉。"……纯仁虑朋党将炽，与文彦博、吕公著辨于帘前，未解。纯仁曰："……昔先臣与韩琦、富弼同庆历柄任，各举所知，当时飞语指为朋党，三人相继补外。造谤者公相庆曰：'一网打尽。'此事未远，愿陛下戒之。"……知汉阳军吴处厚傅致蔡确《安州车盖亭》诗，以为谤宣仁后，上之。谏官欲置于典宪，执政右其说，唯纯仁与左丞王存以为不可，争之。……及确新州命下，纯仁于宣仁后帘前言："圣朝宜务宽厚，不可以语言文字之间暧昧不明之过，诛窜大臣。今举动宜与将来为法，此事甚不可开端也。"……纯仁面谏朋党难辨，恐误及善人，遂上疏曰："朋党之起，盖因趣向异同，同我者谓之正人，异我者疑为邪党。既恶其异我，则逆耳之言难至；既喜其同我，则迎合之佞日亲。以至真伪莫知，贤愚倒置，国家之患，率由此也。"（《宋史》卷三一四《范纯仁传》）

光曰："先帝之法，其善者虽百世不可变也。若安石、惠卿所建为害天下者，改之当如救焚拯溺。"……遂罢保甲团教，不复置保马，废市易法，所储物皆鬻之，不取息。除民所欠钱。京东铁钱及茶盐之法，皆复其旧。或谓光曰："熙、丰旧臣，多憸巧小人，他日有以父子义间上，则祸作矣。"光正色曰："天若祚宗社，必无此事。"（《宋史》卷三三六《司马光传》）

司马光为相，知免役之害，不知其利，欲复差役，差官置局。轼与其选，轼曰："差役免役，各有利害，免役之害，掊敛民财。……差役之害，民常在官，不得专力于农，而贪吏猾胥，得缘为奸，此二害轻重盖略等矣。"光曰："于君何如？"轼曰："法相因则事易成，事有渐则民不惊。……自尔以来，民不知兵，兵不知农，农出谷帛以养兵，兵出性命以卫农，天下便之，虽圣人复起，不能易也。今免役之法，实大类此。"……光不以为然（《宋史》卷三三八《苏轼传》）。

旧人意气相争，不久遂有"蜀""洛""朔"党之分立。

哲宗即位，宣仁后垂帘同听政，群贤毕集于朝，专以忠厚不扰为治，和戎偃武，爱民重谷，庶几嘉祐之风矣。虽然，贤者不免以类相从，故当时有洛党、川党、朔党之语。洛党者，以程正叔侍讲为领袖，朱光庭、贾易等为羽翼。川党者，以苏子瞻为领袖，吕陶等为羽翼。朔党者，以刘挚、梁焘、王岩叟、刘安世为领袖，羽翼尤众。诸党相攻击不已，正叔多用古礼，子瞻谓其不近人情如王介甫，深疾之，或加玩侮，故朱光庭、贾易不平，皆以谤讪诬子瞻，执政两平之。是时，既退元丰大臣于散地，皆衔怨刺骨，阴伺间隙，而诸贤者不悟，自分党相毁。至绍圣初，章惇为相，同以为元祐党尽窜岭海之外，可哀也。吕微仲秦人，戆直无党。范醇夫蜀人，师温公不立党亦不免窜逐以死，尤可哀也（邵伯温《河南邵氏闻见前录》卷二十二）。

同党相争，而调停新旧之说起。

自元祐初，一新庶政，至是五年矣，人心已定。惟元丰旧党，分布中外，多起邪说，以摇撼在位。吕大防、刘挚患之，欲稍引用以平夙怨，谓之调停（《宋史》卷三三九《苏辙传》）。

（乙）绍圣之政

哲宗年幼，诸臣言事，纷耘不已，但取决于太后。帝有言，或无对者，帝积不能平。元祐八年，太后崩，哲宗亲政，复行新法，政局复变。

畏首背大防，称述熙宁、元丰政事与王安石学术，哲宗信之。遂荐章惇、吕惠卿可大任。……惇入相……引以自助（《宋史》卷三五五《杨畏传》）。

哲宗亲政，有复熙宁、元丰之意。首起惇为尚书左仆射兼门下侍郎，于是专以绍述为国是，凡元祐所革，一切复之。引蔡卞、林希、黄履、来之邵、张商英、周秩、翟思、上官均居要地，任言责，协谋朋奸，报复仇怨，小大之臣，无一得免，死者祸及其孥。甚至诋宣仁后，谓元祐之初，老奸擅国。又请发司马光、吕公著冢，斫其棺。哲宗不听（《宋史》卷四七一《章惇传》）。

布赞惇绍述甚力。……惇遂兴大狱，陷正人，流贬镌废，略无虚日（《宋史》卷四七一《曾布传》）。

中书舍人蹇序辰上疏，言朝廷前日正司马光等奸恶，明其罪罚以告中外，惟变乱典型，改废法度，讪讟宗庙，睥睨两宫，观事考言，实状章著。其章疏案牍，散在有司，若不汇集而藏之，藏久必至沦弃。愿悉讨奸臣所言所行，选官编类，人为一帙，置之二府，以示天下后世之大戒。章惇、蔡卞，请即命序辰及直学士院徐铎编类，凡司马光等一时施行文书，攟拾附著，纤悉不遗，凡一百四十三帙上之。由是缙绅之士，无得脱祸者矣（陈邦瞻《宋史纪事本末》卷四十六）。

又奏："元祐初置诉理所，将熙、丰以来断过刑名，辄行奏雪，讪谤先朝，归怨君父，其元看详官刘挚、孙觉、胡宗愈、傅尧俞等乞加罪。"悉皆坐谪（王偁《东都事略》卷九十七《安惇传》）。

踵蹇序辰初议，阅诉理书牍，被祸者七八百人。天下怨疾，为二蔡二惇之谣（《宋史》卷四七一《安惇传》）

（丙）建中崇宁之政

初，章惇为相，布草制，极其称美，冀惇引为同省执政。惇忌之，止荐居枢府，故稍不相能。……又奏："入主操柄不可倒持。今自丞弼以至言者，知畏宰相，不知畏陛下。臣如不言，孰敢言者！"其意盖欲倾惇而未能。会哲宗崩，皇太后（向氏）召宰执问谁可立，惇有异议，布叱惇，使从皇太后命。徽宗立，惇得罪罢。遣中使召蔡京，辍院拜韩忠彦左仆射……拜布右仆射。……忠彦虽居上，然柔懦，事多决于布，布犹不能容。时议以元祐、绍圣均为有失，欲以大公至正，消释朋党。明年，乃改元建中靖国，邪正杂用（《宋史》卷四七一《曾布传》）。

向太后权同听政，起用陈瓘、邹浩等，而贬蔡卞、蔡京等。又追复文彦博等三十三人官。太后听政仅七月，而徽宗亲政，言绍述者复起。

近时学士大夫，相领竞进，以善求事为精神，以能讦人为风采，以忠厚为重迟，以静退为卑弱，相师成风，莫之或止，正而救之，实在今日。……元祐之际，悉肆纷更。绍圣以来，又皆称颂。夫善续前人者，不必因所为，否者赓之，善者扬焉。元祐纷更，是知赓之，而不知扬之之罪也。绍圣称颂，是知扬之，而不知赓之之过也。愿咨谋人贤，询考政事，惟其当之为贵，大中之期，亦在今日也（《宋史》卷三四三《陆佃传》）。

陆佃既为尝试之词，时曾布为相，乃进绍述之说，改元崇宁，旧人尽斥逐矣。

京亦出知江宁，颇怏怏，迁延不之官。御史陈次升、龚夬、陈师锡交论其恶，夺职提举洞霄宫，居杭州。……韩忠彦与曾布交恶，谋引京自助，复用为学士承旨。徽宗有意修熙、丰政事……遂决意用京（《宋史》卷四七二《蔡京传》）。

时韩忠彦、曾布为相，洵武因对言："陛下乃先帝子，今相忠彦乃琦之子，先帝行新法以利民，琦尝论其非。今忠彦为相，更先帝之法，是忠彦能继父志，陛下为不能也。必欲继志述事，非用蔡京不可。”京出居外镇，帝未有意复用也。洵武为帝言：“陛下方绍述先志，群臣无助者。”乃作《爱莫助之图》以献。其图如《史记》年表，列旁行七重，别者左右，左曰元丰，右曰元祐。自宰相执政、侍从、台谏、郎官、馆阁、学校各为一重，左序助绍述者，执政中惟温益一人，余不过三四。……右序举朝辅相、公卿、百执事咸在，以百数。帝出示曾布，而揭去左方一姓名。布请之，帝曰：“蔡京也。洵武谓非相此人不可，以与卿不同，故去之。”（《宋史》卷三二九《邓洵武传》）

忠彦罢，京拜尚书左丞，俄代曾布为右仆射。制下之日，赐坐延和殿，命之曰：“神宗创法立制，先帝继之，两遭变更，国是未定。朕欲上述父兄之志，卿何以教之？”京顿首谢，愿尽死（《宋史》卷四七二《蔡京传》）。

曾布初挤蔡京，继排韩忠彦，引京自助。京欲独当国，终逐布去。

京与布异，会布拟陈佑甫为户部侍郎，京奏曰：“爵禄者陛下之爵禄，奈何使宰相私其亲？”布婿陈迪，佑甫子也。布忿然争辨久之，声色稍厉。温益叱布曰：“曾布上前，安得失礼？”徽宗不悦而罢。御史遂攻之，罢为观文殿大学士，知润州（《宋史》卷四七一《曾布传》）。

蔡京独专大政，一意排斥旧党，党锢之祸遂成。

崇宁元年八月……诏司马光等二十一人子弟，毋得官京师。……九月……诏中书籍元符三年臣僚章疏姓名，为正上、正中、正下三等，邪上、邪中、邪下三等，治臣僚议复元祐皇后及谋废元符皇后者罪。降韩忠彦、曾布官。……窜曾肇以下十七人，籍元祐及元符末，宰相文彦博等、侍从苏轼等、余官秦观等、内臣张士良等、武臣王献可等凡百有二十人，御书刻石端礼门。以元符末上书人钟世美以下四十一人为正等，悉加旌擢；范柔中以下五百余人为邪等，降责有差。……十月……诏：责降宫观人，不得同一州居住（《宋史》卷十九《徽宗本纪一》）。

时元祐群臣，贬窜死徙略尽。京犹未惬意，命等其罪状，首以司马光，目曰奸党，刻石文德殿门。又自书为大碑，遍班郡国。初，元符末，以日食求言，言者多及熙宁、绍圣之政。则又籍范柔中以下为邪等，凡名在两籍者三百九人，皆锢其子孙，不得官京师（《宋史》卷四七二《蔡京传》）。

崇宁二年九月，诏："宗室不得与元祐奸党子孙为婚姻。"……诏："上书邪等人知县以上资序，并与外祠选人，不得改官及为县令。"……十一月，以元祐学术政事聚徒传授者，委监司举察，必罚无赦。……三年六月……诏重定元祐、元符党人及上书邪等者合为一籍，通三百九人，刻石朝堂。余并出籍，自今毋得复弹奏（《宋史》卷十九《徽宗本纪一》）。

（3）宣和之衰败

新旧党相争之结果，佥壬悉夤缘登用。靖康初，陈东伏阙上书，论今日之事，蔡京坏乱于前，梁师成阴谋于后，李彦结怨于西北，朱勔结怨于东南，王黼、童贯又结怨于辽、金，刱开边衅，宜诛六贼，传首四方，以谢天下。钦宗虽并予窜戮，竟无救于北宋之亡。

（甲）蔡京

时承平既久，帑庾盈溢。京倡为丰亨豫大之说，视官爵财物如粪土，累朝所储扫地矣。……崇宁五年正月……帝以言者毁党碑，凡其所建置一切罢之，京免为开府仪同三司。……大观元年，复拜左仆射。……拜太尉。……拜太师。三年，台谏交论其恶，遂致仕。……政和二年，召还京师，复辅政。……又更定官名，以仆射为太少宰，自称公相，总治三省。……省吏不复立额，至五品阶以百数，有身兼十余俸者。……京每为帝言，今泉币所积赢五千万，和足以广乐，富足以备礼，于是铸九鼎，建明堂，修方泽，立道观，作《大晟乐》，制定命宝。任孟昌龄为都水使者，凿大伾三山，创天成、圣功二桥，大兴工役，无虑四十万。两河之民，愁困不聊生。……又欲广宫室，求上宠媚，召童贯辈五人，风以禁中偪侧之状。贯俱听命，各视力所致，争以侈丽高广相夸尚，而延福宫、景龙江之役起，漫淫及于艮岳矣。……然公论益不与，帝亦厌薄之。宣和二年，令致仕。六年，以朱勔为地，再起领三省。京至是四当国，目昏眊不能事事，悉决于季子絛。……宰臣白时中、李邦彦，惟奉行文书而已，既不能堪，兄攸亦发其事。上怒……京亦致仕。……京殊无去意，帝呼童贯使诣京，令上章谢事。……京不得已，以章授贯。……三表请去，乃降制从之（《宋史》卷四七二《蔡京传》）。

攸……京长子也。……其后与京权势日相轧，浮薄者复间之，父子各立门户，遂为雠敌。……帝留意道家者说，攸独倡为异闻，谓有珠星璧月、跨凤乘龙、天书云篆之符，与方士林灵素之徒，争证神变事。于是神霄、玉清之祠遍天下（《宋史》卷四七二《蔡攸传》）。

政和七年正月，召道士林灵素于温州，筑通真宫以处之。皇帝崇尚道教，号教主道君皇帝。二月，改天下天宁观为神霄玉清万寿宫，无观者以寺充。仍设长生大帝君、青华大帝君像，建宝箓宫（王偁《东都事略》卷十一《徽宗纪二》）。

灵素……曰："天有九霄，而神霄为最高，其治曰府。神霄玉清王者，上帝之长子，主南方，号长生大帝君，陛下是也。"……帝心独喜其事……建上清宝箓宫，密连禁省。天下皆建神霄万寿宫。……令吏民诣宫受神霄秘录，朝士之嗜进者，亦靡然趋之。每设大斋，辄费缗钱数万，谓之千道会。……其徒美衣玉食，几二万人（《宋史》卷四六二《林灵素传》）。

（乙）王黼

黼……迁符宝郎左司谏。张商英在相位，浸失帝意，遣使以玉环赐蔡京于杭。黼觇知之，数条奏京所行政事，并击商英。京复相，德其助己，除……御史中丞。……宣和元年，拜特进少宰。……蔡京致仕，黼阳顺人心，悉反其所为……四方翕然称贤相。……请置应奉局，自兼提领，中外名钱，皆许擅用。竭天下财力以供费，官吏承望风旨，凡四方水土珍异之物，悉苛取于民，进帝所者，不能什一，余皆入其家。……童贯平腊归，黼言于帝曰："方腊之起，由茶盐法也。"……贯谋起蔡京以间黼，黼惧。是时朝廷已纳赵良嗣之计，结女真共图燕。……以兵属贯，命以保民观衅为上策。黼复折简通诫于贯曰："太师若北行，愿尽死力。"时帝方以睦寇故悔其事，及黼一言，遂复治兵。黼于三省置经抚房，专治边事，不关之枢密。括天下丁夫，计口出算，得钱六千二百万缗，竟买空城五六而奏凯，率百僚称贺。……帝始悟其交结状。……寻命致仕（《宋史》卷四七〇《王黼传》）。

（丙）童贯

徽宗立，置明金局于杭，贯以供奉官主之，始与蔡京游。京进，贯力也。京既相，赞策取青唐，因言贯尝十使陕右，审五路事宜，与诸将之能否为最悉，力荐之。合兵十万……师竟出，复四州。……未几，为熙河兰湟、秦凤路经略安抚制置使，累迁武康军节度使。讨溪哥藏，征复积石军、洮州，加检校司空。颇恃功骄态，选置将吏，皆捷取中旨，不复关朝廷。寝咈京意，除开府仪同三司。京曰："使相岂应授宦官。"不奉诏……庙谟兵柄皆属焉。……不三岁，领枢密院事。……时人称蔡京为公相，因称贯为媪相。将秦晋锐师，深入河陇。……大将刘法……遇伏而死。法西州名将，既死，诸军恟惧。贯隐其败，以捷闻。……关右既困，夏人亦不能支，乃因辽人进誓表纳款。……政和元年，副郑久中使于辽，得燕人马植……遂造平燕之谋。……方腊虽平，而北伐之役遂起（《宋史》卷四六八《童贯传》）。

（丁）朱勔

徽宗颇垂意花石，京讽勔语其父，密取浙中珍异以进。初致黄杨三本，帝嘉之。后岁岁增加，然岁率不过再三贡，贡物裁五七品。至政和中始极盛，舳舻相衔于淮、汴，号“花石纲”。置应奉局于苏，指取内帑如囊中物，每取以数十百万计。延福宫、艮岳成，奇卉异植，充牣其中。勔擢至防御使，东南部刺史、郡守，多出其门。……竭县官经常以为奉，所贡物豪夺渔取于民，毛发不少偿。士民家一石一木，稍堪玩，即领健卒直入其家，用黄封表识，未即取，使护视之，微不谨，即被以大不恭罪。及发行，必彻屋抉墙以出。人不幸有一物小异，共指为不祥，惟恐芟夷之不速。民预是役者，中家悉破产，或鬻卖子女以供其须。斸山辇石，程督峭惨，虽在江湖不测之渊，百计取之，必出乃止。……流毒州郡者二十年。方腊起，以诛勔为名，童贯出师，承上旨，尽罢去花木进奉（《宋史》卷四七〇《朱勔传》）。

（戊）民变

蔡京等同恶相继，在边衅未开之先，已激成民变。

宋江之起兵

宣和三年二月……淮南盗宋江，犯淮阳军，又犯京东、河北，入楚海州（王偁《东都事略》卷十一《徽宗纪二》）。

宋江寇京东，蒙上书言：“江以三十六人，横行齐、魏，官军数万，无敢抗者，其才必过人。今青溪盗起，不若赦江，使讨方腊以自赎。”帝……命知东平府，未赴而卒（《宋史》卷三五一《侯蒙传》）。

叔夜……再知海州。宋江起河朔，转掠十郡，官军莫敢婴其锋。声言将至，叔夜使间者觇所向，贼径趋海濒，劫巨舟十余载卤获。于是募死士得千人，设伏近城，而出轻兵距海诱之战，先匿壮卒海旁，伺兵合，举火焚其舟。贼闻之，皆无斗志，伏兵乘之，擒其副贼，江乃降（《宋史》卷三五三《张叔夜传》）。

龚圣与作《宋江三十六赞》，并《序》曰：宋江事见于街谈巷语，不足采著。虽有高如李嵩辈传写，士大夫亦不见黜。余年少时，壮其人欲存之画赞，以未见信书载事实，不敢轻为。及异时见《东都事略》中，载侍郎《侯蒙传》有书一篇，陈制贼之计云："宋江以三十六人横行河朔、京东，官军数万，无敢抗者，其材必有过人。不若赦过招降，使讨方腊，以此自赎，或可平东南之乱。"余然后知江辈真有闻于时者，于是即三十六人人为一赞，而箴体在焉。盖其本拨矣，将使一归于正，义勇不相戾，此诗人忠厚之心也。余尝以江之所为，虽不得自齿，然其识性超卓，有过人者。立号既不僭侈，名称俨然，犹循轨辙，虽托之记载可也。古称柳盗跖为盗贼之圣，以其守一至于极处，能出类而拔萃。若江者，其殆庶几乎！虽然，彼跖与江，与之盗名而不辞，躬履盗迹而无讳者也，岂若世之乱臣贼子，畏影而自走？所为近在一身，而其祸未尝不流四海。呜呼！与其逢圣公之徒，孰若跖与江也。呼保义宋江，不假称王，而呼保义。岂若狂卓，专犯忌讳。智多星吴学究，古人用智，义国安民。惜哉所予，酒色[illegible]人。玉麒麟卢俊义，白玉麒麟，见之可爱。风尘太行，皮毛终坏。大刀关胜，岂云长孙？云长义勇，汝其后昆。活阎罗阮小七，地下阎罗，追魂摄魄。今其活矣，名喝太伯。尺八腿刘唐，将军下短，贵称侯王。汝岂非夫，腿尺八长。没羽箭张清，箭以羽行，破敌无颇。七札难穿，如游斜何。浪子燕青，平康巷陌，岂知汝名。太行春色，有一丈青。病尉迟孙立，尉迟壮士，以病自名。端能去病，国功可成。浪里白跳张顺，雪浪如山，汝能白跳。愿随忠魂，来驾怒潮。船火儿张横，太行好汉，三十有六。无此火儿，其数不足。短命二郎阮小二，灌口少年，短命何益。曷不监之，清源庙食。花和尚鲁智深，有飞飞儿，出家尤好。与尔同袍，佛也被恼。行者武松，汝优婆塞，五戒在身。酒色财气，更要杀人。铁鞭呼延绰，尉迟彦章，去来一身。长鞭铁铸，汝岂其人。混江龙李俊，垂龙混江，射之即济。武皇雄争，自惜神臂。九文龙史进，龙数肖九，汝有九文。盍从东皇，驾五色云。小李广花荣，中心慕汉，夺马而归。汝能慕广，何忧数奇。霹雳火秦明，霹雳有火，摧山破岳。天心无妄，汝孽自作。黑旋风李逵，风有大小，不辨雌雄。山谷之中，遇尔亦凶。小旋风柴进，风有大小，黑恶则惧。一噫之微，香满太虚。插翅虎雷横，飞而食肉，有此雄奇。生入玉关，岂伤令姿。神行太保戴宗，不疾而速，故神无方。汝行何之，敢离太行。急先锋索超，行军出师，其锋必先。汝勿锐进，天兵在前。立地太岁阮小五，东家之西，即西家东。汝虽特立，何有吾宫。青面兽杨志，圣人治世，四灵在郊。汝兽何名，走旷劳劳。赛关索杨雄，关索之雄，超之亦贤。能持义勇，自命何全。一直撞董平，昔樊将军，鸿门直撞。斗酒炙肩，其言甚壮。两头蛇解珍，左啮右噬，其毒可畏。逢阴德人，杖之亦毙。美髯公朱仝，长髯郁然，美哉丰姿。忍使尺宅，而见赤眉。没遮拦穆横，出没太行，茫无畔岸。虽没遮拦，难离火伴。拚命三郎石秀，石秀拚命，志在金宝。大似河豚，腹果一饱。双尾蝎解宝，医师用蝎，其体贵全。反其常性，雷公汝嫌。铁天王晁盖，毗沙天人，证紫金躯。顽铁铸汝，亦出洪炉。金鎗班徐宁，金不可辱，亦忌在秽。盍铸长殳，羽林是卫。扑天鹏李应，鸷禽雄长，惟鹏最狡。毋扑天飞，封狐在草（周密《癸辛杂识续集》上）。

方腊之起兵

方腊者，睦州青溪人也。世居县堨村，托左道以惑众（事魔食菜）。初，唐永徽中，睦州女子陈硕真反，自称文佳皇帝，故其地相传有天子基、万年楼，腊益得凭藉以自信。县境梓桐、帮源诸峒，皆落山谷幽险处，民物繁伙，有漆、楮、杉材之饶，富商巨贾多往来。时吴中困于朱勔花石之扰，比屋致怨，腊因民不忍，阴聚贫乏游手之徒。宣和二年十月，起为乱，自号圣公，建元永乐，置官吏将帅，以巾饰为别，自红巾而上凡六等。……诱胁良民为兵，人安于太平，不识兵革，闻金鼓声，即敛手听命。不旬日，聚众至数万，破杀将官蔡遵于息坑。十一月，陷青溪。十二月，陷睦、歙二州。南陷衢，杀郡守彭汝方。北掠新城、桐、庐、富阳诸县，进逼杭州，郡守弃城走，州即陷。……凡得官吏，必断脔支体，探其肺肠，或熬以膏油，丛镝乱射，备尽楚毒，以偿怨心。警奏至京师，王黼匿不以闻，于是凶焰日炽。兰溪灵山贼朱言、吴邦，剡县仇道人、仙居吕师囊、方岩山陈十四、苏州石生、归安陆行儿，皆合党应之，东南大震。发运使陈亨伯，请调京畿兵及鼎、澧枪牌手，兼程以来，使不至滋蔓。徽宗始大惊，亟遣童贯、谭稹为宣抚制置使，率禁旅及秦、晋蕃汉兵十五万以东。……三年正月，腊将方七佛引众六万攻秀州。……大军至，合击贼……贼还据杭。二月，贯、稹前锋至青州堰，水陆并进，腊复焚官舍府库民居，乃宵遁……尽复所失城。四月，生擒腊及妻邵、子亳二太子、伪相方肥等五十二人于梓桐石穴中，杀贼七万。四年三月，余党悉平。……腊之起，破六州、五十二县，戕平民二百万，所掠妇女自贼峒逃出，倮而缢于林中者，由汤岩、榴岭八十五里间，九村山谷相望。王师自出至凯旋，四百五十日(《宋史》卷四六八《童贯传》)。

方腊谓其属曰:“天下国家本同一理。今有子弟耕织，终岁劳苦，少有粟帛，父兄悉取而糜荡之。稍不如意，则鞭笞酷虐，至死弗恤，于汝甘乎？……糜荡之余，又悉举而奉之仇雠。仇雠赖我之资，益以富实，反见侵侮，则使子弟应之。子弟力弗能支，则谴责无所不至，然岁奉仇雠之物，初不以侵侮废也。……且声色狗马、土木祷祠、甲兵花石糜费之外，岁赂西北二虏银绢以百万计，皆吾东南赤子膏血也。二虏得此益，轻中国，岁岁侵扰不已，朝廷奉之不敢废，宰相以为安边之长策也。独吾民终岁勤动，妻子冻馁，求一日饱食不可得。”(方勺《青溪寇轨》)

（七）宋之边患

宋之兵力，远不逮汉、唐，北敝于辽，西困于夏，国势为之消耗焉。

（1）辽之建国

（甲）辽之疆域

太祖以德呼勒部之众，代约尼氏起临潢，建皇都，东并渤海，得城邑之居百有三。太宗立晋，有……十六州。……迨于五代，辟地东西三千里。约尼氏更八部……属县四十有一，每部设刺史，县置令。太宗以皇都为上京，升幽州为南京，改南京为东京；圣宗城中京；兴宗升云州为西京，于是五京备焉。又以征伐俘户建州襟要之地，多因旧居名之，加以私奴，置投下州。总京五、府六、州军城百五十有六、县二百有九、部族五十有二、属国六十，东至于海，西至金山暨于流沙，北至胪朐河（蒙古人民共和国之克鲁伦河），南至白沟（河北新城县之拒马河），幅员万里（《辽史》卷三十七《地理志序》）。

辽初国号契丹，不设都，名其所居曰西楼。西楼者，即上京也。国初设四楼，在木叶山者曰南楼，在龙化州者曰东楼，在唐州者曰北楼，与西楼而四，岁时游猎，皆出入其间。至太祖始建皇都，太宗即皇都为上京，更置东京、南京为三京。圣宗置中京，兴宗置西京，而五京具焉（《续通志》卷一一〇《都邑略》）。

辽东、西，燕、秦、汉、唐已置郡县，设官职矣。高丽、渤海因之。至辽，五京列峙，包括燕、代，悉为畿甸。二百余年，城郭相望，田野益辟。冠以节度，承以观察、防御、团练等使，分以刺史、县令，大略采用唐制。其间宗室、外戚、大臣之家筑城赐额，谓之“头下州军”；唯节度使朝廷命之，后往往皆归王府。不能州者谓之军，不能县者谓之城，不能城者谓之堡（《辽史》卷四十八《百官志四》）。

辽疆域简表

道名	辖域	备考
上京道	京府 上京临潢府（今内蒙古巴林附近）。 州 （节度） 祖、怀、庆、泰、长春、仪坤、龙化、饶。 （观察） 永。 （刺史） 乌、降圣。 （头下） 徽、成、懿、渭、壕、原、福、横、凤、遂、丰、顺、闾、松山、豫、宁。 （边防） 静、镇、维、防、招。	《辽史·地理志》：上京临潢府，本汉辽东郡西安平之地。神册三年城之，名曰皇都。天显十三年，更名上京，府曰临潢。 《辽史·地理志》：头下军州，皆诸王外戚大臣，及诸部从征俘掠，或置生口，各团集建州、县以居之，横帐诸王、国舅、公主，许创立州城，自余不得建城郭。朝廷赐州、县额，其节度使朝廷命之，刺史以下，皆以本主部曲充焉。官位九品之下，及井邑商贾之家，征税各归头下。惟酒税课纳上京盐铁司。
东京道	京府 东京辽阳府（今辽宁辽阳县）。 府 率宾、定理、铁利、安定、长岭、镇海、黄龙、开封、 州 （节度） 开、保、辰、兴、海、渌、显、乾、贵德、沈、辽、通、双、尚、咸、信、宾、懿、苏、复、祥。 （观察） 益、宁、归、宁江。 （防御） 广、冀、衍。 （刺史） 穆、贺、宣、庐、铁、崇、耀、嫔、嘉、辽西、康、宗、海北、岩、集、棋、遂、韩、银、安远、威、清、雍、湖、渤、郢、铜、涑、吉、麓、荆、媵、连、肃、安、荣、率、荷、源、渤海。	《辽史·地理志》：东京辽阳府，本朝鲜之地，唐为渤海大氏所有。太祖建国，攻渤海，拔忽汗城，俘其王，以为东丹王国。天显三年，升为南京。十三年，改南京为东京，府曰辽阳。 《读史方舆纪要》：定理府、率宾府、铁利府、安定府、长岭府、镇海府，皆阿保机时所置。又有黄龙府，本渤海扶余府，契丹改曰黄龙。宋太平兴国七年（辽景宗乾亨四年），契丹主贤，以军将燕颇叛，改曰龙州。又有开封府，故涉貊地，渤海曰龙原府，阿保机时废。宋太平兴国七年，契丹主贤，始置开封府。 《辽史·百官志》：有开州镇国军节度使。

续表

道名	辖域	备考
中京道	京府 中京大定府（今热河平泉县东北）。 府 兴中。 州 （节度） 成、宜、锦、川、建、来。 （观察） 高、武安、利 （刺史） 恩、惠、榆、泽、北安、潭、松江、安德、黔 严、隰、迁、润。	《辽史·地理志》：中京大定府，秦郡天下，是为辽西。统和二十五年，号曰中京，府曰大定。 《读史方舆纪要》：又兴中府，即故营州，契丹改曰霸州。宋庆历二年（辽兴宗重熙十一年），契丹主宗真，始升为兴中府。
南京道	京府 南京析津府（今北京）。 州 （节度） 平。 （刺史） 顺、檀、涿、易、蓟、景、滦、营。	《辽史·地理志》：南京析津府，本古冀州之地，隋为幽州总管，唐置大都督府，五代晋高祖以辽有援立之劳，割幽州等十六州以献。太宗升为南京，又曰燕京。 《金史·地理志》：辽太宗会同元年，升南京府曰幽都。圣宗开泰元年，更为析津府。 《辽史·百官志》：有幽州卢龙军节度使。
西京道	京府 西京大同府（今山西大同县） 州 （节度） 丰、云内、奉圣、蔚、应、朔。 （刺史） 弘、德、宁边、归化、可汗、儒、武、东胜。 （边防） 金肃。 （军） 天德、河清。	《辽史·地理志》：西京大同府，唐武德四年置北恒州，开元十八年置云中州，乾元元年曰云州。晋高祖代唐，以契丹有援立功，割山前代北地为赂，大同来属，因建西京。重熙十三年，升为西京，府曰大同。

续表

道名	辖域	备考
附记	一、本表以《辽史·地理志》与《百官志》为根据，而参以《续通典》《续通志》《续通考》及《读史方舆纪要》诸书。 一、《读史方舆纪要》《金史·张觳传》：契丹八路，盖契丹以五京为五路，而兴中府及龙州、平州，共为八路云。	

（乙）辽之制度

官制

契丹旧俗，事简职专，官制朴实，不以名乱之。……太祖神册六年，诏正班爵。至于太宗，兼制中国，官分南北，以国制治契丹，以汉制待汉人。国制简朴，汉制则沿名之风固存也。辽国官制，分北、南院，北面治宫帐、部族、属国之政，南面治汉人州县、租赋、军马之事。因俗而治，得其宜矣（《辽史》卷四十五《百官志序》）。

辽太祖受位要尼，用其旧俗，职守名称，与古迥异。迨世宗兼有燕、代，始增置官班，渐仿唐制。自兹而降，日以浸繁。辽俗东向而尚左，故御帐东向，谓之横帐。其官则分北面、南面，北面治契丹宫帐、部族、属国之政，南面治汉人州县、军马、租赋之事。叶隆礼《契丹国志》谓北面在牙帐之北，以主番事；南面在牙帐之南，以主汉事是也。然北面官又自有北、南二院，自宰相、枢密、宣徽、林牙，下至郎君、护卫皆分北、南，其实所治皆北面之事，以其牙帐居大内帐殿之北，则谓之北院，居南则谓之南院耳。今观其制，北、南枢密以下，略视六部，而以北、南宰相总之。北府治兵，南府治民，各有专司，不相侵越。……宫帐、部族，体统相承，属国边防，扼制有术。凡此北面之制，创自太祖……至世宗天禄之际，内设南面三省、六部、台、院、寺、监、诸卫、东宫之属，外设节度、观察、防御、团练之任，始未尝不欲备前代之制，以润色乎大业。而位号张皇，掌寄纷杂，或暂置于一时，或偏设于一地，史家不得其详，往往一官而仅举一曾任其职者以实之。揆其所由，岂非北面官体制已备，南面第袭其名，职事简而权势轻，故不得与北面比也（《续通志》卷一三二《职官略三》）。

辽官制简表

<table>
<tr><th>地别</th><th>官别</th><th colspan="2">机关</th><th>官称</th><th>职掌</th><th>备考</th></tr>
<tr><td rowspan="5">北面</td><td rowspan="5">中央官</td><td colspan="2">大于越府</td><td>大于越</td><td>无职掌，班百僚之上，非有大功德者不授。辽国尊官，犹南面之有三公。</td><td></td></tr>
<tr><td rowspan="2">宰相府</td><td>北宰相府</td><td>左宰相
右宰相
总知军国事
知国事</td><td rowspan="2">掌佐理军国之大政，皇族四帐，世预其选。</td><td rowspan="2">《续通志·选举略》：世及之制，自国初行之，终其代不易。皇族四帐，世选北宰相。国舅五帐，世选南宰相。</td></tr>
<tr><td>南宰相府</td><td>左宰相
右宰相
总知军国事
知国事</td></tr>
<tr><td rowspan="2">枢密院</td><td>北枢密院</td><td>北院枢密使
知北院枢密使事
知枢密院事
北院枢密副使
知北院枢密副使事
同知北院枢密使事
签书北枢密院事</td><td>掌兵机武铨群牧之政，凡契丹军马皆属焉。</td><td rowspan="2">《辽史·百官志序》：凡辽朝官，北枢密视兵部，南枢密视吏部，北、南二王视户部，夷离毕视刑部，宣徽视工部，敌烈麻都视礼部。</td></tr>
<tr><td>南枢密院</td><td>南院枢密使
知南院枢密使事
知南院枢密事
南院枢密副使
知南院枢密副使事
同知南院枢密使事
签书南枢密院事</td><td>掌文铨部族丁赋之政，凡契丹人民皆属焉。</td></tr>
</table>

续表

地别	官别	机关		官称	职掌	备考
北面	中央官	大王院	北大王院	北院大王 知北院大王事	分掌部族军民之政。	
			南大王院	南院大王 知南院大王事	分掌部族军民之政。	
		宣徽院	宣徽北院	北院宣徽使 知北院宣徽事 北院宣徽副使 同知北院宣徽事	掌北院御前祇应之事。	
			宣徽南院	南院宣徽使 知南院宣徽事 南院宣徽副使 同知南院宣徽事	掌南院御前祇应之事。	
		夷毕离院		夷离毕 左夷离毕 右夷离毕 知左夷离毕事 知右夷离毕事	掌刑狱。	
		敌烈麻都司		敌烈麻都 总知朝廷礼仪 总礼仪事	掌礼仪。	
		大惕隐司		惕隐 知惕隐司事 惕隐司事	掌皇族之政教。	《续通志·职官略》：辽之特哩衮，治宗族，即唐之宗正卿，惟不置属官，其制差异。然史称皇族帐官，皆统于大特哩衮司，即其属也。原按辽之皇族有二院四帐。肃祖及懿

续表

地别	官别	机关	官称	职掌	备考
北面	中央官	大惕隐司			祖之后，共五房谓之二院。玄祖之后，曰孟父房、仲父房、季父房，太祖曰横帐，共三房一帐，谓之四帐。二院治之以北、南二大王，四帐治之以大内特哩衮，而总以大特哩衮司统之。又置锡里司，以治军政。而诸王公主院府，亦各设官，其法制详矣。
		大林牙院	北面都林牙 北面林牙承旨 北面林牙 左林牙 右林牙	掌文翰之事。	
	地方官	部族官 大部族	大王 节度使 详稳 石烈		《续通志·职官略》：部落曰部，氏族曰族。契丹故俗，分地而居，合族而处。自太祖析九帐三房之族，列二十部。圣宗之世，分置十有六，增置十有八，并旧为五十四，而大小分焉，大部族四，曰五院部、六院部、伊锡部、奚六部。小部族五十，设官皆同。
		部族官 小部族	司徒司空 节度使 详稳 石烈		

续表

地别	官别	机关		官称	职掌	备考
北面	地方官	军官	诸路兵马统署司	诸路兵马都统署 诸路兵马副统署		《辽史·百官志》：辽宫帐、部族、京州、属国，各自为军，体统相承，分数秩然，雄长二百余年，凡以此也。
			诸军详稳司	详稳		
南面	中央官	三师		太师 太傅 太保	不常置。	
		三少		少师 少傅 少保	不常置。	
		三公		太尉 司徒 司空	不常置。	
		枢密院		枢密使 知枢密使事 知枢密院事 枢密副使 同知枢密院事 知枢密院副使事	掌汉人兵马之政。	《辽史·百官志》：太祖初有汉儿司。太宗入汴，因晋置枢密院，初兼尚书省。
		三省	中书省	中书令 大丞相 左丞相 右丞相		《辽史·百官志》：初名政事省，太祖置官。世宗天禄四年，建政事省。兴宗重熙十三年，改中书省。

续表

地别	官别	机关		官称	职掌	备考
南面	中央官		门下省	侍中 常侍		
			尚书省	尚书令 左仆射 右仆射		
		六部	吏部	尚书 侍郎		
			户部	尚书 侍郎		
			礼部	尚书 侍郎		
			兵部	尚书 侍郎		
			刑部	尚书 侍郎		
			工部	尚书 侍郎		
		御史台		御史大夫 御史中丞 侍御		《辽史·百官志》：太宗会同元年置。
		翰林院		翰林都林牙 南面林牙 翰林学士承旨 翰林学士	掌天子文翰之事。	
		各寺	太常寺	卿 少卿		

续表

地别	官别	机关		官称	职掌	备考
南面	中央官	各寺	崇禄寺	卿 少卿		《辽史·百官志》：本光禄寺，避太宗讳改。
			卫尉寺	卿 少卿		
			宗正寺			《辽史·百官志》：职在大惕隐司。
			太仆寺	卿 少卿		
			大理寺	卿 少卿		
			鸿胪寺	卿 少卿		
			司农寺	卿 少卿		
		诸监	秘书监	监 少监		
			司天监	监 少监		
			国子监	祭酒		
			太府监	监 少监		

续表

地别	官别	机关		官称	职掌	备考
南面	中央官		少府监	监 少监		
			将作监	监 少监		
			都水监	都 少监		
	地方官	京官	三京(东、中、南)宰相府	左相 右相 左平章政事 右平章政事		《辽史·百官志》:辽有五京，上京为皇都，凡朝官、京官皆有之。余四京，随宜设官，为制不一，大抵西京多边防官，南京、中京多财赋官。
			五京留守司	留守行府尹事 副留守 知留守事 同知留守事		
			五京都总管府	都总管知府事 同知府事		
		州官		节度使 观察使 团练使 防御使 刺使		
		县官		县令		

兵制

辽之兵类，表列于下。

辽兵制简表

军名	额数	说明
御帐亲军	大帐皮室军 太宗置凡三十万骑 属珊军 地皇后置凡二十万骑 总计五十万骑	《辽史·兵卫志》：辽太祖宗室盛强，分迭剌部为二。宫卫内虚，经营四方，未遑鸠集。皇后述律氏居守之际，摘蕃汉精锐，为属珊军。太宗益选天下精甲，置诸爪牙，为皮室军，合骑五十万，国威壮矣。
宫卫骑军	弘义宫　骑军六千 长宁宫　骑军五千 永兴宫　骑军五千 积庆宫　骑军八千 延昌宫　骑军二千 彰愍宫　骑军一万 崇德宫　骑军一万 兴圣宫　骑军五千 延庆宫　骑军一万 太和宫　骑军一万五千 永昌宫　骑军一万 敦睦宫　骑军五千 文忠王府　骑军一万 总计骑军十万一千	《续通志·职官略》：行宫各官，为行在扈从之官，十二宫各官，各掌一宫军民之政。如太祖弘义宫、太宗永兴宫、世宗积庆宫、应天皇太后长宁宫、穆宗延昌宫、景宗彰愍宫、承天皇太后崇德宫、圣宗兴圣宫、兴宗延庆宫、道宗太和宫、天祚永昌宫、孝文皇太弟敦睦宫是也。 《辽史·营卫志》：辽国之法，天子践位，置宫卫，分州、县，析部族，设官府，籍户门，备兵马。崩则扈从后妃宫帐以奉陵寝。有调发，则丁壮从戎事，老弱居守。
大首领部族军	直隶属于契丹主	《辽史·兵卫志》：辽亲王大臣，体国如家，征伐之际，往往置私甲以从王事，大者千余骑，小者数百人，著籍皇府。国有戎政，量借三五千骑，常留余兵，为部族根本。
部族军	众部族分隶南、北府，守卫四边。北府凡二十八部，南府凡一十六部。	《辽史·营卫志》：太祖之兴，以迭剌部强炽，析为五院、六院奚。六部以下，多因俘降而置。胜兵甲者，即著军籍，分隶诸路详稳、统军、招讨司。

续表

军名	额数	说明
五京乡丁	大约五京民丁可见者，一百一十万七千三百为乡兵	按：乡丁为辽国农民，不常征战。
属国军		《辽史·百官志》：辽制，属国、属部官，大者拟王封，小者准部使，命其酋长与契丹人区别而用。《辽史·兵卫志》：辽属国可纪者五十有九，朝贡无常，有事则遣使征兵，或下诏专征，不从者讨之。助军众寡，各从其便，无常额。

辽之国家正式军队为部族军。

番居内地者，岁时田牧平莽间，边防纠户，生生之资，仰给畜牧。……各安旧风，狃习劳事。……家给人足，戎备整完。卒之虎视四方，强朝弱附。……部族实为之爪牙云（《辽史》卷三十二《营卫志中》）。

其征调制度如下：

辽国兵制，凡民年十五以上，五十以下，隶兵籍，每正军一名，马三匹。打草谷，守营铺，家丁各一人，人铁甲……皆自备。人马不给粮草，日遣打草谷，骑四出抄掠以供之。铸金鱼符调发军马。……凡举兵，帝率蕃汉文武臣僚，以青牛白马祭告天地日神。……乃诏诸道征兵（《辽史》卷三十四《兵卫志上》）。

刑法

其制刑之凡有四：曰死，曰流，曰徒，曰杖。“死”刑，有绞、斩、凌迟之属，又有籍没之法。“流”刑，量罪轻重，置之边城部族之地，远则投诸境外，又远则罚使绝域。“徒”刑，一曰终身，二曰五年，三曰一年半。终身者，决五百，其次递减百。……“杖”刑，自五十至三百（《辽史》卷六十一《刑法志上》）。

凡杖五十以上者，以沙袋决之（其制用熟皮合缝之，长六寸，广二寸，柄一尺许）。又有木剑、大棒、铁骨朵之法。……太祖初年……治诸弟逆党。……亲王从逆，不罄诸甸持，或投高崖杀之；淫乱不轨者，五车轘杀之；逆父母者视此；讪詈犯上者，以熟铁锥椿其口杀之。……又为枭磔、生瘗、射鬼箭、炮掷、支解之刑（《辽史》卷六十一《刑法志上》）。

辽初刑法严重，后屡修订，始渐趋宽平。

太祖神册六年（后梁末帝龙德元年，西元九二一年）……诏大臣定治契丹及诸夷之法，汉人则断以《律令》（《辽史》卷六十一《刑法志上》）。

太宗时治勃海人，一依汉法，余无改焉（《辽史》卷六十一《刑法志上》）。

先是，契丹及汉人相殴致死，其法轻重不均。……圣宗统和十二年（宋太宗淳化五年，西元九九四年），诏契丹人犯十恶，亦断以《律》（《辽史》卷六十一《刑法志上》）。

圣宗太平六年（宋仁宗天圣四年，西元一〇二六年），下诏曰："朕以国家有契丹、汉人，故以南、北二院分治之，盖欲去贪枉、除烦扰也。若贵贱异法，则怨必生。夫小民犯罪，必不能动有司以达于朝，惟内族、外戚，多恃恩行贿，以图苟免，如是则法废矣。"（《辽史》卷六十一《刑法志上》）

据此，知其初有意贵辽贱汉。经道宗修改，始归于平。

道宗咸雍六年（宋神宗熙宁三年，西元一〇七〇年），帝以契丹、汉人，风俗不同，国法不可异施，于是命……更定条制，凡合于《律令》者，具载之。其不合者，别存之（《辽史》卷六十二《刑法志下》）。

至天祚即位，用刑又涉严急。

由是投崖、炮掷、钉割、脔杀之刑复兴焉。或有分尸五京，甚者至取其心以献祖庙（《辽史》卷六十二《刑法志下》）。

虽由天祚，救患无策，流为残忍，亦由祖宗有以启之也（《辽史》卷六十二《刑法志下》）。

学校

辽上京国子监，太祖置祭酒、司业、监丞、主簿等官。圣宗统和十三年（宋太宗至道元年，西元九九五年）九月，以南京太学生员浸多，特赐水硙庄一区。道宗清宁元年（宋仁宗至和二年，西元一〇五五年）十二月，诏设学养士，颁《五经》传疏，置博士、助教各一员（《续通典》卷五十三《礼九》）。

按：此为太学。

辽黄龙府、兴中府，俱设府学。西京、上京、东京诸道，各立州学（《续通典》卷五十三《礼九》）。

按：此为郡县学。

科举制

辽之科举，专为汉人而设，殊不重视。

太祖龙兴朔漠之区，倥偬干戈，未有科目。数世后，承平日久，始有开辟。制限以三岁，有乡、府、省三试之设。乡中曰乡荐，府中曰府解，省中曰及第。……文分两科，曰诗赋，曰经义，魁各分焉。三岁一试进士，贡院以二寸纸书及第者姓名给之，号“喜帖”，明日举接而出，乐作，及门击鼓十二面，以法雷震。殿试临期取旨，又将第一人特赠一官，授奉直大夫翰林应奉文字；第二人第三人，止授从事郎；余并授从事郎。圣宗时，止以词赋、法律取士，词赋为正科，法律为杂科（叶隆礼《契丹国志》卷二十三）。

辽初官职，多由帐院所选，不设科举保荐之法。至景宗保宁八年（宋太宗太平兴国元年，西元九七六年），诏复南京礼部贡院。圣宗统和以后，用唐宋之制取士。六年（宋太宗端拱元年，西元九八八年），诏开贡举一人及第。……十二年，诏郡邑贡明经、茂才异等。自是以后，放进士及第者，每年有之，大约不过二三人，或间一二年举行。开泰中，始广进士之额。兴宗景福以后，增至六十余人。……道宗寿隆后，进士及第，多至百余人。他如制科，则道宗咸雍六年，设贤良科。……然终辽之世，仅三诏而已（《续通志》卷一四一《选举略二》）。

（丙）宋辽之和战

宋辽之战

宋太祖时，专力平定中土，对于北方，则取守势。

太祖常注意于谋帅，命李汉超屯关南（瓦桥关），马仁瑀守瀛州，韩令坤镇常山，贺惟忠守易州，何继筠领棣州（山东惠民县），以拒北敌。又以郭进控西山，武守琪戍晋州（山西临汾县），李谦溥守隰州（山西隰县），李继勋镇昭义，以御太原。……其族在京师者，抚之甚厚。郡中筦榷之利，悉以与之。恣其贸易，免其所过征税，许其召募亡命以为爪牙。凡军中事皆得便宜，每来朝必召对命坐，厚为饮食，锡赉以遣之。由是边臣富赀，能养死士，使为间谍，洞知敌情；及其入侵，设伏掩击，多致克捷，二十年间无西北之忧（《宋史》卷二七三《李进卿列传论》）。

开宝八年（辽景宗保宁七年，西元九七五年）三月……契丹遣使克沙骨慎思以书来讲和。……十月……遣閤门使郝崇信、太常丞吕端使契丹（《宋史》卷三《太祖本纪三》）。

太宗既平北汉，欲乘机恢复燕、云，始与辽连兵。

太原平时，上将有事幽、蓟，诸将以为，晋阳之役，师罢饷匮，刘继元降，赏赉且未给，遽有平燕之议，不敢言。翰独奏曰："所当乘者势也，不可失者时也，取之易。"上谓然。定议北伐（《宋史》卷二六〇《崔翰传》）。

其第一次出兵之失败如下。

太平兴国四年（辽景宗乾亨元年，西元九七九年）六月，以将伐幽、蓟，遣发京东、河北诸州军储，赴北面行营，帝复自将伐契丹（《宋史》卷四《太宗本纪一》）。

七月，契丹……知顺州刘廷素来降，知蓟州刘守恩来降。帝督诸军及契丹大战于高梁河，败绩（《宋史》卷四《太宗本纪一》）。

乾亨元年，宋侵燕，北院大王奚底，统军使萧讨古等败绩，南京被围。帝命休哥代奚底将五院军往救，遇大敌于高梁河，与耶律斜轸分左右翼击败之，追杀三十余里，斩首万余级，休哥被三创。明旦，宋主遁去。休哥以创不能骑，轻车追至涿州，不及而还（《辽史》卷八十三《耶律休哥传》）。

其第二次出兵之失败如下。

是年（乾亨元年）冬，上命韩匡嗣、耶律沙伐宋，以报围城之役。休哥率本部兵从匡嗣等战于满城。翌日将复战，宋人请降，匡嗣信之。休哥曰："彼众整而锐，必不肯屈，乃诱我耳。宜严兵以待。"匡嗣不听。休哥引兵凭高而视，须臾南兵大至，鼓噪疾驰。匡嗣仓卒不知所为，士卒弃旗鼓而走，遂败绩。休哥整兵进击，敌乃却。诏总南面戍兵，为北院大王。明年，车驾亲征，围瓦桥关。宋兵来救，守将张师突围出。帝亲督战……休哥率精骑渡水，击败之，追至莫州（《辽史》卷八十三《耶律休哥传》）。

太平兴国五年十一月……以秦王廷美为东京留守。……帝伐契丹，发京师……驻跸大名府。诸军及契丹大战于莫州，败绩（《宋史》卷四《太宗本纪一》）。

雍熙三年（辽圣宗统和四年，西元九八六年），诏彬将幽州行营前军马步水陆之师，与潘美等北伐，分路进讨。……先是，贺令图等言于上曰："契丹主少，母后专政（圣宗立，太后萧氏摄政），宠幸用事，请乘其衅以取幽、蓟。"遂遣彬与崔彦进、米信自雄州，田重进趣飞狐，潘美出雁门，约期齐举。……美之师先下寰、朔、云、应等州，重进又取飞狐、灵丘、蔚州，多得山后要害地，彬亦连下州、县，势大振。……及彬次涿州旬日，食尽，因退师雄州，以援饷馈。……时彬部下诸将，闻美及重进累建功，而己握重兵，不能有所攻取，谋议蜂起。彬不得已，乃复裹粮再往攻涿州。契丹大众当前，时方炎暑，军士乏困，粮且尽，彬退军，无复行伍，遂为所蹑而败（《宋史》卷二五八《曹彬传》）。

雍熙三年正月，命将北伐，分兵三路，诏彦进为幽州道行营马步军水陆副都部署，与曹彬、米信出雄州。大军失利，彦进坐违彬节制，别道回军，为敌所败（《宋史》卷二五九《崔彦进传》）。

雍熙三年，诏美及曹彬、崔彦进等北伐，美独拔寰、朔、云、应等州。……会辽兵奄至，战于陈家谷口，不利，骁将杨业死之（《宋史》卷二五八《潘美传》）。

统和四年，宋复来侵，其将范密、杨继业出云州；曹彬、米信出雄、易，取岐沟、涿州，陷固安，置屯。时北南院、奚部兵未至，休哥力寡，不敢出战。夜以轻骑出两军间，杀其单弱以胁余众；昼则以精锐张其势，使彼劳于防御，以疲其力。又设伏林莽，绝其粮道。曹彬等以粮运不继，退保白沟。月余，复至。休哥以轻兵薄之，伺彼蓐食，击其离伍单出者，且战且却。由是南军自救不暇，结方阵，堑地两边而行。军渴乏井，漉淖而饮，凡四日始达于涿。闻太后军至，彬等冒雨而遁。太后益以锐卒，追及之。彼力穷……余众悉溃。追至易州（《辽史》卷八十三《耶律休哥传》）。

宋将曹彬、米信出雄、易；杨继业出代州。太后亲帅师救燕，以斜轸为山西路兵马都统，继业陷山西诸郡，各以兵守，自屯代州。斜轸至定安，遇贺令图军，击破之，追至五台。……至蔚州……令都监耶律题子夜伏兵险阨，俟敌至而发，城守者见救至突出，斜轸击其背，二军俱溃。追至飞狐……遂取蔚州。……斜轸闻继业出兵，令萧挞凛伏兵于路，明旦，继业兵至，斜轸拥众为战势，继业麾帜而前，斜轸佯退，伏兵发，斜轸进攻，继业败走，至狼牙村，全军皆溃，继业为流矢所中，被擒。……继业在宋，以骁勇闻，人号“杨无敌”。首建梗边之策，至狼牙村，心恶之，欲避不可得。既擒，三日死（《辽史》卷八十三《耶律斜轸传》）。

杨业，并州太原人。……事刘崇……累迁至建雄军节度使。……劝其主继元降。……帝（太宗）以业老于边事，复迁代州，兼三交驻泊兵马都部署。……迁云州观察使，仍判郑州、代州。……雍熙三年，大兵北征……泣谓潘美曰：“此行必不利。……今诸君责业以避敌，业当先死于敌。”……业力战，自午至暮，果至陈家谷口……身被数十创，士卒殆尽，业犹手刃数十百人，马重伤不能进，遂为契丹所擒，其子延玉亦没焉。……业……不食三日死。……朝廷录其子供奉官延朗（延昭本名延朗，官保州防御使，徙高杨关副都部署，在边防二十余年，契丹惮之，目为“杨六郎”）为崇仪副使，次子殿直延浦、延训，并为供奉官，延环、延贵、延彬并为殿直（《宋史》卷二七二《杨业传》）。

长子渊平随殉；次子延浦、三子延训官供奉；四子延环，初名延朗，五子延贵，并官殿直；六子延昭，从征朔州功，加保州刺史。真宗时，与七子延彬，初名延嗣者，屡有功，并授团练使。延昭子宗保（《宋史》：延昭子文广，为定州路副都总管，迁步军都虞候。辽人争代州地界，文广献阵图，并取幽、燕策，未报而卒。赠同州观察使），官同州观察，世称“杨家将”（徐大焯《烬余录·甲编》）。

宋辽之和

自太宗以后，宋即不能进取，辽兵迭次南侵。至真宗，始成澶渊之盟，定兄弟之称，奉岁币三十万以和。

真宗景德元年（辽圣宗统和二十二年，西元一〇〇四年）……契丹内寇，纵游骑掠深、祁间，小不利辄引去，徜徉无斗意。准曰：“是狃我也，请练师命将，简骁锐，据要害以备之。”是冬，契丹果大入，急书一夕凡五至。……明日，同列以闻，帝大骇，以问准。准曰：“陛下欲了此，不过五日尔。”因请帝幸澶州，同列惧欲退，准止之，令候驾起。帝难之，欲还内，准曰："陛下入，则臣不得见，大事去矣，请毋还而行。"帝乃议亲征，召群臣问方略。既而契丹围瀛州，直犯贝、魏，中外震骇。参知政事王钦若，江南人也，请幸金陵；陈尧叟蜀人也，请幸成都。帝问准，准心知二人谋，乃阳若不知，曰："谁为陛下画此策者，罪可诛也。今陛下……大驾亲征，贼自当遁去，奈何……欲幸楚、蜀远地，所在人心崩溃，贼乘势深入，天下可复保邪？"遂请帝幸澶州。及至南城，契丹兵方盛，众请驻跸以觇军势。……准力争之……帝遂渡河。……相持十余日，其统军挞览出督战。时威虎军头张瓌守床子弩，弩撼机发，矢中挞览额，挞览死（《宋史》卷二八一《寇准传》）。

景德元年九月，契丹统军挞览引兵分掠威虏、顺安、北平，侵保州，攻定武，数为诸军所却；益东驻阳城淀，遂攻高阳，不得逞，转窥贝、冀、天雄，兵号二十万。真宗坐便殿，问策安出。士安与寇准条所以御备状，又合议请真宗幸澶渊。士安言澶渊之行，当在仲冬；准谓当亟往，不可缓。卒用士安议。初，咸平六年，云州观察使王继忠战陷契丹。至是，为契丹奏请议和，大臣莫敢如何。独士安以为可信，力赞真宗当羁縻不绝，渐许其成。真宗谓敌悍如此，恐不可保。士安曰："臣尝得契丹降人，言其虽深入，屡挫不甚得志，其阴欲引去而耻无名……此请殆不妄。继忠之奏，臣请任之。"真宗喜，手诏继忠，许其请和。……已而少间，追至澶渊，见于行在。时已聚兵数十万，契丹大震，犹乘众掠德清。至澶北鄙，为伏弩发射，挞览死，众溃遁去。会曹利用自契丹使还，具得要领；又与其使者姚东之俱来，讲和之议遂定。岁遗契丹银、绢三十万（《宋史》卷二八一《毕士安传》）。

乃密奉书请盟，准不从，而使者来请益坚。帝将许之，准欲邀使称臣，且献幽州地，帝厌兵，欲羁縻不绝而已。有谮准幸兵以自取重者，准不得已许之。帝遣曹利用如军中，议岁币……以三十万成约而还，河北罢兵（《宋史》卷二八一《寇准传》）。

统和二十二年十一月……宋遣人遗王继忠弓矢，密请求和。诏继忠与使会，许和。……宋遣崇仪副使曹利用请和，即遣飞龙使韩杞持书报聘。十二月……宋复遣曹利用来，以无还地之意，遣监门卫大将军姚东之持书往报。宋遣李继昌请和，以太后为叔母，愿岁输银十万两、绢二十万匹，许之。即遣阁门使丁振持书报聘，诏诸军解严，是月班师（《辽史》卷十四《圣宗本纪五》）。

自此以后，始免战争之祸。然后来仁宗增币，神宗割地，皆不可谓非屈辱也。

重熙十年（宋仁宗庆历元年，西元一〇四一年）十二月……上闻宋设关河，治壕堑，恐为边患，与南北枢密吴国王萧孝穆、赵国王萧贯宁，谋取宋旧割关南十县地。遂遣萧英、刘六符使宋（《辽史》卷十九《兴宗本纪二》）。

时天下无事，户口蕃息。上富于春秋，每言及周取十县，慨然有南伐之志（《辽史》卷八十七《萧孝穆传》）。

是时帝欲一天下，谋取三关，集群臣议，惠曰："两国强弱，圣虑所悉。宋人西征有年，师老民疲，陛下亲率六军，临之其必胜矣。"萧孝穆曰："我先朝与宋和好，无罪伐之，其曲在我，况胜败未可逆料，愿陛下熟察。"帝从惠言，乃遣使索宋十城，会诸军于燕，惠与太弟帅师压宋境，宋人重失十城，增岁币请和（《辽史》卷九十三《萧惠传》）。

庆历二年（辽兴宗重熙十一年）……契丹屯兵境上，遣其臣萧英、刘六符来求关南地。朝廷择报聘者，皆以其情叵测，莫敢行，吕夷简因是荐弼。……先以为接伴，英等入境，中使迎劳之。……弼开怀与语，英感悦，亦不复隐其情，遂密以其主所欲得者告曰："可从从之，不然以一事塞之足矣。"弼具以闻，帝惟许增岁币，仍以宗室女嫁其子。进弼枢密直学士。……遂使为报聘。既至，六符来馆客，弼见契丹主问故，契丹主曰："南朝违约，塞雁门，增塘水，治城隍，籍民兵，将以何为？群臣请举兵而南，吾以谓不若遣使求地，求而不获，举兵未晚也。”弼曰：“北朝忘章圣皇帝之大德乎？澶渊之役，苟从诸将言，北兵无得脱者。且北朝与中国通好，则人主专其利，而臣下无获。若用兵，则利归臣下而人主任其祸，故劝用兵者，皆为身谋耳。……今中国提封万里，精兵百万。……北朝欲用兵，能保其必胜乎？就使其胜，所亡士马，群臣当之欤？抑人主当之欤？若通好，不绝岁币，尽归人主，群臣何利焉？”契丹主大悟，首肯者久之。……契丹主谕弼使归曰……其遂以誓书来。……及至，契丹不复求婚，专欲增币，曰：“南朝遗我之辞，当曰‘献’，否则曰‘纳’。”弼争之。……朝廷竟以“纳”字与之（《宋史》卷三一三《富弼传》）。

重熙十一年闰月……宋岁增银、绢十万两匹，文书称“贡”，送至白沟（《辽史》卷十九《兴宗本纪二》）。

神宗熙宁七年（辽道宗咸雍十年，西元一〇七四年）三月，辽主以河东路沿边增修戍垒，起铺舍，侵入蔚、应、朔三州界内，使林牙萧禧来言，乞行毁撤，别立界。至禧归，帝面谕以三州地界，俟遣官与北朝官即境上议之。遂遣太常少卿刘忱等如辽，辽遣枢密副使萧素，会忱于代州境上。……八年三月……刘忱等与萧素会于大黄平，三议不能决。虏初指蔚、朔、应三州分水岭土垄为界，及忱与之行视，无土垄，乃但云以分水岭为界，凡山皆有分水，虏意至时可以罔取也，相持久之。……七月……辽使争议疆事不决，帝问于王安石。安石劝帝曰：“将欲取之，必姑与之。”于是诏分水岭为界，萧禧乃去。至是，遣天章阁待制韩缜，如河东割新疆与之，凡东西失地七百里。遂为异日兴兵之端（陈邦瞻《宋史纪事本末》卷二十一）。

（2）夏之兴起

（甲）夏之先世

李彝兴，夏州人也，本姓拓跋氏（鲜卑种）。唐贞观初，有拓跋赤辞者归唐，太宗赐姓李，置静边等州以处之。其后析居夏州者，号平夏部。唐末，拓跋思恭镇夏州，统银、夏、绥、宥、静五州地，讨黄巢有功，复赐李姓。思恭卒，弟思谏代，为定难军节度使。思谏卒，思恭孙彝昌嗣。梁开平中，彝昌遇害，将士立其族子蕃部指挥仁福。仁福卒，子彝兴嗣。……彝兴，彝超之弟也。……宋初，加太尉。北汉刘钧结代北诸部，来寇麟州，彝兴遣部将李彝玉，会诸镇兵御之，钧众遂引去。……太祖乾德五年（西元九六七年）卒……追封夏王。子克睿立……累加检校太尉，太宗太平兴国三年（西元九七八年）卒。……子继筠立……太平兴国五年卒。弟继捧立……以太平兴国七年，率族人入朝。自上世以来，未尝亲觐者，继捧至，太宗甚嘉之。……继捧陈其诸父、昆弟多相怨，愿留京师。乃遣使夏州，护缌麻以上亲赴阙，授继捧彰德军节度使，并官其昆弟夏州蕃落指挥使克信等十二人有差。……初继捧之入也，弟继迁出奔，及是，数来为边患，有言继迁悉知朝廷事，盖继捧泄之，乃出为崇信军节度使。……屡发兵讨继迁不克，用宰相赵普计，欲委继捧以边事令图之。因召赴阙，赐姓赵氏，更名保忠。……充定难军节度使（《宋史》卷四八五《夏国传上》）。

保忠至镇，即言继迁悔过归款，太宗以继迁为银州刺史。然继迁实无降心，复为寇。保忠来乞师，太宗遣翟守素讨之。继迁惶惧，奉表归顺，以为银州观察使，赐姓名赵保吉。又以其弟继忠为绥州团练使，赐姓名曰赵保宁。……保忠为保吉所诱，阴与之合，来寇灵州，太宗命李继隆讨之。……及王师压境，保忠反为保吉所图。……开门迎王师，继隆擒保忠以献。……太宗……削保吉所赐姓名，复为李继迁。……遣使赍诏谕旨，欲授以鄜州节度使。继迁不奉诏……陕西转运使郑文宝……建议禁乌白池青盐以困继迁，而戎人益以叛。俄弛其禁。……太宗崩，继迁乃遣使修贡，求领藩任，真宗许之，复赐以姓名，拜定难军节度使，敕诸将勿加兵。以其子德明为行军司马（王偁《东都事略》卷一二七《西夏一》）。

真宗咸平五年(西元一〇〇二年)三月,继迁大集蕃部,攻陷灵州,以为西平府。六年春,遂都于灵州。诏遣张崇贵、王涉议和,割河西、银、夏等五州与之(《宋史》卷四八五《夏国传上》)。

吐蕃……唐末……其国亦自衰弱,族种分散,大者数千家,小者百十家,无复统一矣。自仪(甘肃华亭县)、渭(甘肃平凉县)、泾(甘肃泾县)、原(甘肃固原县)、环(甘肃环县)、庆(甘肃安化县)及镇戎(甘肃镇原县)、秦州(甘肃天水县),暨于灵、夏,皆有之,各有首领,内属者谓之熟户,余谓之生户。凉州虽为所隔,然其地自置牧守,或请命于中朝。……咸平四年,知镇戎军李继和言,西凉府六谷都首领潘罗支,愿勠力讨继迁。……乃以为盐州防御使、灵州西面都巡检使。……六年……罗支又遣蕃官……言感朝廷恩信,愤继迁倔强,已集骑兵六万,乞会王师,收复灵州。……其年十一月,继迁攻西蕃,遂入西凉府,知州丁惟清陷没。罗支伪降,未几,集六谷诸豪及者龙族合击继迁,继迁大败,中流矢,遁死(《宋史》卷四九二《吐蕃传》)。

真宗景德元年(西元一〇〇四年)正月二日,继迁卒……子德明立。……三年,复遣牙将……奉誓表……进……西平王。……辽亦遣使,册德明为大夏国王。……德明自归顺以来,每岁旦、圣节、冬至,皆遣牙校来献不绝。……德明卒……子曩霄立(时宋仁宗明道元年,西元一〇三二年。〔《宋史》卷四八五《夏国传上》〕)。

(乙)夏之强盛

元昊袭位,励精图治,势始强大。

曩霄本名元昊……性雄毅,多大略,善绘画,能刱制物。……晓浮图学,通蕃汉文字。……既袭封,明号令,以兵法勒诸部。始衣白窄衫,毡冠红里,冠顶后垂红结绶,自号嵬名吾祖(《宋史》卷四八五《夏国传上》)。

疆域

夏之境土，方二万余里。其设官之制，多与宋同。……河之内外，州郡凡二十有二。河南之州九：曰灵、曰洪、曰宥、曰银、曰夏、曰石、曰盐、曰南威、曰会。河西之州九：曰兴、曰定、曰怀、曰永、曰凉、曰甘、曰肃、曰瓜、曰沙。熙、秦河外之州四：曰西宁、曰乐、曰廓、曰积石。其地饶五谷，尤宜稻、麦。甘、凉之间，则以诸河为溉，兴、灵则有古渠曰唐涼，曰汉源，皆支引黄河。故灌溉之利，岁无旱涝之虞（《宋史》卷四八六《夏国传下》）。

官制

其官分文武班，曰中书，曰枢密，曰三司，曰御史台，曰开封府，曰翊卫司，曰官计司，曰受纳司，曰农田司，曰群牧司，曰飞龙院，曰磨勘司，曰文思院，曰蕃学，曰汉学。自中书令、宰相、枢使、大夫、侍中、太尉已下，皆分命蕃汉人为之。文资则幞头、鞾笏、紫衣、绯衣；武职则冠金帖起云镂冠、银帖间金镂冠、黑漆冠，衣紫旋襴，金涂银束带，垂蹀躞，佩解结锥、短刀、弓矢，韣马乘鲵皮鞍，垂红缨，打跨钹拂。便服则紫皂地绣盘球子花旋襴，束带。民庶青绿，以别贵贱（《宋史》卷四八五《夏国传上》）。

兵制

其民一家号一帐，男年登十五为丁，率二丁取正军一人。每负担一人为一抄。负担者，随军杂役也。四丁为两抄，余号空丁。愿隶正军者，得射他丁为负担，无则许射正军之疲弱者为之。故壮者皆习战斗，而得正军为多。凡正军给长生马、驼各一。团练使以上，帐一、弓一、箭五百、马一、橐驼五，旗、鼓、枪、剑、棍棓、粆袋、披毡、浑脱、背索、锹镢、斤斧、箭牌、铁爪篱各一。刺史以下，无帐无旗鼓，人各橐驼一、箭三百、幕梁一。兵三人同一幕梁。幕梁，织毛为幕，而以木架。有炮手二百人号“泼喜”，陡立旋风炮于橐驼鞍，纵石如拳。得汉人勇者为前军，号“撞令郎”。若脆怯无他伎者，迁河外耕作，或以守肃州。有左右厢十二监军司：曰左厢神勇、曰石州祥祐，曰宥州嘉宁、曰韦州静塞、曰西寿保泰、曰卓啰和南、曰右厢朝顺、曰甘州甘肃、曰瓜州西平、曰黑水镇燕、曰白马强镇、曰黑山威福。诸军兵总计五十余万。别有擒生十万。兴、灵之兵，精练者又二万五千。别副以兵七万为资赡，号御围内六班，分三番以宿卫。每有事于西，则自东点集而西；于东，则自西点集而东；中路则东西皆集。用兵多立虚砦，设伏兵包敌，以铁骑为前军，乘善马，重甲，刺斫不入，用钩索绞联，虽死马上不坠。遇战则先出铁骑突阵，阵乱则冲击之，步兵挟骑以进（《宋史》卷四八六《夏国传下》）。

文化

元昊自制蕃书，命野利仁荣演绎之，成十二卷，字形体方整，类八分。……教国人纪事用蕃书，而译《孝经》《尔雅》《四言杂字》为蕃语（《宋史》卷四八五《夏国传上》）。

其立国规模既具，又败吐蕃、回纥，疆土大辟，国势日强，边备周密，遂不可侮。

阻河，依贺兰山为固。……自河北至午腊蒻山七万人，以备契丹；河南洪州、白豹、安盐州、罗洛、天都、惟精山等五万人，以备环、庆、镇戎、原州；左厢宥州路五万人，以备鄜、延、麟、府；右厢甘州路三万人，以备西蕃、回纥；贺兰驻兵五万、灵州五万人、兴州兴庆府七万人为镇守，总五十余万。……发兵以银牌，召部长面受约束（《宋史》卷四八五《夏国传上》）。

（丙）宋夏之和战

宋宝元元年（西元一〇三八年），元昊表遣使诣五台山供佛，实欲窥河东道路。与诸豪歃血，约先攻鄜、延，欲自靖德、塞门砦、赤城路三道并入。遂筑坛受册，即皇帝位……国称大夏，年号天授。……诏削夺官爵、互市，揭榜于边，募人能擒元昊，若斩首献者，即为定难军节度使

(《宋史》卷四八五《夏国传上》)。

两国既开衅，宋以夏竦、范雍往御之。

赵元昊反，拜奉宁军节度使、知永兴军，听便宜行事。徙忠武军节度，使知泾州。还判永兴军，兼陕西经略安抚招讨。……竦……及任以西事，颇依违顾避。又数请解兵柄，改判河中府，徙蔡州(《宋史》卷二八三《夏竦传》)。

元昊反，拜振武军节度使、知延州。……元昊先遣人通款于雍，雍信之，不设备。一日，引兵数万破金明砦，乘胜至城下。……雍召刘平于庆州，平帅师来援。……与贼夜战三川口，大败。……雍闭门坚守，会夜大雪，贼解去，城得不陷(《宋史》卷二八八《范雍传》)。

范雍败，以夏守赟代之，亦以无功，改遣韩范。

刘平……败。守赟……自请将兵击贼。换……陕西马步军都总管，兼经略安抚缘边招讨使，命勾当御药院张德明、黎用信，掌御剑以随之。然守赟性庸怯，寡方略，不为士卒所服(《宋史》卷二九〇《夏守赟传》)。

元昊反，琦适自蜀归，论西师形势甚悉，即命为陕西安抚使……副夏竦为经略安抚招讨使，诏遣使督出兵。琦亦欲先发以制贼，而合府固争。元昊遂寇镇戎，琦画攻守二策。……执政者难之，琦言："元昊虽倾国入寇，众不过四五万人，吾逐路重兵自为守，势分力弱，遇敌辄不支。若并出一道，鼓行而前，乘贼骄惰，破之必矣。"乃诏鄜延、泾原同出征。……琦悉兵付大将任福，令自怀远城趋德胜砦，出贼后，如未可战，即据险置伏要其归。……福竟为贼诱，没于好水川(甘肃隆德县东)。……琦……夺一官，知秦州(《宋史》卷三一二《韩琦传》)。

元昊反。……会夏竦为陕西经略安抚招讨使，进仲淹……以副之。……延州诸砦多失守，仲淹自请行……兼知延州。先是，诏分边兵总管领万人，钤辖领五千人，都监领三千人，寇至御之，则官卑者先出。仲淹曰："将不择人，以官为先后，取败之道也。"于是大阅州兵，得万八千人，分为六，各将三千人，分部教之，量贼众寡，使更出御贼。时塞门承平，诸砦既废，用种世衡策，城青涧以据贼冲。……明年正月，诏诸路入讨，仲淹曰："正月塞外大寒，我师暴露。不如俟春深入，贼马瘦人饥，势易制也。况边备渐修，师出有纪，贼虽猖獗，固已慑其气矣。鄜、延密迩灵、夏，西羌必由之地也。第按兵不动，以观其衅，许臣稍以恩信招来之。不然情意阻绝，臣恐偃兵无期矣。若臣策不效，当举兵先取绥、宥，据要害，屯兵营田为持久计。"……帝皆用其议。……元昊……与仲淹约和，仲淹为书戒喻之。会任福败于好水川，元昊答书语不逊，仲淹对来使焚之。大臣以为不当辄通书，又不当辄焚之。……降……知耀州（《宋史》卷三一四《范仲淹传》）。

韩、范既罢，代以陈执中，与夏竦共图边事。寻以元昊迭陷城砦，二人皆罢去。分陕西为路，以韩琦知秦州，王沿知渭州，范仲淹知庆州，庞籍知延州，各兼经略安抚招讨使，是为四路置帅。

会四路置帅，以琦兼秦凤经略招讨安抚使。庆历二年（夏元昊天授礼法延祚五年，西元一〇四二年），与三师皆换观察使，范仲淹、庞籍、王沿不肯拜，琦独受不辞。……琦与范仲淹在兵间久，名重一时（《宋史》卷三一二《韩琦传》）。

庆之西北马铺砦，当后桥川口，在贼腹中。仲淹欲城之，度贼必争，密遣子纯祐与蕃将赵明，先据其地，引兵随之。……旬日而城成，即大顺城是也。……大顺既城，而白豹、金汤皆不敢犯，环、庆自此寇益少。……仲淹谢曰："泾原地重，第恐臣不足当此路，与韩琦同经略泾原，并驻泾州，琦兼秦、凤，臣兼环、庆，泾原有警，臣与韩琦合秦、凤、环、庆之兵，犄角而进；若秦、凤、环、庆有警，亦可率泾原之师为援。臣当与琦练兵选将，渐复横山，以断贼臂，不数年间，可期平定矣。愿诏庞籍兼领环、庆，以成首尾之势。秦州委文彦博，庆州用滕宗谅总之，孙沔亦可办集，渭州一武臣足矣。”帝采用其言，复置陕西路安抚经略招讨使，以仲淹、韩琦、庞籍分领之，仲淹与琦开府泾州。……仲淹为将，号令明白，爱抚士卒，诸羌来者，推心接之不疑，故贼亦不敢辄犯其境（《宋史》卷三一四《范仲淹传》）。

宋与夏至是皆厌战，而和议以成。

元昊虽数胜，然死亡创痍者相半，人困于点集，财力不给，国中为十不如之谣以怨之。元昊乃归，塞门砦主高延德因乞和，知庆州范仲淹，为书陈祸福以喻之。……知延州庞籍，言夏境鼠食稼且旱，元昊思纳款。遂令知保安军刘拯，谕亲臣野利旺荣，言公方特灵夏兵，倘内附，当以西平茅土分册之。知青涧城种世衡，又遣王嵩以枣及画龟为书……遗旺荣，谕以早归之意，欲元昊得之，疑旺荣。……元昊使……王嵩以其臣旺荣、其弟旺令、嵬名环、卧誉诤三人书议和，然倔强不肯削僭号……犹称男邦泥定国兀卒。上书父大宋皇帝，更名曩霄而不称臣。……诏遣邵良佐……往议，且许封册为夏国主。……庆历四年（夏天授礼法延祚七年，西元一〇四四年），始上誓表。……凡岁赐银、绮、绢、茶二十五万五千（《宋史》卷四八五《夏国传上》）。

自此和议后，边境无事。至神宗时，战争再起，宋、夏交敝，复归于和。

元昊以庆历八年（西元一〇四八年）正月殂……子谅祚立。……遣吴宗等来贺英宗即位……语不逊……遂诏谅祚惩约之。……谅祚迁延弗受。已而……大举攻大顺城，分兵围柔远砦，烧屈乞村、栅段木岭、州兵、熟户，蕃官赵明合击退之。遣西京左藏库副使……诘之。……乃献方物谢罪。……神宗即位……种谔取绥州，因发兵夜掩嵬名山帐，胁降之。谅祚乃诈为会议，诱知保安军杨定、都巡检侍其臻等杀之。……谅祚殂……子秉常立，时宋神宗熙宁二年（西元一〇六九年。〔《宋史》卷四八五《夏国传上》〕）。

谔……以父任，累官左藏库副使。延帅陆诜荐知青涧城。……诜劾谔擅兴，且不禀节制，欲捕治未果，而诜徙秦，言者交攻之，遂下吏……安置陈州（《宋史》卷三三五《种谔传》）。

既而夏人失绥州……请以安远、塞门二砦易绥州。……乃赐誓诏，而绥州待得二砦乃还。夏主受册而二砦不归，且欲先得绥州。……知庆州李复圭，合蕃汉兵才三千，逼遣……出战……遂大败。……而边怨大起矣。……夏人遂大举入环、庆，攻大顺城（《宋史》卷四八六《夏国传下》）。

熙宁三年（夏秉常乾道二年）……夏人犯塞，绛请行边。……乃以为陕西宣抚使，既又兼河东，几事不可待报者，听便宜施行。授以空名告敕，得自除吏。……开幕府于延安。绛素不习兵事，举措乖方，选蕃兵为七军，用知青涧城种谔策，欲取横山，令诸将听命于谔（《宋史》卷三一五《韩绛传》）。

韩绛宣抚陕西，用为鄜延钤辖。绛城啰兀，规横山，令谔将兵二万，出无定川，命诸将皆受节度（《宋史》卷三三五《种谔传》）。

熙宁四年正月，种谔谋取横山，领兵先城啰兀，进筑永乐川、赏逋岭二砦……筑抚宁故城，及分荒堆三泉、吐浑川、开光岭、葭芦川四砦，与河东路修筑，各相去四十余里。二月，夏人来攻……新筑诸堡悉陷。……元丰四年（夏秉常大安六年，西元一〇八一年）……鄜、延总管种谔，乃疏秉常遇弑，国内乱，宜兴师问罪，此千载一时之会。帝然之（《宋史》卷四八六《夏国传下》）。

于是宋以李宪（宦者）出熙河，种谔出鄜、延，高遵裕出环、庆，刘昌祚出泾、原，王中正（宦者）出河东，分道并进。又诏吐蕃董毡集兵会伐，李宪总熙、秦七军，及董毡兵三万，败夏人于西市新城，复占兰州城。种谔克米脂，高遵裕复通远军，王中正克宥州，刘昌祚薄灵州城，大举讨夏，志在灭夏后再对辽用兵。

不意永乐之败，宋师气沮，仍归于和。

初，夏人闻宋大举，梁太后问策于廷，诸将少者尽请战。一老将独曰:“不须拒之，但坚壁清野，纵其深入，聚劲兵于灵、夏，而遣轻骑抄绝其馈运，大兵无食，可不战而困也。”梁后从之，宋师卒无功。知延州沈括，请城古乌延城，以包横山，使夏人不得绝沙漠。遂遣侍中徐禧、内侍押班李舜举往议。禧复请于银、夏、宥之界，筑永乐城……竟城之，赐名银川砦。……夏人来攻……城遂陷。……自熙宁用兵以来……而灵州永乐之役，官军熟羌义保死者六十万人，钱粟银绢以万数者不可胜计。……而夏人亦困弊，夏西南都统昂星嵬名济，乃移书刘昌祚曰:“……使朝廷与夏国欢好如初，主民重见太平。”……遣使……贡表曰:“……自历世以来，贡奉朝廷，无所亏怠。至于近岁，尤甚欢和。不意憸人诬间，朝廷特起大兵，侵夺疆土城砦，因兹构怨，岁致交兵。今乞朝廷示以大义，特还所侵，倘垂开纳，别效忠勤。”乃赐诏曰:“……王师徂征，盖讨有罪。今遣使造庭，辞礼恭顺，仍闻国政，悉复故常，益用嘉纳。已戒边吏，毋辄出兵。尔亦其守先盟。”遂诏……夏之岁赐如旧(《宋史》卷四八六《夏国传下》)。

按：宋、夏复和，秉常死，子乾顺立，年仅四岁，归永乐之俘，朝臣亦以神宗所得米脂、葭芦、浮图、安疆四砦还于夏，而画界不定，侵寇仍不绝。于是知渭州章楶，请进城平夏以逼之，诸路同时进兵拓地，而夏介辽人乞和。哲宗元符二年(夏乾顺永安元年，辽道宗寿隆五年，西元一〇九九年)，和议再成。终北宋之世，不复用兵矣。

(3)金之兴起

(甲)金之部族与先世

金之先出靺鞨氏。靺鞨本号勿吉，勿吉古肃慎地也。元魏时，勿吉有七部，曰粟末部，曰伯咄部，曰安车骨部，曰拂涅部，曰号室部，曰黑水部，曰白山部。隋称靺鞨，而七部并同。唐初，有黑水靺鞨、粟末靺鞨，其五部无闻。粟末靺鞨始附高丽，姓大氏。李勣破高丽，粟末靺鞨保东牟山，后为渤海称王，传十余世。有文字、礼乐、官府、制度。……黑水靺鞨居肃慎地，东濒海，南接高丽。……其后渤海盛强，黑水役属之。……五代时，契丹尽取渤海地，而黑水靺鞨附属于契丹。其在南者，籍契丹号熟女直。其在北者不在契丹籍，号生女直。生女直地有混同江、长白山，混同江亦号黑龙江，所谓白山、黑水是也（《金史》卷一《世纪》）。

始祖讳哈富（亦曰函普），从高丽来，居完颜部布尔罕水之涯，部众信服之。生子德帝乌噜，德帝生子安帝巴哈。安帝生子献祖绥赫，献祖徙居海古勒水，耕垦树艺，始筑室，有栋宇之制，自此遂定居于安春水之侧。生子昭祖舒噜，昭祖始立条教，约束部众。及耀武于青岭白山，而势乃浸强，辽主官以特哩衮，生子景祖乌古鼐。景祖稍役属诸部，诸部多听命来归。辽主以为生女真节度使，称都太师。自是有官属，渐立纪纲，据其山川险要，以计谋不使辽兵入境。得知其道里，辽主尝欲刻印与之，使系籍，不从。以厚赀易邻铁为甲胄，兵势大振。时鄂敏水富察部、特克绅特布水完颜部、图们水温特赫部、舍音水完颜部，相继来附。卒。……子世祖和哩布，及肃宗颇拉淑，穆宗额噜温，世祖生康宗乌雅舒及太祖。自世祖、肃宗、穆宗、康宗相继为节度使，削平诸部。康宗卒，太祖嗣节度使位（《续通志》卷四十七《金太祖本纪二》）。

（乙）辽天祚荒淫与女真之兴

道宗咸雍五年（宋神宗熙宁二年，西元一〇六九年），加守太师。诏四方有军旅，许以便宜从事，势震中外，门下馈赂不绝。凡阿顺者蒙荐擢，忠直者被斥窜。太康元年（熙宁八年），皇太子始预朝政，法度修明。乙辛不得逞，谋以事诬皇后。后既死，乙辛不自安，又欲害太子。……时皇太子以母后之故，忧见颜色。乙辛党欣跃相庆，谗谤沸腾，忠良之士斥逐殆尽。乙辛因……谋构太子。……帝疑……乃囚皇太子于上京，监卫者皆其党。寻，遣……害太子。乙辛党大喜，聚饮数日（《辽史》卷一一〇《耶律乙辛传）》。

萧奉先，天祚后族也。……道宗朝为内侍供奉，又为承旨，历吏部尚书，缘恩宫掖，专尚谄谀，朋结中人，互为党与。至天祚朝，毬猎声色，日蛊其心（叶隆礼《契丹国志》卷十九《萧奉先传》）。

李处温……伯父俨……累官参知政事，封漆水郡王。雅与北枢密使萧奉先友旧，执政十余年，善逢迎取媚，天祚又宠任之。俨卒，奉先荐处温为相。处温因奉先有援己力，倾心阿附，以固权位，而贪污尤甚，凡所接引，类多小人（《辽史》卷一〇二《李处温传》）。

辽主好畋猎淫酗，怠于政事。四方奏事，往往不见省（《金史》卷二《太祖本纪》）。

辽之国势，以圣宗时为强盛，兴宗、明宗尚可蒙业而安，至道宗远贤亲佞，辽政遂衰。天祚继以荒淫，国事益坏，而女真乃乘间崛起。

初，辽每岁遣使市名鹰海东青于海上，道出境内，使者贪纵，征索无艺，公私厌苦之。康宗尝以不遣阿踈为言（颢水纥石烈阿踈、毛睹禄阻兵为难，穆宗自将伐阿踈，阿踈乃自诉于辽，遂留不敢归），稍拒其使者。太祖嗣节度，亦遣蒲家奴往索阿踈，故常以此二者为言。……至是，复遣宗室习古乃、完颜银术可往索阿踈。习古乃等还，具言辽主骄肆废弛之状。于是召官僚耆旧以伐辽告之，使备冲要，建城堡，修戎器，以听后命。辽统军司闻之……辽人始为备，命统军萧挞不野调诸军于宁江州。……太祖……谓诸将佐曰："辽人知我将举兵，集诸路军备我，我必先发制之，无为人制。"众皆曰："善。"……太祖进军宁江州……诸路兵皆会于来流水，得二千五百人，致辽之罪，申告于天地。……至辽界……进军宁江州（时辽天祚天庆四年，宋徽宗政和四年，西元一一一四年），诸军填堑攻城……克其城。……辽都统……副都统……将步骑十万，会于鸭子河北，太祖自将击之。……及河，辽兵方坏陵道，选壮士十辈击走之。大军继进，遂登岸……与敌遇于出河店。会大风起，尘埃蔽天，乘风势击之，辽兵溃……获……车马、甲兵、珍玩不可胜计。……辽人尝言“女直兵若满万，则不可敌”，至是始满万云。……攻宾州，拔之。……降……祥州。……克威州（《金史》卷二《太祖本纪》）。

天庆四年十月，以守司空萧嗣先为东北路都统，静江军节度使萧挞不也为副……屯出河店，两军对垒。女直军潜渡混同江，掩击辽众，萧嗣先军溃。……萧奉先惧其弟嗣先获罪，辄奏东征溃军，所至劫掠，若不肆赦，恐聚为患。上从之。……诸军相谓曰：“战则有死而无功，退则有生而无罪。”故士无斗志，望风奔溃。……十二月，咸、宾、祥三州及铁骊、兀惹皆叛入女直。……往援宾州……咸州，并为女直所败（《辽史》卷二十七《天祚帝本纪一》）。

女真举兵，连战大捷，遂建号称帝，与辽对峙。

收国元年（辽天祚天庆五年，宋徽宗政和五年，西元一一一五年）正月壬申朔，群臣奉上尊号，是日即皇帝位，上曰：“辽以宾铁为号，取其坚也。宾铁虽坚，终亦变坏，惟金不变不坏。金之色白，完颜部色尚白。”于是国号大金，改元收国（《金史》卷二《太祖本纪》）。

辽知金不可骤讨，欲与金和。金恃强不允，天祚乃大举攻之。

天庆五年正月，下诏亲征。遣僧家奴持书约和，斥阿骨打名。阿骨打遣赛剌复书：若归叛人阿疎，迁黄龙府于别地，然后议之（《辽史》卷二十八《天祚帝本纪二》）。

八月……以围场使阿不为中军都统，耶律张家奴为都监，率番汉兵十万，萧奉先充御营都统诸行营都部署，耶律章奴为副，以精兵二万为先锋，余分五部为正军，贵族子弟千人为硬军，扈从百司为护卫军，北出骆驼口。以都检点萧胡睹姑为都统，枢密直学士柴谊为副，将汉步骑三万，南出宁江州。自长春州分道而进，发数月粮，期必灭女直（《辽史》卷二十八《天祚帝本纪二》）。

天祚行军至中途，内乱忽起，仓猝而归，为金所蹑，遂致溃败。

耶律章奴反，奔上京，谋迎立魏国王淳。……章奴知魏国王不听，率麾下掠庆、晓、怀、祖等州，结渤海群盗，众至数万，趋广平淀，犯行宫，顺国女直阿鹘产以三百骑，一战而胜。……章奴诈为使者，欲奔女直，为逻者所获，缚送行在，腰斩于市（《辽史》卷二十八《天祚帝本纪二》）。

辽主以张奴叛，西还。……诸将曰："今辽主既还，可乘怠追击之。"……上复曰："诚欲追敌，约赍以往，无事馈馈。若破敌，何求不得？"众皆奋跃，追及辽主于护步答冈。是役也……辽师败绩……获舆辇、帟幄、兵械、军资，他宝物、马牛不可胜计（《金史》卷二《太祖本纪》）。

天庆六年正月……裨将渤海高永昌僭号。……五月……女直军攻下沈州，复陷东京，擒高永昌，东京州、县……皆降女直。七年正月……女直军攻春州，东北面诸军不战自溃，女古、皮室四部及渤海人皆降，复下泰州（《辽史》卷二十八《天祚帝本纪二》）。

天祚帝自大败归，欲图再举，乃置怨军。

天庆七年九月，上自燕至阴凉河，置怨军八营：募自宜州者曰前宜、后宜，自锦州者曰前锦、后锦，自乾自显者曰乾曰显，又有乾显大营、岩州营，凡二万八千余人，屯卫州蒺藜山（《辽史》卷二十八《天祚帝本纪二》）。

金初因辽控制过严，欲脱羁绊，举兵以抗。既连胜辽兵，据有东北诸地，已非始愿所及，无复进取之心，辽遣求和亦有允意。据《辽史》卷二十八《天祚帝本纪》天庆八年所复书，其条款如下：

（1）辽主册金主为皇帝；

（2）辽主以兄礼事金主；

（3）割让上京、中京、兴中府三路州、县；

（4）岁贡方物；

（5）以亲王、公主、驸马、大臣子孙为质；

辽金款议，终因文字关系不能成立。

金复遣胡突衮来，免取质子，及上京、兴中府所属州郡，裁减岁币之数，如能以兄事朕，册用汉仪，可以如约（《辽史》卷二十八《天祚帝本纪二》）。

天祚付群臣等议，萧奉先大喜，以为自此无患。差静江军节度使萧习烈……备天子衮冕、玉册、金印、车辂、法驾之属，册立阿骨打为东怀国至圣至明皇帝。……至金国，扬朴以仪物不全用天子之制，又东怀国乃小邦怀其德之义，仍无册为兄之文。……阿骨打大怒……遣萧习烈……回云："册文骂我，我都不晓。徽号、国号、玉辂、御宝，我都有之，须称我大金国皇帝兄即已，能从我，今秋可至军前。不然，我提兵取上京矣。"天祚恶闻女真事，萧奉先揣其意，皆不以闻（叶隆礼《契丹国志》卷十《天祚帝纪上》）。

天庆九年（宋徽宗宣和元年，西元一一一九年）七月……金复遣乌林答赞谟来，责册文无兄事之语，不言大金而云东怀，乃小邦怀其德之义，及册文有"渠材"二字，语涉轻侮，若"遥芬""多戬"等语，皆非善意，殊乖体式，如依前书所定，然后可从（《辽史》卷二十八《天祚帝本纪二》）。

和议迁延久不决，兵衅复开。

天辅四年（辽天祚帝天庆十年，宋徽宗宣和二年）三月，上谓群臣曰："辽人屡败，遣使求成，惟饰虚辞以为缓师之计，当议进讨。"……诏咸州路都统司……以余兵来会于浑河。……四月，上自将伐辽。……五月……趋上京。……上亲临城，督将士诸军鼓噪而进。……克其外城，留守挞不野以城降（《金史》卷二《太祖本纪》）。

（丙）辽之灭亡与西辽之建立

耶律余睹……国族之近者也。……其妻，天祚文妃之妹。文妃生晋王，最贤，国人皆属望。时萧奉先之妹，亦为天祚元妃，生秦王。奉先恐秦王不得立，深忌余睹，将潜图之。……讽人诬余睹……谋立晋王，尊天祚为太上皇。事觉……赐文妃死。余睹在军中闻之，惧不能自明被诛，即引兵千余并骨肉军帐，叛归女直。……余睹既入女直，为其国前锋，引娄室孛革兵，攻陷州郡（《辽史》卷一〇二《耶律余睹传》）。

金太祖得耶律余睹，尽悉辽情，遂遣将南侵。

天辅五年（辽天祚保大元年，宋徽宗宣和三年）七月，诏咸州都统司曰："自余睹来，灼见辽国事宜，已决议亲征，其治军以俟师期。"寻以连雨，罢亲征，命吴勃极烈昱为都统，移赉勃极烈宗翰副之，帅师而西。……六年正月……取中京（《金史》卷二《太祖本纪》）。

时天祚帝正猎于鸳鸯泺（河北赤城县境），金兵追袭之，不及而还。

二月……知辽主猎鸳鸯泺……遂遣……都统杲进兵袭之。三月，都统杲出青岭，宗翰出瓢岭，追辽主于鸳鸯泺。辽主奔西京，宗翰复追至白水泺，不及，获其货宝（《金史》卷二《太祖本纪》）。

天祚西奔，南京大臣拥立燕王淳为帝，于是辽分为二。

辽主天祚震惊，率骑兵五千奔云中，留宰相张琳、李处温，与燕王耶律淳守燕。天祚至云中，遂取马三千匹，奔入夹山（绥远五原县西北）。淳守燕二十年，得人心，天祚既奔夹山，李处温与其弟处能及子奭，都兴萧干挟怨军谋立淳，乃率燕京数万人劝进。淳即位，改怨军为常胜军，自号天锡皇帝，改元建福，降天祚为湘阴王。淳主燕、云、平、上、中京、辽西六路，而沙漠以北诸番部，天祚主之，犹称保大二年，辽国自此分矣（宇文懋昭《大金国志》卷二《太祖纪下》）。

保大二年，天祚入夹山，奚王回离保、林牙耶律大石等……立淳……改保大二年为建福元年。……以回离保知北院枢密使事，军旅之事悉委大石。……淳病死……遗命遥立秦王定（天祚次子）……德妃为皇太后称制，改建福为德兴元年（《辽史》卷三十《天祚帝本纪四》）。

金初与宋有夹击之约，故金置燕京不取，但宋师进攻不利，辽得苟延。及金兵入关，燕京始陷。

天辅五年十二月……国主……遂分三道进兵，粘罕趋南暗口，挞懒驸马趋北牛口，国主亲趋居庸关，分三路入燕。……抵居庸关，辽人弃关走。……到燕，萧后闻居庸失守，夜率萧干等出奔。……辽相左企弓、虞仲文等迎降。……大石林牙以萧后归辽主于夹山，天祚杀萧后，萧干以奚渤海人入奚（宇文懋昭《大金国志》卷二《太祖纪下》）。

天祚收集散亡，图复燕、云，与金兵遇，兵败被擒，辽遂以亡。

天祚既得林牙耶律大石兵，归又得阴山室韦谟葛失兵，自谓得天助，再谋出兵，复收燕、云。大石林牙力谏……不从。大石遂杀乙薛及坡里括，置北南面官属，自立为王，率所部西去。上遂率诸军出夹山，下渔阳岭，取天德、东胜、宁边、云内等州，南下武州，遇金人战。……复溃，直趋阴山（《辽史》卷二十九《天祚帝本纪三》）。

金师围青冢寨，天祚子雅里在军中，太保特母哥挟之出走，间道行至阴山，闻天祚失利，趋云内。雅里驰赴时，扈从者千余人，多于天祚。……天祚渡河奔夏，队帅耶律敌列等劫雅里北走，至沙岭……群僚共立雅里为主，雅里遂即位，改元神历……致疾卒（《辽史》卷三十《天祚帝本纪四》）。

帝幸天德，过沙漠，闻金兵至……趋党项。……至应州新城东六十里，为金将完颜罗索所获。……至金，降封海滨王（李有棠《辽史纪事本末》卷三十三）。

辽亡之后，耶律大石建西辽于西域，复延八十四年，灭于乃蛮。

耶律大石……太祖八代孙也。……登……进士第，擢翰林。……辽以翰林为林牙，故称大石林牙。……天祚播越，与诸大臣立秦晋王淳为帝。淳死，立其妻萧德妃为太后以守燕。及金兵至，萧德妃归天祚，天祚怒诛德妃而责大石。……大石不自安……率铁骑二百宵遁北行……西至可敦城，驻北庭都护府。会……七州……十八部王众，谕曰："……金以臣属逼我国家……使我天祚皇帝蒙尘于外……我今仗义而西，欲借力诸蕃，剪我仇敌，复我疆宇。"……遂得精兵万余，置官吏，立排甲，具器仗。明年（天保三年）二月甲午……整旅而西。先遣书回鹘王毕勒哥曰："……今我将西至大食，假道尔国，其勿致疑。"毕勒哥得书，即迎至邸。……愿质子孙为附庸。送至境外，所过，敌者胜之，降者安之，兵行万里，归者数国，获驼马、牛羊、财物不可胜计，军势日盛，锐气日倍。至寻思干（即撒马儿罕），西域诸国举兵十万，号忽儿珊来拒战。……三军俱进，忽儿珊大败。……驻军寻思干凡九十日，回回国王来降，贡方物。又西至起儿漫（在撒马儿罕与布哈拉之间），文武百官册立大石为帝，以甲辰岁（宋徽宗宣和六年，金太宗天会二年，西元一一二四年）二月五日即位……号葛儿罕（《元史·太祖本纪》，作菊儿汗。《曷斯麦里传》，作阔儿罕。华言普遍汗也），复上汉尊号曰天佑皇帝，改元延庆。……延庆三年，班师东归，马行二十日得善地，遂建都城，号虎思斡耳朵（斡耳朵，蒙古语，宫殿也）。……在位二十年，庙号德宗（《辽史》卷三十《天祚帝本纪四》）。

子夷列年幼，遗命皇后权国。后名塔不烟，号感天皇后，称制，改元咸清，在位七年（《辽史》卷三十《天祚帝本纪四》）。

子夷列即位，改元绍兴。籍民十八岁以上，得八万四千五百户。在位十三年殁，庙号仁宗（《辽史》卷三十《天祚帝本纪四》）。

子幼，遗诏以妹普速完权国称制，改元崇福，号承天太后。后与驸马萧朵鲁不弟朴古只沙里通，出驸马为东平王，罗织杀之。驸马父斡里剌，以兵围其宫，射杀普速完及朴古只沙里。普速完在位十四年（《辽史》卷三十《天祚帝本纪四》）。

仁宗次子直鲁古即位，改元天禧，在位三十四年。时秋出猎，乃蛮王屈出律，以伏兵八千擒之而据其位。遂袭辽衣冠，尊直鲁古为太上皇……朝夕问起居，以侍终焉。直鲁古死（宋宁宗嘉定六年，金卫绍王至宁元年，西元一二一三年），辽绝（《辽史》卷三十《天祚帝本纪四》）。

（八）北宋之灭亡

（1）宋、金之和战

（甲）海上之盟

赵良嗣，本燕人马植世，为辽国大族，仕至光禄卿。行污而内乱，不齿于人。政和初，童贯出使，道卢沟，植夜见其侍史，自言有灭燕之策，因得谒。童贯与语，大奇之，载与归，易姓名曰李良嗣，荐诸朝。即献策曰："女真恨辽人切骨，而天祚荒淫失道。本朝若遣使自登莱涉海，结好女真，与之相约攻辽，其国可图也。"……徽宗召见……嘉纳之，赐姓赵氏，以为秘书丞。图燕之议自此始（《宋史》卷四七二《赵良嗣传》）。

天辅元年……先是，宋建隆以来，女真自其国之苏州，泛海至登州卖马，故道犹存。去夏有汉儿郭药师者，泛海来，具言女真攻辽事。宋遣马政，同药师讲买马旧好，由海道入苏州，至其国阿骨打所居阿芝州涞流河，问遣使之由，政对以贵朝在建隆时，讲好已久，今闻贵朝攻破辽国五十余城，欲复前好，共行吊伐。阿骨打……遣渤海人李善庆……赍国书并北珠、生金……为贽。……天辅二年（宋徽宗重和元年）……至宋。……宋相蔡京、童贯见之。……居十余日，遣赵有开、马政赍诏及礼物，与善庆等渡海聘之（宇文懋昭《大金国志》卷一《太祖纪上》）。

宋使登州防御使马政，以国书来，其略曰："日出之分，实生圣人，窃闻征辽，屡破勍敌。若克辽之后，五代时陷入契丹汉地，愿畀下邑。"……使散睹如宋报聘，书曰："所请之地，今当与宋夹攻，得者有之。"（《金史》卷二《太祖本纪》）

天辅三年（宋徽宗宣和元年）正月……宋遣其使赵良嗣来。……良嗣之来使也，大概议夹攻辽，使金人取中京，宋朝取燕京，许之岁币，初许三十万，而卒与契丹旧数。良嗣曰："燕京一带，则并西京是也。"国主亦许之。遂以手札付良嗣，约以本国兵自平地松林（内蒙古克什克腾旗地），趋古口，南朝兵自白沟夹攻。……马政回使于金，国书略曰……共图问罪之师，诚意不渝，义当如约。已差童贯勒兵相应，彼此兵不得过关，岁币依与契丹旧数，仍约毋听契丹讲和（宇文懋昭《大金国志》卷一《太祖纪上》）。

（乙）夹击之始末

金兵攻破中京……遂引兵至松亭关。已有与宋朝有各不过关之约，止引兵由其西而过。……天祚至云中……奔入夹山。……金兵追至云中……追天祚几及（宇文懋昭《大金国志》卷二《太祖纪下》）。

宣和四年（金太祖天辅六年）三月……辽人立燕王淳为帝，金人来约夹攻，命童贯为河北、河东路宣抚使，屯兵于边以应之，且招谕幽、燕。……五月……以蔡攸为河北、河东宣抚副使，以常德军节度使谭稹为太尉。童贯至雄州，令都统制种师道等分道进兵，辽人击败前军统制杨可世于兰沟甸。……杨可世与辽将萧干战于白沟，败绩。辛兴宗败于范村。六月，种师道退保雄州，辽人追击至城下。帝闻兵败，惧甚，遂诏班师。以王黼为少师。是月，辽燕王淳死，萧干等立其妻萧氏。七月……王黼以耶律淳死，复命童贯、蔡攸治兵，以河阳三城节度使刘延庆为都统制。……九月……金人遣徒弧且乌歇等来议师期。……辽将郭药师等以涿、易二州来降。十月……刘延庆与郭药师等统兵出雄州……师次涿州，郭药师与高世宣、杨可世等袭燕，萧干以兵入援，战于城中。药师等屡败，皆弃马缒城而出，死伤过半。以蔡攸为少傅，判燕山府，刘延庆自卢沟河烧营夜遁，众军遂溃，萧干追至涿水上乃还（《宋史》卷二十二《徽宗本纪四》）。

药师拥所部八千人，奉涿、易二州来归，诏以为恩州观察使。王师北讨，刘延庆与干军于卢沟，药师曰："干以全师抗我，燕城必虚，选劲骑袭之，可得也。"延庆遣药师与诸将帅兵六千，夜半渡河，倍道而进，质明，甄五臣领五千骑夺迎春门以入，大军继至。……药师遣人谕萧后，使趣降。后密诏萧干还，战于三市，药师失马，几为所擒，遂以败还（《宋史》卷四七二《郭药师传》）。

延庆营于卢沟南，干分兵断饷道，擒护粮将王渊，得汉军二人，蔽其目留帐中，夜半伪相语曰："闻汉军十万压吾境，吾师三倍，敌之有余，当分左右翼，以精兵卫其中，左右翼为应，歼之无遗。"阴逸其一人归报。明旦，延庆见火起，以为敌至，烧营而奔，相蹂践死者百余里，自熙、丰以来所储军实殆尽。退保雄州，燕人作赋及歌诮之（《宋史》卷三五七《刘延庆传》）。

宋兵两次图燕，皆遭挫败。迨燕京为金所下以归于宋，与原约不符，已伏后来败盟之衅。

初宋朝与金人约，但求石晋故地，初不思平、营、滦三州，乃刘仁恭以遗契丹，故不肯割。至是，赵良嗣、马扩见国主于奉圣州，主令其弟国相蒲结与计事，蒲结以往岁不遣报使，今岁遣兵失期为言云，今更不论元约，特与燕京六州、二十四县。六州谓冀、景、檀、顺、涿、易也。良嗣……辨论数四，卒不从（宇文懋昭《大金国志·太祖纪下》）。

宋又遣良嗣索营、平、滦三州，金主不许，其词甚峻：

（1）若必欲取营、平、滦三州，并燕京而不与。

（2）燕京自我得之，则当归我。燕租三百万，止取一百万。

（3）不然，还我涿、易旧疆。

宋自知力不能抗，终以牵就成盟。

（1）岁输银、绢各二十万两匹，又别输"燕京代税钱"一百万缗。

（2）遣使贺金主生辰及正旦。

（3）置榷场贸易。

约定，始实行交割燕京。

童贯、蔡攸入燕，先曰交割，后曰抚定，凡燕之金帛、子女、职官、民户为金人席卷而东，宋朝捐岁币数百万，所得者空城而已（宇文懋昭《大金国志》卷二《太祖纪下》）。

(2)宋、金之战争

(甲)起衅原因

张觉（亦作瑴）……为辽兴军节度副使，镇民杀其节度使萧谛里，觉拊定乱者，州人推领州事。燕王淳死，觉知辽必亡，籍丁壮五万人，马千匹，练兵为备。……金人入燕，访觉情状于辽故臣康公弼……请使焉而观之。遂往见觉，觉曰："契丹八路皆陷，今独平州存，敢有异志？"……公弼道其语，粘罕信之，升平州为南京，加觉同中书门下平章事，企弓、公弼与曹勇义、虞仲文皆东迁。时燕民尽徙，流离道路。或诣觉诉公弼、企弓等不能守燕，致吾民如是，能免我者，非公而谁？觉召僚属议，皆曰："近闻天祚复振于松漠，金人所以急趋山西者，畏契丹议其后也。公能仗大义，迎故主，以图兴复，责企弓等之罪而杀之，纵燕人归燕，南朝宜无不纳。傥金人西来，内用营、平之兵，外藉南朝之援，何所惧乎？"觉又访于翰林学士李石，亦以为然。乃杀企弓等四人，复称保大三年。……石更名安弼，偕故三司使高党往燕山，说知燕山府王安中。……安中深然之，具奏于朝。……金人闻觉叛，遣阇母国王将三千骑来讨，觉帅兵迎拒之于营州，阇母以兵少，不交锋而退。……觉遂妄以大捷闻，朝廷建平州为泰宁军，拜觉节度使……犒以银绢数万。诏命至，觉喜，远出迎，金人谍知，举兵来，觉不得返……奔燕。……金人既平三州，始来索觉。王安中讳之，索愈急，乃斩一人貌类者去。金人曰："此非觉也。觉匿于王宣抚甲仗库，若不与我，我自以兵取之。"安中不得已，引觉出……使行刑。……既死，函首送之，燕之降将……自是解体（《宋史》卷四七二《张觉传》）。

按：此起衅之一因也。

天会二年（宋徽宗宣和六年，西元一一二四年）三月……遣使往宋丐粮。先是，良嗣使金时，许金人糗粮二十万斛。至是，诣宣抚司来索所许，谭稹曰："二十万斛岂易致邪？兼宣抚司未尝有片纸只字许粮之文。"金使曰："去年四月间赵良嗣已许矣。"稹曰："口许岂足凭邪？"终不之与（宇文懋昭《大金国志》卷三《太宗纪一》）。

按：此起衅之又一因也。

（乙）金兵南侵

先是，金人既获天祚，连遣三使聘宋，初曰报谢通好也，次曰告庆得天祚也，又次曰贺天宁节也。使传继来，河朔至京，供亿疲敝，其实窥觇道路，使之不疑。……时粘罕已蓄南侵之谋，会义胜军三千畔奔之，具言中国虚实。……由是刘彦宗、余睹、萧庆力劝粘罕，言南朝可图，仍不必众，因粮就兵可也。粘罕遂决意入侵（宇文懋昭《大金国志》卷三《太宗纪一》）。

天会三年（宋徽宗宣和七年，西元一一二五年）十二月，斡离不、粘罕分道入侵宋。东路之军，斡离不主之，建枢密院于燕山，以刘彦宗主院事；西路之军，粘罕主之，建枢密院于云中，以时立爱主院事。……于是斡离不之军，自燕山侵河北；粘罕之军，侵河东（宇文懋昭《大金国志》卷三《太宗纪一》）。

西路军之情况。

宣和七年……粘罕南侵。贯在太原，遣马扩、辛兴宗往聘以赏金，金人以纳张觉为责，且遣使告兴兵。……使者劝贯速割两河以谢，贯气褫不能应，谋遁归。太原守张孝纯诮之。……贯奔入都（《宋史》卷四六八《童贯传》）。

童贯自太原遁归京师，中山奏金人斡离不、粘罕……陷忻、代等州，围太原（《宋史》卷二十二《徽宗本纪四》）。

东路军之情况。

斡离不军至燕……破檀、蓟州（宇文懋昭《大金国志》卷三《太宗纪一》）。

初，王安中知燕山府，詹度与药师同知，药师自以节钺，欲居度上，度称御笔所书有序，药师不从。加以常胜军肆横，药师右之，度不能制，告于朝廷，虑其交恶，命度与河间蔡靖两易，靖至坦怀待之，药师亦重靖，稍为抑损。安中但谄事之，朝廷亦曲徇其意，所请无不从。……专制一路，增募兵号三十万，而不改左衽。朝论颇以为虑，亟拜太尉召，入朝，辞不至。帝令童贯行边，阴察其去就，不然则挟之偕来。贯至燕，药师迎……拜帐下。……贯释然……归，为帝言药师必能抗虏，蔡攸亦从中力主之……谓其可倚，故内地不复防制，屡有告变。及得其通金国书，辄不省。……金兵已南下，破檀、蓟，至玉田。蔡靖遣药师、张令徽、刘舜仁帅师出御。其夕，令徽遁归，靖与部使者诣药师……悉锁于家。斡离不及郊，药师率军官迎拜，遂从以南叛。……斡离不至庆源，闻天子内禅，欲回军，药师曰："南朝未必有备，不如姑行。"其后趍超京城，诘索宫省与邀取宝器、服玩，皆药师导之也（《宋史》卷四七二《郭药师传》）。

药师既畔，金使诣宋国，具言拥兵来因，辞颇不顺。徽宗引咎归己，连下哀痛之诏。……已而，徽宗内禅。……欲回，药师曰："南朝未必有备，不如姑行。"至信德府，不移时遂克（宇文懋昭《大金国志》卷三《太宗纪一》）。

先是，内侍梁方平，领军在河北岸，铁骑奄至，仓卒奔溃。……方平既溃，何灌军亦望风奔散，宋师在河南者无一人。金人遂取小舟以济（宇文懋昭《大金国志》卷四《太宗纪二》）。

靖康元年（金太宗天会四年，西元一一二六年）正月……金人破相州，破濬州，威武军节度使梁方平师溃，河北河东路制置副使何灌退保滑州。灌奔还，金人济河……犯京师（《宋史》卷二十三《钦宗本纪》）。

斡离不围宋京师。先是，药师尝打球于牟驼冈，知天驷监有马二万匹，刍豆山积，至是导斡离不，使奄而取之。……寻攻通天景阳门甚急，宋李纲督将士拒之。又攻陈桥、封丘、卫州门，纲登城督战，杀数千人乃退。何灌出战，败绩，死之。未几，马忠以京西兵，败金人于顺天门外，宋师稍振，游骑不敢旁出（宇文懋昭《大金国志》卷四《太宗纪二》）。

汴京被围，而朝臣主战主和者，尚分两派。

金将斡离不兵渡河，徽宗东幸，宰执议请上暂避敌锋。……上顾宰执曰："策将安出？"纲进曰："今日之计，当整军马，固结民心，相与坚守，以待勤王之师。"上问："谁可将者？"……纲曰："陛下不以臣庸懦，倘使治兵，愿以死报。"乃以纲为尚书右丞。……命纲为亲征行营使，以便宜从事。纲治守战之具，不数日而毕（《宋史》卷三五八《李纲传上》）。

李纲主固守以待勤王之师，然后与金决战。而多数主和，不用纲策，遣使与金议款。

四方勤王之师渐有至者，种师道、姚平仲亦以泾、原、秦、凤兵至。纲奏言："金人贪婪无厌，凶悖已甚，其势非用师不可。且敌兵号六万，而吾勤王之师集城下者已二十余万。彼以孤军入重地……当以计取之。……若扼河津、绝饷道，分兵复畿北诸邑，而以重兵临敌营，坚壁勿战……俟其食尽力疲……纵其北归，半渡而击之，此必胜之计也。"……约日举事，姚平仲勇而寡谋，急于要功，先期率步骑万人……以袭敌营，不克，惧诛亡去（《宋史》卷三五八《李纲传上》）。

姚平仲夜袭金营不克，金人藉为口实，益倔强。宋乃罢纲以谢金人，人情愤激，太学生陈东伏阙上书，力请用纲以竟战功。

金使来，宰相李邦彦语之曰："用兵乃李纲、姚平仲，非朝廷意。"遂罢纲，以蔡懋代之（《宋史》卷三五八《李纲传上》）。

李邦彦议和，恶李纲主战，罢之。东率诸生伏宣德门，上书曰："在廷之臣，奋勇不顾，以身任天下之重者，李纲也。……其忌嫉贤能，动为身谋，不恤国计者，李邦彦、白时中、张邦昌、赵野、王孝迪、蔡懋、李梲之徒，社稷之贼也。”（钱士升《南宋书》卷三十《陈东传》）

太学诸生陈东等，及都民数万人伏阙上书，请复用李纲及种师道，且言李邦彦等疾纲，恐其成功，罢纲正堕金人之计。会邦彦入朝，众数其罪而骂。吴敏传宣，众不退，遂挝登闻鼓，山呼动地。殿帅王宗濋恐生变，奏上勉从之。遣耿南仲号于众曰："已得旨宣纲矣。"内侍朱拱之宣纲后期，众脔而磔之，并杀内侍数十人。乃复纲右丞，充京城防御使（《宋史》卷二十三《钦宗本纪》）。

但勤王兵，遇敌辄败，终于不能不和。其所定约条如下：

（1）宋朝输金五百万两，银五千万两，表段百万匹 牛马万头；

（2）尊金主为伯父；

（3）割太原、中山、河间三镇；

（4）亲王、宰相为质。

于是括借都城金银及倡优家财，得金二十万两，银四百万两，且以肃王枢为质。斡离不始解围北还。

（丙）徽、钦被虏

粘罕之围太原也，悉破诸县，为锁城法，以困太原。锁城法者，于城外矢石不及之地，筑城环绕，分人防守（宇文懋昭《大金国志》卷四《太宗纪二》）。

太原由张孝纯固守，粘罕攻之不下，兵被牵掣，未得与围汴之役。及闻斡离不议和，饱载而去，亦遣使来索赂，宋却之，于是兵衅又开。

先是，粘罕遣人来求赂，大臣以勤王兵大集，拘其使人，且约结余睹以图之。至是，粘罕怒，及攻太原不克，分兵趣京师，过南北关，权胜威军李植以城降，陷隆德府（《宋史》卷二十三《钦宗本纪》）。

宋谓金败盟，即诏三镇固守，且遣兵往援之。

诏曰："朕承道君皇帝付托之重，即位十有四日，金人之师已及都城，大臣建言捐金帛，割土地，可以纾祸。……而金人要盟，终弗可保。今肃王渡河，北去未还；粘罕深入，南克隆德，又所过残破。……朕夙夜追咎，何痛如之！已诏元主和议李邦彦及奉使许地之人，悉行罢黜。又诏种师道、姚古、种师中往援三镇……誓当固守……永保疆土。"（王偁《东都事略》卷十二《钦宗纪》）

宋复用离间之策，欲使金人内变，徒为金人兴兵口实。

粘罕……差萧仲恭、赵伦等赍书报复。……时宋勤王之师踵至，大臣有轻敌意，猥曰："吾兵盛如此，当与金抗。且彼既领肃王过河，吾盍留其使，与之相当？"于是馆其使，逾月不遣。有都管赵伦者燕人，狡狯惧不得归，乃诈以情告伴使邢倞曰："金国有余睹者，领契丹精锐甚众，贰于金人，愿归大国，可结之以图粘罕、斡离不。"倞遂以闻，宋大臣信之，即以诏书授伦，纳衣领中，仍赐伦等绢各千匹、白金千金，偷至粘罕所，首以其书献之。粘罕大怒，以伦书奏闻其主。……又麟府折可求来，献言夏国之北，有大辽天祚、梁王与林牙萧太师。……如能合击金人，立我宗社，则当修好如初。吴敏以为然，乃奏上。令致书梁王，由河东入麟府，为粘罕游兵所得（宇文懋昭《大金国志》卷四《太宗纪二》）。

以上两事彰露，金主乃遣粘罕、斡离不大举分道南侵，以不守信约为名。

天会四年（宋钦宗靖康元年，西元一一二六年）八月，诏左副元师宗翰（即粘罕）、右副元师宗望（即斡离不）伐宋（《金史》卷三《太宗本纪》）。

于是粘罕发云中，斡离不发保州。

金人既退，大臣不复顾虑，武备益弛，好问言："金人得志，益轻中国，秋冬必倾国复来，御敌之备当速讲求。今边事经画旬月，不见施设。……此臣所深惧也。”及边警急，大臣不知所出，遣使讲解，金人佯许而攻略自如，诸将以和议故，皆闭壁不出，好问言：“彼名和而实攻，朝廷不谋进兵遣将何也？请亟集沧、滑、邢、相之戍，以遏奔冲，而列勤王之师于畿邑，以卫京师。”疏上不省。金人陷真定，攻中山，上下震骇，廷臣狐疑相顾，犹以和议为辞。好问率台属，劾大臣畏懦误国，出好问知袁州（《宋史》卷三六二《吕好问传》）。

粘罕攻下太原，斡离不克真定，宋师皆溃。

金人陷太原，召拜刑部尚书再出使，许以三镇赋入之数，云至真定……还言……金人必欲得三镇，不然则进兵取汴都。中外震骇，诏集百官议（《宋史》卷三五七《王云传》）。

宋师既溃，而庙堂和战主张仍不一致，毫无战守之计。

金骑再来邀割三镇，恪集廷臣议，以为当与者十九，恪从之。使者既行，于是诸道勤王兵大集，辄谕止……皆反旆而去（《宋史》卷三五二《唐恪传》）。

金人再举乡京师，请割三镇，李纲等谓不可和，而南仲力沮之。为主和议故，战守之备皆罢（《宋史》卷三五二《耿南仲传》）。

王云使金帅斡离不军还，言金人怒割三镇缓，却礼币弗纳，曰：“兼旬使不至，则再举兵。”于是百官议从其请，㮚曰：“……金人变诈罔测，安能保必信？割亦来，不割亦来。”宰相主割议，㮚论辨不已。……㮚请建四道总管，使统兵入援，以胡直孺、王襄、赵野、张叔夜领之。……而唐恪、耿南仲、聂昌信和议，相与谋曰：“方继好息民，而调发不已，使金人闻之，奈何？”亟檄止之，㮚解政事（《宋史》卷三五三《何㮚传》）。

王云……言，金坚欲得地，不然，进兵取汴京。……集百官议于延和殿，范宗尹等七十人请与之，桧等三十六人持不可（《宋史》卷四七三《秦桧传》）。

主战者遭挫，仍复进行和议，使聂昌赴粘罕军，耿南仲赴斡离不军，皆不得要领。

会金人再议和，割两河，须大臣报聘。诏耿南仲及昌往，昌……行次永安，与金将粘罕遇。……往河东，至绛，绛人闭壁拒之。昌持诏抵城下，缒而登，州钤辖赵子清麾众害昌，抉其目而脔之（《宋史》卷三五三《聂昌传》）。

南仲偕金使王汭往卫州，乡兵欲杀汭，汭脱去。南仲独趣卫，卫人不纳，走相州（《宋史》卷三五二《耿南仲传》）。

因是和议不成，金兵遂渡河围汴。

粘罕留银朱守太原，斡离不留韶合、韩庆和守真定，各率其众南征。斡离不……由恩州王榆渡趋大名，由李固渡济河……侵宋京师，屯刘家寺。……粘罕克平阳府，又克西京及河阳府……克郑州，克怀州……围宋京师，屯青城（宇文懋昭《大金国志》卷四《太宗本纪二》）。

京师守备空虚，终于不守。

时勤王兵不至，城中兵可用者，惟卫士三万，然亦十失五六。金人攻城急……范琼以千人出战，渡河冰裂，没者五百余人。自是士气益挫，妖人郭京用六甲法，尽令守御人下城，大启宣化门，出攻金人，兵大败。京托言下城作法，引余兵遁去。金兵登城，众皆披靡（《宋史》卷二十三《钦宗本纪》）。

命何㮚及济王栩使金军，何㮚入言，金人邀上皇出郊，帝曰："上皇惊忧而疾，必欲之出，朕当亲往。"（《宋史》卷二十三《钦宗本纪》）

十二月，钦宗往青城，与粘罕议和。索金一千万锭，银二千万锭，缣帛如银之数（宇文懋昭《大金国志》卷四《太宗纪二》）。

金人遣使致书，欲钦宗再幸其军。……钦宗亦不欲出郊，而㮚独以谓必须出。钦宗信之……幸金营……遂留不遣（王偁《东都事略》卷一〇八《何㮚传》）。

时金人根括津搬，络绎道路，上遣使归云："朕拘留在此，候金银数足方可还。"于是再增侍从郎中二十四员，再行根括。又分遣搜掘戚里、宗室、内侍、僧道、伎术之家，凡八日，得金三十万八千两，银六百万两，衣段一百万，诏令权贮纳。时根括已申了绝……军前取过教坊人，及内侍蓝折等言，各有窖藏金银，乞搜出。二酋怒甚，于是开封府复立赏限，大行根括，凡十八日，城内复得金七万，银一百十四万，并衣段四万，纳军前。二酋以金银不足，杀提举官梅执礼等四人，余各杖数百（陈邦瞻《宋史纪事本末》卷五七）。

靖康元年闰十一月三十日……金已许和。……十二月初四日，金人遣使命检视府库，拘收文籍，欲尽竭所有，以犒诸军。初五日，金使移文开封府，索良马一万匹。……初六日……索军器。……初九日……索金帛。……又取奸臣家属凡二十家。……二十三日，金人索监书藏经，如苏、黄文及《资治通鉴》之类。……二十四日，金人持书入城，督责金帛……检视府库藏积绢……一千四百万匹，于内准充犒赏所须一千万匹。……今来赏劳诸军，议定合用金一百万锭、银五百万锭。……靖康二年正月二十七日，金人索郊天仪物、法服、卤簿、冠冕、乘舆种种等物，及台省寺监官吏、通事舍人、内官数各有差，并取家属。又索犀象、宝玉、药石、彩色、帽幞、书籍之属。……二十九日……开封府追捕内夫人倡优。……又征求戚里、权贵、女使。……又押内官二十五人及百工、伎艺千人。……三十日，金人索八宝、九鼎、车辂等。又索将作监官吏，尚书省吏人，秘书监文籍，国子监印板，及阴阳传神待诏等。……二月初二日，金人索后妃服、琉璃、玉器，再要杂工匠、伶人、医官、内官等各家属。……十七日，又追取宫嫔以下一千五百人，亲王二十五人，帝姬驸马四十九人。……十八日，金人移文，索太学博通经术者三十人，如法以礼敦聘前来。师资之礼，不敢不厚。学中应募者三十人，大抵多闽人，及两河人，官司各给三百千以治装，三十人忻然应聘。……十九日，金人移文，索禅学通经口数僧行数十人。……又索应千经板。……二十二日，金人移文，宗室南班官等，须管二十五日解发尽绝，并不得隐落一人。……三月二十二日，金人移文，节次索金银表段，并犒军之物。……但念楚国肇造……已议停止。……二十九日，五鼓，太上皇帝、主上北行（丁特起《靖康纪闻）》。

靖康二年（高宗建炎元年，金太宗天会五年，西元一一二七年）二月……金人要上皇如青城，以内侍邓述所具诸王孙名，尽取入军中。金人偪上皇召皇后、皇太子入青城（《宋史》卷二十三《钦宗纪》）。

粘罕遣二人持书，一诣太上皇，一诣钦宗，前曰："今日北国皇帝，已有施行事件，请车驾诣军前听候。"……钦宗至金营，粘罕坐而言曰："今北国皇帝不从汝请，别立异姓为主，使人拥帝。"……至一室，以兵刃守之。天明，有人呼帝出曰："太上至矣。"帝视之，见戎衣数十人，引太上……而去。……皇族、后妃、诸王垒垒至军中，日夜不止。……粘罕坐帐中，使人拥二帝至阶下，宣诏曰："宜择立异姓以代宋后，仍令赵某父子前来燕京，令元帅府差人津遣前来。"是日，以青袍易二帝衣服，以常妇之服易二后之服（宇文懋昭《大金国志》卷五《太宗纪三》）。

金人废赵氏代以异姓，张邦昌因得立为楚帝。楚者指江以南言，盖金人自揣能力尚不足征服全中国，仅先据河北，而援立楚以治江南。后来以河南、山东与刘豫，立为齐帝，亦同此用意。

吴幵、莫俦自金营持文书来，令推异姓堪为人主者从军前备礼册命。留守孙傅等不奉命，表请立赵氏。金人怒，复遣幵、俦促之，劫傅等召百官杂议，众莫敢出声，相视久之，计无所出。……适尚书员外郎宋齐愈至自外，众问金人意所主。齐愈书张邦昌三字示之，遂定议以邦昌治国事。……王时雍时为留守，再集百官诣秘书省，至即闭省门，以兵环之，俾范琼谕众以立邦昌，众意唯唯。有太学生难之，琼恐沮众，厉声折之，遣归学舍。时雍先署状，以率百官，御史中丞秦桧不书，抗言。……金人怒，执桧。……金人奉册宝至，邦昌北向拜舞受册，即伪位，僭号大楚

（《宋史》卷四七五《张邦昌传》）。

维天会五年岁次丁未三月辛亥朔二十一日辛巳，皇帝若曰："先皇帝肇造区夏，务安元元。肆朕纂承，不敢荒怠。夙夜兢兢，思与万国同格于治。粤惟有宋，实乃通邻。贡岁币以交欢，驰星轺而讲好，期于万世，永保无穷，盖我有大造于宋也。不图变誓渝盟，以怨报德。构端怙乱，反义为仇。谲绐成俗，贪婪不已。加以肆行淫虐，不恤黎元。号令滋章，纪纲紊弛。况所退非其罪，所进非其功。贿赂公行，豺狼塞路。天厌其德，民不聊生。而又姑务责人，罔知省己。父既无道于前，子复无断于后，以故征师命将，伐罪吊民。幸赖天高听卑，神幽烛细。旌旗一举，都邑立摧。且眷命攸瞩，谓之大宝。苟历数改卜，未获偷安。故用黜废，以昭元鉴。今者国既乏主，民宜混同。然念厥初，诚非贪土。遂命帅府，与众推贤。佥曰太宰张邦昌，天毓疏通，神资睿哲。处位著忠良之誉，居家闻孝友之名。实天命之有归，乃人情之所系，择其贤者，非子而谁？是用遣使诸官都部署尚书左仆射权签枢密院事韩某等，持节备礼，以玺册命尔为皇帝，以援斯民，国号大楚，都于金陵。自黄河以外，除西夏新界，疆场仍旧。世辅王室，永作藩臣。贡礼时修，尔勿疲于述职；问音岁致，我无缓于忱诚。于戏！天生蒸民，不能自治，故立君以临之。君不能独理，故树官以教之。乃知民非后不治，后非贤不守，其于有位，可不慎与。予懋乃德，嘉乃丕绩。日慎一日，虽休勿休。钦哉！其听朕命。"（宇文懋昭《大金国志》卷三十二）

张邦昌既立，金人挟徽、钦二帝及后妃、帝姬、宗室数千人北去。

天会六年（宋高宗建炎二年，西元一一二八年）八月……以宋二庶人素服见太祖庙，遂入见于乾元殿，封其父（徽宗）昏德公、子（钦宗）重昏侯（《金史》卷三《太宗本纪》）。

按：世传《南渡录》等书，言二帝迁徙无常，徽宗卒于五国城，钦宗则当金主亮时，以骑兵蹙毙之。其事无佐证，但据《宋史》《金史》及蔡絛《北狩行录》，则徽、钦当尚同居，宗室、故官，亦许相随，族类甚蕃云。

（九）南宋之建国

（1）宋、金之战争

（甲）金人第一次南侵

（宋高宗建炎元年，金太宗天会五年）金人遂攻取河南、山东，进窥陕西。

靖康元年正月，金人犯京师，军于城西北。遣使入城，邀亲王、宰臣议和。……帝……请行。……二月……斡离不……请更肃王。……八月……金帅粘罕复引兵深入。……十月，王云从吏自金先还，言金人须帝再至，乃议和。……十一月，诏帝使河北……至磁州，守臣宗泽请曰："肃王去不返，金兵已迫，复去何益？请留磁。"磁人以云将挟帝入金，遂杀云。时粘罕、斡离不已率兵渡河，相继围京师。从者以磁不可留，知相州汪伯彦……请帝还相州。闰月……初，朝廷闻金兵渡河，欲拜帝为元帅。至是……至相，拜帝为河北兵马大元帅。……十二月，帝开大元帅府，有兵万人，分为五军。……率兵离相州……次大名府。宗泽以二千人先诸军至，知信德府梁扬祖以三千人继至，张俊、苗傅、杨沂中、田师中皆在麾下，兵威稍振。……汪伯彦等皆信和议，惟宗泽请直趋澶渊。帝遂遣泽以万人进屯澶渊。……自是泽不复预府中谋议。……建炎元年四月，粘罕退师，钦宗北迁。邦昌尊元祐皇后（孟氏）为宋太后，遣人至济州访帝。……耿南仲率幕僚劝进……邦昌遣……等持书谐帝，自言从权济事，及将归宝避位之意。……鄜、延副总管刘光世自陕州来会……西道都统管王襄自襄阳来会，至应天府……群臣劝进者益众。……五月……即位于府治，改元建炎。……元祐皇后在东京，是日彻帘（《宋史》卷二十四《高宗本纪一》）。

吕好问谓邦昌曰："人情归公者，劫于金人之威耳。金人既去，能复有今日乎？康王居外久，众所归心，曷不推戴之？"又谓曰："为今计者，当迎元祐皇后，请康王早正大位，庶获保全。”监察御史马伸，亦请奉迎康王，邦昌从之。……乃册元祐皇后曰宋太后……请元祐皇后垂帘听政，以俟复辟。……邦昌以太宰退处（《宋史》卷四七五《张邦昌传》）。

高宗初立，以无可恃之兵，故李纲建议，借重民兵，资其捍御。故南渡之初，多假民兵以官位。

入对，奏曰：“今国势不逮靖康间远甚。……非有规模而知先后缓急之序，则不能以成功。夫外御强敌、内销盗贼、修军政、变士风、裕邦财、宽民力、改弊法、省冗官……俟吾所以自治者政事已修，然后可以问罪金人。……至于所当急而先者，则在于料理河北、河东。盖河北、河东者，国之屏蔽也，料理稍就，然后中原可保，而东南可安。今河东所失者，恒、代、太原、泽、潞、汾、晋，余郡犹存也；河北所失者，不过真、定、怀、卫、浚四州而已，其余三十余郡，皆为朝廷守。两路士民兵将……皆推豪杰以为首领，多者数万，少者亦不下万人。朝廷不因此时置司遣使以大慰抚之，分兵以援其危急，臣恐粮尽力疲……金人因得抚而用之，皆精兵也。莫若于河北置招抚司、河东置经制司……有能全一州、复一郡者，以为节度、防御、团练使。……非惟绝其从敌之心，又可资其御敌之力，使朝廷永无北顾之忧，最今日之先务也。”（《宋史》卷三五八《李纲传上》）

高宗据相州形势之地，金人为尽绝赵氏，故必欲除之。

康王遣王师正奉表，密以书招诱契丹，汉人获其书奏之，太宗下诏伐康王（《金史》卷七十四《宗翰传》）。

先是，粘没喝等既北去，留万户银术可屯太原，副统绍合屯真定，娄室围河中，蒙哥进据磁、相、渤海，大挞不也围河间。帝命……忻州观察使张换……袭之。……娄室以重兵压河中……已而城陷（陈邦瞻《宋史纪事本末》卷六十二）。

高宗畏金之逼，决意走避东南。李纲请幸关中，宗泽请还东京,以系中原人心。

又奏:“臣尝言车驾巡幸之所,关中为上,襄阳次之,建康为下。陛下纵未能行上策,犹当且适襄、邓,示不忘故都,以系天下之心。不然,中原非复我有。……盖天下精兵健马,皆在西北,一旦委中原而弃之……金人将乘间以扰内地。……第恐一失中原,则东南不能必其无事,虽欲退保一隅,不易得也。”(《宋史》卷三五八《李纲传上》)

俄有诏,荆襄、江淮悉备巡幸,泽上疏言:“开封物价市肆,渐同平时,莫不愿陛下亟归京师,以慰人心。”(《宋史》卷三六〇《宗泽传》)

但帝皆不听,竟南幸扬州。金人闻帝出走,分兵追袭,两河从此沦陷。

宗翰趋汴州,使娄室等自平阳道先趋河南。……撒剌答破天井关……降河阳。娄室军至,既渡河,遂薄西京。……两京降,娄室取偃师,永安军、巩县降。撒剌答败宋兵于汜水,于是荥阳、荥泽、郑州、中牟相次皆降(《金史》卷七十二《娄室传》)。

诏伐宋康王,宗辅发河北,宗弼(即兀术)攻开德府,粮乏,转攻濮州……遂克濮州,降旁近五县。攻开德府,宗弼以其军先登,奋击破之(《金史》卷七十七《宗弼传》)。

建炎二年十一月……金人……陷德州,兵马都监赵叔晐死之。……金人陷淄州。……十二月……金人犯东平府,京西路制置使权邦彦弃城去。又犯济南府,守臣刘豫以城降(《宋史》卷二十五《高宗本纪二》)。

山东东北各地俱为金有,金复会兵攻大名。

天会六年(建炎二年)八月……粘罕既破澶、濮,会窝里嗢之众,同攻北京,继攻兖、郓。十二月,破袭庆府。……天会七年(建炎三年)春,破徐州,守臣王复死之。……破淮阳、泗、楚等州。……由是粘罕亦渡黎阳,以攻澶、濮。澶、濮既下,时杜充守东京,虑敌西来,决大河阻之,金不能西,乃东会窝里嗢同下北京,继攻兖、郓。故至是,由徐、泗以攻扬州

（宇文懋昭《大金国志》卷五《太宗纪三》）。

金兵进迫扬州，高宗复渡江以避之。

金人陷天长军，内侍邝询报金兵至，帝被甲驰幸镇江府。是日，金兵过杨子桥，游骑至瓜州（《宋史》卷二十五《高宗本纪二》）。

金人攻扬州，帝仓卒渡江，渊与内侍康履从至镇江。……帝欲如镇江以援江北，群臣亦固请，渊独言："镇江止可捍一面，若金人自通州渡，先据姑苏，将若之何？不如钱塘有重江之险。"议遂决。命渊守姑苏（《宋史》卷三六九《王渊传》）。

金人焚扬州……去（《宋史》卷二十五《高宗本纪二》）。

粘罕既会师东上，复别遣娄室攻陕窥蜀。

使娄室取陕西，败宋将范致虚军，下同、华二州。克京兆府，获宋制置使傅亮，遂克凤翔（《金史》卷七十二《娄室传》）。

建炎元年十二月，娄室攻陕西。二年正月，入长安，凤翔、关、陇大震。二月，义兵起，金人自巩东还（《宋史》卷三六九《曲端传》）。

按：金人还兵，河北、河东州郡未下者，始尽为所克。

（乙）金人第二次南侵

（宋高宗建炎三年，金太宗天会七年）金人南越江淮以追高宗，西取陕西以窥蜀。

天会七年……兀术请于粘罕及窝里嗢，乞提兵侵淮，从之。以女真万户聂耳、银朱、拔东、渤海万户大挞不也、汉军万户王伯隆，大起燕、云、河、朔民兵附之。冬，兀术率众渡江，分路入攻。……遂分两道，一自滁、和攻江东，一自蕲、黄攻江西。破滁州，破寿春府，官吏以城降。破庐州，帅臣李会降。以檄抵濠州，权守张宗望降。破和州，守臣李铸降。……破吉州，守臣杨渊遁。破抚州，守臣王仲山降。破袁州，守臣王仲薿降（宇文懋昭《大金国志》卷五《太宗本纪三》）。

金兵分渡江淮以南侵，江东、西皆陷，建康亦不守，高宗由浙入海。

宗泽……卒，充代为留守，兼开封尹。初，宗泽要结豪杰，图迎二帝。泽卒，充短于抚御，人心疑沮，两河忠义之士，往往皆引去（《宋史》卷四七五《杜充传》）。

杜充将还建康，飞曰："中原地，尺寸不可弃，今一举足，此地非我有，他日欲复取之，非数十万众不可。"充不听，遂与俱归。……时命充守建康，金人与李成合寇乌江，充闭门不出。……金人遂由马家渡渡江，充遣飞等迎战，王瓔先遁，诸将皆溃（《宋史》卷三六五《岳飞传》）。

高宗将幸西浙，命韩世忠屯太平，王瓔屯常州，以充为江淮宣抚使留建康，使尽护诸将。刘光世、韩世忠惮充严急，不乐属充，诏移光世江州，世忠常州。时江浙倚充为重……金人……济……登岸，充亟命统制官陈淬……邀击于马家渡。……王瓔……引兵遁，充军溃，金人陷建康，充渡江保真州。充尝痛绳诸将，诸将衔之，伺其败，众将甘心焉，充不敢归。……完颜宗弼复遣人说充曰："若降，当封以中原，如张邦昌故事。"充遂叛降金（《宋史》卷四七五《杜充传》）。

驾至平江，闻杜充败绩，上曰："事迫矣，若何？"颐浩遂进航海之策（《宋史》卷三六二《吕颐浩传》）。

高宗既南遁入海，兀术追至明州不及，始焚掠而北，平江尤遭蹂躏之惨。

宗弼自江宁取广德军路，追袭宋主于越州。至湖州，取之。先使阿里、蒲卢浑趋杭州，具舟于钱塘江。宗弼至杭州，官守巨室皆逃去，遂攻杭州，取之。宋主闻杭州不守，遂自越奔明州。……阿里、蒲卢浑以精兵四千袭之。讹鲁补、术列速降越州。大臭破宋周汪军，阿里、蒲卢浑破宋兵三千，遂渡曹娥江，去明州二十五里，大破宋兵，追至其城下。城中出兵，战失利，宋主走入于海。宗弼中分麾下兵，会攻明州，克之。阿里、蒲卢浑泛海至昌国县，执宋明州守赵伯谔，伯谔言“宋主奔温州，将自温州趋福州矣”。遂行海追三百余里，不及，阿里、蒲卢浑乃还（《金史》卷七十七《宗弼传》）。

韩世忠方守江上，虽不能扼兀术北归之途，听其从容北去，然中土士气，从此振作矣。

宗弼还自杭州，遂取秀州。赤盏晖败宋军于平江，遂取平江。阿里率兵先趋镇江，宋韩世忠以舟师扼江口，宗弼舟小，契丹、汉军没者二百余人，遂自镇江泝流西上。世忠袭之，夺世忠大舟十艘，于是宗弼循南岸，世忠循北岸，且战且行。世忠艨艟大舰数倍宗弼军，出宗弼军前后数里，击柝之声，自夜达旦。世忠以轻舟来挑战，一日数接。将至黄天荡，宗弼乃因老鹳河故道开三十里通秦淮，一日一夜而成，宗弼乃得至江宁。挞懒使移剌古自天长趋江宁援宗弼，乌林荅泰欲亦以兵来会，连败宋兵。宗弼发江宁，将渡江而北。宗弼军渡自东，移剌古渡自西，与世忠战于江渡。世忠分舟师绝江流上下，将左右掩击之。世忠舟皆张五緉，宗弼选善射者，乘轻舟，以火箭射世忠舟上五緉，五緉著火箭，皆自焚，烟焰满江，世忠不能军，追北七十里，舟军歼焉，世忠仅能自免。宗弼渡江北还（《金史》卷七十七《宗弼传》）。

兀术自广德破临安，帝如浙东，世忠以前军驻青龙镇，中军驻江湾，后军驻海口，俟敌归邀击之。……金兵至，则世忠军已先屯焦山寺。……兀术遣使通问，约日大战，许之。战将十合，梁夫人亲执桴鼓，金兵终不得渡。……挞辣在潍州，遣孛堇太一趋淮东以援兀术，世忠与二酋相持黄天荡者四十八日。太一孛堇军江北，兀术军江南，世忠以海舰进泊金山下，预以铁绠贯大钩授骁健者。明旦，敌舟噪而前，世忠分海舟为两道，出其背，每缒一绠，则曳一舟沉之，兀术穷蹙……谓诸将曰：“南军使船如使马，奈何？”募人献破海舟策，闽人王某者，教其舟中载土，平版铺之，穴船版以棹桨，风息则出江，有风则勿出，海舟无风不可动也。

又有献谋者曰："凿大渠接江口，则在世忠上流。"兀术一夕潜凿渠三十里。……次日风止，我军帆弱不能运，金人以小舟纵火，矢下如雨。……敌得绝江遁去（《宋史》卷三六四《韩世忠传》）。

一夜造火箭成，是日引舟出江，其疾如飞。天霁无风，海舟皆不动，以火箭射海舟蒻蓬，世忠军焚溺而死者不可胜数（宇文懋昭《大金国志》卷六《太宗纪四》）。

同时别部金兵进攻陕西，张浚经略数年，终能保蜀。

宗翰会宗辅（即窝里嗢）伐康王，命娄室、蒲察专事陕西，以婆卢火、绳果监战。绳果等遇敌于蒲城及同州，皆破之。娄室、蒲察克丹州，破临真，进克延安府，遂降绥德军及静边、怀远等城寨十六，复破青涧城。宋安抚使折可求，以麟、府、丰三州及堡寨九降于娄室，晋宁所部九寨皆降，而晋宁军久不下。……城中无井，日取河水以为饮。乃决渠于东，泄其水，城中遂困，李位、石乙启郭门降。……遂降安定堡、渭平寨及鄜、坊二州。于是娄室、婆卢火守延安，折可求屯绥德，蒲察还守蒲州。延安、鄜、坊州皆残破，人民存者无几，娄室置官府辑安之。别将斡论降建昌军……娄室……遂与阿卢补、谋里也至三原……攻乾州……州降。遂进兵克邠州，军于京兆，陕西城邑已降定者，辄复叛，于是睿宗以右副元帅总陕西征伐。时娄室已有疾，睿宗与张浚战于富平，宗弼左翼军已却，娄室以右翼力战，军势复振，张浚军遂败（《金史》卷七十二《娄室传》）。

宗弼渡江北还，遂从宗辅定陕西，与张浚战于富平。宗弼陷重围中，韩常……奋呼搏战，遂解围，与宗弼俱出。既败张浚军于富平，遂与阿卢补招降熙河、泾原两路，及攻吴玠于和尚原，抵险不可进，乃退军。伏兵起，且战且走，行三十里，将至平地，宋军阵于山口，宗弼大败，将士多战没（《金史》卷七十七《宗弼传》）。

建炎三年……以承宣使张俊为秦凤路总管。俊……将卸兵而西。……浚谓中兴，当自关陕始，虑金人或先入陕取蜀，则东南不可保，遂慷慨请行。诏以浚为川陕宣抚处置使，得便宜黜陟。将行……高宗问浚大计，浚请身任陕、蜀之事，置幕府于秦川，别遣大臣与韩世忠镇淮东，令吕颐浩扈跸来武昌，复以张俊、刘光世与秦川相首尾。议既定，浚行，未及武昌而颐浩变初议。浚既抵兴元，金人已取鄜、延，骁将娄室、孛堇，引大兵渡渭，攻永兴，诸将莫肯相援。浚至，即出行关陕……以搜揽豪杰为先务，诸将惕息听命。会谍报金人将攻东南，浚命诸将整军向敌。已而金人大攻江淮，浚即治军入卫，至房州，知金人北归，复还关陕。时金帅兀术犹在淮西，浚惧其复扰东南，谋牵制之，遂决策治兵，合五路之师以复永兴。金人大恐，急调兀术等由京西入援，大战于富平，泾原帅刘锜，身率将士薄敌陈，杀获颇众。会环庆帅赵哲擅离所部……惊遁，诸军皆溃。浚……退保兴州，命吴玠聚兵扼险于凤翔之和尚原、大散关，以断敌来路，关师古等聚熙河兵于岷州大潭，孙渥、贾世方等聚泾原、凤翔兵于阶、成、凤三州，以固蜀口。……绍兴元年，金将乌鲁攻和尚原，吴玠乘险击之，金人大败走。兀术复合兵至，玠及其弟璘，复邀击，大破之，兀术仅以身免，亟鬄其须髯遁归。……浚在关陕三年，训新集之兵，当方张之敌，以刘子羽为上宾，任赵开为都转运使，擢吴玠为大将，守凤翔。子羽慷慨有才略，开善理财，而玠每战辄胜，西北遗民，归附日众，故关陕虽失，而全蜀按堵，且以形势牵制东南，江淮亦赖以安（《宋史》卷三六一《张浚传》）。

（丙）金人第三次南侵

（宋高宗绍兴四年，金太宗天会十二年）初，金人既得河南、山东地，虑汉人不易治，因立屏藩，介金、宋之间，刘豫得立为齐帝。金兵南侵，即以助豫攻取。

刘豫……景州阜城人也。……举进士。政和二年，召拜殿中侍御史。……宣和六年……除河北提刑。金人南侵，豫弃官避乱仪真。豫善中书侍郎张悫，建炎二年正月，用悫荐，除知济南府。……是冬，金人攻济南……率百姓降金。……三年三月，兀术闻高宗渡江，乃徙豫知东平府，充京东西淮南等路安抚使。……以子麟知济南府。界旧河以南，俾豫统之（《宋史》卷四七五《刘豫传》）。

天会八年（宋高宗建炎四年，西元一一三〇年）……云中留守高庆裔献议于粘罕曰："吾君举兵，止欲取两河，故汴京既得，而复立张邦昌。后以邦昌废逐，故再有河南之役。方今两河州郡既下之后，而官制不易，风俗不改者，可见吾君意非贪土，亦欲循邦昌之故事也。元帅可首建此议，无以恩归它人。"粘罕从之。于是令右监军兀室，驰请于朝，国主从之。金师自破山东，挞懒久居滨、潍，刘豫以相近，奉之尤善，挞懒尝有许豫僭逆之意。庆裔，粘罕心腹也，恐为挞懒所先，遽建此议。……高庆裔自河南归至云中，具陈诸州郡共戴刘豫之意，九月九日，立刘豫于大名府，国号大齐（宇文懋昭《大金国志》卷六《太宗纪四》）。

豫遂僭立于大名，以李孝扬权左丞，张东权右丞兼吏部侍郎，以子麟提领诸路兵马知济南。……遂起四郡强壮为云从子弟，应募者六千人（宇文懋昭《大金国志》卷三十一《齐国刘豫录》）。

维天会八年岁次庚戌□月辛丑朔二十七日丁卯，皇帝若曰："朕闻公于御物，不以天位为己私，职在救民。乃知王者为道器，威罚既已殄罪，位号宜乎授能。乃者有辽，运属颠危，数穷否塞。获罪上帝，流毒下民。太祖武元皇帝，仗黄钺而拯黔黎，举白旄而誓师众。妖氛既埽，区宇式宁。越有宋人，来从海道。愿输岁币，祈复汉疆。太祖方务善邻，即从来议。岂期天方肇乱，自启衅阶。阴结叛臣，贼虐宰辅。鸠集奸慝，扰乱边陲。肆朕纂承，仰循先矩。姑存大体，式示涵容。乃复蔽匿逋逃，夸大疆域。肆其贪很，自起纷争。扰吾外属之藩邻，取其受赐之乡土。因彼告援，遂与解和。终无听从，巧为辞拒。爰命将帅，敦谕盟言。许以自新，全然不改。偏师傅汴，首罪奔淮。嗣子哀鸣，请复欢好。地画三镇，誓卜万年。凡有质委，悉同父约。既而官军未退，夜集聚以犯营；誓墨未干，密传檄而坚壁。私结使人，阴起事端。以故再造师徒，诘兹败类。又起画河之议，复成款战之谋。既昧神明，乃昭元鉴。京城摧破，鼎祚沦亡。无并尔疆，以示不贪之德；止迁其主，用彰伐罪之心。建楚新封，守宋旧服。不料懦庸，难胜重任。妄为退让，反陷诛锄。奉命出和，已作潜身之计；提兵入卫，反为护己之资。忍视父兄，甘为俘虏。事务虽济，人岂无情。方在殷忧，乐于僭号。心之幸祸，于此可知。乃遣重兵，连年讨捕。始闻远窜，越在岛夷。重念斯民，乱于无主。久罹涂炭，未获昭苏。不委仁贤，孰能保庇？咨尔中奉大夫、京东京西淮南等路安抚使、兼诸路马步军都总管、知东平府、节制大名府开德府濮博滨棣德沧等州刘豫，夙擅敢言之誉，素怀济世之才。居于乱邦，生不遇世。百里虽智，亦奚补于虞亡？三仁至高，或愿从于周仕。当奸贼扰攘之际，愚民去就之间，举郡来王，奋然独断。逮乎历试，厥勋克成。委之安抚德化行，任之尹牧狱讼理，付之总戎盗贼息，专之节制郡国清。况又定衰救乱之谋，安变持危之策，使民无事则櫜弓力穑，有役则释耒荷戈。罢无名之征，废不急之务。征隐逸，举孝廉，振纲纪，修制度。省刑罚而出烦酷，发仓廪而息虫螟。神人以和，上下协应。比下明诏，询考舆情。列郡同辞，一心仰戴。宜即始归之地，以昭建业之元。是用遣使留守西京、特进检校太保、尚书右仆射、大同尹兼山西兵马都部署、上柱国、广陵郡开国公、食邑二千户食实封二百户高庆裔，副使金紫光禄大夫、尚书礼部侍郎、知制诰护军南阳县、开国侯、食邑一千户食实封一百户韩昉，备礼以玺绶宝命尔为皇帝，国号大齐，都于大名府。世修子礼，永贡虔诚。付尔封疆，并从楚旧。更须安集，自适攸居。尔其上体天心，下从民欲。忠以藩王室，信以保邦圻。惟天难谌，惟命靡常。常厥德，保厥位。尔其勉哉，勿忽朕命！”（宇文懋昭《大金国志》卷三十二）

刘豫不惜以汉人攻汉人，为金人前驱，乃与宋构兵。

天会十一年（宋高宗绍兴三年，西元一一三三年），刘豫陷邓、随等州。李成本群盗，降伪齐，既得邓州，知襄阳李横、知随州李道闻之，皆弃城而去，于是宋郢、唐、信阳军相继陷没。……粘罕遣李永寿等使南宋，取回齐国之俘，及西北士民之在南者，且欲画江以益刘豫。……天会十二年（绍兴四年）春，宋遣章谊来军前，充奉表通问使。时国中所议事，南宋皆不从。……刘豫得随、郢、襄阳等州，宋岳飞复取之（宇文懋昭《大金国志》卷八《太宗纪六》）。

刘豫用兵不利，乞助于金，合兵攻宋。

天会十二年……刘豫遣人请于国主乞师，主命诸将议之，粘罕、兀室以为难，窝里嗢以为可。于是窝里嗢、挞懒权左右副元帅，调渤海汉儿军五万人，以应豫（宇文懋昭《大金国志》卷八《太宗纪六》）。

乞师于金人，伪奉议郎罗诱上南征策。豫大喜，夺民舟五百载战具，以徐文为前军，声言攻定海。……遣子麟入寇，及诱金人宗辅、挞辣、兀术分道南侵。步兵自楚承进，骑兵由泗趋徐。……金主……以兀术尝渡江，习知险易，俾将前军（《宋史》卷四七五《刘豫传》）。

至是，宋始亟为战备。盖豫与金不同，对金始终不敢抗，对豫则下诏讨之。一战而捷于大仪，再战而捷于鸦口，宋之士气，至是始振，浸有恢复之望矣。

朝廷震恐，或劝帝他幸，赵鼎曰："战而不捷，去未晚也。"张浚曰："避将安之？"遂决意亲征。豫兵与金人分道渡淮，楚州守臣樊序弃城走，淮东宣抚使韩世忠，自承州退保镇江。……诏张浚援世忠，刘光世移军建康，世忠复还扬州。……世忠战于大仪，解元战于承州，皆捷。豫露榜有窥江之言，帝发临安。……下诏讨豫，始暴豫罪恶，士气大振（《宋史》卷四七五《刘豫传》）。

金人与刘豫合兵，分道入侵。……世忠……遂自镇江济师，俾统制解元守高邮，候金步卒；亲提骑兵驻大仪，当敌骑，伐木为栅，自断归路。

会遣魏良臣使金，世忠撤炊爨，绐良臣有诏移屯守江，良臣疾驰去。世忠度良臣已出境，即上马令军中曰："视吾鞭所向。"于是引军次大仪，勒五阵，设伏二十余所，约闻鼓即起击。良臣至金军中，金人问王师动息，具以所见对。聂儿孛堇闻世忠退，喜甚，引兵至江口，距大仪五里；别将挞孛也拥铁骑过五阵东。世忠传小麾鸣鼓，伏兵四起，旗色与金人旗杂出，金军乱，我军迭进。背嵬军各持长斧，上揕人胸，下斫马足。敌被甲陷泥淖，世忠麾劲骑四面蹂躏，人马俱毙，遂擒挞孛也等。……所遣董旼，亦击金人于天长县之鸦口。……解元至高邮遇敌，设水军夹河阵，日合战十三，相拒未决。世忠遣成闵将骑士往援，复大战。世忠复亲追至淮，金人惊溃，相蹈藉溺死甚众。……时挞辣屯泗州，兀术屯竹塾镇，为世忠所扼（《宋史》卷三六四《韩世忠传》）。

是时雨雪乏粮，杀马而食，死亡日多，兵皆嗟怨。……又闻宋主亲征，国主病笃，韩常劝兀术曰："士卒劳苦，俱无斗志，强驱过江，恐自常之余无不叛者。况今吾君病笃，内或有变，惟速归为善。"兀术然之，夜引还。大军既去，乃遣人谕麟、猊，于是麟、猊等弃辎重亦遁，昼夜兼行三百余里，至宿州方小憩，西北大恐（宇文懋昭《大金国志》卷八《太宗纪六》）。

金兵既退，张浚屯盱眙，韩世忠屯楚州，刘光世屯合肥，岳飞屯襄阳，战储已备。知刘豫不足为患，高宗始诏谕三军，亲征刘豫。

豫闻帝亲征，告急于金主亶（熙宗），领三省事宗盘曰："先帝立豫者，欲豫辟疆保境，我得按兵息民也。今豫进不能取，退不能守，兵连祸结，休息无期，从之则豫收其利，而我实受弊，奈何许之？"金主报豫自行，姑遣兀术提兵黎阳，以观衅（《宋史》卷四七五《刘豫传》）。

金知豫无能为，初则坐视不救，继遂废之。盖知中原不难治，勿须假手于人，而伪齐之国运终矣。

豫于是籍民兵三十万，分三道入寇。麟由寿春犯庐州，猊出涡口犯定远，孔彦舟趋光州，寇六安。……猊兵阻韩世忠不得前，还顺昌。麟兵从淮西系三净桥以济，次濠、寿间，江东安抚使张浚拒战，命汤沂中至泗州与张俊合，刘光世亦还庐州与沂中相应，统制王德、郦琼出安丰，遇麟皆败之。猊众数万，欲趋宣化，犯建康，沂中破之于越家城，又遇于藕塘，大破之，猊遁。麟闻，亦拔砦走（钱士升《南宋书》卷十三《刘豫传》）。

天会十五年（宋高宗绍兴七年）……刘豫乞兵侵江，且言宋将郦琼全军新降……乞兵南征。主以废之议已定，阳许其行。……先是，主已定议废豫，会豫乞师不已，乃建元帅府于太原，及屯兵河间，令齐国兵权听元帅府节制，遂分戍于陈、蔡、汝、亳、许、颍之间。于是尚书省檄豫治国无状，金主下诏数之，略曰："建尔一邦，逮兹八稔，尚勤兵戍，安用国为？"遂令挞懒等以侵江南为名，伐汴京。先约刘麟单骑渡河计事，麟以二百骑至武城，与兀术遇，为所擒。二将同葛王褒驰至汴京，入东华门，逼豫出见，兀术以鞭麾命羸马载之而去，废为蜀王，是冬十一月也（宇文懋昭《大金国志》卷九《熙宗纪一》）。

自此以后，高宗奠都临安，南宋立国之基始固。

（丁）宋之平定内地

自宣和之末，民军蜂起，据有州郡，在南宋初，其最称强劲者有：

李成

绍兴元年，帝至会稽。时金人残乱之余，孔彦舟据武陵，张用据襄汉，李成尤悍强，据江淮、湖湘十余州，连兵数万，有席卷东南意。多造符谶，蛊惑中外，围江州……久未解，时方患之。范宗尹请遣将致讨，俊慨然请行。……成党马进在筠州。……俊用杨沂中计……击……贼骇乱退走，大败。既复筠州……俊引兵渡江至黄梅县，亲与成战。成……凭山，以木石投人，俊先遣游卒进退若争险状以诳贼，俊亲冒矢石，帅众攻险，贼众数万俱溃，马进为追兵所杀，成北走降刘豫，诸郡悉平（《宋史》卷三六九《张俊传》）。

张用

张用寇江西。用亦相人，飞以书谕之曰："吾与汝同里，南熏门铁路步之战，皆汝所悉。今吾在此，欲战则出，不战则降。"用得书……遂降，江淮平（《宋史》卷三六五《岳飞传》）。

孔彦舟

孔彦舟初名彦威，为东平府钤辖。与一宗女私通，知州权邦彦欲按之，彦舟率众走，至南京，众渐盛。钟相反于武陵，鼎州地守孤危，军民迎彦舟入城……因而袭之。相败……率众移潭州。……刘豫僭位……彦舟……畔附（钱士升《南宋书》卷十三《孔彦舟传》）。

曹成

曹成拥众十余万，由江西历湖、湘，据道、贺二州。命飞权知潭州兼权荆湖东路安抚都总管……招成。成闻飞将至……即分道而遁。飞至茶陵，奉诏招之。成不从，飞奏："比年多命招安，故盗力强则肆暴，力屈则就招，苟不略加剿除，蠭起之众，未可遽殄。"许之。飞入贺州境，得成谍者，缚之帐下。飞出帐调兵食，吏曰："粮尽矣，奈何？"飞阳曰："姑反茶陵。"已而，顾谍若失意状，顿足而入，阴令逸之，谍归告成，成大喜，期翌日来追。飞命士蓐食，潜趋绕岭，未明已至太平场，破其砦。成据险拒飞，飞挥兵掩击，贼大溃。成走据北藏岭、上梧关，遣将迎战，飞不阵而鼓，士争奋，夺二隘据之。……登岭破其众，成奔连州。张宪……与飞会连州，进兵追成，成走宣抚司降。……岭表平（《宋史》卷三六五《岳飞传》）。

刘忠

时刘忠有众数万，据白面山，营栅相望。世忠始至，欲急击，宣抚使孟庾不可。世忠……遂与贼对垒。……世忠先得贼军号。……夜伏精兵二千于白面山，与诸将拔营而进，贼兵方迎战，所遣兵已驰入中军，夺望楼，植旗盖，传呼如雷，贼回顾惊溃，麾将士夹击，大破之，斩忠首。湖南遂平（《宋史》卷三六四《韩世忠传》）。

刘忠据白面山，凭险筑垒。世忠讨之，距贼营三十里而阵。元独跨马涉水薄贼砦，四顾周览，贼因山设望楼，从高瞰下，以兵守之，屯壮锐于四山，视其指呼而出战。元既得其形势，归告世忠曰："易与尔。若夺据其望楼，则技穷矣。"世忠然之，遣元率兵五百，长戟居中，翼以弓矢，自下趋高，贼众莫支，乃据望楼立赤帜，四面并进，贼遂平（《宋史》卷三六九《解元传》）。

范汝为

建安范汝为反，辛企宗等讨捕未克，贼势愈炽。以世忠为福建江西荆湖宣抚副使，世忠曰："建居闽岭上流，贼沿流而下，七郡皆血肉矣。"亟领步卒三万，水陆并进，次剑潭。贼焚桥，世忠策马先渡，帅遂济。贼尽塞要路拒王师，世忠命诸军偃旗仆鼓，径抵凤凰山，俯瞰城邑，设云梯火楼，连日夜并攻，贼震怖叵测。五日城破，汝为窜身自焚，斩其弟岳吉以狗，擒其谋主……及稗将……等五百余人（宋史卷三六四韩世忠传）

杨么

湖寇杨么，亦与伪齐通，欲顺流而下。……帝命飞为之备。绍兴四年，除兼荆南鄂岳州制置使……命招捕杨么。……么负固不服，方浮舟湖中，以轮激水，其行如飞，旁置撞竿，官舟迎之辄碎。飞伐君山木为巨筏，塞诸港汊，又以腐木乱草浮上流而下，择水浅处，遣善骂者挑之，且行且骂。贼怒来追，则草木壅积，舟轮碍不行，飞亟遣兵击之，贼奔港中，为筏所拒，官军乘筏张牛革以蔽矢石，举巨木撞其舟尽坏。么投水，牛皋擒斩之。飞入贼垒，余酋惊曰："何神也！"俱降（《宋史》卷三六五《岳飞传》）。

江湖南北闽既已咸定，张浚与诸将始请进兵，为规复中原之计。

张浚至江上，会诸大帅，独称飞与韩世忠可倚大事，命飞屯襄阳，以窥中原（《宋史》卷三六五《岳飞传》）。

飞奏："襄阳等六郡，为恢复中原基本，今当先取六郡，以除心膂之病。"（《宋史》卷三六五《岳飞传》）

与帝论恢复之略，因疏："金人立刘豫，盖以中国攻中国，粘罕休息观衅耳。愿假臣日月，提兵向洛，据潼关，号召五路叛将，彼将弃汴而走，京畿可以尽复，然后经略两河，则豫成擒、金人可灭。"（钱士升《南宋书》卷十五《岳飞传》）

时金熙宗新立，权臣觊觎大位，未遑南牧。在宋则秦桧执政，素主议和，不允张浚等恢复之请，兵争稍息。

太宗以武元（太祖）之弟，升居储位，继登大宝。然一时将相如粘罕、兀术、兀室皆开国大功臣，桀黠难制，太宗居位，拱默而已。太宗病时，大兵相距江上，既崩，不敢发丧。至军回，于次年春，方告诸路。方武元之立太宗也，元约互传于子孙。太宗既立，即舍己之子宋王宗盘（本名蒲卢虎），而以武元之长孙梁王亶为谙版孛极烈（官之尊贵者），仍领都元帅之职。太宗既崩，宋王宗盘与武元之子凉王碖，及左副元帅粘罕皆争立，而亶为嫡，遂立之。盖粘罕为窝里嗢（宗辅）所代，已失兵柄，故不得立。时窝里嗢、挞辣诸帅自江上回，至燕山，悉赴太宗之丧。……亶即皇帝位（熙宗。〔宇文懋昭《大金国志》卷八《太宗纪六》〕）。

粘罕有争立之心，金熙宗即位，即削其兵权，代以宗辅。

初金主……召尼玛哈（粘罕）为相，以鄂尔多（宗辅）代守云中……遂失兵柄。富勒呼（即宗盘，亦作蒲卢虎）欲挫尼玛哈，因其所善高庆裔以贼败下狱，尼玛哈乞免官为庶人以赎其罪，金主不许。庆裔临刑，尼玛哈哭与之别，庆裔曰："公早听我言，岂有今日？"盖庆裔尝教之反。凡尼玛哈之党，连坐者甚众。尼玛哈恚闷绝食，纵饮而死（《续通鉴纲目》卷十三）。

未几，宗辅卒，老成唯余兀术与挞懒二人。挞懒行辈最尊，独得柄用，与左相宗隽（本名讹鲁观）、太师领三省事宗盘，各怀异志。会刘豫之废，宋遣王伦使金，求河南故地，挞懒欲结宋为外援而许之。

乃废刘豫，挞懒以左副元帅守汴京。于是伦适至，挞懒太祖从父兄弟，于熙宗为祖行，太宗长子宗盘以太师领三省事，位在宗干（太宗子，本名斡本）上。宗翰（粘罕）薨已久，宗干不能与宗盘独抗。明年天眷元年，挞懒与东京留守宗隽俱入朝，熙宗以宗隽为左丞相。宗隽太祖子也。挞懒、宗盘、宗隽三人皆跋扈嗜利，阴有异图，遂合议以齐地与宋，自宗干以下争之，不能得（金史卷七九王伦传）。

豫为帝数年，无尺寸功，遂降豫为蜀王。挞懒与右副元帅宗弼俱在河南，宋使王伦求河南、陕西地于挞懒。明年，挞懒朝京师，倡议以废齐旧地与宋，熙宗命群臣议，会东京留守宗隽来朝，与挞懒合力，宗干等争之不能得。宗隽曰："我以地与宋，宋必德我。"宗宪（本名阿懒）折之曰："我俘宋人父兄，怨非一日，若复资以土地，是助仇也，何德之有？勿与便。"……是时太宗长子宗盘为宰相，位在宗干上，挞懒、宗隽附之，竟执议以河南、陕西地与宋，张通古为诏谕江南使（《金史》卷七十七《挞懒传》）。

天眷二年（宋高宗绍兴九年）……宋王伦来使，充迎奉梓宫、奉还两宫、交割地界使，金主下诏于河南，以陕西、河南故地归于南宋，略曰："顷立刘豫以守南夏，累年于兹。……倘能偃兵息民，我国家岂贪尺寸之地？……所以去冬特废刘豫，今自河之南，复以赐宋氏。"（宇文懋昭《大金国志》卷十《熙宗纪二》）

宋不烦兵力，而得河南、陕西失地。会挞懒谋反被诛，兀术执政，竟反前议，宋使王伦被囚于金，南北战端再启。

以伦为东京留守兼开封尹。伦至东京，见金右副元帅兀术，交割地界，兀术还燕。……初兀术还，密言于金主曰："河南地，本挞懒、宗盘主谋，割之与宋，二人必阴结彼国。今使已至汴，勿令逾境。"……遂命中山府拘伦（《宋史》卷三七一《王伦传》）。

天眷二年秋，郎君吴矢反，既而擒获，下大理狱，事连宋国王宗盘、兖国王宗隽、虞国王宗英、滕国王宗伟、前左副点检浑睹。时主与右相陈王兀室，谋诛诸父，因朝旦伏兵于内，宗盘入见，擒送大理狱，悉夷其族。……除兀术都元帅。兀术既平宗盘之难，驰至燕山，以图挞懒，下祁州府狱，伏诛（宇文懋昭《大金国志》卷十《熙宗纪二》）。

宗盘跋扈尤甚，宗隽亦为丞相，挞懒持兵柄，谋反有状，宗盘、宗隽皆伏诛。诏以挞懒属尊有大功，因释不问，出为行台尚书左丞相，手诏慰遣。挞懒至燕京，愈骄肆不法，复与翼王鹘懒谋反，而朝议渐知其初与宋交通，而倡议割河南、陕西之地。宗弼请复取河南、陕西，会有上变告挞懒者，熙宗乃下诏诛之。挞懒自燕京南走，追而杀之于祁州（《金史》卷七十七《挞懒传》）。

宗弼自军中入朝，进拜都元帅。宗弼察挞懒与宋人交通赂遗，遂以河南、陕西与宋。奏请诛挞懒，复旧疆。是时宗盘已诛，挞懒在行台，复与鹘懒谋反。会置行台于燕京，诏宗弼为太子领行台尚书省都元帅如故，往燕京诛挞懒……追至祁州杀之。诏诸州郡军旅之事，决于帅府；民讼钱谷，行台尚书省治之，宗弼兼总其事。遂议南伐（《金史》卷七十七《宗弼传》）。

兀术既得政，乃举兵南下，时宋高宗绍兴十年，金熙宗天眷三年（西元一一四〇年）也。

天眷三年……挞懒诛，兀术始得政，以归地非其本计，决欲渝盟。乃举国中之兵，集于祁州元帅府大阅，遂分四道南征。命聂黎孛堇出山东，撒离曷侵陕右，李成侵河南，兀术自将精兵十余万，与孔彦舟、郦琼、赵荣抵汴。至是，攻宋东京，孟庾率官吏迎拜，兀术入城。……诏谕州、县，以挞懒擅割河南，且言宋朝不肯狥其所欲。诏词略曰："非予一人有食言，恩威弛张之间，盖不得已。"遂命使持诏遍诣诸郡，又分兵随之（宇文懋昭《大金国志》卷十一《熙宗纪三》）。

宗弼由黎阳趋汴，右监军撒离喝出河中，趋陕西。宋岳飞、韩世忠分据河南州郡要害，复出兵涉河，东驻岚、石、保德之境，以相牵制。宗弼遣孔彦舟下汴、郑两州，王伯龙取陈州，李成取洛阳，自率众取亳州及顺昌府，嵩、汝等州相次皆下（《金史》卷七十七《宗弼传》）。

北师游骑，先至顺昌城下，既而葛王褒及龙虎大王军并至城下，凡三万余人，为宋刘锜所败。……兀术至……见其城陋，谓诸将曰："此可以靴尖趯倒耳。"即下令……平旦并力攻城……大败……而去。……至陈州，数诸将之罪，自将军韩常以下皆鞭之。于是复以葛王褒守归德府，韩常守许州，兀术自拥其众还汴京（宇文懋昭《大金国志》卷十一《熙宗纪三》）。

大军在颍昌，诸将分道出战，飞自以轻骑驻郾城，兵势甚锐，兀术大惧。会龙虎大王议，以为诸帅易与，独飞不可当，欲诱致其师，并力一战。……兀术怒，合龙虎大王、盖天大王与韩常之兵，逼郾城……官军奋击，遂大败之。……兀术遁还汴京（《宋史》卷三六五《岳飞传》）。

其入陕金兵，初战尚利，后示挫败。

绍兴十年，金人败盟，诏璘节制陕西诸路军马。撒离喝渡河，入长安，趋凤翔，陕右诸军隔在敌后，远近震恐。……璘以书遗金将约战，金鹘眼郎君以三千骑冲璘军，璘使李师颜以骁骑击走之。鹘眼入扶风，复攻拔之。……撒离喝怒甚，自战百通坊，列阵二十里，璘遣姚仲力战，破之。……十一年，与金统军胡盏战剡家湾，败之，复秦州及陕右诸郡（《宋史》卷三六六《吴璘传》）。

撒离曷自河中渡河，疾驰二百五十里，趋永兴军，宋权知军事郝远即开门纳之。长安既克，陕西州、县所至迎降。既而撒离曷至凤翔西城外下寨，为李师颜、姚仲所败。又悉兵攻泾州，宋田晟因其壁垒未定，击之，金师败走（宇文懋昭《大金国志》卷十一《熙宗纪三》）。

两路金兵均不利，乃谋再举。

皇统元年（宋高宗绍兴十一年）春，兀术自顺昌失利，遂保汴京，留屯宋亳州，出入许、郑之间，签两河军与番部凡十余万，以谋再举。至是果南侵，克寿春府、滁州、亳州、庐州、和州，至柘皋（安徽巢县西北）与刘锜相遇，隔河相拒。锜会张俊、杨沂中军迎敌，兀术败退，屯于紫金山（宇文懋昭《大金国志》卷十一《熙宗纪三》）。

绍兴十一年，兀术复签两河兵，谋再举。帝亦测知敌情，必不一挫遂已，乃诏大合兵于淮西以待之。金人攻庐、和二州，锜自太平渡江……与张俊、杨沂中会。而敌已大入，锜据东关之险以遏其冲，引兵出清溪，两战皆胜。行至柘皋，与金人夹石梁河而阵（《宋史》卷三六六《刘锜传》）。

兀术……至柘皋，其地坦平，金人自以为骑兵之利也，隔河相拒。会夜大雨，锜遣人会合张俊及沂中之军。……锜……率先迎敌，沂中军继至。兀术铁骑十余万，分为两隅，夹道而阵，王德与田师中挥兵先薄其右隅，金阵动，乃以拐子马两翼而进，沂中令万兵各持斧如堵而前，锜与诸军合击之，金兵……即退走（宇文懋昭《大金国志》卷十一《熙宗纪三》）。

金师第四次南侵，胜利虽属于宋，然顺昌、郾城之役，乃兀术轻敌致败。至于陕西，亦不过成相持之局。

（2）宋、金之媾和

给事中兼直学士院汪藻言："金人为患，今已五年。陛下以万乘之尊，而伥然未知税驾之所者，由将帅无人，而御之未得其术也。如刘光世、韩世忠、张俊、王瓔之徒，身为大将，论其官，则兼两镇之重，视执政之班，有韩琦、文彦博所不敢当者。论其家，则金帛充盈，锦衣肉食，舆台厮养，皆以功赏补官，至一军之中，使臣反多，卒伍反少。平时飞扬跋扈，不循朝廷法度，所至驱虏，甚于夷狄，陛下不得而问，正以防秋之时，责其死力耳。张俊明州仅能少抗，奈何敌未退数里间，而引兵先遁，是杀明州一城生灵，而陛下再有馆头之行者，张俊使之也。……陛下……以……杜充守建康，韩世忠守京口，刘光世守九江，而以王瓔隶杜充，其措置非不善也。而世忠八、九月间已扫镇江所储之资，尽装海舶，焚其城郭，为逃遁之计。洎杜充力战于前，世忠、王瓔卒不为用，光世亦晏然坐视，不出一兵，方与韩祒朝夕饮宴，贼至数十里间而不知，则朝廷失建康，虏犯两浙，乘舆震惊者，韩世忠、王瓔使之也。失豫章而太母播越、六宫流离者，刘光世使之也。呜呼！诸将以负国家罪恶如此，而俊自明引兵至温，道路一空，民皆逃奔山谷。世忠逗遛秀州，放军四掠，至执缚县宰，以取钱粮，虽陛下亲御宸翰，召之三四而不来。元夕取民间子女，张灯高会。……瓔自信入闽，所过要索千计，公然移文曰‘无使枉害生灵’，其意果安在哉？臣观今日诸将，用古法皆当诛。”（《通考》卷一五四《兵考六》）

起居郎胡寅上疏言：“……今之赏功，全阵转授，未闻有以不用命被戮者。……自长行以上，皆以真官赏之，人挟券历请厚俸，至于以官名队。……煮海榷酤之入，遇军之所至，则奄而有之。阛阓什一之利半，为军人所取。至于衣粮，则日仰于大农，器械则必取之武库，赏设则尽出于县官。……总兵者，以兵为家，若不复肯舍者，曹操曰‘欲孤释兵，则不可也’，无乃类此乎？……诸军近者四五年，远者八九年，未尝落死损逃亡之数，岂皆不死乎？”（《通考》卷一五四《兵考六》）

叶适……又论四屯驻大兵曰：“……诸将自夸雄豪。刘光世、张俊、吴玠兄弟、韩世忠、岳飞，各以成军，雄视海内。……廪稍惟其所赋，功勋惟其所奏，将版之禄，多于兵卒之数。朝廷以转运使主馈饷，随意诛剥，无复顾惜。志意盛满，仇疾互生。”（《通考》卷一五四《兵考六》）

按：建炎中兴之后，兵弱敌强，动辄败北，以致王业偏安者，将骄卒惰，军政不肃所致。……张、韩、刘、岳之徒……究其勋庸，亦多是削平内寇、抚定东南耳。一遇女真，非败则遁。纵有小胜，不能补过（《通考》卷一五四《兵考六》）。

尝论诸大将拥重兵，浸成外重之势，且陈所以待将帅者三事。后十年，卒如其策（《宋史》卷四四五《汪藻传》）。

郦琼……康王以为楚州安抚使、淮南东路兵马钤辖。……未几，率所领步骑十余万附于齐。……宗弼再伐江南，以琼素知南方山川险易，召至军与计事，从容语同列曰：“琼尝从大军南伐，每见元帅国王，亲临阵督战，矢石交集，而王免胄指麾三军，意气自若。……亲冒锋镝，进不避难，将士视之，孰敢爱死乎？……江南诸帅，才能不及中人。每当出兵，必身居数百里外，谓之持重。或督召军旅，易置将校，仅以一介之士持虚文谕之，谓之调发。制敌决胜委之偏裨，是以智者解体，愚者丧师。幸一小捷，则露布飞驰，增加俘级以为己功，敛怨将士。纵或亲临，亦必先遁。而又国政不纲，才有微功，已加厚赏；或有大罪，乃置而不诛。不即覆亡，已为天幸，何能振起耶？”（《金史》卷七十九《郦琼传》）

主和最力者秦桧，而为桧主持者则宋高宗。

以屡败积弱之余，当百战方张之寇。……欲乘此偏安甫定之时，即长驱北指，使强敌畏威，还土疆而归帝后，虽三尺童子知其不能也。故秦桧未登用之先，有识者固早已计及于和。……绍兴五年，将遣使至金，通问二帝。胡寅言：“国家与金世仇，无通使之理。”张浚谓：“使事兵家机权，日后终归于和，未可遽绝。”是浚未尝不有意于和也。陈与义云：“和议成，岂不贤于用兵？不成，则用兵必不免。”是与义亦未尝不有意于和也。高宗谓赵鼎曰:“今梓宫、太后、渊圣（钦宗）皆在彼，若不与和，则无可还之理。”此正高宗利害切己，量度时势，有不得不出于此者。……自胡铨一疏，以屈己求和为大辱，其议论既恺切动人，其文字又愤激作气，天下之谈义理者，遂群相附和，万口一词，牢不可破矣。……故知身在局外者易为空言，身在局中者难措实事。秦桧谓诸君争取大名以去，如桧但欲了国家事耳，斯言也，正不能以人而废言也（赵翼《廿二史札记》卷二十六《和议》）。

和议成，特所订条件，无不屈辱，其大要如下：

（1）宋称臣奉表于金，金册宋主为皇帝；

（3）岁贡银、绢各二十五万；

（3）金主生辰及正旦，遣使致贺；

（4）东以淮水，西以大散关为界；

（5）割唐、邓二州及商、秦之半以畀金。

至高宗奉表之词曰：

臣构言，令来画疆以淮水中流为界，西有唐、邓州割属上国，自邓州西四十里，并南四十里为界属邓，四十里外并西南尽属光化军，为敝邑沿边州城。既蒙恩造，许备藩方，世世子孙，谨守臣节。每年皇帝生辰并正旦，遣使称贺不绝。岁贡银、绢二十五万两、匹，自壬戌年为首，每春季搬送至泗州交纳。有渝此盟，明神是殛。坠命亡氏，踣其国家。今臣既进誓表，伏望上国早降誓诏，庶使敝邑永为凭焉（陈邦瞻《宋史纪事本末》卷七十二）。

金亦遣使，册高宗为帝。

皇统二年（宋高宗绍兴十二年）三月……遣左宣徽使刘筈，以衮冕圭册，册宋康王为帝（《金史》卷四《熙宗本纪》）。

和议既成，秦桧于同时收回诸将兵柄。

桧再主和议，患诸将难制。同献计于桧，请皆除枢府，罢其兵权。

桧喜，乃密奏以柘皋之捷，召三大将赴行在，论功行赏。……帝命……分草三制，世忠、俊枢密使，飞副使，并宣押赴枢府治事。张俊与桧意合，且觉朝廷欲罢兵权，即首纳所统兵（《宋史》卷三八〇《范同传》）。

秦会之既主和，惧诸将不从命，于是诏三大将入觐。……于是三枢密拜矣。三人累表辞谢，桧与上约，答诏视常时，率迟留一二日，凡诸礼例恩赐，各自倍多。桧别下诏，三大屯皆改隶御前矣。始诸将苦斗积职……然皆起卒伍，父事大将，常不得举首，或溷其家室。岳师律尤严，将校有犯，大则诛杀，小亦鞭挞。……命既下，诸校新免所隶，可自结和，人人便宽善，共命报应。已略定，三人扰扰，未暇问也。稍从容，见桧，始以置衔漏挂兵权为请。桧笑曰："诸君知宣抚制置使乎？此边官尔。诸公今为枢廷官，顾不役属耶？"三人者怅怅而退，始悟失兵柄焉（周密《齐东野语》卷十三）。

当时诸大将极力主战，力攻和议之非，形类久据兵柄，愈中君相之忌。

桧欲画淮以北弃之，风台臣请班师。飞奏："金人锐气沮丧，尽弃辎重，疾走渡河，豪杰向风，士卒用命，时不再来，机难轻失。"桧知飞志锐不可回，乃先请张俊、杨沂中等归，而后言飞孤军不可久留，乞令班师。一日奉十二金字牌。……时和议既决，桧患飞异己，乃密奏召三大将论功行赏，韩世忠、张俊已至，飞独后（《宋史》卷三六五《岳飞传》）。

金人废刘豫，中原震动，世忠谓机不可失，请全师北讨，招纳归附，为恢复计。会秦桧主和议，命世忠徙屯镇江。世忠言："金人诡诈，恐以计缓我师，乞留此军蔽遮江、淮。"又力陈和议之非，愿效死节，率先迎敌；若不胜，从之未晚（《宋史》卷三六四《韩世忠传》）。

诸将复不能和衷共济，自成嫌隙，尤与主和者以可乘之机。

初，飞在诸将中年最少，以列校起拔，累立显功，世忠、俊不能平。飞屈己下之，幕中轻锐，教飞勿苦降意。金人攻淮西……飞……解庐州围。……俊反忌之……还朝，反倡言飞逗遛不进，以乏饷为辞。至视世忠军，俊知世忠忤桧，欲与飞分其背嵬军。飞义不肯，俊大不悦（《宋史》卷三六五《岳飞传》）。

斯际四大屯兵在江淮之间，张、韩、岳实为主要之人，而不相能如此。飞在诸将中，尤坚意主战，故桧必欲杀之。

桧亦以飞不死，终梗和议，己必及祸，故力谋杀之（《宋史》卷三六五《岳飞传》）。

桧以飞屡言和议失计，且尝奏请定国本，俱与桧大异，必欲杀之（《宋史》卷四七三《秦桧传》）。

叶适……论四屯驻大兵曰："……秦桧虑不及远，急于求和，以屈辱为安者，盖忧诸将之兵未易收，浸成疽赘，则非特北方不可取，而南方亦未易定也。故约诸军支遣之数，分天下之财，特命朝臣以总领之，以为喉舌出纳之要。诸将之兵尽隶御前，将帅虽出于军中，而易置皆由于人主，以示臂指相使之势。向之大将，或杀或废，惕息俟命，而后江左得以少安。"（《通考》卷一五四《兵考六》）

桧之甘心屈辱，不过假藉和议，以固权位。与金约，无故不得易宰相，此所以遭百世之唾骂。叶适所言，未必确论也。

（3）南宋初年之兵费

宋为筹兵费，加重人民担负。江南一隅，岁计七千万缗，人民困苦可知，其税收可记者如下。

（甲）川、陕

茶引

建炎元年四月，成都路运判赵开言榷茶买马五害。……朝廷遂擢开同主管川、陕茶马。二年十一月，开至成都，大更茶法，仿蔡京都茶场法，印给茶引，使商人即园户市茶，百斤为一大引，除其十勿算。置合同场以讥其出入，重私商之禁，为茶市以通交易。每斤引钱春七十、夏五十，市利、头子在外。所过征一钱，所止一钱五分，引与茶随，违者抵罪（《通考》卷十八《征榷考五》）。

参酌政和二年东京都茶务所创条约，印给茶引，使茶商执引与茶户自相贸易。改成都旧买卖茶场为合同场买引所，仍于合同场置茶市，交易者必由市，引与茶必相随。茶户十或十五共为一保，并籍定茶铺姓名，互察影带贩鬻者。凡买茶引，每一斤春为钱七十，夏五十，旧所输市例头子钱并依旧。茶所过每一斤征一钱，住征一钱半。其合同场监官除验引、秤茶、封记、发放外，无得干预茶商、茶户交易事。……比及（建炎）四年冬，茶引收息，至一百七十余万缗（《宋史》卷三七四《赵开传》）。

榷酤

高宗建炎三年，张浚用赵开总领四川财赋。开言蜀民已困，惟榷酤尚有赢余，遂大变酒法，自成都始，先罢公帑卖供给酒，即旧扑卖坊场所置隔酿，设官主之。民以米赴官自酿，每斛输钱三十、头子钱二十二（《通考》卷十七《征榷考四》）。

其酿之多寡，惟钱是视，不限数也（《宋史》卷三七四《赵开传》）。

钱引

于秦州置钱引务，兴州鼓铸铜钱，官买银绢，听民以钱引或铜钱买之。凡民钱当入官者，并听用引折纳，官支出亦如之。民私用引为市，于一千并五百上许从便增高其直，惟不得减削。法既流通，民以为便。初，钱引两科通行才二百五十万有奇，至是添印至四千一百九十余万，人亦不厌其多，价亦不削（《宋史》卷三七四《赵开传》）。

盐引

又变盐法。其法……置合同场盐市，与茶法大抵相类。盐引每一斤纳钱二十五，土产税及增添等，共纳九钱四分。所过每斤征钱七分，住征一钱五分。若以钱引折纳，别输称提勘合钱共六十（《宋史》卷三七四《赵开传》）。

川、陕税收额，几占江南之半。

浚荷重寄，治兵秦川，经营两河，旬犒月赏，期得士死力，费用不赀，尽取办于开。开悉知虑于食货，算无遗策，虽支费不可计，而赢资若有余（《宋史》卷三七四《赵开传》）。

（乙）江淮

经制钱

宣和末，陈亨伯以发运兼经制使，因以为名。建炎二年，高宗在扬州，四方贡赋不以期至，户部尚书吕颐浩、翰林学士叶梦得等言："亨伯以东南用兵，尝设经制司，取量添酒钱及增一分税钱、头子、卖契等钱。"……于是以添酒钱、添卖糟钱、典卖田宅增牙税钱、官员等请给头子钱、楼店务增三分房钱，令两浙、江东西、荆湖南北、福建、二广收充经制钱，以宪臣领之，通判敛之，季终输送。绍兴五年，参政孟庾提领措置财用，请以总制司为名，又因经制之额增析而为总制钱，而总制钱自此始矣。……诸路州、县出纳系省钱，所收头子钱，贯收钱二十三文……一十文……上供，余一十三文，充本路郡县并漕司用。……诸路州、县杂税，出纳钱贯，收头子钱……增作二十三文。……漕司及州，旧合得一十三文，省余尽入经制。……常平钱物旧法，贯收头子钱五文……增作二十三文，足除五文，依旧法支用，余增到钱与经制司（《宋史》卷一七九《食货志下一》）。

月桩钱

所谓月桩钱者，始于绍兴之二年。时韩世忠驻军建康，宰相吕颐浩、朱胜非议令江东漕臣，月桩发大军钱十万缗，以朝廷上供经制及漕司移用等钱供亿。当时漕司不量州军之力，一例均科。……于是郡县横敛，铢积丝累，江东西之害尤甚（《宋史》卷一七九《食货志下一》）。

板帐钱

所谓板帐钱者……如输米则增收耗剩，交钱帛则多收縻费。幸富人之犯法而重其罚，恣胥吏之受赇而课其入。索盗赃则不偿失主，检财产则不及卑幼。亡僧绝户，不俟核实而入官；逃产废田，不与消除而抑纳。他如此类，不可遍举。州、县之吏，固知其非法。然以板帐钱额太重，虽欲不横取于民，不可得已（《宋史》卷一七九《食货志下一》）。

按：和议成后，高宗虽渐免诸苛敛，据《宋史·高宗本纪》所载者，如绍兴十二年二月，蠲广南东西路骆科残扰州、县今年租。七月，蠲广南、湖北沿边州军免行钱。十三年二月，蠲雷、化等十州免行钱。闰月，蠲诸路无名月椿钱。七月，蠲浙西贫民逋负丁盐钱。九月，蠲淮南逋欠坊场钱，及上供帛。十四年三月，蠲江、浙、京、湖积欠上供钱米；蠲汀、漳、泉、建四州经贼残蹂民户赋役一年。十五年七月，蠲庐、光二州上供钱米一年；免汀、漳二州秋税，及处州三县被水民家䌷绢、鄂州旧额绢各一年；蠲四川转运司积贷常平钱十三万缗。八月，蠲京西路请佃田租及州、县场务税钱二年。十月，蠲安丰军上供钱米二年。十六年四月，禁州、县预借民税及和买钱。十一月，罢州、县新刱税场。十七年七月，减放四川重敛。九月，减四川科率虚额钱岁二百八十五万缗；蠲江南东西道诸州月椿钱；减江、浙诸州折帛钱。然人民负担仍较前代为重，而南方开发，却为从古未有之盛。此可注目者也。

（十）南宋与金之对峙

（1）金之立国规模

（甲）疆域

宋政和三年（辽天祚帝天庆三年），阿骨打嗣位。四年，遂叛辽，陷宁江州，屡败辽军，遂称帝。……陷黄龙府。辽主延禧自将讨之，复败还。六年（金太祖收国二年），辽将高永昌，据辽阳以叛，阿骨打击破之。辽东京路州、县，悉没于金。明年（七年，金太祖天辅元年），拔显州，辽西诸州次第降下。宣和二年（辽天祚帝天庆十年，金太祖天辅四年），陷辽上京。四年（辽天祚帝保大二年），陷中京，尽略居庸以北地，进取辽西京路诸州、县。又取辽之东胜州，乃还入居庸，辽人以燕京降，于是五京诸路皆为金有。……五年（金太宗天会元年），阿骨打殂，弟吴乞买代立。七年，击擒辽主……辽亡。遂遣将分道南寇，粘没喝自云州围太原。斡离不自燕山寇河北，渡河攻汴，不克而去。既而粘没喝陷太原，复南寇。斡离不亦自保州陷真定，引军南下合攻汴，汴京陷。……建炎元年（金太宗天会五年），金人尽取两河州郡，复分道寇京东西及陕西诸路，所至摧陷。宗泽守东京，与金人相持。二年，金人略取陕西诸州、镇，又陷大名，略河、济而南。三年，陷徐州，遂逾淮、泗，入扬州。时京东诸州多没于金，金人以刘豫知东平府，界旧河以南，俾豫统之。未几，兀术大举入寇，陷磁、单诸州及兴仁府，进陷南京，遂入淮南，乃分道：一自滁、和入江东，一自蕲、黄入江西，东陷明、越，西陷潭、岳，乃还。自是中原四京，及陕西六路，悉陷于金，金人尽以畀刘豫。绍兴二年（金太宗天会十年），豫自大名迁汴。……五年，金阿骨打之孙合剌嗣位（金熙宗）。是时，刘豫数引金人入寇，为宋所败。八年（金熙宗天眷元年），金人遂袭汴，执刘豫，废徙临潢。因议以河南、陕西地与宋。十年，兀术复自黎阳趋河南，撒离喝自河中趋陕西，尽夺所归地。宋因诏诸将进讨，岳飞等军屡胜，中原州、镇次第恢复。而秦桧专主割地请和，诏飞等班师，兀术等旋复南寇。十一年（金熙宗皇统元年），和议始定，西复大散，东限长淮，皆为金境（顾祖禹《读史方舆纪要》卷八）。

金之壤地封疆，东极吉林密雅呼达噶境，北自扶余路之北三千余里和罗和博穆昆地为边，右旋入泰州博勒果所浚界壕，而西经临潢、金山，跨庆、桓、抚、昌、净州之北，出天山外，包东胜，接西夏，逾黄河，复西历葭州及米脂寨，出临洮府、会州、积石之外，与生羌地相错，复自积石诸山之南，左折而东，逾洮州，越盐州堡，循渭至大散关北，并山入京兆，络商州南，以唐、邓西南皆四十里，取淮之中流为界，而与宋为表里。袭辽制，建五京，置十四总管府，是为十九路。其闲散府九，节镇三十六，防御郡二十二，刺史郡七十三，军十有六，县六百三十二。后（世宗大定二十二年）复尽升军为州，或升城、堡、寨、镇为县，是以金之京、府、州凡百七十九，县加于旧五十一，城、寨、堡、关百二十二，镇四百八十八。东极海，西逾积石，北过阴山，南抵淮汉，地方万余里（《续通典》卷一三一《州郡十一》）。

金疆域简表

路名	辖地	备考
上京路	会宁府、隆安府。 肇州、信州。 （附属路） 蒲与路、合懒路、速频路、胡里改路。 凡府二、州二、路四。	《金史·地理志上》：上京路，金之旧土也，国初称为内地。天眷元年，号上京。海陵贞祐二年，迁都于燕，削上京之号，止称会宁府。大定十三年七月，复为上京。
东京路	辽阳府。 澄州、沈州、贵德州、盖州、复州、来远州。 （附属路） 婆速府路。 凡府一、州六、路一。	《金史·地理志上》：辽阳府，辽郡名东平。天显三年，升为南京，府曰辽阳。十三年，更为东京。

续表

路名	辖地	备考
北京路	大定府、广宁府、兴中府、临潢府。 利州、义州、锦州、瑞州、懿州、建州、全州、庆州、兴州、泰州。 凡府四、州十。	《金史·地理志上》：大定府，辽圣宗统和二十五年，建为中京，国初因称之。海陵贞元元年，更为北京。又临潢府，辽为上京，国初因称之。天眷元年，改为北京。天德二年，改北京为临潢府路，三年罢。贞元元年，以大定府为北京。后但置北京临潢路提刑司，大定后罢路，并入大定府路。
西京路	大同府、德兴府。 丰州、弘州、净州、桓州、抚州、昌州、宣德州、朔州、武州、应州、蔚州、云内州、宁边州、东胜州。 凡府二、州十四。	《金史·地理志上》：大同府，辽重熙十三年，升为西京，府名大同。金因之。 又德兴府，晋新州，辽奉圣州，国初因之。大安元年，升为府，名德兴。
中都路	大兴府。 通州、蓟州、易州、涿州、顺州、平州、滦州、雄州、霸州、保州、安州、遂州、安肃州。 凡府一、州十三。	《金史·地理志上》：中都路，辽会同元年，为南京。开泰元年，号燕京。海陵贞元元年，定都，以燕乃列国之名，不当为京师号，遂改为中都。
南京路	开封府、归德府、河南府。 睢州、单州、寿州、陕州、邓州、唐州、裕州、嵩州、汝州、许州、钧州、亳州、陈州、蔡州、息州、郑州、颍州、宿州、泗州。 凡府三、州十九。	《金史·地理志中》：南京路，国初曰汴京。贞元元年，更号南京。
咸平路	咸平府。 韩州。 凡府一、州一。	《金史·地理志上》：咸平府，辽为咸州，国初为咸州路。天德二年八月，升为咸平府。
河北东路	河间府。 蠡州、莫州、献州、冀州、深州、清州、沧州、景州。 凡府一、州八。	《金史·地理志中》：河北东路，天会七年，析河北为东、西路。

续表

路名	辖地	备考
河北西路	真定府、彰德府、中山府。 威州、沃州、邢州、洺州、磁州、祁州、濬州、卫州、滑州。 凡府三、州九。	
山东东路	益都府、济南府。 潍州、滨州、沂州、密州、海州、莒州、棣州、淄州、莱州、登州、宁海州。 凡府二、州十一。	《金史·地理志中》：山东东路，为宋京东东路。
山东西路	东平府。 济州、徐州、邳州、滕州、博州、兖州、泰安州、德州、曹州。 凡府一、州九。	
大名府路	大名府。 恩州、濮州、开州。 凡府一、州三。	《金史·地理志下》：大名府路，宋北京魏郡。
河东北路	太原府。 晋州、忻州、平定州、汾州、石州、葭州、代州、隩州、宁化州、岚州、岢岚州、保德州、管州。 凡府一、州十三。	《金史·地理志下》：河东北路，宋河东路。天会六年，析河东为南、北路。
河东南路	平阳府、河中府、晋安府。 隰州、吉州、解州、泽州、潞州、辽州、沁州、怀州、孟州。 凡府三、州九。	《金史·地理志下》：绛州，兴定二年十二月，升为晋安府。
京兆府路	京兆府。 商州、虢州、乾州、同州、耀州、华州。 凡府一、州六。	《金史·地理志下》：京兆府路，宋为永兴军路。熙宗皇统二年，省并陕西六路为四，曰京兆、曰庆原、曰熙秦、曰鄜延。

续表

路名	辖地	备考
凤翔路	凤翔府、平凉府。 德顺州、镇戎州、秦州、陇州。 凡府二、州四。	《金史·地理志下》：凤翔路，宋秦凤路。 《读史方舆纪要》。金主雍，世宗大定二十七年，分熙、秦为凤翔、临洮二路。
鄜延路	延安府。 丹州、保安州、绥德州、鄜州、坊州。 凡府一、州五。	
庆原路	庆阳府。 环州、宁州、邠州、原州、泾州。 凡府一、州五。	
临洮路	临洮府。 积石州、洮州、兰州、巩州、会州、河州。 凡府一、州六。	《金史·地理志下》：临洮路，皇统二年，改熙州为临洮府，置熙秦路总管府。大定二十七年，更今名。

（乙）制度

官制

金自景祖始建官属，统诸部以专征伐。……其官长皆称曰勃极烈，故太祖以都勃极烈嗣位，太宗以谙版勃极烈居守。谙版尊大之称也，其次曰国论忽鲁勃极烈，国论言贵，忽鲁犹总帅也。又有国论勃极烈，或左右置，所谓国相也。其次诸勃极烈之上，则有国论、乙室、忽鲁、移赉、阿买、阿舍、吴迭之号，以为升拜宗室功臣之序焉。……其部长曰孛堇，统数部者曰忽鲁，凡此至熙宗定官制，皆废。……汉官之制，自平州人不乐为猛安谋克之官，始置长吏以下。天辅七年，以左企弓行枢密院于广宁，尚踵辽南院之旧。天会四年，建尚书省，遂有三省之制。至熙宗颁新官制及换官格，除拜内外官，始定勋封食邑入衔，而后其制定。然大率皆循辽、宋之旧。海陵庶人正隆元年，罢中书门下省，止置尚书省。自省而下官司之别，曰院、曰台、曰府、曰司、曰寺、曰监、曰局、曰署、曰所，各统其属以修其职。职有定位，员有常数，纪纲明，庶务举，是以终金之世守而不敢变焉（《金史》卷五十五《百官志序》）。

金之地方官制，其初亦颇单简，厥后采用汉制，组织始渐完密。

其部长曰孛堇，统数部者曰忽鲁。凡此，至熙宗定官制皆废。其后惟镇抚边民之官曰秃里，乌鲁国之下有详稳脱朵，详稳之下有么忽、习尼昆，此则具于官制而不废，皆踵辽官名也。汉官之制，自平州人不乐为猛安谋克（见下兵制）之官，始置长吏以下（《金史》卷五十五《百官志序》）。

熙宗皇统五年，以古官曰“牧”、曰“长”，各有总名，今庶官不分类为名，于文移不便。遂定京府尹牧、留守、知州、县令、详稳、群牧为“长官”，同知、签院、副使、少尹、通判、丞曰“佐贰官”，判官、推官、掌书记、主簿、县尉为“幕职官”，兵马司及它司军者曰“军职官”，警巡、市令、录事、司候、诸参军、知律、勘事、勘判为“厘务官”，应管仓库院务者曰“监当官”，知事孔目以下行文书者为“吏”（《金史》卷五十五《百官志一》）。

金内、外官制简表

区别	机关与官员		地位与职掌	备考
中央官	三师	太师 太傅 太保	师范一人，仪刑四海。	
	三公	太尉 司徒 司空	论道经邦，燮理阴阳。	

续表

<table>
<tr><th>区别</th><th colspan="3">机关与官员</th><th>地位与职掌</th><th>备考</th></tr>
<tr><td rowspan="6">中央官</td><td rowspan="4">尚书省</td><td>宰相</td><td>尚书令
左丞相
右丞相
平章政事</td><td>总领纪纲，仪刑端揆。与左右丞相、平章政事为宰相，掌丞天子，平章万机。</td><td></td></tr>
<tr><td>执政官</td><td>左丞
右丞
参知政事</td><td>为宰相之贰，佐治省事。</td><td></td></tr>
<tr><td>司官</td><td>左司郎中
右司郎中</td><td>掌本司奏事，总察吏、户、礼三部受事付事。掌本司奏事，总察兵、刑、工三部受事付事。</td><td>《金史·百官志一》注：国初置左右司侍郎。天眷三年，始更今名。旧凡视朝，执政官亲执奏。自天德二年，诏以付左右司官，为定制。</td></tr>
<tr><td>六部</td><td>吏部尚书、侍郎
户部尚书、侍郎
礼部尚书、侍郎
兵部尚书、侍郎
刑部尚书、侍郎
工部尚书、侍郎</td><td></td><td>《金史·百官志一》：六部，国初与左右司通署。天眷三年，始分治。</td></tr>
<tr><td colspan="2">枢密院（都元帅府）</td><td>枢密使
枢密副使
签书枢密院事
同签枢密院事</td><td>掌凡武备机密之事。</td><td>《金史·百官志一·都元帅府》注：掌征讨之事，兵罢则省。天会二年，伐宋，始置。泰和八年，复改为枢密院。</td></tr>
<tr><td colspan="2"></td><td></td><td></td><td>又《枢密院》注：天辅七年，始置于广宁府，初犹如辽南院之制，后则否。
《金史·兵志》：循辽制，立枢密院。天会三年，以伐宋，为元帅府。天德三年，以元帅府为枢密院。</td></tr>
</table>

续表

区别	机关与官员		地位与职掌	备考
中央官	宣徽院	左宣徽使 右宣徽使	掌朝会、燕享，凡殿庭礼仪，及监知御膳。	
	翰林学士院	翰林学士承旨 翰林侍读学士 翰林侍讲学士	掌制撰词命。	《金史·百官志一》注：天德二年，命翰林学士院，自侍读学士，至应奉文字，通设汉人十员，女直、契丹各七员。
	谏院	左谏议大夫 右谏议大夫 左司谏 右司谏		
	御史台	御史大夫 御史中丞	掌纠察朝仪，弹劾官邪，勘鞫官府公事，凡内外刑狱所属，理断不当，有陈诉者，付台治之。	
	大宗正府	判大宗正事	掌敦睦纠率宗属，钦奉王命。	《金史·百官志一》：泰和六年，避睿宗讳，改为大睦亲府。
	殿前都点检司	殿前都点检兼侍卫将军都指挥使 殿前左副都点检兼侍卫将军副都指挥使 殿前右副都点检兼侍卫将军副都指挥使	掌亲军。	
	卫尉司	中卫尉 副尉	掌总中宫事务。	

续表

<table>
<tr><th>区别</th><th colspan="3">机关与官员</th><th>地位与职掌</th><th>备考</th></tr>
<tr><td rowspan="2">中央官</td><td colspan="2">诸寺</td><td>太常寺
大理寺</td><td></td><td></td></tr>
<tr><td colspan="2">诸监</td><td>秘书监、国子监
太府监、少府监
军器监、都水监</td><td></td><td></td></tr>
<tr><td rowspan="6">地方官</td><td rowspan="3">监司府州</td><td>五京留守司</td><td>留守带本府尹兼本路兵马都总管</td><td></td><td></td></tr>
<tr><td>诸总管府</td><td>府尹兼领都总管</td><td>掌统诸城隍兵马甲仗，总判府事。</td><td></td></tr>
<tr><td>都转运司</td><td>都转运司使</td><td>掌税赋钱谷、仓库出纳、权衡度量之制。</td><td></td></tr>
<tr><td rowspan="3">监司府州</td><td>按察司</td><td>按察使</td><td></td><td>《金史·百官志三》：按察司，本提刑司，《续通考·职官考》：宣宗贞祐三年又罢，止委监察、采访使一人。</td></tr>
<tr><td>诸府</td><td>府尹</td><td>总判府事。</td><td>《金史·百官志三·诸府》注：谓非兼总管府事者。</td></tr>
<tr><td>节镇</td><td>节度使</td><td>掌镇抚诸军防刺，总判本镇兵马之事，兼本州管内观察使事。</td><td></td></tr>
</table>

续表

<table>
<tr><th>区别</th><th colspan="3">机关与官员</th><th>地位与职掌</th><th>备考</th></tr>
<tr><td rowspan="3">地方官</td><td rowspan="2">监司府州</td><td>防御州</td><td>防御使</td><td>掌防捍不虞、御制盗贼，余同府尹。</td><td></td></tr>
<tr><td>刺史州</td><td>刺史</td><td>掌同府尹，兼治州事。</td><td></td></tr>
<tr><td colspan="2">县</td><td>县令</td><td>总判县事。</td><td>《金史·百官志三·赤县》注：谓大兴宛平县。又凡县二万五千户以上，为次赤为剧。二万以上为次剧。在诸京倚郭者曰京县。自京县而下，以万户以上为上，三千户以上为中，不满三千为下。</td></tr>
</table>

兵制

金之初年，诸部之民，无它徭役，壮者皆兵。……有警则下令部内，及遣使诣诸孛堇征兵。……其部长曰孛堇，行兵则称曰猛安谋克，从其多寡以为号。猛安者千夫长也，谋克者百夫长也。……部卒之数，初无定制，至太祖即位之二年……始命以三百户为谋克，谋克十为猛安。继而诸部来降，率用猛安、谋克之名，以授其首领，而部伍其人（《金史》卷四十四《兵志》）。

金初之兵，多东北部族之人。及灭辽，兼收辽汉人，兵制为之一变。

东京既平，山西继定，内收辽汉之降卒，外籍部族之健士，尝用辽人讹里野，以北部百三十户为一谋克。汉人王六儿，以诸州汉人六十五户为一谋克，王伯龙及高从祐等，并领所部为一猛安（《金史》卷四十四《兵志》）。

至熙宗移兵柄于国人，而废辽东、汉人、渤海诸部承袭之制，金兵制又为之一变。

熙宗皇统五年（宋高宗绍兴十五年），又罢辽东、汉人、渤海猛安、谋克承袭之制，浸移兵柄于其国人，乃分猛安、谋克为上、中、下三等，宗室为上，余次之（《金史》卷四十四《兵志》）。

海陵恢复旧制，然移兵中原，使就耕食，始渐失尚武之风，金之兵力始衰。

至海陵庶人天德二年……削上、中、下之名，但称为诸猛安、谋克。循旧制，间年一征发，以补老疾死亡之数。贞元迁都，遂徙上京路太祖辽王宗干、秦王宗翰之猛安，并为合札猛安（即亲军），及右谏议乌里补猛安，太师勖、宗正宗敏之族，处之中都。斡论、和尚、胡剌三国公、太保昂、詹事乌里野、辅国勃鲁骨、定远许烈、故梁国公勃迭八猛安，处之山东。阿鲁之族处之北京。按达族属处之河间。……授牛、田，使之耕食，以蕃卫京国（《金史》卷四十四《兵志》）。

宣宗之时，将骄卒惰，兵制益坏。

宣宗南迁……尽拥猛安户之老稚渡河，侨置诸总管府以统之。器械既缺，粮备不给，朘民膏血而不足，乃行括粮之法。一人从征，举家待哺，又谓无以坚战士之心，乃令其家，尽入京师，不数年，至无以为食，乃听其出，而国亦屈矣（《金史》卷四十四《兵志》）。

贞祐三年……上书……曰："往岁王师屡战屡衄，卒皆自败。承平日久，人不知兵，将帅非才，既无靖难之谋，又无效死之节。外托持重之名，而内为自安之计。择骁果以自随，委疲懦以临阵。阵势稍动，望尘先奔，士卒从而大溃，朝廷不加诘问，辄为益兵。是以法度日紊，仓庾日虚，闾井日凋，土地日蹙。"（《金史》卷一〇六《刘炳传》）

上章言九事……曰："……从来掌兵者，多用世袭之官。此属自幼骄惰，不任劳苦，且心胆怯懦，何足倚办？"（《金史》卷一〇八《侯挚传》）

最后金兵已不能用，乃签发汉人。

刘祁谓金之兵制最弊，每有征伐及边衅，辄下令签军，使远近骚动。民家丁男若皆强壮，或尽取无遗，号泣动乎邻里，嗟怨盈于道路。驱此使战，欲其胜敌，难矣（《金史》卷四十四《兵志》）。

其禁军之编制。

禁军之制，本于合札谋克。合札者，言亲军也，以近亲所领，故以名焉。贞元迁都，更以太祖辽王宗干、秦王宗翰军为合札猛安，谓之侍卫亲军，故立侍卫亲军司以统之。旧常选诸军之材武者，为护驾军。……正隆……后，于侍卫亲军四猛安内，选三十以下千六百人，骑兵曰龙翔，步兵曰虎步，以备宿卫。五年，罢亲军司，以所掌付大兴府，置左右骁骑，所谓从驾军也，置都副指挥使，隶点检司；步军都副指挥使，隶宣徽院（《金史》卷四十四《兵志》）。

其地方军之编制。

诸路各设兵马都总管府，州、镇置节度使，沿边州则置防御使。凡州府所募"射粮军""牢城军"，每五百人为一指挥使司，设使，分为四都，都设左右什将及承局押官。其军数若有余或不足，则与近者合置，不可合者以三百人或二百人亦设指挥使，若百人则止设军使，百人以上立为都，不及百人止设什将及承局管押官各一员（《金史》卷四十四《兵志》）。

射粮军，诸路所募，五年一籍，皆刺三十以下、十七以上强壮者，兼充杂役（《续通考》卷一二七《兵考七》）。

牢城军，司防筑之役，以尝为窃盗者充之（《续通考》卷一二七《兵考七》）。

土军，司警捕之事（《续通考》卷一二七《兵考七》）。

其边军之编制。

所谓镇防军，则诸军中取以更代戍边者也。在西北边，则有分番屯戍军及永屯军、驱军之别。驱军则国初所免辽人之奴婢，使屯守于泰州者也。边铺军则河南、陕西居守边界者（《金史》卷四十四《兵志》）。

东北路部族乣军曰迭剌部，曰唐古部，二部五乣，户五千五百八十五。其它若助鲁部族、乌鲁古部族、石垒部族、萌骨部族、计鲁部族、孛特本部族，数皆称是。西北、西南二路之乣军十，曰苏谟典乣、曰耶剌都乣、曰骨典乣、唐古乣、霞马乣、木典乣、萌骨乣、咩乣、胡都乣凡九，其诸路曰曷懒、曰蒲与、曰婆速、曰恤频、曰胡里改、曰移懒，移懒后废，皆在上京之鄙，或置总管府，或置节度使（《金史》卷四十四《兵志》）。

按:《辽史·地志》，东北部族置节度使，西北部族置详稳，后渐改猛安、谋克，而临之招讨司。凡诸乣军与上京宗室猛安、谋克，内外相维，以镇压契丹余众（与辽人有别）。迨蒙古兴起，乣军溃去，金边疆先不守，以至于亡。此外诸军，多役属降人充之。

所谓渤海军，则渤海八猛安之兵也。所谓奚军者，奚人遥辇昭古牙九猛安之兵也。……其汉军中都永固军，大定所置者也。……凡汉军有事，则签取于民；事已，则或亦放免。……正隆间，又尝罢诸路汉军，而所存者，犹有威勇、威烈、威捷、顺德及韩常之军之号（《金史》卷四十四《兵志》）。

按: 金以兵立国，猛安、谋克最为根本。猛安之上，置军帅，上置万户，隶于都统，而以都元帅总之，指挥极便。然猛安、谋克皆由世袭，滋生蕃息，军费钱绢，供给最烦。后移屯中原，刷括民田入官以给之，人三十亩，自不耕种，奴蓄汉人为之佃莳，取租而已，军媮民疲，驯至于亡，亦可鉴也。

刑法

金国旧俗，轻罪笞以柳葼，杀人及盗劫者，击其脑杀之，没其家赀，以十之四入官，其六偿主，并以家人为奴婢，其亲属欲以马牛杂物赎者从之。或重罪亦听自赎，然恐无辨于齐民，则劓、刵以为别。其狱则掘地深广数丈为之（《金史》卷四十五《刑志》）。

自太宗以后，采用隋、唐、宋、辽成法，制定法律，渐有规模。

熙宗天眷三年，复取河南地，乃诏其民，约所用刑法皆从律文。……至皇统间，诏诸臣，以本朝旧制，兼采隋、唐之制，参辽、宋之法，类以成书，名曰《皇统制》，颁行中外。……海陵庶人……又多变易旧制。至正隆间，著为《续降制书》，与《皇统制》并行焉。……世宗……遂置局，命大理卿移剌慥总中外明法者共校正。乃以皇统、正隆之《制》及大定《军前权宜条理》《后续行条理》……凡校定千一百九十条，分为十二卷，以《大定重修制条》为名，诏颁行焉。……章宗五年正月，复令钩校制、律……详定官……采前代刑书宜于今者，以补遗阙，取《刑统》疏文以释之，著为常法，名曰《明昌律义》。……泰和元年十二月，所修律成，凡十有二篇：一曰《名例》，二曰《卫禁》，三曰《职制》，四曰《户婚》，五曰《厩库》，六曰《擅兴》，七曰《贼盗》，八曰《斗讼》，九曰《诈伪》，十曰《杂律》，十一曰《捕亡》，十二曰《断狱》，实《唐律》也。……附注以明其事，疏义以释其疑，名曰《泰和律义》（《金史》卷四十五《刑志》）。

金之用刑，过于严酷。

金法以杖折徒，累及二百，州、县立威，甚者置刃于杖，虐于肉刑。季年，君臣好用筐箧故习，由是以深文傅致为能吏，以惨酷办事为长才。百司奸赃真犯，此可决也，而微过亦然。风纪之臣，失纠皆决。考满，校其受决多寡以为殿最。原其立法初意，欲以同疏戚、一小大，使之咸就绳约于律令之中，莫不齐手并足以听公上之所为。……是以待宗室少恩，待大夫士少礼。终金之代，忍耻以就功名，虽一时名士有所不免。至于避辱远引，罕闻其人。……是故论者于教爱立廉之道，往往致太息之意焉（《金史》卷四十五《刑志序》）。

学校

金自海陵时，始设学校，至世宗而大备。

凡养士之地曰国子监，始置于天德三年，后定制，词赋、经义生百人，小学生百人，以宗室及外戚皇后大功以上亲、诸功臣及三品以上官兄弟子孙年十五以上者入学，不及十五者入小学（《金史》卷五十一《选举志一》）。

世宗大定六年始置太学，初养士百六十人，后定五品以上官兄弟子孙百五十人，曾得府荐及终场人二百五十人，凡四百人。府学亦大定十六年置，凡十七处，共千人（《金史》卷五十一《选举志一》）。

世宗大定十三年，置女直国子学。……以女直大小字译《尚书》，颁行诸路。择明安（即猛安）、穆昆（即谋克）内良家子弟为学生，至三千人。……取其尤俊秀者百人至京师，以编修官……教之（《续通考》卷四十七《学校考一》）。

科举

金设科皆因辽、宋制，有词赋、经义、策试、律科、经童之制。……世宗大定十一年，创设女直进士科，初但试策，后增试论，所谓策论进士也。明昌初，又设制举宏词科，以待非常之士。故金取士之目有七焉。其试词赋、经义、策论中选者，谓之进士。律科、经童中选者，曰举人（《金史》卷五十一《选举志一》）。

凡诸进士、举人，由乡（乡试）曰府（府试），由府至省（会试）及殿廷（御试），凡四试皆中选则官之，至廷试五被黜则赐之第，谓之恩例。又有特命及第者，谓之特恩（《金史》卷五十一《选举志一》）。

恩例者……始于太宗天会元年十一月。时以急欲得汉士，以抚辑新附。初无定数，亦无定期。……五年，以河北、河东初降，职员多阙，以辽、宋之制不同，诏南北各因其素所习之业取士，号为南北选。……海陵庶人天德二年，始增殿试之制，而更定试期。三年，并南北选为一。……

贞元元年，定贡举程式、条理、格法（《金史》卷五十一《选举志一》）。

武举尝设于熙宗皇统时……有上、中、下三等，分府试、省试（《金史》卷五十一《选举志一》）。

冠服

金之冠服，据《金·舆服志》所载，冠冕五服及后妃之服，略同中国。其衣服通制，则存女真之俗。兹略举其制如下。

巾之制，以皂罗若纱为之，上结方顶，折垂于后。顶之下际两角各缀方罗径二寸许，方罗之下各附带长六七寸。当横额之上，或为一缩襞积。贵显者于方顶，循十字缝饰以珠，其中必贯以大者，谓之顶珠。带旁各络珠结绶，长半带，垂之（《金史》卷四十三《舆服志下》）。

衣色多白，三品以皂，窄袖，盘领，缝腋，下为襞积，而不缺袴。其胸臆肩袖，或饰以金绣，其从“春水”之服，则多鹘捕鹅，杂花卉之饰；其从“秋山”之服，则以熊鹿山林为文，其长中骭，取便于骑也（《金史》卷四十三《舆服志下》）。

束带曰吐鹘，玉为上，金次之，犀象骨角又次之。銙周鞓，小者间置于前，大者施于后，左右有双铊尾，纳方束中，其刻琢多如春水、秋山之饰。左佩牌，右佩刀（《金史》卷四十三《舆服志下》）。

其妇女衣服，可考者如下。

妇人服襜裙，多以黑紫，上编绣全枝花，周身六襞积。上衣谓之团衫，用黑紫或皂及绀，直领，左衽，掖缝，两傍复为双襞积，前拂地，后曳地尺余。带色用红黄，前双垂至下齐。年老者以皂纱笼髻如巾状，散缀玉钿于上，谓之玉逍遥。……许嫁之女则服绰子，制如妇人服，以红或银褐明金为之，对襟彩领，前齐拂地，后曳五寸余（《金史》卷四十三《舆服志下》）。

为区别等威，乃勒为限制，以分士、庶。

明昌六年制，文武官六贯石以上承应人并及荫者，许用牙领，紫圆板皂绦罗带，皂靴，上得兼下。系籍儒生止服白衫领，系背带并以紫圆绦罗带，乾皂靴。余人用纯紫领，不得用缘，杂色圆板绦罗带，不得用紫，靴用黄及黑油皂蜡等，妇人各从便（《金史》卷四十三《舆服志下》）。

所用衣饰之料，亦有等级之分。

在官承应有出身人、带八品以下官，未带官亦同，许服花纱绫罗纻丝丝䌷，家属同，妇人许用珠为首饰。……庶人止许服絁䌷、绢布、毛褐、花纱、无纹素罗、丝绵，其头巾、系腰、领帕许用芝麻罗、绦用绒织成者。……妇人首饰，不许用珠翠钿子等物，翠毛除许装饰花环冠子，余外并禁。兵卒许服无纹压罗、絁䌷、绢布、毛褐。奴婢止许服絁䌷、绢布、毛褐。倡优遇迎接、公筵承应，许暂服绘画之服，其私服与庶人同（《金史》卷四十三《舆服志下》）。

金人又为保存其固有之俗，禁止族人效汉服。

初，女直人不得改为汉姓及学南人装束，违者杖八十，编为永制（《金史》卷四十三《舆服志下》）。

（2）南宋与金之和战

（甲）完颜亮南侵

废帝海陵庶人亮……辽王宗干第二子也。……以宗室子，为奉国上将军，赴梁王宗弼军前任使。……加龙虎卫上将军，为中京留守。……为人僄急，多猜忌，残忍任数。初，熙宗以太祖嫡孙嗣位，亮意以为宗干太祖长子，而己亦太祖孙，遂怀觊觎。在中京，专务立威，以压伏小人。猛安萧裕倾险敢决，亮结纳之，每与论天下事。裕揣知其意，因劝海陵举大事。……皇统八年（宋高宗绍兴十八年，西元一一四八年）……拜右丞相。九年……兼都元帅。……学士张钧草诏忤旨死，熙宗问："谁使为之？"左丞相宗贤对曰："太保实然。"熙宗不悦，遂出为领行台尚书省事。……至良乡召还……复为平章政事，由是益危迫。熙宗尝以事杖左丞唐括辩及右丞相秉德，辩乃与大理卿乌带谋废立，而乌带先以此谋告海陵。……于是旦夕相与密谋。……结内使兴国为内应，而兴国亦以被杖怨熙宗，遂与亮约。十二月丁巳……是夜兴国取符钥启门纳海陵……入至寝殿，遂弑熙宗、秉德等。……乃奉海陵坐，皆拜称万岁，诈以熙宗欲议立后（熙宗被酒杀死皇后），召大臣，遂杀曹国王宗敏、左丞相宗贤……改皇统九年为天德元年（《金史》卷五《海陵纪》）。

金主亮即位后，欲混一天下，乃营汴京而迁都之，举兵以伐宋。

正隆五年……国主聚兵将南征，令户部尚书梁珠、兵部尚书萧德温，先计女真、契丹、奚家三部之众，不限丁数，悉签起之，凡二十四万，壮者为正军，弱者为阿里喜，一正军，一阿里喜副之，类为一十二万。又中原汉儿与渤海军总一十七路，惟中都路造军器，河南路修汴京免签外，其一十五路，每路一万，通为二十七万。仿唐制，分二十七军（宇文懋昭《大金国志》卷十四《海陵炀王纪中》）。

正隆六年（宋高宗绍兴三十一年，西元一一六一年）九月，上自将三十二总管兵伐宋，进自寿春，工部尚书苏保衡为浙东道水军都统制……由海道径趋临安。太原尹刘萼为汉南道行营兵马都统制、济南尹仆散乌者副之，进自蔡州。河中尹徒单合嘉为西蜀道行营兵马都统制……由凤翔取散关（《金史》卷五《海陵本纪》）。

金师甚锐，临采石未渡，复折至扬州，兵势仍盛，虞允文江上之捷，颇不足信。

绍兴三十一年，金主亮调军六十万，自将南来，弥望数十里，不断如银壁，中外大震。时宿将无在者，乃以锜为江、淮、浙西制置使，节制逐路军马。八月，锜引兵屯扬州……金人议留精兵在淮东以御锜，而以重兵入淮西。大将王权不从锜节制，不战而溃，自清河口退师扬州。……锜病，求解兵柄。……诏锜专防江，锜遂还镇江（《宋史》卷三六六《刘锜传》）。

金主命李通为大都督，造浮梁于淮水上。金主自将，兵号百万……自涡口渡淮。先是，刘锜措置淮东，王权措置淮西。至是，权首弃庐州，锜亦回扬州，中外震恐。上欲航海，陈康伯力赞亲征。……枢臣叶义问督江、淮军，允文参谋军事。权又自和州遁归，锜回镇江，尽失两淮矣。……金主率大军临采石，而别以兵争瓜洲。朝命成闵代锜、李显忠代权……命允文往芜湖趣显忠交权军，且犒师采石。……允文至采石，权已去，显忠未来，敌骑充斥。我师三五星散，解鞍束甲坐道旁，皆权败兵也。……遂立招诸将，勉以忠义。……乃命诸将列大阵不动，分戈船为五，其二并东西岸而行，其一驻中流，藏精兵待战，其二藏小港，备不测。部分甫毕，敌已……直薄宋军……士殊死战。中流官军亦以海鳅船冲敌舟……日暮未退。会有溃军自光州至，允文授以旗鼓，从山后转出，敌疑援兵至，始遁。又命劲弓尾击追射，大败之（《宋史》卷三八三《虞允文传》）。

完颜亮方至扬州，乌禄已自立于辽阳，进退失据，以至被弑，其兵北归。至是宋知和议不可恃，始有戒备。

九月……上发南京……将士自军中亡归者，相属于道。曷苏馆猛安福寿、东京谋克金住等，始授甲于大名，即举部亡归，从者众至万余，皆公言于路曰："我辈今往东京，立新天子矣。"（《金史》卷五《海陵本纪》）

世宗……本讳乌禄，太宗孙、睿宗子也。……性仁孝，沉静明达。……起，复东京留守。……海陵……使谋良虎图淮北诸王，上知之，心常隐忧。……故吏六斤，乘传自南来，具言海陵杀其母……等，又曰："且遣人来害宗室兄弟矣。"上闻之，益惧。及闻副留守高存福图己事且有迹，帝舅李石劝上早图之，于是以议备贼事召官属会……于座上执之。……十月，南征，万户完颜福寿、高忠建、卢万家奴等自山东率所领兵二万，完颜谋衍自长安率兵五千皆来附。谋衍即以臣礼上谒，诸军入城，共击杀存福等。……官属诸军劝进。……御宣政殿即皇帝位……改元大定(《金史》卷六《世宗本纪上》)。

东京留守曹国公乌禄即位于辽阳。……数海陵过恶……数十事。……左司郎中兀不喝等闻赦,入白东京即位改元事。上拊髀叹曰:“我本欲灭宋后,改元大定,岂非天命乎?”(《金史》卷五《海陵本纪》)

主(海陵)……乃回扬州,召诸将,约三日毕济,过期尽杀之。诸将相与谋曰:“南军有备如此,进有澇杀之祸,退有尽戮之忧,奈何?”其中一将曰:“等死,求生可乎?”众皆曰:“愿闻教。”有总管万载曰:“杀郎主,却与南宋通和归乡,则生矣。”众皆一辞,曰:“诺。”主有细茸等军(国主令诸处统军,择其精于射者得五千人,皆用茸丝联甲,紫茸为上,黄茸、青茸次之,号硬军,亦曰细军),不遣临敌,专以自卫,诸将虽欲杀逆,而“细军”卫之甚严,众因谓“细军”曰:“淮东子女玉帛皆逃在秦州,我辈急欲渡江,汝等何不白郎主往取之?”“细军”欣然共请,主从之,于是“细军”去者过半。……诸将集兵万余人,控弦直入主寝帐中,左右亲军散走,诸将射帐中,矢下如雨,主即崩。……皇子光瑛留汴京,亦为众所杀(宇文懋昭《大金国志》卷十五《海陵炀王纪下》)。

金兵北还,宋人乘机收复两淮州郡,又取唐、邓、陈、蔡、海、泗;而陕西方面,取秦、陇、商、虢诸州,兵势颇振。时高宗倦勤,传位于孝宗。孝宗素志恢复,遂起用张浚,委以军事。

孝宗即位……除少傅、江淮东西路宣抚使,进封魏国公。……隆兴元年,除枢密使,都督建康、镇江府、江州、池州、江阴军军马。时金将蒲察徒穆及知泗州大周仁屯虹县,都统萧琦屯灵壁,积粮修城,将为南攻计。浚欲及其未发攻之。会主管殿前司李显忠、建康都统邵宏渊亦献捣二邑之策。浚……乃遣显忠出濠州,趋灵壁;宏渊出泗州,趋虹县,而浚自往临之。显忠至灵壁,败萧琦;宏渊围虹县,降徒穆、周仁,乘胜进克宿州,中原震动(《宋史》卷三六一《张浚传》)。

是时李显忠名出邵宏渊右。时符离府军中,尚有金……银……

绢……钱。……乃纵亲信部曲，恣其搬取，所余者，始以犒军人，三兵共一缗，士卒怨怒。……既而复出战，悉弃钱沟壑。由是军情愤詈，人无斗志。浚乃移书，令宏渊听显忠节制，宏渊不悦。已而复令显忠、宏渊同节制，于是悉无体统矣。孝宗闻之，手书与浚曰："近日边报，中外鼓舞，十年来无此克捷。以盛夏人疲，急召李显忠等还师。"未达间，忽报金人副元帅纥石烈志宁大军且至，遇夜，军马未整，中军统制周宏先率军逃归，继逃归者……二将皆不能制。于是显忠、宏渊大军并丁夫等十三万众，一夕大溃，器甲资粮，委弃殆尽。……浚时在盱眙，去宿尚四百里。传言金且至，遂亟渡淮入泗州，已而复退维扬。窘惧无策……乃奏乞致仕，又乞遣使求和。孝宗怒曰："方败而求和，是何举措！"于是下诏罪己，有云："朕明不足以见万里之情，智不足以择三军之帅，号令既乖，进退失律。"……张浚……诸将，递降贬窜有差（周密《齐东野语》卷二）。

张浚恢复无功，值金世宗新立，不欲用兵，和议再起。

金帅仆散忠义，贻书三省枢密院，索四郡及岁币。不然，以农隙治兵（《宋史》卷三六一《张浚传》）。

汤思退建和议，命杞为金通问使。孝宗面谕："今遣使（一）正名，（二）退师，（三）减岁币，（四）不发归附人。"……行次盱眙，金所遣大将仆散忠义、纥石烈志宁等，方拥兵窥淮。……疑国书不如式，又求割商、秦地及归正人，且欲岁币二十万（《宋史》卷三八五《魏杞传》）。

宋人议和不能决，都元帅仆散忠义移军泰和，志宁移军临涣，遂渡淮，徒单克宁取盱眙、濠、庐、和、滁等州。宋人惧，乃决意请和，使者六七往反，议遂定（《金史》卷八十七《纥石烈志宁传》）。

和约之成立，在孝宗隆兴二年（金世宗大定四年，西元一一六四年），宋、金始为对等之国，绍兴屈辱十三事，亦得改削。其大要如下：

(1) 宋主称金主为叔父。

（2）改诏表为国书。

（3）岁币银、绢各减五万两匹。

（4）疆界如绍兴时。

宋、金再和以后，金世宗锐意内治，宋亦滋为休养生聚，南北宴然无事者三十余年。

即位五载，而南北讲好，与民休息。于是躬节俭，崇孝弟，信赏罚，重农桑，慎守令之选严，廉察之责。……孳孳为治，夜以继日，可谓得为君之道矣。当此之时，群臣守职，上下相安，家给人足，仓廪有余……号称小尧舜（《金史》卷八《世宗本纪赞》）。

南北……和好既成，迄三十年，无寸兵尺铁之用。尝遇饥年，每命所在官司，开仓赈恤。……户口殷繁充实，北人谓小尧舜云（宇文懋昭《大金国志》卷十八《世宗纪下》）。

但金治理中国北部，对待汉人，殊不平等。而以茶为宋所产，勒禁尤严。

女直为本户，汉人及契丹为杂户。……汉人、渤海人，不得充明安、穆昆户（《续通典》卷十《食货十》）。

金世宗大定十六年……金代茶自宋人岁供之外，皆贸易于宋界之榷场。至是，以多私贩，乃更定罪赏格。……章宗……时，以茶为费国用而资敌，遂命设官制之（《续通考》卷二十二《征榷考五》）。

省臣……奏曰："……茶本出于宋地，非饮食之急，而自昔商贾以金帛易之，是徒耗也。泰和间尝禁止之，后以宋人求和，乃罢。兵兴以来，复举行之。然犯者不少衰，而边民又窥利，越境私易。……今河南、陕西凡五十余郡，郡日食茶率二十袋，袋直银二两，是一岁之中，妄费民银三十余万也。奈何以吾有用之货，而资敌乎？"乃制："亲王、公主及见五品以上官，素蓄者存之，禁不得卖馈，余人并禁之。犯者徒五年，告者赏宝泉一万贯。"（《续通考》卷二十二《征榷考五》）

（乙）开禧用兵

韩侂胄得政之由。

淳熙十六年（金世宗大定二十九年，西元一一八九年）二月……下诏传位皇太子。是日，皇太子即皇帝位……上尊号曰至尊寿皇圣帝，皇后曰寿成皇后（《宋史》卷三十五《孝宗本纪三》）。

后……性妬悍，尝诉太子左右于高、孝二宫，高宗不怿……孝宗亦屡训后。……光宗欲诛宦者，近习皆惧，遂谋离间三宫。会帝得心疾，孝宗购得良药，欲因帝至宫授之。宦者遂诉于后曰："太上合药一大丸，俟宫车过即投药，万一有不虞，其奈宗社何？"后觇药实有，心衔之。顷之，内宴，后请立嘉王（名扩，即宁宗）为太子，孝宗不许。……后退，持嘉王泣诉于帝，谓寿皇有废立意。帝惑之，遂不朝太上（《宋史》卷二四三《光宗李皇后传》）。

孝宗崩……皇帝不出，百官相与恸哭于宫门。……乞太皇太后降旨，以皇帝有疾，暂就宫中成服（《宋史》卷三九二《赵汝愚传》）。

韩侂胄……知阁门事。孝宗崩，光宗以疾不能执丧，中外汹汹，赵汝愚议定策立皇子嘉王。时宪圣太后（高宗后吴氏）居慈福宫，而侂胄雅善慈福内侍张宗尹，汝愚乃使侂胄介宗尹以其议密启太后。侂胄两至宫门，不获命，彷徨欲退，遇重华宫提举阙礼问故，入白宪圣，言甚恳切，宪圣可其议。礼以告侂胄，侂胄驰白汝愚。日已向夕，汝愚亟命殿帅郭杲以所部兵夜分卫南北内。翌日，宪圣太后即丧次垂帘，宰臣传旨，命嘉王即皇帝位（《宋史》卷四七四《韩侂胄传》）。

传位之事，韩侂胄欲居其功，宰相赵汝愚故遏抑之，遂至互相排挤。

宁宗既立，侂胄欲推定策恩，汝愚曰："吾宗臣也，汝外戚也（侂胄为光宗皇后韩氏季父），何可以言功？"……侂胄始觖望（《宋史》卷四七四《韩侂胄传》）。

上命汝愚兼权参知政事……特进右丞相。……侂胄终不怿，自以有定策功，且依托肺腑，出入宫掖，居中用事。朱熹……劾之未果。……熹因讲毕（时熹为待制经筵）奏疏……遽出内批，除熹宫观。……侂胄恃功，为汝愚所抑，日夜谋引其党为台谏，以摈汝愚。……侂胄欲逐汝愚而难其名，或教之曰："彼宗姓，诬以谋危社稷，则一网无遗。"侂胄然之，擢其党将作监李沐为正言。……奏："汝愚以同姓居相位，将不利于社稷，乞罢其政。"汝愚出浙江亭待罪，遂罢右相（《宋史》卷三九二《赵汝愚传》）。

侂胄既排去汝愚，汝愚之党群起攻之。侂胄欲谋恢复，以间执人口，而伐金之事以起。

或劝侂胄立盖世功名以自固者，于是恢复之议兴。……安丰守厉仲方言淮北流民愿归附，会辛弃疾入见，言敌国必乱必亡，愿属元老大臣预为应变计，郑挺、邓友龙等又附和其言。开禧改元，进士毛自知廷对，言当乘机以定中原，侂胄大悦。诏中外诸将密为行军之计（《宋史》卷四七四《韩侂胄传》）。

是时金世宗已崩，章宗继立。北部鞑靼等部叛变，连岁用兵，财匮盗起，国势日弱，亦实予宋以恢复之机。

泰和五年（宋宁宗开禧元年，西元一二〇五年）五月，以平章政事仆散揆为河南宣抚使，籍诸道兵以备宋（《金史》卷十二《章宗本纪四》）。

时镇江武锋军统制陈孝广，复泗州及虹县；江州统制许进，复新息县；光州孙成复褒信县。捷书闻，侂胄乃议降诏，趣诸将进兵（《宋史》卷四七四《韩侂胄传》）。

兵衅既开，金师起大兵应战。

泰和六年（宋宁宗开禧二年，西元一二〇六年）十一月，起民兵于河南，十七万入淮，十万入荆襄（宇文懋昭《大金国志》卷二十一《章宗纪下》）。

同时四川吴曦叛降金，谋东下夹攻。未几，曦为安丙所诛，蜀疆得保。

初吴玠、吴璘俱为宋大将，兄弟父子相继守西土，得梁、益间士众心。璘孙曦……出兵兴元，有窥关陇之志。……上（金章宗）闻韩侂胄忌曦威名，可以间诱致之。梁、益居宋上游，可以得志于宋。封曦蜀国王。……诏纲经略之（《金史》卷九十八《完颜纲传》）。

金遣吴端持诏书、金印至置口，封曦蜀王，曦密受之。……曦遣将利吉，引金兵入凤州，以四郡付之，表铁山为界。……曦所统军……分隶十统帅……戍万州，泛舟下嘉陵江，声言约金人夹攻襄阳。……合江仓官杨巨源倡义讨逆，未有以发，遂与随军转运安丙共谋诛曦。会李好义与兄好古、李贵等皆有谋，交相结纳。……夜漏尽，巨源、好义首率勇敢七十人，斧门以入，李贵即曦室斩其首。……函曦首献于朝（《宋史》卷四七五《吴曦传》）。

金兵渡淮，宋师不利，韩侂胄知不可再战，始议媾和。

泰和六年……国兵自清河口渡淮，宋守将郭超失利，遂进围楚州。偏师趋枣阳军，又围庐州，守将田林拒我师，八日围解。又围和州，克信阳军，围襄阳府。又克随州，宋守将遁。……遂之德安，攻真州，于是濠、梁、安、丰及并边储戍，皆为国兵所破。又破西和州……宋……守将郭倪弃扬州，走瓜洲渡（宇文懋昭《大金国志》卷二十一《章宗纪下》）。

乃以丘崈……督视江、淮军马。侂胄输家财二十万以助军，而谕丘崈募人持书币赴敌营。……又遣书许还淮北流民及今年岁币，金人乃有许意（《宋史》卷四七四《韩侂胄传》）。

泰和七年……时国所索于宋者五事：一割两淮；二增岁币；三犒军金帛；四取陷没及归正人；五取韩侂胄首级。侂胄闻之大怒，复有用兵意（宇文懋昭《大金国志》卷二十一《章宗纪下》）。

宋诛韩侂胄以谢金人，且不免加增岁币，最为中国之辱。南渡诸人，无一正其非者，则侂胄为道学所恶故也。

韩侂胄见妃任权术，而曹美人性柔顺，劝帝立曹。而贵妃颇涉书史，知古今，性复机警，帝竟立之。后兄次山客王梦龙，知其谋，密以告后，后深衔之，与次山欲因事诛侂胄。会侂胄议用兵……择廷臣可任者与共图之。礼部侍郎史弥远，素与侂胄有隙，遂欣然奉命。……开禧三年（金章宗泰和七年）十一月三日，侂胄方早朝，弥远密遣中军统制夏震，伏兵六部桥侧，率健卒拥侂胄至玉津园，槌杀之（《宋史》卷二四三《宁宗杨皇后传》）。

侂胄既死，宋允金之请，函送其首以易侵地，并定立和议条件如下：

（1）两国境界如前；

（2）依靖康故事，世为伯侄之国；

（3）增岁币为银、绢，各三十万两匹；

（4）宋别以犒军银三百万与金，金亦尽以所侵地归宋。

（3）南宋之不振

（甲）相权极重

南宋宰相最擅权者，为秦桧、韩侂胄、史弥远、贾似道四人。盖南宋宰相兼总兵、财，权莫与比，一人得政，俨然首辅，其他执政，陪位画诺而已。当艰难缔造之会，非此不能有所施设，史乃尽以奸臣目之，不免门户道学之见。实则秦桧始终受金人操纵，卖国之罪难逭。韩、史操弄威福，有废立之渐，无不臣之心，其所行事，亦善恶互见，不尽如《宋史》所诋。兹姑疏其专擅之迹如次。

秦桧

自秦桧用事，塞言路。及上总揽权纲……浩与王十朋……始相继言事（《宋史》卷三八八《李浩传》）。

绍兴二十六年……高宗躬亲政事，收揽威柄，召诸贤于散地（《宋史》卷三七二《王纶传》）。

允文言："自古人主大权，不移于奸臣，则落于近幸。秦桧盗权十有八年，桧死，权归陛下。"（《宋史》卷三八三《虞允文传》）

桧两据相位，凡十九年，一时忠臣、良将诛锄略尽，其顽钝无耻者，率为桧用，争以诬陷善类为功。……察事之卒，布满京城，小涉讥议，即捕治中以深文。又阴结内侍……伺上动静。郡国事惟申省，无一至上前者（《宋史》卷四七三《秦桧传》）。

秦桧权倾天下，然颇谨小嫌，故思陵眷之，虽桧死，犹不释。小相熺尝衣黄葛衫侍桧侧，桧目之曰："换了来。"熺未谕，复易黄葛。桧瞪目视之曰："可换白葛。"熺因请以为"葛黄乃贵贱所通用"。桧曰："我与尔却不可用。"盖以色之逼上（叶绍翁《四朝闻见录·乙集》）。

宪圣召桧夫人入禁中赐宴，进淮青鱼。宪圣顾问夫人："曾食此否？"夫人对以"食此已久。又鱼视此更大且多，容臣妾翌日供进"。夫人归，亟以语桧。桧恚之曰："夫人不晓事。"翌日，遂易糟鲟鱼大者数十枚以进。宪圣笑曰："我便道是无许多青鱼，夫人误耳。"（叶绍翁《四朝闻见录·乙集》）

绍兴，金国使持盟书，要玉辂以载，百官朝服迎于丽正。桧使人谕以玉辂非祀天不用，且非可载书。辂虽不用，金使必欲百官迎拜，桧许之。翌日，命省吏杂以绯紫，迎拜于丽正，班如仪。金使造庭，讶百官已立班上。既受书毕，百官呵殿缀金使以出。金使见向之绯紫诸吏，犹立于门，始悟秦计。又使人至庭，必欲上兴躬下殿受书，左右相顾，莫敢孰何。时王汴在班内，起而语使曰："尔实有书无书？"使遂出书示之，汴夺书而进。使计屈，归其国，以生事被诛云。绍翁据勾龙、如渊《退朝录》绍兴八年十二月二十七日己卯，上召王伦入，责以取书事。既晚，伦见金使于馆，以二策动之，金使皇恐，遂许明日上。诏宰职就馆见金使，受书纳入，人情始安。或曰："秦桧未有以处，给事中楼照举谅阴三年之说以语桧，桧悟。于是上不出，而桧摄冢宰即馆受书以归。金始知朝廷有人。"绍翁尝疑省吏及夺书一节得于所闻，未敢遽载。如渊之论有据甚明。若就馆授书，则省吏与夺书之说，真齐东云（叶绍翁《四朝闻见录·丙集》）。

秦会与范觉民同在庙堂，二公不相咸。敌骑初退，欲定江西二守臣之罪。康倬知临江军弃城而走，抚州王仲山以城降，仲山，桧之妇翁也。觉民欲宽之，桧云："不可。既已投拜委质于贼，什么话不曾说，岂可贷耶？"盖诋觉民尝仕伪楚耳（王明清《挥麈录余话》卷二）。

张子公为户侍，苦用度窘，欲出祠部改盐钞。见秦相桧，秦曰："且止。若干年不出，若干年不改盐钞矣。"子公乃具陈当时利害，俱不听。子公怒，乃勃然曰："相公言大好看，势不可行。今日事势如此，安得沽虚誉，妨事实，一旦缓急，相公何处措办？"（施彦执《北窗炙輠》卷上）

韩侂胄

侂胄除平章军国事。……三日一朝，因至都堂，序班丞相之上。……用事十四年，威行宫省，权震宇内（《宋史》卷四七四《韩侂胄传》）。

韩外有陈自强，内有周筠，启韩有图之者，韩犹以"一死报国"为辞（叶绍翁《四朝闻见录·戊集》）。

苏师旦尝以窘乏求金于韩，韩不知其受诸将贿动以亿万，每辍俸金与之。……及江上诸将致败，而邱公密为督视，廉知败将之赂师旦尺牍往来具存，因作书以遗韩。韩大怒，遂窜师旦于海上（叶绍翁《四朝闻见录·戊集》）。

寿皇雄心远虑，无日不在中原。侂胄习闻其说，且值金虏浸微，于是患失之心生，立功之念起矣。殊不知时移事久，人情习故，一旦骚动，怨嗟并起。而茂陵（宁宗）乃守成之君，无意兹事，任情妄动，自取诛僇，宜也。身陨之后，众恶归焉；然其间是非，亦未尽然。若《杂记》所载，赵师罿犬吠，乃郑斗所造以报挞武学生之愤。至如许及之屈膝，费士寅狗窦，亦皆不得志抱私雠者撰造丑诋，所谓僭逆之类，悉无其实。李心传蜀人，去天万里，轻信纪载，疎舛固宜。而一朝信史，乃不择是否而尽取之，何哉（周密《齐东野语》卷三）。

史弥远

弥远死，帝亲政（《宋史》卷四〇六《洪咨夔传》）。

端平元年，上既亲总庶政，赫然独断（《宋史》卷四一四《郑清之传》）。

弥远薨，上亲政（《宋史》卷四三七《真德秀传》）。

弥远薨，上亲庶政（《宋史》卷四三七《魏了翁传》）。

弥远既诛韩侂胄，相宁宗十有七年。迨宁宗崩，废济王，非宁宗意。立理宗，又独相九年，擅权用事，专任憸壬。理宗德其立己之功……虽台谏言其奸恶，弗恤也（《宋史》卷四一四《史弥远传》）。

越王自草表，中自序云："逡巡岁月，七十有三。"而未得所对。有客以今余大参父能四六为荐者，越王召见，试以表中语，俾为属对。余应声曰："此甚易。以'补报乾坤，万分无一'为对足矣。"越王大加赏识（叶绍翁《四朝闻见录·甲集》）。

贾似道

理宗崩，度宗又其所立，每朝必答拜，称之曰师，臣而不名，朝臣皆称为周公。……入朝不拜，朝退，帝必起避席，目送之出殿廷，始坐（《宋史》卷四七四《贾似道传》）。

似道既专恣日甚，畏人议己，务以权术驾驭。不爱官爵，牢笼一时名士。……由是言路断绝，威福肆行（《宋史》卷四七四《贾似道传》）。

时襄阳围已急，似道日坐葛岭，起楼阁亭榭，取宫人娼尼有美色者为妾，日淫乐其中。惟故博徒日至纵博，人无敢窥其第者。……尝与群妾踞地斗蟋蟀，所狎客入，戏之曰：“此军国重事邪？”酷嗜宝玩，建多宝阁，日一登玩（《宋史》卷四七四《贾似道传》）。

似道误国之罪，上通于天，不可悉数。然其制外戚、抑北司、戢学校等事，亦是所不可及者，固不可以人而废也。外戚诸谢，惟堂最深崄，其才最颉颃难制。似道乃与之日亲狎而使之不疑，未几，不动声色，悉皆换班，堂虽知堕其术中，然亦未如之何矣。北司之最无状者董宋臣、李臣辅，前是当国者，虽欲除之，往往反受其祸。似道谈笑之顷，出之于外，余党慑伏，惴惴无敢为矣。学舍在当时最为横议，而啖其厚饵，方且讼盛德、赞元功之不暇，前庑一得罪，则黥决不少贷，莫敢非之。福邸，帝父也，略不敢以邪封墨敕以丐恩泽，内庭无用事之人，外阃无怙势之将，宫中、府中俱为一体。凡此数事，世以为极难，而似道乃优为之，谓之无才可乎？其所短者，专功而怙势，忌才而好名，假崇尚道学、旌别高科之名，而专用一等萎靡迂缓不才之徒，高者谈理学，卑者矜时文，略不知兵财政刑为何物。垢面弊衣，冬烘昏愦，以致糜烂渐尽而不可救药，此皆不学而任术，独运而讳言之罪也。呜呼！古人以集众思、广忠益为相业，真万世之名言也欤（周密《癸辛杂识·后集》）。

按：秦桧甘心作人民之公敌，史弥远结蒙古，与北宋海上之盟何以异？韩侂胄冤死，送首北廷，金人以为忠于谋国，谬于谋身，谥之曰忠谬。而宁宗谕大臣曰：“恢复岂非美事，但不量力尔。”乃被以一世恶名，岂不令力主恢复者短气？若贾似道以国事为儿戏，又非三人之比。乃有谓其不敢犯清议言和，以致身死国灭者，不知是时蒙古必欲渡江，不战即亡，岂有求和余地耶？

（乙）太学生之论政

是时独有太学生邓肃，上十诗，备述花石之扰（王明清《挥麈后录》卷一）。

陈东……以贡入太学。钦宗即位，率其徒伏阙上书，论今日之事。……伏阙之士，先自东始（《宋史》卷四五五《陈东传》）。

太学生论列时政，自二陈始。

王荆公在中书，作新经义以授学者，故太学诸生，几及三千人。……又令判监直讲程第诸生之业，处以上、中、下三舍，而人间传以为凡试而中上舍者，朝廷将以不次升擢。于是轻薄书生，矫饰言行，坐作虚誉，奔走公卿之门者若市矣（魏泰《东轩笔录》卷六）。

崇宁以来，蔡京群天下学者，纳之黉舍，校其文艺，等为三品。饮食之给，因有差。旌别人才，止付于鱼肉铢两间。学者不以为羞，且逐逐然贪之（邓志宏《沙县重修县学记》）。

宋太学生上书，始于徽宗大观三年。太学生陈朝老，疏蔡京之恶十四事，士人争相传写。又十六年至宣和七年，钦宗即位，而有陈东。东凡七上书：其一，请诛蔡京、梁师成、李彦、朱勔、王黼、童贯六贼；其一，童贯挟徽宗东行，请追贯还，正典刑；其一，金人迫京师，又请诛六贼；其一，请用李纲，斥李邦彦等；其一，又请诛蔡氏。此五上书，皆在太学时。其一，乞留李纲，而罢黄潜善、汪伯彦；其一，请亲征，以还二圣。治诸将不进兵之罪，以作士气。车驾归京师，勿幸金陵。此两上书，皆在高宗召赴行在时。内惟请诛六贼，及论李纲。乃率诸生高登等，余皆东一人言耳。时与东同斩于市者，有抚州布衣欧阳澈，亦以上书得罪。越三年，高宗感悟，赠东、澈俱承事郎。东无子，官有服亲一人（刘豫即伪位，立陈东、欧阳澈庙于归德，如张巡、许远制，此在高宗赠官之先。忠义之士，虽乱臣贼子，亦知敬也）。及驾过镇江（东乃镇江丹阳人），遣守臣祭东墓，赐缗钱五百。绍兴四年，东、澈并加朝奉郎、秘阁修撰官。其后二人，赐田十顷，戴埴鼠璞云。高宗尝曰：“朕即位，听用非人，至今痛恨之。赠官推恩，未足称朕悔过之意。死者不可复生，追痛无已。”圣心恻怛如此。高登凡六上书，高宗时，召赴都堂审察，上疏万言，及时议六篇，授古县令。秦桧恶之，谪漳州。又后五十年，朱子为漳州守，乞褒赠。绍兴末，太学生程鸿图，上书讼岳飞冤，诏飞家自便。至孝宗淳熙时，太学生乃有受赂陈书者。监察御史洪天锡，论宦者卢允升、董宋臣，疏留中不下。赵崇璠移书左丞相谢方叔，翼日，御笔授天锡大理少卿，天锡辞去。宦者赂太学生林自养，力诋天锡、方叔，乞诛二人。学舍恶自养党奸，相与鸣鼓攻之，上书申其罪，是一小人，不足以掩众君子也。光宗绍熙五年，光宗以疾，久不省重华宫，太学生汪安仁等二百余人上书。宁宗庆元元年，韩侂胄引李沐为右正言，劾赵汝愚，窜永州。侍御史章颖以奏留汝愚，斥逐。太学生杨宏中、林仲麟、徐范、张衜、蒋傅、周端朝上书辨诬，皆被罪，天下号为"六君"子。又宁宗时，王居安以言事夺官，太学诸生有举幡乞留者。逮理宗淳祐十年，丁大全劾丞相董槐去国，太学生刘黻、陈宗、黄唯、陈宜中、林则祖伏阙上书，后程公许、黄之纯，被诬劾罢出，黻又率诸生上书。刘汉弼劾史嵩之之党，感末疾，遂卒，人皆疑嵩之致毒。太学生蔡之润等百七十有三人伏阙上书，以为暴卒。杜范劾李鸣复，太学诸生亦上书交攻之。后范去政府，太学诸生又上书留范。史嵩之父丧，起复右丞相，太学生黄恺伯、金九万、孙翼凤等百四十四人上书谕嵩之不当起复。陈垓劾程公许，太学生刘黻等百余人上书论垓。徐元杰暴疾卒，三学诸生相继叩阍讼冤。丁大全为谏议大夫，三学诸生叩阍，言不可，诏禁戒，旋逮诸生下狱。宋末，有太学生萧规、叶李等，上书言贾似道专政，而帝㬎德祐时，王爚之子，嗾太学刘九皋等，上书言宜中擅权庇赵溍，其误国甚于似道，宜中遂去，遣使四辈召之不至。乃命临安府捕逮太学生，下刘九皋临安狱，罢王爚，遣使召宜中还。元兵至，宜中仍遁。当时太学生动辄上书，诚衰世之景象（汪师韩《韩门缀学》卷五）。

南渡而后，太学生势益盛。

庆元间，赵忠定（汝愚）去国，太学生周端朝、张道、徐范、蒋傅、林仲麟、杨宏中以上书屏斥，遂得六君子之名。开庆间，丁大全用事，以法绳多士，陈宜中（兴权）、刘黼（声伯）、黄镛（器之）、林则祖（兴周）、曾唯（师孔）、陈宗（正学），亦以上书得谪，号“六君子”（周密《齐东野语》卷二十）。

三学之横，盛于景定、淳祐之际。凡其所欲出者，虽宰相、台谏，亦直攻之，使必去权，乃与人主抗衡。……其所以招权受赂，豪夺庇奸，动摇国法，作为无名之谤，扣阍上书，经台投卷，人畏之如狼虎。若市井商贾，无不被害，而无所赴愬。非惟京尹不敢过问，虽一时权相如史嵩之、丁大全，不邺行之，亦未如之何也（周密《癸辛杂识·后集》）。

然或志在利禄，故易受权相笼络。

至贾似道作相，度其不可以力胜，遂以术笼络。每重其恩数，丰其馈给，增拨学田，种种加厚，于是诸生啖其利而畏其威，虽目击似道之罪，而噤不敢发一语。及贾要君去国，则上书赞美，极意挽留，今日曰“师相”，明日曰“元老”；今日曰“周公”，明日曰“魏公”，无一人敢少指其非（周密《癸辛杂识·后集》）。

贾公（似道）欲优学舍以邀誉，乃以校尉告身钱帛等，俾京庠拟试。时黄文昌方自江阃入为京尹，益增赏格，虽末缀，犹获数百千。于是群四方之士，试者纷然（周密《齐东野语》卷十七）。

（丙）道学之禁

南渡以后，秦桧主张王安石之学，赵鼎主张程颐之学，党派之分，遂基于此。厥后互相倾轧，愈演愈烈，至赵汝愚与韩侂胄争权，益纠结不已，致使政治食其恶果。

命朱熹待制经筵，悉收召士君子之在外者（《宋史》卷三九二《赵汝愚传》）。

宁宗之立，韩侂胄自谓有定策功，居中用事。熹忧其害政，数以为言。……庆元元年初，赵汝愚既相，收召四方知名之士，中外引领望治，熹独惕然以侂胄用事为虑。既屡为上言，又数以手书启汝愚，当用厚赏酬其劳，勿使得预朝政……之语。汝愚方谓其易制，不以为意（《宋史》卷四二九《朱熹传》）。

按：朱熹为道学派宗主，故汝愚引之为助。

韩侂胄……琦曾孙也。父娶高宗宪圣慈烈皇后女弟，仕至宝宁军承宣使。侂胄以父任入官，历阁门祗候……知阁门事。……侂胄雅善慈福内侍张宗尹（《宋史》卷四七四《韩侂胄传》）。

侂胄……出入宫掖，居中用事（《宋史》卷三九二《赵汝愚传》）。

按：韩侂胄结交宫掖，以挤赵汝愚。汝愚既失位，所引用之人竞起攻侂胄者，皆为侂胄所贬窜。

汝愚既斥……朱熹、彭龟年、黄度、李祥、杨简、吕祖俭等，以攻侂胄得罪（《宋史》卷四七四《韩侂胄传》）。

同时太学生与道学接近，亦攻侂胄不已。

太学生杨宏中……等，又以上书论侂胄编置，朝士以言侂胄遭责者数十人（《宋史》卷四七四《韩侂胄传》）。

所谓道学派之人，其行径亦有可訾之处。

世又有一种浅陋之士，自视无堪以为进取之地，辄亦自附于道学之名。褒衣博带，危坐阔步。或抄节语录以资高谈；或闭眉合眼号为默识。而扣击其所学，则于古今无所闻知；考验其所行，则于义利无所分别。此圣门之大罪人，吾道之大不幸，而遂使小人得以借口为伪学之目，而君子受玉石俱焚之祸者也（周密《齐东野语》卷十一）。

韩侂胄为排除异己，遂倡伪学之禁。

韩侂胄用事……凡不附己者，指为道学尽逐之。已而自知道学二字，本非不美，于是更目之为伪学。臣僚之荐举，进士之结保，皆有“如是伪学者，甘伏朝典”之辞。一时嗜利无耻之徒，虽尝自附于道学之名者，往往旋易衣冠，强习歌鼓，欲以自别。甚者……向之得罪于庆元初者，亦从而和之，可叹也已（周密《齐东野语》卷十一）。

又设伪学之目，以网括汝愚、朱熹门下知名之士。用何澹、胡纮为言官，澹言伪学宜加风厉，或指汝愚为伪学罪首；纮条奏汝愚有十不逊。……刘三杰入对，言前日伪党，今变而为逆党。……而坐伪学、逆党得罪者五十有九人。王沇献言令省部籍记伪学姓名，姚愈请降诏严伪学之禁，二人皆得迁官（《宋史》卷四七四《韩侂胄传》）。

庆元三年十二月，以知绵州王沇奏，诏省部籍伪学姓名，宰执四人：赵汝愚、留正、王蔺、周必大；待制以上十三人：朱熹、徐谊、彭龟年、陈傅良、薛叔似、章颖、郑湜、楼钥、林大中、黄由、黄黼、何异、孙逢吉；余官三十一人：刘光祖、吕祖俭、叶适、杨方、项安世、李𡌴、沈有开、曾三聘、游仲鸿、吴猎、李祥、杨简、赵汝谈、赵汝谠、陈岘、范仲黼、汪逵、孙元卿、袁燮、陈武、田澹、黄度、张体仁、蔡幼学、黄灏、周南、吴柔胜、王厚之、孟浩、赵巩、白炎震；武臣三人：皇甫斌、范仲任、张致远；士人八人：杨宏中、周端朝、张衜、林仲麟、蒋傅、徐范（以上六人为太学生）、蔡元定、吕祖泰，凡五十九人（钱士升《南宋书》卷四《宁宗纪》）。

攻击道学最力者，有沈继祖攻朱熹一疏，胡纮所草，其词过峻，不免诬枉。然道学号召徒党，互助标榜，欲以隐执朝政，亦或有其事。

庆元三年丁巳春二月癸丑省札："臣窃见朝奉大夫、秘阁修撰、提举鸿庆宫朱熹，资本回邪，加以忮忍，初事豪侠，务为武断，自知圣世此术难售，寻变所习，剽张载、程颐之余论，寓以吃菜事魔之妖术，以簧鼓后进，张浮驾诞，私立品题，收召四方无行义之徒以益其党伍，相与餐粗食淡，衣褒带博，或会徒于广信鹅湖之寺，或呈身于长沙敬简之堂，潜形匿影，如鬼如魅。士大夫之沽名嗜利、觊其为助者，又从而誉之荐之。根株既固，肘腋既成，遂以匹夫窃人主之柄，而用之于私室。飞书走疏，所至响答，小者得利，大者得名，不惟其徒咸遂所欲，而熹亦富贵矣。臣窃谓熹有大罪者六，而他恶又不与焉。人子之于亲，当极甘旨之奉，熹也不天，惟母存焉，建宁米白，甲于闽中，而熹不以此供其母，乃日籴仓米以食之，其母不堪食，每以语人。尝赴乡邻之招，归谓熹曰：‘彼亦人家也，有此好饭。’闻者怜之。昔茅容杀鸡食母而与客蔬饭，今熹欲餐粗钓名而不恤其母之不堪，无乃太戾乎？熹之不孝其亲，大罪一也。熹于孝宗之朝，屡被召命，偃蹇不行，及监司郡守，或有招致，则趣驾以往。说者谓召命不至，盖将辞小而要大；命驾趣行，盖图朝至而夕馈。其乡有士人连其姓者，贻书痛责之，熹无以对。其后除郎，则又不肯入部供职，托足疾以要君，此见于侍郎林栗之章。熹之不敬于君，大罪二也。孝宗大行，举国之论，礼合从葬于会稽。熹乃以私意倡为异论，首入奏札，乞召江西、福建草泽，别图改卜。其意盖欲藉此以官其素所厚善之妖人蔡元定，附会赵汝愚改卜他处之说，不顾祖宗之典礼，不恤国家之利害，向非陛下圣明，朝论坚决，几误大事。熹之不忠于国，大罪三也。昨者汝愚秉政，谋为不轨，欲藉熹虚名以招致奸党，倚腹心羽翼，骤升经筵，躐取次对。熹既用法，从恩例封赠其父母，奏荐其子弟，换易其章服矣，乃忽上章，佯为辞免。岂有以职名而受恩数而却辞职名？玩侮朝廷，莫此为甚。此而可忍，孰不可忍？熹之大罪四也。汝愚既死，朝野交庆，熹乃率其徒百余人哭之于野。熹虽怀卵翼之私恩，盍顾朝廷之大义？而乃犹为死党，不畏人言。至和储用之诗，有“除是人间别有天”之句，人间岂容别有天耶？其言意何止怨望而已？熹之大罪五也。熹既信妖人蔡元定之邪说，谓建阳县学风水，有侯王之地。熹欲得之，储用逢迎其意，以县学不可为私家之有，于是以护国寺为县学，以为熹异日可得之地。遂于农月伐山凿石，曹牵伍拽，取捷为路，所过骚动，破坏田亩，运而致之于县下。方且移夫子于释迦之殿，设机造械，用大木巨缆绞缚圣像，撼摇通衢嚣市之内，而手足堕坏，观者惊叹。邑人以夫子为万世仁义礼乐之宗主，忽遭对移之罚，而又重以折肱伤股之患，其为害于风教大矣！熹之大罪六也。以至欲报汝愚援引之恩，则为其子崇宪执柯，娶刘珙之女，而奄有其身后巨万之财。又诱引尼姑二人以为宠妾，每之官则与之偕行，谓其能修身，可乎？冢妇不夫而自孕，诸子盗牛而宰杀，谓其能齐家，可乎？知南康军，则妄配数人而复与之改正；帅长沙，则匿藏赦书而断徒刑者甚多；守漳州，则搜古书而妄行经界，千里骚动，莫不被害；为浙东提举，则多发朝廷赈济钱粮，尽与其徒而不及百姓，谓其能治民，可乎？又如据范染祖业之山以广其居，而反加罪于其身；发掘崇安弓手父母之坟以葬其母，而不恤其暴露，谓之恕以及人，可乎？男女婚嫁，必择富民，以利其奁聘之多；开门授徒，必引富室子弟，以责其束脩之厚。四方馈赂，鼎来踵至，一岁之间，动以万计，谓之廉以律己，可乎？夫廉也，恕也，修身也，齐家也，治民也，皆熹平日窃取《中庸》《大学》之说以欺惑斯世者也。今其言如彼，其行乃如此，岂不为大奸大憝也耶？昔少正卯言伪而辩，行僻而坚，夫子相鲁七日而诛之。夫子，圣人之不得位者也，犹能亟去之如是，而况陛下居德政之位，操可杀之势，而熹有浮于少正卯之罪，其可不亟诛之乎？臣愚欲望圣慈特赐睿断，将朱熹褫职罢祠，以为欺君罔世之徒、污行盗名者之戒。仍将储用镌官，永不得与亲民差遣。其蔡元定，乞行下建宁府追送别州编管。庶几奸人知惧，王道复明。天下学者，自此以孔、孟为师，而憸人小夫不敢假托凭藉，横行于清明之时，诚非小补。”（叶绍翁《四朝闻见录·丁集》）

道学党徒甚盛，操纵时局，隐然为物望所归。侂胄虽加镇抑，终不能不弛其禁。

初韩侂胄用事，患人不附。……举海内知名士，贬窜殆尽。其后侂胄亦悔……禁网渐解矣（《宋史》卷四三四《叶适传》）。

是时，士之绳趋尺步，稍以儒名者，无所容其身。从游之士，特立不顾者，屏伏丘壑。……而熹日与诸生讲学不休。或劝其谢遣生徒者，笑而不答。有籍田令陈景思者，故相康伯之孙也，与侂胄有姻连，劝侂胄勿为已甚。侂胄意亦渐悔（《宋史》卷四二九《朱熹传》）。

侂胄亦稍厌前事，张孝伯以为，不弛党禁，后恐不免报复之祸。侂胄以为然……伪党之禁浸解（《宋史》卷四七四《韩侂胄传》）。

及史弥远初执国柄，乃引用道学派以自厚，而终于不合。

雪赵汝愚之冤，乞褒赠赐谥，厘正诬史。一时伪学党人朱熹、彭龟年、杨万里、吕祖俭虽已殁，或褒赠易名，或录用其后，召还正人故老于外（《宋史》卷四一四《史弥远传》）。

时史弥远方以爵禄縻天下士，德秀慨然谓刘爚曰："吾徒须急引去，使庙堂知世亦有不肯为从官之人。"遂力请去（《宋史》卷四三七《真德秀传》）。

朝廷收召诸贤，了翁预焉。会史弥远入相，专国事。了翁察其所为，力辞召命（《宋史》卷四三七《魏了翁传》）。

其实当时所谓贤者，多流于矫伪。

士大夫汲汲好名，正救之力少而附和沽激之意多，扶持之意微而诋訾扇摇之意胜。既虑君上之或不能用，又恐朝廷之或不能容，姑为激怒之辞，退俟斥逐之命。始则慷慨而激烈，终则恳切而求去，将以树奇节而求令名，此臣之所未解。盖阴诋真德秀等（《宋史》卷四二二《李知孝传》）。

大佞似忠，大辨若讷，或好名以自鬻，或立异以自诡，或假高尚之节以要君，或饰矫伪之学以欺世。言若忠鲠，心实回邪，一不察焉，熏莸同器，泾、渭杂流矣。言不达变，谋不中机，或巧辨以为能，或诡讦以市直，或设奇险之说以骇众听，或肆妄诞之论以惑士心。所行非所言，所守非所学，一不辨焉，枘凿不侔，矛盾相激矣（《宋史》卷四二二《梁成大传》）。

弥远愤诸人之不同于己，始尽斥逐之。

而弥远反用李知孝、梁成大等以为鹰犬。于是一时之君子，贬窜斥逐，不遗余力云（《宋史》卷四一四《史弥远传》）。

贾似道利用道学愦愦，名为尊崇，其实愚弄之。

尝闻吴兴老儒沈仲固先生云："道学之名，起于元祐，盛于淳熙。其徒有假其名以欺世者，真可以嘘枯吹生。凡治财赋者，则目为聚敛；开阃扞边者，则目为粗材；读书作文者，则目为玩物丧志；留心政事者，则目为俗吏。其所读者，止《四书》《近思录》《通书》《太极图》《东西铭》《语录》之类，自诡其学为正心、修身、齐家、治国、平天下。故为之说曰：'为生民立极，为天地立心，为万世开太平，为前圣继绝学。'其为太守，为监司，必须建立书院，立诸贤之祠，或刊注《四书》，衍辑语录。然后号为贤者，则可以钓声名，致朊仕，而士子场屋之文，必须引用以为文，则可以擢巍科，为名士。否则立身如温国，文章气节如坡仙，亦非本色也。于是天下竞趋之，稍有议及，其党必挤之为小人，虽时君亦不得而辨之矣。其气焰可畏如此。然夷考其所行，则言行了不相顾，卒皆不近人情之事。异时必将为国家莫大之祸，恐不在典午清谈之下也。"余时年甚少，闻其说如此，颇有嘻其甚矣之叹。其后至淳祐间，每见所谓达官朝士者，必愦愦冬烘，弊衣菲食，高巾破履，人望之知为道学君子也。清班要路，莫不如此，然密而察之，则殊有大不然者，然后信仲固之言不为过。盖师宪当国，独握大柄，惟恐有分其势者，故专用此一等人，列之要路，名为尊崇道学，其实幸其不才愦愦，不致掣其肘耳。以致万事不理，丧身亡国，仲固之言，不幸而中。呜呼，尚忍言之哉（周密《癸辛杂识·续集下》）。

（十一）南宋之灭亡

（1）蒙古之兴起

（甲）蒙古起原

蒙古即唐之蒙兀，曰盲骨，曰朦骨，曰朦辅，曰萌骨，曰蒙古思，皆音译。

达靼，靺鞨之遗种。本在奚契丹之东北，后为契丹所攻，而部族分散，或属契丹，或属渤海，别部散居阴山者，自号达靼（《五代史》卷七十四《四夷附录三》）。

黑鞑之国，号大蒙古。沙漠之地，有蒙古山，鞑语谓银曰蒙古，女真名其国曰大金，故鞑名其国曰银（徐霆《黑鞑事略》）。

所谓白鞑靼者，容貌稍细。……所谓生鞑靼者，甚贫且拙，且无能为，但知乘马随众而已。今成吉思皇帝及将相大臣，皆黑鞑靼也（孟珙《蒙鞑备录》）。

金之初起，尝假蒙古兵马。既得国，不偿原约，由是蒙古有怨言。至熙宗时，蒙古侵扰边鄙，金兵讨之不克，遂与议和。

皇统五年（宋高宗绍兴十五年，西元一一四五年）……时有蒙兀之扰（宇文懋昭《大金国志》卷十二《熙宗纪四》）。

皇统六年……女真万户湖沙虎，北攻盲骨子，粮尽而还。为盲骨子袭之，至上京之西北，大败于海岭（宇文懋昭《大金国志》卷十二《熙宗纪四》）。

皇统七年……是岁，朦骨国平。初，挞懒既诛，其子胜花都郎君者，率其父故部曲以叛，与朦骨通。兀术之未死也，自将中原所教神臂弓手八万人讨之，连年不能克。皇统之六年八月，复遣萧保寿奴与之和，议割西平河（蒙古人民共和国克鲁伦河）以北二十七团寨与之，岁遗牛羊米豆，且册其酋长熬罗孛极烈为朦辅国主，至是始和，岁遗甚厚。于是熬罗孛极烈自称祖元皇帝，改元天兴。大金用兵连年，卒不能讨，但遣精兵，分据要害而还（宇文懋昭《大金国志》卷十二《熙宗纪四》）。

其他记载，有谓蒙兀与鞑靼为东西二族者。然《大金国志》所载祖元皇帝之称，他书亦言之。《国志》敖罗孛极烈与《元史》噶布勒汗（即《元秘史》之合不勒），音亦相类，或为一人，《国志》不为无本。至谓东西相望千里，则游牧人民，居处不常，据《金史·兵志》，东北、西北部族乣军，俱有萌骨部族可证。鞑靼本出靺鞨，或由东北而渐出西南，世因混塔塔儿与鞑靼为一，乃疑蒙、鞑为二族耳。

旧有蒙古斯国，在金人伪天会间，亦尝扰金虏为患，金虏尝与之战，后乃多与金帛和之。按李谅《征蒙记》曰："蒙人尝改元天兴，自称太祖元明皇帝。"今鞑人甚朴野，略无制度。珙尝讨究于彼，闻蒙已残灭久矣（孟珙《蒙鞑备录》）。

又有蒙国者，在女真之东北，唐谓之蒙兀部，金人谓之蒙兀，亦谓之萌骨。人不火食，夜中能视，以鲛鱼皮为甲，可捍流矢。自绍兴初始叛，都元帅宗弼用兵连年，卒不能讨，但分兵据守要害，反厚赂之。其祖亦僭称祖元皇帝。至金亮之时，与鞑靼并为边患，其来久矣。蒙人既侵金国，得其契丹、汉儿妇女而妻妾之，自是生子不全类蒙人，渐有火食。至是鞑靼乃自号大蒙古国，边吏因以蒙鞑称之。然二国居东西两方，相望凡数千里，不知何以合为一名也。盖金国盛时，置东北招讨司以捍御蒙兀、高丽，西南招讨司以统隶鞑靼、西夏。蒙兀所据，盖吴乞买创业时二十七团寨。而鞑靼之境，东接临潢府，西与夏国为邻，南距静州，北抵大人国（李心传《建炎以来朝野杂记·乙集》卷二十）。

（乙）成吉斯汗之崛起

蒙古至也速该世，国势渐强大。

噶布勒汗（即合不勒，以《元秘史》世系推之，当即祖元皇帝）殁，子巴尔达木嗣。巴尔达木殁，子伊苏克依嗣，国势愈盛大（《元史》卷一《太祖本纪》）。

当蒙古初兴时，大漠南北，诸部错列，为表如下。

蒙古初兴诸部简表

名称	居所		备考
	原名	今地	
翁吉剌	苦烈儿温都儿斤。	呼伦淖尔附近。	《圣武亲征录》作弘吉剌，《蒙古源流》作鸿吉剌。
塔塔儿	捕鱼儿海附近。	达里泊。	《元史》本纪作塔塔尔。
蔑里乞	斡儿洹、薛凉格两水流域。	鄂尔坤、色楞格两河流域。	
兀良孩	游牧之地，亦在不儿罕山。	蒙古人民共和国西北部。	即《明史》之兀良哈，今之乌梁海。
客列	欠欠州。	华克穆、克穆齐克两河会流之处。	《元史》列传作怯烈，本纪与《亲征录》作克烈，《源流考》作克里叶特。
汪古	近塞地。	呼和浩特北。	《元史译文证补》：此族属白鞑靼，为金守长城者。
乃蛮	金山，及兀鲁黑塔黑之地。	科布多等地。	
斡亦剌		散居西伯利亚南境。	《元秘史》称之曰秃绵斡亦剌，即明之瓦剌。
乞儿吉速	也儿的石河。	额尔齐斯河。	
失必儿	乞儿吉斯正北。	鄂必河流域。	

及成吉斯汗崛起，扫平诸部，乃归于统一。

也速该（即依苏克依）并吞诸部，势愈盛。……攻塔塔儿部，获其长铁木真。还次跌里温盘陀山，而宣懿太后月伦适生帝……因名曰铁木真，志武功也（宋高宗绍兴二十五年，金海陵贞元三年，西元一一五五年）。及……崩，帝方幼（时年十三岁）。时蒙古部，有泰赤乌（《元史》本纪作泰楚特），有札木合，又有克烈、乃蛮诸部，惟泰赤乌强，众多归之。而札木合部者，与帝麾下有隙，遂与泰赤乌合谋，以众三万来攻。帝与母月伦，分部人为十三翼，大战破走之。泰赤乌地广民众，无纪律，诸部多苦其非法。见帝宽仁。谋曰："铁木真太子……真我主也。"多相率慕义来降。是时，西北诸国皆附金，会塔塔儿叛金，帝自斡难河（鄂伦河）帅众会金师，击杀其渠长，金主以功授帝为察兀秃鲁（注：犹言招讨使也）。克烈部长名脱里者，受金爵为王。初脱里多戮辱兄弟，其叔父菊儿攻之，仅百余骑来奔。烈祖（也速该）亲将兵逐菊儿，夺还其部众。脱里德之，遂请盟，称按答（注：犹言交好之友）。既而脱里之弟叛归乃蛮，其部长为发兵伐克烈，复夺其众。脱里走，中道粮绝困乏甚，帝以其与烈祖交也，亲迎抚劳之，为伐蔑里乞部，取其资财田禾遗之。脱里见部众稍集，遂不告于帝，自率兵再攻蔑里乞，大掠而还，于帝一无所遗。……会乃蛮卜鲁欲可汗不服帝，复与脱里合兵攻之。时札木合起兵援乃蛮，见乃蛮败，欲帝与脱里有隙，乃言于脱里。……脱里闻之疑，乃移部众于别所。未几，帝与脱里议昏各不成，札木合复乘间谓脱里子亦剌合曰："铁木真太子，尝通信乃蛮，将不利于君父子。君能加兵，我当阴为助。"亦剌合数言于其父，脱里信之……遂举兵来侵。帝击败之……遂整兵至班朱尼河。……时脱里势强，众颇危惧。与战……脱里败走，路逢乃蛮将，为所杀。克烈部由是遂灭（邵远平《元史类编》卷一《太祖纪》）。

时乃蛮部长太阳罕（其部长亦难察可汗，生二子，长为塔阳可汗，次为不亦鲁黑汗。兄弟不合，分国而治，塔阳居金山之阳，不亦鲁黑居地南近阴山），心忌帝能，遣使谋于白达达部主阿剌忽思曰："吾闻东方有称帝者……君能益吾右翼，吾将夺其弧矢也。"阿剌忽思即以是谋报帝。居无何，举部来归。岁甲子（宋宁宗嘉泰四年，金章宗泰和四年，西元一二〇四年），帝大会于帖麦该川（外蒙古土谢图汗西境），议伐乃蛮。……进遂兵伐乃蛮。……太阳罕至自按台（即阿尔泰山），营于沆海山（即杭爱山），与蔑里乞部长脱脱、克烈部长阿怜太石、猥剌部长忽都花别吉，暨秃鲁班、塔塔儿、哈答斤、散只兀诸部合兵，势颇盛。……太阳罕……索战。……时札木合从太阳罕来，见帝军容整肃……遂引所部兵遁去。是日，帝与乃蛮军大战，至晡，禽杀太阳罕，诸部军一时皆溃。……明日，余众悉降。于是朵鲁班、塔塔儿、哈答斤、散只兀四部亦来降。已而复征蔑里乞部，其长脱脱奔太阳罕之兄卜鲁欲汗（即不亦鲁黑汗。〔《元史》卷一《太祖本纪》〕）。

先是，蒙古居乌桓之北……世修贡于辽、金，号微弱。至是，灭克烈，降乃蛮，兼取朵鲁班、塔塔儿、哈答吉、散只儿四部，骎骎乎称雄矣（邵远平《元史类编》卷一《太祖纪》）。

元年丙寅（宋宁宗开禧二年，金章宗泰和六年，西元一二〇六年），帝大会诸王群臣，建九斿白旗，即皇帝位于鄂诺河之源（黑龙江之北源），诸王群臣共上尊号，曰青吉斯皇帝（《元史》卷一《太祖本纪》）。

帝既即位，遂发兵复征奈曼（即乃蛮）。时博罗汗猎于乌尔图山，禽之以归。迪延汗（即太阳罕）子库楚类汗（即屈出律），与托克托（即脱脱）奔雅尔达实河上（西辽。〔《元史》卷一《太祖本纪》〕）。

（2）西夏之灭亡

（甲）夏、金之和战

天辅六年（宋徽宗宣和四年，辽天祚保大二年，夏崇宗元德三年，西元一一二二年），金破辽兵，辽主走阴山，夏将李良辅将兵三万来救辽，次天德境。……娄室败之于宜水。……宗望至阴山，以便宜与夏国议和。……天会二年（宋宣和六年，夏元德五年，西元一一二四年），始奉誓表，以事辽之礼称藩。……天眷二年（宋高宗绍兴九年），国王乾顺薨，子仁孝立，遣使册命，加开府仪同三司、上柱国（《金史》卷一三四《西夏传》）。

自西夏臣服于金，与宋不复通使。至金宣宗时，始叛金与开兵衅。

大安三年（宋宁宗嘉定四年，夏神宗光定元年，西元一二一一年）……是春，西夏始为大军（蒙古）所攻，遣使求援。国主新立，不能救，大军至兴灵而反，夏人恨之。时金国亦为所扰，势益衰。夏人恨之，遂叛，乃改元光定（宇文懋昭《大金国志》卷二十二《东海郡侯纪上》）。

自天会议和，八十余年，与夏人未尝有兵革之事。及贞祐之初（金宣宗贞祐元年，宋宁宗嘉定六年，夏神宗光定三年，西元一二一三年），小有侵掠，以至构难十年不解，一胜一负，精锐皆尽，而两国俱敝。是岁（宣宗元光二年），遵顼传位于子德旺。正大元年（宋宁宗嘉定十七年，夏献宗乾定元年，西元一二二四年），和议成，自称兄弟之国（《金史》卷一三四《西夏传》）。

（乙）蒙古之侵夏

宁宗嘉定二年（夏襄宗应天四年，金卫绍王大安元年，西元一二〇九年）三月，蒙古主入河西，夏主安全遣其世子率师拒战，败之，薄其中兴府。……夏主安全纳女请降于蒙古，夏自是益衰（张鉴《西夏纪事本末》卷三十五）。

嘉定十六年（夏献宗乾定元年，金宣宗元光二年，西元一二二三年）……十二月，蒙古兵攻夏，夏主遵顼传国于其子德旺，遵顼自号上皇

（张鉴《西夏纪事本末》卷三十六）。

夏遭蒙古之侵略，土地日削，最后力屈，降于蒙古。

理宗宝庆二年七月，蒙古主取夏西凉府搠罗、河罗等县。……夏国主德旺惊悸而卒。……国人立其弟南平王睍（张鉴《西夏纪事本末》卷三十六）。

宝庆三年（金哀宗正大四年，蒙古太祖二十二年，西元一二二七年）六月……蒙古铁木真尽克夏城邑。……蒙古主避暑于六盘山（甘肃固原县南），仍命阿术鲁总兵，与赐银印怀都等，与敌大战于合剌合察儿之地。逾月，夏国主睍力屈出降，遂縶以归。……夏……至是乃亡（张鉴《西夏纪事本末》卷三十六）。

（3）金之灭亡

（甲）蒙古之来侵

五年（宋宁宗嘉定三年，金卫绍王大安二年，西元一二一〇年）春，帝遣将遮别袭金乌沙堡，遂略地而东。初帝未建号时，尚称藩于金，曾进岁币。金主使卫王永济受贡于静州，帝见其庸懦，不为礼。及金主璟（章宗）殂，永济嗣位，有诏至，使者令下拜。帝问："新君为谁？"使者曰："卫王。"帝不顾而唾，即乘马北去。永济闻之怒，欲俟帝入贡图之。帝觉，遂与金绝，数侵掠其西北鄙（邵远平《元史类编》卷一《太祖纪》）。

金独吉千家奴、完颜胡沙，至乌沙堡，未及设备，蒙古兵奄至，拔乌沙堡及乌月营。蒙古主乘胜破白登城，遂攻西京，凡七日……金兵大败。追至翠屏口，遂取西京及桓（河北独石县北）、抚（河北张北县北）州（《续通鉴纲目》卷十八）。

七年正月……帝破桓、抚、奉圣等州，师次野狐岭。金将纥石烈、完颜九斤等，率兵号四十万来援，与战于貛儿嘴，大败之。秋，围金西京。……十二月，遮别克金东京。八年七月，帝克宣德、德兴二府，进至怀来。及金行省完颜纲、左监军高琪战，败之。乘锐至古北口，金兵退保居庸。帝留可忒薄刹顿兵拒守，而自以众趋紫荆关，败金师于五回岭，拔涿、易二州。分命遮别反自南口，攻居庸破之，出古北，与可忒薄刹军合（邵远平《元史类编》卷一《太祖纪》）。

是时金适发生内变。

至宁元年（宋宁宗嘉定六年，蒙古太祖八年，西元一二一三年）八月，起纥石烈执中（即胡沙虎）为右副都元帅，将武艺军三千，复往迎敌。二十日，发燕京，至紫金关。……闻大军过关，一时溃走，不可禁遏。执中还京，见上言："大军势盛难敌，臣急来保守京城。"上遣完颜纲将兵御之，战于易州，国兵大败。纲……至都密奏执中受北赂，故放入关。执中闻之，惧诛。先是，左副元帅南平者，迎合主意，沮格军赏，众皆怨之。执中因人心之愤，欲废主，遂回军以诛南平为名，二十四日，军至东华门外，召南平计事，手刃杀之。宫中闻变，门皆不开。……执中欲纵火焚门，守门将军合住启之。执中引兵入宫，侍卫皆散走，进至大安殿，主望见之，遥呼曰："令我何往？"曰："归旧府耳。"主入后宫，邀皇后俱出，后留之曰："出则被执矣。"执中见其久不至，遣兵执之，并其后囚于旧府。二十六夜，执中遣内侍李监成，弑主于其府（宇文懋昭《大金国志》卷二十三《东海郡侯纪下》）。

纥石烈执中召番汉群臣，共议所立……乃以符宝……迎立丰王（宇文懋昭《大金国志》卷二十四《宣宗纪上》）。

蒙古因乘间进围燕京，并分掠河北、山东各地。

八年（金宣宗贞祐元年，宋宁宗嘉定六年）八月……帝兵东过平、滦，南至青、沧，由临潢涉辽河，西南至忻、代，皆为所有。而帝欲留中都以困金，乃分军屯其城北号北军，阳缀之，而阴发兵三道：命皇子术赤等为右军，循太行而南，破保州、中山、邢、洺、磁、相、卫、辉、怀、孟诸郡，径抵黄河，掠平阳、太原间；皇弟哈撒儿等为左军，遵海而东，破滦、蓟，掠辽西之北；帝与皇子拖雷为中军，由中道破雄、漠、青、沧、景、献、河间、滨、棣、济南等郡，两河、山东数千里城郭丘墟。……是冬，帝复至燕京，三道兵还，合屯大口，以逼中都（邵远平《元史类编》卷一《太祖纪》）。

九年三月，复与北军合围燕京，诸将请乘胜破燕，而帝欲遗孤城不取，俾力守以困之，遣使谓金主曰："今山东、河北诸境悉为我取，所存惟燕京耳。天既弱汝，我不忍迫人于险。我今还军，汝当犒师，以弥诸将之怒。"金主复请和，许以故主永济女及金、缯、童男女为献。帝遣使如金逆女，既成昏，北还（邵远平《元史类编》卷一《太祖纪》）。

蒙古兵既退，金宣宗因河北残破，迁都于汴。

九年五月，金主迁都于汴，命平章完颜承晖及左丞抹撚尽忠，辅太子守忠留中都。帝闻之，怒曰："既和而迁，是有疑心而不释憾也。"复兴师南伐，所过州郡皆下。……六月，金乣军反，众推斫答为帅，遣使乞降。帝方怒金南迁，遂遣石抹明安援斫答，合兵围中都。……十年二月……金主遣兵救燕，至霸州大溃。……五月，金燕京留守完颜承晖仰药死，抹撚尽忠弃城走，石抹明安入城。……盖围中都三年而克之（邵远平《元史类编》卷一《太祖纪》）。

（乙）蒙古之经略中原

十二年（宋宁宗嘉定十年，金宣宗兴帝元年，西元一二一七年）八月，以木华黎有佐命功，拜太师，封鲁国王，统领番汉诸军，谓曰："太行以北朕自经略，太行以南卿其勉之。"……始置行省于燕、云，以图中原。于是木华黎得专征（邵远平《元史类编》卷一《太祖纪》）。

河北各地，俱为蒙古所有，金仅划河而守，聚兵一隅以御之。蒙古不能克，乃有后来与宋夹攻之事。

正大四年（宋理宗宝庆三年，蒙古太祖二十二年，西元一二二七年），是时，大军长驱而南。自宣宗时，凡大河以北，东至于山东，西至于关陕，不一二年，陷没几尽，而凤翔最后下，国兵于是并力守黄河，保潼关。自黄河洛阳、三门、析津，东至邳州之源雀镇，东西长二千余里，差四行院，每院各分地界五百里，统以总率，精兵不下二十万，民兵不在其数。夜则传令坐守，冬则燃草敲冰，率以为常。潼关一带，西南边山一千余里，大小关口三十六处，亦差四行省分地界而守，统以总率，精兵不下十万，民兵不在其数。布满周密（宇文懋昭《大金国志》卷二十六《义宗纪》）。

时金兵尽在河南，饷无所出，宋又罢其岁币，乃思用兵于宋。

嘉定七年……金人来督二年岁币。……金人迫于蒙古，迁都汴，遣使来告。……起居舍人真德秀，奏罢金国岁币（钱士升《南宋书》卷四《宁宗纪》）。

初……王世安献攻取盱眙、楚州策，枢密院奏乞以世安为招抚使。……高琪请伐之，以广疆土。……遣元帅左都监乌古论庆寿签枢密院事，完颜赛不经略南边（《金史》卷一〇六《术虎高琪传》）。

宣宗与宋绝好连兵，复与西夏开衅，不能专力以御蒙古。至哀宗继立，始与西夏和。而宋人正主乘机恢复，因不允金人求和之请。

二十二年七月……帝临崩，谓左右曰："金精兵在潼关，南据连山，北限大河，难以遽破。若假道于宋，宋、金世仇，必能许我，则下兵唐、邓，直捣大梁。金急，必征兵潼关。然以数万之众，千里赴援，人马疲敝，虽至，弗能战，破之必矣。"（《元史》卷一《太祖本纪》）

蒙古太宗，遵太祖遗嘱，继续伐金。

二年（宋理宗绍定三年，金哀宗正大七年，西元一二三〇年）七月，帝自将入陕西，命太弟拖雷、皇侄蒙哥率师……渡河趋凤翔。……三年二月，克凤翔，并下洛阳、河中诸城。……五月，帝将合南北军攻汴，命拖雷先趋宝鸡，遣行人速不罕诣宋假道淮东，以捣河南。……至沔州，宋统制张宣诱杀之。……十月，帝围河中府，拔之。……拖雷闻宋杀使者，即移师伐宋，破兴元，入大散关，直趋饶风关，军民散走。……四年正月，帝……渡河。会拖雷已渡汉江，遣使来告，即诏诸军进发，入郑州，次新郑。拖雷及金师战于钧州之三峰山（河南禹县），金师大溃，帝亲至三峰，攻克钧州……遂下商、虢、嵩、汝等州。金尽撤秦、蓝诸关兵援汴，金守将李平以潼关降，师遂长驱入陕。……三月，命速不台围南京（即汴。〔邵远平《元史类编》卷一《太宗纪》〕）。

天兴元年（宋理宗绍定五年，蒙古太宗四年），时大军尽至，合围汴京，国兵百计守城。至四月八日，以天时向热，将还师，于是又讲和好。取太子、金紫为质，东海郡侯之女小四公主元为皇后者，索其一位骨肉以北，所予金帛无数（宇文懋昭《大金国志》卷二十六《义宗纪》）。

和议既成，蒙古兵解围，退师河、洛之间。未几，以金杀使者唐庆，又复用兵。

天兴元年七月……飞虎军士申福、蔡元擅杀北使唐庆等三十余人于馆，诏贳其罪，和议遂绝（《金史》卷十七《哀宗纪上》）。

天兴元年……春，天使复至，命主黜尊号，拜诏称臣，去冠冕，髡剔发，为西京留守，交割京城。主难之，防城提辖张玉，饵飞虎军三百人为变。大军传令添兵围城，河南路……皆陷，驱其壮士攻汴（宇文懋昭《大金国志》卷二十六《义宗纪》）。

汴京粮尽援绝，金哀宗乃突围出走归德。

天兴元年……主亲率护卫军五千人突围而出，与大军战，主获胜。左丞相完颜白撒，奏请过河取卫州，截其归路，主允之。比至卫州，大军云集，主急回，被其追。……主既不克西去，又不可复入汴京，仅以二千余骑走归德，决水以自固。……二年六月，归德粮绝，上遂自亳趋蔡（宇文懋昭《大金国志》卷二十六《义宗纪》）。

（丙）南宋与蒙古夹攻金人

四年（宋理宗绍定五年，西元一二三二年）十二月……使宣抚王檝至宋，议共伐金，宋遣邹伸之报谢。帝许俟成功，以河南地归宋（邵远平《元史类编》卷一《太宗纪》）。

绍定五年十二月……金主奔归德府，寻奔蔡州。大元再遣使议攻金，史嵩之以邹伸之报谢（《宋史》卷四十一《理宗本纪一》）。

宋与蒙古既定盟，即出兵相应。

珙请以二万人行，因命珙尽护诸将。……得蔡降人，言城中饥。珙曰："已窘矣，当尽死而守，以防突围。"珙与倴盏约，南北军毋相犯（宋史卷四一二孟珙传）

五年六月，金主奔蔡，塔齐尔率师围之。……十一月，宋遣荆鄂都统孟珙以兵粮来助。十二月，诸军与宋兵合攻蔡（《元史》卷二《太宗本纪》）。

天兴二年十一月……宋遣其将江海、孟珙帅兵万人，献粮三十万石，助大元兵攻蔡（《金史》卷十八《哀宗本纪下》）。

宋及蒙古兵攻蔡，金兵虽能死守，终致陷没。

天兴二年九月……大元兵筑长垒围蔡城。……十二月，尽籍民丁防守，括妇人壮健者假男子衣冠，运大石，上亲出抚军。……以总帅孛术鲁娄室、殿前都点检兀林答胡土皆权参政，都尉完颜承麟为东面元帅、权总帅。……上微服率兵夜出东城谋遁，及栅不果，战而还（《金史》卷十八《哀宗本纪下》）。

天兴三年（宋理宗端平元年，蒙古太宗六年，西元一二三四年）正月……上集百官，传位于东面元帅承麟，承麟固让，诏曰："朕所以付卿者，岂得已哉？以肌体肥重，不便鞍马驰突。卿平日矫捷有将略，万一得免，祚胤不绝。此朕志也。”承麟即皇帝位，百官称贺。礼毕，亟出捍敌，而南面已立宋帜。俄顷，四面呼声震天地，南面守者弃门。大军入，与城中军巷战。城中军不能御，帝自缢于幽兰轩。末帝退保子城，闻帝崩……哭奠未毕，城溃。……末帝为乱兵所害，金亡（《金史》卷十八《哀宗本纪下》）。

（4）南宋之亡

（甲）三京之复

宋乘金亡，进兵复三京，遂与蒙古开衅。

端平元年八月……议收复三京，以赵范为东京留守，赵葵为南京留守，全子才为西京留守。赵葵将杨谊至洛，为蒙古所乘，师大溃（钱士升《南宋书》卷五《理宗纪》）。

端平元年，朝议收复三京。葵上疏请出战，乃（以为）……南京留守。……时盛暑行师，汴堤破决，水潦泛溢，粮运不继，所复州郡皆空城，无兵食可因。未几，北兵南下渡河，发水闸，兵多溺死，遂溃（《宋史》卷四一七《赵葵传》）。

六年七月……宋图复三京，遣淮东制置使赵葵、知庐州全子才会兵趋汴。速不台闻宋来争河南，还师赴之，决黄河……之水灌宋军，多溺死。八月，引兵至洛阳，赵葵等弃汴走（邵远平《元史类编》卷一《太宗纪》）。

宋首先败盟，蒙古复遣使来诘责，于是兵连祸结，无复宁岁。

六年十二月，再使王檝诣宋责败盟，宋复遣邹伸之报谢（邵远平《元史类编》卷一《太宗纪》）。

六年七月……议自将伐宋，国王扎拉呼请行，遂遣之。……七年（宋理宗端平二年，西元一二三五）年春……皇子库春及呼图克（亦作胡土虎）伐宋。……十月，库春围枣阳，拔之。遂徇襄、邓，入郢，虏人民牛马数万而还。……八年二月，命应州郭胜、钧州富珠哩玖珠、邓州赵祥，从库春充先锋伐宋。……七月……奎腾（亦作阔端）率汪世显等入蜀，取宋关外数州，斩蜀将曹友闻。十月，奎腾入成都，诏招谕秦、巩等二十余州皆降。……张柔等攻郢州，拔之。襄阳府来附，以游显领襄阳、樊城事（《元史》卷二《太宗本纪》）。

按：其时蒙古方遣兵分伐西域、高丽，未以全力攻宋，故孟珙得恢复襄阳、四川等地。

（乙）蒙古大举南侵

蒙古太宗崩，定宗嗣立。后三年，定宗崩，宪宗（蒙哥）继立。时西域略定，乃大举攻宋。

六年（宋理宗宝祐四年）六月……诸王伊逊克、驸马约索尔等请伐宋。帝亦以宋人违命囚使，会议伐之（《元史》卷三《宪宗本纪》）。

八年（宋理宗宝祐六年，西元一二五八年）二月……帝自将伐宋，由西蜀以入。命呼必烈攻鄂州，塔察儿（《元史》作塔察）攻荆山，以分宋兵力。又诏兀良合台，自交广引兵会鄂（邵远平《元史类编》卷一《宪宗纪》）。

蒙哥攻合州，死于城下。

时军四万号十万，分三道而进。帝由陇州入散关，诸王默格（即莫哥）由祥州入米仓关，布尔察克万户由渔关入沔州（《元史》卷三《宪宗本纪》）。

宝祐六年四月……蒙古主率诸将兵号十万，分三道来侵，一趋散关，一趋米仓关，一趋沔州（钱士升《南宋书》卷五《理宗纪》）。

八年七月，率兵由宝鸡攻重贵口，所至辄下。……十一月……诸王莫哥、塔察儿，并略地还，引军来会。……九年正月……进次钓鱼山（注：时宋合州徙治于此），遣降人晋国宝招谕知州王坚，坚杀之。……二月，帝……督战合州城下，会师围之，凡五阅月，不克。……七月，帝崩于钓鱼山。……或云为飞矢所中。诸王大臣奉梓北还（邵远平《元史类编》卷一《宪宗纪》）。

蒙古兵围合州……守臣王坚固守力战。蒙古主蒙哥卒于城下，乃解围（钱士升《南宋书》卷五《理宗纪》）。

其忽必烈一军，渡江围鄂州，中外大震。

岁己未（宪宗九年）七月……命大将巴图尔等前行，备粮汉上。……八月，渡淮入大胜关，宋戍兵皆遁。次黄陂……会于鄂州。……九月，亲王穆格（即莫哥）自合州钓鱼山，遣使以宪宗凶问来告，且请北归以系天下之望。帝曰："吾奉命南来，岂可无功遽还？"登香炉山，俯瞰大江，江北曰武湖，湖之东曰阳逻堡，其南岸即浒黄洲，宋以大舟扼江渡。帝遣兵夺二大舟，是夜，遣玛拉噶齐、张文谦等具舟楫……敕将帅扬旗伐鼓，三道并进……与宋师接战者三……迳达南岸……围鄂。……十一月，乌兰哈达（即兀良合台）略地诸蛮，由交趾，历邕、桂，抵潭州，闻帝在鄂，遣使来告（《元史》卷四《世祖本纪一》）。

宋闻边报紧急，乃遣贾似道等御之。

开庆初，宪宗皇帝自将征蜀。世祖皇帝时以皇弟攻鄂州，元帅兀良哈台由云南入交阯，自邕州蹂广西，破湖南，传檄数宋背盟之罪。理宗大惧，乃以赵葵军信州，御广兵；以似道军汉阳，援鄂。……似道时自汉阳入督师（《宋史》卷四七四《贾似道传》）。

惟似道畏缩，不敢与蒙古交兵，欲以和议，图苟且息事而已。

攻城急，城中死伤者至万三千人。似道乃密遣宋京诣军中，请称臣，输岁币。不从（《宋史》卷四七四《贾似道传》）。

似道惧，密遣宋京如师，愿称臣、纳币请和。帝不许，攻益急（邵远平《元史类编》卷二《世祖纪一》）。

时蒙古忽发生继立问题，忽必烈急欲北归。似道得此机会，再往请和，遂退兵。

会宪宗皇帝晏驾于钓鱼山，合州守王坚使……走报鄂。似道再遣京议岁币，遂许之（《宋史》卷四七四《贾似道传》）。

俄闻先朝诸臣阿蓝答儿、浑都海等，谋立帝弟阿里不哥（《元史》作额呼布格）。辄乘传调兵，去龙冈（开平）仅百余里。会似道再遣京至，约岁奉银、绢各二十万。帝从郝经、廉希宪议，许之。……大军北还（邵远平《元史类编》卷二《世祖纪一》）。

贾似道私订和议，而妄腾捷报于朝。

贾似道私与蒙古议和，奏鄂州围解，诏论功行赏（钱士升《南宋书》卷五《理宗纪》）。

大元兵拔砦而北，留张杰、阎旺以偏师候湖南兵。……兵至，杰作浮梁新生矶，济师北归。似道用刘整计，攻断浮梁，杀兵百七十，遂上表以肃清闻。帝以其有再造功，以少傅右丞相召入朝，百官郊劳（《宋史》卷四七四《贾似道传》）。

忽必烈归至开平（内蒙古多伦县），诸大臣皆劝进，遂即帝位。遣郝经使于宋，索取岁币。似道惧事泄，乃拘经等。

中统元年（宋理宗景定元年，西元一二六〇年）三月……车驾至龙冈新城，亲王合丹、莫哥、塔察儿等，率东西二道宗王来会，与诸大臣皆劝进，帝即位……建元中统（邵远平《元史类编》卷二《世祖纪一》）。

以翰林侍读学士郝经为国信使，翰林待制何源、礼部郎中刘人杰副之，使于宋（《元史》卷四《世祖本纪一》）。

大元世祖皇帝登极，遣翰林侍读学士、国信使郝经等，持书申好息兵，且征岁币。似道方使廖莹中辈撰《福华编》，称颂鄂功，通国皆不知所谓和也。似道乃密令淮东制置司，拘经等于真州（江苏仪征县）忠勇军营（《宋史》卷四七四《贾似道传》）。

元世祖以宋拘留使臣为名，下诏伐宋。

中统二年七月……谕将士举兵攻宋，诏曰："朕即位之后，深以戢兵为念，故年前遣使于宋以通和好。宋人不务远图，伺我小隙，反启边衅，东剽西掠，曾无宁日。朕今春还宫，诸大臣皆以举兵南伐为请，朕重以两国生灵之故，犹待信使还归，庶有悛心，以成和议，留而不至者，今又半载矣。往来之礼遽绝，侵扰之暴不已。……曲直之分，灼然可见。……秋高马肥，水陆分道而进，以为问罪之举。"（《元史》卷四《世祖本纪一》）

贾似道称臣乞和之计，恐一时暴露，为公议所不许。既留元使郝经等不遣，复不作守计，方以援鄂论功。沿边诸将，知事不可为，纷降于蒙古。

时贾似道方论鄂功，专务欺蔽朝廷，不以闻。似道又忌诸将，欲污蔑置之罪，乃行打算法于诸路，以军兴时支取官物为赃私。于是赵葵、史岩之、杜庶皆坐侵盗掩匿罢，而向士璧、曹世雄下狱死。刘整时为潼川安抚使，亦以边费为蜀帅俞兴所持。整素与兴有隙，自遣使诉于朝，不得达，心益疑惧，遂籍泸州十五郡，户三十万，降于蒙古。……蒙古既得整，由是尽知国事虚实，南伐之谋益决（陈邦瞻《宋史纪事本末》卷一〇六）。

蒙古图自江东下，乃定先攻取襄、鄂之计。

刘整献计，谓宋人所恃，惟吕文德在鄂州，然可利诱。乃遗以玉带，求置榷场于樊城，文德许之。既而言安丰等场货，每为盗所掠，愿筑土墙以护居积，遂筑垒、置堡江心，起万人台，立撒星桥，以遏宋南北之援。时出兵哨掠襄樊城外，兵威益炽，文德始悟为整所卖，疽发背死。……阿术攻襄阳，文焕（文德弟）拒守，久之。……至元十年……阿里海牙等拔樊城，世祖降诏谕文焕曰："尔等拒守孤城，于今五年……然势穷援绝……若能纳款，悉赦勿治。"……文焕……遂……与其子俱来降（邵远平《元史类编》卷十八《吕文焕传》）。

自围襄阳以来，每上书请行边，而阴使台谏上章留己。吕文焕以急告，似道复申请之，事下公卿杂议。监察御史陈坚等以为师臣出，顾襄未必能及淮，顾淮未必能及襄，不若居中以运天下为得。乃就中书置机速房以调边事。……襄阳降，似道曰："臣始屡请行边，先帝皆不之许，向使早听臣出，当不至此尔。"（《宋史》卷四七四《贾似道传》）

元兵既据长江上游，遂分道东下。

至元十一年（宋度宗咸淳十年，西元一二七四年），大举伐宋。……乃以伯颜领河南等路行中书省，所属并听节制。……会师于襄阳，分军为三道，并进（《元史》卷一二七《伯颜传》）。

元兵大会于襄阳，寻分兵，一入淮，一趋郢，一徇荆南（钱士升《南宋书》卷六《帝㬎纪》）。

伯颜分大军为两道，自与阿术由襄阳入汉济江。……博罗懽由东道取扬州，监淮东兵。……伯颜一军自分三道，唆都将一军由枣阳哨司空山，翟招讨将一军由老鸦山徇荆南，而自与阿术……水陆趋郢（陈邦瞻《宋史纪事本末》卷一〇六）。

元兵顺流而下，沿江各邑纷纷破降，遂下建康。

至元十二年（宋恭帝德祐元年）二月……次丁家洲。贾似道都督诸路军马十三万，号百万，步军指挥使孙虎臣为前锋，淮西制置使夏贵以战舰二千五百艘横亘江中，似道将后军。伯颜命左右翼万户率骑兵夹江而进，炮声震百里。宋军阵动，贵先遁，以扁舟掠似道船，呼曰："彼众我寡，势不支矣。"似道闻之，仓皇失措，遽鸣金收军，军溃。……似道东走扬州，贵走庐州，虎臣走泰州。……师次建康。……三月……都统徐王荣、翁福等以城降……江东诸郡皆下。淮西、滁州诸郡亦相继降（《元史》卷一二七《伯颜传》）。

贾似道误国至此，宋始罢其平章、都督，然事已不可为矣。

陈宜中请诛似道，谢太后曰："似道勤劳三朝，安忍以一朝之罪失待大臣之礼？"止罢平章、都督，予祠官（《宋史》卷四七四《贾似道传》）。

（丙）德祐与二王之亡

至元十二年十一月……伯颜分军为三，趋临安：阿剌罕率步骑自建康、四安、广德以出独松岭；董文炳率舟师循海趋许浦、澉浦，以至浙江；伯颜、阿塔海由中道节度诸军，期并会于临安（《元史》卷八《世祖本纪五》）。

元兵长驱直入，遂迫临安，宋恭帝出降。

常州破，兵薄独松关，邻邑望风皆遁。宜中遣使如军中，请和不得。……伯颜将兵，至皋亭山（《宋史》卷四一八《陈宜中传》）。

遣监察御史杨应奎上传国玺降。……大元使者入临安府，封府库，收史馆、礼寺图书及百司符印、告敕（《宋史》卷四十七《瀛国公本纪》）。

德祐二年（至元十三年）三月丁丑，元伯颜入临安……以帝及皇太后……等北去。……五月，元主以帝为瀛国公（钱士升《南宋书》卷六《帝㬎纪》）。

自临安破后，二王播越于闽、广，但终为元攻灭。

二王者，度宗庶子也，长建国公昰……季永国公昺。……大元兵迫临安……乃徙封昰为益王，制福州。……昺为广王，判泉州。……大元兵至皋亭山，驸马都尉杨镇等奉之走……温州。陆秀夫、苏刘义继追及于道，遣人召陈宜中于清澳，宜中来谒，复召张世杰于定海，世杰亦以所部兵来。……宜中等乃立昰于福州，以为宋主，改元景炎（元世祖至元十三年）。……宜中为左丞相……李庭芝为右丞相……改福州为安福府。……文天祥自镇江亡归（初，天祥赴元营请和，为伯颜所拘），以为右丞相兼知枢密院事，遣其将吕武入江淮招豪杰，杜浒如温州募兵（《宋史》卷四十七《附二王本纪》）。

时宋之疆域丧失殆尽，惟李庭芝、姜才犹坚守淮东，张钰坚守重庆不下，其余仅有闽、广及浙、赣南部而已。元兵日逼，李庭芝、姜才、张钰皆战死，浙东、闽、广相继覆没，以至于亡。

景炎元年（至元十三年）十月……时元兵分三道来侵。十一月……阿剌罕兵至建宁府，执守臣。……陈宜中、张世杰以元兵渐迫，奉帝及卫王（昺）、杨太后以下俱航海。……阿剌罕入福安府。……帝至泉州，招抚使蒲寿庚作乱，遂如潮州。……十二月……次惠之海丰（广东惠阳县）。……帝舟至广州港口……元兵守江者拒之，不果入。帝舟还大海，驻师秀山（广东东莞县西南海中），寻次于惠州之甲子门。……二年（至元十四年）九月……帝舟次广之浅湾（南澳岛附近）。……十一月……刘深攻帝于浅湾，张世杰战败，乃奉帝退保秀山。……十二月，帝至井澳（广东中山县南海中横琴岛下），飓风大作，舟败几溺，帝惊悸成疾。……三年（至元十五年）三月……帝欲往居占城不果，遂驻化之硇洲（广东吴川县南海中）。四月，帝崩……卫王昺立……庙号端宗。帝昺……嗣位于硇洲……是年为祥兴元年。……六月……帝徙居新会之厓山（广东赤溪县东，有两山对峙如门，亦谓之厓门山）。十月，元蒙古、汉军数路并进。……二年（至元十六年，西元一二七九年）正月……张世杰以舟师碇海中。……二月……世杰……军溃。……陆秀夫……负帝投海中……世杰亦自溺死……宋……亡（钱士升《南宋书》卷六《端宗纪》）。

（十二）元之建国

（1）元初之武功

（甲）西域

当蒙古初起时，新疆天山南路为畏兀儿所据，伊犁河、吹河流域为哈剌鲁（即唐西突厥葛逻禄）所据。及太祖破乃蛮，先后来降。又术赤平斡亦剌、吉利吉思、失必儿等部，于是通西域之道，南北两路皆通。

四年己巳（宋宁宗嘉定二年，西元一二〇九年）春，辉和尔（即畏兀儿）国来归（《元史》卷一《太祖本纪》）。

巴而术阿而忒的斤亦都护，亦都护者，高昌国主号也。先世居畏兀儿之地……统别失八里之地，北至阿术河，南接酒泉，东至兀敦、甲石哈，西临西蕃。……至巴而术阿而忒的斤，臣于契丹。岁己巳，闻太祖兴朔方，遂杀契丹所置监国等官，欲来附。未行，帝遣使使其国，亦都护大喜，即遣使入奏。……时帝征太阳可汗（屈出律），射其子脱脱（蔑乞里部长）杀之。脱脱之子大都、赤剌温、马札儿、秃薛干四人，以不能归全尸，遂取其头，涉也儿的石河，将奔亦都护，先遣使往，亦都护杀之。四人者至，与大战于襜河。亦都护遣其国相来报，帝复遣使还谕亦都护，遂以金宝入贡（《元史》卷一二二《巴而术阿而忒的斤传》）。

六年辛未春，帝居吉鲁尔河，西域哈喇娄部主阿尔斯兰汗来降（《元史》卷一《太祖本纪》）。

太祖命忽必来征合儿鲁兀惕种（即哈剌鲁），其主阿儿思兰即投降了，来拜见太祖。太祖以女子赐他（《元朝秘史》卷十一）。

乃蛮王屈出律既袭据有西辽地，思复前雠，伐喀什噶尔及和阗，频东向以谋捣蒙古之虚。成吉斯汗遣哲别将二万人讨之。时屈出律驻喀什噶尔，战败，遁走巴达哈伤（帕米尔高原附近地），为哲别追及，杀之，西辽地遂全定。

甲戌（太祖九年，宋宁宗嘉定七年，西元一二一四年），从帝讨契丹遗族（即西辽），历古徐鬼国、讹夷朵等城，破其兵三十余万。宝玉胸中流矢，帝命剖牛腹置其中，少顷，乃苏。寻复战，收别失八里（即乌鲁木齐）、别失兰等城。次忽章河（即锡耳河），西人列两阵迎拒，战方酣，宝玉望其众，疾呼曰："西阵走矣。"其兵果走，追杀几尽。进兵下挦思干城（即撒马儿罕城），次暗木河（即阿母河）。敌筑十余垒，陈船河中，俄风涛暴起，宝玉令发火箭射其船，一时延烧，乘胜直前，破护岸兵五万，斩大将佐里，遂屠诸垒，收马里四城（马里即马鲁城。〔《元史》卷一四九《郭宝玉传》〕）。

曷思麦里，西域谷则斡儿朵人（即虎思耳朵，西辽都城）。初为西辽阔儿罕（即菊儿汗，西辽主之称谓，华言普遍汗）近侍，后为谷则斡儿朵所属可散八思哈长官。太祖西征，曷思麦里率可散等城酋长迎降，大将哲伯以闻，帝命曷思麦里从哲伯为先锋，攻乃蛮（即西辽），克之，斩其主曲出律。哲伯令曷思麦里持曲出律首，往狥其地，若可失哈儿、押儿牵、斡端诸城，皆望风降附（《元史》卷一二〇《曷思麦里传》）。

蒙古攻灭西辽，遂西与花剌子模接壤。时成吉斯汗方有事于金、夏，贻书花剌子模，愿修好。花剌子模王杀其使者，成吉斯汗乃大举西征，扫荡中亚，蹂躏欧洲，继续构兵，几达三十年之久。

十四年己卯（宋宁宗嘉定十二年，西元一二一九年）六月，西域杀使者。帝亲征，遂取鄂托喇尔城（《元史·地理志西北地附录》，作兀提剌耳），擒其酋哈济尔济兰图（《元史》卷一《太祖本纪》）。

十五年庚辰三月，帝克布哈城（即不花剌城，今布哈尔）。五月，克塔什干城（即塔什干城。〔《元史》卷一《太祖本纪》〕）。

十六年辛巳春，帝攻卜哈儿（即布哈城）、薛迷思干（即寻思干）等城（上年攻下，此处重文）。皇子术赤攻养吉干（锡尔河入阿拉尔湖口处）、八儿真等城，并下之。四月，驻跸铁门关。……秋，帝攻班勒纥等城，皇子术赤、察合台、窝阔台，分攻玉龙杰赤（花剌子模都城）等城，下之。十月，皇子拖雷克马鲁察叶可、马鲁（二城在今麦格哈伯河上）、昔剌思（今海里路德河畔）等城（《元史》卷一《太祖本纪》）。

十七年壬午春，皇子拖雷克徒思（在今美歇德西北）、匿察兀儿（《元史·西北地附录》作乃沙不耳）等城。还经木剌夷国（据里海南岸一带），大掠之。渡搠搠阑河（即今海里路德河），克也里等城，遂与帝会合，兵攻塔里寒寨（《元史·西北地附录》作塔里干），拔之。……夏，避暑塔里寒寨。西域主札阑丁（阿拉哀丁谟罕默德子）出奔，与灭里可汗（似札兰丁之忠臣帖木儿灭里）合（时札兰丁在哥疾宁，收拾余烬，以图复逞），忽都忽与战不利。帝自将击之，擒灭里可汗，札阑丁遁去，遣八剌追之，不获（《元史》卷一《太祖本纪》）。

壬午，帝征回回国，其主灭里委国而去。命速不台与只别（即哲别）追之，及于灰里河，只别战不利，速不台驻军河东，戒其众人爇三炬以张军势，其王夜遁。复命统兵万人由不罕川、必里罕城追之，凡所经历皆无水之地。既度川，先发千人为游骑，继以大军昼夜兼行。比至，灭里逃入海，不月余，病死，尽获其所弃珍宝以献（《元史》卷一二一《速不台传》）。

壬午夏，避暑于塔里寒寨高原。时西域速里坛、札兰丁遁去，遂命哲别为前锋追之，再遣速不台、拔都为继，又遣脱忽察儿殿其后。哲别至蔑里可汗城，不犯而过，速不台、拔都亦如之，脱忽察儿至，与其外军战。蔑里可汗惧，弃城走，忽都忽那颜闻之，率兵进袭。时蔑里可汗与札兰丁合，就战，我不利，遂遣使以闻。上自塔里寒寨率精锐亲击之，追及辛自速河（即辛头河，今印度斯河），获蔑里可汗，屠其众。札兰丁脱身，入河泳水而遁。遂遣八剌那颜将兵急追之，不获，因大掠忻都人民之半而还（《元圣武亲征录》）。

十八年癸未（宋宁宗嘉定十六年，西元一二二三年）夏，帝避暑八鲁弯川（在印度库斯山中），皇子术赤（察合台、窝阔台）等，以兵来会，遂定西域，初置达鲁花赤（注：译言掌印官也。〔邵远平《元史类编》卷一《太祖纪》〕）。

十九年甲申（宋宁宗嘉定十七年，西元一二二四年）……是岁，帝至东印度国，角端（独角兽）见，班师（《元史》卷一《太祖本纪》）。

二十年乙酉（宋理宗宝庆元年，西元一二二五年）正月，还行宫（自出师西域，至此凡七年。〔《元史》卷一《太祖本纪》〕）。

当哲别、速不台迫花剌子模王入里海之后，乃乘胜北进，大败钦察及阿罗斯，降之。

土土哈，其先本武平北折连川按答罕山部族，自曲出徙居西北玉里伯里山，因以为氏，号其国曰钦察。……曲出生唆末纳，唆末纳生亦纳思，世为钦察国主（《元史》卷一二八《土土哈传》）。

十八年癸未（西元一二二三年），大将速不台击钦察，大掠西番边鄙而还（邵远平《元史类编》卷一《太祖纪》）。

太祖征蔑里乞，其主火都奔钦察，亦纳思纳之。太祖遣使谕之曰："汝奚匿吾负箭之麋？亟以相还，不然祸且及汝。"亦纳思答曰："逃鹯之雀，丛薄犹能生之，吾顾不如草木耶？"太祖乃命将讨之。亦纳思已老，国中大乱，亦纳思之子忽鲁速蛮遣使自归于太祖。而宪宗受命帅师，已扣其境，忽鲁速蛮之子班都察，举族迎降（《元史》卷一二八《土土哈传》）。

癸未，速不台上奏，请讨钦察，许之。遂引兵绕宽定吉思海（里海），辗转至太和岭（高加索山），凿石开道，出其不意。至则遇其酋长玉里吉，及塔塔哈儿方聚于不租河，纵兵奋击，其众溃走。矢及玉里吉之子，逃于林间，其奴来告而执之，余众悉降，遂收其境。又至阿里吉河（喀勒喀河），与斡罗思（即俄罗思）部大小密赤思老遇，一战降之，略阿速部而还（《元史》卷一二一《速不台传》）。

帝遣使趣哲伯疾驰以讨钦察。命曷思麦里招谕曲儿忒、失儿湾沙等城，悉降。至谷儿只部及阿速部，以兵拒敌，皆战败而降。又招降黑林城，进击斡罗思于铁儿山，克之，获其国主密只思腊。……寻征康里，至孛子八里城，与其主霍脱思罕战，又败其军，进至钦察，亦平之。军还（《元史》卷一二〇《曷思麦里传》）。

太祖东归后，札兰丁回归故地，图谋恢复。太宗元年（西元一二二九年），遣搠马儿罕征之，札兰丁溃走底格里斯河及幼发拉的河分水岭之地，为高达士人所杀，花剌子模之王统遂绝。七年，以西北部尚未尽服，特组织“长子军”以征之，遂深入于欧洲。

七年乙未（宋理宗端平二年，西元一二三五年）春……遣诸王巴图（即拔都，术赤子）、皇子库裕克（即定宗贵由）、皇侄莽赉扣（即宪宗蒙哥）征西域（《元史》卷二《太宗本纪》）。

再有康里乞卜察（即钦察）等十一种城池百姓，曾命速别额台征进去了。为那里城池难攻拔的上头，如今再命各王长子巴秃（拔都）、不里（察合台长子木阿秃儿长子）、古余克（贵由）、蒙格（蒙哥）等，做后援征去。其诸王内教巴秃为长，在内出去的教古余克为长，凡征进去的诸王、驸马、万、千、百户，也都教长子出征。这教长子出征的缘故，因兄察阿歹说，将来长子出征呵，则人马众多，威势盛大（《元朝秘史》卷十四）。

乙未，太宗命诸王拔都西征八赤蛮（即钦察部酋），且曰：“闻八赤蛮有胆勇，速不台亦有胆勇，可以胜之。”遂命为先锋（《元史》卷一二一《速不台传》）。

九年丁酉（宋理宗嘉熙元年，西元一二三七年）春……莽赉扣征钦察，破之，擒其酋巴齐玛克（《元史》卷二《太宗本纪》）。

与八赤蛮战，继又令统大军，遂虏八赤蛮妻子于宽田吉思海。八赤蛮闻速不台至，大惧，逃入海中（《元史》卷一二一《速不台传》）。

尝攻钦察部，其酋长巴齐玛克，逃于海岛。帝闻亟进师，至其地，适大风，刮海水去，其浅可渡，帝喜曰："此天开道与我也。"遂进屠其众，擒巴齐玛克（《元史》卷三《宪宗本纪》）。

钦察既平定，遂复进兵征服阿罗斯。

与诸王巴图，征俄罗斯部。至额里齐城（亦作烈也赞城），躬自搏战，破之（《元史》卷三《宪宗本纪》）。

辛丑（蒙古太宗十三年，宋理宗淳祐元年，西元一二四一年），太宗命诸王拔都等讨兀鲁思部主也烈班，为其所败，围秃里思哥城，不克。拔都奏遣速不台督战，速不台选哈必赤军怯怜口等五十人赴之，一战获也烈班。进攻秃里思哥城，三日克之，尽取兀鲁思所部而还（《元史》卷一二一《速不台传》）。

钦察与阿罗斯被征服后，重组军队，分三军西征，欧洲为之大震。会太宗讣音至，乃班师。

兀良合台……继从诸王拔都征钦察、兀鲁思、阿孛烈儿（即波兰）诸部。丙午（蒙古定宗元年，宋理宗淳祐六年，西元一二四六年），又从拔都讨孛烈儿及捏迷思部（即德意志），平之（《元史》卷一二一《兀良合台传》）。

经哈咂里山，攻马札儿（即匈牙利）部主怯怜，速不台为先锋，与诸王拔都、吁里兀、昔班、哈丹五道分进。众曰："怯怜军势盛，未可轻进。"速不台出奇计，诱其军至漷宁河。诸王军于上流，水浅，马可涉，中复有桥。下流水深，速不台欲结栰潜渡，绕出敌后。未渡，诸王先涉河与战。拔都军争桥，反为所乘，没甲士三十人，并亡其麾下将八哈秃。既渡，诸王以敌尚众，欲要速不台还，徐图之。速不台曰："王欲归自归，我不至秃纳河（即多脑河）、马茶城（匈牙利）不还也。"及驰至马茶城，诸王亦至，遂攻拔之而还。……壬寅，太宗崩。癸卯（宋理宗淳祐二年，西元一二四二年），诸王大会，拔都欲不往。速不台曰："大王于族属为兄，安得不往？"甲辰，遂会于也只里河（《元史》卷一二一《速不台传》）。

至是，西域之地，只有木剌夷与报答未服。宪宗时，遣旭烈兀等，将兵往征之。

二年壬子（宋理宗淳祐十二年，西元一二五二年）正月……遣乞都不花（亦作怯的不花）攻末来（即木剌夷）、吉儿都怯寨（木剌夷要塞）。……七月，命……乞都不花征没里奚（亦作木剌夷），旭烈兀征西域素丹（亦作算滩）诸国（《元史》卷三《宪宗本纪》）。

三年癸丑（宋理宗宝祐元年，西元一二五三年）六月，命诸王旭烈兀及兀良合台等，帅师征西域哈里发（即报达）、八哈塔（《元史·地理志西北地附录》作八吉打）等国（《元史》卷三《宪宗本纪》）。

七年丁巳（宋理宗宝祐五年，西元一二五七年）春……乞都不花等，讨平末来、吉儿都怯寨（《元史》卷三《宪宗本纪》）。

侃……从宗王旭烈兀西征。癸丑，至木乃兮（即木剌夷）。其国堑道置毒水中，侃破其兵五万，下一百二十八城，斩其将忽都答而兀朱算滩。算滩，华言王也。丙辰（蒙古宪宗六年，宋理宗宝祐四年，西元一二五六年），至乞都卜。其城在檐寒山上，悬梯上下，守以精兵悍卒。乃筑夹城围之，莫能克。侃架炮攻之，守将卜者纳失儿开门降。旭烈兀遣侃往说兀鲁兀乃算滩来降，其父阿力据西城，侃攻破之。走据东城，复攻破，杀之（《元史》卷一四九《郭侃传》）。

新得国曰木乃奚（即木剌夷）……所属山城三百六十。已而皆下，唯檐寒西一山城名乞都不，孤峰峻绝，不能矢石。丙辰年，王师至城下，城绝高险，仰视之，帽为坠。诸道并进，敌大惊，令相大者纳失儿来纳款，已而兀鲁兀乃算滩出降。……其父领兵别据山城，令其子取之，七日而陷（刘郁《西使记》）。

按：以上为蒙古征服波斯北部之事。

师还，西南至石罗子（今树离斯坦），敌人来拒，侃直出掠阵，一鼓败之，换斯干阿答毕算滩降（《元史》卷一四九《郭侃传》）。

按：以上为蒙古征服波斯西部之事。

丁巳……至乞石迷部。……西戎大国也，地方八千里，父子相传四十二世，胜兵数千万。侃兵至，破其兵七万，屠西城。又破其东城，东城殿宇，皆构以沉檀木，举火焚之，香闻百里，得七十二弦琵琶、五尺珊瑚灯檠。两城间有大河，侃预造浮梁以防其遁。城破，合里法算滩登舟，睹河有浮梁扼之，乃自缚诣军门降。其将纣答儿遁去，侃追之，至暮，诸军欲顿舍，侃不听，又行十余里，乃止。夜暴雨，先所欲舍处水深数尺。明日，获纣答儿，斩之，拔三百余城（《元史》卷一四九《郭侃传》）。

又西行三千里，至大天房，其将住石致书请降，左右以住石之请为信然，易之不为备，侃曰："欺敌者亡，军机多诈，若中彼计，耻莫大焉。"乃严备以待。住石果来邀我师，侃与战，大败之，巴儿算滩降，下其城一百八十五（《元史》卷一四九《郭侃传》）。

又西行四十里，至密昔儿（今麦西）……可乃算滩……遂降。戊午（蒙古宪宗八年，宋理宗宝祐六年，西元一二五八年），旭烈兀命侃西渡海，收富浪（今塞普洛斯岛）。侃喻以祸福，兀都算滩……即来降。师还……西域平。侃以捷告，至钓鱼山，会宪宗崩，乃还（《元史》卷一四九《郭侃传》）。

按：以上为蒙古侵入阿剌伯半岛之事。

八年戊午二月……诸王旭烈兀，讨回回哈里发，平之，禽其王，遣使来献捷（《元史》卷三《宪宗本纪》）。

至此，西域俱为所据。然蒙古实行分封制度，所得西域之地，以封有功，遂成立四汗国，皆太祖之子孙也。

四汗国简表

国名	领地	都治		备考
		原称	今释	
钦察汗国	东自吉利吉思荒原，西至匈牙利，举欧洲东北之地尽有之。	萨来	苏联窝瓦河下流之地。	后来，其国分裂为金党、白党、青党、克里米诸汗。西元一四八〇年，即明宪宗成化十六年，为俄莫斯科大公伊凡三世所灭。
窝阔台汗国	阿尔泰山一带，及新疆北部之地。	也米里	新疆塔城县境。	国为元所灭，以其地并于察合台汗国。
察合台汗国	阿母河以东，至天山附近一带之地。	阿穆尔	新疆伊犁西境。	元亡之年，即明洪武二年，西元一三六九年，帖木儿建立帝国，其国统遂绝。
伊儿汗国	苏联中亚南部、伊朗高原西，及小亚西亚一带之地皆有之。	玛拉固阿	伊朗西北乌罗米亚湖畔。	亦为帖木儿所灭。

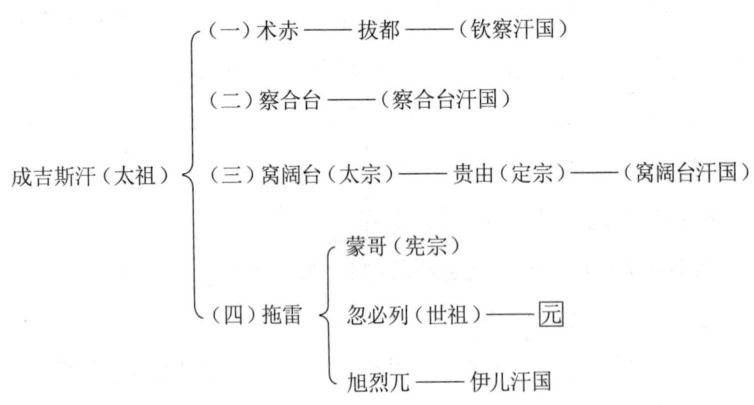

（乙）高丽

高丽……以平壤城为国邑。……唐……高宗命李勣征之，遂拔其城，分其地为郡县。唐末，中原多事，遂自立君长。后唐同光、天成中，其主高氏累奉职贡。长兴中，权知国事王建承高氏之位，遣使朝贡，以建为玄菟州都督，充大义军使，封高丽国王（《宋史》卷四八七《高丽传》）。

高丽……其国都曰平壤城。……后辟地益广，并古新罗、百济、高句丽三国而为一。其主姓高氏，自初立国至唐乾封初而国亡。垂拱以来，子孙复封其地，后稍能自立。至五代时，代主其国迁都松岳者，姓王氏，名建。自建至焘凡二十七王，历四百余年，未始易姓（《元史》卷二〇八《高丽传》）。

按：新罗自臣服于唐后，至唐文宗时，子弟争立，国内乱。唐昭宗时，女主曼在位，委政佞幸，刑政紊乱，民不聊生，事变纷乘，疆宇日蹙。有弓裔者，叛于北原（朝鲜江原道原州），取西北诸州。有甄萱者，据完山（朝鲜全罗道全州）称王，号后百济。弓裔亦建国号曰摩震，然残虐骄恣，不为众所服。五代时，王建破之，弓裔走死，建定都松岳（朝鲜京畿道开城府），国号后高丽。半岛之地，复成鼎足之势。后高丽以平壤为西京，国势甚盛，与新罗及后百济，战争常不绝。后百济攻陷新罗首都，新罗降于高丽。高丽复讨灭后百济，于是王建奄有古朝鲜及三韩之地，为高丽一统建国之始。

晋……开运二年（西元九四五年），建死，子武袭位。汉乾祐末，武死，子昭权知国事。……宋太祖建隆三年（西元九六二年）十月，昭遣……使……来朝贡。四年春，降制曰："……爰致宾王，宣优锡命。开府仪同三司、检校太师、玄菟州都督、充大义军使、高丽国王。"（《宋史》卷四八七《高丽传》）

太宗淳化五年（西元九九四年）六月，遣使元郁来乞师，愬以契丹寇境。朝廷以北鄙甫宁，不可轻动干戈，为国生事，但赐诏慰抚，厚礼其使遣还。自是受制于契丹，朝贡中绝（《宋史》卷四八七《高丽传》）。

圣宗统和二十八年（宋真宗大中祥符三年，西元一〇一〇年）……五月，高丽西京留守康肇，弑其主诵，擅立诵从兄询。八月，圣宗自将伐高丽。……十一月……询弃城遁走，遂焚开京，至清江而还。……开泰九年（宋真宗天禧四年，西元一〇二〇年），耶律资忠还，以询降表进，释询罪（《辽史》卷一一五《高丽传》）。

按：高丽虽称臣于辽，然亦兼用宋、辽年号。辽灭，复臣事于金。其后，国内频乱，王室无权，强臣相继，而崔氏最强，累世执政，殆及百年。当金末之际，辽东守官，乘机独立，地方遂陷于混乱。

七年壬申（宋宁宗嘉定五年，西元一二一二年）正月，故辽人耶律留哥，取金辽东诸境，自号都元帅，遣使来附（邵远平《元史类编》卷一《太祖纪》）。

契丹人金山元帅禄格（即留哥）等，领众九万余，窜入其国。……攻拔江东城，据之（《元史》卷二〇八《高丽传》）。

十年乙亥（宋嘉定八年，西元一二五一年）十月，金宣抚布希万努（亦作蒲鲜万奴）据辽东，僭称天王，国号大真。……十一年十月，布希万努降。……既而复叛，僭称东夏（《元史》卷一《太祖本纪》）。

元太祖欲肃清辽东，遣兵征讨东夏，乃与高丽结好。

十三年（宋嘉定十一年，西元一二一八年），帝遣哈只吉、札剌等领兵征之。国人洪大宣诣军中降，与哈只吉等同攻围之。高丽王瞮亲奉牛酒出迎王师，且遣……赵冲共讨灭禄格，札剌与冲约为兄弟（《元史》卷二〇八《高丽传》）。

但后因杀使者问题，致起事端，高丽不能抗，复请和。

十九年（宋嘉定十七年，西元一二二四年）二月，札古雅等复使其国。十二月，又使焉，盗杀之于途。自是，连七岁绝信使矣。太宗三年（宋理宗绍定四年，西元一二三一年）八月，命萨里台征其国，国人洪福源迎降于军……旁近州郡亦有来归者。萨里台即与福源攻未附州郡，又使阿尔图与福源抵王京，招其主王瞰，瞰遣其弟怀安公侹请和，许之。置京、府、州、县达鲁花赤七十二人监之，遂班师（《元史》卷二〇八《高丽传》）。

因高丽权臣崔瑀，尽杀蒙古所置之达鲁花赤，兵衅复起。

太宗四年……六月，瞰尽杀朝廷所置达鲁花赤七十二人以叛，遂率王京及诸州、县民窜海岛。……八月，复遣萨里台领兵讨之。……十月，瞰遣……金宝鼎……赵瑞章上表陈情。……十二年（宋理宗嘉熙四年，西元一二四〇年）三月……奉表入贡。……十三年秋，瞰以族子綧为己子入质。当定宗、宪宗之世，岁贡不入。故自定宗二年（宋淳祐七年，西元一二四七年），至宪宗八年（宋理宗宝祐六年，西元一二五八年），凡四命将征之，共拔其城十有四（《元史》卷二〇八《高丽传》）。

高丽屡受兵祸，遂臣服于元。

宪宗末，瞰遣其世子倎入朝。世祖中统元年（宋理宗景定元年，西元一二六〇年）三月，瞰卒，命倎归国为高丽国王，以兵卫送之。……至元六年（宋度宗咸淳五年，西元一二六九年）八月，世子愖入朝，奏本国臣下擅废禃（倎所更之名），立其弟安庆公淐。……十月，帝以禃、淐废置，乃林衍所为，遣……诏禃、淐、衍等……同诣阙下，面陈情实，审听其是非。又遣国王特讷克等，率兵压境，如逾期不至，即当穷治首恶，进兵剿戮。……十一月……禃受诏复立……奉表入朝（《元史》卷二〇八《高丽传》）。

至元七年正月，诏西京内属，改东宁府，画慈悲岭（朝鲜平安南道平壤东南）为界，置安抚使，率兵戍之。……十一年五月，皇女和塔拉都哩默色下嫁于愖。七月，禃薨，子愖袭。……二十年（西元一二八三年）五月，立征东行中书省，以高丽国王与安塔哈共事（《续通考》卷二三七《四裔考一》）。

按：元以高丽为内属国，置行省以统治之。自此一切内政，为元人所操持，直至元亡，始脱羁绊。

（丙）日本

日本为国，去中土殊远，又隔大海，自后汉历魏、晋、宋、隋皆来贡。唐永徽、显庆、长安、开元、天宝、上元、贞元、元和、开成中，并遣使入朝（《元史》卷二〇八《日本传》）。

按：自唐时，日本慕中国文化，使臣来者甚多。五代及宋，使聘中绝，所来者仅僧侣、商而已。当高丽崔瑀擅权时，日本频扰朝鲜近海，高丽苦之。

元世祖之至元二年（西元一二六五年），以高丽人赵彝等言，日本国可通，择可奉使者。三年八月，命兵部侍郎赫德给虎符，充国信使，礼部侍郎殷弘，给金符，充国信副使，持国书使日本。……不至而还。……五年九月，命赫德、弘复持书往，至对马岛，日本人拒而不纳，执其塔二郎、弥二郎二人而还。六年……十二月，又命秘书监赵良弼往。……八年……九月，高丽王祯遣其通事……导送良弼使日本，日本始遣弥四郎者入朝。……九年……五月，高丽王又以书往，令必通好大朝，皆不报。十年六月，赵良弼复使日本，至太宰府而还（《元史》卷二〇八《日本传》）。

世祖屡欲通日本而不得，始有用兵征讨之举。

十一年（宋度宗咸淳十年，西元一二七四年）三月，命凤州经略使实都、高丽军民总管洪茶丘，以……舟……九百艘，载士卒一万五千……征日本。十月，入其国，败之。而官军不整，又矢尽，惟虏掠四境而归。……十八年（西元一二八一年）正月，命日本行省右丞相阿喽罕、右丞范文虎，及实都（征东元帅）、洪茶丘等，率十万人征日本（《元史》卷二〇八《日本传》）。

八月，诸将未见敌，丧全师以还，乃言："至日本，欲攻太宰府，暴风破舟，犹欲议战，万户厉德彪、招讨王国佐、水手总管陆文政等不听节制，辄逃去。……败卒于阊脱归，言："官军六月入海，七月至平壶岛，移五龙山。八月一日，风破舟。五日，文虎等诸将各自择坚好船乘之，弃士卒十余万于山下。众议推张百户者为主帅，号之曰张总管，听其约束。方伐木作舟欲还，七日，日本人来战，尽死。余二三万为其虏去。九日，至八角岛，尽杀蒙古、高丽、汉人，谓新附军为唐人，不杀而奴之。阊辈是也。”盖行省官议事不相下，故皆弃军归。久之，莫青与吴万五亦逃还，十万之众得还者三人耳（《元史》卷二〇八《日本传》）。

按：忻都、范文虎（宋降将）东征，一偕高丽兵发合浦，一发江南，约会于壹歧、平户（即平壶）等岛。忻都兵先至对马，进攻壹歧，至宗像洋，与文虎兵会，泊于能古、志驾二岛。元将多苦航海，士气不振，不肯即行进攻。于是移泊鹰岛（即五龙山），遇飓风，文虎等弃军而逃，遂致惨败。世祖议再出师，诏各路集水手，造船舰，以群臣多谏，又适用兵于安南，遂不果再讨。

（丁）大理与吐蕃

二年壬子（宋理宗淳祐十二年，西元一二五二年）七月，命呼必赉征大理（《元史》卷三《宪宗本纪》）。

六月，入觐宪宗。……奉命帅师征云南。……八月，师次临洮（甘肃岷县）。……九月，师次忒剌，分三道以进。大将兀良哈带率西道兵，由晏当路；诸王抄合、也只烈帅东道兵，由白蛮；帝由中道。乙巳，至满陀城，留辎重。冬十月丙午，过大渡河，又经行山谷二千余里，至金沙江，乘革囊及栰以渡。摩娑蛮主迎降，其地在大理北四百余里。十一月……师至白蛮打郭寨，其主将出降，其侄坚壁拒守，攻拔杀之……次三甸。辛丑，白蛮送款。十二月丙辰，军薄大理城。初，大理主段氏微弱，国事皆决于高祥、高和兄弟。是夜祥率众遁去，命大将也古及拔突儿追之。帝既入大理……西道兵亦至。……南出龙首城……获高祥，斩于姚州。留大将兀良哈带戍守，以刘时中为宣抚使，与段氏同安辑大理，遂班师（《元史》卷四《世祖本纪一》）。

宪宗即位之明年，世祖以皇弟总兵，讨西南夷、乌蛮、白蛮、鬼蛮诸国，以兀良合台总督军事。……自出师至此凡二年，平大理五城、八府、四郡，洎乌、白等蛮三十七部，兵威所加，无不款附。……丁巳（蒙古宪宗七年，宋理宗宝祐五年，西元一二五七年），以云南平，遣使献捷于朝，且请依汉故事，以西南夷悉为郡县，从之（《元史》卷一二一《兀良合台传》）。

分兵取附都鄯阐、乌爨等部，进入吐番，渠长唆火脱惧，出降（邵远平《元史类编》卷二《世祖纪一》）。

大军自旦当岭入云南境。摩、些二部酋长唆火脱因、塔里马来迎降（《元史》卷一二一《兀良合台传》）。

当世祖攻大理之时，并分兵征服吐蕃。吐蕃自唐玄宗后，喇嘛教传播日盛，威势或陵其主。是时，喇嘛扮底达之威令，行于全国。闻蒙古军至，与其酋唆火脱同出降。自此蒙古人信奉喇嘛教，而蒙古文之制作，亦得吐蕃人八思巴之力而成。

（戊）安南与占城

安南国，古交趾也。……唐始分岭南为东、西二道，置节度，立五管，安南隶焉。宋封丁部领为交趾郡王，其子琏亦为王。传三世，为李公蕴所夺，即封公蕴为王。李氏传八世至昊旵，陈日煚为昊旵婿，遂有其国（《元史》卷二〇九《安南传》）。

遣使招降交趾，不报。……进兵压境（《元史》卷一二一《兀良合台传》）。

七年丁巳（西元一二五七年）十一月，乌兰哈达（即兀良合台）伐交趾，败之，入其国，安南主陈日煚窜海岛，遂班师。……八年二月，陈日煚传国于长子光昺，光昺遣婿与其国人以方物来见，兀良哈带送诣行在所（《元》史卷三《宪宗本纪》）。

世祖中统二年（宋理宗景定二年，西元一二六一年）……光昺遣其族人……诣阙上书，乞三年一贡。帝从其请，遂封光昺为安南国王。……至元四年（宋度宗咸淳三年，西元一二六七年）九月……复下诏，谕以六事：一君长亲朝；二子弟入质；三编民数；四出军役；五输纳税赋；六仍置达噜噶齐统治之。……十二年正月，光昺上表，请罢本国达噜噶齐。……二月，复降诏……谕以六事，且遣阿萨尔哈雅充达噜噶齐，仍令子弟入侍（《元史》卷二〇九《安南传》）。

十四年（西元一二七七年），光昺卒，国人立其世子日烜。……十五年八月……谕日烜入朝受命。……十八年（西元一二八一年）十月，立安南宣慰司，以巴延特穆尔为参知政事，行宣慰使都元帅，别设僚佐有差。是月，诏以光昺既殁，其子日烜不请命而自立，遣使往召。又以疾为辞，止令其叔遗爱入觐，故立遗爱代为安南国王（《元史》卷二〇九《安南传》）。

安南既臣服，元人遂进兵攻占城。

占城近琼州，顺风舟行，一日可抵其国。世祖至元十五年（西元一二七八年），左丞索多以宋平，遣人至占城，还，言其王失里咱牙信合八剌哈迭瓦有内附意。……十七年（西元一二八〇年）二月，占城国王……遣使贡方物，奉表降。十九年（西元一二八二年）十月，朝廷以占城国王孛由补剌者吾，曩岁遣使来朝，称臣内属，遂命左丞索多等，即其地，立省以抚安之。既而其子补的专国，负固弗服。……使……舟经占城，皆被执，故遣兵征之。……十一月，占城行省官率兵，自广州航海至占城港（《元史》卷二一〇《占城传》）。

十九年，率战船千艘，出广州，浮海伐占城。占城迎战……唆都（即索多）率敢死士击之……又败之于大浪湖……占城降（《元史》卷一二九《唆都传》）。

兵出广州，航海至占城港，港口北连海，旁有小港五，通其国大州，东南止山，西傍木城。官军依海岸屯驻，蛮兵治木城，四面约二十余里，起楼栅，立炮百余座。又木城西十里，建行宫，其国王亲率重兵屯守。……以兵由水路攻木城北面……东面……南面……蛮兵开木城南门……迎敌，战良久，败之，官军入木城。复与东北二军合击，其王弃行宫……与其臣逃入山谷。……官军入大州（邵远平《元史类编》卷四十二《占城传》）。

水路军已破占城，其陆路军为假道问题，与安南发生战事。

初，镇南王脱欢奉命征占城，遣荆湖行省左丞唐兀解、右丞唆都将兵来会。帝疑安南通谋占城，令军行假道于其国且责日烜运粮至占城助军。比官军至衡山县，闻日烜从兄兴道王陈峻，提兵拒守境上，言本国至占城水陆非便，愿献粮退军。……至禄州，闻日烜阻兵……遂分军两道并进。……官军……进攻至万劫江，尽破诸隘。……峻败走，官军乘间缚栰为桥，渡富良江。日烜沿江立栅，布战具，比官军至……日烜弃城遁。……大军既渡江，壁于安南城下。……入其国都。……时交兵弃船登岸者犹众，日烜引宗族官吏于天长长安屯聚，峻复领兵船，聚万劫江口，整军以待。会唐兀解、唆都等兵回自占城，与大军合，自入其境，大小凡七战，略地二千余，燔皇宫四所。分遣右丞宽彻……由陆路，左丞李恒……由水路，败其兵船。日烜逃去，追至胶海口，不知所往。……占城无粮，军难久驻，王命唆都引本军于长安就粮。……诸将以交人虽数败散，然增兵转盛，我军暑雨疫作，死伤亦众，占城既不可达，欲决计退兵。脱欢不得已，引军还，至如月江，日烜遣兵蹑其后，行至册江，未及渡，林箐伏发，唆都、李恒皆中流矢死，官军力战，始护脱欢得出境，亡者过半，此至元二十二年（西元一二八五年）之一败也（邵远平《元史类编》卷四十二《安南传》）。

世祖闻败，大怒，乃罢征日本之兵，大举伐安南，竟不成功。

以阿八赤为征交阯行省左丞，发江淮、江西、湖广三省蒙古、汉劵军七万人，船五百艘，云南兵六千人，海外四州黎兵万五千人，海道万户张文虎等运粮十七万石，分道讨安南……并受镇南王节制。……王师诸军渡富良江，次城下，败其守兵，日烜弃城走……入海，诸军追之不及。遣乌马儿，由大滂口迓文虎船粮，会文虎船至屯山，遇交兵，杀略相当。至绿水洋，贼船益众，度不支，且船胶不可行，已沉米于海，而自趋琼州。时官军已乏食，分道入山求粮。……诸将……言："……天时已热，粮且尽，宜还师。"脱欢从其言。……日烜分兵……守女儿关及丘急岭……遏归路。诸军且战且行，交人乘高发毒矢，樊楫、张玉、阿八赤皆死之。脱欢……间道出，次思明州，命奥鲁赤以诸军北还……此至元二十五年（西元一二八八年）之再败也（邵远平《元史类编》卷四十二《安南传》）。

世祖谋再举，会日烜死，子日燇立，奉表请降。未几，世祖亦崩，成宗嗣，命罢安南之征。日燇乃奉职，占城亦内附。

(己)缅甸与暹罗

世祖至元八年（西元一二七一年），大理、鄯阐等路宣慰司都元帅府，遣……使缅，招谕其王内附。四月……导其使博来以闻。……十二年四月……金齿头目阿郭……云："……至元九年三月，缅王恨父阿必，故领兵数万来侵，执父阿必而去。不得已厚献其国，乃得释之。"……云南省因言缅王无降心，去使不返，必须征讨。……十四年三月，缅人以阿禾内附，怨之，攻其地，欲立寨腾越、永昌之间。时大理路蒙古千户忽都……奉命伐永昌之西腾越、蒲骠、阿昌、金齿未降部族，驻札南甸。阿禾告急，忽都等昼夜行，与缅军遇……贼败走……追之，至干额，不及而还（《元史》卷二一〇《缅传》）。

云南省遣本省宣慰使都元帅尼雅斯拉鼎，率蒙古爨僰摩些军三千八百四十余人征缅，至江头……以天热，还师（《元史》卷二一〇《缅传》）。

二十年，王师伐缅，克之。先是，帝听纳速刺丁言，发四川军万人……暨佥思、播、叙三州军，及亦奚不薛诸蛮兵征缅，不果行。至是，诏宗王相答吾儿、右丞太卜、参知政事也罕的斤，将兵征之。大军发中庆，至南甸，太卜由罗碧甸进军。王命也罕的斤取道阿昔江，达镇西阿禾江，造舟二百艘，顺流至江头城，断缅人水路。自将一军，从骠甸径抵其国，与太卜军会，令诸将分地攻取。……二十二年，缅王……纳款……乞降，旨许其悔过（邵远平《元史类编》卷四十二《缅传》）。

二十四年（西元一二八七年）正月，缅王为其庶子不速速古里所执，囚于昔里里怯答剌之地，又害其嫡子三人，与大官木浪周等四人为逆。……二月……云南王与诸王进征至蒲甘……缅始平。乃定岁贡方物（《元史》卷二一〇《缅传》）。

暹国在占城极南……其国土瘠，不宜耕种。有罗斛国者，土地平衍多稼，暹人岁仰给之。元世祖至元二十六年（西元一二八九年），罗斛遣使入贡。成宗元贞初，暹人亦遣使入贡。……顺帝至正间，暹始降于罗斛，因合为暹罗国（邵远平《元史类编》卷四十二《占城传附暹国》）。

按：缅甸即汉之掸人，唐曰骠，宋以后曰缅。其国之部落曰甸，有大甸、中甸等名，故曰缅甸。元初，其王强盛，西并阿剌干（孟加拉湾沿海地），南并白古（仰光北境地），进略暹罗，威振后印度，所以恃强与元相抗。

（庚）南洋群岛

海外诸番国，以……奉诏招谕……来降诸国凡十，曰马八儿，曰须门那，曰僧急里，曰南无力，曰马兰丹，曰那旺，曰丁呵儿，曰来来，曰急兰亦解，曰苏木都剌，皆遣使，贡方物（《元史》卷二一〇《马八儿等国传》）。

按：马八儿即今之麻打拉萨，马兰丹即马六甲，苏木都剌即苏门答腊，可以译音推求。其余《元史》不载其道里、位置、风俗、物产与事迹，未详何地。至于曾经用兵者，则有瓜哇，欲用兵而不果者则有琉球。

至元二十九年（西元一二九二年），拜……福建等处行中书省平章政事，往征爪哇，以亦黑迷失、高兴副之。……弼以五千人合诸军，发泉州。……时爪哇与邻国葛郎构怨，爪哇主哈只葛达那加剌，已为葛郎主哈只葛当所杀，其婿土罕必阇耶攻哈只葛当，不胜，退保麻喏八歇。闻弼等至，遣使以其国山川、户口及葛郎国地图迎降，求救。弼与诸将进击葛郎兵，大破之，哈只葛当走归国。高兴言："爪哇虽降，倘中变，与葛郎合，则孤军悬绝，事不可测。"弼遂分兵三道，与兴及亦黑迷失各将一道，攻葛郎。至答哈城……遂围之。哈只葛当出降，并取其妻子官属以归（《元史》卷一六二《史弼传》）。

世祖至元二十八年（西元一二九一年）九月，海船副万户杨祥请以六千军往降之，不听命则遂伐之，朝廷从其请。继有书生吴志斗者上言生长福建，熟知海道利病，以为若欲收附，且就彭湖发船往谕，相水势地利，然后兴兵未晚也。冬十月，乃命杨祥充宣抚使……往使琉求。……二十九年四月二日，至彭湖……而还（《元史》卷二一〇《琉求传》）。

（2）元之疆域

自封建变为郡县，有天下者，汉、隋、唐、宋为盛，然幅员之广，咸不逮元。汉梗于北狄，隋不能服东夷，唐患在西戎，宋患常在西北。若元，则起朔漠，并西域，平西夏，灭女真，臣高丽，定南诏，遂下江南，而天下为一。故其地北逾阴山，西极流沙，东尽辽左，南越海表。盖汉东西九千三百二里，南北一万三千三百六十八里；唐东西九千五百一十一里，南北一万六千九百一十八里；元东南所至不下汉、唐，而西北则过之，有难以里数限者矣（《元史》卷五十八《地理志序》）。

立中书省一，行中书省十有一：曰岭北，曰辽阳，曰河南，曰陕西，曰四川，曰甘肃，曰云南，曰江浙，曰江西，曰湖广，曰征东。……唐以前以郡领县而已，元则有路、府、州、县四等。大率以路领州、领县，而腹里或有以路领府、府领州、州领县者（《元史》卷五十八《地理志序》）。

元疆域简表

<table>
<tr><th rowspan="2">区别</th><th rowspan="2">名称</th><th rowspan="2">辖地</th><th colspan="2">治所</th><th rowspan="2">备考</th></tr>
<tr><th>原名</th><th>今释</th></tr>
<tr><td>中书省</td><td>腹里</td><td>（路）
大都、上都、兴和、永平、德宁、净州、泰宁、集宁、应昌、全宁、宁昌、保定、真定、顺德、广平、彰德、大名、怀庆、卫辉、河间、东平、东昌、济宁、益都、济南、般阳府、大同、冀宁、晋宁。
（直隶省之州）
曹、濮、高唐、泰安、德、恩、冠、宁海。
凡为路二十九、州八、属府三、属州九十一、属县三百四十六。</td><td>京师</td><td>北京</td><td>《元史·地理志》：中书省统山东、西、河北之地，谓之腹里。</td></tr>
<tr><td rowspan="3">行中书省</td><td>岭北</td><td>（路）
和宁。
和宁路总管府。</td><td>和林</td><td>蒙古人民共和国喀喇和林山之北</td><td></td></tr>
<tr><td>辽阳</td><td>（路）
辽阳、广宁府、大宁、东宁、沈阳、开元、合兰府永达达等路。
（直隶省之府）
咸平。
凡为路七、府一、属州十二、属县十，徒存其名而无城邑者，不在此数。</td><td>辽阳</td><td>辽宁辽阳县</td><td></td></tr>
<tr><td>河南江北</td><td>（路）
汴梁、河南府、襄阳、蕲州、黄州、庐州、安丰、安庆、扬州、淮安、中兴、峡州。
（直隶省之府）
南阳、汝宁、归德、高邮、安陆、沔阳、德安。
（直隶省之州）
荆门。
凡为路十二、府七、州一、属州三十四、属县一百八十二。</td><td>汴梁</td><td>河南开封县</td><td></td></tr>
</table>

续表

区别	名称	辖地	治所		备考
			原名	今释	
行中书省	陕西	（路） 奉元、延安、兴元、河州、图沙玛。 （直隶省之府） 凤翔、巩昌、平凉、临洮、庆阳。 （直隶省之州） 邠、泾、开成、庄浪、秦、陇、宁、定西、镇原、西和、环、金、静宁、兰、会、徽、阶、成、金洋、雅、黎、洮、贵德、茂、岷、铁、文。 凡为路五、府五、州二十七、属州十二、属县八十八。	奉天	陕西乾县	
	四川	（路） 成都、嘉定府、广元、顺庆、永宁、重庆、夔、叙州、马湖。 （直隶省之府） 潼川、绍庆、怀德。 凡为路九、府三、属府二、属州三十六、军一、属县八十一，蛮夷种落，不在其数。	成都	四川成都县	
	甘肃	（路） 甘州、永昌、肃州、沙州、额齐纳、宁夏府、乌拉海。 （直隶省之州） 山丹、西宁。 凡为路七、州二、属州五。	甘州	甘肃张掖县	
	云南	（路） 中庆、威楚、开南、武定、鹤庆、云远、广南西、丽江、东川、茫部、孟杰、普安、曲靖、澂江、普定、建昌、德昌、会川、临安、广西、元江、大理、蒙怜、蒙莱、柔远、茫施、镇康、镇西、平缅、麓川、木连、蒙光、木邦、孟定、谋粘、孟隆、木朵、蒙兀。	中庆	云南昆明县	

续表

<table>
<tr><th rowspan="2">区别</th><th rowspan="2">名称</th><th rowspan="2">辖地</th><th colspan="2">治所</th><th rowspan="2">备考</th></tr>
<tr><th>原名</th><th>今释</th></tr>
<tr><td rowspan="4">行中书省</td><td>云南</td><td>（直隶省之府）
仁德、柏兴。
凡为路三十七、府二、属府三、属州五〇四、属县四十七，其余甸寨军民等府，不在此数。</td><td></td><td></td><td></td></tr>
<tr><td>江浙</td><td>（路）
杭州、湖州、嘉兴、平江、常州、镇江、建德、庆元、衢州、婺州、绍兴、温州、台州、处州、宁国、徽州、饶州、集庆、太平、池州、信州、广德、福州、建宁、泉州、兴化、邵武、延平、汀州、漳州。
（直隶省之府）
松江。
（直隶省之州）
江阴、铅山。
凡为路三十、府一、州二、属州二十六、属县一百四十三。</td><td>杭州</td><td>浙江杭县</td><td></td></tr>
<tr><td>江西</td><td>（路）
龙兴、吉安、瑞州、袁州、临江、抚州、江州、南康、赣州、建昌、南安、广州、韶州、惠州、南雄、潮州、德庆、肇庆。
（直隶省之州）
南丰、英德、梅、南恩、封、新、桂阳、连、循。
凡为路十八、州九、属州十三、属县七十八。</td><td>龙兴</td><td>江西南昌县</td><td></td></tr>
<tr><td>湖广</td><td>（路）
武昌、岳州、常德、沣州、辰州、沅州、兴国、靖州、天临、衡州、道州、永州、郴州、全州、宝庆、武冈、桂阳、静江、南宁、梧州、浔州、柳州、思明、太平、田州、来安、镇安、雷州、化州、高州、钦州、廉州。</td><td>武昌</td><td>湖北武昌县</td><td></td></tr>
</table>

续表

区别	名称	辖地	治所		备考
			原名	今释	
行中书省	湖广	（直隶省之府） 汉阳、平乐、定远。 （直隶省之州） 归、茶陵、耒阳、常宁、郁林、容、象、宾、横、融、藤、贺、贵。 凡为路三十二、府三、州十三、属府三、属州十七、属县一百五十。			
	征东	（路） 统高丽国。 （直隶省之府） 沈阳、耽罗。	开城	朝鲜开城	
附记	一、元疆域极广，本表所列限于东方。 一、太祖建都于和林，世祖初都于开平。中统五年，迁都燕京，以开平为上都，燕京为大都，而和林置行中书省，为岭北要地。				

(3)元之制度

(甲)官制

元太祖起自朔土，统有其众，部落野处，非有城郭之制。国俗淳厚，非有庶事之繁，惟以万户统军旅，以断事官（官曰扎鲁忽赤，位在三公上。丞相曰大必阇赤）治政刑，任用者不过一二亲贵重臣耳。及取中原，太宗始立十路宣课司，选儒臣用之。金人来归者，因其故官，若行省，若元帅，则以行省、元帅授之。草创之初，固未暇为经久之规矣。世祖即位，登用老成，大新制作。……遂命刘秉忠、许衡酌古今之宜，定内外之官。其总政务者曰中书省，秉兵柄者曰枢密院，司黜陟者曰御史台。体统既立，其次在内者，则有寺，有监，有卫，有府；在外者，则有行省，有行台，有宣慰司，有廉访司。其牧民者，则曰路，曰府，曰州，曰县（《元史》

卷八十五《百官志序》)。

元内、外官制简表

区别	机关与官员			职掌与任用	备考
中央官	三公		太师 太傅 太保	元袭其名号,特示尊崇。	《元史·百官志》:太祖十二年,以国王置太师一员。太宗即位,建三公。世祖之世,其职常缺,而仅置太保一员。至成宗、武宗而后,三公并建,而无虚位矣。又有所谓大司徒、司徒、太尉之属,或置或不置。其置者或开府,或不开府。
	中书省	宰执	中书令 右左丞相 平章政事 右左丞 参知政事	中书令,典领百官,会决庶务。太宗以相臣为之,世祖以皇太子兼之。 左右丞相,统六官,率百司,居令之次,令缺则总省事,佐天子理万机。 平章政事,掌机务,贰丞相,凡军国重事,无不由之。 右左丞,副宰相,裁成庶务,号左右辖。 参政,副宰相以参大政,而其职亚于右左丞。	《续通典·职官典》:元之相职,较前代独多,虽分长贰,皆佐天子出令。
		参议府	参议中书省事	参议典右左司文牍,为六曹之管辖。军国重事,咸预决焉。	

续表

区别	机关与官员			职掌与任用	备考
中央官	中书省	六部	吏部　尚书侍郎 户部　尚书侍郎 礼部　尚书侍郎 兵部　尚书侍郎 刑部　尚书侍郎 工部　尚书侍郎		
	枢密院		枢密使 枢密副使 知枢密院事 同知枢密院事 佥书枢密事	掌天下兵甲机密之务,凡宫禁宿卫、边庭军翼、征讨戍守、简阅差遣、举功转官、节制调度,无不由之。	《元史·百官志》:行枢密院,国初有征伐之事,则置行枢密院。大征伐则止曰行院。为一方一事而设,则称某处行枢密院。或与行省代设,事已则罢。
	御史台		御史大夫 御史中丞 侍御史 治书侍御史	掌纠察百官善恶、政治得失。	《元史·百官志》:江南诸道行御史台,设官品秩同内台。至元十四年,始置江南行御史台于扬州。 《元史类编》:至元十四年七月,初立行御史台于扬州。注:初置行台,其秩如内台。二十七年,专莅江南之地,号南台。西行台,初由云南廉访司升。大德初,移治陕西,号西台,其秩如南台。
	诸院	翰林院	翰林兼国史院 置学士承旨、侍读等官		
			蒙古翰林院 置学士承旨、直学士等官	掌译写一切文字,及颁降玺书,并用蒙古新字,仍各以其国字副之。	

续表

区别	机关与官员			职掌与任用	备考
中央官	诸院	集贤院	大学士 学士	掌提调学校、征求隐逸、召集贤良，凡国子监、玄门道教、阴阳祭祀、占卜祭遁之事，悉隶焉。	《元史·百官志》：国初，集贤与翰林国史院同一官署。至元二十二年，分置两院。 《续通考·职官考》：国子监，属集贤院。
		宣政院	院使 副使 同知	掌释教僧徒，及吐蕃之境，而隶治之。遇吐蕃有事，则为分院往镇，亦别有印。如大征伐，则会枢府议。其用人则自为选，僧、俗并用。	
		宣徽院	院使 同知 副使 佥院	掌供玉食、燕享宗戚宾客之事，及诸王宿卫怯怜口粮食、蒙古万户、千户合纳差发等事。	《续通典·职官典》：光禄寺隶宣徽院。
		太常礼仪院	卿 少卿	掌大礼乐祭享宗庙社稷、封赠谥号等事。	《续通考·职官考》：世祖中统元年，中都立太常寺。武宗至大元年，改升院。
		太史院	院使 同知 佥院	掌天文历数之事。	《元史·百官志》：至元十五年，始立院。
		太医院	院使 同知 佥院	掌医事、制奉御药物，领各属医职。	《元史·百官志》：中统元年置。
		将作院	院使 同知 同佥	掌成造金玉珠翠犀象宝贝、冠佩、器皿、织造刺绣缎匹纱罗、异样百色造作。	《元史·百官志》：至元三十年始置。

续表

区别	机关与官员			职掌与任用	备考
中央官	诸院	通政院		国初置驿，以给使传。	《元史·百官志》：至元七年，初立诸站都统领使司以总之。十三年，改通政院。
地方官	监司	行中书省	丞相 平章政事 右丞 左丞 参知政事	掌国庶务，统郡县，镇边鄙与都省，为表里，凡钱粮、兵甲、屯种、漕运、军国重事，无不领之。	
		行御史台	设官职掌同内台		《元史·百官志》：国初，立提刑按察司。至元二十八年，改按察司曰肃政廉访司。三十年，定为二十二道，内道八隶御史台，江南十道隶江南行台，陕西四道隶陕西行台。
		宣慰使司	使 同知 副使	掌军民之务，分道以总郡县，凡六道。行省有政令，则布于下。郡县有请，则为达于省。有边陲军旅之事，则兼都元帅府，其次则止为元帅府。	《续通考·职官考》：六道：山东东西道，益都路置。河东山西道，大同路置。淮东道，扬州置。浙东道，庆元路置。荆湖北道，中兴路置。湖南道，天临置。
	路府	府	达鲁花赤一员 知府或府尹一员	掌府事。	《元史百官志》：至元三年，定一万五千户之上者为上州，六千户之上者为中州，六千户之下者为下州。江南即平，
		州	达鲁花赤一员 州尹一员	掌州事。	

续表

<table>
<tr><th>区别</th><th colspan="3">机关与官员</th><th>职掌与任用</th><th>备考</th></tr>
<tr><td rowspan="3">地方官</td><td>路府</td><td></td><td></td><td></td><td>二十年，又定其地五万户之上者为上州，三万户之上为中州，不及三万户者为下州。</td></tr>
<tr><td rowspan="2">县</td><td>州</td><td>达鲁花赤一员
知州一员</td><td>掌州事。</td><td rowspan="2">《元史·百官志》：至元三年，合并江北州、县，六千户之上者为上县，二千户之上者为中县，不及二千户者为下县。二十年，又定江淮以南三万户之上者为上县，一万户之上者为中县，一万户之下者为下县。</td></tr>
<tr><td>县</td><td>达鲁花赤一员
尹一员</td><td>掌县事</td></tr>
<tr><td colspan="2">附记</td><td colspan="4">一、元之官制多仿唐、宋，兹表所记，为其改革上之重要者，其余从略。
一、元官制特异之点有四：(1) 诸官或蒙、汉并置；(2) 宗教官较前朝为重，宣政院权颇大，因崇信喇嘛故也；(3) 工艺官，设置甚多。如大都及各路，均有诸色人匠总管府。此外又随处设局，各置专官；(4) 理财官，亦较前为详密，《元史·百官志》户部属官之多，可以知之。</td></tr>
</table>

元制：百官皆蒙古人为之长，汉人、南人为之贰。

世祖……定内、外之官。……官有常职，位有常员。其长则蒙古人为之，而汉人、南人贰焉（《元史》卷八十五《百官志序》）

故一代之制，未有汉人、南人为正官者。中书省为政本之地，太祖、太宗时，以契丹人耶律楚材为中书令，宏州人杨惟中继之，楚材子铸亦为左丞相（元制尚右），此在未定制以前。至世祖时，惟史天泽以元勋宿望，为中书右丞相。仁宗时，欲以回回人哈散为相，哈散以故事丞相必用蒙古勋旧，故力辞，帝乃以伯答沙为右丞相。……太平本姓贺，名惟一，顺帝欲以为御史大夫，故事台端非国姓不授，惟一固辞，帝乃改其姓名曰太平，后仕至中书省左丞相。终元之世，非蒙古而为丞相者，止此三人。……丞相之下，有平章政事，有左、右丞，有参知政事，则汉人亦得为之。……然中叶后，汉人为之者亦少。《顺帝纪》，至正十三年，始诏南人有才学者，依世祖旧制，中书省、枢密院、御史台皆用之。是时江淮兵起，故以是收拾人心，然亦可见久不用南人，至是始特下诏也。……中书省分设于外者曰行省，初本不设丞相，后以和林等处多勋戚，行省官轻，不足以镇之，乃设丞相，而他处行省遂皆设焉。《董文用传》，行省长官素贵，同列莫敢仰视，跪起禀白如小吏。文用至，则坐堂上，侃侃与论。可见行省中蒙古人之为长官者，虽同列不敢与讲钧礼也（赵翼《廿二史札记》卷三十《元制百官皆蒙古人为之长》）。

（乙）兵制

种类

若夫军士，则初有"蒙古军""探马赤军"。蒙古军皆国人，探马赤军则诸部族也。……既平中原，发民为卒，是为"汉军"。……继得宋兵，号"新附军"（《元史》卷九十八《兵志序》）。

又有辽东之"乣军""契丹军""女直军""高丽军"，云南之"寸白军"、福建之"畲军"，则皆不出戍他方者，盖乡兵也（《元史》卷九十八《兵志序》）。

又有以技名者曰"炮军""弩军""水手军"（《元史》卷九十八《兵志序》）。

征调

蒙古军，探马赤军……其法，家有男子十五以上七十以下，无众寡尽佥为兵，十人为一牌，设牌头，上马则备战斗，下马则屯聚牧养。孩幼稍长，又籍之曰"渐丁军"（《元史》卷九十八《兵志序》）。

汉军，或以贫富为甲乙，户出一人，曰"独户军"；合二三而出一人则为“正军户”；余为“贴军户”。或以男丁论，赏以二十丁出一卒。至元七年，十丁出一卒。或以户论，二十户出一卒，而限年二十以上者充。士卒之家为富商大贾，则又取一人，曰“余丁军”（《元史》卷九十八《兵志序》）。

或取匠为军曰“匠军”，或取诸侯将校之子弟充军曰“质子军”，又曰“秃鲁华军”（《元史》卷九十八《兵志序》）。

天下既平，尝为军者，定入尺籍，伍符不可更易。“诈增损丁产”者，觉则更籍其实，而以印印之。“病死戍所”者，百日外役次丁。“死阵”者，复一年。贫不能役，则聚而一之曰“合并”。贫甚者、老无子者，落其籍。“户绝”者，别以民补之（《元史》卷九十八《兵志序》）。

统辖

国初典兵之官，视兵数多寡为爵秩崇卑，长万夫者为“万户”，千夫者为“千户”，百夫者为“百户”（《元史》卷九十八《兵志序》）。

太祖功臣博尔忽、博尔术、木华黎、赤老温，时号“掇里班曲律”，犹言四杰也。太祖命其世领怯薛之长。“怯薛”者，犹言番直宿卫也（《元史》卷九十九《兵志二·宿卫》）。

世祖时，颇修官制，“内”立五卫以总宿卫诸军，卫设亲军都指挥使。“外”则万户之下置总管，千户之下置总把，百户之下置弹压，立枢密院以总之。遇方面有警，则置行枢密院，事已则废（《元史》卷九十八《兵志序》）。

驻防

元制，宿卫诸军在内，而镇戍诸军在外，内外相维，以制轻重之势（《元史》卷九十九《兵志二·宿卫》）。

其镇戍之制，所以压制汉族，与当时政治颇有关系。

世祖之时，海宇混一，然后命宗王将兵镇边徼襟喉之地。而河、洛、山东，据天下腹心，则以蒙古探马赤军，列大府以屯之。淮江以南，地尽南海，则名藩列郡，又各以汉军及新附等军戍焉。皆世祖……与二三大臣之所共议(《元史》卷九十九《兵志二·镇戍》)。

至元十五年十一月……先是,以李璮叛,分军民为二而异其属。后因平江南,军官始兼民职。……凡以千户守一郡,则率其麾下从之,百户亦然,不便。至是,令军民各异属,如初制(《元史》卷九十九《兵志二·镇戍》)。

元制,各路立万户府,各县立千户所。其所部之军,每岁第迁口粮,府、县关支,而各道以宣慰司元帅总之(《续通考》卷一二八《兵考八》)。

国制,郡邑镇戍士卒,皆更相易置。……既平江南,以兵戍列城。其长军之官,皆世守不易,故多与富民树党,因夺民田宅居室,蠹有司政事(《元史》卷九十九《兵志二·镇戍》)。

按:蒙古初起,兵力震荡一世,其控制中国,纯用兵力镇压。江淮镇戍,历久废弛,故元末东南先乱。

兵籍系军机重务,汉人不阅其数。虽枢密近臣职专军旅者,惟长官一二人知之。故有国百年,而内外兵数之多寡,人莫有知之者(《元史》卷九十八《兵志序》)。

卒之,承平既久,将骄卒惰,军政不修,而天下之势,遂至于不可为(《元史》卷九十九《兵志二·镇戍》)。

(丙)刑法

元兴,其初未有法守,百司断理狱讼,循用金律,颇伤严刻。及世祖平宋,疆理混一,由是简除繁苛,始定新律,颁之有司,号曰《至元新格》。仁宗之时,又以格例条画有关于风纪者,类集成书,号曰《风宪宏纲》。至英宗时,复命宰执儒臣,取前书而加损益焉,书成,号曰《大元通制》。其书之大纲有三:一曰诏制;二曰条格;三曰断例。……大概纂集世祖以来法制事例而已(《元史》卷一〇二《刑法志序》)。

但元朝用法,颇失之于宽纵。

古者以墨、劓、剕、宫、大辟为五刑，后世除肉刑，乃以笞、杖、徙、流、死备五刑之数。元因之，更用轻典。……凡郡国有疑狱，必遣官覆谳而从轻，死罪审录无冤者，亦必待报，然后加刑。……笞、杖十减为七。……其君臣之间，惟知轻典之为尚。……然其弊也，南北异制，事类繁琐，挟情之吏，舞弄文法，出入比附，用谲行私，而凶顽不法之徒，又数以赦宥获免。至于西僧岁作佛事，或恣意纵囚，以售其奸宄，俾善良者喑哑而饮恨，识者病之（《元史》卷一〇二《刑法志序》）。

宗教徒在法律上享有特权。

诸僧道、儒人有争，有司勿问，止令三家所掌会问（《元史》卷一〇二《刑法志一·职制上》）。

诸僧人但犯奸盗、诈伪、致伤人命及诸重罪，有司归问。其自相争告，从各寺院住持本管头目归问。若僧、俗相争田土与有司约会，约会不至，有司就便归问（《元史》卷一〇二《刑法志一·职制上》）。

又对待蒙古人与汉人，亦不平等。

诸蒙古人因争及乘醉殴死汉人者，断罚出征，并全征烧埋银（《元史》卷一〇五《刑法志四·杀伤》）。

（丁）服色

属于百官者

公服，制以罗，大袖盘领，俱右衽。一品，紫大独科花，径五寸。二品，小独科花，径三寸。三品，散荅花，径二寸，无枝叶。四品、五品，小杂花，径一寸五分。六品、七品，绯罗，小杂花，径一寸。八品、九品，绿罗，无文（《元史》卷七十八《舆服志一》）。

幞头，漆纱为之，展其角（《元史》卷七十八《舆服志一》）。

笏，制以牙，上圆下方。或以银杏木为之（《元史》卷七十八《舆服志一》）。

偏带，正、从一品以玉，或花，或素。二品以花犀。三品、四品，以黄金为荔枝。五品以下以乌犀。并八胯，鞓用朱革（《元史》卷七十八《舆服志一》）。

靴，以皂皮为之（《元史》卷七十八《舆服志一》）。

至于“命妇”衣服，亦有规定。

衣服，一品至三品，服浑金。四品、五品，服金荅子。六品以下，惟服销金，并金纱荅子（《元史》卷七十八《舆服志一》）。

首饰，一品至三品，许用金、珠、宝玉。四品、五品，用金、玉、珍珠。六品以下，用金，惟耳环用珠、玉（《元史》卷七十八《舆服志一》）。

属于庶人者

帽子系腰，元服也，庶民服之（《续通考》卷九十二《王礼考六》）。

官民帽檐，或圆，或前圆后方。其发或辫，或打纱练，惟庶民椎髻。服用深金，缘为纳奇实。或腰线绣通神襕，上下均服焉（《续通考》卷九十二《王礼考六》）。

庶人除不得服赭黄，惟许服暗花纻丝䌷绫罗毛毳。帽笠不许饰用金、玉。鞾不得裁制花样。首饰许用翠花，并金钗錍各一事，惟耳环用金珠碧甸，余并用银（《元史》卷七十八《舆服志一》）。

内外有出身，考满应入流。……服用与九品同（《元史》卷七十八《舆服志一》）。

诸乐艺人等，服用与庶人同（《元史》卷七十八《舆服志一》）。

娼家出入，止服皂褙子，不得乘坐车、马，余依旧例（《元史》卷七十八《舆服志一》）。

（戊）学校

国子学

世祖至元二十四年，立国子学而定其制。设博士通掌学事，分教三斋生员。……复设助教，同掌学事，而专守一斋。……其生员之数，定二百人，先令一百人及伴读二十人入学。其百人之内，蒙古半之，色目、汉人半之（《元史》卷八十一《选举志一·学校》）。

乃酌旧制，立升斋积分等法。每季考其学行，以次递升，既升上斋，又必逾再岁，始与私试。孟月、仲月，试经疑经义。季月，试古赋、诏、诰、章、表、策。蒙古、色目，试明经策问，辞理俱优者一分，辞平理优者为半分，岁终积至八分者，充高等。以四十人为额，然后集贤、礼部定其艺业，及格者六人，以充岁贡。三年不通一经，及在学不满一岁者，并黜之（《元史》卷一七二《齐履谦传》）。

此外，又特设蒙古与回回国子学。

世祖至元八年春正月，始下诏立京师蒙古国子学，教习诸生。于随朝蒙古、汉人、百官及怯薛歹官员，选子弟俊秀者入学，然未有员数。以《通鉴节要》用蒙古语言译写教之，俟生员习学成效，出题试问，观其所对精通者，量授官职（《元史》卷八十一《选举志一·学校》）。

至元二十六年，尚书省臣言："伊斯提斐文字，宜施于用。今翰林院伊普迪哈鲁鼎，能通其字学，乞授以学士之职。凡公卿大夫与富民之子，皆依汉人入学之制，日肄习之。"帝可其奏，乃置回回国子监（《续通志》卷一四三《选举略四》）。

地方学

至元六年……定制，命诸路府官子弟入学，上路二人，下路二人，府一人，州一人；余民间子弟，上路三十人，下路二十五人。愿充生徒者，与免一身杂役。以蒙古字译写《通鉴节要》，颁行各路，俾肄习之。……大德五年十月，又定生员，散府二十人，上、中州十五人，下州十人（《续通考》卷五十《学校考四》）。

至元二十八年，令江南诸路学，及各县学内，设立小学，选老成之士教之。或自愿招师，或自受家学于父兄者，亦从其便。其他先儒过化之地，名贤经行之所，与好事之家，出钱粟赡学者，并立为书院（《元史》卷八十一《选举志一·学校》）。

督学官员设置如下。

元世祖中统二年……时翰林学士承旨王鹗，请于各路选委博学老儒一人，提举本路学校，因立十道提举学校官。……至元二十四年……浙西道儒学提举叶李，召至京师，奏言："……请复立提举司，专令提调学官，课诸生。……上其成材于太学，以备录用。"……帝可其奏。是年闰二月，设江南各道儒学提举司。二十六年九月，置高丽国儒学提举司。至仁宗皇庆、延祐间，辽阳、甘肃、四川、云南并置儒学提举司（《续通考》卷五十《学校考四》）。

凡师儒之命于朝廷者，曰教授。……命于礼部及行省及宣慰司者，曰学正、山长、学录、教谕。……路设教授、学正、学录各一员，散府、上、中州设教授一员，下州设学正一员，县设教谕一员，书院设山长一员。中原州、县学正、山长、学录、教谕，并受礼部付身。各省所属州、县学正、山长、学录、教谕，并受行省及宣慰司札付（《元史》卷八十一《选举志一·学校》）。

除国学与地方学外，特设者有"医学"与"阴阳学"两种。

医学

世祖中统二年夏五月……诸路设立医学（《元史》卷八十一《选举志一·学校》）。

官医提举司……至元二十五年置（《元史》卷八十八《百官志四》）。

至元二十二年四月，定选试太医法，每三年一次……试十三科。……十三科者：大方脉杂医科、小方脉科、风科、产科、眼科、口齿兼咽喉科、正骨兼金疮科、疮肿科、针灸科、祝由书禁科。其法，考较医经、辨验药味。合试经书，则《素问》《难经》《圣济录》《本草》《千金翼方》也（《续通考》卷四十二《选举考九》）。

阴阳学

至元十三年正月，诏："凡儒学、卜筮及通晓天文历数之士，所在官司具以名闻。"（《续通考》卷四十二《选举考九》）

世祖至元二十八年夏六月，始置诸路阴阳学。其在腹里、江南，若有通晓阴阳之人，各路官司详加取勘，依儒学、医学之例，每路设教授以训诲之。其有术数精通者，每岁录呈省、府，赴都试验。……延祐初，令阴阳人依儒、医例，于路府、州设教授员，凡阴阳人皆管辖之，而上属于太史焉（《元史》卷八十一《选举志一·学校》）。

元为通行蒙古字，遂有"蒙古学"之设立。

至元六年二月……诏以新制蒙古字颁行天下。……七月……立诸路蒙古字学（《元史》卷六《世祖本纪三》）。

至元十九年，定路设教授国字，在诸字之右（《续通考》卷五十《学校考四》）。

按：元对于学校，颇知注重，所定制度，亦颇完备。虽在元世未发生若何之效果，而实开明、清两代学校制度之先声焉。

（己）选举

科举

仁宗皇庆二年十月，中书省臣奏科举事。……十一月，乃下诏曰：……三代以来，取士各有科目，要其本末，举人宜以德行为首，试艺则以经术为先，词章次之。……爰命中书，参酌古今，定其条制。其以皇庆三年八月，天下郡县，兴其贤者能者，充赋有司。次年二月，会试京师。……考试程序：蒙古、色目人，第一场经问五条。……第二场策一道。……汉人、南人，第一场明经经疑二问……经义一道。……第二场古赋诏诰章表内科一道……第三场策一道（《元史》卷八十一《选举志一·科目》）

蒙、汉考试上难易已不同，而待遇上亦厚薄各异。

延祐二年三月，始开科，分进士为左右榜，蒙古、色目人为右，汉人、南人为左。……凡蒙古由科举出身者，授从六品；色目、汉人递降一极（《续通考》卷二一四《选举考一》）。

选官

当时仕进有多歧，铨衡无定制。其出身于“学校”者，有国子监学，有蒙古字学、回回国学，有医学，有阴阳学。其策名于“荐举”者，有遗逸，有茂异，有求言，有进书，有童子。其出于“宿卫勋臣”之家者，待以不次。其用于“宣徽中政”之属者，重为内官。又“荫叙”有循常之格，而“超擢”有选用之科。由“直省侍仪”等入官者，亦名清望。以“仓庾赋税”任事者，例视冗职。“捕盗”者以功叙，“入粟”者以赀进。至“工匠”皆入班资，而“舆隶”亦跻流品。诸王公主，宠以“投下”，俾之保任。远夷外徼，授以长官，俾之世袭。凡若此类，殆所谓吏道杂而多端者欤！矧夫“儒”有岁贡之名，“吏”有补用之法，曰掾史令史，曰书写铨写，曰书吏典吏，所设之名未易枚举。曰省台院部，曰路府州县，所入之途，难以指计。……故其铨选之备，考核之精，曰随朝外任，曰省选部选，曰文官武官，曰考数，曰资格，一毫不可越。而或援例，或借资，或优升，或回降，其纵情破律，以公济私，非至明者不能察焉。是皆文繁吏弊之所致也（《元史》卷八十一《选举志序》）。

（十三）元之衰亡

（1）帝位之纷争

（甲）蒙古之分裂

蒙古初制，大汗之立，开会推举，所谓“忽烈而台”是也。成吉斯汗死，大位继承，亦遵此制，唯所推者必其血胤。大汗遗命，亦可以预定继承者，故宪宗之立，遂成纠纷。

定宗崩（宋理宗淳祐八年，西元一二四八年），至是三岁无君（皇后斡兀立海迷失氏，抱皇太孙失烈门临朝称制），中外人心咸属意于帝。诸王拔都、莫哥、阿里不哥，及大将兀良合台等，咸会议所立，拔都首先推戴。时定宗后所遣使者八剌在坐，争曰：“失烈门皇孙也，先帝尝言其可君天下，今故在而议他属，将置之何地？”莫哥曰：“太宗有命，谁敢违之？然拔都固亦遵先帝遗言也。初帝之幼也，太宗雅爱之，尝命坐膝上，抚其首曰：‘是可以君天下，他日用犉按豹。’皇孙失烈门在侧曰：‘以犉按豹，则犊将何恃？’太宗以为有仁心，亦曰：‘是可以为君。’”至是二人各举以为言，八剌语塞。兀良合台曰：“蒙哥（即宪宗）聪明睿智，人所共知，拔都之言良是。”议遂定（邵远平《元史类编》卷一《宪宗纪》）。

元年辛亥（宋理宗淳祐十一年，西元一二五一年）六月，西方诸王伯尔克、托海特穆尔，东方诸王伊克、托欢、伊逊克、阿齐台、塔齐尔、伯勒格台，西方诸大将巴哩济等，东方诸大将伊苏布哈等，复大会于奎腾敖拉之地，共推帝即皇帝位于鄂诺河（《元史》卷三《宪宗本纪》）。

二年夏，帝驻和林，以诸王欲立失烈门者多后言，乃分迁合丹（太宗第六子）于别失八里地、蔑里（太宗第七子）于叶儿的石河、海都（太宗孙）于海押立地……脱脱（太宗孙）于叶密立地、蒙哥都（太宗孙）及太宗三皇后乞里吉忽帖尼于扩端所居之西。定宗后及失烈门母，以厌禳事觉，并赐死。禁锢失烈门于没脱赤之地（邵远平《元史类编》卷一

《宪宗本纪》）。

按：宪宗为太祖派系，诸王为太宗派系，既处置如是，两系蕴仇益深，内争遂不可解。至世祖，竟破成例，不经大会推举，自立于开平。而世祖弟阿里不哥不服，首先称兵，复与宪宗一系合。战端一发，响应者纷起，垂四十余年而后底定，然蒙古之业衰矣。

阿里不哥，当宪宗南伐，命留守和林。宪宗崩于蜀时（宋理宗开庆元年，西元一二五九年），世祖以太弟渡淮，围宋鄂州，国内虚，诸大臣各观望所立。陕西行省丞相阿蓝答儿等，谋立阿里不哥为帝，遣脱忽思括民兵。世祖北还……阿里不哥……闻世祖既即位，乃命阿蓝答儿发兵漠北，分遣腹心，易置将佐，散金帛以赉士卒。又命行尚书省刘太平、霍鲁怀，拘收关中钱谷。时浑都海屯军六盘，太平等相与结纳为表里，阿里不哥遂称帝于和林。……世祖命廉希宪安抚陕西，比至……即遣人捕诛太平、鲁怀等。既而浑都海、阿蓝答儿合军而东，官兵追斩之。中统二年（宋理宗景定二年，西元一二六一年）十一月，帝自将讨阿里不哥，遇于昔木土脑儿之地。命……前锋歼其兵三千人，追北五十余里，帝亲率诸军蹑其后，降其部将，阿里不哥乃北遁。至元元年（宋理宗景定五年，西元一二六四年）七月，与诸王玉龙答失、阿速带、昔里吉来归。世祖以诸王皆太祖之裔，并释不问（邵远平《元史类编》卷三十《拖雷附阿里不哥传》）。

继此而起者，有北边之变，而海都实煽诱之。

海都以太宗孙，世居北方，久蓄叛志，方俟衅而起。未几，果反，帝将亲征，又念懿亲之故，犹欲怀之以德，遣尚书昔班往谕，令罢兵入朝。海都已听命退军，会丞相安童，率兵先破其部曲。……海都惧，不敢至。自后屡寇边，叛者又附海都为名（邵远平《元史类编》卷三十《合失附海都传》）。

初，海都称兵内向，诏以右承相安童，佐皇子北平王那木罕，统诸军于阿力麻里备之。至元十四年（西元一二七七年），诸王昔里吉，劫北平王，拘安童，胁宗王以叛。命伯颜帅师讨……破之，昔里吉走死（《元史》卷一二七《伯颜传》）。

至元二十四年（西元一二八七年）四月……诸王乃颜反。五月……帝自将征。……六月……至撒儿都鲁之地，乃颜党塔不带，率所部六万，逼行在而阵，遣前军败之。……车驾驻干大利斡鲁脱之地，获乃颜。……七月，乃颜党失都儿犯咸平，宣慰塔出从皇子爱牙亦，合兵出沈州进讨，宣慰亦儿撒合，分兵趣懿州，其党悉平（《元史》卷十四《世祖本纪十一》）。

十八年二月，命从燕王真金抚军北边。……二十六年，进知枢密院事，镇和林。二十九年，宗王明里铁木儿，附海都叛，诏伯颜往讨。……明里铁木儿……来降。未几，海都复犯边，留伯颜拒守。廷臣或谮其久居北边，与海都通好，帝以御史大夫玉昔帖木儿代之（邵远平《元史类编》卷十九《伯颜传》）。

大德（成宗）三年（西元一二九九年），成宗命兄子海山（即武宗）往镇北边，数败海都于阔别列之地。五年，海都与笃哇（伊儿汗）诸部大举入寇，海山亲督钦察军奋击，大破之，射笃哇中膝，号遁去，海都不得志，旋走死。当笃哇之败也，诸叛王相聚谋曰："……连年遘兵，致相残杀，是自隳祖宗业也。……吾谁与争哉。"遂与海都子察八儿、笃哇子款彻，群请罢兵，通一家之好。帝嘉之。诏安西王……饬军士安置驿传，以俟其来。……武宗至大三年，察八儿入朝，诏赦其罪（邵远平《元史类编》卷三十《合失附海都传》）。

（乙）权臣之拥立

宪宗之立……已启大臣拥立之端。世祖有鉴于此，故预立珍戬（旧作真金）为皇太子。其后珍戬早薨，未及即位。世祖崩后，成宗（珍戬子）方抚军北边，以长幼而论，则母兄晋王噶玛拉（旧名甘麻剌）当立，而伊实特穆尔（旧名玉昔帖木儿）以成宗在军时，世祖曾以皇太子旧玺付之，遂告晋王曰："昔储闱之玺既有所归，王为宗盟长，奚俟而不言？"晋王乃曰："皇帝践阼，愿北面事之。"于是成宗遂即位。是"成宗"之立，由伊实特穆尔之力也。成宗崩，太子德寿先卒，丞相阿固岱（旧名阿忽台）等欲奉皇后称制，以诸王阿南达（旧名阿难答）辅之。丞相哈剌哈斯（旧名哈剌哈孙）则以武宗、仁宗皆珍戬之孙，理宜继统，而武宗方抚军北边，仁宗亦在怀州，乃先迎仁宗入京，诛阿固岱等，而趣武宗入即位。是"武宗""仁宗"之相继御极，皆哈剌哈斯之力也。仁宗既为帝，立子英宗为皇太子，故英宗继立之际，朝臣亦无异言。迨英宗为特克实（旧名铁失）所弑，特克实即遣使迎泰定帝入即位。是泰定帝之立，由特克实之力也。泰定帝崩于上都，丞相都尔苏（旧名倒剌沙）立其皇太子喇实晋巴（旧名阿速吉八）为皇帝，固亦父子相传之正理，而枢密使雅克特穆尔（旧名燕铁木儿）私念武宗旧恩，欲立其子明宗、文宗。时明宗远在沙漠，文宗亦在江陵，乃先迎文宗入即位。其时上都诸王方举兵入讨，雅克特穆尔力战胜之，而文宗之立遂定。及明宗归，雅克特穆尔又害之于途，文宗旋复为帝，是"文宗"之立，由雅克特穆尔之力也。厥后文宗、宁宗相继崩，皇后布达实哩（旧名卜答失里）已遣人迎明宗长子托欢特穆尔（即顺帝）入京，欲付以位，而雅克特穆尔不愿，遂不得立。迨雅克特穆尔死，始立焉。倘不死，则"顺帝"之立不立，尚未可知也。是则宪宗、成宗、武宗、仁宗、泰定帝、明宗、文宗，皆大臣所立（赵翼《廿二史札记》卷二十九《元帝多由大臣拥立》）。

（2）政治之不良

元起朔漠，入主中夏，为历史上一大变局。溯其初起，以武功震耀一世，除租税、站赤、达鲁花赤而外，无所谓政治。迨取金灭宋，知儒术可以羁縻全国，太祖用耶律楚材，至世祖用许衡、姚枢，尊优孔儒，粉饰为政。考有元一代诏令，率用蒙古文，蒙古、色目尽居显位，与汉人隔阂，故政治施设，罕有足观。然劝农桑，兴水利，北方当金源大乱之后，户口减少，得此亦稍稍休息。后来逐渐开发，北方繁盛，蒙元不为无功。唯赋敛烦数，刑政废弛，种族见解过深，不百年而亡，盖有由矣。

（甲）崇信番僧

帝师帕克斯巴（亦作八思巴）者，土番……人。……相传自其祖……以其法佐国主霸西海者十余世，帕克斯巴生七岁，诵经数十万言，能约通大义，国人号圣童，故名帕克斯巴。……年十有五，谒世祖于潜邸，与语大悦，日见亲礼。中统元年，世祖即位，尊为国师。……至元十一年，请告西还，留之不可，乃以其弟琳沁（亦作亦怜）嗣焉（《元史》卷二〇二《释老传》）。

世祖崇信番僧，原为利用之，以怀柔西土。

元起朔方，固已崇尚释教。及得西域，世祖以其地广而险远，民犷而好斗，思有以因其俗而柔其人，乃郡县土番之地，设官分职，而领之于帝师。乃立宣政院，其为使位居第二者，必以僧为之。出帝师所辟举，而总其政于内外者，帅臣以下，亦必僧、俗并用，而军民通摄。于是帝师之命，与诏敕并行于西土（《元史》卷二〇二《释老传》）。

但因待遇过优，转遗政治上无穷之害。

百年之间，朝廷所以敬礼而尊信之者，无所不用其至。虽帝后妃主，皆因受戒而为之膜拜。正衙朝会，百官班列，而帝师亦或专席于坐隅。且每帝即位之始，降诏褒护，必敕章佩监络珠为字以赐，盖其重之如此。其未至而迎之，则中书大臣驰驿累百骑以往，所过供亿送迎。……虽其昆弟子姓之往来，有司亦供亿无乏。泰定间，以帝师弟衮噶伊实戬将至，诏中书持羊酒郊劳；而其兄琐诺藏布遂尚公主，封白兰王。……其弟子之号司空、司徒、国公，佩金玉印章者，前后相望。为其徒者，怙势恣睢，日新月盛，气焰熏灼，延于四方，为害不可胜言（《元史》卷二〇二《释老传》）。

其肆扰之情况，实为从来所未有。

二年冬，以西域僧那摩为国师，总天下释教（邵远平《元史类编》卷一《宪宗纪》）。

有嘉木扬喇勒智者（亦作杨琏真珈），世祖用为江南释教总统，发掘故宋赵氏诸陵之在钱塘、绍兴者及其大臣冢墓凡一百一所；戕杀平民四人；受人献美女宝物无算；且攘夺盗取财物，计金一千七百两、银六千八百两、玉带九、玉器大小百一十有一、杂宝贝百五十有二、大珠五十两、钞一十一万六千二百锭、田二万三千亩；私庇平民不输公赋者二万三千户（《元史》卷二〇二《释老传》）。

杨琏真珈，西番僧也。……为江南释教总统。及桑哥专政，相与表里为奸，怙恩横肆，威焰烁人，穷骄极淫，不可具状（邵远平《元史类编》卷四十一《杨琏真珈传》）。

其所给地亩，率多强占民业。僧徒犹贪利无厌，营结近侍，奏请布施莽斋，要求百端，岁需费以千万计。且因好事奏释罪囚，凡杀人作奸之徒，悉皆夤缘幸免，甚或取空名宣敕，用为布施，而任其人赏罚，皆由其手。……武宗至大元年（西元一三〇八年），上都开元僧强夺民薪，民诉诸留守李璧，璧方询其由，僧遽率党持白挺入公府，隔案引璧发捽诸地，曳归幽之空室，久乃得脱，奔诉诸朝，僧竟遇赦免。未几，其徒垄柯等，与诸王合儿八剌妃争道，拉妃堕车，棰扑交下，事闻，亦释不问。而宣政院方取旨，凡殴西僧者截其手，詈者断其舌。赖仁宗……奏寝其令（邵远平《元史类编》卷四十一按语）。

泰定二年，西台御史李昌言："尝经平凉府、静、会、定西等州，见西番僧佩金字圆符，络绎道途，驰骑累百，传舍至不能容，则假馆民舍，因迫逐男子，奸污女妇。奉元一路，自正月至七月，往返者百八十五次，用马至八百四十余匹，较之诸王、行省之使，十多六七。驿户无所控诉，台察莫得谁何。且国家之制圆符，本为边防警报之虞，僧人何事而辄佩之？乞更正僧人给驿法，且令台宪得以纠察。”不报（《元史》卷二〇二《释老传》）。

其作多尔康者，或一所、二所以至七所；作擦擦者（以泥作小浮屠），或十万、二十万以至三十万。又尝造浮屠二百一十有六，实以七宝珠玉，半置海畔，半置水中，以镇海灾。延祐四年，宣徽使会每岁内廷佛事所供，其费以斤数者，用面四十三万九千五百、油七万九千、酥二万一千八百七十、蜜二万七千三百。自至元三十年间，醮祠佛事之目，仅百有二。大德七年，再立功德司，遂增至五百有余。僧徒贪利无已，营结近侍，欺昧奏请，布施莽斋，所需非一，岁费千万，较之大德，不知几倍。又每岁必因好事，奏释轻重囚徒，以为福利（《元史》卷二〇二《释老传》）。

（乙）重用计臣

元代赏赐特多，后以振济为姑息之政，费用不给，钞法易敝，故不能不用聚敛之臣。若卢世荣所为，颇有计划，非阿合玛特辈所能比也。

太宗引西域商人奥都剌合蛮，扑买课税。……帝崩……皇后乃马真氏称制，崇信奸回，庶政多紊。奥都剌合蛮以货得政柄，廷中悉畏附之。……后以御宝空纸，付奥都剌合蛮，使自书填行之。……又有旨：“凡奥都剌合蛮所建白，令史不为书者，断其手。”（《元史》卷一四六《耶律楚材传》）

阿哈玛特回纥人。……世祖中统三年（西元一二六二年），始命领中书左右部，兼诸路都转运使，财赋之任专委之。……至元元年（西元一二六四年）八月，罢领中书左右部，并入中书，超拜阿哈玛特为中书平章政事。……三年正月，立制国用使司，阿哈玛特又以平章政事领使职。……

阿哈玛特多智巧言,以功利成效自负,众咸称其能。世祖急于富国,试以行事,颇有成绩。……授以政柄,言无不从,而不知其专愎益甚矣。……阿哈玛特在位日久,益肆贪横,援引奸党……骤升同列。阴谋交通,专事蒙蔽。逋赋不蠲,众庶流移。京兆等路,岁办课至五万四千锭,犹以为未实。民有附郭美田,辄取为己有。内通货贿,外示威刑,廷中相视,无敢论列。……十九年(西元一二八二年)三月,世祖在上都,皇太子从。有益都千户王著者,素志疾恶,因人心愤怨,密铸大铜锤,誓愿击阿哈玛特首。……诈称皇太子还都作佛事……即牵去,以所袖铜锤碎其脑立毙(《元史》卷二〇五《阿哈玛特传》)。

卢世荣大名人也。阿哈玛特专政,世荣以贿进。……阿哈玛特死,朝廷之臣讳言财利事,皆无以副世祖裕国足民之意。有僧格者,荐世荣有才术,谓能救钞法,增课额。……世祖召见,奏对称旨。……安图奏:"世荣所陈数事,乞诏示天下。"……乃下诏云:"金银系民间通行之物,自立平准库,禁百姓私相买卖,今后听民间从便交易。怀、孟诸路竹货,系百姓栽植,有司拘禁发卖,使民重困,又致南北竹货不通,今罢各处竹监,从民货卖收税。江湖鱼课,已有定例,长流采捕,贫民恃以为生,所在拘禁,今后听民采用。军国事务往来,全资站驿,马价近增,又令各户供使臣饮食,以致疲弊,今后除驿马外,其余官为支给。"既而中书省又奏:"盐每引十五两,国家未尝多取,欲便民食。今官豪诡名罔利,停货待价,至一引卖八十贯,京师亦百二十贯,贫者多不得食。议以二百万引给商,一百万引散诸路,立常平盐局,或贩者增价,官平其直以售,庶民用给,而国计亦得。"……世荣言:"京师富豪户酿酒酤卖,价高味薄,且课不时输,宜一切禁罢,官自酤卖。"……世荣奏:"臣言天下岁课钞九十三万二千六百锭之外,臣更经画,不取于民,裁抑权势所侵,可增三百万锭。"……世荣奏:"……自王文统诛后,钞法虚弊,为今之计,莫若依汉、唐故事,括铜铸至元钱,及制绫券,与钞参行。"……又奏:"于泉、杭二州立市舶都转运司，造船给本，令人商贩，官有其利七，商有其三。禁私泛海者。……产铁之所，官立炉鼓铸为器鬻之，以所得利合常平盐课，籴粟积于仓，待贵时粜之。……各路立平准周急库，轻其月息，以贷贫民。……又，随朝官吏增俸，州郡未及，可于各都立市易司，领诸牙侩人，计商人物货，四十分取一，以十为率，四给牙侩，六为官吏俸。”……以九事说世祖诏天下：其一，免民间包银三年；其二，官吏俸免民间带纳；其三，免大都地税；其四，江淮民失业贫困、鬻妻子以自给者，所在官为收赎，使为良民；其五，逃移复业者，免其差税；其六，乡民造醋者，免收课；其七，江南田主收佃客租课，减免一分；其八，添支内外官吏俸五分；其九，定百官考课升擢之法。……世荣居中书才数月，恃委任之专，肆无忌惮，视丞相犹虚位也。……监察御史陈天祥上章劾之，大概言其“苛刻诛求，为国敛怨，将见民间凋耗，天下空虚。考其所行与所言者，已不相副：始言能令钞法如旧，弊今愈甚；始言能令百物自贱，今百物愈贵；始言课程增至三百万锭，不取于民，今迫胁诸路，勒令如数虚认而已；始言令民快乐，今所为无非扰民之事。若不早为更张，待其自败，正犹蠹虽除而木已病矣”。……遂下世荣于狱……有旨诛世荣（《元史》卷二〇五《卢世荣传》）。

僧格丹巴国师之弟子也。……为人狡黠豪横，好言财利事，世祖喜之。……至元二十四年（西元一二八七年）闰二月，复置尚书省，遂以僧格与特穆尔为平章政事。……僧格以理算为事，毫分缕析，入仓库者无不破产。及当更代，人皆弃家避之。……以……王巨济……等十二人，理算江淮、江西、福建、四川、甘肃、安西六省。……当是时，天下骚然，江淮尤甚。而谀佞之徒，方且讽都民……为僧格立石颂德……题曰：王公辅政之碑。……僧格既专政……久而言者益众，世祖始决意诛之。……下狱究问……乃伏诛（《元史》卷二〇五《僧格传》）。

阿合马……奏括天下户口，下至药材榷茶，亦纤屑不遗。其所设施，专以掊克敛财为事。……阿合马既死，又用卢世荣，亦以增多岁入为能，盐铁、榷酤、商税、田课，凡可以罔利者，益务搜括。……又用桑哥……遣忻都阿散等十二人，理算六省钱谷，天下骚然。……计帝在位三十余年，几与此三人者相为终始。此其嗜利贪得，牢固而不可破也（赵翼《廿二史札记》卷三十《元世祖嗜利黩武》）。

按：世祖开苛敛之端，后世踵而行之。成宗之世，贪官污吏，其发觉者至万数千人；其未发觉者，尚不可知。武宗之世，复置尚书省，重用托克托，亦以聚敛，流毒百姓。仁宗时，用张闾经理浙江、江西、河南三省民田，限民四十日，以所有田自实于官，期限猝迫，贪刻用事，富民黠吏并缘为奸，于是民不聊生，多自杀者。变乱纷起，田野荒芜，虽旋罢之，而民生之困苦已极矣。

（3）治河之役

元代特重治河，水利交通，俱有成效。内立都水监，外设各处河渠司。

至正四年（西元一三四四年）夏五月，大雨二十余日，黄河暴溢，水平地深二丈许，北决白茅堤。六月，又北决金堤。并河郡邑济宁、单州、虞城、砀山、金乡、鱼台、丰、沛、定陶、楚丘、武城，以至曹州、东明、巨野、郓城、嘉祥、汶上、任城等处皆罹水患，民老弱昏垫，壮者流离四方。……省臣以闻，朝廷患之。……九年（西元一三四九年）冬，脱脱既复为丞相，慨然有志于事功，论及河决，即言于帝，请躬任其事。……都漕运使贾鲁……以二策进献：一议修筑北堤以制横溃，其用功省；一议疏塞并举，挽河使东行以复故道，其功费甚大。……脱脱韪其后策。议定，乃荐鲁于帝，大称旨。十一年（西元一三五一年）四月初四日，下诏中外，命鲁以工部尚书为总治河防使……发汴梁、大名十有三路民十五万人，庐州等戍十有八翼军二万人供役一切。……是月二十二日鸠工，七月疏凿成，八月决水故河，九月舟楫通行，十一月水土工毕，诸埽诸堤成。河乃复故道，南汇于淮，又东入于海。……先是，岁庚寅，河南北童谣云："石人一只眼，挑动黄河天下反。"及鲁治河，果于黄陵冈得石人一眼，而汝、颍之妖寇乘时而起。议者往往以谓天下之乱，皆由贾鲁治河之役劳民动众之所致（《元史》卷六十六《河渠志二·黄河》）。

按：贾鲁疏浚黄河，用土、用石、用铁、用木、用草、用絙之法，后世治河者，多遵用之，且亦无劳扰实迹。江南、汀州、汴梁、关中、京畿等处，水灾甚重，民不聊生，汝、颍不过乘机发难耳。

（4）人民之反抗

（甲）压制政策

太祖之世，岁有事西域，未暇经理中原，官吏多聚敛自私……而官无储备。近臣别迭等言，汉人无补于国，可悉空其人，以为牧地。……旧制，凡攻城邑，敌以矢石相加者，即为拒命，既克，必杀之。汴梁将下，大将速不台遣使来言，金人抗拒持久，师多死伤，城下之日宜屠之。……楚材曰："奇巧之工，厚藏之家，皆萃于此。若尽杀之，将无所获。"帝然之，诏罪止完颜氏，余皆勿问（《元史》卷一四六《耶律楚材传》）。

议籍中原民，大臣忽都虎等，议以丁为户。……争之再三，卒以户定。时将相大臣，有所驱获，往往寄留诸郡。楚材因括户口，并令为民（《元史》卷一四六《耶律楚材传》）。

东平将校，占民为部曲户，谓之"脚寨"，擅其赋役（《元史》卷一五九《宋子贞传》）。

德辉遂起为山西宣慰使，权势之家籍民为奴者，咸按而免之（《元史》卷一六三《李德辉传》）。

先是，荆湖行省阿里海牙，以降民三千八百户，没入为家奴，自置吏治之，岁责其租赋。……雄飞入朝奏其事，诏还籍为民（《元史》卷一六三《张雄飞传》）。

兵后，孱民多依庇豪右，及有以身佣藉衣食，岁久掩为家奴，悉遣还之为民（《元史》卷一六三《张德辉传》）。

江南新附，诸将市功，且利俘获，往往滥及无辜，或强籍新民以为奴隶。膺出令，得还为民者以数千计（《元史》卷一七〇《雷膺传》）。

都元帅塔海，抑巫山县民数百口为奴，民屡诉不决。利用承檄覆问，尽出为民（《元史》卷一七〇《王利用传》）。

南京总管刘克兴，掠良民为奴隶（《元史》卷一七〇《袁裕传》）。

中统二年四月，听儒士被俘者赎为民（邵远平《元史类编》卷二《世祖纪一》）。

世祖至元十八年闰八月，以江南民户分赐诸王、贵戚、功臣。时先后受赐者，诸王十六人、后妃公主九人、勋臣三十六人，凡先朝勋戚亦加赐。诸王自一二万户以上，有多至十万户者。勋臣自四万户以下，至数千、数百、数十户不等（《续通考》卷十三《户口考二》）。

元平江南以后，亦尝以缓恤人民为言。然种族见解，分别过严，人民受种族歧视，江南尤甚。兹据王光鲁《元史备忘录》所记氏族等级，录之如下：

氏族第一，蒙古七十二种。

阿剌剌	扎剌儿歹	忽神忙兀歹	瓮吉剌歹
晃忽摊	永吉列思	兀鲁兀	郭儿剌思
别剌歹	怯烈歹	秃别歹	八鲁剌忽
曲吕律	也里吉斤	扎剌只剌	脱里别歹
塔塔儿	哈答吉	散儿歹	乞要歹
列术歹	颜不花歹	歹列里养赛	散术兀歹
灭里吉歹	阿大里吉歹	兀罗歹	别帖里歹
蛮歹	也可抹合剌	那颜吉歹	阿塔里吉歹

亦乞列歹	合忒乞歹	木里乞	外兀歹
外抹歹	阿儿剌歹	伯要歹	担吉歹
外剌歹	末里乞歹	许大歹	晃兀摊
别速歹	颜不草歹	木温塔歹	忙兀歹
塔塔歹	那颜乞台	阿塔力吉歹	忽神
塔一儿	兀鲁歹	撒术歹	灭里吉
阿火里力歹	扎马儿歹	兀罗罗歹	别帖乞乃蛮歹
荅荅儿歹	也可林合剌	瓮吉歹	木里歹
忙古歹	外抹歹乃	朵里别歹	入怜
察里吉歹	八鲁忽歹	哈荅歹	外剌

氏族第二，色目三十一种。

哈剌鲁	钦察	唐兀	阿速
秃八	康里	苦里鲁	剌乞歹
赤乞歹	畏兀儿	回回	乃蛮歹
阿儿浑	合鲁歹	火里剌	撒里哥
秃伯歹	雍古歹	密赤思	夯力
苦鲁丁	贵赤	匣剌鲁	秃鲁花
哈剌吉荅歹	拙儿察歹	秃鲁八歹	火里剌
甘木鲁	彻儿哥	乞失迷儿	

陶宗仪《辍耕录》（卷一）所列氏族，汉人、女真人各有支族。

汉人八种。

契丹	高丽	女直	竹因歹
术里阔歹	竹温	竹亦歹	渤海（女直同）

金人姓氏。

完颜汉姓曰王	乌古论曰商	乞石烈曰高
徒单曰杜	女奚烈曰郎	兀颜曰朱
蒲察曰李	颜盏曰张	温迪罕曰温
石抹曰萧	奥屯曰曹	孛术鲁曰鲁
移剌曰刘	斡勒曰石	纳剌曰康
夹谷曰仝	裴满曰麻	尼忙古曰鱼
斡准曰赵	阿典曰雷	阿里侃曰何
温敦曰空	吾鲁曰惠	抹颜曰孟
都烈曰强	散答曰骆	呵不哈曰由
乌林荅曰蔡	仆散曰林	术虎曰董
古里甲曰汪		

四等人权利义务，极不平等，而防制汉人、南人为尤甚。

中统四年正月……申禁民家兵器。……二月……诏诸路置局造军器，私造者处死。民间所有不输官者，与私造同（《元史》卷五《世祖纪二》）。

诸汉人、南人，投充宿卫士，总宿卫官辄收纳之，并坐罪（《元史》卷一〇二《刑法志一·卫禁》）。

诸民间有藏铁尺、铁骨朵及含刀铁、柱杖者，禁之。诸私藏甲全副者处死。……枪，若刀，若弩，私有十件者，处死（《元史》卷一〇五《刑法志四·禁令》）。

四等之外，且有强分人民为十级之说。

一官、二吏、三僧、四道、五医、六工、七猎、八民、九儒、十丐（《郑所南集》）。

大元制典，人有十等，一官、二吏，先之者贵之也。……七匠、八娼、九儒、十丐，后之者贱之也（谢枋得《叠山集》卷二《送方伯载归三山序》）。

又有编二十家为甲，置甲主之说。

诸出入宫禁，各有从者，男女止以十人为朋，出入毋得相杂。军中凡十人置甲长，听其指挥（《元史》卷二《太宗本纪》）。

鼎革后，编二十家为甲，以北人为甲主。衣服饮食，惟所欲；童男少女，惟所命。……鼎革后，城乡遍设甲主，孥人妻女，有志者皆自裁。……欲求两全者……竟出下策为舟妓。以舟人不设甲主，舟妓向不辱身也（徐大焯《烬余录·乙编》）。

（乙）群雄并起

武宗至大元年（西元一三〇八年）五月，禁白莲社，毁其寺宇，以其民还隶民籍。仁宗延祐六年十月，省臣言："白云宗总摄沈明仁，诳诱愚俗十万人，请汰其徒。"从之（《续通考》卷十三《户口考二》）。

按：白莲教出于佛教之白莲宗。先是，晋沙门慧远结白莲社，以皈依净土为宗。后之白莲宗，本此而出。延至元时，其教尤盛。顺帝荒淫乱政，于是韩山童等，遂假借白莲教首先发难，而群雄纷起。

韩山童

韩林儿真定栾城人。父山童，自其先以白莲会烧香惑众，谪徙永平。顺帝至正初，山童倡言："天下将乱，弥勒佛下生，明王出。"愚民翕然信之。……颍州妖人刘福通，因诡言山童实宋徽宗八世孙，走海外得还，当为中国主。……与其党杜遵道、盛文郁、罗文素、韩咬儿，聚众于白鹿庄……谋为乱。……十一年（西元一三五一年）五月，福通遂起兵，以红巾为号。官兵捕之急，山童被禽，其妻杨氏及子林儿，逃匿武安山。……惟福通党尤盛……不数月，拔颍州，据朱皋，破罗山、上蔡、真阳、确山、舞阳、叶县及汝宁、光、息等州，众至十万。……十五年（西元一三五五年），福通自砀山夹河，求得林儿，立为帝，又号小明王，都亳州，伪号宋，改元龙凤。……遵道、文郁称丞相，福通与文素称平章。……遵道得宠，专威福。福通使甲士挝杀之，自为丞相，称太保（邵远平《元史类编》卷四十一《韩林儿传》）。

李二

萧县人李二，亦以烧香聚众，与其党赵均用、彭早住，攻陷徐州。……明年（至正十二年），帝命脱脱亲征徐州。李二败死，早住、均用走濠州，一称鲁淮王，一称永义王，二人互争雄长。未几，早住中流矢死，均用寻依福通（邵远平《元史类编》卷四十一《韩林儿传》）。

徐寿辉

徐寿辉……罗田人，又名真一，业贩布。元末盗起，袁州僧彭莹玉，以妖术与麻城邹普胜，聚众为乱，用红巾为号。奇寿辉状貌，遂推为主。至正十一年九月，陷蕲水及黄州路。……遂即蕲水为都，称皇帝，国号天完，建元治平，以普胜为太师。未几，陷饶、信。明年（十二年），分兵四出，连陷湖广、江西诸郡县。遂破昱岭关，陷杭州。别将赵普胜等陷太平诸路，势大振。……明年（十三年），为元师所破，寿辉走免。已而复炽，迁都汉阳，为其丞相倪文俊所制。十七年（西元一三五七年）九月，文俊谋弑寿辉，不克，奔黄州。时友谅隶文俊麾下，数有功，为领兵元帅。遂乘衅杀文俊，并其兵，自称宣慰使，寻称平章政事。明年（十八年），陷安庆，又破龙兴、瑞州，分兵取邵武、吉安，而自以兵入抚州。已，又破建昌、赣、汀、信、衢。……始友谅破龙兴，寿辉欲徙都之，友谅不可。未几，寿辉遽发汉阳，次江州。江州，友谅治所也。伏兵郭外，迎寿辉入，即闭城门，悉杀其所部。即江州为都，奉寿辉以居，而自称汉王。……挟寿辉东下攻太平……克之。……进驻采石矶，遣部将阳白事寿辉前，戒壮士挟铁挝击碎其首。寿辉既死……即皇帝位，国号汉，改元大义（《明史》卷一二三《陈友谅传》）。

方国珍

方国珍黄岩人。……世以贩盐浮海为业。元至正八年（西元一三四八年)，有蔡乱头者，行剽海上，有司发兵捕之。国珍怨家，告其通寇，国珍杀怨家，遂与兄国璋、弟国瑛、国珉亡入海，聚众数千人，劫运艘，梗海道。……先是，天下承平，国珍兄弟始倡乱海上，有司惮于用兵，一意招抚。……国珍既授官，据有庆元、温、台之地，益强不可制(《明史》卷一二三《方国珍传》)。

张士诚

张士诚，小字九四，泰州白驹场亭人。有弟三人，并以操舟运盐为业，缘私作奸利。颇轻财好施，得群辈心。常鬻盐诸富家，富家多陵侮之，或负其直不酬。而弓手丘义尤窘辱士诚甚。士诚忿，即帅诸弟及壮士李伯升等十八人杀义，并灭诸富家，纵火焚其居。入旁郡场，招少年起兵。盐丁方苦重役，遂共推为主，陷泰州、高邮。……自称诚王，僭号大周，建元天祐。是岁至正十三年也。明年(十四年)，元右丞相脱脱总大军出讨，数败士诚，围高邮。……解脱脱兵柄……以他将代之。士诚乘间奋击，元兵溃去，由是复振。逾年，淮东饥，士诚乃遣弟士德由通州渡江入常熟。十六年二月，陷平江，并陷湖州、松江及常州诸路。改平江为隆平府，士诚自高邮来都之。……士诚为明元兵所扼，兵不得四出，势渐蹙。……遂决计请降。江浙右丞相达识帖睦迩为言于朝，授士诚太尉，官其将吏有差。……士诚虽去伪号，擅甲兵、土地如故。达识帖睦迩在杭与杭守将杨完者有隙，阴召士诚兵。士诚遣史文炳袭杀完者，遂有杭州。……二十三年(西元一三六三年)九月，士诚复自立为吴王。……当是时，士诚所据，南抵绍兴，北逾徐州，达于济宁之金沟，西距汝、颍、濠、泗，东薄海，二千余里，带甲数十万(《明史》卷一二三《张士诚传》)。

郭子兴

郭子兴，其先曹州人。父郭公，少以日者术游定远，言祸福辄中。邑富人有瞽女无所归，郭公乃娶之，家日益饶。生三子，子兴其仲也。……及长，任侠，喜宾客。会元政乱，子兴散家资，椎牛釃酒，与壮士结纳。

至正十二年春，集少年数千人，袭据濠州。太祖（朱元璋）往从之。……子兴奇太祖状貌……收帐下，为十夫长，数从战有功，子兴喜……乃妻以所抚马公女。……子兴同起事者孙德崖等四人，与子兴而五，各称元帅不相下。四人……合谋倾子兴。……元师破徐州，徐帅彭大、赵均用帅余众奔濠。德崖等以其故盗魁有名，乃共推奉之，使居己上。……元师围濠州……五阅月，围解，大、均用皆自称王，而子兴及德崖等为元帅如故。未几，大死……均用专狠益甚，挟子兴攻盱眙、泗州，将害之。太祖已取滁。……均用闻太祖兵甚盛，心惮之。……子兴用是得免，乃将其所部万余就太祖于滁。……未几，发病卒。……韩林儿檄子兴子天叙为都元帅，张天祐及太祖副之（《明史》卷一二二《郭子兴传》）。

明玉珍

明玉珍，随州人。……徐寿辉起，玉珍与里中父老团结千余人，屯青山。及寿辉称帝，使人招玉珍曰："来则共富贵，不来，举兵屠之。"玉珍引众降。……玉珍帅斗船五十艘，掠粮川、峡间。……元右丞完者都……与右丞哈麻秃不相能。……玉珍……袭重庆，走完者都，执哈麻秃。……寿辉授玉珍陇蜀行省右丞，至正十七年也。……于是，诸郡县相次来附。二十年，陈友谅弑徐寿辉自立。玉珍……命以兵塞瞿塘，绝不与通……自立为陇蜀王。……二十二年春，僭即皇帝位于重庆，国号夏，建元天统。……玉珍……性节俭，颇好学，折节下士。既即位……定赋税以十分取一，蜀人悉便安之（《明史》卷一二三《明玉珍传》）。

（5）元对义师与内讧

汝、颍之间，妖寇聚众反，以红巾为号，襄、樊、唐、邓皆起而应之。十一年，脱脱乃奏以弟御史大夫也先帖木儿为知枢密院事，将诸卫兵十余万讨之，克上蔡。既而驻兵沙河，军中夜惊。也先帖木儿尽弃军资器械，北奔汴梁，收散卒，屯朱仙镇。朝廷以也先帖木儿不习兵，诏别将代之。……十二年，红巾有号芝麻李者（即李二），据徐州，脱脱请自行讨之。……九月，师次徐州，攻其西门。……贼不能支，城破，芝麻李遁去……遂屠其城。……十四年，张士诚据高邮，屡招谕之不降。诏脱脱总制诸王诸省军讨之。……十一月，至高邮……连战皆捷。……贼势大蹙。俄有诏，罪其老师费财，以……太不花……代将其兵，削其官爵，安置淮安。先是，脱脱之西行也，别儿怯不花欲陷之死。顺帝幸臣哈麻屡言于帝，召还近地，脱脱深德之，至是，引为中书右丞。而是时脱脱信用汝中柏……见其议事莫敢异同，惟哈麻不为之下。汝中柏因谮之脱脱，改为宣政院使，位居第三，于是哈麻深衔之。……脱脱将出师也……遂谮脱脱于皇太子及皇后奇氏。……监察御史袁赛因不花等承哈麻风旨，上章劾之，三奏乃允。……而脱脱亦有淮安之命。……十五年三月，台臣犹以谪轻……于是诏流脱脱于云南。……十二月，哈麻矫诏，遣使鸩之，死（《元史》卷一三八《脱脱传》）。

脱脱既死，民兵益得进展。

元师大败福通于太康，进围亳，福通挟林儿走安丰。未几，兵复盛，遣其党分道略地。至正十七年，李武、崔德陷商州，遂破武关，以图关中；而毛贵陷胶、莱、益都、滨州，山东郡邑多下。是年六月，福通帅众攻汴梁，且分军三道：关先生、破头潘、冯长舅、沙刘二、王士诚趋晋、冀；白不信、大刀敖、李喜喜趋关中；毛贵出山东北犯（《明史》卷一二二《韩林儿传》）。

其战况撮录如下。

（甲）西路

白不信、大刀敖、李喜喜，陷兴元，遂入凤翔，屡为察罕帖木儿、李思齐所破，走入蜀（《明史》卷一二二《韩林儿传》）。

察罕帖木儿……系出北庭。曾祖阔阔台，元初随大军收河南。至祖乃蛮台、父阿鲁温，皆家河南，为颍州沈丘人。……至正十一年，盗发汝、颍……不数月，江淮诸郡皆陷。朝廷征兵致讨，卒无成功。十二年，察罕帖木儿乃奋义起兵，沈丘之子弟从者数百人。与信阳之罗山人李思齐合兵，同设奇计，袭破罗山。事闻朝廷，授……汝宁府达鲁花赤。于是所在义士，俱将兵来会，得万人，自成一军，屯沈丘。……转战而北，遂戍虎牢。……十七年，贼寻出襄樊，陷商州，攻武关……直趋长安，至灞上，分道掠同、华诸州，三辅震恐。……察罕帖木儿即领大众入潼关，长驱而前，与贼遇，战辄胜。……贼余党皆散溃，走南山，入兴元。朝廷嘉其复关、陕有大功，授……陕西行省左丞。未几，贼出自巴蜀，陷秦、陇，据巩昌，遂窥凤翔。察罕帖木儿……击之……贼大溃。……关中悉定（《元史》卷一四一《察罕帖木儿传》）。

（乙）中路

关先生、破头潘等，又分其军为二，一出绛州，一出沁州。逾太行，破辽、潞，遂陷冀宁；攻保定不克，陷定州，掠大同、兴和塞外诸郡，至陷上都，毁诸宫殿，转掠辽阳，抵高丽。至正十九年，陷辽阳。……二十年，关先生等陷大宁，复犯上都。……二十一年……李喜喜、关先生等东西转战，已多走死，余党自高丽还寇上都，孛罗复击降之（《明史》卷一二二《韩林儿传》）。

（丙）东路

田丰者，元镇守黄河义兵万户也。叛附福通，陷济宁，寻败走。……至正十八年，田丰复陷东平、济宁、东昌、益都、广平、顺德。毛贵亦数败元兵，陷清、沧，据长芦镇，寻陷济南；益引兵北，杀宣慰使董抟霄于南皮，陷蓟州，犯漷州，略柳林以逼大都。顺帝征四方兵入卫，议欲迁都避其锋。……贵旋被元兵击败，还据济南。……毛贵稍有智略，其破济南也，立宾兴院，选用元故官姬宗周等分守诸路。又于莱州立屯田三百六十所，每屯相距三十里，造挽运大车百辆，凡官民田十取其二，多所规画，故得据山东者三年（《明史》卷一二二《韩林儿传》）。

当三路出兵时，刘福通自将经略河南。

至正十七年……其秋，福通兵陷大名，遂自曹、濮陷卫辉。……十八年……福通出没河南北。五月，攻下汴梁，守将竹贞遁去，遂迎林儿都焉（《明史》卷一二二《韩林儿传》）。

福通锐意攻汴梁，守将竹贞弃城走，福通入城，迎林儿于安丰，居之，以为都（邵远平《元史类编》卷四十一《韩林儿传》）。

元察罕帖木儿既平关、陕，又定河东，遂进兵攻汴。

至正十八年，山东贼分道犯京畿。朝廷征四方兵入卫，诏察罕帖木儿以兵屯涿州。察罕帖木儿即留兵……屯潼关。……而自将锐卒往赴召。而曹、濮贼方分道逾太行，焚上党，掠晋、冀，陷云中、雁门、代郡……复大掠南且还。察罕帖木儿……击之，贼皆弃辎重走……河东悉定。……乃诏察罕帖木儿守御关、陕、晋、冀，抚镇汉、沔、荆、襄，便宜行阃外事（《元史》卷一四一《察罕帖木儿传》）。

至正十九年五月……察罕帖木儿大发秦、晋诸军讨汴梁，围其城（《元史》卷四十五《顺帝本纪八》）。

至正十九年，察罕帖木儿图复汴梁。五月，以大军次虎牢。先发游骑，南道出汴南，略归、亳、陈、蔡，北道出汴东，战船浮于河，水陆并下，略曹南，据黄陵渡。乃大发秦兵，出函关，过虎牢；晋兵出太行，逾黄河，俱会汴城下。……八月……各分门而攻……遂拔之。刘福通奉其伪主……出东门遁走（《元史》卷一四一《察罕帖木儿传》）。

察罕帖木儿数破贼，尽复关、陇。是年（至正十九年）五月，大发秦、晋之师会汴城下，屯杏花营，诸军环城而垒。林儿兵出战辄败，婴城守百余日，食将尽。福通计无所出，挟林儿从百骑，开东门遁还安丰（《明史》卷一二二《韩林儿传》）。

是时山东刘福通部将自相攻杀，察罕乘势进兵平定之。

至正十九年四月……毛贵为赵君用所杀。……七月……赵君用既杀毛贵，其党续继祖，自辽阳入益都，杀君用，遂与其所部，自相雠敌（《元史》卷四十五《顺帝本纪八》）。

时毛贵已为其党赵均用所杀，有续继祖者，又杀均用。所部自相攻击，独田丰据东平，势稍强（《明史》卷一二二《韩林儿传》）。

河南既定……谋大举以复山东。……谍知山东群贼，自相攻杀。……察罕帖木儿乃舆疾自陕抵洛，大会诸将，与议师期。发并州军出井陉，辽、沁军出邯郸，泽、潞军出磁州，怀、卫军出白马，及汴、洛军水陆俱下，分道并进。而自率铁骑，建大将旗鼓，渡孟津，逾覃、怀，鼓行而东，复冠州、东昌。……遣其子扩廓帖木儿（亦作库库帖木儿）及诸将等，以精卒五万捣东平。……以田丰据山东久，军民服之，乃遗书谕。……丰及王士诚皆降，遂复东平。……进逼济南城。……郡邑闻风皆送款。攻围济南……城乃下。……遂移兵围益都。……时山东俱平，独益都孤城犹未下。……田丰、王士诚阴结贼，复图叛……察罕帖木儿……至丰营，遂为王士诚所刺。……扩廓帖木儿……袭总其父兵……攻城益急……拔其城。……于是山东悉平（《元史》卷一四一《察罕帖木儿传》）。

经察罕之扫荡，黄河流域几于肃清。惟帝后分党，内讧屡起，以致无暇南顾。

博罗特穆尔（亦作孛罗帖木儿）……从父讨贼，屡立功。……至正十九年……三月……诏博罗特穆尔移兵至大同，置大都督兵农司，专督屯种，以博罗特穆尔领之（《元史》卷二〇七《博罗特穆尔传》）。

扩廓帖木儿……察罕帖木儿甥也，察罕养为子。……初，察罕定晋、冀，孛罗帖木儿在大同，以兵争其地，数相攻。朝廷下诏和解，终不听。扩廓既平齐地，引军还驻太原，与孛罗构难如故（《明史》卷一二四《扩廓帖木儿传》）。

扩廓帖木儿与孛罗帖木儿，二人互攻不已，而帝后分党，各倚为援，嫌怨益深。

完者忽都皇后，奇氏，高丽人。生皇太子爱猷识理达腊。……时帝颇怠于政治，后与皇太子……遽谋内禅（《元史》卷一一四《后妃传》）。

哈玛尔（即哈麻）尝阴进西天僧，以运气术媚帝，帝习之，号延彻尔法……华言大喜乐也。哈玛尔之妹婿集贤学士图噜特穆尔，故有宠于帝……亦荐西番僧且琳沁于帝。僧善秘密法……帝又习之。其法亦名双修法……皆房中术也。……君臣宣淫，而群僧出入禁中，无所禁止，丑声秽行，著闻于外。……皇太子年日以长，尤深疾图噜特穆尔等所为，欲去之，未能也。……托克托（即脱脱）……贬逐以死。……哈玛尔遂拜中书左丞相。……哈玛尔既为相……以皇太子年长……不若立以为帝，而奉上为太上皇。其妹闻之，归告其夫图噜特穆尔，恐皇太子为帝，则己必先见诛，即闻于帝……遂诏哈玛尔于惠州安置。……比行，俱杖死（《元史》卷二〇五《哈玛尔传》）。

至正十七年五月，召为中书左丞相。……二皇后奇氏，与皇太子谋欲内禅，遣宦者……朴不花谕意于太平，太平不答。皇后又召太平至宫中，举酒申前意，太平依违而已。……益决意去太平（《元史》卷一四〇《太平传》）。

至正二十年三月，复拜中书右丞相（继太平为相）。……时帝益厌政，而宦者资政院使保布哈（即朴布花）乘间用事。……吹斯戬（即搠思监）因与结构相表里，四方警报，及将臣功状，皆壅不上闻。博罗特穆尔、库库特穆尔，各拥强兵于外，以权势相轧。……吹斯戬与保布哈，党于库库特穆尔（《元史》卷二〇五《吹斯戬传》）。

于是，监察御史也先帖木儿……等，乃劾奏朴不花……奸邪，当屏黜。御史大夫老的沙以其事闻，皇太子执不下，而皇后庇之尤固，御史皆坐左迁。……老的沙执其事颇力，皇太子因恶之，而皇后因谮之于内。帝以老的沙母舅故，封为雍王，遣归国（陈邦瞻《元史纪事本末》卷二十七）。

初，朝廷既黜御史大夫鲁达实（即老的沙），安置东胜州，帝别遣宦官密谕博罗特穆尔，令留军中。而皇太子累遣官索之，博罗特穆尔匿不发。……皇太子以博罗特穆尔握兵跋扈……又匿不轨之臣，遂与丞相吹斯戬，议请削其官。……博罗特穆尔谓非帝意，故不听命（《元史》卷二〇七《博罗特穆尔传》）。

朝臣老的沙、秃坚获罪于太子，出奔孛罗，孛罗匿之。诏削孛罗官，解其兵柄。孛罗遂举兵反，犯京师，杀丞相搠思监，自为左丞相，老的沙为平章，秃坚知枢密院。太子求援于扩廓，扩廓遣其将白锁住以万骑入卫，战不利，奉太子奔太原。逾年，扩廓以太子令举兵讨孛罗，入大同，进薄大都。顺帝乃袭杀孛罗于朝。扩廓从太子入觐，以为太傅、左丞相。……扩廓……起行间，骤至相位，中朝旧臣多忌之者。而扩廓久典军，亦不乐在内。……即请出治兵，南平江、淮。诏许之，封河南王，俾总天下兵，代皇太子出征，分省中官属之半以自随。……乃驻军河南，檄关中四将军会师大举。四将军者，李思齐、张思道、孔兴、脱列伯也。思齐，罗山人，与察罕同起义兵，齿位略相埒，得檄大怒曰："吾与若父交，若发未燥，敢檄我耶！"令其下一甲不得出武关。思道等亦皆不听调。扩廓……自引兵西入关，攻思齐等。……乃遣其骁将貊高趋河中，欲出不意捣凤翔，覆思齐巢穴。貊高所将，多孛罗部曲，行至卫辉，军变，胁貊高叛扩廓，袭卫辉、彰德据之，罪状扩廓于朝。初，太子之奔太原也，欲用唐肃宗灵武故事自立，扩廓不可。及还京师，皇后谕指令以重兵拥太子入城，胁顺帝禅位。扩廓……以数骑入朝。由是太子衔之，而顺帝亦心忌扩廓。……及貊高奏至，顺帝乃……分其军隶诸将，而以貊高知枢密院事。……太子开抚军院于京师，总制天下兵马，专备扩廓。……诏李思齐等东出关，与貊高合攻扩廓，而令关保以兵戍太原。扩廓愤甚，引军据太原，尽杀朝廷所置官吏。于是顺帝下诏尽削扩廓官爵，令诸军四面讨之。是时明兵已下山东，收大梁。……余皆望风降遁，无一人抗者。既迫潼关，思齐等仓皇解兵西归，而貊高、关保皆为扩廓所擒杀。顺帝大恐，下诏归罪于太子，罢抚军院，悉复扩廓官，令与思齐等分道南讨。诏下一月，明兵已逼大都，顺帝北走（时元顺帝至正二十九年，明太祖洪武二年，西元一三六九年）。……明兵已定元都，将军汤和等自泽州徇山西。扩廓遣将御之，战于韩店，明师大败。会顺帝自开平命扩廓复大都，扩廓乃北出雁门，将由保安径居庸以攻北平。徐达、常遇春乘虚捣太原，扩廓还救。部将豁鼻马潜约降于明。明兵夜劫营，营中惊溃，扩廓仓卒……北走，明兵遂西入关。思齐以临洮降。思道走宁夏，其弟良臣以庆阳降，既而复叛，明兵破诛之。于是元臣皆入于明，唯扩廓拥兵塞上，西北边苦之（《明史》卷一二四《扩廓帖木儿传》）。

太祖洪武元年，大将军徐达，率师取元。元主自北平遁出塞，居开平。……明年（二年），常遇春击败之，师进开平。……时元主奔应昌（多伦县之东），其将王保保（即扩廓帖木儿）据定西为边患。三年春，以徐达为大将军，使出西安捣定西；李文忠为左副将军，冯胜为右副将军，使出居庸捣应昌。……大破元兵于骆驼山，遂趋应昌。未至，知元主已殂，进围其城，克之。获元主孙买的里八剌及其妃嫔、大臣、宝玉、图籍，太子爱猷识理达腊独以数十骑遁去。而徐达亦大破王保保兵于沈儿峪口，走之（《明史》卷三二七《鞑靼传》）。

当时朔漠略定，惟元遗臣梁王把匝剌瓦尔密据云南。洪武十四年，遣傅友德、沐英、蓝玉讨平之。而辽东方面，复有元遗臣纳哈出，出没为患。洪武二十年，命冯胜、蓝玉往讨，纳哈出降。于是即命蓝玉为大将军，移军北征。

王保保拥太子爱猷识理达腊居和林。……洪武十一年（西元一三七八年）夏，故元太子爱猷识理达腊卒……子脱古思帖木儿继立。……二十年（西元一三八七年）……纳哈出既降，帝以故元遗寇，终为边患，乃即军中拜蓝玉为大将军，冯胜、郭英副之……率师十五万往征之。……明年（二十一年）春，玉以大军由大宁至庆州，闻脱古思帖木儿在捕鱼儿海（内蒙古克什克腾旗西北），从间道驰进……大破其军。……脱古思帖木儿以其太子天保奴……等数十骑遁去，获其次子地保奴。……脱古思帖木儿既遁，将依丞相咬住于和林。行至土剌河，为其下也速迭儿所袭……缢杀之。……自脱古思帖木儿后，部帅纷拿，五传至坤帖木儿，咸被弑，不复知帝号。有鬼力赤者篡立，称可汗，去国号，遂称鞑靼云（《明史》卷三二七《鞑靼传》）。

自鬼力赤篡立，改称鞑靼可汗，蒙古大汗之统系于是中绝。兹依《蒙古源流》卷五，列顺帝以后世次于下。

顺帝以后世次表

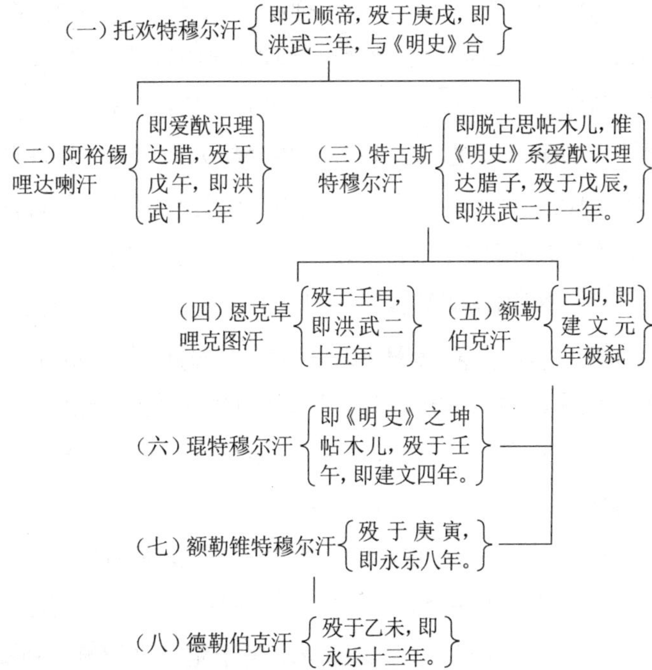

宋辽金元之社会

（一）民生状况

（1）田赋

（甲）宋

宋制，岁赋，其类有五：曰“公田之赋”，凡田之在官，赋民耕而收其租者是也。曰“民田之赋”，百姓各得专之者是也。曰“城郭之赋”，宅税、地税之类是也。曰“丁口之赋”，百姓岁输身丁钱米是也。曰“杂变之赋”，牛革、蚕、盐之类，随其所出，变而输之是也。岁赋之物，其类有四：曰谷，曰帛，曰金铁，曰物产是也。“谷”之品七：一曰粟，二曰稻，三曰麦，四曰黍，五曰穄，六曰菽，七曰杂子。“帛”之品十：一曰罗，二曰绫，三曰绢，四曰纱，五曰絁，六曰紬，七曰杂折，八曰丝线，九曰绵，十曰布葛。“金铁”之品四：一曰金，二曰银，三曰铁、镴，四曰铜、铁钱。“物产”之品六：一曰六畜，二曰齿、革、翎毛，三曰茶、盐，四曰竹木、麻草、刍菜，五曰果、药、油、纸、薪、炭、漆、蜡，六曰杂物。其输有常处，而以有余补不足，则移此输彼，移近输远，谓之“支移”。其入有常物，而一时所须则变而取之，使其直轻重相当，谓之“折变”。其输……之期……开封府等七十州“夏税”，旧以五月十五日起纳，七月三十日毕。河北、河东诸州气候差晚，五月十五日起纳，八月五日毕。颍州等一十三州及淮南、江南、两浙、福建、广南、荆湖、川陕五月一日起纳，七月十五日毕。“秋税”自九月一日起纳，十二月十五日毕（《宋史》卷一七四《食货志上二》）。

按：宋制，田税与丁税，本于唐之两税法，然两税已将“租庸调”包括在内。自唐中叶以至于宋，始有所谓“力役”者，是于庸之外复取庸。又有所谓杂变之赋者，是于调之外又额外征取之。

故宋之赋税，较唐初为重也。其中最扰民者，莫过于“支移”与“折变”。

重和元年，献言者曰：“物有丰匮，价有低昂，估丰贱之物，俾民输送……而州、县之吏，但计一方所乏，不计物之有无，责民所无，其费无量。至于支移……豪民赇吏，故徙歉以就丰，赍挟轻货，以贱价输官，其利自倍；而贫下户各免支移，估直既高，更益脚费，视富户反重。因之逋负，困于追胥。”（《宋史》卷一七四《食货志上二》）

观此，知折变既费无量，支移更须别出脚费，而担负重重矣。

国朝混一之初，天下岁入缗钱千六百余万，太宗皇帝以为极盛，两倍唐室矣。天禧之末，所入又增至二千六百五十余万缗。嘉祐间，又增至三千六百八十余万缗。其后月增岁广，至熙、丰间，合苗、役、易、税等钱，所入乃至六千余万。元祐之初，除其苛急，岁入尚四千八百余万。渡江之初，东南岁入不满千万，逮淳熙末，遂增六千五百三十余万焉。今东南岁入之数，独上供钱二百万缗，此祖宗正赋也；其六百六十余万缗，号“经制”，盖吕元直在户部时复之；七百八十余万缗，号“总制”，盖孟富文秉政时创之；四百余万缗，号“月桩钱”，盖朱藏一当国时取之。自经制以下钱，皆增赋也。合茶、盐、酒、算、坑冶、榷货、籴本、和买之入，又四千四百九十余万缗，宜民力之困矣。……景祐中，天下岁收商税钱四百五十余万缗，酒课四百二十八万余缗，盐课三百五十五万余缗，和买绢二百万匹。庆历中，商税钱一千九百七十五万余缗，酒课一千七百一十余万缗，盐课七百一十五万余缗，和买绢三百万匹。绍兴末，东南及四川酒课一千四百余万缗，盐课二千一百余万缗，折帛绢三百余万匹（李心传《建炎以来朝野杂记·甲集》卷十四）。

据此，知南宋增赋，较正供不啻数倍，而南方富源尽辟，始能供此重敛，亦可互参焉。

（乙）辽

辽赋税之制，自太祖任韩延徽，始制国用。太宗籍五京户丁以定赋税。圣宗太平七年（宋仁宗天圣五年，西元一〇二七年），诏："诸在屯者力耕公田，不输税赋。"此"公田"制也。十五年，募民耕滦河旷地，十年始纳租，此"在官闲田"制也。又诏："山前后未纳税户，并于密云、燕乐两县，占田置业入税。"此"私田"制也。各部大臣，从上征伐，俘掠人户，自置郛郭，为头下军州，凡市井之赋即归之，此"头下军州赋"制也。其余若南京，岁纳三司盐铁钱折绢；大同，岁纳三司税钱折粟；又开远军民岁输税，向例斗粟折五钱；耶律穆济守郡时，表请折六钱，各随地异宜，当时称为利民之政焉（《续通典》卷九《食货志九》）。

按：辽之田赋制度，史文简略，无从详知。

（丙）金

租赋，金制官地输"租"，私田输"税"。租之制不传，大率分田之等为九而差次之。"夏税"，亩取三合，"秋税"亩取五升，又纳秸一束，束十有五斤。夏税六月，止八月。秋税十月，止十二月。为初中末三限，州三百里外，纾其期一月（《金史》卷四十七《食货志二》）。

牛头税，即牛具税，猛安谋克部女直户所输之税也。其制，每耒牛三头为一具，限民口二十五，受田四顷四亩有奇，岁输粟大约不过一石。官民占田，无过四十具（《金史》卷四十七《食货志二》）。

按：金之田赋制度，史亦不详。

（丁）元

元之取民，大率以唐为法，其取于内郡者曰"丁税"、曰"地税"。此仿唐之租庸调也。取于江南者曰"秋税"、曰"夏税"。此仿唐之两税也。丁税、地税之法，自太宗始行之。初，太宗每户科粟二石，后又以兵食不足，增为四石。至丙申年（蒙古太宗八年，宋理宗端平三年，西元一二三六年），乃定科征之法，令诸路验民户成丁之数，每丁岁科粟一石，驱丁五升，新户丁、驱各半之，老幼不与。其间有耕种者，或验其牛具之数，或验其土地之等征焉。丁税少而地税多者，纳地税；地税少而丁税多者，纳丁税（《元史》卷九十三《食货志一》）。

元初算赋之制，中原以户，西域以丁，蒙古以马、牛、羊。至世祖，定户籍之制（《续通考》卷十三《户口考二》）。

至元十七年（西元一二八〇年），遂命户部大定诸例："全科户"丁税，每丁粟三石，驱丁粟一石，地税每亩粟三升。"减半科户"丁税，每丁粟一石。"新收交参户"，第一年五斗，第三年一石二斗五升，第四年一石五斗，第五年一石七斗五升，第六年入丁税。"协济户"丁税，每丁粟一石，地税每亩粟三升。随路近仓输粟……富户输远仓，下户输近仓。……每石带纳鼠耗三升，分例四升。……输纳之期，分为三限：初限十月，中限十一月，末限十二月。……初，世祖平宋时，除江东、浙西，其余独征秋税而已。至元十九年，用姚元之请，命江南税粮依宋旧例，折输绵绢杂物。是年二月，又用耿左丞言，令输米三之一，余并入钞以折焉（《元史》卷九十三《食货志一》）。

元代税户简表

<table>
<tr><th rowspan="2">户</th><th colspan="2">丁税</th><th rowspan="2">地税</th></tr>
<tr><th>丁</th><th>驱丁</th></tr>
<tr><td>全科户</td><td>粟三石</td><td>粟一石</td><td>每亩粟三升</td></tr>
<tr><td>减半科户</td><td>一石</td><td></td><td></td></tr>
<tr><td>协济户</td><td>一石</td><td></td><td>每亩粟三升</td></tr>
<tr><td>新收交参户</td><td colspan="3">第一年至第五年，减收其数。至第六年，入丁税。</td></tr>
</table>

（2）职役

宋初役法，扰民滋甚。王安石变法，改为雇役，一时称便。及司马光执政，复差役，旧党亦颇非之，最后议定折衷之法，但因施行滞碍，又屡有变更焉。

（甲）宋

于是役人悉用见数为额，惟衙前用坊场、河渡钱雇募，不足，方许揭簿定差。其余役人，惟该募者得募，余悉定差。遂罢官户、寺观、单丁、女户出助役法。……寻以衙前不皆有雇直，遂改雇募为招募。凡熙、丰尝立法禁以衙前及役人非理役使，及令陪备圆融之类，悉申行之。……如一州钱不供用，许移别州钱用之；一路不足，许从户部通他路移用。其或有余，毋得妄用；其或不足，毋得减募（《宋史》卷一七七《食货志上五》）。

绍兴以来，讲究“推割”“推排”之制最详。应人户典卖产业、推割税赋，即与物力一并推割。至于推排，则因其赀产之进退与之升降，三岁一行，固有赀产百倍于前，科役不增于今者。其如贫乏下户，赀产既竭，物力犹存，朝夕经营，而应酬之不给者，非推排不可也。然当时推排之弊，或以小民粗有米粟，仅存屋宇，凡耕耨刀斧之器，鸡豚犬彘之畜，纤微细琐皆得而籍之。吏视其赂之多寡，以为物力之低昂。又有计田家口食之余，尽载之物力者，上之人忧之，于是又为之限制，除质库房廊、停塌店铺、租牛、赁船等外，不得以猪羊杂色估纽，其贫民求趁衣食，不为浮财，后耕牛、租牛亦与蠲免。若夫江之东西，以田地亩头计税，亦有不待推排者（《通考》卷十三《职役考二》）。

宋孝宗乾道五年，处州松阳县首倡“义役”。众出田谷助役，户轮充。……自是所在推行浸广。……十一年，御史谢锷言：“义役之行，当从民便。其不愿义役者，乃行差役。”上然之（《通考》卷十三《职役考二》）。

按：义役之利有三：（一）役户既无破产之苦；（二）官吏又不能借升降物力以肆扰害；（三）一处役费，均摊之于众，既由人民自办，可得公平也。

常平、苗、役之制，自熙宁始。建炎初，遂罢之。其二年冬，吕元直、叶少蕴、张达明、孙仲益在从班，奉诏讨论常平法，元直等以为此法不宜废，如免役、坊场亦可行，惟青苗、市易当罢。上曰："青苗敛散，永勿施行。"遂置诸路主管官，追还籴本。绍兴八年冬，李泰发参政复为上言："常平法本于汉耿寿昌，岂可以王安石而废之。"九年，遂复提举官，使掌其政。然自军兴后，常平窠名，往往拨以赡军，无复如曩时之封桩矣。免役钱自熙宁以来，已有宽剩之数。建炎元年既增射士，六月乙亥，议者恐费不给，明年（二年）夏，乃诏官户役钱勿复减半，而民户役钱概增三分。三年，复减之。其后，命拨已增钱赴行在。绍兴二十九年，又用赵直阁议，诏品官子孙名田减父祖之半，余同编户差役，其诡名寄产皆并之。乾道二年，李侍郎复请令官户全纳役钱。上初不可，既而卒行。耆、户长雇钱者，旧以免役钱给之，建炎四年，广西漕司请罢户长，而用熙、丰法，每三十户逐料轮甲头催租。绍兴初，遂尽取其庸钱隶提刑司。既而言者以差甲头不便者五，乃不复行。而耆、户长雇钱，因不复给。五年，诏其钱分季起发赴行在。后遂为总制窠名焉（李心传《建炎以来朝野杂记·甲集》卷十五）。

（乙）辽

圣宗乾亨间，以上京"云为户"訾具实饶，善避徭役，遗害贫民，遂勒各户，凡子钱到本，悉送归官，与民均差。统和中，耶律昭言，西北之众，每岁农时，一夫侦候，一夫治公田，二夫给纠官之役（《辽史》卷五十九《食货志上》）。

辽兴宗重熙初……言治道之要，制问："……今之徭役何者最重？

何者尤苦？何所蠲省则为便益？补役之法何可以复？”……韩家奴对曰：“臣伏见比年以来……，选‘富民防边’，自备粮糗。道路修阻，动淹岁月。比至屯所，费已过半；只牛单毂，鲜有还者。其无丁之家，倍直佣僦，人惮其劳，半途亡窜，故戍卒之食多不能给。求假于人，则十倍其息，至有鬻子割田，不能偿者。或逋役不归，在军物故，则复补以少壮。……富者从军，贫者侦候。……民以日困。盖势使之然也。方今最重之役，无过西戍。如无西戍，虽遇凶年，困弊不至于此。若能徙西戍稍近，则往来不劳，民无深患。……诸部皆有‘补役’之法。昔补役始行，居者、行者类皆富实，故累世从戍，易为更代。近岁边虞数起，民多匮乏，既不任役事，随补随缺。苟无上户，则中户当之。旷日弥年，其穷益甚，所以取代为艰也。非惟补役如此，在边戍兵亦然。……欲为长久之便，莫若使远戍疲兵还于故乡，薄其徭役，使人人给足，则补役之道可以复故也。”（《辽史》卷一〇三《萧韩家奴传》）

当时民所甚患者，驿递、马牛、旗鼓、乡正、厅隶、仓司之役，至破产不能给。人望使民出钱，官自募役，时以为便（《辽史》卷一〇五《马人望传》）。

按：《辽史》文不详，观上所举，知颇采差役制度。

（丙）金

金制，男女二岁以下为黄，十五以下为小，十六为中，十七为丁，六十为老，无夫为寡妻妾，诸笃废疾不为丁。户主推其长充，内有物力者为“课役户”，无者为“不课役户”。令民以五家为保。泰和六年……从唐制，五家为邻，五邻为保，以相检察。京府州县郭下则置“坊正”，村社则随户众寡为乡置“里正”，以按比户口，催督赋役，劝课农桑。村社三百户以上则设“主首”四人，二百户以上三人，五十户以上二人，以下一人，以佐里正禁察非违。置“壮丁”，以佐主首巡警盗贼。猛安谋克部村寨，五十户以上设寨使一人，掌同主首。寺、观则设纲首。凡坊正、里正，以其户十分内取三分，富民均出顾钱，募强干有抵保者充，人不得过百贯，役不得过一年（《金史》卷四十六《食货志一》）。

天会十年（宋高宗绍兴二年，西元一一三二年）正月……诏曰："昔辽人分士庶之族，赋役皆有等差，其悉均之。"（《金史》卷三《太宗本纪》）

金之役法，于官地输租、私田输税之外，计民"田园""邸舍""车乘""牧畜""种植"之资，"藏镪"之数，征钱有差，谓之"物力钱"。遇差科，必按版籍，先及富者，势均则以丁多寡定甲乙。有横科，则视物力，循大至小均科。其或不可分摘者，率以次户济之（《续通考》卷十五《职役考一》）。

物力之征，上自公卿大夫，下逮民庶，无苟免者。近臣出使外国，归必增物力钱，以其受"馈遗"也（《金史》卷四十六《食货志序》）。

金自国初占籍之后，至大定四年（宋孝宗隆兴二年，西元一一六四年），承正隆师旅之余，民之贫富变更，赋役不均，世宗下诏……遣……张弘信等十三人，分路"通检"天下物力而差定之，以革前弊。……又命"凡监户事产，除官所拨赐之外，余凡置到百姓有税田宅，皆在通检之数"。时诸使往往以苛酷多得物力为功，弘信检山东州、县尤为酷暴。……五年，有司奏诸路通检不均，诏再以户口多寡、贫富轻重，适中定之。既而，又定通检地土等第税法。十五年（宋孝宗淳熙二年，西元一一七五年）九月，上以天下物力，自通检以来十余年，贫富变易，赋调轻重不均，遣……二十六人分路"推排"（《金史》卷四十六《食货志一》）。

按：宋高宗以推排物力法，行于江南。金世宗从而效之，自大定以迄泰和，朝议纷纭，使车旁午，闾阎之劳扰滋甚。

（丁）元

科差之名有二：曰"丝料"，曰"包银"。其法，各验其户之上下而科焉。丝料之法，太宗丙申年始行之。每二户出丝一斤，并随路丝线、颜色输于官；五户出丝一斤，并随路丝线、颜色输于本位（此系诸王、后妃、公主、功臣等之收入。但不得私征，仍由地方有司代行征收给与，故曰输本位）。包银之法，宪宗乙卯年始定之。……汉民科纳包银……四两，二两输银，二两折收丝绢、颜色等物。逮及世祖，而其制益详。中统元年（宋理宗景定元年，西元一二六〇年），立十路宣抚司，定户籍科差条例。然其户大抵不一，有“元管户”“交参户”“漏籍户”“协济户”。于诸户之中，又有“丝银全科户”“减半科户”“止纳丝户”“止纳钞户”；外又有“摊丝户”“储也速解儿所管纳丝户”“复业户”，并“渐成丁户”。户既不等，数亦不同。……然丝料、包银之外，又有俸钞之科，其法亦以户之高下为等……于是以合科之数，作“大门摊”，分为三限输纳。……二年，复定科差之期，丝料限八月，包银初限八月，中限十月，末限十二月。……至元二十八年（西元一二九一年），以《至元新格》定科差法，诸差税皆司县正官监视人吏置局均科。诸夫役皆先富强，后贫弱；贫富等者，先多丁，后少丁（《元史》卷九十三《食货志一》）。

其户之区别，与所纳丝银之数目，兹据《元史·食货志》（卷九十三）所载，为元代科差户别表。

元代科差户别简表

户别	丝银全科户		减半科户	止纳丝户		止纳钞户
	甲	乙		甲	乙	
元管户	系官丝一斤六两四钱。 包银四两。	系官丝一斤。 五户丝六两四钱。 包银四两。	系官丝八两。 五户丝三两二钱。 包银二两。	上都、隆兴、西京等路，系官丝十户十斤者，每户一斤。	系官丝一斤。 五户丝六两四钱。	

续表

户别	丝银全科户		减半科户	止纳丝户		止纳钞户
	甲	乙		甲	乙	
元管户				大都以南等路，十户十四斤者，每户一斤六两四钱。		
交参户	系官丝一斤六两四钱。包银四两。					
漏籍户				系官丝一斤六两四钱。		初年一两五钱，以后每年增五钱，增至四两止。
协济户	系管丝十两二钱。包银四两。			系官丝十两二钱。		
摊丝户	每户摊丝四斤。					
储也速觧儿所管户	每户科丝四斤。					
复业户	初年免，第二年减半，第三年全科，与旧户等。					
渐成丁户	同上。					

（3）官卖品

（甲）宋

宋之官卖物品约五：盐、茶、酒、香、矾。

盐

盐之类有二：引池而成者，曰颗盐，《周官》所谓盬盐也；鬻海、鬻井、鬻硷而成者，曰末盐，《周官》所谓散盐也。宋自削平诸国，天下盐利皆归县官。官鬻、通商，随州郡所宜，然亦变革不常，而尤重私贩之禁。引池为盐，曰解州解县、安邑两池。垦地为畦，引池水沃之，谓之种盐，水耗则盐成。籍民户为“畦夫”，官廪给之，复其家（《宋史》卷一八一《食货志下三》）。

鬻海为盐，曰京东、河北、两浙、淮南、福建、广南，凡六路。其鬻盐之地曰“亭场”，民曰“亭户”，或谓之“灶户”。户有盐丁，岁课入官，受钱或折租赋，皆无常数。两浙又役军士，定课鬻焉。诸路盐场废置，皆视其利之厚薄、价之赢缩，亦未尝有一定之制（《宋史》卷一八一《食货志下三》）。

凡禁榷之地，官立标识、候望以晓民。其通商之地，“京西”则蔡、襄、邓、随、唐、金、房、均、郢州、光化、信阳军，“陕西”则京兆、凤翔府、同、华、耀、乾、商、泾、源、邠、宁、仪、渭、鄜、坊、丹、延、环、庆、秦、陇、凤、阶、成州、保安、镇戎军，及澶州诸县之在“河北”者。颗、末盐皆以五斤为斗，颗盐之直每斤自四十四至三十四钱，有三等（《宋史》卷一八一《食货志下三》）。

国朝盐筴，旧有三路。解盐行于关中，东北盐行于京东、西、畿甸，东南盐行于江、淮。东南盐者，通、泰煎盐也，旧为江、湖六路漕计。蔡京为政，始行钞法，取其钱以赡中都。自是淮、浙之盐，则官给亭户本钱，诸州置仓，许商人买钞算请。闽、广盐则官般官卖，以助岁计。其后亦行钞法，然罢复不常。旧淮盐息钱，岁八百余万缗，绍兴初才三十五万缗而已。以后朝廷益修其政，至绍兴末年，东南岁产盐二万七千八百六十万斤。自福建外，每五十斤为一石，淮、浙盐六石为一袋，钞钱十有八千。绍兴四年正月，增三千。九月以入纳迟，遂罢之。今六路二十二州，通收息钱约一千九百二十余万（李心传《建炎以来朝野杂记·甲集》卷十四）。

茶

榷茶之制，择要会之地，曰江陵府，曰真州，曰海州，曰汉阳军，曰无为军，曰蕲州之蕲口，为榷货务六。……官自为场，置吏总之，谓之“山场”……采茶之民皆隶焉，谓之“园户”。岁课作茶输租，余则官悉市之。其售于官者，皆先受钱而后入茶，谓之“本钱”。又民岁输税愿折茶者，谓之“折税茶”。……茶有二类，曰“片茶”，曰“散茶”。……凡民茶折税外，匿不送官及私贩鬻者没入之，计其直论罪。园户辄毁败茶树者，计所出茶，论如法。……主吏私以官茶贸易，及一贯五百者死（《宋史》卷一八三《食货志下五》）。

东南茶，旧法官买官卖。天禧三年，合六榷货务、十三山场所收茶钱十三万缗，除买茶本钱外，止有息钱三万缗而已。天圣中，稍改其法，岁所得亦不过数十万缗，人多盗贩抵罪，上下苦之。嘉祐中，韩魏公当国，遂弛其禁，但收茶租净利钱三十三万八千余缗，时以为便。元丰复榷，辇致都下，即汴流为水磨，官自鬻之。政和初，蔡京欲尽笼天下钱实中都，乃创引法，即汴京置都茶场，印卖茶引，许商人赴官算请，就园户市茶赴所在合同场秤发，岁收息钱至四百余万缗。建炎渡江，不改其法。至绍兴末年，东南十路六十州二百四十二县，岁产茶一千五百九十余万斤，收钞钱二百七十余万（李心传《建炎以来朝野杂记·甲集》卷十四）。

酒

榷酤之法：诸州城内皆置“务”酿酒，县、镇、乡、闾或许民酿而定其“岁课”。……太宗……淳化五年（西元九九四年），诏募民自酿，输官钱减常课三之二，使其易办。民有应募者，检视其赀产，长吏及大姓共保之，后课不登则均偿。……渡江后，绌于养兵，随时增课，名目杂出。……建炎三年（西元一一二九年）……赵开遂大变酒法，自成都始，先罢公帑实供给酒，即旧扑买（初令民承办酿酒，更易时，令出价竞争，谓之扑买）坊场所置“隔酿”，设官主之，民以米入官自酿，斛输钱三十，头子钱二十二。明年（四年），遍下其法于四路，岁递增至六百九十余万缗。……于是东南之酒额亦日增矣。……自赵开行隔槽法……然隔槽之法始行，听就务分槽酤卖，官计所入之米而收其课，若未病也。行之既久，酤卖亏欠，则责入米之家认输，不复核其米而第取其钱，民始病矣（《宋史》卷一八五《食货志下七》）。

三京官造曲，听民纳直以取。……仁宗天圣以后，北京售曲如三京法。官售酒曲，亦画疆界，戒相侵越，犯皆有法（《宋史》卷一八五《食货志下七》）。

矾

唐于晋州置平阳院以收其利。……五代以来，复创“务”置官吏，宋因之。……设官典领，有“镬户”鬻造入官市。……私售矾，禁如私售茶法（《宋史》卷一八五《食货志下七》）。

矾，国朝旧制，晋州矾行于河东北、京畿，淮南矾行于东南九路，今独无为军昆山场为盛，岁额白矾六十万斤。韶州岑水场十万斤，信州铅山场青胆、黄矾无定额。其法自榷货务给引赴场，许客人算请，每百斤为一大引，输引钱十二千，头子、市利、雇人、工墨钱二百七十六，又许增二十斤勿算以优之。五十斤为中引，三十斤为小引，引钱及加货，以是为差。十四年，以商贩利薄，减为十千。十四年，又增一千。昆山矾则民间自煮，官置场买纳，岁收息钱四万缗有奇。铅山矾则官自煎，以十分为率，四分充工本，六分赴榷货务焉（李心传《建炎以来朝野杂记·甲集》卷十四）。

香

宋之经费，茶、盐、矾之外，惟香之为利博，故以官为市焉。建炎四年，泉州抽买乳香一十三等。……诏取赴榷货务，打套给卖。陆路以三千斤、水路以一万斤，为一纲（《宋史》卷一八五《食货志下七》）。

太宗时，置榷署于京师，诏诸蕃“香药”“宝货”，至广州、交阯、两浙、泉州，非出官库者，无得私相贸易（《宋史》卷一八六《食货志下八》）。

榷货务都茶场者，旧东京有之。建炎二年春，始置于扬州。明年（三年），又置于江宁。绍兴三年，又置于镇江及吉州。五年冬，省吉州务，而行在务场随移临安，以都司提领。其始，岁收茶、盐、香息钱六百九万余缗。六年九月，诏岁收及一千三百万缗，许推赏，时以为极盛矣。休兵浸久，岁课倍增。乾道三年三月，诏以二千四百万缗为额，建康千二百万缗，临安八百万缗，镇江四百万缗。于是淮东总领所实在镇江，月支榷货钱三十万缗为赡军之用。淳熙中，三务场官吏互争课赏，始禁镇江务钞引，不得至临安（李心传《建炎以来朝野杂记·甲集》卷十七）。

官卖物品，与边防经费多有关连，辄因弊生而变革之。

自元昊反，聚兵西鄙，并边“入中”“刍粟”者寡。县官急于兵食，调发不足，因听入中刍粟予券，趋京师榷货务受钱（《宋史》卷一八一《食货志下三》）。

太宗雍熙后，用兵切于馈饷，多令商人入刍粮塞下，酌地之远近而为其直，取市价而厚增之，授以要券，谓之“交引”，至京师，给以缗钱（《宋史》卷一八三《食货志下五》）。

按：“入中”者，商人输钱于京师榷货务，官给以券，至一定之地方，取一定之官卖品。“入刍粟”者，则商人纳刍粟于边塞，给以券，或至京师与其他积钱之地取钱，或偿之以官卖品。

真宗乾兴以来，西北兵费不足，募商人入中刍粟如雍熙法给券，以茶偿之。后又益以东南缗钱、香药、犀齿，谓之“三说”；而塞下急于兵食，欲广储偫，不爱“虚估”，入中者以虚钱得实利，人竞趋焉。及其法既敝，则虚估日益高，茶日益贱，入实钱金帛日益寡。而入中者非尽行商，多其土人，既不知茶利厚薄，且急于售钱，得券则转鬻于茶商或京师“交引铺”，获利无几；茶商及交引铺或以券取茶，或收蓄贸易，以射厚利。由是虚估之利皆入豪商巨贾，券之滞积，虽二三年茶不足以偿；而入中者以利薄不趋，边备日蹙（《宋史》卷一八三《食货志下五》）。

天圣元年，命三司使李谘等较茶、盐、矾税岁入登耗，更定其法。……首考茶法……罢三说，行“贴射法”。其法以十三场茶买卖本息并计其数，罢官给本钱，使商人与园户自相交易，一切定为中估，而官收其息。如鬻舒州罗源场茶，斤售钱五十有六，其本钱二十有五，官不复给，但使商人输息钱三十有一而已。然必辇茶入官，随商人所指予之，给券为验，以防私售，故有贴射之名。……商人入刍粟塞下者，随所在实估，度地里远近，量增其直。……一切以缗钱偿之，谓之“见钱法”；愿得金帛、若他州钱、或茶盐、香药之类者听。大率使茶与边籴，各以实钱出纳，不得相为轻重，以绝虚估之敝（《宋史》卷一八三《食货志下五》）。

仁宗庆历八年（西元一〇四八年），三司盐铁判官董沔，亦请复三说法。三司以为然……请如沔议，以茶、盐、香药、缗钱四物如之，于是有“四说”之法。初诏止行于并边诸州。……自是，三说、四说二法并行于河北。不数年间，茶法复坏。……至和二年（西元一〇五五年），河北提举籴便粮草薛向建议：“……请罢并边入粟，自京辇钱帛至河北，专以见钱和籴。”时杨察为三司使，请用其说。……自是茶法不复为边籴所须，而“通商”之议起矣（《宋史》卷一八四《食货志下六》）。

仁宗嘉祐四年（西元一〇五九年），弛茶禁，取租钱，谓之“嘉祐通商法”。历英宗、神宗、哲宗三朝，无甚改革。

初，所遣官既议弛禁，因以三司岁课，均赋茶户……岁输县官……为损其半……谓之“租钱”。与诸路本钱，悉储以待边籴。自是，唯腊茶禁如旧，余茶肆行天下矣（《宋史》卷一八四《食货志下六》）。

徽宗时，蔡京建议重行禁榷之法。

崇宁元年（西元一一〇二年），右仆射蔡京言：“祖宗立禁榷法，岁收净利凡三百二十余万贯，而诸州商税七十五万贯有奇，食茶之算不在焉，其盛时几五百余万缗。庆历之后，法制浸坏，私贩公行，遂罢禁榷，行通商之法。自后商旅所至，与官为市，四十余年，利源浸失。谓宜……仍旧禁榷官买，勿复科民，即产茶州郡随所置场，申商人园户私易之禁，凡置场地园户租折税仍旧。产茶州、军许其民赴场输息，量限斤数，给'短引'，于旁近郡县便鬻；余悉听商人于榷货务入纳金银、缗钱或并边粮草，即本务给'钞'，取便算请于场，别给'长引'，从所指州、军鬻之。商税自场给长引，沿道登时批发，至所指地，然后计税尽输，则在道无苛留。"……诏悉听焉。……四年，京复议更革，遂罢官置场，商旅并即所在州、县或京师给"长""短"引，自买于园户。茶贮以笼篰，官为抽盘，循第叙输息讫，批引贩卖，茶事益加密矣。……政和二年（西元一一一二年），大增损茶法。……初，客贩茶用旧引者，未严斤重之限，影带者众。于是……"合同场"之法出矣。场置于产茶州、军，而簿给于都茶场。凡不限斤重茶，委官司秤制，毋得止凭批引为定，有赢数即没官，别定新引限程及重商旅规避秤制之禁，凡十八条。……建炎元年，成都转运判官赵开……仿蔡京都茶场法，以引给茶商，即园户市茶，百斤为一大引。……置合同场以讥其出入，重私商之禁，为茶市以通交易（《宋史》卷一八四《食货志下六》）。

蔡京于盐法，亦有改革。

东南末盐钱为河北之备，东北盐为河东之备，解池盐为陕西之备，其钱并积于京师，随所积多寡给钞于三路。如河北粮草钞至京，并支见钱，号"飞钱法"；河东三路至京，半支见钱，半支银、䌷、绢；陕西解盐钞则支请解盐，或有"泛给钞"，亦以京师钱支给。惟钱积于京师，钞行于三路，至则给钱，不复滞留。当时商旅皆悦，争运粮草，入于边郡。……边境仓廪，所在盈满。自崇宁来，钞法屡更，人不敢信，京师无见钱之积，而给钞数倍于昔年。钞至京师，无钱可给，遂至钞直，十不得一。……法既屡变，蔡京更欲巧笼商贾之利，乃议措置十六条，裁定买官盐价。……大抵……欺夺民利。……初，盐钞法之行，积盐于解池，积钱于京师榷货务，积钞于陕西沿边诸郡，商贾以物斛至边入中，请钞以归。物斛至边有数倍之息，惟患无回货，故极利于得钞，径请盐于解池，而解盐通行地甚宽；或请钱于京师，每钞六千二百，登时给与，但输头子等钱数十而已。以此所由州、县，贸易者甚众。崇宁间，蔡京始变法，俾商人先输钱请钞，赴产盐郡授盐，欲囊括四方之钱，尽入中都，以进羡要宠，钞法遂废，商贾不通，边储失备；东南盐禁加密，犯法被罪者多，民间食盐，杂以灰土，解池天产美利，乃与粪壤俱积矣。大概常使见行之法售给才通，辄复变易，名"对带法"，季年又变对带为"循环"。循环者，已卖钞，未授盐，复更钞；已更钞，盐未给，复贴输钱，凡三输钱，始获一直之货。民无赀更钞，已输钱悉乾没，数十万券一夕废弃，朝为豪商，夕侪流丐，有赴水投缳而死者（《宋史》卷一八二《食货志下四》）。

（乙）辽

辽制不详，官卖品盐、酒两项，尚可考见。

盐

自太祖以所得汉民数多，即八部中分古汉城别为一部治之。城在炭山南，有盐池之利，即后魏滑盐县也，八部皆取食之。及征幽、蓟还，次于鹤刺泺，命取盐给军。自后泺中盐益多，上下足用。会同初，太宗有大造于晋，晋献十六州地，而瀛、莫在焉，始得河间煮海之利，置榷盐院于香河县，于是燕、云迤北暂食沧盐。一时产盐之地如渤海、镇城、海阳、丰州、阳洛城、广济湖等处，五京计司各以其地领之（《辽史》卷六十《食货志下》）。

酒

辽自神册以来，未有榷酤之法。自冯延休、韩绍勋建议，乃兴酒税东辽之地与南京诸路一例。然诸税皆纳于头下军州，唯酒税课纳上京

(《续通志》卷一五五《食货志四》)。

(丙)金

金制多沿仿于宋,其榷货之目有十:酒、曲、茶、醋、香、矾、丹、锡、铁,而盐为称首。

盐

海陵王贞元初,蔡松年为户部尚书,始复钞引法,设官置库以造钞、引。钞,合盐司簿之符。引,会司县批缴之数。七年一厘革之。初,辽、金故地滨海多产盐,上京、东北二路食肇州盐,速频路食海盐,临潢之北有大盐泺,乌古里石垒部有盐池,皆足以食境内之民,尝征其税。及得中土,盐场倍之,故设官立法加详焉。……世宗大定二十五年(宋孝宗淳熙十二年,西元一一八五年),更狗泺为西京盐司。是后惟置山东、沧、宝坻、莒、解、北京、西京七盐司。山东、沧、宝坻斤三百为袋,袋二十有五为“大套”,钞、引、公据三者俱备然后听鬻。“小套”袋十,或五、或一,每套钞一,引如袋之数。宝坻零盐较其斤数,或六之三,或六之一,又为“小钞引”给之,以便其鬻。解盐斤二百有五十为一席,席五为套,钞引则与陕西转运司同鬻,其输粟于陕西军营者,许以公牒易钞引。西京等场盐以石计,大套之石五,小套之石三。北京大套之石四,小套之石一。辽东大套之石十。皆套一钞,石一引。零盐积十石,亦一钞而十引。其行盐之界,各视其地宜(《金史》卷四十九《食货志四》)。

世宗大定三年二月,定军私煮盐及盗官盐之法,命猛安谋克巡捕(《金史》卷四十九《食货志四》)。

酒

金榷酤,因辽、宋旧制。太宗天会三年(宋徽宗宣和七年,西元一一二五年),始命榷官以周岁为满。世宗大定三年,诏宗室私酿者,从转运司鞫治。……命设军百人,隶兵马司,同酒使副,合千人巡察,虽权要家亦许搜索。奴婢犯禁，杖其主百。……承安五年四月，省奏："旧随处酒税务，所设杓栏人，以射粮军历过随朝差役者充，大定二十六年罢去，其随朝应役军人，各给添支钱粟酬其劳。今拟将元收杓栏钱，以代添支，令各院务验所收之数，百分中取三，随课代输，更不入比。"……泰和四年（宋宁宗嘉泰四年，西元一二〇四年）九月，省奏："……宜依旧法，以八年通该课程，均其一年之数，仍取新增诸物一分税钱并入，通为课额。以后之课，每五年一定其制。"又令随处酒务，元额上通取三分作糟酵钱。六年，制院务卖酒数各有差，若数外卖及将带过数者，罪之（《金史》卷四十九《食货志四》）。

醋

醋税自大定初，以国用不足，设官榷之。……二十三年，以府库充牣，遂罢之。章宗明昌五年（宋光宗绍熙五年，西元一一九四年），以有司所入不充所出，言事者请榷醋息。遂令设官榷之，其课额，俟当差官定之，后罢。承安三年（宋宁宗庆元四年，西元一一九八年）三月，省臣以国用浩大，遂复榷之。五百贯以上设都监，千贯以上设同监一员（《金史》卷四十九《食货志四》）。

茶

茶，自宋人岁供之外，皆贸易于宋界之榷场。世宗大定十六年，以多私贩，乃更定香茶罪赏格。章宗承安三年八月，以为费国用而资敌，遂命设官制之。……四年三月，于淄、密、宁海、蔡州各置一坊，造新茶，依南方例每斤为袋，直六百文。以商旅卒未贩运，命山东、河北四路转运司以各路户口均其袋数，付各司县鬻之。买引者，纳钱及折物，各从其便（《金史》卷四十九《食货志四》）。

（丁）元

元制，属于官卖者，约有盐、茶、酒、醋四种。

盐

太宗庚寅年（二年，宋理宗绍定三年，西元一二三〇年），始行盐法，每盐一引，重四百斤。……至元十三年，既取宋，而江南之盐，所入尤广。……凡伪造盐引者，皆斩，籍其家产。……行盐各有郡邑，犯界者……以其盐之半没官，半赏告者（《元史》卷九十四《食货志二·盐法》）。

茶

世祖至元五年（宋度宗咸淳四年，西元一二六八年），用运使白赓言，榷成都茶，于京兆、巩昌置局发卖，私自采卖者，其罪与私盐法同。六年，始立西蜀、四川监榷茶场使司掌之。……十三年（宋端宗景炎元年，西元一二七六年），定“长引”“短引”之法，以三分取一。长引每引计茶一百二十斤……短引计茶九十斤。……十七年，置榷茶都转运司于江州，总江淮、荆湖、福、广之税，而遂除长引，专用短引。……三十年……每茶商货茶，必令赍引，无引者与私茶同。引之外，又有“茶由”，以给卖零茶者。……自三斤至三十斤，分为十等（《元史》卷九十四《食货志二·茶法》）。

酒醋

元之有酒、醋课，自太宗始，其后皆著定额，为国赋之一焉。……初，太宗辛卯年（三年），立酒醋务坊场官，榷酤办课，仍以各州府司县长官充提点官，隶征收课税所。其课额，验民户多寡定之。甲午年（六年），颁酒曲醋货条禁，私造者依条治罪。……世祖至元二十二年，诏免农民醋课。是年二月，命随路酒课依京师例，每石取一十两。三月，用右丞卢世荣等言，罢上都醋课，其酒课亦改榷沽之制，令酒户自具工本，官司拘卖，每石止输钞五两（《元史》卷九十四《食货志二·酒醋课》）。

（4）杂税

（甲）宋

宋之杂税，列举如下。

征商

商税，凡州、县皆置“务”，关、镇亦或有之，大则专置官监临，小则“令”“佐”兼领，诸州仍令“都监”“监押”同掌。行者赍货，谓之“过税”，每千钱算二十；居者市鬻，谓之“住税”，每千钱算三十。大约如此，然无定制，其名物各随地宜而不一焉。……应算物货而辄藏匿，为官司所捕获，没其三分之一，以半畀捕者。贩鬻而不由官路者罪之。有官须者十取其一，谓之“抽税”。……光宗、宁宗以降，亦屡与放免商税。……而贪吏并缘，苛取百出。私立税场，算及缗钱、斗米、束薪、菜茹之属，擅用稽察措置，添置专栏收检。……闻者咨嗟，指为大小法场。……而其弊，有不可胜言矣（《宋史》卷一八六《食货志下八》）。

按：所税之物品，据《宋史·食货志》所载，先后蠲免者有“耕牛”“鱼鸡”“果蔬”“竹木”“柴炭”“力胜钱”（载果商船所出）“典卖牛畜舟车”“农器”“衣履”“谷粟”“油面”等等，殊近于苛敛。

互市舶法……太祖开宝四年（西元九七一年），置“市舶司”于广州，后又于杭、明州置司。凡大食、古逻、阇婆、占城、勃泥、麻逸、三佛齐诸蕃并通货易，以金银、缗钱、铅锡、杂色帛、瓷器，市香药、犀象、珊瑚、琥珀、珠琲、镔铁、鼊皮、瑇瑁、玛瑙、车渠、水精、蕃布、乌樠、苏木等物。太宗时，置榷署于京师，诏诸蕃香药宝货至广州、交阯、两浙、泉州，非出官库者，无得私相贸易。……雍熙中，遣内侍八人赍敕书金帛，分四路招致海南诸蕃。商人出海外蕃国贩易者，令并诣两浙市舶司请给官券，违者没入其宝货。……大抵海舶至，十先征其一，价直酌蕃货轻重而差给之。……哲宗元祐三年（西元一〇八八年）……置密州板桥市舶司。……建炎元年，诏：“市舶多以无用之物费国用，自今有博买笃耨香环、玛瑙、猫儿眼睛之类，皆置于法；惟宜赐臣僚象笏、犀带，选可者输送。”（《宋史》卷一八六《食货志下八》）

胡人谓三百斤为一“婆兰”，凡船舟最大者曰“独樯”，载一千婆兰。次者曰“牛头”，比独樯得三之一。又次曰“木舶”，曰“料河”，递得三之一（《宋史》卷一八六《食货志下八》）。

孝宗隆兴二年（西元一一六四年），臣僚言：“熙宁初，立市舶以通物货。旧法抽解有定数，而取之不苛；输税宽其期，而使之待价。……迩来抽解既多，又迫使之输，致货滞而价减。”（《宋史》卷一八六《食货志下八》）

按：以上国外贸易。

契丹在太祖时，虽听缘边市易，而未有官署。太平兴国二年（辽景宗保宁九年，西元九七七年），始令镇、易、雄、霸、沧州各置榷务，辇香药、犀象及茶与交易。……凡官鬻物如旧，而增缯帛、漆器、秔糯，所入者有银钱、布、羊马、橐驼，岁获四十余万。……熙宁九年（辽道宗太康二年，西元一〇七六年），立与化外人私贸易罪赏法。河北四榷场，自治平四年（辽道宗咸雍三年，西元一〇六七年），其货物专掌于三司之催辖司，而度支赏给案，判官置簿督计之。至是，以私贩者众，故有是命（《宋史》卷一八六《食货志下八》）。

西夏自真宗景德四年（西元一〇〇七年），于保安军置榷场，以缯帛、罗绮易驼马、牛羊、毡毯、甘草，以香药、瓷漆器、姜桂等物易蜜蜡、麝脐、毛褐、羱羚角、硇砂、柴胡、苁蓉、红花、翎毛，非官市者听与民交易，入贡至京者纵其为市。仁宗天圣中，陕西榷场二，并、代路亦请置场和市，许之。及元昊反，即诏陕西、河东绝其互市。……治平四年（夏毅宗拱化五年，西元一〇六七年）……乃复许之（《宋史》卷一八六《食货志下八》）。

绍兴四年（夏崇宗正德八年，西元一一三四年），诏川陕即永兴军威茂州，置博易场。……十二年，盱眙军置榷场官监，与北商（金人）博易，淮西、京西、陕西榷场亦如之（《宋史》卷一八六《食货志下八》）。

按：以上南北贸易。

坑冶

坑冶，凡金、银、铜、铁、铅、锡监冶场务二百有一。……大率山泽之利有限，或暴发辄竭，或采取岁久，所得不偿其费，而岁课不足，有司必责主者取盈。……宋初，旧有坑冶，官置场监，或民承买以分数中卖于官。初隶诸路转运司，本钱亦资焉，其物悉归之内帑。崇宁已后，广搜利穴，榷赋益备。凡属之提举司者，谓之新坑冶，用常平息钱与剩利钱为本，金、银等物往往皆积之大观库，自蔡京始。政和间数罢数复，然告发之地多坏民田，承买者立额重，或旧有今无，而额不为损。钦宗即位，诏悉罢之（《宋史》卷一八五《食货志下七》）。

政和间，臣僚言诸路产铁多，民资以为用而课息少，请仿茶、盐法，榷而鬻之。于是户部言："详度官置炉冶，收铁给引，召人通市。苗脉微者令民出息承买，以所收中卖于官，毋得私相贸易。"从之（《通考》卷十八《征榷考五》）。

绍兴七年，工部言："知台州黄岩县刘觉民乞依熙宁法，以金、银坑冶召百姓采取，自备物料烹炼，十分为率，官收二分，其八分，许坑户自便货卖。江西运司相度，江州等处金、银坑冶，亦乞依熙、丰法。"从之（《通考》卷十八《征榷考五》）。

金、银坑冶，湖、广、闽、浙皆有之。祖宗时，除沙石中所产黄金外，岁贡额银至一千八百六十余万两。渡江后，停闭金坑一百四十二，银坑八十四。绍兴七年，诏江、浙金、银坑冶并依熙、丰法，召百姓采取，自备物料烹炼，十分为率，官收二分。然民间得不偿课本，州、县多责取于民，以备上供。三十年，用提点官李植言，更不定额。饶州旧贡黄金千两，孝宗时，诏损三之一。今诸道上供银两，皆置场买发。蜀中银每法秤一两，用本钱六引，而行在左藏库折银才直三千三百云。然民间之直，又不满三千。高宗尝谕辅臣以非刘晏懋迁之术，欲更革之。户部以铁钱折半为词而止。其实吴、蜀钱币不能相通，舍银帛无以致远，故莫如之何（李心传《建炎以来朝野杂记·甲集》卷十六)。

牙契

税契始于东晋，历代相承，史文简略，不能尽考。宋太祖开宝二年(西元九六九年)，始收民印契钱，令民典卖田宅，输钱印契，税契限两月(《通考》卷十九《征榷考六》)。

徽宗崇宁三年(西元一一〇四年)敕:“诸县典卖牛畜契书，并税租钞旁等印卖田宅契书，并从官司印卖。除纸笔墨工费外，量收息钱。……其收息，不得过一倍。”(《通考》卷十九《征榷考六》)

孝宗乾道七年(西元一一七一年)，户部言:“每交易一十贯，纳正税钱一贯。……违限不纳，或于契内减落价贯，规免税钱，许牙人并出产户陈首，将物业半给赏，半没官。每正税钱一百文，带纳头子钱二十一文二分，州、县过数拘收、公人邀阻作弊，并重置典宪。”从之(《通考》卷十九《征榷考六》)。

臣僚言:“乞诏有司，应民间交易并令先次过割，而后税契。凡进产之家，限十日缴，连小契自陈，令本县取索两家砧基赤契，并以三色官簿(夏税簿、秋苗簿、物力簿)，令主簿点对批凿。如不先经过割，不许投税。”(《通考》卷十九《征榷考六》)

和买

宋承前代之制，调绢、䌷、布、丝、绵以供军须。又就所产折科、和市。……太宗太平兴国中……马元方为三司判官，建言:“方春乏绝时，预给库钱贷民，至夏、秋令输绢于官。”真宗大中祥符三年(西元一〇一〇年)，河北转运使李士衡又言:“……请预给帛钱，俾及时输送，则民获利而官亦足用。”诏优予其直。自是诸路亦如之。或蚕事不登，许以大小麦折纳，仍免仓耗及头子钱。……初，“预买”䌷、绢，务优直以利民，然犹未免烦民，后或令民折输钱，或物重而价轻，民力浸困，其终也，官不给直，而赋取益甚矣。……建炎三年春，高宗初至杭州。……两浙转运副使王琮言:“本路上供、和买、夏税紬、绢……每匹折输钱二千以助用。”诏许之。东南折帛钱自此始(《宋史》卷一七五《食货志上三》)。

江、浙四路民苦折帛和买重输,大中曰:“有产则有税,于税绢而科折帛,犹可言也,如和买折帛则重为民害。盖自咸平马元方建言于春预支本钱济其乏绝,至夏、秋使之输纳,则是先支钱而后输绢。其后则钱、盐分给,又其后则直取于民,今又令纳折帛钱,以两缣折一缣之直,大失立法初意。”(《宋史》卷三九三《林大中传》)

和籴

和籴,宋岁漕以广军储、实京邑。河北、河东、陕西三路及内郡,又自籴买,以息边民飞挽之劳,其名不一。建隆初,河北连岁大稔,命使置场增价市籴,自是率以为常。……熙宁八年(西元一〇七五年),河东察访使李承之言:“太原路二税外有‘和籴’粮草,官虽量予钱、布,而所得细微,民无所济,遇岁凶不蠲,最为弊法。”……神宗元丰元年(西元一〇七八年)……其后……有司议,以岁和籴见数十分之,裁其二,用八分为额,随户色高下裁定,毋更给钱;岁灾同秋税蠲放,以转运司应给钱补之,灾不及五分,听以久例支移。遂易和籴之名为“助军粮草”。……南渡,三边馈饷,籴事所不容已。绍兴间,于江、浙、湖南博籴,多者给官告,少者给度牒,或以钞引,类多不售,而吏缘为奸,人情大扰。……理宗绍定五年(西元一二三二年),臣僚言:“若将民间合输缗钱使输斛斗,免令贱粜输钱,在农人亦甚有利,此广籴之良法也。”从之(《宋史》卷一七五《食货志上三》)。

按:“和买”与“和籴”,其初乃官与民交易,预给民钱。其后弊病丛生,强配勒取,人民遂加重一层担负。至南渡后,和买变为“折帛钱”,竟成为一种税制矣。此外,南宋创兴之税,又有“经总制钱”“月椿钱”“板帐钱”等,前于南宋兵费略已论列,兹不复赘。

（乙）辽

辽之杂税，列举如下。

征商

征商之法，则自太祖置羊城于炭山北，起榷务以通诸道市易。太宗得燕，置南京，城北有市，百物山偫，命有司治其征；余四京及它州、县货产懋迁之地，置亦如之。东平郡城中置看楼，分南、北市，禺中交易市北，午漏下交易市南。雄州、高昌、渤海亦立互市，以通南宋、西北诸部、高丽之货，故女直以金、帛、布、蜜、蜡诸药材及铁离、靺鞨、于厥等部以蛤珠、青鼠、貂鼠、胶鱼之皮、牛羊驼马、毳罽等物，来易于辽者，道路襁属。圣宗统和初，燕京留守司言，民艰食，请弛居庸关税，以通山西籴易。又令有司谕诸行宫，布帛短狭不中尺度者，不鬻于市。明年，诏以南、北府市场人少，宜率当部车百乘赴集。开奇峰路以通易州贸易。二十三年（宋真宗景德二年，西元一〇〇五年），振武军及保州并置榷场。时北院大王耶律室鲁以俸羊多阙，部人贫乏，请以羸老之羊及皮毛易南中之绢，上下为便。至天祚之乱，赋敛既重，交易法坏，财日匮而民日困矣（《辽史》卷六十《食货志下》）。

开泰元年（宋真宗大中祥符五年，西元一〇一二年）十二月……贵德、龙化、仪坤、双、辽、同、祖七州，至是有诏，始征商（《辽史》卷十五《圣宗本纪六》）。

坑冶

坑冶则自太祖始并室韦，其地产铜、铁。……又有曷术部者，多铁……置三冶：曰柳湿河，曰三黜古斯，曰手山。神册初，平渤海……地亦多铁。东平县……产铁矿，置采炼者三百户，随赋供纳。以诸坑冶多在国东，故东京置户部司，长春州置钱帛司。太祖征幽、蓟，师还，次山麓，得银、铁矿，命置冶。圣宗太平间，于潢河北阴山及辽河之源，各得金、银矿，兴冶采炼。自此以讫天祚，国家皆赖其利（《辽史》卷六十《食货志下》）。

（丙）金

金之杂税，列举如下。

征商

世宗大定二年（宋高宗绍兴三十二年，西元一一六二年），制院务创亏及功酬格。……二十年（宋孝宗淳熙七年，西元一一八〇年）正月，定商税法，金、银百分取一，诸物百分取三。章宗……明昌元年（宋光宗绍熙元年，西元一一九〇年）正月，敕尚书省，定院务课商税额，诸路使司院务千六百一十六处（《金史》卷四十九《食货志四》）。

对宋、夏、高丽，皆置榷场，互通贸易。

榷场，与敌国互市之所也。皆设场官，严厉禁，广屋宇，以通二国之货。……熙宗皇统二年（宋高宗绍兴十二年，西元一一四二年）五月，许宋人之请，遂各置于两界。九月，命寿州、邓州、凤翔府等处，皆置。海陵正隆四年（宋绍兴二十九年，西元一一五九年）正月，罢凤翔府、唐、邓、颍、蔡、巩、洮等州，并胶西县所置者，而专置于泗州。……泰和八年八月，以与宋和，宋人请如旧置之，遂复置于唐、邓、寿、泗、息州及秦、凤之地（《金史》卷五十《食货志五》）。

国初，于西北招讨司之燕子城北、羊城之间尝置之，以易北方牧畜。世宗大定三年，市马于夏国之榷场（《金史》卷五十《食货志五》）。

兴定二年（宋宁宗嘉定十一年，西元一二一八年）四月……侍御史……完颜素阑，请宣谕高丽，复开互市。从之（《金史》卷十五《宣宗本纪中》）。

坑冶

金、银之税，大定三年制，金、银坑冶，许民开采，二十分取一为税（《金史》卷四十九《食货志四》）。

正隆而降，始议鼓铸，民间铜禁甚至，铜不给用，渐兴窑冶。凡产铜地脉，遣吏境内访察无遗，且及外界，而民用铜器不可阙者，皆造于官而鬻之。既而官不胜烦，民不胜病，乃听民冶铜造器，而官为立价以售，此铜法之变也（《续通考》卷二十三《征榷考六》）。

世宗大定二十七年，尚书省奏："听民于农隙采银，承纳官课。"（《续通考》卷二十三《征榷考六》）

苛敛

物力之外，又有铺马、军须、输庸司吏、河夫、桑皮故纸等钱，名目琐细，不可殚述。……金季……括粟、阑籴，一切掊克之政靡不为之。加赋数倍，豫借数年，或欲得钞则豫卖下年差科。高琪为相，议至榷油。进纳滥官，辄售空名宣敕，或欲与以五品正班。僧、道入粟，始自度牒，终至德号、纲副威仪、寺观主席，亦量其赀而鬻之。甚而丁忧鬻以求仕，监户鬻以从良，进士出身鬻至及第（《金史》卷四十六《食货志序》）。

海陵军兴，为一切之赋，有菜园、房税、养马钱（《金史》卷七十三《宗尹传》）。

世宗大定三年，以尚书工部令史刘行义言，定城郭出赁房税之制（《续通考》卷二十四《征榷考七》）。

(丁)元

元之杂税，列举如下。

征商

商贾之有税……太宗甲午年（六年，宋理宗端平元年），始立征收课税所。凡仓库院务官并合干人等，命各处官司选有产有行之人充之。其所办课程，每月赴所输纳（《元史》卷九十四《食货志二·商税》）。

太宗初立，楚材……乃奏，立燕京等十路征收课税使（《元史》卷一四六《耶律楚材传》）。

世祖至元七年，遂定三十分取一之制（《元史》卷九十四《食货志二·商税》）。

元时海外贸易，较宋为盛。

自世祖定江南，凡邻海诸郡与蕃国往还互易舶货者，其货以十分取一，粗者十五分取一，以市舶官主之。其发船回帆，必著其所至之地，验其所易之物，给以公文，为之期日。……至元十四年，立市舶司（泉州、上海、澉浦、温州、广东、杭州、庆元七处）。……时客船自泉、福贩土产之物者，其所征亦与蕃货等。上海市舶司提控……以为言，于是定"双抽""单抽"之制。双抽者蕃货也，单抽者土货也。……二十年，遂定抽分之法。……二十一年，设市舶都转运司于杭、泉二州，官自具船、给本，选人入蕃，贸易诸货。其所获之息，以十分为率，官取其七，所易人得其三。凡权势之家，皆不得用己钱入蕃为贾，犯者罪之，仍籍其家产之半。其诸蕃客旅就官船卖买者，依例抽之。……二十九年，命市舶验货抽分。……中书省定抽分之数及漏税之法。凡商旅贩泉、福等处已抽之物，于本省有市舶司之地卖者，细色于二十五分之中取一，粗色于三十分之中取一，免其输税。其就市舶司买者，止于卖处收税，而不再抽。漏舶物货，依例断没。三十年，又定市舶抽分杂禁，凡二十一条（《元史》卷九十四《食货志二·市舶》）。

铁冶

世祖中统三年正月，诸王塔齐尔，请置高丽铁冶，从之。……四年正月，领部阿哈玛特，请兴河南等处铁冶，从之。四月，以漏籍户一万一千八百，附籍四千三百，于各处起冶，岁课铁四百八十万七千斤（《续通考》卷二十三《征榷考六》）。

成宗元贞元年（西元一二九五年），又置河东、山西铁冶提举司。武宗至大元年（西元一三〇八年），罢顺德、广平铁冶提举司，听民自便，有司税之如旧。后各路所设铁冶官，或归中政院，或仍以其事隶有司，或以年饥而免其课，皆因时制宜，无定制也（《续通典》卷十四《食货十四》）。

此外，有额外课，名目至多，大半皆为苛税。

元有额外课。谓之额外者，岁课皆有额，而此课不在其额中也。……课之名凡三十有二：其一曰历日，二曰契本，三曰河泊，四曰山场，五曰窑冶，六曰房地租，七曰门摊，八曰池塘，九曰蒲苇，十曰食羊，十一曰荻苇，十二曰煤炭，十三曰撞岸，十四曰山查，十五曰曲，十六曰鱼，十七曰漆，十八曰酵，十九曰山泽，二十曰荡，二十一曰柳，二十二曰牙例，二十三曰乳牛，二十四曰抽分，二十五曰蒲，二十六曰鱼苗，二十七曰柴，二十八曰羊皮，二十九曰磁，三十曰竹苇，三十一曰姜，三十二曰白药（《元史》卷九十四《食货志二·额外课》）。

(5)币制

宋、金、元皆亡于钞法。大约钱少始用钞，钞弊遂通用银矣。

(甲)银

《宋史》仁宗景祐二年（西元一〇三五年），诏福建、二广岁输缗钱易以银，此银为“岁赋征银”之始。绍熙中，臣僚言，今之为绢者，一倍折而为钱，再倍折而为银，银愈贵，钱愈难得。此又南宋时“折绢收银”之始。金章宗承安五年（宋宁宗庆元六年，西元一二〇〇年），以旧例银每锭重五十两，其直钱百贯，民间或有截凿用之者，其价亦随轻重为低昂。乃更铸承安宝货，一两至十两，分五等。凡官俸、军须，皆银、钞兼支，此“朝廷用银”之始。宣宗兴定三年（宋宁宗嘉定十二年，西元一二一九年），省臣奏：向来犯赃者，计钱论罪则太重，于是以银为则，每两作钱二贯，今受通宝赃（钞也），至三十贯者，已得死刑。若准以金、银价，才为钱四百有奇，则当杖，实觉轻重悬殊，遂准犯时银论罪。此以银计赃之始。是时又诏除市易用银，及银与宝泉相易之禁。其后，哀宗正大间，民间但以银市易，并钱钞亦废矣。元宪宗五年，定汉民包银额征四两者，以半输银，半折丝绢等物。因张晋亨言，五方土产各异，必责以输银，有破产不能办者。乃诏民听输土物，不复征银（赵翼《陔余丛考》卷三十）。

（乙）钱

钱有铜、铁二等，而折二、折三、当五、折十，则随时立制。行之久者，唯小平钱。夹锡钱最后出，宋之钱法至是而坏。……太祖初铸钱，文曰“宋通元宝”。……太宗改元太平兴国，更铸“太平通宝”。淳化改铸，又亲书“淳化元宝”，作真、行、草三体。后改元更铸，皆曰“元宝”，而冠以年号。……熙宁四年，陕西转运副使皮公弼……请以旧铜铅尽铸。诏听之。自是“折二”钱遂行于天下。……熙、丰间，铜、铁钱尝并行，铜钱千易铁钱千五百。……及后铜钱日少，铁钱滋多，绍圣初，铜钱千遂易铁钱二千五百，铁钱寖轻。……蔡京当政……令陕西及江、池、饶、建州，以岁所铸“小平钱”增料改铸“当五”大铜钱……继而并令舒、睦、衡、鄂钱监……铸“折十钱”。……募私铸人丁为官匠，并其家设营以居之，号“铸钱院”。……崇宁四年，立钱纲验样法……缗用铜九斤七两有奇，铅半之，锡居三之一。诏颁其式于诸路。……蔡京主行“夹锡钱”……其法以夹锡钱一折铜钱二，每缗用铜八斤，黑锡半之，白锡又半之。……夹锡钱既复推行，钱轻不与铜等，而法必欲其重，乃严擅易抬减之令。凡以金、银、丝帛等物贸易，有弗受夹锡、须要铜钱者，听人告论，以法惩治。市井细民朝夕鬻饼饵熟食以自给者，或不免于告罚（《宋史》卷一八〇《食货志下二》）。

鼓铸之法，先代撒剌的为夷离堇，以土产多铜，始造钱币。……太宗置五冶太师，以总四方钱铁。……景宗以旧钱不足于用，始铸“乾亨新钱”。……圣宗……铸“太平钱”，新旧互用。……道宗之世，钱有四等,曰“咸雍”,曰“太康”,曰“大安”,曰“寿隆”。……天祚之世,更铸“乾统”“天庆”二等新钱,而上下穷困,府库无余积(《辽史》卷六十《食货志下》)。

金初用辽、宋旧钱。……正隆二年,历四十余岁,始议鼓铸。……三年(宋高宗绍兴二十八年,西元一一五八年)二月,中都置钱监二,东曰宝源,西曰宝丰。京兆置监一,曰利用。三监铸钱,文曰“正隆通宝”,轻重如宋小平钱而肉好,字文峻整过之,与旧钱通用。……章宗泰和四年……铸大钱,一直十,篆文曰“泰和重宝”(《金史》卷四十八《食货志三》)。

元之交钞、宝钞虽皆以钱为文,而钱则弗之铸也。武宗至大三年(西元一三一〇年),初行钱法,立资国院、泉货监以领之。其钱曰“至大通宝”者,一文准至大银钞一厘;曰“大元通宝”者,一文准至大通宝钱一十文。历代铜钱,悉依古例,与至大钱通用。其当五、当三、折二,并以旧数用之。明年,仁宗复下诏,以鼓铸弗给,新旧资用,其弊滋甚,与银钞皆废不行,所立院、监亦皆罢革,而专用至元、中统钞云(《元史》卷九十三《食货志一·钞法》)。

当时使用之钱数目,虚而不足。

自唐天祐中,兵乱窘乏,以八十五钱为百。后唐天成中,减五钱。汉乾祐初,复减三钱。宋初,凡输官者亦用八十或八十五为百,然诸州私用则各随其俗,至有以四十八钱为百者。至是,诏所在用七十七钱为百(《宋史》卷一八〇《食货志下二》)。

民间以八十为陌,谓之“短钱”。官用足陌,谓之“长钱”。大名男子斡鲁补者上言,谓官司所用钱,皆当以八十为陌,遂为定制(《金史》卷四十八《食货志三》)。

(丙)钞

交子之法,盖有取于唐之飞钱。真宗时,张咏镇蜀,患蜀人铁钱重,不便贸易，设“质剂”之法，一交一缗，以三年为一界而换之。六十五年为二十二界，谓之“交子”，富民十六户主之。后富民赀稍衰，不能偿所负，争讼不息。转运使薛田、张若谷请置益州交子务，以榷其出入，私造者禁之。仁宗从其议。界以百二十五万六千三百四十缗为额。……神宗熙宁二年，乃诏置交子务于潞州。……遂……罢之。四年，复行于陕西。……未几竟罢。五年，交子二十二界将易，而后界给用已多，诏更造二十五界者百二十五万，以偿二十三界之数，交子有两界自此始。时交子给多而钱不足，致价太贱，既而竟无实钱，法不可行。……绍圣以后，界率增造，以给陕西沿边籴买及募兵之用，少者数十万缗，多者或至数百万缗；而成都乏用，又请印造，故每岁书放，亦无定数。……崇宁四年，令诸路更用钱引，准新样印制，四川如旧法。……时钱引通行诸路，惟闽、浙、湖、广不行，赵挺之以为闽乃蔡京乡里，故得免焉。……大观元年，诏改四川交子务为钱引务。自用兵取湟、廓、西宁，藉其法以助边费，较天圣一界逾二十倍，而价愈损。及更界年，新交子一当旧者四。……大凡旧造一界，备本钱三十六万缗，新旧相因。大观中，不蓄本钱，而增造无艺，至引一缗，当钱十数（《宋史》卷一八一《食货志下三》）。

高宗绍兴元年，有司因婺州屯兵，请椿办合用钱，而路不通舟，钱重难致。乃造“关子”付婺州，召商人入中，执关子于榷货务请钱，愿得茶、盐、香货钞引者听。……六年……罢交子务，令榷货务储见钱印造关子。二十九年，印“公据”“关子”，付三路总领所：淮西、湖广关子各八十万缗，淮东公据四十万缗，皆自十千至百千，凡五等。内“关子”作三年行使，“公据”二年，许钱、银中半入纳（《宋史》卷一八一《食货志下三》）。

绍兴三十年，户部侍郎钱端礼被旨造“会子”，储见钱，于城内外流转，其合发官钱，并许兑会子输左藏库。……初行，止于两浙，后通行于淮、浙、湖北、京西。除亭户盐本用钱，其路不通舟处上供等钱，许尽输会子；其沿流州、军，钱、会中半；民间典卖田宅、马牛、舟车等如之，全用会子者听。孝宗隆兴元年，诏“……更造五百文会，又造二百、三百文会”。……宁宗嘉定二年（西元一二〇九年），以三界会子数多，“称提”（收回也）无策……诏封樁库拨金……度牒……官告陵纸、乳香……收易旧会，品搭入输。以旧会之二，易新会之一。……理宗淳祐七年，以……会子更不立限，永远行使（《宋史》卷一八一《食货志下三》）。

以上宋之钞法。

海陵庶人贞元二年（宋高宗绍兴二十四年，西元一一五四年）迁都之后，户部尚书蔡松年复钞引法，遂制交钞，与钱并用。……初，贞元间既行钞引法，遂设印造钞引库及交钞库。……印一贯、二贯、三贯、五贯、十贯五等谓之“大钞”，一百、二百、三百、五百、七百五等谓之“小钞”，与钱并行，以七年为限，纳旧易新，犹循宋张咏四川交子之法而纾其期尔，盖亦以铜少，权制之法也。时有欲罢之者，至是（大定二十九年），二监既罢，有司言：“交钞旧同见钱，商旅利于致远，往往以钱买钞，盖公私俱便之事，岂可罢去？止因有厘革年限，不能无疑，乞削七年厘革之法，令民得常用。若岁久字文磨灭，许于所在官库纳旧换新，或听便支钱。”遂罢七年厘革之限，交钞字昏方换，法自此始。而收敛无术，出多入少，民浸轻之。厥后其法屡更，而不能革，弊亦始于此焉（《金史》卷四十八《食货志三》）。

交钞之制，外为阑，作花纹，其上衡书贯例，左曰“某字料”，右曰“某字号”。料号外，篆书曰“伪造交钞者斩，告捕者赏钱三百贯”。料号衡阑下曰“中都交钞库，准尚书户部符，承都堂札付，户部覆点勘，令史姓名押字”。又曰：“圣旨印造逐路交钞，于某处库纳钱换钞，更许于某处库纳钞换钱，官私同见钱流转。”其钞不限年月行用，如字文故暗，钞纸擦磨，许于所属库司纳旧换新。若到库支钱，或倒换新钞，每贯克工墨钱若干文。库掐、攒司、库副、副使、使各押字、年月日。印造钞引库库子、库司、副使各押字，上至尚书户部官亦押字。其搭印支钱处合同，余用印，依常例（《金史》卷四十八《食货志三》）。

章宗明昌五年（宋光宗绍熙五年，西元一一九四年）三月，宰臣奏："民间钱所以艰得，以官豪家多积故也。"……定制令官民之家以品从物力限见钱，多不过二万贯，猛安谋克则以牛具为差，不得过万贯，凡有所余，尽令易诸物收贮之。有能告数外留钱者……以十之一为赏，余皆没入。……国虚民贫，经用不足，专以交钞愚百姓，而法又不常。……以至泰和三年（宋宁宗嘉泰三年，西元一二〇三年），其弊弥甚，乃谓宰臣曰："大定间钱至足，今民间钱少，而又不在官，何耶？"……七年……七月……敕"民间之交易、典质，一贯以上并用交钞，毋得用钱。须立契者，三分之一用诸物。……商旅赍见钱不得过十贯。"……濮王守纯……奏曰："自古军旅之费皆取于民，向朝廷以小钞殊轻……复禁用钱。小民浅虑，谓楮币易坏，不若钱可久，于是得钱则珍藏，而券则亟用之，惟恐破裂而至于废也。今朝廷知支而不知收，所以钱日贵而券日轻。"（《金史》卷四十八《食货志三》）

章宗寻崩，卫绍王继立。大安二年（宋宁宗嘉定三年，西元一二一〇年），清河之役，至以八十四车为军赏，兵衄国残，不遑救弊，交钞之轻，几于不能市易矣。至宣宗贞祐二年（宋嘉定七年，西元一二一四年）二月，思有以重之，乃更作二十贯至百贯例交钞，又造二百贯至千贯例者。然自泰和以来……至是则愈更而愈滞矣。南迁之后，国蹙民困，军旅不息，供亿无度，轻又甚焉。三年……七月，改交钞名为"贞祐宝券"。……平章高琪奏："军兴以来，用度不赀，惟赖宝券，然所入不敷所出，是以浸轻，今千钱之券仅直数钱。"……造"贞祐通宝"，兴定元年二月始诏行之，凡一贯当千贯。……五年闰十二月，宰臣奏："向者宝券既弊，乃造'贞祐通宝'以救之，迄今五年，其弊又复如宝券之末。初，通宝四贯为银一两，今八百余贯矣。宜复更造'兴定宝泉'……每贯当通宝四百贯，以二贯为银一两。"……元光元年二月，始诏行之。二年五月，更造每贯当通宝五十，又以绫印制“元光珍货”，同银、钞及余钞行之。行之未久，银价日贵，宝泉日贱，民但以银论价。至元光二年，宝泉几于不用，乃定法，银一两不得过宝泉三百贯，凡物可直银三两以下者不许用银，以上者三分为率，一分用银，二分用宝泉及“珍货”“重宝”。京师及州郡置平准务，以宝泉、银相易，其私易及违法而能告者罪赏有差。是令既下，市肆昼闭，商旅不行，朝廷患之，乃除市易用银及银、宝泉私相易之法。然上有限用之名，而下无从令之实，有司虽知，莫能制矣。义宗正大间，民间但以银市易（《金史》卷四十八《食货志三》）。

以上金之钞法。

世祖中统元年，始造交钞，以“丝”为本。每银五十两易丝钞一千两，诸物之直，并从丝例。是年十月，又造“中统元宝钞”。其文以十计者四：曰一十文、二十文、三十文、五十文。以百计者三：曰一百文、二百文、五百文。以贯计者二：曰一贯文、二贯文。每一贯同交钞一两，两贯同白银一两。又以文绫织为“中统银货”。其等有五：曰一两、二两、三两、五两、十两。每一两同白银一两，而银货盖未及行云。……至元十二年，添造“厘钞”。其例有三：曰二文、三文、五文。……十五年，以厘钞不便于民，复命罢印。然元宝、交钞行之既久，物重钞轻，二十四年，遂改造“至元钞”，自二贯至五文，凡十有一等，与中统钞通行，每一贯文当中统钞五贯。……随路设立官库，贸易金、银，平准钞法。每花银一两，入库其价至元钞二贯……赤金一两，入库二十贯。……至大二年，武宗复以物重钞轻，改造“至大银钞”，自二两至二厘定为一十三等。每一两准至元钞五贯，白银一两，赤金一钱。……大抵至元钞五倍于中统，至大钞又五倍于至元。然未及期年，仁宗即位，以倍数太多，轻重失宜，遂有罢银钞之诏。而中统、至元二钞，终元之世，盖常行焉（《元史》卷九十三《食货志一·钞法》）。

至正十年（西元一三五〇年）十一月……更定钞法，诏曰：“爰自世祖，颁行中统交钞，以钱为文。厥后造至元宝钞，以一当五，名曰子母相权。而钱实未用，历岁滋久，钞法偏虚，物价腾踊，民用匮乏。其以中统交钞一贯文，省权铜钱一千文，准至元宝钞二贯，仍铸至正通宝钱，与历代铜钱并用，以实钞法，可颁示天下。”（邵远平《元史类编》卷十《顺帝纪》）

中书左丞叶公亦愚（李），钱唐人。宋大学生。上书诋贾似道公田、关子不便，专权误国。似道怒，嗾林德夫告公泥金饰斋匾不法，令狱吏鞫之，云：“只要尔做一个麻糊。”……遂遭黥，流岭南。……归附后，入京上书言时相，并献“至元钞样”。此样在宋时固尝进呈，请以代关子，朝廷不能用，故今别改年号复献之。世皇嘉纳，便用铸板（陶宗仪《辍耕录》卷十九）。

以上元之钞法。

（6）江浙官田

建炎元年（西元一一二七年），籍蔡京、王黼等庄，以为“官田”，诏见佃者就耕，岁减租二分。……开禧三年（西元一二〇七年），韩侂胄既诛，金人讲解。明年（嘉定元年），用廷臣言，置安边所，凡侂胄与其他权幸没入之田，及围田、湖田之在官者，皆隶焉，输米七十二万二千七百斛有奇、钱一百三十一万五千缗有奇，藉以给行人金缯之费。……理宗景定四年（元世祖中统四年，西元一二六三年），殿中侍御史陈尧道、右正言曹孝庆、监察御史虞虙、张晞颜等言廪兵、和籴、造楮之弊，“乞依祖宗限田议，自两浙、江东西官民户逾限之田，抽三分之一买充公田。得一千万亩之田，则岁有六七百万斛之入可以饷军，可以免籴，可以重楮，可以平物而安富，一举而五利具矣”。有旨从其言。……丞相贾似道奏：“救楮之策，莫切于住造楮，住造楮莫切于免和籴，免和籴莫切于买逾限田。”因历诋异议者之非（《宋史》卷一七三《食货志上一》）。

买公田以罢和籴，浙西田亩有直千缗者，似道均以四十缗买之。数稍多，予银绢；又多，予度牒告身。吏又恣为操切，浙中大扰。有奉行不至者，提领刘良贵劾之。有司争相迎合，务以买田多为功，皆缪以七八斗为石。其后，田少与硗瘠、亏租与佃人负租而逃者，率取偿田主。六郡之民，破家者多。包恢知平江，督买田，至以肉刑从事（《宋史》卷四七四《贾似道传》）。

贾似道行公田，为一代大政，世多加以非议。独周密言其经制甚详，持论亦颇公允。

景定二年壬寅，贾师宪丞相欲行富国强兵之策。是时刘良贵为都漕尹天府，吴势卿饷淮东，入为浙漕，遂交赞公田之事。欲先行之浙右，候有端绪，则诸路仿行之。于是殿院陈尧道、正言曹孝庆等合奏，谓限田之法，自昔有之。买官户逾限之田，严归并飞走之弊，回买官田，可得一千万亩，则每岁六七百万之入，其于军饷沛然有余。可免和籴，可以饷军，可以住造楮币，可平物价，可安富室。一事行而五利兴，实为无穷之利。御笔批依，而买田之事起矣。时势卿已死，良贵独任提领之职，以太府丞陈訔为检阅官以副之。且乞内批下都省，严立赏罚，究归并之弊。然上意终出勉强，内批云："永免和籴，无如买逾限之田为良法。然东作方兴，权俟秋成，续议施行。"则上意盖可见矣。贾相愤然以去就争之，于是再降圣旨云："买田永免和籴，自是良法美意，要当始于浙西，庶他路视为则也。所在利病，各有不同，行移难于一律，可令三省照此施行。"既而贾相内引，入札力言其便，御笔遵依，转札侍从、台谏、给舍、左右司、三省，奉行惟谨焉。贾相遂先以自己浙西万亩为官田表倡，嗣荣王继之，浙西师机赵孟奎亦申省自陈投卖。自是朝野卷舌，噤不敢发一语。独礼书夕郎徐经孙一疏，力陈买田之害，言多剀切，竟不付外。遂四乞休致，而寂无和之者。先是，议以官品逾限田外回买立说，此犹有抑强嫉富之意。既而转为"派买"之说，除二百亩已下免行派买外，余悉各买三分之一，及其后也，虽百亩之家亦不免焉。立价以租一石者偿十八界四十楮，不及石者，价随以减。买数少者，则全支楮券，稍多则银券各半，又多则副以度牒，至多则加以登仕、将仕、校尉、承信、承节、安人、孺人告身。准直以登仕三千楮，将仕千楮，许赴漕试，校尉万楮，承信万五千，承节二万，则理为进纳，安人四千，孺人二千，此则几于白没矣。遂檄府丞陈訔往湖、秀，将作丞廖邦杰往常、润，任督催之职。六郡则又有专官："平江"则知郡包恢，抚参成公策。"嘉兴"则知郡潘墀，抚干李补，寓公焦焕炎。"安吉"则知郡谢奕焘，寓公赵与訔，抚干王唐珪。"临安"察判马元演。"常州"则知郡洪穮，运属刘子耕。"镇江"则知郡章坰，漕司准遣郑梦熊。"江阴"则知军杨珏，准遣谢司户黄伸。并俟竣事，各转一官。选人减一，前守臣并以主管公田系衔。既而提领刘佐司劾罢嘉兴宰段浚、宜兴宰叶哲佐以不即奉行之罪。又按长洲宰何九龄追毁告身，永不收叙。以不合出给官由，令田主包纳，失田业相维之初意。至五月，乃命江阴、平江隶浙西宪司，安吉、嘉兴隶两浙漕司，常州、镇江隶总所。每岁秋租，输之官仓，特与减饶二分，或水旱，则别议收数。遂立四分司：王大吕，平江；方梦玉，嘉兴；董楷，安吉；黄震，镇江、常州、江阴三郡。初以选人为之，任满理为须入。州、县、乡、都，则分差庄官以富饶者充应，两年一替。每乡创官庄一所，每租一石，明减二斗，不许多收斛面。约束虽严详，而民之受害亦不少。其间毗陵、澄江，一时迎合，止欲买数之多。凡六斗、七斗者，皆作一石。及收租之际，元额有亏，则取足于田主，以为无穷之害。或内有硗瘠及租佃顽恶之处，又从而责换于田主，其害尤惨。时中书刘震孙与京尹魏克愚，湖边倡和词语，偶犯时忌，则随命劾去之。甲子秋，彗见，求言。公卿、大夫、士庶始得以伸田里愁叹不平于上，然至此业已成矣。贾相遂力辨人言，丐辞相位。御笔答云："言事易，任事难，自古然也。使公田之策不可行，则卿建议之始，朕已沮之矣。惟其上可以免朝廷造楮币之费，下可以免浙右和籴之扰，公私兼济，所以命卿决意举行之。今业已成矣，一岁之军饷，皆仰给于此。若遽因人言而罢之，虽可以快一时之异议，其如国计何？如军饷何？卿既任事，亦当任怨，礼义不愆，何恤人言？卿宜安心奉职，毋孤朕倚毗之意。”自此公论颇沮，而刘良贵以人言藉藉，遂陈“括田”之劳，乞从罢免，不允。至咸淳戊辰正月，遂罢庄官，改为召佃。或一二千，或数百亩，召人承佃，自耕自种，自运自纳，止令分司任责拘催。凡承佃之家，复以二分优之。且以既罢庄官，则分司恐难任责，平江增差催督官三员，安吉、嘉兴各一员，常州二员，镇江、江阴共一员，从各分司奏辟。时提领官编修黄梦炎也。既而常、润分司刘子澄，力陈毗陵向来多买虚数之弊，遂下提领所，径将常州公租拨隶淮东总领所催纳。殊不知朝廷既不可催，总所又可催乎？当是时人不敢言而敢怨，南康江天锡以入奏而罢言职，教授谢枋得以发策而遭贬斥，大社令杜渊、太常簿陆逵、国子簿谢章，皆于论对及之，或逐去，或补外。至乙亥春，贾既去国，北军已抵升、润，察院季可奏乞罢公田之籍，以收农心。谓“此事苛扰，民皆破家荡产，怨入骨髓。若尽还原主，免索原钱而除其籍，庶使浙西之人，永绝公田之苦”。然而仅放欠租，季遂再奏，始有旨云：“公田之创，非理宗之本意。稔恶召怨，最为民苦，截日住罢。其田尽给付原佃主，仰率租户、义兵，会合防拓。”其后勘会，谓招兵非便。且其田当还业主，于种户初无相干。秋成在迩，饷军方急，合且收租一年。其还田指挥，候秋成后集议施行。有旨将平江、嘉兴、安吉公田，照指挥蠲放，却从朝廷照净催米数回籴。其钱一半给佃主，一半给种户，以溥实惠，然则业主竟无与矣。只业主、佃主之分，当时用事者亦不能晓，况大于此者？然边遽日急，是时仍收公租，还田之事，竟不及行，呜呼悲哉！昔隋凿汴渠，以召民怨，乃为宋漕运之利。今宋夺民田以失人心，乃为大元饷军之利。古今害民兴利之事，于此亦可鉴矣，于戏悲哉（周密《齐东野语》卷十七）。

此种官田，至元时颁赐之于臣下。

江苏田粮之重……比他处独重。……今检《宋》《元》二史，究其由来。……元代所赐臣下之田……即南宋之入官田、内府庄田，即贾似道创议所买之公田也。《宋史》：朱勔败，籍其家田，至三十万亩。建炎元年，籍蔡京、王黼等庄以为官田……共收米七十二万一千七百斛、钱一百三十一万五千缗。后理宗又诏华亭奉宸庄，亦助边费。景定四年，陈尧道……倡议买公田，贾似道主之，平江、江阴、安吉、常州、镇江六郡，共买田三百五十余万亩。德祐元年，又以阎贵妃集庆寺田、贾贵妃演福寺田，皆入安边所。元之有天下也，此等田皆别领于官，其赏赐臣下，则有如世祖赐郑温常州田三十顷、叶李平江田四顷，又以王积翁使日本被害于途，赐其子都中平江田八千亩。武宗赐琱阿不剌平江田一千五百顷。仁宗赐丑驴答剌罕平江田百顷。英宗赐拜珠平江田万亩。文宗赐雅克特穆尔平江官地五百顷。……又赐鲁国大长公主平江等处官田三百顷。雅克特穆尔又奏松江淀山湖田五百顷，当入官粮七千七百石，臣愿增为万石入官，令人佃种，以所得余米，赡臣弟萨敦。顺帝以完者铁木儿苏州田二百顷，赐郯王彻彻秃，又赐公主不答昔你平江田五十顷，此皆见于《元史》本纪及各本传者。……可见皆宋末官田，平宋后仍入于官，故得任意赏赐。……元时，又籍宋后妃田以供太后，曰江淮财赋都总管府。又籍朱清、张瑄等田，以供中宫，曰江浙财赋府。又籍朱国珍、管明等田以赐丞相托克托，曰稻田提领所。又有拨赐庄、领宋亲王及新籍明庆、妙行二寺田，并白云宗僧田，皆不隶州、县，此又元时所增官田也（赵翼《廿二史札记》卷三十《元代以江南田赐臣下》）。

天下官田……累朝以是田分赐诸王、公主、驸马及百官、宦者、寺观之属。……其受田之家，各任土著奸吏为赃官，催甲斗级，巧名多取。又且驱迫邮传，征求饩廪，折辱州、县，闭偿逋负，至仓之日，变鬻以归，官司交忿，农民窘窜（《元史》卷一七五《张珪传》）。

（7）物产

（甲）农产最著者为茶与棉花

茶

茶有二类，曰片茶，曰散茶。“片茶”，蒸造实卷模中串之，惟建、剑则既蒸而研，编竹为格，置焙室中，最为精洁，他处不能造，有“龙凤”“石乳”“白乳”之类十二等，以充岁贡及邦国之用。其出虔、袁、饶、池、光、歙、潭、岳、辰、澧州、江陵府、兴国、临江军，有“仙芝”“玉津”“先春”“绿芽”之类、二十六等。两浙及宣、江、鼎州，又以上、中、下或第一至第五为号。“散茶”，出淮南、归州、江南、荆湖，有“龙溪”“雨前”“雨后”之类十一等，江浙又有以上、中、下或第一至第五为号者（《宋史》卷一八三《食货志下五》）。

茶之产于东南者，浙东西、江东西、湖南北、福建、淮南、广东西路十、州六十有六、县二百四十有二。雪川顾渚生石上者谓之“紫笋”，毗陵之“阳羡”、绍兴之“日铸”、婺源之“谢源”、隆兴之“黄龙”“双井”，皆绝品也。……建宁腊茶，北苑为第一，其最佳者曰“社前”，次曰“火前”，又曰“雨前”，所以供玉食，备赐予。……大观以后，制愈精，数愈多，胯式屡变，而品不一。……蜀茶之细者，其品视南方已下，惟广汉之“赵坡”、合州之“水南”、峨眉之“白牙”、雅安之“蒙顶”，土人亦珍之。但所产甚微，非江、建比也（《宋史》卷一八四《食货志下六》）。

棉

古时未有棉布，凡布皆麻为之。记曰：治其麻丝以为布帛是也。木棉作布，邱文庄谓元时始入中国。……棉花布，惟交、广有之。其种其法，俱未入中土。……陶九成《辍耕录》，记松江乌泥泾，土田硗瘠，谋食不给，乃觅木棉种于闽、广。初无踏车、椎弓之制，率用手去其子，线弦竹弧，按掉而成，其功甚艰。有黄道婆自崖州来，教以纺织，人遂大获其利。未几，道婆卒，乃立祠祀之。三十年祠毁，乡人赵愚轩重立云。九成，元末人，当时所记立祠始末如此。益可见黄道婆之事未远，而松江之有木棉布，实自元始也。《琅琊代醉编》又谓，棉花乃番使黄始所传，今广东人立祠祀之。合诸说观之，盖其种本来自外番，先传于粤，继及于闽，元初始至江南，而江南又始于松江耳。《元世祖本纪》：至元二十六年，置浙东、江东、江西、湖广、福建木棉提举司，责民岁输木棉布十万匹。……木棉特设专官，则其初为民利可知（赵翼《陔余丛考》卷三十）。

（乙）矿产

“白矾”出晋慈、坊州、无为军及汾州之灵石县，“绿矾”出慈、隰州及池州之铜陵县（《宋史》卷一八五《食货志下七》）。

“金”，产商、饶、歙、抚四州、南安军。“银”，产凤、建、桂阳三州。……饶、信、虔、越、衢、处、道、福、汀、漳、南剑、韶、广、英、连、恩、春十七州，建昌、邵武、南安三军……秦、陇、兴元三州。……“铜”，产饶、处、建、英、信、汀、漳、南剑八州，南安、邵武二军。……“铁”，产徐、兖、相三州……河南、凤翔、同、虢、仪、蕲、黄、袁、英九州，兴国军……晋、磁、凤、澧、道、渠、合、梅、陕、耀、坊、虔、汀、吉十四州……信、鄂、连、建、南剑五州，邵武军。……“铅”，产越、建、连、英、春、韶、衢、汀、漳、南剑十州，南安、邵武二军。……“锡”，产河南、南康、虔、道、贺、潮、循七州，南安军。……“水银”，产秦、阶、商、凤四州。……“朱砂”，产商、宜二州（《宋史》卷一八五《食货志下七》）。

广西诸洞产生金，洞丁皆能淘取，其碎粒如蚯蚓泥。大者如甜瓜子，故世名“瓜子金”；其碎者如麦片，则名“麸皮金”。金色深紫，比之寻常金色复加二等，此金之绝品也。银之品，有纹如罗甲者，有松纹者，有中洼而郭高者，皆为精银。其绝品则色青，故官品有金紫、银青之目。盖金至于紫、银至于青，为绝品也（周密《癸辛杂识·续集下》）。

铜、铁、铅、锡坑冶者，闽、蜀、湖广、江淮、浙路皆有之。祖宗时，天下岁产铜七百五万斤、铁一百十六万斤、铅三百二十一万斤、锡七十六万斤皆有奇。渡江后，其数日减，至绍兴末，江东西、福建、广西、湖南、潼川府、利路十四州，岁产铜二十六万三千一百六十九斤九两；江东西、广西、湖南、福建二十州，产铁八十八万三百二斤十三两，而蜀中所产不与焉；江、湖、闽、广、浙东二十州，产铅十九万一千二百四十斤十三两；湖广、四川，产锡二万五百四十八斤六两。视祖额，铁才及四分余，铅及六厘，铜及四厘，锡及三厘，皆弱。东南铁、锡，输岑水、铅山、永兴、兴利四场浸铜，为泉司之用，惟川铁以铸钱云。旧婺州铜，融福、峡州、南安军铅，赣宜州、南安军锡坑皆废。胆铜者，盖以铁为片，浸之胆水中，后数十日即成铜。凡铜场十四、铁场三十八、铅场二十四、锡场五云（李心传《建炎以来朝野杂记·甲集》卷十六）

（二）学术思想

（1）理学

（甲）理学之起源

周子《太极图》，创自河上公，乃方士修炼之术也。……周子更为《太极图》，穷其本而反于老、庄。……但缀说于图，而又冒为《易》之太极，则不侔矣。……考河上公本图，名《无极图》，魏伯阳得之，以著《参同契》。钟离权得之，以授吕洞宾，洞宾后与陈图南同隐华山，而以授陈抟，陈刻之华山石壁。陈又得《先天图》于麻衣道者，皆以授种放，放以授穆修与僧寿涯，修以《先天图》授李挺之，挺之以授邵天叟，天叟以授子尧夫。修以《无极图》授周子，周子又得先天地之偈于寿涯。其图自下而上，以明逆则成丹之法（黄宗羲《宋元学案》卷十二）。

至宋中叶，周敦颐出于舂陵，乃得圣贤不传之学，作《太极图说》《通书》，推明阴阳五行之理，命于天而性于人者，了若指掌。张载作《西铭》，又极言理一分殊之情，然后道之大原出于天者，灼然而无疑焉。仁宗明道初年，程颢及弟颐寔生，及长，受业周氏，已乃扩大其所闻，表章《大学》《中庸》二篇，与《语》《孟》并行。……融会贯通，无复余蕴。迄宋南渡，新安朱熹得程氏正传，其学加亲切焉。大抵以格物致知为先，明善诚身为要，凡《诗》《书》六艺之文，与夫孔、孟之遗言，颠错于秦火，支离于汉儒，幽沉于魏晋六朝者，至是皆焕然而大明，秩然而各得其所。……邵雍高明英悟，程氏实推重之（《宋史》卷四二七《道学传序》）。

按：理学有表、里二端，以儒家为表，而以释、道为里。儒家自汉学琐碎、六朝空虚以后，孔孟之道，已若存若亡。自王通、韩愈论道论性，其义稍彰。宋儒继之，究心、修己、治平之道，起于人伦，终于万物，舍传注而言经，以疑古为翻案，此其表也。论其里，则混合禅宗及《参同契》之说，以言心言性，由致知格物而归本于太极、无极，标举主敬主静之说以为为学之方，冶儒、释、道为一炉，集中国、印度思想之大成。自宋迄清，理学之思想规律，深入上层社会，影响甚巨。

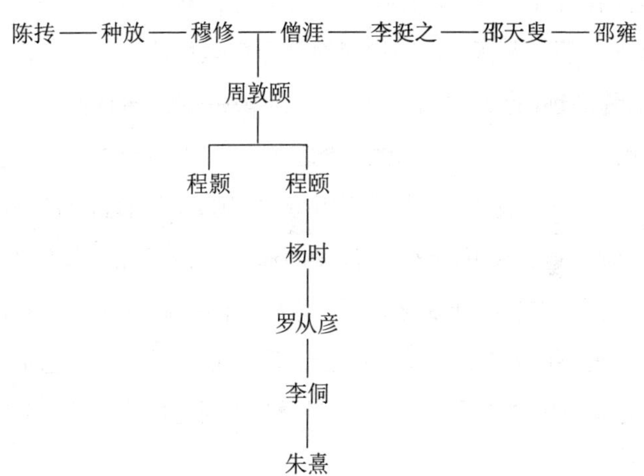

（乙）理学派别

周敦颐字茂叔，道州（湖南道县）营道人。……家庐山莲花峰下，前有溪合于溢江，取营道所居濂溪以名之。……博学力行，著《太极图》，明天理之根源，究万物之终始。其说曰："无极而太极，太极动而生阳；动极而静，静而生阴。静极复动，一动一静，互为其根。分阴分阳，两仪立焉。阳变阴合……五气顺布，四时行焉。五行一阴阳也，阴阳一太极也，太极本无极也。五行之生也，各一其性。无极之真，二五之精，妙合而凝。乾道成男，坤道成女，二气交感，化生万物。……惟人也得其秀而最灵。形既生矣，神发知矣，五性感动而善恶分；万事出矣，圣人定之以中正仁义而主静，立人极焉。……故曰立天之道曰阴与阳，立地之道曰柔与刚，立人之道曰仁与义。"又曰："原始反终，故知死生之说。大哉《易》也，斯其至矣。"又著《通书》四十篇，发明太极之蕴（《宋史》卷四二七《周敦颐传》)。

程颢字伯淳，世居中山，后从开封徙河南。……自十五六时，与弟颐闻汝南周敦颐论学，遂厌科举之习，慨然有求道之志。泛滥于诸家，出入于老、释者几十年，返求诸《六经》，而后得之。……教人自致知至于知止，诚意至于平天下。洒扫应对至于穷理尽性，循循有序。病学者厌卑近而骛高远，卒无成焉。故其言曰："……昔之害近而易知，今之害深而难辨；昔之惑人也乘其迷暗，今之惑人也因其高明。自谓之穷神知化，而不足以开物成务，言为无不周遍，实则外于伦理，穷深极微而不可以入尧舜之道。天下之学，非浅陋固滞，则必入于此，自道之不明也。邪诞妖妄之说竞起，涂生民之耳目，溺天下于污浊，虽高才明智，胶于见闻，醉生梦死不自觉也。是皆正路之榛芜，圣门之蔽塞，辟之而后可以入道。"颢之死……文彦博采众论，题其墓曰"明道先生"(《宋史》卷四二七《程颢传》)。

程颐字正叔。……胡瑗问……学之道如何？曰："天地储精，得五行之秀者为人。其本也，真而静。其未发也，五性具焉，曰仁、义、礼、智、信。形既生矣，外物触其形而动其中矣。其中动而七情出焉，曰喜、怒、哀、乐、爱、恶、欲，情既炽而益荡，其性凿矣。是故觉者约其情，使合于中，正其心，养其性。……然学之道，必先明诸心，知所养，然后力行以求至，所谓自明而诚也。诚之之道，在乎信道笃，信道笃则行之果，行之果则守之固，仁义忠信不离乎心，造次必于是，颠沛必于是，出处语默必于是，久而弗失则居之安，动容周旋中礼，而邪僻之心无自生矣。"……颐于书无所不读，其学本于诚，以《大学》《语》《孟》《中庸》为标指，而达于《六经》。……著《易》《春秋传》以传于世。……平生诲人不倦，故学者出其门最多。……世称为"伊川先生"(《宋史》卷四二七《程颐传》)。

张载字子厚，长安人。……谒范仲淹……因劝读《中庸》。载读其书，犹以为未足。又访诸释、老，累年究极其说……反而求之《六经》。……为祁州司法参军云岩令，政事以敦本善俗为先。每月吉，具酒食，召乡人高年会县庭，亲为劝酬，使人知养老、事长之义，因问民疾苦，及告所以训戒子弟之意。……与诸生讲学，每告以知礼成性、变化气质之道。……故其学尊礼、贵德、乐天、安命，以《易》为宗，以《中庸》为体，以孔、孟为法。……又论定井田宅里发敛学校之法，皆欲条理成书，使可举而措诸事业。……载学古力行，为关中士人宗师，世称为“横渠先生”。著书号《正蒙》，又作《西铭》（《宋史》卷四二七《张载传》）。

邵雍字尧夫……河南人。……北海李之才摄共城令，闻雍好学……乃事之才，受《河图》《洛书》、宓羲八卦、六十四卦图像。之才之传，远有端绪，而雍探赜索隐，妙悟神契，洞彻蕴奥，汪洋浩博，多其所自得者。……遂衍宓羲先天之旨，著书十余万言行于世。……元祐中，赐谥康节。……所著书曰《皇极经世》《观物内外篇》《渔樵问对》，诗曰《伊川击壤集》（《宋史》卷四二七《邵雍传》）。

杨时字中立，南剑将乐人。……河南程颢与弟颐，讲孔孟绝学于熙、丰之际，河洛之士翕然师之。时调官不赴，以师礼见颢于颍昌。……又见程颐于洛。……关西张载尝著《西铭》，二程深推服之。时疑其近于兼爱，与其师颐辨论往复，闻理一分殊之说，豁然无疑。……四方之士，不远千里从之游，号曰“龟山先生”。……既渡江，东南学者，推时为程氏正宗。……朱熹、张栻之学，得程氏之正，其源委脉络，皆出于时（《宋史》卷四二八《杨时传》）。

罗从彦字仲素，南剑人。……闻同郡杨时得河南程氏学，慨然慕之。……遂徒步往学焉。……朱熹谓龟山倡道东南，士之游其门者甚众，然潜思力行，任重诣极如仲素，一人而已。……学者称之曰“豫章先生”（《宋史》卷四二八《罗从彦传》）。

李侗字愿中，南剑州剑浦人。……闻郡人罗从彦得河洛之学，遂以书谒之。……其言曰:"学问之道不在多言，但默坐澄心，体认天理。若是，虽一毫私欲之发，亦退听矣。"……又曰:"读书者知其所言，莫非吾事，而即吾身以求之，则凡圣贤所至而吾所未至者，皆可勉而进矣。若直求之文字以资诵说，其不为玩物丧志者几希。"……吏部员外郎朱松与侗为同门友，雅重侗，遣子熹从学，熹卒得其传（《宋史》卷四二八《李侗传》）。

朱熹字元晦，一字仲晦，徽州婺源人。……家故贫，少依父友刘子羽，寓建之崇安（福建崇安县），后徙建阳（福建建瓯县）之考亭。……熹少时，慨然有求道之志。父松病亟，尝属熹曰:"籍溪胡原仲、白水刘致中、屏山刘彦冲，三人学有渊源，吾所敬畏。吾即死，汝往事之，而惟其言是听。"三人谓胡宪、刘勉之、刘子翚也。故熹之学，既博求之经传，复遍交当世有识之士。延平李侗老矣，尝学于罗从彦。熹归自同安，不远数百里，徒步往从之。其为学，大抵穷理以致其知，反躬以践其实，而以居敬为主。尝谓圣贤道统之传，散在方册，圣经之旨不明，而道统之传始晦。于是竭其精力，以研穷圣贤之经训。所著书有《易本义》《启蒙》《蓍卦考误》《诗集传》《大学中庸章句》《或问》《论语孟子集注》《太极图通书西铭解》《楚辞集注辨证》《韩文考异》，所编次有《论孟集议》《孟子指要》《中庸辑略》《孝经刊误》《小学书》《通鉴纲目》《宋名臣言行录》《家礼》《近思录》《河南程氏遗书》《伊洛渊源录》，皆行于世。熹没，朝廷以其《大学》《语》《孟》《中庸》训说立于学宫（《宋史》卷四二九《朱熹传》）。

按：宋之理学，向分濂、洛、关、闽四派。所谓濂、洛、关、闽者，周敦颐、程颢与弟颐、张载、朱熹也。周居濂溪，二程洛阳人，张载关中人，朱熹侨居建州，故云。其学说之主张，撮志如下。

宗羲案：周子之学，以诚为本，从寂然不动处，握诚之本，故曰主"静"立极（黄宗羲《宋元学案》卷十二）。

唐一庵曰："明道之学，嫡衍周派，一天人，合内外，主于"敬"而行之以恕，明于庶物而察于人伦，务于穷神知化，而能开物成务。"（黄宗羲《宋元学案》卷十四）

宗羲案：明道、伊川大旨虽同，而其所以接人，伊川已大变其说。故朱子曰："明道宏大，伊川亲切。大程夫子，当识其明快中和处；小程夫子，当识其初年之严毅，晚年又济以宽平处。是自周元公主静立人极开宗，明道以静字稍偏，不若专主于敬。然亦唯恐以把持为敬有伤于静，故时时提起。伊川则以敬字未尽，益之以穷理之说，而曰涵义须用敬，进学在致知。"又曰："只守一个敬字，不知集义，却是都无事也。"然随曰："敬以直内，义以方外……。"义是敬之著，敬是义之体。……自此旨一立，至朱子又加详焉（黄宗羲《宋元学案》卷十六）。

横渠先生"精思力践"，毅然以圣人之事为己任。凡所议论，率多超卓。至于变化气质，谓形而后有气质之性，善反之，则天地之性存焉。故气质之性，君子有弗性焉。此尤自昔圣贤之所未发，警教后学最为切至者也（黄震《黄氏日抄》卷三十三）。

古人所以从事于学者，其果何为而然哉？天之生斯人也，则有常性；人之立于天地之间也，则有常事。在身有一身之事，在家有一家之事，在国有一国之事。……弗胜其事，则为弗有其性，弗有其性，则为弗克若天矣。克保其性而不悖其事，所以顺乎天也。然则舍讲学其能之哉？凡天下之事，皆人之所当为。君臣、父子、兄弟、夫妇、朋友之际，人事之大者也，以至于视听言动、周旋食息，至纤至悉，何莫非事者。一事之不贯，则天性之陷溺也。然则讲学其可不汲汲乎？学所以明万事而奉天职也，虽然事有其理而著于吾心，心也者，万事之宗也。惟人放其良心，故事失其统纪。学也者，所以收其放而存其良也。夏葛而冬裘，饥食而渴饮，理之所固有，而事之所当然者。凡吾于万事，皆见其若是也。而后为当其可学者，求乎此而已（黄宗羲《宋元学案》卷四十八）。

与朱熹同时，有陆九渊一派，与之立异。

陆九渊字子静。……谓人曰："闻人诵伊川语，自觉若伤我者。"又曰："伊川之言，奚为与孔子、孟子之言不类？近见其间多有不是处。"初读《论语》，即疑有子之言支离，他日读古书，至"宇宙"二字，解者曰"四方上下曰宇，往古来今曰宙"忽大省，曰："宇宙内事乃己分内事，己分内事乃宇宙内事。"又尝曰："东海有圣人出焉，此心同也，此理同也。至西海、南海、北海，有圣人出，亦莫不然。千百世之上，有圣人出焉，此心同也，此理同也。至于千百世之下，有圣人出，此心此理，亦无不同也。"……还乡，学者辐凑，每开讲席，户外屦满，耆老扶杖观听。自号"象山翁"，学者称"象山先生"。尝谓学者曰："汝耳自聪，目自明，事父自能孝，事兄自能弟，本无欠阙，不必它求，在乎自立而已。"又曰："此道与溺于利欲之人言犹易，与溺于意见之人言却难。"或劝九渊著书，曰："《六经》注我，我注《六经》。"又曰："学苟知道，《六经》皆我注脚。"……初，九渊尝与朱熹会鹅湖（江西铅山县），论辨所学，多不合。……至于无极而太极之辨，则贻书往来，论难不置焉（《宋史》卷四三四《陆九渊传》）。

按：自程颐以下，大抵主"格物""致知"之说，至南宋朱熹，乃集此派学说之大成。陆九渊主张与朱氏不同，朱主道问学，陆主尊德性；朱以"穷理为始事，以理已明，则可以诚意正心"，陆欲"先发人之本心，而后使之博览，以应万物之变"。朱以陆为"太简"，陆以朱为"支离"，始终相诋而不能相容，世所谓朱陆异同是也。

（丙）理学之变迁

古之公卿，皆自幼时便教之，以为异日之用（吕祖谦《周礼说》）。

今世之儒士，自以为得"正心""诚意"之学者，皆风痹不知痛痒之人也。举一世安于君父之雠，而方低头拱手以谈性命，不知何者谓之性命乎？……尝曰：“研穷义理之精微，辨析古今之同异。原心于杪忽，较礼于分寸，以积累为工，以涵养为正，睟面盎背，则于诸儒诚有愧焉。至于堂堂之陈，正正之旗，风雨云雷，交发而并至；龙蛇虎豹，变现而出没；推倒一世之智勇，开拓万古之心胸；自谓差有一日之长。”亮意盖指朱熹、吕祖谦等云（《宋史》卷四三六《陈亮传》）。

仁人正谊不谋利，明道不计功。此语初看极好，细看全疏阔。古人以利与人而不自居其功，故道义光明。……既无功利，则道义者，乃无用之虚语尔（叶适《习学记言》卷二十三）。

金履祥字吉父，婺之兰溪人。……凡天文、地形、礼乐、田乘、兵谋、阴阳、律历之书，靡不毕究。及壮，知向濂洛之学。事同郡王柏，从登何基之门。基则学于黄榦，而榦亲承朱熹之传者也。……会襄樊之师日急……履祥因进牵制捣虚之策，请以重兵由海道直趋燕、蓟，则襄樊之师将不攻而自解。且备叙海舶所经，凡州郡县邑，下至巨洋别坞，难易远近，历历可据以行，宋终莫能用。及后朱瑄、张清献海运之利，而所由海道，视履祥先所上书，咫尺无异者（《元史》卷一八九《金履祥传》）。

按：理学家之立说，多偏重修养。自朱、陆好重事功，与朱熹同时友善之吕祖谦，讲理学而兼治史学，教人必以致用为事。其同受学程门之陈亮、叶适，则颇诋理学而昌言事功。金履祥固传朱子之学者，而有海道图燕之建议，是南宋学者之思想，一变北宋理学之面目，而趋于事功。盖因金、元之逼，士大夫皆志切恢复，有以使之然也。吕、陈、叶皆浙东人，故后人谓之浙学或永嘉学。

（丁）理学之影响

自理学创兴，人以传道自命，故又称为道学。皆自以为直接于孔门，而得其心传者也。

其弟颐序之曰:“周公没,圣人之道不行。孟轲死,圣人之学不传。道不行,百世无善治;学不传,千载无真儒。无善治士,犹得以明夫善治之道,以淑诸人,以传诸后。无真儒,则贸贸焉莫知所之,人欲肆而天理灭矣。先生生于千四百年之后,得不传之学于遗经,以兴起斯文为己任。……使圣人之道,焕然复明于世,盖自孟子之后,一人而已。”(《宋史》卷四二七《程颢传》)

淳祐元年正月……诏以张、周、二程及熹从祀孔子庙。黄榦曰:“道之正统,待人而后传。自周以来,任传道之责者,不过数人。而能使斯道章章较著者,一二人而止耳。由孔子而后,曾子、子思继其微,至孟子而始著。由孟子而后,周、程、张子继其绝,至熹而始著。”(《宋史》卷四二九《朱熹传》)

不唯不受古经籍拘束,且发生疑义。

初,安石训释《诗》《书》《周礼》既成,颁之学官,天下号曰“新义”。晚居金陵,又作《字说》,多穿凿傅会。其流入于佛、老,一时学者,无敢不传习。……先儒传注,一切废不用。黜《春秋》之书,不使列于学官,至戏目为“断烂朝报”(《宋史》卷三二七《王安石传》)。

童子问曰:“《系辞》非圣人之作乎?”曰:“何独《系辞》焉?《文言》《说卦》而下,皆非圣人之作。而众说淆乱,亦非一人之言也。”(《欧阳修全集》卷七十八《易童子问三》)

又曰:“今《诗》三百五篇,岂尽定于夫子之手?所删之诗,容或有存于闾巷浮薄之口,汉儒取于补亡。”乃定二《南》各十有一篇,两两相配,退《何彼秾矣》《甘棠》,归之《王风》,削去《野有死麕》,黜郑、卫淫奔之诗。又作《春秋发挥》。又曰:“《大学》‘致知格物’章未尝亡。”还《知止》章于《听讼》之上,谓《中庸》古有二篇,诚明可为纲,不可为目。定《中庸》“诚明”各十一章(《宋史》卷四三八《王柏传》)。

五季风俗败坏,廉耻扫地。宋儒专讲修养,砥砺名节,有

"饿死事小，失节事大"之说。婞阿之习，始为之一变。妇人女子，夫死守节不嫁，亦自斯而盛，则为有伤人道。明清有旌表节妇之事，流弊实多。

士大夫忠义之气，至于五季变化殆尽。宋之初兴，范质、王溥犹有余憾，况其他哉！艺祖首褒韩通，次表卫融，足示意向。……真、仁之世，田锡、王禹偁、范仲淹、欧阳修、唐介诸贤，以直言谠论倡于朝，于是中外缙绅，知以名节相高、廉耻相尚，尽去五季之陋矣（《宋史》卷四四六《忠义传序》）。

无愧于口，不若无愧于身。无愧于身，不若无愧于心（邵雍《皇极经世书》）。

人之生不幸不闻过，大不幸无耻，必有耻，则可教。……实胜，善也。名胜，耻也。故君子……德业有未著，则恐恐然畏人知，远耻也（周敦颐《通书》）。

按：宋儒主躬行实践，是其特长。然持论太过，论人则失之"苛刻"，论事则失之"负气"，矫激沽名，此党祸之所由起。至于南宋，胡安国《春秋传》一派，主张尊王攘夷，是又因外力压迫，发愤而兴者矣。

(戊)理学之北传

元初，姚枢、许衡师事赵复，理学遂大盛于北方。

赵复字仁甫，德安人也。太宗乙未岁（七年），命太子阔出帅师伐宋，德安以尝逆战，其民数十万，皆俘戮无遗。……姚枢奉诏，即军中求儒、道、释、医、卜士，凡儒生挂俘籍者，辄脱之以归，复在其中。……不欲北……枢晓以……随吾而北，必可无他，复强从之。先是，南北道绝，载籍不相通。至是，复以所记程、朱所著诸经传注，尽录以付枢。自复至燕，学子从者百余人。……杨惟中闻复论议，始嗜其学，乃与枢谋建太极书院。……选取遗书八千余卷，请复讲授其中。复以周、程而后，其书广博，学者未能贯通，乃原羲、农、尧、舜所以继天立极，孔子、颜、孟所以垂世立教，周、程、张、朱氏所以发明绍续者，作《传道图》，而以书目条列于后，别著《伊洛发挥》以标其宗旨。……又取伊尹、颜渊言行，作《希贤录》。……枢既退隐苏门，乃即复传其学，由是许衡、郝经、刘因皆得其书而尊信之，北方知有程朱之学自复始。……复家江汉之上，以“江汉”自号，学者称之曰“江汉先生”（《元史》卷一八九《赵复传》）。

姚枢字公茂，柳城人，后迁洛阳。少力学……从惟中。……拔德安，得名儒赵复，始得程颐、朱熹之书。……因弃官去，携家来辉州，作家庙，别为室，奉孔子及宋儒周敦颐等象。刊诸经惠学者。……时许衡在魏，至辉就录程朱所注书以归（《元史》卷一五八《姚枢传》）。

许衡字仲平，怀之河内人也。……往来河、洛间，从柳城姚枢，得伊洛程氏及新安朱氏书，益大有得。寻居苏门，与枢及窦默相讲习。凡经传、子史、礼乐、名物、星历、兵刑、食货、水利之类，无所不讲（《元史》卷一五八《许衡传》）。

吴澄字幼清，抚州崇仁人。……既长，于经传皆通之。……乃著《孝经章句》，校定《易》《书》《诗》《春秋》《仪礼》及大、小《戴记》。……先是，许文正公衡为祭酒，始以《朱子小学》等书授弟子，久之渐失其旧。澄至，旦燃烛堂上，诸生以次受业，日昃，退燕居之室，执经问难者，接踵而至。澄各因其材质，反复训诱之，每至夜分，虽寒暑不易也。……又尝为学者言:“朱子于‘道问学’之功居多，而陆子静以‘尊德性’为主。问学不本于德性，则其敝必偏于言语训释之末，故学必以德性为本，庶几得之。”议者遂以澄为陆氏之学，非许氏尊信朱子本意，然亦莫知朱、陆之为何如也。……尝著说曰:“道之大原出于天，神圣继之，尧、舜而上，道之元也；尧、舜而下，其亨也；洙、泗、邹、鲁，其利也；濂、洛、关、闽，其贞也。分而言之，上古则羲、黄其元，尧、舜其亨，禹、汤其利，文、武、周公其贞乎！中古之统：仲尼其元，颜、曾其亨乎，子思其利，孟子其贞乎！近古之统：周子其元，程、张其亨也，朱子其利也，孰为今日之贞乎？未之有也。然则，可以终无所归哉！”其早以斯文自任如此。……四方之士……来学山中者，常不下千数百人。少暇，即著书……于《易》《春秋》《礼记》，各有纂言，尽破传注穿凿，以发其蕴。条归纪叙，精明简洁，卓然成一家言。作《学基》《学统》二篇，使人知学之本，与为学之序。……又校正《老子》《庄子》《太玄经》《乐律》及《八阵图》、郭璞《葬书》。初，澄所居草屋数间，程巨夫题曰“草庐”，故学者称之为“草庐先生”（《元史》卷一七一《吴澄传》）。

按：姚、许推衍朱熹之说，吴则颇融合朱、陆。然元世祖笼络汉人之政策，皆自姚、许诸人启之。

（2）史学

宋代史学，最为发皇，学者多精于史学，考证与记载同重，故撰作极富。官修前史而外，国史亦有成书。南宋以后，野史若《三朝北盟会编》《建炎以来系年要录》《齐东野语》《四朝闻见录》诸书，皆能记当代之事。会要一体，尤能贯串一朝掌故，其风播于元、明。三史体例流传，旧闻不至放失，即缘公私留心史事，秉笔者得有依据，非近代知古而不知今者可得仰望也。

（甲）正史

唐书

唐代屡经修撰国史，已具有规模。五季之际，历朝加以征集补缀，至后晋出帝时，书始告成，凡本纪二十、志三十、列传一百五，共二百卷，所谓《旧唐书》者是也。

开运二年六月……监修国史刘昫、史官张昭远等，以新修《唐书》

纪、志、列传并目录，凡二百三卷上之，赐器、帛有差（《旧五代史》卷八十四《晋少帝本纪四》）。

至宋仁宗，以刘昫等所撰《唐书》多阙漏，命宋祁、欧阳修等重删撰之，历十七年而书成，凡本纪十、志五十、表十五、列传百五十，共二百二十五卷，世称《新唐书》。

祁字子京。……初，贾昌朝建议修《唐书》，始令馆职日供《唐书》所未载者二事，附于本传，命祁与王尧臣、杨察、张方平为修撰，又命范镇、邵必、宋敏求、吕夏卿为编修，而以昌朝提举。昌朝举王畴编修，必以为史出众手非是，辞之。昌朝罢相，以丁度兼领。度卒，刘沆代之。沆罢，王尧臣代之。尧臣卒，曾公亮代之。《唐书》初修，而尧臣以忧去，方平、察相继出外，祁遂独秉笔，虽外官，亦以稿自随。久之，又命欧阳修刊修，分作纪、志；刘羲叟修律历、天文、五行志。将卒业，而梅尧臣入局，修方镇、百官表。祁与范镇，在局一十七年，王畴一十五年，宋敏求、吕夏卿，并各十年（王偁《东都事略》卷六十五《宋祁传》）。

修《唐书》十余年，自守亳州，出入内外，尝以稿自随，为列传百五十卷（《宋史》卷二八四《宋祁传》）。

奉诏修《唐书》纪、志、表（《宋史》卷三一九《欧阳修传》）。

与修《唐书》者，皆一时闻人，其可考者如下。

刘羲叟字仲更，泽州晋城人也。欧阳修……荐其学术该博，留修《唐书》。羲叟强记，于经史百家无不通晓，至于国朝典故、财赋、刑名、兵械、钟律，皆知其要。其乐律、星历、数术，尤过人（王偁《东都事略》卷六十五《刘羲叟传》）。

梅尧臣字圣俞，宣城人也。……所撰《唐载》二十六卷，多补正旧史阙谬。乃命编修《唐书》，书成未奏而卒（王偁《东都事略》卷一一五《梅尧臣传》）。

敏求字次道。……王尧臣修《唐书》，以敏求习唐事，奏为编修官。……补唐武宗以下六世《实录》百四十八卷（《宋史》卷二九一《宋敏求传》）。

吕夏卿字缙叔，泉州晋江人。……学长于史，贯穿唐事，博采传记杂说数百家，折衷整比。又通谱学，创为世系、诸表，于《新唐书》最有功云（《宋史》卷三三一《吕夏卿传》）。

赵邻幾字亚之，郓州须城人。……常欲追补唐武宗以来《实录》，孜孜访求遗事，殆废寝食。会疾革，惟以书未成为恨。至淳化中，参知政事苏易简，因言及邻幾追补唐《实录》事……太宗遣直史馆。钱熙往取其书，得邻幾所补会昌以来《日历》二十六卷（《宋史》卷四三九《赵邻幾传》）。

孙甫字之翰，许州阳翟人。少好学，日诵数千言。慕孙何为古文章。……著《唐史记》七十五卷。每言唐君臣行事，以推见当时治乱，若身履其间，而听者晓然如目见之。时人言："终日读史，不如一日听孙论也。"《唐史》藏秘阁（《宋史》卷二九五《孙甫传》）。

陈彭年字永年，抚州南城人。……所著……《唐纪》四十卷（《宋史》卷二八七《陈彭年传》）。

赵瞻字大观……著……《唐春秋》五十卷（《宋史》卷三四一《赵瞻传》）。

《新》《旧》两书，详略互见，要为不可偏废。《新书》志较详。

五代纷乱之时，唐之遗闻往事，既无人记述，残编故籍，亦无人收藏，虽悬诏购求，而所得无几，故《旧唐书》援据较少。至宋仁宗时，则太平已久，文事正兴，人间旧时记载，多出于世，故《新唐书》采取转多。今第观《新书·艺文志》所载，如吴兢《唐书备阙记》、王彦威《唐典》、蒋乂《大唐宰辅录》《凌烟功臣》《秦府十八学士》《史臣》等传，凌璠《唐录政要》、南卓《唐朝纲领图》、薛璠《唐圣运图》、刘肃《大唐新语》、李肇《国史补》、林恩《补国史》等书，无虑数十百种，皆《旧唐书》

所无者，知《新书》之“文省于前，而事增于旧”，有由然也。试取《旧书》各传相比较，《新书》之增于《旧书》者有二种：一则有关于当日之事势、古来之政要及本人之贤否，所不可不载者；一则琐言碎事，但资博雅而已（赵翼《廿二史札记》卷十七《新书增旧书处》）。

惟欧、宋不喜骈文，删改诏、诰、章、疏，使一代典制不传，是其失也。

欧、宋二公，不喜骈体，故凡遇诏、诰、章、疏四六行文者，必尽删之。……夫一代自有一代文体……今以其骈体而尽删之，遂使有唐一代馆阁台省之文，不见于世，究未免偏见也。……其他如章、疏之类，有关政体治道者，或就四六改为散文，或节其要语存之（赵翼《廿二史札记》卷十八《新书尽删骈体旧文》）。

五代史

宋太祖命薛居正等，修梁、唐、晋、汉、周五朝史，逾年而成，凡本纪六十一、志十二、列传七十七，共一百五十卷，所谓《旧五代史》者是也。

薛居正字子平，开封浚仪人。……又监修《五代史》，逾年毕，锡以器、币（《宋史》卷二六四《薛居正传》）。

其后，欧阳修私撰《五代史记》，凡本纪十二、列传四十五、考三、世家年谱十、附录三，及目录，共七十五卷，世称《新五代史》。

自撰《五代史记》，法严词约，多取《春秋》遗旨（《宋史》卷三一九《欧阳修传》）。

《新》《旧》二史撰修之经过，传布之显晦，与内容之特点，略记于下。

宋太祖开宝六年四月，诏修梁、唐、晋、汉、周书。其曰《五代史》者，乃后人总括之名也。七年闰十月书成，凡一百五十卷、目录二卷。监修者，为司空同中书门下平章事薛居正，同修者为卢多逊、扈蒙、张澹、李昉、刘兼、李穆、李九龄（见《宋史》及晁公武《读书志》、《玉海》所引《中兴书目》），皆本各朝《实录》为稿本，此官修之史也。其后欧阳修私撰《五代史记》七十五卷，藏于家。修没后，熙宁五年，诏求其书刊行（见《宋史》），于是薛、欧二史并行于世。至金章宗泰和七年，诏止用欧史，于是薛史渐湮，惟前明《永乐大典》多截其遗文，然已割裂淆乱，非薛史篇第之旧。……开四库馆，命诸臣就《永乐大典》中甄录排纂，其缺逸者，则采宋人书中之征引薛史者补之，于是薛史复为完书。……今覆而案之，虽文笔迥不逮欧史，然事实较详。盖欧史专重书法，薛史专重叙事，本不可相无（赵翼《廿二史札记》卷二十一《薛居正〈五代史〉》）。

宋初记五代事者颇众，欧阳得以参用之，较《旧五代史》固为精核。然笔削自负，自立门目，学究气过重，其事亦嫌缺略，不足以尽五代之事也。

范质字文素，大名宗城人。……又述朱梁至周五代，为《通录》六十五卷，行于世（《宋史》卷二四九《范质传》）。

王溥字齐物，并州祁人。……溥好学，手不释卷。尝集苏冕《会要》及崔铉《续会要》，补其阙漏，为百卷，曰《唐会要》。又采朱梁至周为三十卷，曰《五代会要》（《宋史》卷二四九《王溥传》）。

郑向字公明，开封陈留人。……五代乱亡，史册多漏失。向著《开皇纪》三十卷，摭拾遗事，颇有补焉（《宋史》卷三〇一《郑向传》）。

子融字熙仲。……又集五代事为《唐余录》六十卷以献（《宋史》卷三一〇《王子融传》）。

路振字子发，永州祁阳人。……又尝采五代末九国君臣行事，作《世家列传》，书未成而卒（《宋史》卷四四一《路振传》）。

此外，又有孙光宪《北梦琐言》、陶岳《五代史补》、王禹偁《五代史阙文》、刘恕《十国春秋》、龚颖《运历图》，见于《宋·艺文志》及晁公武

《读书志》者，皆在欧公之前，足资考订。其出自各国之书，如钱俨之《吴越备史》《备史遗事》、汤悦之《江南录》、徐铉之《吴录》、王保衡之《晋阳见闻要录》，又皆流布。而徐无党注中所引证之《唐摭言》《唐新纂九国志》《五代春秋》《鉴戒录》《纪年录》《三楚新编》《纪年通谱》《闽中实录》等书，又皆欧所参用者。盖薛史第据各朝《实录》，故成之易，而记载或有沿袭失实之处。欧史博采群言，旁参互证……卷帙虽不及薛史之半，而订正之功倍之，文直事核，所以称良史也（赵翼《廿二史札记》卷二十一《欧史不专据薛史旧本》）。

《宋史》

本纪四十七、志一百六十二、表三十二、列传世家二百五十五，凡四百九十六卷。

《辽史》

本纪三十、志三十一、表八、列传四十六，凡一百十六卷。

《金史》

本纪十九、志三十九、表四、列传七十三，凡一百三十五卷。

辽、宋、金三史，皆元人所修。《辽史》，至正四年三月，中书右丞相、都总裁脱脱等表进。《金史》，至正四年十一月，中书右丞相、领三史事阿鲁图等表进。《宋史》，至正五年十月，阿鲁图等表进（王鸣盛《蛾术编》卷十）。

初，元世祖立国史院，首命王鹗修辽、金二史。宋亡，又命史臣通修三史。延祐（仁宗年号）、天历（文宗年号）之间，屡诏修之，以义例未定，竟不能成。顺帝至正三年，命托克托（《元史》作脱脱）为都总裁，特穆尔达实（《元史》作铁木儿塔识）、张起岩、欧阳玄、吕思诚、揭傒斯为总裁官修之。或欲如《晋书》例，以宋为世纪，而辽、金为载记；或又谓辽立国先于宋五十年，宋南渡后常称臣于金，以为不可。待制王理者，著《三史正统论》，欲以辽、金为北史，太祖至靖康为宋史，建炎以后为南宋史，一时持论不决。诏辽、宋、金各为史，凡再阅岁，书成，上之。举例、论、赞、表、奏，多玄属笔云（《续通考》卷一六一《经籍考二十一》）。

元顺帝时，命托克托等修辽、宋、金三史，自至正三年三月开局，至正五年十月告成。以如许卷帙，成之不及三年……实皆有旧本，非至托克托等始修也。各朝本有各朝旧史，元世祖时又已编纂成书，至托克托等，已属第二、三次修辑，故易于告成耳。《辽史》在辽时，已有耶律俨本，在金时，又有陈大任本，此《辽史》旧本也。金亡后，累朝《实录》在顺天张万户家，后据以修史，此《金史》旧本也。宋亡后，董文炳在临安，主留事，曰“国可灭，史不可灭”，遂以宋史馆诸记注，尽归于元都，贮国史院（见《元史·董文炳传》），此《宋史》旧本也。元世祖中统二年，王鹗请修辽、金二史，诏左丞相耶律铸、平章政事王文统监修，寻又诏史天泽亦监修。其金朝卫绍王记注已亡失，则王鹗采当时诏令及杨云翼等所记，足成之。及宋亡，又命史臣通修三史，此元世祖时纂修三史之本也。故至正中，阿鲁图、托克托等《进辽史表》云，耶律俨语多避忌，陈大任词乏精详。世祖皇帝敕词臣撰次三史，首及于辽。《进金史表》云：张柔归《金史》于先，王鹗采金事于后。《进宋史表》云：世祖皇帝，拔宋臣而列政途，载宋史而归秘府。既编戡定之勋，寻奉纂修之旨。可见元世祖时，三史俱以修订。而《元史·托克托传》并谓延祐、天历间又屡诏修之，则不惟修之于世祖时，而世祖后又频有修辑矣。……其所以未有成书者……以义例未定……各持论不决故耳。至顺帝时，诏宋、辽、金各为一史，于是据以编排，而纪、传、表、志本已完备，故不三年，遂竣事（赵翼《廿二史札记》卷二十三《宋辽金三史》）。

耶律俨字若思，析津人，本姓李氏。道宗寿隆六年……迁知枢密院事……封越国公。修《皇朝实录》七十卷。……又善伺人主意。妻邢氏，有美色，尝出入禁中，俨教之曰：“慎勿失上意。”由是权宠益固（《辽史》卷九十八《耶律俨传》）。

好问字裕之。……以金源氏有天下，典章法度几及汉、唐，国亡史作，己所当任。时金国《实录》在顺天张万户家，乃言于张，愿为撰述，既而为乐夔所沮而止。好问曰:“不可令一代之迹泯而不传。”乃构亭于家，著述其上，因名曰“野史”。凡金源君臣遗言往行，采摭所闻，有所得辄以寸纸细字为记录，至百余万言。今所传者有《中州集》及《壬辰杂编》若干卷（《金史》卷一二六《元好问传》）。

顺帝至正三年，诏修辽、金、宋三史，命脱脱为都总裁官（《元史》卷一三八《脱脱传》）。

铁木儿塔识字九龄，国王脱脱之子。资禀宏伟，补国子学诸生，读书颖悟绝人。……修辽、金、宋三史，铁木儿塔识为总裁官，多所协赞云（《元史》卷一四〇《铁木儿塔识传》）。

揭傒斯字曼硕，龙兴富州人。……特授翰林国史院编修官。时平章李孟监修国史，读其所撰《功臣列传》，叹曰“是方可名史笔，若他人直誊吏牍尔”。……诏修辽、金、宋三史，傒斯与为总裁官……且与僚属言:“欲求作史之法，须求作史之意。古人作史，虽小善必录，小恶必记。不然，何以示惩劝？”由是毅然以笔削自任，凡政事得失，人材贤否，一律以是非之公。至于物论之齐，必反复辩论，以求归于至当而后止。至正四年，《辽史》成，有旨奖谕。仍督早成金、宋二史。傒斯留宿史馆，朝夕不敢休，因得寒疾，七日卒（《元史》卷一八一《揭傒斯传》）。

张起岩字梦臣。……诏修辽、金、宋三史，复命入翰林为承旨，充总裁官。……起岩熟于金源典故，宋儒道学源委，尤多究心。史官有露才自是者，每立言未当，起岩据理窜定，深厚醇雅，理致自足（《元史》卷一八二《张起岩传》）。

欧阳玄字原功。……诏修辽、金、宋三史，召为总裁官。发凡举例，俾论撰者有所据依；史官中有悻悻露才、论议不公者，玄不以口舌争，俟其呈稿，援笔窜定之，统系自正。至于论、赞、表、奏，皆玄属笔（《元史》

卷一八二《欧阳玄传》）。

吕思诚字仲实，平定州人。……总裁辽、金、宋三史（《元史》卷一八五《吕思诚传》）。

（乙）通史

通史之中，以司马光之《资治通鉴》贯串古今，精博详审，为史家之创体，朱子《纲目》不足道也。

光常患历代史繁，人主不能遍览，遂为《通志》八卷以献。英宗悦之，命置局秘阁，续其书。至是，神宗名之曰《资治通鉴》，自制《序》授之（《宋史》卷三三六《司马光传》）。

光有……《资治通鉴》二百九十四卷，《目录》三十卷，《考异》三十卷。……初，光患历代史繁重，学者不能综，况于人主。遂约战国至秦二世，如《左氏》体，为《通志》以进。英宗命光续其书，置局秘阁，以其素所贤者刘攽、刘恕、范祖禹为属，凡十九年而成。神宗尤重其书，以为贤于荀悦，亲为制《叙》，赐名《资治通鉴》（王偁《东都事略》卷八十七《司马光传》）。

攽字贡父。……尤邃史学，作《东汉刊误》，为人所称颂。司马光修《资治通鉴》，专职汉史（《宋史》卷三一九《刘攽传》）。

刘恕字道源，筠州人。……笃好史学。自太史公所记，下至周显德末，纪传之外，至私记杂说，无所不览，上下数千载间，巨微之事，如指诸掌。司马光编次《资治通鉴》，英宗命自择馆阁英才共修之。光对曰："馆阁文学之士诚多，至于专精史学臣得而知者，唯刘恕耳。"即召为局僚，遇史事纷错难治者，辄以诿恕。恕于魏晋以后事，考证差谬，最为精详。……著《五代十国纪年》，以拟《十六国春秋》。又采太古以来，至周威烈王时事，《史记》《左氏传》所不载者，为《通鉴外纪》（《宋史》卷四四四《刘恕传》）。

祖禹字淳甫，一字梦得。……从司马光编修《资治通鉴》。在洛十五年，不事进取。书成，光荐为秘书省正字（《宋史》卷三三七《范祖禹传》）。

晁氏曰：皇朝治平中，司马光奉诏编集历代君臣事迹，许自辟官属，借以馆阁书籍，在外听以书局自随，至元丰七年，凡十七年始奏御上。上起战国（始于周威烈王二十三年命魏、赵、韩为诸侯），下终五代，凡一千三百六十二年。又略举事目，年经国纬，以备检阅，别为《目录》；参考异同，俾归一途，别为《考异》，各一编（《通考》卷一九三《经籍考二十》）。

公子康公休，告其友晁说之曰："此书成，盖得人焉。《史记》《前》《后汉》，则刘贡父。《三国》历九朝而隋，则刘道原。《唐》迄《五代》，则范淳甫。"（《通考》卷一九三《经籍考二十》）

致堂胡氏曰：司马公六任冗官，皆以书局自随。……高氏《纬略》曰：公与宋次道书曰："某自到洛以来，专以修《资治通鉴》为事，于今八年，仅了得晋、宋、齐、梁、陈、隋六代以来奏御。唐文字尤多，托范梦得将诸书依年月编次为草卷，每四丈截为一卷，自课三日删一卷，有事故妨废则追补。自前秋始删，到今已二百余卷，至大历末年耳。向后卷数又须倍此，共计不减六七百卷，更须三年，方可粗成编，又须细删，所存不过数十卷而已。"其费工如此。温公居洛十五年，故能成此书。……一事用三四处出处纂成，是其为功大矣。不观正史精熟，未易决《通鉴》之功绩也。《通鉴》采正史之外，其用杂史诸书，凡二百二十二家（《通考》卷一九三《经籍考二十》）。

李焘仿《资治通鉴》之体，记北宋一祖八宗之事，不敢言续，自居于《长编》。其体既尊，事亦详尽，诚一代巨制。惟其书缺佚，使言宋事者无可据依，深为可惜。

李焘字仁甫，眉州丹稜人。……博极载籍，搜罗百氏，慨然以史自任。本朝典故，尤悉力研核。仿司马光《资治通鉴》例，断自建隆，迄于靖康，为编年一书，名曰《长编》。……淳熙七年，《长编》全书成，上之，诏藏秘阁。焘自谓，此书宁失之繁，无失之略，故一祖八宗之事，凡九百七十八卷，卷第《总目》五卷。依熙宁修《三经》例，损益修换四千四百余事，上（孝宗）谓，其书无愧司马迁。焘尝举汉石渠、白虎故事，请上称制临决。又请冠序，上许之，竟不克就。……张栻尝曰："李仁甫……《长编》一书，用力四十年。"（《宋史》卷三八八《李焘传》）

《续通鉴长编》一百六十八卷。陈氏曰："礼部侍郎眉山李焘仁父撰。《长编》云者，司马公之为《通鉴》也，先命其属丛目，丛目既成，乃修长编，然后删之以成书。唐长编六百卷，今《通鉴》惟八十卷耳。焘所上表，自言未可谓之'通鉴'，止可谓之'长编'。故其书虽繁芜，而不嫌也。其卷数虽如此，而册数至余三百，盖逐卷又自分子卷，或至十余。"（《通考》卷一九三《经籍考二十》）

袁枢因司马光《资治通鉴》，分类排纂，各详起讫，而有《纪事本末》之作。于史家二体之外，自为一体，迄今不可磨灭。

袁枢字机仲，建之建安人。……枢常喜诵司马光《资治通鉴》，苦其浩博，乃区别其事，而贯通之，号《通鉴纪事本末》。参知政事龚茂良得其书，奏于上。孝宗读而嘉叹，以赐东宫及分赐江上诸帅，且令熟读，曰："治道尽在是矣。"（《宋史》卷三八九《袁枢传》）

《通鉴纪事本末》四十二卷。陈氏曰："工部侍郎袁枢机仲撰。……杨诚斋为之《序》。朱子曰：……司马温公受诏，纂述《资治通鉴》，然后一千三百六十二年之事，编年系日，如指诸掌。……然一事之首尾，或散出于数十百年之间，不相缀属，读者病之。今建安袁机仲，乃以暇日，作为此书，以便学者。其部居门目，始终离合之间，又皆曲有微意，于以错综温公之书，其亦《国语》之流矣。"（《通考》卷一九三《经籍考二十》）

元胡三省之《通鉴音注》，亦称博洽，为《通鉴》功臣。

胡三省《资治通鉴音注》一百九十四卷,《资治通鉴释文辨误》十二卷(《续通考》卷一六一《经籍考二十一》)。

胡三省字身之,浙江天台人。博学能文章,尤笃于史学。登宋宝祐四年进士。……宋亡,隐居不仕。著《资治通鉴音注》及《释文辨误》百余卷,今行于世。其《音注序》曰:"……是书依陆德明《经典释文》,厘为广注九十七卷,著论十篇。自周讫五代,略叙兴亡大致,以考异及所注者,散入《通鉴》各文之下,历法、天文,则随目录所书而附注焉。凡纪事之本末、地名之同异、州县之建置离合、制度之因革损益,悉疏其所以然。若释文之舛谬,悉改正之,别著《辨误》十二卷。"……其《释文辨误序》曰:"《通鉴释文》行世,有史炤本,有公休本。史炤本,冯时行为之序。公休本(温公修《通鉴》,公休为检阅文字官),刻于海陵乡斋,前无序,后无跋,直署公休官位、姓名于卷首而已。又有成都府广都县费氏进修堂版行,《通鉴》于正文下附注,多本之史炤,间以己意附之,世人以其有注,遂谓之善本,号龙爪《通鉴》。要之海陵释文,龙爪注大同而小异,皆蹈袭史炤者也,讹谬相传。而海陵本,乃托之公休以欺世,适所以诬玷公休,此不容不辨也。"(邵远平《元史类编》卷三十四《胡三省传》)

郑樵《通志》以通史自居,时有新论,以评泊见长。然其《二十略》,亦多及文献掌故。

郑樵字渔仲,兴化军莆田人。好著书,不为文章,自负不下刘向、杨雄。居夹漈山,谢绝人事。久之,乃游名山大川,搜奇访古,遇藏书家,必借留读尽乃去。赵鼎、张浚而下,皆器之。初为经旨、礼乐、文字、天文、地理、虫鱼、草木、方书之学,皆有论辨,绍兴十九年上之,诏藏秘府。樵归,益厉所学,从者二百余人。……授右迪功郎、礼兵部架阁,以御史叶义问劾之,改监潭州南岳庙。给札归钞所著《通志》,书成,入为枢密院编修官。……高宗幸建康,命以《通志》进,会病卒。……学者称

“夹漈先生”（《宋史》卷四三六《郑樵传》）。

《自序》略曰：“江淹有言，修史之难，无出于志。诚以志者，宪章之所系，非老于典故者，不能为也。不比纪传，纪以年包事，传以事系年，儒学之士皆能为之。……臣今总天下之大学术而条其纲目，名之曰《略》，凡二十《略》，百代之宪章，学者之能事，尽于此矣。其五《略》，汉唐诸儒所得而闻；其十五《略》汉唐诸儒所不得而闻也。曰氏族略、六书略、七音略、天文略、地理略、都邑略、谥略、器服略、乐略、艺文略、校雠略、图谱金石略、灾祥略、昆虫草木略，凡十五略，出臣胸臆，不涉汉唐诸儒议论。曰礼略、职官略、选举略、刑罚略、食货略，凡前五略，虽本诸前人之典，亦非诸史之文也。”（《通考》卷二〇一《经籍考二十八》）

按：郑氏此书，名之曰《通志》，其该括甚大。卷首《序论》，讥诋前人，高自称许，盖自以为无复遗憾矣。然夷考其书，则《氏族》《六书》《七音》等略，考订详明，议论精到，所谓出臣胸臆，非诸儒所得闻者诚是也。至于《天文》《地理》《器服》，则失之太简。……若《礼》及《职官》《选举》《刑罚》《食货》五者……杜岐公《通典》之书，五者居十之八。然杜公生贞元间，故其所记述止于唐天宝。今《通志》既自为一书……天宝以后，则竟不复陆续（《通考》卷二〇一《经籍考二十八》）。

（丙）政史

政史名著，有马端临《文献通考》。昔人以拟《通鉴》，谓为“二通”。其书虽录《通典》，而自具面目，缀辑宋事，尤足以补《宋史》之阙。

马端临字贵与，江西乐平人。……宋亡不仕，著《文献通考》，自唐虞至南宋，补杜佑《通典》之阙，二十余年而成。其《自序》曰：……考制度，审宪章，博闻而强识之，固通儒事也。……是以忘其固陋，辄加考评，旁搜远绍，门分汇别，曰田赋，曰钱币，曰户口，曰职役，曰征榷，曰市籴，曰土贡，曰国用，曰选举，曰学校，曰职官，曰郊社，曰宗庙，曰王礼，曰乐，曰兵，曰刑，曰舆地，曰四裔，俱仿《通典》之成规。自天宝以前，则增益其事迹之所未备，离析其门类之所未详。自天宝以后至宋嘉定末，则续而成之，曰经籍，曰帝系，曰封建，曰象纬，曰物异，则《通典》元未有论述，而采摭诸书以成之者也。凡叙事则本之经史，而参以历代《会要》，及百家传记之书，信而有证者从之，乖异传疑者不录。所谓文也，凡论事，则先取当时臣僚之奏疏，次及近代诸儒之评论，以至名流之燕谈、稗官之纪录，凡一话一言，可以订典故之得失、证史传之是非者，则采而录之。所谓献也，其载诸史传之纪录，而可疑稽诸先儒之论辨而未当者，研精覃思，悠然有得，则窃以己意附其后焉。命曰《文献通考》，为门二十有四，为卷三百四十有八。其每门著述之成规，考订之新意，则各以小序详之。……仁宗延祐四年，遣真人王寿衍，寻访有道之士，至饶州路，录其书上进，诏官为镂版，以广其传（邵远平《元史类编》卷三十四《马端临传》）。

（3）文学

（甲）文

通行文字体裁，有古文、骈俪、制艺之区分，兹分别列叙之。

古文

自唐末历五代，文格卑弱。至宋初，柳开始为古文，洙与穆修复振起之（《宋史》卷二九五《尹洙传》）。

国初杨亿、刘筠，犹袭唐人声律之体，柳开、穆修志欲变古而力弗逮。庐陵欧阳修出，以古文倡，临川王安石、眉山苏轼、南丰曾巩，起而和之，宋文日趋于古矣。南渡文气不及东都，岂不足以观世变欤（《宋史》卷四三九《文苑列传序》）。

柳开字仲途，大名人。……既就学，喜讨论经义。五代文格浅弱，慕韩愈、柳宗元为文，因名肖愈，字绍元。既而改名字，以为能开圣道之途也。著书自号“东郊野夫”，又号“补亡先生”，作二传以见意。……范杲好古学，大重开文，世称为“柳范”（《宋史》卷四四〇《柳开传》）。

穆修字伯长，郓州人。……自五代文敝，国初，柳开始为古文。其后，杨亿、刘筠尚声偶之辞，天下学者靡然从之。修于是时独以古文称，苏舜钦兄弟多从之游。修虽穷死，然一时士大夫称能文者，必曰穆参军（《宋史》卷四四二《穆修传》）。

柳、穆提倡古文，排斥骈偶，然矫枉过正，而流于艰涩难通。

往岁士人多尚对偶为文，穆修、张景辈始为平文，当时谓之古文。穆、张尝同造朝，待旦于东华门外，方论文次，适见有奔马践死一犬，二人各记其事以较工拙，穆修曰：“马逸，有黄犬遇蹄而毙。”张景曰：“一犬死奔马之下。”时文体新变，二人之语皆拙涩，当时已谓之工（沈括《梦溪笔谈》卷十四）。

嘉祐中，士人刘幾，累为国学第一人。骤为怪崄之语，学者翕然效之，遂成风俗。欧阳公深恶之。会公主文，决意痛惩，凡为新文者，一切弃黜，时体为之一变，欧阳之力也。有一举人论曰：“天地轧，万物茁，圣人发。”公曰：“此必刘幾也。”戏续之曰：“秀才剌，试官刷。”乃以大朱笔横抹之，自首至尾谓之“红勒帛”，判大纰缪字榜之。既而，果幾也（沈括《梦溪笔谈》卷九）。

自欧阳修起，法度细密，所谓古文者始盛。

尹洙字师鲁，河南人也。……博学有识度，通《六经》，尤深于《春秋》。为文章，简而有法（王偁《东都事略》卷六十四《尹洙传》）。

欧阳修字永叔，庐陵人。……幼敏悟过人。……及冠，嶷然有声。宋兴且百年，而文章体裁，犹仍五季余习，镂刻骈偶，淟涊弗振，士因陋守旧，论卑气弱。苏舜元、舜钦、柳开、穆修辈，咸有意作而张之，而力不足。修游随，得唐韩愈遗稿于废书簏中，读而心慕焉，苦志探赜。……必欲并辔绝驰而追与之。并举进士。……调西京推官。始从尹洙游，为古文，议论当世事，迭相师友。与梅尧臣游，为歌诗相倡和，遂以文章名冠天下。……知嘉祐二年贡举，时士子尚为险怪奇涩之文，号太学体。修痛排抑之，凡如是者辄黜。……场屋之习，从是遂变。……奖引后进，如恐不及。赏识之下，率为闻人。曾巩、王安石、苏洵、洵子轼、辙，布衣屏处，未为人知，修即游其声誉，谓必显于世（《宋史》卷三一九《欧阳修传》）。

景祐初，欧阳文忠公与尹师鲁，专以古文相尚。而公得之自然……超然独骛，众莫能及。……于是文风一变，时人竞为模范（朱熹《三朝名臣言行录》卷二）。

修之在滁也，自号“醉翁”，作亭琅琊山，以醉翁名之。晚年又自号“六一居士”，曰：“吾《集古录》一千卷，藏书一万卷，有琴一张，有碁一局，而尝置酒一壶，吾老于其间，是为‘六一’。”自为传刻石。居颍一年而卒（王偁《东都事略》卷七十二《欧阳修传》）。

欧氏汲引后进，于是曾、王、三苏之文，风行一时。

曾巩字子固，建昌南丰人。生而警敏。……甫冠，名闻四方。欧阳修见其文，奇之。……为文章，上下驰骋，愈出而愈工。本原《六经》，斟酌于司马迁、韩愈，一时工作文词者，鲜能过也。少与王安石游，安石声誉未振，巩导之于欧阳修。及安石得志，遂与之异（《宋史》卷三一九《曾巩传》）。

王安石字介甫，抚州临川人。……其属文，动笔如飞，初若不经意，既成，见者皆服其精妙。友生曾巩，携以示欧阳修，修为之延誉（《宋史》卷三二七《王安石传》）。

苏洵字明允，眉州眉山人。年二十七，始发愤为学。岁余，举进士，又举茂才异等，皆不中。悉焚常所为文，闭户益读书，遂通《六经》、百家之说，下笔顷刻数千言。至和、嘉祐间，与其二子轼、辙皆至京师，翰林学士欧阳修上其所著书二十二篇。既出，士大夫争传之。一时学者，竞效苏氏为文章（《宋史》卷四四三《苏洵传》）。

欧阳修得洵书二十篇，大爱其文辞，以为贾谊、刘向不过也。……父子隐然名动京师，而苏氏文章，遂擅天下。一时学者……皆学其文，以为师法。以其父子俱知名，号为老苏（王偁《东都事略》卷一一四《苏洵传》）。

苏轼字子瞻，眉州眉山人。……比冠，博通经史，属文日数千言。好贾谊、陆贽书，既而读《庄子》，叹曰："吾昔有见，口未能言。今见是书，得吾心矣。"嘉祐二年，试礼部。方时文磔裂诡异之弊胜，主司欧阳修思有以救之，得轼《刑赏忠厚论》，惊喜，欲擢冠多士。……后以书见修，修语梅圣俞曰："吾当避此人出一头地。"闻者始哗不厌，久乃信服。……轼与弟辙，师父洵为文，既而得之于天。尝自谓："作文如行云流水，初无定质，但当行于所当行，止于所不可不止。"虽嬉笑怒骂之辞，皆可书而诵之。其体浑涵光芒，雄视百代，有文章以来，盖亦鲜矣。……一时文人如黄庭坚、晁补之、秦观、张耒、陈师道，举世未之识，轼待之如朋俦，未尝以师资自予也（《宋史》卷三三八《苏轼传》）。

苏辙字子由。年十九，与兄轼同登进士科。……致仕，筑室于许，号"颍滨遗老"。自作传万余言。……性沉静简洁，为文汪洋淡泊，似其为人，不愿人知之，而秀杰之气，终不可掩。其高处，殆与兄轼相近（《宋史》卷三三九《苏辙传》）。

南宋之文，皆不能纯，唯朱熹不以文名而文自雄奇，效法韩、曾，毫无萎苶之气，实一大家也。

王十朋字龟龄，温州乐清人。资颖悟，日诵数千言。及长，有文行，聚徒梅溪，受业者以百数（《宋史》卷三八七《王十朋传》）。

叶适字正则，温州永嘉人。为文藻思英发（《宋史》卷四三四《叶适传》）。

陈亮字同父，婺州永康人。……为人才气超迈，喜谈兵，论议风生，下笔数千言立就。……亮自以豪侠，屡遭大狱。归家，益厉志读书，所学益博（《宋史》卷四三六《陈亮传》）。

吕祖谦字伯恭。……自其祖始居婺州。祖谦之学，本之家庭，有中原文献之传。长从林之奇、汪应辰、胡宪游，既又友张栻、朱熹，讲索益精。……晚年，会友之地曰“丽泽书院”，在金华城中（《宋史》卷四三四《吕祖谦传》）。

陈傅良字君举，温州瑞安人。……为文章自成一家，人争传诵，从者云合，由是其文擅当世。当是时，永嘉郑伯熊、薛季宣，皆以学行闻，而伯熊于古人经制治法，讨论尤精。傅良皆师事之，而得季宣之学为多。及入太学，与广汉张栻、东莱吕祖谦友善。祖谦为言本朝文献相承条序，而主敬集义之功，得于栻为多。……傅良为学，自三代秦汉以下，靡不研究，一事一物，必稽于极而后已（《宋史》卷四三四《陈傅良传》）。

金文大率取法苏轼，而以金石文字擅场者为大家，赵秉文、元好问，其尤著者也。

蔡珪字正甫，松年子也。……珪博物，且识古文奇字。……朝廷稽古礼文之事，取其议论为多（宇文懋昭《大金国志》卷二十八《蔡珪传》）。

赵秉文字周臣，磁州滏阳人也。幼颖悟，读书若夙习。……金自泰和、大安以来，科举之文其弊益甚，盖有司惟守格法，所取之文，卑陋陈腐，苟合程度而已。稍涉奇峭，即遭黜落，于是文风大衰。……秉文之文，长于辨析，极所欲言而止，不以绳墨自拘（《金史》卷一一〇《赵秉文传》）。

元德明，系出拓拔魏，太原秀容人。……子好问……字裕之。……从陵川郝晋卿学，不事举业，淹贯经传百家。六年而业成，下太行，渡大河，为《箕山》《琴台》等诗。礼部赵秉文见之，以为近代无此作也，于是名震京师。……金亡不仕。为文有绳尺，备众体。……好问蔚为一代宗工，四方碑板铭志，尽趋其门。……晚年尤以著作自任（《金史》卷一二六《元德明传》）。

元文更颓茶不振，然纪事之文，常窥见元事。

戴表元字帅初，一字曾伯，庆元奉化州人。七岁学古诗文，多奇语。稍长，从里师习词赋，辄弃不肯为。……初，表元闵宋季文章，气萎茶而辞骫骳，疲弊已甚，慨然以振起斯文为己任。时四明王应麟、天台舒岳祥，并以文学师表一代，表元皆从而受业焉。故其学博而肆，其文清深雅洁，化陈腐为神奇，蓄而始发，间事摹画，而隅角不露，施于人者多，尤自秘重，不妄许与。至元、大德间，东南以文章大家名重一时者，唯表元而已（《元史》卷一九〇《戴表元传》）。

姚燧字端甫（柳城人，后迁洛阳）。……生三岁而孤，育于伯父枢，枢隐居苏门。……年十三，见许衡于苏门。十八始受学于长安。时未尝为文，视流辈所作，惟见其不如古人，则心弗是也。二十四，始读韩退之文，试习为之，人谓有作者风。稍就正于衡，衡亦赏其辞。……燧之学，有得于许衡，由穷理致知，反躬实践。……为文闳肆该洽，豪而不宕，刚而不厉，舂容盛大，有西汉风，宋末弊习为之一变。盖自延祐以前，文章大匠莫能先之。……当时孝子顺孙，欲发挥其先德，必得燧文，始可传信；其不得者，每为愧耻。故三十年间，国朝名臣世勋、显行盛德，皆燧所书。每来谒文，必其行业可嘉，然后许可，辞无溢美。又稍广置燕乐，燧则为之喜，而援笔大书，否则弗易得也。时高丽沈阳王父子，连姻帝室，倾赀结朝臣。一日，欲求燧诗文，燧靳不与，至奉旨乃与之。……然颇恃才，轻视赵孟頫、元明善辈。……所著有《牧庵文集》五十卷，行于世（《元史》卷一七四《姚燧传》）。

其门人最著名者曰袁桷。桷之文，其体裁、议论，一取法于表元者也（《元史》卷一九〇《戴表元传》）。

袁桷字伯长，庆元人。幼学文，脱去凡近。长益留心典故。常谓宋末文缛滥，克自奋厉，希古作者（邵远平《元史类编》卷二十二《袁桷传》）。

马祖常字伯庸，世为雍古部，居靖州天山。……父润，同知漳州路总管府事，家于光州。祖常七岁知学，得钱即以市书。……既长，益笃于学。蜀儒张䇓讲道仪真，往受业其门，质以疑义数十，䇓甚器之。……祖常工于文章，宏瞻而精核，务去陈言，专以先秦、两汉为法，而自成一家之言。……有文集行于世（《元史》卷一四三《马祖常传》）。

赵孟頫字子昂，宋太祖子秦王德芳之后也。……赐第于湖州，故孟頫为湖州人。……幼聪敏，读书过目辄成诵。为文操笔立就。……仁宗在东宫，素知其名，及即位，召除集贤侍讲学士。……拜翰林学士承旨、荣禄大夫，帝眷之甚厚，以字呼之而不名。帝尝与侍臣论文学之士，以孟頫比唐李白、宋苏子瞻。又尝称孟頫操履纯正，博学多闻，书画绝伦，旁通佛、老之旨，皆人所不及。……诗文清邃奇逸，读之使人有飘飘出尘之想。……前史官杨载称孟頫之才颇为书画所掩，知其书画者，不知其文章，知其文章者，不知其经济之学。人以为知言云（《元史》卷一七二《赵孟頫传》）。

虞集字伯生，宋丞相允文五世孙也。……集与弟槃，皆受业家庭。出则以契家子从吴澄游，授受具有源委。……集学虽博洽，而究极本原，研精探微，心解神契，其经纬弥纶之妙，一寓诸文，蔼然庆历、乾淳风烈。尝以江左先贤甚众，其人皆未易知，其学皆未易言，后生晚进知者鲜矣，欲取太原元好问《中州集》遗意，别为《南州集》以表章之，以病目而止。平生为文万篇，稿存者十二三。早岁与弟槃同辟书舍为二室，左室书陶渊明诗于壁，题曰“陶庵”，右室书邵尧夫诗，题曰“邵庵”，故世称“邵庵先生”。……游其门见称许者，莆田陈旅。旅亦有文行世，国学诸生若苏天爵、王守诚辈，终身不名他师，皆当世称名卿者（《元史》卷一八一《虞集传》）。

杨载字仲弘，其先居建之浦城，后徙杭，因为杭人。少孤，博涉群书。为文有跌宕气。……初，吴兴赵孟頫在翰林，得载所为文，极推重之。由是载之文名，隐然动京师。凡所撰述，人多传诵之。其文章一以气为主，博而敏，直而不肆，自成一家言（《元史》卷一九〇《杨载传》）。

范梈字亨父，一字德机。……梈天资颖异，所诵读辄记忆。……兟诗工文，用力精深。……所著诗文，多传于世。……持身廉正。……吴澄以道学自任，少许可，尝曰："若亨父，可谓特立独行之士矣。"为文志其墓（学者称"文白先生"。〔《元史》卷一八一《范梈传》〕）。

揭傒斯字曼硕，龙兴富州人。……幼贫，读书尤刻苦，昼夜不少懈。……贯通百氏，早有文名。……为文章，叙事严整，语简而当。……朝廷大典册，及元勋茂德当得铭辞者，必以命焉。殊方绝域，咸慕其名，得其文者，莫不以为荣云（《元史》卷一八一《揭傒斯传》）。

黄溍字晋卿，婺州义乌人。……长以文名于四方。……视弟子如朋交，未始以师道自尊。……而来学者滋益恭。……溍之学，博极天下之书，而约之于至精，剖析经史疑难，及古今因革制度名物之属，旁引曲证，多先儒所未发。文辞布置谨严，援据精切，俯仰雍容，不大声色。譬之澄湖不波，一碧万顷，鱼鳖蛟龙，潜伏不动，而渊然之光，自不可犯（《元史》卷一八一《黄溍传》）。

同郡柳贯、吴莱，皆浦阳人。贯字道传。……自幼至老，好学不倦。凡《六经》、百氏、兵刑、律历、数术、方技、异教外书，靡所不通。作文沉郁舂容，涵肆演迤，人多传诵之。……与溍及临川虞集、豫章揭傒斯齐名（《元史》卷一八一《黄溍传附传》）。

吴莱字立夫。……辈行稍后于贯、溍。天资绝人，七岁能属文，凡书一经目辄成诵。莱尤喜论文，尝云："作文如用兵，兵法有正有奇，正是法度，要部伍分明；奇是不为法度所缚，举眼之顷，千变万化，坐作进退击刺，一时俱起。及其欲止，什伍各还其队，元不曾乱。"闻者服之。贯平生极慎许与，每称莱为绝世之才。溍晚年谓人曰："莱之文崭绝雄深，类秦汉间人所作，实非今世之士也。吾纵操觚一世，又安敢及之哉！”其为前辈所推许如此。……卒……私谥曰“渊颖先生”(《元史》卷一八一《黄溍传附传》)。

骈体文

宋人继六朝、唐后，别创四六一体，代言之作如制诰，述恩之作如笺表，以隶事为工，对仗为巧，亦自创一风格。工此者每能得盛名显位，杨、刘、二宋称为首出，沉博艳丽。欧、王、苏轼继以昌大，而意无不尽，语无不工，尤尽四六之能事。宋代最重宏词，所习者即此也。

杨亿字大年，建州浦城人。……天性颖悟，自幼及终，不离翰墨。文格雄健，才思敏捷。……当时学者翕然宗之。而博览强记，尤长典章制度，时多取正。喜诲诱后进，以成名者甚众。人有片辞可纪，必为讽诵。手集当世之述作，为《笔苑时文录》数十篇(《宋史》卷三〇五《杨亿传》)。

刘筠字子仪，大名人。……其文辞善对偶，尤工为诗。初为杨亿所识拔，后遂与齐名，时号“杨刘”(《宋史》卷三〇五《刘筠传》)。

宋庠(初名郊)字公序，安州安陆人，后徙开封之雍丘。……自应举时，与祁俱以文学名擅天下。俭约不好声色，读书至老不倦。善正讹谬(《宋史》卷二八四《宋庠传》)。

祁字子京，与兄庠同时举进士……人呼曰“二宋”，以大小别之。……祁兄弟皆以文学显，而祁尤能文，善议论，然情约庄重不及庠。……论曰：“……庠明练故实，文藻虽不逮祁，孤风雅操，过祁远矣。”(《宋史》卷二八四《宋祁传》)

大抵史近古，对偶宜今，以对偶之文入史策，如粉黛饰壮士，笙匏佐鼙鼓(宋祁《笔记》上)。

欧阳修以古文排奡之调为四六。

臣闻神功不宰，而万物得以曲成者，惟各从其欲。天鉴孔昭，而一言可以感动者，在能致其诚。敢倾虔至之心，再渎高明之听（《欧阳修全集》卷九十三《亳州乞致仕第二表》）。

王安石喜运经史语入文，谓之典雅。

懋昭贤业，寅亮圣时，伯夷之直惟清，仲山之明且哲。所居之名赫赫，岂独后思；尔瞻之节岩岩，方当上辅（王安石《临川集》卷七十九《贺致政赵少保启》）。

苏轼制表，驱遣经史语文如出诸己，在欧、王二家之外，尤号雄杰。涵造化之妙，尽笔端之巧。南宋古文益衰，工四六者愈众，以流丽稳妥为能事，体乃愈卑矣。

汪藻字彦章，饶州德兴人。……徽宗亲制《君臣庆会阁诗》，群臣皆赓进，惟藻和篇，众莫能及。时胡伸亦以文名，人为之语曰“江左二宝，胡伸汪藻”。……高宗……时多事，诏令类出其手。……藻通显三十年，无屋庐以居。博极群书，老不释卷，尤喜读《春秋左氏传》及《西汉书》。工俪语，多著述。所为制词，人多传诵（《宋史》卷四四五《汪藻传》）。

綦崇礼字叔厚，高密人。……幼颖迈，十岁能作邑人墓铭。……太学诸生溺于王氏新说，少能词艺者。徽宗幸太学，崇礼出二表，祭酒与同列，大称其工。……高宗时，再入翰林，凡五年，所撰诏命数百篇，文简意明，不私美，不寄怨，深得代言之体。……崇礼妙龄秀发，聪敏绝人，不为崖岸斩绝之行。廉俭寡欲，独覃心辞章。洞晓音律，酒酣气振，长歌慷慨，议论风生，亦一时之英也。……楼钥尝叙其文，以为气格浑然天成，一旦当书命之任，明白洞达，虽武夫远人，晓然知上意所在云（《宋史》卷三七八《綦崇礼传》）。

适字景伯（番易人）。……幼敏悟，日诵三千言。……以文学闻望，遭时遇主（《宋史》卷三七三《洪适传》）。

遵字景严。……从师业文，不以岁时寒暑辍（《宋史》卷三七三《洪遵传》)。

迈字景卢。……幼读书，日数千言。……博极载籍，虽稗官虞初，释老傍行，靡不涉猎。……迈兄弟皆以文章取盛名，跻贵显。迈尤以博洽受知，孝宗谓其文备众体。迈考阅典故，渔猎经史，极鬼神事物之变。……有《容斋五笔》《夷坚志》行于世，其他著述尤多(《宋史》卷三七三《洪迈传》)。

周必大字子充，一字洪道，其先……倅庐陵，因家焉。……高宗读其策曰:“掌制手也。”……必大在翰林几六年，制命温雅，周尽事情，为一时词臣之冠(《宋史》卷三九一《周必大传》)。

杨万里字廷秀，吉州吉水人。……精于诗，尝著《易传》行于世。光宗尝为书“诚斋”二字，学者称“诚斋先生”(《宋史》卷四三三《杨万里传》)。

真德秀字景元，后更为景希，建之浦城人。……立朝不满十年，奏疏无虑数十万言，皆切当世要务。……四方人士，诵其文，想见其风采(《宋史》卷四三七《真德秀传》)。

魏了翁字华甫，邛州蒲江人。……年十五，著《韩愈论》，抑扬顿挫，有作者风。……进华文阁待制。……上章论十弊……疏列万言，先引故实，次陈时弊，分别利害，粲若白黑(《宋史》卷四三七《魏了翁传》)。

制艺文

宋熙宁中，王安石始废诗赋用经义。元祐后复罢。迨元仁宗延祐中，定科举考试法。于是王克耘始造八比一法，名书义矜式，遂为八股滥觞。学者俯就绳式，推敲揣摩，有害于学术文学者甚大。

自宋以来，以取中士子所作之文，谓之程文。《金史》承安五年，诏考试词赋官，各作程文一道，示为举人之式。试后，赴省藏之(顾炎武《日知录》卷十六《程文》)。

唐之取士以赋，而赋之末流，最为冗滥。宋之取士以论策，而论策之弊，亦复如之(顾炎武《日知录》卷十六《程文》)。

宋季，有魏天应《论学绳尺》一书，皆当时应举文字，有破题、接题、小讲、大讲、入题、原题诸式(顾炎武《日知录》卷十六《试文格式注》)。

(乙)诗

宋诗初学西昆晚唐，欧阳修、王安石锐意学韩、学杜，苏、王不主一格，巍然大家，宋诗体格，至是始成。

王禹偁字元之，济州巨野人。……赋咏人多传诵。……太宗亲试贡士，召禹偁赋诗立就，上悦曰:“此不逾月，遍天下矣。”……禹偁词学敏赡，遇事敢言。……所与游必儒雅，后进有词艺者，极意称扬之。……有……诗三卷(《宋史》卷二九三《王禹偁传》)。

丞相、莱国寇忠愍公名准，字平仲，华州下邽人。……平生著述，于章疏尤工。旨粹言简，多所开益。……好为诗，警策清悟，有刘梦得、元微之风格，其气焰奇拔，则又过之(朱熹《五朝名臣言行录》卷四)。

魏野字仲先，陕州陕人也。……及长，嗜吟咏，不求闻达。居州之东郊，手植竹树，清泉环绕，旁对云山，景趣幽绝。凿土袤丈，曰乐天洞，前为草堂，弹琴其中。好事者多载酒肴从之游，啸咏终日。……野不喜巾帻，无贵贱皆纱帽、白衣以见，出则跨白驴。过客居士往来，留题命话，累宿而去。野为诗精苦，有唐人风格，多警策句。……有《草堂集》十卷(《宋史》卷四五七《魏野传》)。

林逋字君复，杭州钱塘人。少孤力学，不为章句。……初，放游江淮间，久之，归杭州，结庐西湖之孤山二十年，足不及城市。……自为墓于其庐侧，临终为诗，有“茂陵他日求遗稿，犹喜曾无封禅书”之句。既卒，州为上闻，仁宗嗟悼，赐谥“和靖先生”。……逋善行书，喜为诗，其词澄泱峭特，多奇句。既就稿，随辄弃之。或谓何不录，以示后世？逋曰："吾方晦迹林壑，且不欲以诗名一时，况后世乎？"然好事者往往窃记之。今所传，尚三百余篇（《宋史》卷四五七《林逋传》）。

杨亿字大年。……六岁学吟诗。……年十一，以童子召对，试诗赋五篇，下笔立成，太宗叹异。……太宗观华后苑，召命赋诗。明年，苑中曲宴，亿复以诗献。……有《西昆酬倡》等集。……真宗尝谓王旦曰："亿辞学无比，后学皆师慕之。文章有贞元、元和风格，自亿始也。"旦曰："后学皆师慕亿，唯李宗谔久与之游，终不得其鳞甲。谓其体弱，不宗经典云。"（王偁《东都事略》卷四十七《杨亿传》）

刘筠……善对偶，尤工为诗。初为杨亿所识拔，后遂与齐名，时号"杨刘"（《宋史》卷三〇五《刘筠传》）。

石延年字曼卿……家于宋城。延年为人，跌宕任气节。……于诗最工（《宋史》卷四四二《石延年传》）。

苏舜钦字子美。……当天圣中，学者为文，多病偶对。独舜钦与河南穆修，好为古文歌诗，一时豪俊，多从之游。……舜钦既放废，寓于吴中。其友人韩维，责以……去离都下，隔绝亲交。舜钦报书曰："……三商而眠，高舂而起。静院明窗之下，罗列图史、琴樽以自愉悦，有兴则泛小舟，出盘、阊二门，吟啸览古于江山之间。渚茶、野酿足以消忧，莼鲈、稻蟹足以适口。又多高僧隐君子，佛庙胜绝，家有园林，珍花奇石，曲池高台，鱼鸟留连，不觉日暮。……以彼此较之，孰为然哉。"……在苏州买水石，作沧浪亭，益读书。时发愤懑于歌诗，其体豪放，往往惊人（《宋史》卷四四二《苏舜钦传》）。

梅尧臣字圣俞，宣州宣城人。……工为诗，以深远古淡为意，间出奇巧。初未为人所知……为河南主簿。钱惟演留守西京，特嗟赏之，为忘年交，引为酬倡，一府尽倾。欧阳修与为诗文，自以为不及。尧臣益刻厉，精思苦学，由是知名于时。宋兴，以诗名家，为世所传如尧臣者盖少也。尝语人曰:“凡诗意新语工，得前人所未道者，斯为善矣。必能状难写之景如在目前，含不尽之意见于言外，然后为至也。”世以为知言。……尧臣家贫，喜饮酒，贤士大夫多从之游，时载酒过门。善谈笑，与物无忤，诙嘲讥刺托于时。晚益工（《宋史》卷四四三《梅尧臣传》）。

与梅尧臣游，为歌诗相倡和。……苏轼叙其文曰:“……诗赋似李白。”（《宋史》卷三一九《欧阳修传》）

苏轼、王安石叠为诗家宗主，苏门有黄、晁、秦、张诸人尤盛。

黄庭坚字鲁直，洪州分宁人。……苏轼尝见其诗文，以为超轶绝尘，独立万物之表，世久无此作。由是声名始震。……庭坚学问文章，天成性得，陈师道谓其诗得法杜甫，学甫而不为者。……与张耒、晁补之、秦观俱游苏轼门，天下称为“四学士”。而庭坚于文章，尤长于诗。蜀、江西君子，以庭坚配轼，故称“苏黄”。轼为侍从时，举庭坚自代。其词有“环伟之文，妙绝当世……”之语，其重之也如此。初，游灊皖山谷寺、石牛洞，乐其林泉之胜，因自号“山谷道人”云（《宋史》卷四四四《黄庭坚传》）。

晁补之字无咎，济州巨野人。……父端有，工于诗。补之聪敏强记，才解事，即善属文。……十七岁，从父官杭州，倅钱塘山川风物之丽，著《七述》以谒州通判苏轼。轼先欲有所赋，读之叹曰:“吾可以阁笔矣。”又称其文博辩隽伟，绝人远甚，必显于世。由是知名。……补之才气飘逸，嗜学不知倦。文章温润典缛，其凌丽奇卓，出于天成。尤精《楚词》，论集屈、宋以来赋咏，为《变离骚》等三书（《宋史》卷四四四《晁补之传》）。

秦观字少游，一字太虚，扬州高邮人。少豪隽慷慨溢于文词。……见苏轼于徐，为赋《黄楼》，轼以为有屈、宋才。又介其诗于王安石，安石亦谓清新似鲍、谢。……放还，至藤州，出游华光亭，为客道梦中长短句，索水欲饮，水至，笑视之而卒。先自作挽词，其语哀甚，读者悲伤之

（《宋史》卷四四四《秦观传》）。

张耒字文潜，楚州淮阴人。幼颖异，十三岁能为文，十七时作《函关赋》，已传人口。游学于陈，学官苏辙爱之，因得从轼游。轼亦深知之，称其文汪洋冲澹，有一倡三叹之声。……耒仪观甚伟，有雄才，笔力绝健，于骚词尤长。……作诗晚岁亦务平淡，效白居易体，而乐府效张籍（《宋史》卷四四四《张耒传》）。

陈师道字履常，一字无己，彭城人。少而好学苦志。年十六，蚤以文谒曾巩，一见奇之，许其以文著，时人未之知也。……元祐初，苏轼、傅尧俞、孙觉荐其文行。……喜作诗，自云学黄庭坚，至其高处或谓过之。然小不中意，辄焚去，今存者才十一。世徒喜诵其诗文，至若奥学至行，或莫之闻也（《宋史》卷四四四《陈师道传》）。

李廌字方叔，其先自郓徙华。……长以学问称乡里。谒苏轼于黄州，贽文求知。轼谓其笔墨澜翻，有飞沙走石之势。……又数年，再见轼，轼阅其所著，叹曰："张耒、秦观之流也。"（《宋史》卷四四四《李廌传》）

南宋诗以尤、杨、范、陆为四大家。宋元之际，若真山民、汪水云为诗，凄凉感叹，虽为亡国遗音，而可窥见当时史事。

尤袤字延之，常州无锡人。……入太学，以词赋冠多士。……上……使人密察，民诵其善政不绝口，乃录其《东湖》四诗归奏。上读而叹赏，遂以文字受知。……尝取孙绰《遂初赋》以自号（《宋史》卷三八九《尤袤传》）。

范成大字致能，吴郡人。……素有文名，尤工于诗。……自号"石湖"，有《石湖集》（《宋史》卷三八六《范成大传》）。

杨万里字廷秀，吉州吉水人。……名读书之室曰"诚斋"。……精于诗（《宋史》卷四三三《杨万里传》）。

陆游字务观，越州山阴人。……范成大帅蜀，游为参议官，以文字交，不拘礼法。人讥其颓放，因自号"放翁"。……游才气超逸，尤长于诗

（《宋史》卷三九五《陆游传》）。

金诗多学苏、黄一派，至元好问而大。《中州》一集，汾河诸老，稍嫌浅率，然征金事者，所不废也。

蔡松年……文词清丽，尤工乐府，与吴激齐名，时号“吴蔡体”（《金史》卷一二五《蔡松年传》）。

赵秉文……七言长诗，笔势纵放，不拘一律。律诗壮丽，小诗精绝，多以近体为之。至五言古诗，则沉郁顿挫（《金史》卷一一〇《赵秉文传》）。

党怀英字世杰。……能属文……当时称为第一，学者宗之。……上（章宗）谓宰臣曰：“郝俣赋诗颇佳，旧时刘迎能之，李晏不及也。”（《金史》卷一二五《党怀英传》）

刘昂字之昂，兴州人。……律赋自成一家，作诗得晚唐体，尤工绝句（《金史》卷一二六《刘昂传》）。

李汾字长源，太原平晋人。……工诗，雄健有法。……平生诗甚多，不自收集，世所传者十二三而已（《金史》卷一二六《李汾传》）。

其诗奇崛而绝雕刿，巧缛而谢绮丽。五言高古沉郁。七言乐府不用古题，特出新意。歌谣慷慨，挟幽、并之气。其长短句，揄扬新声，以写恩怨者又数百篇（《金史》卷一二六《元好问传》）。

元诗颇矫江西派粗犷之病。虞集以高亢胜。萨都剌以秾丽胜，末流或失之于纤。杨维桢读史乐府当行，别开一体，亦有足多。

虞伯生先生（集）、杨仲弘先生（载）同在京日，杨先生每言伯生不能作诗，虞先生载酒请问作诗之法，杨先生酒既酣，尽为倾倒，虞先生遂超悟其理。继……以所作诗介他人质诸杨先生，先生曰：“此诗非虞伯生不能也。”或曰：“先生尝谓伯生不能作诗，何以有此？”曰：“伯生学问高，余曾授以作诗法，余莫能及。”……故国朝之诗，称虞、赵、杨、范、揭焉。范即德机先生（梈），揭即曼硕先生（傒斯）也。尝有问于虞先生曰："仲弘诗如何？"先生曰："仲弘诗如百战健儿。""德机诗如何？"曰："德机诗如唐临晋帖。""曼硕诗如何？"曰："曼硕诗如美女簪花。""先生诗如何？"笑曰："虞集乃汉廷老吏。"盖先生未免自负，公论以为然（陶宗仪《辍耕录》卷四）。

张翥字仲举，晋宁人。……留杭，又从仇远（字仁近，钱塘人）先生学。远于诗最高，翥学之，尽得其音律之奥。于是翥遂以诗文知名一时。……翥长于诗，其近体长短句尤工（《元史》卷一八六《张翥传》）。

萨都剌字天锡，别号直斋，本答失蛮氏。……有诗名。……晚年寓居武林，每风日晴好，辄肩一杖，挂瓢笠，踏芒跻，凡深岩邃壑、人迹不到处，无不穷其幽胜，兴至则发为诗歌（邵远平《元史类编》卷三十六《萨都剌传》）。

诗社之集，以元时为最盛。

元季士大夫，好以文墨相尚，每岁必联诗社，四方名士毕集，谳赏穷日夜，诗胜者辄有厚赠。饶介为淮南行省参政，豪于诗，自号"醉樵"。尝大集诸名士，赋《醉樵歌》（《明史·文苑传》）。……浦江吴氏，结月泉社，聘谢皋羽为考官……（注：见《怀麓堂诗话》）。松江吕璜溪，尝走金帛，聘四方能诗之士，请杨铁崖为主考，第其甲乙，厚有赠遗，一时文人毕至，倾动三吴（注：见《四友斋丛说》）。又顾仲瑛玉山草堂、杨廉夫、柯九思、倪元镇、张伯雨、于彦成诸人，尝寓其家，流连觞咏，声光映蔽江表（注：见《元诗选》）。此皆林下之人扬《风》扢《雅》，而声气所届，希风附响者，如恐不及。……有元之世，文学甚轻，当时有九儒十丐之谣。科举亦屡兴屡废，宜乎风雅之事，弃如弁髦，乃搢绅之徒，风流相尚如此。盖自南宋遗民故老，相与唱叹于荒江寂寞之滨，流风余韵，久而弗替，遂成风会（赵翼《廿二史札记》卷三〇《元季风雅相尚》）。

（丙）词

词至宋而极盛，宋人填词，皆能被之乐府。北宋多小令而气格浑成，南宋多为长调而不免失之堆砌。苏、辛盛气汪洋，别为一体。周邦彦实为一代词宗，光前启后，其诗文亦有规律，故不同靡靡之作。

宋人编集歌词，长者曰慢，短者曰令，初无中调、长调之目。自顾从敬编《草堂词》以臆见分之，后遂相沿（朱彝尊《词综发凡》）。

晏殊字同叔。……有《珠玉词》一卷（朱彝尊《词综》卷四）。

晏几道……殊幼子。……有《小山词》一卷（朱彝尊《词综》卷五）。

柳永初名三变，字耆卿。……有《乐章集》九卷。……叶少蕴云："尝见一西夏归朝官云：'凡有井水饮处，即能歌柳词。'"……黄叔旸云："耆卿长于纤艳之词。"（朱彝尊《词综》卷五）

有客谓子野（张先字）曰："人皆谓公'张三中'，即'心中事、眼中泪、意中人'也。"（朱彝尊《词综》卷五）

晁无咎云："东坡居士词，人谓多不谐音律。然横放杰出，自是曲子内缚不住者。"……陆务观云："……东坡……词……但豪放，不喜裁剪以就声律耳。……歌之曲终，觉天风海雨逼人。"（朱彝尊《词综》卷六）

贺铸字方回。……有《东山寓声乐府》三卷……妙绝一世。……有"梅子黄时雨"之句，人谓之"贺梅子"。……山谷有诗云："解道江南断肠句，只今惟有贺方回。"其为前辈推重如此（朱彝尊《词综》卷七）。

周邦彦字美成。……有《清真集》二卷。……张叔夏云："美成词浑厚和雅，善于融化诗句。"沈伯时云："作词当以清真为主。"（朱彝尊《词综》卷九）

辛弃疾字幼安，齐之历城人。……善长短句，悲壮激烈。有《稼轩集》行世（《宋史》卷四〇一《辛弃疾传》）。

刘克庄字潜夫。……有《后村别调》一卷（朱彝尊《词综》卷十四）。

姜夔字尧章（号白石）。……范石湖（成大）云："白石有裁云缝月之妙手，敲金戛玉之奇声。"……黄叔旸云："白石词极精妙，不减清真；其高处，有美成所不能及。"……张叔夏云："姜白石如野云孤飞，去留无迹。"（朱彝尊《词综》卷十五）

史达祖字邦卿（号梅溪）。……姜尧章云："邦卿词奇秀清逸，融情景于一家，会句意于两得。"张功甫云："……妥贴轻圆，辞情俱到。"（朱彝尊《词综》卷十七）

吴文英字君特。……有《梦窗甲乙丙丁稿》四卷。张叔夏云："吴梦窗如七宝楼台，眩人眼目。拆碎下来，不成片段。"……沈伯时云："梦窗深得清真之妙，但用事下语太晦处，人不易知。"（朱彝尊《词综》卷十九）

张炎字叔夏。……有《玉田词》三卷。……仇仁近云："……意度超玄，律吕协洽，当与白石老仙相鼓吹。"（朱彝尊《词综》卷二一）

周密字公谨。……有《草窗词》二卷，一名《蘋洲渔笛谱》（朱彝尊《词综》卷二十）。

高观国字宾王（号竹屋）。……张叔夏云："竹屋、白石、邦卿、梦窗，格调不凡，句法挺异。"（朱彝尊《词综》卷十七）

朱淑真钱塘人。有《断肠集词》一卷（朱彝尊《词综》卷二十五）

李清照字易安。格非之女，嫁赵明诚。有《漱玉集》一卷（朱彝尊《词综》卷二十五）。

（4）通俗文学

唐时佛教流行，因以俗文敷衍教义，传播既久，用之以作传记。至宋，语体尤盛，出使专对则有口语，讲学则有语录。小说、戏曲之作，则雅俗并陈。元人《水浒传》，纯以语体行之，遂成章回说部一体。自此以后，小说、戏曲深入人心，弥漫社会风俗，思想为之一变。

（甲）宋、元人小说

《五代史平话》

宋巾箱本《五代史平话》，于梁、唐、晋、汉、周各分上、下二卷，惜梁史、汉史皆缺下卷，虽上卷尚存回目，而梁史已敚去数叶，不能补矣。元忠于光绪辛丑游杭，得自常熟张大令敦伯家，以压归装，顾各家书目，皆未著录。……偶忆《梦粱录》小说“讲经史门”有云：讲史者，谓讲说《通鉴》汉唐历代书史文传兴废争战之事，有戴书生、周进士、张小娘子、宋小娘子、丘机山、徐宣教。疑此平话，或出南渡小说家所为，而书贾刻之，故《目录》及每卷首尾，辄大书“新编五代某史平话”也（曹元忠《五代史平话跋》）。

《京本通俗小说》

余避难沪上，索居无俚，闻亲串（按：即冯誉骥家）妆奁中，有旧钞本书，类乎平话，假而得之。……搜得四册，破烂磨灭，的是影元人写本，首行“京本通俗小说第几卷”（按：缪刻本存第十、第十一、第十二、第十三、第十四、第十五、第十六，凡七卷），通体皆减笔小写，阅之令人失笑。三册尚有钱遵王图书，盖即也是园中物。《错斩崔宁》《冯玉梅团圆》二回，见于书目。而宋人词话标题，词字乃评字之讹耳（按：词话与评话异，此说不然）。所引诗词，皆出宋人，雅韵欲流，并有可考者。如《碾玉观音》一段，三镇节度使延安郡王指韩蕲王、秦州雄武军刘两府是刘锜、杨和王是杨沂中，官衔均不错。尚有《定州三怪》一回，破碎太甚。《金主亮荒淫》两卷，过于秽亵，未敢传摹，与也是园有合有不合，亦不知其故（缪荃孙《京本通俗小说跋》）。

《大唐三藏取经诗话》

宋椠《大唐三藏取经诗话》三卷……阙卷上第一叶、卷中第一二三叶、卷末有中瓦子张家印款一行。中瓦子，为宋临安府街名。……此云中瓦子张家印，盖即《梦粱录》之张官人经史子文籍铺。……此书与《五代平话》《京本小说》及《宣和遗事》体例略同，三卷之书共分十七节，亦后世小说分章回之祖。其称诗话，非唐宋士夫所谓诗话，以其中有诗有话，故得此名。其有词有话者，则谓之词话。……皆《梦粱录》《都城纪胜》所谓说话之一种也。书中载元奘取经，皆出猴行者之力，即《西游演义》所本（王国维《大唐三藏取经诗话跋》）。

《宣和遗事》

世所传《宣和遗事》，极鄙俚，然亦是胜国时闾阎俗说。中有“南儒”及“省元”等字面。又所记宋江三十六人，卢俊义作李俊义、杨雄作王雄、关胜作关必胜，其余俱小不同，并花石纲等事，皆似是《水浒》事本。倘出《水浒》后，必不更创新名（胡应麟《少室山房笔丛》卷四十一）。

余于戊辰冬，得《宣和遗事》二册，识是述古旧藏。……《述古堂书目》“宋人词话”门，有《宣和遗事》四卷。……后检之高儒《百川书志》，于《史部·传记类》云：《宣和遗事》二卷，载徽、钦二帝北狩二百七十余事。虽宋人所记，辞近瞽史，颇伤不文（黄丕烈《宣和遗事跋》）。

《水浒传》

今世传街谈巷语，有所谓演义者，盖尤在传奇、杂剧下。然元人武林施某所编《水浒传》特为盛行，世率以其凿空无据，要不尽尔也。余偶阅一小说《序》称，施某尝入市肆，细阅故书，于敝楮中得“宋张叔夜禽贼招语”一通，备悉其一百八人所由起，因润饰成此编（胡应麟《少室山房笔丛》卷四十一）。

（乙）金人院本

两宋戏剧均谓之“杂剧”，至金而始有“院本”之名。院本者，《太和正音谱》云：“行院之本也。”初不知行院为何语，后读元刊《张千替杀妻》杂剧云：“你是良人良人宅眷，不是小末小末行院。”则行院者，大抵金、元人谓倡伎所居。其所演唱之本，即谓之院本云尔。院本名目六百九十种，见于陶九成《辍耕录》（卷二十五）者，不言其为何代之作。而院本之名，金、元皆有之，故但就其名，颇难区别。以余考之，其为金人所作，殆无可疑者也。自此目观之，甚与宋官本杂剧段数相似，而复杂过之。其中又分子目若干，曰“和曲院本”者十有四本。其所著曲名，皆大曲法曲，则和曲殆大曲法曲之总名也。曰“上皇院本”者，十有四本，其中如《金明池》《万岁山》《错入内》《断上皇》等，皆明示宋徽宗时事，他可类推，则上皇者，谓徽宗也。曰“题目院本”者二十本，按题目即唐以来“合生”之别名。高承《事物纪原》卷九“合生”条言：《唐书·武平一传》平一上书：比来妖伎胡人，于御座之前，“或言妃主情貌，或列王公名质，咏歌舞蹈，名曰‘合生’。始自王公，稍及闾巷”。即合生之原，起于唐中宗时也，今人亦谓之“唱题目”云云。此云题目，即唱题目之略也。曰“霸王院本”者六本，疑演项羽之事。曰“诸杂大小院本”者一百八十有九，曰“院么”者二十有一，曰“诸杂院爨”者一百有七，陶氏云：“院本又谓之五花爨弄。”则爨亦院本之异名也。曰“冲撞引首”者一百有九，曰“拴搐艳段”者九十有二。案：《梦粱录》（卷二十）云：“杂剧先做寻常熟事一段，名曰艳段，次做正杂剧。”则引首与艳段，疑各相类。艳段，《辍耕录》又谓之焰段，曰：“焰段，亦院本之意，但差简耳。取其如火焰，易明而易灭也。”其所以不得为正杂剧者，当以此；但不知所谓“冲撞”“拴搐”作何解耳。曰“打略拴搐”者八十有八，曰“诸杂砌”者三十。案：《芦浦笔记》谓：“街市戏谑，有打砌、打调之类。”疑杂砌亦滑稽戏之流。然其目则颇多故事，则又似与打砌无涉。《云麓漫抄》（卷八）：“近日优人作‘杂班’，似杂剧而稍简略。金虏官制，有文班武班，若医卜倡优，谓之杂班。每宴集，伶人进，曰杂班上。故流传作此。”然《东京梦华录》，已有“杂扮”之名。《梦粱录》亦云：“杂扮或曰杂班，又名经（当作钮）元子，又谓之拔和，即杂剧之后散段也。顷在汴京时，村落野夫，罕得入城，遂撰此端，多是借装为山东、河北村叟，以资笑端。”则自北宋已有之。今“打略拴搐”中，有《和尚家门》《先生家门》《秀才家门》《列良家门》《禾下家门》各种，每种各有数本，疑皆装此种人物以资笑剧，或为“杂扮”之类；而所谓杂砌者，或亦类是也（王国维《宋元戏曲史》）。

（丙）元人杂剧

曲至元而盛，曲本词之余，宋人间用俚语，金、元愈臻浅俗，杂以胡语。南人所作，谓之南曲以别之。南曲两人对唱，北曲一人独唱。若易人必换宫，又南北之别也。

唐有传奇，宋有戏曲、唱诨、词说（宋赵德邻取唐元微之《会真记》，或仍原文，或加删削，于吃紧处，则系以《蝶恋花》词，谓之诨词）；金有院本、杂剧、诸公调，院本、杂剧其实一也。国朝，院本、杂剧始厘而二之。院本则五人：一曰副净，古谓之参军；一曰副末，古谓之苍鹘，鹘能击禽鸟，末可打副净，故云；一曰引戏；一曰末泥；一曰孤装。又谓之“五花爨弄”。或曰宋徽宗见爨国人来朝，衣装鞵履巾裹，傅粉墨，举动如此，使优人效之以为戏。又有“焰段”，亦院本之意，但差简耳。取其如火焰，易明而易灭也（陶宗仪《辍耕录》卷二十五）。

稗官废而传奇作，传奇作而戏曲继。金季国初，乐府犹宋词之流，传奇犹宋戏曲之变，世传谓之杂剧。金章宗时，董解元所编《西厢记》，世代未远，尚罕有人能解之者，况今杂剧中曲调之冗乎（陶宗仪《辍耕录》卷二十七）。

元人著北曲者至多，关汉卿、王实甫为最著。

关汉卿，解州人。工乐府，著北曲六十本。世称宋词、元曲，然词在唐人，已优为之。惟曲自元始，有南北十七宫调。……一时文人才士辈所撰杂剧，计五百四十九种，皆精审于字之阴阳、韵之平仄，可以被管弦，协律吕。……又曰“升平乐”（邵远平《元史类编》卷三十六《关汉卿传》）。

马致远《汉宫秋》等十三本，如《鹏抟九霄》。白仁甫《梧桐雨》等十七本，如《朝阳鸣凤》。李寿卿《临岐柳》等十一本，如《春晓洞天》。乔孟符《金钱记》等八本，如《神鳖鼓浪》。费唐臣《贬黄州》等三本，如《三峡波涛》。……王实甫《西厢记》等二十二本，如《花间美人》。……郑德辉《细柳营》等二十本，如《碧汉晴云》。……并称杰构（邵远平《元史类编》卷三十六《关汉卿传》注）。

南曲以高则诚《琵琶记》为称首。

自金、元入中国，所用胡乐，嘈杂凄紧，缓急之间，词不能按，乃更为新声以媚之。而诸君如贯酸斋、马东篱……辈，咸富有才情。……所谓宋词、元曲，殆不虚也。但大江以北，渐染胡语。……沈约四声，遂阙其一。……复变新体，号为"南曲"，高拭则成，遂掩前后。……凡曲，北字多而调促……南字少而调缓。……北宜和歌，南宜独奏（王世贞《艺苑卮言·附录一》）。

高明则诚者，温之永嘉人。以春秋中元至正乙酉榜，授处州录事。……方国珍聘置幕下，不行。旅寓明州，以词曲自娱。……有王四者，以学闻。则诚与之友善，劝之仕，登第即弃其妻，而赘于不花太师家。则诚恶之，故作此记以讽谏。名之曰"琵琶"者，取其头上四王，为王四云尔。元人呼牛为"不花"，故谓之"牛太师"（何元朗《曲论》）。

（5）书画

（甲）书

宋

句中正字坦然，益州华阳人。……精于字学，古文、篆、隶、行、草，无不工。太平兴国二年，献八体书（《宋史》卷四四一《句中正传》）。

李建中字得中，其先京兆人。……建中善书札，行笔尤工，多构新体。草、隶、篆、籀、八分亦妙，人多摹习，争取以为楷法（《宋史》卷四四一《李建中传》）。

陈尧佐……善古隶八分。为方丈字，笔力端劲，老犹不衰（《宋史》卷二八四《陈尧佐传》）。

李行简……家贫……聚木叶学书，笔法遒劲（《宋史》卷三〇一《李行简传》）。

王荆公书，清劲峭拔，飘飘不凡，世谓之“横风疾雨”。黄鲁直谓学王蒙，米元璋谓学杨凝式。以余观之，乃天然如此（张邦基《墨庄漫录》卷一）。

蔡襄字君谟，兴化仙游人。……襄工于书，为当时第一。仁宗尤爱之，制《元舅陇西王碑》文，命书之。及令书《温成后父碑》，则曰：“此待诏职耳。”不奉诏（宋史卷三二〇蔡襄传）。

东坡……尺牍狎书，姿态横生。……萧散容与，霏霏如零春之雨。森疏掩敛，熠熠如从月之星。纡徐婉转，缅缅如抽茧之丝。恐学者所未到也（杨慎《升庵合集》卷一六九《书品》）。

黄庭坚……善行、草书，楷法亦自成一家（《宋史》卷四四四《黄庭坚传》）。

东坡题鲁直草书《尔雅》后云：“鲁直以真实心出游戏法，以平等观作欹侧字，以磊落人录细碎书，亦三反也。”（赵德麟《侯鲭录》卷三）

米芾字元章，吴人也。……特妙于翰墨，沉着飞翥，得王献之笔意（《宋史》卷四四四《米芾传》）。

鲁公（蔡京）……授笔法于伯父君谟。……字势豪健，痛快沉着。追绍圣间，天下号能书，无出鲁公之右者。……晚……遂自成一法，为海内所宗焉（蔡絛《铁围山丛谈》卷四）。

吴激……米芾之婿也。工诗能文，字书俊逸，得芾笔意（《金史》卷一二五《吴激传》）。

金

张即之……字温夫。……其书当时所重。完颜有国时，每重购其迹

（文徵明《文待诏题跋》卷下）。

王竞……博学而能文，善草、隶书，工大字，两都宫殿榜题，皆竞所书。士林推荐第一云（《金史》卷一二五《王竞传》）。

赵公秉文……有才藻，工书翰。……字画则有晋魏以来风调，而草书尤警绝。殆天机所到，非学能至（元好问《中州集》卷三）。

赵沨……正书体兼颜、苏，行、草备诸家体，其超放又似杨凝式，当处苏、黄伯仲间（《金史》卷一二六《赵沨传》）。

王庭筠……书法学米元璋，与赵沨、赵秉文，俱以名家（《金史》卷一二六《王庭筠传》）。

元

巎巎善真、行、草书，识者谓得晋人笔意。单牍片纸，人争宝之，不翅金玉（《元史》卷一四三《巎巎传》）。

赵孟頫……篆、籀、分、隶、真、行、草书，无不冠绝古今，遂以书名天下。天竺有僧，数万里来求其书归，国中宝之（《元史》卷一七二《赵孟頫传》）。

揭傒斯……善楷书、行、草，朝廷大典册……必以命焉（《元史》卷一八一《揭傒斯传》）。

虞集……真、行、草、篆皆有法度，古隶为当代第一（陶宗仪《书史会要》卷七）。

（乙）画

宋

荆浩山水，为唐末之冠，关仝尝师之。……宋世山水超绝唐世者，李成、董元、范宽三人而已。尝评之：董元得山之神气，李成得山之体貌，范宽得山之骨法，故三家照曜古今，为百代师法（汤垕《古今画鉴》）。

江南中主时，有北苑使董源，善画，尤工秋岚远景，多写江南真山，不为奇峭之笔。其后，建业僧巨然，祖述源法，皆臻妙理。大体源及巨然画笔，皆宜远观，其用笔甚草草，近视之，几不类物象；远观则景物粲然，幽情远思，如睹异境（沈括《梦溪笔谈》卷十七）。

李成字咸熙，唐宗室。避地营丘……画师关仝，凡烟云变灭，水石幽闲，树木萧森，山川险易，莫不曲尽其妙（夏文彦《绘图宝鉴》卷三）。

范宽初名中正，字仲立。……以其豁达有大度，故以宽名之。……北宋时，天下为山水者，惟范宽与李成称绝。议者谓李成之笔，近视如千里之遥；范宽之笔，远望不离坐外，皆造乎神也（陈仁锡《潜确居类书》卷八十二）。

李公麟字伯时，舒州人。……病痹，遂致仕。既归老，肆意于龙眠山岩壑间。雅善画，自作《山庄图》，为世宝传。写人物尤精，识者以为顾恺之、张僧繇之亚（《宋史》卷四四四《李公麟传》）。

米芾……画山水、人物，自名一家。……子友仁字元晖。……亦善书画，世号“小米”（《宋史》卷四四四《米芾传》）。

米芾字元章。天姿高迈。……作画喜写古贤像。山水其源出董源，天真发露，怪怪奇奇，枯木松石，自有奇思（夏文彦《图绘宝鉴》卷三）。

米友仁字元晖，元章之子。能传家学。……烟云变灭，林泉点缀，草草而成，不失天真。……每自题其画曰“墨戏”（夏文彦《图绘宝鉴》卷四）。

文同字与可，梓州梓潼人。……苏轼，同之从表弟也。同又善画竹，初不自贵重，四方之人持缣素请者，足相蹑于门。同厌之，投缣于地骂曰：“吾将以为韈。”好事者传之，以为口实（《宋史》卷四四三《文同传》）。

徽宗……好书画，兴学较艺，如取士法。……尤注意花鸟，点睛多用黑漆，隐然豆许，高出缣素（夏文彦《图绘宝鉴》卷三）。

金

赤盏君实，女真人。居燕城。画竹学刘自然，颇有意趣(夏文彦《图绘宝鉴》卷五)。

邃然子赵滋……画入能品(元好问《中州集》卷十)。

元

赵孟頫……其画山水、木石、花竹、人马尤精致。……子雍、奕，并以书画知名(《元史》卷一七二《赵孟頫传》)。

元四大家：赵孟頫，字子昂，号松雪。吴镇，字仲圭，号梅花道人。黄公望，字子久，号大痴，又号一峰老人。王蒙，字叔明，号黄鹤山樵。……以画名家(陈仁锡《潜确居类书》卷八十二)。

倪迂画……可称逸品。……元之能者虽多，然率承宋法，稍加萧散耳。吴仲圭大有神气，黄子久特妙风格，王叔明奄有前规，而三家未洗纵横习气。独云林古淡天然，米痴后一人而已(陈继儒《妮古录》卷一)。

元人善画者多，其在大都，山水则刘融伯熙、乔达达之、韩绍晔子华、高克恭彦敬、李希闵克孝。竹石则李衎仲宾、于士行遵道、张德琪廷玉、李有仲方、刘德渊仲渊，及张敏夫、高吉甫、刘广之。花果则谢佑之。人物则李士传。传写则焦善甫、冷起岩(朱彝尊《日下旧闻》卷一五九《补遗》引《粉墨春秋》)。

按：宋、元画家辈出，大抵规范唐人。然自元黄公望、倪瓒等以简逸为天下倡，画风乃一变。

(6)印刷

五代雕板之术兴，官书家刻，同时并盛，印刷术日精。迨宋庆历间，活字版兴，文化臻进，裨益不少。

板印书籍，唐人尚未盛为之。自冯瀛王道始印《五经》，已后典籍皆为板本。庆历中，有布衣毕升，又为活板。其法，用胶泥刻字，薄如钱唇，每字为一印，火烧令坚。先设一铁板，其上以松脂蜡和纸灰之类冒之。欲印，则以一铁范置铁板上，乃密布字，印满铁范为一板，持就火炀之，药稍熔，则以一平板按其面，则字平如砥。若止印三二本，未为简易。若印数十百千本，则极为神速。常作二铁板，一板印刷，一板已自布字，此印者才毕，则第二板已具，更互用之，瞬息可就。每一字皆有数印，如之、也等字，每字有二十余印，以备一板内有重复者。不用，则以纸帖之，每韵为一贴，木格贮之。有奇字素无备者，旋刻之，以草火烧，瞬息可成。不以木为之者，文理有疏密，沾水则高下不平，兼与药相黏不可取。不若燔土，用讫再火令药熔，以手拂之，其印自落，殊不沾污（沈括《梦溪笔谈》卷十八）。

今世刻书，字体有一种横轻直重者，谓之为“宋字”。一种楷书圆美者，谓之为“元字”。……吾谓北宋蜀刻经史，及官刻监本诸书，其字皆颜、柳体，其人皆能书之人。其时家塾书坊，虽不能一致，大都笔法整齐，气味古朴。……光宗以后，渐趋于圆活一派……已近于今日之元体字。而有元一代官私刻本，皆尚赵松雪字，此则元体字之所滥觞也。……明季始有书工，专写肤廓字样，谓之“宋体”，庸劣不堪（叶德辉《书林清话》卷二）。

（三）工艺制造

（1）纺织

（甲）宋

定州织刻丝，不用大机，以熟色丝，经于木桯上，随所欲作花草、禽兽状。以小梭织纬时，先留其处，方以杂色线缀于经纬之上，合以成文……视之如雕镂之象。……单州成武县织薄缣，修广合于官度，而重才百铢，望之如雾。……泾州……能捻茸毛为线，织方胜花一匹，重只十四两（庄绰《鸡肋编》卷上）。

宋之锦标，则有刻丝作楼阁者、刻丝作龙水者、刻丝作百花攒龙者、刻丝作龙凤者、紫宝阶地者、紫大花者、五色簟文者（一名山和尚）、紫小滴珠方胜鸾鹊者、青绿簟文者（一名阇婆，一名蛇皮）、紫鸾鹊者（一等紫地紫鸾鹊，一等白地紫鸾鹊）、紫白花龙者、紫龟纹者，紫珠焰者、紫曲水者（一名落花流水）、紫汤荷花者、红霞云鸾者、黄霞云鸾者（一名绛霄）、青楼阁者（阁一作台）、青天落花者、紫滴珠龙团者、青樱桃者、皂方圆白花者、褐方团白花者、方胜盘象者、毬路者、衲者、柿红龟背者、樗蒲者、宜男者、宝照者、龟莲者、天下乐者、练鹊者、方胜练鹊者、绶带者、瑞草者、八花晕者、银钩晕者、细红花盘雕者、翠色狮子者、盘球者、水藻戏鱼者、红遍地杂花者、红遍地翔鸾者、红遍地芙蓉者、红七宝金龙者、倒仙牡丹者、白蛇龟纹者、黄地碧牡丹方胜者、皂木者。绫引首及托里，则有碧鸾者、白鸾者、皂鸾者、皂大花者、碧花者、姜牙者、云鸾者、樗蒲者、大花者、杂花盘雕者、涛头水波纹者、仙纹者、重莲者、双雁者、方旗者、龟子者、方毂纹者、鸂鶒者、枣花者、叠胜者、辽国白毛者、金国回文花者、高丽国白鹭者、花者，余未及尽识，殊以为恨（董其昌《筠轩清閟录》卷下）。

张贵妃又尝侍上元宴于端门，服所谓灯笼锦者（邵伯温《河南邵氏闻见录》卷二）。

靖康初，京师织帛及妇人首饰衣服，皆备四时。如节物，则春旛、灯球、竞渡、艾虎、云月之类，花则桃、杏、荷花、菊花、梅花，皆并为一景，谓之“一年景”（陆游《老学庵笔记》卷二）。

亳州出轻纱，举之若无。裁以为衣，真若烟雾（陆游《老学庵笔记》卷六）。

闽广多种木棉……纺绩为布，名曰吉贝。……海南蛮人织为巾，上出细字，杂花卉，尤工巧（方勺《泊宅编》卷三）。

（乙）元

闽广多种木棉，纺绩为布。……错纱配色，综线挈花，各有其法。以故织成被、褥、带、帨，其上折枝团凤、棋局字样，粲然若写（陶宗仪《辍耕录》卷二十四）。

燕人何失世，以织纱縠为业，与张进忠制笔齐名（朱彝尊《日下旧闻》卷三十九《补遗》引《宋元诗会笺》）。

（2）雕漆

嘉兴斜塘杨汇髹工枪金枪银法，凡器用什物，先用黑漆为地，以针刻画，或山水、树石，或花竹、翎毛，或亭台、屋宇，或人物故事，一一完整，然后用新罗漆。若枪金，则调雌黄；若枪银，则调铅粉。日晒后用挑挑嵌所刻缝罅，以金薄或银薄，依银匠所用纸糊笼罩，置金、银薄在内，遂旋细切取，铺已，施漆上，新绵揩拭牢实，但著漆者，自然黏住。其余金、银，都在绵上。于熨斗中烧灰置锅内熔锻，浑不走失（陶宗仪《辍耕录》卷三十）。

螺钿器皿，出江西吉安府庐陵县，宋朝内府中物……俱是坚漆或有嵌铜线者，甚佳。元朝时富家，不限年月做造，漆坚而人物细可爱（曹昭

《格古要论》卷八）。

髹漆器用蚌蛤壳镶嵌，象人物、花草，谓之螺填。吕蓝衍《言鲭》谓：牂牁蛮国，其王号鬼王，其别帅曰罗殿，在贵州界内，世用其蛤饰器，谓之罗殿。此说非也。今贵州水西一带，即罗甸鬼国。……皆崇山峻岭，并无江河，安得有蚌蛤之属？此器多出自广东沿海一带。按方勺《泊宅编》谓：螺填器，本出倭国，而蓝衍讹为罗殿而附会之，误矣。周密《驾幸张府记》：宋高宗幸张循王府，王所进，有螺钿盒十具。又《癸辛杂识》：王棣谄贾似道，作螺钿卓面屏风十副，图贾相当国盛事，如鄂渚守城、鹿矶奏捷之类，贾相乃大喜。则螺填当作螺钿为是（赵翼《陔余丛考》卷三十三）。

（3）瓷器

仁宗一日幸张贵妃阁，见定州红瓷器（邵伯温《河南邵氏闻见前录》卷二）。

宋时，有章生一生二兄弟，皆处州人。主龙泉之琉田窑，生二所陶青器，纯粹如美玉。……生一所陶者色淡，故名哥窑（陆深《春风堂随笔》）。

宋时，处州章生兄弟者，皆作窑，兄所作者，视弟色稍白而断纹多，号“白圾碎”，故曰哥窑（王世贞《宛委余编》卷十五）。

宋叶寘《垣斋笔衡》云：……本朝以定州白磁器有芒不堪用，遂命汝州造青窑器。故河北、唐、邓、耀州悉有之，汝窑为魁。江南则处州龙泉县窑质颇粗厚。政和间，京师自置窑烧造，名曰官窑。中兴渡江，有邵成章提举后苑，号邵局，袭故京遗制，置窑于修内司，造青器，名内窑。澄泥为范，极其精制，油色莹彻，为世所珍。后郊坛下别立新窑，比旧窑大不侔矣。余如乌泥窑、余杭窑、续窑，皆非官窑比。若谓旧越窑，不复见矣（陶宗仪《辍耕录》卷二十九）。

宋时，江西窑器，出庐陵之永和市。有舒翁，工为玩具。翁之女尤善，号曰舒娇。其炉瓷诸色，几与哥窑等价（施闰章《矩斋杂记》）。

（4）塑像

鄜州田氏，作泥孩儿，名天下。……一对至直十缣，一床至三十千。一床者，或五或七也。小者二三寸，大者尺余。……予家旧藏一对卧者，有小字云“鄜畤田玘制”（陆游《老学庵笔记》卷五）。

阿尔尼格，尼博罗国人也。……善画塑及铸金为像。……凡两京寺观之像，多出其手。……有刘元者，尝从阿尔尼格学西天梵相，亦称绝艺。元字秉元，蓟之宝坻人。始为黄冠，师事青州杞道录，传其艺非一。至元中，凡两都名刹塑土范金，抟换为佛像，出元手者，神思妙合，天下称之。其上都三皇尤古粹。……后大都南城作东岳庙，元为造仁圣帝像。……其所为西番佛像多秘，人罕得见者。……抟换者，漫帛土偶上而髹之，已而去其上髹帛，俨然成像云（《元史》卷二〇三《阿尔尼格传》）。

（5）建筑

营舍之法，谓之《木经》，或云喻皓所撰。凡屋有三分，自梁以上为上分，地以上为中分，阶为下分。凡梁长几何，则配极几何以为榱等。如梁长八尺，配极三尺五寸，则厅法堂也，此谓之上分。楹若干尺，则配堂基若干尺以为榱等。若楹一丈一尺，则配基阶四尺五寸之类，以至承拱、榱、桷，皆有定法，谓之中分。阶级有峻、平、慢三等，宫中则以御辇为法。凡自下而登，前竿垂尽臂，后竿展尽臂，为峻道；前竿平肘，后竿平肩，为慢道；前竿垂手，后竿平肩为平道。此之为下分。其书三卷。近岁土木之工，益为严善，旧《木经》多不用，未有人重为之，亦良工之一业也（沈括《梦溪笔谈》卷十八）。

（6）器用

（甲）文具

笔

笔盖出于宣州，自唐惟诸葛一姓，世传其业。治平、嘉祐前，有得诸葛笔者，率以为珍玩，云一枝可敌它笔数枝。熙宁后，世始用“无心散卓笔”，其风一变（叶梦得《石林避暑录话》卷上）。

纸

宋颜方叔，尝创制诸色笺，有杏红、露桃红、天水碧，俱砑花竹、鳞羽、山林、人物，精妙如画。亦有金缕五色描成者，士夫甚珍之（陈继儒《妮古录》卷二）。

“百硾纸”，出高丽，以楮造，捣练极工，拟于茧。“凝霜纸”，出黟、歙。复有长纸，一幅可五十尺（陈元龙《格致镜原》卷三十七引《事物绀珠》）。

天下皆以木肤为纸，而蜀中乃尽用蔡伦法。笺纸，有“玉板”、有“贡余”、有“经屑”、有“表光”。玉板、贡余，杂以旧布、破履、乱麻为之。惟经屑、表光，非乱麻不用（费著《蜀笺谱》）。

川纸取布头机余经不受纬者治作之，故名“布头笺”，此纸冠天下（苏轼《东坡志林》卷十一）

宋有……藤白纸、研光小本纸、蜡黄藏经笺（有金粟山、转轮藏二种）、白经笺、鹊白纸、白玉版匹纸、蚕茧纸。元有黄麻纸、铅山纸、常山纸、英山纸、上虞纸，皆可传之百世（董其昌《筠轩清閟录》卷中）。

墨

宋熙、丰间，张遇供御墨，用油烟入脑麝金箔，谓之“龙香剂”（陈元龙《格致镜原》卷三十七引《窗间纪闻》）。

东坡先生在儋耳，令潘衡所造，铭曰“海南松煤”，东坡法墨者是也。其法或云，每笏用金花胭脂数饼，故墨色艳发，胜用丹砂也（何薳

《春渚纪闻》卷八）。

潭州胡景纯，专取桐油烧烟，名“桐花烟”。其制甚坚薄，不为外饰以眩俗眼。……每磨研间，其光可鉴，画工宝之，以点目瞳子，如点漆云（何薳《春渚纪闻》卷八）。

陶九成载墨……宋张遇、潘衡、蒲大韶（款曰：书窗轻煤，佛帐余韵）、叶世英（尝造德寿宫墨）、朱知常（朱知常香剂）、梁果、李世英（款曰：丛桂堂李世英）、胡友直、潘秉彝（衡孙）、徐知常、叶邦宪（尝造复古殿墨）、雪斋（款曰：雪斋宝墨）、周朝式、李克恭（世英子）、乐温（亦世英子）、蒲彦辉、刘文通、郭忠厚、镜湖方氏、黄表之、齐峰、刘士先（尝造缉熙殿墨）、寓菴、俞林、邱攽、谢东、徐禧、叶茂实（三衢）、翁彦卿，元潘云谷（清江）、胡文忠（长沙）、林松泉（钱塘）、於材仲（宜兴）、杜清碧（武夷）、卫学古（松江）、黄修之（天台）、朱万初（豫章）、邱可行（金溪）、邱世英、邱南杰（并可行子），可谓详矣。然……宋不载常和、沈珪、陈相、张孜、沈晏、徐铉、张谷、潘谷、叶谷、常遇、潘遇、陈瞻、王迪、苏澥、陈昱、关珪、关瑱、郭遇明、江通、朱觐、胡景纯、梅瞻、耿德真，何也？士大夫如苏子瞻、晁季一、贺方回、张秉道、康为章，皆能制墨，见何薳《春渚纪闻》（董其昌《筠轩清閟录》卷下）。

砚

宋欧阳文忠公《砚谱》云：端石……以子石为上。子石者，在大石中生，盖精石也（曹昭《格古要论》卷七）。

作澄泥砚法，以墐泥令入于水中挼之，贮于瓮器内，然后别以一瓮贮清水，以夹布囊盛其泥而摆之，俟其至细去清水，令其干，入黄丹团和，溲如面。作二模，如造茶者，以物击之，令至坚，以竹刀刻作砚之状，大小随意。微荫干，然后以利刀手刻削如法，曝过闲空垛于地厚，以稻糠并黄牛粪搅之，而烧一伏时。然后入墨蜡贮米醋而蒸之。五七度，含津益墨，亦足亚于石者（苏易简《文房四谱》卷三）。

魏铜雀台遗址，人多发其古瓦，琢之为砚甚工，而贮水数日不燥。世传……其瓦，俾陶人澄泥，以絺滤过，碎胡桃油，方埏埴之，故与众瓦有异焉（苏易简《文房四谱》卷三）。

砚品中端石，人皆贵重之，载于谱记凡数家，取予各异。或佳其有眼为端，或以无眼为贵。然石之青脉者必有眼，嫩则多眼，坚则少眼。石嫩则细润而发墨，所以贵有眼，不特为石之验也。眼之品类不一，曰鹦哥眼，曰鸜鹆眼，曰了哥眼，曰雀眼，曰鸡翁眼，曰猫眼，曰菉豆眼，各以形似名之。翠绿为上，黄亦为下，谚谓火黯为佳，然亦石之病。乾道癸巳，高庙尝书翰墨数说，以赐曹勋。其一云："端璞出下岩，色紫如猪肝。密理坚致，泼水发墨，呵之即泽。研试则如磨玉而无声，此上品也。中下品则皆砂壤相杂。不惟肌理既粗，复燥而色赤，如后历新，皆不可用。制作既俗，又滑不留墨。"（张世南《游宦纪闻》卷五）

（乙）舟车

仁宗天圣五年，内侍卢道隆上"记里鼓车"之制，独辕双轮，箱上为两重，各刻木为人，执木槌。……车行一里，下一层木人击鼓。……车行十里，上一层木人击镯（《宋史》卷一四九《舆服志一》）。

"龙肩舆"，一名棕檐子，一名龙檐子，舁以二竿，故名檐子，南渡后所制也（《宋史》卷一五〇《舆服志一》）。

成都诸名族，妇女出入，皆乘犊车。惟城北郭氏车最鲜华，为一城之冠，谓之"郭家车子"（陆游《老学庵笔记》卷二）。

今之民间辎车，重大椎朴，以牛挽之，日不能行三十里。少蒙雨雪，则跬步不进，故俗谓之"太平车"（邵博《河南邵氏闻见后录》卷二十二）。

所乘车，置龙首鸱尾，饰以黄金。又造"九龙辂""诸子车"，以白金为浮图，各有巧思（《辽史》卷七十一《圣宗仁德皇后萧氏传》）。

召入商议中书省事，知枢密院事。大理国进“象牙金饰轿”，即以赐之（《元史》卷一二八《床兀儿传》）。

建议选锐兵于乾宁军，挽“刀鱼船”，自界河直趋平州境，以牵西面之势（《宋史》卷二七三《何承矩传》）。

上海总管罗璧、朱清、张瑄等造“平底海船”六十艘……从海道至京师（《宋史》卷九十三《食货志一·海运》）。

叙州守将，横截江津，军不得渡，按只聚军中牛皮，作浑脱及“皮船”，乘之与战，破其军（《元史》卷一五四《石抹按只传》）。

（丙）军器

熙宁七年……是岁，始造箭曰“狼牙”、曰“鸭觜”、曰“出尖四楞”、曰“一插刃凿子”凡四种，推行之（《宋史》卷一九七《兵志十一》）。

熙宁中，李定献偏架弩，似弓而施干镫，以镫距地而张之，射三百步，能洞重札，谓之“神臂弓”（沈括《梦溪笔谈》卷十九）。

郑华原……荐和铣于徽祖。……铣因上制胜强远弓式，诏施行之。弓制实弩，极轻利，能破坚于三百步外，即边人所谓“凤凰弓”者。绍兴中，韩蕲王世忠因之，稍加损益，而为之新名曰“克敌”。亦诏起部通制，至今便焉。洪文敏《容斋三笔》谓祖熙宁神臂之规，实不然也（岳珂《桯史》卷五）。

度宗咸淳九年六月……沿边州郡，因降式制回回炮。有触类巧思，别置炮远出其上（《续通考》卷一三四《兵考十四》）。

火枪……制以敕黄纸十六重为筒，长二尺许，实以柳炭、铁滓、磁末、硫黄、砒霜之属，以绳系枪端。军士各悬小铁罐藏火，临阵烧之，焰出枪前丈余，药尽而筒不损（《金史》卷一一六《蒲察官奴传》）。

其攻城之具，有火炮名“震天雷”者，铁罐盛药，以火点之，炮起火发，其声如雷，闻百里外，所爇围半亩之上，火点著甲铁皆透。大兵又为牛皮洞，直至城下，掘城为龛，间可容人，则城上不可奈何矣。人有献策者，以铁绳悬震天雷者，顺城而下，至掘处火发，人与牛皮皆碎迸无迹。又“飞火枪”注药，以火发之，辄前烧十余步，人亦不敢近（《金史》卷一一三《赤盏合喜传》）。

尝制甲……以献。至元十一年，别制“叠盾”。其制，张则为盾，敛则合而易持。世祖以为古所未有（《元史》卷二〇三《孙威传》）。

阿喇卜丹，回回氏，西域茂萨里人也。至元八年，世祖遣使征炮匠于宗王额将布格，王以阿喇卜丹、伊斯玛音应诏。……二十二年，枢密院奉旨，改元帅府为回回炮手军匠上万户府，以阿喇卜丹为副万户（《元史》卷二〇三《阿喇卜丹传》）。

伊斯玛音……善造炮。至元十年，从国兵攻襄阳。……置炮于城东南隅，重一百五十斤，机发声震天地，所击无不摧，陷入地七尺。……十八年……加镇国上将军、回回炮手都元帅。明年（十九年），改军匠万户府万户（《元史》卷二〇三《伊斯玛音传》）。

（丁）指南针

方家以磁石磨针锋，则能指南，然常微偏东，不全南也。水浮多荡摇，指爪及盌唇上，皆可为之。转运尤速，但坚滑易坠，不若缕悬为最善。其法，取新纩中独茧缕，以芥子许蜡，缀于针腰，无风处悬之，则针常指南。其中有磨而指北者。予家指南北者皆有之。磁石之指南，犹柏之指西，莫可原其理（沈括《梦溪笔谈》卷二十四）。

舟师识地理，夜则观星，昼则观日，晦阴观指南针（朱彧《萍洲可谈》卷二）。

（四）风俗

（1）饮食

（甲）宋

馔

旧京工伎，固多奇妙。即烹煮盘案，亦复擅名。如王楼梅花包子、曹婆肉饼、薛家羊饭、梅家鹅鸭、曹家从食、徐家瓠羹、郑家油饼、王家乳酪、段家爊物、石逢巴子、南食之类，皆声称于时。若南迁湖上，鱼羹宋五嫂、羊肉李七儿、奶房王家、血肚羹宋小巴之类，皆当行不数者（百岁寓翁《枫窗小牍》卷上）。

集英殿宴金国人使九盏：第一肉咸豉，第二爆肉双下角子，第三莲花肉油饼骨头，第四白肉胡饼，第五群仙炙太平毕罗，第六假圆鱼，第七柰花索粉，第八假沙鱼，第九水饭、咸豉、旋鲊、瓜姜。看食：枣锢子、膸饼、白胡饼、环饼（陆游《老学庵笔记》卷一）。

绍兴二十一年十月，高庙幸清河郡王张浚第，进奉筵宴目：绣花高饤果垒八色：香圆、真柑、石榴、枨子、鹅梨、乳梨、榠楂、花木瓜。乐仙干果叉袋儿十二色：荔枝、圆眼、香莲、榧子、榛子、松子、银杏、梨肉、枣圆、莲子肉、林檎旋、大蒸枣。缕金香药十色：脑子花儿、甘草花儿、朱砂圆子、木香丁香、水龙脑、史君子、缩砂花儿、官桂花儿、白术人参、橄榄花儿。雕花蜜煎十二色：梅球儿、红消花、笋、蜜冬瓜鱼、红团花、木瓜大段、金橘、青梅、荷叶姜、蜜笋花儿、枨子、木瓜方花儿。砌香酸盐十二色：香药木瓜、椒梅、香药藤花、樱桃、紫苏奈香、菊花柳儿葡萄、甘草花儿、姜丝梅、梅肉饼儿、水红姜、杂丝梅饼儿。脯肠十色：肉线条子、皂角铤子、云梦豝儿、鰕腊、奶房、旋鲊、金山盐豉、酒醋肉、肉瓜齑。垂手盘子八色：陈蜂儿、番葡萄、香莲事件、巴榄子、大金橘、新椰子、小橄榄、榆柑子。再坐，进四时果八色：春藕、鹅梨饼子、甘蔗、乳梨肉儿、切枨子、切绿橘、生藕铤儿。时新果十色：金橘、杨梅、新罗葛、切灵蕈、切脆枨、榆柑子、新椰子、切宜母子、藕铤子、甘蔗奈香、新柑子、梨五花儿。珑缠果子十二色：荔枝甘露饼、荔枝葵花、荔枝好郎君、珑缠桃条、酥胡桃、缠枣圈、缠梨肉、香莲事件、香药葡萄、缠松子、糖霜玉蜂儿、白缠桃条。下酒三十味：花炊鹌子、荔枝白腰子、奶房签、三脆羹、羊舌签、萌芽肚胘、肫掌签、鹌子羹、肚胘脍、鸳鸯炸肚、炒沙鱼衬汤、鳝血炒鲎、鹅肫掌汤齑、螃蟹酿枨、奶房玉蕊羹、鲜虾蹄脍、南炒鳝、洗手蟹、鲟鱼假蛤蜊、五珍脍、螃蟹清羹、鹌子水晶脍、猪肚假江鳐、鰕枨脍、鰕鱼汤齑、水母脍、二色茧儿羹、蛤蜊生、血粉羹。插食八色：炙肚胘、炒白腰子、炙鹌子脯、润鸡、润兔、炙炊饼、脔骨。劝酒果子库十番：砌香果子、调花蜜煎、时新果子、独装巴榄子、咸酸蜜煎、装大金橘小橄榄、独装新椰子。四时果四色：对装拣讼番葡萄、对装春藕陈公梨。厨劝酒十味：江鳐炸肚、江鳐生、蝤蛑签、姜醋香螺、香螺炸肚、姜醋假公权、煨牡蛎、牡蛎炸肚、假公权炸肚、蟑蚷炸肚（案：元阙名《馔史》亦载此条，此下有对食十盏二十分：莲花鸭签、茧儿羹、三珍脍、南炒鳝、水母羹脍、鹌子羹、鲟鱼脍、三脆羹、洗手蟹、炸肚胘。对展每分时果五盘，晚食五十分，名件二色，茧儿小头羹饭，肚子羹，笑靥儿脯，腊鸡，脯鸭。〔徐大焯《烬余录·甲编》〕）。

茶

茶之品，莫贵于龙凤，谓之“团茶”。……庆历中，蔡君谟为福建路转运使，始造小片龙茶以进，其品绝精，谓之“小团”（欧阳修《归田录卷》二）。

茶芽，古人谓之雀舌麦颗，言其至嫩也。今茶之美者，其质素良，而所植之土又美，则新芽一发，便长寸余，其细如针。惟芽长为上品，以其质干土力皆有余故也。如“雀舌”“麦颗”者，极下材耳（沈括《梦溪笔谈》卷二十四）。

子由《煎茶诗》云:“煎茶旧法西出蜀,水声火态犹能谙。相传煎茶只煎水,茶性仍存偏有味。”……又云:“北方俚人茗饮无不有,盐酪椒姜夸满口。茶出南方,北人罕得佳品,以味不佳,故仍以他物煎之。”陈后山《茶诗》云:“愧无一缕破双团,惯下姜盐枉肺肝。”东坡《和寄茶诗》亦云:“老妻稚子不知爱,一手已入姜盐煎。”若茶品自佳,杂以他物,适败其味尔。茶性冷,盐导入下经,非养生所宜。山谷谓寒中瘠气,莫甚于茶,或济以盐,勾贼破家。薛能《鸟觜茶诗》亦有“盐损添宜戒,姜宜著更夸”之句(葛立方《韵语阳秋》卷十七)。

太学生每路有“茶会”,轮日于讲堂集茶,无不毕至者,因以询问乡里消息(朱彧《萍洲可谈》卷一)。

茶见于唐时,味苦而转甘,晚采者为茗。今世俗,客至则啜茶,去则啜汤。汤取药材甘香者屑之,或温或凉,未有不用甘草者。此俗遍天下。先公使辽,辽人相见,其俗先点汤,后点茶。至饮会,亦先水饮,然后品味以进(朱彧《萍洲可谈》卷一)。

酒

安定郡王,以黄柑酿酒,曰“洞庭春色”(邵博《河南邵氏闻见后录》卷十九)。

东坡性喜饮而饮亦不多,在黄州,尝以蜜为酿,又作《蜜酒歌》(张邦基《墨庄漫录》卷五)。

旧得酿法极简易,盛夏三日辄成,色如湩醴,不减玉友,仆夫为作之。每晚凉即相与饮三杯而散,亦复盎然(叶梦得《石林避暑录话》卷上)。

寿皇时,禁中供御酒,名“蔷薇露”。赐大臣酒,谓之“流香酒”。分数旋取旨,盖酒户大小,已尽察矣(陆游《老学庵笔记》卷七)。

寿皇忽问王丞相淮及执政:“近日曾得李彦颖信否?”“臣等方得李彦颖书,绍兴新造‘蓬莱春酒’甚佳,各厅送三十樽”(张端义《贵耳集》卷上)。

郫人刳竹之大者，倾春酿于筒，苞以藕丝，蔽以蕉叶，信宿馨达于外，然后断之以献，俗号“郫筒酒”（赵朴《成都古今记》）。

（乙）辽

契丹主达鲁河钓牛鱼，以其得否，为岁占好恶。……牛鱼，云生东海，头如牛。……冯道《使虏诗》曰“会叨腊月牛头赐”（程大昌《演繁露》卷十三）。

《渑水燕谈》载：契丹国产大鼠，曰“毗狸”，形类大鼠而足短，极肥。其国以为殊味。穴地取之，以供国王之膳，自公相以下，皆不得尝。常以羊乳饲之。……近世乃不闻有此，扣之北客，亦多不知何耶（周密《齐东野语》卷十六）。

辽于南京置栗园司，萧韩家奴为右通造，典南京栗园是也（朱彝尊《日下旧闻》卷三十八引《析津日记》）。

（丙）金

饮食甚鄙陋，以豆为浆。又嗜半生米饭，渍以生狗血及蒜之属，和而食之。嗜酒好杀，酿米为酒，醉则缚之，俟其醒，不尔杀人（宇文懋昭《大金国志》卷三十九）。

茶酒三行，虏法先汤后茶。……旋供晚食，果饤如南方斋筵，先设茶筵，一般若七夕乞巧，其瓦垄、桂皮、鸡肠、银铤、金刚镯、西施舌，取其形，密和面，油煎之，虏甚珍此（茶食谓未行酒，先设此品，进茶一盏，又谓之“茶筵”）。次供馒头、血羹、毕罗、肚羹、汤羊、饼子、解粥、肉虀羹、索面、骨头盘子，自后大同小异，酒味甚漓。……洗漱冠栉毕，点心已至，灌肺、油饼、枣糕、面粥，有供糕糜处。……燕山酒固佳，是日所饷，极为醇厚，名“金澜”，盖用金澜水以酿之也（周煇《北辕录》）。

（丁）元

今以早饭前及饭后、午前、午后、晡前小食，为点心（陶宗仪《辍耕录》卷十七）。

迤北八珍：醍醐、麆吭、野驼蹄、鹿唇、驼乳糜、天鹅炙、紫玉浆、玄玉浆（即马奶子。〔元阙名《馔史》〕）。

国朝日进御膳，例用五羊。而上自即位以来，日减一羊（陶宗仪《辍耕录》卷二）。

宫中以玉板笋及白兔胎作羹极佳，名"换舌羹"，备载尤良《名馔录》（陶宗仪《元氏掖庭记》）。

酒有翠涛饮、露囊饮、琼华汁、玉团春、石凉春、葡萄春、凤子脑、蔷薇露、绿膏浆，醋有杏花酸、脆枣酸、润肠酸、苦苏浆，盐有水晶盐、荟霜盐、五色盐，酱有蚁子酱、鹤顶酱、提苏酱，油有苏合油、片脑油、腽肭脐油、猛火油（陶宗仪《元氏掖庭记》）。

（2）衣饰

（甲）宋

太宗太平兴国七年，诏以士庶车服，颇有逾僭，令翰林学士承旨李昉详定以闻。昉奏："近年品官绿袍及举子白襕，下皆服紫色，请禁之。其私第便服，许紫皂衣白袍。旧制庶人服白，今请流外官及贡举人、庶人，通许服皂。"从之。"帽衫"，帽以乌纱、衫以皂罗为之，角带，系鞵。东都时，士大夫交际常服之。"紫衫"，本军校之服，中兴，士大夫服之，以便戎事。高宗绍兴二十六年，禁以戎服临民。自是士大夫皆服凉衫，以为便服。"凉衫"，制如紫衫，亦曰"白衫"。孝宗乾道初，以其似凶服，禁之，便服仍许用紫衫。"深衣"，用白细布，圆袂方领，曲裾黑缘，大带，缁冠幅巾，黑履，士大夫家冠昏、祭祀、宴居、交际服之。"襕衫"，亦白细布为之，圆领大袖，下施横襕为裳，腰间有襞积，进士及国子生、州县生服之（《续通典》卷五十九《礼十五》）。

端拱二年诏："……庶人、商贾、伎术、不系官伶人，只许服皂白衣、铁角带，不得服紫。"（《宋史》卷一五三《舆服志五》）

政和七年，臣僚上言："辇毂之下，奔竞侈靡，有未革者。居室服用以壮丽相夸，珠玑金玉以奇巧相胜，不独贵近，比比纷纷，日益滋甚。"……丁瓘言："衣服之制，尤不可缓。今闾阎之卑，倡优之贱，男子服带犀玉，妇人涂饰金珠，尚多僭侈，未合古制。"……又诏敢为契丹服若"毡笠""钓墪"之类者，以违御笔论。钓墪，今亦谓之袜裤，妇人之服也（《宋史》卷一五三《舆服志五》）。

妇人假髻并宜禁断，仍不得作高髻及高冠。其销金、泥金、真珠装缀衣服，除命妇许服外，余人并禁。……仁宗天圣三年，诏："……妇女不得将白色、褐色毛段并淡褐色匹帛制造衣服。"……皇祐元年，诏妇人冠高毋得逾四寸，广毋得逾尺，梳长毋得逾四寸，仍禁以角为之。先是，宫中尚白角冠梳，人争仿之，至谓之"内样"。冠名曰"垂肩"等，至有长三尺者；梳长亦逾尺。议者以为服妖，遂禁止之（《宋史》卷一五三《舆服志五》）。

淳化三年，京师里巷妇人，竞剪黑光纸团靥，又装镂鱼腮中骨，号"鱼媚子"，以饰面（《宋史》卷六十五《五行志三》）。

司马公……又说："妇人不服宽袴与襜，制旋裙必前后开胯，以便乘驴。其风始于都下妓女，而士人家反慕之。"（江休复《醴泉笔录》卷七）

崇宁、大观间，衣服相尚短、窄。宣、靖之际，内及闺阁，外及乡僻，上衣偪窄称其体，襞开四缝而扣之，曰"密四门"；小衣偪管开缝而扣之，曰"便裆"，亦曰"任人便"。发髻大而扁，曰"盘福龙"，亦曰"便眠觉"。绍兴以后，此风稍息。景定以后，复若宣、靖，识者知为服妖（徐大焯《烬余录·乙编》）。

宣和末，妇人鞋底尖，以二色合成，名"错到底"（陆游《老学庵笔记》卷三）。

汴京闺阁妆抹凡数变，景宁间，少尝记忆，作大髻方额。政、宣之际，又尚急扎垂肩。宣和已后，多梳云尖巧额，髻撑金凤，小家至为剪纸衬发，膏沐芳香，花鞾弓屣，穷极金翠，一袜一领，费至千钱。今闻虏中闺饰复尔。如瘦金莲方、莹面丸、遍体香，皆自北传南者（百岁寓翁《枫窗小牍》卷上）。

理宗朝，宫妃系前后掩裙而长窣地，名“赶上裙”。梳高髻于顶，曰“不走落”。束足纤直，名“快上马”。粉点眼角，名“泪妆”。剃削童发，必留大钱许于顶左，名“偏顶”；或留之顶前，束以彩缯，宛若博焦之状，或曰“鹁角”（《宋史》卷六十五《五行志三》）。

（乙）辽

国母与番官皆胡服，国主与汉官则汉服。番官戴毡冠，上以金华为饰，或以珠玉翠毛，盖汉、魏时辽人步摇冠之遗象也。额后垂金花织成夹带，中贮发一总。服紫窄袍，加义襕，系鞊鞢带，以黄红色绦裹革为之，用金、玉、水晶、碧石缀饰。又有纱冠，制如乌纱帽，无檐，不掀双耳，额前缀金花，上结紫带，带末缀珠。或紫皂幅巾，紫窄袍，束带。大夫或绿巾，绿花窄袍，中单多红绿色。贵者被貂裘，貂以紫黑色为贵，青色为次，又有银鼠，尤洁白；贱者被貂毛、羊、鼠、沙狐裘（叶隆礼《契丹国志》卷二十三）。

（丙）金

金俗好衣白，辫发垂肩，与契丹异。垂金环，留颅后发，系以色丝，富人用珠、金饰。妇人辫发盘髻，亦无冠。自灭辽侵宋，渐有文饰，妇人或裹“逍遥巾”，或裹头巾，随其所好。至于衣服，尚如旧俗。土产无桑蚕，惟多织布，贵贱以布之粗细为别。……富人春、夏多以纻丝、绵细为衫裳，亦间用细布。秋、冬以貂鼠、青鼠、狐貉皮或羔皮为裘，或作纻丝细绢。贫者春、夏并用布为衫裳，秋、冬亦衣牛、马、猪、羊、猫、犬、鱼、蛇之皮，或獐、鹿皮为衫。袴、袜皆以皮。至妇人衣，曰大袄子，不领，如男子道服。裳曰锦裙，裙去左右，各阙二尺许，以铁条为圈，裹以绣帛，上以单裙笼之（宇文懋昭《大金国志》卷三十九）。

男子衣皆小窄，妇女衫皆极宽大。有位者便服立，止用皂纻丝，或番罗系版绦，与皂吏略无分别。绦反插垂头于腰，谓之有礼。无贵贱，皆著尖头靴。所顶之巾，谓之"蹋鸱"（周烨《北辕录》）。

燕地……其良家士族女子皆髡首；许嫁，方留发。冬月以括蒌涂面，谓之"佛妆"，但加傅而不洗，至春暖方涤去，久不为风日所侵，故洁白如玉也（庄绰《鸡肋编》卷上）。

(丁)元

"质孙"，汉言一色服也（《元史》卷七十八《舆服志一》）。

只孙宴服者，贵臣见飨于天子则服之，今所赐绛衣是也。贯大珠以饰其肩背间，膺首服亦如之（陶宗仪《辍耕录》卷三十）。

《永乐大典》"服"字韵载蒙古冠服引《析津志》云："罟罟"，以大红罗幔之胎，以竹凉胎者轻，上等大，次中，次小。用大珠穿结龙凤楼台之属，饰于其前后，复以珠缀长条，缘饰方弦，掩络其缝，又以小小花朵插带，又以金垒事件，装嵌极贵。宝石塔形在其上，顶有金十字，用安翎筒。以带鸡冠尾出五台山，今真定人家养此鸡，以取其尾甚贵。罟罟后，上插朵朵翎儿，染以五色，如飞扇样。先带上紫罗"脱木华"（胡敬《南熏殿图像考》卷下）。

元朝后妃……皆带姑姑。……高圆二尺许，用红色罗（叶子奇《草木子》卷三下）。

札脚，自五代以来方为之。如熙宁、元丰以前，人犹为者少。近年则人人（汉人也）相效，以不为者为耻也（陶宗仪《辍耕录》卷十）。

（3）嫁娶

（甲）宋

公主下降。初，被选尚者，即拜驸马都尉，赐玉带、袭衣、银鞍勒马、采罗百匹，谓之“系亲”（《宋史》卷一一五《礼志十八》）。

诸王聘礼，赐女家白金万两敌门（注：即古之纳采。〔《宋史》卷一一五《礼志十八》〕）。

诸王纳妃……定礼……果盘、花粉、花幂、眠羊、卧鹿、花饼、银胜、小色金银钱等物（《宋史》卷一一五《礼志十八》）。

世俗好于襁褓童幼之时，轻许为婚，亦有指腹为婚者。及其既长，或不肖、无赖，或身有恶疾，或家贫冻馁，或丧服相仍，或从宦远方，遂至弃信负约、速狱致讼者多矣（司马光《司马氏书仪》卷三注）。

元祐大昏，吕正献公当国，执议不用乐。宣仁云：“寻常人家，娶个新妇，尚点几个乐人，如何官家却不得用？”（周烨《清波杂志》卷一）

北俗，男女年当嫁娶，未婚而死，两家命媒互求之，谓之“鬼媒人”。通家状细帖，各以父母命祷而卜之。得吉，即制冥衣。……媒者就男墓备酒果，祭以合婚。设二座相并，各立小幡。……奠毕……其相喜者，则二幡微动，以致相合。若一不喜者，幡不为动。……两家亦薄以币帛酬鬼媒。鬼媒……资以养生焉（康誉之《昨梦录》）。

婚娶之法，先凭媒氏，以“草帖子”通于男家，男家以草帖问卜，或祷签，得吉无克，方回草帖。亦卜吉，媒氏通音，然后过“细帖”，又谓“定帖”。帖中序男家三代官品职位、名讳、议亲第几位男，及官职、年甲月日吉时生，父母或在堂或不在堂，或书主婚何位尊长，或入赘明开将带金银、田土、财产、宅舍、房廊、山园，俱列帖子内。女家回定帖，亦如前开写，及议亲第几位娘子、年甲月日吉时生，具列房奁、首饰、金银、珠翠、宝器、动用帐幔等物，及随嫁田土、屋业、山园等。其伐柯人两家通报，择日过帖。各以色彩、衬盘、安定帖送过，方为定论。然后，男家择日备酒礼诣女家，或借园圃，或湖舫内，两亲相见，谓之“相亲”。男以酒四杯，女则添备双杯，此礼取男强女弱之意。如新人中意，即以金钗插于冠髻中，名曰“插钗”。若不如意，则送彩段二匹，谓之压惊，则姻事不谐矣。既已插钗，则伐柯人通好议定礼，往女家报定。若丰富之家，以珠翠首饰、金器销金、裙褶及段匹、茶饼，加以双羊牵送，以金瓶酒四罇或八罇，装以大花银方胜，红彩销金酒衣簇盖酒上，或以罗帛贴套花为酒衣，酒担以红彩缴之。男家用销金色纸四幅，为三启，一礼物状共两封，名为双缄，仍以红绿销金书袋盛之，或以罗帛贴套，五男二女绿盝盛礼书为头合，共辏十合，或八合，用彩袱盖上送往。女家接定礼合，于宅堂中备香烛、酒果，告盟三界，然后请女亲家夫妇双全者开合，其女氏即于当日备回定礼物，以紫罗及颜色段疋、珠翠须掠、皂罗巾段、金玉帕环、七宝巾环、箧帕鞋袜女工答之，更以元送茶饼、果物以四方回送，羊酒辨以一半回之，更以空酒罇双投入清水，盛四金鱼，以箸一双、葱两株，安于罇内，谓之“回鱼箸”。若以富家官户，多用金银打造鱼箸各一双，并以彩帛造像生、葱双株，挂于鱼水罇外答之。自送定之后，全凭媒氏往来，朔望传语。遇节序，亦以冠花、彩段合物酒果遗送，谓之“追节”。女家以巧作女工、金宝帕环答之。次下则“送聘”，预令媒氏以鹅酒，重则羊酒，导日方行送聘之礼。且论聘礼，富贵之家，当备三金送之，则金钏、金镯、金帔坠者是也。若以铺席宅舍，或无金器，以银镀代之。否则贫富不同，亦从其便，此无定法耳。更言士宦，亦送销金大袖、黄罗销金裙、缎红长裙，或红素罗大袖缎。亦得珠翠特髻、珠翠团冠、四时冠花、珠翠排环等首饰，及上细杂色彩缎疋帛，加以花茶、果物、团圆饼、羊酒等物。又送官会银铤，谓之“下财礼”，亦用双缄聘启礼状。或下等人家，所送一二匹，官会一二封，加以鹅酒、茶饼而已。若下财礼，则女氏得以助其虚费耳。又有一等贫穷父母、兄嫂所倚者，虽色可取，而奁具茫然，在议亲者，以首饰衣帛，加以诸物送往，谓之“兜裹”。今富家女氏，既受聘送，亦以礼物答回，以绿紫罗双匹、彩色缎匹、金玉文房玩具、珠翠须掠女工等，如前礼物。更有媒氏媒箱、缎匹、盘盏、官楮、花缸礼合惠之。自聘送之后，节序不送，择礼成吉日，再行导日，礼报女氏亲迎日分。先三日，男家送催妆花髻、销金盖头、五男二女花扇、花粉、盝洗项、画彩、钱果之类，女家答以金银双胜、御罗花幞头、绿袍、靴、笏等物。前一日，女家先往男家铺房挂帐幔，铺设房奁器具、珠宝首饰动用等物，以至亲压铺房，备礼前来暖房。又以亲信妇人与从嫁女使，看守房中，不令外人入房，须待新人，方敢纵步往来。至“迎亲”日，男家刻定时辰，预令行郎，各以执色如花瓶、花烛、香球、沙罗洗漱、妆盒、照台、裙箱、衣匣、百结、青凉伞、交椅，授事街司等人，及雇借官私妓女乘马，及和倩乐官鼓吹，引迎花担子或棕檐花藤轿，前往女家迎娶新人。其女家以酒礼款待行郎，散花红、银楪、利市钱会讫，然后乐官作乐催妆，克择官报时辰，追催促登车，茶酒司互念诗词，催请新人出阁登车。既已登车，擎担从人未肯起步，仍念诗词，求利市钱酒毕，方行起担作乐，迎至男家门首。时辰将正，乐官妓女及茶酒等人互念诗词，拦门求利市钱红。克择官执花斗，盛五谷豆钱彩果，望门而撒，小儿争拾之，谓之“撒谷豆”，以压青阳煞耳。方请新人下车，一妓女倒朝行车捧镜，又以数妓女执莲炬花烛，导前迎引，遂以二亲信女使，左右扶侍而行，踏青锦褥或青毡花席上行，先跨马鞍，蓦背平秤过，入中门，至一室中少歇，当中悬帐，谓之“坐虚帐”。或径迎入房室内，坐于床上，谓之“坐床”。富贵之家，委亲戚接待女家亲家，及亲送客，会汤次拂备酒四盏款待。若论浙东，以亲送客急三杯或五盏而回，名曰“走送”。向者迎新郎礼，其婿服绿裳、花幞头，于中堂升一高座，先以媒氏或亲戚互斟酒，请下高座归房，至外姑致请，方下坐回房“坐富贵”。今此礼久不用矣，止用妓乐花烛，迎引入房，房门前先以彩帛一段横挂于楣上，碎裂其下，婿入门，众手争扯而去，谓之“利市缴门”，争求利市也。婿登床右首坐，新妇坐左首，正坐富贵礼也。其礼官请两新人出房，诣中堂参堂，男执槐简，挂红绿彩，绾双同心结，倒行；女挂于手面，相看而行，谓之“牵巾”，并立堂前，遂请男家双全女亲，以秤或用机杼挑盖头，方露花容，参拜堂次诸家神及家庙。行参诸亲之礼毕，女复倒行，执同心结，牵新郎回房，讲“交拜”礼，再生床，礼官以金银盘盛金银钱、采钱、杂果“撒帐”。次命妓女执双杯，以红绿同心结绾盏底，行“交卺”礼毕，以盏一仰一覆，安于床下，取大吉利意。次男左女右结发，名曰“合髻”。又男以手摘女之花，女以手解郎绿抛纽，次掷花髻于床下，然后请掩帐。新人换妆毕，礼官迎请两新人诣中堂，行参谢之礼，次亲朋讲庆贺，及参谒外舅姑已毕，则两亲家行新亲之好，然后入礼筵，行前筵五盏礼毕，别室歇坐，数杯劝色，以叙亲义，仍行上贺赏花节次，仍复再入公筵，饮后筵四盏，以终其仪。三日，女家送冠花、彩缎、鹅蛋，以金银缸儿盛油蜜，顿于盘中，四围撒帖套丁胶于上，并以茶饼、鹅羊、果物等合送去婿家，谓之“送三朝礼”也。其两新人于三日或七朝九日，往女家行“拜门”礼，女家广设华筵，款待新婿，名曰“会郎”，亦以上贺礼物与其婿。礼毕，女家备鼓吹迎送婿回宅第。女家或于九朝内，移厨往婿家致酒，谓之“暖女会”。自后迎女回家，以冠花、缎匹、合食之类，送归婿家，谓之“洗头”。至一月，女家送弥月礼合，婿家开筵，延款亲家及亲眷，谓之“贺满月会亲”。自此礼仪可简。遇节序，两亲互送节仪。若士庶百姓之家，贫富不等，亦宜随家丰俭，却不拘此礼。若果无所措，则已之（吴自牧《梦粱录》卷二十）。

（乙）辽

辽太宗会同三年十二月，诏：“契丹人授汉官者，从汉仪，听与汉人婚姻。”（《续通典》卷五十八《礼十四》）

统和十二年九月……行“拜奥礼”(《国语解》：凡纳后，即族中选尊者一人，当奥而坐，以主其礼；送后者，拜而致敬，故云拜奥礼。〔《辽史》卷十三《圣宗本纪四》〕)。

惕隐率皇族奉迎，再拜。皇后车至便殿东南七十步止，惕隐夫人请降车。负银罂，捧縢，履黄道行。后一人张羔裘若袭之，前一妇人捧镜却行。置鞍于道，后过其上。乃诣神主室三拜(《辽史》卷五十二《礼志五》)。

选皇族诸妇宜子孙者，再拜之，授以罂、縢(《辽史》卷五十二《礼志五》)。

(丙)金

金人旧俗，多指腹为婚姻。既长，虽贵贱殊隔，亦不可渝。婿纳币，皆先期拜门，亲属偕行，以酒馔往，少者十余车，多至十倍。饮客佳酒，则以金银瓶贮之，其次以瓦瓶。列于前，以百数，宾退则分饷焉。先以乌金银杯酌饮，贫者以木。酒三行，进大软指、小软指，如中国寒具(即饼也)。……妇家无大小，皆坐炕上，婿党罗拜其下，谓之“男下女”。礼毕，婿牵马百匹，少者十匹，陈其前，妇翁选子姓之别马者视之，好则留，不好则退。留者不过什二三，或皆不中选，虽婿所乘亦以充数。大抵以留马少为耻，女家亦视其数而厚薄之。一马则报衣一袭，婿皆亲迎。既成婚，(婿)留于妇家，执仆隶役，虽行酒进食，皆躬亲之。三年，然后以妇归。妇用奴婢数十户，牛马数十群，每群九牝一牡，以资遣之。夫谓妻为“萨那”，妻谓夫为“爱根”(宇文懋昭《大金国志》卷三十九)。

一云婚家富者，以牛马为币。贫者以女年及笄，行歌于途。其歌也，乃自叙家世、妇工、容色，以伸求侣之意。听者有逑娶欲纳之，则携而归，后方具礼偕来女家，以告父母。(父)死则群(妻其)母，兄死则(妻)其嫂，叔伯死则侄亦如之。无论贵贱，人有数妻(宇文懋昭《大金国志》卷三十九)。

（4）丧葬

（甲）宋

太宗太平兴国七年，命翰林学士李昉等，重定士庶丧葬制度，昉等奏："准后唐长兴二年诏：五品、六品常参官，丧举舁者二十人，挽歌八人，明器三十事，共置八床；七品常参官，舁者十六人，挽歌六人，明器二十事，置六床；六品以下京官及检校、试官等，舁者十二人，挽歌四人，明器十五事，置五床，并许设纱笼二。庶人，舁者八人，明器十二事，置两床。悉用香舆、魂车。"从之（《续通志》卷一一八《礼略八》）。

今之士大夫，居丧食肉、饮酒，无异平日。又相从宴集，腼然无愧，人亦恬不为怪。……乃至鄙野之人，或初丧未殓，亲宾则赍馔酒往劳之，主人亦自备酒馔相与饮啜，醉饱连日，及葬亦如之。甚者初丧作乐以娱尸，及殡葬，则以乐导輀车，而号哭随之。亦有乘丧即嫁娶者（司马光《司马氏书仪》卷六注）。

绍兴二十七年，监登闻鼓院范同言："今民俗有所谓火化者……燔爇而弃捐之。……甚者焚而置之水中。"……二十八年，户部侍郎荣嶷言："比因臣僚陈请禁火葬，令州郡置荒闲之地，使贫民得以收葬，诚为善政。臣闻吴越之俗，葬送费广，必积累而后办。至于贫下之家，送终之具，唯务从简，是以从来率以火化为便，相习成风，势难遽革。……乞除豪富士族申严禁止外，贫下之民并客旅远方之人，若有死亡，姑从其便。"（《宋史》卷一二五《礼志二十八》）

董成二郎……殂。既殓，家人用俚俗法，筛细灰于灶前，覆以甑，欲验死者所趋。旦而举之，二鹅足迹俨立于灰上，皆疑董堕畜类（洪迈《夷坚志·乙集》上）。

（乙）辽

父母死而悲哭者，以为不壮，但以其尸置于山树上，经三年后，乃收

其骨而焚之。因酹酒而祝曰:“冬月时,向阳食;夏月时,向阴食;我若射猎时,使我多得猪鹿。”(叶隆礼《契丹国志》卷二十三)

(丙)金

其疾病无医药,尚巫祝,病者杀猪、狗以禳之,或用车载病者入深山大谷以避之。其亲友死,则以刀剺额,血泪交下,谓之“送血泪”。死者埋之而无棺椁,贵者生焚所宠奴婢、所乘鞍马以殉之。其祀祭饮食之物尽焚之,谓之“烧饭”(宇文懋昭《大金国志》卷三十九)。

(5)令节

(甲)宋

三元观灯……自唐以后,常于正月望夜,开坊市门然灯,宋因之。上元前后各一日,城中张灯,大内正门,结彩为山楼影灯,起路台,教坊陈百戏(《宋史》卷一一三《礼志十六》)。

淳化三年三月,幸金明池,命为“竞渡”之戏,掷银瓯于波间,令人泅波取之。因御船奏教坊乐,岸上都人纵观者万计(《宋史》卷一一三《礼志十六》)。

中元节先数日,市井卖冥器。……又以竹竿斫成三脚,高三五尺,上织灯窝之状,谓之“盂兰盆”。挂搭服衣、冥钱在上焚之(孟元老《东京梦华录》卷八)。

正月“元旦”,天子受朝贺,俗谓之排正仗。……三日,放士庶赌博。……“人日”,正月初七日也,造面茧以肉或素馅。……“立春”……自郎官、御史、寺监长贰以上,皆赐春幡胜,以罗为之,近臣皆加赐银胜。……“上元”,自月初,开东华门为镫市。……妇人又为镫球、镫笼,大如枣栗,加珠翠之饰,合城妇女竞戴之。……十八日,谓之收镫。……二月一日,名中和节。……“社日”……学生皆给假,幼女辍工夫。……父母取已嫁女归家，名曰归宁。……“寒食节”……今云断火三日者，冬至后一百四日、一百五日、一百六日也。……三月……国朝故事，唯自“清明日”，开集禧殿太乙宫三日。……“上巳”，上开金明池、金水河、琼林苑。……西京多重此日。……每于此月，当牡丹盛开之际，各出其花于门首及廊庑间，名曰“斗花会”（金盈之《醉翁谈录》卷三）。

四月八日……“浴佛”之日……鼓扇百索市，在潘楼下，丽景门外，阊阖门外，朱雀门内外，相国寺东廊外，睦亲广亲宅前，皆卖此等物。……六月，京师“三伏”，唯史官赐冰麨，百司休务而已。士大夫家不以为节，特吏人、医家、富商大贾，聚会宴饮，其所尚者，食羊头签而已。七月，“七夕”，潘楼前卖乞巧物。……其夜，妇女以七孔针，于月下穿之。……八月，“中秋”，京师赏月之会异于他郡，倾城人家子女，不以贫富，自能行至十二三，皆以成人之服服饰之，登楼或于中庭，焚香拜月。……九月，“重阳”，以酒、果、馐等，送诸女家或遗亲识，其上插菊花、散石榴子、栗黄，或插小红旗，长二三尺。……十月，旧俗十月朔，开炉向火，乃沃酒及炙脔肉于炉中，围坐饮啖，谓之“暖炉”。至今民家，送亲党薪炭、酒肉、缣绵，新嫁女并送火炉。十一月，“冬至”前一日，云冬至既号亚寒，俗人遂以冬至前之夜为“夜除”，大率多仿岁除故事而差异焉。鄙人自冬至之次日数九，凡九九八十一日。……都城以寒食、冬至、元旦为三大节。……冬至人多馈遗。……人家是日多食馄饨，故有冬馄饨、年饣不饦之语。……天子受朝贺，俗谓之排冬仗。……十二月，“除夜”……人家图钟馗形，贴于门壁。……京师民庶之家，痴儿骏女，多达旦不寐，俗谚云“守冬爷长命，守岁娘长命”（金盈之《醉翁谈录》卷四）。

（乙）辽

岁时杂仪：正旦，国俗以糯饭和白羊髓为饼，丸之若拳，每帐赐四十九枚。戊夜，各于帐内窗中掷丸于外。数偶，动乐，饮宴。数奇，令巫十有二人鸣铃，执箭，绕帐歌呼，帐内爆盐垆中，烧地拍鼠，谓之“惊鬼”，居七日乃出。国语谓正旦为“乃捏咿唲”。“乃”，正也；“捏咿唲”，旦也。立春，妇人进春书，刻青缯为帜，像龙御之；或为蟾蜍，书帜曰“宜春”。人日，凡正月之日，一鸡、二狗、三豕、四羊、五马、六牛，七日为人。其占，晴为祥，阴为灾。俗煎饼食于庭中，谓之“熏天”。二月一日为“中和节”，国舅族萧氏设宴，以延国族耶律氏，岁以为常。国语是日为“押里叵”。“押里”，请也；“叵”，时也。押，读若狎；叵，读若颇。二月八日为悉达太子生辰，京府及诸州雕木为像，仪仗百戏导从，循城为乐。悉达太子者，西域净梵王子，姓瞿昙氏，名释迦牟尼。以其觉性，称之曰“佛”。三月三日为“上巳”，国俗，刻木为兔，分朋走马射之。先中者胜，负朋下马列跪进酒，胜朋马上饮之。国语谓是日为“陶里桦”。“陶里”，兔也；“桦”，射也。五月重五日，午时，采艾叶和绵著衣，七事以奉天子，北南臣僚各赐三事，君臣宴乐，渤海膳夫进艾糕。以五彩丝为索缠臂，谓之“合欢结”。又以彩丝宛转为人形簪之，谓之“长命缕”。国语谓是日为“讨赛咿唲”。“讨”，五；“赛咿唲”，月也。夏至之日，俗谓之“朝节”。妇人进彩扇，以粉脂囊相赠遗。六月十有八日，国俗，耶律氏设宴，以延国舅族萧氏，亦谓之“押里叵”。七月十三日，夜，天子于宫西三十里卓帐宿焉。前期，备酒馔。翼日，诸军部落从者皆动蕃乐，饮宴至暮，乃归行宫，谓之“迎节”。十五日中元，动汉乐，大宴。十六日昧爽，复往西方，随行诸军部落大噪三，谓之“送节”。国语谓之“赛咿唲奢”。“奢”，好也。八月八日，国俗，屠白犬，于寝帐前七步瘗之，露其喙。后七日中秋，移寝帐于其上。国语谓之“捏褐耐”。“捏褐”，犬也；“耐”，首也。九月重九日，天子率群臣部族射虎，少者为负，罚重九宴。射毕，择高地卓帐，赐蕃、汉臣僚饮菊花酒。兔肝为臡，鹿舌为酱，又研茱萸酒，洒门户以禬禳。国语谓是日为“必里迟离”，九月九日也。岁十月，五京进纸造小衣甲、枪刀、器械万副。十五日，天子与群臣望祭木叶山，用国字书状，并焚之。国语谓之“戴辣”。“戴”，烧也；“辣”，甲也。冬至日，国俗，屠白羊、白马、白雁，各取血和酒，天子望拜黑山。黑山在境北，俗谓国人魂魄，其神司之，犹中国之岱宗云。每岁是日，五京进纸造人马万余事，祭山而焚之。俗甚严畏，非祭不敢近山。腊辰日，天子率北南臣僚并戎服，戊夜坐朝，作乐饮酒，等第赐甲仗、羊马。国语谓是日为“炒伍侕㕩”。“炒伍侕”，战也（《辽史》卷五十三《礼志六》）。

（丙）金

其节序，元旦，则拜日相庆。重五，则射柳祭天（宇文懋昭《大金国志》卷三十九）。

金因辽旧俗，以重五、中元、重九日，行拜天之礼。重五于鞠场，中元于内殿，重九于都城外（《金史》卷三十五《礼志八》）。

（6）戏玩

（甲）弈棋

太宗当天下无事，留意艺文，而琴、棋亦皆造极品（叶梦得《石林燕语》卷八）。

孝宗万机余暇，留神棋局，诏国手赵鄂供奉，由是遭际，官至武功大夫（张端义《贵耳集》卷上）。

（乙）叶子

今之叶子戏《消夜图》，相传宋太祖令后宫习之以消夜（陈元龙《格致镜原》卷六十引《农田余话》）。

钱制圆而孔方，取象于天，反数于空，故尊空没文。空者所以贮也，当其无有贮之用，属波斯献焉。次称罄客，罄者兽食之余，井上有李是也，里人目为枝花。枝花者，花未成果，故自一至九，咸呼为“果”，本枝花而得名。而文钱为最初之义，其数十一叶，而极于九索，以贯钱百文为“索”，极于一而尊于九，九者数之盈，十索则名贯矣，故去十为“万”始焉。叶凡九，万者索之累十而得名者也。极一而尊九，不居其十，以十者有所总也。叶数亦如索，十举成数，一不必纪，而二首焉。以偶对百，百而千，千而万，示极而不孤，处尊而不汰，数之成也，叶得十一。野史赞曰：“履其成无忘其空，空以基之，成以息之，是四十张之所由作也。”（陈元龙《格致镜原》卷六十引潘之恒《叶子谱》）

宋宣和二年，有臣上疏：“设牙牌三十二扇，共计二百二十七点，以按星辰布列之位。譬天牌二扇二十四点，象天之二十四气。地牌二扇四点，象地之东、西、南、北。人牌二扇十六点，象人之仁、义、礼、智，发而为恻隐、羞恶、辞让、是非。和牌二扇八点，象太和元气流行于八节之间。其他牌名，类皆合伦理、庶务、器用。”表上，贮于御库，疑繁未行。至宋高宗时，始诏如式颁行天下（陈元龙《格致镜原》卷六十引《诸事音考》）。

（丙）彩选格

彩选格（即《升官图》），起于唐李郃，本朝踵之者，有赵明远、尹师鲁。元丰官制行，有宋保国，皆取一时官制为之。至刘贡父，独因其法，取西汉官秩升黜次第为之（徐度《却扫篇》卷下）。

（丁）象棋

显仁……后未知上（高宗）即位，尝用象戏局子，裹以黄罗，书康王字贴于将上，焚香祷曰：“今三十二子俱掷于局，若康王字入九宫者，必得天位。”一掷，其将子果入九宫（王明清《挥麈后录》卷二）。

局纵横路十一，棋三十二，为两军（陈元龙《格致镜原》卷五十九引《晁无咎序》）。

（戊）打马

长行、叶子、博塞、弹棋，世无传者。藏酒、摴蒱、双蹩融，今渐废绝。大小象戏奕棋，亦止可容二人。独采选打马，特为闺房杂戏。尝恨采选丛繁，劳于检阅，能通者少，难遇勍敌；打马简要，又若无文（陈元龙《格致镜原》卷五十九引李易安《打马序》）。

打马，用铜或牙角为钱样，共五十四枚，上刻良马名，布图四面，以投子掷打之（陈元龙《格致镜原》卷五十九引《事物绀珠》）。

（己）毽子

今时小儿以铅、锡为钱，装以鸡羽，呼为毽子。三四成群走踢，有里外廉、拖枪、耸膝、突肚、佛顶珠、剪刀拐之名色，亦蹴踘之遗事也（陈元龙《格致镜原》卷六十引《事物原始》）。

（庚）双陆

双陆之制，初不用棋，俱以黑白小棒槌，每边各十二枚，主客各一色，以骰子两只掷之，依点数行。因有客主相系之法，故赵抟《双陆诗》云："紫牙镂合方如斗，二十四星衔月口。贵人迷此华筵中，运木手交如阵斗。"（葛立方《韵语阳秋》卷十七）

燕京茶肆设双陆局，或五或六，多至十。博者蹴局，如南人茶肆中置棋具也（洪皓《松漠纪闻续》）。

（辛）百戏

百戏踢弄家，每于明堂郊祀年分，丽正门宣赦时，用此等人，立金鸡竿，承应上竿抢金鸡。兼之百戏，能打筋斗、踢拳、踏跷、上索、打交辊、脱索、索上担水、索上走装神鬼、舞判官、斫刀蛮牌、过刀门、过圈子等。理庙时，有路岐人，名十将宋喜、常旺两家。有踢弄人，如谢恩、张旺、宋宝哥、洗家强、自来强、宋达、杨家会、宋赛歌、宋国昌、沈喜、张宝哥、常家喜、小娘儿、李显、沈喜、汤家会、汤铁柱、庄德、刘家会、小来强、鲍老儿、宋定哥、李成、庄宝、潘贵、宋庆哥、汤家俊等。遇朝家大朝会、圣节，宣押殿庭承应，则官府公筵，府第筵会，点唤供筵，俱有大犒。又有村落百戏之人，拖儿带女，就街坊桥巷，呈百戏使艺，求觅铺席宅舍钱酒之赀。且杂手艺，即使艺也，如踢瓶、弄碗、踢磬、踢缸、踢钟、弄花钱、花鼓、槌踢笔墨、壁上睡、虚空挂香炉、弄花球儿、拶筑球、弄斗、打硬、教虫蚁、弄熊、藏人、烧火、藏剑、吃针、射弩端、亲背、攒壶瓶等，线包儿、撮米酒、撮放生等艺。淳祐以后，艺术高者，有包喜、陆寿、施半仙、金宝、金时好、宋德、徐彦、沈兴、赵安、陆胜、包寿、范春、吴顺、金胜等。此艺施呈，委是奇特；藏去之术，则手法疾而已。凡傀儡，敷演烟粉、灵怪、铁骑、公案、史书历代君臣将相故事话本，或讲史，或作杂戏，或如崖词。如悬线傀儡者，起于陈平六奇解围故事也。今有金线卢大夫、陈中喜等，弄得如真无二，兼之走线者尤佳。更有杖头傀儡，最是刘小仆射家数果奇，大底弄此多虚少实，如巨灵神姬大仙等也。其水傀儡者，有姚遇仙、赛宝哥、王吉、金时好等，弄得百怜百悼。兼之水百戏，往来出入之势，规模舞走，鱼龙变化夺真，功艺如神。更有弄影戏者，元汴京初以素纸雕簇，自后人巧工精，以羊皮雕形，用以彩色妆饰，不致损坏。杭城有贾四郎、王升、王闰卿等，熟于摆布，立讲无差。其话本与讲史书者颇同，大抵真假相半，公忠者雕以正貌，奸邪者刻以丑形，盖亦寓褒贬于其间耳（吴自牧《梦粱录》卷二十）。

中华二千年史

卷一 秦汉三国

邓之诚 著
厚艳芬 点校

中華書局

图书在版编目(CIP)数据

中华二千年史/邓之诚著;厚艳芬等点校. —北京:中华书局,2019.7
ISBN 978-7-101-13844-3

Ⅰ.中… Ⅱ.①邓…②厚… Ⅲ.中国历史-古代史 Ⅳ.K22

中国版本图书馆 CIP 数据核字(2019)第 060620 号

书　　名 中华二千年史(全九册)
著　　者 邓之诚
点 校 者 厚艳芬　李肇翔　任梦一　娄建勇　赵玉敏　刘　娜
何　洋　岳思聪　高艳红　陈　虎
责任编辑 陈　虎
出版发行 中华书局
(北京市丰台区太平桥西里 38 号　100073)
http://www.zhbc.com.cn
E-mail:zhbc@zhbc.com.cn
印　　刷 北京瑞古冠中印刷厂
版　　次 2019 年 7 月北京第 1 版
2019 年 7 月北京第 1 次印刷
规　　格 开本/850×1168 毫米　1/32
印张 94　插页 18　字数 2460 千字
印　　数 1-4000 册
国际书号 ISBN 978-7-101-13844-3
定　　价 320.00 元

整理凡例

该书原为繁体竖排，有句读无标点，为方便读者阅读，现改为简体横排、新式标点。整理凡例如下：

一、点校工作本采用中华书局1983年版繁体竖排本。

二、原书中引用原文因排版出现的误字、别字，一律径改，不出注。

三、作者的叙述文字，即原书中的大字，一律用小四号宋体字，引用的原始文献，一律用五号宋体，表格中的文字一律用小五号宋体。

四、严格按照原书的结构分章、节、段落，不必另分。

五、文中的异体字一律保留。

六、年号纪年后的公元纪年，一律放入括号“（）”内，如“光熙元年西历三〇六”，改为“光熙元年（西元三〇六）”等。同时原书中“西历”“西元”等不同的名称，点校本中一律统改为“西元”。

七、原书中的双行解释文字，一律放入括号“（）”内，包括其后的原始文献出处，如“注，《汉书·严助严安传》亦记其事。《淮南子》卷十八《人间训》”等。书名与篇名之间无卷数的，一律用中圆点“·”，如《晋书·地理志》等。有卷数的保留卷数，但百位以内的计数，一律加“十”字，如《汉书》卷一四《诸侯王表序》，改为“《汉书》卷十四《诸侯王表序》”;《通考》卷二七一《封建考一二》，改为“《通考》卷二七一《封建考十二》”，再如赵翼《廿二史札记》卷八八，则为“赵翼《廿二史札记》卷八十八”等。百位以上的计数，保留原状。

八、一组相连的年号之间，一律用顿号“、”，年号后的年数放入括号“（）”内，如“孝惠皇帝，名衷，武帝第二子，嗣立。改元永熙（一年）、永平、元康（九年）、永康（一年）、永宁（一年）、太安（二年）、永安、建武、永兴（二年）、光熙（一年）”；年号之间有说明文字者，文字之前用逗号“，”文字之后仍为年号者，用顿号“、”，如“受魏禅，即皇帝位。建元泰始（十年）、咸宁（五年），灭吴统一天下，改元太康（十年），在位凡二十五年”等。

九、由于原书卷五明清部分五册的每册标目不便于读者，故本次整理时，对其进行了调整，直接以“明清一”“明清二”“明清三”“明清四”“明清五”标识之，以方便读者的使用。

目　录

叙录

之诚不学，少好读史，钻研既久，粗识端绪。谬主大学通史讲席，越既有年，于通史编纂之法，懵无所知。兹事体大，世无司马光之才，二千年之事，正史、杂史，次及史事记载、考证之书，浩如烟海，当如何纠集，而后不致贻误来学。即以体例言，将欲从旧，则纪传、编年、本末之体未必适于今时；将欲从新，则虑遗弃事实，统系不明，非教人通知古今之意。且史材如何采摭，文字如何纪述，皆有待于商榷，未易以一人一手之力成之。近来著述之才斐然，通史之作，非无鸿篇巨制。而不刊之典，似犹有待。盖率尔成书，不脱日本人窠臼。揆之于义，未免不衷。若体大思精，包罗贯串，则不免涉笔知难，废然而止。在昔尚有《纲鉴》等书，流行坊肆，虽复疏舛，然使人童而习之，犹足以稍明本末。今则鄙此等书不读，而又无以代之。昔人深痛于靖康之祸，每归咎于崇宁禁止读史，准斯以谈，则金人入汴，卵翼齐楚，后世未尝无此事。然而无人能避免其覆辙者何也？历史循环之见，固为拘迂。而后先如出一辙之事，亦往往而有。故学者不泥古可也，不高唱复古可也，而不知往事覆辙则不可，废弃史事不观则尤不可。历史进化为一事，因果定律别为一事，而历史所以昭示吾人者，永永不可忘，则又为一事。姑以外患论之，二千年来，外患未尝一日或息，轩黄胄裔，危而复安、弱而能存、灭而再兴者，何莫非由群力群策得来，其艰难经历，非史事何由征之？故欲知先民缔造之迹，莫如读史。诚欲读史，莫如注重事实，先编通史。通史编纂，莫如由国家特开史局，妙选通才，商订体裁、类例、史材、文字，然后分撰长编，务期以数年之力，删削而成，使读者无浩博难穷之叹，亦无浅薄谬误之讥，岂非嘉惠来学之盛事？虽然，此愿何时可偿？何人能偿？以意度之，正恐非易事也。斯编之作，若遽目为通史，是亦僭妄之甚矣。然区区之经营，盖已历十六七年。当民国六年（1917），国史馆初改为国史编纂处，隶于教育部，以北京大学校长蔡孑民（元培）先生兼为处长，礼聘屠敬山（寄）、刘申叔（师培）、叶浩吾（瀚）、童亦韩（学琦）、蒯耕崖（寿田）、孙季芃（诒棫）诸先生任通史纂辑，之诚年少无学，亦羼其列，与张蔚西（相文）先生任民国史纂辑。蔡先生手订条例，纂通史者缀辑正史名词，先编词典，次第始及通史。是后三年间，童、蒯、孙三先生，即从事缀辑《史记》及两《汉书》，而屠先生则自著其《蒙兀史》，刘先生著《南北史补志》，叶先生著《美术史》，皆未成书。之诚默念编纂通史，曷若先定体例，再为长编，否则不如依本末之体，区分事实、制度、学术、文学、风俗等等，亦可为通史底簿，终以非其所职，未敢遽以语人。后于编纂民国史之余，私撰《南北朝风俗志》，多读乙部书，因以暇日裒录，汇为一编，是即斯编经创之始。自后时作时辍，至民国十六年（1927），专任北京大学史学课程，乃并力为之，以为教本。得友人孙君爽秋之助，又历六七寒暑，始克粗就。计前后修改已不下六七次，今年复畀燕京大学重印。方在病中，未遑细为整比，只略刊讹敚（史书鱼豕最多，辽、金、元人名，一书之中，前后互异，皆一仍其旧，不敢妄改），小有增省。初意以七八十万言了之，不欲过多，多则恐人不易读。及其成也，篇幅乃几倍之，然已屡经删削，弃余之稿尚盈箱箧。尝以史事最难于详略取舍，不难于详而难于略，不难于略而难于略得其当。斯编排比失次、取舍异宜，固自知之。诸生日以重印为请，遂亦不容终闷，然其据依亦有可得而言者：

一曰体裁。略依纪事本末之例，先之以世系，著明年代，稍及统系，以存通之本义，兼使读者得以与本书互参。次之以一代大事，尤重民族变迁，其无关得失、不必详者则略之。非必事尽于此以详于此者，自有诸史在。次之以制度，制度为一代典则，不仅观其因革损益及政治良窳，实欲藉以测其影响于社会者安在。尤重地理、官制者，读史本以二者为基础，述地理止于州、郡，述官制止于台阁、寺监者，特疏举其要，以较详者自有诸志在。次之以学术、文学、艺术，期以著学术之渊源、思想之变迁，亦以见时代递变递进之迹（学术、文学、艺术，亦但举可以代表当时者，即如佛、老见于释道藏者何限？书、画自有专书，尽入通史，势不能容，故遂从略。他皆仿此）。终之以生计，以为读史意义，根本在此，民族兴亡，无不关乎生计之盈绌。今后经济关系，或牵于外，或变于内，必更繁复，故欲参证史实，以一较其得失。自信斯编颇重事实，特所重者非一人之事，琐细之事，以为制度文章莫非事也，其事有一代分述或数代合述者，纯为纪述之便，非有微意存于其间，亦非体例不纯。其所以造端于秦者，以秦以前六经即史，至说经偏于考据，聚讼纷纭，莫衷一是。若论远古，则杨朱所谓三皇之事，若存若亡；五帝之事，若明若暗。经传所传，宋人尚有故意翻案者。求证于金石甲骨，所得既渺，毋宁付之阙如。马端临不有言乎，乖异传疑者不录，故遂决然不作，庶几窃比司马光不作《通鉴前纪》之意。至秦以后，制度、文化一贯，约而分之，则秦汉三国为一时代，两晋南北朝为一时代，隋唐五代为一时代，宋辽金夏元为一时代，明清为一时代，共厘为五卷。粗本于所见所闻所传闻之义云尔。

二曰取材。斯编取材，首重正史，次及政书，次始及于杂史，再次始及于其他，近人著述，耳目所接，未遑甄录。排比之法，皆撮录原文，以类相次，明著所本。苏轼谓，天地间事物散于六经诸史，惟恃一物以摄之。此物维何？即意是也，盖谓当善于识别。今人重视野史，斯编乃多取正史者，非谓正史以外无史，亦非轻信前人所信，诚以自来史职甚尊，断代之书，所以累代不废，即由无以相易。自唐修《晋书》、李延寿修《南》《北史》，多取琐闻小记，宋人宋、欧之于《新唐》、司马之于《通鉴》，采摭杂史，多至数百余种。此后私家撰述益富，然野史多尊所闻，沈括身在朝列，所纪宋事不实，遂为洪迈纠摘。明季野史，果一按其时地与人，则互相违迕，莫可究诘。故顾炎武以野史为谬悠之谈，而万斯同独重《实录》。正史为体例所限，往往不详，且成于后人，自不能尽得当时真相。野史佳者，多足以补史阙。然正史据官书，其出入微；野史据所闻，其出入大。正史讳尊亲，野史挟恩怨，讳尊亲不过有书有不书，挟恩怨则无所不至矣。故取材野史，务须审慎，否则必至以伪为真，甚者以真为伪。之诚亦尝欲纪民国以来事，二十年间祸乱相寻，皆身亲目击，或且预知隐秘，然属笔而后，以质正于当事者，则曲折尽异，且其所言，人各不同，然后信纪载之难。当时报章所纪载者，若函电、若宣言、若命令，非不实也，果细究之，不唯事情曲折无此单简，甚且有与事实相反者，异代之后，谓之为信史不可也，谓之为非信史亦不可也。杂史所载，委曲详尽，正如报章纪事。然报章有闻必录，尚有许人更正之例。杂史传之异代，则并此而无之，若学识不充，不能别择，妄加援引，诬蔑古人，其事尚小，贻误后学，其罪实大。张孟劬先生谓史书纪事，固贵直笔，然正史具存其迹，使有识者自能寻求微意，以昭实事。故之诚以为读史修史，皆贵有识。史贵求真，正不当独取野史而忽略正史也。又今人治史，多重金石。金石足贵，此亦诚然，特其所以足贵者，亦只官阶、地理、姓名、世系、年月，或足以补证史阙而已。至于行实，则蔡邕作碑，唯郭林宗不愧；韩愈不免谀墓。南朝禁止立碑，亦正厌其虚美。人情所向，子孙万无丑其尊亲之理，况史家搜罗旧事，谱谍志状，未尝屏弃不观。今之所贵，未必非昔之所贱，故以金石为旁证可也。闰位代嫡，谓金石以外无史，窃以为稍过矣。故斯编所取金石文字甚少。又今人喜胪前人实物，宝为重要史料。实物较金石种类尤多，且关于制作，其足以发千古之閟，正未有艾。特凡此种种，不过证史而已。史若可废，考证奚施？且实物发现，较之史书所纪，固已多少不侔矣。斯编为求前后一贯，窃亦未取，非敢苟为异同也。时贤著书，兼综博采，既偏重新发现，复矜尚孤本秘籍，采山之铜，岂不可贵？若之诚不敏，妄欲寝馈取求于二十四史之中，则所谓废铜耳。然废铜不为人所重也久矣，若能给冶铸之用，未始不与采山之铜等，否则亦终愈于非铜。区区之意，以为金石之学、古器物之学日新月异，将来必臻广大，蔚为专科。特易见之书，若正史之类，果能不畏烦难而细读之，亦未始非求新之一助也。

三曰文字。今后编述史事，宜用何等文字，将尽改白话乎？抑宜先引原文再加翻译乎？夫史学贵真贵简，故刘子玄不废口语，而未尝谓史不必有文，孙樵竟致讥俚言，谓非史法。夫史书文饰未必皆真，特出于后来追述，而乃以今时之文纪古时之事，其不中程，亦犹之乎以古时之文纪今时之事也。前人追纪古事，唯字句略有异同者，司马迁之于《六经》、班固之于《史记》是也。加以修改，自出机杼，则宋祁之于《旧唐书》是也。略去重复之词，则李延寿之于八书、司马光之于诸史是也。《通鉴》文字，首尾一律，最为难及。诚以史贵求真，苟文字改易，将必去真愈远，况白话、文言，差讳已甚，何能对译？苟以繁易简，必失之支蔓。平情而论，白话可纪今事，似未尽能述古，至若翻译外史，自不拘此。故纪载今后之事用白话文，正可存实，若追述古事，用意虽在使众人易晓，而求真之义不磨，则原文似不当改。若夫制度，更难以今时文字释之。孙樵谓史家纪职官、山川、地理、礼乐、衣服，亦宜直书一时制度，使后人知某时如此，某时如彼，不当以秃屑浅俗，则取前代名品，以就简编。故斯编之作，全录原书，一字不易。荀悦所谓省约易习，无妨本书者是也。亦以大学诸生，沉酣典籍，不必再假通俗之文，而斯编职在排比，与撰述殊科，直录旧文，体则然耳。

所据依者如此，语其缺失，尚有二端：其一考证。近来考证之风盛行，一事一物，必穷究原委，网罗众籍。斯编独略而不备者，意本提示纲要，俾学者循类以求，多读原书，姑以此为劝诱之资云尔。史学本贵考证，惟通史则有间，所重在乎系统沿革，所要在乎事实纲领，若有待于考证，则研读专史者，固优为之。且史之为用，岂仅仅在此？斯编于异同取舍，亦间有考订，而不欲明著之。明著之，则篇幅愈侈，与省约易习之义盖相违矣。其二论断。在中国史学本有史评一派，积久流为空疏，遂不为人所重。诚以见解随时而异、随地而异，今日之所见，已异于昔日，则来日之所见，未必不异于今日。况往古之人与事多矣，论人当观其一生，论事当究其终始，而得也失也未必尽当。盖书缺有间者多矣，其涉疑似之间者未能一一论定。故斯编各标题目，略分片段，诚不欲轻下断语，徒滋空论，致贻他日悔恨，亦以排比之责已尽，任读者随时随事自能以其见解解之。盖读史若能比较综合而观，则事理详晰，因果分明。斯编排比，颇事综合，自不必费词解说而后微意乃见。然斯编也，于民族消长、生计盈绌二者纪之独详，以为今后立国、立人所关至大，读者不容忽视，则于历史效用，未尝不致其最后之希望也。草创既竟，每持以就教通人。燕都旧为学术渊薮，谈史学者尤众，幸不蒙其所薄，凡有纠弹，无不虚受。编后附以通检，即承洪煨莲先生之教。尤受张孟劬先生过分奖许，谓取舍排比，足当一絜字。然得失自知，始终不敢满假，或待后来补苴。若海内魁硕，能出其专门名家之学，以诏一世，则不独区区之至愿而已。民国二十二年八月十二日，邓之诚。

此书原名《中国通史讲义》，期于纠集史材，稍具系统而已。昔年先后在北京各大学讲授通史，即以之供诸生参考，后由商务印书馆印行，为更名《中华二千年史》，非本志也。二十年来久已绝版，今日史学大昌，名著如林，不意采及陋劣，谓取材皆有出处，或可省翻检之劳，乃由中华书局就原板重印。凡属显然错误，略皆改正，其明清史部分，亦正整理旧稿，即将继此付印，俾成完本。壮年经始，晚幸观成，不可言劳，历时则甚久矣。此书缺点，《自序》已详言之。老病侵寻，精力日减，不及照覆，尚多疏漏，明知之而不能弥补其阙失，固由学力有限，而史学甚难，实不胜望洋之叹云。一九五四年五月，邓之诚识。

卷一　秦汉三国

秦世系

自始皇称帝（西元前二二一），至子婴降汉（西元前二〇七），凡三传共十五年。

始皇帝，庄襄王之子，姓嬴氏，名政，嗣立为秦王。立二十六年，尽灭六国，称始皇帝。在帝位凡十二年。

二世皇帝名胡亥，始皇少子，嗣立。为赵高所弑，在位凡三年。

子婴，二世兄扶苏之子。被立后，诛赵高。汉高祖入关，遂降。在位凡四十六日。

（以上据《通考·帝系考》，参以《史记·秦始皇本纪》）。

附帝系表

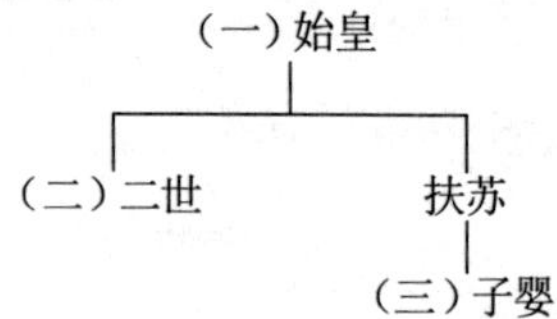

秦先世世系，别著之如下：

秦仲（在位二十三年）、庄公（在位四十四年）、襄公（在位十二年）、文公（在位五十年）、宁公（在位十二年）、出公（在位六年）、武公（在位二十年）、德公（在位二年）、宣公（在位十二年）、成公（在位四年）、穆公（在位三十九年）、康公（在位十二年）、共公（在位五年）、桓公（在位二十七年）、景公（在位四十年）、哀公（在位三十六年）、惠公（在位十年）、悼公（在位十四年。〔以上据《史记》卷十四《十二诸侯年表》〕）。

厉公（在位三十四年）、躁公（在位十四年）、怀公（在位四年）、灵公（在位十年）、简公（在位十五年）、惠公（在位十三年）、出子（在位二年）、献公（在位二十三年）、孝公（在位二十四年）、惠文王（在位二十七年）、武王（在位四年）、昭王（在位五十六年）、孝文王（在位一年）、庄襄王（在位三年），以及于始皇（以上据《史记》卷十五《六国年表》）。

(一)秦之统一

中国史局，以秦为鸿沟，秦以前由众建诸侯、各私其疆土。确立中央集权之制，则自秦始皇始。然专制政体，遂历二千年之久，不能改秦之旧，则秦之所以统一，与统一之成绩，当然有回顾之价值也。

秦灭六国次第简表

年时	灭国	备考
始皇十七年	韩	《史记·秦始皇本纪》:"内史腾攻韩，得韩王安，尽纳其地。"
十九年	赵	同上:"王翦、羌瘣尽定取赵地东阳，得赵王。"注:《索隐》:"赵王迁也。"
二十二年	魏	同上:"王贲攻魏，引河沟灌大梁，大梁城坏，其王请降，尽取其地。"注:《索隐》:"魏王假也。"
二十四年	楚	同上:"二十三年，王翦击荆，虏荆王。荆将项燕立昌平君为荆王，反秦于淮南。二十四年，王翦、蒙武攻荆，破荆军。昌平君死，项燕遂自杀。"
二十五年	燕	同上:"使王贲将，攻燕辽东，得燕王喜。"
二十六年	齐	同上:"使将军王贲，从燕南攻齐，得齐王建。"

始皇攻灭六国，其措施分叙如下:

(1)建皇帝之号

二十六年(西元前二二一)……秦初并天下，令丞相、御史曰:"……寡人以眇眇之身，兴兵诛暴乱，赖宗庙之灵，六王咸服其辜，天下大定。令名号不更，无以称成功、传后世，其议帝号。"丞相绾(王绾)、御史大夫劫（冯劫）、廷尉斯（李斯）等皆曰："昔者五帝地方千里，其外侯服、夷服，诸侯或朝或否，天子不能制。今陛下兴义兵，诛残贼，平定天下，海内为郡县，法令由一统，自上古以来未尝有，五帝所不及。臣等谨与博士议曰：'古有天皇、有地皇、有泰皇，泰皇最贵。'臣等昧死上尊号，王为'泰皇'。命为'制'，令为'诏'，天子自称曰'朕'。"王曰："去'泰'，著'皇'，采上古'帝'位号，号曰'皇帝'。他如议。"制曰："可。"……制曰："朕闻太古有号毋谥，中古有号，死而以行为谥。如此，则子议父，臣议君也，甚无谓，朕弗取焉。自今已来，除谥法。朕为始皇帝。后世以计数，二世三世至于万世，传之无穷。"（《史记》卷六《秦始皇本纪》）

（2）置郡县

县始于春秋之末。

春秋时，列国相灭，多以其地为县，则县大而郡小。故《传》云："上大夫受县，下大夫受郡。"（《左传·哀公二年》赵简子誓语）……至于战国，则郡大而县小矣（《通典》卷三十三《职官十五》）。

秦郡，多沿燕、赵之旧（见《日知录》卷二十二）。而言郡、县始于秦者，言其成功且为汉以后所沿袭也。

二十六年（西元前二二一）……丞相绾等言："诸侯初破，燕、齐、荆地远，不为置王，毋以填之。请立诸子，唯上幸许。"始皇下其议于群臣，群臣皆以为便。廷尉李斯议曰："周文武所封子弟同姓甚众，然后属疏远，相攻击如仇雠，诸侯更相诛伐，周天子弗能禁止。今海内赖陛下神灵一统，皆为郡县，诸子功臣以公赋税重赏赐之，甚足易制。天下无异意，则安宁之术也。置诸侯不便。"始皇曰："天下共苦战斗不休，以有侯王。赖宗庙，天下初定，又复立国，是树兵也，而求其宁息，岂不难哉！廷尉议是。"分天下以为三十六郡（《史记》卷六《秦始皇本纪》）。

其后略定闽、越，又置四郡。

秦已并天下……以其地为闽中郡(《史记》卷一一四《东越列传》)。

秦时已并天下，略定扬越，置桂林、南海、象郡(《史记》卷一一三《南越列传》)。

始皇初并天下，惩忿战国，削罢列侯，分天下为三十六郡。于是兴师逾江，平取百越，又置闽中、南海、桂林、象郡，凡四十郡(《晋书》卷十四《地理志上》)。

秦郡简表

区别	郡名	今地	治邑	设置	备考
京师	内史	陕西中部一带。	咸阳	秦置	《汉书·地理志》:“本秦京师为内史。”注:师古曰:秦并天下改立郡县，而京畿所统，特号内史。言其在内，以别于诸郡守也。
诸郡	三川	河南西部，黄河两岸各地。	洛阳，后徙荥阳	秦置	《史记·秦本纪》:“庄襄王元年，使蒙骜伐韩，韩献成皋、巩。秦界至大梁，初置三川郡。”
	河东	山西西南部。	安邑	秦置	
	上党	山西东南部。	壶关	韩置，秦仍之	《史记·秦本纪》:“昭襄王四十八年，伐赵，尽有韩上党。”
	太原	山西中部一带。	晋阳	秦置	《史记·秦本纪》:“庄襄王四年，初置太原郡。”
	代	山西东北部及河北蔚县一带。		赵置，秦仍之	《史记·匈奴列传》:“赵武灵王置云中、雁门、代郡。”
	雁门	山西西北部		赵置，秦仍之	见上。

续表

区别	郡名	今地	治邑	设置	备考
诸郡	云中	山西长城外一带。		赵置,秦仍之	见上。
	九原	内蒙古乌斯忒旗境。		秦置	
	上	陕西北部。		魏置,秦仍之	《史记·秦本纪》:“孝公元年,魏筑长城,自郑滨洛以北有上郡。”
	北地	甘肃东北部。	义渠	秦置	
	陇西	甘肃东南部。	狄道	秦置	
	颍川	河南中部南部。	阳翟	秦置	《史记·秦始皇本纪》:“十七年,内史腾攻韩,得韩王安,尽纳其地。以其地为郡,命曰颍川。”
	南阳	河南西南部及湖北北部。	宛	秦置	《史记·秦本纪》:“昭襄王三十五年,初置南阳郡。”
	砀	河南东部,山东西南部,江苏西北部,安徽北部。	砀	秦置	
	邯郸	河南北部及河北西南之一部。	邯郸	秦置	《史记·秦始皇本纪》:“十九年,王翦、羌瘣尽定取赵地。”
	上谷	河北西部及中部。		燕置,秦仍之	《史记·匈奴列传》:“燕置上谷、渔阳、右北平、辽西、辽东郡。”
	巨鹿	河北西南部。	巨鹿	秦置	

续表

区别	郡名	今地	治邑	设置	备考
诸郡	渔阳	北京附近各地。		燕置，秦仍之	见上谷郡。
	右北平	河北喜峰口至热河一带。		燕置，秦仍之	见上谷郡。
	辽西	河北东北部及辽宁辽河以西之地。		燕置，秦仍之	见上谷郡。
	辽东	辽宁东南部。		燕置，秦仍之	见上谷郡。
	东	河北南部及山东西北部。	濮阳	秦置	《史记·秦始皇本纪》：“五年，攻魏，取二十城，初置东郡。”
	齐	山东东部及东北部。	临淄	秦置	《史记·田敬仲完世家》：“秦虏王建，迁之共，遂灭齐为郡。”
	薛	山东南部及江苏东北部。		秦置	
	琅邪	山东东南部。		秦置	
	泗水	江苏北部及安徽东北部。	沛	秦置	
	汉中	陕西南部及湖北西北部。		秦置	《史记·秦本纪》：“惠文王十三年，攻楚汉中，取地六百里，置汉中郡。”
	巴	四川东部。	巴	秦置	
	蜀	四川中部。		秦置	

续表

区别	郡名	今地	治邑	设置	备考
诸郡	九江	江苏、安徽江北一带及江西西境之地。	寿春	秦置	
	鄣	江苏西南部、安徽东南部及浙江西北部。	鄣	秦置	
	会稽	江苏东南部及浙江东部、南部各地。	吴	秦置	《史记·秦始皇本纪》:“二十五年,王翦遂定荆江南地,降越君,置会稽郡。”
	南	湖北东部及南部一带。	郢	秦置	《史记·六国年表》:“昭王二十九年,白起击楚拔郢,更东至竟陵,以为南郡。”
	长沙	湖南东半部及广东一部。	湘	秦置	
	黔中	湖南西半部。		秦置	《史记·秦本纪》:“昭王三十年,蜀守若伐取巫郡及江南,为黔中郡。”
	闽中	福建全境。	侯官	秦置	《史记·东越列传》:“秦已并天下,以其地为闽中郡。”
	南海	广东全境除西南部外皆是。	番禺	秦置	《史记·南越列传》:“秦时已并天下,略定扬、越,置桂林、南海、象郡。”
	桂林	广西中部、北部、东部。		秦置	见上。
	象	广东西南部及安南北部。		秦置	见上。

(3)改官制

秦之设官，多不沿袭于古。分其职掌，使互钳制，所以防专擅也。

(甲)中央

秦以丞相总庶政，太尉掌兵事，别设御史大夫，司纠察之任，取分权制。

秦兼天下，建皇帝之号，立百官之职，不师古。……太尉主五兵，丞相总百揆。又置御史大夫，以贰于相(《通典》卷十九《职官一》)。

御史之名，《周官》有之，盖掌赞书而授法令。……战国时，亦有御史，秦赵渑池之会，各命书其事。又淳于髡谓齐王曰："御史在前，则皆记事之职也。"至秦、汉，为纠察之任(《通典》卷二十四《职官六》)。

以上举其首要，其详已不可考。以汉袭秦制，见于《汉书·百官公卿表》而为秦官者，表之如下。

秦中央官制简表

官名	职掌	备考
相国 丞相	掌丞天子助理万机，有左右。	《史记·秦本纪》："武王二年，初置丞相。庄襄王元年，秦相国吕不韦。"
太尉	掌武事。	
御史大夫	掌副丞相，有两丞，一曰中丞。	《史记·李斯列传》：拜赵高为中丞相，疑即中丞。不则中字当衍，以《纪》称高为丞相也。
前、后、左、右将军		《汉书·百官公卿表》，皆周末官，秦因之，位上卿。
奉常	掌宗庙礼仪，有丞。	
郎中令	掌宫殿掖门户，有丞。	《史记·秦始皇本纪》：元年，赵高为郎中令。

续表

官名	职掌	备考
廷尉	掌刑辟，有正、左、右监。	《史记·秦始皇本纪》：十年，以尉缭为秦国尉。《白起王翦列传》：迁为国尉。殆即廷尉。长子扶苏监蒙恬军，亦尉也。
治粟内史	掌谷货，有两丞。	
典客	掌诸归义蛮夷，有丞。	按：秦制有客卿，未知所属。或为虚号，或为典客也。
宗正	掌亲属，有丞。	
卫尉	掌宫门卫屯兵，有丞。	《史记·秦始皇本纪》：有卫令，或其属也。九年，尽得毐等。卫尉竭。
太仆	掌舆马，有两丞。	
少府	掌山海、池泽之税以给共养，有六丞。	
博士	掌通古今，员多至数十人。	《史记·秦始皇本纪》：三十五年，博士虽七十人，特备员弗用。
仆射	自侍中、尚书、博士、郎皆有。	《史记·李斯列传》：有博士仆射周青臣。《秦始皇本纪》：有卫令仆射是也。
将作少府	掌治宫室，有两丞。	
詹事	掌皇后，太子家，有丞。	
将行	皇后卿也。	
中尉	掌徼循京师，有两丞。	
主爵中尉	掌列侯。	
护军都尉		

其散见于《史记》中者，列举于下：

“庶长”，《秦本纪》：怀公四年，庶长鼌。《白起王翦列传》：白起为左庶长。

“大良造”，《秦本纪》：孝公十年，卫鞅为大良造。

“客卿”，《秦本纪》：昭襄王三十三年，客卿胡伤攻魏卷。

“左更”，《秦本纪》：昭襄王十四年，左更白起攻韩、魏于伊阙。

“中更”，《秦本纪》：昭襄王三十八年，中更胡伤攻赵阏与。

“舍人”，《秦始皇本纪》：李斯为舍人。注：《集解》，文颖曰：主厩内小吏官名。

“佐弋”，《秦始皇本纪》：九年，佐弋竭。注：《集解》，骃案《汉书·百官表》曰：秦时少府有佐弋。

“中大夫令”，《秦始皇本纪》：九年，中大夫令齐。

“卿”，《秦始皇本纪》：二十八年，丞相王绾、卿李斯。

“近官三郎”，《秦始皇本纪》：元年，近官三郎无得立者。注：《索隐》：近，近侍之臣。三郎，谓中郎、外郎、散郎也。

“谒者”，《秦始皇本纪》：元年，谒者使东方来。注：《集解》骃案《汉书·百官表》曰：谒者，秦官，掌宾赞受事。

“师”，《商君列传》：刑其傅，黥其师。

“傅”，见上。

“长史”，《李斯列传》：秦王乃拜斯为长史。

“符玺令”，《李斯列传》：中车府令赵高，兼行符玺令事。

“裨将军”，《蒙恬列传》：蒙武为秦裨将军。

“中车府令”，《蒙恬列传》：赵高为中车府令。

“都尉”，《白起王翦列传》：杀七都尉。

“诸郎中”，《刺客列传·荆轲》：诸郎中执兵，皆陈殿下。注：

《索隐》：诸郎中，若今宿卫之官。

“侍医”，《刺客列传·荆轲》：是时侍医夏无且，以其所奉药囊提荆轲也。

“陛楯郎”，《滑稽列传·优旃》：优旃临槛大呼曰：“陛楯郎。”

此外内侍官，又有加官之制。

侍中左右曹诸吏。散骑、中常侍皆加官。所加或列侯、将军、卿、大夫、将、都尉、尚书、太医、太官令至郎中，亡员，多至数十人。侍中、中常侍，得入禁中。诸曹受尚书事，诸吏得举法，散骑骑并乘舆车。给事中亦加官，所加或大夫、博士。议郎，掌顾问应对，位次中常侍。中黄门，有给事黄门，位从将大夫。皆秦制（《汉书》卷十九上《百官公卿表上》）。

（乙）地方

秦为郡、县两级，守、令各有佐贰，分掌军、民事。更设监御史以监郡。其相制同于中央。

二十六年……分天下以为三十六郡，郡置守、尉、监（《史记》卷六《秦始皇本纪》）。

秦地方官制简表

区别	官名	职掌	备考
京师	内史	掌治京师。	《汉书·百官公卿表》：内史掌治京师。
监司	监御史	掌监郡。	同上。监御史，秦官，掌监郡。
郡	郡守	掌治其郡。	同上。郡守，秦官，掌治其郡。郡尉，秦官，掌佐守，典武职甲卒。 《通典·职官》：郡守，秦官。秦灭诸侯，以其地为郡，置守、丞、尉各一人，守治民，丞佐之，尉典兵。
	郡丞	掌佐守。	
	郡尉	掌佐守，典武职甲卒。	

续表

县	县令、长	掌治其县	《汉书·百官公卿表》：万户以上为令，减万户为长，皆有丞、尉，是为长吏。百石以下有斗食佐史，是为少吏
	县丞	掌佐令。	
	县尉	掌武事	

县以下置有乡官，其组织如下。

大率十里一亭，亭有长。十亭一乡，乡有三老，有秩啬夫、游徼。三老掌教化，啬夫职听讼、收赋税，游徼徼循禁贼盗。县大率方百里，其民稠则减，稀则旷。乡、亭亦如之。皆秦制也（《汉书》卷十九上《百官公卿表上》）。

（丙）武功爵

秦爵分为二十级。

爵:（一）级曰公士（注：师古曰，言有爵命，异于士卒，故称公士也）。（二）上造（造，成也。言有成命于上也）。（三）簪袅（以组带马曰袅。簪袅者，言饰此马也）。（四）不更（言不豫更卒之事也）。（五）大夫（列位从大夫）。（六）官大夫。（七）公大夫（加官公者，示稍尊也）。（八）公乘（言其得乘公家之车也）。（九）五大夫（大夫之尊也）。（十）左庶长。（十一）右庶长（庶长，言为众列之长也）。（十二）左更。（十三）中更。（十四）右更（更，言主领更卒部其役使也）。（十五）少上造。（十六）大上造（言皆主上造之士也）。（十七）驷车庶长（言乘驷马之车而为众长也）。（十八）大庶长（又更尊也）。（十九）关内侯（言有侯号而居京畿，无国邑）。（二十）彻侯（言其爵位上通于天子）。皆秦制以赏功劳（《汉书》卷十九上《百官公卿表上》）。

(4)统一文字及度量衡

二十六年(西元前二二一)……一法度衡石丈尺,车同轨,书同文字(《史记》卷六《秦始皇本纪》)。

更克画平斗斛度量文章,布之天下,以树秦之名(《史记》卷八十七《李斯列传》)。

秦对于后世文明最大之贡献,厥为文字。古文尽废,而各种之书体,遂随时代进步而便利矣。

其后诸侯力政,不统于王。恶礼乐之害己,而皆去其典籍。分为七国,田畴异亩,车涂异轨,律令异法,衣冠异制,言语异声,文字异形。秦始皇帝初兼天下,丞相李斯乃奏同之,罢其不与秦文合者。斯作《仓颉篇》,中车府令赵高作《爰历篇》,太史令胡毋敬作《博学篇》,皆取史籀大篆,或颇省改,所谓小篆者也。是时,秦烧灭经书,涤除旧典。大发隶卒,兴役戍。官狱职务繁,初有隶书,以趣约易,而古文由此绝矣。自尔秦书有八体:一曰大篆(用之简策),二曰小篆(用之简策),三曰刻符(用之符传),四曰虫书(用之幡信),五曰摹印(用之印玺),六曰署书(用之封检题字),七曰殳书(用之铭一切兵器),八曰隶书(施之文报。〔许慎《说文叙》〕)。

(5)定黄金及钱二等币

秦并天下,币为二等,黄金以溢,为名上币(注:孟康曰:二十两为溢也)。铜钱质如周钱,文曰半两,重如其文。而珠、玉、龟、贝、银、锡之属,为器饰宝臧,不为币,然各随时,而轻重无常(《汉书》卷二十四下《食货志下》)。

（二）秦之开边

始皇既并天下，北击匈奴，西逐西戎，南奠闽、越，于是中国疆域，开拓益广矣。

（1）取西戎地

秦之先世，已征服西戎，称霸西方。

秦仲立三年，周厉王无道，诸侯或叛之。西戎反王室，灭犬丘大骆之族。周宣王即位，乃以秦仲为大夫，诛西戎。西戎杀秦仲。秦仲……有子五人，其长者曰庄公。周宣王乃召庄公昆弟五人，与兵七千人，使伐西戎，破之。于是复予秦仲后，及其先大骆地犬丘并有之，为西垂大夫。……襄公七年春（西元前七七一），周幽王用褒姒废太子，立褒姒子为適，数欺诸侯，诸侯叛之。西戎、犬戎与申侯伐周，杀幽王郦山下。而秦襄公将兵救周，战甚力，有功。周避犬戎难，东徙雒邑，襄公以兵送周平王。平王封襄公为诸侯，赐之岐以西之地。曰："戎无道，侵夺我岐、丰之地，秦能攻逐戎，即有其地。"与誓，封爵之。襄公于是始国，与诸侯通使聘享之礼。……十二年，伐戎而至岐卒。……文公十六年（西元前七五〇），文公以兵伐戎，戎败走。于是文公遂收周余民有之，地至岐，岐以东献之周（《史记》卷五《秦本纪》）。

平王之末，周遂陵迟，戎逼诸夏，至陇山以东，及乎伊、洛，往往有戎。于是渭首有狄獂邽冀之戎，泾北有义渠之戎，洛川有大荔之戎，渭南有郦戎，伊、洛间有杨拒泉皋之戎，颍、洛以西有蛮氏之戎，间在中国，舆诸夏盟会。后晋灭郦戎，是时伊洛戎强，东侵曹、鲁。襄王时，秦、晋自瓜州迁陆浑之戎于伊川，允姓之戎迁于渭汭，东至轘辕。在河南山北者，号曰阴戎。秦穆公得戎人由余，遂霸西戎，开地千里。……后陆浑戎叛晋，晋荀吴灭之。后楚执蛮氏而尽囚其人。至周贞王八年（西元前四六一），秦厉公灭大荔，取其地。赵亦灭北戎。韩、魏后稍并伊洛诸戎灭之，其遗脱者皆走，西逾汧陇，自是中国无戎寇。唯余义渠种最为强盛，屡为秦患。及昭王起兵灭之，始置陇西、北地、上郡焉。始皇兵务东向，故得繁息（《通典》卷一八九《边防五》）。

及始皇统一天下，复逐而西之。

三十三年（西元前二一四）……使蒙恬……筑亭障，以逐戎人（《史记》卷六《秦始皇本纪》）。

秦既兼天下，使蒙恬将兵略地，西逐诸戎，北却众狄，筑长城以界之，众羌不复南度（《后汉书》卷一一七《西羌传》）。

（2）取匈奴地

当战国之末，匈奴已渐强。

匈奴，其先夏后氏之苗裔，曰淳维（注，师古曰："以殷时始奔北边。"）……秦昭王……灭义渠。于是秦有陇西、北地、上郡，筑长城以距胡。而赵武灵王，亦变俗胡服、习骑射，北破林胡、楼烦，自代并阴山下，至高阙为塞，而置云中、雁门、代郡（西元前三〇七）。其后燕有贤将秦开……袭破东胡。……燕亦筑长城，自造阳至襄平，置上谷、渔阳、右北平、辽西、辽东郡以距胡。当是时，冠带战国七，而三国边于匈奴（注，如淳曰：燕、赵、秦。〔《汉书》卷九十四上《匈奴传上》〕）。

始皇灭六国后，民苦边患，乃遣蒙恬将兵击之，收河南地。

三十二年（西元前二一五）……始皇乃使将军蒙恬，发兵三十万人，北击胡，略取河南地（《史记》卷六《秦始皇本纪》）。

秦已并天下，乃使蒙恬将三十万众，北逐戎狄，收河南（《史记》卷八十八《蒙恬列传》）。

秦灭六国，而始皇帝使蒙恬将数十万之众，北击胡，悉收河南地，因河为塞，筑四十四县城临河，徙谪戍以充之。……又度河据阳山北假中

(《汉书》卷九十四上《匈奴传上》)。

(3)取南越地

二十五年(西元前二二二)……王翦遂定荆江南地,降越君,置会稽郡(《史记》卷六《秦始皇本纪》)。

三十三年(西元前二一四),发诸尝逋亡人、赘婿、贾人,略取陆梁地(注,《正义》:岭南之人,多处山陆,其性强梁,故曰陆梁),为桂林、象郡、南海,以谪遣戍(《史记》卷六《秦始皇本纪》)。

秦皇……利越之犀角、象齿、翡翠、珠玑,乃使尉屠睢发卒五十万为五军,一军塞镡城之岭,一军守九嶷之塞,一军处番禺之都,一军守南野之界,一军结余干之水,三年不解甲弛弩。使监禄无以转饷,又以卒凿渠而通粮道。以与越人战,杀西呕君译吁宋,而越人皆入丛薄中与禽兽处,莫肯为秦虏。相置桀骏以为将,而夜攻秦人,大破之,杀尉屠睢,伏尸流血数十万,乃发谪戍以备之(《汉书·严助严安传》亦记其事。〔《淮南子》卷十八《人间训》〕)。

（三）秦始皇之政治

（1）专制之加剧

始皇一切设施，均趋于极端之专制，特恐人民起而反抗，故使用种种手段以压迫之。兹撮其大者列叙于下：

（甲）徙天下豪杰实关中

二十六年（西元前二二一）……徙天下豪富于咸阳，十二万户（《史记》卷六《秦始皇本纪》）。

堕名城，杀豪俊，收天下之兵，聚之咸阳。销锋鍉，铸以为金人十二，以弱天下之民（贾谊《新书》卷一《过秦上》）。

按：始皇之初，旧有各国贵族与新产生之富者阶级，尚有一部分势力，故为防制乱萌，乃迁之京师，以便监视。

（乙）焚书坑儒

李斯改革政治，而学者动援古以非之，故有焚书之祸。

三十四年（西元前二一三）……始皇置酒咸阳宫，博士七十人前为寿。仆射周青臣进颂曰："他时秦地不过千里，赖陛下神灵明圣，平定海内，放逐蛮夷。……以诸侯为郡县，人人自安乐，无战争之患。……自上古不及陛下威德。"始皇悦。博士齐人淳于越进曰："臣闻殷周之王千余岁，封子弟功臣，自为枝辅。今陛下有海内，而子弟为匹夫，卒有田常、六卿之臣，无辅拂，何以相救哉？事不师古而能长久者，非所闻也。今青臣又面谀以重陛下之过，非忠臣。"始皇下其议。丞相李斯曰："五帝不相复，三代不相袭，各以治，非其相反，时变异也。今陛下创大业，建万世之功，固非愚儒所知。……异时诸侯并争，厚招游学。今天下已定，法令出一，百姓当家则力农工，士则学习法令辟禁。今诸生不师今而学古，以非当世，惑乱黔首。……古者天下散乱，莫之能一，是以诸侯并作，语皆道古以害今，饰虚言以乱实，人善其所私学，以非上之所建立。今皇帝并有天下，别黑白而定一尊。私学而相与非法教，人闻令下，则各以其学议之，入则心非，出则巷议，夸主以为名，异取以为高，率群下以造谤。如此弗禁，则主势降乎上，党与成乎下。禁之便。”（《史记》卷六《秦始皇本纪》）

臣请史官非《秦纪》皆烧之。非博士官所职，天下敢有藏诗、书、百家语者，悉诣守、尉杂烧之。有敢偶语诗、书弃市。以古非今者族。吏见知不举者与同罪。令下三十日不烧，黥为城旦。所不去者，医药、卜筮、种树之书。若欲有学法令，以吏为师。制曰：“可。”（《史记》卷六《秦始皇本纪》）

继此，又有坑儒之事。起因虽由于方士，但所坐诸生罪名，为“惑乱黔首”，束缚思想，钳制舆论，与焚书出于一辙。

三十五年……卢生相与谋曰：“始皇为人，天性刚戾自用，起诸侯，并天下，意得欲从，以为自古莫及己，专任狱吏。……上乐以刑杀为威。……秦法不得兼方不验辄死。……天下之事无大小，皆决于上。……贪于权势至如此，未可为求仙药。”于是乃亡去。始皇闻亡，乃大怒曰：“吾前收天下书不中用者尽去之。悉召文学方术士甚众，欲以兴太平，方士欲练以求奇药。今闻韩众去不报，徐市等费以巨万计，终不得药，徒奸利相告日闻。卢生等吾尊赐之甚厚，今乃诽谤我，以重吾不德也。诸生在咸阳者，吾使人廉问，或为訞言以乱黔首。”于是使御史悉案问诸生，诸生转相告引，乃自除。犯禁者四百六十余人，皆坑之咸阳，使天下知之，以惩后。益发谪徙边（《史记》卷六《秦始皇本纪》）。

按：西汉《公卿百官表》，博士：秦官，掌通古今。……既曰通古今，则上必有所师承，下必有所传授，故其徒实繁。秦虽存其官，而甚恶其徒，常设法诛灭之。始皇使御史案问诸生，转相告引，至杀四百六十余人。又令冬种瓜骊山，实生。命博士诸生就视，为伏机，杀七百余人。二世时，又以陈胜起，召博士诸生议，坐以非所宜言者，又数十人。然则秦之于博士弟子，非惟不能考察试用之，盖惟恐其不澌尽泯没矣。叔孙通面谀，脱虎口而逃亡。孔甲持礼器，发愤而事陈涉，有以也哉（《通考》卷四十《学校考一》）。

（丙）严刑罚

秦法素称严刻，始皇更专任刑罚，以张主威。

秦用商鞅连相坐之法，造参夷之诛。增加肉刑，大辟有凿颠、抽胁、镬亨之刑。至于秦始皇兼吞战国，遂毁先王之法，灭礼谊之官，专任刑罚，躬操文墨，昼断狱，夜理书，自程决事，日县石之一。而奸邪并生，赭衣塞路，囹圄成市，天下愁怨，溃而叛之（《汉书》卷二十三《刑法志》）。

至秦所用之刑，名称甚夥。兹撮散见于《史记》纪、传及《汉书·刑法志》中者，表列之如下：

秦刑名简表

刑名	备考
榜掠	《史记·李斯列传》：赵高治斯，榜椋千余。不胜痛，自诬服。
鬼薪	《史记·秦始皇本纪》：九年，轻者为鬼薪。注：《集解》应劭曰："取薪给宗庙，为鬼薪也。"如淳曰："律说，鬼薪作三岁。"
黥为城旦	《史记·秦始皇本纪》：三十四年，令下三十日不烧，黥为城旦。注：《集解》如淳曰："律说论决为髡钳输边筑长城，昼日伺寇虏，夜暮筑长城。城旦，四岁也。"
谪	《史记·秦始皇本纪》：三十三年，徙谪实之。注：《索隐》："徙有罪而谪之，故汉七科，谪亦因于秦。"
籍没	《史记·秦始皇本纪》：十二年，自今以来，操国事不道如嫪毐、不韦者，籍其门。视此。注：《索隐》谓籍没其一门，皆为徒隶。

续表

刑名	备考
连坐	《史记·商君列传》：相收司连坐。注:《索隐》，收司，谓相纠发也。一家有罪而九家连举发。若不纠举，则什家连坐。
弃市	《史记·秦始皇本纪》：三十四年，有敢偶语诗、书，弃市。
戮	《史记·秦始皇本纪》：元年，六公子戮死于杜。又《李斯列传》：公子十二人，僇死咸阳市。
腰斩	《史记·商君列传》：不告奸者腰斩。
车裂	《史记·秦本纪》：惠文君立，鞅亡。因以为反，而卒车裂以徇秦国。
坑	《史记·秦始皇本纪》：三十五年，使御史悉案问诸生，四百六十余人，皆坑之咸阳。
磔	《史记·李斯列传》：十公主矺死于杜。注:《索隐》：矺与磔同。磔谓裂其肢体而杀之。又《秦始皇本纪》：二十年，荆轲刺秦王。秦王觉之，体解轲以徇。
凿颠	《汉书·刑法志》：秦用商鞅，增加肉刑，大辟有凿颠、抽胁、镬亨之刑。
抽胁	见上。
镬亨	见上。
戮尸	《史记·秦始皇本纪》：八年，将军壁死，卒屯留、蒲鹝反，戮其尸。
枭首	《史记·秦始皇本纪》：九年，毐等败走，二十人皆枭首。注:《集解》驷案，县首于木上曰枭。
具五刑	《汉书·刑法志》：当三族者，皆先黥、劓、斩左右趾。笞杀之，枭其首，菹其骨肉于市。其诽谤詈诅者，又先断舌。故谓之具五刑。
族	《史记·秦始皇本纪》：三十四年，以古非今者族。《李斯列传》：公子高欲奔，恐收族。
夷三族	《史记·秦本纪》：文公二十年，法初有三族之罪。注:《集解》如淳曰：父族母族妻族也。《汉书·高帝纪》：九年，罪三族。注：张晏曰，父母兄弟妻子也。

（丁）集兵权

秦先以武立国，兵制规定甚密。

秦自非子为孝王养马汧、渭之间，封为附庸，至秦仲始大。秦仲之孙襄公，当平王初，兴兵讨西戎以救周。平王东迁，遂有岐、丰之地，列为诸侯，地与戎相错。襄公修其车马，备其兵甲，武事备矣。至穆公霸西戎，始作三军。……及孝公用商鞅，定变法之令，令民为什五而相收连坐。告奸者，与斩敌首同赏；匿奸者，与降敌同罚。……有军功者，各以率受上爵。为私斗者，各以轻重被刑。宗室非有军功，论不得为属籍。行之十年，民勇于公战，怯于私斗。又以秦地旷而人寡，晋地狭而人稠，诱三晋之人耕秦地，优其田宅，而使秦人应敌于外。大率百人，则五十人为农，五十人习战。凡民年二十三，附之畴官，给郡县，一月而更，谓“卒”。复给中都一岁，谓“正卒”。复屯边一岁，谓“戍卒”。凡战，获一首，赐爵一级，皆以战功相君长。长平之役，年十五以上悉发，又非商鞅之旧矣（《通考》卷一四九《兵考一》）。

始皇既兼并六国，内置卫而郡置材官，取居中驭外之势。

踵秦而置材官于郡国（《汉书》卷二十三《刑法志》）。

秦始皇既并天下，分为三十六郡，郡置材官。聚天下兵器于咸阳，铸为钟镰。讲武之礼，罢为角觝（《通考》卷一四九《兵考一》）。

（戊）巡行天下

始皇为防反侧，巡行天下，刻石颂扬秦功德。

二十七年（西元前二二〇），始皇巡陇西、北地。出鸡头山，过回中焉（《史记》卷六《秦始皇本纪》）。

二十八年（西元前二一九），始皇东行郡县，上邹峄山立石。与鲁诸儒生议刻石颂秦德，议封禅望祭山川之事。乃遂上泰山，立石封祠祀。……于是乃并勃海以东，过黄腄，穷成山，登之罘，立石颂秦德焉而去。南登琅邪，大乐之，留三月。……作琅邪台，立石刻，颂秦德，明德意。……还过彭城。……西南渡淮水，之衡山、南郡，浮江至湘山祠。……自南郡由武关归（《史记》卷六《秦始皇本纪》）。

二十九年（西元前二一八），始皇东游……登之罘刻石。……遂之琅邪，道上党入（《史记》卷六《秦始皇本纪》）。

三十二年（西元前二一五），始皇之碣石……刻碣石门。……巡北边，从上郡入（《史记》卷六《秦始皇本纪》）。

三十七年（西元前二一〇）十月，始皇出游。……十一月，行至云梦，望祀虞舜于九疑山。浮江下观籍柯，渡海渚。过丹阳，至钱唐，临浙江。……上会稽，祭大禹，望于南海，而立石刻颂秦德。……还，过吴，从江乘渡，并海上，北至琅邪。……自琅邪北至荣成山……至之罘。……遂并海西，至平原津而病。……七月丙寅，始皇崩于沙丘平台（《史记》卷六《秦始皇本纪》）。

（2）民力之耗竭

（甲）筑长城

燕、赵、秦御北胡，筑长城。秦并天下，复连而一之，遂为世界有名之大工程。

秦已并天下，乃使蒙恬将三十万众，北逐戎狄，收河南，筑长城，因地形，用险制塞，起临洮至辽东，延袤万余里。于是渡河据阳山，逶蛇而北，暴师于外十余年。居上郡（《史记》卷八十八《蒙恬列传》）。

三十四年（西元前二一三），谪治狱吏不直者，筑长城（《史记》卷六《秦始皇本纪》）。

（乙）建宫室

始皇广建宫室，以为憩游之所。二世继之而不辍，物力益凋敝矣。

二十六年（西元前二二一）……秦每破诸侯，写放其宫室，作之咸阳北阪上。南临渭，自雍门以东至泾、渭，殿屋复道，周阁相属。所得诸侯美人、钟鼓以充入之（《史记》卷六《秦始皇本纪》）。

二十七年（西元前二二〇）……作信宫渭南，已更命信宫为极庙，象天极。自极庙道通郦山，作甘泉前殿，筑甬道，自咸阳属之（《史记》卷六《秦始皇本纪》）。

三十五年（西元前二一二）……始皇以为咸阳人多，先王之宫廷小，吾闻周文王都丰，武王都镐，丰、镐之间，帝王之都也，乃营作朝宫渭南上林苑中。先作前殿阿房，东西五百步，南北五十丈，上可以坐万人，下可以建五丈旗，周驰为阁道，自殿下直抵南山。表南山之颠以为阙，为复道，自阿房渡渭属之咸阳，以象天极，阁道绝汉抵营室也。阿房宫未成，成欲更择令名名之，作宫阿房，故天下谓之阿房宫（《史记》卷六《秦始皇本纪》）。

阿房宫，亦曰阿城。惠文王造宫未成而亡，始皇广其宫规，恢三百余里，离宫别馆，弥山跨谷，辇道相属，阁道通骊山八十余里。表南山之颠以为阙，络樊川以为池，作阿房前殿，东西五十步，南北五十丈，上可坐万人，下建五丈旗。以木兰为梁，以磁石为门，周驰为复道，度渭属之咸阳，以象太极，阁道抵营室也。阿房宫未成，欲更择令名名之，作宫阿基旁，故天下谓之阿房宫（《三辅黄图》卷一）。

起咸阳而西至雍，离宫三百，钟鼓帷帐，不移而具。又为阿房之殿，殿高数十仞，东西五里，南北千步，从车罗骑，四马骛驰，旌旗不挠（《汉书》卷五十一《贾山传》）。

元年四月，二世还至咸阳，曰："先帝为咸阳朝廷小，故营阿房宫。为室堂未就，会上崩，罢其作者，复土郦山。郦山事大毕，今释阿房宫弗就，则是章先帝举事过也。"复作阿房宫（《史记》卷六《秦始皇本纪》）。

（丙）治驰道

始皇为游观而治驰道，然与交通上殊有关系。

二十七年（西元前二二〇）……治驰道（《史记》卷六《秦始皇本纪》）。

治驰道，兴游观，以见主之得意（《史记》卷八十七《李斯列传》）。

始皇欲游天下，道九原，直抵甘泉。乃使蒙恬通道，自九原抵甘泉，堑山堙谷，千八百里，道未就。……太史公曰："吾适北边，自直道归。行观蒙恬所为秦筑长城亭障，堑山堙谷，通直道。"（《史记》卷八十八《蒙恬列传》）

为驰道于天下，东穷燕、齐，南极吴、楚。江湖之上，濒海之观，毕至。道广五十步，三丈而树。厚筑其外，隐以金椎，树以青松（《汉书》卷五十一《贾山传》）。

（四）秦之民生状况

秦据有关中，农、商业俱甚发达。

故秦地于《禹贡》时跨雍、梁二州，《诗·风》兼秦、豳两国。昔后稷封斄，公刘处豳，太王徙郊，文王作酆，武王治镐，其民有先王遗风，好稼穑，务本业。故《豳》诗言农桑衣食之本甚备，有鄠杜竹林、南山檀柘，号称陆海，为九州膏腴。始皇之初，郑国穿渠，引泾水溉田，沃野千里，民以富饶（《汉书》卷二十八下《地理志下》）。

关中自汧、雍以东至河、华，膏壤沃野千里。自虞、夏之贡，以为上田。而公刘适邠，大王、王季在岐，文王作丰，武王治镐，故其民犹有先王之遗风，好稼穑，殖五谷（《史记》卷一二九《货殖列传》）。

是时，李悝为魏文侯作尽地力之教。……行之魏国，国以富强。及秦孝公用商君坏井田，开仟伯，急耕战之赏，虽非古道，犹以务本之故，倾邻国而雄诸侯。然王制遂灭，僭差亡度，庶人之富者累巨万，而贫者食糟糠。有国强者兼州域，而弱者丧社稷（《汉书》卷二十四上《食货志上》）。

及秦文、孝、缪居雍，隙陇、蜀之货物而多贾。献孝公徙栎邑，栎邑北却戎翟，东通三晋，亦多大贾。武、昭治咸阳，因以汉都，长安诸陵，四方辐凑，并至而会，地小人众，故其民益玩巧而事末也（《史记》卷一二九《货殖列传》）。

及始皇兼并六国，内兴功作，外事四方，遂行苛敛。二世继之，重以无道，海内困穷，人民起兵，而秦底于亡。

至于始皇，遂并天下，内兴功作，外攘夷狄，收泰半之赋，发闾左之戍，男子力耕不足粮饷，女子纺绩不足衣服，竭天下之资财以奉其政，犹未足以澹其欲也。海内愁怨，遂用溃畔（《汉书》卷二十四上《食货志上》）。

元年四月……度不足，下调郡县转输菽粟刍藁，皆令自赍粮食，咸阳三百里内不得食其谷。用法益刻深。七月，戍卒陈胜等反（《史记》卷六《秦始皇本纪》）。

当此之时，男子不得修农亩，妇人不得剡麻考缕。羸弱服格于道，大夫箕会于衢。病者不得养，死者不得葬。于是陈胜起于大泽，奋臂大呼，天下席卷而至于戏。刘、项兴义兵，随而定，若折槁振落，遂失天下（《淮南子》卷十八《人间训》）。

（五）李斯成统一之功

李斯为创造秦代政局之主动人物，而学帝王之术于荀卿，是斯亦儒家者流也。

李斯者，楚上蔡人也。年少时，为郡小吏。……乃从荀卿学帝王之术。学已成，度楚王不足事，而六国皆弱，无可为建功者，欲西入秦。辞于荀卿曰："斯闻得时无怠，今万乘方争时，游者主事。今秦王欲吞天下，称帝而治，此布衣驰骛之时而游说者之秋也。处卑贱之位而计不为者，此禽鹿视肉，人面而能强行者耳。故诟莫大于卑贱，而悲莫甚于穷困。久处卑贱之位，困苦之地，非世而恶利，自托于无为，此非士之情也。故斯将西说秦王矣。"（《史记》卷八十七《李斯列传》）

自孔子揭橥大一统尊王之义，作政治运动。斯之学出于荀卿，荀卿亦主张齐一天下，故斯以一统帝王业说始皇。始皇任之，新局面于以开端。

说秦王曰："胥人者，去其几也。成大功者，在因瑕衅而遂忍之。昔者秦穆公之霸，终不东并六国者，何也？诸侯尚众，周德未衰，故五伯迭兴，更尊周室。自秦孝公以来，周室卑微，诸侯相兼，关东为六国，秦之乘胜役诸侯，盖六世矣（注：《正义》：秦孝公、惠文王、武王、昭王、孝文王、庄襄王）。今诸侯服秦，譬若郡县。夫以秦之强，大王之贤，由灶上骚除，足以灭诸侯，成帝业，为天下一统，此万世之一时也。今怠而不急就，诸侯复强，相聚约从，虽有黄帝之贤，不能并也。"（《史记》卷卷八十七《李斯列传》）

斯得主知，擢居显位，一切主张，次第实行，儒家统一运动，遂告成功。斯在狱中引罪上书，正为表其统一之功。

李斯乃从狱中上书曰："臣为丞相治民，三十余年矣。逮秦地之狭隘，先王之时，秦地不过千里，兵数十万。臣尽薄材，谨奉法令，阴行谋臣，资之金玉，使游说诸侯，阴修甲兵，饰政教，官斗士，尊功臣，盛其爵禄，故终以胁韩弱魏，破燕、赵，夷齐、楚，卒兼六国，虏其王，立秦为天子。罪一矣。地非不广，又北逐胡、貉，南定百越，以见秦之强。罪二矣。尊大臣，盛其爵位，以固其亲。罪三矣。立社稷，修宗庙，以明主之贤。罪四矣。更克画，平斗斛、度量、文章，布之天下，以树秦之名。罪五矣。治驰道，兴游观，以见主之得意。罪六矣。缓刑罚，薄赋敛，以遂主得众之心，万民戴主，死而不忘。罪七矣。”（《史记》卷八十七《李斯列传》）

秦汉之际

秦自二世元年（西元前二〇九）陈胜举兵，至汉高五年（西元前二〇二）灭项羽，凡八年。

秦始皇统一全国，厉行极端专制，传仅二世而天下兵起。其原因：一由于人民困于赋税，胁于威刑；一由于封建思想未泯。六国为秦所并，人多不平，特慑于始皇之淫威，不敢暴发耳。及二世继立，复多行不义，民益不堪命。于是陈涉、吴广乃以瓮牖绳枢之子，揭竿而起，四方响应。汉高祖起自小吏，无丝毫之凭藉，乃成最后之功，与六国之后不同。

（一）豪杰亡秦

秦始皇道崩于沙丘，二世以诡谋得位，恐臣属不服，恫以诛戮。然上下离德，危机遂兆。

三十七年（西元前二一〇）十月，始皇出游……至平原津（山东德县）而病。始皇恶言死，群臣莫敢言死事。上病益甚，乃为玺书赐公子扶苏曰："与丧会咸阳而葬。"书已封，在中车府令赵高行符玺事所，未授使者。……始皇崩于沙丘平台（河北邢台县）。丞相斯为上崩在外，恐诸公子及天下有变，乃秘之，不发丧。……独子胡亥、赵高及所幸宦者五六人知上死。赵高故尝教胡亥书及狱律令法事，胡亥私幸之。高乃与公子胡亥、丞相斯阴谋，破去始皇所封书赐公子扶苏者，而更诈为丞相斯受始皇遗诏沙丘，立子胡亥为太子。更为书赐公子扶苏、蒙恬，数以罪，其赐死。……至咸阳发丧。太子胡亥袭位，为二世皇帝（《史记》卷六《秦始皇本纪》）。

以赵高为郎中令，常侍中用事。二世燕居，乃召高与谋事。……高曰："……夫沙丘之谋，诸公子及大臣皆疑焉，而诸公子尽帝兄，大臣又先帝之所置也。今陛下初立，此其属意怏怏皆不服，恐为变。且蒙恬已死，蒙毅将兵居外，臣战战栗栗，唯恐不终。且陛下安得为此乐乎？"二世曰："为之奈何？"赵高曰："严法而刻刑，令有罪者相坐诛，至收族，灭大臣而远骨肉。贫者富之，贱者贵之。尽除去先帝之故臣，更置陛下之所亲信者近之。……陛下则高枕肆志宠乐矣。"二世然高之言，乃更为法律。于是群臣诸公子有罪，辄下高，令鞫治之。杀大臣蒙毅等，公子十二人僇死咸阳市，十公主矺死于杜，财物入于县官，相连坐者不可胜数（《史记》卷八十七《李斯列传》）。

秦既发生内变，久郁思动之民，遂乘间而起兵。

陈胜者，阳城人也，字涉。吴广者，阳夏人也，字叔。……二世元年

（西元前二〇九）七月，发闾左谪戍渔阳（河北密云县），九百人屯大泽乡。陈胜、吴广皆次当行，为屯长。会天大雨，道不通，度已失期。失期，法皆斩。陈胜、吴广乃谋曰："今亡亦死，举大计亦死，等死，死国可乎？"陈胜曰："天下苦秦久矣。吾闻二世少子也，不当立，当立者乃公子扶苏。扶苏以数谏故，上使外将兵。今或闻无罪，二世杀之。百姓多闻其贤，未知其死也。项燕为楚将，数有功，爱士卒，楚人怜之。或以为死，或以为亡。今诚以吾众诈自称公子扶苏、项燕，为天下唱，宜多应者。"吴广以为然。乃行卜。卜者知其指意，曰："足下事皆成，有功。然足下卜之鬼乎！"陈胜、吴广喜，念鬼，曰："此教我先威众耳。"乃丹书帛曰"陈胜王"，置入所罾鱼腹中。卒买鱼烹食，得鱼腹中书，固以怪之矣。又间令吴广之次近所旁丛祠中，夜篝火，狐鸣呼曰"大楚兴，陈胜王"。卒皆夜惊恐。旦日，卒中往往语，皆指目陈胜。吴广素爱人，士卒多为用者。将尉醉，广故数言欲亡，忿恚尉，令辱之，以激怒其众。尉果笞广。尉剑挺，广起，夺而杀尉。陈胜佐之，并杀两尉。召令徒属曰："公等遇雨，皆已失期，失期当斩。藉弟令毋斩，而戍死者固十六七。且壮士不死即已，死即举大名耳，王侯将相宁有种乎！"徒属皆曰："敬受命。"乃诈称公子扶苏、项燕，从民欲也。袒右，称大楚。……陈胜自立为将军，吴广为都尉。攻大泽乡，收而攻蕲。蕲下，乃令符离人葛婴将兵徇蕲以东。攻铚、酂、苦、柘、谯皆下之。行收兵。比至陈，车六七百乘，骑千余，卒数万人。攻陈……乃入据陈……陈涉乃立为王，号为张楚。……乃以吴叔为假王，监诸将以西击荥阳。令陈人武臣、张耳、陈馀徇赵地，令汝阴人邓宗徇九江郡。当此时，楚兵数千人为聚者，不可胜数（《史记》卷四十八《陈涉世家》）。

自涉首事，天下翕从，涉复遣诸将徇地。诸将得地者，即自为王。六国后人，亦乘机而起，建国称王。兹据《史记·秦楚之际月表》列表如下：

六国先后起兵简表

称号	姓名	年月	事实
张楚王	陈涉	二世元年七月	见前。
楚王	襄彊	二世元年八月	《史记·陈涉世家》：令符离人葛婴，将兵徇蕲以东，至东城，立襄彊为楚王。婴后闻陈王已立，因杀襄彊。
	景驹	二世二年端月	同上。陵人秦嘉等，闻陈王军破，出走。乃立景驹为楚王（《史记·项羽本纪》）。注：《集解》文颖曰：景驹楚族，景氏驹名。
	楚怀王孙心	二世二年六月	《史记·项羽本纪》：项梁乃求楚怀王孙心民间，为人牧羊，立以为楚怀王。
赵王	武臣	二世元年八月	《史记·陈涉世家》：武臣到邯郸，自立为赵王。
魏王	魏旧宁陵君咎	二世元年九月	同上。令魏人周市北徇魏地。至狄，田儋击周市，市军散。还至魏地，欲立魏后故宁陵君咎为魏王。
齐王	田儋	二世元年九月	同上。狄人田儋，杀狄令，自立为齐王。
燕王	韩广	二世元年九月	同上。赵王（武臣）使韩广将兵北徇燕地，乃自立为燕王。
沛公	刘邦	二世元年九月	《史记·秦楚之际月表》：沛公初起。
武信君	项梁	二世元年九月	同上。项梁，号武信君。
韩王	旧韩公子成	二世二年六月	《史记·留侯世家》：良乃说项梁曰："韩诸公子横阳君成贤，可立为王。"项梁使良求韩成，立以为韩王。

惟当时秦兵力尚强，新起之众自非其敌，故遇战辄败北。

二年冬（西元前二〇八），陈涉所遣周章等将西至戏（陕西临潼县），兵数十万。二世大惊，与群臣谋曰："奈何？"少府章邯曰："盗已至，众强，今发近县不及矣。郦山徒多，请赦之，授兵以击之。"二世乃大赦天下，使章邯将，击破周章军而走，遂杀章曹阳。二世益遣长史司马欣、董翳佐章邯击盗，杀陈胜城父（安徽蒙城县。〔《史记》卷六《秦始皇本纪》〕）。

项梁乃以八千人渡江而西。……入薛。……闻陈王定死，召诸别将会薛计事。此时沛公亦起沛，往焉。居鄛人范增，年七十，素居家，好奇计，往说项梁曰："陈胜败固当。夫秦灭六国，楚最无罪，自怀王入秦不反，楚人怜之至今……今陈胜首事，不立楚后而自立，其势不长。今君起江东，楚蜂起之将皆争附君者，以君世世楚将，为能复立楚之后也。"于是项梁然其言，乃求楚怀王孙心民间，为人牧羊，立以为楚怀王。……都盱台，项梁自号为武信君。居数月，引兵攻亢父。……大破秦军于东阿。……项梁起东阿，西北至定陶，再破秦军。……益轻秦，有骄色。……秦果悉起兵益章邯击楚军，大破之定陶，项梁死。沛公、项羽去外黄，攻陈留……不能下。……乃与吕臣军俱引兵而东。吕臣军彭城东，项羽军彭城西，沛公军砀（《史记》卷七《项羽本纪》）。

章邯已破项梁军，则以为楚地兵不足忧，乃渡河击赵，大破之。当此时，赵歇为王，陈馀为将，张耳为相，皆走入巨鹿城（河北平乡县）。章邯令王离、涉间围巨鹿，章邯军其南，筑甬道而输之粟。陈余为将，将卒数万人，而军巨鹿之北。此所谓河北之军也（《史记》卷七《项羽本纪》）。

楚兵已破于定陶，怀王恐，从盱台之彭城，并项羽、吕臣军自将之（《史记》卷七《项羽本纪》）。

秦兵所向克捷，诸军濒危，遂定应敌之策。一路救赵，以掣关外秦军；一路入关，以捣其根本。惟宋义畏秦强，趦趄不进，项羽杀之，引兵救赵，以破秦军。

赵数请救，怀王乃以宋义为上将军，项羽为次将，范增为末将，北救赵。令沛公西略地入关。与诸将约：先入定关中者王之。当是时，秦兵强，常乘胜逐北，诸将莫利先入关。独项羽怨秦破项梁军，奋愿与沛公西入关（《史记》卷八《高祖本纪》）。

诸别将皆属宋义，号为卿子冠军。行至安阳，留四十六日不进。……乃遣其子宋襄相齐，身送之。至无盐，饮酒高会。天寒大雨，士卒冻饥。项羽曰："将戮力而攻秦，久留不行，今岁饥民贫，士卒食芋菽，军无见粮，乃饮酒高会，不引兵渡河，因赵食。……且国兵新破，王坐不安席，扫境内而专属于将军，国家安危，在此一举。今不恤士卒而徇其私，非社稷之臣。"项羽晨朝上将军宋义，即其帐中斩宋义头，出令军中曰："宋义与齐谋反楚，楚王阴令羽诛之。"当是时，诸将皆慑服，莫敢枝梧，皆曰："首立楚者，将军家也。今将军诛乱。"乃相与共立羽为假上将军。……怀王因使项羽为上将军。……项羽已杀卿子冠军，威震楚国，名闻诸侯。乃遣当阳君蒲将军，将卒二万渡河救巨鹿。战少利，陈馀复请兵（《史记》卷七《项羽本纪》）。

项羽乃悉引兵渡河，皆沉船，破釜甑，烧庐舍，持三日粮，以示士卒必死，无一还心。于是至则围王离，与秦军遇。九战，绝其甬道，大破之，杀苏角，虏王离，涉间不降楚，自烧杀。当是时，楚兵冠诸侯，诸侯军救巨鹿下者十余壁，莫敢纵兵。及楚击秦，诸将皆从壁上观。楚战士无不一以当十，楚兵呼声动天，诸侯军无不人人惴恐。于是已破秦军，项羽召见诸侯将。诸侯将入辕门，无不膝行而前，莫敢仰视。项羽由是始为诸侯上将军，诸侯皆属焉（《史记》卷七《项羽本纪》）。

三年……冬，赵高为丞相，竟案李斯杀之。夏，章邯等战数却。二世使人让邯，邯恐，使长史欣请事，赵高弗见，又弗信，欣恐，亡去。高使人捕追，不及。欣见邯曰："赵高用事于中，将军有功亦诛，无功亦诛。"项羽急击秦军。……邯等遂以兵降诸侯(《史记》卷六《秦始皇本纪》)。

章邯既降，秦在关外势力已归消灭，所争者关中而已。

沛公引兵西……战不利……略南阳郡。……乃用张良计，使郦生、陆贾往说秦将，啗以利，因袭攻武关，破之。又与秦军战于蓝田南，益张疑兵旗帜。诸所过，毋得掠卤，秦人憙，秦军解，因大破之。又战其北，大破之，乘胜，遂破之(《史记》卷八《高祖本纪》)。

三年八月……沛公将数万人，已屠武关。使人私于高，高恐二世怒，诛及其身，乃谢病不朝见。……二世乃斋于望夷宫……使使责让高以盗贼事。高惧，乃阴与其婿咸阳令阎乐、其弟赵成谋曰："上不听谏，今事急，欲归祸于吾宗，吾欲易置上，更立公子婴。……"使郎中令为内应，诈为有大贼，令乐召吏发卒追。……至望夷宫殿门……郎中令与乐俱入。……二世怒，召左右，左右皆惶扰不斗。……二世自杀。……赵高乃悉召诸大臣公子，告以诛二世之状，曰："秦故王国，始皇君天下故称帝。今六国复自立，秦地益小，乃以空名为帝，不可。宜为王如故，便。"立二世之兄子公子婴为秦王。……子婴遂刺杀高于斋宫。……子婴为秦王四十六日，楚将沛公……至霸上，使人约降子婴。子婴……降轵道旁，沛公遂入咸阳(《史记》卷六《秦始皇本纪》)。

汉元年十月……或说沛公曰："秦富十倍天下，地形强。今闻章邯降项羽，项羽乃号为雍王，王关中。今则来，沛公恐不得有此，可急使兵守函谷关，无纳诸侯军，稍征关中兵以自益，距之。"沛公然其计，从之。十一月中，项羽果率诸侯兵西欲入关，关门闭。闻沛公已定关中，大怒，使黥布等攻破函谷关。十二月中，遂至戏。……亚父劝项羽击沛公，方飨士，旦日合战。是时，项羽兵四十万，号百万。沛公兵十万，号二十万，力不敌。会项伯欲活张良，夜往见良。因以文谕项羽，项羽乃止。沛公从百余骑，驱之鸿门，见谢项羽。……沛公以樊哙、张良故，得解归(《史记》

卷八《高祖本纪》)。

项羽引兵西屠咸阳，杀秦降王子婴，烧秦宫室，火三月不灭。收其货宝、妇女而东(《史记》卷七《项羽本纪》)。

（二）楚汉相争

秦末豪杰发难，六国之后，纷纷复立。一时郡县制度遂被打破，复回归于封建。关东六国并峙，惟项羽之势独强，诸侯皆仰其鼻息，义帝徒拥虚号，然未尝别黑白而定一尊，与人民渴望统一之心相抵触，此其所以皆致败亡。刘汉代之，乃成统一之局。

尊怀王为义帝，项王欲自王，先王诸将相，谓曰："天下初发难时，假立诸侯后以伐秦。然身被坚执锐首事，暴露于野，三年灭秦定天下者，皆将相诸君与籍之力也。义帝虽无功，故当分其地而王之。……乃分天下，立诸将为侯王。……项王自立为西楚霸王，王九郡，都彭城。……徙义帝长沙郴县……阴令衡山临江王击杀之江中（《史记》卷七《项羽本纪》）。

项羽分封十八王简表（据《史纪·秦楚之际月表》，参以纪、传）

旧国地	王号	姓名	辖地	都邑		事功	灭亡	备考
				古地	今释			
秦	汉	刘邦	巴蜀汉中	南郑	陕西南郑县	先入关。		项羽因邦先入关当王，又恶负约，故析关中为四，以邦王汉中。
	雍	章邯	咸阳以西	废丘	陕西兴平县	秦降将。	立十七月，为汉所杀。	
	翟	董翳	上郡	高奴	陕西鄜县	秦降将，劝章邯降。	立七月，降汉。	
	塞	司马欣	咸阳以东至河	栎阳	陕西临潼县	秦降将，故为栎阳狱掾，有德于项梁。	立七月，降汉。	

续表

旧国地	王号	姓名	辖地	都邑		事功	灭亡	备考
				古地	今释			
楚	九江	英布		六	安徽六安县	楚将，常冠军。	立二十四月，降汉。	
	衡山	吴芮		邾	湖北黄冈县	率百越佐诸侯，又从入关。	立四年。汉徙封长沙，都临湘。	
	临江	共敖		江陵	湖北江陵县	义帝柱国。击南郡，功多。	立三十一月。敖死，子骓立十七月，为汉虏。	
魏	西魏	魏豹	河东	平阳	山西临汾县	故魏王。	立三十八月，为韩信所虏。	
	殷	司马卬	河内	朝歌	河南淇县	故赵将，定河内，数有功。	立十四月，降汉。	
韩	韩	成	韩故地	阳翟	河南禹县	故韩王。	立二十七月。项羽杀成，立郑昌。昌立三月，降汉。	汉以韩襄王孙信为韩王。
	河南	申阳	河南	雒阳	河南洛阳县	张耳嬖臣，先下河南郡，迎楚河上。	立九月，降汉。	
赵	代	赵歇	代	代	河北蔚县	故赵王。	立三十五月，歇复为赵王。以陈馀为代王，立十二月，为韩信所斩。	
	常山	张耳	赵地	襄国	河北邢台县	赵相，从入关。	立九月，降汉。	

续表

<table>
<tr><th rowspan="2">旧国地</th><th rowspan="2">王号</th><th rowspan="2">姓名</th><th rowspan="2">辖地</th><th colspan="2">都邑</th><th rowspan="2">事功</th><th rowspan="2">灭亡</th><th rowspan="2">备考</th></tr>
<tr><th>古地</th><th>今释</th></tr>
<tr><td rowspan="2">燕</td><td>辽东</td><td>韩广</td><td>辽东</td><td>无终</td><td>河北蓟县</td><td>故燕王。</td><td>立三十七月。臧荼击杀广，灭之。</td><td></td></tr>
<tr><td>燕</td><td>臧荼</td><td></td><td>蓟</td><td>北京</td><td>故燕将，救赵，因从入关。</td><td>汉五年九月反，被虏。</td><td></td></tr>
<tr><td rowspan="3">齐</td><td>临菑</td><td>田都</td><td></td><td>临菑</td><td>山东临淄县</td><td>故齐将，从共救赵，因从入关。</td><td>立四月，为田荣击走，降楚。</td><td rowspan="3">齐故相田荣，并三齐，立八月，为项羽所击破，走死。羽立故齐王田假为王，立二月，荣弟田横反，击假，假走楚，楚杀之。横立荣子广为王，立二十一月。汉将韩信击杀广，地属汉。</td></tr>
<tr><td>胶东</td><td>田市</td><td></td><td>即墨</td><td>山东即墨县</td><td>故齐王。</td><td>立二十四月。为田荣所击杀。</td></tr>
<tr><td>济北</td><td>田安</td><td></td><td>博阳</td><td>山东泰安县</td><td>故齐王建孙，下济北数城，降羽。</td><td>立六月，为田荣所击杀。</td></tr>
</table>

项羽分封诸侯，尤猜忌刘邦，恐其独据关中，乃封之汉中。复以秦三降将分王关中，以牵掣之。

项王、范增疑沛公之有天下，业已讲解，又恶负约，恐诸侯叛之。乃阴谋曰："巴、蜀道险，秦之迁人皆居蜀。"乃曰："巴、蜀亦关中地也。"故立沛公为汉王，王巴、蜀、汉中。……而三分关中王秦降将，以距塞汉王（《史记》卷七《项羽本纪》）。

汉元年正月……负约，更立沛公为汉王，王巴、蜀、汉中，都南郑。三分关中，立秦三将，章邯为雍王……司马欣为塞王……董翳为翟王。……汉王之国……从杜南入蚀中，去辄烧绝栈道，以备诸侯盗兵袭之，亦示项羽无东意（《史记》卷八《高祖本纪》）。

按：当时天下义帝、西楚霸王而外，王国十八。上表，秦降将三人，徙分赵、魏、燕、齐、韩故王，更立诸将九人，及汉王一人。而以平民起事者，只刘邦与张耳、英布尔。至于项羽分封，将赵、魏、燕、齐、韩旧王改徙，使有功于己，而素所喜者，王于其地，人心业已不服。而"有功未得封"与"拥兵无所归"者，更不免怨望生心。是以受封诸侯，罢兵就国后，阅一月而兵起，互相攻杀，兵连祸结。项羽既为盟主，于是亲出戡乱，疲于奔命，而汉王乃得间东出，以与项羽相周旋。

田荣者，数负项梁，又不肯将兵从楚击秦，以故不封。……闻……立齐将田都为齐王，乃大怒，不肯遣齐王之胶东，因以齐反。迎击田都，田都走楚。齐王市畏项王，乃亡之胶东就国。田荣怒，追击杀之即墨。荣因自立为齐王，而西击杀济北王田安，并王三齐。……项羽……北击齐。……汉之二年冬……遂北至城阳，田荣亦将兵会战。田荣不胜，走，至平原，平原民杀之。……徇齐至北海，多所残灭，齐人相聚而叛之。于是田荣弟田横收齐亡卒，得数万人，反城阳。项王因留连战未能下。春，汉王部五诸侯兵凡五十六万人东伐楚，项王闻之，即命诸将击齐，而自以精兵三万人，南从鲁出胡陵。四月……大破汉军。………田横亦得收齐，立田荣子广为齐王（《史记》卷七《项羽本纪》）。

臧荼之国，因逐韩广之辽东。广弗听，荼击杀广无终，并王其地（《史记》卷七《项羽本纪》）。

汉元年四月……陈馀怨项羽之弗王己也，令夏说说田荣，请兵击张耳。齐予陈馀兵，击破常山王张耳，张耳亡归汉。迎赵王歇于代，复立为赵王。赵王因立陈馀为代王（《史记》卷八《高祖本纪》）。

韩王成无军功，项王不使之国，与俱至彭城，废以为侯。已又杀之。……乃以故吴令郑昌为韩王（《史记》卷七《项羽本纪》）。

初汉王出汉中，悉定三秦（破雍、塞、翟三王），东如陕。降河南，定韩地。渡河，降魏王，虏殷王，遂至于洛阳。

汉元年八月，汉王用韩信之计，从故道还袭雍王章邯……雍兵败……汉王遂定雍地。东至咸阳，引兵围雍王废丘（旋，废丘降，章邯自杀）。……二年，汉王东略地，塞王欣、翟王翳、河南王申阳皆降。韩王昌不听，使韩信击破之（《史记》卷八《高祖本纪》）。

二年正月……汉王之出关，至陕。……三月……从临晋渡，魏王豹将兵从（旋复附楚，汉遣韩信击灭之），下河内，虏殷王。……南渡平阴津，至雒阳新城（《史记》卷八《高祖本纪》）。

此后楚汉相持于荥、皋间。而汉则复遣说客，南联英布。遣别军，北定齐、赵。拓地日广，形势益固。

二年三月……随何往说九江王布，布果背楚（详见《史记》卷九十一《黥布传》）。楚使龙且往击之……布与龙且战，不胜，与随何间行归汉（《史记》卷八《高祖本纪》）

三年……汉王乃令张耳与韩信，遂东下井陉，击赵，斩陈馀、赵王歇。……韩信用蒯通计，遂袭破齐（《史记》卷八《高祖本纪》）。

信引兵东，未渡平原，闻汉王使郦食其已说下齐。韩信欲止，范阳辩士蒯通说信曰："将军受诏击齐，而汉独发间使下齐，宁有诏止将军乎？何以得毋行也。且郦生一士，伏轼掉三寸之舌，下齐七十余城，将军……为将数岁，反不如一竖儒之功乎？"于是信然之，从其计，遂渡河。齐已听郦生，即留纵酒，罢备汉守御。信因袭齐历下军，遂至临菑。齐王田广……走高密。……韩信已定临菑，遂东追广至高密。……汉四年……

平齐。使人言汉王曰:“齐伪诈多变、反复之国也，南边楚，不为假王以镇之，其势不定，愿为假王便。”当是时，楚方急围汉王于荥阳，韩信使者至，发书，汉王大怒。……张良、陈平……因附耳语曰:“……不如因而立，善遇之，使自为守，不然变生。”汉王亦悟……乃遣张良往，立信为齐王(《史记》卷九十二《淮阴侯列传》)。

由上观之，项羽所封之十八王国，除汉外，至此只余燕、衡山、临江三王而已。然燕已通汉，衡山、临江二国，地远而弱。当时仅有刘、项两大势力，并力角逐。及垓下一战，项羽破灭，汉高统一之业，方告成功。

五年(西元前二〇二)，高祖与诸侯兵共击楚军(《史记》卷八《高祖本纪》)。

是时汉兵盛，食多；项王兵罢，食绝。汉遣陆贾说项王……项王乃与汉约中分天下，割鸿沟以西者为汉，鸿沟而东者为楚，项王许之。……项王已约，乃引兵解而东归。汉欲西归，张良、陈平说曰:“汉有天下太半而诸侯皆附之，楚兵罢，食尽，此天亡楚之时也，不如因其机而遂取之。今释弗击，此所谓养虎自遗患也。”汉王听之……乃追项王，至阳夏南，止军。……楚击汉军，大破之。汉王复入壁，深堑而自守。……韩信乃从齐往，刘贾军从寿春并行，屠城父，至垓下。大司马周殷叛楚，以舒屠六，举九江兵，随刘贾、彭越，皆会垓下，诣项王。项王军壁垓下，兵少食尽。汉军及诸侯兵，围之数重。夜闻汉军四面皆楚歌，项王乃大惊曰:“汉皆已得楚乎?是何楚人之多也?”项王则夜起饮帐中，有美人名虞，常幸从；骏马名骓，常骑之。于是项王乃悲歌忼慨，自为诗曰:“力拔山兮气盖世，时不利兮骓不逝。骓不逝兮可奈何，虞兮虞兮奈若何!”歌数阕，美人和之，项王泣数行下，左右皆泣，莫能仰视。于是项王乃上马骑，麾下壮士，骑从者八百余人，直夜溃围，南出驰走。平明，汉军乃觉之，令骑将灌婴以五千骑追之。……项王乃复引兵而东，至东城乃有二十八骑。汉骑追者数千人，项王自度不得脱。……汉军………乃分军为三，复围之。……项王乃欲东渡乌江，乌江亭长杈船待……项王笑曰："天之亡我，我何渡为？"……乃自刎而死（《史记》卷七《项羽本纪》）。

汉世系

自刘邦称皇帝（西元前二〇二），至孺子婴禅位于王莽（西元八年），凡十四主，共二百十年。

太祖高皇帝，姓刘，名邦，字季，沛丰邑中阳里人。秦二世元年，起兵为沛公。入关灭秦，为汉王。五年，灭项羽，即皇帝位。在位凡八年。

孝惠皇帝名盈，高祖子，嗣立。在位凡七年。

高后姓吕，名雉，高祖后。惠帝崩，后取后宫子以为帝子立之，后临朝称制。在位凡八年。

太宗孝文皇帝，名恒，高祖中子。初封代王，诸吕诛，太尉周勃等迎立为皇帝。在位凡二十三年。

孝景皇帝，名启，文帝太子，嗣立。在位凡十六年。

世宗孝武皇帝，名彻，景帝中子。初为胶东王，嗣立。始建年号：建元（六年）、元光（六年）、元朔（六年）、元狩（六年）、元鼎（六年）、元封（六年）、太初（四年）、天汉（四年）、太始（四年）、征和（四年）、后元（二年）。在位凡五十四年。

孝昭皇帝，名弗陵，武帝少子，嗣立。改元：始元（六年）、元凤（六年）、元平（一年）。在位凡十三年。

昌邑王，名贺，武帝孙。昭帝无嗣，大将军霍光等迎立之。以无道，复为光所废。在位凡二十七日。

中宗孝宣皇帝，名询，武帝曾孙，戾太子孙史皇孙子也。霍光废昌邑王，迎立为帝。改元：本始（四年）、地节（四年）、元康（四年）、神爵（四年）、五凤（四年）、甘露（四年）、黄龙（一年）。在位凡二十五年。

高宗孝元皇帝，名奭，宣帝太子，嗣立。改元：初元（五年）、永光（五年）、建昭（五年）、竟宁（一年）。在位凡十六年。

孝成皇帝，名骜，元帝太子，嗣立。改元：建始（四年）、河平（四年）、阳朔（四年）、鸿嘉（四年）、永始（四年）、元延（四年）、绥和（二年）。在位凡二十六年。

孝哀皇帝，名欣，元帝庶孙，定陶恭王康子。成帝无子，立为太子，嗣立。改元：建平（四年）、元寿（二年）。在位凡六年。

孝平皇帝，名衎，元帝庶孙，中山孝王兴子。哀帝崩，无子，太皇太后遣使迎立之。改元：元始（五年）。为王莽所弑，在位凡五年。

孺子婴，宣帝元孙。平帝无子，王莽立之为帝，而莽自为摄皇帝。后为王莽所废。在位凡三年。

（以上据《通考·帝系考》及《汉书》纪、传。）

附帝系表

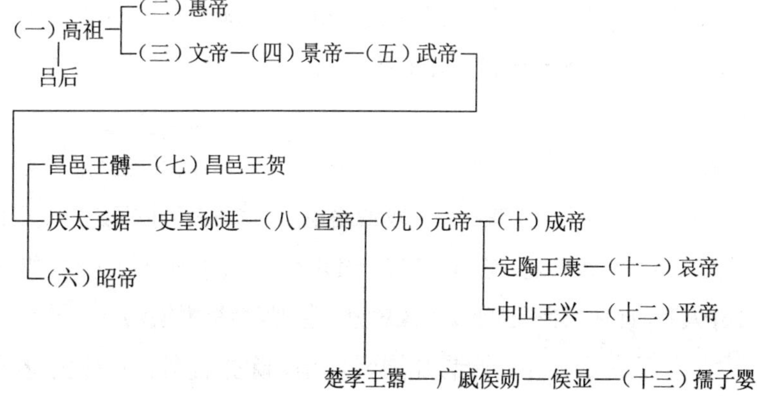

（一）汉之统一

（1）削平群雄

汉高祖以一小吏起义师，卒能灭项羽而并天下，观其措置要点有二，兹列举之如下：

（甲）善于用人

汉高祖豁达大度，善以利禄诱人。崛起草泽之徒，皆为之效死力。

高祖为人……仁而爱人，喜施，意豁如也。常有大度，不事家人生产作业。及壮，试为吏，为泗水亭长。廷中吏，无所不狎侮。好酒及色……高祖常繇咸阳，纵观。观秦皇帝，喟然太息曰："嗟乎！大丈夫当如此也。"（《史记》卷八《高祖本纪》）

平曰："……项王不能信人。其所任爱，非诸项即妻之昆弟，虽有奇士不能用。……项王为人，恭敬爱人，士之廉节好礼者多归之。至于行功爵邑，重之，士亦以此不附。今大王慢而少礼，士廉节者不来；然大王能饶人以爵邑，士之顽钝嗜利无耻者亦多归汉（《史记》卷五十六《陈丞相世家》）。

五年五月……高祖置酒雒阳南宫。……高起、王陵对曰："陛下慢而侮人，项羽仁而爱人，然陛下使人攻城略地，所降下者因以予之，与天下同利也。项羽妒贤嫉能，有功者害之，贤者疑之，战胜而不予人功，得地而不予人利，此所以失天下也。"（《史记》卷八《高祖本纪》）

故佐汉高定天下，所谓开国元勋者，除张良外，大都出身于寒贱。

萧何，沛丰人也。以文无害，为沛主吏掾。高祖为布衣时，何数以吏事护高祖。高祖为亭长，常左右之（《史记》卷五十三《萧相国世家》）。

曹参，沛人也。秦时为沛狱掾，而萧何为主吏，居县为豪吏矣。高祖为沛公而初起也，参以中涓从（《史记》卷五十四《曹相国世家》）。

韩信，淮阴人也。始为布衣时，贫，无行，不得推择为吏。又不能治生商贾，常从人寄食饮，人多厌之者（《史记》卷九十二《淮阴侯列传》）。

张良，其先韩人也。大父开地，相韩昭侯。……秦灭韩，良年少。……尝学礼淮阳，东见仓海君，得力士。……秦皇帝东游，良与客狙击秦皇帝博浪沙中，误中副车。秦皇帝大怒，大索天下，求贼甚急，为张良故也。良乃更名姓，亡匿下邳……为任侠。项伯尝杀人，从良匿。后十年，陈涉等起兵，良亦聚少年百余人（《史记》卷五十五《留侯世家》）。

陈平，阳武户牖乡人也。少时家贫，好读书。有田三十亩，独与兄伯居。伯常耕田，纵平使游学。……其嫂嫉平之不视家生产曰："……有叔如此，不如无有。"……及平长，可娶妻，富人莫肯与者，贫者平亦耻之。……富人有张负……谓其子仲曰："吾欲以女孙予陈平。"张仲曰："平贫不事事，一县中尽笑其所为，独奈何予女乎？"（《史记》卷五十六《陈丞相世家》）

周勃，沛人也。……勃以织薄曲为生。常为人吹箫，给丧事。……高祖之为沛公初起，勃以中涓，从攻胡陵（《史记》卷五十七《绛侯世家》）。

樊哙，沛人也。以屠狗为事，与高祖俱隐。初从高祖起丰，攻下沛（《史记》卷九十五《樊哙传》）。

彭越，昌邑人也，字仲。常渔巨野泽中，为群盗。陈胜、项梁之起，少年或谓越曰："诸豪杰相立畔秦，仲可以来亦效之。"彭越曰："两龙方斗，且待之。"居岁余，泽间少年相聚百余人，往从彭越曰："请仲为长。"（《史记》卷九十《彭越传》）

黥布，六人也，姓英氏。秦时为布衣少年，有客相之曰："当刑而王。”及壮，坐法黥。布欣然笑曰：“人相我当刑而王，几是乎？”人有闻者，共俳笑之。布已论输丽山，丽山之徒数十万人，布皆与其徒长豪桀交通。乃率其曹偶，亡之江中为群盗（《史记》卷九十一《黥布传》）。

（乙）定都关中

汉高祖以关中为根据地，进退裕如。项羽西向以争，辄有后顾之忧。刘、项得失，即判于此。

关中事，计户口，转漕给军。汉王数失军遁去，何常兴关中卒，辄补缺（《史记》卷五十三《萧相国世家》）。

夫上与楚相距五岁，常失军亡众、逃身遁者数矣。然萧何常从关中遣军补其处。……而数万众，会上之乏绝者数矣。夫汉与楚相守荥阳数年，军无见粮，萧何转漕关中，给食不乏（《史记》卷五十三《萧相国世家》）。

汉王收诸侯，还守成皋、荥阳。下蜀汉之粟，深沟壁垒，分卒守徼乘塞。楚人还兵，间以梁地，深入敌国八九百里，欲战则不得，攻城则力不能，老弱转粮千里之外（《史记》卷九十一《黥布传》）。

彭越常往来为汉游兵，击楚，绝其后粮于梁地。……项王与汉王相距荥阳，彭越攻下睢阳、外黄十七城。项王闻之……自东收彭越所下城邑，皆复为楚。越将其兵，北走谷城。……项王之南走阳夏，彭越复下昌邑旁二十余城，得谷十余万斛，以给汉王食（《史记》卷九十《彭越传》）。

（2）恢复封建

方汉高祖与项羽相持，遣将四出略地，即以所得之地封之。兹据《史记·汉兴以来诸侯年表》参以纪、传，表汉初异姓诸王于下：

汉初异姓诸王简表

国名	王名	都邑		封地	兴灭
		古地	今释		
齐楚	韩信	临菑 下邳	山东临淄县 江苏邳县	齐故淮北地	高祖四年封齐，五年改封楚，六年国除，十一年族诛。
梁	彭越	定陶	山东定陶县	魏故地	高祖五年封，十一年反，族诛。
赵	张耳	襄国	河北邢台县	赵故地	高祖四年封，五年薨，子敖立。九年，废为宣平侯。
韩	韩王信	阳翟 马邑	河南禹县 山西马邑县	韩故地	高祖二年封，六年徙太原，七年反，降匈奴。
淮南	英布	六	安徽六安县	楚故地	高祖四年封，十一年反，十二年诛。
燕	臧荼 卢绾	蓟	北京	燕故地与辽东地	高祖五年，臧荼反，攻下代地。高祖亲击之，得臧荼。立太尉卢绾为燕王。十一年，亡入匈奴。
长沙	吴芮	临湘	湖南长沙县	楚故地	高祖五年封，传成王臣、哀王回、恭王右、靖王著。文帝后七年，无后国除。

其追随佐命之功臣，亦裂土而封侯，所谓“汉兴序二等”，即王与侯也。

汉兴，自秦二世元年之秋（西元前二〇九）……八载而天下乃平，始论功而定封。讫十二年，侯者百四十有三人。时大城名都，民人散亡，户口可得而数，裁什二三。是以大侯不过万家，小者五六百户（《汉书》

卷十六《高惠高后孝文功臣表序》）。

后因诸异姓王拥兵据地，不免为刘氏患。因先发制人，次第扑灭之。又惩于秦世孤立之败，分封同姓子弟，且刑马为盟，非刘不王。于是关以东，藩封错列，为王室夹辅，而汉朝仅治有关西各地。至长沙僻在三湘，用为华彝缓冲，幸免削除，为当时异姓王中之硕果焉。

汉兴序二等（注，《集解》韦昭曰：大者王，小者侯也）。高祖末年，非刘氏而王者，若无功上所不置而侯者，天下共诛之。高祖子弟，同姓为王者九国，唯独长沙异姓，而功臣侯者百余人（《史记》卷十七《汉兴以来诸侯年表序》）。

汉兴之初，海内新定，同姓寡少。惩戒亡秦孤立之败，于是剖裂疆土，立二等之爵，功臣侯者百有余邑，尊王子弟大启九国。自雁门以东，尽辽阳，为"燕""代"。常山以南，太行左转，度河、济，渐于海，为"齐""赵"。谷、泗以往，奄有龟蒙，为"梁""楚"。东带江、湖，薄会稽，为"荆""吴"。北界淮濒，略庐、衡，为"淮南"。波、汉之阳，亘九嶷，为"长沙"。诸侯比境，周匝三垂，外接胡越，天子自有三河、东郡、颍川、南阳，自江陵以西至巴蜀，北自云中至陇西，与京师内史，凡十五郡。公主、列侯，颇邑其中。而藩国大者，夸州兼郡，连城数十（《汉书》卷十四《诸侯王表序》）。

汉兴，设爵二等：曰王，曰侯。皇子而封为王者，其实古诸侯也，故谓之"诸侯王"。王子封为侯者，谓之"诸侯"。群臣异姓以功封者，谓之"彻侯"。大者不过万家，小者五六百户，以为差降。……而诸王国皆连城数十，逾于古制。其诸侯功德优盛、朝廷所敬异、有赐特进者，其位在三公下。其次列侯有功德，天子命为诸侯者，谓之"朝侯"，其位次九卿下。……其称"侍祠侯"者，但侍祠而无朝位，其非朝侯侍祠而以下土小国。或以肺腑宿亲若公主子孙，或奉先侯坟墓在京师者，亦随时见会，谓之

"猥诸侯"(《通典》卷三十一《职官十三》)。

诸王国设置属官,制同中央。除丞相为朝廷所置外,其余均归自辟。既据有土地,私循其民,复得任官,树植羽翼,宗室特殊之势力,得以造成。

诸侯王……掌治其国。有太傅辅王,内史治国民,中尉掌武职,丞相统众官,群卿、大夫、都官如汉朝(《汉书》卷十九上《百官公卿表上》)。

凡诸侯王……掌治其国。……凡诸侯王官,其傅为太傅,相为丞相。又有御史大夫诸卿,皆秩二千石,百官皆如汉朝。汉朝惟为置丞相,其御史大夫以下,皆自置之(《通典》卷三十一《职官十三》)。

至吕后临朝,为削弱宗室,任意诛迁。分王诸吕,隐以自卫,高祖所定"非刘氏不王"之制,业已打破。

吕后为皇太后……召赵王(如意)……使人持鸩饮之。……太后临朝称制,复杀高祖子赵幽王友、共王恢及燕灵王建,遂立周吕侯子台为吕王,台弟产为梁王,建城侯释之子禄为赵王,台子通为燕王(《汉书》卷九十七上《外戚传上》)。

吕后称制凡八年,甫病卒,而袒刘之军即起。

八年七月……朱虚侯刘章,有气力;东牟侯兴居,其弟也;皆齐哀王弟,居长安。当是时,诸吕用事擅权,欲为乱,畏高帝故大臣绛、灌等,未敢发。朱虚侯妇吕禄女,阴知其谋,恐见诛。乃阴令人告其兄齐王,欲令发兵西诛诸吕而立。朱虚侯欲从中与大臣为应,齐王……遂发兵东,诈夺琅邪王兵,并将之而西。……乃遗诸侯王书曰:"……孝惠崩,高后用事。……又比杀三赵王,灭梁、赵、燕以王诸吕,分齐为四。……今高后崩……而诸吕又擅自尊官聚兵,严威劫列侯忠臣,矫制以令天下,宗庙所以危。寡人率兵入诛不当为王者。"汉闻之,相国吕产等,乃遣颍阴侯灌婴将兵击之。灌婴至荥阳,乃谋曰:"诸吕权兵关中,欲危刘氏而自立。

今我破齐还报，此益吕氏之资也。”乃留屯荥阳，使使谕齐王及诸侯，与连和以待吕氏变，共诛之。齐王闻之，乃还兵西界待约（《史记》卷九《吕太后本纪》）。

太尉绛侯勃，不得入军中主兵。曲周侯郦商老病，其子寄与吕禄善，绛侯乃与丞相陈平谋，使人劫郦商，令其子寄往绐说吕禄。……八月……太尉欲入北军，不得入。襄平侯通尚符节，乃令持节矫内太尉北军。太尉复令郦寄与典客刘揭，先说吕禄曰：“帝使太尉守北军，欲足下之国，急归将印辞去。不然，祸且起。”吕禄以为郦兄不欺己，遂解印属典客，而以兵授太尉。……太尉遂将北军，然尚有南军。……吕产不知吕禄已去北军，乃入未央宫，欲为乱。殿门弗得入，徘徊往来。……太尉尚恐不胜诸吕，未敢讼言诛之。乃遣朱虚侯谓曰：“急入宫卫帝。”朱虚侯请卒，太尉予卒千余人，入未央宫门，遂见产……击产。……杀之郎中府吏厕中。……太尉……遂遣人分部悉捕诸吕，男女无少长，皆斩之（《史记》卷九《吕太后本纪》）。

诸吕既除，朝臣密议迎立代王，是为文帝。汉臣之强，于此可见。后来霍光废昌邑、王莽移汉祚，不足怪也。

八年八月……诸大臣相与阴谋曰：“少帝及梁、淮阳、常山王，皆非真孝惠子也。吕后以计，诈名他人子，杀其母，养后宫，令孝惠子之，立以为后及诸王，以强吕氏。今皆已夷灭诸吕而置所立，即长用事，吾属无类矣。不如视诸王最贤者立之。”或言齐悼惠王，高帝长子，今其嫡子为齐王，推本言之，高帝嫡长孙可立也。大臣皆曰：“吕氏以外家恶，而几危宗庙、乱功臣。今齐王母家驷钧，驷钧恶人也。即立齐王，则复为吕氏。欲立淮南王，以为少，母家又恶，乃曰：“代王方今高帝见子最长，仁孝宽厚。太后家薄氏谨良，且立长故顺，以仁孝闻于天下，便。”乃相与共阴使人召代王（《史记》卷九《吕太后本纪》）。

汉初分封同姓，辖地甚广。其时承丧乱之后，户口稀少。乃承平数世，物力增加，而诸藩之势亦日臻强大，专恣自为，蔑视中央，尾大不掉，形同割据之局。

高祖创业，日不暇给。孝惠享国又浅，高后女主摄位，而海内晏如，亡狂狡之忧，卒折诸吕之难，成太宗之业者，亦赖之于诸侯也。然诸侯原本以大，末流滥以致溢，小者淫荒越法，大者睽孤横逆，以害身丧国（《汉书》卷十四《诸侯王表序》）。

故逮文、景四五世间，流民既归，户口亦息，列侯大者至三四万户，小国自倍，富厚如之。子孙骄逸，忘其先祖之艰难，多陷法禁，陨命亡国（《汉书》卷十六《高惠高后孝文功臣表序》）。

此时，不但朝廷患诸王之逼，即学者亦忧臃肿之患。贾谊进削地分封之策，意在众建诸侯而少其力。特文帝为安静无为之主，拘牵顾忌，不敢昌然行之也。

是时……天下初定，制度疏阔，诸侯王僭拟，地过古制。……谊数上疏陈政事，多所欲匡建，其大略曰：……欲天下之治安，莫若众建诸侯而少其力。力少则易使以义，国小则亡邪心。令海内之执，如身之使臂，臂之使指，莫不制从。诸侯之君不敢有异心，辐凑并进，而归命天子。……割地定制，令齐、赵、楚各为若干国，使悼惠王、幽王、元王之子孙，毕以次各受祖之分地，地尽而止。及燕、梁它国皆然。其分地众而子孙少者，建以为国，空而置之，须其子孙生者，举使君之。诸侯之地，其削颇入汉者，为徙其侯国及封其子孙也。所以数偿之，一寸之地，一人之众，天子亡所利焉（《汉书》卷四十八《贾谊传》）。

景帝时，七国益骄纵。晁错再建削藩之议，尤激切。

昔高帝初定天下，昆弟少，诸子弱，大封同姓，故王孽子悼惠王王齐七十余城，庶弟元王王楚四十余城，兄子濞王吴五十余城，封三庶孽，分天下半。今吴王前有太子之郄，诈称病不朝，于古法当诛。文帝弗忍，因赐几杖，德至厚，当改过自新。乃益骄溢，即山铸钱，煮海水为盐，诱天下亡人谋作乱。今削之亦反，不削之亦反，削之其反亟祸小，不削反迟祸大（《史记》卷一〇六《吴王濞列传》）。

景帝用错计，实行削地，七国结合以反汉。

三年冬（西元前一五四），楚王来朝，错因言楚王戊，往年为薄太后服，私奸服舍，请诛之。诏赦，削东海郡。及前二年，赵王有罪削其常山郡。胶西王卬，以卖爵事有奸，削其六县。汉廷臣方议削吴，吴王恐削地无已，因欲发谋举事。念诸侯无足与计者。闻胶西王勇好兵，诸侯皆畏惮之。于是乃使中大夫应高，口说胶西王……王曰："善。"……遂发使约齐、菑川、胶东、济南，皆许诺。诸侯既新削罚，震恐，多怨错。及削吴会稽、豫章郡书至，则吴王先起兵……胶西、胶东、菑川、济南、楚、赵亦皆反，发兵西。齐王后悔，背约城守（《汉书》卷三十五《吴王濞传》）。

三年正月……吴王濞、胶西王卬、楚王戊、赵王遂、济南王辟光、菑川王贤、胶东王雄渠，皆举兵反。大赦天下，遣太尉亚夫（周亚夫）、大将军窦婴将兵击之。斩御史大夫晁错以谢七国。二月……诸将破七国，斩首十余万级，追斩吴王濞于丹徒，胶西王卬、楚王戊、赵王遂、济南王辟光、菑川王贤、胶东王雄渠皆自杀（《汉书》卷五《景帝纪》）。

及七国平定，乃将任用官吏权收归中央，不令诸侯王复治其国。

景帝中五年（西元前一四五），令诸侯王不得复治国，天子为置吏，改丞相曰相，省御史大夫、廷尉、少府、宗正、博士官、大夫、谒者、郎诸官，长丞皆损其员。武帝改汉内史为京兆尹、中尉为执金吾、郎中令为光禄勋，故王国如故。损其郎中令，秩千石。改太仆曰仆，秩亦千石。成帝绥和元年，省内史，更令相治民如郡太守，中尉如郡都尉（《汉书》卷十九上《百官公卿表上》）。

然诸国治权虽减少，拥地仍广。武帝用主父偃议，下推恩之令，避削地之名，行弱藩之政，更假酎金以除之，封建之势始杀。

古者诸侯，地不过百里，强弱之形易制。今诸侯或连城数十，地方千里，缓则骄奢，易为淫乱；急则阻其强而合从以逆京师。今以法割削，则逆节萌起，前日晁错是也。今诸侯子弟或十数，而嫡嗣代立，余虽骨肉，无尺地之封，则仁孝之道不宣。愿陛下令诸侯得推恩分子弟以地侯之，彼人人喜得所愿，上以德施，实分其国，必稍自销弱矣（《汉书》卷六十四上《主父偃传》）。

武……作左官之律，设附益之法。诸侯惟得衣食税租，不与政事（《汉书》卷十四《诸侯王表序》）。

列侯坐酎金失侯者百余人（注：《集解》如淳曰：《汉仪注》，王子为侯，侯岁以户口酎黄金于汉庙，皇帝临受献金以助祭。大祀日饮酎，饮酎受金。金少不如斤两、色恶，王削县，侯免国。〔《史记》卷三十《平准书》〕）。

八月饮酎（注：丁孚《汉仪》曰：《酎金律》，文帝所加，以正月旦作酒，八月成，名酎酒，因令诸侯助祭贡金。《汉律·金布令》曰：皇帝斋宿，亲帅群臣承祠宗庙，群臣宜分奉请。诸侯、列侯各以民口数，率千口奉金四两，奇不满千口至五百口，亦四两，皆会酎，少府受。又大鸿胪食邑九真、交阯、日南者，用犀角长九寸以上若瑇瑁甲一，郁林用象牙长三尺以上若翡翠各二十，准以当金。〔《后汉书》卷十四《礼仪志上》〕）。

武帝削弱宗室，分封已有名无实，而郡守专政一方，乃设十三部州刺史以察之。汉室至此，实际始归统一。

元封五年（西元前一〇六），初置部刺史，掌奉诏条察州（《汉书》卷十九上《百官公卿表上》）。

汉高初封同姓王国有九，而宗室与功臣封侯者百四十有三。自后分封迁除，迨于末年，王国有二十，侯国有二百四十一矣。兹表同姓诸王分合徙除于下：

同姓诸王简表

高祖				吕后			文帝		景帝		武帝		汉末年	
国名	王名	王都	说明	国名	王名	说明	国名	说明	国名	说明	国名	说明	国名	说明
荆	贾（高祖从父弟）	都吴（今江苏吴县）	《汉书·楚元王交传》：汉六年，既废楚王信，分其地为二国，立贾为荆王，交为楚王。《史记·汉兴以来诸侯年表》：荆六年封刘贾。十一年，贾为英布所杀。其年立吴国，封兄子濞。	吴			吴		吴	《史记》表：景前三年，反，诛。	江都—广陵	《史记》表：武元狩二年，国除为广陵郡。五年，更为广陵国。	广陵	
吴	濞（高祖兄仲子）	都广陵（今江苏江都县）	《汉书·吴王濞传》：荆王为布杀，上乃立濞为吴王，王三郡五十三城。注：宋祁曰，故东阳郡、鄣郡、吴郡即贾旧封。						临江	《史记》表：景前元年，初置，都江都（应作江陵）。四年，国除为郡。六年，复置。中元三年，国除为南郡。				
									江都	《史记》表：景前四年，初置。				

续表

高祖				吕后			文帝		景帝		武帝		汉末年	
国名	王名	王都	说明	国名	王名	说明	国名	说明	国名	说明	国名	说明	国名	说明
楚	交(高祖同父少弟)	都彭城(今江苏铜山县)	《汉书·高帝纪》:六年正月,以砀郡、薛郡、郯郡三十六县,立弟文信君交为楚王。	楚			楚		楚		楚		楚	
				鲁	张偃(吕后外孙)	《通考·封建考》:高后称制元年,封鲁元公主子张偃为鲁王。八年,诛诸吕,坐废为侯。自立至废凡八年。			鲁	《史记》表:景前二年,分楚复置鲁国。	鲁		鲁	
											泗水	《史记》表:武元鼎三年,初置,都郯。	泗水	
齐	肥(高祖子)	都临菑(今山东临淄县)	《汉书·高帝纪》:六年正月,以胶东、胶西、临淄、济北、博阳、城阳郡七十三县,立子肥为齐王。	齐			齐		齐		齐	《史记》表:武元朔二年,国除为郡。元狩五年,复置。元封元年,国除为郡。		
				吕	吕台(吕后长兄泽子)	《通考》:高后元年,以兄子吕台为吕王,割齐济南郡为吕王奉邑。二年薨。子嘉嗣。六年,坐骄恣废。自立至废,再传凡六年。	城阳	《史记》表:文前元年,初置。十一年,为郡属齐。十五年,复置。	城阳		城阳		城阳	
							济北	《史记》表:文前元年,初置。四年,为郡。十五年,复置。	济北		济北			《汉书·昭纪》:后元二年七月,济北王宽有罪自杀。

续表

高祖				吕后			文帝		景帝		武帝		汉末年	
国名	王名	王都	说明	国名	王名	说明	国名	说明	国名	说明	国名	说明	国名	说明
齐	肥（高祖子）	都临菑（今山东临淄县）												《汉书·济北贞王勃传》：宽死，国除为北安县，属泰山郡。
				琅邪	泽（高祖从祖昆弟）	《史记·齐悼惠王世家》：八年，高后割齐琅邪郡，立营陵侯刘泽为琅邪王。《汉书·燕王泽传》：文帝元年，徙泽为燕王，而复以琅邪归齐。	济南	《史记》表：文前十五年，分为济南国。	济南	《史记》表：景前四年，为郡。				
							菑川	《史记》表：文前十五年分为菑川，都剧。			菑川		菑川	
							胶西	《史记》表：文前十五年，分为胶西，都宛。	胶西		胶西	《史记》表：武元封三年，国除。	高密	《汉书·地理志·高密国》注：宣帝本始元年，更为高密国。
				城阳	鲁元公主汤沐邑	《汉书·齐悼惠王肥传》：献城阳郡以尊公主。	胶东	《史记》表：文前十五年，分为胶东，都即墨。	胶东		胶东		胶东	

续表

高祖				吕后			文帝		景帝		武帝		汉末年	
国名	王名	王都	说明	国名	王名	说明	国名	说明	国名	说明	国名	说明	国名	说明
代	喜（高祖兄）	都代（今河北蔚县）	《汉书·高帝纪》：六年正月，以云中、雁门、代郡五十三县立兄喜为代王。七年十二月，匈奴攻代，代王喜弃国归，立子如意为代王。九年正月，徙代王如意为赵王，王赵国。十一年正月，子恒立以为代王，都晋阳。	代			代（太原）	《汉书·贾谊传》：文帝以代王入即位后，分代为两国，立皇子武为代王，参为太原王。后武为淮阳王，而参为代王，尽得故地。	代		代	《史记》表：武元鼎三年，为太原郡。		
	恒（高祖子）	晋阳（今山西阳曲县）												

续表

高祖				吕后			文帝		景帝		武帝		汉末年	
国名	王名	王都	说明	国名	王名	说明	国名	说明	国名	说明	国名	说明	国名	说明
赵	如意（高祖子）	都邯郸（今河北邯郸县）	《汉书·赵隐王如意传》：九年立，高祖崩，吕太后征王到长安，鸩杀之，无子绝。《通考》：隐王如意，九年立，凡四年。为吕太后所杀，无后。共王恢，十一年为梁王，立凡十六年。高后七年，徙王赵，其年自杀，无后。幽王友，十一年，立为淮阳王。孝惠元年，徙王赵。	赵	吕禄（吕后次兄释之子）	《通考》：高后称制七年，为赵王。八年，吕后崩，作乱，周勃等诛之，自立至诛凡二年。	赵	《史记》表：文前元年，赵王遂元年。幽王子。	赵	《史记》表：景前四年，为郡。五年，广川王徙赵。	赵		赵	
									河间	《史记》表：景前元年，复置。	河间		河间	
									广川	《史记》表：景前元年，初置。都信都。五年，国除为信都郡。中元年，复置。	广川		信都	《通典·州郡》：信都郡，汉高帝置，景帝改为广川国，宣帝复为信都国。
				恒山	不疑（名为惠帝子）	《通考》：高后称制元年，立所名孝惠子不疑为恒山王，二年薨。更立襄城侯山为恒山王。四年，以恒山王为帝，更名弘，以轵侯朝为恒山王。八年，坐非孝惠子诛。自立至诛，凡三传，八年。	河间	《史记》表：文前元年，分为河间，都乐成。十五年，国除为郡。	中山	《史记》表：景前二年，初置，都卢奴。	中山		中山	
											平干	《汉书·地理志·广平国》注：武帝征和二年置。	广平	《通典·洺州》：武帝改为平干国，宣帝复为广平国。

续表

高祖				吕后			文帝		景帝		武帝		汉末年	
国名	王名	王都	说明	国名	王名	说明	国名	说明	国名	说明	国名	说明	国名	说明
赵	如意（高祖子）	都邯郸（今河北邯郸县）		恒山	不疑（名为惠帝子）				清河	《史记》表：景中二年，初置，都济阳。	清河	《史记》表：武建元五年，国除为郡。元鼎三年，复置。		《汉书·宣纪》：地节四年十二月，清河王年有罪，废迁房陵。
									常山	《史记》表：景中四年，复置。《汉书·地理志·常山郡》注：张晏曰，恒山在西，避文帝讳改。	常山真定	《史记》表：武元鼎四年，更为真定国。	真定	
淮南	长（高祖子）	都寿春（今安徽寿县）	《汉书·淮南厉王长传》：十一年，淮南王布反，上击灭布，立长为淮南王。	淮南			淮南	《汉书·淮南厉王长传》：十六年，立厉淮三子，王淮南故地，三分之，安为淮南王，勃为衡山王，赐为卢江王。	淮南		淮南	《汉书·淮南王安传》：王谋反自杀，国除为九江郡。《汉书·武纪》：元狩元年十一月，淮南王安、衡山王赐谋反诛。		

续表

高祖				吕后			文帝		景帝		武帝		汉末年	
国名	王名	王都	说明	国名	王名	说明	国名	说明	国名	说明	国名	说明	国名	说明
淮南	长（高祖子）	都寿春（今安徽寿县）		淮南			衡山	《史记》表：文前十五年，初置。	衡山		衡山六安	《史记》表：武元狩元年，国除。《汉书·地理志·六安国》注：元狩二年，别为六安国。	六安	
							卢江	《史记》表：文前十五年，初置。	卢江	《史记》表：景前四年，国除为郡。				
梁	恢（高祖子）	睢阳（今河南商丘县）	《汉书·赵共王恢传》：十一年，梁王彭越诛，立恢为梁王。十六年，赵幽王死，徙恢王赵。	梁	吕产（吕后侄）	《通考》：高后称制六年，以吕台弟洨侯产为吕王。七年，徙为梁王。八年，吕后崩作乱，周勃等诛之。自立至诛，凡三年。	梁	《史记》表：文前元年，复置。	梁		梁		梁	
									济川	《史记》表：景中五年，分为济川国。	济川	《史记》表：武建元四年，为郡。		
									济东	《史记》表：景中五年，分为济东国。	济东	《史记》表：武元鼎元年，国为大河郡。	东平	《汉书·地理志·东平国》注：宣帝甘露二年，为东平国。

续表

高祖				吕后			文帝		景帝		武帝		汉末年	
国名	王名	王都	说明	国名	王名	说明	国名	说明	国名	说明	国名	说明	国名	说明
梁	恢（高祖子）	睢阳（今河南商丘县）		济川	太（名为惠帝子）	《通考》：高后称制七年七月立。八年九月，坐非孝惠子诛。			山阳	《史记》表：景中五年，分为山阳国。	昌邑	《史记》表：山阳国，武建元五年，为郡。《汉书·地理志·山阳郡昌邑》注：武帝天汉四年，更为国。		《汉书·昌邑哀王髆传》：十一年薨，子贺嗣。昭帝崩，无嗣，征王贺典丧。即位二十七日，行淫乱废归，赐汤沐邑二千户，国除为山阳郡。
									济阴	《史记》表：景中五年，分为济阴国。后元元年，国除。				《汉书·地理志·济阴郡》注：宣帝甘露二年，更名定陶。《通典·济阴郡》：曹州，景帝分梁为济阴国。宣帝更名定陶，后为济阴郡。

续表

高祖				吕后			文帝		景帝		武帝		汉末年	
国名	王名	王都	说明	国名	王名	说明	国名	说明	国名	说明	国名	说明	国名	说明
淮阳	友（高祖子）	都陈（今河南淮阳县）	《汉书·赵幽王友传》：十一年，立为淮阳王。赵王如意死，孝惠元年，徙友王赵。	淮阳	强（名为惠帝子）	《通考》：高后称制元年立，五年薨，以壶关侯武为淮阳王。八年，坐非孝惠子诛。自立至诛，凡再传八年。	淮阳	《史记》表：文前元年，国除。三年，复置。十一年，为郡。	淮阳	《史记》表：景前元年，初置。四年，为郡。			淮阳	《汉书·淮阳宪王钦传》：元康三年立。
燕	建（高祖子）	都蓟（今北京）	《汉书·燕灵王建传》：十一年，燕王卢绾亡入匈奴。明年，立建为燕王，十五年薨。有美人子，太后使人杀之，绝后。	燕	吕通（吕后侄孙）	《通考》：高后称制八年，立东平侯通为燕王。其年吕后崩，谋乱坐诛。	燕	《汉书·燕王泽传》：文帝元年。徙泽为燕王，而以琅邪归齐。	燕		燕	《史记》表：武元朔元年，国除为郡。元狩五年，复置。	广阳	《汉书·地理志·广阳国》注：昭帝元凤元年，为广阳郡。宣帝本始元年，更为国。
长沙	吴芮		见前《异姓王表》。	长沙			长沙	《史记》表：文后七年，国除。《通考》：吴芮凡五传，共五十年。	长沙	《史记》表：景前元年，复置。《通考》：定王发，景帝子，前三年封。	长沙		长沙	

（二）汉之疆域

汉初得秦故地，而河南复陷于匈奴，两越亦据土自王。至武帝对外用兵，疆域始大拓。

本秦京师为内史，分天下作三十六郡。汉兴，以其郡太大，稍复开置。又立诸侯王国。武帝开广三边。故自高祖增二十六，文景各六，武帝二十八，昭帝一，讫于孝平，凡郡国一百三，县邑千三百一十四，道三十二（邑有蛮夷曰道），侯国二百四十一。地东西九千三百二里，南北万三千三百六十八里（《汉书》卷二十八下《地理志下》）。

武帝攘却胡越，开地斥境，南置交阯，北置朔方之州，兼徐、梁、幽、并夏、周之制，改雍曰凉，改梁曰益，凡十三部，置刺史（《汉书》卷二十八上《地理志上》）。

元封五年（西元前一〇六）四月……初置刺史部十三州（《汉书》卷六《武帝纪》）。

汉疆域简表

州部	郡	国	备考
司隶校尉	京兆尹、左冯翊、右扶风、弘农、河内、河南、河东。		《汉书·百官公卿表》：武帝征和四年初置，察三辅、三河、弘农。成帝元延四年省。绥和二年，哀帝复置。《通鉴地理通释·司隶校尉部》注：武帝征和四年初置。初置十三部，尚未有司隶校尉。
豫州	颍川、汝南、沛郡。	梁国、鲁国。	
兖州	陈留、山阳、济阴、泰山、东郡。	城阳、淮阳、东平。	
徐州	琅邪、东海、临淮。	泗水、广陵、楚国。	

续表

州部	郡	国	备考
青州	平原、千乘、济南、北海、东莱、齐郡。	菑川、胶东、高密。	
凉州	陇西、金城、天水、武威、张掖、酒泉、敦煌、安定、北地、西海。		《汉书·武帝纪》：元狩二年秋，匈奴昆邪王降，以其地为武威、酒泉郡。元鼎六年秋，分武威、酒泉地，置张掖、敦煌郡。 《汉书·平帝纪》：元始四年冬，置西海郡。
朔方	朔方。		《汉书·武帝纪》：元朔二年正月，收河南地，置朔方郡。
并州	太原、上党、西河、五原、云中、定襄、雁门、上郡。		
冀州	魏郡、巨鹿、常山、清河。	赵国、广平、真定、中山、信都、河间。	
幽州	勃海、上谷、渔阳、右北平、辽西、辽东、玄菟、乐浪、涿郡、代郡。	广阳。	《汉书·武帝纪》：元封三年夏，朝鲜降，以其地为乐浪、临屯、玄菟、真番郡。《昭纪》：始元五年六月，罢真番郡。
扬州	庐江、九江、会稽、丹阳、豫章。	六安。	
荆州	南阳、江夏、桂阳、武陵、零陵、南郡。	长沙。	
益州	汉中、广汉、犍为、武都、越巂、益州、牂牁、巴郡、蜀郡。		《汉书·地理志·犍为郡》注：武帝建元六年开。《汉书·武帝纪》：元鼎六年春，定西南夷，以为武都、牂柯、越巂、沈黎、文山郡。元封二年秋，平西南夷未服者，以为益州郡。《宣帝纪》：地节三年十二月，省文山郡并蜀。《通鉴地理通释》：武帝天汉四年，并沈黎于蜀。

续表

州部	郡	国	备考
交阯	南海、郁林、苍梧、交阯、合浦、九真、日南。		《汉书·武帝纪》：元鼎六年春，定越地，以为南海、苍梧、郁林、合浦、交阯、九真、日南、珠厓、儋耳郡。《昭帝纪》：始元五年六月，罢儋耳。《元帝纪》：初元三年春，罢珠厓。

（三）汉之制度

(1) 官制

汉之官制，大率沿秦之旧。文景后，始间有增置及更改者。

秦兼天下，建皇帝之号，立百官之职，汉因循而不革，明简易随时宜也。其后颇有所改（《汉书》卷十九上《百官公卿表上》）。

汉官以所食俸之多寡，明其秩之尊卑，故称官恒曰若干石。

师古曰：汉制三公，号称"万石"，其俸月各三百五十斛谷。其称"中（中言满也）二千石"者，月各百八十斛。"二千石"者百二十斛，"比二千石"者百斛，"千石"者九十斛，"比千石"者八十斛，"六百石"者七十斛，"比六百石"者六十斛，"四百石"者五十斛，"比四百石"者四十五斛，"三百石"者四十斛，"比三百石"者三十七斛，"二百石"者三十斛，"比二百石"者二十七斛，"一百石"者十六斛（《汉书》卷十九上《百官公卿表上》注）。

（甲）中央

汉中央官制简表

类别	官名		职掌	秩禄	备考
	沿秦	汉改置			
上公	太师				《汉书·百官公卿表》：太师，古官。平帝元始元年初置。
	太傅				同上。太傅，古官。高后元年初置，后省。八年，复置，后省。哀帝元寿二年复置。位在三公上。
	太保				同上。太保，古官。平帝元始元年，初置。

续表

类别	官名		职掌	秩禄	备考
	沿秦	汉改置			
三公	丞相	大司徒	总理庶政，辅佐君主。	万石	同上。高帝即位，置一丞相。十一年，更名相国。孝惠、高后，置左右丞相。文帝二年，复置一丞相。哀帝元寿二年，更名大司徒。
	太尉	大司马	全国军政。	万石	同上。武帝建元二年省。元狩四年，初置大司马，以冠将军之号。
	御史大夫	大司空	言论及纠察之事。	万石	同上。成帝绥和元年，更名大司空。哀帝建平二年，复为御史大夫。元寿二年，复为大司空。
九卿	奉常	太常	祭祀。	中二千石	同上。景帝中六年，更名太常。
	郎中令	光禄勋	宫殿掖门。	中二千石	同上。武帝太初元年，更名光禄勋。
	卫尉	中大夫令	宫门卫屯兵。	中二千石	同上。景帝初，更名中大夫令。后元年，复为卫尉。
	太仆		舆服车马。	中二千石	
	廷尉	大理	刑狱。	中二千石	同上。景帝中六年，更名大理。武帝建元四年，复为廷尉。宣帝地节三年，初置左右平。哀帝元寿二年，复为大理。
	典客	大行令 大鸿胪	宾客朝觐之事。	中二千石	同上。景帝中六年，更名大行令。武帝太初元年，更名大鸿胪。
	宗正	宗伯	王族之事。	中二千石	同上。平帝元始四年，更名宗伯。
	治粟内史	大农令 大司农	谷货。	中二千石	同上。景帝后元年，更名大农令。武帝太初元年，更名大司农。
	少府		山泽租税。	中二千石	

续表

类别	官名		职掌	秩禄	备考
	沿秦	汉改置			
列卿	中尉	执金吾	徼循京师。	中二千石	同上。武帝太初元年，更名执金吾。
	将作少府	将作大匠	治宫室。	二千石	同上。景帝中六年，更名将作大匠。
	典属国		掌蛮夷降者。	二千石	同上。成帝河平元年，省并大鸿胪。
		水衡都尉	掌上林苑。	二千石	同上。武帝元鼎二年，初置。
宫官	詹事		皇后、太子家事。	二千石	同上。成帝鸿嘉三年，省詹事官，并属大长秋。
		长信詹事 长信少府 长乐少府	皇太后宫。	二千石	同上。景帝中六年，更名长信少府。平帝元始四年，更名长乐少府。
	将行	大长秋	皇后卿。	二千石	同上。景帝中六年，更名大长秋，或用中人，或用士人。
	太子太傅 太子少傅			二千石	同上。古官。
军官		大将军			《汉书·韩信传》：汉王拜韩信为大将。
		票骑将军			《汉书·霍去病传》：元狩三年春，为票骑将军。
		车骑将军			《汉书·靳歙传》：攻韩信平城下，还军东垣有功，迁为车骑将军。
		卫将军			《史记·惠景间侯者表》：山都贞侯王恬开，以卫将军击陈豨。

续表

类别	官名		职掌	秩禄	备考
	沿秦	汉改置			
军官	前、后、左、右、将军				《汉书·百官公卿表》：皆周末官，秦因之，位上卿。汉不常置，或有前、后，或有左、右，皆掌兵及四夷。
	列将军				

汉制三公九卿，皆有所职，分理庶政，非天子之私人。故遇大事，有所诏命，必下廷臣议之。参加廷议者，为丞相、御史大夫、列侯、二千石、博士等官，往往于帝前争议之。

高后欲立诸吕为王，问陵。……陵让平、勃。……平曰："于面折廷争，臣不如君（注：师古曰：廷争，谓当朝廷而谏争）。全社稷，安刘氏后，君亦不如臣。"陵无以应之（《汉书》卷四十《王陵传》）。

昌为人强力，敢直言。……高帝……欲废太子……而周昌"廷争"之强。上问其说，昌为人吃，又盛怒，曰："臣口不能言，然臣期期知其不可。陛下虽欲废太子，臣期期不奉诏。"（《史记》卷九十六《张丞相列传》）

胜独曰："武帝……亡德泽于民，不宜为立庙乐。"公卿共难胜曰："此诏书也。"胜曰："诏书不可用也。"（《汉书》卷七十五《夏侯胜传》）

至于丞相，为天子副贰，其位极尊，权亦极重。

文帝……时，嘉入朝，而通（邓通）居上旁，有怠慢之礼。嘉奏事毕，因言曰："陛下幸爱群臣，则富贵之。至于朝廷之礼，不可以不肃。"上曰："君勿言，吾私之。"罢朝，坐府中，嘉为檄召通，诣丞相府，不来且斩通。通恐，入言上。上曰："汝第往，吾今使人召若。"通至诣丞相府，免冠徒跣，顿首谢嘉。嘉坐自如，弗为礼，责曰："夫朝廷者，高皇帝之朝廷也，通小臣，戏殿上，大不敬，当斩。史今行斩之！”通顿首，首尽出血，不解。上度丞相已困通，使使持节召通，而谢丞相：“此吾弄臣，君释之。”邓通既至，为上泣曰：“丞相几杀臣。”（《汉书》卷四十二《申屠嘉传》）

丞相遣史分刺州（《汉书》卷十九上《百官公卿表上》）。

故事：丞相病，明日，御史大夫辄问病。朝奏事会庭中，差居丞相后，丞相谢，大夫少进揖。今丞相数病，望之不问病，会庭中，与丞相钧礼（《汉书》卷七十八《萧望之传》）。

武帝以大司马为大将军兼官，遂为外戚执政者之世官，权在三公上，而相权为所夺矣。

乃置大司马位，大将军、票骑将军，皆为大司马。定令，令票骑将军秩禄与大将军等（《汉书》卷五十五《霍去病传》）。

初，武帝以卫青数征伐有功，以为大将军，欲尊宠之。以古尊官唯有三公，皆将军始自秦、晋，以为卿号，故置大司马官号以冠之。其后霍光、王凤等皆然（《后汉书》卷三十四《百官志一》）。

（乙）地方

汉地方官，为二级制度，以郡国统县。

郡守，秦官，掌治其郡，秩二千石。有丞，边郡又有长史，掌兵马。……景帝中二年（西元前一四八），更名太守（《汉书》卷十九上《百官公卿表上》）。

景帝中元二年，更名郡守为太守。凡在郡国，皆掌治民、进贤、劝功、决讼、检奸。……郡为诸侯王国者，置内史，以掌太守之任。宣帝以为太守吏民之本，数变易则下不安，民知其将久不可欺罔，乃服从其教化。每拜刺史守相，辄亲见问，观其所繇，退而考察，以质其言。……成帝绥和元年，省内史，以相治民，则相职为太守（《通典》卷三十三《职官十五》）。

县令、长皆秦官，掌治其县。万户以上为令，秩千石至六百石。减万户为长，秩五百石至三百石。皆有丞、尉，秩四百石至二百石，是为长吏。百石以下，有斗食佐史之秩，是为少吏（《汉书》卷十九上《百官公卿表上》）。

察郡事，秦有监御史。汉兴省之，武帝置部刺史，以六条问事。

监御史……汉省。丞相遣史分刺州，不常置。武帝元封五年，初置部刺史，掌奉诏条察州，秩六百石，员十三人（《汉书》卷十九上《百官公卿表上》）。

部刺史，掌奉诏条察州（注：师古曰：《汉官典职仪》云：刺史班宣，周行郡国，省察治状，黜陟能否，断治冤狱，以六条问事。非条所问即不省。“一条”，强宗豪右，田宅逾制。以强陵弱，以众暴寡。“二条”，二千石不奉诏书、遵承典制，倍公向私，旁诏守利，侵渔百姓，聚敛为奸。“三条”，二千石不恤疑狱，风厉杀人；怒则任刑，喜则淫赏；烦扰刻暴，剥截黎元，为百姓所疾；山崩石裂，祅祥讹言。“四条”，二千石选署不平，苟阿所爱，蔽贤宠顽。“五条”，二千石子弟，恃怙荣执，请托所监。“六条”，二千石违公下比，阿附豪强，通行货赂。割损正令也。〔《汉书》卷十九上《百官公卿表上》〕）。

汉地方官制简表

区别	官名			职掌	秩禄	备考
	沿秦	汉改置				
监司		京畿	司隶校尉	察三辅、三河、弘农。	比二千石	《汉书·百官公卿表》：武帝征和四年，初置。持节，从中都官徒千二百人。捕巫蛊，督大奸猾，后罢其兵，察三辅、三河、弘农。成帝元延四年省。绥和二年，哀帝复置。但为司隶，属大司空。

续表

<table>
<tr><th colspan="2" rowspan="2">区别</th><th colspan="3">官名</th><th rowspan="2">职掌</th><th rowspan="2">秩禄</th><th rowspan="2">备考</th></tr>
<tr><th>沿秦</th><th colspan="2">汉改置</th></tr>
<tr><td colspan="2">监司</td><td></td><td>州部</td><td>刺史、牧</td><td>奉诏条察州。</td><td>六百石
二千石</td><td>同上。监御史，秦官，掌监郡，汉省。丞相遣史分刺州，不常置。武帝元封五年，初置部刺史员十三人。成帝绥和元年，更名牧。哀帝建平二年，复为刺史。元寿二年，复为牧。</td></tr>
<tr><td rowspan="5">京师及郡国</td><td rowspan="3">京畿</td><td rowspan="3">内史
主爵中尉</td><td rowspan="3">三辅</td><td>京兆尹、丞、都尉、尉丞</td><td>治内史事，讥出入。</td><td rowspan="3">京兆尹、左冯翊、右扶风，皆二千石。都尉皆比二千石，丞皆六百石。</td><td rowspan="3">同上。内史，周官，秦因之，掌治京师。景帝二年，分置左内史、右内史。武帝太初元年，更名京兆尹，左内史更名左冯翊。
同上。主爵中尉，秦官，掌列侯。景帝中六年，更名都尉。武帝太初元年，更名右扶风，与左冯翊、京兆尹是为三辅（注：服虔曰：皆治在长安中）。
同上。武帝元鼎四年，更置三辅都尉、都尉、丞各一人。</td></tr>
<tr><td>左冯翊、丞、都尉、尉丞</td><td>治左地事，讥出入。</td></tr>
<tr><td>右扶风、丞、都尉、尉丞</td><td>治右地事，讥出入。</td></tr>
<tr><td rowspan="2">郡国</td><td>郡守
郡丞
长史</td><td colspan="2">太守
郡丞
长史</td><td>治其郡。
佐郡守。</td><td>二千石
六百石</td><td>同上。郡守，秦官。景帝中二年，更名太守。
《通典·职官》：秦置郡丞，其郡当边戍者，丞为长史，掌兵马。汉因而不改。</td></tr>
<tr><td>郡尉</td><td colspan="2">都尉
尉丞</td><td>佐守典武职甲卒。</td><td>比二千石
六百石</td><td>《百官公卿表》：郡尉，秦官。景帝中二年，更名都尉。</td></tr>
</table>

续表

区别		官名		职掌	秩禄	备考
		沿秦	汉改置			
京师及郡国	郡国	郡尉	农都尉	主屯田殖谷。	比二千石	《后汉书·百官志》：武帝边郡置农都尉。
			属国都尉	主蛮夷降者。	比二千石	同上。武帝又置属国都尉。 《汉书·武帝纪》：元狩二年秋，置五属国（注：师古曰：凡言属国者，存其国号而属汉朝）。
			内史 相	治民如郡太守。	二千石	《百官公卿表》：诸侯王国有太傅辅王，内史治国民，中尉掌武职，丞相统众官，群卿大夫都官如汉朝。景帝中五年，令诸侯王不得复治国，天子为置吏，改丞相曰相，省御史大夫诸官。成帝绥和元年，省内史，更令相治民，如郡太守。
			中尉	掌武职如郡都尉。	比二千石	同上。中尉如郡都尉。
县		县令 县长		治其县。	千石至六百石，五百石至三百石	同上。万户以上为令，减万户为长。列侯所食县曰国，皇太后、皇后、公主所食曰邑，有蛮夷曰道。
		县丞		佐县兼主刑狱囚徒。	四百石至二百石	《史记·淮南衡山列传》：淮南相怒寿春丞留太子逮不遣（注：《集解》如淳曰：丞主刑狱囚徒）。
		县尉		缉捕武事。	四百石至二百石	

汉之乡官，制仿于秦，惟小有增置。

汉乡、亭及官，皆依秦制也。县大率方百里，其人稠则减，稀则旷，乡、亭亦如之。高后元年（西元前一八七），初置孝悌力田二千石者一人，后废。至文帝十二年，又置三老及孝悌力田，无常员。平帝又置外史、闾师官（《通典》卷三十三《职官十五》）。

（2）兵制

（甲）京师兵

汉初，拱卫京师之兵，分南、北两军以相制。

京师有南、北军之屯（《汉书》卷二十三《刑法志》）。

南军，卫尉主之，掌宫城门内之兵（《通考》卷一五〇《兵考二》）。

北军，中尉主之，掌京城门内之兵（《通考》卷一五〇《兵考二》）。

北军番上，与南军等。南军卫士，调之郡国，而北军兵卒，调之左右京辅（《通考》卷一五〇《兵考二》）。

南军有郎卫、兵卫，掌天子宿卫。北军止于护城（《通考》卷一五〇《兵考二》）。

至武帝时，北军始有八校尉之设。

武帝平百粤，内增七校（注：晋灼曰：《百官表》中垒、屯骑、步兵、越骑、长水、胡骑、射声、虎贲凡八校尉，胡骑不常置，故此言七也。〔《汉书》卷二十三《刑法志》〕）。

武帝增置八校，更名中尉为执金吾（《通考》卷一五〇《兵考二》）。

帝用兵四夷，发中尉之卒远击南粤，恐内无重兵，或致生变，于是创置七校尉，募知胡事者为胡骑、知越人事者为越骑，又取中尉属官所谓中垒者进为校尉，凡八校尉（《通考》卷一五〇《兵考二》）。

又恐北军偏重，南军亦有纷更。

武帝内增七校，以壮翼卫之势。又恐北军偏重，则置期门、羽林，与夫城门之兵（《通考》卷一五〇《兵考二》）。

光禄勋属官……期门、羽林皆属焉（注：服虔曰：与期门下以微行，后遂以名官。师古曰：羽林亦宿卫之官，言其如羽之疾，如林之多也。〔《汉书》卷十九上《百官公卿表上》〕）。

甘延寿……少以良家子善骑射，为羽林，投石拔距，绝于等伦。尝超逾羽林亭楼，由是迁为郎，试弁为期门（《汉书》卷七十《甘延寿传》）。

以六郡良家子善骑射，补羽林（注：师古曰：陇西、天水、安定、北地，上郡、西河是也。〔《汉书》卷六十九《赵充国传》〕）。

建元三年……微行，常用饮酎已。八九月中，与侍中、常侍、武骑及待诏陇西、北地良家子能骑射者，期诸殿门，故有期门之号（《汉书》卷六十五《东方朔传》）。

汉南、北军简表

类别	名称	职掌	兵数	秩禄	备考
北军	中垒校尉	掌北军垒门内，外掌西域。	七百人。	二千石	《汉书·百官公卿表》。
	屯骑校尉	掌骑士。	同上。	同上。	同上。
	步兵校尉	掌上林苑门屯兵。	同上。	同上。	同上。
	越骑校尉	掌越骑。	同上。	同上。	同上。注：如淳曰：越人内附，以为骑也。
	长水校尉	掌长水、宣曲胡骑。	同上。	同上。	同上。注：师古曰：长水，胡名也。宣曲，观名。胡骑之屯于宣曲者。
	胡骑校尉	掌池阳胡骑。	同上。	同上。	同上。注：师古曰：胡骑之屯池阳者也。
	射声校尉	掌待诏射声士。	同上。	同上。	同上。注：应劭曰：须诏所命而射，故曰待诏射也。

续表

类别	名称	职掌	兵数	秩禄	备考
北军	虎贲校尉	掌轻车。	同上。	同上。	同上。
南军	期门仆射 期门虎贲郎 期门中郎将	掌执兵送从。		比千石 比二千石	同上。武帝建元三年，初置。比郎无员，多至千人。平帝元始元年，更名虎贲郎，置中郎将。
	羽林中郎将 羽林骑都尉	掌送从。	左八百人，右九百人。	比二千石	同上。武帝太初元年，初置，名曰建章营骑，后更名羽林骑。又取从军死事之子孙养羽林，官教以五兵，号曰羽林孤儿。羽林有令、丞，宣帝令中郎将、骑都尉，监羽林。
	城门校尉	掌京师城门屯兵。		二千石	同上。掌京师城门屯兵，十二城门候。注：师古曰：门各有候。 《汉书·刘屈氂传》：征和二年，以太子在外，始置屯兵长安诸城门。

南、北军，专为拱卫京畿，不事征伐。至武帝以后，间亦远征。

元鼎六年（西元前一一一）十月，发……中尉……卒……征西羌，平之（《汉书》卷六《武帝纪》）。

神爵元年（西元前六十一）三月……西羌反。……应募佽飞射士、羽林孤儿、胡越骑……诣金城。四月，遣后将军赵充国……击西羌（《汉书》卷八《宣帝纪》）。

元帝……永光二年（西元前四十二）……发三辅、河东、弘农越骑……击羌（《汉书》卷七十九《冯奉世传》）。

(乙)地方兵

建武七年三月，诏："……罢轻车、骑士、材官、楼船。"(注:《汉官仪》曰：高祖命天下郡国，选能引关蹶张材力武猛者，以为"轻车""骑士""材官""楼船"，常以立秋后讲肄课试，各有员数。平地用车骑，山阻用材官，水泉用楼船。〔《后汉书》卷一下《光武纪下》〕)

以汉史考之，大抵巴蜀、三河、颍川诸处，止有材官。上郡、北地、陇西诸处，止有车骑。而庐江、浔阳、会稽诸处，止有楼船。三者之兵，各随其地之所宜(《通考》卷一五〇《兵考二》)。

掌握兵权者，亦有专官。

郡国之兵，其制则一。有列郡，有王国，有侯国，郡有守，有都尉，都尉佐太守典武。其在王国，则相比郡守，中尉比都尉。侯国有相，秩比天子令、长。每岁，郡守、尉教兵，则侯国之相与焉。侯国之兵，既属之郡，而王国之兵，亦天子所有，不可擅用(《通考》卷一五〇《兵考二》)。

(丙)屯田兵

此种兵，初为屯田而守边，间亦被调作战。

明年(元鼎五年，西元前一一二)……初置张掖、酒泉郡，而上郡、朔方、西河、河西开田官，斥塞卒六十万人戍田之(《汉书》卷二十四下《食货志下》)。

孝武……征四夷……开西域……自敦煌西至盐泽，往往起亭。而轮台、渠犂，皆有田卒数百人，置使者校尉领护，以给使外国者(《汉书》卷九十六上《西域传序》)。

宣帝……地节二年(西元前六十八)，汉遣侍郎郑吉、校尉司马憙，将免刑罪人田渠犂，积谷，欲以攻车师。至秋收谷，吉、憙发城郭诸国兵万余人，自与所将田士千五百人，共击车师(《汉书》卷九十六下《西域传下·车师》)。

充国至金城……愿罢骑兵，留弛刑应募，及淮阳、汝南步兵与吏士私从者合凡万二百八十一人……分屯要害处。……至四月草生，发郡骑及属国胡骑伉健各千、倅马什二就草，为田者游兵（《汉书》卷六十九《赵充国传》）。

建昭三年秋……甘延寿……陈汤挢发戊已校尉、屯田吏士及西域胡兵，攻郅支单于（《汉书》卷九《元帝纪》）。

（丁）征役与招募

《汉仪注》云：民年二十三为正，一岁为卫士，一岁为材官、骑士，习射御骑、驰战陈。又曰：年五十六衰老，乃得免为庶民，就田里（《汉书》卷一上《高祖纪上》注）。

孟康曰：古者二十而傅，三年耕，有一年储，故二十三而后役之（《汉书》卷一上《高祖纪上》注）。

如淳曰：律，年二十三傅之畴官。……师古曰：傅，著也。言著名籍，给公家徭役也（《汉书》卷一上《高祖纪上》注）。

以上役兵之征免。

卒践更，辄与平贾（注：《正义》：践更，若今唱更、行更者也，言民自著卒。更有三品：有卒更，有践更，有过更。古者正卒无常人，皆当送之，是为卒更。贫者欲雇更钱者，次直者出钱雇之，月二千，是为践更。天下人皆直戍边三月，亦各为更，律所谓繇戍也。虽丞相子，亦在戍边之调，不可人人自行三月戍。又行者出钱三百入官，官给戍者，是为过更。〔《史记》卷一〇六《吴王濞列传》〕）。

以上役兵之期限。

班孟坚志刑法而不志兵……而以兵附刑，然述之不详，使一代之制无考焉。汉初兵民不甚分，如冯唐谓：吏卒皆家人子弟，起田中从军。而《后汉·礼仪志》谓罢遣卫士，必劝以农桑。由是观之，兵、农尚未分

（《通考》卷一五〇《兵考二》）。

以上汉初兵、农未分，所役之兵，皆由征调而来。自武帝始募兵。

汉初南、北军，亦自郡国更番调发来。何以言之？黄霸为京兆尹，坐发骑士诣北军，马不适士，劾乏军兴，则知自郡国调上卫士，一岁一更，更代番上，初无定兵。自武帝置八校，则“募兵”始此。置羽林、期门，则“长从”始此（《通考》卷一五〇《兵考二》）。

用兵之际，现役兵不敷用，往往随时征募。

发天下七科谪（注：《正义》张晏云：“吏有罪一，亡命二，赘婿三，贾人四，故有市籍五，父母有市籍六，大父母有籍七，凡七科）及载糒给贰师，转车人徒，相连属至敦煌（《史记》卷一二三《大宛列传·条支》）。

天汉四年（西元前九十七）正月……发……勇敢士……出朔方（《汉书》卷六《武帝纪》）。

太初元年（西元前一〇四）八月……发天下谪民，西征大宛（《汉书》卷六《武帝纪》）。

天汉元年（西元前一〇〇）秋……发谪戍屯五原（《汉书》卷六《武帝纪》）。

灌夫……奋曰：“愿取吴王……头。”……募军中壮士所善，愿从数十人（《汉书》卷五十二《灌夫传》）。

彭祖上书……愿从国中勇敢击匈奴（《汉书》卷五十三《赵敬肃王彭祖传》）。

陵……将勇敢五千人，教射酒泉、张掖以备胡（《汉书》卷五十四《李广附李陵传》）。

充国……遂上……奏曰：“……愿罢骑兵，留弛刑应募。”（《汉书》卷六十九《赵充国传》）

元帝……永光二年（西元前四十二）……发兵六万余人……并进。

羌虏大破……复发募士万人(《汉书》卷七十九《冯奉世传》)。

元凤五年(西元前七十六)六月,发三辅及郡国恶少年、吏有告劾亡者,屯辽东(《汉书》卷七《昭帝纪》)。

元凤六年(西元前七十五)正月,募郡国徒,筑辽东玄菟城(《汉书》卷七《昭帝纪》)。

元始二年(西元二年)九月……募汝南、南阳勇敢吏士三百人,谕说江湖贼(《汉书》卷十二《平帝纪》)。

(戊)征调之手续

十年九月……上曰:"……吾以羽檄,征天下兵。"(《汉书》卷一下《高祖纪下》)

二年(西元前一七八)九月,初与郡国守、相为铜虎符(《史记》卷十《孝文帝本纪》)。

高祖之世,南、北二军不出,而民兵散在郡国,有事以羽檄召材官、骑士,以备军旅。文帝始以铜虎符代檄。当时各因其地,以中都官号将军将之,事已则罢。京师止南、北军(《通考》卷一五〇《兵考二》)。

(己)训练之方法

汉承秦制,三时不讲,唯十月车驾幸长安水南门,会五营士,为八阵,进退名曰乘之(《通考》卷一五七《兵考九》)。

九月都试(注:如淳曰:太守、都尉、令长、丞尉,会都试,课殿最也。〔《汉书》卷八十四《翟方进传》〕)。

(3)刑法

(甲)汉律

汉初订律,条文单简。其后禁网浸密,而奸吏得因缘弄法。

汉兴，高祖初入关，约法三章曰:“杀人者死，伤人及盗抵罪。”蠲削烦苛。……其后……三章之法，不足以御奸，于是相国萧何攗摭秦法，取其宜于时者，作律九章(《汉书》卷二十三《刑法志》)。

律……起自魏文侯师李悝，撰次诸国法，著《法经》……六篇而已。……商君传习，以为秦相。汉承其制，萧何定律，除参夷连坐之罪，增部主见知之条，益事律《擅兴》《厩》《户》三篇，合为九篇。叔孙通益律所不及，《傍章》十八篇，张汤《越宫律》二十七篇，赵禹《朝律》六篇，合六十篇。又汉时决事，集为《令甲》以下三百余篇(《汉书·宣帝纪》:地节四年，令甲注:文颖曰:“萧何承秦法，所作为律令，律经是也。天子诏所增损，不在律上者为令。”……如淳曰:“令有先后，故有令甲、令乙、令丙。”师古曰:“……甲、乙者，若今之第一、第二篇耳。”〔《通典》卷一六三《刑一》〕)。

错为内史……法令多所更定。……错所更令三十章(《汉书》卷四十九《晁错传》)。

孝武即位……征发烦数，百姓贫耗，穷民犯法，酷吏击断，奸轨不胜。于是招进张汤、赵禹之属，条定法令，作见知故纵、监临部主之法(注:师古曰:“见知人犯法，不举告为故纵。而所监临部主有罪并连坐也。”)，缓深故之罪(注:孟康曰:“孝武欲急刑，吏深害及故入人罪者，皆宽缓。”)，急纵出之诛(注:师古曰:“吏释罪人，疑以为纵出，则急诛之。”)。其后，奸猾巧法，转相比况，禁罔浸密。律令凡三百五十九章，大辟四百九条、千八百八十二事，死罪决事比万三千四百七十二事。文书盈于几阁，典者不能遍睹。是以郡国承用者驳(注:师古曰:“不晓其指，用意不同也。”)，或罪同而论异，奸吏因缘为市，所欲活则傅生议，所欲陷则予死比，议者咸冤伤之(《汉书》卷二十三《刑法志》)。

宣帝有意更订而未果，元帝亦屡下诏，竟不能改。

宣帝自在闾阎而知其若此，及即尊位，廷史路温舒上疏，言秦有十失，其一尚存，治狱之吏是也。……上深愍焉，乃下诏曰：“间者，吏用法，巧文浸深。……夫决狱不当，使有罪兴邪，不辜蒙戮。……今遣廷史与郡鞠狱。”……于是选于定国为廷尉……黄霸等以为廷平。……时涿郡太守郑昌上疏言：“圣王……立法明刑者，非以为治，救衰乱之起也。今明主躬垂明听，虽不置廷平，狱将自正；若开后嗣，不若删定律令。律令一定，愚民知所避，奸吏无所弄矣。”……宣帝未及修正。至元帝初立，乃下诏曰：“夫法令者，所以抑暴扶弱，欲其难犯而易避也。今律令烦多而不约，自典文者不能分明，而欲罗元元之不逮，斯岂刑中之意哉！其议律令可蠲除轻减者条奏，唯在便安万姓而已。”至成帝河平中，复下诏曰：“《甫刑》云：‘五刑之属三千，大辟之罚其属二百。’今大辟之刑，千有余条，律令烦多，百有万余言。奇请它比，日以益滋，自明习者不知所由，欲以晓喻众庶，不亦难乎？……其与中二千石、二千石、博士及明习律令者，议减死刑及可蠲除约省者，令较然易知条奏。”……有司……不能因时广宣主恩，建立明制，为一代之法，而徒钩摭微细、毛举数事，以塞诏而已（《汉书》卷二十三《刑法志》）。

（乙）刑名

汉承秦敝，用法深刻，其所用之刑，散见于纪传中，兹表列之如下：

汉刑名简表

刑名	解释	备考
夷三族	父族、母族、妻族。	《汉书·高祖纪》：九年十二月，捕赵王敖下狱。诏敢有随王，罪三族。
要斩		《汉书·隽不疑传》：一男子自谓卫太子，坐诬罔，要斩。

续表

刑名	解释	备考
磔	谓张其尸。	《汉书·景帝纪》：中元二年二月，改磔曰弃市。
弃市	杀之于市。	同上。注：师古曰："取刑人于市，与众弃之也。"
腐刑	宫刑也，丈夫割势，不能复生子，如腐木不生实。又曰下蚕室。	同上。中元四年夏，死罪欲腐者许之。
髡钳	髡，剃须也。钳，以铁束颈也。	《汉书·高祖纪》：九年十二月，郎中田叔、孟舒等十人，自髡钳为王家奴。
完	不加肉刑，髡鬄也。	《汉书·惠帝纪》：民年七十以上，若不满十岁，有罪当刑者，皆完之。
城旦舂	城旦者，旦起行治城。舂者，妇人不豫外徭，但舂作米。皆四岁刑也。	同上。有罪当刑及当为城旦舂者。
鬼薪白粲	取薪给宗庙为鬼薪，坐择米使正白为白粲，皆三岁刑也。	同上。皆耐为鬼薪白粲。
耐	耐通作耏。轻罪不至于髡，完其耏鬓。一岁为罚作，二岁刑以上为耐。	《汉书·高祖纪》：七年春，令郎中有罪，耐以上请之。
罚作	一岁刑。	《汉书·文帝纪》注。
笞	先时笞背，景帝改笞臀。	《汉书·刑法志》。

其后渐次改革，首除族诛之罪，间复有用之者，非常制也。

汉兴之初，虽有约法三章，网漏吞舟之鱼，然其大辟，尚有夷三族之令，令曰："当三族者，皆先黥、劓，斩左右趾，笞杀之，枭其首，菹其骨肉于市。其诽谤詈诅者，又先断舌。"故谓之具五刑。彭越、韩信之属，皆受此诛。至高后元年，乃除三族罪、妖言令（《汉书》卷二十三《刑法志》）。

元年正月，诏曰："前日孝惠皇帝言，欲除三族罪、妖言令，议未决而

崩。今除之。”(《汉书》卷三《高后纪》)

元年(西元前一七九)十二月……尽除收帑相坐律令(《汉书》卷四《文帝纪》)。

孝文二年,又诏丞相、太尉、御史:“法者,治之正,所以禁暴而卫善人也。今犯法者已论,而使无罪之父母、妻子、同产坐之及收,朕甚弗取。其议。”左右丞相周勃、陈平奏言:“父母、妻子、同产相坐及收,所以累其心,使重犯法也。收之之道,所由来久矣。臣之愚计,以为如其故便。”文帝复曰:“朕闻之,法正则民悫,罪当则民从。……既不能道,又以不正之法罪之,是法反害于民,为暴者也。朕未见其便,宜孰计之。”平、勃乃曰:“陛下幸加大惠于天下,使有罪不收,无罪不相坐。……臣等谨奉诏,尽除收律、相坐法。”其后,新垣平谋为逆,复行三族之诛(《汉书》卷二十三《刑法志》)。

二年五月,诏曰:“古之治天下,朝有进善之旌、诽谤之木,所以通治道而来谏者也。今法有诽谤妖言之罪,是使众臣不敢尽情,而上无由闻过失也,将何以来远方之贤良?其除之。民或祝诅……吏以为大逆,其有他言,吏又以为诽谤。此细民之愚无知抵死,朕甚不取。自今以来,有犯此者,勿听治。”(《汉书》卷四《文帝纪》)

古有肉刑,文帝除之,改为笞刑。

遂下令曰:“制诏御史:盖闻有虞氏之时,画衣冠、异章服以为戮,而民弗犯,何治之至也!今法有肉刑三(注:孟康曰:“黥、劓二,刖左右趾合一,凡三也。”),而奸不止,其咎安在?……《诗》曰:‘恺弟君子,民之父母。’今人有过,教未施而刑已加焉,或欲改行为善,而道无繇至,朕甚怜之。夫刑至断支体,刻肌肤,终身不息,何其刑之痛而不德也!岂称为民父母之意哉?其除肉刑,有以易之。”……丞相张苍、御史大夫冯敬奏言:“……臣谨议请定律曰:诸当完者,完为城旦舂;当黥者,髡钳为城旦舂;当劓者,笞三百;当斩左止者,笞五百;当斩右止,及杀人先自告，及吏坐受赇枉法，守县官财物而即盗之，已论命复有笞罪者，皆弃市。罪人狱已决，完为城旦舂，满三岁为鬼薪白粲。鬼薪白粲一岁，为隶臣妾。隶臣妾一岁，免为庶人。隶臣妾满二岁，为司寇。司寇一岁，及作如司寇二岁，皆免为庶人。其亡逃及有罪耐以上，不用此令。前令之刑城旦舂岁而非禁锢者，如完为城旦舂岁数以免。”……制曰：“可。”（《汉书》卷二十三《刑法志》）

肉刑改笞，而笞常致死，故减笞数，并定箠令。

景帝元年（西元前一五六），下诏曰：“加笞与重罪无异，幸而不死，不可为人。其定律：笞五百曰三百，笞三百曰二百。”犹尚不全。至中六年，又下诏曰：“加笞者，或至死而笞未毕，朕甚怜之。其减笞三百曰二百，笞二百曰一百。”又曰：“笞者，所以教之也，其定箠令。”丞相刘舍、御史大夫卫绾请：“笞者，箠长五尺，其本大一寸，其竹也，末薄半寸，皆平其节。当笞者笞臀。毋得更人，毕一罪乃更人。”自是笞者得全（《汉书》卷二十三《刑法志》）。

宫刑亦除之。

景帝元年，诏言：“孝文皇帝除宫刑。……重绝人之世也。”则知文帝并宫刑除之。至景帝中元年，赦徒作阳陵者死罪，欲腐者许之。而武帝时，李延年、司马迁、张安世兄贺皆坐腐刑，则是因景帝中元年之后宫刑复用。而以施之死罪之情轻者，不常用也（《通考》卷一六三《刑考二》）。

并废磔刑。

中元二年（西元前一四八）二月……改磔曰弃市（注：应劭曰：“先此诸死刑，皆磔于市，今改曰弃市。自非妖逆，不复磔也。”），勿复磔（《汉书》卷五《景帝纪》）。

加刑年龄，特有规定，著之于令。

即皇帝位……民年七十以上，若不满十岁有罪，当刑者皆完之（《汉书》卷二《惠帝纪》)。

孝景……后三年(西元前一四一),复下诏曰:“高年老长,人所尊敬也;鳏寡不属逮者,人所哀怜也。其著令,年八十以上、八岁以下及孕者未乳,师、朱儒(注:如淳曰:“师,乐师盲瞽者。朱儒,短人不能走者。”),当鞠系者,颂系之。”至孝宣元康四年,又下诏曰:“朕念夫耆老之人,发齿堕落,血气既衰,亦无暴逆之心,今或罗于文法,执于囹圄,不得终其年命,朕甚怜之。自今以来,诸年八十,非诬告杀伤人,它皆勿坐。”至成帝鸿嘉元年,定令:“年未满七岁,贼斗杀人及犯殊死者,上请廷尉以闻,得减死。”合于三赦幼弱老眊之人。此皆法令稍定,近古而便民者也(《汉书》卷二十三《刑法志》)。

加罪,平民与贵族不同,特有议贵之令。

七年(西元前二〇〇)春,令郎中有罪,耐以上请之(《汉书》卷一下《高祖纪下》)。

谊数上疏……其大略曰:“……廉耻节礼,以治君子,故有赐死而亡戮辱,是以黥、劓之罪不及大夫。……今自王、侯、三公之贵……而今与众庶同黥、劓、髡、刖、笞、傌、弃市之法。……被戮辱者不泰迫虖……。”上深纳其言。……是后,大臣有罪,皆自杀不受刑。至武帝时,稍复入狱,自宁成始(《汉书》卷四十八《贾谊传》)。

当时有赎罪之法。

孝景二年……其后上郡以西旱,复修卖爵令,而裁其贾,以招民及徒复作,得输粟于县官以除罪(《汉书》卷二十四上《食货志上》)。

孝文时,纳晁错之说,募民入粟塞下,得以除罪(《通考》卷一七一《刑考十上》)。

元年(西元前一九四)十二月……民有罪,得买爵三十级,以免死罪(注:应劭曰:“一级直钱二千,凡为六万。若今赎罪,入三十匹缣矣。”师古曰:“令出买爵之钱以赎罪。”〔《汉书》卷二《惠帝纪》〕)。

天汉四年(西元前九十七)九月,令死罪入赎钱五十万,减死一等(《汉书》卷六《武帝纪》)。

犯罪得赎,亦有不赞其事者。

宣帝时,西羌反,遣师征之。京兆尹张敞议:“国兵在外,吏民并给转输,田事颇废,虽羌虏已破,来春民食必乏,县官谷度不足以振之。愿令各诸有罪,非盗、受财、杀人及犯法不得赦者,皆得以差入谷此八郡赎罪。务益致谷,以豫备百姓之急。”事下有司,少府萧望之等以为不可,乃止。望之等言:“今欲令民量粟以赎罪,如此则富者得生,贫者独死,是贫富异刑而法不壹也。人情,贫穷父兄囚执,闻出财得以生活,为人子弟者将不顾死亡之患,败乱之行,以赴财利,求救亲戚。一人得生,十人以丧。……今议开利路,以伤既成之化,臣窃痛之。”……时丞相魏相、御史大夫丙吉,亦以为羌虏且破,转输略足相给,遂不施敞议(《通考》卷一七一《刑考十上》)

(4)学校

汉之学校,有京师太学与郡国学之别。

(甲)太学

汉初天下草创,安于无为,学校之制,未遑兴举。

高皇帝诛项籍。……然尚有干戈,平定四海,亦未皇庠序之事也。孝惠、高后时,公卿皆武力功臣。孝文时颇登用,然孝文本好刑名之言。及至孝景,不任儒,窦太后又好黄老术,故诸博士具官待问,未有进者(《汉书》卷八十八《儒林传序》)。

至武帝时,始兴太学,发其端者,董仲舒对策之言也。

仲舒对曰:“……养士之大者,莫大虖太学。太学者,贤士之所关也,教化之本原也。今以一郡一国之众,对亡应书者(注:师古曰:“书,谓举贤良文学之诏书也。”)，是王道往往而绝也。臣愿陛下兴太学、置明师，以养天下之士，数考问以尽其材，则英俊宜可得矣。”(《汉书》卷五十六《董仲舒传》)

孝武初立，卓然罢黜百家，表章《六经》。遂畴咨海内，举其俊茂，与之立功，兴太学(《汉书》卷六《武帝纪赞》)。

本始二年(西元前七十二)五月，诏曰：“……孝武皇帝……建太学。”(《汉书》卷八《宣帝纪》)

课程凡《五经》，而以博士任教授。初设五经博士，宣帝增至十二人，王莽增《乐经》为《六经》，经各五人，增至三十人。

武帝建元五年(西元前一三六)，初置五经博士。宣帝黄龙元年(《纪》作甘露三年，西元前五十一)，稍增员十二人(《汉书》卷十九上《百官公卿表上》)。

立《乐经》，益博士员，经各五人(《汉书》卷九十九上《王莽传上》)。

初，《书》唯有欧阳、《礼》后，《易》杨，《春秋》公羊而已。至孝宣世，复立大、小夏侯《尚书》，大、小戴《礼》，施、孟、梁丘《易》，《穀梁春秋》。至元帝世，复立京氏《易》(旋罢)。平帝时，又立《左氏春秋》《毛诗》《逸礼》《古文尚书》(《汉书》卷八十八《儒林传赞》)。

按：王国维《汉魏博士考》：文景之世，鲁、齐、韩三家《诗》已立博士，大、小戴实为后氏《礼》，尚未自名其家，则宣帝末所有博士，《易》则施、孟、梁丘，《书》则欧阳、大、小夏侯，《诗》则鲁、齐、韩，《礼》则后氏，《春秋》公羊、穀梁，适得十二人。博士置弟子，初五十人，其后员数亦不增。弟子入选，内由太常择补，外由郡国察举。

元朔五年(西元前一二四)，置博士弟子员。前此博士，虽各以经授徒，而无考察试用之法。至是，官始为置弟子员，即武帝所谓兴太学也(《通考》卷四十《学校考一》)。

制曰：“……太常议，予博士弟子。”……（丞相公孙弘）谨与太常臧（孔臧）、博士平等议，曰：“……博士，官置弟子五十人，复其身。太常择民年十八以上，仪状端正者，补博士弟子。郡国县官有好文学、敬长上、肃政教、顺乡里、出入不悖，所闻，令相、长、丞上属所二千石。二千石谨察可者，常与计偕，诣太常，得受业如弟子。”（《汉书》卷八十八《儒林传序》）

昭帝时……增博士弟子员满百人。宣帝末，增倍之。元帝好儒，能通一经者皆复。数年以用度不足，更为设员千人。……成帝末，或言孔子布衣，养徒三千人。今天子太学弟子少，于是增弟子员三千人。岁余复如故。平帝时，王莽秉政，增元士之子得受业如弟子，勿以为员（注：师古曰：“常员之外，更开此路。”〔《汉书》卷八十八《儒林传序》〕）。

太学宫舍，建自武帝。至王莽秉政，更为弟子建舍万区。

盖古者明堂、辟雍，共为一所。蔡邕《明堂论》曰：“取其宗祀之清貌，则曰清庙。取其正室之貌，则曰太庙。取其尊崇，则曰太室。取其堂，则曰明堂。取其四门之学，则曰太学。取其四面周水圆如璧，则曰辟雍。异名而同事。”（《通考》卷四十《学校考一》）

周文王辟雍，在长安西北四十里，亦曰璧雍。如璧之圆，雍之以水，象教化流行也。……汉辟雍，在长安西北七里。……汉明堂，在长安西南七里。《汉书》曰：“武帝初即位，向儒术，以文学为本，议立明堂于城南以朝诸侯。”应劭注云：“汉武帝造明堂，王莽修饰令大。”（《三辅黄图》卷五）

莽奏起明堂、辟雍、灵台，为学者筑舍万区，作市常满仓，制度甚盛（《汉书》卷九十九上《王莽传上》）。

（乙）郡国学

武帝注意地方教育，令天下郡国立学官。至平帝时，更定其名称。

文翁……为蜀郡守，仁爱好教化。见蜀地辟陋有蛮夷风，文翁欲诱进之，乃选郡县小吏，开敏有材者张叔等十余人亲自饬厉，遣诣京师，受业博士，或学律令。减省少府用度，买刀布蜀物，赍计吏以遗博士。数岁，蜀生皆成就还归，文翁以为右职，用次察举，官有至郡守、刺史者。又修起学官于成都市中，招下县子弟以为学官弟子，为除更繇，高者以补郡县吏，次为孝弟力田。常选学官僮子，使在便坐受事。每出行县，益从学官诸生明经饬行者与俱，使传教令，出入闺阁。县邑吏民见而荣之，数年，争欲为学官弟子，富人至出钱以求之。繇是大化，蜀地学于京师者比齐、鲁焉。至武帝时，乃令天下郡国皆立学校官，自文翁为之始云（《汉书》卷八十九《文翁传》）。

元帝好儒……郡国置《五经》百石卒史（《汉书》卷八十八《儒林传序》）。

元始三年（西元三年）夏……立……学官。郡国曰学，县、道、邑、侯国曰校。……乡曰庠，聚曰序（《汉书》卷十二《平帝纪》）。

武为刺史……行部必先即学宫，见诸生，试其诵论，问以得失（《汉书》卷八十六《何武传》）。

（5）选举

汉之举官，分文学与吏道。

今按：西都公、卿、士大夫，或出于文学，或出于吏道，亦由上之人，并开二途以取人，未尝自为抑扬，偏有轻重。故下之人，亦随其所遇以为进身之阶（《通考》卷三十五《选举考八》）。

其以学术进者，分叙如下：

（甲）博士弟子

太常臧、博士平等议曰：“……一岁皆辄课，能通一艺以上，补文学掌故缺；其高第可以为郎中，太常籍奏。即有秀才异等，辄以名闻。其不事学若下材，及不能通一艺，辄罢之，而请诸能称者。……以治礼掌故以文学礼义为官，迁留滞。请选择其秩比二百石以上及吏百石通一艺以上补左右内史、大行卒史，比百石以下补郡太守卒史，皆各二人，边郡一人。先用诵多者，不足，择掌故以补中二千石属，文学掌故补郡属，备员。请著功令。它如律令。"制曰："可。"（《汉书》卷八十八《儒林传序》）

平帝时，王莽秉政，增元士之子得受业如弟子，勿以为员。岁课甲科四十人为郎中，乙科二十人为太子舍人，丙科四十人补文学掌故（《汉书》卷八十八《儒林传序》）。

（乙）明经

龚遂……以明经为官（《汉书》卷八十九《龚遂传》）。

袁安……祖父良……举明经，为太子舍人（《后汉书》卷七十五《袁安传》）。

召信臣……以明经甲科为郎（《汉书》卷八十九《召信臣传》）。

按：孔安国、贡禹、夏侯胜、张禹并以明经为博士，眭弘、翟方进并以明经为议郎。见《汉书》各本传。

孝平元始五年（西元五年），召天下通知逸经、古记、天文、历算、钟律、小学、《史篇》、方术、《本草》及以《五经》《论语》《孝经》《尔雅》教授者，在所为驾一封轺传，遣诣京师，至者数千人（《通考》卷二十八《选举考一》）。

（丙）明法

汉高祖初，未遑立制。至十一年，乃下诏曰："贤士大夫既与我定有天下，而不与我共安利之，可乎？有肯从我游者，吾能尊荣之。以布告天下。其有称明法者，御史、中执法、郡守必身劝勉，遣诣丞相府，署其行、

义及年。有其人而不言者，免官。”（《通典》卷十三《选举一》）

郑崇……父宾，明法律，为御史（《汉书》卷七十七《郑崇传》）。

薛宣……以明习文法，诏补御史中丞（《汉书》卷八十三《薛宣传》）。

（丁）学童

汉兴，萧何草律……曰：“太史试学童，能讽书九个字以上，乃得为史。又以六体试之，课最者以为尚书御史、史书令史。吏民上书，字或不正，辄举劾。”（《汉书》卷三十《艺文志》）

其以廉能征用者，分叙如下：

（甲）征起

汉制：凡郡国之官，非傅相，其他既自署置，又调僚属及部人之贤者，举为秀才、廉吏，而贡于王庭，多拜为郎，居三署，无常员，或至千人，属光禄勋。故卿校、牧守居闲待诏，或郡国贡送、公车征起，悉在焉。光禄勋复于三署中铨第郎吏，岁举秀才、廉吏，出为他官，以补阙员（《通考》卷三十六《选举考九》）。

（乙）贤良方正

二年（西元前一七八）十一月……诏曰：“……二三执政……举贤良方正、能直言极谏者，以匡朕之不逮。”（《汉书》卷四《文帝纪》）

始元元年（西元前八十六）闰九月，遣故廷尉……持节行郡国，举贤良（《汉书》卷七《昭帝纪》）。

本始四年（西元七十）四月……诏曰：“……令三辅、太常、内郡国，举贤良方正各一人。”（《汉书》卷八《宣帝纪》）

地节三年（西元前六十七）三月，诏曰：“……令内郡国，举贤良方正可亲民者。”（《汉书》卷八《宣帝纪》）

（丙）孝廉

十二年（西元前一六八）三月……诏曰："……孝悌，天下之大顺也。力田，为生之本也。……廉吏，民之表也，朕甚嘉此二三大夫之行。今万家之县，云无应令，岂实人情？是吏举贤之道未备也。其遣谒者劳赐三老、孝者……悌者、力田……廉吏。"（《汉书》卷四《文帝纪》）

元光元年（西元前一三四）十一月，初令郡国举孝廉各一人（《汉书》卷六《武帝纪》）。

先时，董仲舒对策曰："臣愚以为使列侯、郡守、二千石各择其吏民之贤者，岁贡各二人。"……后遂令州、郡举茂材、孝廉，皆自仲舒发之（《通考》卷二十八《选举考一》）。

至国家需用何种人才，即令公、卿、郡国举之，所谓特科者也。

（甲）茂材异等

元封五年（西元前一〇六）四月……诏曰："盖有非常之功，必待非常之人。故马或奔踶而致千里，士或有负俗之累而立功名。夫泛驾之马，跅弛之士，亦在御之而已。其令州、郡，察吏民有茂材异等可为将相及使绝国者。"（《汉书》卷六《武帝纪》）

元康四年（西元前六十二）正月，诏："……遣大中大夫……循行天下……举茂材异伦之士。"（《汉书》卷八《宣帝纪》）

建昭四年（西元前三十五）四月……临遣谏大夫、博士……循行天下……举茂材特立之士（《汉书》卷九《元帝纪》）。

（乙）孝悌力田

四年（西元前一九一）正月，举民孝弟、力田者，复其身（《汉书》卷二《惠帝纪》）。

元年（西元前一八七）二月……初置孝弟力田二千石者一人（《汉书》

卷三《高后纪》)。

十二年(西元前一六八)三月……诏曰:“……以户口率,置三老、孝悌力田常员,令各率其意,以道民焉。”(《汉书》卷四《文帝纪》)

地节三年(西元前六十七)十一月,诏曰:“……其令郡国举孝弟有行义闻于乡里者各一人。”(《汉书》卷八《宣帝纪》)

荐举而外,兼有考试,其方法有二种:

(甲)对策

十五年(西元前一六五)九月,诏诸侯王、公卿、郡守举贤良能直言极谏者,上亲策之,傅纳以言(《汉书》卷四《文帝纪》)。

元光元年(西元前一三四)五月,诏贤良曰:“……贤良明于古今王事之体,受策察问,咸以书对……朕亲览焉。”于是董仲舒、公孙弘等出焉(《汉书》卷六《武帝纪》)。

孝武……即位,举贤良文学之士,前后百数。而董仲舒以贤良对策,天子览其对而异焉,乃复策之,对毕复策之,遂以为江都相(《通考》卷三十三《选举考六》)。

上尽召直言之士,诣白虎殿对策(《汉书》卷六十《杜周附杜钦传》)。

(乙)射策

武帝立五经博士,开弟子员,设科射策,劝以官禄(《汉书》卷八十八《儒林传赞》)。

望之以射策甲科为郎(注:师古曰:“射策者,谓为难问疑义,书之于策,量其大小,署为甲、乙之科,列而置之。不使彰显。有欲射者,随其所取得而释之,以知优劣。射之言投射也。”〔《汉书》卷七十八《萧望之传》〕)。

上书言事，亦有得官者。

武帝初即位，征天下举方正贤良文学材力之士，待以不次之位。四方士多上书言得失，自衒鬻者以千数，其不足采者，辄报闻罢（《汉书》卷六十五《东方朔传》）。

朔初入长安，至公车上书，凡用三千奏牍。公车令两人共持举其书，仅然能胜之。人主从上方读之，止辄乙其处，读之二月乃尽。诏拜以为郎（《史记》卷一二六《东方朔列传》）。

终军……至长安，上书言事。武帝异其文，拜军为谒者给事中（《汉书》卷六十四下《终军传》）。

皋……上书北阙，自陈枚乘之子。上得之大喜，召入见待诏（《汉书》卷五十一《枚乘传》）。

上（宣帝）初即位，思进贤良。多上书言便宜，辄下望之问状，高者请丞相、御史，次者中二千石试事，满岁以状闻，下者报闻，或罢归田里（《汉书》卷七十八《萧望之传》）。

（四）汉之开边

（1）匈奴

（甲）匈奴之强盛

始皇帝使蒙恬将十万之众，北击胡，悉收河南地。因河为塞，筑四十四县城临河，徙谪戍以充之。……当是之时……匈奴单于曰头曼，头曼不胜秦，北徙。十余年而蒙恬死，诸侯畔秦，中国扰乱，诸秦所徙谪戍边者，皆复去。于是匈奴得宽，复稍度河南，与中国界于故塞。单于有太子名冒顿……射杀单于头曼……自立为单于。……遂东袭击东胡……击大破，灭东胡王。……既归，西击走月氏，南并楼烦、白羊、河南王，侵燕、代。……是时，汉兵与项羽相距，中国罢于兵革，以故冒顿得自强，控弦之士三十余万（《史记》卷一一〇《匈奴列传》）。

（乙）匈奴之制度及风俗

单于姓挛鞮氏，其国称之曰“撑犁孤涂单于”。匈奴谓天为“撑犁”，谓子为“孤涂”，单于者，广大之貌也，言其象天单于然也。置左右贤王，左右谷蠡，左右大将，左右大都尉，左右大当户，左右骨都侯。匈奴谓贤曰“屠耆”，故常以太子为左屠耆王。自左右贤王以下至当户，大者万余骑，小者数千，凡二十四长，立号曰“万骑”。其大臣皆世官。呼衍氏、兰氏，其后有须卜氏，此三姓，其贵种也。诸左王将居东方，直上谷以东，接秽貉、朝鲜；右王将居西方，直上郡以西，接氐、羌；而单于庭直代、云中。各有分地，逐水草移徙。而左右贤王、左右谷蠡最大国，左右骨都侯辅政。诸二十四长，亦各自置千长、百长、什长、裨小王、相、都尉、当户、且渠之属。岁正月，诸长少会单于庭，祠。五月，大会龙城，祭其先、天地、鬼神。秋，马肥，大会蹛林，课校人畜计（《汉书》卷九十四上《匈奴传上》）。

其法，拔刃尺者死，坐盗者没入其家；有罪，小者轧，大者死。狱久者不满十日，一国之囚不过数人（《汉书》卷九十四上《匈奴传上》）。

无文书，以言语为约束（《汉书》卷九十四上《匈奴传上》）。

随草畜牧而转移。其畜之所多则马、牛、羊，其奇畜则橐佗、驴、骡、駃騠、騊駼、驒奚。逐水草迁徙，无城郭常居耕田之业，然亦各有分地。……儿能骑羊，引弓射鸟、鼠，少长则射狐、菟，肉食。士力能弯弓，尽为甲骑。其俗，宽则随畜田猎禽兽为生业，急则人习战攻以侵伐，其天性也。……自君王以下咸食畜肉，衣其皮革，被旃裘。壮者食肥美，老者饮食其余。贵壮健，贱老弱（《汉书》卷九十四上《匈奴传上》）。

单于朝出营，拜日之始生，夕拜月。其坐，长左而北向。日上戊己。其送死，有棺椁、金银、衣裳，而无封树、丧服；近幸臣妾从死者，多至数十百人。举事常随月，盛壮以攻战，月亏则退兵。其攻战，斩首虏赐一卮酒，而所得卤获因以予之，得人以为奴婢。故其战，人人自为趋利，善为诱兵以包敌。故其逐利，如鸟之集；其困败，瓦解云散矣（《汉书》卷九十四上《匈奴传上》）。

（丙）汉初之匈奴

汉初定，徙韩王信于代，都马邑。匈奴大攻围马邑，韩信降匈奴。匈奴得信，因引兵南逾句注，攻太原，至晋阳下。高帝自将兵往击之。会冬大寒雨雪，卒之堕指者十二三，于是冒顿阳败走，诱汉兵。汉兵逐击冒顿，冒顿匿其精兵，见其羸弱，于是汉悉兵……北逐之。高帝先至平城，步兵未尽到，冒顿纵精兵三十余万骑，围高帝于白登（白登，山名。在山西大同县东）七日。……高帝乃使使间厚遗阏氏，阏氏乃谓冒顿曰："两主不相困。今得汉地，单于终非能居之。"……冒顿与韩信将王黄、赵利期，而兵久不来，疑其与汉有谋，亦取阏氏之言，乃开围一角。于是高皇帝……从解角直出。……冒顿遂引兵去，汉亦引兵罢（七年，即西元前二

○○。〔《汉书》卷九十四上《匈奴传上》〕。

汉自此用羁縻之策，专趋重于和亲。

使刘敬奉宗室女翁主为单于阏氏，岁奉匈奴絮缯、酒、食物各有数，约为兄弟，以和亲（《汉书》卷九十四上《匈奴传上》）。

孝惠、高后时，冒顿浸骄。……令大谒者张泽报书。……冒顿……复使使来谢（《汉书》卷九十四上《匈奴传上》）。

孝文即位（西元前一七九），复修和亲。其三年夏，匈奴右贤王，入居河南地为寇。于是文帝……遣丞相灌婴……击右贤王。右贤王走出塞。……其明年（四年），单于遗汉书……至汉。议击与和亲孰便，公卿皆曰："……和亲甚便。"汉许之。……十四年，匈奴单于十四万骑入朝那萧关……至彭阳。……于是文帝以中尉周舍、郎中令张武为将军，发车千乘、十万骑，军长安旁，以备胡寇（《汉书》卷九十四上《匈奴传上》）。

景帝立。……复与匈奴和亲，通关市，给遗单于。遣翁主，如故约。终景帝世，时时小入盗边，无大寇（《汉书》卷九十四上《匈奴传上》）。

（丁）武帝之征伐

武帝即位，明和亲约束，厚遇关市，饶给之。……汉使马邑人聂翁壹，间阑出物，与匈奴交易。阳为卖马邑城，以诱单于。单于信之，而贪马邑财物，乃以十万骑入武州塞。汉伏兵三十余万。……单于既入汉塞……见畜布野，而无人牧者，怪之。……时雁门尉史……知汉谋……具告单于。单于大惊曰："吾固疑之。"乃引兵还。……自是后，匈奴绝和亲（《汉书》卷九十四上《匈奴传上》）。

自此，衅隙既开，战事遂起，汉兵屡出塞，于是漠南无王庭。

卫青复出云中以西，至陇西，击胡之楼烦、白羊王于河南，得胡首虏数千、羊百余万。于是汉遂取河南地，筑朔方，复缮故秦时蒙恬所为塞，因河而为固。汉亦弃上谷之斗辟县造阳地以予胡。是岁，元朔二年也（西元前一二七。〔《汉书》卷九十四上《匈奴传上》〕）。

其后……军臣单于死（冒顿子为老上单于，老上子为军臣单于）。其弟左谷蠡王伊穉斜自立为单于。……匈奴右贤王怨汉夺之河南地而筑朔方，数寇盗边，及入河南，侵扰朔方，杀掠吏民甚众。……汉复遣大将军卫青，将六将军、十余万骑……仍再出定襄数百里，击匈奴。……汉使票骑将军去病将万骑，出陇西，过焉耆山千余里。……得休屠王祭天金人。……单于怒昆邪王、休屠王居西方，为汉所杀虏数万人，欲召诛之。昆邪、休屠王恐，谋降汉。……昆邪王杀休屠王，并将其众降汉。……汉已得昆邪，则陇西、北地、河西益少胡寇。徙关东贫民，处所夺匈奴河南地、新秦中以实之，而减北地以西戍卒半。……匈奴入右北平、定襄各数万骑。……汉……令大将军青、票骑将军去病，中分军，大将军出定襄（内蒙古和林格尔县），票骑将军出代（山西代县），咸约绝幕击匈奴。单于闻之，远其辎重，以精兵待于幕北，与汉大将军接战。……汉兵……围单于。单于……遂独与壮骑数百，溃汉围，西北遁走。……票骑封于狼居胥山，禅姑衍，临翰海而还。是后，匈奴远遁，而幕南无王庭（《汉书》卷九十四上《匈奴传上》）。

是时，汉……西置酒泉郡，以隔绝胡与羌通之路。又西通月氏、大夏，以翁主妻乌孙王，以分匈奴西方之援国。又北益广田，至眩雷为塞。而匈奴终不敢以为言（《汉书》卷九十四上《匈奴传上》）。

汉与西域乌孙结好，以拊匈奴之背。匈奴衔之，发兵往攻。乌孙求解于汉，宣帝遣兵往救，与乌孙东西夹击，匈奴始溃逃。

宣帝即位，乌孙昆弥复上书，言连为匈奴所侵削，昆弥愿发国半精兵人马五万匹，尽力击匈奴。……本始二年（西元前七十二），汉大发关东轻锐士，选郡国吏三百石伉健习骑射者，皆从军。遣御史大夫田广明为祁连将军，四万余骑出西河；度辽将军范明友三万余骑，出张掖；前将军韩增三万余骑，出云中；后将军赵充国为蒲类将军，三万余骑，出酒泉；云中太守田顺为虎牙将军，三万余骑，出五原，凡五将军，兵十余万骑出塞。……及校尉常惠使护发兵乌孙、西域，昆弥自将翕侯以下五万余骑，从西方入。……匈奴闻汉兵大出，老弱奔走，驱畜产远遁逃，是以五将少所得。……校尉常惠与乌孙兵至右谷蠡庭，获单于父行及嫂、居次、名王、犁污都尉、千长、将以下三万九千余级，虏马、牛、羊、驴、骡、橐驼七十余万。……然匈奴民众死伤而去者，及产畜远移，死亡不可胜数，于是匈奴遂衰耗（《汉书》卷九十四上《匈奴传上》）。

匈奴……怨乌孙。……单于自将万骑击乌孙，颇得老弱。欲还，会天大雨雪，一日深丈余，人民畜产冻死，还者不能什一。于是丁令乘弱攻其北，乌桓入其东，乌孙击其西，凡三国，所杀数万级，马数万匹，牛羊甚众。又重以饿死，人民死者什三、畜产什五，匈奴大虚弱，诸国羁属者皆瓦解，攻盗不能理。其后，汉出三千余骑为三道，并入匈奴。……兹欲乡和亲（注：师古曰："兹，益也。"），而边境少事矣（《汉书》卷九十四上《匈奴传上》）。

（戊）匈奴之臣服

匈奴迭为汉创，势已不振。而内部又发生变乱，分立为五单于。

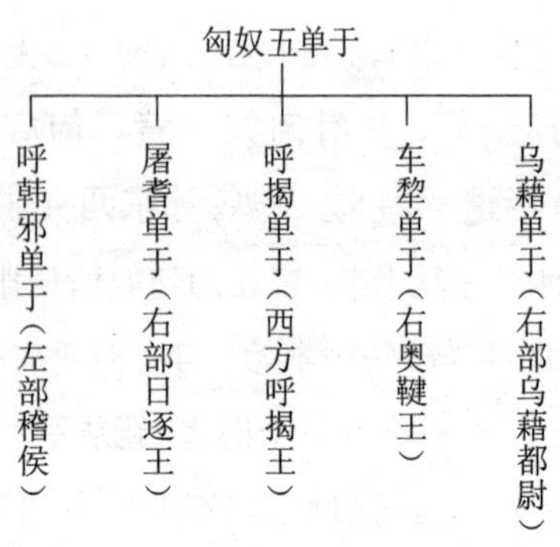

五单于互争，均为呼韩邪单于所并。

屠耆单于自将兵东击车犂单于，使都隆奇击乌藉。乌藉、车犂皆败，西北走，与呼揭单于兵合为四万人。乌藉、呼揭皆去单于号，共并力尊辅车犂单于。屠耆单于闻之，使左大将、都尉将四万骑分屯东方，以备呼韩邪单于，自将四万骑西击车犂单于。车犂单于败，西北走，屠耆单于即引西南，留闟敦地（《汉书》卷九十四下《匈奴传下》）。

呼韩邪单于遣其弟右谷蠡王等，西袭屠耆单于。……屠耆单于闻之，即自将……击呼韩邪单于。……逢呼韩邪单于兵……合战。屠耆单于兵败，自杀。都隆奇乃与屠耆少子右谷蠡王姑瞀楼头亡归汉。车犂单于东降呼韩邪单于。……呼韩邪单于……遂复都单于庭（《汉书》卷九十四下《匈奴传下》）。

未几，呼韩邪兄呼屠吾斯自立为郅支骨都侯单于。呼韩邪战败，遂款塞入朝于汉。

屠耆单于从弟休旬王，将所主五六百骑，击杀左大且渠，并其兵，至右地，自立为闰振单于，在西边。其后，呼韩邪单于兄左贤王呼屠吾斯，亦自立为郅支骨都侯单于，在东边。其后二年，闰振单于率其众东击郅支单于。郅支单于与战，杀之，并其兵，遂进攻呼韩邪。呼韩邪破，其兵走，郅支都单于庭。呼韩邪之败也，左伊秩訾王为呼韩邪计，劝令称臣入朝事汉，从汉求助，如此匈奴乃定。……呼韩邪从其计，引众南近塞，遣子右贤王铢娄渠堂入侍。郅支单于亦遣子右大将驹于利受入侍。是岁，甘露元年也（西元前五十三）。明年（二年），呼韩邪单于款五原塞，愿朝。三年正月，汉遣车骑都尉韩昌迎……朝天子于甘泉宫（《汉书》卷九十四下《匈奴传下》）。

郅支单于以为呼韩邪降汉，兵弱不能复自还，即引其众西，欲攻定右地。……会康居王数为乌孙所困，与诸翕侯计，以为匈奴大国，乌孙素服属之，今郅支单于困厄在外，可迎置东边，使合兵取乌孙以立之，长无匈奴忧矣。即使使至坚昆，通语郅支。郅支素恐，又怨乌孙，闻康居计大说，遂与相结，引兵而西。康居亦遣贵人，橐它驴马数千匹，迎郅支。郅支人众中寒道死，余财三千人到康居。其后都护甘延寿与副陈汤，发兵即康居诛斩郅支……（元帝建昭三年，即西元前三十六年）。郅支既诛，呼韩邪单于……上书，愿保塞。上谷以西至敦煌，传之无穷，请罢边备塞吏卒（《汉书》卷九十四下《匈奴传下》）。

按：自此匈奴臣服于汉，至王莽时始隔绝。

（2）西域

汉通西域，遂为中西文明沟通之导源。但汉初所谓西域，专指今新疆天山南北路而言。其后交通渐广，凡西北之地，概称西域矣。

（甲）西域各国之概况

西域在汉武始通时，有国三十六，其后稍分至五十余。

西域以孝武时始通，本三十六国，其后稍分至五十余，皆在匈奴之西，乌孙之南。南北有大山，中央有河，东西六千余里，南北千余里。东则接汉，厄以玉门、阳关，西则限以葱岭。其南山，东出金城，与汉南山属焉。其河有两原：一出葱岭山，一出于阗。于阗在南山下，其河北流，与葱岭河合，东注蒲昌海（罗布泊）。蒲昌海，一名盐泽者也，去玉门、阳关三百余里，广袤三百里。其水亭居，冬夏不增减，皆以为潜行地下，南出于积石，为中国河云（《汉书》卷九十六上《西域传序》）。

通西域之路，有南、北两道。

自玉门、阳关出西域，有两道。从“鄯善”傍南山（阿勒腾塔格山及托古兹山）北波河（车尔成河）西行，至莎车为南道。南道西逾葱岭，则出大月氏、安息（丁谦《汉书西域传地理考证》：凡出阳关而西，必先经鄯善，次且末。又西南至精绝，又西至扜弥，至于阗，至皮山而逾葱岭。若由莎车南行，则不经皮山而经西夜子合，皆会于岭西之乌秅。以至罽宾、乌弋，至由莎车西北行，则历蒲犁无雷而抵大月氏、安息等国）。自“车师前王庭”随北山（天山）、波河（塔里木河）西行，至疏勒为北道。北道西逾葱岭，则出大宛、康居、奄蔡、焉耆（李光廷《汉西域图考》：鄯善当汉冲，出西域者胥由于此。……自鄯善而北至伊吾，为今哈密地。自此而西，由狐胡至车师前王庭，经危须、焉耆、龟兹、姑墨、温宿、尉头以至疏勒。〔《汉书》卷九十六上《西域传序》〕）。

在新疆境内诸国，其种族，西北部为“塞”种，南部为“氐”“羌”。

昔匈奴破大月氏，大月氏西君大夏，而塞王南君罽宾。“塞种”分散，往往为数国，自疏勒以西北，休循、捐毒之属，皆故塞种也（《汉书》卷九十六上《西域传上·罽宾国》）

蒲犁及依耐、无雷国，皆西夜类也。西夜与胡异，其种类“羌”“氐”行国（注：师古曰：“言不土著也。”），随畜逐水草往来（《汉书》卷九十六上《西域传上·西夜国》）。

葱岭以外西南诸国，今所谓阿利安族也。

自宛以西，至安息国，虽颇异言，然大同，自相晓知也。其人皆深目，多须髯，善贾市，争分铢，贵女子，女子所言，丈夫乃决正（《汉书》卷九十六上《西域传上·大宛国》）。

其在新疆东北一带诸国，多附属于匈奴，匈奴并设官征其赋税。

西域诸国……皆役属匈奴。匈奴西边日逐王，置僮仆都尉，使领西域，常居焉耆、危须、尉黎间，赋税诸国，取富给焉（《汉书》卷九十六上《西域传序》）。

西域诸国简表（据《汉书·西域传》）

地别		国名	疆界	今释	户口	生活及风俗	物产	备考
天山南路	南道	楼兰 鄯善	西北至车师，东垂近汉当白龙堆，西通且末。	罗布泊东南。	户千五百七十，口万四千一百，胜兵二千九百十二人。	地沙卤少田，寄田仰谷旁国，民随畜牧逐水草。	玉、葭苇、柽柳、胡桐、白草。	《汉书·西域传》：元凤四年，更名其国为鄯善。
		且末	北接尉犁，南至小宛，西通精绝。	且末县。	户二百三十，口千六百一十，胜兵三百二十人。		蒲陶诸果。	
		精绝	南至戎卢，西通扜弥。	且末西。	户四百八十，口三千三百六十，胜兵五百人。			
		扜弥	南与渠勒、东北与龟兹、西北与姑墨接，西通于阗。	于阗县地。	户三千三百四十，口二万四十，胜兵三千五百四十人。			
		于阗	南与婼羌接，北与姑墨接，西通皮山。	和阗县地。	户三千三百，口万九千三百，胜兵二千四百人。		玉石。	
		莎车	西至疏勒，西南至蒲犁。	莎车县地（即叶尔羌）。	户二千三百三十九，口万六千三百七十三，胜兵三千四十九人。		有铁山，出青玉。	

续表

地别		国名		疆界	今释	户口	生活及风俗	物产	备考
天山南路	南道	婼羌		出阳关，不当孔道，西与且末接，西北至鄯善。	且末东至柴达木、郭斯特等处。	户四百五十，口千七百五十，胜兵五百人。	随畜逐水草，不田作，仰鄯善、且末谷。	山有铁，自作兵。	丁谦《汉书西域传地理考证》：婼羌者，西域杂羌之总名也，部落散处甚多，此特近阳关之一部。
		小宛		东与婼羌接，辟南不当道。	阿勒腾塔格山南。	户百五十，口千五十，胜兵二百人。			
		戎卢		东与小宛、南与婼羌、西与渠勒接，辟南不当道。	且末县东南山间。	户二百四十，口千六百一十，胜兵三百人。			
		渠勒		东与戎卢、西与婼羌、北与扜弥接。	和阗东南之波鲁地。	户三百一十，口二千一百七十，胜兵三百人。			李光廷《汉西域图考》：右四国，为南道以南诸国，今沦为戈壁。
	北道	姑师	车师前国	《后汉书·西域传》：西通焉耆，北道后部，西通乌孙。	吐鲁番县地。	户七百，口六千五十，胜兵千八百六十五人。			《汉书·西域传序》：宣帝时，分以为车师前、后王及山北六国。

续表

地别		国名		疆界	今释	户口	生活及风俗	物产	备考
天山南路	北道	姑师	车师后国		乌鲁木齐。	户五百九十五，口四千七百七十四，胜兵千八百九十人。			李光廷《图考》：车师后城长、郁立师、前后卑陆、单桓、东西且离（弥）、乌贪訾离、劫国，皆在天山以北。按：诸国为姑师所分，故列于此。
			车师都尉		附近车师后王。	户四十，口三百三十三，胜兵八十四人。			徐松《汉书西域传补注》：后城长与车师都尉，皆汉所置，以有人民，名之为国耳。
			车师后长城		同上。	户百五十四，口五百六十，胜兵二百六十人。			
			郁立师	东与车师后城长、西与卑陆、北与匈奴接。	罗克伦河源地。	户百九十，口千四百四十五，胜兵三百三十一人。			

续表

地别		国名		疆界	今释	户口	生活及风俗	物产	备考
天山南路	北道	姑师	卑陆		乌鲁木齐西天山间。	户二百二十七，口千三百八十七，胜兵四百二十二人。			丁谦《考证》：山北六国，指且弥东西、卑陆前后及郁立师与劫也。
			卑陆后国	东与郁立师、北与匈奴、西与劫国、南与车师接。	卑陆西北。	户四百六十二，口千一百三十七，胜兵三百五十人。			
			东且弥		阜康县地。	户百九十一，口千九百四十八，胜兵五百七十二人。		《后书》：庐帐居，逐水草，颇田作。	
			西且弥		同上。	户三百三十二，口千九百二十六，胜兵七百三十八人。			
			劫国		玛纳斯河南近山处。	户九十九，口五百，胜兵百一十五人。			
			乌贪訾离	东与单桓、南与且弥、西与乌孙接。	小裕勒都斯河地。	户四十一，口二百三十一，胜兵五十七人。			《汉书·西域传序》：元帝时，分车师后王之西，为乌贪訾离地。

续表

地别		国名	疆界	今释	户口	生活及风俗	物产	备考
天山南路	北道	狐胡	西至焉耆。	吐鲁番东南之鲁克沁地。	户五十五，口二百六十四，胜兵四十五人。			
		山国	西至尉犁，西北至焉耆，东南与鄯善、且末接。	博斯腾、罗布两泊之中。	户四百五十，口五千，胜兵千人。	民山居，寄田籴谷于焉耆、危须。	山出铁。	
		危须	西至焉耆。	博斯腾泊北之乌沙克塔尔台地。	户七百，口四千九百，胜兵二千人。			
		焉耆	南至尉犁，北与乌孙接。	焉耆县地（即喀喇沙尔）	户四千，口三万二千一百，胜兵六千人。		近海多鱼。	
		尉犁	南与鄯善、且末接。	博斯腾泊西南下开都河东岸。	户千二百，口九千六百，胜兵二千人。			
		乌垒	南至渠犁。	策特尔台地。	户百一十，口千二百，胜兵三百人。			

续表

地别		国名	疆界	今释	户口	生活及风俗	物产	备考
天山南路	北道	渠犂	东北与尉犂、东南与且末、南与精绝接，西至龟兹。	库尔勒城之西北。	户百三十，口千四百八十，胜兵百五十人。		地广，饶水草，有溉田。	
		龟兹	南与精绝、东南与且末、西南与扜弥、北与乌孙、西与姑墨接。	库车县地。	户六千九百七十，口八万一千三百一十七，胜兵二万一千七十六人。		能铸冶，有铅。	
		姑墨	南至于阗，北与乌孙接，东通龟兹。	拜城县地。	户三千五百，口二万四千五百，胜兵四千五百人。		铜、铁、雌黄。	
		温宿	西至尉头、北至乌孙、东通姑墨。	温宿县地。	户二千二百，口八千四百，胜兵千五百人。			
		尉头	南与疏勒接，西至捐毒。	乌什县地。	户三百，口二千三百，胜兵八百人。	田畜随水草。		

续表

地别		国名	疆界	今释	户口	生活及风俗	物产	备考
天山南路	北道	疏勒	南至莎车。	疏勒县地。	户千五百一十，口万八千六百四十七，胜兵二千人。	有市列，西当大月氏、大宛、康居道也。		
天山北路		蒲类		巴里坤地（即巴里坤湖南北地）。	户三百二十五，口二千三十二，胜兵七百九十九人。	《后书》：庐帐而居，逐水草，颇知田作。	《后书》：有牛、马、骆驼、羊畜。能作弓矢。国出好马。	李光廷《图考》：自伊吾而北至蒲类，又西而为车师后庭。经卑陆、单桓、乌贪訾离以至乌孙，又北通郁立师、卑陆后国、劫国，则北道之北，亦不当孔道也。
		蒲类后国		同上。	户百，口千七十，胜兵三百三十四人。	《后书》：其人勇猛敢战，以寇钞为事。皆被发，随畜逐水草，不知田作。	《后书》：所出皆与蒲类同。	《后书》：移支国，居蒲类地。丁谦《考证》：《前书》未载，当即所云蒲类后国。

续表

地别	国名	疆界	今释	户口	生活及风俗	物产	备考
天山北路	单桓		阿尔辉河滨。	户二十七，口百九十四，胜兵四十五人。			
	乌孙	东与匈奴、西北与康居、西与大宛、南与城郭诸国相接。	伊犁河南特克斯河滨。	户十二万，口六十三万，胜兵十八万八千八百人。	地莽平，多雨寒，不田作种树，随畜逐水草。	山多松樠，国多马，富人至四五千匹。	
葱岭	皮山	西南至乌秅，南与天笃接，北至姑墨，西南当罽宾乌弋山离道，西北通莎车。	皮山县地。	户五百，口三千五百，胜兵五百人。			
	西夜子合	东与皮山、西南与乌秅、北与莎车、西与蒲犂接。	西夜当库克雅尔地，子合当裕勒里克地。	户三百五十，口四千，胜兵千人。	随畜逐水草往来。	子合出玉石。《后书》：西夜地生白草有毒，国人煎以为药，傅箭镞，所中即死。	丁谦《考证》：西夜王号子合王者，盖其时兼辖子合地也。至后汉时，始各自立王。

续表

地别	国名	疆界	今释	户口	生活及风俗	物产	备考
葱岭	乌秅	北与子合、蒲犂，西与难兜接。	拉达克部。	户四百九十，口二千七百三十三，胜兵七百四十人。	山居田石间，累石为室，民接手饮。	有白草，出小步马，有驴，无牛。	
	蒲犂	东至莎车，北至疏勒，南与西夜子合接，西至无雷。	蒲犂县地。	户六百五十，口五千，胜兵二千人。	寄田莎车，种俗与子合同。		
	依耐	东北至莎车，北至疏勒，南与子合接。	视蒲犂方位相同而较远，则为今塞勒库勒城地。	户一百二十五，口六百七十，胜兵三百五十人。	俗与子合同，少谷，寄田疏勒、莎车。		
	无雷	南与乌秅、北与捐毒、西与大月氏接。	郎库里西阿克苏河地。	户千，口七千，胜兵三千人。	衣服类乌孙，俗与子合同。		
	难兜	西南至罽宾，南与婼羌、北与休循、西与大月氏接。	乾竺特地。	户五千，口三万一千，胜兵八千人。		种五谷、蒲陶诸果，有银、钢铁作兵。	

续表

地别	国名	疆界	今释	户口	生活及风俗	物产	备考
葱岭	桃槐		葱岭间小部，当在后阿赖山北。	户七百，口五千，胜兵千人。			
	捐毒	东至疏勒、南与葱岭属，西则休循，西北至大宛，北与乌孙接。	察提尔湖边地。	户三百八十，口千一百，胜兵五百人。	衣服类乌孙，随水草。		
	休循	东至捐毒，西北至大宛，西至大月氏。	苏约克山口地。	户三百五十八，口千三十，胜兵四百八十人。	民俗、衣服类乌孙，因畜随水草。		
亚洲中西部	大宛	北至康居、西南至大月氏。	苏联吉尔吉斯共和国。	户六万，口三十万，胜兵六万人。	土地、风气、物类、民俗，与大月氏、安息同。	以蒲陶为酒，富人藏酒至万余石，久者至数十岁不败。俗耆酒，马耆目宿，多善马。	

续表

地别	国名	疆界	今释	户口	生活及风俗	物产	备考
亚洲中西部	康居		苏联哈萨克共和国。	户十二万，口六十万，胜兵十二万人。	与大月氏同俗，东羁事匈奴。		
	奄蔡	康居西北。	苏联高加索地。	控弦十余万人。	与康居同俗。		
	大月氏	西至安息，南与罽宾接。	苏联中亚东南部，东起后阿赖山，西至阿母河，又跨河而南，兼有布哈尔及阿富汗北境，并葱岭山中诸小部地。	户十万，口四十万，胜兵十万人。	土地、风气、物类所有民俗、钱货与安息同。随畜移徙，与匈奴同俗。	出一封橐驼。	
	罽宾	东至乌秅，东北至难兜，西北与大月氏、西南与乌弋山离接。	克什米尔、般遮布两部地。	户口、胜兵多，大国也。	种五谷、蒲陶诸果，粪治园田，地下湿生稻。冬食生菜。其民巧，雕文刻镂，治宫室。织罽刺文绣，好治食。以金	有目宿、檀樓梓竹漆、金银铜锡。出封牛、水牛、象、大狗、沐猴、孔爵、珠	

续表

地别	国名	疆界	今释	户口	生活及风俗	物产	备考
亚洲中西部	罽宾				银为钱。文为骑马，幕为人面。	玑、珊瑚、虎魄璧、流离。	
	乌弋山离	东与罽宾、北与扑挑（桃）、西与犂靬、条支接。	巴基斯坦俾路芝，兼有伊朗南境。	户口、胜兵多，大国也。	地暑热莽平，其草木、畜产、五谷、果菜，饮食、宫室、市列、钱货、兵器、金珠之属，皆与罽宾同。其钱独文为人头，幕为骑马，以金银饰杖。	桃拔、师子、犀牛。	
	安息	北与康居、东与乌弋山离、西与条支接。	伊朗地。	小大数百城，地方数千里，最大国也。	土地、风气、物类所有民俗，与乌弋、罽宾同。亦以银为钱，文独为王面，幕为夫人面。王死辄更铸钱，书革旁行为书记。	有大马爵。	
	条支	国临西海。	阿拉伯地。	人众甚多，往往有小君长。安息役属之，以为外国。	暑湿田稻。	有大鸟卵如瓮。《后书》：出师子、犀牛、封牛、孔雀。	

（乙）汉通西域

汉欲击匈奴，谋通西域，以断其右臂。而张骞应募出使，始得交通之途。

自周衰，戎狄错居泾、渭之北。及秦始皇攘却戎狄，筑长城，界中国，然西不过临洮。汉兴，至于孝武，事征四夷，广威德，而张骞始开西域之迹（《汉书》卷九十六上《西域传序》）。

张骞，汉中人也。建元中为郎。时匈奴降者言，匈奴破月氏王，以其头为饮器，月氏遁而怨匈奴，无与共击之。汉方欲事灭胡（匈奴），闻此言欲通使，道必更匈奴中。乃募能使者，骞以郎应募使月氏。……出陇西，径匈奴。匈奴得之，传诣单于……留骞十余岁。……骞因与其属亡乡月氏，西走数十日至大宛。大宛闻汉之饶财，欲通不得，见骞喜，问欲何之。骞曰："为汉使月氏……。"大宛……遣骞。为发译道，抵康居，康居传致大月氏。大月氏王已为胡所杀，立其夫人为王，既臣大夏而君之，地肥饶，少寇，志安乐。又自以远远汉，殊无报胡之心。骞……竟不能得月氏要领，留岁余还。……初骞行时百余人，去十三岁，唯二人得还。骞身所至者，大宛、大月氏、大夏、康居，而传闻其旁大国五六，具为天子言其地形所有（《汉书》卷六十一《张骞传》）。

及匈奴浑邪王降，汉得河西之地，而通西域之路始开。

其后（元狩二年，西元前一二一年），票骑将军（霍去病），击破匈奴右地，降浑邪、休屠王。遂空其地，始筑令居以西，初置酒泉郡。……分置武威、张掖、敦煌，列四郡、据两关焉（《汉书》卷九十六上《西域传序》）。

于是张骞复建招致乌孙之计。

骞……曰："臣居匈奴中，闻乌孙王号昆莫，昆莫父难兜靡，本与大月氏，俱在祁连、敦煌间，小国也。大月氏攻杀难兜靡，夺其地，人民亡走匈奴。子昆莫新生……单于爱养之。及壮，以其父民众与昆莫，使将兵，数有功。时月氏已为匈奴所破，西击塞王。塞王南走远徙，月氏居其地。昆莫既健，自请单于报父怨，遂西攻破大月氏。大月氏复西走，徙大夏地。昆莫略其众，因留居，兵稍强。会单于死，不肯复朝事匈奴。匈奴遣兵击之，不胜。……今单于新困于汉，而昆莫地空，蛮夷恋故地，又贪汉物，诚以此时厚赂乌孙，招以东居故地，汉遣公主为夫人，结昆弟，其势宜听，则是断匈奴右臂也。既连乌孙，自其西大夏之属，皆可招来而为外臣。”（《汉书》卷六十一《张骞传》）

武帝可其议，遣骞再使西域。西域诸国皆服属于汉。

天子以为然，拜骞为中郎将，将三百人……牛、羊以万数，赍金币、帛直数千巨万，多持节副使（注：师古曰：“为骞之副，而各令持节。”），道可便遣之旁国。骞既至乌孙，致赐谕指，未能得其决。……骞即分遣副使，使大宛、康居、月氏、大夏。乌孙发译道送骞，与乌孙使数十人……报谢。因令窥汉，知其广大。……其所遣副使，通大夏之属者，皆颇与其人俱来。于是西北国始通于汉矣（《汉书》卷六十一《张骞传》）。

后姑师与楼兰，攻劫使臣，汉始用兵西域。

初，武帝感张骞之言，甘心欲通大宛诸国，使者相望于道，一岁中多至十余辈。楼兰、姑师当道苦之，攻劫汉使王恢等。……于是武帝遣从票侯赵破奴，将属国骑及郡兵数万击姑师。王恢数为楼兰所苦，上令恢佐破奴……虏楼兰王，遂破姑师（《汉书》卷九十六上《西域传上·鄯善国》）

汉威之远被于西域，一由于征伐大宛，一由于和亲乌孙。

大宛国……多善马，马汗血，言其先天马子也（注：孟康曰：“言大宛国有高山，其上有马不可得，因取五色母马置其下。与集，生驹，皆汗血，因号曰天马子云。”）。张骞始为武帝言之，上遣使者持千金及金马，以请宛善马。宛王以汉绝远，大兵不能至，爱其宝马不肯与。汉使妄言，宛遂攻杀汉使，取其财物。于是天子遣贰师（贰师，大宛城名。期至贰师取善马，故以为号）将军李广利，将兵前后十余万人伐宛，连四年，宛人斩其王毋寡首，献马三千匹，汉军乃还（《汉书》卷九十六上《西域传上·大宛国》）。

乌孙远汉，未知其大小。又近匈奴，服属日久，其大臣皆不欲徙。昆莫年老，国分不能专制，乃发使送骞，因献马数十匹报谢。其使见汉人众富厚，归其国，其国后乃益重汉。匈奴闻其与汉通，怒，欲击之。又汉使乌孙，乃出其南，抵大宛、月氏，相属不绝。乌孙于是恐，使使献马，愿得尚汉公主，为昆弟。……汉元封中（六年，西元前一〇五年），遣江都王建女细君为公主，以妻焉（《汉书》卷九十六下《西域传下·乌孙国》）。

自贰师将军伐大宛之后，西域震惧，多遣使来贡献，汉使西域者益得职。于是自敦煌西至盐泽，往往起亭，而轮台（新疆轮台县）、渠犁，皆有田卒数百人，置使者校尉领护，以给使外国者。至宣帝时，遣卫司马使护鄯善以西数国。及破姑师，未尽殄，分以为车师前、后王及山北六国。时汉独护南道，未能尽并北道也，然匈奴不自安矣。其后日逐王畔单于，将众来降，护鄯善以西使者郑吉迎之。既至汉，封日逐王为归德侯，吉为安远侯，是岁神爵三年也（西元前五十九年）。乃因使吉并护北道，故号曰都护。都护之起，自吉置矣。僮仆都尉由此罢。匈奴益弱，不得近西域。于是徙屯田，田于北胥鞬，披莎车之地，屯田校尉始属都护。都护督察乌孙、康居诸外国动静，有变以闻，可安辑安辑之，可击击之。都护治乌垒城（新疆焉耆县），去阳关二千七百三十八里，与渠犁田官相近，土地肥饶，于西域为中，故都护治焉。至元帝时，复置戊己校尉，屯田车师前王庭。是时，匈奴东蒲类王兹力支，将人众千七百余人降都护。都护分车师后王之西，为乌贪訾离地以处之。自宣、元后，单于称藩臣，西域服从，其土地、山川、王侯、户数、道里远近翔实矣（《汉书》卷九十六上《西域传序》）。

（3）西羌

西羌在秦时已渐繁盛，始皇遣蒙恬逐之塞外。

羌无弋爰剑者，秦厉公时为秦所拘执，以为奴隶，不知爰剑何戎之别也。后得亡归，而秦人追之急，藏于岩穴中，得免。……与劓女遇于野，遂成夫妇。女耻其状，被发覆面，羌人因以为俗，遂俱亡入三河间（注：即黄河、赐支河、湟河也，今青海西宁以东地）。诸羌……共畏事之，推以为豪……以射猎为事。爰剑教之田畜……种人依之者日益众。羌人谓奴为无弋，以爰剑尝为奴隶，故因名之。其后世世为豪……子孙分别各自为种，任随所之。或为牦牛种，越嶲羌是也（四川宁远县）。或为白马种，广汉羌是也（甘肃文县至四川北境）。或为参狼种，武都羌是也（甘肃陇西县）。忍及弟舞独留湟中（青海西宁县）。……忍生九子为九种，舞生十七子为十七种，羌之兴盛从此起矣。……秦始皇时，务并六国……故种人得以繁息。秦既兼天下，使蒙恬将兵略地，西逐诸戎，北却众狄，筑长城以界之（《后汉书》卷一一七《西羌传》）。

至汉景帝时，又渐东徙。武帝用兵四方，复逐西羌，置四郡以隔羌、胡之交通。宣帝时，诸羌结合入边，乃遣赵充国击平之。

忍子研立，研豪健，故羌中号其后为研种。……至汉景帝时，研种留河，率种人求守陇西塞。于是徙留河等于狄道、安故，至临洮、氐道、羌道。及武帝征伐四夷，又西逐诸羌，乃渡河湟，筑令居塞，初开河西，列置四郡（注：酒泉、武威、张掖、敦煌），通道玉门，隔绝羌、胡。于是障塞亭燧，出长城外数千里。时先零羌，与封养牢姐种解仇结盟，与匈奴通，合兵……围枹罕（甘肃导河县）。汉遣将军李息将军讨平之，始置护羌校尉统领焉。……至宣帝时，诸羌又相与解仇，寇攻金城（甘肃皋兰县以西至青海），帝遣后将军赵充国将兵讨之。充国欲以屯田于临羌（青海西宁县），东至浩亹，务威信。招降罕幵及劫掠者解散虏谋，乃击之。……诏罢兵，独充国留屯田。……初置金城属国，以处降羌。……自元帝以后数十年，四夷宾伏，边塞无事。至王莽末，豪滇良内侵（《通考》卷三三三《四裔考十》）。

湟中月氏胡，其先大月氏之别也，在张掖、酒泉地。月氏王为匈奴冒顿所杀，余种分散，西逾葱岭，其羸弱者，南入山阻，依诸羌居止。及汉将霍去病破匈奴，取西河地，开湟中，于是月氏来降，与汉人错居。……在张掖号曰义从胡。……在冉駹东北、广漠之西，其种非一，或号青氐，或号白氐，或号蚺氐，此盖中国人即其服色而名之也。土地险阻，有麻田，出漆、蜜、铜、铁、椒蜡。……其俗语不与中国及羌胡同。各自有姓，如中国之姓。其衣服尚青，俗能织布，善田种，畜羊、豕、牛、马、驴、骡。婚姻备六礼，知书疏，多知中国语，由与中国错居故也（《通考》卷三三三《四裔考十》）。

（4）朝鲜

朝鲜，昔武王封殷太师箕子于其地。……其后……至战国时，朝鲜准亦僭称王。始全燕时，尝略属焉，为置吏，筑障塞。秦灭燕，属辽东外徼。及秦乱，燕、齐、赵人，往避地者数万口。汉兴，为其远难守，复修辽东故塞，至浿水（朝鲜大同江）为界。属燕王卢绾反，入匈奴，燕人卫满亡命，聚党千余人，魋结蛮夷服而东走出塞，度浿水击破朝鲜王准，居秦故空地上下障（《通考》卷三二四《四裔考一》）。

孝惠、高后，天下初定，辽东太守即约满为外臣，保塞外蛮夷。……传子至孙右渠，所诱汉亡人滋多，又未尝入见。真番、辰国（即辰韩，韩三辰，弁、马，皆在半岛南方），欲上书见天子，又壅阏弗通。元封二年（西元前一〇九年），汉使涉何谯谕右渠，终不肯奉诏。何去至界，临浿水，使驭刺杀送何者朝鲜裨王长，即度水，驰入塞，遂归报天子曰："杀朝鲜将。"上为其名美，弗诘，拜何为辽东东部都尉。朝鲜怨何，发兵攻袭，杀何。天子募罪人击朝鲜（《汉书》卷九十五《朝鲜传》）。

其秋，遣楼船将军杨仆，从齐浮勃海，兵五万，左将军荀彘出辽东。……右渠发兵距险。左将军卒多率辽东士兵先纵，败散，多还走。……楼船将齐兵七千人，先至王险。右渠城守，窥知楼船军少，即出击楼船。楼船军败，走。……左将军数与楼船期战，楼船欲就其约，不会。左将军亦使人求间隙，降下朝鲜，不肯，心附楼船，以故两将不相得。……天子曰："……两将围城又乖异，以故久不决。"使故济南太守公孙遂往正之。……遂……以节召楼船将军，入左将军军计事……执缚楼船将军，并其军。……遂……已并两军，即急击朝鲜。朝鲜相路人、相韩陶、尼豀相参、将军王唊相与谋曰："始欲降楼船，楼船今执，独左将军并将战益急，恐不能与，王又不肯降。"陶、唊、路人皆亡降汉。……元封三年夏，尼豀相参乃使人杀朝鲜王右渠来降。王险城未下，故右渠之大臣成已又反，复攻吏。左将军使右渠子长、降相路人子最，告谕其民，诛成已。故遂定朝鲜，为真番（辽宁东南境）、临屯（朝鲜江原道地）、乐浪（平安南道及黄海道地）、玄菟（咸境道及平安道北境）四郡（《汉书》卷九十五《朝鲜传》）。

涉亦朝鲜之地，南与辰韩、北与高句丽、沃沮接，东穷大海，西至乐浪。汉武帝元朔元年（西元前一二八），涉君南闾等畔朝鲜，率二十八万口诣辽东内属，帝以其地为苍海郡，数年乃罢。至元封三年，灭朝鲜，分置四郡。昭帝时，并二郡入乐浪、元菟，复徙元菟居句丽。自单大岭以东，沃沮、涉、貊并属乐浪。后以境土广远，复分岭东七县，置乐浪东部都尉（《通考》卷三二四《四裔考一》）。

高句丽，其先出夫余。……其地在辽东之东千里，南与朝鲜、涉、貊，东与沃沮，北与夫余接。地方二千里，多大山深谷，人随而为居，少田业，故其俗节于饮食。而好修宫室。言语法则与夫余同，盖其别种也。……自武帝、昭帝，赐其人以衣帻、朝服、鼓吹，常从元菟郡受之。后稍骄，不复诣郡，但于东界筑小城受之。……王莽初，发句丽兵伐匈奴，其人不欲行，迫遣之，皆亡出为寇盗。莽令严尤诱高丽侯入塞，斩之。……于是貊人寇边愈甚（《通考》卷三二五《四裔考二》）。

（5）南粤

南粤王赵佗，真定人也。秦……二世时，南海尉任嚣病且死，召龙川令赵佗……行南海尉事。嚣死……佗即击并桂林、象郡，自立为南粤武王。高帝已定天下……十一年，遣陆贾立佗为南粤王。……高后时，有司请禁粤关市铁器。佗曰："……此必长沙王计。"……乃自尊号为南武帝，发兵攻长沙边，败数县焉。高后遣将军隆虑侯灶击之，会暑湿，士卒大疫，兵不能逾领。岁余，高后崩，即罢兵。佗因此以兵威财物，赂遗闽粤、西瓯、骆役属焉。东西万余里，乃乘黄屋、左纛、称制，与中国侔。文帝元年，初镇抚天下。……乃为佗亲冢在真定，置守邑，岁时奉祀。召其从昆弟，尊官、厚赐宠之。……召贾（陆贾）为大中大夫……赐佗书。……陆贾至南粤，王恐，乃顿首谢，愿奉明诏，长为藩臣，奉贡职。……改号不敢为帝。……至孝景时，称臣，遣使入朝请。然其居国，窃如故号。……至武帝建元四年，佗孙胡为南粤王。立三年，闽粤王郢兴兵南击边邑，粤使人上书。……天子多南粤义，守职约，为兴师，遣两将军往讨闽粤。兵未逾领，闽粤王弟余善，杀郢以降，于是罢兵。……胡薨……婴齐（胡太子）嗣立。……婴齐薨……太子兴嗣立，其母为太后。太后自未为婴齐妻时，曾与霸陵人安国少季通。及婴齐薨后，元鼎四年（西元前一一三），汉使安国少季谕王、王太后入朝，令辩士谏大夫终军等宣其辞，勇士魏臣等辅其决，卫尉路博德将兵屯桂阳，待使者。王年少，太后中国人，安国少季往复，与私通，国人颇知之，多不附太后。太后恐乱起，亦欲倚汉威，劝王及幸臣求内属。即因使者上书，请比内诸侯，三岁一朝，除边关。于是天子许之。……王、王太后饬治行装重资，为入朝具。相吕嘉……数谏止王，王不听，有畔心。……乃阴谋作乱。……吕嘉乃遂反。……攻杀太后、王，尽杀汉使者。……立明王长男粤妻子术阳侯建德为王。……于是天子……令粤人及江淮以南楼船十万师，往讨之。元鼎五年秋，卫尉路博德为伏波将军，出桂阳，下湟水。主爵都尉杨仆为楼船将军，出豫章下横浦。故归义粤侯二人为戈船、下濑将军，出零陵，或下离水，或抵苍梧。使驰义侯因巴、蜀罪人，发夜郎兵，下牂柯江，咸会番禺。……楼船居前，至番禺……纵火烧城。粤素闻伏波，莫，不知其兵多少。伏波乃为营，遣使招降者。……楼船力攻烧敌，反驱而入伏波营中。迟旦，城中皆降伏波。吕嘉、建德以夜与其属数百人亡入海。伏波又问降者，知嘉所之，遣人追。……得建德……嘉……南粤已平。遂以其地为儋耳（海南岛南部）、珠崖（海南岛北部）、南海、苍梧、郁林、合浦（广东徐闻县）、交阯（越南北宁）、九真（越南清华）、日南（越南河靖）九郡（《汉书》卷九十五《南粤王传》）。

（6）闽粤

闽粤王无诸及粤东海王摇，其先皆粤王句践之后也，姓驺氏。秦并天下，废为君长，以其地为闽中郡。及诸侯畔秦，无诸、摇率粤归番阳令吴芮，所谓番君者也，从诸侯灭秦。当是时，项王主命，不王也，以故不佐楚。汉击项籍，无诸、摇帅粤人佐汉。汉五年（西元前二〇二），复立无诸为闽粤王，王闽中故地，都冶（福建闽侯县）。孝惠三年（西元前一九二），举高帝时粤功，曰闽君摇功多，其民便附，乃立摇为东海王，都东瓯（浙江永嘉县），世号曰东瓯王。后数世，孝景三年（西元前一五四），吴王濞反，欲从闽粤，闽粤未肯行，独东瓯从。及吴破，东瓯受汉购，杀吴王丹徒，以故得不诛。吴王子驹亡走闽粤，怨东瓯杀其父，常劝闽粤击东瓯。建元三年（西元前一三八），闽粤发兵围东瓯，东瓯使人告急。……天子遣助（严助）发会稽郡兵，浮海救之。……汉兵未至，闽粤引兵去。东粤请举国徙中国，乃悉与众处江、淮之间（《汉书》卷九十五

《闽粤王传》)。

六年(西元前一三五),闽粤击南粤,南粤守天子约,不敢擅发兵,而以闻。上遣大行王恢出豫章,大司农韩安国出会稽,皆为将军。兵未逾领,闽粤王郢发兵距险。其弟余善与宗族谋曰:"王以擅发兵,不请,故天子兵来诛。汉兵众强,即幸胜之,后来益多,灭国乃止。今杀王以谢天子,天子罢兵,固国完。不听乃力战,不胜即亡入海。"皆曰:"善。"即鏦杀王,使使奉其头致大行。……天子诏罢两将军兵,曰:"郢等首恶,独无诸孙繇君丑不与谋。"乃使中郎将立丑为粤繇王。……余善以杀郢,威行国中,民多属,窃自立为王,繇王不能制。上闻之,为余善不足复兴师,曰:"余善首诛郢,师得不劳。"因立余善为东粤王,与繇王并处。至元鼎五年(西元前一一二),南粤反,余善上书请以卒八千从楼船击吕嘉等。兵至揭阳。……持两端。……及汉破番禺,楼船将军仆,上书愿请引兵击东粤。……令诸校留屯豫章梅领待命。明年(六年)秋,余善……发兵距汉道,号将军驺力等为吞汉将军。……上遣横海将军韩说出句章,浮海从东方往,楼船将军仆出武林,中尉王温舒出梅领,粤侯为戈船、下濑将军出如邪、白沙。元封元年(西元前一一〇)冬,咸入东粤。……故粤建成侯敖,与繇王居股谋,俱杀余善,以其众降。……天子曰"东粤陿多阻,闽粤悍,数反复",诏军吏皆将其民徙处江、淮之间。东粤地遂虚(《汉书》卷九十五《闽粤王传》)。

(7)西南夷

(甲)诸夷之情况

南夷君长以十数,夜郎(贵州桐梓县)最大。其西,靡莫之属以十数,滇(云南昆明县)最大。自滇以北,君长以十数,邛都(西康西昌县)最大。此皆椎结,耕田,有邑聚。其外西自桐师以东,北至叶榆,名为嶲、昆明(云南大理县),编发,随畜移徙,亡常处,亡君长,地方可数千里。

自巂以东北，君长以十数，徙（西康天全县）、莋都（西康汉源县）最大。自莋以东北，君长以十数，冉駹（四川茂县）最大。其俗，或土著，或移徙。在蜀之西。自駹以东北，君长以十数，白马最大，皆氐类也。此皆巴、蜀西南外蛮夷也（《汉书》卷九十五《西南夷传》）。

盘瓠种……号曰蛮夷。有邑君长，名渠帅曰精夫，相呼为姎徒。所居皆深山重阻，人迹罕至，长沙、黔中、五溪蛮皆是也。秦昭王使白起伐楚，略取蛮夷，始置黔中郡。汉兴，改为武陵郡。岁令大人输布一匹，小口二丈，是谓賨布。虽时为寇盗，而郡国讨平之（《通考》卷三二八《四裔考五》）。

廪君种不知何代。初，巴氏、樊氏、曋（音审）氏、相氏、郑氏五姓，皆出于武落钟离山。其上有赤、黑二穴，巴氏之子生于赤穴，四姓之子皆生黑穴。未有君长，共立巴氏子务相，是为廪君。从夷水下至盐阳。廪君于是君乎夷城，四姓皆臣之。巴、梁间诸巴皆是也。战国时，秦惠王并巴中，以巴氏为蛮夷君长。其人岁出赋二千一十六钱，三岁一出义赋千八百钱。其人户出幏布八丈二尺，鸡羽三十鍭。汉兴，南郡太守靳强奏请一依秦时故事（《通考》卷三二八《四裔考五》）。

板楯蛮，秦昭襄王时，有一白虎，于蜀、巴、汉之境，伤害千余人。昭王乃募有能杀虎者，赏邑万家。时有巴郡阆中夷廖仲等射杀白虎。昭王以其夷人，不欲加封，乃刻石盟要，复夷人顷田不租，十妻不算，伤人者论，杀人得以賧钱赎死。盟曰："秦犯夷，输黄龙二双；夷犯秦，输清酒一钟。"夷人安之。至汉高帝为汉王，发夷人还三秦。秦地既定，乃遣还巴中，复其渠帅罗、朴、督、鄂、度、夕、龚七姓，不输租赋，余户乃岁入口钱四十。巴人呼赋为賨，谓之賨人焉，代号为板楯蛮夷。阆中有渝水，其人多居水左右，天性劲勇。初为汉前锋，数陷阵。俗喜歌舞，高帝命乐人习之，所谓《巴渝舞》也。遂代代服从（《通考》卷三二八《四裔考五》）。

滇者，汉时在夜郎之西。……始，楚顷襄王使将军庄蹻，将兵循江上，略巴、黔以西。蹻至滇池……以兵威定，属楚。欲归报，会秦击楚，巴、黔中郡道塞不通，因而以其众王滇。变服，从其俗以长之，至武帝时，滇王有众数万人（《通考》卷三二九《四裔考六》）。

邛都……自夜郎、滇、邛都，人皆椎髻、左衽，邑聚而居，知耕田。其外，西曰桐师以东，北至叶榆名为嶲、昆明。……无君长，辫发，随畜迁徙无常。……其土地平原，有稻田。俗多游荡而喜讴歌，略与牂牁相类。豪帅放纵，难得制御（《通考》卷三二九《四裔考六》）。

莋都……其人被发、左衽。言语多好譬类。居处略与汶山夷同（《通考》卷三二九《四裔考六》）。

冉駹……其俗土著，或随畜迁徙。……其山（汶山）有六夷、七羌、九氐，各有部落。其王侯颇知文书。土气多寒，虽在盛夏，冰犹不释。皆依山居止，累石为室，高者至十余丈，为邛笼。又土地刚卤，不生谷、粟、麻、菽，唯以麦为资，而宜畜牧。有旄牛，无角，一名犝牛，肉重千斤，毛可为毦。出名马。有羚羊，可疗毒。又有食药鹿，鹿麑有有胎者，其肠中有粪，亦疗毒疾。又有五角羊（《通考》卷三二九《四裔考六》）。

（乙）汉之平定诸夷

汉初，有事于西南夷，因唐蒙见“枸酱”，而建制粤之策。

建元六年（西元前一三五），大行王恢击东粤，东粤杀王郢以报。恢因兵威，使番阳令唐蒙风晓南粤。南粤食蒙蜀枸酱，蒙问所从来，曰：“道西北牂柯江（今北盘江），江广数里，出番禺城下。”蒙归至长安，问蜀贾人，独蜀出枸酱，多持窃出市夜郎。夜郎者，临牂柯江，江广百余步，足以行船。南粤以财物役属夜郎，西至桐师，然亦不能臣使也。蒙乃上书说上曰：“南粤王黄屋左纛，地东西万余里，名为外臣，实一州主。今以长沙、豫章往，水道多绝，难行。窃闻夜郎所有精兵，可得十万，浮船牂柯,出不意,此制粤一奇也。诚以汉之强,巴、蜀之饶,通夜郎道,为置吏,甚易。”上许之(《汉书》卷九十五《西南夷传》)。

乃拜蒙以中郎将,将千人,食重万余人,从巴筰关(西康汉源县)入,遂见夜郎侯多同。厚赐,谕以威德,约为置吏,使其子为令。夜郎旁小邑,皆贪汉缯帛,以为汉道险,终不能有也,乃且听蒙约。还报,乃以为“犍为郡”。发巴、蜀卒治道,自僰道指牂柯江(《汉书》卷九十五《西南夷传》)。

是时,巴、蜀四郡,通西南夷道,载转相饷。数岁,道不通,士罢饿馁,离暑湿,死者甚众。西南夷又数反,发兵兴击,耗费亡功。上患之,使公孙弘往视问焉。还报,言其不便。及弘为御史大夫,时方筑朔方,据河逐胡,弘等因言,西南夷为害,可且罢,专力事匈奴。上许之,罢西夷(《汉书》卷九十五《西南夷传》)。

汉之再事西南夷,则由于张骞之见蜀布、邛竹杖,欲通印度也。

元狩元年(西元前一二二),博望侯张骞言,使大夏时,见蜀布、邛竹杖,问所从来,曰:“从东南身毒国,可数千里,得蜀贾人市。”或闻邛西可二千里,有身毒国。骞因盛言大夏在汉西南,慕中国,患匈奴隔其道,诚通蜀,身毒国道便近,又亡害。于是天子乃令王然于、柏始昌、吕越人等十余辈间出西南夷,指求身毒国。至滇,滇王当羌,乃留为求道。四岁余,皆闭昆明,莫能通。……使者还,因盛言滇大国,足事亲附。天子注意焉(《汉书》卷九十五《西南夷传》)。

及至南粤反,上使驰义侯因犍为发南夷兵。且兰(贵州平越县)君恐远行,旁国虏其老弱,乃与其众反,杀使者及犍为太守。汉乃发巴、蜀罪人尝击南粤者八校尉击之。会越已破,汉八校尉不下,中郎将郭昌、卫广引兵还,行诛隔滇道者且兰,斩首数万,遂平南夷为牂柯郡。夜郎侯始倚南粤,南粤已灭,还诛反者,夜郎遂入朝,上以为夜郎王。南粤破后，及汉诛且兰、邛君，并杀莋侯，冉駹皆震恐，请臣置吏，以邛都为粤嶲郡、莋都为沈黎郡、冉駹为文山郡、广汉西白马为武都郡。……元封二年（西元前一〇九），天子发巴、蜀兵，击灭劳深、靡莫，以兵临滇。滇王始首善，以故弗诛。滇王离西夷，滇举国降，请置吏入朝，于是以为益州郡（《汉书》卷九十五《西南夷传》）。

（五）汉代之政治

（1）文景黄老之治

文景治术，多尚无为，故称之为“黄老之治”。

黎民得离战国之苦，君臣俱欲休息乎无为（《史记》卷九《吕太后本纪赞》）。

孝文皇帝即位二十三年（元年、西元前一七九年，至后元七年、西元前一五七年），宫室、苑囿、车骑、服御无所增益，有不便，辄弛以利民。尝欲作露台，召匠计之，直百金，上曰：“百金，中人十家之产也。吾奉先帝宫室，常恐羞之，何以台为？”身衣弋绨，所幸慎夫人，衣不曳地，帷帐无文绣，以示敦朴，为天下先。治霸陵，皆瓦器，不得以金、银、铜、锡为饰，因其山，不起坟（《汉书》卷四《文帝纪赞》）。

孝惠、高后时，百姓新免毒蠚，人欲长幼养老。萧、曹为相，填以无为，从民之欲，而不扰乱，是以衣食滋殖，刑罚用稀。及孝文即位，躬修玄默，劝趣农桑，减省租赋，而将相皆旧功臣，少文多质，惩恶亡秦之政，论议务在宽厚，耻言人之过失。化行天下，告讦之俗易。……风流笃厚，禁罔疏阔。选张释之为廷尉，罪疑者予民，是以刑罚大省，至于断狱四百，有刑错之风（《汉书》卷二十三《刑法志》）。

文帝遵汉家，基业初定，重承军旅之后，百姓新免于干戈之难，故文帝宜因修秦余政教，轻刑事少，与之休息，以俭约节欲自持。初开耤田，躬劝农耕桑，务民之本。即位十余年，时五谷丰熟，百姓足，仓廪实，蓄积有余。然文帝本修黄、老之言……其治尚清净无为，以故礼乐、庠序未修，民俗未能大化，苟温饱完给，所谓治安之国也（应劭《风俗通义》卷二《正失篇》）。

窦太后好黄帝、老子言，帝（文帝）及太子、诸窦不得不读黄帝、老子，尊其术（《史记》卷四十九《外戚世家》）。

当时君、后尚黄老之术，而辅臣亦多用黄老之术为治者。

陈丞相平，少时本好黄帝、老子之术（《史记》卷五十六《陈丞相世家赞》）。

闻胶西有盖公，善治黄、老言，使人厚币请之。既见盖公，盖公为言治道，贵清静而民自定。推此类具言之，参于是避正堂，舍盖公焉。其治要用黄老术，故相齐九年，齐国安集，大称贤相。……参代何为汉相国，举事无所变更，一遵萧何约束。择郡国吏木诎于文辞、重厚长者，即召除为丞相史。吏之言文刻深，欲务声名者，辄斥去之（《史记》卷五十四《曹相国世家》）。

景帝即位，以刑名之法继之，政尚严核。

（2）武帝之改革

武帝始事改革政治，所创诸制，多与后世有关，为列七事如下：

（甲）建年号

帝初即位，称建元元年（西元前一四〇）。其后屡改之，帝王有年号，始于此。

建元元年（注：师古曰："自古帝王，未有年号，始起于此。"〔《汉书》卷六《武帝纪》〕）。

有司言，元宜以天瑞，不宜以一二数。一元曰建，二元以长星曰光。今郊得一角兽曰狩云（《汉书》卷二十五上《郊祀志上》）。

元封元年（西元前一一〇）四月……诏曰："……登封泰山，至于梁父，然后升禅肃然。自新，嘉与士大夫更始，其以十月为元封元年。"（《汉书》卷六《武帝纪》）

（乙）策贤良

文帝时曾一度行之，武帝一再行之。后世科举之兴，始于此。

十五年（西元前一六五）九月，诏诸侯王、公、卿、郡守举贤良能直言极谏者，上亲策之，傅纳以言（《汉书》卷四《文帝纪》）。

元光元年（西元前一三四）五月，诏贤良曰："……贤良明于古今王事之体，受策察问，咸以书对……朕亲览焉。"于是董仲舒、公孙弘等出焉（《汉书》卷六《武帝纪》）。

自孝文策晁错之后，贤良方正皆承亲策，上亲览而第其优劣。至孝昭年幼，未即政，故无亲策之事，乃诏有司，问以民所疾苦，然所问者盐、铁、均输、榷酤，皆当时大事。令建议之臣，与之反复诘难，讲究罢行之宜，卒从其说，为之罢榷酤（《通考》卷三十三《选举考六》）。

（丙）黜百家

凡不在六艺之科、孔子之术者，皆绝之。学术思想之蔽锢，始于此。

孝武初立，卓然罢黜百家，表章《六经》（《汉书》卷六《武帝纪赞》）。

仲舒复对曰："……《春秋》大一统者，天地之常经，古今之通谊也。今师异道，人异论，百家殊方，指意不同，是以上亡以持一统，法制数变，下不知所守。臣愚以为诸不在六艺之科、孔子之术者……勿使并进。邪辟之说灭息，然后统纪可一而法度可明，民知所从矣。"（《汉书》卷五十六《董仲舒传》）

建元元年（西元前一四〇）十月……丞相绾（卫绾）奏："所举贤良，或治申、商、韩非、苏秦、张仪之言，乱国政，请皆罢。"奏可（《汉书》卷六《武帝纪》）。

（丁）用儒吏

凡吏通一艺以上者，皆选择以补右职。以儒术为利禄之途，始于此。

武安君田蚡为丞相，黜黄老、刑名、百家之言，延文学儒者以百数。而公孙弘以治《春秋》为丞相，封侯。天下学士，靡然乡风矣（《汉书》卷八十八《儒林传序》）。

自武帝立五经博士，开弟子员，设科射策，劝以官禄（《汉书》卷八十八《儒林传赞》）。

（戊）卖官爵

武帝用兵四方，国用不继，令民纳资为吏。后世捐纳之例，始于此。

武帝……即位……干戈日滋……财赂衰耗而不澹。入物者补官。……选举陵夷，廉耻相冒。……兴利之臣，自此而始。……府库并虚，乃募民能入奴婢，得以终身复，为郎增秩，及入羊为郎，始于此。此后四年（元朔六年，西元前一二三）……有司请令民得买爵及赎禁锢，免臧罪；请置赏官，名曰武功爵（注：臣瓒曰："茂陵中书，有武功爵，一级曰造士，二级曰闲舆卫，三级曰良士，四级曰元戎士，五级曰官首，六级曰秉铎，七级曰千夫，八级曰乐卿，九级曰执戎，十级曰政戾庶长，十一级曰军卫。"），级十七万，凡直三十余万金。诸买武功爵官首者试补吏，先除；千夫如五大夫；其有罪，又减二等；爵得至乐卿。……吏道杂而多端，则官职耗废。……除故盐铁家富者为吏，吏益多贾人矣。……始令吏得入谷补官，郎至六百石（注：师古曰："吏更迁补高官，郎又就增其秩，得至六百石。"）。……所忠言："世家子弟富人，或斗鸡、走狗马，弋猎博戏，乱齐民。"（注：师古曰："所姓也，忠名也。武帝之近臣。"）乃征诸犯，令相引数千人，名曰株送徒。入财者得补郎，郎选衰矣。……弘羊（桑弘羊）又请令民得入粟补吏，及罪以赎（《汉书》卷二十四下《食货志下》）。

按：文帝时，晁错言令民入粟输边，得拜爵赎罪，似捐纳之例始于彼时。然爵者虚名，虽多无弊。汉时国有大庆，往往赐民爵一级，且以输粟得之，仍与奖励力田之旨无异。此则以金钱入官而除为吏，真为卖官矣。

（己）用夏正

汉初承秦制，以亥月为岁首。武帝改用夏正，自后建寅之制，无能改者矣。

汉兴，方纲纪大基，庶事草创，袭秦正朔。……至武帝元封七年即太初元年（西元前一〇四年十月至十二月），汉兴百二岁矣，大中大夫公孙卿、壶遂、太史令司马迁等言“历纪坏废，宜改正朔”。……元封七年，复得阏逢摄提格（徐广曰：“岁阴在寅左行，岁星在丑右行。”）之岁，中冬十一月甲子朔旦冬至日，月在建星，太岁在子，已得太初本星度。……募治历者更造密度，各自增减，以造《汉太初历》（《汉书》卷二十一上《律历志上》）。

太初元年（西元前一〇四）五月，正历以正月为岁首（注：师古曰：“谓以建寅之月为正也。未正历之前，谓建亥之月为正。”），色上黄，数用五（《汉书》卷六《武帝纪》）。

（庚）尚文词

文章则司马迁、相如，滑稽则东方朔、枚皋（《汉书》卷五十八《公孙弘卜式儿宽传赞》）。

司马长卿赋，时人皆称典而丽，虽诗人之作不能加也。扬子云曰：“长卿赋似不从人间来，其神化所至邪。”（《西京杂记》卷三）

至武帝……乃立乐府。……以李延年为协律都尉。多举司马相如等数十人，造为诗赋（《汉书》卷二十二《礼乐志》）。

（3）宣、元之治功及宦官外戚之祸

宣帝励精图治，信赏必罚而慎选守相，尤得安民之要。又北服匈奴，西降羌众，文治武功，皆有可述，故称“中兴”。

霍光字子孟，票骑将军去病弟也。……去病死后，光为奉车都尉、光禄大夫，出则奉车，入侍左右。出入禁闼二十余年，小心谨慎，未尝有过。……征和二年（西元前九十一）……上年老，宠姬钩弋赵倢伃有男，上心欲以为嗣，命大臣辅之。察群臣唯光任大重，可属社稷。……后元二年（西元前八十七）春，上……病笃。……以光为大司马、大将军。……武帝崩，太子袭尊号，是为孝昭皇帝。帝年八岁，政事一决于光。……昭帝崩，亡嗣……迎昌邑王贺。……既至，即位，行淫乱。……光即与群臣俱见白太后，具陈昌邑王不可以承宗庙状。……徙王贺汉中房陵县。……光遂复与丞相敞（杨敞）等上奏：“……太宗亡嗣，择支子孙贤者为嗣。孝武皇帝曾孙病已，武帝时，有诏掖庭养视，至今年十八。……可以嗣孝昭皇帝后。”……太后诏曰：“可。”……已而，光奉上皇帝玺绶，谒于高庙，是为孝宣皇帝（《汉书》卷六十八《霍光传》）。

孝昭幼冲，霍光秉政，承奢侈师旅之后，海内虚耗，光因循守职，亡所改作。至于始元、元凤之间，匈奴乡化，百姓益富，举贤良文学，问民所疾苦，于是罢酒榷而议盐铁矣。及至孝宣，由仄陋而登至尊，兴于闾阎，知民事之艰难。自霍光薨后，始躬万机，厉精为治，五日一听事，自丞相已下各奉职而进。及拜刺史、守、相，辄亲见问，观其所由，退而考察所行以质其言，有名实不相应，必知其所以然。常称曰：“庶民所以安其田里而亡叹息愁恨之心者，政平讼理也。与我共此者，其唯良二千石乎！”以为太守，吏民之本也，数变易则下不安，民知其将久，不可欺罔，乃服从其教化。故二千石有治理效，辄以玺书勉厉，增秩赐金，或爵至

关内侯，公卿缺则选诸所表以次用之。是故汉世良吏，于是为盛，称“中兴”焉。若赵广汉、韩延寿、尹翁归、严延年、张敞之属，皆称其位。然任刑罚，或抵罪诛（《汉书》卷八十九《循吏传序》）。

孝宣之治，信赏必罚，综核名实，政事、文学、法理之士，咸精其能。至于技巧、工匠、器械，自元、成间，鲜能及之，亦足以知吏称其职，民安其业也。遭值匈奴乖乱，推亡固存，信威北夷，单于慕义，稽首称藩。功光祖宗，业垂后嗣，可谓“中兴”，侔德殷宗、周宣矣（《汉书》卷八《宣帝纪赞》）。

自景、武二朝，削弱宗藩，集权中央，遂成为“内重”之局。而腹心之任，寄于近臣，若尚书、中书之属，实操政柄。中书多任奄人，外戚、宦官交相用事，而宣帝实阶其厉。

宣帝始立，立微时许妃为皇后。显（霍光妻）爱小女成君，欲贵之，私使乳医淳于衍行毒药杀许后，因劝光内成君，代立为后。……许后暴崩，吏捕诸医，劾衍侍疾亡状不道，下狱。……显恐事败，即具以实语光。光大惊，欲自发举，不忍，犹与。会奏上，因署衍勿论。光薨后，语稍泄。于是上始闻之而未察，乃徙光女婿。……悉易以所亲信许、史子弟代之。禹（霍光子）为大司马，称病。禹故长史任宣候问，禹曰:“我何病？县官非我家将军不得至是，今将军坟墓未干，尽外我家，反任许、史，夺我印绶，令人不省死。”……显恐急，即具以实告山（光兄孙）、云（光兄孙）、禹。山、云、禹惊曰:“如是，何不早告？……此大事，诛罚不小，奈何？”于是始有邪谋矣。……会事发觉。云、山……自杀……捕得禹，要斩，显及女昆弟皆弃市。唯独霍后废处昭台宫（《汉书》卷六十八《霍光传》）。

元帝初年，萧望之等进用，尚称治理。后帝以疾，外戚许氏、史氏，与中官弘恭、石显交结乱政，汉业始衰。

元帝初即位（西元前四十八），太傅萧望之为前将军，少傅周堪为诸吏光禄大夫，皆领尚书事，甚见尊任。更生（向本名）年少于望之、堪，然二人重之，荐更生……为散骑宗正给事中，与侍中金敞拾遗于左右。四人同心辅政，患苦外戚许、史在位放纵，而中书宦官弘恭、石显弄权。望之、堪、更生议，欲白罢退之。未白而语泄，遂为许、史及恭、显所谮愬，堪、更生下狱，及望之皆免官（《汉书》卷三十六《刘向传》）。

初，宣帝……任用法律，而中书宦官用事。中书令弘恭、石显，久典枢机，明习文法，亦与车骑将军高（史高）为表里（《汉书》卷七十八《萧望之传》）。

石显字君房，济南人；弘恭，沛人也。皆少坐法腐刑，为中黄门，以选为中尚书。宣帝时任中书官。恭明习法令故事，善为请奏，能称其职。恭为令，显为仆射。元帝即位数年，恭死，显代为中书令。是时，元帝被疾，不亲政事，方隆好于音乐，以显久典事，中人无外党，精专可信任，遂委以政。事无小大，因显白决，贵幸倾朝，百僚皆敬事显。……贵倾公卿，外交诸侯……不奉法度（《汉书》卷九十三《佞幸传》）。

成帝时，帝舅王凤辅政，诸弟皆封侯，而王氏代汉之势，由此以成。

元帝崩（西元前三十三），太子立，是为孝成帝。尊皇后（王后）为皇太后，以凤（王后弟）为大司马、大将军、领尚书事。……王氏之兴，自凤始。又封太后同母弟崇为安成侯。……凤庶弟谭等，皆赐爵关内侯。……河平二年（西元前二十七），上悉封舅谭为平阿侯；商，成都侯；立，红阳侯；根，曲阳侯；逢时，高平侯，五人同日封，故世谓之“五侯”（《汉书》卷九十八《元后传》）。

哀帝黜王氏而任丁、傅。平帝继立，王莽复当国，卒移汉祚。

哀帝少而闻知王氏骄盛，心不能善，以初立，故优之。后月余，司隶校尉解光，奏曲阳侯根……无人臣礼，大不敬不道。于是天子曰：“先帝遇根、况父子至厚也，今乃背忘恩义。”……遣就国，免况为庶人。……根及况父商所荐举为官者皆罢。后二岁，傅太后帝母丁姬皆称尊号（《汉书》卷九十八《元后传》）。

哀帝崩，无子。太皇太后以莽（元后之弟子）为大司马，与共征立中山王，奉哀帝后，是为平帝。帝九岁，常年被疾，太后临朝，委政于莽。莽颛威福。……明年（元始四年，西元四年），莽风群臣奏立莽女为皇后，又奏尊莽为宰衡。……莽既外壹群臣，令称已功德，又内媚事旁侧长御以下（《汉书》卷九十八《元后传》）。

平帝崩（西元五年），亡子。莽征宣帝玄孙，选最少者广戚侯子刘婴，年二岁，托以卜相为最吉。乃风公卿奏请立婴为孺子，令宰衡安汉公莽践阼居摄，如周公傅成王故事。太后不以为可，力不能禁，于是莽遂为摄皇帝，改元称制焉。……其后，莽遂以符命，自立为真皇帝（《汉书》卷九十八《元后传》）。

新

自王莽代汉（西元九年），至汉兵入关被杀（西元二十三），凡十五年。

王莽字巨君，汉孝元皇后弟之子，代汉而有天下，国号曰“新”。改元始建国（五年）、天凤（六年）、地皇（四年），在位凡十五年。

（一）王莽之改制

（1）延揽文士

莽父曼蚤死，不侯。莽群兄弟皆将军五侯子，乘时侈靡。……莽独孤贫，因折节为恭俭，受礼经师……勤身博学。……事母及寡嫂，养孤兄子，行甚敕备（《汉书》卷九十九上《王莽传上》）。

莽既拔出同列，继四父而辅政，欲令名誉过前人，遂克己不倦，聘诸贤良，以为掾史，赏赐邑钱，悉以享士，愈为俭约。母病，公卿、列侯遣夫人问疾，莽妻迎之，衣不曳地，布蔽膝。见之者以为僮使，问知其夫人，皆惊（《汉书》卷九十九上《王莽传上》）。

爵位益尊，节操愈谦，散舆马衣裘，振施宾客，家无所余。收赡名士，交结将相、卿大夫甚众（《汉书》卷九十九上《王莽传上》）。

莽奏起明堂、辟雍、灵台，为学者筑舍万区。……制度甚盛。立《乐经》，益博士员，经各五人。征天下通一艺、教授十一人以上，及有逸《礼》、古《书》……天文、图谶、钟律、月令、兵法、《史篇》文字，通知其意者，皆诣公车。网罗天下异能之士，至者前后千数，皆令记说廷中，将令正乖缪，一异说（《汉书》卷九十九上《王莽传上》）。

（2）井田与奴婢

汉时，已有贫富不均之弊，而奴婢之蓄甚盛。故王莽及光武帝，皆思革除之，以缓民怒。

今农夫五口之家，其服役者不下二人，其能耕者不过百亩，百亩之收不过百石。春耕，夏耘，秋获，冬藏，伐薪樵，治官府，给徭役；春不得避风尘，夏不得避暑热，秋不得避阴雨，冬不得避寒冻，四时之间亡日休息；又私自送往迎来，吊死问疾，养孤长幼在其中。勤苦如此，尚复被水旱之灾，急政暴虐，赋敛不时，朝令而暮改。当具有者半贾而卖，亡者取倍称之息，于此有卖田宅、鬻子孙以偿责者矣。而商贾大者积贮倍息，小者坐列贩卖，操其奇赢，日游都市，乘上之急，所卖必倍。故其男不耕耘，女不蚕织，衣必文采，食必粱肉；亡农夫之苦，有仟伯之得。因其富厚，交通王侯，力过吏执，以利相倾；千里游敖，冠盖相望，乘坚策肥，履丝曳缟。此商人所以兼并农人，农人所以流亡者也（《汉书》卷二十四上《食货志上》）。

富者田连仟伯，贫者亡立锥之地。又颛川泽之利，管山林之饶，荒淫越制，逾侈以相高。邑有人君之尊，里有公侯之富，小民安得不困？……或耕豪民之田，见税什五，故贫民常衣牛马之衣，而食犬彘之食。……古井田法虽难卒行，宜少近古，限民名田，以澹不足。……去奴婢，除专杀之威（《汉书》卷二十四上《食货志上》）。

古者什一而税，以为天下之中正也。今汉氏或百一而税，可谓鲜矣。然豪强人占田逾侈，输其赋大半。官家之惠，优于三代；豪强之暴，酷于亡秦。是上惠不通，威福分于豪强也。……不正其本，而务除租税，适足以资豪强也（《通考》卷一《田赋考一》）。

哀帝时，议名田而未行。

哀帝即位（西元前六年），师丹辅政，建言：“……今累世承平，豪富吏民訾数巨万，而贫弱俞困。盖君子为政，贵因循而重改作，然所以有改者，将以救急也。亦未可详，宜略为限。”天子下其议，丞相孔光、大司空何武奏请：“……国中列侯在长安公主名田县道，及关内侯吏民名田，皆毋过三十顷。”……时田宅、奴婢贾为减贱，丁、傅用事，董贤隆贵，皆不便也。诏书：“且须后。”遂寝不行（《汉书》卷二十四上《食货志上》）。

至莽，遂毅然行井田之制，名曰“王田”。然不过限田之稍进者耳。

莽……下令曰（始建国元年，西元九年）：“汉氏减轻田租，三十而税一，常有更赋，罢癃咸出，而豪民侵陵，分田劫假，厥名三十，实什税五也。富者骄而为邪，贫者穷而为奸，俱陷于辜，刑用不错。今更名天下田曰王田，奴婢曰私属，皆不得卖买。其男口不满八，而田过一井者，分余田与九族乡党。”犯令，法至死(《汉书》卷二十四上《食货志上》)。

但相沿已久，骤有更张，终扞隔难行，以豪强巨室为之梗也。

后三岁，莽知民愁，下诏诸食王田及私属，皆得卖买(《汉书》卷二十四上《食货志上》)。

(3)五均六筦

莽平抑物价，救济贫民，兼裕税收，遂有五均、六筦之设。

莽乃下诏曰:“夫《周礼》有赊贷，《乐语》有五均，传记各有斡焉。今开赊贷，张五均，设诸斡者，所以齐众庶，抑并兼也。”遂于长安及五都，立五均官，更名长安东、西市令及洛阳、邯郸、临甾、宛、成都市长，皆为五均司，市称师，东市称京，西市称畿，洛阳称中，余四都各用东、西、南、北为称，皆置交易丞五人、钱府丞一人。工商能采金、银、铜、连锡、登龟、取贝者，皆自占司市钱府，顺时气而取之。又以《周官》税民：凡田不耕为不殖，出三夫之税；城郭中宅不树艺者为不毛，出三夫之布；民浮游无事，出夫布一匹。其不能出布者，冗作，县官衣食之。诸取众物鸟、兽、鱼、鳖、百虫于山林、水泽及畜牧者，嫔妇桑蚕、织纴、纺绩、补缝，工匠、医、巫、卜、祝及它方技、商贩、贾人坐肆、列里区、谒舍，皆各自占所为于其在所之县，官除其本，计其利十一分之，而以其一为贡。敢不自占，自占不以实者，尽没入所采取，而作县官一岁。诸司市常以四时中月实定所掌，为物上、中、下之贾，各自用为其市平，毋拘它所。众民卖买五谷、布帛、丝绵之物，周于民用而不雠者(注：师古曰:“雠，读曰售。下亦类此。”)，均官有以考检厥实，用其本贾取之，毋令折钱。万物卬贵，过平一钱，则以平贾卖与民。其贾氐贱减平者，听民自相与市，以防贵庾者(注：师古曰:“庾，积也。”)。民欲祭祀、丧纪而无用者，钱府以所入工、商之贡但赊之，祭祀毋过旬日，丧纪毋过三月。民或乏绝，欲贷以治产业者，均受之，除其费，计所得受息，毋过岁什一。羲和鲁匡言："名山、大泽，盐、铁、钱、布、帛，五均赊贷，斡在县官，唯酒酤独未斡。……令官作酒，以二千五百石为一均，率开一卢以卖，雠五十酿为准。一酿用粗米二斛，曲一斛，得成酒六斛六斗。各以其市月朔米曲三斛，并计其贾而参分之，以其一为酒一斛之平。除米曲本贾，计其利而什分之，以其七入官，其三及醩截、灰炭给工器、薪樵之费。"（《汉书》卷二十四下《食货志下》）

始国建二年（西元十）二月……初设六筦之令。命县官酤酒，卖盐铁器铸钱，诸采取名山、大泽众物者税之。又令市官收贱卖贵，赊贷予民，收息百月三。羲和置酒士，郡一人，乘传督酒利（《汉书》卷九十九中《王莽传中》）。

惟权落富贾之手，与郡、县守、令，比而为弊，莽虽严刑，不能制。

羲和置命士督五均、六斡，郡有数人，皆用富贾。洛阳薛子仲、张长叔、临菑姓伟等，乘传求利，交错天下，因与郡县通奸，多张空簿，府臧不实，百姓俞病。莽知民苦之，复下诏曰："夫盐，食肴之将；酒，百药之长，嘉会之好；铁，田农之本；名山、大泽，饶衍之臧；五均、赊贷，百姓所取平，卬以给澹；铁布、铜冶，通行有无，备民用也。此六者，非编户齐民所能家作，必卬于市，虽贵数倍，不得不买。豪民富贾，即要贫弱，先圣知其然也，故斡之。每一斡为设科条防禁，犯者罪至死。"奸吏猾民并侵，众庶各不安生（《汉书》卷二十四下《食货志下》）。

（4）封建

始建国四年（西元十二）夏……莽至明堂，授诸侯茅土。下书曰："……其以洛阳为新室东都，常安（改长安为常安）为新室西都。邦畿连体，各有采任。州从《禹贡》为九，爵从周氏有五，诸侯之员千有八百，附城之数亦如之。以俟有功。诸公一国，有众万户，土方百里。侯伯一国，众户五千，土方七十里。子男一则，众户二千有五百，土方五十里。附城大者食邑九成，众户九百，土方三十里。自九以下，降杀以两，至于一成（注：如淳曰："十里为成。"）……今已受茅土者，公十四人、侯九十三人、伯二十一人、子百七十一人、男四百九十七人，凡七百九十六人。附城千五百一十一人。九族之女为任者，八十三人。及汉氏女……为任十有一。"（《汉书》卷九十九中《王莽传中》）

天凤元年（西元十四）七月……莽下书曰："……粟米之内曰内郡（注：师古曰："《禹贡》去王城四百里纳粟，五百里纳米，皆在甸服之内。"），其外曰近郡，有鄣徼者曰边郡，合百二十有五郡。九州之内，县二千二百有三。公作甸侯，是为惟城；诸在侯服，是为惟宁；在采、任诸侯，是为惟翰；在宾服，是为惟屏；在揆文教，奋武卫，是为惟垣；在九州之外，是为惟藩；各以其方为称，总为万国焉。"其后岁复变更，一郡至五易名，而还复其故。吏民不能纪，每下诏书，辄系其故名（《汉书》卷九十九中《王莽传中》）。

始建国元年（西元九）正月……策曰："……汉氏诸侯，或称王，至于四夷亦如之，违于古典，缪于一统。其定诸侯王之号，皆称公。及四夷僭号称王者，皆更为侯。"（《汉书》卷九十九中《王莽传中》）

(5)更改官名

始建国元年（西元九）三月……各策命以其职，如典诰之文。置大司马司允，大司徒司直，大司空司若，位皆孤卿。更名大司农曰羲和，后更为纳言，大理曰作士，太常曰秩宗，大鸿胪曰典乐，少府曰共工，水衡都尉曰予虞，与三公司卿凡九卿，分属三公。每一卿置大夫三人，一大夫置元士三人，凡二十七大夫，八十一元士，分主中都官诸职。更名光禄勋曰司中，太仆曰太御，卫尉曰太卫，执金吾曰奋武，中尉曰军正，又置大赘官，主乘舆服御物，后又典兵秩，位皆上卿，号曰六监。改郡太守曰大尹，都尉曰太尉，县令长曰宰，御史曰执法，公车司马曰王路（《汉书》卷九十九中《王莽传中》）。

更名秩百石曰庶士，三百石曰下士，四百石曰中士，五百石曰命士，六百石曰元士，千石曰下大夫，比二千石曰中大夫，二千石曰上大夫，中二千石曰卿（《汉书》卷九十九中《王莽传中》）。

（二）王莽之灭亡

(1)政令废弛

莽意以为制定则天下自平，故锐思于地里、制礼、作乐、讲合《六经》之说。公卿旦入暮出，议论连年不决，不暇省狱讼冤，结民之急务。县宰缺者，数年守兼，一切贪残日甚（《汉书》卷九十九中《王莽传中》）。

莽常御灯火至明，犹不能胜（《汉书》卷九十九中《王莽传中》）。

农商失业，食货俱废，民人至涕泣于市道（《汉书》卷九十九中《王莽传中》）。

（2）绿林、赤眉之起

（甲）绿林

王莽末，南方饥馑，人庶群入野泽，掘凫茈而食之，更相侵夺。新市（湖北京山县）人王匡、王凤，为平理诤讼，遂推为渠帅，众数百人。于是诸亡命马武、王常、成丹等往从之，共攻离乡，聚藏于绿林中（湖北当阳县），数月间，至七八千人。地皇二年（西元二十一），荆州牧某，发奔命二万人攻之。匡等相率迎击于云杜，大破牧军……尽获辎重。遂攻拔竟陵，转击云杜、安陆。……还入绿林中，至有五万余口，州郡不能制。三年（西元二十二），大疫疾，死者且半，乃各分散引去。王常、成丹西入南郡，号下江兵；王匡、王凤、马武及其支党朱鲔、张卬等，北入南阳，号新市兵。皆自称将军。七月，匡等进攻随（湖北随县），未能下。平林人陈牧、廖湛，复聚众千余人，号平林兵，以应之（《后汉书》卷十一《刘玄传》）。

（乙）赤眉

琅邪人樊崇，起兵于莒（山东莒县），众百余人，转入太山，自号三老。时青、徐大饥，寇贼蜂起，群盗以崇勇猛，皆附之，一岁间至万余人。崇同郡人逄安、东海人徐宣、谢禄、杨音各起兵，合数万人，复引从崇。共还攻莒，不能下……遂北入青州。……初，崇等以困穷为寇，无攻城徇地之计。众既浸盛，乃相与为约：杀人者死，伤人者偿创。以言辞为约束，无文书、旌旗、部曲、号令。其中最尊者号三老，次从事，次卒吏，泛相称曰臣人。王莽遣平均公廉丹、太师王匡击之。崇等欲战，恐其众与莽兵乱，乃皆朱其眉，以相识别，由是号曰赤眉。赤眉遂大破丹、匡军，杀万余人。追至无盐，廉丹战死，王匡走。……还围莒……寇东海……掠楚、沛、汝南、颍川，还入陈留，攻拔鲁城，转至濮阳（《后汉书》卷十一《刘盆子传》）。

（3）刘玄称帝与王莽败死

刘玄字圣公，光武族兄也。弟为人所杀，圣公结客欲报之。客犯法，圣公避吏于平林。吏系圣公父子张，圣公诈死，使人持丧归舂陵（湖北枣阳县），吏乃出子张，圣公因自逃匿。……往从牧（陈牧）等，为其军安集掾。是时，光武及兄伯升（刘缜），亦起舂陵，与诸部合兵而进。地皇四年（西元二十三）正月，破王莽前队大夫甄阜、属正梁丘赐，斩之，号圣公为更始将军。众虽多而无所统一，诸将遂共议立更始为天子。二月，设坛场于淯水上沙中，陈兵大会，更始即帝位。……建元曰更始元年。……以……王匡为定国上公、王凤成国上公、朱鲔大司马、伯升大司徒、陈牧大司空，余皆九卿、将军。五月，伯升拔宛。六月，更始入都宛城。………更始忌伯升威名，遂诛之（《后汉书》卷十一《刘玄传》）。

王莽闻更始为帝，集大兵攻之。及昆阳败，天下背新，势遂瓦解。

更始元年（西元二十三）三月……莽闻阜、赐死，汉帝立，大惧，遣大司徒王寻、大司空王邑将兵百万，其甲士四十二万人，五月，到颍川。……初，王莽征天下能为兵法者六十三家、数百人，并以为军吏；选练武卫，招募猛士，旌旗辎重，千里不绝。时有长人巨无霸……以为垒尉；又驱诸猛兽虎、豹、犀、象之属以助威武。……光武将数千兵，徼之于阳关。诸将见寻、邑兵盛，反走，驰入昆阳，皆惶怖，忧念妻孥，欲散归诸城。……时莽军到城下者且十万。……遂围之数十重（《后汉书》卷一上《光武帝纪上》）。

更始元年（西元二十三）五月……刘秀至郾、定陵，悉发诸营兵。……六月，秀……自将……为前锋。……寻、邑易之。……敕诸营皆按部，毋得动，独迎与汉兵战，不利……寻、邑阵乱，汉兵乘锐崩之，遂杀王寻。……王邑……轻骑……逃去。……于是海内豪杰，翕然响应，皆杀其牧守，自称将军，用汉年号。……旬日之间，遍于天下（袁枢《通鉴纪事本末》卷二十九）。

更始乘胜西进，莽兵不能拒，遂底于灭亡。

地皇四年（西元二十三）七月……析人邓晔、于匡起兵……拔析、丹水，攻武关，都尉朱萌降。……莽愈忧……拜将军九人，皆以虎为号，号曰九虎。……九虎至华阴回溪距隘……于匡……邓晔……击之，六虎败走……三虎……收散卒，保京师仓。……大姓……众皆数千人，假号称汉将……兵四会城下。……十月，兵从宣平城门入……王邑……等分将兵距击北阙下。……王邑昼夜战，罢极，士死伤略尽，驰入宫，间关至渐台。……众兵追之，围数百重……王邑……战死。……商人杜吴杀莽，取其绶。校尉东海公宾就……斩莽首（《汉书》卷九十九下《王莽传下》）。

当更始徙洛之际，赤眉亦受招降，旋复亡去。迨更始诛莽，诸将恣擅，政治混浊。赤眉攻入关中，更始拒战不利而降。

更始都洛阳，遣使降崇（樊崇）。崇等闻汉室复兴，即留其兵，自将渠帅二十余人，随使者至洛阳降更始，皆封为列侯。崇等既未有国邑，而留众稍有离叛，乃遂亡归其营，将兵入颍川，分其众为二部，崇与逄安为一部，徐宣、谢禄、杨音为一部。崇、安攻拔长社，南击宛。……而宣、禄等亦拔阳翟，引之梁，击杀河南太守。赤眉众虽数战胜，而疲敝厌兵，皆日夜愁泣，思欲东归。崇等计议，虑众东向必散，不如西攻长安。更始二年（西元二十四）冬，崇、安自武关，宣等从陆浑关，两道俱入。三年（西元二十五）正月，俱至弘农，与更始诸将连战克胜，众遂大集。……六月，遂立盆子为帝，自号建世元年。……军及高陵，与更始叛将张卬等连和，遂攻东都门，入长安城，更始来降（《后汉书》卷十一《刘盆子传》）。

东汉世系

亦称后汉。自光武称帝（西元二十五），至献帝禅位于曹丕（西元二二〇），凡十四主，共一百九十六年。

世祖光武皇帝名秀，字文叔，南阳蔡阳人，高祖九世孙。以王莽代汉之十四年起兵，逾三年即皇帝位，迁都洛阳，建元建武（三十一年）、中元（二年），在位凡三十三年。

显宗孝明皇帝名庄，光武第四子，嗣立。改元永平（十八年），在位凡十八年。

肃宗孝章皇帝名炟，明帝第五子，嗣立。改元建初（八年）、元和（三年）、章和（二年），在位凡十三年。

孝和皇帝名肇，章帝第四子。母梁贵人为窦皇后所谮，忧卒。窦后养帝以为己子，嗣立。改元永元（十六年）、元兴（一年），在位凡十七年。

孝殇皇帝名隆，和帝少子，嗣立。改元延平（一年），在位凡一年。

恭宗孝安皇帝名祜，章帝孙，父清河孝王庆。殇帝崩，邓太后使邓骘持节迎帝，旋即位。改元永初（七年）、元初（六年）、永宁（一年）、建光（一年）、延光（四年），在位凡十九年。

少帝名懿，章帝孙，封北乡侯，安帝无嗣，阎太后与大将军阎显迎立之。在位七月崩。

孝顺皇帝名保，安帝子，封济阴王。少帝崩，中黄门孙程等迎立之，即位。改元永建（六年）、阳嘉（四年）、永和（六年）、汉安（二年）、建康（一年），在位凡十九年。

孝冲皇帝名炳，顺帝子，嗣立。改元永嘉（一年），在位凡一年。

孝质皇帝名缵，章帝玄孙。冲帝崩，梁太后与兄大将军梁冀迎立之，即位。改元本初（一年），为梁冀所鸩崩，在位凡一年。

孝桓皇帝名志，章帝曾孙。质帝崩，梁太后与兄大将军梁冀定策禁中，迎帝入，即位。改元建和（三年）、和平（一年）、元嘉（二年）、永兴（二年）、永寿（三年）、延熹（九年）、永康（一年），在位凡二十一年。

孝灵皇帝名宏，章帝玄孙。桓帝崩，无子，窦太后与父城门校尉窦武定策禁中，奉迎即位。改元建宁（四年）、熹平（六年）、光和（六年）、中平（六年），在位凡二十二年。

废帝名辩，灵帝子，嗣立。改元光熹、昭宁。董卓废帝为弘农王，在位凡六月。

孝献皇帝名协，灵帝中子。中平六年四月，少帝即位，封帝为渤海王，徙封陈留王。董卓废少帝，立帝，即位。改元初平（四年）、兴平（二年）、建安（二十四年）、延康（一年），逊位于魏王曹丕，丕封帝为山阳公，在位凡三十一年。

（以上据《通考·帝系考》及《后汉书》纪传）

附帝系表

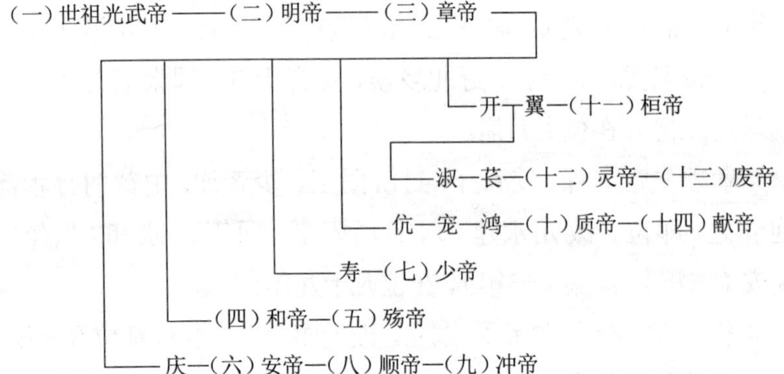

（一）光武之统一事业

初，光武与縯起兵舂陵，与新市、平林合兵以击莽。及刘玄称帝，乃遣光武镇慰河北地。

更始元年（西元二十三）九月……更始至洛阳，乃遣光武以破虏将军行大司马事。十月，持节北度河，镇慰州郡。所到部县……考察黜陟，如州牧行部事，辄平遣囚徒，除王莽苛政，复汉官名，吏人喜悦，争持牛酒迎劳（《后汉书》卷一上《光武帝纪上》）。

有卜人王郎，诈称成帝子子舆，豪侠林素等，奉以为帝，赵国以北皆降。光武乃发兵击灭之，河北遂定。时，以更始政乱，其势垂败，乃始与之携贰。

更始二年（西元二十四）五月……更始遣使立秀为萧王，悉令罢兵。……耿弇入造床下，请间因说曰："……百姓患苦王莽，复思刘氏。闻汉兵起，莫不欢喜。……今更始为天子，而诸将擅命于山东，贵戚纵横于都内，虏掠自恣，元元叩心，更思莽朝。是以知其必败也。……天下至重，公可自取，毋令他姓得之。"萧王乃辞以河北未平，不就征。始贰于更始（袁枢《通鉴纪事本末》卷二十九）。

嗣复击破诸流兵，其众益盛。使诸将劝进，遂即皇帝位于鄗南。

更始二年（西元二十四）五月……是时……别号诸贼铜马、大彤、高湖、重连、铁胫、大抢、尤来、上江、青犊、五校、檀乡、五幡、五楼、富平、获索等（注：诸贼或以山川土地为名，或以军容强盛为号。铜马贼帅东山荒秃、上淮况等，大彤渠帅樊重，尤来渠帅樊崇，五校贼帅高扈，檀乡贼帅董次仲，五楼贼帅张文，富平贼帅徐少，获索贼帅古师郎等，并见《东观记》），各领部曲，众合数百万人，所在寇掠。……秋，光武击铜马于鄡……至馆陶，大破之。受降未尽，而高湖、重连从东南来，与铜马余众合。光武复与大战……悉破降之，封其渠帅为列侯。……将降人分配诸将，众遂数十万，故关西号光武为铜马帝。……建武元年（西元二十五）正月……光武北击尤来、大抢、五幡……大破灭之。……于是诸将议上尊号。……四月……诸将复固请之。……行至鄗（河北高邑县）……六月，即皇帝位。……建元为建武，大赦天下。……七月……围朱鲔于洛阳。……九月……朱鲔举城降。十月，车驾入洛阳……遂定都焉（《后汉书》卷一上《光武帝纪上》）。

惟时天下分裂。其割据称雄者列简表于下：

新末群雄割据简表

人名	称号	据地	起事	灭亡
樊崇	赤眉	关中。		《后汉书·刘盆子传》：建武二年，三辅大饥，遣人聚为营保坚守。赤眉虏掠无所得，乃引而东归。明年正月，征西大将军冯异，破之于崤底。樊崇乃将盆子等降。
刘永	天子	都睢阳。攻下济阴、山阳、沛、楚、淮阳、汝南，凡得二十八城。	《后汉书·刘永传》：永，梁郡睢阳人，梁孝王八世孙。更始即位，封为梁王，都睢阳。永闻更始政乱，遂据国起兵。及更始败，永自称天子。	《后汉书·光武纪》：建武三年七月，盖延拔睢阳，获刘永。而苏茂、周建立永子纡为梁王。五年八月，吴汉拔郯，获刘纡。
公孙述	天子，号成家	尽有益州之地。	《后汉书·公孙述传》：述字子阳，扶风茂陵人。补清水长。更始立，至成都，使人诈称汉使者自东方来，假述辅汉将军、蜀郡太守兼益州牧。述恃地险众附，有自立志。建武元年四月，遂自立为天子，号成家。	同上。建武十二年十一月，吴汉、臧宫与公孙述战于成都，大破之，述被创死。

续表

人名	称号	据地	起事	灭亡
李宪	天子	拥庐江九城。	《后汉书·李宪传》：宪，颍川许昌人。王莽时，为庐江属令。莽败，宪据郡自守。更始元年，自称淮南王。建武三年，遂自立为天子。	同上。建武四年八月，遣扬武将军马成，率三将军伐李宪。九月，围宪于舒。六年正月，拔舒，获李宪。
秦丰	楚黎王	宜城、若、编、临沮、中沮、庐、襄阳、邓、新野、穰、湖阳、蔡阳。	《后汉书·岑彭传》：南郡人秦丰，据黎丘，自称楚黎王，略十有二县。注：《东观记》曰："丰，邔县人。为县吏。更始元年，起兵攻得邔。"	同上。建武四年十一月，遣建义大将军朱祐，围秦丰于黎丘。五年六月，拔黎丘，获秦丰。
张步	齐王	太山、东莱、城阳、胶东、北海、济南、齐诸郡。	《后汉书·张步传》：步字文公，琅邪不其人。汉兵之起，亦聚众下数城，自为五威将军，遂据本郡。建武三年，刘永立步为齐王。	同上。建武五年二月，遣耿弇率二将军讨张步。十月，耿弇等与步战于临淄，大破之。张步斩苏茂以降，齐地平。
董宪	海西王	东海。	《后汉书·刘永传》：东海人董宪起兵，据其郡。建武三年春，永遣使立董宪为海西王。	同上。建武五年七月，征董宪。八月，吴汉进围董宪、庞萌于朐。六年二月，大司马吴汉拔朐，获董宪、庞萌，山东悉平。
延岑	武安王	初据汉中，后略有南阳数县。	《后汉书·公孙述传》：岑字叔牙，南阳人。始起据汉中，走至南阳，略有数县。 《后汉书·光武帝纪》：建武二年二月，延岑自称武安王。	同上。建武四年二月，遣右将军邓禹率二将军与延岑战于武当，破之。

续表

人名	称号	据地	起事	灭亡
田戎	周成王	夷陵。	《后汉书·公孙述传》：戎汝南人。初起兵夷陵，转寇郡县，众数万人。《后汉书·岑彭传》注：《东观记》曰：戎自称扫地大将军。《襄阳耆旧记》曰：戎号周成王。	同上。建武五年三月，遣征南大将军岑彭率二将军伐田戎于津乡，大破之。《后汉书·公孙述传》：建武五年，延岑、田戎为汉兵所败，皆亡入蜀。
隗嚣	西州上将军	安定、北地、天水、陇西。	《后汉书·隗嚣传》：嚣字季孟，天水成纪人。少仕州郡。更始立，徇陇西诸郡，皆下之。二年，遣使征嚣，以为右将军。亡归天水，复招聚其众，据故地，自称西州上将军。	《后汉书·光武帝纪》：建武九年正月，隗嚣病死。其将复立嚣子纯为王。十年十月，中郎将来歙等大破隗纯于落门，纯降，陇右平。
卢芳	汉帝	五原、朔方、云中、定襄、雁门。	《后汉书·卢芳传》：芳字君期，安定三水人。王莽时，诈自称武帝曾孙。更始败，三水豪杰，共立芳为上将军西平王。使使与西羌、匈奴结和亲，匈奴单于遂立芳为汉帝。	《后汉书·卢芳传》：大司马吴汉、骠骑大将军杜茂数击芳，并不克。建武十二年，芳知羽翼外附，与十余骑亡入匈奴。十六年，请降，乃立为代王。明年，复背叛出塞，留匈奴中十余年，病死。
彭宠	燕王	渔阳、涿、广阳、上谷、右北平。	《后汉书·彭宠传》：宠字伯通，南阳宛人。父宏，哀帝时为渔阳太守。宠少为郡吏。更始立，拜宠偏将军，行渔阳太守事。建武二年，发兵反。明年，自立为燕王。	《后汉书·光武帝纪》：建武五年二月，彭宠为其苍头所杀，渔阳平。

续表

人名	称号	据地	起事	灭亡
窦融	河西大将军	河西、金城、武威、酒泉、张掖、敦煌。	《后汉书·窦融传》：融字周公，扶风平陵人。更始立，为张掖属国都尉，河西翕然归之。及更始败，推融行河西五郡大将军事。	同上。建武八年闰四月，帝自征嚣。河西太守窦融率五郡太守，与车驾会高平。
庞萌	东平王		《后汉书·刘永传》：建武五年，平狄将军庞萌反叛，引兵与董宪连和，自号东平王，屯桃乡之北。	见董宪。

光武统一群雄，天下复归于一统。

初，帝在兵间，久厌武事，且知天下疲耗，思乐息肩。自陇、蜀平后，非儆急未尝复言军旅。皇太子尝问攻战之事，帝曰："昔卫灵公问陈，孔子不对，此非尔所及。"每旦视朝，日侧乃罢。数引公卿、郎、将讲论经理，夜分乃寐（《后汉书》卷一下《光武帝纪下》）。

初，光武长于民间，颇达情伪，见稼穑艰难，百姓病害。至天下已定，务用安静，解王莽之繁密，还汉世之轻法。身衣大练，色无重彩。……勤约之风，行于上下。数引公卿、郎、将，列于禁坐，广求民瘼，观纳风谣。故能内外匪懈，百姓宽息（《后汉书》卷一〇六《循吏传序》）。

惩前汉之失，以吏职责之公卿。不令功臣预政事，皆以列侯就第，终获保全。

帝欲偃干戈，修文德，不欲功臣拥众京师。……遂罢左右将军。复以列侯就第，加位特进（注：《东观记》曰："上以天下既定，思念欲完功臣爵土，不令以吏职为过。故皆以列侯就第也。"）。……帝方以吏士责三公，故功臣并不用。是时列侯唯高密（邓禹）、固始（李通）、胶东（贾复）三侯与公卿参议国家大事，恩遇甚厚（《后汉书》卷四十七《贾复传》）。

降自秦、汉，世资战力，至于翼扶王运，皆武人屈起。亦有鬻缯、屠狗、轻猾之徒，或崇以连城之赏，或任以阿衡之地，故势疑则隙生，力侔则乱起。萧、樊且犹缧绁，信、越终见葅戮，不其然乎！自兹以降，迄于孝武，宰辅五世，莫非公侯。……朝有世及之私，下多抱关之怨。其怀道无闻，委身草莽者，亦何可胜言。故光武鉴前事之违，存矫枉之志，虽寇、邓之高勋，耿、贾之鸿烈，分土不过大县数四，所加特进朝请而已。观其治平临政，课职责咎，将所谓导之以政、齐之以刑者乎！若格之功臣，其伤已甚。……故高秩厚礼，允答元功。峻文深宪，责成吏职。建武之世，侯者百余。若夫数公者，则与参国议，分均休咎。其余并优以宽科，完其封禄，莫不终以功名，延庆于后（《后汉书》卷五十二传论）。

明、章两帝继之，政治清明，为东汉之盛世。

（二）东汉之疆域

东汉疆域，同于前汉，亦设十三州部。

后汉光武，以官多役烦，乃并省郡、国十，县、道、侯四百余所。其后亦为十三州部，司隶治河南，豫治谯，兖治昌邑，徐治郯，青治临淄，凉治陇，并治晋阳，冀治鄗，幽治蓟，扬治历阳，益治雒，荆治汉寿，交治广信。……东乐浪郡，西敦煌郡，南日南郡，北雁门郡，西南永昌郡，四履之盛，亦如前汉（《通典》卷一七一《州郡一》）。

世祖中兴，惟官多役烦，乃命并各省郡、国十，县、邑、道、侯国四百余所。至明帝置郡一，章帝置郡、国二，和帝置三，安帝又命属国别领比郡者六，又所省县渐复分置。至于孝、顺，凡郡、国百五，县、邑、道、侯国千一百八十（《后汉书》卷三十三《郡国志五》）。

至献帝时，分凉为雍，有州十四，旋复并为九州。

兴平元年（西元一九四）六月，分凉州河西四郡为廱州（注：谓金城、酒泉、敦煌、张掖。〔《后汉书》卷九《献帝纪》〕）。

建安十八年（西元二一三）正月，复《禹贡》九州（注：《献帝春秋》曰："时省幽、并州，以其郡、国并于冀州。省司隶校尉及凉州，以其郡、国并为雍州。省兖州，并荆州、益州。于是有兖、豫、青、徐、荆、扬、冀、益、雍也，九数虽同，而《禹贡》无益州有梁州，然梁、益亦一地也。"〔《后汉书》卷九《献帝纪》〕）。

是时，曹操自立为魏公，欲广冀州而益其地，非复古也（注：《荀彧传》云："操领冀州牧。或说操，宜复古置九州，则冀州所制者广大。"〔王应麟《通鉴地理通释》卷二〕）。

东汉疆域简表

州部	治所		领辖郡国	备考
	古郡	今释		
司隶	河南	河南洛阳县。	京兆尹、左冯翊、右扶风、弘农、河内、河南、河东。凡领七郡。	《读史方舆纪要》注：后汉都洛阳，不改三辅之号。其三辅旧治长安城中，长吏各在其县治民。东都以后，扶风出治槐里，冯翊出治高陵。又中平六年，尝改右扶风曰汉安郡。
豫	谯	安徽亳县	颍川、汝南。 梁国、沛国。陈国、鲁国。 凡领郡二、国四。	
兖	昌邑	山东金乡县。	陈留、东郡、泰山、山阳、济阴。 东平国、任城国、济北国。 凡领郡五、国三。	
徐	郯	山东郯城县。	东海、广陵。 琅邪国、彭城国、下邳国。 凡领郡二、国三。	《三国·魏志·武帝》：建安三年十月，分琅邪、东海、北海为“城阳”“利城”“昌虑”郡。十一年八月，省昌虑。《三国郡县表》：“东莞”郡：建安初，魏武分琅邪、齐郡置。
青	临菑	山东临菑县。	平原、东莱。 济南国、乐安国、北海国、齐国。 凡领郡二、国四。	《通鉴胡注》：“城阳”置郡时，属徐州。后移居青州。
凉	陇	甘肃秦安县。	陇西、汉阳、武都、金城、安定、北地、武威、张掖、酒泉、敦煌。 张掖属国、居延属国。 凡领郡十、属国二。	《后汉书·郡国志·汉阳郡》注：《秦州记》曰：中平五年，分置“南安”郡。又“司隶校尉部”注：《献帝起居注》曰：中平六年，省扶风都尉，置“汉安郡”。又“凉州”注：《袁山松书》曰：兴平元

续表

州部	治所		领辖郡国	备考
	古郡	今释		
凉	陇			年，分安定、右扶风置“新平”郡。又“张掖、居延属国”下注：建安末，立为“西海”郡。又“张掖郡”注：献帝分置“西”郡。 《通典》州郡：雍州、鄯州，后汉建安中，置“西平”郡。
并	晋阳	山西阳曲县。	太原、上党、西河、五原、云中、定襄、雁门、朔方、上郡。 凡领郡九。	《三国·魏志·武帝》：建安二十年正月，省云中、定襄、五原、朔方郡，郡置一县，领其民，合以为“新兴”郡。
冀	鄗	河北高邑县。	魏郡、巨鹿、勃海。 常山国、中山国、安平国、河间国、清河国、赵国。 凡领郡三、国六。	《水经注·滱水》：桓帝置“博陵”郡，汉末罢，还安平。 《后汉书·郡国志·清河国》注：桓帝建和二年，改为“甘陵”。
幽	蓟	北京市。	涿郡、代郡、上谷、渔阳、右北平、辽西、辽东、玄菟、乐浪、广阳。 辽东属国。 凡领郡十、属国一。	
扬	历阳	安徽和县。	九江、丹阳、豫章、吴郡、会稽、庐江。 凡领郡六。	
荆	汉寿	湖南常德县。	南阳、南郡、江夏、零陵、武陵、桂阳、长沙。 凡领郡七。	《晋书·地理志》：献帝建安十三年，魏武尽得荆州之地，分南郡以北立“襄阳”郡，又分南阳西界立“南乡”郡，分枝江以西立“临江”郡。 《三国·魏志·武帝》：建安二十年七月，分汉中之安阳西城为“西城”郡，分锡“上庸”郡，置都尉。

续表

<table>
<tr><th rowspan="2">州部</th><th colspan="2">治所</th><th rowspan="2">领辖郡国</th><th rowspan="2">备考</th></tr>
<tr><th>古郡</th><th>今释</th></tr>
<tr><td>荆</td><td>汉寿</td><td></td><td></td><td>《华阳国志》：新城郡，本汉中房陵县，汉末以为“房陵”郡。</td></tr>
<tr><td>益</td><td>雒</td><td>四川广汉县。</td><td>汉中、巴郡、广汉、蜀郡、犍为、牂牁、越巂、益州、永昌。
广汉属国、蜀郡属国、犍为属国。
凡领郡九、属国三。</td><td>《后汉书·冉駹夷传》：灵帝复分蜀郡北部为“汶山”郡。</td></tr>
<tr><td>交</td><td>广信</td><td>广西苍梧县。</td><td>南海、郁林、苍梧、交阯、合浦、九真、日南。
凡领郡七。</td><td>《宋书·州郡志》：汉献帝建安八年，改曰交州。十六年，徙治南海番禺县。
《晋书·地理志》：桓帝分立“高兴”郡，灵帝改曰“高凉”。</td></tr>
</table>

东汉之都城，初在洛阳。其季年，迁长安，旋又迁于许昌。

光武定都雒阳，时谓长安为西京，雒阳为东京，而南阳亦谓之南都。后董卓劫迁献帝于长安（初平元年二月，西元一九〇），寻还雒阳。曹操复迁帝于许（建安元年八月，西元一九六。〔顾祖禹《读史方舆纪要》卷二〕）。

（三）东汉之制度

（1）官制

（甲）中央

东汉中央官制，多沿西京之旧，以三公部九卿治理庶政。

太尉公一人……司徒公一人……（注:《汉官仪》曰:“王莽时，议以汉无司徒官，故定三公之号曰大司马、大司徒、大司空。世祖即位，因而不改。”）……司空公一人（《后汉书》卷三十四《百官志一》）。

后汉惟有太傅一人，谓之上公。及有太尉、司徒、司空，而无师保（注：董卓盗为太师，非汉本制）。太尉公主天（注：部太常、卫尉、光禄勋），司徒公主人（注：部大仆、鸿胪、廷尉），司空公主地（注：部宗正、少府、司农），而分部九卿，盖多以九卿为之。若天地灾变，则皆策免，自太尉徐防始焉（《通典》卷二十《职官二》）。

汉以太常、光禄勋、卫尉、太仆、廷尉、大鸿胪、宗正、大司农、少府谓之九寺大卿。后汉九卿，而分属三司（注：太常、光禄勋、卫尉三卿，并太尉所部。太仆、廷尉、大鸿胪三卿，并司徒所部。宗正、大司农、少府三卿，并司空所部。〔《通考》卷五十五《职官考九》〕）。

东汉中央官制简表

称谓		官名	职掌	备考
五府	上公	太傅	掌以善导，无常职。	《后汉书·百官志》：世祖以卓茂为太傅，薨，因省。其后每帝初即位，辄置太傅录尚书事，薨，辄省。 《后汉书·樊准传》注：五府谓太傅、太尉、司徒、司空、大将军也。

续表

称谓		官名	职掌	备考
五府	三公	大司马 太尉	掌四方兵事功课，岁尽即奏其殿最而行赏罚。	《通典·职官》：后汉光武建武二十七年，省大司马，以太尉代之。故常与太尉迭置，不并列。 《通考·职官考》：灵帝末，以刘虞为大司马，而太尉如故。自此，则大司马与太尉始并置矣。
		司徒	掌人民事，凡四方民事功课，岁尽则奏其殿最而行赏罚。	《通典·职官》：建安为相国。
		司空	掌水土事，凡四方水土功课，岁尽则奏其殿最而行赏罚。	同上。献帝建安十三年，又罢司空，置御史大夫。郄虑免，不复补。注：献帝置御史大夫，职如司空，不领侍御史。
	将军	大将军	掌征伐。	《后汉书·百官志》：比公者四，第一大将军，次骠骑将军，次车骑将军，次卫将军。又有前、后、左、右将军。
		骠骑将军		
		车骑将军		
		卫将军		
		前、后、左、右将军		
九卿		太常	掌礼仪、祭祀。	
		光禄勋	掌宿卫宫殿门户，典谒署郎更直执戟宿卫门户，考其德行而进退之。	《通典·职官》：光禄勋居禁中，有狱在殿门外，谓之光禄外部。建安末，复改光禄勋为郎中令。
		卫尉	掌宫门卫士、宫中徼循事。	
		太仆	掌车马，天子每出，奏驾上卤簿。	
		廷尉	掌平狱，奏当所应，凡郡国谳疑罪，皆处当以报。	同上。后汉廷尉，皆以世家为之，而郭氏尤盛。建安中，复为大理。

续表

称谓	官名	职掌	备考
九卿	大鸿胪	掌诸侯及四方归附蛮夷，其郊庙行礼赞导请行事。	
	宗正	掌序录王国嫡庶之次，及诸宗室亲属。	同上。两汉皆以皇族为之。
	大司农	掌诸钱谷金帛诸货币。	
	少府	掌中服御诸物，衣服宝货珍膳之属。	

按：东汉之制，政治实权操之于尚书台，所谓三公者备位而已。

光武皇帝愠数世之失权，忿强臣之窃命，矫枉过直，政不任下，虽置三公，事归台阁（注：台阁，谓尚书也）。自此以来，三公之职，备员而已（《后汉书》卷七十九《仲长统传·昌言·法诫篇》）。

至于尚书台组织，略举如下：

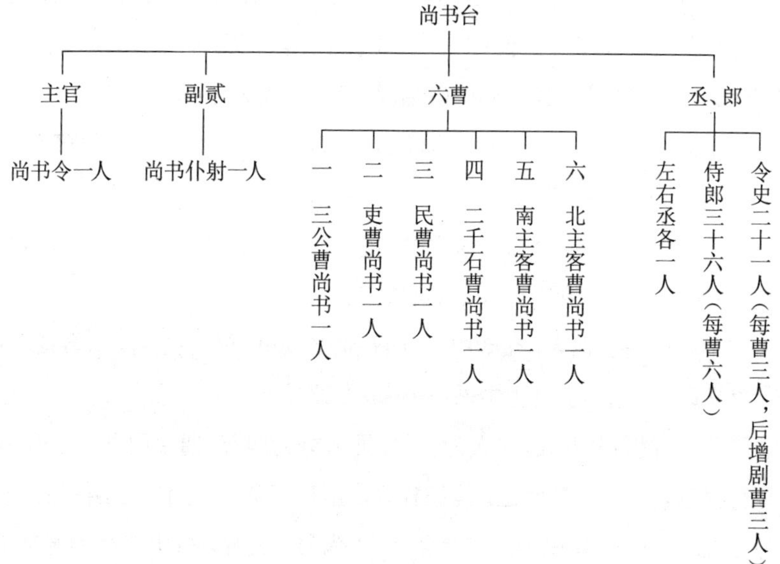

尚书令一人，千石。本注曰：承秦所置（注：荀绰《晋百官表》注曰："唐虞官也。"），武帝用宦者，更为中书谒者令。成帝用士人，复故。掌凡选署及奏下尚书曹文书众事（《后汉书》卷三十六《百官志三》）。

尚书仆射一人，六百石。本注曰：署尚书事，令不在则奏下众事（注：蔡质《汉仪》曰："仆射主封门，掌授廪，假钱谷。"〔《后汉书》卷三十六《百官志三》〕）。

尚书六人，六百石。本注曰：成帝初置尚书四人，分为四曹（注：《汉旧仪》曰："初置五曹，有三公曹，主断狱。"）："常侍曹尚书"主公卿事（注：蔡质《汉仪》曰："主常侍黄门御史事，世祖改曰吏曹。"），"二千石曹尚书"主郡国二千石事（注：蔡质《汉仪》曰："掌中郎官、水火、盗贼、辞讼、罪眚。"），"民曹尚书"主凡吏上书事（注：蔡质《汉旧仪》曰："典缮治功作，监池苑囿盗贼事。"），"客曹尚书"主外国夷狄事。世祖承遵，后分二千石曹，又分客曹为"南主客曹""北主客曹"凡六曹（《后汉书》卷三十六《百官志三》）。

左右丞各一人，四百石。本注曰：掌录文书期会。左丞主吏民章报，及驺伯史（注：蔡质《汉仪》曰："总典台中纲纪，无所不统。"）。右丞假署印绶，及纸笔墨诸财用库藏（《后汉书》卷三十六《百官志三》）。

侍郎三十六人，四百石。本注曰：一曹有六人，主作文书起草（《后汉书》卷三十六《百官志三》）。

令史十八人，二百石。本注曰：曹有三，主书。后增剧曹三人，合二十一人（《后汉书》卷三十六《百官志三》）。

秦少府遣吏四人，在殿中主发书，谓之尚书，尚主也。汉承秦置，武帝游宴后庭，始用宦者主中书。……成帝建始四年（西元前二十九），罢中书宦者，置尚书五人，一人为仆射，四人分为四曹，通掌图书、秘记、章奏及封奏，宣示内外而已，其任犹轻。至后汉则为优重，出纳王命，敷奏万机。……汉初，尚书虽有曹名，不以为号。灵帝以侍中梁鹄为选部尚书，于是始见曹名，总谓尚书台，亦谓中台。大事八座连名，而有不合，得建异议。二汉皆属少府。……武帝用宦者，更为中书谒者令。成帝去中书谒者令官，更以士人为尚书令。后汉众务悉归尚书，三公但受成事而已。尚书令主赞奏事，总领纪纲，无所不统。……尚书仆射一人，署尚书事。令不在，则奏下众事。……献帝建安四年，以执金吾荣郃为左仆射，卫臻为右仆射。侍者分置左右，盖自此始。……光武……置左、右丞，佐令、仆之事，台中纪纲，无所不总。……后汉尚书五曹……或说有六曹。……尚书侍郎……主作文书草，取孝廉年未五十，先试笺奏，选有吏能者为之。……令史……皆选于兰台符节，简练有吏能者为之。其尚书郎，初与令史皆主文簿，其职一也。郎缺，以令史久次者补之。光武始革用孝廉，孝廉耻焉（《通典》卷二十二《职官四》）。

中叶以后，母后临朝，外戚执政，每假兵权以自重，而大将军遂为中央最高之官，合太傅及三公，称为五府。

后汉光武时，吴汉以大将军为大司马（注：后汉大将军自为一官，其大司马不加于其上）。和帝时，以窦宪为之。旧大将军位在三公下，置官属，依太尉。宪威权振朝廷，公卿希旨，奏宪位次太傅下、三公上。……自安帝政理衰缺，始以嫡舅耿宝为大将军，常在京都。顺帝即位，又以皇后父、兄、弟，相继为大将军，如三公。汉末犹在三公上（《通考》卷五十九《职官考十三》）。

献帝朝，曹操秉政，废三公而置丞相。

建安十三年（西元二〇八）六月，罢三公官，置丞相、御史大夫（《后汉书》卷九《献帝纪》）。

（乙）地方

东汉地方官，初亦为郡、县两级，设置监司，制同于前汉。

（子）州部

司隶校尉一人，比二千石（《后汉书》卷三十七《百官志四》）。

刺史……成帝更为牧，秩二千石。建武十八年（西元四十二），复为刺史十二人，各主一州，其一州属司隶校尉（《后汉书》卷三十八《百官志五》）。

（丑）郡国

河南尹一人。……中兴都雒阳，更以河南郡为尹，以三辅陵庙所在，不改其号，但减其秩（《后汉书》卷三十七《百官志四》）。

每郡置太守一人，二千石。……王国之相亦如之（《后汉书》卷三十八《百官志五》）。

边郡……属国都尉，稍有分县，治民比郡（《后汉书》卷三十八《百官志五》）。

（寅）县、邑、道

每县、邑、道，大者置令一人，千石。其次置长，四百石。小者置长，三百石。侯国之相，秩次亦如之。……丞各一人。尉，大县二人，小县一人。……边县有障塞尉……掌禁备羌夷犯塞（《后汉书》卷三十八《百官志五》）。

惟地方之权，较前汉为大。司隶校尉，外督部郡，内纠百官。

后汉复为司隶校尉，所部河南尹、河内、右扶风、左冯翊、京兆尹、河东、弘农凡七郡，治河南洛阳。无所不纠，唯不察三公。廷议处九卿上，朝贺处公卿下（《通典》卷三十二《职官十四》）。

光武特诏御史中丞与司隶校尉、尚书令，会同并专席而坐，故京师号曰“三独坐”（《后汉书》卷五十七《宣秉传》）。

刺史设有治所，且专刺举之权。

建武十一年（西元三十五）十二月……初断州牧自还奏事（注：《前书音义》曰：“刺史每岁尽，则入奏事京师，今断之。”〔《后汉书》卷一下《光武帝纪下》〕）。

旧制，州牧奏二千石长吏不任位者，事皆先下三公。三公遣掾史按验，然后黜退。帝（光武）时用明察，不复委任三府，而权归刺举之吏（《后汉书》卷六十三《朱浮传》）。

汉刺史乘传周行郡国，无适所治，中兴所治有定处。旧常以八月巡行所部，录囚徒，考殿最。初，岁尽诣京都奏事，中兴，但因计吏，不复自诣京师。虽父母之丧，不得去职（《通典》卷三十二《职官十四》）。

太守兼都尉之职，故常称太守曰郡将。

建武六年（西元三十），省诸郡都尉，并职太守，无都试之役（注：应劭曰："每有剧职，郡临时置都尉，事讫罢之。"〔《后汉书》卷三十八《百官志五》〕）。

至灵帝，改刺史为州牧，遂变为地方三级制度。

中平五年（西元一八八），是岁，改刺史，新置牧（《后汉书》卷八《灵帝纪》）。

时灵帝政化衰缺，四方兵寇。焉以为刺史威轻，既不能禁，且用非其人，辄增暴乱，乃建议改置牧伯，镇安方夏，清选重臣，以居其任。焉乃阴求为交阯，以避时难。……出焉为监军使者，领益州牧。……宗正刘虞为幽州牧，皆以本秩居职。州任之重，自此而始（《后汉书》卷一〇五《刘焉传》）。

是时天下方乱，豪杰各欲据有州郡。而刘焉、刘虞并自九卿出领州牧，州牧之任，自此重矣（《通典》卷三十二《职官十四》）。

中央为收税，于各地设盐、铁诸官。

其郡有盐官、铁官、工官、都水官者，随事广狭置令、长及丞，秩次皆如县、道，无分士，给均本吏。本注曰：凡郡县出盐多者，置盐官，主盐税。出铁多者置铁官，主鼓铸。有工多者置工官，主工税物。有水池及鱼利多者置水官，主平水，收渔税。在所诸县，均差吏更给之，置吏随事，不具县员（《后汉书》卷三十八《百官志五》）。

（2）兵制

光武随事设兵，有“黎阳营”“雍营”之号。

发……黎阳、雍营缘边十二郡骑士（注：《汉官仪》曰：“光武中兴，以幽、冀、并州兵骑，克定天下。故于黎阳立营，以谒者监之。”又曰：“扶风都尉部在雍县，以凉州近羌，数犯三辅，将兵卫护园陵，故俗称雍营。”〔《后汉书》卷五十三《窦融附窦宪传》〕）。

京师南、北军，仍袭前汉，而略有省改。

京师南、北军如故，于北军则并胡骑、虎贲二校为五营，以北军中候易中垒以监之；于南军则光禄勋省车、户、骑三将及羽林令，都尉省旅贲及卫士一丞（《通考》卷一五〇《兵考二》）。

北军中候。本注曰：……中兴，省中垒，但置中候，以监五营。胡骑并长水，虎贲主轻车并射声（《后汉书》卷三十七《百官志四》）。

羽林……光武中兴，以所征伐士劳苦者为之。其后复简五营高手，别为左、右监羽林，父死子继，与虎贲同。所居之署谓之寺（《通典》卷二十八《职官十》）。

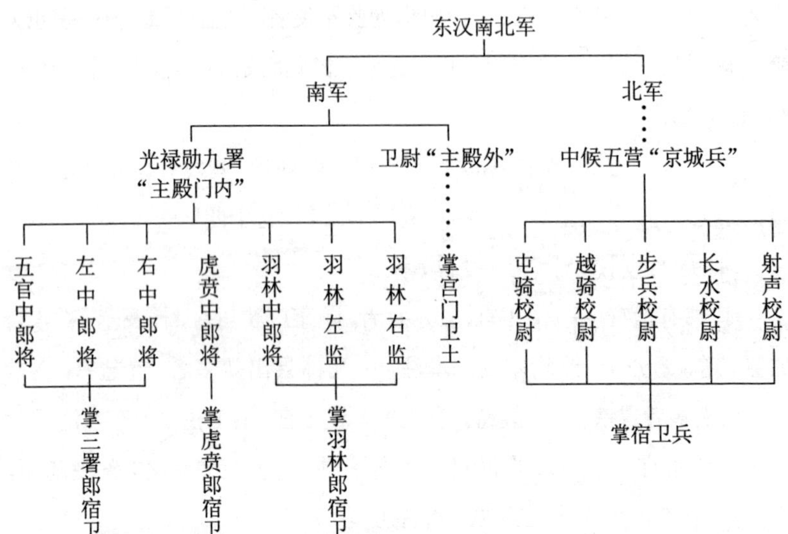

且罢地方兵不练，专以京兵任征伐。

建武六年（西元三十），是岁，初罢郡国都尉官（《后汉书》卷一下《光武帝纪下》）。

建武七年（西元三十一）三月，诏："……罢轻车、骑士、材官、楼船士及军假吏。"（注：《汉官仪》曰："……军假吏，谓军中权置吏也，今悉罢之。"〔《后汉书》卷一下《光武帝纪下》〕）

光武罢都试而外兵不练，虽疆埸之间，广屯增戍，列营置坞。而国有征伐，终藉京师之兵以出。盖自建武迄于汉衰，匈奴之寇，鲜卑之寇，岁岁有之，或遣将出击，或移兵留屯，连年暴露，奔命四方，而禁旅无复镇卫之职矣（《通考》卷一五〇《兵考二》）。

中叶以后，内外兵不精练，每有警报，则取办临时。

至安帝永初间，募入钱谷，得为虎贲、羽林、缇骑营士，而营卫之选亦衰矣。桓帝延、熹间，诏减羽林、虎贲不任事者半俸，则京师之兵亦单弱矣。外之士兵不练，而内之卫兵不精，设若盗起一方，则羽檄被于三边，兴发甲卒，取办临时；战非素具，每出辄北。……永、建间，方且令郡举五人，教习战射。又方募为陷陈，召为积射，召为义从，大抵创立名号，荡无良法（《通考》卷一五〇《兵考二》）。

其末也，宿卫之权，委之宦寺，遂得挟制朝廷。

至东汉以来，又举五官郎将、羽林、虎贲以职属。大夫、议郎、谒者、仆射以文属，分属之后，政令不行于其间。而又光禄大夫不在宿直，议郎不与执戟，惟不在宿直、执戟之列，则凡为禁卫者，皆非士人之流。而郎官三省，尽为诸黄门之庐耳。故宦官内典门户，外与政事（《通考》卷一五五《兵考七》）。

灵帝时，有西园八校尉之设，天子自将之。

中平五年（西元一八八）八月，初置西园八校尉（《后汉书》卷八《灵帝纪》）。

中平五年（西元一八八），天下滋乱，望气者以为京师当有大兵，两宫流血。大将军司马许凉、假司马伍宕说进曰："《太公六韬》有天子将兵事，可以威厌四方。"进以为然，入言之于帝。于是乃诏进大发四方兵，讲武于平乐观下。……列步兵、骑士数万人，结营为陈。天子亲出临军……诏使进悉领兵屯于观下。是时置西园八校尉，以小黄门蹇硕为上军校尉……帝以蹇硕壮健而有武略，特亲任之，以为元帅，督司隶校尉以下，虽大将军亦领属焉（《后汉书》卷九十九《何进传》）。

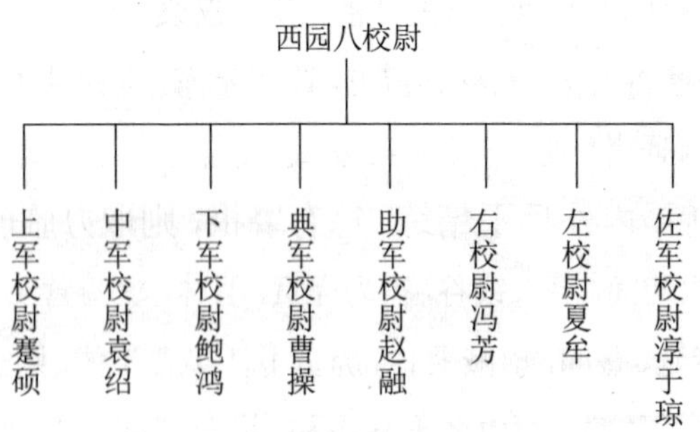

陈蕃、窦武欲诛宦官，北军不助武等而助宦官，遂又夷灭。何进、袁绍惩其事，故欲藉外兵以除之，于是内置园校、阳尊阉宦，外重州牧，实召边将。阉宦虽除，而董卓之祸已成（《通考》卷一五〇《兵考二》）。

（3）刑法

光武既定天下，除王莽繁苛之刑，归于简易。

光武……至天下已定，务用安静，解王莽之繁密，还汉世之轻法（《后汉书》卷一〇六《循吏传序》）。

明、章以降，律条渐密，历代间有删修，亦仅救敝而已。

和帝……永元六年（西元九十四），宠……为廷尉。……钩校律令条法……曰："……今律令死刑六百一十，耐罪千六百九十八，赎罪以下二千六百八十一。……汉兴以来三百二年，宪令稍增，科条无限。又律有三家，其说各异。宜令三公、廷尉平定律令，应经合义者，可使大辟二百，而耐罪、赎罪二千八百，并为三千，悉删除其余。”……未及施行……及宠免后，遂寝。而苛法稍繁，人不堪之。忠略依宠意，奏上二十三条为《决事比》，以省请谳之敝（《后汉书》卷七十六《陈宠附子陈忠传》）。

元初四年（西元一一七），帝（安帝）……选通儒谒者刘珍及博士良史诣东观，各雠校汉家法（《后汉书》卷一〇八《蔡伦传》）。

至汉末应劭，删定律令为《汉仪》，章目分明，称为巨制。

劭……删定律令为《汉仪》，建安元年（西元一九六），乃奏之曰：“……逆臣董卓，荡覆王室，典宪焚燎，靡有孑遗。……窃不自揆……辄撰具《律本章句》《尚书旧事》《廷尉板令》《决事比例》《司徒都目》《五曹诏书》及《春秋断狱》凡二百五十篇，蠲去复重，为之节文。又集驳议三十篇，以类相从，凡八十二事。其见《汉书》二十五、《汉记》四，皆删叙润色，以全本体。其二十六，博采古今瑰玮之士，文章焕炳，德义可观。其二十七，臣所创造。……虽未足纲纪国体，宣洽时雍，庶几观察，增阐圣听。”……献帝善之（《后汉书》卷七十八《应奉附应劭传》）。

其刑名，大率与前汉同，其异者如下：

“殊死”，《光武帝纪》：建武五年五月，罪非犯殊死，一切勿案。注：殊死，谓斩刑。殊，绝也。

“亡命”，同上：建武七年正月。诏耐罪亡命，吏以文除之。注：《前书音义》曰：“亡命，谓犯耐罪而背名逃者。”

“右趾”，《明帝纪》：中元二年十二月，诏死罪入缣二十匹，右趾至髡钳、城旦舂十匹。注：《前书音义》曰：“右趾，谓刖其右足。次刖左足，次劓，次黥。”

“输作司寇”，同上：完城旦舂至司寇作三匹。按：《前书》谓之罚作，一岁刑也。

“输作左校”，《韦彪传》：坐论输左校。注：左校，署名，属将作也。

“输作右校”，属将作。

“输作若卢”，《庞参传》：拜左校令，坐法，输作若卢。注：若卢，狱名。

“施刑”，《光武帝纪》：建武十二年十二月，遣骠骑大将军杜茂，将众部施刑屯北边。注：施读曰弛。《前书音义》曰：“谓有赦令，去其钳钛赭衣。”

“女徒雇山”，《光武帝纪》：建武三年七月，诏女徒雇山归家。注：《前书音义》曰：令甲女子犯徒，遣归家。每月出钱雇人，于山伐木，名曰雇山。

“女子宫”，《光武帝纪》：建武二十八年十月，诏死罪系囚，皆一切募下蚕室，其女子宫。注：谓幽闭也。

（4）学校

（甲）京师

东汉于京师亦设太学，天子且临幸自讲，以纳人于利禄之途。

建武五年（西元二十九）十月……初起太学。……幸太学，赐博士弟子各有差（《后汉书》卷一上《光武帝纪上》）。

建武五年（西元二十九），仍修起太学。……中元元年（西元五十六），初建三雍。明帝即位，亲行其礼。……礼毕，帝正坐自讲，诸儒执经问难于前，冠带缙绅之人，圜桥门而观听者盖亿万计（《后汉书》卷一〇九上《儒林传序》）。

初设博士十四人，后立《春秋左氏》《穀梁》博士，不久即罢。

博士十四人，比六百石。本注曰：《易》四：施、孟、梁丘、京氏；《尚书》三：欧阳、大、小夏侯氏；《诗》三：鲁、齐、韩氏；《礼》二：大、小戴氏；《春秋》二：公羊、严颜氏（《后汉书》卷三十五《百官志二》）。

光武皇帝奋独见之明，兴立《左氏》《穀梁》。会二家先师，不晓图谶，故令中道而废（《后汉书》卷六十六《贾逵传》）。

太学生，员数加增，竟至三万余人。

顺帝……乃更修黉宇，凡所造构，二百四十房、千八百五十室。试明经下第补弟子，增甲、乙之科，员各十人（《后汉书》卷一〇九上《儒林传序》）。

本初元年（西元一四六），梁太后诏曰："大将军下至六百石，悉遣子就学。"……自是游学增盛，至三万余生。然章句渐疏，而多以浮华相尚，儒者之风盖衰矣（《后汉书》卷一〇九上《儒林传序》）。

此外又有宫邸之学，则专为皇族、外戚而设。

永平九年（西元六十六），是岁……为四姓小侯开立学校，置《五经》师（注：袁宏《汉纪》曰："……又为外戚樊氏、郭氏、阴氏、马氏诸子弟立学，号四姓小侯，置《五经》师。以非列侯，故曰小侯。"〔《后汉书》卷二《明帝纪》〕）。

安帝……元初六年（西元一一九），太后诏征和帝弟济北、河间王子男女年五岁以上四十余人，又邓氏近亲子孙三十余人，并为开邸第，教学经书，躬自监试（《后汉书》卷十上《邓皇后纪》）。

（乙）郡国学

郡国之学，亦颇称盛。

建武六年（西元三十），迁丹阳太守。……忠以丹阳越俗不好学……乃为起学校（《后汉书》卷五十一《李忠传》）。

永平十年（西元六十七）闰四月……幸南阳……召校官弟子（《后汉书》卷二《明帝纪》）。

宋均……调补辰阳长。其俗少学者而信巫鬼，均为立学校（《后汉书》卷七十一《宋均传》）。

寇恂……拜为汝南太守。……恂素好学，乃修乡校，教生徒（《后汉书》卷四十六《寇恂传》）。

卫飒……迁桂阳太守。……飒下车，修庠序之教（《后汉书》卷一〇六《卫飒传》）。

任延……拜武威太守。……造立校官，自掾吏子孙，皆令诣学受业（《后汉书》卷一〇六《任延传》）。

（5）选举

东汉选举，制沿西汉，惟趋重考试，限制加严。士人入仕，概括别之，为选举与辟召两途。

东汉时，选举、辟召，皆可以入仕。以乡举里选，循序而进者，选举也。以高才重名，躐等而升者，辟召也（《通考》卷三十九《选举考十二》）。

其以选举进者：

（甲）贡举

常行科目有贤良方正、孝廉、秀才、明经诸科，惟孝廉岁由郡国按口率察举，非如他科待诏而行，故得人为最盛。

举孝廉，郡口二十万举一人（《后汉书》卷三十八《百官志五》）。

和帝……时，大郡口五六十万，举孝廉二人；小郡口二十万，并有蛮夷者，亦举二人。帝以为不均，下公卿会议。鸿与司空刘方上言："凡口率之科，宜有阶品。……自今郡国，率二十万口，岁举孝廉一人；四十万二人；六十万三人；八十万四人；百万五人；百二十万六人；不满二十万，二岁一人；不满十万，三岁一人。"帝从之（《后汉书》卷六十七《丁鸿传》）。

永元十三年（西元一〇一）十一月……诏：……令缘边郡，口十万以上，岁举孝廉一人；不满十万，二岁举一人（《后汉书》卷四《和帝纪》）。

贡士入都，即拜为郎。

凡郡国之官……调属僚及部人之贤者，举为秀才、廉吏而贡于王庭，多拜为郎，居三署（《通典》卷十三《选举一》）。

元兴元年（西元一〇五）正月，引三署郎召见禁中（注：《汉官仪》："三署，谓五官署也，左右署也，各置中郎将以司之。郡国举孝廉以补三署郎，年五十以上属五官，其次分在左右署。凡有中郎、议郎、侍郎、郎中四等，无员。"〔《后汉书》卷四《和帝纪》〕）。

降及中叶，选政浸滥，所谓孝廉者，徒为虚名。有限年考试之法，以救其弊。

汉初诏举贤良、方正，州郡察孝廉、秀才，斯亦贡士之方也。中兴以后，复增敦朴、有道、贤能、直言、独行、高节、质直、清白、敦厚之属。荣路既广，觖望难裁，自是窃名伪服，浸以流竞。权门贵仕，请谒繁兴（《后汉书》卷九十一《左周黄列传论》）。

顺帝……阳嘉元年（西元一三二）……雄又上言："郡国孝廉，古之贡士。……孔子曰'四十而不惑'，《礼》称'强仕'。请自今孝廉年不满四十，不得察举，皆先诣公府（《通考》："公府，三公府也。"），诸生试家法，文吏课笺奏，副之端门（《通考》："太微垣左右执法所舍，即御史府。"），练其虚实，以观异能，以美风俗。有不承科令者，正其罪法。若有茂才异行，自可不拘年齿。"帝从之。于是班下郡国（《后汉书》卷九十一《左雄传》）。

琼以前左雄所上孝廉之选，专用儒学文吏，于取士之义犹有所遗，乃奏增孝悌及能从政者为四科，事竟施行（《后汉书》卷九十一《黄琼传》）。

察举官与被举人，亦定有限制。

明年（延光四年，西元一二五）十二月……令郡国守相视事未满岁者，一切得举孝廉吏（注：汉法视事满岁，乃得举。〔《后汉书》卷六《顺帝纪》〕）。

本初元年（西元一四六）七月……诏曰："孝廉廉吏……其令秩满百石十岁以上，有殊才异行，乃得参选。臧吏子孙，不得察举。"（《后汉书》卷七《桓帝纪》）

（乙）太学生

博士弟子，岁满试艺，中第补郎，同于西汉。其试法与员额，略有变动。

和帝……永元十四年（西元一〇二），拜司空。……上疏曰："……伏见太学试博士弟子，皆以意说，不修家法，私相容隐，开生奸路。每有策试，辄兴诤讼，论议纷错，互相是非。……不依章句，妄生穿凿。以遵师为非义，意说为得理。……臣以为博士及甲、乙策试，宜从其家章句，开五十难以试之。解释多者为上第，引文明者为高说。若不依先师，义有相伐，皆正以为非。《五经》各取上第六人，《论语》不宜射策。虽所失或久，差可矫革。"诏书下公卿，皆从防言（《后汉书》卷七十四《徐防传》）。

阳嘉元年（西元一三二）七月……试明经下第者补弟子，增甲、乙科员各十人（《前书·儒林传序》："平帝时……岁课甲科四十人为郎中，乙科二十人为太子舍人，丙科四十人补文学掌故。"〔《后汉书》卷六《顺帝纪》〕）。

其以辟召进者：

（丙）掾史

汉制内而公卿，外而牧守，掾属皆归自署。

汉初，掾史辟皆上言之，故有秩比命士。其所不言，则为百石属。其后皆自辟除，故通为百石云（《后汉书》卷三十四《百官志一》）。

从事史十二人……皆州自辟除，故通为百石（《后汉书》卷三十七

《百官志四》)。

郡……皆置诸曹掾史(《后汉书》卷三十八《百官志五》)。

县……各署诸曹掾史(《后汉书》卷三十八《百官志五》)。

积资察迁，常至显秩，故于署用，有严格甄别。

应劭《汉官仪》曰：世祖诏："方今选举，贤佞朱紫错用。丞相故事，四科取士：一曰德行高妙，志节清白；二曰学通行修，经中博士；三曰明达法令，足以决疑，能案章覆问，文中御史；四曰刚毅多略，遭事不惑。明足以决，才任三辅令，皆有孝悌廉公之行。自今以后，审四科辟召及刺史二千石察茂才尤异、孝廉之吏，务尽实核，选择英俊贤行、廉洁平端，于县、邑务授试以职。有非其人，临计过署，不便习官事，书疏不端正，不如诏书，有司奏罪名，并正举者。"(《后汉书》卷三十四《百官志一》注)

强上疏谏曰："……旧典选举委任三府，三府有选参议掾属，咨其行状，度其器能，受试任用，责以成功。若无可察，然后付之尚书。尚书举劾，请下廷尉覆案虚实，行其诛罚。"(《后汉书》卷一〇八《吕强传》)

永平九年(西元六十六)四月，诏："……令司隶校尉、部刺史，岁上墨绶长吏，视事三岁已上、理状尤异者各一人，与计偕上。"(《后汉书》卷二《明帝纪》)

永元十四年(西元一〇二)，是岁，初复郡图上计补郎官(注：上计，今计吏也。《前书音义》曰："旧制，使郡丞奉岁计。武帝元朔中，令郡国举孝廉各一人，与计偕，拜为郎中。中废，今复之。"〔《后汉书》卷四《和帝纪》〕)。

（丁）特征

士之负盛名者，天子特征而用之，亦西汉之制也。

汉室中微……士之蕴藉义愤甚矣。是时，裂冠毁冕，相携持而去之者，盖不可胜数。……光武侧席幽人，求之若不及，旌帛蒲车之所征贲，相望于岩中矣(《后汉书》卷一一三《逸民传序》)。

永元六年(西元九十四)三月……诏:"……昭岩穴,披幽隐,遣诣公车。"(注:《前书音义》曰:"公车,署名也。公车所在,故以名焉。"《汉官仪》曰:"公车令一人,秩六百石,掌殿门。诸上书诣阙下者,皆集奏之。凡所征召,亦总领之。"〔《后汉书》卷四《和帝纪》〕)

以上两途外,显贵得任子弟,资之以入仕。行于西汉,东汉中叶,复仿行之。

建光元年(西元一二一)二月……以公卿、校尉、尚书子弟一人,为郎舍人(《后汉书》卷五《安帝纪》)。

桓帝……时,宦官方炽,任人及子弟为官,布满天下(《后汉书》卷八十四《杨震附杨秉传》)。

凡贡举征起之士,经试中格,率拜为郎,属之光禄勋,再经铨第,方以补官。

凡郡国之官,非傅、相,其他既自署置。又调属僚及部人之贤者,举为秀才、廉吏,而贡于王庭,多拜为郎。居三署,无常员,或至千人,属光禄勋。故卿、校、牧、守,居闲待诏,或郡国贡送,公车征起,悉在焉。光禄勋复于三署中,铨第郎吏,岁举秀才、廉吏,出为他官,以补缺员(注:后汉制同。〔《通典》卷十三《选举一》〕)。

中央与地方掌理铨选事,各有专官。

其时选举于郡国属功曹,于公府属东西曹,于天台属吏曹尚书,亦曰选部,而尚书令总之(《通典》卷十三选举一)。

成帝初置尚书四人,分为四曹(注,蔡质《汉仪》曰:"……吏曹尚书,典选举、斋祀。"〔《后汉书》卷三十六《百官志三》〕)。

西曹主府史署用,东曹主二千石长吏迁除及军吏(《后汉书》卷三十四《百官志一》)。

功曹从事,主州选署及众事(《后汉书》卷三十七《百官志四》)。

（四）东汉之开边

（1）匈奴

匈奴自西汉宣帝时呼韩邪单于归附，边患始息。及王莽代汉，与之构难，边祸复启。

初，北边自宣帝以来，数世不见烟火之警，人民炽盛，牛马布野。及莽挠乱匈奴（《汉书·王莽传》：授单于印，改汉印文，去玺曰章。单于欲求故印，陈饶椎破之。……单于大怒。而句町西域，后卒以此皆畔），与之构难，边民死亡系获。又十二部兵久屯而不出（莽拜十二部将屯守，欲击匈奴），吏士罢弊。数年之间，北边虚空，野有暴骨矣（《汉书》卷九十四下《匈奴传下》）。

光武初定天下，未遑远略，岁币修好而不得，遣将攻伐亦无功，于是匈奴渐思南下，骚扰无宁岁。

南匈奴醢落尸逐鞮单于比者，呼韩邪单于之孙，乌珠留若鞮单于之子也。自呼韩邪后，诸子以次立，至比季父单于舆时，以比为右薁鞬日逐王，部领南边及乌桓。建武初，彭宠反畔于渔阳，单于与共连兵，因复权立卢芳，使入居五原。光武初，方平诸夏，未遑外事。至六年（西元三十）……赂遗金币，以通旧好。而单于骄踞，自比冒顿，对使者辞语悖慢。……匈奴数与卢芳共侵北边。九年（西元三十三），遣大司马吴汉等击之，经岁无功，而匈奴转盛，钞暴日增。十三年，遂寇河东，州郡不能禁。于是渐徙幽、并边人于常山关、居庸关已东，匈奴左部遂复转居塞内。朝廷患之，增缘边兵，郡数千人，大筑亭候，修烽火。匈奴闻汉购求卢芳，贪得财帛，乃遣芳还降，望得其赏。而芳以自归为功，不称匈奴所遣，单于复耻言其计，故赏遂不行。由是大恨，入寇尤深。二十年（西元四十四），遂至上党、扶风、天水。二十一年（西元四十五）冬，复寇上谷、中山，杀略钞掠甚众，北边无复宁岁（《后汉书》卷一一九《南匈奴传》）。

会匈奴内讧，分为南、北两单于。南单于近塞下，希得汉助，先击败北单于，遣使诣阙，奉藩称臣。

初，单于弟右谷蠡王伊屠知牙师，以次当左贤王。左贤王，即是单于储副。单于欲传其子，遂杀知牙师。……比见知牙师被诛，出怨言。……二十二年（西元四十六），单于舆死，子左贤王乌达鞮侯立为单于，复死。弟左贤王蒲奴立为单于，比不得立，既怀愤恨。而匈奴中连年旱蝗，赤地数千里，草木尽枯，人畜饥疫，死耗大半。单于畏汉乘其敝，乃遣使诣渔阳求和亲。……而比密遣汉人郭衡，奉匈奴地图，二十三年（西元四十七），诣西河太守，求内附。……二十四年春，八部大人共议立比为呼韩邪单于，以其大父尝依汉得安，故欲袭其号。于是款五原塞，愿永为藩蔽，扞御北虏。帝……许之。其冬，比自立为呼韩邪单于（注:《东观记》曰:“十二月癸丑，匈奴始分为南、北单于。”）。二十五年春，遣弟左贤王莫，将兵万余人，击北单于弟薁鞬左贤王，生获之。又破北单于帐下，并得其众合万余人。……北单于震怖，却地千里。……南单于复遣使诣阙，奉藩称臣，献国珍宝，求使者监护，遣侍子，修旧约。二十六年，遣中郎将段郴、副校尉王郁使南单于，立其庭，去五原西部塞八十里。……冬（与北单于战不利）……诏单于徙居西河美稷。因使中郎将段郴及副校尉王郁，留西河拥护之（《后汉书》卷一一九《南匈奴传》）。

北单子因汉助南庭，深惧见伐，亦数遣使求和亲。时光武以南单于新附，仅赐书报答，不遣使者。至明帝，为弭边患，特置度辽将军，以防二部交通。北匈奴仍不时入边。

北单于惶恐，颇还所略汉人，以示善意。……二十七年（西元五十一），北单于遂遣使诣武威，求和亲，天子召公卿廷议，不决。皇太子言曰:“南单于新附，北虏惧于见伐，故倾耳而听，争欲归义耳。今未能出兵，而反交通北虏，臣恐南单于将有志，北虏降者，且不复来矣。”帝然之。告武威太守，勿受其使。二十八年（西元五十二），北匈奴复遣使诣阙，贡马及裘，更乞和亲。……帝下三府议酬答之宜。……三十一年（西元五十五），北匈奴复遣使如前，乃玺书报答，赐以彩缯，不遣使者（《后汉书》卷一一九《南匈奴传》）。

永平六年（西元六十三）……时北匈奴犹盛，数寇边，朝廷以为忧。会北单于欲合市，遣使求和亲，显宗（明帝）冀其交通，不复为寇，乃许之。八年（西元六十五），遣越骑司马郑众北使报命，而南部须卜骨都侯等，知汉与北虏交使，怀嫌怨欲畔，密因北使，令遣兵迎之。郑众出塞，疑有异，伺候果得须卜使人，乃上言宜更置大将，以防二虏交通。由是始置度辽营，以中郎将吴棠行度辽将军事，副校尉来苗、左校尉阎章、右校尉张国，将黎阳虎牙营士，屯五原曼柏。又遣骑都尉秦彭，将兵屯美稷。……北虏……数寇钞边郡，焚烧城邑，杀略甚众，河西城门昼闭。帝患之（《后汉书》卷一一九《南匈奴传》）。

章帝时，北匈奴内乱，南单于希并其地，上书请出兵灭之。汉遣窦宪等出塞会师，破北匈奴，勒铭纪功而还。边民始免钞略，西域亦通。

元和二年（西元八十五）正月……时北虏衰耗，党众离畔，南部攻其前，丁零寇其后，鲜卑击其左，西域侵其右，不复自立，乃远引而去。……章和元年（西元八十七），鲜卑入左地，击北匈奴，大破之，斩优留单于。……北庭大乱。……二年（西元八十八）……时北虏大乱，加以饥蝗，降者前后而至。南单于将并北庭，会肃宗崩，窦太后临朝。其年七月，单于上言："……宜及北虏分争，出兵讨伐，破北成南，并为一国，令汉家长无北念。"……太后以示耿秉。秉上言："……今幸遭天授，北虏分争。以夷伐夷，国家之利。宜可听许。"……太后从之。永元元年（西元八十九），以秉为征西将军，与车骑将军窦宪率骑八千，与度辽兵及南单于众三万骑，出朔方击北虏，大破之。北单于奔走，首虏二十余万人（《后汉书》卷一一九《南匈奴传》）。

与北单于战于稽落山，大破之，虏众崩溃，单于遁走。追击诸部……宪、秉遂登燕然山（蒙古杭爱山麓），去塞三千余里，刻石勒功，纪汉威德，令班固作铭（《后汉书》卷五十三《窦融附窦宪传》）。

宪以北虏微弱，遂欲灭之。明年（永元三年，西元九十一），复遣右校尉耿夔、司马任尚、赵博等，将兵击北虏于金微山（或曰阿尔太山），大破之，克获甚众。北单于逃走，不知所在（《后汉书》卷五十三《窦融附窦宪传》）。

自此以后，北匈奴益衰微不振。南匈奴单于，事汉益谨，不复为边患。

亭独尸逐侯鞮单于师子，永元六年（西元九十四）立。降胡五六百人夜袭师子，安集掾王恬，将卫护士与战，破之。于是新降胡遂相惊动，十五部二十余万人皆反畔，胁立前单于屯屠何子薁鞬日逐王逢侯为单于，遂杀略吏人，燔烧邮亭庐帐将军，重向朔方，欲度漠北。于是遣行车骑将军邓鸿、越骑校尉冯柱、行度辽将军朱徽，将左右羽林、北军五校士，及郡国积射、缘边兵，乌桓校尉任尚，将乌桓、鲜卑，合四万人讨之。……追击逢侯于大城塞。……复大破之。……逢侯遂率众出塞。……七年（西元九十五）……逢侯于塞外分为二部，自领右部屯涿邪山下。左部屯朔方西北，相去数百里。……元初四年（西元一一七），逢侯为鲜卑所破，部众分散，皆归北虏。五年（西元一一八）春，逢侯将百余骑亡还，诣朔方塞降，邓遵奏徙逢侯于颍川郡（《后汉书》卷一一九《南匈奴传》）。

永和五年（西元一四〇）夏，南匈奴左部句龙王吾斯、车纽等背畔，率三千余骑寇西河，因复招诱右贤王，合七八千骑。……秋，句龙吾斯等，立句龙王车纽为单于，东引乌桓、西收羌戎及诸胡等数万人，攻破京兆虎牙营，杀上郡都尉及军司马，遂寇掠并、凉、幽、冀四州。……冬，遣中郎将张耽将幽州乌桓诸郡营兵，击畔虏车纽等，战于马邑，斩首三千级，获生口及兵器、牛、羊甚众。车纽等将诸豪帅骨都侯乞降，而吾斯犹率其部曲与乌桓寇钞。……汉安二年（西元一四三）……冬，中郎将马寔，募刺杀句龙吾斯，送首洛阳（《后汉书》卷一一九《南匈奴传》）。

（2）西域

自武帝服西域，设官屯守，使问不绝。及王莽改制，诸部怨忿，与中原绝。而匈奴乘乱，乃复略有西域地。

武帝时，西域内属，有三十六国，汉为置使者校尉领护之。宣帝改曰“都护”。元帝又置戊己二校尉，屯田于车师前王庭。哀、平间，自相分割，为五十五国。王莽篡位，贬易侯王（《汉书·王莽传》：西域尽改其王为侯），由是西域怨叛，与中国遂绝，并复役属匈奴（《后汉书》卷一一八《西域传序》）。

匈奴单于，因王莽之乱，略有西域。唯莎车王延最强，不肯附属（《后汉书》卷一一八《西域传·莎车国》）。

光武时，莎车同鄯善遣使奉献，于是西域始通。

建武十四年。（西元三十八）九月……莎车国、鄯善国遣使奉献（《后汉书》卷一下《光武帝纪下》）。

建武十四年（西元三十八），贤（莎车国王）与鄯善王安，并遣使诣阙贡献。于是西域始通，葱岭以东诸国皆属贤（《后汉书》卷一一八《西域传·莎车国》）。

嗣值匈奴衰乱，分为南北。莎车王贤恃强凌弱，欲独擅西方，虐遇诸部，俱不堪命，相偕归汉，愿得复置都护。光武以天下初定，未遑远略，谢绝其请，诸部复附于匈奴。

会匈奴衰弱，莎车王贤诛灭诸国（《后汉书》卷一一八《西域传序》）。

诸国悉服属焉，号贤为单于。贤浸以骄横，重求赋税，数攻龟兹诸国，诸国愁惧。建武二十一年（西元四十五）冬，车师前王、鄯善、焉耆等十八国，俱遣子入侍，献其珍宝……愿得都护。天子以中国初定，北边未服，皆还其侍子，厚赏赐之。是时，贤自负兵强，欲并兼西域，攻击益甚。诸国闻都护不出，而侍子皆还，大忧恐。……二十二年（西元四十六）……鄯善、车师复附匈奴（《后汉书》卷一一八《西域传·莎车国》）。

贤死之后，遂更相攻伐，小宛、精绝、戎庐、且末，为鄯善所并。渠勒、皮山，为于寘所统，悉有其地。郁立师、单桓、孤胡、乌贪訾离，为车师所灭，后其国并复立（《后汉书》卷一一八《西域传序》）。

明帝因北匈奴胁诸部扰边，乃复通西域。

永平中，北虏乃胁诸国，共寇河西郡县，城门昼闭。十六年（西元七十三），明帝乃命将帅（窦固）北征匈奴，取伊吾卢地，置宜禾都尉以屯田，遂通西域。于寘诸国，皆遣子入侍。西域自绝六十五载，乃复通焉。明年（十七年，西元七十四），始置都护、戊己校尉（《后汉书》卷一一八《西域传序》）。

章帝不欲疲中原以事四方，又复绝之。北匈奴因进据伊吾地。

及明帝崩（西元七十五），焉耆、龟兹攻没都护陈睦，悉覆其众。匈奴、车师围戊己校尉。建初元年（西元七十六）春，酒泉太守段彭，大破车师于交河城。章帝不欲疲敝中国……二年（西元七十七），复罢屯田伊吾，匈奴因遣兵守伊吾地。时军司马班超留于寘，绥集诸国（《后汉书》卷一一八《西域传序》）。

和帝时，窦宪大破北匈奴兵，以助西域。班超为都护，遣甘英西使大秦，东西交通远至西海之滨，前古所未有也。

和帝永元元年（西元八十九）……窦宪大破匈奴。二年（西元九十）……掩击伊吾，破之。三年（西元九十一），班超遂定西域。因以超为都护，居龟兹。复置戊己校尉，领兵五百人，居车师前部高昌壁。又置戊部候，居车师后部。……六年（西元九十四），班超复击破焉耆。于是五十余国，悉纳质内属。其条支、安息诸国，至于海濒四万里外，皆重译贡献。九年（西元九十七），班超遣掾甘英，穷临西海而还，皆前世所不至，《山经》所未详，莫不备其风土，传其珍怪焉。于是远国蒙奇、兜勒，皆来归服，遣使贡献（《后汉书》卷一一八《西域传序》）。

安帝初立，西域背畔，朝廷以其险远难定，竟罢都护。北匈奴再役属诸部，共为边患。

及孝和晏驾，西域背畔。安帝永初元年（西元一〇七），频攻围都护任尚、段禧等，朝廷以其险远，难相应赴，诏罢都护。自此遂弃西域。北匈奴即复收属诸国，共为边寇十余岁。敦煌太守曹宗患其暴害，元初六年（西元一一九），乃上遣行长史索班，将千余人屯伊吾以招抚之。于是车师前王及鄯善王来降。数月，北匈奴复率车师后部王，共攻没班等，遂击走其前王。鄯善逼急，求救于曹宗。宗因此请出兵击匈奴……复欲进取西城。邓太后不许，但令置护西域副校尉，居敦煌，复部营兵三百人，羁縻而已（《后汉书》卷一一八《西域传序》）。

后匈奴又结车师，使班勇再助西域。顺帝时，亲汉者十有七部。然岭西者不至矣。

其后，北虏连与车师入寇河西，朝廷不能禁，议者因欲闭玉门、阳关，以绝其患。延光二年（西元一二三），敦煌太守张珰上书陈三策。……朝廷下其议。尚书陈忠上疏曰："……孝武……开河西四郡，以隔绝南羌，收三十六国，断匈奴右臂。……臣以为敦煌宜置校尉，案旧增四郡屯兵，以西抚诸国。庶足折冲万里，震怖匈奴。"帝纳之。乃以班勇（超子）为西域长史，将弛刑士五百人，西屯柳中。勇遂破平车师。自建武至于延光，西域三绝三通。顺帝永建二年（西元一二七），勇复击降焉耆，于是龟兹、疏勒、于寘、莎车等十七国皆来服从，而乌孙、葱岭已西遂绝。六年（西元一三一），帝以伊吾旧膏腴之地，傍近西域，匈奴资之以为钞暴，复令开设屯田如永元时事，置伊吾司马一人（《后汉书》卷一一八

《西域传序》)。

及至汉衰，诸部多自相攻伐。自此以后，东西交通，为之中阻。

自阳嘉以后，朝威稍损，诸国骄放，转相陵伐。元嘉二年(西元一五二)，长史王敬，为于寘所没。永兴元年(西元一五三)，车师后王复反，攻屯营。虽有降首，曾莫惩革，自此浸以疏慢矣(《后汉书》卷一一八《西域传序》)。

(3)西羌

王莽末，羌复还居塞内。隗嚣据陇，竟资其众以拒汉。诸羌入居塞内，边警频闻。光武时，来歙、马援任西事，陇右始宁。

明年(建武十年，西元三十四)……初，王莽世，羌虏多背叛，而隗嚣招怀其酋豪，遂得为用。及嚣亡后，五溪、先零诸种，数为寇掠，皆营壍自守，州郡不能讨。歙乃大修攻具，率盖延、刘尚及太中大夫马援等，进击羌于金城，大破之(《后汉书》卷四十五《来歙传》)。

自王莽末，西羌寇边，遂入居塞内，金城属县，多为虏有。来歙奏言陇西侵残，非马援莫能定。建武十一年(西元三十五)夏，玺书拜援陇西太守。援乃发步骑三千人，击破先零羌于临洮，斩首数百级。……守塞诸羌八千余人诣援降，诸种有数万，屯聚寇钞，拒浩亹隘。援与扬武将军马成击之。……虏遂大溃，凡斩首千余级。……又遣羌豪……说塞外羌，皆来和亲。又武都氐人背公孙述来降者，援皆上复其侯王君长，赐印绶，帝悉从之。……十三年，武都参狼羌与塞外诸种为寇，杀长吏。援将四千余人击之，至氐道县，羌在山上，援军据便地，夺其水草，不与战，羌遂穷困，豪帅数十万户亡出塞，诸种万余人悉降。于是陇右清静(《后汉书》卷五十四《马援传》)。

光武末年，烧当部强盛，为诸羌雄。郡吏欺凌，遂有滇吾、迷吾、迷唐之衅。

滇良者，烧当之玄孙也。……自烧当之滇良，世居河北大允谷，种小人贫。而先零、卑湳并皆强富，数侵犯之。滇良父子，积见陵易，愤怒，而素有恩信于种中，于是即会附落及诸杂种，乃从入大榆，掩击先零、卑湳，大破之，杀三千人，掠取财畜，夺居其地大榆中，由是始强。滇良子滇吾立。中元元年（西元五十六）……时滇吾附落转盛，常雄诸羌，每欲侵边者，滇吾转教以方略，为其渠帅（《后汉书》卷一一七《西羌传》）。

烧当部发难简表

酋名	世系	时代		平定者
		始起	平定	
滇吾	烧当玄孙滇良子	光武中元二年秋。	明帝永平二年降。	中郎将窦固、捕虏将军马武。
迷吾	滇吾子	章帝建初二年夏。	章帝章和元年斩之。	护羌校尉张纡。
迷唐	迷吾子	章帝章和元年。	和帝永元十三年病死。	护羌校尉周鲔。

至安帝初年，诸羌连合入边，波及内郡。十余年间，军旅不息，兵老财竭，中原为之疲敝。

时诸降羌布在郡县，皆为吏人豪右所徭役，积以愁怨。安帝永初元年（西元一〇七）夏，遣骑都尉王弘，发金城、陇西、汉阳羌数百千骑征西域（《通鉴》：六月，罢……都护。遣……兵迎段禧……还），弘迫促发遣，群羌惧远屯不还，行到酒泉，多有散叛。诸郡各发兵徼遮，或覆其庐落，于是勒姐、当煎大豪东岸等愈惊，遂同时奔溃。麻奴兄弟，因此遂与种人俱西出塞。先零别种滇零与钟羌诸种，大为寇掠，断陇道。时羌归附既久，无复器甲，或持竹竿、木枝以代戈矛，或负板案以为楯，或执铜镜以象兵，郡县畏懦不能制（《后汉书》卷一一七《西羌传》）。

冬，遣车骑将军邓骘、征西校尉任尚副，将五营及三河、三辅、汝南、南阳、颍川、太原、上党兵合五万人屯汉阳。明年（永初二年，西元一〇八）春，诸郡兵未及至，钟羌数千人，先击败骘军于冀西，杀千余人。……其冬，骘使任尚及从事中郎司马钧，率诸郡兵与滇零等数万人，战于平襄，尚军大败，死者八千余人。于是滇零等自称天子于北地，招集武都、参狼、上郡、西河诸杂种，众遂大盛，东犯赵、魏，南入益州，杀汉中太守董炳，遂寇钞三辅，断陇道。湟中诸县，粟石万钱，百姓死亡，不可胜数。朝廷不能制，而转运难剧，遂诏骘还师，留任尚屯汉阳，为诸军节度。……五年（西元一一一）春，任尚坐无功征免。羌遂入寇河东，至河内，百姓相惊，多奔南度河。使北军中候朱宠，将五营士屯孟津，诏魏郡、赵国、常山、中山缮作坞候六百一十六所。羌既转盛，而二千石、令、长，多内郡人，并无战守意，皆争上徙郡县，以避寇难。朝廷从之，遂移陇西徙襄武，安定徙美阳，北地徙池阳，上郡徙衙。百姓恋土，不乐去旧，遂乃刈其禾稼，发彻室屋，夷营壁，破积聚。时连旱蝗饥荒，而驱蹙劫略，流离分散，随道死亡………丧其大半（《后汉书》卷一一七《西羌传》）。

元初二年（西元一一五）……遣任尚为中郎将，将羽林缇骑五营子弟三千五百人……屯三辅。……明年（三年，西元一一六）夏，度辽将军邓遵，率南单于及左鹿蠡王须沈万骑，击零昌于灵州，斩首八百余级。……任尚遣兵击破先零羌于丁奚城。……四年（西元一一七）……冬，任尚将诸郡兵……进北地，击狼莫。……至北地，相持六十余日，战于富平河上，大破之。……狼莫逃走。……自零昌、狼莫死后，诸羌瓦解，三辅、益州无复寇儆（《后汉书》卷一一七《西羌传》）。

自羌叛十余年间，兵连师老，不暂宁息，军旅之费，转运委输，用二百四十余亿，府帑空竭。延及内郡，边民死者不可胜数，并、凉二州，遂至虚耗（《后汉书》卷一一七《西羌传》）。

顺帝时，羌事再兴，遣兵攻代，费亦不资。

顺帝……永和五年（西元一四〇）夏，且冻、傅难种羌等遂反叛，攻金城，与西塞及湟中杂种羌胡大寇三辅，杀害长吏。……于是发京师近郡及诸州兵讨之。拜马贤为征西将军，以骑都尉耿叔副，将左右羽林五校士及诸州郡兵十万人屯汉阳。又于扶风、汉阳、陇道作坞壁三百所，置屯兵以保聚百姓。且冻分遣种人寇武都，烧陇关，掠苑马。六年（西元一四一）春，马贤将五六千骑击之，到射姑山，贤军败，贤及二子皆战殁。……于是东、西羌遂大合，巩唐种三千余骑寇陇西，又烧园陵，掠关中，杀伤长吏。……武威太守赵冲，追击巩唐羌，斩首四百余级，得……羌二千余人。降诏，冲督河西四郡兵，为节度。罕种羌千余，寇北地。北地太守贾福与赵冲击之，不利。秋，诸种八九千骑寇武威，凉部震恐。……汉安元年（西元一四二），以赵冲为护羌校尉。冲招怀叛羌，罕种乃率邑落五千余户诣冲降。……唯烧何种三千余落，据参䜌北界。二年（西元一四三）夏，赵冲与汉阳太守张贡掩击之，斩首千五百级。……冬，冲击诸种，斩首四千余级。……冲复追击于阿阳，斩首八百级。于是诸种前后三万余户，诣凉州刺史降。建康元年（西元一四四）春，护羌从事马玄，遂为诸羌所诱，将羌众亡出塞。……赵冲复追叛羌，到建威鹯阴河……遇羌伏兵，与战，殁。冲虽身死，而前后多所斩获，羌由是衰耗。永嘉元年（西元一四五）……以汉阳太守张贡代为校尉，左冯翊梁并稍以恩信招诱之，于是离湳、狐奴等五万余户诣并降，陇右复平。……费用八十余亿（《后汉书》卷一一七《西羌传》）。

桓帝初，羌又起，经年始平，耗帑无算。故东汉羌难殆烈于匈奴，然羌实被逼而起。

桓帝……延熹二年（西元一五九）……中郎将段颎代为校尉。时烧当八种，寇陇右，颎击大破之。四年（西元一六一），零吾复与先零及上郡沈氏、牢姐诸种，并力寇并、凉及三辅。会段颎坐事征，以济南相胡闳代为校尉。闳无威略，羌遂陆梁，覆没营坞，寇患转盛，中郎将皇甫规击破之。五年（西元一六二），沈氏诸种复寇张掖、酒泉，皇甫规招之，皆降。……乌吾种复寇汉阳，陇西、金城诸郡兵共击破之，各还降附。至冬，滇那等五六千人，复攻武威、张掖，酒泉，烧民庐舍。六年（西元一六三），陇西太守孙羌击破之。……胡闳疾，复以段颎为校尉。永康元年（西元一六七），东羌岸尾等胁同种连寇三辅，中郎将张奂追，破斩之。……当煎羌寇武威，破羌将军段颎复破灭之。余悉降散（《后汉书·段颎传》：“费用四十四亿。”〔《后汉书》卷一一七《西羌传》〕）。

汉末黄巾起，羌人因之自立，豪猾依附其中，终成马腾、韩遂割据之局。

中平元年（西元一八四）……其冬，北地先零羌及枹罕河关群盗反叛，遂共立湟中义从胡北宫伯玉、李文侯为将军，杀护羌校尉冷征。伯玉等乃劫致金城人边章、韩遂，使专任军政，共杀金城太守陈懿，攻烧州郡。明年（二年，西元一八五）春，将数万骑入寇三辅，侵逼园陵，托诛宦官为名。诏以卓为中郎将，副左车骑将军皇甫嵩征之。嵩以无功免归，而边章、韩遂等大盛。……拜卓破虏将军……屯美阳。……章、遂亦进兵美阳。……卓……大破之……章遂败走榆中。……三年（西元一八六）……冬……韩遂乃杀边章及伯玉、文侯，拥兵十余万，进围陇西。太守李相如反，与遂连和，共杀凉州刺史耿鄙。而鄙司马扶风马腾，亦拥兵反叛，又汉阳王国，自号“合众将军”，皆与韩遂合。共推王国为主，悉令领其众，寇掠三辅。五年，围陈仓。乃拜卓前将军，与左将军皇甫嵩击破之。韩遂等复共废王国……稍争权利，更相杀害，其诸部曲并各分乖（《后汉书》卷一〇二《董卓传》）。

（4）鲜卑

自东汉中叶，鲜卑据有匈奴故地，沿边各邑，无岁不被钞掠。

鲜卑者，亦东胡之支也，别依鲜卑山，故因号焉。……汉初，亦为冒顿所破，远窜辽东塞外，与乌桓相接，未尝通中国焉。光武初，匈奴强盛，率鲜卑与乌桓寇抄北边。……及南单于附汉，北虏孤弱，建武二十五年（西元四十九），鲜卑始通驿使。……和帝永元中，大将军窦宪……击破匈奴，北单于逃走。鲜卑因此转徙据其地……由此渐盛。……安帝永初中，鲜卑大人燕荔阳诣阙朝贺，邓太后赐……王印绶……因筑南北两部质馆。……是后，或降或畔。……桓帝时，鲜卑檀石槐者……勇健有智略……尽据匈奴故地。……延熹九年（西元一六六）夏，遂……入缘边九郡。……朝廷积患之而不能制……乃自分其地为三部，从右北平东至辽东，接夫余、涉、貊二十余邑为东部；从右北平以西，上谷十余邑为中部；从上谷以西，至敦煌、乌孙二十余邑，为西部。各置大人主领之，皆属檀石槐。灵帝立，幽、并、凉三州……无岁不被……寇抄（《后汉书》卷一二〇《鲜卑传》）。

（5）乌桓

乌桓经武、宣二帝征讨，乃稍被迫降附。亦乘王莽之乱，助匈奴为边害。

及王莽篡位，欲击匈奴，兴十二部军，使东域将严尤，领乌桓、丁令兵屯代郡，皆质其妻子于郡县。乌桓不便水土，惧久屯不休，数求谒去，莽不肯遣，遂自亡畔，还为抄盗，而诸郡尽杀其质，由是结怨于莽。匈奴因诱其豪帅以为吏，余者皆羁縻属之（《后汉书》卷一二〇《乌桓传》）。

光武遣马援击之，不克，乃赂之使居塞内。历明、章、和三世，无事。顺帝以后，和战不常。

建武二十一年（西元四十五），遣伏波将军马援，将三千骑出五阮关掩击之。乌桓逆知悉，相率逃走，追斩百级而还。乌桓复尾击援后，援遂晨夜奔归。……二十二年（西元四十六），匈奴国乱，乌桓承弱击破之。匈奴转北徙数千里，漠南地空，帝乃币帛赂乌桓。二十五年（西元四十九），辽西乌桓大人郝旦等九百二十二人，率众向化，诣阙朝贡。……于是封其渠帅为侯王君长者八十一人，皆居塞内，布于缘边诸郡。令招来种人，给其衣食，遂为汉侦候，助击匈奴、鲜卑。……明、章、和三世，皆保塞无事（《后汉书》卷一二〇《乌桓传》）。

此外，东方倭、韩、高句丽、扶余均来朝贡。南蛮及西南夷，亦多宾服。西方大秦，且来通使。东汉武功，视西汉实无逊色。唯羌、胡杂居内地，不出百年，即酿成“五胡之祸”。此范史“六夷传”所以有为而作也。

（五）东汉之衰亡

（1）外戚

东汉后家，惟光武郭后、阴后家，皆无祸。郭后虽废，待郭后恩礼无替。明帝即位，待阴、郭二家亦均。明帝马后戒饬外家，以王氏五侯及田蚡、窦婴为戒。故马廖兄弟虽封侯，而退居私第，迄无祸败。章帝窦后，其兄宪以谋不轨诛。和帝阴后被废，其父纲自杀，家属徙日南。邓后终身称制，亦约束外家，兄骘等忠谨无过，然后崩后，骘等俱被谗死，一门七人，皆死非其罪。安帝阎后，兄显及弟景、耀、晏俱以谋立外藩诛，后亦迁离宫。顺帝梁后兄冀，以弑逆诛。桓帝梁后以忧死。邓后被废，从父万世、从兄会，皆下狱死。窦后以父武谋诛宦官，为宦官所害，后亦迁南宫。灵帝母董后，兄子重为何进所收，自杀。灵帝宋后废，以忧死，父兄皆诛。何后兄进，谋诛宦官，亦为宦官所害，后又为董卓所弑。献帝伏后，为曹操所弑。曹后随帝废为山阳公夫人。计东京后族，亦只阴、郭、马三家保全，其余皆无不败者，推原祸本，总由于柄用辅政，故权重而祸亦随之。……东汉多女主临朝，不得不用其父兄子弟以寄腹心，于是权势太盛，不肖者辄纵恣不轨，其贤者亦为众忌所归，遂至覆辙相寻，国家俱敝（赵翼《廿二史札记》卷三《两汉外戚之祸》）。

（2）宦官

汉承秦制，以奄人为中常侍，然亦参用士人。武帝数宴后庭，故奏请机事，常以宦者主之。至元帝时，则弘恭、石显已窃权干政，萧望之、周堪俱被其害，然犹未大肆也。光武中兴，悉用奄人，不复参用士流。和帝践阼幼弱，窦宪兄弟专权，隔限内外，群臣无由得接，乃独与宦者郑众定谋收宪，宦官有权自此始。然众小心奉公，未尝揽权。和帝崩，邓后临朝，不得不用奄寺，其权渐重。邓后崩，安帝亲政，宦官李闰、江京、樊丰、刘安、陈逵与帝乳母王圣、圣女伯荣、帝舅耿宝、皇后兄阎显等，比党乱政。此犹宦官与朝臣相倚为奸，未能蔑朝臣而独肆其恶也。及帝崩，阎显等专朝争权，乃与江京合谋，诛徙樊丰、王圣等。是显欲去宦官，已反藉宦官之力。已而北乡侯入继，寻薨。显又欲援立外藩，宦官孙程等不平，迎立顺帝，先杀江京、刘安、陈逵，并诛显兄弟，阎后亦被迁于离宫。是大臣欲诛宦官，必藉宦官之力，宦官欲诛大臣，则不藉朝臣力矣。顺帝既立，以梁商女为皇后，商以大将军辅政，尊亲莫二，而宦官张逵、蘧政、石光，谮商与中常侍曹腾、孟贲，云欲废帝。帝不信，逵等即矫诏收缚腾、贲。是竟敢违帝旨而肆威于禁近矣。顺帝闻之大怒，逵等遂伏诛。及帝崩，梁后与兄冀立冲帝。冲帝崩，又立质帝。质帝为冀所酖，又援立桓帝，并以后妹为桓帝后。冀身为大将军辅政，两妹一为皇太后，一为皇后，其权已震主矣。而帝默与宦官单超、左悺、具瑗、徐璜、唐衡定谋，遂诛冀，是宦官且诛当国之皇亲矣，然此犹曰奉帝命以成事也。桓帝梁后崩，以窦武女为皇后。帝崩，武与后定策立灵帝，窦后临朝，武入居禁中辅政，素恶宦官，欲诛之。兼有太傅陈蕃与之同心定谋，乃反为宦官曹节、王甫等所杀。然此犹曰灵帝非太后亲子，故节等得挟帝以行事也。至灵帝崩，何后临朝，立子辩为帝，后兄何进，以大将军辅政，已奏诛宦官蹇硕，收其所领八校尉兵，是朝权兵权，俱在进手，以此尽诛宦官，亦复何难？乃又为宦官张让、段珪等所杀。是时军士大变，袁绍、袁术、闵贡等因乘乱诛宦官二千余人，无少长皆杀之。于是宦官之局始结，而国亦随之亡矣（赵翼《廿二史札记》卷五《东汉宦官》）。

（3）党锢

党人之议，始于甘陵，盛于太学。主旨在攻击宦官，裁量执政。

桓、灵之间，主荒政谬，国命委于阉寺，士子羞与为伍，故匹夫抗愤，处士横议，遂乃激扬名声，互相题拂，品核公卿，裁量执政，婞直之风，于斯行矣（《后汉书》卷九十七《党锢传序》）。

初，桓帝为蠡吾侯，受学于甘陵周福，及即帝位，擢福为尚书。时同郡河南尹房植有名当朝，乡人为之谣曰："天下规矩房伯武，因师获印周仲进。"二家宾客，互相讥揣，遂各树朋徒，渐成尤隙，由是甘陵有南北部，党人之议，自此始矣。后汝南太守宗资任功曹范滂，南阳太守成瑨亦委功曹岑晊，二郡又为谣曰："汝南太守范孟博，南阳宗资主画诺。南阳太守岑公孝，弘农成瑨但坐啸。"因此流言转入太学，诸生三万余人，郭林宗、贾伟节为其冠，并与李膺、陈蕃、王畅更相褒重。学中语曰："天下模楷李元礼，不畏强御陈仲举，天下俊秀王叔茂。"又渤海公族进阶、扶风魏齐卿，并危言深论，不隐豪强。自公卿以下，莫不畏其贬议，屣履到门（《后汉书》卷九十七《党锢传序》）。

李膺为司隶校尉，结怨宦官，遂遭构陷，钩党之祸始起。未几事解赦归，而士气转益激昂。

延熹九年（西元一六六）十二月……司隶校尉李膺等二百余人，受诬为党人，并坐下狱，书名王府（《后汉书》卷七《桓帝纪》）。

时河内张成，善说风角，推占当赦，遂教子杀人。李膺为河南尹，督促收捕，既而逢宥获免，膺愈怀愤疾，竟案杀之。初，成以方伎交通宦官，帝亦颇谇其占。成弟子牢修，因上书诬告膺等养太学游士，交结诸郡生徒，更相驱驰，共为部党，诽讪朝廷，疑乱风俗。于是天子震怒，班下郡国，逮捕党人，布告天下，使同忿疾，遂收执膺等。其辞所连及陈寔之徒二百余人，或有逃遁不获，皆悬金购募。使者四出，相望于道。明年（永康元年，西元一六七），尚书霍谞、城门校尉窦武，并表为请，帝意稍解，乃皆赦归田里，禁锢终身。而党人之名，犹书王府（《李膺传》："膺等颇引宦官子弟，宦官多惧，请帝以天时宜赦，于是大赦天下，膺免归乡里。"〔《后汉书》卷九十七《党锢传序》〕）。

自是正直废放，邪枉炽结，海内希风之流，遂共相摽搒，指天下名士为之称号。上曰“三君”，次曰“八俊”，次曰“八顾”，次曰“八及”，次曰“八厨”，犹古之八元、八恺也。窦武、刘淑、陈蕃为三君。君者，言一世之所宗也。李膺、荀昱、杜密、王畅、刘祐、魏朗、赵典、朱寓为八俊。俊者，言人之英也。郭林宗、宗慈、巴肃、夏馥、范滂、尹勋、蔡衍、羊陟为八顾。顾者，言能以德行引人者也。张俭、岑晊、刘表、陈翔、孔昱、苑康、檀敷、翟超为八及。及者，言其能导人追宗者也。度尚、张邈、王考、刘儒、胡母班、秦周、蕃向、王章为八厨。厨者，言能以财救人者也（《后汉书》卷九十七《党锢传序》）。

灵帝再兴党狱，株连甚广，毒祸烈于前时。

建宁二年（西元一六九）十月，中常侍侯览，讽有司奏前司空虞放、太仆杜密、长乐少府李膺、司隶校尉朱㝢、颍川太守巴肃、沛相荀翌、河内太守魏朗、山阳太守翟超，皆为钩党下狱，死者百余人，妻子徙边，诸附从者锢及五属。制诏州郡，大举钩党。于是天下豪杰及儒学行义者，一切结为党人（《后汉书》卷八《灵帝纪》）。

延熹八年（西元一六五），太守翟超请为东部督邮。时中常侍侯览家在防东，残暴百姓，所为不轨，俭举劾览及其母罪恶，请诛之。览遏绝章表，并不得通，由是结仇览等（《后汉书》卷九十七《张俭传》）。

张俭乡人朱并，承望……侯览意旨，上书告俭与同乡二十四人，别相署号，共为部党，图危社稷。……刻石立墠，共为部党，而俭为之魁。灵帝诏刊章捕俭等。大长秋曹节，因此讽有司奏捕前党，故司空虞放……等百余人皆死狱中。余或先殁不及，或亡命获免。自此诸为怨隙者，因相陷害，睚眦之忿，滥入党中。又州郡承旨，或有未尝交关，亦离祸毒。其死徙废禁者，六七百人（《后汉书》卷九十七《党锢传序》）。

熹平元年（西元一七二）七月……宦官讽司隶校尉段颎，捕系太学诸生千余人（《宦者·曹节传》：“有何人书朱雀阙，言天下大乱。曹节、王甫幽杀太后。常侍侯览多杀党人，公卿皆尸禄，无有忠言者。于是诏司隶……逐捕。”〔《后汉书》卷八《灵帝纪》〕）。

熹平五年（西元一七六）闰五月，永昌太守曹鸾，坐讼党人弃市。诏党人门生故吏、父兄子弟在位者，皆免官禁锢（《后汉书》卷八《灵帝纪》）。

直至黄巾兵起，始弛党禁。

中平元年（西元一八四），黄巾贼起，中常侍吕强言于帝曰：“党锢久积，人情多怨，若久不赦宥，轻与张角合谋，为变滋大，悔之无救。”帝惧其言，乃大赦党人，诛徙之家皆归故郡（《后汉书》卷九十七《党锢传序》）。

（4）黄巾之起兵

汉末政治污浊，民不堪命，张角假符咒治病，部勒徒众，遂有黄巾之起。

初，巨鹿张角，自称大贤良师，奉事黄老道，畜养弟子，跪拜首过，符水咒说以疗病，病者颇愈，百姓信向之。角因遣弟子八人，使于四方。……转相诳惑。十余年间，徒众数十万，连结郡国，自青、徐、幽、冀、荆、扬、兖、豫八州之人，莫不毕应。遂置三十六方。方犹将军号也。大方万余人，小方六七千，各立渠帅。讹言“苍天已死，黄天当立。岁在甲子，天下大吉”。以白土书京城寺门及州郡官府，皆作甲子字。中平元年（西元一八四），大方马元义等，先收荆、扬数万人，期会发于邺。元义数往来京师，以中常侍封谞、徐奉等为内应，约以三月五日，内外俱起。未及作乱，而张角弟子济南唐周上书告之，于是车裂元义于洛阳。灵帝以周章下三公，司隶使钩盾令周斌将三府掾属，案验宫省直卫及百姓有事角道者，诛杀千余人。推考冀州，逐捕角等（《后汉书》卷一〇一《皇甫嵩传》）。

角等知事已露，晨夜驰敕诸方，一时俱起，皆著黄巾为标帜，时人谓之黄巾，亦名为蛾贼。杀人以祠天。角称天公将军，角弟宝称地公将军，宝弟梁称人公将军。所在燔烧官府，劫略聚邑，州郡失据，长吏多逃亡。旬日之间，天下向应，京师震动。……于是发天下精兵，博选将帅，以嵩为左中郎将持节，与右中郎将朱儁……各统一军，共讨颍川黄巾。……乘胜进讨汝南、陈国黄巾……又进击东郡黄巾。……时北中郎将卢植及东中郎将董卓讨张角，并无功而还，乃诏嵩进兵讨之。嵩与角弟梁战于广宗……大破之，斩梁。……角先以病死，乃剖棺戮尸，传首京师。嵩复与巨鹿太守冯翊、郭典，攻角弟宝于下曲阳，又斩之。……以黄巾既平，故改年为中平（《后汉书》卷一〇一《皇甫嵩传》）。

继黄巾而起，又有黑山诸军纵横河北，朝廷竟不能问。

自黄巾贼后，复有黑山、黄龙、白波、左校、郭大贤、于氐根、青牛角、张白骑、刘石、左髭丈八、平汉、大计、司隶、掾哉、雷公、浮云、飞燕、白雀、杨凤、于毒、五鹿、李大目、白绕、畦固、苦哂之徒，并起山谷间，不可胜数。其大声者称雷公，骑白马者为张白骑，轻便者言飞燕，多髭者号于氐根，大眼者为大目，如此称号，各有所因。大者二三万，小者六七千。贼帅常山人张燕，轻勇趫捷，故军中号曰飞燕。善得士卒心，乃与中山、常山、赵郡、上党、河内诸山谷寇贼，更相交通，众至百万，号曰黑山贼。河北诸郡县，并被其害，朝廷不能讨。燕乃遣使至京师，奏书乞降，遂拜燕平难中郎将，使领河北诸山谷事，岁得举孝廉、计吏。燕后渐寇河内，逼近京师，于是出儁为河内太守，将家兵击却之。其后，诸贼多为袁绍所定（《后汉书》卷一〇一《朱儁传》）。

（5）权臣

自何进用袁绍议，召外兵以诛宦官，于是董卓拥兵而入，专擅朝政，遂开权臣用事之端。

帝（灵帝）崩……皇子辩乃即位，何太后临朝，进与太傅袁隗辅政，录尚书事。进素知中官天下所疾……及秉朝政，阴规诛之。……而绍（袁绍）素善养士，能得豪杰用，其从弟……术，亦尚气侠，故并厚待之。因复博征智谋之士庞纪、何颙、荀攸等，与同腹心。蹇硕疑不自安，与中常侍赵忠等书曰："大将军兄弟秉国专朝，今与天下党人，谋诛先帝左右，扫灭我曹。但以硕典禁兵，故且沉吟。今宜共闭上阁，急捕诛之。"中常侍郭胜，进同郡人也。……故胜亲信何氏，遂共赵忠等议，不从硕计，而以其书示进。进乃使黄门令收硕，诛之，因领其屯兵（《后汉书》卷九十九《何进传》）。

中平六年（西元一八九）七月……绍以为中官亲近至尊，出纳号令，今不悉废，后必为患。……绍等又为画策，多召四方猛将及诸豪杰，使并引兵向京城，以胁太后。进然之。……董卓……驻兵河东……何进召卓，使将兵诣京师。……董卓闻召，即时就道。……八月，进入长乐宫，白太后，请尽诛诸常侍。中常侍张让……使潜听，具闻其语，乃率其党数十人，持兵窃自侧闼入，伏省户下。进出，因诈以太后诏召进入。……于是尚方监渠穆，拔剑斩进于嘉德殿前。……进部曲将吴匡、张璋在外，闻进被害，欲引兵入宫，宫门闭。虎贲中郎将袁术，与匡共斫攻之。……会日暮，术因烧南宫青琐门。……让等……因将太后、少帝及陈留王劫省内官属，从复道走北宫。……绍遂闭北宫门，勒兵捕诸宦者，无少长皆杀之，凡二千余人。……绍因进兵排宫，或上端门屋，以攻省内。张让、段珪等困迫，遂将帝与陈留王数十人，步出谷门，夜至小平津。……尚书卢植、河南中部掾闵贡，夜至河上，贡厉声质责让等……因手剑斩数人，让等……遂投河而死。……九月……卓……废少帝……立陈留王协为帝……酖杀何太后（《资治通鉴》卷五十九《汉纪五十一》）。

董卓自为太尉，领前将军事，加节传斧钺虎贲，更封郿侯。……以董卓为相国，赞拜不名，入朝不趋，剑履上殿。……董卓性残忍，一旦专政，据有国家……威震天下，所愿无极。……献帝初平元年（西元一九〇）正月，关东州郡皆起兵，以讨董卓。……董卓以山东兵盛，欲迁都以避之。……二月……车驾西迁。……三月……入长安。……二年（西元一九一）二月……卓使东中郎将董越屯渑池，中郎将段煨屯华阴，中郎将牛辅屯安邑，其余诸将，布在诸县，以御山东。……三年（西元一九二）正月……卓车服僭拟天子。……尚书以下，皆自诣卓府启事。又筑坞于郿。……司徒王允，与司隶校尉黄琬、仆射士孙瑞、尚书杨瓒，密谋诛卓。中郎将吕布……卓……甚爱信之，誓为父子。然卓性刚褊，尝小失卓意，卓拔手戟掷布……布由是阴怨于卓。……王允素善待布……因以诛卓之谋告布，使为内应……布遂许之。四月，帝有疾新愈，大会未央殿。卓朝服乘车而入。……王允使士孙瑞，自书诏以授布。布令同郡骑都尉李肃，与勇士秦谊、陈卫等十余人，伪着卫士服，守北掖门内以待卓。卓入门……布……持矛刺卓，趣兵斩之（袁枢《通鉴纪事本末》卷四十三下）。

董卓虽诛，其部曲复结合，攻破长安，擅乱朝政，矜功争权，互相攻击，朝局因之混乱。

初，吕布劝王允尽杀董卓部曲。……时百姓讹言，当悉诛凉州人。卓故将校，遂转相恐动，皆拥兵自守。……李傕等……无所依，遣使诣长安求赦，王允……不许。傕等益惧，不知所为，欲各解散，间行归乡里。讨虏校尉武威贾诩曰："诸君若弃军单行，则一亭长能束君矣。不如相率而西以攻长安，为董公报仇。事济，奉国家以正天下；若其不合，走未晚也。"傕等然之，乃相与结盟。……傕随道收兵，比至长安，已十余万，与卓故部曲樊稠、李蒙等合围长安城。……吕布军有叟兵内反，六月，引傕众入城……傕收允……杀之。……兴平二年（西元一九五）……李傕、郭汜、樊稠各相与矜功争权。……闰四月……李傕、郭汜相攻连月。……六月……镇东将军张济自陕至，欲和傕、汜，迁乘舆权幸弘农（袁枢《通鉴纪事本末》卷四十三下）。

兴平二年（西元一九五）七月，车驾东归。……十月，郭汜……逼胁乘舆。杨定、杨奉与郭汜战，破之，幸华阴。……张济复反，与李傕、郭汜合。十一月……追乘舆，战于东涧，王师败绩。……杨奉、董承引白波帅胡才、李乐、韩暹及匈奴左贤王去卑，率师奉迎，与李傕等战，破之。……建安元年（西元一九六）七月，车驾至洛阳。……三年（西元一九八）四月，遣谒者裴茂，率中郎将段煨讨李傕，夷三族（《后汉书》卷九《献帝纪》）。

当卓西迁时，关东诸侯不事讨卓，各务兼并，连兵不休。袁绍以计诳韩馥，夺冀州，自为冀州牧。绍弟术，结公孙瓒，绍连刘表。瓒屡攻绍不克，术使孙坚击表，为黄祖所杀。济南相鲍信迎曹操，领兖州，操自称兖州牧。公孙瓒攻杀大司马刘虞，而取幽州。孙坚子策，以坚故部渡江，破扬州刺史刘繇于曲阿（江苏丹徒县）。又取会稽，降王朗，徇豫章，降华歆，遂据江东。时傕、汜之乱已平，献帝在洛，袁绍在邺，沮授力劝绍迎天子，绍不从。然后政归于曹氏，而汉祚以移。

东汉末群雄割据简表

据地	人名	兴	灭
司隶	曹操	《后汉书·献帝纪》：建安元年八月，曹操自领司隶校尉。	
兖州		《三国·魏志·武帝》：兴平二年十月，天子拜太祖兖州牧。	
豫州	刘备	《三国·蜀志·先主》：曹公征徐州牧陶谦，先主救之。谦病死，先主遂领徐州。吕布袭下邳，走归曹公，曹公以为豫州牧。	《三国·蜀志·先主》：献帝舅董承，受帝密诏诛曹公，先主同谋。事觉，先主据下邳，杀徐州刺史。建安五年，曹公东征，先主败绩，走青州。

续表

<table>
<tr><th colspan="2">据地</th><th>人名</th><th>兴</th><th>灭</th></tr>
<tr><td colspan="2">徐州</td><td>吕布</td><td>《三国·魏志·吕布传》：兴平二年，太祖击破布于巨野，布东奔刘备。备东击袁术，布袭取下邳，自称徐州刺史。</td><td>《后汉书·献帝纪》：建安三年十二月，曹操击吕布于徐州，斩之。</td></tr>
<tr><td colspan="2">冀州</td><td>袁绍</td><td>《后汉书·袁绍传》：董卓授绍勃海太守。初平二年，冀州牧韩馥，见人情归绍，送印绶以让绍，绍遂领冀州牧。建安七年夏薨，辛评等遂矫遗命奉尚（绍幼子）为嗣。</td><td>同上。建安五年九月，曹操与袁绍战于官渡，绍败走。七年五月，袁绍薨。九年八月，曹操大破袁尚，平冀州，自领冀州牧。</td></tr>
<tr><td rowspan="2">幽州</td><td>幽州</td><td>公孙瓒
袁绍子熙</td><td>《后汉书·公孙瓒传》：初平二年，青、徐黄巾入勃海，瓒大破之，威名大震，乃自署其将帅为青、冀、兖三州刺史。四年，破禽刘虞（幽州牧），尽有幽州之地。
《后汉书·袁绍传》：兴平二年，以中子熙为幽州刺史。</td><td>同上。建安四年三月，袁绍攻公孙瓒，于易京获之。
《后汉书·袁绍传》：建安十年，熙、尚为其将焦触、张南所攻，奔辽西乌桓。</td></tr>
<tr><td>辽东</td><td>公孙度</td><td>《三国·魏志·公孙度传》：董卓时，为辽东太守。初平元年，自立为辽东侯平州牧。度死，子康嗣。康死，子晃、渊等皆小，众立恭（康弟）为辽东太守。太和二年，渊胁夺恭位。景初元年，遂自立为燕王。</td><td>《三国·魏志·公孙度传》：景初二年春，遣太尉司马宣王征渊，大破之，斩渊。三世，凡五十年。</td></tr>
<tr><td colspan="2">青州</td><td>袁绍子谭</td><td>《三国·魏志·袁绍传》：击破瓒于易京，并其众。出长子谭为青州。</td><td>《后汉书·献帝纪》：建安十年正月，曹操破袁谭于青州，斩之。</td></tr>
<tr><td colspan="2">并州</td><td>袁绍将高幹</td><td>同上。又以甥高幹为并州。</td><td>同上。建安十一年三月，曹操破高幹于并州，获之。</td></tr>
</table>

续表

据地		人名	兴	灭
凉州	凉州	韩遂 马腾	《三国·蜀志·马超传》：父腾，灵帝末，与边章、韩遂等俱起事于西州。	同上。建安十六年九月，曹操与韩遂、马超战于渭南，遂等大败，关西平。
	枹罕	朱建	《三国·魏志·夏侯渊传》：枹罕朱建，因凉州乱，自号河首平汉王。	同上。建安十九年十月，曹操遣将夏侯渊，讨朱建于枹罕，获之。
益州	益州	刘焉	《三国·蜀志·刘焉传》：灵帝末，领益州牧。兴平元年卒。大吏共上璋（焉子）为益州刺史，诏书以为益州牧。	同上。建安十九年五月，刘备破刘璋，据益州。
	汉中	张鲁	《三国·魏志·张鲁传》：益州牧刘焉，以鲁为督义司马，击汉中太守，夺其众。焉死，子璋代立。以鲁不顺，尽杀鲁母家室。鲁遂据汉中，以鬼道教民，自号师君。	同上。建安二十年七月，曹操破汉中，张鲁降。
荆州	荆州	刘表	《后汉书·刘表传》：初平元年，表为荆州刺史。及李傕等入长安，以表为荆州牧。	同上。建安十三年七月，曹操南征刘表。八月表卒，少子琮立，琮以荆州降操。
	南阳	张绣	《三国·魏志·武帝》：建安元年，是岁，张济自关中走南阳。济死，从子绣领其众。	《三国·魏志·张绣传》：太祖比年攻之不克，太祖拒袁绍于官渡，绣复以众降。
扬州	寿春	袁术	《三国·魏志·袁术传》：董卓将废帝，术畏祸，奔南阳，据其郡，引军入陈留。太祖与绍合击破术，术以余众奔九江，杀扬州刺史，领其州，遂僭号。	《三国·魏志·袁术传》：术前为吕布所破，后为太祖所败，欲至青州，发病道死。
	江东	孙策	《后汉书·献帝纪》：兴平元年，是岁，扬州刺史刘繇，与袁术将孙策战于曲阿，繇军败绩，孙策遂据江东。建安五年，孙策死，弟权袭其余业。	

三国

魏世系

自曹丕代汉称帝（西元二二〇），至元帝禅位于司马炎（西元二六五），凡五主，共四十六年。

文皇帝姓曹，名丕，字子桓，魏王操之太子。受汉禅即皇帝位，改元黄初（七年），在位凡七年。

明皇帝名叡，文帝太子。嗣立，改元太和（六年）、青龙（四年）、景初（三年），在位凡十三年。

废帝名芳。明帝无子，养芳及秦王询。宫省事秘，莫有知其所由来者。青龙三年，立为齐王。明帝崩，嗣立，改元正始（九年）、嘉平（五年），为司马师所废，在位凡十四年。

废帝名髦，文帝孙，东海定王霖子。正始五年，封郯县高贵乡公。齐王废，公卿迎立之，即位，改元正元（二年）、甘露（四年），以讨司马昭不克，遇弑，在位凡六年。

元帝名奂，初名璜，操孙，燕王宇子。司马昭既弑高贵乡公，迎立之，即位，改元景元（四年）、咸熙（二年）。司马炎代魏，封为陈留王，在位凡六年。

（以上据《通考·世系考》及《三国·魏志》）

附帝系表

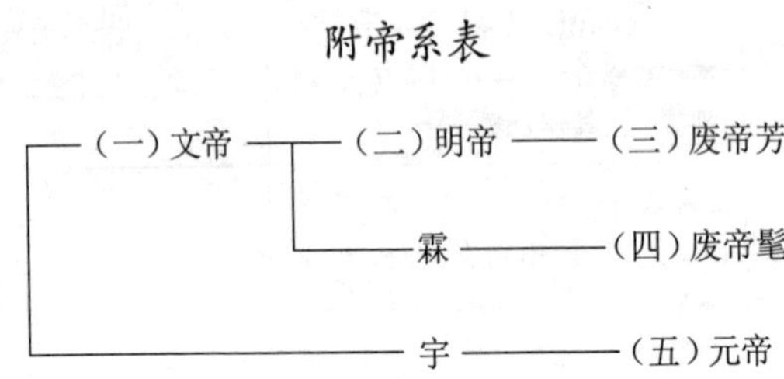

蜀世系

自刘备称帝（西元二二一），至后主降魏（西元二六三），凡二主，共四十三年。

昭烈皇帝姓刘，名备，字玄德，涿郡涿县人。汉景帝子中山靖王胜之后。献帝建安十九年，领益州牧。二十四年，进位汉中王。二十五年（黄初元年），魏文帝称尊号，或传汉帝见害，乃发丧制服，即皇帝位，改元章武（二年），在位凡二年。

后主名禅，昭烈帝子。嗣立，改元建兴（十五年）、延熙（二十年）、景耀（五年）、炎兴（一年），降于魏，封安乐县公。在位凡四十一年。

（以上据《通考·世系考》及《三国·蜀志》）

附帝系表

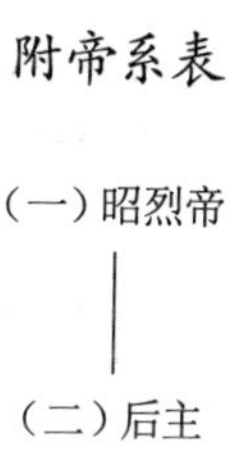

吴世系

自孙权称王（西元二二二），至晧降晋（西元二八〇），凡四主，共五十九年。

大帝姓孙，名权，字仲谋，吴郡富春人。长沙太守坚之子，讨逆将军策之弟。魏文帝受汉禅，称吴王，改元黄武，凡七年，称帝，改元黄龙（三年）、嘉禾（六年）、赤乌（十三年）、太元（二年），凡在王位七年、帝位二十四年，共三十一年。

废帝名亮，大帝少子。赤乌十三年，太子和废，遂立亮为太子。大帝崩，嗣立。改元建兴（一年）、五凤（二年）、太平（二年）。权臣孙琳黜之为会稽王，在位凡五年。

景帝名休，大帝第六子。初封琅邪王，孙琳废亮而立之，即位，改元永安（六年），在位凡六年。

晧，大帝之孙，太子和之子。初封乌程侯。景帝崩，吴人迎立之，即位，改元元兴（一年）、甘露（一年）、宝鼎（三年）、建衡（三年）、凤皇（三年）、天册（一年）、天玺（一年）、天纪（四年）。晋咸宁末，武帝令将军王濬等率兵伐吴，晧战败，诣降。太康元年，徙晧洛阳，封归命侯。在位凡十七年。

（以上据《通考·世系考》及《三国·吴志》）

附帝系表

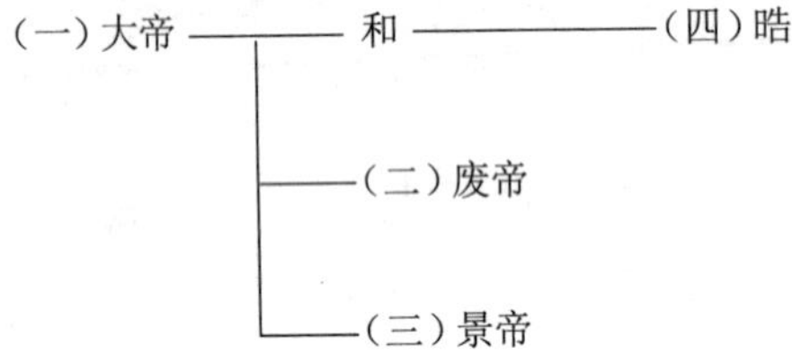

（一）三国之分立

曹操迎汉献帝居许昌，遂挟天子以令诸侯。用兵四征，东破吕布，北灭袁氏，奄有中原、河北诸州之地，势力称最强。是时孙氏已据有江东，其势亦张。

建安五年（西元二〇〇），策薨，以事授权。……长史张昭。……乃改易权服，扶令上马，使出巡军。是时惟有会稽、吴郡、丹阳、豫章、庐陵，然深险之地，犹未尽从。……张昭、周瑜等，谓权可与共成大业，故委心而服事焉。……待张昭以师傅之礼，而周瑜、程普、吕范等为将率，招延俊秀，聘求名士，鲁肃、诸葛瑾等始为宾客。分部诸将，镇抚山越，讨不从命（《三国·吴志》卷二《孙权》）。

操因北方底定，遂移师南向荆州，并欲威服江东。时刘备寄居荆州，乃与孙权结合，共破曹兵于赤壁。备自领荆州牧，旋入据巴蜀，戡定汉中。三分形势，至此遂成。

建安五年（西元二〇〇），曹公东征先主，先主败绩。……走青州。青州刺史袁谭，先主故茂才也，将步骑迎先主。……谭驰使白绍，绍遣将道路奉迎。……驻月余日，所失亡士卒稍稍来集。曹公与袁绍相拒于官渡，汝南黄巾刘辟等，叛曹公应绍。绍遣先主将兵与辟等略许下。……先主还绍军，阴欲离绍，乃说绍南连荆州牧刘表。绍遣先主将本兵复至汝南，与贼龚都等合众数千人。……曹公既破绍，自南击先主。先主遣糜竺、孙乾，与刘表相闻。表自郊迎，以上宾礼待之，益其兵，使屯新野。荆州豪杰归先主者日益多。……十二年（西元二〇七）……曹公南征表，会表卒，子琮代立，遣使请降。先生屯樊，不知曹公卒至，至宛乃闻之，遂将其众去。过襄阳……曹公以江陵有军实，恐先主据之，乃……轻军到襄阳。闻先主已过，曹公将精骑五千急追之。……及于当阳之长坂。先主弃妻子，与诸葛亮、张飞、赵云等……走……汉津。……济沔。遇表长子江夏太守琦，众万余人，与俱到夏口。先主遣诸葛亮，自结于孙权。权遣周瑜、程普等水军数万，与先主并力，与曹公战于赤壁，大破之，焚其舟船。……曹公引归。先主表琦为荆州刺史，又南征四郡（武陵、长沙、桂阳、零陵）……皆降。……琦病死，群下推先主为荆州牧，治公安（《三国·蜀志》卷二《先主》）。

十六年（西元二一一），益州牧刘璋，遥闻曹公将遣钟繇等向汉中讨张鲁，内怀恐惧……迎先主。……璋增先主兵，使击张鲁。……先主北到葭萌，未即讨鲁，厚树恩德以收众心。明年（十七年，西元二一二）……嫌隙始构。……璋敕关戍诸将文书勿复关通先主。先主大怒……勒兵向璋。……十九年夏……进围成都数十日，璋出降。……先主复领益州牧，诸葛亮为股肱，法正为谋主，关羽、张飞、马超为爪牙，许靖、麋竺、简雍为宾友。……二十年……张鲁已降曹公。曹公使夏侯渊、张郃屯汉中，数数犯暴巴界。……二十三年，先主率诸将进兵汉中。……二十四年……夏，曹公……引军还，先主遂有汉中。……群下上先主为汉中王（《三国·蜀志》卷二《先主》）。

曹操位望日尊，权势益盛，子丕继之，乃篡汉室。西蜀刘备、东吴孙权，相继称帝。

太祖武皇帝，沛国谯人也，姓曹，讳操，字孟德。……建安元年（西元一九六）……九月……以太祖为大将军，封武平侯。……十三年（西元二〇八）……六月，以公为丞相。……十八年（西元二一三）……五月……命公为魏公。………二十一年（西元二一六）……五月，天子进公爵为魏王。……二十五年（西元二二〇）春正月……王崩（《三国·魏志》卷一《武帝》）。

文皇帝讳丕……武帝太子也。……太祖崩，嗣位为丞相魏王。……延康元年（西元二二〇）十月……汉帝以众望在魏，乃召群公卿士……持节奉玺绶禅位（《三国·魏志》卷二《文帝》）。

建安二十五年（西元二二〇），魏文帝称尊号。……传闻汉帝见害，先主乃发丧制服……即皇帝位于成都武担之南（《三国·蜀志》卷二《先主》）。

建安二十五年（西元二二〇）……魏文帝践阼。……十一月……封……为吴王（逾年，败刘备，复与魏绝，改元黄武元年）。……黄龙元年（西元二二九）……四月……即皇帝位（《三国·吴志》卷二《孙权》）。

（二）三国之疆域

东京无复朔方，改交趾曰交州，凡十二州；司隶所部如故。及三国鼎跱，吴得扬、荆、交三州，蜀得益州，魏氏犹得九焉（《宋书》卷三十五《州郡志序》）。

魏氏据中原，有州十三，司隶、荆、豫、兖、青、徐、凉、秦、冀、幽、并、扬、雍，有郡国六十八（据《三国郡县表》，考曹魏实有郡国九十三）。东自广陵、寿春、合肥、沔口、西阳、襄阳，重兵以备吴；西自陇西、南安、祁山、汉阳、陈仓重兵以备蜀（《通考》卷三一五《舆地考一》）。

蜀主全制巴蜀，置益、梁二州，有郡二十二。以汉中、兴势、白帝并为重镇（《通考》卷三一五《舆地考一》）。

吴主北据江，南尽海，置交、广、荆、郢、扬五州，有郡四十有三。以建平、西陵、乐乡、南郡、巴丘、夏口、武昌、皖城、牛堵圻、濡须坞并为重镇，其后得沔口、邾城、广陵（《通考》卷三一五《舆地考一》）。

三国疆域简表

国别	属州	治地	领郡	备考
魏	司隶	河南	河南、河内、河东、宏农、平阳、朝歌，凡六郡。	
	荆	襄阳，后治宛	南阳、江夏、襄阳、南乡、魏兴、新城、上庸、义阳，凡八郡。	《晋书·地理志》：建安十三年，魏武尽得荆州之地。及败于赤壁，南郡以南属吴。吴后遂与蜀分荆州，而荆州之名，南北双立。
	豫	谯，后治颍川	颍川、梁郡、沛郡、陈郡、鲁郡、汝南、谯郡、弋阳、阳安，凡九郡。	

续表

国别	属州	治地	领郡	备考
魏	青	临菑	齐郡、济南、乐安、东莱、城阳，凡五郡。	
	兖	鄄	陈留、东郡、济阴、山阳、任城、东平、济北、泰山，凡八郡。	
	扬	合肥，后治寿春	淮南、庐江、安丰，凡三郡。	洪亮吉《补三国疆域志》：兴平中，江东地悉入吴。魏惟得庐江、九江之地，自合肥北至寿春，置扬州刺史。
	徐	彭城	下邳、彭城、东海、琅邪、广陵、东莞，凡六郡。	
	凉	武威	金城、武威、张掖、酒泉、敦煌、西平、西郡、西海，凡八郡。	《晋书·地理志》：献帝时，又置雍州，自三辅距西域皆属焉。魏文帝即位，分河西为凉州，分陇右为秦州。
	秦	上邽	陇西、汉阳、南安、广魏，凡四郡。	《补三国疆域志》：武都、阴平，蜀汉建兴七年，地入蜀。
	冀	邺	赵郡、巨鹿、安平、勃海、河间、清河、中山、常山、魏郡、平原、乐陵、阳平、广平，凡十三郡。	
	幽	蓟	范阳、燕郡、右北平、上谷、代郡、辽西、辽东、玄菟、乐浪、昌黎、带方，凡十一郡。	《晋书·地理志》：魏分辽东、昌黎、玄菟、带方、乐浪五郡为平州，后还合为幽州。
	并	晋阳	太原、上党、西河、雁门、乐平、新兴，凡六郡。	
	雍	长安	京兆、冯翊、扶风、安定、北地、新平，共六郡。	

国别	属州	治地	领郡	备考
吴	扬	建业	丹阳、吴郡、会稽、豫章、庐江、庐陵、鄱阳、新都、临川、临海、建安、吴兴、东阳，凡十三郡。	
	荆	南郡	南郡、武陵、零陵、桂阳、长沙、宜都、临贺、衡阳、湘东、建平、天门、邵陵、始安、始兴，凡十四郡。	
	郢	江夏	武昌、蕲春、安成、彭泽等郡，不尽详。	《宋书·州郡志》：吴又立郢州。
	交	龙编	日南、交趾、九真、合浦、新昌、武平、九德，凡七郡。	
	广	番禺	南海、苍梧、郁林、高凉、高兴、桂林、合浦北部，凡七郡。	《晋书·地理志》：吴黄武五年，分交州四郡，立为广州，俄复旧。永安六年，复分交州置广州。
蜀	益	成都	蜀郡、犍为、汶山、越嶲、牂牁、永昌、江阳、汉嘉、朱提、建宁、云南、兴古，凡十二郡。	《通典·州郡》：蜀置益、梁二州。
	梁	汉中	汉中、广汉、巴郡、梓潼、涪陵、巴东、巴西、宕渠、阴平、武都，凡十郡。 （以上依《读史方舆纪要》）	

三国之建都地分述如下：

汉昭烈于沔阳，立为汉中王。即位武担之南，都成都（王应麟《通鉴地理通释》卷四）。

魏武为魏公，都邺。文帝复都洛阳。黄初二年（西元二二一），以谯为先人本国，许昌为汉之所居，长安为西京之遗迹，邺为王业之本基，与洛阳号曰五都（王应麟《通鉴地理通释》卷四）。

吴大帝屯吴。建安十三年（西元二〇八），初镇丹徒，筑京城。十六年（西元二一一），徙治秣陵。十七年（西元二一二），城楚金陵邑，号石头，改秣陵为建业。黄武二年（西元二二三），自公安都鄂，改鄂为武昌。黄龙元年（西元二二九），迁都建业，陆逊辅太子登留武昌。归命侯甘露元年（西元二六五），徙都武昌，后还都建业（王应麟《通鉴地理通释》卷四）。

（三）三国之制度

（1）官制

（甲）中央

（子）上公

魏无太师，初年惟置太傅，以钟繇为之。后置太保，以郑冲为之，位在三司上（杨晨《三国会要》卷九《职官》）。

先主为汉中王，以许靖为太傅，后无考（杨晨《三国会要》卷九《职官》）。

孙亮建兴元年（西元二五三），以诸葛恪为太傅（杨晨《三国会要》卷九《职官》）。

（丑）丞相

建安十三年（西元二〇八）正月……汉罢三公官，置丞相、御史大夫。六月，以公为丞相（《三国·魏志》卷一《武帝》）。

章武元年（西元二二一），以诸葛亮为之。建兴元年（西元二二三），开府。六年（西元二二八），自贬三等，以右将军行丞相事。旋复官。及薨，遂不复置（杨晨《三国会要》卷九《职官》）。

吴丞相，黄武中置。宝鼎元年（西元二六六），分置左右丞相。未几，复旧（杨晨《三国会要》卷九《职官》）。

（寅）太尉

黄初四年（西元二二三）六月……太尉贾诩薨。……八月，以廷尉钟繇为太尉（《三国·魏志》卷二《文帝》）。

章武三年（西元二二三），丞相亮上言，请太尉告宗庙（杨晨《三国会要》卷九《职官》）。

建衡三年（西元二七一），置（范慎）（杨晨《三国会要》卷九《职官》）。

（卯）大司马

大司马，汉制以冠大将军、骠骑、车骑之上，以代太尉之职。故恒与太尉迭置，不并立。黄初二年（西元二二一），以曹仁为大司马，而太尉如故（杨晨《三国会要》卷九《职官》）。

蜀先主为大司马，置前后部司马及营司马。延熙二年（西元二三九），蒋琬由大将军进大司马（杨晨《三国会要》卷九《职官》）。

吴黄武七年（西元二二八），置大司马。赤乌九年（西元二四六），分置左、右大司马（杨晨《三国会要》卷九《职官》）。

（辰）大将军

建安元年（西元一九六）七月……洛阳残破，董昭等劝太祖都许。九月，车驾出轘辕而东。以太祖为大将军（《三国·魏志》卷一《武帝》）。

黄初二年（西元二二一）四月，以车骑将军曹仁为大将军（《三国·魏志》卷二《文帝》）

蜀建兴十三年（西元二三五），蒋琬为大将军（杨晨《三国会要》卷九《职官》）。

吴黄龙元年（西元二二九），以陆逊为上大将军，诸葛瑾为大将军。后遂并设（杨晨《三国会要》卷九《职官》）。

大将军……汉末犹在三公上。魏黄初中，又有上大将军，以曹真为之。明帝青龙三年（西元二三五），晋宣帝（司马懿）自大将军为太尉，然则大将军在三司下矣。其后又在三司上。自汉东京，大将军不常置，为之者皆擅朝权。至晋景帝（司马师）为大将军，亦受非常之任。后以叔父孚为太尉，奏改大将军在太尉后，位次三司下。后复旧，在三司上（《通典》卷二十九《职官十一》）。

魏黄权，以车骑将军、开府仪同三司，开府之名自此始也（《通典》卷三十四《职官十六》）。

（巳）九卿

建安十八年（西元二一三），魏国初置六卿。文帝即位，置九卿（杨晨《三国会要》卷九《职官》）。

魏九卿与汉同（《通典》卷二十五《职官七》）。

吴初亦六卿。孙休永安二年（西元二五九），始备九卿（杨晨《三国会要》卷九《职官》）。

以上系沿袭汉制设置之官，但自光武委政权于尚书，而三公遂失其职。魏氏复设中书省，尚书之权为之大减。盖专制政体日加演进，执政大臣皆为皇帝之私人，与古制“天子副贰”之义迥不相侔。此中国政治，经千百年而无澄清之望者，而魏实其关键也。

魏武帝为魏王，置秘书令，典尚书奏事，又其任也。文帝黄初初，改为中书令，又置监，以秘书左丞刘放为中书监、右丞孙资为中书令，并掌机密。中书监、令始于此也。及明帝时，中书监、令，号为专任，其权重矣（《通考》卷五十一《职官五》）。

魏有吏部、左民、客曹、五兵、度支凡五尚书（《通典》卷二十二《职官四》）。

（乙）地方

刺史　温恢……为扬州刺史（《三国·魏志》卷十五《温恢传》）。

太守　魏制，太守皆加将军名号（洪饴孙《三国职官表下》注）。

何夔……出为城父令，迁长广太守（《三国·魏志》卷十二《何夔传》）。

县尉　尉，汉诸县皆有。……大县二人，小县一人。……魏因之（《通典》卷三十三《职官十五》）。

中央官之权，日见剥夺，而地方官之权，转日见膨胀，适成一反比例。

魏晋为刺史，任重者为使持节都督，轻者为持节（《通典》卷三十二《职官十四》）。

魏文帝黄初三年（西元二二二），始置都督诸州军事，或领刺史。又，上军大将军曹真，都督中外诸军，假黄钺，则总统外内诸军矣。……高贵乡公正元二年，司马文王都督中外诸军，寻加大都督（《通典》卷三十二《职官十四》）。

（2）兵制

魏制略如东汉，南、北军如故。魏武为相国，置武卫营，相府以领军主之。文帝增置中营，于是合武卫、中垒二营，以领军将军并五校统之。是时有中、左、右、前军各一帅，又有中护、中领军、领护军将军各一人。黄初中，复令州郡典兵，州置都督，寻加四征、四镇将军之号，又置大将军，都督中外兵之柄，世在司马氏，而魏祚移矣（《通考》卷一五一《兵考三）》。

昭烈初置五军，其将校略如汉，而兵有突将无前、賨、叟、青羌散骑、武骑之别。诸葛亮卒，蜀兵耗矣（《通考》卷一五〇《兵考二》）。

吴多舟师，而兵有解烦、敢死两部，又有车下虎士、丹阳青巾、交州义士及健儿、武射之名，调度亦无法，大率强者为兵，羸者补户，至有二百余家，辄皆料取，以他郡羸民，迁补其处。其后又以五子分将，而吴遂亡（《通考》卷一五一《兵考三》）。

（3）刑法

萧何定律……合为九篇；叔孙通益律所不及，《傍章》十八篇；张汤《越宫律》二十七篇；赵禹《朝律》六篇，合六十篇。又，汉时决事，集为《令甲》以下三百余篇。又司徒鲍昱，撰《嫁娶辞讼》《决为法比》《都目》凡九百六卷。……后人生意，各为章句，叔孙宣、郭令卿、马融、郑玄诸儒章句，十有余家，数十万言，凡断罪所当由用者，合二万六千二百七十二条，七百七十三万二千二百余言。言数益繁，览者益难。……其后，天子（魏文帝）又下诏，改刑制，命陈群、刘邵等删约旧科，旁采汉律，定为魏法，制新律十八篇，州郡令四十五篇，尚书官令、军中令合百八十余篇（《通典》卷一六三《刑一》）。

（4）学校

（甲）京师学

黄初五年（西元二二四）四月，立太学，制五经课试之法（《三国·魏志》卷二《文帝》）。

魏文帝黄初五年（西元二二四），立太学于洛阳。时慕学者，始诣太学为门人。满二岁，试通一经者，称弟子；不通一经，罢遣。弟子满二岁，试通二经者，补文学掌故；不通经者，听须后辈试；试通二经，亦得补掌故。掌故满二岁，试通三经者，擢高第为太子舍人；不第者，随后辈复试，试通亦为太子舍人。舍人满二岁，试通四经者，擢其高第为郎中。……郎中满二岁，能通五经者，擢高第，随才叙用；不通者，随后辈复试，试通亦叙用（《通典》卷五十三《礼十三》）。

（乙）地方学

明帝即位，封柔延寿亭侯。……柔上疏曰：“……昔汉末陵迟，礼乐崩坏。……太祖初兴，愍其如此，在于拨乱之际，并使郡县立教学之官。高祖即位，遂阐其业，兴复辟雍，州立课试。于是天下之士，复闻庠序之教，亲俎豆之礼焉。……今博士皆……一国清选，而使迁除限不过长，惧非所以崇显儒术、帅励怠堕也。……臣以为博士……宜随学行优劣，待以不次之位。……以劝学者。”（《三国·魏志》卷二十四《高柔传》）

永安元年（西元二五八）十二月……诏曰：“……自建兴以来，时事多故。……其案古置学官，立五经博士，核取应选，加其宠禄，科见吏之中及将吏子弟有志好者，各令就业。一岁课试，差其品第，加以位赏。”（《三国·吴志》卷三《孙休》）

（5）选举

魏文帝为魏王时，三方鼎立，士流播迁，四人错杂，详核无所。延康元年（西元二二〇），吏部尚书陈群，以天朝选用，不尽人才，乃立九品官人之法。州郡皆置中正，以定其选。择州郡之贤有识鉴者为之，区别人物，第其高下。又制郡口十万以上，岁察一人。其有秀异，不拘户口（《通典》卷十四《选举二》）。

按：九品之制，初因后汉建安中天下兴兵，衣冠士族多离于本土，欲征源流，遽难委悉，魏氏革命，州、郡、县俱置大小中正，各以本处人任诸府公卿及台省郎吏有德充才盛者为之，区别所管人物，定为九等。其有言行修著，则升进之，或以五升四，以六升五；倘或道义亏缺，则降下之，或自五退六，自六退七矣。是以吏部不能审定核天下人才士庶，故委中正铨第等级，凭之授受，谓免乖戾及法弊也。唯能知其阀阅，非复辨其贤愚（《通典》卷十四《选举二》注）。

《江表传》载，权正月（赤乌二年，西元二三九），诏曰：“郎吏者，宿卫之臣，古之命士也。间者所用，颇非其人。自今选三署，皆依四科，不得以虚辞相饰。”（《三国·吴志》卷二《孙权》注）

蜀诸葛亮秉政，惩恶举善，量材授任，不计资叙（注：时犍为郡守李严，以杨洪为功曹，严未去郡，而洪已为蜀郡守。洪门下书佐何祗有才策，洪未去郡，而祗已为广汉郡守。后李严、廖立皆得罪，或废或徙。闻亮卒，垂泣发疾以死。〔杨晨《三国会要》卷十六《选举》〕）。

（四）三国时代之诸族

（1）诸族之内属

（甲）匈奴

献帝……自长安东归，右贤王去卑，与白波贼帅韩暹等侍卫天子，拒击李傕、郭汜。及帝还洛阳，又从迁许，然后归国。建安二十一年（西元二一六），单于来朝，魏武因留于邺，而遣去卑归监其国焉。……始分其众为五部，立其中贵者为帅，选汉人为司马以监督之（《通典》卷一九五《边防十一》）。

魏末，复改帅为都尉，其左部都尉所统可万余落，居于太原故泫氏县；右部都尉可六千余落，居祁县；南部都尉可三千余落，居蒲子县；北部都尉可四千余落，居新兴县；中部都尉可六千余落，居太陵县（《晋书》卷九十七《四夷传·匈奴》）。

（乙）乌桓

乌丸、鲜卑，即古所谓东胡也。……汉末，辽西乌丸大人丘力居，众五千余落，上谷乌丸大人难楼，众九千余落，各称王，而辽东属国乌丸大人苏仆延，众千余落，自称峭王，右北平乌丸大人乌延，众八百余落，自称汗鲁王，皆有计策勇健。中山太守张纯叛入丘力居众中，自号弥天安定王，为三郡乌丸元帅，寇略青、徐、幽、冀四州，杀略吏民。灵帝末，以刘虞为幽州牧，募胡斩纯首，北州乃定。后丘力居死，子楼班年小，从子蹋顿有武略，代立，总摄三王部，众皆从其教令。袁绍与公孙瓒连战不决，蹋顿遣使诣绍求和亲，助绍击瓒，破之。绍矫制赐蹋顿、难峭王、汗鲁王印绶，皆以为单于。后楼班大，峭王率其部众奉楼班为单于，蹋顿为王。然蹋顿多画计策。……袁尚败奔蹋顿，凭其势，复图冀州。会太祖平河北。……建安十一年（西元二〇六），太祖自征蹋顿于柳城。……乃击破其众，临阵斩蹋顿首。……速附丸、楼班、乌延等走辽东，辽东悉斩，传送其首。其余遗迸皆降。及幽州、并州柔所统乌丸万余落，悉徙其族居中国，帅从其侯王大人种众与征伐。由是三郡乌丸为天下名骑（《三国·魏志》卷三十《乌丸传》）。

（丙）鲜卑

鲜卑（注：《魏书》曰："……檀石槐……死，子和连代立。和连材力不及父，而贪淫，断法不平，众叛者半。灵帝末年，数为寇钞。攻北地，北地庶人善弩射者，射中和连，和连即死。其子骞曼小，兄子魁头代立。魁头既立后，骞曼长大，与魁头争国，众遂离散。魁头死，弟步度根代立。自檀石槐死后，诸大人遂世相袭也。"）步度根既立，众稍衰弱，中兄扶罗韩亦别拥众数万为大人。建安中，太祖定幽州，步度根与轲比能等，因乌丸校尉……上贡献。……轲比能……杀扶罗韩。……步度根由是怨比能。……后数与轲比能更相攻击，步度根部众稍寡弱。……至黄初五年（西元二二四），步度根诣阙贡献。……轲比能本小种鲜卑，以勇健，断法平端，不贪财物，众推以为大人。……比能众遂强盛，控弦十余万骑。……青龙三年（西元二三五）中，雄（幽州刺史王雄）遣勇士韩龙刺杀比能，更立其弟素利弥加厥机皆为大人（《三国·魏志》卷三十《鲜卑传》）。

（丁）西域及东夷之宾服

《书》称"东渐于海，西被于流沙"。其九服之制，可得而言也。然荒域之外，重译而至，非足迹车轨所及，未有知其国俗殊方者也。……魏兴，西域虽不能尽至，其大国龟兹、于寘、康居、乌孙、疏勒、月氏、鄯善、车师之属，无岁不奉朝贡，略如汉氏故事。而公孙渊仍父祖三世有辽东，天子为其绝域，委以海外之事，遂隔断东夷，不得通于诸夏。景初中，大兴师旅，诛渊。又潜军浮海，收乐浪、带方之郡，而后海表谧然，东夷屈服（《三国·魏志》卷三十《东夷传序》）。

（2）蜀汉之南进

建兴元年（西元二二三）夏，牂牁太守朱褒拥郡反。先是，益州郡有大姓雍闿反，流太守……于吴，据郡不宾。越嶲夷王高定亦背叛。……三年（西元二二五）三月，丞相亮南征四郡，四郡皆平，改益州郡为建宁郡，分建宁、永昌郡为云南郡，又分建宁、牂牁为兴古郡（《三国·蜀志》卷三《后主》）。

建兴三年（西元二二五）春，亮率众南征，其秋悉平（注:《汉晋春秋》曰：亮在南中，所在战捷。闻孟获者，为夷、汉并所服。……既得……纵使更战，七纵七禽而亮犹遣获，获止不去曰:“公天威也，南人不复反矣。”遂至滇池，南中平。〔《三国·蜀志》卷五《诸葛亮传》〕）。

建兴十四年（西元二三六），武都氐王苻健请降。……初，越嶲郡，自丞相亮讨高定之后，叟夷数反，杀太守。……是后，太守不敢之郡。……除嶷为越嶲太守，嶷将所领往之郡，诱以恩信，蛮夷皆服。……苏祁邑君冬逢，逢弟隗渠等，已降复反。嶷诛逢……而渠逃入西徼。渠刚猛捷悍，为诸种深所畏惮。……为反间……杀渠。渠死，诸种皆安（《三国·蜀志》卷十三《张嶷传》）。

（3）吴平山越

建宁二年（西元一六九）……九月……丹杨山越围太守陈夤，夤击破之（注：山越本亦越人，依阻山险，不纳王租，故曰山越。寇扰郡、县，盖自此始。其后，孙吴悉取其地，以民为兵，遂为王土。〔《资治通鉴》卷五十六《汉纪》四十八《灵帝上之上》〕）。

建安五年（西元二〇〇），策（孙策）薨，以事授权。……是时，惟有会稽、吴郡、丹阳、豫章、庐陵，然深险之地，犹未尽从。……曹公表权为讨虏将军，领会稽太守，屯吴。……分部诸将，镇抚山越，讨不从命。……嘉禾三年（西元二三四）……八月，以诸葛恪为丹阳太守，讨山越（《三国·吴志》卷二《孙权》）。

慈……与繇（扬州刺史刘繇，与慈同郡）俱奔豫章，而遁于芜湖，亡入山中，称丹阳太守。是时，策（孙策）已平定宣城以东，惟泾以西六县未服。慈因进住泾县，立屯府，大为山越所附。策躬自攻讨，遂见囚执。策即解缚……署门下督，还吴授兵，拜折冲中郎将。后刘繇亡于豫章，士众万余人未有所附，策命慈往抚安焉（《三国·吴志》卷四《太史慈传》）。

术（袁术）表贲（孙策从兄）领豫州刺史，转丹阳都尉，行征虏将军，讨平山越（《三国·吴志》卷六《孙贲传》）。

吴主权徐夫人……兄矫，嗣父琨侯，讨平山越，拜偏将军（《三国·吴志》卷五《吴主权徐夫人传》）。

盖随策（孙策）及权（孙权）擐甲周旋，蹈刃屠城，诸山越不宾，有寇难之县，辄用盖为守长。……凡守九县，所在平定，迁丹阳都尉。抑强扶弱，山越怀附（《三国·吴志》卷十《黄盖传》）。

韩当……幸于孙坚……为别部司马。及孙策东渡，从讨三郡。迁先登校尉，授兵二千，骑五十匹。从征刘勋破黄祖，还讨鄱阳，领乐安长，山越畏服（《三国·吴志》卷十《韩当传》）。

是时丹阳深地，频有奸叛。〔治〕亦以年向老，思恋土风，自表屯故鄣，镇抚山越。诸父老故人，莫不诣门，治皆引进，与共饮宴，乡党以为荣。在故鄣岁余，还吴（《三国·吴志》卷十一《朱治传》）。

（五）三国鼎峙之局

（1）三国之和战

（甲）蜀、吴之连和

蜀昭烈帝耻关羽之没，大举伐吴，为吴陆逊所败。

章武元年（魏黄初二年，西元二二一）……初，先主忿孙权之袭关羽，将东征。七月，遂帅诸军伐吴。孙权遗书请和，先主盛怒，不许。……二年（西元二二二）二月，先主自秭归（湖北秭归县）率诸将进军，缘山截岭，于夷道猇亭驻营。自佷山通武陵，遣侍中马良安慰五溪蛮夷，咸相率响应。镇北将军黄权，督江北诸军，与吴军相拒于夷陵道（《三国·蜀志》卷二《先主》）。

黄武元年（西元二二二），刘备率大众来向西界，权命逊为大都督、假节，督朱然、潘璋、宋谦、韩当、徐盛、鲜于丹、孙桓等五万人拒之。备从巫峡建平连围至夷陵界，立数十屯。……诸将并曰："攻备当在初，今乃令人五六百里相衔持，经七八月，其诸要害，皆以固守，击之必无利矣。"逊曰："备是猾虏，更尝事多。其军始集，思虑精专，未可干也。今住已久，不得我便，兵疲意沮，计不复生，掎角此寇，正在今日。"乃先攻一营不利，诸将皆曰："空杀兵耳。"逊曰："吾已晓破之之术。"乃敕各持一把茅，以火攻拔之。一尔势成，通率诸军同时俱攻。……破其四十余营。……备升马鞍山，陈兵自绕。逊督促诸军四面蹙之，土崩瓦解，死者万数。备因夜遁……仅得入白帝城。其舟船器械、水步军资，一时略尽。……备大惭恚曰："吾乃为逊所折辱，岂非天邪！"（《三国·吴志》卷十三《陆逊传》）

逾年，昭烈崩于永安宫（四川奉节县）。诸葛亮辅政，复与吴好。

章武三年（西元二二三）春，先主于永安病笃，召亮于成都，属以后事。……建兴元年，封亮武乡侯，开府治事。……且遣使聘吴，因结和亲，遂为与国（《三国·蜀志》卷五《诸葛亮传》）。

（乙）魏、吴之和战

初，吴大帝欲图荆州关羽，称臣于曹魏。既破蜀兵，复相龃龉。

黄武元年（西元二二二）……初，权外托事魏而诚心不款，魏欲遣侍中辛毗、尚书桓阶往与盟誓，并征任子，权辞让不受。九月，魏乃命曹休、张辽、臧霸出洞口，曹仁出濡须，曹真、夏侯尚、张郃、徐晃围南郡。权遣吕范等督五军，以舟军拒。……二年（西元二二三）三月……魏军皆退（《三国·吴志》卷二《孙权》）。

魏文帝作舟师，亲往征吴，亦无功而还。

黄初六年（西元二二五）三月……帝为舟师东征。五月，幸谯。……八月，帝遂以舟师自谯循涡入淮。……十月，行幸广陵故城，临江观兵，戎卒十余万，旌旗数百里。是岁大寒，水道冰，舟不得入江，乃引还（《三国·魏志》卷二《文帝》）。

至诸葛亮最后出师武功时，吴亦出兵响应，未几即还。

嘉禾三年（西元二三四）五月，权遣陆逊、诸葛瑾等屯江夏、沔口，孙韶、张承等向广陵、淮阳，权率大众围合肥、新城。是时，蜀相诸葛亮出武功，权谓魏明帝不能远出，而帝遣兵助司马宣王（懿）拒亮，自率水军东征。未至寿春，权退还，孙韶亦罢（《三国·吴志》卷二《孙权》）。

青龙二年（西元二三四）五月……孙权入居巢湖口，向合肥、新城。又遣将陆议、孙韶，各将万余人入淮、沔。六月，征东将军满宠进军拒之。……七月，帝亲御龙舟东征。权攻新城，将军张颖等拒守力战。帝军未至数百里，权遁走，议、韶等亦退（《三国·魏志》卷三《明帝》）。

(丙)蜀、魏之相距

建兴三年(西元二二五)……亮……乃治戎讲武,以俟大举。五年(西元二二七),率诸军北驻汉中。……六年(西元二二八)春,扬声由斜谷道取郿,使赵云、邓芝为疑军,据箕谷。魏大将军曹真,举众拒之。亮身率诸军攻祁山,戎阵整齐,赏罚肃而号令明,南安、天水、安定三郡叛魏应亮,关中响震。魏明帝西镇长安,命张郃拒亮。亮使马谡督诸军在前,与郃战于街亭,谡违亮节度,举动失宜,大为郃所破。亮……还于汉中。……冬,亮复出散关,围陈仓,曹真拒之,亮粮尽而还。……九年(西元二三一),亮复出祁山,以木牛运,粮尽退军,与魏将张郃交战,射杀郃。十二年(西元二三四)春,亮悉大众,由斜谷出,以流马运,据武功五丈原,与司马宣王(懿)对于渭南。亮每患粮不继,使己志不伸,是以分兵屯田,为久住之基。……相持百余日,其年八月,亮疾病,卒于军(《三国·蜀志》卷五《诸葛亮传》)。

司马懿与诸葛亮相守百余日,亮数挑战,懿不出。亮乃遗懿巾帼妇人之服。……亮遣使者至懿军,懿问其寝食及事之烦简,不问戎事,使者对曰:"诸葛公夙兴夜寐,罚二十以上皆亲览焉。所噉食不至数升。"懿告人曰:"诸葛孔明食少事烦,其能久乎?"(《资治通鉴》卷七十二《魏纪四》)

亮死后,至姜维主兵事,屡出兵攻魏,均无功而还。

(2)蜀及魏之亡

(甲)魏之灭蜀

蜀后主宠宦官,黄皓乱政。姜维又畏祸出屯,实予魏以可乘之机。

景耀五年(西元二六二),维……还住沓中。……宦官黄皓等弄权于内,右大将军阎宇与皓协比,而皓阴欲废维树宇。维亦疑之,故自危惧，不复还成都(《三国·蜀志》卷十四《姜维传》)。

魏乘蜀衰弱，遂遣将往征之。

景元四年(西元二六三)五月，诏……征西将军邓艾，督帅诸军趣甘松、沓中，以罗取维(姜维)。雍州刺史诸葛绪，督诸军趣武都、高楼，首尾蹴讨。……又命镇西将军钟会，由骆谷伐蜀(《三国·魏志》卷四《陈留王》)。

姜维据守剑阁，魏师不得志。邓艾涉险度阴平，进迫成都，后主迎降，蜀亡。

艾自阴平(甘肃文县南)道，行无人之地七百余里，凿山通道，造作桥阁。山高谷深，至为难险，又粮运将匮，频于危殆。艾以毡自裹，推转而下。将士皆攀木缘崖，鱼贯而进。先登至江由(四川江油县)，蜀守将马邈降。蜀卫将军诸葛瞻(亮子)自涪还绵竹(四川绵县南)，列陈待艾。艾……大破之，斩瞻。……进军到雒。刘禅遣使奉皇帝玺绶，为笺诣艾请降。艾至成都，禅率太子诸王及群臣六十余人，面缚舆榇诣军门，艾执节解缚焚榇，受而宥之(《三国·魏志》卷二十八《邓艾传》)。

明年(咸熙元年，西元二六四)正月……后主举家东迁。既至洛阳……命刘禅为安乐县公(《三国·蜀志》卷三《后主》)。

(乙)晋之代魏

魏明帝崩，遗诏以曹爽、司马懿共辅政。

明帝……寝疾，乃引爽入卧内，拜大将军、假节钺、都督中外诸军事、录尚书事，与太尉司马宣王(懿)并受遗诏辅少主。……齐王即位。……丁谧画策，使爽白天子，发诏转宣王为太傅。外以名号尊之，内欲令尚书奏事先来由已，得制其轻重也。爽弟羲为中领军，训武卫将军，彦散骑常侍侍讲，其余诸弟，皆以列侯侍从，出入禁闼，贵宠莫盛焉。南阳何晏、邓飏、李胜、沛国丁谧、东平毕轨，咸有声名，进趣于时，明帝以其浮华，皆抑黜之。及爽政，乃复进叙，任为腹心（《三国·魏志》卷九《曹真附曹爽传》）。

正始八年（西元二四七）四月……曹爽……专擅朝政，兄弟并典禁兵，多树亲党，屡改制度。帝（司马懿）不能禁，于是与爽有隙。五月，帝称疾，不与政事（《晋书》卷一《宣帝纪》）。

司马懿乘爽随天子外出，勒兵拒之，诬以大逆，族诛爽等。懿复当国，政归司马氏。

正始十年（西元二四九）正月，车驾朝高平陵，爽兄弟皆从。宣王部勒兵马，先据武库，遂出屯洛水浮桥。奏爽曰："……背弃顾命，败乱国典，内则僭拟，外专威权。……奏……罢爽、羲、训吏兵，以侯就第，不得逗留。以稽车驾，敢有稽留，便以军法从事。臣辄力疾将兵，屯洛水浮桥，伺察非常。"爽得宣王奏事不通，迫窘不知所为。……侍中许允、尚书陈泰，说爽使早自归罪。爽于是遣允、泰诣宣王归罪请死，乃通宣王奏事。遂免爽兄弟，以侯还第。………廷议……爽………包藏祸心，蔑弃顾命，乃与晏、飏及当（张当）等谋图神器，范（桓范）党同罪人，皆为大逆不道，于是收爽、羲、训、晏、飏、谧、轨、胜、范、当等皆伏诛，夷三族（《三国·魏志》卷九《曹真附曹爽传》）。

懿卒，子师继掌国柄，权势益张，因行废立之事。

正元元年（西元二五四）……司马师秉政，以丰（李丰）为中书令。是时太常夏侯玄有天下重名，以曹爽亲（爽外弟），不得在势任，居常怏怏。张缉以后父去郡家居，亦不得意。丰皆与之亲善，师虽擢用丰，丰私心常在玄。丰在中书二岁，帝数召丰与语，不知所说。师知其议己，请丰相见，以诘丰，丰不以实告，师怒，以刀镮筑杀之，送尸付廷尉，遂收丰子韬及夏侯玄、张缉等，皆下廷尉……诛韬、玄、缉……皆夷三族。……帝以李丰之死，意殊不平。安东将军司马昭镇许昌，诏召之使击姜维。九月，昭领兵入见。……左右劝帝因昭辞杀之，勒兵以退大将军。已书诏于前，帝惧不敢发。昭引兵入城，大将军师乃谋废帝。师以皇太后令，召群臣会议，以帝荒淫无度，亵近倡优，不可以承天绪，群臣皆莫敢违。乃奏收帝玺绶，归藩于齐。……迎高贵乡公髦于元城（《资治通鉴》卷七十六《魏纪八》）。

师卒，弟昭继之，专横尤甚。魏帝髦不胜其忿，讨之不克，为昭所杀。

景元元年（西元二六〇）四月，诏有司率遵前命，复进大将军昭位相国，封晋公，加九锡。帝见威权日去，不胜其忿。五月，召侍中王沈、尚书王经、散骑常侍王业谓曰："司马昭之心，路人所知也。吾不能坐受废辱，今日当与卿自出讨之。"……帝遂拔剑升辇，率殿中宿卫、苍头、官僮鼓噪而出。昭弟屯骑校尉伷，遇帝于东止车门，左右呵之，伷众奔走。中护军贾充，自外入逆，与帝战于南阙下。……济（太子舍人成济）即抽戈前刺，帝殒于车下（《资治通鉴》卷七十七《魏纪九》）。

昭以平蜀之功，进封晋王。昭卒，子炎继之，遂受魏禅。

咸熙二年（西元二六五）八月，相国晋王薨，晋太子炎绍封袭位，总摄百揆。……十二月，天禄永终，历数在晋。诏群公卿士具仪，设坛于南郊，使使者奉皇帝玺绶册，禅位于晋嗣王（注：《魏世谱》曰："封帝为陈留王。"〔《三国·魏志》卷四《陈留王》〕）。

两汉三国之社会

（一）人民生活状况

（1）正赋

（甲）田赋

高祖……天下既定……轻田租，什五而税一（《汉书》卷二十四上《食货志上》）。

秦……或耕豪民之田，见税什五。……汉兴，循而未改（《汉书》卷二十四上《食货志上》）。

孝景二年（西元前一五五），令民半出田租，三十而税一也（《汉书》卷二十四上《食货志上》）。

王莽……令曰："汉氏减轻田租，三十而税一。常有更赋，罢癃咸出。……厥名三十，实什税五也。"（《汉书》卷二十四上《食货志上》）

建武六年（西元三十）十二月……诏曰："顷者师旅未解，用度不足，故行什一之税。今军士屯田，粮储差积，其令郡国收见田租，三十税一如旧制。"（《后汉书》卷一下《光武帝纪下》）

肃宗……时，谷贵，县官经用不足，朝廷忧之。尚书张林上言："谷所以贵，由钱贱故也。可尽封钱，一取布帛为租，以通天下之用。"……于是诏诸尚书通议，晖奏："据林言不可施行。"事遂寝。后陈事者复重述林前议，以为于国诚便。帝然之，有诏施行（《后汉书》卷七十三《朱晖传》）。

延熹八年（西元一六五）八月，初令郡国有田者，亩敛税钱（注：亩十钱也。〔《后汉书》卷七《桓帝纪》〕）。

中平二年（西元一八五）二月……税天下田亩十钱（《后汉书》卷八《灵帝纪》）。

灵帝欲铸铜人，而国用不足，乃诏调民田亩敛十钱(《后汉书》卷六十一《陆康传》)。

魏武初平袁氏，以定邺都，令收田租，亩粟四升(《通考》卷二《田赋考二》)。

(乙)算赋

按：《高祖纪》(《汉书》卷一下)十一年诏曰："令诸侯王、通侯，常以十月朝献，及郡各以其口数，率人岁六十三钱。"是算赋为钱百二十。其入于司农者，六十三钱而已。

四年(西元前二〇三)八月，初为算赋(注：如淳曰："《汉仪注》，民年十五以上至五十六，出赋钱。人百二十为一算，为治库兵车马。"〔《汉书》卷一上《高帝纪上》〕)。

六年(西元前一八九)十月……女子年十五以上至三十不嫁，五算(注：应劭曰："……汉律，人出一算。……唯贾人与奴婢倍算。"〔《汉书》卷二《惠帝纪》〕)。

孝文皇帝……民赋四十(《汉书》卷六十四下《贾捐之传》)。

汉法，常因八月算人(《后汉书》卷十上《皇后纪序》)。

(丙)口赋

元凤四年(西元前七十七)正月……毋收四年、五年口赋(注：如淳曰："《汉仪注》，民年七岁至十四，出口赋钱，人二十三。二十钱以食天子，其三钱者，武帝加口钱，以补车骑马也。"〔《汉书》卷七《昭帝纪》〕)。

元平元年(西元前七十四)二月，诏……减口赋钱。有司奏请减什三，上许之(《汉书》卷七《昭帝纪》)。

五凤三年(西元前五十五)三月……减天下口钱(《汉书》卷八《宣

帝纪》)。

禹以为古民亡赋算口钱,起武帝征伐四夷,重赋于民,民产子三岁则出口钱,故民重困,至于生子辄杀。……宜令儿七岁去齿乃出口钱,年二十乃算。……天子(元帝)下其议,令民产子七岁乃出口钱,自此始(《汉书》卷七十二《贡禹传》)。

(丁)更赋

元凤四年(西元前七十七)正月……三年以前逋更赋未入者,皆勿收(注:如淳曰:"更有三品,有'卒更',有'践更',有'过更'。古者正卒无常人,皆当迭为之,一月一更,是谓卒更也。贫者欲得顾更钱者,次直者出钱顾之,月二千,是谓践更也。天下人,皆直戍边三日。……不可人人自行三日戍……诸不行者,出钱三百入官,官以给戍者,是谓过更也。"〔《汉书》卷七《昭帝纪》〕)。

(戊)户赋

秦汉之制,列侯、封君食租税,岁率户二百,千户之君则二十万,朝觐聘享出其中(《通考》卷十《户口考一》)。

庶民农工商贾,率一岁万息二千,户百万之家即二十万,而更繇租赋出其中,衣食好美矣(《通考》卷十《户口考一》)。

(2)税捐

(甲)盐铁

秦……盐铁之利二十倍于古。……汉兴,循而未改(《汉书》卷二十四上《食货志上》)。

孝惠、高后时……吴有豫章郡铜山,即招致天下亡命者盗铸钱。东煮海水为盐,以故无赋,国用饶足(《汉书》卷三十五《吴王濞传》)。

武帝……即位……兵连而不解。……县官大空，而富商贾……冶铸鬻盐，财或累万金。……于是以东郭咸阳、孔仅为大农丞，领盐铁事。……大农上盐铁丞孔仅、咸阳言:“山海，天地之藏，宜属少府，陛下弗私，以属大农佐赋。愿募民自给费，因官器作鬻盐，官与牢盆(注:苏林曰:“牢，价直也。”……如淳曰:“……牢盆，鬻盐盆也。”)。浮食奇民，欲擅斡山海之货，以致富羡，役利细民。其沮事之议，不可胜听。敢私铸铁器、鬻盐者，钛左趾，没入其器物。郡不出铁者，置小铁官，使属在所县。”使仅、咸阳乘传，举行天下盐铁，作官府，除故盐铁家富者为吏，吏益多贾人矣(《汉书》卷二十四下《食货志下》)。

郡有盐官、铁官……者，随事广狭，置令、长及丞，秩次皆如县。道无分士，给均本吏。本注曰:凡郡县出盐多者，置盐官，主盐税。出铁多者，置铁官，主鼓铸(《后汉书》卷三十八《百官志五》)。

肃宗议复盐铁官，众谏以为不可。诏数切责，至被奏劾，众执之不移。帝不从(《后汉书》卷六十六《郑兴附郑众传》)。

章和二年(西元八十八)四月……诏曰:“昔孝武皇帝致诛胡越，故权收盐铁之利，以奉师旅之费。自中兴以来，匈奴未宾。永平末年，复修征伐，先帝即位，务休力役。……探观旧典，复收盐铁，欲以防备不虞，宁安边境。而吏多不良，动失其便，以违上意，先帝恨之。故遣戒郡国，罢盐铁之禁，纵民煮铸，入税县官如故事。其申敕刺史……布告天下，使明知朕意。”(《后汉书》卷四《和帝纪》)

献帝建安初，置使者监卖盐。时关中百姓流入荆州者十余万家，及闻本土安宁，皆企愿思归，而无以自业。于是卫觊议，以为盐者国家之大宝。……今宜依旧置使者监卖，以其直益市犁牛，百姓归者以供给之，劝耕积粟，以丰实关中，远者闻之，必竞还。魏武于是遣谒者仆射监盐官。……流人果还，关中丰实(《通考》卷十五《征榷考二》)。

成都既平，以连为什邡令，转在广都，所居有绩，迁司盐校尉。较盐铁之利，利入甚多，有裨国用。……迁蜀郡太守、兴业将军，领盐府如故（《三国·蜀志》卷十一《王连传》）。

先主定益州，置盐府校尉，较盐铁之利。后校尉王连，请乂及南阳杜祺、南乡刘幹等，并为典曹都尉（《三国·蜀志》卷九《吕乂传》）。

丹阳地势险阻，与吴郡、会稽、新都、鄱阳四郡邻接。……山出铜铁，自铸甲兵（《三国·吴志》卷十九《诸葛恪传》）。

（乙）榷酤

天汉三年（西元前九十八）二月……初榷酒酤（《汉书》卷六《武帝纪》）。

昭帝……令民得以律占租，卖酒升四钱。……罢酤、占租、卖酒钱，共是一事。以律占租者，谓令民卖酒，以所得利占而输其租矣。占不以实，则论如律也。租，即卖酒之税也。卖酒升四钱，所以限民不得厚利尔（《通考》卷十七《征榷考四》）。

王莽篡汉，始立法官，自酿酒卖之（《通考》卷十七《征榷考四》）。

吕壹、秦博为中书，典校诸官府及州郡文书。壹等因此渐作威福，遂造作榷酤、障管之利（《三国·吴志》卷七《顾雍传》）。

（丙）均输

大司农属官，有……均输平准……令、丞（《汉书》卷十九上《百官公卿表上》）。

桑弘羊为大司农中丞，管诸会计事，稍稍置均输以通货物（《汉书》卷二十四下《食货志下》）。

元封元年（西元前一一〇）……弘羊以诸官各自市相争，物以故腾跃，而天下赋输，或不偿其僦费，乃请置大农部丞数十人，分部主郡国，各往往置均输盐铁官，令远方各以其物，如异时商贾所转贩者为赋，而相灌输。置平准于京师，都受天下委输。召工官治车诸器，皆仰给大农。大农诸官，尽笼天下之货物，贵则卖之，贱则买之。如此，富商大贾，亡所牟大利则反本，而万物不得腾跃。故抑天下之物，名曰平准。天子以为然而许之。……一岁之中……诸均输帛五百万匹，民不益赋而天下用饶（《汉书》卷二十四下《食货志下》）。

东汉章帝时，尚书张林上言："宜自交趾、益州上计吏来市珍宝，收采其利，武帝所谓均输也。"诏议之。尚书仆射朱晖曰："按《王制》天子不言有无，诸侯不言多少。食禄之家，不与百姓争利。今均输之法，与贾贩无异，非明主所宜行。"帝不从，其后用度益奢（《通考》卷二十《市籴考一》）。

（丁）捐输

算缗钱　元狩四年（西元前一一九）冬……初算缗钱（注：李斐曰："……一贯千钱，出算二十也。"……师古曰："谓有储积钱者，计其缗贯而税之。"〔《汉书》卷六《武帝纪》〕）。

公卿言……异时算轺车贾人之缗钱，皆有差下，请算如故。诸贾人末作贳贷卖买居邑贮积诸物，及商以取利者，虽无市籍，各以其物自占，率缗钱二千而算一。诸作有租及铸，率缗钱四千算一。……匿不自占，占不悉，戍边一岁，没入缗钱。有能告者，以其半畀之（《汉书》卷二十四下《食货志下》）。

军市租　魏尚为云中守，军市租尽以给士卒（《汉书》卷五十《冯唐传》）。

市籍租　武弟显家有市籍，租常不入，县数负其课（《汉书》卷八十六《何武传》）。

藁税　已奉谷租，又出藁税（注：师古曰："藁，禾秆也。"〔《汉书》卷七十二《贡禹传》〕）。

海租　增海租三倍（《汉书》卷二十四上《食货志上》）。

海税　元始元年（西元元年）六月……置少府、海丞、果丞各一人（注：师古曰："海丞，主海税也。"〔《汉书》卷十二《平帝纪》〕）。

算船车　元光六年（西元前一二九）冬，初算商车（《汉书》卷六《武帝纪》）。

公卿言：……异时算轺车……皆有差下，请算如故。……非吏比者，三老北边骑士轺车一算，商贾人轺车二算，船五丈以上一算，匿不自占，占不悉，戍边一岁。……有能告者，以其半畀之（《汉书》卷二十四下《食货志下》）。

租六畜　租及六畜（《汉书》卷九十六下《西域传赞》）。

翟方进……请……更算马牛羊（注：张晏曰："……马牛羊头数出税算，千输二十也。"〔《汉书》卷八十四《翟方进传》〕）。

保养军马　王莽末，边兵二十万人，仰县官衣食，用度不给，数横赋敛。又一切税吏民赀，二十而取一。又令公卿以下至郡县黄绶吏，皆保养军马（注：师古曰："保者不许其死伤。"）吏尽复以予民，民摇手触禁，不得耕桑（《通考》卷十九《征榷考六》）。

义钱　顺帝时，长吏二千石，听百姓谪罚者输赎，号为义钱（《通考》卷十九《征榷考六》）。

助修宫　灵帝令刺史、二千石及茂材、孝廉迁除，皆责助军修宫钱（《通考》卷十九《征榷考六》）。

道行费　灵帝……又令郡国贡献，先输中府，名为道行费（《通考》卷十九《征榷考六》）。

按：《困学纪闻》（卷十二）引桓谭《新论》：汉百姓赋敛，一岁为四十余万万，吏俸用其半，余二十万万藏于都内，为禁钱。少府所领园地作务八十三万万，以给宫室供养诸赏赐。又《晋书》（卷六十）《索琳传》云：汉天下贡赋三分之，一供宗庙，一供宾客，一充山陵。两说不同，而汉之财用可得大概。

（3）职役

（甲）更役

二年（西元前一五五）十二月……令天下男子，年二十始傅（按《高纪》：二年五月，汉王屯荥阳，萧何发关中老弱未傅者，悉诣军。注：如淳曰："律，年二十三傅之畴官，各从其父畴学之。高不满六尺二寸以下为罢癃。"《汉仪注》云：民年二十三为正，一岁为卫士，一岁为材官骑士。习射御、骑驰、战陈。又曰：年五十六衰老，乃得免为庶民，就田里。……师古曰："傅，著也。言著名籍给公家徭役也。"则知汉初，民在官三十有三年也。今景帝更为异制，令男子年二十始傅，则在官三十有六年矣。〔《汉书》卷五《景帝纪》〕）。

秦……用商鞅之法……月为更卒，已复为正。一岁屯戍，一岁力役，三十倍于古（注：师古曰："更卒，谓给郡县一月而更者也。正卒，谓给中都官者也。率计今人一岁之中，屯戍及力役之事，三十倍多于古也。"）。……汉兴，循而未改（《汉书》卷二十四上《食货志上》）。

孝文皇帝……偃武行文……丁男三年而一事（《汉书》卷六十四下《贾捐之传》）。

（乙）乡役

十里一亭，亭有长。十亭一乡，乡有三老、有秩啬夫、游徼。三老掌教化，啬夫职听讼、收赋税，游徼徼循禁贼盗。县大率方百里，其民稠助减，稀则旷，乡、亭亦如之。皆秦制也（《汉书》卷十九上《百官公卿表上》）。

汉高祖二年（西元前二〇五），举民年五十以上，有修行、能帅众为善，置以为三老，乡一人。择乡三老一人，为县三老。与县令、丞、尉以事相教，复，勿繇戍（《通考》卷十二《职役考一》）。

亭有亭长，以禁盗贼（《后汉书》卷三十八《百官志五》）。

里有里魁，民有什伍，善恶以告。本注曰：里魁长一里百家，什主十家，伍主五家，以相检察。民有善恶事，以告监官（《后汉书》卷三十八《百官志五》）。

（丙）泛役

三年（西元前一九二）春，发长安六百里内男女十四万六千人城长安，三十日罢。……五年（西元前一九〇）正月，复发长安六百里内男女十四万五千人城长安，三十日罢（《汉书》卷二《惠帝纪》）。

元狩三年（西元前一二〇）秋……发谪吏穿昆明池（《汉书》卷六《武帝纪》）。

成帝……河平元年（西元前二十八），卒治河者，为著外繇六月（注：师古曰："……以卒治河有劳，虽执役日近，皆得比繇戍六月也。著谓著于簿籍。"）……后二岁，河复决……作治六月乃成。……治河卒非受平贾者，为著外繇六月（《汉书》卷二十九《沟洫志》）。

建平二年（西元前五年）六月……葬（丁太后）定陶。发陈留、济阴近郡国五万人，穿复土（《汉书》卷十一《哀帝纪》）。

（4）货币

（甲）黄金

秦并天下，币为二等，黄金以溢为名，上币（《汉书》卷二十四下《食货志下》）。

古时不以白金为币，专用黄金，而黄金甚多。尉缭说秦王赂诸侯豪臣，不过三十万金，而诸侯可尽。汉高祖以四万斤与陈平，使为楚反间，不问其出入。娄敬说帝都关中，田肯说帝当以亲子弟封齐，即各赐五百斤。叔孙通定朝仪,亦赐五百斤。吕后崩,遗诏赐诸侯王各千斤。陈平交欢周勃,用五百斤。文帝即位,以大臣诛诸吕功,赐周勃五千斤,陈平、灌婴各二千斤,刘章、刘揭各千斤。吴王濞反,募能斩汉大将者赐五千斤、列将三千斤、裨将二千斤、二千石一千斤。梁孝王薨,有四十万斤。武帝赐平阳公主千斤,赐卜式四百斤。卫青击匈奴,斩首虏万九千级,军受赐二十余万斤。昌邑王赐故臣君卿千斤。宣帝既立,赐霍光七千斤,广陵王五千斤,诸王十五人各百斤,赐孔霸二百斤,赐黄霸百斤。元帝赐段会宗、甘延寿、陈汤各百斤。成帝赐王根五百斤。王莽聘史氏女为后,用三万斤,赐孝单于千斤,顺单于五百斤。莽末年,省中黄金万斤者为一匮,尚有六十匮,黄门钩盾尚方处,处各有数匮(以上见本纪及各本传)。可见古时黄金之多也。后世黄金日少,金价亦日贵,盖由中土产金之地,已发掘净尽。而自佛教入中国后,塑像涂金,大而通都大邑,小而穷乡僻壤,无不有佛寺,即无不用金涂,以天下计之,无虑几千万万,此最为耗金之蠹。加以风俗侈靡,泥金写经,贴金作榜,积少成多,日消月耗……此所以日少一日也(赵翼《廿二史札记》卷三《汉多黄金》)。

汉时,黄金上下通行,故文帝赐周勃至五千斤,宣帝赐霍光至七千斤。而武帝以公主妻栾大,至赍金万斤;卫青出塞,斩捕首虏之士,受赐黄金二十余万斤。梁孝王薨,藏府余黄金四十余万斤。馆陶公主近幸董偃,令中府曰:“董君所发,一日金满百斤……乃白之。”王莽禁列侯以下不得挟黄金,输御府受直。……《后汉·光武纪》言:“王莽末,天下旱蝗,黄金一斤,易粟一斛。”是民间亦未尝无黄金也。董卓死,坞中有金二三万斤。……昭烈得益州,赐诸葛亮、法正、关羽、张飞金各五百斤。……《尚书疏》:“汉魏赎罪,皆用黄金。”(顾炎武《日知录》卷十一《黄金》)

《史记·平准书》:“一黄金一斤。”(原注:《汉书·食货志》:黄金方寸而重一斤)臣瓒曰:“秦以一镒为一金(原注:孟康曰:“二十四两曰镒。”），汉以一斤为一金。”是汉之金，已减于秦矣。《汉书·食货志》：“黄金重一斤，直钱万。”《惠帝纪》注：师古曰：“诸赐金不言黄者，一斤与万钱。”（顾炎武《日知录》卷十一《黄金》）

笮融……乃大起浮图祠，以铜为人，黄金涂身，衣以锦采，垂铜盘九重（《三国·吴志》卷四《刘繇传》）。

《江表传》曰：晧……使尚方以金作华燧、步摇、假髻以千数，令宫人著以相扑，朝成夕败，辄出更作。工匠因缘偷盗，府藏为空（《三国·吴志》卷五《孙和何姬传》注）。

（乙）白金，即银锡也

又造银锡白金。以为天用莫如龙，地用莫如马，人用莫如龟，故白金三品：其一曰重八两，圜之，其文龙，名白撰，直三千；二曰以重差小，方之，其文马，直五百；三曰复小，椭之，其文龟，直三百。……铸官赤仄。……白金稍贱，民弗宝用。县官以令禁之，无益。岁余，终废不行（《汉书》卷二十四下《食货志下》）。

元狩四年（西元前一一九）冬……造白金（《汉书》卷六《武帝纪》）。

孝武始造白金三品，寻废不行（原注：谢肇淛曰：“汉银八两，直钱一千。当时银贱而钱贵。”……阎氏曰：按孝武始造白金三品，乃杂铸银锡为之。此即《汉书》安息国以银为钱之制，竟认作银，非。……王莽即真，始直用银，朱提银重八两为一流，直一千五百八十；它银一流直千，是为银货二品。〔顾炎武《日知录》卷十一《银》〕）。

（丙）白鹿皮

乃以白鹿皮方尺，缘以缋，为皮币，直四十万。王侯、宗室，朝觐、聘享，必以皮币荐璧，然后得行（《汉书》卷二十四下《食货志下》）。

元狩四年（西元前一一九）冬……造……皮币（《汉书》卷六《武帝纪》）。

时张汤用事，帝与汤造白鹿皮币，以问大司农颜异，对曰："今王侯朝贺以苍璧，直数千，而皮荐反四十万，本末不相称。"上不悦，汤奏异腹诽，坐死（《通考》卷八《钱币考一》）。

（丁）钱币

秦并天下……铜钱质如周钱，文曰半两，重如其文。而珠玉、龟贝、银、锡之属，为器饰宝臧，不为币。……汉兴，以为秦钱重难用，更令民铸荚钱（《汉书》卷二十四下《食货志下》）。

二年（西元前一八六）七月……行八铢钱。……六年六月……行五分钱（注：应劭曰："所谓荚钱者。"〔《汉书》卷三《高后纪》〕）。

自孝文更造四铢钱，至是岁（元狩四年，西元前一一九）四十余年，从建元以来，用少，县官往往即多铜山而铸钱，民亦益铸，不可胜数。钱益多而轻，物益少而贵。有司言曰："……今半两钱法重四铢，而奸或盗摩钱质而取鋊（注：臣瓒曰："许慎云，'鋊，铜屑也'。"），钱益轻薄而物贵，则远方用币，烦费不省。"乃……令县官销半两钱，更铸三铢钱，重如其文。……其明年（五年，西元前一一八）……有司言三铢钱轻，轻钱易作奸诈，乃更请郡国铸五铢钱，周郭其质，令不可得磨取鋊（《汉书》卷二十四下《食货志下》）。

郡国铸钱，民多奸铸，钱多轻，而公卿请令京师铸官赤仄（注：应劭曰："所谓子绀钱也。"如淳曰："以赤铜为其郭也。"），一当五。赋官用，非赤仄不得行（元鼎二年，西元前一一五）。……其后二岁，赤仄钱贱，民巧法用之，不便，又废。于是悉禁郡国毋铸钱，专令上林三官铸钱。既多，而令天下非三官钱不得行，诸郡国前所铸钱，皆废销之，输入其铜三官。而民之铸钱益少，计其费不能相当，唯真工大奸，乃盗为之（《汉书》

卷二十四下《食货志下》）。

自孝武元狩五年（西元前一一八），三官初铸五铢钱，至平帝元始中，成钱二百八十亿万余云（《通考》卷八《钱币考一》）。

汉承秦半两，已为荚钱、为四铢、为三铢、为五铢、为赤仄、为三官、为四出、为小钱，凡九变（顾炎武《日知录》卷十一《钱法之变》）。

王莽居摄，变汉制，以周钱有子母相权，于是更造大钱，径寸二分，重十二铢，文曰大钱五十。又造契刀、错刀，契刀其环如大钱，身形如刀，长二寸，文曰契刀五百；错刀以黄金错，其文曰一刀直五千，与五铢钱凡四品并行（《汉书》卷二十四下《食货志下》）。

莽即真，以为书刘字有金刀，乃罢错刀、契刀及五铢钱，而更作金银、龟贝、钱、布之品，名曰宝货。小钱，径六分，重一铢，文曰小钱直一。次七分，三铢，曰幺钱一十。次八分，五铢，曰幼钱二十。次九分，七铢，曰中钱三十。次一寸，九铢，曰壮钱四十。因前大钱五十，是为钱货六品，直各如其文（《汉书》卷二十四下《食货志下》）。

建武十六年（西元四十），始行五铢钱，天下赖其便（《通考》卷八《钱币考一》）。

桓帝……时，有上书言，人以货轻钱薄……宜改铸大钱。事下四府、群僚及太学能言之士。陶上议……帝竟不铸钱（《后汉书》卷八十七《刘陶传》）。

灵帝中平三年（西元一八六），铸四出文钱，钱皆四道（《通考》卷八《钱币考一》）。

初平元年（西元一九〇）二月……悉椎破铜人、钟虡及坏五铢钱，更铸为小钱，大五分，无文章肉好，无输郭，不磨鑢。……自是后，钱货不行（《三国·魏志》卷六《董卓传》）。

黄初二年（西元二二一）三月……初复五铢钱。……十月……以谷贵，罢五铢钱（《三国·魏志》卷二《文帝》）。

魏文帝黄初二年(西元二二一),罢五铢钱,使百姓以谷帛为市买。至明帝代,钱废。谷用既久,人间巧伪渐多,竞湿谷以要利,作薄绢以为市,虽处以严刑,而不能禁也。司马芝等举朝大议,以为用钱非徒丰国,亦所以省刑。今若更铸五铢,于事为便。帝乃更立五铢钱,至晋用之,不闻有所改创(《通典》卷八《食货八》)。

蜀先主刘备攻刘璋,与士众约:"若事定,府库百姓,孤无取焉。"及拔成都,士众皆舍干戈,赴诸库藏取宝物,军用不足,备甚忧之。西曹掾刘巴曰:"易耳,但当铸钱,一直百钱,平诸物价,令吏为官市。"备从之,数月之间,府库充实。文曰直百,亦有勒为五铢者,大小秤两如一焉,并径七分,重四铢(《通典》卷八《食货八》注)。

嘉禾五年(西元二三六)春,铸大钱,一当五百。……赤乌元年(西元二三八)春,铸当千大钱(《三国·吴志》卷二《孙权》)。

吴孙权……赤乌元年(西元二三八),铸一当千大钱,径一寸四分,重十六铢(《通典》卷八《食货八》注)。

(5)实业

(甲)农

赵过……能为代田,一亩三甽。岁代处,故曰代田,古法也。后稷始甽田,以二耜为耦,广尺、深尺曰甽,长终亩。一亩三甽,一夫三百甽,而播种于三甽中。……其耕耘下种田器,皆有便巧。率十二夫为田一井一屋,故亩五顷,用耦犂,二牛三人,一岁之收,常过缦田亩一斛以上,善者倍之。过使教田太常、三辅,大农置工巧奴与从事,为作田器。二千石遣令、长、三老、力田及里父老善田者受田器,学耕种养苗状。……率多人者田日三十亩,少者十三亩,以故田多垦辟(《汉书》卷二十四上《食货志上》)。

董仲舒说上(武帝)曰:"……古井田法,虽难卒行,宜少近古,限民

名田，以澹不足。”（《汉书》卷二十四上《食货志上》）

王莽……篡位。……下令曰：“……富者质而为邪，贫者穷而为奸，俱陷于辜，刑用不错。今更名天下田曰王田……皆不得卖买。其男口不满八，而田过一井者，分余田与九族乡党。”犯令，法至死（《汉书》卷二十四上《食货志上》）。

天下垦田，多不以实。……建武十五年（西元三十九），诏下州郡检核（《后汉书》卷五十二《刘隆传》）。

以上均关乎田制，而当时君主，亦甚重农事以增赋入。

文帝即位……时民近战国，皆背本趋末。贾谊说上曰：“……一夫不耕或受之饥。……今背本而趋末。……生之者甚少，而靡之者甚多，天下财产，何得不蹶？……今驱民而归之农，皆著于本，使天下各食其力，末技游食之民，转而缘南亩，则畜积足而人乐其所矣。”……上感谊言……躬耕以劝百姓（《汉书》卷二十四上《食货志上》）。

十二年（西元前一六八）三月……诏曰：“道民之路，在于务本。朕亲率天下农，十年于今。……吾诏书数下，岁劝民种树……力田，为生之本也。……而以户口率，置三老、孝悌、力田常员，令各率其意，以道民焉。”（《汉书》卷四《文帝纪》）

上以为勃海太守。……遂见齐俗奢侈，好末技，不田作，乃……劝民务农桑，令口种一树榆、百本薤、五十本葱、一畦韭，家二母彘、五鸡。民有带持刀剑者，使卖剑买牛、卖刀买犊。……郡中皆有畜积，吏民皆富实（《汉书》卷八十九《龚遂传》）。

元和二年（西元八十五）二月……帝耕于定陶，诏曰：“三老尊年也，孝悌淑行也，力田勤劳也，国家甚休之。其赐帛，人一匹，勉率农功。”（《后汉书》卷三《章帝纪》）

汉代重农，有劝农之使。尤疏治水利，北方开发进步，与有关焉。

韩……乃使水工郑国间说秦，令凿泾水，自中山西邸瓠口为渠，并北山东注洛，三百余里。……注填阏之水，溉舄卤之地四万余顷，收皆亩一钟。于是关中为沃野，无凶年……名曰郑国渠（《汉书》卷二十九《沟洫志》）。

是时郑当时为大农，言曰："异时关东漕粟从渭中上，度六月而罢，而漕水道九百余里，时有难处。引渭穿渠起长安，并南山下，至河三百余里，径，易漕，度可令三月罢；而渠下民田万余顷，又可得以溉田，此损漕省卒，而益肥关中之地，得谷。"天子以为然，令齐人水工徐伯表，悉发卒数万人穿漕渠，三岁而通。通，以漕，大便利。其后漕稍多，而渠下之民颇得以溉田矣（《史记》卷二十九《河渠书》）。

元鼎六年（西元前一一一）……兒宽为左内史，奏请穿凿六辅渠，以益溉郑国傍高印之田（《汉书》卷二十九《沟洫志》）。

太始二年（西元前九十五），赵中大夫白公复奏穿渠，引泾水，首起谷口，尾入栎阳，注渭中，袤二百里，溉田四千五百余顷，因名曰白渠（《汉书》卷二十九《沟洫志》）。

河东守番系言："……穿渠引汾溉皮氏、汾阴下，引河溉汾阴、蒲坂下。"……上以为然，发卒数万人作渠田。……久之，河东渠田废（《汉书》卷二十九《沟洫志》）。

其后严熊言："临晋民愿穿洛以溉重泉以东万余顷故恶地。"……于是为发卒万人穿渠，自征引洛水至商颜下。岸善崩，乃凿井，深者四十余丈。往往为井，井下相通行水。水隤以绝商颜……始穿得龙骨，故名曰龙首渠。作之十余岁，渠颇通，犹未得其饶（《汉书》卷二十九《沟洫志》）。

召信臣……迁南阳太守。……时行视郡中水泉，开通沟渎，起水门提阏凡数十处，以广溉灌，岁岁增加，多至三万顷。……信臣为民作均水约束，刻石立于田畔，以防分争（《汉书》卷八十九《召信臣传》）。

（乙）商

天下已平，高祖乃令贾人不得衣丝乘车，重租税以困辱之。孝惠、高后时，为天下初定，复弛商贾之律。然市井之子孙，亦不得仕宦为吏（《史记》卷三十《平准书》）。

贾人有市籍及家属，皆无得名田以便农。敢犯令，没入田货（《汉书》卷二十四下《食货志下》）。

商贾以币之变，多积货逐利。于是公卿言：郡国颇被灾害。……异时算轺车、贾人缗钱，皆有差，请算如故。诸贾人末作贳贷买，居邑稽诸物，及商以取利者，虽无市籍，各以其物自占（注：《索隐》郭璞云："占，自隐度也，谓各自隐度其财物多少，为文簿送之官也。"），率缗钱二千而一算。诸作有租及铸，率缗钱四千一算（《史记》卷三十《平准书》）。

置平准于京师。……大农之诸官，尽笼天下之货物，贵即卖之，贱则买之。如此，富商大贾，无所牟大利（《史记》卷三十《平准书》）。

当时贱商，多方以剥夺之。然商人努力贸易，在经济上仍占重要位置。

富商大贾，或蹛财役贫，转毂百数，废居居邑，封君皆低首仰给（《史记》卷三十《平准书》）。

商贾大者，积贮倍息。小者坐列贩卖，操其奇赢，日游都市，乘上之急，所卖必倍。故其男不耕耘，女不蚕织，衣必文采，食必粱肉，亡农夫之苦，有仟伯之得。因其富厚，交通王侯，力过吏势，以利相倾；千里游敖，冠盖相望，乘坚策肥，履丝曳缟。此商人所以兼并农人，农人所以流亡者也（《汉书》卷二十四上《食货志上》）。

永安二年三月……诏曰："……自顷年以来……多违此业，皆浮船长江，贾作上下。"（《三国·吴志》卷三《孙休》）

《庙记》云："长安市有九，各方二百六十六步。六市在道西，三市在道东。凡四里为一市。致九州之人在突门。夹横桥大道，市楼皆重屋。"

又曰:“旗亭楼,在杜门大道南。”又有柳市、东市、西市,当市楼有令署,以察商贾货财买卖贸易之事,三辅都尉掌之。直市在富平津西南二十五里,即秦文公造。物无二价,故以直市为名(《三辅黄图》卷二)。

时监军御史为奸,穿北军垒垣,以为贾区(《汉书》卷六十七《胡建传》)。

(丙)矿

蜀卓氏之先赵人也,用铁冶富。秦破赵,迁卓氏……致之临卭。大喜,即铁山鼓铸,运筹策,倾滇、蜀之民,富至僮千人……拟于人君(《史记》卷一二九《货殖列传》)。

程郑,山东迁虏也。亦冶铸,贾椎髻之民,富埒卓氏,俱居临卭。宛孔氏之先梁人也,用铁冶为业……家致富数千金。……而曹邴氏尤甚,以铁冶起,富至巨万(《史记》卷一二九《货殖列传》)。

邯郸郭纵,以铁冶成业,与王者埒富(《史记》卷一二九《货殖列传》)。

是时,吴以诸侯即山铸钱,富埒天子,后卒叛逆。邓通以铸钱,财过王者,故吴、邓钱布天下(《通考》卷八《钱币考一》)。

(丁)物产

总之,楚越之地,地广人希,饭稻羹鱼,或火耕而水耨,果隋蠃蛤,不待贾而足。地势饶食,无饥馑之患。……沂、泗水以北,宜五谷桑麻六畜,地小人众,数被水旱之害。……三河、宛、陈亦然。……燕、代田畜而事蚕。……故曰陆地牧马二百蹄,牛蹄角千,千足羊,泽中千足彘,水居千石鱼陂,山居千章之材。安邑千树枣;燕、秦千树栗;蜀、汉、江陵千树橘;淮北、常山已南,河济之间千树萩;陈、夏千亩漆;齐、鲁千亩桑麻;渭川千亩竹(《史记》卷一二九《货殖列传》)。

众庶街巷有马，阡陌之间成群，而乘字牝者，摈而不得聚会（《史记》卷三十《平准书》）。

（6）一代盛衰之总述

汉兴，接秦之敝，诸侯并起，民失作业，而大饥馑，凡米石五千，人相食，死者过半。高祖乃令民得卖子，就食蜀汉。天下既定，民亡盖臧，自天子不能具纯驷，而将相或乘牛车。……至武帝之初，七十年间，国家亡事，非遇水旱，则民人给家足，都鄙廪庾尽满，而府库余财。京师之钱累百巨万，贯朽而不可校；太仓之粟陈陈相因，充溢露积于外，腐败不可食；众庶街巷有马，仟伯之间成群，乘牸牝者摈而不得会聚；守闾阎者食粱肉，为吏者长子孙，居官者以为姓号；人人自爱而重犯法，先行谊而黜愧辱焉（《汉书》卷二十四上《食货志上》）。

孝惠、高后时，百姓新免毒蠚，人欲长幼养老。萧曹为相，填以无为，从民之欲而不扰乱。是以衣食滋殖，刑罚用稀。及孝文即位，躬修玄默，劝趣农桑，减省租赋。而将相皆旧功臣，少文多质，惩恶亡秦之政，论议务在宽厚，耻言人之过失。……告讦之俗易。……风流笃厚，禁罔疏阔（《汉书》卷二十三《刑法志》）。

自是之后，严助、朱买臣等，招来东瓯，事两越，江淮之间，萧然烦费矣。唐蒙、司马相如开路西南夷，凿山通道千余里，以广巴蜀，巴蜀之民罢焉。彭吴贾灭朝鲜……则燕、齐之间靡然发动。及王恢设谋马邑，匈奴绝和亲，侵扰北边，兵连而不解。……行者赍，居者送，中外骚扰而相奉……财赂衰耗而不赡。……赋税既竭，犹不足以奉战士（《史记》卷三十《平准书》）。

天子（武帝）既下缗钱令而尊卜式，百姓终莫分财佐县官，于是告缗钱纵矣。……杨可告缗遍天下，中家以上，大氐皆遇告。杜周治之，狱少反者。乃分遣御史、廷尉、正监分曹，往往即治郡国缗钱，得民财物以亿计，奴婢以千万数。田大县数百顷，小县百余顷，宅亦如之。于是商贾中家以上大氐破，民媮甘食好衣，不事畜臧之业(《汉书》卷二十四下《食货志下》)。

《帝王世纪》曰：……至于孝平……民户又息……汉之极盛也。及王莽篡位，续以更始、赤眉之乱，至光武中兴，百姓虚耗，十有二存。……永平、建初之际，天下无事，务在养民。迄于孝和，民户滋殖。及孝安永初、元初之间，兵饥之苦，民人复损。至于……灵帝，遭黄巾。献帝即位，而董卓兴乱，大焚宫庙，劫御西迁，京师萧条，豪杰并争。郭汜、李傕之属残害又甚，是以兴平、建安之际，海内凶荒，天子奔流，白骨盈野。……雄雌未定，割剥庶民(《后汉书》卷二十九《郡国志一》注)。

今察洛阳，浮末者什于农夫，虚伪游手者什于浮末。是则一夫耕百人食之，一妇桑百人衣之，以一奉百，孰能供之？天下百郡千县，市邑万数，类皆如此，本末何足相供，则民安得不饥寒(王符《潜夫论》卷三《浮侈》篇)。

王侯贵戚豪富，尤多宇之伭，举骄奢以作淫侈，高负千万，不肯偿责。小民守门号哭啼呼，曾无怵惕慚怍哀矜之意(王符《潜夫论》卷五《断讼》篇)。

井田之变，豪人货殖，馆舍布于州郡，田亩连于方国。……财赂自营，犯法不坐。刺客死士，为之投命。至使弱力少智之子，被穿帷败，寄死不敛。冤枉穷困，不敢自理(《后汉书》卷七十九《仲长统传·昌言·损益篇》)。

魏武克平天下，文帝受禅，人众之损，万有一存(《通考》卷十《户口考一》)。

青龙中，营治宫室，百姓失农时，群上疏曰："禹承唐虞之盛，犹卑宫室而恶衣服。况今丧乱之后，人民至少。……加边境有事……宜……讲武劝农。……今舍此急而先宫室，臣惧百姓遂困。"(《三国·魏志》卷二

十二《陈群传》）

太祖始制新科，下州郡，又收租税绵绢。夔以郡初立，近以师旅之后，不可卒绳以法，乃上言曰："……非观民设教随时之意。……此郡宜依远域新邦之典。……上不背正法，下以顺百姓之心，比及三年，民安其业。"……太祖从其言（《三国·魏志》卷十二《何夔传》）。

永安二年（西元二五九）三月……诏曰："……今欲广开田业，轻其赋税，差科强羸，课其田亩，务令优均。官私得所，使家给户赡，足相供养，则爱身重命不犯科法。"（《三国·吴志》卷三《孙休》）

时仓廪无储，世俗滋侈，覈上疏曰："今寇虏充斥，征伐未已。……而徒使百姓消力失时，到秋收月，督其限入，夺其播殖之时，而责其今年之税，如有逋悬，则籍没财物，故家户贫困，衣食不足。宜暂息众役，专心农桑。古人称一夫不耕或受其饥，一女不织或受其寒。……军兴以来，已向百载，农人废南亩之务，女工停机杼之业。推此揆之，则蔬食而长饥，薄衣而履冰者固不少矣。"（《三国·吴志》卷二十《华覈传》）

（二）学术思想

（1）秘阁藏书

武帝置太史公，命天下计书，先上太史，副上丞相。开献书之路，置写书之官，外有太常、太史、博士之藏，内有延阁、广内、秘室之府。……至于孝成，秘藏之书，颇有亡散，乃使谒者陈农，求遗书于天下。命光禄大夫刘向校经传、诸子、诗赋，步兵校尉任宏校兵书，太史令尹咸校数术，太医监李柱国校方技。每一书就，向辄撰为一录，论其指归，辨其讹谬，叙而奏之。向卒后，哀帝使其子歆嗣父之业。乃徙温室中书于天禄阁上。歆遂总括群篇，撮其指要，著为《七略》：一曰《集略》，二曰《六艺略》，三曰《诸子略》，四曰《诗赋略》，五曰《兵书略》，六曰《术数略》，七曰《方技略》。大凡三万三千九十卷。王莽之末，又被焚烧（《隋书》卷三十二《经籍志一》）。

光武中兴，笃好文雅，明、章继轨，尤重经术。四方鸿生巨儒，负袠自远而至者，不可胜算。石室、兰台，弥以充积。又于东观及仁寿阁集新书，校书郎班固、傅毅等典掌焉。并依《七略》而为书部，固又编之，以为《汉书·艺文志》。董卓之乱，献帝西迁，图书缣帛，军人皆取为帷囊。所收而西，犹七十余载。两京大乱，扫地皆尽（《隋书》卷三十二《经籍志一》）。

魏氏代汉，采掇遗亡，藏在秘书中、外三阁。魏秘书郎郑默，始制《中经》，秘书监荀勖，又因《中经》，更著《新簿》，分为四部，总括群书。一曰甲部，纪六艺及小学等书；二曰乙部，有古诸子家、近世子家、兵书、兵家、术数；三曰丙部，有《史记》、旧事、《皇览簿》、杂事；四曰丁部，有诗赋、图赞、汲冢书，大凡四部合二万九千九百四十五卷。但录题及言，盛以缥囊，书用缃素。至于作者之意，无所论辩。惠、怀之乱，京华荡覆，渠阁文籍，靡有孑遗（《隋书》卷三十二《经籍志一》）。

（2）两汉学术之盛

（甲）经学

汉初承秦乱之余，经籍散逸，而学者各本家法教授，派别遂分。

暴秦燔经书，杀儒士，设挟书之法，行是古之罪，道术由是遂灭。汉兴，去圣帝明王遐远，仲尼之道，又绝法度，无所因袭。时独有一叔孙通，略定礼仪。天下唯有《易》卜，未有它书。至孝惠之世，乃除挟书之律。……至孝文皇帝，始使掌故朝错，从伏生受《尚书》。……《诗》始萌牙。天下众书，往往颇出，皆诸子传说（《汉书》卷三十六《刘向附刘歆传》）。

惠帝除挟书之律，儒者始以其业行于民间。犹以去圣既远，经籍散逸，简札错乱，传说纰缪，遂使《书》分为二、《诗》分为三、《论语》有齐鲁之殊、《春秋》有数家之传，其余互有踳驳，不可胜言（《隋书》卷三十二《经籍志一》）。

至武帝罢黜百家，尊崇五经，经各置博士以教弟子，于是学者莫敢逾其范围。兹取诸名家之说得列于学官者，表之于下：

两汉学官简表

经名	家别	置学官		备考
		西汉	东汉	
易	施氏（雠）	置	置	《汉书·儒林传》：施雠，字长卿，沛人也。从田王孙（汉初传《易》者有田何，何授丁宽，宽授田王孙），受《易》。田王孙为博士，复从卒业。与孟喜、梁丘贺，并为门人。
	孟氏（喜）	置	置	同上。孟喜，字长卿，东海兰陵人也。从田王孙受《易》。

续表

经名	家别	置学官		备考
		西汉	东汉	
易	梁丘氏（贺）	置	置	同上。梁丘贺，字长翁，琅邪诸人也。从大中大夫京房受《易》。房出为齐郡太守，贺更事田王孙。
	京氏（房）	元帝曾置，旋罢	置	《汉书·京房传》：房，字君明，东郡顿丘人也。治《易》，事梁人焦延寿。
书	欧阳氏（生）	置	置	《汉书·儒林传》：欧阳生，字和伯，千乘人也。事伏生，授兒宽。宽授欧阳生子，世世相传，至曾孙高子阳为博士。
	大夏侯氏（胜）	置	置	《汉书·夏侯胜传》：胜字长公，鲁东平人。《汉书·儒林传》：其先，夏侯都尉，从济南张生受《尚书》以传族子始昌，始昌传胜，胜又事同郡蔄卿。蔄卿者，兒宽门人。
	小夏侯氏（建）	置	置	《汉书·夏侯胜传》：胜从父子建，字长卿。《汉书·儒林传》：胜传从兄子建，建又事欧阳高，由是《尚书》有大、小夏侯之学。
诗	鲁（申公）	置	置	同上。申公，鲁人也。事齐人浮丘伯受《诗》。
	齐（辕固生）	置	置	同上。辕固，齐人也。以治《诗》，孝景时为博士。
	韩氏（婴）	置	置	同上。韩婴，燕人也。孝文时，为博士。景帝时，至常山太傅。婴推诗人之意，而作《内外传》数万言，其语颇与齐、鲁间殊，然归一也。燕、赵间言《诗》者，由韩生。

续表

经名	家别	置学官		备考
		西汉	东汉	
礼	后氏（苍）	置		同上。后苍，字近君，东海郯人也。汉兴，鲁高堂生传《士礼》十七篇（宣帝时）。仓说《礼》数万言，号曰《后氏曲台记》。授梁戴德延君、戴圣次君（德从兄子）、沛庆普孝公。德号大戴，圣号小戴。由是《礼》有大戴、小戴、庆氏之学。
	大戴氏（德）		置	
	小戴氏（圣）		置	
	庆氏（普）			
春秋	公羊 严氏（彭祖） 颜氏（安乐）	置	置 置	《汉书·儒林传》：严彭祖，字公子，东海下邳人也。与颜安乐俱事眭孟。 《汉书·艺文志》：《公羊传》十一卷。注：公羊子齐人。师古曰：名高。 《汉书·儒林传》：颜安乐，字公孙，鲁国薛人。 《隋书·经籍志》：汉初有公羊、穀梁、邹氏、夹氏四家并行。王莽之乱，邹氏无师，夹氏亡。初，齐人胡母子都传《公羊春秋》，授东海嬴公，嬴公授东海孟卿，孟卿授鲁人眭孟，眭孟授东海严彭祖、鲁人颜安乐，故后汉有严氏、颜氏之学。
	穀梁江公	置	光武时曾置，旋罢	《汉书·艺文志》：《穀梁传》十一卷。注：穀梁子鲁人。师古曰：名喜。 《汉书·儒林传》：瑕丘江公，授《穀梁春秋》及《诗》于鲁申公。

及至季年，支叶蕃滋，一经说至百余万言烦重破碎，不足以餍学者之心，而争论遂起，致有今古文之争。今文者，汉通行之隶书写经；古文则科斗文也。

孔氏有《古文尚书》，而安国以今文读之，因以起其家（《史记》卷一二一《伏胜传》）。

鲁恭王坏孔子宅，欲以为宫，而得古文于坏壁之中，逸《礼》有三十九篇、《书》十六篇。天汉之后，孔安国献之，遭巫蛊仓卒之难，未及施行（《汉书》卷三十六《刘向附刘歆传》）。

文有今、古之分者，孔壁书科斗文字，安国以今文读之。盖秦已来，改篆为隶，或以今文写书，安国据以读古文（孙星衍《尚书今古文注疏序》）。

首请立古文者为刘歆，虽遭众嫉视，未克实行。终假王莽之力，得立学官。

歆校秘书，见古文《春秋》《左氏传》，歆大好之。……初，《左氏传》多古字古言，学者传训故而已。及歆治《左氏》，引传文以解经，转相发明，由是章句义理备焉。……及歆亲近，欲建立《左氏春秋》及《毛诗》《逸礼》《古文尚书》皆列于学官。哀帝令歆与五经博士，讲论其义，诸博士或不肯置对。……为众儒所讪，惧诛，求出补吏。……哀帝崩，王莽持政。莽少与歆俱为黄门郎，重之，白太后。……及王莽篡位，歆为国师（《汉书》卷三十六《刘向附刘歆传》）。

东汉学官，仍依西汉，古文诸家，迄未得立。然贾、马之徒，赞扬古文，风靡一时。郑玄继之，其学愈盛。

贾逵，字景伯，扶风平陵人也。……父徽，从刘歆受《左氏春秋》，兼习《国语》《周官》，又受《古文尚书》于涂恽，学《毛诗》于谢曼卿。……逵悉传父业。……虽为古学，兼通五家《穀梁》之说。……逵数为帝（明帝）言《古文尚书》与经传《尔雅》诂训相应，诏令撰欧阳、大小夏侯《尚书》古文同异。逵集为三卷，帝善之。复令撰齐、鲁、韩《诗》与毛氏异同，并作《周官解故》。……建初八年（西元八十三），乃诏诸儒各选高才生，受左氏、穀梁《春秋》《古文尚书》《毛诗》，由是四经遂行于世。……逵所著经传义诂及论难百万余言……学者宗之（《后汉书》卷六十六《贾逵传》）。

马融字季长，扶风茂陵人也。……融才高博洽，为世通儒。教养诸生，常有千数。涿郡卢植、北海郑玄皆其徒也。……著《三传异同说》，注《孝经》《论语》《诗》《易》《三礼》《尚书》《列女传》《老子》《淮南子》《离骚》（《后汉书》卷九十上《马融传》）。

郑玄字康成，北海高密人也。……造太学受业，师事京兆第五元先，始通《京氏易》《公羊春秋》《三统历》《九章算术》。又从东郡张恭祖受《周官》《礼记》《左氏春秋》《韩诗》《古文尚书》。……西入关，因涿郡卢植，事扶风马融。……初，中兴之后，范升、陈元、李育、贾逵之徒，争论古今学。后马融答北地太守刘瓌及玄答何休，义据通深，由是古学遂明。……凡玄所注《周易》《尚书》《毛诗》《仪礼》《礼记》《论语》《孝经》《尚书大传》《中候》《乾象历》，著《天文七政论》《鲁礼禘祫义》《六艺论》《毛诗谱》《驳许慎五经异义》《答临孝存周礼难》凡百余万言。……齐鲁间宗之（《后汉书》卷六十五《郑玄传》）。

至灵帝时，刻石经于太学，垂为正则，经学之盛极矣。

熹平四年（西元一七五），灵帝乃诏诸儒，正定《五经》，刊于石碑……树之学门，使天下咸取则焉（《后汉书》卷一〇九上《儒林传序》）。

邕以经籍去圣久远，文字多谬，俗儒穿凿，疑误后学。熹平四年（西元一七五），乃与五官中郎将堂谿典、光禄大夫杨赐、谏议大夫马日磾、议郎张驯、韩说、太史令单飏等，奏求正定六经文字。灵帝许之。邕乃自书册于碑，使工镌刻立于太学门外。于是后儒晚学，咸取正焉。及碑始立，其观视及摹写者，车乘日千余两，填塞街陌（《后汉书》卷九十下《蔡邕传》）。

（乙）史学

（子）《史记》

罔罗天下放失旧闻……原始察终，见盛观衰。……上记轩辕，下至于兹。著十二本纪……作十表……八书……三十世家……七十列传，凡百三十篇（《史记》卷一三〇《太史公自序》）。

汉武帝时，始置太史公，命司马谈为之，以掌其职。时天下计书，皆先上太史，副上丞相，遗文古事，靡不毕臻。谈乃据《左氏》《国语》《世本》《战国策》《楚汉春秋》，接其后事，成一家之言。谈卒，其子迁又为太史令，嗣成其志，上自黄帝，讫于炎汉……谓之《史记》。迁卒以后，好事者亦颇著述，然多鄙浅，不足相继（《隋书》卷三十三《经籍志二》）。

（丑）《汉书》

彪既才高，而好述作，遂专心史籍之间。武帝时，司马迁著《史记》，自太初以后，阙而不录。后好事者，颇或缀集时事。然多鄙俗，不足以踵继其书。彪乃继采前史遗事，傍贯异闻，作《后传》数十篇。……子固。……固字孟坚。……博贯载籍，九流百家之言，无不穷究。……父彪卒，归郷里。固以彪所续前史未详，乃潜精研思，欲就其业。……召诣校书部，除兰台令史。……成《世祖本纪》……撰功臣、平林、新市、公孙述事，作《列传》《载记》二十八篇奏之。帝乃复使终成前所著书。固……故探撰《前纪》，缀集所闻，以为《汉书》。起元高祖，终于孝平王莽之诛，十有二世，二百三十年。……为春秋考纪（谓帝纪）、表、志、传凡百篇（注：纪十二、表八、志十、列传七十）。固自永平中始受诏，潜精积思二十余年，至建初中乃成，当世甚重其书（《后汉书》卷七十上《班彪附子班固传》）。

扶风曹世叔妻者，同郡班彪之女也，名昭，字惠班，一名姬。博学高才。……兄固著《汉书》，其《八表》及《天文志》未及竟而卒。和帝诏昭就东观藏书阁，踵而成之。帝数召入宫，令皇后诸贵人师事焉，号曰大家。………后又诏融（马融）兄续（《后汉书·马援附传》：续字季则）继昭成之（《后汉书》卷一一四《曹世叔妻传》）。

（寅）《汉纪》

帝献帝好典籍，常以班固《汉书》文繁难省，乃令悦依《左氏传》体，以为《汉纪》三十篇，诏尚书给笔札。辞约事详，论辨多美（《后汉书》卷九十二《荀叔附荀悦传》）。

（卯）《东观汉记》

先是，明帝召固（班固）为兰台令史，与诸先辈陈宗、尹敏、孟冀等共成《光武本纪》。擢固为郎，典校秘书。固撰后汉事，作列传、载记二十八篇。其后刘珍、刘毅、刘陶、伏无忌等，相次著述东观，谓之《汉记》。及三国鼎峙，魏氏及吴，并有史官（《隋书》卷三十三《经籍志二》）。

（丙）文学

汉初词人，顺流而作。陆贾扣其端，贾谊振其绪，枚、马同其风，王、扬骋其势。皋、朔已下，品物毕图。繁积于宣时，校阅于成世，进御之赋千有余首。……观夫荀结隐语，事数自环；宋发巧谈，实始淫丽；枚乘《兔园》，举要以会新；相如《上林》，繁类以成艳；贾谊《鹏鸟》，致辨于情理；子渊《洞箫》，穷变于声貌；孟坚《两都》，明绚以雅赡；张衡《二京》，迅发以宏富；子云《甘泉》，构深玮之风；延寿《灵光》，含飞动之势：凡此十家，并辞赋之英杰也。及仲宣靡密，发端必遒；伟长博通，时逢壮采；太冲、安仁，策勋于鸿规；士衡、子安，底绩于流制；景纯绮巧，缛理有余；彦伯梗概，情韵不匮：亦魏晋之赋首也（刘勰《文心雕龙》卷二《诠赋》篇）。

事孝景帝，为武骑常侍。……会景帝不好辞赋。是时梁孝王来朝，从游说之士齐人邹阳、淮阴枚乘、吴庄忌夫子之徒，相如见而说之。因病免，客游梁，梁孝王令与诸生同舍。相如得与诸生游士居，数岁，乃著《子虚》之赋（《史记》卷一一七《司马相如列传》）。

子皋。……从行至甘泉雍河东，东巡狩，封泰山，塞决河宣房，游观三辅离宫馆，临山泽弋猎射驭，狗马蹴鞠刻镂，上有所感，辄使赋之。为文疾，受诏辄成，故所赋者多。司马相知善为文而迟，故所作少而善于皋。皋赋辞中自言，为赋不如相如（《汉书》卷五十一《枚乘传》）。

东方朔，字曼倩。……待诏公车。……以朔为常侍郎，遂得爱幸。……乃拜朔为太中大夫、给事中。……时方外事胡、越，内兴制度，国家多事，自公孙弘以下至司马迁，皆奉使方外，或为郡国守相，至公卿。而朔尝至太中大夫，后常为郎，与枚皋、郭舍人俱在左右，诙啁而已。……朔因著论，设客难己，用位卑以自慰谕。……又设非有先生之论（《汉书》卷六十五《东方朔传》）。

扬雄字子云，蜀郡成都人也。……雄少而好学，不为章句、训诂，通而已。……赞曰："雄……以为，经莫大于《易》，故作《太玄》；传莫大于《论语》，作《法言》；史篇莫善于《仓颉》，作《训纂》；箴莫善于《虞箴》，作《州箴》；赋莫深于《离骚》，反而广之；辞莫丽于相如，作四赋，皆斟酌其本，相与放依而驰骋云。"（《汉书》卷八十七《扬雄传》）

褒既为刺史作颂，又作其传，益州刺史因奏褒有轶材。上乃征褒。……辞赋大者，与古诗同义；小者辩丽可喜（《汉书》卷六十四下《王褒传》）。

扬子云曰："军旅之际，戎马之间，飞书驰檄，用枚皋；廊庙之下，朝廷之中，高文典册，用相如。"（《西京杂记》卷三）

时天下承平日久，自王侯以下，莫不逾侈。衡乃拟班固《两都》，作《二京赋》，因以讽谏，精思傅会，十年乃成（《后汉书》卷八十九《张衡传》）。

陈思王植字子建。……善属文。……时邺铜爵台新成，太祖悉将诸子登台，使各为赋。植援笔立成，可观，太祖甚异之（《三国·魏志》卷十九《陈思王植传》）。

《典略》曰：……临菑侯植……数与修（杨修）书，书曰：“……昔仲宣（王粲字）独步于汉南，孔璋（陈琳字）鹰扬于河朔，伟长（徐幹字）擅名于青土，公幹（刘祯字）振藻于海隅，德琏（应玚字）发迹于大魏，足下高视于上京。当此之时，人人自谓握灵蛇之珠，家家自谓抱荆山之玉也。”（《三国·魏志》卷十九《陈思王植传》注）

《典论》曰：“今之文人，鲁国孔融（字文举）、广陵陈琳、山阳王粲、北海徐幹、陈留阮瑀（字元瑜）、汝南应玚、东平刘桢，斯七子者，于学无所遗，于辞无所假，咸自以骋骐骥于千里，仰齐足而并驰。”（《三国·魏志》卷二十一《王粲传》注）

《吴书》曰：纮见柟榴枕，爱其文，为作赋。陈琳在北见之，以示人曰：“此吾乡里张子纲所作也。”后纮见陈琳作《武库赋》《应机论》，与琳书深叹美之。琳答曰：“自仆在河北，与天下隔，此间率少于文章，易为雄伯，故使仆受此过差之谭，非其实也。今景兴在此，足下与子布在彼，所谓小巫见大巫，神气尽矣。”（《三国·吴志》卷八《张纮传》注）

机云《别传》曰：“……机（陆机）天才绮练，文藻之美，独冠于时。”（《三国·吴志》卷十三《陆逊附陆抗传》注）

以上皆以词赋擅长。至于诗，五言极盛。

逮汉，李陵始著五言之目矣。古诗眇邈，人世难详，推其文体，固是炎汉之制，非衰周之倡也。自王、扬、枚、马之徒，词赋竞爽而吟咏靡闻。从李都尉迄班婕妤，将百年间，有妇人焉，一人而已。诗人之风，顿已缺丧。东京二百载中，惟有班固咏史，质木无文。降及建安，曹公父子笃好斯文，平原兄弟郁为文栋，刘桢、王粲为其羽翼（钟嵘《诗品》卷上）。

武帝定郊祀之礼……乃立乐府（注：师古曰：“始置之也。乐府之名，盖起于此。”），采诗夜诵。有赵、代、秦、楚之讴，以李延年为协律都尉，多举司马相如等数十人造为诗赋。……以合八音之调，作《十九章》之歌（《汉书》卷二十二《礼乐志》）。

武帝……始立乐府，总赵、代之音，撮齐、楚之气，延年以曼声协律，朱马以骚体制歌，《桂华》杂曲，丽而不经。《赤雁》群篇，靡而非典……至于轩代鼓吹，汉世铙挽，虽戎丧殊事，而并总入乐府（刘勰《文心雕龙》卷二《乐府》篇）。

五言断以《古诗十九首》及苏李赠答为始。《十九首》或称枚乘所作，其《孤竹》一篇则傅毅所作。盖汉武好尚文词，故当时才士，各争新斗奇，创为此体（赵翼《陔馀丛考》卷二十三）。

汉武宴柏梁台赋诗，人各一句，句皆用韵，后人遂以每句用韵者为“柏梁体”。然柏梁以前，如汉高《大风歌》、荆卿《易水歌》……可见此体，已久有之，不自柏梁始也。但联句之每句用韵者，乃为“柏梁体”耳（赵翼《陔馀丛考》卷二十三）。

（丁）书学

汉兴而有草书，不知作者姓名。至章帝时，齐相杜度号善《作篇》。后有崔瑗、崔寔，亦皆称工。杜氏结字甚安，而书体微瘦。崔氏甚得笔势，而结字小疏。弘农张伯英者，因而转精甚巧。凡家之衣帛，必书而后练之。临池学书，池水尽黑。下笔必为楷则，号“怱怱不暇草书”。寸纸不见遗，至今世尤宝其书，韦仲将谓之草圣。伯英弟文舒者，次伯英。又有姜孟颖、梁孔达、田彦和及韦仲将之徒，皆伯英弟子，有名于世，然殊不及文舒也。罗叔景、赵元嗣者，与伯英并时，见称于西州，而矜巧自与，众颇惑之。故英自称“上比崔、杜不足，下方罗、赵有余”。河间张超亦有名，然虽与崔氏同州，不如伯英之得其法也（《晋书》卷三十六《卫瓘传》）。

蔡邕字伯喈，陈留圉人也。……熹平四年（西元一七五）……奏求正定《六经》文字，灵帝许之。邕乃自书册于碑，使工镌刻立于太学门外。于是后儒晚学，咸取正焉。……初帝好学，自造《皇羲篇》五十章，因引诸生能为文赋者。本颇以经学相招，后诸为尺牍，及工书鸟篆者，皆加引召，遂至数十人（《后汉书》卷九十下《蔡邕传》）。

《魏略》曰：淳（邯郸淳），一名竺，字子叔。博学有才章。又善《苍》《雅》、虫、篆、《许氏字指》（《三国·魏志》卷二十一《王粲传》注）。

卫觊字伯儒，河东安邑人。……好古文、鸟篆、隶草，无所不善（《三国·魏志》卷二十一《卫觊传》）。

《文章叙录》曰：诞（韦诞）字仲将，太仆端之子。有文才，善属辞章。……初，邯郸淳、卫觊及诞并善书，有名（《三国·魏志》卷二十一《刘劭传》注）。

颍川钟繇，魏太尉，同郡胡昭，公车征二子，俱学于德昇，而胡书肥，钟书瘦。钟书有三体：一曰铭石之书，最妙者也；二曰章程书，传秘书教小学者也；三曰行狎书，相闻者也。三法皆世人所善（张彦远《法书要录》卷一）。

（3）思想界之变迁

鬼神术数，自古分流。至春秋之季，而有老、孔、墨三家，同时各有所发明，然于古说未能尽去也。至秦，乃皆折而入于上古鬼神术数之说，非诸家子弟之不克负荷也。

驺子（衍）之徒，论著终始五德之运，及秦帝而齐人奏之，故始皇采用之。而宋毋忌、正伯侨、充尚、羡门子高，最后皆燕人，为方仙道，形解销化，依于鬼神之事。驺衍以阴阳主运显于诸侯，而燕、齐海上之方士，传其术不能通，然则怪迂阿谀苟合之徒自此兴，不可胜数也（《史记》卷二十八《封禅书》）。

汉初承大乱之后，人尚安静无为，黄老之说盛行于世。

窦太后治黄、老言，不好儒术（《史记》卷十二《孝武帝本纪》）。

窦太后好黄帝、老子言，景帝及诸窦，不得不读《老子》，尊其术

（《汉书》卷九十七上《外戚传上》）。

儒家一派，固以推阐孔氏业自负，然亦以阴阳五行之变附会其说，董仲舒、刘向其表著者也。盖秦汉之学派，其质干有三：一儒家，二阴阳，三黄老。一切学术，均以此三者离合而成之，特儒家为时君所尊，故独称盛。

景、武之世，董仲舒治《公羊春秋》，始推阴阳，为儒者宗。宣、元之后，刘向治《穀梁春秋》，数其祸福，傅以《洪范》（《汉书》卷二十七上《五行志上》）。

董仲舒，广川人也。少治《春秋》。……仲舒治国，以《春秋》灾异之变，推阴阳所以错行。故求雨闭诸阳、纵诸阴，其止雨反是。……仲舒所著，皆明经术之意，及上疏条教，凡百二十三篇。而说《春秋》事得失，《闻举》《玉杯》《蕃露》《清明》《竹林》之属（注：师古曰："皆著书名也。"）复数十篇十余万言，皆传于后世（《汉书》卷五十六《董仲舒传》）。

向字子政。……向见《尚书》《洪范》箕子为武王陈五行阴阳休咎之应，向乃集合上古以来，历春秋、六国至秦、汉符瑞灾异之记，推迹行事，连传祸福，著其占验，比类相从，各有条目，凡十一篇，号曰《洪范五行传论》（《汉书》卷三十六《刘向传》）。

西汉之末，更有谶纬之学。

《河》《洛》七纬，推步灾异（注：七纬者，"《易》纬"，《稽览图》《乾凿度》《坤灵图》《通卦验》《是类谋》《辨终备》也。"《书》纬"，《璇玑钤》《考灵耀》《刑德放》《帝命验》《运期授》也。"《诗》纬"，《推度灾》《记历枢》《含神雾》也。"《礼》纬"，《含文嘉》《稽命征》《斗威仪》也。"《乐》纬"，《动声仪》《稽耀嘉》《叶图征》也。"《孝经》纬"，《援神契》《钩命决》也。"《春秋》纬"，《演孔图》《元命包》《文耀钩》《运斗枢》《感精符》《合诚图》《考异邮》《保乾图》《汉含孳》《佑助期》《握诚图》

《潜潭巴》《说题辞》。〔《后汉书》卷一一二上《樊英传》〕)。

光武中兴，尚斤斤以赤伏符为天命，而桓谭之流，曾从刘歆、扬雄游者，毅然不信。其后王充以时儒拘墟，因痛诋鬼神符瑞之说。

王充字仲任，会稽上虞人也。……到京师，受业太学，师事扶风班彪。好博览而不守章句。……博通众流百家之言。……充好论说，始若诡异，终有理实。……著《论衡》八十五篇二十余万言(注:《袁山松书》曰:充所作《论衡》，中土未有传者。蔡邕入吴，始得之，恒秘玩以为谈助。其后王朗为会稽太守，又得其书。及还许下，时人称其才进。或曰:"不见异人，当得异书。"问之，果以《论衡》之益，由是遂见传焉。《抱朴子》曰:时人嫌蔡邕得异书，或搜求其帐中隐处，果得《论衡》，抱数卷持去。邕丁宁之曰:"唯我与尔共之，勿广也。"〔《后汉书》卷七十九《王充传》〕)。

是故《论衡》之造也，起众书并失实，虚妄之言，胜真美也。……《论衡》诸篇，实俗间之凡人所能见。……冀悟迷惑之心，使知虚实之分。……今《论衡》就世俗之书，订其真伪，辩其实虚，非造始更为无本于前也(王充《论衡》卷二十九《对作篇》)。

夫儒生之业，《五经》也。南面为师，旦夕讲授，章句滑习，义理究备，于《五经》可也。《五经》之后，秦汉之事，无不能知者，短也。夫知古不知今，谓之陆沉，然则，儒生所谓陆沉者也。《五经》之前，至于天地始开、帝王初立者，主名为谁?儒生又不知也。夫知今不知古，谓之盲瞽。《五经》比于上古，犹为今也。徒能说经，不晓上古，然则儒生所谓盲瞽者也(王充《论衡》卷十二《谢短篇》)。

世信虚妄之书，以为载于竹帛上者，皆贤圣所传，无不然之事，故信而是之，讽而读之;睹真是之传与虚妄之书相违，则并谓短书，不可信用。夫幽冥之实尚可知，沉隐之情尚可定，显文露书，是非易见，笼总并传非实事，用精不专，无思于事也。夫世间传书诸子之语，多欲立奇造异，作惊目之论，以骇世俗之人，为谲诡之书，以著殊异之名（王充《论衡》卷四《书虚篇》）。

谶书又言："尧母庆都野出，赤龙感己，遂生尧。"《高祖本纪》言："刘媪尝息大泽之陂，梦与神遇。是时雷电晦冥，太公往视，见蛟龙于上。已而有身，遂生高祖。"其言神验，文又明著，世儒学者，莫谓不然。如实论之，虚妄言也。……尧、高祖审龙之子，子性类父，龙能乘云，尧与高祖亦宜能焉。……若夫牡马见雌牛，雄雀见牝鸡，不相与合者，异类故也。今龙与人异类，何能感于人而施气？……世好奇怪，古今同情。不见奇怪，谓德不异（王充《论衡》卷三《奇怪篇》）。

如武帝之时，有李少君，以祠灶、辟谷、却老方见上，上尊重之。少君匿其年及所生长，常自谓七十。……久之，少君病死。……如少君处山林之中，入绝迹之野，独病死于岩石之间，尸为虎、狼、狐狸之食，则世复以为真仙去矣（王充《论衡》卷七《道虚篇》）。

世谓死人为鬼，有知，能害人。试以物类验之，死人不为鬼，无知，不能害人（王充《论衡》卷二十《论死篇》）。

魏晋清谈，以《周易》《老》《庄》为本。盖苦于儒家之琐碎拘忌，及法家之综核名实，始流为放荡之行，而思想又为之一变。

魏正始中，何晏、王弼等祖述《老》《庄》立论。以为天地万物，皆以无为为本。无也者，开物成务，无往不存者也（《晋书》卷四十三《王戎附王衍传》）。

阮瑀……子籍，才藻艳逸，而倜傥放荡，行己寡欲，以庄周为模则。……时又有谯郡嵇康，文辞壮丽，好言老、庄（《三国·魏志》卷二十一《王粲传》）。

魏明帝殂，少帝（原注，史称齐王）即位，改元正始。……一时名士风流，盛于雒下。乃共弃经典，而尚老、庄，蔑礼法而崇放达。……自此以后，竞相祖述（顾炎武《日知录》卷十三《正始》）。

（4）制造与发明

安帝雅闻衡善术学，公车特征，拜郎中，再迁为太史令。遂乃研核阴阳，妙尽璇玑之正，作浑天仪，著《灵宪》《算罔论》，言甚详明（《后汉书》卷八十九《张衡传》）。

自古书契，多编以竹简。其用缣帛者，谓之为纸。缣贵而简重，并不便于人。伦乃造意，用树肤、麻头及敝布、鱼网以为纸，元兴元年（西元一〇五）奏上之，帝（和帝）善其能。自是莫不从用焉，故天下咸称蔡侯纸（《后汉书》卷一〇八《蔡伦传》）。

亮性长于巧思，损益连弩，木牛流马，皆出其意（《三国·蜀志》卷五《诸葛亮传》）。

扶风马钧，巧思绝世。……旧绫机五十综者五十蹑，六十综者六十蹑。……患其丧巧费日，乃皆易以十二蹑。……见诸葛亮连弩，曰："巧则巧矣，未尽善也。"言作之可令加五倍。又患发石车敌人之于楼边县湿牛皮中之则堕，石不能连属而至，欲作一轮，县大石数十，以机鼓轮为常，则以断县石飞击敌城，使首尾电至。尝试以车轮县甓数十，飞之数百步矣（《三国·魏志》卷二十九《杜夔传》注）。

景初二年十二月，诏书报倭女王曰："……今以绛地交龙锦五匹、绛地绉粟罽十张、蒨绛五十匹、绀青五十匹，答汝所献贡直。又特赐汝绀地句文锦三匹、细班华罽五张、白绢五十匹。"（《三国·魏志》卷三十《东夷传·倭人》）

（三）风俗

（1）西汉游侠东汉气节

西汉承战国之余，布衣游侠之风，依然昌炽。

由是列国公子，魏有信陵、赵有平原、齐有孟尝、楚有春申，皆藉王公之势，竞为游侠。……皆以取重诸侯，显名天下。……及至汉兴，禁网疏阔，未之匡改也。……布衣游侠，剧孟、郭解之徒驰骛于闾阎，权行州域，力折公侯。众庶荣其名迹，觊而慕之。虽其陷于刑辟……死而不悔（《汉书》卷九十二《游侠传序》）。

东汉光武奖励名节，故士多卓特之行。

自战国豫让、聂政、荆轲、侯嬴之徒，以意气相尚，一意孤行，能为人所不敢为，世竞慕之。其后贯高、田叔、朱家、郭解辈，徇人刻己，然诺不欺，以立名节。驯至东汉，其风益盛。盖当时荐举、征辟，必采名誉，故凡可以得名者，必全力赴之，好为苟难，遂成风俗，其大概有数端。是时郡吏之于太守，本有君臣名分，为掾吏者，往往周旋于死生患难之间。如李固被戮，弟子郭亮负斧锧上书，请收固尸。杜乔被戮，故掾杨匡守护其尸不去。由是皆显名（固、乔二传）。第五种为卫相，善门下掾孙斌，种以劾宦官单超兄子匡，坐徙朔方。朔方太守董援，乃超外孙也。斌知种往必被害，乃追及种于途，格杀送吏，与种俱逃以脱其祸（种传）。太原守刘瓆，以考杀小黄门赵津，下狱死。王允为郡吏，送瓆丧还平原，终三年乃归（允传）。公孙瓒为郡吏，太守刘君坐事徙日南，瓒身送之，自祭父墓曰："昔为人子，今为人臣。送守日南，恐不得归，便当长辞。"乃再拜而去（瓒传）。此尽力于所事，以著其忠义者也。傅奕闻举将没，即弃官行服（奕传）。李恂为太守李鸿功曹，而州辟恂为从事，会鸿卒，恂不应州命，而送鸿丧归葬，持丧三年（恂传）。乐恢为郡吏，太守坐法诛，恢独行丧服（恢传）。桓典以国相王吉诛，独弃官收葬，服丧三年，负土成坟（典传）。袁逢举荀爽有道，爽不应，及逢卒，爽制服三年（爽传）。此感知遇之恩，而制服从厚者也。……又有以让爵为高者。西汉时，韦贤卒，子元成应袭爵，让于庶兄宏，宣帝高其节，许之（元成传）。至东汉邓彪，亦让封爵于异母弟，明帝亦许之（彪传）。刘恺让封于弟宪，逃去十余年，有司请绝其封，帝不许。贾逵奏当成其让国之美，乃诏宪嗣（恺传）。此以让而得请者也。桓荣卒，子郁请让爵于兄子汎，明帝不许，乃受封（郁传）。丁綝卒，子鸿请让爵于弟盛，不报。鸿乃逃去，以采药为名。后友人鲍骏遇之于东海，责以兄弟私恩，绝其父不灭之基。鸿感悟，乃归受爵（鸿传）。郭躬子贺，当袭，让与小弟而逃去。诏下州郡追之，不得已，乃出就封（躬传）。徐防卒，子贺当袭，让于弟崇，数岁不归。不得已，乃就封（防传）。此让而不得请者也。……又有轻生报雠者。崔瑗兄为人所害，手刃报雠亡去。魏朗兄亦为人所害，朗白日操刀，杀其人于县中。苏谦为司隶校尉，李暠案罪死狱中，谦子不韦，与宾客掘地道至暠寝室，值暠如厕，乃杀其妾与子。又疾驰至暠父墓，掘得其父头以祭父（见各本传）。……又有代人报雠者。何容有友虞纬高，父雠未报而病将死，泣诉于容，容即为复雠，以头祭其父墓。郅恽有友董子张，父为人所杀，子张病且死，对恽欷歔不能言，恽曰："子以父雠未报也？"乃将宾客杀其人，以头示子张，子张见而气绝（亦见各本传）。……盖其时轻生尚气，已成习俗，故志节之士，好为苟难，务欲绝出流辈，以成卓特之行。……举世以此相尚，故国家缓急之际，尚有可恃以搘拄倾危（赵翼《廿二史札记》卷五《东汉尚名节》）。

新莽居摄，颂德献符者，遍于天下。光武有鉴于此，故尊崇节义，敦厉名实。……而风俗为之一变。至其末，朝政昏浊，国事日非。而党锢之流、独行之辈，依仁蹈义，舍命不渝。……故范晔之论，以为桓灵之间，君道秕僻，朝纲日陵，国隙屡启。自中智以下，靡不审其崩离；而权强之臣，息其窥盗之谋；豪俊之夫，屈于鄙生之议，所以倾而未颓、决而未溃，皆仁人君子心力之为。可谓知言者矣。……而孟德既有冀州，崇奖跅弛之士，观其下令再三，至于求负污辱之名、见笑之行、不仁不孝，而有治国用兵之术者（原注：建安二十二年八月令，十五年春令，十九年十二月令，意皆同）。于是权诈迭进，奸逆萌生，故董昭太和之流，已谓当今年少，不复以学问为本，专更以交游为业。国士不以孝悌清修为首，乃以趋势求利为先。至正始之际，而一二浮诞之徒，骋其智识……习老、庄之教，风俗又为之一变（顾炎武《日知录》卷十三《两汉风俗》）。

（2）奢侈之风

天汉元年（西元前一〇〇）秋，闭城门大搜（注：臣瓒曰："《汉帝年记》六月，禁逾侈。七月，闭城门大搜，则搜索逾侈者也。"……师古曰："……逾侈者，逾法度而奢侈也。"）……二年（西元前九十九）秋……大搜（《汉书》卷六《武帝纪》）。

永始四年（西元前十三）六月……诏曰："……方今世俗，奢僭罔极，靡有厌足。……或乃奢侈逸豫，务广第宅，治园池，多畜奴婢，被服绮縠，设钟鼓，备女乐，车服嫁娶，葬埋过制，吏民慕效，浸以成俗。……其申敕有司，以渐禁之。"（《汉书》卷十《成帝纪》）

建初二年（西元七十七）三月，诏曰："……而今贵戚近亲，奢纵无度，嫁娶送终，尤为僭侈。有司废典，莫肯举察。……其科条制度，所宜施行，在事者备为之禁，先京师而后诸夏。"（《后汉书》卷三《章帝纪》）

永初元年（西元一〇七）九月，诏三公，明申旧令，禁奢侈，无作浮巧之物，殚材厚葬（《后汉书》卷五《安帝纪》）。

元初五年（西元一一八）七月……诏曰："旧令制度，各有科品。……比年虽获丰穰，尚乏储积。而小人无虑，不图久长，嫁娶送终，纷华靡丽，至有走卒、奴婢，被绮縠，著珠玑。京师尚若斯，何以示四远？设张法禁，恳恻分明，而有司惰任，讫不奉行。……且复重申，以观后

效。”（《后汉书》卷五《安帝纪》）

永兴二年（西元一五四）二月……诏曰：“……务存俭约，申明旧令。”（《后汉书》卷七《桓帝纪》）

（3）嫁娶

宣帝……时……吉上疏言得失曰：“……窃见当世趋务，不合于道者，谨条奏。……吉意以为夫妇人伦大纲，夭寿之萌也。世俗嫁娶太早，未知为人父母之道而有子。是以教化不明，而民多夭。聘妻送女亡节，则贫人不及，故不举子。”（《汉书》卷七十二《王吉传》）

送死殚家，遣女满车（桓宽《盐铁论》卷五《国病》篇）。

五凤二年（西元前五十六）八月，诏曰：“夫婚姻之礼，人伦之大者也。酒食之会，所以行礼乐也。今郡国二千石，或擅为苛禁，禁民嫁娶，不得具酒食相贺召。……令民亡所乐，非所以导民也。……勿行苛政。”（《汉书》卷八《宣帝纪》）

富贵嫁娶，车軿各十，骑奴侍僮，夹毂节引。富者竞欲相过，贫者耻不逮及。是故一飨之所费，破终身之本业（王符《潜夫论》卷三《浮侈》篇）。

上言早婚与浮侈之害。

迁淮阳太守。……徙颍川。……历召郡中长老……数十人，设酒具食。……为陈和睦亲爱、销除怨咎之路。长老皆以为便，可施行。因与议定嫁娶丧祭仪品，略依古礼，不得过法（《汉书》卷七十六《韩延寿传》）。

傅子曰：“太祖愍嫁娶之奢僭，公女适人，皆以皂帐，从婢不过十人。”（《三国·魏志》卷一《武帝》注）

上言限制与改革。

汉家列侯尚公主，诸侯则国人承翁主（注：晋灼曰：“娶天子女，则曰尚公主。国人娶诸侯女，曰承翁主。”……师古曰：“翁主者，言其父自主婚也。”〔《汉书》卷七十二《王吉传》〕）。

上言主婚者。

元始三年（西元三年）春……诏光禄大夫刘歆等，杂定婚礼。四辅、公卿、大夫、博士、郎吏家属，皆以礼娶亲迎，立轺并马（注：服虔曰：“轺，音谣。立乘，小车也。并马，骊驾也。”〔《汉书》卷十二《平帝纪》〕）。

上言婚礼，汉代婚娶不论行辈，且不讳私夫。

汉惠帝后张氏，乃帝姊鲁元公主之女，则帝之女甥也。吕后欲为重亲，遂以配帝，立为皇后，是以甥为妻也。哀帝后傅氏，乃帝祖母傅太后从弟之女。太后初为元帝昭仪，生定陶共王，王生哀帝，是哀帝乃傅太后之孙。而傅太后欲重亲以侄女妻之，则以外家诸姑为妻也。汉时法制，疏阔如此（赵翼《廿二史札记》卷三《婚娶不论行辈》）。

武帝姊馆陶公主寡居，宠董偃，十余年。主欲使偃见帝，乃献长门园地，帝喜，过主家，主亲引偃出，偃奏：“馆陶公主庖人偃昧死拜谒。”帝大欢乐，呼为主人翁（《东方朔传》）。武帝女鄂邑盖公主寡居，昭帝初立，年八岁。主以长姊入禁中供养帝，而主素私通丁外人。帝与霍光闻之，不绝主欢，诏外人侍长公主（《霍光传》）。……《东方朔传》谓，自董偃后，公主贵人多逾礼制。盖上行下效，势所必至也（赵翼《廿二史札记》卷三《汉公主不讳私夫》）。

（4）丧祭

七年（西元前一七三）六月，帝崩……遗诏曰：“……其令天下吏民，令到出临三日，皆释服，无禁取妇、嫁女、祠祀、饮酒、食肉。”（《汉书》卷四《文帝纪》）

旧制：公卿、二千石、刺史，不得行三年丧。由是内外众职，并废丧礼。元初中，邓太后诏长吏以下不为亲行服者，不得典城选举。时，有上言牧守宜同此制。诏下公卿，议者以为不便。恺独议曰："诏书所以为制服之科者……弘孝道也。今刺史一州之表，二千石千里之师……宜……以身先之。"……太后从之（《后汉书》卷六十九《刘般附刘恺传》）。

元初三年（西元一一六）有诏，大臣得行三年丧。……忠因此上言："孝宣皇帝旧令，人从军屯及给事县官者，大父母死未满三月，皆勿徭，令得葬送。请依此制。"太后从之。至建光中，尚书令祝讽、尚书孟布等奏，以为："孝文皇帝定约礼之制，光武皇帝绝告宁之典，贻则万世，诚不可改。宜复建武故事。"……从讽、布议，遂著于令（《后汉书》卷七十六《陈宠附陈忠传》）。

文帝黄初三年（西元二二二），作终制。帝崩，国内服三日（《通考》卷一二一《王礼考十六》）。

章武三年（西元二二三）四月，先主殂。……遣诏："……百寮，发哀满三日，除服。"（《三国·蜀志》卷二《先主》）

嘉禾六年（西元二三七）正月，诏曰："夫三年之丧，天下之达制。"（《三国·吴志》卷二《孙权》）

汉人以宗庙之礼，移于陵墓。有人臣而告事于陵者，苏武自匈奴还，诏奉一大牢，谒武帝园庙，是也。有上冢而会宗族故人及郡邑之官者，楼护为谏大夫，使郡国，过齐，上书求上先人冢，因会宗、族故人；班伯上书，愿过故郡，上父祖冢，有诏太守、都尉以下会，是也。有上冢而大官为之供具者，董贤为侍中驸马都尉，上冢，有会，辄大官为供，是也。有赠谥而赐之于墓者，阴兴夫人卒，肃宗使五官中郎将持节即墓赐策，追谥兴曰翼侯，是也。有人主而临人臣之墓者，光武至湖阳，幸樊重墓；霍峻葬成都，先主率群寮临会吊祭，因留宿墓上，是也。有庶民而祭古贤人之墓者，曹昭《东征赋》"蘧氏在城之东南兮，民亦飨其丘坟"，是也。人情所趋，遂成习俗。其流之弊，有如杨伦行丧于恭陵者矣；有如赵宣葬亲而不闭埏隧，因居其中，行服二十余年者矣（顾炎武《日知录》卷十五《墓祭》）。

古之葬者……后世以楸梓槐柏杶樗。……其后，京师贵戚，必欲江南檽梓、豫章楩柟。边远下士，亦竞相仿效。……古者墓而不崇……今京师贵戚、郡县豪家，生不极养，死乃崇丧，或至刻金镂玉、檽梓楩柟……多埋珍宝、偶人、车马，造起大冢，广种松柏，庐舍祠堂，崇侈上僭（王符《潜夫论》卷三《浮侈》篇）。

（5）服饰

（甲）衣服

西汉未定公服之制，至东汉明帝，始备衮冕之服。

汉初定，与民无禁（注：师古曰："国家不设衣服、车旗之禁。"〔《汉书》卷一百上《叙传上》〕）。

秦以战国，即天子位，灭去礼学，郊祀之服，皆以袀玄。汉承秦故（《后汉书》卷四十《舆服志下》）。

汉承秦弊，西京……未能有所制立。及……明帝，乃始采《周官》《礼记》《尚书》及诸儒记说，还备衮冕之服（《晋书》卷二十五《舆服志》）。

明帝永平中，议乘舆备文日月十二章，刺绣文。三公、诸侯用山龙九章，九卿以下用华虫七章，皆备五采，大佩，赤舄絇履，以承大祭（《通典》卷六十一《礼二十一》）。

公、卿、列侯、中二千石夫人，入庙佐祭者服皂绢上下，助蚕者缥绢上下。自二千石夫人以上至皇后，皆以蚕衣为朝服。公主、贵人、妃以上，嫁娶得服锦绮罗縠缯，采十二色，重缘袍。特进、列侯以上锦缯，采十二色。六百石以上重练，采九色，禁丹、紫、绀。三百石以上五采，青、绛、黄、红、绿。二百石以上四采，青、黄、红、绿。贾人，缃缥而已（注，缃布黄色。〔《通考》卷一一四《王礼考九》〕）。

魏氏多因汉法（《通典》卷六十一《礼二十一》）。

至于庶民，则衣青绿。趋役之人，则衣白。

永始四年（西元前十三）六月……诏曰：“……方今世俗，奢僭罔极，靡有厌足。……其申敕有司，以渐禁之。青绿，民所常服，且勿止。”（《汉书》卷十《成帝纪》）

董君绿帻傅韝（注：师古曰：“绿帻，贱人之服也。傅，著也。韝，即今之臂韝也。”〔《汉书》卷六十五《东方朔传》〕）。

成帝……微行……私奴客。……皆白衣袒帻（《汉书》卷二十七中之上《五行志中之上》）。

师古曰：白衣给官府趋走贱人（《汉书》卷七十二《龚胜传》注）。

叔孙通儒服，汉王憎之。乃变其服，服短衣楚制（《史记》卷九十九《叔孙通传》）。

尽卖其车骑，买一酒舍酤酒。而令文君当炉，相如身自著犊鼻裈（《史记》卷一一七《司马相如列传》）。

初，充召见犬台宫，自请愿以所常被服冠见上（武帝），上许之。充衣纱縠禅衣（注：师古曰：“纱縠，纺丝而织之也。轻者为纱，绉者为縠。禅衣，制若今之朝服中禅也。”），曲裾后垂交输（注：张晏曰：“曲裾者，如妇人衣也。”如淳曰：“交输，割正幅，使一头狭若燕尾，垂之两旁，见于后。”），冠禅纚步摇冠，飞翮之缨（《汉书》卷四十五《江充传》）。

取亲中帬厕牏，身自澣洒（注：师古曰：“……中帬，若今言中衣也。”〔《汉书》卷四十六《石奋传》〕）。

更始元年（西元二十三）九月……时三辅吏士东迎更始，见诸将过，皆冠帻而服妇人衣，诸于绣𩭚（注：字书无𩭚字，《续汉书》作“裾”。……诸于上加绣裾，如今之半臂也），莫不笑之（《后汉书》卷一上《光武帝纪上》）。

(乙)冠冕

高祖为亭长，乃以竹皮为冠。……及贵，常冠，所谓刘氏冠也。……八年(西元前一九九)三月……令……爵非公乘以上，毋得冠刘氏冠(《汉书》卷一《高帝纪》)。

天子冠通天冠，诸侯王冠远游冠，公侯冠进贤冠。公、王冠三梁，卿、大夫、尚书、二千石、博士冠两梁，千石、六百石以下至小吏冠一梁。……天子十二旒，三公九，诸侯卿七。其缨与组，各如其绶之色。……祠宗庙，则长冠袀玄。其武官太尉以下及侍中、常侍皆冠惠文冠，侍中、常侍加貂蝉。御史冠法冠，谒者冠高山冠。其乡射行礼，公卿冠委貌……执事者皮弁服，宫门仆射冠却非。大乐郊社，祝舞者冠建华。……舞者所冠亦为冕。车驾出后有巧士冠(蔡邕《独断》)。

魏因汉故事，明帝好妇人之饰，冕旒改用珊瑚珠(《通典》卷五十七《礼十七》)。

帻者，古之卑贱执事不冠者之所服也。孝武帝幸馆陶公主家，召见董偃，偃傅青褠绿帻。……董仲舒，武帝时人。其上两书曰:“执事者皆赤帻，知皆不冠者之所服也。”元帝额有壮发，不欲使人见，始进帻服之，群臣皆随焉。然尚无巾，如今半帻而已。王莽无发，乃施巾，故语曰:“王莽秃，帻施屋。”(蔡邕《独断》)

后汉末，王公名士，以幅巾为雅。是以袁绍、崔豹之徒，虽为将帅，皆著缣巾(注:按巾，六国时，赵、魏之间，通谓之承露。袁绍战败，幅巾渡河。按此则庶人及军旅皆服之。用全幅皂而向后幞发，谓之头巾，俗人谓之幞头。〔《通典》卷五十七《礼十七》〕)。

尝于陈、梁间行，遇雨，巾一角垫。时人乃故折巾一角，以为林宗巾(泰字林宗。〔《后汉书》卷九十八《郭泰传》〕)。

初，魏造白帢，横缝其前以别，后名之曰颜帢(《晋书》卷二十七《五行志上》)。

魏明帝著绣帽，被缥纨半袖。尝以见直臣杨阜，阜谏曰："此于礼何法服邪？"帝默然（《宋书》卷三十《五行志一》）。

（丙）舄履

徐、兖之郊谓之扉，自关而西谓之屦，中有木者谓之复舄。自关而东复履，其庳者谓之靸下，禅者谓之鞮，丝作之者谓之履，麻作之者谓之不借（扬子《方言》卷四）。

延熹中，京都长者皆著木屐（《后汉书》卷二十三《五行志一》）。

（丁）妇人髻

《东观记》曰："明帝马皇后美发，为四起大髻。"（《后汉书》卷十上《马皇后纪》注）

桓帝元嘉中，京都妇女作愁眉、啼妆、堕马髻、折要步、龋齿笑。所谓愁眉者，细而曲折。啼妆者，薄拭目下，若啼处。堕马髻者，作一边。折要步者，足不在体下。龋齿笑者，若齿痛，乐不欣欣（《后汉书》卷二十三《五行志一》）。

汉高祖又令宫人梳奉圣髻（马缟《中华古今注》卷中）。

长安语曰："城中好高髻，四方高一尺。城中好广眉，四方且半额。城中好大袖，四方全匹帛。"（《后汉书》卷五十四《马援附马廖传》）

风俗狂慢，变节易度，则为剽轻奇怪之服，故有服妖（《汉书》卷二十七中之上《五行志中之上》）。

（6）饮食

饼谓之饦，或谓之怅馄（扬子《方言》卷十三）。

光武自蓟东南驰……至饶阳无蒌亭，时天寒烈，众皆饥疲，异上豆粥。明旦，光武谓诸将曰："昨得公孙（异字）豆粥，饥寒俱解。"（《后汉

书》卷四十七《冯异传》）

诸葛亮南征，将渡泸水，土俗杀人首祭神，亮令以羊、豕代，取面画人头祭之，馒头名始此（陈元龙《格致镜原》卷二十五引《事物纪原》）。

至王莽，始有啖面……之文（史绳祖《学斋占毕》卷四）。

会稽人顾翱……事母至孝。母好食雕胡饭，常帅子女，躬自采撷（《西京杂记》卷五）。

五侯不相能，宾客不得往来，娄护丰辩，传食五侯间，各得其欢心，竞致奇膳。护乃合以为鲭，世称五侯鲭，以为奇味焉（《西京杂记》卷二）。

诏曰："凡供荐新味，多非其节，或郁养强孰，或穿掘萌芽。"（《后汉书》卷十上《邓皇后纪》）

豆腐，淮南王刘安造，又名黎祁（高士奇《天禄识余》卷上）。

酸醎酢淡辨浊清（史游《急就章》第十五）。

自汉以来，常严酒禁。

后元年（西元前一六三）三月……诏曰："……无乃……为酒醪，以靡谷者多……与。"（《汉书》卷四《文帝纪》）

汉兴，有酒酤，酤禁。其律三人以上，无故群饮酒，罚金四两（《通考》卷十七《征榷考四》）。

永兴二年（西元一五四）九月……诏曰："……其禁郡国不得卖酒，祠祀裁足。"（《后汉书》卷七《桓帝纪》）

汉末，曹操表奏酒禁，孔融争之（《通考》卷十七《征榷考四》）。

时天旱，禁酒，酿者有刑（《三国·蜀志》卷八《简雍传》）。

（7）家族

（甲）家教

何……为家，不治垣屋，曰："后世贤，师吾俭。不贤，毋为势家所夺。"（《史记》卷五十三《萧相国世家》）

万石君家，以孝谨闻乎郡国（《汉书》卷四十六《石奋传》）。

贤而多财则损其志，愚而多财则益其过（《汉书》卷七十一《疏广传》）。

龙伯高，敦厚周慎，口无择言，谦约节俭，廉公有威，吾爱之重之，愿汝曹效之。杜季良，豪侠好义，忧人之忧，乐人之乐，清浊无所失，父丧致客，数郡毕至，吾爱之重之，不愿汝曹效也（《后汉书》卷五十四《马援传》）。

樊宏……父重……世善农稼，好货殖。重性温厚，有法度，三世共财，子孙朝夕礼敬，常若公家。其营理产业，物无所弃。课役童隶，各得其宜。故能上下勠力，财利岁倍（《后汉书》卷六十二《樊宏传》）。

陈万年……为郡吏……以高第入为右扶风。……内行修，然善事人，赂遗外戚许、史，倾家自尽。……竟代定国（于定国）为御史大夫。……子咸，字子康。……万年尝病，召咸教戒于床下，语至夜半，咸睡，头触屏风。万年大怒，欲杖之。……咸叩头谢曰："具晓所言，大要教咸谄也。"（《汉书》卷六十六《陈万年传》）

（乙）分居

凡同居上也，通有无次也，让其下耳（应劭《风俗通义》卷四《过誉》篇）。

灵、献之世……选用失于上……贡举轻于下。……故时人语曰："举秀才，不知书。察孝行，父别居。"（葛洪《抱朴子·外篇》卷二《审举》篇）

蔡邕……与叔父从弟同居，三世不分财，乡党高其义（《后汉书》卷九十下《蔡邕传》）。

（丙）居乡

召驯字伯春。……僩傥不拘小节。……以志义闻乡里，号之曰"德行恂恂召伯春”（《后汉书》卷一〇九下《召驯传》）。

张湛……矜严好礼，动止有则。……及在乡党，详言正色，三辅以为仪表（《后汉书》卷五十七《张湛传》）。

同郡袁绍，公族豪侠。去濮阳令归，车徒甚盛。将入郡界，乃谢遣宾客曰：“吾舆服岂可使许子将（劭字）见？”遂以单车归家。……劭与靖（邵从兄）俱有高名，好共核论乡党人物，每月辄更其品题，故汝南俗有月旦评焉（《后汉书》卷九十八《许劭传》）。

度辽将军皇甫规，解官归安定，乡人有以货得雁门太守者……书刺谒规，规卧不迎。……有顷，又白王符在门。规素闻符名，乃惊遽而起，衣不及带，屣履出迎……时人为之语曰：“徒见二千石，不如一缝掖。”（《后汉书》卷七十九《王符传》）

东莱司马均……字少宾。安贫好学，隐居教授，不应辟命，信诚行乎州里。乡人有所计争，辄令祝少宾，不直者终无敢言（《后汉书》卷六十六《贾逵传》）。

寔在乡间，平心率物，其有争讼，辄求判正，晓譬曲直，退无怨者（《后汉书》卷九十二《陈寔传》）。

蔡衍……以礼让化乡里。乡里有争讼者，辄诣衍决之，其所平处，皆曰无怨（《后汉书》卷九十七《蔡衍传》）。

（丁）豪宗

汉初，徙六国世家大族于关中，实纳娄敬之议，所以塞乱源也。

臣愿陛下，徙齐诸田，楚昭、屈、景，燕，赵，韩，魏后及豪桀名家，且实关中（《汉书》卷四十三《娄敬传》）。

九年十一月，徙齐、楚大族昭氏、屈氏、景氏、怀氏、田氏五姓关中，与利田宅（《汉书》卷一下《高帝纪下》）。

汉代抑制豪强赀富，吏事亦以此为能，一代大家族颇少。独世禄后家，不受限制，故金、张、许、史及东京诸后族，乃为高门之始。

济南瞯氏，宗人三百余家，豪猾，二千石莫能制，于是景帝拜都为济南守，至则诛瞯氏首恶（《汉书》卷九十《郅都传》）。

迁为河内都尉，至则族灭其豪穰氏之属（《汉书》卷九十《义纵传》）。

王温舒……迁为河内太守。……捕郡中豪猾，相连坐千余家（《汉书》卷九十《王温舒传》）。

迁颍川太守，郡大姓原、褚宗族横恣，宾客犯为盗贼，前二千石莫能禽制。广汉既至数月，诛原、褚首恶（《汉书》卷七十六《赵广汉传》）。

为涿郡太守。时郡比得不能太守，涿人毕野白等由是废乱。大姓西高氏、东高氏，自郡吏以下，皆畏避之，莫敢与牾，咸曰："宁负二千石，无负豪大家。"宾客放为盗贼，发辄入高氏，吏不敢追。浸浸日多，道路张弓拔刃，然后敢行，其乱如此。延年至，遣掾蠡吾赵绣按高氏，得其死罪（《汉书》卷九十《严延年传》）。

（8）奴婢

汉代有私奴，有官奴。私奴由于掠卖，或掠他族为奴。

高祖乃令民得卖子（《汉书》卷二十四上《食货志上》）。

羌无弋爰剑者。……羌人谓奴为无弋，以爰剑尝为奴隶，故因名之（《后汉书》卷一一七《西羌传》）。

安定降羌烧何种，胁诸羌数百人反叛，郡兵击灭之，悉没入弱口为奴婢（《后汉书》卷一一七《西羌传》）。

私人蓄奴，以之计富，且令奴作生产事业。

卓王孙僮客八百人，程、郑亦数百人（《汉书》卷五十七上《司马相如传上》）。

蓄奴者众，国家始有限制之法。

绥和二年（西元前七年）六月。……诏曰："……诸侯王、列侯、公主、吏二千石及豪富民多畜奴婢，田宅亡限。……其议限列。"有司条奏："……诸侯王奴婢二百人，列侯、公主百人，关内侯、吏民三十人。年六十以上，十岁以下，不在数中。……诸名田、畜、奴婢过品，皆没入县官。……官奴婢五十以上，免为庶人。"（《汉书》卷十一《哀帝纪》）

官奴由于犯罪，官给廪食。年五十得免为庶人，不免亦得买卖。

诸官奴婢十万余人，戏游亡事，税良民以给之，岁费五六巨万，宜免为庶人（《汉书》卷七十二《贡禹传》）。

正始七年（西元二四六）……八月，诏曰："属到市观，见所斥卖官奴婢，年皆七十，或癃疾残病，所谓天民之穷者也。且官以其力竭而复鬻之，进退无谓，其悉遣为良民。若有不能自存者，郡县振给之。"（《三国·魏志》卷四《齐王芳》）

光武为救济私奴婢，屡有诏免除，其风终不能革。

建武二年（西元二十六）五月……诏曰："民有嫁妻卖子欲归父母者，恣听之。敢拘执，论如律。"（《后汉书》卷一上《光武帝纪上》）

七年五月……诏吏人遭饥乱及为青、徐贼所略为奴婢下妻，欲去留者，恣听之。敢拘制不还，以卖人法从事。……十一年春二月己卯，诏曰："天地之性人为贵，其杀奴婢，不得减罪。"……八月……诏曰："敢炙灼奴婢，论如律，免所炙灼者为庶民。"冬十月，诏除《奴婢射伤人弃市律》。……十二年……三月癸酉，诏陇、蜀民被略为奴婢自讼者，及狱官未报，一切免为庶民。……十三年……十二月甲寅，诏益州民自八年以来被略为奴婢者，皆一切免为庶民；或依托为人下妻欲去者，恣听之；敢拘留者，比青、徐二州以《略人法》从事。……十四年……十二月癸卯，诏益、凉二州奴婢，自八年以来自讼在所官，一切免为庶民，卖者无还直（《后汉书》卷一下《光武帝纪》下）。

延平元年（西元一〇六）……六月……诏……曰："……诸官府、郡国、王侯家奴婢姓刘及疲癃羸老，皆上其名，务令实悉。"（《后汉书》卷四《殇帝纪》）

中华二千年史

卷五 明清四

邓之诚 著

岳思聪 陈虎 点校

中華書局

目　录

卷五　明清四

卷五　明清四

（十三）戊戌变政

（1）康、梁之维新运动

（甲）康有为之学说

康有为之师朱次琦，治学平实，兼综汉、宋，而归本于经世，与有为行径不类。嘉庆中，治经者喜今文家微言大义之说，庄存与、刘逢禄、宋翔凤，皆言《公羊》；龚自珍、魏源，论时事，亦主今文。海通以后，外患日深，策时务者，若汤鹏著《浮丘子》、孙鼎臣著《刍言》，效之而有作者，无虑数十种，各抒其所见，渐趋于维新。光绪初，廖平传王闿运之学，有为与廖平为友，熟闻其绪论，以《公羊》改制，足为变法张目，自号“长素”，比于孔子之素王。且倡孔教，欲传之于世界，著《新学伪经考》，力攻刘歆窜改经文，而致疑于尧舜之有无，所以震撼一世，破其守旧之习，习知民权之说，主开国会立宪，较他人所言为得其要。当甲午前后，稍有知识者，无不日盼富强，而有为遂为之魁率。

康有为字广厦，号更生，原名祖诒，广东南海人。光绪二十一年进士，用工部主事。少从朱次琦游，博通经史。好《公羊》家言，言孔子改制，倡以孔子纪年，尊孔保教（《清史稿》列传二六〇《康有为传》）。

光绪二年（一八七六年），十九岁。是年，应乡试不售，愤学业之无成。邑有大儒朱九江先生，讳次琦，号子襄者。……乃请从之学。先生硕德高行，博极群书。……而其学，平实敦大……特重气节。……其教学者之恒言，则曰“四行五学”。四行者，敦行孝弟，崇尚名节，变化气质，检摄威仪。五学，则经学、史学、掌故之学，性理之学，词章之学也。先生……强记博闻，每议一事，论一学，贯串今故……发先圣大道之本……扫去汉、宋之门户而归宗于孔子。……既从先生学……日读宋儒书，及经说、小学、史学、掌故、词章，兼综而并骛。……盖余家小有藏书，久好涉猎，读书甚多，但无门径。及一闻先生之说，与同学简君竹居（名朝亮）、胡君少恺（名景棠）日上下其议论，即涣然融释贯串。……光绪五年（一八七九年），二十二岁。……正月，遂入樵山，居白云洞。……编修张延秋先生（讳鼎华），与朝士四五人来游樵山，张君素以文学有盛名于京师者，至是见之……由是订交焉。……自是来城访张君谈，则竟夕申旦，尽知京朝风气，近时人才及各种新书，道、咸、同三朝掌故，皆得咨访焉。……吾自师九江先生，而得闻圣贤大道之绪；自友延秋先生，而得博中原文献之传（《康南海自编年谱》）。

光绪十六年（一八九〇年）……三十三岁。春，居徽州会馆。……既而移家羊城之云衢书屋。……三月，陈千秋来见。六月，来及吾门。八月，梁启超来学。陈通甫，又字礼吉。时读书甚多，能考据，以客礼来见，凡三与论《诗》《礼》，泛及诸经。吾乃告之以孔子改制之意，仁道合群之原，破弃考据旧学之无用。礼吉恍然悟，首来受学（《康南海自编年谱》）。

梁启超字卓如，号饮冰，广东新会人。光绪十五年举人，从康有为受学，能属文。有为主维新，设保国会，启超为之奔走最力。二十四年，以六品衔办理译书局事务。事败，由日本人保护赴日本，设《新民丛报》，鼓吹立宪。辛亥革命军起，袁世凯为内阁总理大臣，以启超为学部副大臣，不赴官，而应召归国。初，有为主保皇，与世凯寻仇；而启超主立宪，设进步党与世凯合，遂与有为离。……卒于民国十八年，年五十六（《松堪小记》）。

光绪十年（一八八四年）……二十七岁。……秋冬，独居一楼，万缘澄绝，俯读仰思，至十二月，所悟日深。因显微镜之万数千倍者，视虱如轮，见蚁如象，而悟大小齐同之理。因电机光线一秒数十万里，而悟久速齐同之理。知至大之外尚有大者，至小之内尚包小者，剖一而无尽，吹万而不同。根元气之混仑，推太平之世，既知无来去，则专以现在为总持；既知无无，则专以生有为存存；既知气精神无生死，则专以示现为解脱；

既知无精粗、无净秽，则专以悟觉为受用；既以畔援歆羡皆尽绝，则专以仁慈为施用。其道以元为体，以阴阳为用，理皆有阴阳，则气之有冷热，力之有拒吸，质之有凝流，形之有方圆，光之有白黑，声之有清浊，体之有雌雄，神之有魂魄，以此八，统物理焉。以诸天界、诸星界、地界、身界、魂界、血轮界，统世界焉。以勇、礼、义、智、仁五运论世宙，以三统论诸圣，以三世推将来，而务以仁为主，故奉天合地，以合国、合种、合教一统地球。……浩然自得，然后莫往莫来。因于所遇，无毁无誉，无丧无得，无始无终……生死示现，来去无数，富贵贫贱……皆所已作。故无所希望，无所逃避，其来现也，专为救众生而已。故不居天堂而故入地狱，不投净土而故来浊世，不为帝王而故为士人，不肯自洁，不肯独乐，不愿自尊，而以与众生亲。为易于援救，故日日以救世为心，刻刻以救世为事，舍身命而为之。……日号于众，望众从之，以是为道术，以是为行己（《康南海自编年谱》）。

《新学伪经考》，经林乐知译成英文，传于欧美。英国李格附会其说，日本亦效之。盛言疑古，其意在否认中国为四千年文明首出之国家。后二十年，疑古之风盛行于中国，则为倡导新文化。然是时，康有为对于前此所说，多已自加否定矣。

光绪十七年（一八九一年）……七月，《新学伪经考》刻成，陈千秋、梁启超助焉（《康南海自编年谱》）。

始作伪乱圣制者，自刘歆。布行伪经，篡孔统者，成于郑玄。阅二千年……咸奉伪经为圣法，诵读尊信，奉持施行，违者以非圣无法论，亦无一人敢违者，亦无一人敢疑者。于是夺孔子之经以与周公，而抑孔子为传。于是扫孔子改制之圣法，而目为断烂朝报，《六经》颠倒，乱于非种。……以孔子天命大圣……蒙难遘闵，乃至此极，岂不异哉？且后世之大祸，曰任奄寺、广女色、人主奢纵、权臣篡盗，是尝累毒生民，覆宗社者矣，古无有是，而皆自刘歆开之，是上为圣经之篡贼，下为国家之鸩毒者也。夫始于盗篡者，终于即真；始称伪朝者，后为正统。……习非成是之后，丹黄乱色，甘辛变味，孤鸣而正易之，吾亦知其难也。然提圣法于既坠，明《六经》于暗曶，刘歆之伪不黜，孔子之道不著，吾虽孤微，乌可以已！窃怪二千年来，通人大儒，肩背相望，而咸为瞀惑，无一人焉发奸露覆，雪先圣之沉冤，出诸儒于云雾者，岂圣制赫暗，有所待邪？不量绵薄，摧廓伪说，犁庭扫穴，魑魅奔逸，霁散阴豁，日糙星呀，冀以起亡经、翼圣制，其于孔氏之道，庶几御侮云尔（康有为《新学伪经考》卷一）。

（乙）运动之经过

公车上书

光绪二十一年（一八九五年）……（三月）十二日，偕卓如、梁小山入京。将至大沽，日人来搜船，当颇愤。……时旅顺已失，朝廷震动。……命大学士李鸿章求和，议定割辽、台，并偿款二万万两。三月二十一日，电到北京，吾先知消息。即令卓如鼓动各省，并先鼓动粤中公车，上折拒和议。……于二十八日，粤、楚同递。……台湾举人，垂涕而请命，莫不哀之。时以士气可用，乃合十八省举人于松筠庵会议，与名者千二百余人。以一昼二夜，草万言书，请拒和、迁都、变法三者。……至四月八日投递，则察院以既已用宝，无法挽回，却不收（《康南海自编年谱》）。

为安危大计，乞下明诏，行大赏罚，迁都，练兵，变通新法，以塞和款而拒外夷，保疆土而延国命，呈请代奏事：窃闻与日本议和，有割奉天沿边及台湾一省、补兵饷二万万两，及通商苏、杭，听机器、洋货流行内地，免其厘税等款。此外尚有献俘、迁民之说。……天下震动……都人惶骇。又闻台湾臣民不敢奉诏，思戴本朝。……伏乞皇上下诏，鼓天下之气，迁都定天下之本，练兵强天下之势，变法成天下之治而已。何谓鼓天下之气也？……伏乞皇上，近法列圣，远法禹汤，时下明诏，责躬罪己。……激厉天下，同雪国耻。使忠臣义士，读之而流涕情发；骄将儒卒，读之而感愧忸怩，士气耸动，慷慨效死。……而岂有闻风哗溃者哉？……故罪己之诏宜下也。……凡辅佐不职……主和辱国之枢臣……丧师失地之将帅……辱国通款之使臣……守御无备之疆吏，或明正典刑以寒其胆，或轻予褫革以蔽其辜。……其余大僚尸位……咸令自陈，无妨贤路。……此明罚之诏宜下也。……然后悬赏功之格，为不次之擢。……凡有高材，不次拔擢。天下之士，既怀国耻，又感知遇，必咸致死力以报皇上，故求才之诏宜下也。……苟三诏既下，赏罚得当，士气咸伸，天下必距跃鼓舞，奔走动容，以赴国家之急，所谓下诏鼓天下之气者此也。何谓定天下之本也？……方今旅顺已失，威海既隳，险阻无有，京师孤立。……故今日大计，必在迁都。……以今事言之，吾所以忍割地弃民者，为保都畿、安乘舆也。……夫王者有都，以治天下耳，岂有割天下以保都城，而恃为至计哉？……皇上既讲明利害，远之防诸国之联镳，近之拒日本之胁制，急断乃成。……即日移驾，奉皇太后，巡于陕西。……择亲藩之望重者，留守旧京。……日人虽欲轻兵相袭，数日乃抵津沽，而我大兵云集都畿，犹可一战。……以二万万之费，改充军饷，示之以虽百战百败，沿海糜烂，必不为和。日本既失胁制之术，即破旧京，不足轻重，必不来攻，都城可保，或俯就驾驭，不必割地，和议亦成。即使不成，可以言战矣。故谓迁都以定天下之本者此也。何谓强天下之势也？……兵者国之甲胄也……大国练兵至百余万。……而我犹守大一统之旧制以待之，不训兵备，至有割地款和之事。今日氛未已，不及精练，然能将卒相知，共其甘苦，器械精利，壮其胆气，亦可自用，选将购械，犹可成军。……今请更练重兵，以待敌变。……宜选精于制造、操守廉洁之士，专购英黎姆斯枪十数万，以备前敌。并广购毒烟空气之炮、御敌之衣，庶器械精利，有恃无恐。……所谓练兵以强天下之势者此也。然凡上所陈，皆应敌之谋，非立国自强之策也。伏念国朝法度，因沿明制数百年久则废，器久则坏，法久则弊。……变之之法，富国为先。……夫富国之法有六：曰钞法，曰铁路，曰机器、轮舟，曰开矿，曰铸银，曰邮政。今奇穷之余，急筹巨款，而可以聚举国之财，收举国之利，莫如钞法。令天下银号，报明资本，皆存现银于户部，及各省藩库。户部用精工制钞，自一至百，量其多少，皆给现银之数，而加其半。……巨商乐借国力，富户不患倒亏。以十八省计之，可得万万。……上下相通……要需可以立办。……钞票通行，可扩商务。……此钞票宜行一。可缩万里为咫尺，合旬月于昼夜，便于运兵，便于运械，便于赈荒，便于漕运，便于百司走集，便于庶士通学，便于商贾运货，便于负担谋生，便于通言语、一风俗……莫如铁路。……此铁路宜行二。机器厂可兴作业，小轮舟可便通达……宜纵民为之，并加保护。……此机器、轮舟宜行三。……美人以开金、银之矿，富甲四海；英人以开煤、铁之矿，雄视五洲……而藏富于地，中国为最。……宜开矿学，专延比人教之。且为踏勘，购械器以省人工，筑铁路以省转运……选才督办而无滥私人，则吾金、银、煤、铁之富可甲地球。此矿务宜开四。……自濠镜通商，洋银流入中国……每岁运入约数百万，进口无税，八成夹铅，而换我足银，市价涨落……多方折耗，是谓大漏卮。……今广东已开局铸银。……请饬下户部，预筹巨款，并令各直省，皆开铸银局……改铸钱两，令严而民信，可以塞漏卮。……此铸银宜行五。我朝公牍文移，谕旨奏折，皆由塘驿汛铺传递，而军务加紧，又有驿马遍布天下，设官数百，养夫数万，岁费帑三百万两，而民间书札不得过问。……查英国有邮政局，寄带公私文书……而岁入一千六百余万。我中国人四万万，书信更多，若设邮政局以官领之……而进坐收千余万之款，退可省三百万之驿。……此邮政宜行六。此六者，国不患贫矣。然百姓匮乏，国无以为富也。……养民之法，一曰务农，二曰劝工，三曰惠商，四曰恤穷。……吾地大物博，但讲之未至，宜命使者，择其农书，遍于城镇，设为农会，督以农官……比较则弃楛而从良，鼓舞则用新而去旧，农业自盛。若丝、茶为中国独擅……宜设丝茶局，开丝茶学会，力求振兴。……其余东南种棉蔗、西北讲牧畜……以及沙漠可以开河种树，海滨可以渔网取鱼……宜有以鼓劝之。此务农宜行一也。……宜令各州、县咸设考工院，译外国制造之书，选通测算学童，分门肄习。……凡有新制绘图贴说，呈之有司，验其有用，给以执照，旌以功牌，许其专利。……劝工之法，莫善于此。此劝工宜行二也。……宜特设通商院，派廉洁大臣长于理财者，经营其事。令各直省设立商会、商学、比较厂，而以商务大臣统之。上下通气，通同商办，庶几振兴。……然后蠲厘金之害以慰民心，减出口之税以扩商务。……故惠商宜行三也。……其余穷困无业、游散无赖，所在皆是，京师四方观望，而乞丐遍地。其他孤老残疾，无人收恤，废死道路，日日而有。……恤之之法：一曰移民垦荒。西北诸省，土旷人稀，东三省、蒙古、新疆，疏旷益甚。……移有三：曰罪遣。……曰认耕。……曰贸迁。……二曰教工。……宜令州、县设立警惰院……凡无业游民，皆入其中，择其所能，教以艺业。……其乞丐之非老弱残疾者，咸收于外院，工作如之。……三曰养穷。鳏、寡、孤、独、疲癃、残疾、盲聋、喑哑、断者、侏儒，民之无告。……宜令各州、县、市、镇、聚落，并设诸院，咸为收养。……民心固结……故恤穷宜行四也。……夫才智之民多则国强，才智之士少则国弱。……今宜改武科为艺学，令各省、州、县，遍开艺学书院，凡天文、地矿、医、律、光、重、化、电、机器、武备、驾驶，分立学堂，而测量、绘图、语言、文字，皆学之。选学童十五岁以上入堂学习，仍专一经以为根本，延师教习，各有专门。学政、有司，会同院师，试之以经题一论，及专门之业，通半中选，不限名额，得荐于省学，谓之秀才。……五年不成者出学。省学、书器益多，见闻益广，学政、督、抚会同其院师，每岁试其专门之业，增以经一论史一考，掌故一策，通半中选，不限名额，贡于京师，谓之举人，五年不成者出学。京师广延各学教习，图器尤盛，每岁总裁礼部会同大教习试之，其法与省学同，不限名次，及半中选，谓之进士，三年不成者出学。……其文科童试，即以经古场为正场，自占经解一、专门之学一；二场试《四书》文一、中外策一、诗一，亦及格即取，不限名额。……其乡、会试，头场《四书》义一、《五经》解一、诗一，纵其才力，不限格法。……但在讲明义理，宗尚孔子。二场掌故策五道，三场问外国考五道，及格者中，不限名额。殿试策问，不论楷法，但取直言极谏、条对剀切者入翰林。其文科、艺科，愿互应者听。其有创著一书，发明新义，确实有用者，皆入翰林，进士授以检讨，举人授以庶吉士，诸生授以待诏。如是……则人才皆可胜用矣。……而今官制太冗，俸禄太薄，外之则使才未养，内之则民情不达。……至于鬻及监司，而吏治坏滥极矣。今请首停捐纳，乃改官制，用汉世太守领令、长之制、唐代节度兼观察之条，每道设一巡抚，上通章奏，下领知县，以四五品京党及藩臬之才望者充之。其知县升为四品，以给御、编、检、郎、员及道、府之爱民者授之。其巡抚之下，增置参议、参军、支判，凡道、府、同、通，改授此官。其知县之下，分设公曹、决曹、贼曹、金曹，以州、县进士，分补其缺。其余诸吏，皆听诸生考充。渐拔曹长，行取郎官，其上总督，皆由巡抚兼管。……三老之乡官，各由民举。……其京官，则太常、光禄、鸿胪可统于礼部，大理可并于刑部，太仆可并于兵部，通政可并于察院，其余额外冗官，皆可裁汰，各营一职，不得兼官。章京领天下之事，宜分以诸曹。翰林为近侍之臣，宜轮班顾问。部吏皆听举贡学习，以升郎曹。通政准百僚奏事，以开言路。骈枝既去，宦途甚清。以彼冗糜，增此廪禄，令其达官有以为舆马、仆从之费。……其小吏有以为仰事、俯畜之用。……若用魏、隋之制，予以世禄之田，既体群臣，庶多廉吏。……今宜立使才馆，选举贡、生、监之明敏有才者，入馆学习，其翰林部曹愿入者听，各国语言、文字、政教、律法、风俗、约章，皆令学习。学成，或为游历，或充随员，出为领事，擢为公使，庶几通晓外务，可以折冲。……夫中国大病，首在壅塞。……伏乞特诏，颁行海内士民，令公举博古今、通中外、明政体、方正直言之士，略分府、县，约十万户而举一人，不论已仕未仕，皆得充选，因用汉制，名曰议郎。皇上开武英殿，广悬图书，俾轮班入直，以备顾问，并准其随时请对，上驳诏书，下达民词。凡内外兴革大政、筹饷事宜，皆令会议于太和门，三占从二，下部施行。所有人员，岁一更换，若民心推服，留者领班，著为定制，宣示天下。……天下鼓舞奔走，能者竭力，富者纾财……君民同体……中国一家……合四万万人之心以为心，天下莫强焉。……何至含垢忍耻，割地款于小夷哉！及今为之，犹可补牢，苟徘徊迟疑……因循守旧……则诸夷环伺……迟之期月，事变必来。……近日土耳其为回教大国，不变旧法，遂为六大国割地、废君而柄其政。日本一小岛夷耳，能变旧法，乃能灭我琉球，侵我大国。前车之辙，可以为鉴。……伏惟皇上……历鉴覆辙，独奋乾纲，勿摇于左右之言，勿惑于流俗之说，破除旧习，更新大政，宗庙幸甚！天下幸甚！……（举人）等草茅疏逖，何敢妄陈大计，自取罪戾？但同处一家，深虞胥溺……用敢竭尽其愚，惟皇上采择焉（康有为《公车上书记》）。

公车签名表

省	人名							人数
吉林	德懋							一
直隶	刘世骏	何之镕	王阐元	刘福田	孙 植	杨月村	贾恩绂	三十七
	邢霁云	郑蜀江	姚曰焜	德 善	桑魁卯	文 元	王六德	
	刘晋荣	薛士鸿	马文煜	刘 铜	张保衡	孙豫桐	王思翰	
	王恩澎	孙同荣	魏景僖	同 书	梁秉鑫	王阔城	袁励廷	
	李恩铭	张 权	刘以榕	吴毓福	郑士林	吕寿铭	文 成	
	郭好苏	牛桂荣						
江苏	徐 普	陈世垣	郭嘉禾	王嘉宾	金 还	濮贤恒	王禄孙	四十七
	周 钺	罗宏洞	吴廷锡	吴 眺	王孝达	濮人骥	冯诚求	
	工凤璘	刘元炳	张男寅	胡同颎	卞汝方	俞 复	高 翔	
	张继良	陈恩洽	许士熊	杜嗣程	钱树声	吴曾徯	朱 柏	
	唐浩镇	刘廷弼	缪抡俊	孔揆均	华承谟	吴廷燮	沈恩孚	
	廉 泉	汪曾武	周召齐	胡祥鑅	程祖蔚	秦曾潞	茅 谦	
	姜汝谟	左运奎	曹元忠	徐秉璜	范 纛			

续表

省	人名							人数
安徽	李汝稢	胡嘉楷	胡腾逵	刘景墉	胡殿元	何承培	何其纯	八
	何云蔚							
山西	柴　淇	靳绍祖	葛尔寿	崔养锋	张泰纯	宁绳武	王润章	十
	常立教	李鉴堂	王仪通					
陕西	常鼎馨	惠常煜	杨汝春	雷运午	吕国治	崔志远	高福荫	五十五
	吴星映	申典钦	陈良均	窦牛虚	张效敏	陈名扬	王　建	
	王　延	郑书同	李福善	曹邦彦	雷延寿	张镇岳	温　恭	
	乔柏荫	孙炳麟	曹步章	曹宏参	侣树森	吴兴敬	胡　均	
	雷光甸	校培乙	桂嘉会	张经寅	胡永荣	张　[illegible]	谢仁泳	
	孔繁荫	刘肇复	常懋德	刘化南	赵鼎泉	余鼎臣	洪祥麟	
	宋应相	步绍曰	张继忠	朱　陶	吴　琮	王炳蔚	丁兆松	
	刘光铣	刘映藜	赖清键	蒯培元	陈　爵	高士龙		
甘肃	李于锴	王汝贤	陈协华	张思永	侯　垣	魏鸿仪	张振麒	六十一
	马文蔚	彭汝翼	吴海净	赵鼎臣	卢殿魁	蒲　茂	丁　俊	
	李培稌	王国麒	张廷政	王世相	张　溥	牟缵绪	郭肇烇	
	荀萃珍	孙云锦	梁寯冕	蔡绳仲	刘兆庚	梁士选	孙毓英	
	秦望澜	李凤来	李　煓	张自诚	李其骏	王仪乾	魏命侯	
	马轧德	史　彰	陆云锦	黄元清	仙　鹏	聂　湜	王堃棫	
	谢邦彦	高守愚	罗经权	赵元贵	李象贤	苏曜泉	滕　钫	
	张一心	张耀南	苏源泉	柳逢源	严恩荣	钱旭东	安启桢	
	赵养廉	蒲春霖	王从乾	刘文炳	黄居中			
福建	董元亮	任承纪	董玉林	胡序铨	李景骧	黄家琮	朱　勋	八
	胡兆铨							
江西	陈鹏运	陈鹗运						二
湖北	黄庆曾	夏良材	宋均平	董昌达				四
湖南	刘　锽	曾　熙	戴展诚	曾纪先				四
四川	张联芳	杨道南	周　铣	邓代聪	吴昌祀	秦渐和	赖作楫	七十一
	李友梁	郭　瀚	蓝光策	曾　鑑	凌开运	李本筠	张继善	
	罗鸿藻	欧阳薰	刘秉元	龚经佶	严崇经	蓝光第	杨　锐	
	李之实	陈　礼	贺云骧	李　植	周鸿志	吴　琳	万正常	
	汪世杰	陈正学	张可均	杨永澂	洪尔振	曹兴杰	曾思慎	

续表

省	人名							人数
四川	谢刚国 刘　轧 刘纵之 贺伦修 李宗模 杨巨川	杨宜瀚 邓云卿 谢　璋 王大尧 周炳烽	赖毓灵 刘　焯 李作枢 罗组香 王晋涵	刘济普 罗泰莹 倪文炳 盛时赓 戴锡章	张梦笔 廖世英 湛凤翔 洪子祁 曾忠上	林秉钧 杨绍荣 胡光大 吕廷桢 胡　峻	张西铭 王濬道 王　鲤 李树德 岳嗣佺	
广东	周元兰 潘志和 谭资鉴 谭　镳 黎宗保 林廷资 陈　谟 陈祺年 梁启超 周恩镐 梁冠澄 湛　书 梁　泮	周发祥 吴世泰 魏宗弼 梁朝杰 林树墉 谢荣熙 陈桂荣 黄烜林 李伯兴 麦葆元 莫寿彭 林缵统 颜绍泽	冼瑞琪 何祖濂 张元钰 司徒澜 江孔殷 张思泽 郭金阳 黄桂瀛 关伯麟 潘宗尹 曾述经 刘彦芬	陈大照 何天衢 黄心龄 饶集蓉 赵纯熙 龚其搴 郑文桢 梁骥藻 林镜鎏 梁禹甸 黄恩荣 梁念祖	何宗愈 朱　珩 冯祥光 郑润霖 马銮光 莫洳铗 陈启人 冯元鼎 赖际熙 陆寿昌 黄立权 潘焱熊	刘庆骐 李均琦 锺荣光 麦孟华 颜贻泽 江慎中 徐廷杰 梁知鉴 陈廷选 谢锡勋 侯家骥 陈敬彭	麦劭祥 左公海 冯焕章 林　宪 王寿慈 谢晋勋 梁金鳌 陆锡骐 招卓华 杜士琮 吴荃选 叶衍蕃	八十六
广西	周炳蔚 陈荃徵 俸肇祥 罗启璜 谢显球 李惟寅 吴兆梅 李国材 朱永观 黄凤仪 施献瑄 杨超伦 杨书田 朱贤缙 陈　松	谢经成 李益源 范晋藩 文同书 苏　鋆 高柱国 黄熊祥 袁维瀚 周纪凤 罗朝纶 黄家崇 何源毓 胡　梅 廖鸿年	梁全士 吕增荣 朱椿林 吕凤仪 林世焘 莫鸿裁 陈德三 朱远绶 于凤翔 雷智龙 黎肇熙 郑幹材 左庆欣 周经宗	黄得琮 汤宏业 甘乃调 苏奇华 王国梁 王子俊 卢荣恩 黄　周 卢玉鑫 吕瑞燕 林伯桐 曾文鸿 朱贤志 凌天衢	黎士玙 韦锦恩 熊振翔 李识韩 黎劲松 吕炳纶 张乃森 蒋德彰 江蕴深 黄　冕 以　庄 韦荫槐 谢宝树 黎启勋	邹戴尧 黄世溶 秦钟毓 杨　杰 陈　书 莫建宰 朱远缮 刘　楷 杨裕达 胡建恭 陈绍湘 钟朝纲 冯希京 苏汝佶	伍登元 陈慕沅 杜元椿 赵元杰 王国瑞 李庆光 刘懋官 黄祥光 蒋士奇 雷廷珖 施献璜 黄经垣 程式榖 谢光墉	九十九

续表

省	人名							人数
云南	王佩玱 徐新德 胡开云	白嘉澍 陈玉相	段荣嘉 沈鋆章	张　锴 陈永锟	程　梧 缪云章	蓝和光 钮尚质	赵鹤龄 詹太和	十五
贵州	黄钟杰 曾鹏星 廖　杭 李端荣 杨　绥 杨锡谟 柳元翘 顾辐基 吕钧璜 戴仁禄 樊　瑗 王智元 吴正枢 熊滨臣	李瑞棨 陈其铸 申德渠 陈凤仪 王崧寿 蒋夔奇 徐培中 颜德辉 杨树琪 傅　夔 黄厚成 蒯兆庚 魏祚臣 董玉林	谢沛泽 杜树棻 萧子鉴 周之麟 李端棨 彭汝寿 丁汝嶲 杨国栋 申元熙 胡纪辰 白赞元 吴见举 杨元龙 聂树楷	喻熙箴 胡嗣芬 萧正和 周　祜 吴懋卿 胡　俊 王　勋 罗会恕 张清华 王玉梁 李绍莲 刘廷魁 孔繁华 马治源	伍襄钧 谈定安 黄泽书 谭沛林 姜兴胄 周学海 陈文焘 陈煓厚 张煦春 徐致和 彭秀章 丁树铭 聂树奇	吴鹤书 葛明远 谢承珪 周守彬 车鸣桢 吴廷璧 杨懋林 张可瑛 陈明清 乐嘉藻 艾应芳 向日葵 吴　鹏	张尧煦 罗廷珍 黄　明 张致安 李端检 犹朝选 赵昌麒 张鸿逵 白子钊 何庆崧 赵永霖 犹海龙 杨鸿翥	九十五
附记	《康南海自编年谱》谓十八省举人千二百余人。光绪二十一年文升阁刻本《公车上书记》只有十六省凡六百三人。							

强学会——保国会

中国风气向来散漫……思开风气，开知识，非合大群不可。……合群，非开会不可。在外省开会，则一地方官足以制之，非合士大夫开之于京师不可，既得登高呼远之势，可令四方响应，而举之于辇毂众著之地，尤可自白嫌疑。故自上书不达之后，日（光绪二十一年乙未〔一八九五年〕五月）以开会之义，号之于同志。……沈子培刑部、陈次亮户部，皆力赞此举。七月初，与次亮约集客，若袁慰亭（世凯）、杨叔峤（锐）、丁淑衡（立钧）及沈子培、沈子封兄弟、张巽之（孝谦）……即席定约，各出义捐，一举而得数千金，即举次亮为提调，张巽之帮之。……举吾草序文及章程，与卓如拟而公商之。……于是三日一会于炸子桥嵩云草堂，来者日众。翰文斋愿送群书，议开“书藏”琉璃厂，乃择地购书，先属孺博出上海办焉。……时英人李提摩太亦来会。……英美公使，愿大助西书及图器，规模日广。乃发公函于各督、抚，刘坤一、张之洞、王文韶各捐五千金，乃至宋庆、聂士成，咸捐数千金。士夫云集，将俟规模日廓，开书藏，派游学游历。……于是大学士徐桐、御史褚成博，皆欲劾奏，沈子培、陈次亮皆来告，促即行。乃留卓如办事，而以八月二十九日出京（《康南海自编年谱》）。

九月……十五，入江宁。……说张香涛开强学会。香涛颇以自任，隔日一谈，每至夜深。香涛不信孔子改制。……与黄仲弢、梁星海议章程，出上海刻之。而香涛以论学不合背盟，电来属勿办，则以会章大行，不能中止告，乃开会赁屋于张园旁，远近响应。而江宁一切不来，处处掣肘，即无杨崇伊之劾，亦必散矣。……吾以十二月……急须开报，以用孔子纪年及刊上谕事，江宁震动。适有京师劾案，遂藉此停止（《康南海自编年谱》）。

光绪二十一年（一八九五年）乙未十二月初七日……言者以城南强学会为结党敛钱，大干法纪。有寄谕，令都察院封禁，盈廷之是非如此。……十四日……沈子封来，南城因封禁强学会，众汹汹有烦言（翁同龢《翁文恭公日记》）。

时欲续强学会之旧，先与乡人士开会，曰粤学会，于（光绪二十三年〔一八九七年〕丁酉）十二月十三日，在南海馆创办，京友集者二十余人。……乃令丁叔雅，佐寿百福，成知耻会（《康南海自编年谱》）。

（光绪）二十四年（一八九八年），有为立保国会于京师（《清史稿》列传二六〇《康有为传》）。

以公车咸集，欲遍见其英才，成一大会，以伸国愤。……李木斋亦来言开会事，卓如新在湖南开南学会极盛。时扶病来京，幼博（康广仁）

以医卓如故，同寓三条胡同金顶庙。乃定于（光绪二十四年三月）二十二日，开保国会于粤东馆，为草定章程，士夫集者数百。……二十五日，再集于崧云草堂。二十九日，再集于贵州会馆。人皆逾百数。是时各省人士，应时开会，保滇会、保浙会继起，人数皆逾百数。当是时，公车如云，来见者日数十，座客填塞，应援不暇。分日夜之力，往各会宣讲。……吏部主事洪嘉与者……三来拜，不得遇，阍者忘其居址，又不答拜，洪以为轻己。……乃草驳保国会议，谓吾将欲为民主教皇，刻数千本，遍投朝贵，于是谤言益沸，乃停会。而四方之士，投书预会者纷纷，于是李盛铎参保国会以求自免。四月初七日，潘庆澜附片，劾吾聚众不道。上曰："会为保国，岂有不善？"……时御史黄桂鋆，劾保滇会、保浙会，并及保国会，皆洪嘉与为之云。于是谤言塞途，宾客至交，皆避不敢来。……与三月时，成两世界矣（《康南海自编年谱》）。

自胶州、旅顺既割，京师人人震恐。……于是康有为既上书求变法于上，复思开会振士气于下，于是与□□□等开粤学会，与杨锐等开蜀学会，与林旭等开闽学会，与杨深秀□□□等开陕学会。……于时会试期近，公车云集，御史李盛铎，乃就康谋，欲集各省公车，开一大会，康然之，是为保国会议之初起。康复欲集京官之有志者，李不谓然。后卒从康议，于三月二十七日（《康南海自编年谱》作二十二日），在粤东会馆第一集，到会者二百余人。时会中公推康及李及□□□□□□等演说，而李以事后至。是日，公拟《保国会章程》三十条，今录于下：一、本会以国地日割、国权日削、国民日困，思维持振救之，故开斯会，以冀保全，名为保国会；二、本会遵奉光绪二十一年闰五月二十七日上谕，卧薪尝胆，惩前毖后，以图保全国地、国民、国教；三、为保国家之政权、土地；四、为保人民种类之自立；五、为保圣教之不失；六、为讲内治变法之宜；七、为讲外交之故；八、为仰体朝旨，讲求经济之学，以助有司之治；九、本会同志，讲求保国、保种、保教之事，以为论议宗旨；十、凡来会者，激厉愤发，刻念国耻，无失本会宗旨；十一、自京师、上海设保国总会，各省、各府、各县皆设分会，以地名冠之；十二、会中公选总理若干人、值理若干人、常议员若干人、备议员若干人、董事若干人，以同会中人多推荐者为之；十三、常议员公议会中事；十四、总理以议员多寡，决定事件推行；十五、董事管会中杂事，凡入会之事及文书会计一切诸事；十六、各分会每年于春秋二、八月，将各地方入会名籍寄总会；十七、各地方会议员，随其地情形，置分理议员约七人；十八、董事每月将会中所收捐款登报；十九、各局将入会之姓名、籍贯、住址、职业随时登记，各分局同；二十、欲入会者，须会中人介之，告总理、值理，察其合者，予以入会凭票；二十一、入会者若心术、品行不端，有污会事者，会众除名；二十二、如有意见不同，准其出会，惟不许假冒本会名滋事；二十三、入会者人捐银二两，以备会中办事诸费；二十四、会期有大会、常会、临时会之分；二十五、来会者不论名位学业，但有志讲求，概予延纳。德业相劝，过失相规，患难相恤，务推蓝田乡约之义，庶自保其教；二十六、捐助之款，写明姓名、爵里，交本会给发收条为据。本会将姓名、爵里、学业、寄寓，按照联票号数，汇编存记。联票皆有总理、值理及董事图章；二十七、来会之人，必求品行、心术端正明白者，方可延入。本会中应办之事，大众随时献替，留备采择。倘别存意见，或诞妄挟私，及逞奇立异者，恐其有碍，即由总理、值理、董事诸友公议辞退。如有不以为然者，到本会申明，捐款照例充公，去留均听自便；二十八、商董兼司账，须习知贸易、书籍情形及刷印文字者充其选，必须考查确实，一秉至公。倘涉营私舞弊，照例责赔。经手之董事会友，凡预有保荐之力者，亦须一律议罚；二十九、本会用项，概由值董核发。如有巨款，在千数百金以上者，须集齐公议，方准开支。收有成数，择殷实商号存储，立折支取。如存数渐多，亦可议生利息。发票之期，按几日为限，由值董眼同经理；三十、总理、董事，均仗义创办，不议薪资。将来局款大盛，须专请人办理，始议薪水。惟撰报、管书、管器、司事、教习、游历、司账，酌量给予薪水(梁启超《戊戌政变记》)。

新政建议

今行世戊戌奏议，多足以表其所见。然自撰或他人代撰，或已上或仅为拟稿，则未分别注出。

尚书李端棻、学士徐致靖、张百熙、给事中高燮曾等，先后疏荐有为才，至是始召对。有为极陈四夷交侵，覆亡无日，非维新变旧不能自强，变法须统筹全局而行之，遍及用人行政。上叹曰："奈掣肘何？"有为曰："就皇上现有之权，行可变之事，扼要以图，亦足救国。唯大臣守旧，当广召小臣，破格擢用。并请下哀痛之诏，收拾人心。"上皆韪之。……命在总理衙门章京上行走，特许专折言事。……有为连条议以进(《清史稿》列传二六〇《康有为传》)。

请勿下部议，特发明诏，立废八股，其乡试、童试，请改试策论。……俟学校尽开，徐废科举……并罢试帖，严戒考官，勿尚楷法(《南海先生戊戌奏稿》)。

乞立下明诏，停止弓刀石武试……广设武备学校。……派……学生就学德、日兵校……归教兵学，且统戎旅(《南海先生戊戌奏稿》)。

请皇上统筹全局，商定政体……草具纲领条目。……特御乾清门，大集群臣……布告天下……革旧……维新。……开制度局于内廷，选天下通才任之。皇上亲临，日共商榷(《南海先生戊戌奏稿》)。

请……乡立小学，令民七岁以上皆入学。县立中学，其省府能立专门、高等学、大学，各量其力，皆立图书仪器馆。京师议立大学(《南海先生戊戌奏稿》)。

请在京师设译书局。……日本佳书，可大略皆译也。……派游学……欧美……县二人，骤得三千游学生(《南海先生戊戌奏稿》)。

请……议奖创造新器、著作新书，寻发新地，启发新俗。……成大工厂以兴实业，开专门学以育人才（《南海先生戊戌奏稿》）。

请裁汰绿营，选改营勇为巡警。更仿照东、西国兵制，大练新军（《南海先生戊戌奏稿》）。

乞设立教部教会，并以孔圣纪年。……所有淫祀……皆以改充孔庙（《南海先生戊戌奏稿》）。

请停废漕运。……应发俸饷……每石折给四两……岁余三千八百万两……专用以兴筑铁路（《南海先生戊戌奏稿》）。

设巡警、整土田、行自治、举邮政、开学校、定法律、改判狱……内政办成，略需一万万两。……陆军……七十万人……须一万万两。……海军……须一万万两。……铁路……分筑三大干路……须三万万两。臣统合计之，应须六万万两。……则可大借公债……先办国家银行以募之，分立银行于纽约、伦敦。……以此六万万存贮于总银行，而改定金币，发行公债纸钞，增其倍数。听民间银行，以实业押款（《南海先生戊戌奏稿》）。

请建……十都。……自新京及北京、盛京、兴京外，请建武昌为中京……成都为西京……广州为南京……兰州或长安为西北京……拉萨……为藏京……伊犁或迪化……为西域京（《南海先生戊戌奏稿》）。

请断发易服……改元为维新元年（《南海先生戊戌奏稿》）。

请裁撤厘金（《南海先生戊戌奏稿》）。

请定立宪，开国会（《南海先生戊戌奏稿》）。

中国向用朝号……伏惟今定国号，因于外称，顺乎文史，莫若用中华二字（《南海先生戊戌奏稿》）。

顷承恩命，以臣进呈所著各书，编写有劳，特赏给银二千两，微臣拜受。……臣窃闻礼部侍郎阔普通武奏请开国会，皇上欲毅然行之。大学士孙家鼐谏曰：“若开国会，则民有权而君无权矣。”皇上曰：“朕但欲救中国耳，若能有益于国民，则无权何害？”臣伏闻之，流涕感泣曰：“大哉圣人之言也！”……今欧、日之强，皆以开国会、行立宪之故。皇上翕受嘉谟，毅然断行，此中国之福也。……请即定立宪为国体，预定国会之期，明诏布告天下。然宪法、国会条例至繁，尚待选集，取资各国。今未开国会之先，请采用国会之意，一曰集一国人才而与之议定政制，一曰听天下人民而许其上书言事。……伏乞皇上，特下明诏，令群臣各荐才俊，府必一人，不问已仕未仕，概行征集阙下，大开懋勤殿，令入直行走。……分列百政，各设专科，派以鸠集东西、斟酌今古，编纂政法，以备施行。日轮二十人置之左右，以备顾问。……其有大政……与之商略，或发与议定。……其外僚微末、士庶专门，各有专长。……故各国议院、学校、农工、商矿之人，皆预选焉。今未开国会，一时难集，请明诏特下，许令天下人民上书，听其所言。……则国才咸集，下情无壅。……其于维新致治，必有大益（《南海先生戊戌奏稿》）。

（2）百日维新

（甲）翁同龢之得罪

翁同龢先后为弘德殿、毓庆宫师傅，垂三十余年，得西太后宠遇。光绪六年，中俄伊犁交涉危急时，特命三王、两大臣专主其事。三王者，惇、恭、醇。两大臣者，潘祖荫、翁同龢也，信任可知。甲申中法之战，命为军机大臣。旋与恭王同退。自后专任户部尚书者十余年。醇之枋政，同龢阴为参佐。光绪亲政后，与同龢在书房决定大政，眷顾莫比。对日开战，再入军机，力争和约，又力主缔结《中俄密约》。耻于甲午之败，力主变法。戊戌四月，御史杨深秀上奏，维新守旧应守一途。得懿旨允许，乃下《定国是》之诏，即同龢所草。大端在练兵与修铁路、设银行、开矿而已，与有为主张之民权及剪发易服迥然有别，与西后主张之裁绿营、裁局员，及刚毅条陈之积谷、办团亦迥然有别。

见起，上颇诘问时事所宜先，并以变法为急，恭邸默然。臣谓从内政根本起，颇有敷对。诸臣亦默然也（《翁文恭公日记》光绪二十三年十二月二十四日）。

光绪二十四年戊戌（一八九八年）夏四月……乙巳……谕："……数年以来，中外臣工讲求时务，多主变法自强。迩者诏书数下，如开特科、裁冗兵、改武科制度、立大小学堂，皆经再三审定，筹之至熟，甫议施行。惟是风气尚未大开，论说莫衷一是。或托于老成忧国，以为旧章必应墨守，新法必当摈除，众喙哓哓，空言无补。试问今日时局如此，国势如此，若仍以不练之兵、有限之饷，士无实学，工无良师，强弱相形，贫富悬绝，岂真能制梃以挞坚甲利兵乎？朕惟国是不定，则号令不行。极其流弊，必至门户纷争，互相水火，徒蹈宋明积习，于时政毫无裨益。即以中国之大经大法而论，五帝三王不相沿袭，譬之冬裘夏葛，势不两存。用特明白宣示：嗣后中外大小诸臣，自王公以及士庶，各宜努力向上，发愤为雄，以圣贤义理之学植其根本，又须博采西学之切于时务者，实力讲求，以救空疏、迂谬之弊，专心致志，精益求精，毋徒袭其皮毛，毋竞腾其口说，总期化无用为有用，以成通经、济变之才。京师大学堂，为各行省之倡，尤应首先举办。著军机大臣、总理各国事务王大臣，会同妥速议奏。所有翰林院编、检，各部院司员、大门侍卫，候补、候选道、府、州、县以下官、大员子弟、八旗世职、各省武职后裔，其愿入学堂者，均准入学肄业，以期人才辈出，共济时艰。不得敷衍因循，徇私援引，致负朝廷谆谆告诫之至意。将此通谕知之。"（《清德宗实录》卷四一八）

同龢屡典试事，门生故吏满天下，折节下士，为物望所归。方恃帝眷、倚清议，尽揽军机之权，万无屏黜之理。乃于《国是诏》下后数日，忽奉朱谕，以原官回籍，谓其以维新，得罪于西后。则同龢去后，益进用康有为，厉行新政，世人多不得其解，实则起因于离间，归结于党争。西后归政后，以土木宫监之故，因致母子失欢。首迁怒于瑾妃、珍妃，借鲁伯阳、玉铭买缺事，指为纳贿擅权，黜之为贵人。次复以离间两宫，逐汪鸣銮、文廷式，诛内监文得兴。汪、文皆同龢亲信门生，逐之即所以警同龢。同龢无魄力，多瞻顾，然实任性，恭王以其党醇而久恶之。李鸿藻性命之交，徐桐弘德同直，皆致终离。李鸿章论事不合，张之洞因购械及汉阳铁厂经费，遭户部裁抑，致憾尤深。荣禄则视西后意向为转移，而皆妬同龢独得帝眷，异口同声，诋其导帝对日主战以致大挫，而同龢失西后之宠，出纳之吝，亦其一端，上下交构，遂致骤逐。逐同龢，亦即所以警光绪帝。

光绪二十四年戊戌（一八九八年）夏四月……己酉……谕："……协办大学士、户部尚书翁同龢，近来办事，多未允协，以致众论不服，屡经有人参奏。且每于召对时，咨询事件，任意可否，喜怒见于词色，渐露揽权狂悖情状，断难胜枢机之任。本应查明究办，予以重惩，姑念其在毓庆宫行走有年，不忍遽加严谴。翁同龢著即开缺回籍，以示保全。"（《清德宗实录卷》四一八）

世皆谓同龢两黜，皆由刚毅下石，而沈鹏《参三奸疏》所指，为荣禄、刚毅、李莲英。沈鹏为同龢门人，于同龢之黜，不平其事，张之报端，姑以泄忿。荣、刚进用，皆由李莲英故，并及之。荣禄当甲午之秋，以同龢命汉纳根练兵，力持异议，寓书陕抚鹿传霖，有"常熟奸狡性成，误国甚于合肥"语。又徐桐密保张之洞，西后令来京陛见，同龢以计阻之。之洞嘱王之春求援于荣禄，答以"南皮公忠可敬，唯常熟一掌遮天，容当缓图"。翁、荣交恶若此，非荣不足以逐翁也。

光绪二十四年戊戌（一八九八年）冬十月……辛丑，朱笔谕内阁："翁同龢授读以来，辅导无方，从未将经史大义剀切敷陈，但以怡情适性之书画、古玩等物，不时陈说，往往巧借事端，刺探朕意。自甲午年中东之役，主战主和，甚至议及迁避，信口侈陈，任意怂恿；办理诸务，种种乖谬，以致不可收拾。今春力陈变法，密保康有为，谓其才胜伊百倍，意在举国以听。朕以时局艰难，亟图自强，于变法一事，不惮屈己以从。乃康有为乘变法之际，阴行其悖逆之谋，是翁同龢滥保匪人，已属罪无可逭。其余陈奏重大事件，朕间有驳诘。翁同龢辄怫然不悦，恫喝要挟，无所不至，词色甚为狂悖。其任性跋扈情形，事后追维，殊堪痛恨。前令其开缺回籍，实不足以蔽辜。翁同龢著即行革职，永不叙用，交地方官严加管束，不准滋生事端，以为大臣居心险诈者戒。"（《清德宗实录卷》四三二）

常熟翁协揆，学问家世，冠绝班行。两充帝师，名高望重，而祸亦随之。当戊戌廷试后，德宗御太和殿传胪。……翼日，为公揆辰。……忽奉严旨，驱逐回籍，即日出京，不准逗遛，霹雳一声，朝野同为震骇。公到籍后，闭门谢客，日在山中养疴。迨八月政变，康、梁获罪，刚相时在枢府，首先奏言：翁同龢曾经面保康有为，谓其才胜臣百倍，此而不严惩，何以服牵连获咎诸臣？维时上怒不测，幸荣文忠造膝婉陈，谓康、梁如此横决，恐非翁同龢所逆料。同龢世受国恩，两朝师傅，乞援议贵之典，罪疑惟轻。上恻然，仅传旨交地方官严加管束。协揆奉严旨后，始知夏间获谴，系由刚相构成，因谓人曰："子良（刚相号）前充刑部司员，由余保列一等，得以外简。厥后以粤抚入京祝嘏，适额相奉旨退出军机，余即力保子良继入枢垣。虽不敢市恩，实亦未曾开罪，不知渠乘人之危，从井下石如此？"嗟叹久之。客有告协揆曰："刚相识汉字无多，闻在直时，每称大舜为舜王，读皋陶之陶字从本音。……指道员刘鼒为刘鼐，经公当面呵斥，渠隐恨思报复久矣。"公熟思良久，曰："是吾之过也。"（陈夔龙《梦蕉亭杂记》卷二）

荐康一事，同龢属徐致靖疏荐，而己不居其名，庸或有之，就当时事势而言，康若不得翁之赞许，决不能自达于帝。翁尚赏识陈炽、张謇，岂有独不喜康，预识其谋之理？乃同龢力辩未尝荐康，所以愈启世人之疑。是年四月以后，康有为之骤用，则张荫桓所引进也。

《新闻报》纪十八日谕旨：严拿康、梁二逆，并及康逆为翁同龢极荐，有其“才百倍于臣”之语。伏读悚惕，窃念康逆进身之日，已微臣去国之后，且屡陈此人居心叵测，臣不敢与往来。上索其书至再至三，卒传旨由张荫桓转索，送至军机处，同寮公封递上，不知书中所言何如也。厥后臣若在列，必不任此逆猖狂至此。而转因此获罪，惟有自艾而已（《翁文恭公日记》光绪二十五年十一月二十一日）。

（乙）维新之事项

变法之事，顽固者及畏被裁而失官者，最为侧目。西后则在若赞若不赞之间。因大事必须请旨，或请安时面禀，西后断无不知之理。其不赞而帝必欲行者，则亦听其所为，不加力沮。母子失和，关键在西后不肯作闲人。戊戌所罢新政，庚子后，西后虽复一一行之，而不肯归政，其意可知。礼部六堂之罢，未经请旨，而怀塔布为荣禄从叔，其妻常入侍宫中，为装扮福禄寿三星之一，此事自为西后所极不满。光绪帝于所居瀛台涵元殿，不时召见康有为兄弟，抵掌而谈，不行君臣之礼。其时即将剪发易服之言腾于众口，顽固者日日走诉，是皆西后万不能忍之事，而政变以作。

有为连条议以进，于是诏定科举新章，罢《四书》文，改试策论。立京师大学堂、译书局，兴农学，奖新书、新器，改各省书院为学校，许士民上书言事，谕变法。裁詹事府、通政司、大理、光禄、太仆、鸿胪诸寺，及各省与总督同城之巡抚、河道总督、粮道、盐道，并议开懋勤殿，定制度，改元易服，南巡，迁都。未及行（《清史稿》列传二六〇《康有为传》)。

光绪二十四年戊戌(一八九八年)……五月……丁巳(初五日)……谕:"……自下科为始,乡、会试及生、童岁科各试,向用《四书》文者,一律改试策论。"(《清德宗实录》卷四一九)

五月……辛酉(初九日)……谕:"……据……奏请,精练陆军并神机营,改用新法操演。……京营、绿营,参用西法。……著军机大臣会同神机营王大臣、八旗都统,迅速议奏。"(《清德宗实录卷》四一九)

五月甲子(十二日)……谕:"……乡、会试既改试策论,经济岁举……自应并为一科考试。……生童岁科试……一律改为策论。"(《清德宗实录》卷四一九)

五月……丁卯(十五日)……谕:"……京师大学堂为各行省之倡,必须规模宏远。……派孙家鼐,管理大学堂事务,办事各员,由该大臣慎选奏派。至总教习……分教习各员,亦一体精选,中西并用。所需兴办经费,及常年用款,著户部分别筹拨。所有原设官书局,及新设之译书局,均著并入大学堂,由管学大臣督率办理。"(《清德宗实录》卷四一九)

赏举人梁启超六品衔,办理译书局事务(《清德宗实录》卷四一九)。

五月……戊辰(十六日)……谕:"……农务为富国根本。……各省可耕之土,未尽地力者尚多,著各督、抚,督饬各该地方官,劝谕绅民,兼采中西各法,切实兴办。……如果办有成效,准该督、抚奏请奖叙。上海近日创设农学会,颇开风气。著刘坤一查明该学会章程,咨送总理各国事务衙门,查核颁行。其外洋农学诸书,并著各省学堂,广为编译,以资肄习。"(《清德宗实录》卷四二〇)

五月……己巳(十七日)……谕:"……各省士民,著有新书,及创行新法,制成新器,果系堪资实用者,尤宜悬赏,以为之劝。或量其材能,试以实职;或锡之章服,表以殊荣。所制之器,颁给执照,酌定年限,准其专利售卖。其有能独力创建学堂、开辟地利、兴造枪炮各厂,有裨于

经国远猷、殖民大计，并著照军功之例给予特赏，以昭激励。”（《清德宗实录》卷四二〇）

五月……癸酉（二十一日）……谕：“……各省绿营练勇……神机营……八旗骁骑营、两翼前锋护军营……按照泰西兵制，更定新章，认真操演。其八旗汉军炮营、藤牌营，著一并改用新法。”（《清德宗实录》卷四二〇）

五月……甲戌（二十二日）……谕：“……前经降旨，开办京师大学堂。入堂肄业者，由中学、小学以次而升，必有成效可睹。惟各省中学、小学，尚未一律开办，总计各直省省会暨府、厅、州、县，无不各有书院，著……一律改为兼习中学、西学之学校。……以省会之大书院为高等学，郡城之书院为中等学，州、县之书院为小学，皆颁给《京师大学堂章程》，令其仿照办理。其地方自行捐办之义学、社学等，亦令一律中、西兼习，以广造就。至各书院需用经费，如上海电报局、招商局及广东闱姓规，闻颇有溢款，此外陋规滥费，当亦不少，著该督、抚尽数提作各学堂经费。各省绅民如能捐建学堂或广为劝募，准各督、抚按照筹捐数目，酌量奏请给奖。其有独力措捐巨款者，朕必予以破格之赏。所有中学、小学应读之书，仍遵前谕，由官设书局编译中外要书，颁发遵行。至如民间祠庙，其有不在祀典者，即著由地方官晓谕居民，一律改为学堂。”（《清德宗实录》卷四二〇）

五月……丙子（二十四日）……谕：“……各国传教，载在条约。……令各督、抚妥为保护，以期民、教相安。”（《清德宗实录》卷四二〇）

五月……丁丑（二十五日）……谕：“……经济特科……著三品以上京官，及各省督、抚学政，各举所知，限于三个月内，迅速咨送总理各国事务衙门会同礼部，奏请考试。”（《清德宗实录》卷四二〇）

又谕：“……各省士民，著书、制器，暨捐办学堂……给予世职、实官、虚衔及许令专利，颁赏扁额。……出示晓谕，以动观听而开风气。”

（《清德宗实录》卷四二〇）

戊寅（二十六日）……谕："振兴商务……必须讲求工艺，设厂制造。"（《清德宗实录》卷四二〇）

己卯（二十七日）……谕："……水陆各军，一律挑留精壮，勤加训练。……力行保甲……整顿厘金。"（《清德宗实录》卷四二〇）

辛巳（二十九日）……谕："……冯桂芬《校邠庐抗议》……著荣禄迅即饬令刷印一千部，克日送交军机处。"（《清德宗实录》卷四二〇）

六月……戊子（初六日）……谕："……《校邠庐抗议》一书……颁发各衙门，悉心核看，逐条签出，各注简明论说，分别可行不可行，限十日咨送军机处，汇核进呈，以备采择。"（《清德宗实录》卷四二一）

六月……己丑（初七日）……谕："……著刘坤一、张之洞，拣派通达商务、明白公正之员绅，试办商务局事宜。先就沿海、沿江如上海、汉口一带，查明各该省所出物产，设厂兴工。……应如何设立商学、商报、商会各端，暨某省所出之物产，某货所宜之制造，并著饬令切实讲求。"（《清德宗实录》卷四二一）

庚寅（初八日）……谕："……《上海时务报》改为官报，派康有为督办其事。所出之报，随时呈进。其天津、上海、湖北、广东等处报馆，凡有报单，均著该督、抚咨送都察院及大学堂各一份，择其有关时事者，由大学堂一律呈览。"（《清德宗实录》卷四二一）

六月……癸巳（十一日）……谕："……著各部、院堂官，督饬司员，务将该衙门旧例，细心䌷绎，其有语涉两歧、易滋弊混，或貌似详细，揆之情理，实多窒碍者，概行删去。另定简明则例，奏准施行。……迅速办竣具奏。"（《清德宗实录》卷四二一）

又谕："……各省中学堂、小学堂……著各直省督、抚，就各省在籍绅士，选择品学兼优、能符众望之人，派令管理。"（《清德宗实录》卷四二一）

六月……丁酉（十五日）……谕："……著翰林院、詹事府、都察院，各于值日之日，由该堂官轮派讲、读、编、检八员中，赞二员，科、道四员，随同到班，听候召见，俾收敷奏以言之益。其部司员有条陈事件者，著由堂官代奏。士民有上书言事者，著赴都察院呈递，毋得拘牵忌讳，稍有阻格，用副迩言必察之至意。"（《清德宗实录》卷四二一）

又谕："……著于京师，专设矿务、铁路总局，特派……王文韶、张荫桓专理其事。所有各省开矿、筑路一切公司事宜，俱归统辖，以专责成。"（《清德宗实录》卷四二一）

己亥（十七日）……谕："……五城添立小学堂……著五城御史，设法劝办。"（《清德宗实录》卷四二二）

六月……甲辰（二十二日）……谕："……上海《时务报》改为官报……派康有为督办其事。……一切学校、农商、兵刑、财赋，均准胪陈利弊。……兼可翻译各国报章。……所需经费……由两江总督，按月筹拨银一千两，并另拨开办经费六千两。……至报馆所著论说，总以昌明大义、抉去壅蔽为要义，不必拘牵忌讳。……泰西律例，专有报律一门，应由康有为详细译出，参以中国情形，定为报律。"（《清德宗实录》卷四二二）

六月……乙巳（二十三日）……创建水师……学堂……增设学额，添置练船。……至铁路、矿务……亟应设立学堂。……各处铁路扼要之区，暨开矿省分，应行增设学堂。……著……奏明办理（《清德宗实录》卷四二二）。

辛亥（二十九日）谕："……译书局事务，前经派令梁启超办理……所拟章程十条，均尚切实，即著依议行。……开办经费银一万两……著再加给银一万两。……原定每月经费一千两外，再行增给每月二千两。"（《清德宗实录》卷四二二）

七月……甲寅（初三日）……谕："……朝考一场，著即废止。"（《清

德宗实录》卷四二三）

丙辰（初五日）……谕："……著即于京师，设立农工商总局，派……端方……徐建寅、吴懋鼎为督理。……各直省即由该督、抚设立分局。"（《清德宗实录》卷四二三）

七月……辛酉（初十日）……谕："……翻译学堂，准予学生出身。……书籍、报纸……免……税。"（《清德宗实录》卷四二三）

七月……乙丑（十四日），谕："……詹事府……通政司、光禄寺、鸿胪寺、太仆寺、大理寺等衙门……湖北、广东、云南三省巡抚，并东河总督，著一并裁撤。其湖北、广东、云南三省，均著以总督兼管巡抚事，东河总督应办事宜，即归并河南巡抚兼办。……其各省不办运务之粮道，向无盐场仅管疏销之盐道，亦均著裁缺，归各藩司巡守道兼理。此外如各省同、通、佐、贰等官，有但兼水利、盐、捕，并无地方之责者，均属闲冗，即著查明裁汰。除应裁之京外各官……巡抚、河督、京卿等员，听候另行录用外，其余京外尚有应裁文、武各缺，及一切裁减归并各事宜，著……详议筹办。"（《清德宗实录》卷四二四）

又谕："……重农之外，桑、麻、丝、茶等项，均为民间大利所在。……著各直省督、抚，督饬地方官，各就物土所宜，悉心劝办。"（《清德宗实录》卷四二四）

戊辰（十七日）……谕："……昨据吏部、户部奏，删订则例……仿照史表，分门别类，列为一表，使人易晓。……各衙门，均当照此办理。"（《清德宗实录》卷四二四）

谕："……士民有上书言事者，著赴都察院呈递，毋得拘牵忌讳，稍有阻格。……如系封口呈请代奏，即著将原封进呈，毋庸拆阅。其具呈到院者，即将原呈封进，不必另行钞录。均著随到随递，不准稽压。"（《清德宗实录》卷四二四）

庚午（十九日）……谕："……礼部尚书怀塔布等……将该部主

事王照条陈，一再驳斥。经该主事面斥其显违诏旨，始不得已勉强代奏。……礼部尚书怀塔布、许应骙、左侍郎堃岫、署左侍郎徐会沣、右侍郎溥颋、署右侍郎曾广汉，均著即行革职。至该主事王照，不畏强御，勇猛可嘉，著赏给三品顶戴，以四品京堂候补。”（《清德宗实录》卷四二四）

辛未（二十日）……谕：“京师为首善之区，现在道路泥泞，沟渠、河道壅塞不通。……著工部会同管理沟渠河道大臣、步军统领衙门、五城御史暨街道厅，将京城内外河道、沟渠，一律挑挖深通，并将各街巷道路修垫坦平，毋得迁就敷衍。”（《清德宗实录》卷四二四）

又谕：“……各省实行团练，即以民团为民兵。”（《清德宗实录》卷四二四）

又谕：“内阁侍读杨锐、刑部候补主事刘光第、内阁候补中书林旭、江苏候补知府谭嗣同，均著赏加四品卿衔，在军机章京上行走，参预新政事宜。”（《清德宗实录》卷四二四）

癸酉（二十二日），谕：“……著各直省督、抚，留心访察，于所属地方州、县官，如有通达时务、勤政爱民之员，即随时保送引见，以备录用。”（《清德宗实录》卷四二五）

又谕：“……昭信股票，苛派扰民。……一概停止劝办。”（《清德宗实录》卷四二五）

甲戌（二十三日）……谕：“……现在裁撤各衙门……裁缺各官，未便听其闲散。……应于铁路、矿务总局、农工商务总局，酌设大小官员额缺，以备将来量能任使。”（《清德宗实录》卷四二五）

又谕：“……设工赈厂……以工代赈。”（《清德宗实录》卷四二五）

乙亥（二十四日），谕：“……酌置三、四、五品卿，三、四、五、六品学士各职……以备献纳。”（《清德宗实录》卷四二五）

又谕：“……设医学堂，考求中西医理，归大学堂兼辖。”（《清德宗

实录》卷四二五）

谕："……各衙门呈递封奏，有一日多至数十件者。嗣后凡有呈请代递之件，随到随即分日进呈，不必拘定值日之期。"（《清德宗实录》卷四二五）

丙子（二十五日），谕："……将在京各衙门闲冗员缺……外省道员，以及同、通、佐、贰等官，暨候补、分发、捐纳、劳绩等项人员，认真裁并，并严行甄别沙汰，其各局所冗员，一律裁撤净尽。……漕督所辖卫、所各官……应行裁汰。……至京外已裁实缺、候补各员，应如何分别录用……著妥议条款。"（《清德宗实录》卷四二五）

丁丑（二十六日）……谕："……茶务学堂及蚕桑公院……著已开通商口岸，及出产丝、茶省分各督、抚，迅速筹议开办。"（《清德宗实录》卷四二五）

戊寅（二十七日）……谕："……国家振兴庶政，兼采西法，诚以为民立政，中西所同。而西人考究较勤，故可以补我所未及。今士大夫昧于域外之观者，几若彼中全无条教，不知西国政治之学，千端万绪，主于为民开其智慧，裕其身家，其精乃能美人性质，延人寿命，凡生人应得之利益，务令其推扩无遗。朕夙夜孜孜，改图百度，岂为崇尚新奇？乃眷怀赤子皆上天之所畀，祖宗之所遗，非悉使之康乐和亲，朕躬未为尽职。加以各国环处，陵迫为忧，非取人之所长，不能全我之所有。朕用心至苦，而黎庶犹有未知，职由不肖官吏与守旧之士大夫，不能广宣朕意，乃反胥动浮言，使小民摇惑惊恐，山谷扶杖之民，有不获闻新政者，朕实为叹恨。今将变法之意，布告天下，使百姓咸喻朕心，共知其君之可恃，上下同心，以成新政，以强中国，朕不胜厚望。著查照四月二十三日以后，所有关乎新政之谕旨，各省督、抚均迅速照录，刊刻誊黄，切实开导。著各州、县教官，详切宣讲，务令家喻户晓。各省藩臬、道、府，饬令上书言事，毋事隐默顾忌。其州、县官，应由督、抚代递者，即由督、抚将原封呈递，不得稍有阻格。总期民隐尽能上达，督、抚无从营私作弊为要。此次谕旨，并著悬挂各省督、抚衙门大堂，俾众共观，庶无壅隔。”（《清德宗实录》卷四二五）

又谕：“……各衙门有条陈事件者，次日即当呈进。……所有六月十五日、七月十六日谕旨，七月十九日朱谕，七月十七日暨二十四日交片谕旨，均令各衙门钞写一通，同此件谕旨，一并悬挂。”（《清德宗实录》卷四二五）

又谕：“……司员……令各部、院、堂官考试。……认真试以策论，秉公分别去取。笔帖式亦著一律考试。又……整顿部务……令司员逐日到署办事拟稿，藉知司员优劣。”（《清德宗实录》卷四二五）

又谕：“瑞洵奏：……商约同志，于京城创设报馆，翻译新报，为上海官报之续等语。即著瑞洵创办，以为之倡。此外官绅士民，并著顺天府尹、五城御史，切实劝办，以期一律举行。”（《清德宗实录》卷四二五）

谕：“……各省教职，改为中小学堂教习。”（梁启超《戊戌政变记》）

又谕：“……京师及各通商口岸，设立邮政局，商民既俱称便。亟直多设分局，以广流通。至各省府、州、县，著一律举办。……向设驿站之处，自可酌量裁撤。”（《清德宗实录》卷四二五）

己卯（二十八日）……谕：“……各省藩、臬、道、府，均得上书言事。其州、县条陈事件，应由督、抚将原书代递。……至士民有上书言事者，即径由本省道、府随时代奏，均不准稍有抑格。”（《清德宗实录》卷四二五）

庚辰（二十九日），谕：“……八旗……旗丁生齿日繁，徒以格于定制，不得在外省经商贸易，遂致生计益艰。……宜弛宽其禁，俾得各习四民之业，以资治生。”（《清德宗实录》卷四二五）

八月壬午朔（初一日），谕：“……直隶按察使袁世凯……著开缺，以侍郎候补，责成专办练兵事务。”（《清德宗实录》卷四二六）

又谕:"……著户部,将每年出款入款,分门别类,列为一表,按月刊报,俾天下咸晓然于国家出入之大计。"(《清德宗实录》卷四二六)

又谕:"……审定官职……著……详议具奏。"(《清德宗实录》卷四二六)

癸未(初二日),谕:"……康有为前命其督办官报局。……著……迅速前往上海,毋得迁延观望。"(《清德宗实录》卷四二六)

(3)政变

(甲)训政

光绪十五年,西后归政后,军机处遇大事及二品以上除罢,皆须请旨,每日例必向西后递本。西后亦常召见军机,本与训政无异,所异者,不必日日有起而已。杨崇伊之请训政,实际上为请推翻新政。先是,七月中,锐行新政益力,谣传即将剪发易服。荣禄奉西后密旨,令觅京官参奏。崇伊为原参文廷式之人,独毅然应募,赴天津与荣禄密议。适袁世凯召见后,回天津向荣禄告密,乃由崇伊具折,请庆王代奏。庆王至颐和园请起,西后谓此大事,非小臣所宜言,应由近支议具办法。问庆王意见,庆无语。西后遽谓:"既尔等意见相同,我不能不从矣。"后以谋逆罪康、梁,盖寻题目也。崇伊旋由御史,外放汉中府知府,未得峻擢。

八月……丁亥(初六日)……谕:"……现在国事艰难,庶务待理,朕勤劳宵旰,日综万几,兢业之余,时虞丛脞。恭溯同治年间以来,慈禧……皇太后两次垂帘听政,办理朝政,宏济时艰,无不尽美尽善。因念宗社为重,再三吁恳慈恩训政,仰蒙俯如所请,此乃天下臣民之福。由今日始,在便殿办事,本月初八日,朕率诸王大臣,在勤政殿行礼,一切应行礼节,著各该衙门,敬谨豫备。"(《清德宗实录》卷四二六)

八月……辛卯(初十日)……谕:"……朕躬自四月以来,屡有不适,调治日久，尚无大效。京外如有精通医理之人，即著内外臣工，切实保荐候旨。其现在外省者，即日驰送来京，毋稍延缓。”（《清德宗实录》卷四二六）

八月丁亥，太后遽自颐和园还宫，复训政。以上有疾，命居瀛台养疴（《清史稿》列传一《后妃传·孝钦显皇后传》）。

阍人持名片来，称有谭军机大人有要公来见，不候传请，已下车至客堂。急索片视，乃谭嗣同也。……谭云：“荣某近日献策，将废立弑君，公知之否？”予答以在津时，常与荣相晤谈，察其词意，颇有忠义，毫无此项意思，必系谣言，断不足信。谭云：“……公如真心救上，我有一策与公商之。”因出一草稿如名片式，内开荣某谋废立弑君，大逆不道。若不速除，上位不能保，即性命亦不能保。袁世凯初五请训，请面付朱谕一道，令其带本部兵赴津，见荣某，出朱谕宣读，立即正法。即以袁某代为直督，传谕僚属，张挂告示，布告荣某大逆罪状。即封禁电局、铁路，迅速载袁某部兵入京，派一半围颐和园，一半守宫，大事可定。如不听臣策，即死在上前各等语。……谭云：“我雇有好汉数十人，并电湖南招集好将多人，不日可到。去此老朽，在我而已，无须用公。但要公以二事，诛荣某，围颐和园耳。……上意甚急，我有朱谕在手，必须即刻定准一个办法，方可复命。”及出示朱谕，乃墨笔所书，字甚工，亦仿佛上之口气，大概谓：朕锐意变法，诸老臣均不顺手。如操之太急，又恐慈圣不悦。饬杨锐、刘光第、林旭、谭嗣同，另议良法等语。……又诘以两宫不和，究由何起？谭云：“因变法罢去礼部六卿，诸内臣环泣于慈圣之前，纷进谗言危词，怀塔布、立山、杨崇伊等，曾潜往天津，与荣相密谋，故意见更深。……自古非流血不能变法，必须将一群老朽，全行杀去，始可办事。”……初五日请训……即赴车站。……抵津，日已落，即诣院谒荣相，略述内情。……次早，荣相枉顾，以详细情形备述。……是晚，荣相折简来招，杨莘伯在坐，出示训政之电，业已自内先发矣。荣相复抚茶杯笑曰："此非毒药，你可饮之？"惟耿耿于心，寝食难忘者，恐累及上位耳。越四日，荣相奉召入都，临行相约，誓以死保全皇上。………荣相曰："此事在我与庆邸，决不至累及上位，勿虑也。"（袁世凯《戊戌日记》）

戊戌四月……文忠（荣禄）出领北洋。袁君（世凯）夙蒙恩遇，尚能恪受节制。维时新政流行，党人用事，朝廷破格用人，一经廷臣保荐，即邀特简。袁热中赋性，岂能郁郁久居？倩其至友某太史入京，转托某学士密保，冀可升一阶。不意竟超擢以侍郎候补，举朝惊骇。……袁君遵旨来京，预备召见。入见后，传闻有旨，以文忠大逆不道，令赴津传旨，即行正法。所有直督一缺，即以袁补授，并带兵入京，围颐和园。袁谓天津尚有芦台聂士成一军，曾经百战，兵数倍于新建陆军，围园之事，万不敢办。至传旨将直督正法，亦恐办不到。或俟九月，两宫赴津阅操，相机进行。八月初三，袁探知朝局将变，惘惘回津。文忠佯作不知，迨其来谒，但言他事，绝不询及朝政。袁请屏退左右，跪而言曰："今日奉命而来，有一事万不敢办，亦不忍办，惟有自请死。"文忠笑谓："究系何事？"……袁袖出一纸……文忠阅竣，正色告曰："大臣事君，雨露雷霆，无非恩泽，但承旨责在枢臣，行刑亦有菜市。我若有罪，甚愿自首入京，束身司败，岂能凭尔袖中片纸，便可钦此钦遵？"袁知事不谐，乃大哭失声，长跪不起。文忠曰："君休矣，明日再谈。"因夤夜乘火车入京，晤庆邸，请见慈圣，均各愕然。越日奉朱谕，以朕躬多病，恭请太后训政，时局为之一变（陈夔龙《梦蕉亭杂记》卷二）。

（乙）尽罢新政

西后训政后，新政悉罢，所不罢者，京师大学堂及各省民团，山东义和团即民团之一。

八月壬辰（十一日），谕："朝廷振兴商务，筹办一切新政，原为当此时局，冀为国家图富强，为吾民筹生计，并非好为变法，弃旧如遗。此朕不得已之苦衷，当为天下臣民所共谅。乃体察近日民情，颇觉惶惑，总缘有司奉行不善，未能仰体朕意，以致无识之徒，妄相揣测，议论纷腾。即如裁并官缺一事，本为沙汰冗员，而外间不察，遂有以大更制度为请者。举此类推，将以讹传讹，伊于胡底？若不开诚宣示，诚恐胥动浮言，民气因之不靖，殊失朕力图自强之本意。所有现行新政中裁撤之詹事府等衙门，原议将应办之事分别归并，以省繁冗。现在详察情形，此减彼增，转多周折，不若悉仍其旧，著将詹事府、通政使、大理寺、光禄寺、太仆寺、鸿胪寺等衙门，照常设立，毋庸裁并。其各省应行裁并局所冗员，仍著各该督、抚认真裁汰。至开办《时务》官报及准令士民上书，原以寓明目达聪之用。惟现在朝廷广开言语，内外臣工条陈时政者，言苟可采，无不立见施行。而疏章竞进，辄多摭拾浮词，雷同附和，甚至语涉荒诞，殊多庞杂。嗣后凡有言责之员，自当各抒谠论，以达民隐，而宣国是。其余不应奏事人员，概不准擅递封章，以符定制。《时务》官报，无裨治体，徒惑人心，并著即行裁撤。大学堂为培植人材之地，除京师及各省会业已次第兴办外，其各府、州、县议设之小学堂，著该地方官察酌情形，听民自便。其各省祠庙不在祀典者，苟非淫祀，著一仍其旧，毋庸改为学堂。致于民情不便，此外业经议行及现在交议各事，如通商、惠工、重农、育材，以及修武备、浚利源，实系有关国计民生者，亟当切实次第举行。其无裨时政而有碍治体者，均毋庸置议，著六部及总理各国事务衙门，详加核议，据实奏明，分别办理。方今时势艰难，一切兴革事宜，总须斟酌尽善，期于毫无流弊。朕执两用中，不存成见，尔大小臣工等，务当善体朕心，共矢公忠，实事求是，以副朝廷励精图治、不厌求详之至意。将此通谕知之。”（《光绪朝东华录》卷一四八）

戊戌（十七日）……谕：“……本年江浙新漕，除拨赈外，均即照常起运，毋庸改折。”（《光绪朝东华录》卷一四八）

乙巳（二十四日）……懿旨：“……嗣后乡试、会试及岁考、科考等，悉照旧制，仍以《四书》文、试帖、经文、策问等项分别考试。……经济特科……并著即行停罢。……农工商诸务，亟宜实力整顿。惟总局设在京城，文牍往还，事多隔膜……著即裁撤。”（《光绪朝东华录》卷一四八）

谕：“莠言乱政，最为生民之害。前经降旨，将官报局、《时务报》一律停止。近闻天津、上海、汉口各处，仍复报馆林立，肆口逞说……亟应设法禁止。著各该督、抚，饬属认真查禁。其中主笔之人……严行访拿，从重惩治。”（《光绪朝东华录》卷一四八）

丁未（二十六日）……懿旨：“联名结会，本干例禁。乃近来风气，往往私立会名……结党营私。……著各省督、抚，严行查核。拿获入会人等，分别首从，按律治罪。其设会房屋，封禁入官。”（《光绪朝东华录》卷一四八）

九月戊辰（十八日）……懿旨：“……湖北、广东、云南三省巡抚，均著悉仍旧制，勿庸裁并。……河道总督……著照旧设立。……督、抚既未经裁并，其余各员自应一仍其旧……毋庸裁撤。”（《光绪朝东华录》卷一四九）

懿旨：“……武场童试及乡、会试，均著仍照旧制，用马步、箭刀、弓石等项，分别考试。”（《光绪朝东华录》卷一四九）

庚辰（三十日）……懿旨：“……取士之法……各省学政暨乡、会试正副考官，务当恪遵《学政全书》《科场条例》内载条款，实力奉行。……各省书院……照旧办理，停罢学堂。”（《光绪朝东华录》卷一四九）

（丙）杀六君子

四京卿进用，西后必知之，而未必知其任寄之隆。杨锐、刘光第，为陈宝箴所保，谭嗣同为徐致靖所保。康梁变法首要，反致向隅，必因忌者太多，留以有待。故谭嗣同欲行非常之事，使得擢用康、梁，所以二人逗留不肯出京。四京卿任事半月中，所行之事，唯免李鸿章总理衙门大臣，及谭嗣同所草《广宣变法》之诏，稍足注目。其全力所注，乃在笼络袁世凯调兵一事，而不料反为西后添一谋逆题目。四京卿皆著才名，谭嗣同影响于辛亥革命者甚大，唐才常即其同里，而萍醴之役，多嗣同徒党也。

八月……丁亥（初六日）……谕：“工部候补主事康有为结党营私，莠言乱政，屡经被人参奏，著革职。并其弟康广仁，均著步军统领衙门，拿交刑部，按律治罪。”（《光绪朝东华录》卷一四八）

庚寅（初九日）……谕：“张荫桓、徐致靖、杨深秀、杨锐、林旭、谭嗣同、刘光第，均著先行革职，交步军统领衙门拿解刑部审讯。”（《光绪朝东华录》卷一四八）

壬辰（初十日）……上谕：“……官犯徐致靖、杨深秀、杨锐、林旭、谭嗣同、刘光第，并康有为之弟康广仁，著派军机大臣，会同刑部、都察院，严行审讯。”（《光绪朝东华录》卷一四八）

甲午（十三日），谕：“……康广仁、杨深秀、杨锐、林旭、谭嗣同、刘光第等，大逆不道，著即处斩。”（《清德宗实录》卷四二七）

乙未（十四日）……谕：“……主事康有为，首倡邪说，惑世诬民，而宵小之徒群相附和，乘变法之际，隐行其乱法之谋，包藏祸心，潜图不轨。前日竟有纠约乱党，谋围颐和园，劫制皇太后，陷害朕躬之事，幸经觉察，立破奸谋。又闻该乱党私立保国会，言保中国不保大清，其悖逆情形，实堪发指。朕恭奉慈闱，力崇孝治，此中外臣民之所共知。康有为学术乖僻，其平日著述，无非离经畔道、非圣无法之言。前因讲求时务，令在总理各国事务衙门章京上行走，旋令赴上海办理官报局，乃竟逗留辇下，构煽阴谋。若非仰赖祖宗默佑，洞烛几先，其事何堪设想？康有为实为叛逆之首，现已在逃，著各省督、抚，一体严密查拿，极刑惩治。举人梁启超，与康有为狼狈为奸，所著文字，语多狂谬，著一并严拿惩办。康有为之弟康广仁，及御史杨深秀、军机章京谭嗣同、林旭、杨锐、刘光第等，实系与康有为结党，隐图煽惑；杨锐等每于召见时，欺蒙狂悖，密保匪人，实属同恶相济，罪大恶极。前经将各该犯革职，拿交刑部讯究。旋有人奏，若稽时日，恐有中变。朕熟思审处，该犯等情节较重，难逃法网，倘语多牵涉，恐致株累。是以未俟覆奏，于昨日谕令将该犯等即行正法。”（《光绪朝东华录》卷一四八）

丁酉（十六日）……谕：“已革工部主事康有为，学术乖谬，大悖圣教。其所著作，无非惑世诬民、离经畔道之言。著将该革员所有书籍版片，由地方官严查销毁，以息邪说，而正人心。”（《光绪朝东华录》卷一四八）

又谕：“……已革工部主事康有为，已革举人梁启超，情罪重大。现饬革职拿办，所有该革员等原籍财产，著谭钟麟督饬该地方官，迅速严密查抄。该家属，例应缘坐，著一并严拿到案，一面根究康有为、梁启超下落，一面悬赏购缉。”（《清德宗实录》卷四二七）

二十六年正月……戊午（十五日）……谕：“……不论何项人等，如有能将康有为、梁启超缉获送官，验明实系该逆犯正身，立即赏银十万两。万一该逆等早伏天诛，只须呈验尸身，确实无疑，亦即一体给赏。……至该逆犯等开设报馆，发卖报章……如有购阅……者，一体严拿惩办。此外如尚有该逆等从前所著各逆书，并著严查销毁。”（《清德宗实录》卷四五八）

杨深秀字仪村，本名毓秀，山西闻喜人。……光绪十五年，成进士，就本官，迁郎中，转御史。……与徐致靖先后疏《请定国是》……请设译书局、派王公游历各国。……八月，政变，举朝惴惴，惧大诛至。独深秀抗疏，请太后归政。……官台谏十阅月，封事二十余上（《清史稿》列传二五一《杨深秀传》）。

杨锐字叔峤，四川绵竹人。……优贡，朝考得知县。……光绪十一年，举顺天乡试，考取内阁中书。二十四年……上手诏密谕锐……锐复奏言：“太后亲挈大位授之皇上，皇上宜以孝先天下，遇事将顺。变法宜有次弟，进退大臣不宜太骤。”上是之。……宣统改元，锐子庆昶缴手诏于都察院，请代奏，始传于世（《清史稿》列传二五一《杨锐传》）。

刘光第字裴村，四川富顺人。光绪九年进士，授刑部主事。……家素贫，而性廉介。……其召也，亦以陈宝箴荐，然非其素志。……语所亲曰：“吾终不任此，行当亟假归矣。”（《清史稿》列传二五一《刘光第传》）。

谭嗣同字复生，湖南浏阳人。……少倜傥有大志。……梁启超倡办南学会，嗣同为之长。……四人虽同被命，每召对，嗣同建议独多。……启超……劝嗣同东游，嗣同曰：“不有行者，无以图将来；不行死者，无以酬圣主。”卒不去（《清史稿》列传二五一《谭嗣同传》）。

林旭字暾谷，福建侯官人。年十九，举本省乡试第一。……入赀为内阁中书。……为闽学会领袖，又充保国会会员。……年二十有四（《清史稿》列传二五一《林旭传》）。

康广仁名有溥，以字行，有为弟。……谓当先变科举，庶人才可出。……得旨俞允。……语有为：“今科举既废，宜且南归兴学、专教育，俟养成多数有用才，数年后，乃可云改革也。”……在狱言笑自若（《清史稿》列传二五一《康广仁传》）。

戊戌党禁简表

姓名	官职	罪名	惩罚	备注
康有为	工部主事、总理各国事务衙门章京、督办官报局	结党营私、莠言乱政、大逆不道	革职拿办、查抄家产、家属缘坐	二十六年正月，谕悬缉十万两
康广仁		大逆不道	处斩	
宋伯鲁	御史	滥保匪人	革职永不叙用	

续表

姓名	官职	罪名	惩罚	备注
张荫桓	户部左侍郎、铁路矿务大臣	居心巧诈、反复无常	革职发往新疆、巡抚严加管束	
徐致靖	翰林院侍读学士、署礼部右侍郎		革职永远监禁	
杨深秀	御史	大逆不道	处斩	
杨　锐	内阁中书、四品卿衔、军机章京、参预新政	大逆不道	处斩	
林　旭	同上	大逆不道	处斩	
谭嗣同	候补知府、四品卿衔、军机章京、参预新政	大逆不道	处斩	
刘光第	刑部主事、四品卿衔、军机章京、参预新政	大逆不道	处斩	
文廷式	前翰林院侍读学士	议论时政、与内监往来	二十二年，革职永不叙用。二十四年，令拿办	
徐仁铸	翰林院编修、湖南学政		革职、永不叙用	致靖子
梁启超	举人、赏六品衔、办理译书局	与康有为狼狈为奸	革职拿办、查抄家产、家属缘坐	二十六年正月，谕悬缉十万两
王　照	候补四品京堂		革职拿办、查抄家产	
李端棻	礼部尚书	滥保匪人	革职、发往新疆	
陈宝箴	湖南巡抚	滥保匪人	革职、永不叙用	
陈三立	吏部主事	招引奸邪	革职	宝箴子

续表

姓名	官职	罪名	惩罚	备注
江　标	候补四品京堂	庇护奸党、暗通消息	革职、永不叙用、交地方官严加管束	
熊希龄	庶吉士	庇护奸党、暗通消息	革职、永不叙用、交地方官严加管束	
吴懋鼎	直隶候补道、三品卿衔、督办农工商局		销衔撤差	
王锡蕃	詹事府少詹事、署礼部左侍郎		革职、永不叙用	
李岳瑞	工部员外郎		革职、永不叙用	
张元济	刑部主事		革职、永不叙用	
张百熙	内阁学士	保送康有为使才	革职、留任	
翁同龢	协办大学士、户部尚书	滥保匪人、任性跋扈	革职、永不叙用、交地方官严加管束	
曾　钰	湖北巡抚	莠言乱政	革职、永不叙用	
皮锡瑞	举人、主讲湖南南学会	宣演平权民主之说	交地方官严加管束	
说明	一、上表据《清德宗实录》及《觉迷要录》。 一、次序依上谕年月排列。			

（丁）立储

光绪帝为西后亲妹之子，四岁入继为帝。幼即多病，脐中出黄水，瘰疬咯血，畏雷。唯好读书，性急且倔强。既长，喜俭素，恶奢华，每衣敝衣，与西后秉性各异。亲政后，屡责内务府浮冒，时杖责中人，谗人交构，母子失和。宫中礼数最严，帝于太后前，奏对及迎送，皆须长跪。非常之事，帝决不能为。清代无废立事，西后纵极恶毒，亦不敢为。康、梁所传帝被杖、被囚与被弑，同为虚构。然报纸既已喧传，一若实有其事。后只立大阿哥，兼预布明年光绪帝三旬万寿典礼，以示无他，而康有为在海外，遂以保皇为号召矣。

光绪二十五年己亥（一八九九年）十二月……丁酉，谕："朕冲龄入承大统，仰承皇太后垂帘训政，殷勤教诲，巨细无遗。迨亲政后，正际时艰，亟思振奋图治。……乃自上年以来，气体违和，庶政殷繁，时虞丛脞。……前已吁恳皇太后训政，一年有余，朕躬总未康复。……且入继之初，曾奉皇太后懿旨，俟朕生有皇子，即承继穆宗毅皇帝为嗣，统系所关，至为重大。……诸病何能望愈，用再叩恳圣慈，就近于宗室中慎简贤良，为穆宗毅皇帝立嗣，以为将来大统之畀。再四恳求，始蒙俯允，以多罗端郡王载漪之子溥儁，继承穆宗毅皇帝为子。……谨敬仰遵慈训，封载漪之子溥儁为皇子，将此通谕知之。"（《光绪朝东华录》卷一五七）

丁酉……谕："大阿哥正当典学之年，嗣后，大内著在弘德殿读书。驻跸西苑，著在南殿读书，派崇绮为师傅授读，并派徐桐常川照料。"（《光绪朝东华录》卷一五七）

明年（二十六年）元旦，大高殿、奉先殿行礼，以溥儁代。都下流言，将下诏禅位，大学士荣禄与庆亲王奕劻，以各国公使有异同，谏止（《清史稿》列传八《诸王传·瑞怀亲王绵忻传》）。

当戊戌政变后，宫闱之内，母子之间，盖有难言之隐矣。而一班熏心富贵之徒，致有非常举动之议，东朝惑之，嘱文忠（荣禄）从速办理。此己亥冬间事也。公谏阻无效，忧惧成疾。适合肥李文忠（鸿章）外任粤督，行有日矣，来辞公，见公容貌清癯，曰："何忧之深也？"公谓文忠曰："……我受恩至渥，责备亦最严，近数日来，求生不能，求死不得，将何以教我？"因密语非常之变恐在目前。文忠听未终，即大声起曰："此何等事，讵可行之今日？试问君有几许头颅，敢于尝试？此事若果举行，危险万状，各国驻京使臣，首先抗议；各省疆臣，更有仗义声讨者。无端动天下之兵，为害曷可胜言！东朝圣明，更事最久，母子天伦，岂无转圜之望？是在君造膝之际，委曲密陈，成败利钝，言尽于此。”公闻之，悚然若失。翼日，以文忠语密奏，幸回天聪。闻某相国、某上公，颇拟藉端建不世之勋。某上公并手拟一稿，开编公然有废立字样。公急诃止之，上公意颇怏怏（陈夔龙《梦蕉亭杂记》卷一）。

时太后议废帝，立端王载漪子溥儁为穆宗嗣，患外人为梗，用荣禄言，改称“大阿哥”（《清史稿》列传二二四《荣禄传》）。

（光绪）二十四年（一八九八年），太后复训政。二十五年正月，赐载漪子溥儁头品顶带。十二月，上承太后命，溥儁入为穆宗后，号“大阿哥”（《清史稿》列传八《诸王传·瑞怀亲王绵忻传》）

康、梁所述戊戌之事，在当时口不择言，未免言过其实。南海先生十不死记，章炳麟曾痛驳之。

（4）富有贵为之狱

（甲）保皇公司

梁启超投日本公使馆，得其保护，送往横滨。康有为由李提摩太介绍，得英使保护，送往上海。清吏预先在码头严密布置，一俟登岸，即行逮捕，亦得英人之力而免，旋往日本。后启超留横滨办报，有为赴美洲。其时正值大阿哥新立，故以保皇公司为名，向海外华侨招集股本，以营新工商业。前此张謇创大生纱厂于南通，文廷式亦欲办萍乡煤矿，其他维新先觉，多投身工矿，谓之办实业，成为一时风气，非官非商，亦官亦商，而以救国为号召，利用外资。如刘鹗之勾结福公司者，亦有其人。清季工矿较为发达，则事实也。

今为我海外同胞筹之，第一，当每埠公立公司，各立董事、值理。总埠立总理，公举忠义、才能、殷实之人为之。第二，当埠埠相通识，相联结，不论万里，每月每札互相通信，互相寄相，互激忠义，互讲工商进步，互讲变法条理，俾知识日开，热心日加，群力日合，起大公司成大商业皆易，而办一切事亦出于此矣。第三，当筹公费以开银行，购轮船，将来为开矿山、筑铁路之用。……今通筹之，若海外五百万人，扯算计之，每人能以烟酒之余，人捐美洲银五元，合中国银十元，则有五千万矣。先开银行，印银纸行之，可得一万万零二千五百万矣。以三千万办轮船，以三千万办铁路，以三千万开矿，以五百万办杂业，他日矿路、轮船有股者，分利无穷。以三千万办一切救国事，以养才能之士、忠义之人，立国体以行之，则中国立可救矣（《海外宜合公司以救君国演说》）。

今圣主被废，那拉篡位，荣禄拥兵，日为卖地、卖民之事几一年矣。……若我同胞不肯自鬻身，不愿自绝种，但同心大发其忠君爱国之心，救之固自易易耳。吾为开二方，上方曰保皇会，则保已能医救我国民之圣主复位，则四万万人立救矣；下方曰保工商会，则我海外五百万同胞，合力自行保护，则亦可补救我四万万人焉。上方至顺至易，下方至厚至稳，而皆以人心十分为引。……保君保民，以保国保种在是矣。……保救大清皇帝公司例：一，此公司钦奉光绪二十四年七月二十九日皇上交军机杨锐带出康工部密诏："朕惟非变法不能救中国，而太后不以为然。今朕位不保，可与同志妥速密筹，设法相救。"今同志专以救皇上、以变法救中国、救黄种为主；一，遵奉圣诏，凡我四万万同胞，有忠君爱国救种之心者，皆为公司中同志；一，此公司为保救大清皇帝公司，即保种公司，亦为保工商公司之事，皆同一贯。以保国保种、非变法不可，变法非仁圣如皇上不可，此公司最名正言顺；一，各地各埠，皆公举值理，持簿劝讲，以任此事。值理人数，以多为贵。盖亡国亡种，人人有份，无可推辞也。凡值理，皆得为本埠公司中议员；一，每埠于值理中，公举忠义殷实数人为董事，专任一埠公司事。凡收支捐款、通信各埠办事，皆主之。有事与各值理公议，即为议长，并帮同总理办事，即为总埠议员协理；一，每一大地，合众埠公举一尤忠义豪侠著名者为总理，如美国、加拿大、南洋、澳洲、日本等处，又如美国中之大埠，古巴、檀香山或纽约，皆可立总理，南洋亦然。近地各埠公司事，皆统任之。有事与各埠董事，及本埠中公举有才望之人为议员者商议，则为议长，随时商告公司长；一，立通信人。中国之患，在于不通。内地则省、府、州、县不通，外埠亦各地不通，故有才能而不知，有忠义而不达，外人诮吾为一盘散沙，故虽有四万万人，实散为一二人而已，安得不弱乎？今各埠立一书记，专主通信各埠，每月互相寄信，总理、董事、值理，互相寄相，公函、私札、合影、单片，交互往来，人人相识，埠埠相通，共谈国耻而激忠愤，并讲工商进益、变法保护之事，则血脉相通，体质自盛；一，立总公司所，择近内地通海外者为之。澳门《知新报》、横滨《清议报》，皆港、澳、日本忠义殷商合股所办，主持正论，激昂忠爱，薄海共信。今公推为总公司所，两报即为本公司之报，凡同志皆阅此二报。各埠捐款，皆彙汇《知新报》《清议报》妥收，有报馆印章及总公司所印章、总理印章之收单为据。而《知新报》与香港接近，皆握外洋之枢，尤为办事之主。港、澳皆公举忠义殷实巨商为大总理，总管收支各款及公司中各事。更立协理、干事、书记数人，皆公选通才志士任之，以通各埠、任各事……；一，立公司长，主公司中各事，皆听指挥。宜公举维新忠臣、才望最著、薄海信仰者任之，其维新志士、有才望者，将陆续公举为公司长、总公司议员，应公商者与各议员、总理、董事公议；一，凡我同志，齐心协力。其有害吾同志者，公司中志士必报此仇。皇天后土，共鉴此言；一，同志份金，捐美洲银一元（即中国银二元）以为本公司支用，其捐千万份者皆可；一，公司中捐款，以招养忠义之士、奔走讲劝、通信才能、劳力之人及开报印纸、传于各地、发明大义、鼓舞大众。大款成集，则为银行、轮船，以保君国，外护工商。其遵诏设法各事，要皆筹救君国之用，不暇琐及；一；求救为皇上密诏，赏功为有国大典。况功之高者莫如救驾，酬劳之厚，尤出非常，此千古罕有之遇也。苟救得皇上复位，公司中帝党诸臣，必将出力捐款之人，奏请照军功例，破格优奖，皇上必垂俞允。凡救驾有功者，布衣可至将相，古来常见，愿共发愤，立致贵显。不拘出身，无失机会。今将预拟请奖之格开列：一，公司中捐款，无论多少，将来作为五金煤矿股份。即以公司中凭票，换给股票，均分利息。其十份以上者，分别差等，加赏功牌；一，捐款自百元以上者（以中国之银计），及总理、董事、值理出力者，除捐款作开矿股份外，分别差等，奏请赏给官阶；一，捐款万元以上，及总理、董事、值理、各议员异常出力，及劳殁王事者，应特奏请破格给予世爵，分别差等，子孙袭封。其捐五千元以上者，有欲承办开矿工商等事，皆优予权利，至破格封爵。及捐二三千元，并得工商矿利，当听圣恩；一，出力之人，由各埠总理、董事存记于公司长，分别差等，皆赏义士银牌，或奏请赏职衔功牌；一，出力捐款之人，或未便出姓名者，由总理、董事密记于公司长，到时分别差等，一律奏请奖叙。其有无名氏之款，虽不能赏给官阶，亦准持凭票换五金矿股票；一，皇上嘉许或施破格之恩，更从优厚。凡我同志，上念舍身之圣主，下思自保其身家，各励忠义，垂名千秋。出洋者，烟酒烧夜，动费巨金，况兹自顾身家国种，预购矿务利权乎？我同胞同志，富者输财，能者出力，各尽其心；一，各埠皆立三连票簿据，骑缝皆写千字文号数，盖印本公司及总理或董事印章，以一为收银之凭票，一为总公司之存票，一为本埠之存票。票中备记姓名、爵里、事业，以便将来换取矿务股票，及授功牌职衔。其不愿者听，其各三连票簿，皆由总埠分给与各埠董事管理，以便收银给据。惟簿册体式，应同一律。一，捐款姓名、数目，愿登报者登之，不愿者不登。若自愿刻报者，告知书记，函告登报，以表彰忠义。其公私函名，愿否登报者同；一，各埠董事，按月将所收捐款彙汇总公司一次，如不满百金者，或小埠交总埠彙汇一次，并按月或按季，将本埠公司中情形，寄一函于总公司。有事，则总理、董事宜函告公司长，幸勿逾限；一，各埠皆以忠义报效，惟通信及奔走劝说人，支辛金盘费，截留余款支之。惟公事开支各埠截留之款，按季汇报总公司；一，总公司之总理管收支者，皆殷实巨商，其款皆分放银行。其有支销千万之数，皆公司长公函，总理签名，始准支发；一，各埠同志，皆宜酌设公司所，旦夕之暇、来复之日（七日来复），共到公司所，互谈国事，共励忠义，及保工商期进步之事，随时量力捐资，不支正款，会中共议扩充本公司之事。宜多阅报，横滨《清议报》、澳门《知新报》、星架坡《天南报》，皆为本公司之报，必宜购阅，以知本公司之事。书记住持公司所，每来复日集众；一，公司中各事，各地议员、各埠总理、董事、值理，皆可随时函商公司长，及互相函商公司事，随时议例捐益，函宜写名；一，海外志士仁人同志救国者，望随时贻书本公司见教，或寄书赠相于公司长者，请寄总公司所，或交各埠公司所代寄亦可。凡我同志，必以多通信、多寄相、多聚谈，然后血脉通而气体盛；一，各埠情形不同，其办事人数、收支存放银款各情、劝讲各法，由各埠议员自议。除此例之外，不必由总公司限定，惟当函告总公司。凡某埠公司成，即当先报总公司，并迅速汇款，不可迟；一，诵救圣主歌。各国人民皆有颂其君主歌诗，宴会公聚，皆大众高歌。今为歌辞，凡我公司中同志会聚，皆宜歌之……；一，各地报馆，愿作为本公司报者，即通行公司中同志阅看，广其销流。其本不足者，由本埠董事、值理酌量助资；一，上书救主。总督刘坤一，曾抗奏保救皇上，以势薄未成，天下称忠。本公司先上书太后，请归政皇上。各埠分上，次则电奏，再次则合各埠签名千百万，公请归政。陈说利害，人心拥戴，西后已悔，当肯相从。否则，亦畏人心，不敢害皇上，同志再行设法签名，以多为贵。此事但请归政，并无得罪，宜争忠义，万世流芳；一，中国卖地鬻权日急，皇上幽囚经年，公司中同志宜亟发忠愤，日夜念之，奉诏速筹，一切急办，如救火追亡，以救君国。凡各埠见此序例者，望大呼同志，立即举行，勿延迟以误大局。光绪二十五年月日，海外保救大清皇帝公司同启（《保救大清皇帝公司序例》）。

（乙）富有票

唐才常特借勤王为名，未必效忠于清，纠合两湖志士，欲夺武汉，居中以应四方，与后来武昌起义用意略同，视戊戌变法为进一步。张之洞治此狱，株连甚广，意在杜绝后患。未几，竟有萍、醴之起事。

七月初间，湖北巴东、长乐等县，果有会匪，纠众竖旗起事。……旋闻安徽大通，已有大股会匪，突起焚劫，其势甚炽。湖北沔阳州之新堤、蒲圻县之羊楼峒、湖南临湘县之滩头，均有会匪，接踵而起。……荆州之沙市，以及嘉鱼、麻城等县，均有会匪谋乱情事。各匪聚众点名，打造刀械，制造号衣，储备米粮，一似钱财甚为充裕者，并闻有私运外洋军火之说。……同时各省拿获各匪，皆系领有富有票。此票乃仿照哥老会散放票布之办法，其票系上海洋纸石印，写刻篆印，皆极精工，上横书“富有”二字，直书“凭票发足典钱一串文”，前有编号，后有年月，背有暗口号，图章二颗。用在湖北者，又钤“楚”字图章。其命名，盖暗寓富有四海之意。……凡领票者，均系勾串一气，互为声援。据匪首散票者告人云：“持有此票，即可向该匪首处，领钱一千文。以后乘坐怡和、太古轮船不索船价。”并云：“中国即将大乱，持票即可保家。”以故各省会匪，趋之若鹜。旋经查出，此乃大逆康有为一人主使，调度其夥党，分布各省，辗转煽惑，其巢穴即在上海，于租界内设有国会总会。……沿江沿海各省，皆有国会分会，而分会之中，以汉口之分会为最大。因武汉当南北适中之地，居长江之上游，而两湖会匪又最多，故先于武汉举事。其会名曰“自立会”，其军名曰“自立军”，勾煽三江两湖等处哥老会匪……定期七月二十九日，武昌、汉口、汉阳三处同时起事。约定新堤、蒲圻之匪，速起大股，前来接应，岳州、沙市之匪，遥为声援。先于二十七日，访有端倪，密饬员弁，在汉口地方李慎德堂及宝顺里内，拿获两湖分会总匪首唐才常、匪首林圭、李虎生等三十余名。唐才常系督办南部各省总会，又督办南部各省军务处，林圭系统带国会中军，李虎生系总窝户。当时在唐才常寓所，起获军械、火药、伪印、伪札、伪示及富有票多张，又入会各匪姓名簿；又购买洋枪刀械用款，雇募奸细，分往各城、各管、各局充当内应，月支薪水用款，招募会匪自称发饷用款，各项账簿；又各匪党往来逆信；又洋文自立会办事规条，皆在唐才常屋内搜获。……发交营务处司道、武昌府、江夏县公同审讯。该匪等供认开设自立会，勾结哥老会，散放富有票，同伙逆谋不讳。当即将该匪首唐才常等二十名，正法示儆。旋在嘉鱼县，拿获匪党蒋帼才，搜获富有票、黄旗，及各匪口号、名单，及正副会长康、梁伪谕，暨供出各匪姓名。续据湖南，拿获会匪头目李英、谭翥等供称，康有为在上海开富有山，正龙头系康有为、唐才常、梁启超、李金彪、杨鸿钧、师马炳等，唐才常派为上海总粮台。……此事是康有为为总，康有为以唐才常为总，唐才常以辜仁杰即洪恩、师马炳即师襄为总。湘省闻拿自尽之汪镕，派为长沙总粮台，各粮台之钱，均是康有为接济等语。查蒋帼才匪单内，系康有为为正龙头，梁启超为副龙头。并据唐才常供，上海国会总会头目，系广东人容闳。此外各处所获哥老会匪供词，供出康有为、唐才常为首者，不计其数。……查此项自立会匪唐才常等，以康逆死党，窟穴上海，设立总会，自为总粮台，往来沿江沿海各处，广散银钱，购诱会匪。……其匪党往来书信，大指因北方有警，乘此煽动沿江沿海各省各种会匪，同时作乱。其同谋勾结之人，各省皆有。其购械募匪之款，查簿内存款计洋银一万五千余元，用去已将及万元。闻康有为诈骗敛集之款，共有银六十万元，安排以二十万元用之长江。……其伪札有曰：指定东南各行省为新造自立之国。其华洋文规条内有曰：不认满洲为国家。其伪印文曰中国国会分会驻汉之印，又曰中国国会督办南部各省总会之关防，又曰中国国会督办南部各路军务处之关防，又曰统带中国国会自立军中左右前后等营各关防。其逆信内有曰：以湖北为中军，以安徽为前军，以湖南为后军。其唐才常身边小箧内，搜出伪号令、告示稿，有云：焚毁各衙署，占夺枪炮厂，劫掠局库，占踞城池，焚戮三日，封刀安民，派将固守，再筹征进。其逆信内有曰：沿途亦可劫掠。其开用伪关防札稿内有曰：业经报明沪会。篆刻关防一颗，内刻中国国会督办南部各省总会字样，于庚子年七月初八日开用等语。唐才常到案，一一供认不讳。至平空造言，捏诬狂吠，诋毁两宫，悖逆凶悍，笔不忍书，令人发指。该会匪等，以自立为名号，以焚戮劫掠为条规，以富有票为引诱，以哥老会、红教会及各省各种会匪为羽翼，意欲使天下人心同时摇动，天下民生同时糜烂，实为凶毒已极。……自汉口匪首伏诛后，各路匪徒，闻之震慑夺气。惟富有票放出太多，其悍党匪首尚多漏网，现已访知，仍复潜踪往来上海、长江一带，别设狡谋，力图纠众报复。沙市、岳州、常德、澧州一带匪徒，尚在煽惑窥伺；新堤之匪，窜扰湖南之临湘、巴陵及监利之朱河等处。其监利、沙洋、麻城、嘉鱼、崇阳、巴东、长乐之匪，仍饬各营分投搜剿解散。其襄阳、枣阳、随州、应山等处，界连豫边，素多刀匪，豫省年来旱荒，饥民颇众，亦遂有会匪开堂放票之事。自七月以来，藉闹教为名，啸聚焚劫，自立会匪滋事，复查有匪目，潜往孝感、应山、河南信阳州一带，谋劫北上诸军军火，并煽诱饥民，来汉滋事。现又讯出匪目，潜往襄樊一带，煽动刀匪，已添募马步各营，沿边防遏，入境即击。……惟有仍一面督饬各军、各州、县严防密拿，解散胁从；一面照会各国领事，布其逆乱罪状，嘱其远告外部，勿为所惑（叶德辉《觉迷要录》卷二《鄂督张鄂抚于奏康党谋逆创设自立会勾结各会匪作乱折》）。

光绪二十六年庚子（一九〇〇年）闰八月……丙午，湖广总督张之洞等奏：康党谋逆，创设自立会、自立军，勾结长江两湖会匪，同时作乱。散放富有票，暗寓富有四海之意。在上海开富有山，以康有为为正龙头，梁启超为副龙头，自称新造自立之国，不认满洲为国家。在汉口先期破获，渠魁唐才常等伏诛。现派营四路剿捕解散。得旨：览奏，殊堪痛恨，著即会商沿江沿海各督、抚，将此项会匪，饬属一体查拿，尽法惩治，务绝根株（《清德宗实录》卷四七〇）。

查富有票，系用千字文编号，就查获亲见者，最前有地字号，最后者有职字号，职字已有七百九十四号之票。查职字系第三百一十字，是每字一千张，已有三十一万张。近据湖南拿获唐才常之弟唐才中供称，上海刊印富有票三十多万，分散夥党，招匪起事等语（叶德辉《觉迷要录》卷二《鄂督张奏分咨各驻使知会各国外部领事勿得容留各匪首片》）。

庚子联军入京，那拉后挟清德宗西狩，保皇会历在外洋，运动华侨，积有巨款。以戊戌维新中止，密谋举事武汉。时浏阳唐绂丞才常，实主其事，在长江上下游有所布置。因哥老会为秘密会党之一，有势力于长江，才常以勤王说之，其头目谓："吾党若以勤王号召，其势不可理喻。必动之以利，乃可致之。"才常不得已，故有"大戮三日，封刀安民"之说，为当局诟病。自沪至汉，均有所谓富有票者，为入党秘证。事成则溯汉入襄河，劫德宗于西安，以图复辟。机事不密，才常被捕授命，亦维新痛史也。梁启超在横滨候船失期，事败，不果行（张一麐《心太平室集》卷八）。

唐才常字佛尘，少与嗣同齐名。……闻嗣同死，忧愤屡有所谋，每言及德宗，常泣下。（光绪）二十六年，两宫出狩，才常阴结富有会，谋举事，号勤王，将攻武、汉，被获。慷慨言无所隐，请就死，遂杀之（《清史稿》列传二五一《谭嗣同传附唐才常传》）。

（十四）义和团

（1）义和团之崛起

（甲）起源

源流

义和拳不知所由起。嘉庆间，曾遭严禁。然直、鲁民间，传习拳法者不绝。傅会神道，持咒后神即附体，谓之上法，自能距跃技击。或谓属于八卦教乾、坎二卦，以其习拳而分，卦步相同。八卦教有妇女结队，窄袖短衣，挥刀善斗，号红衣健妇营，而义和拳亦有红灯照。然兰簃外史所撰《靖逆记》称，齐、豫死党以虎尾鞭、义和拳、红砖社、瓦刀社与八卦教并列，则非一体可知。义和拳与白莲教仇杀，不闻八卦教有同此之事。或谓义和为山东曹州村名，亦无确证。戊戌变政，令各省举办团练，改拳为团，即在此时。

嘉庆十三年（一八〇八年）七月戊寅，上谕："……近日江南之颍州府、亳州、徐州府、河南之归德府、山东之曹州府、沂州府、兖州府一带地方，多有无赖棍徒，拽刀聚众，设立顺刀会、虎尾鞭、义和拳、八卦教名目。……遇会场市集，公然搭设长棚，押宝聚赌，勾通胥吏为之耳目。……饬下三省督、抚，认真踹缉……聚赌械斗之案，拿获尽法惩治。"（劳乃宣《义和拳教门源流考》）

王秉衡即王景会，其族分住直隶滦州及卢龙县等处，以大乘教清茶门分往外省，传徒敛钱。……石佛口王姓一族，世传邪教，历年久远，蔓延各省。……家……藏《九莲如意皇极宝卷真经》《元亨利贞钥匙经》及一切邪悖经卷。……滑县闹事之人，俱系震卦教。凡有在教者，均称为东方震宫王老爷门下。其王老爷，系首先传教之山东菏泽县人王中，已于乾隆三十七年（一七七二年）犯案正法。林清徒党，多系坎卦教，凡有在教者，均称为北方元上坎宫孔老爷门下。其孔老爷，系首先传教之山东宁阳人孔万林，亦已于王中案内正法。至大乘教、金丹八卦教、义和门、如意门等教，凡有在教者，均称为南方离宫头殿真人部老爷门下。其部老爷，系首先传教之河南商丘县人部生文，已于乾隆三十六年（一七七一年）犯案正法。又……有清茶门教，系滑县人王正纪所传。……即系滦州石佛口王姓分支。……嘉庆十六年（一八一一年），经温承惠审办过，巨鹿县民孙维俭等，系以吴二瓦罐所传之好话教，即离卦教，改名大乘教。……将大会首孙维俭等五名，分别拟以绞决、监候。二会首宋连捷等九十余名，连吴二瓦罐一并拟遣。其散会首卢珍明等一千六百三十余名，奏准取具悔结。……再犯加等治罪。十七年（一八一二年），又经温承惠拿办过，前案内散会首，复图兴教，私雕伪宝印，盖护道榜文之刘帼名等三十余名口。……是年，又拿获滦州李家套民董怀信等三十余名，传习金丹八卦教。……十八年（一八一三年）冬间，大乘教案内，拟绞监禁之大会首李经，在监勾结同教田克岐，散旗谋逆。……旋又究获八卦教内首要逆犯张九成、杨遇山、宿元谟、刘坤，并河南离卦教首部生文之孙部坦炤、刘功等……其离卦一教，仍未改悔之案。如所获安平县传习离卦教之杨俊等，究出首先传教吴二瓦罐之子，仍称少当家之吴洛云，并其徒大头目路运等一案。交河县传习一炷香离卦教之齐闻章等，搜出违背十王经卷一案。沧州吴久治、路老等，传习佛门教一案。青县季八、叶福明等，传习义和门教一案。又青县边二从习白阳教，预知逆情一案。景州葛锡华等，从习离卦教，预知逆情一案。祁州邢士魁等，传习如意教，搜获妄造表名、卦号、总册一案。故城县葛立业传习义和门拳棒，预知逆情一案。均经讯明，教名虽别，俱系离卦教之子孙徒党。……现又访获青县尤明等，传习义和门离卦教一案。束鹿县马杨氏，传习红阳教，搜获《飘高老祖经》一案，亦经奏明，从严究办。至石佛口王姓传教一案……派员在卢龙县安家楼庄，访获自江南回籍之王殿魁并其子王朝万二犯，提省严讯。据王殿魁供认，于乾隆五十七年（一七九二年），即在淮安、溧水、泗州、江宁等处传徒。……并据供出伊族人在湖北传教，共有三人，一名王书鲁，一名王泳太，一名王兴建。王书鲁先在江南仪征县传教，即在彼住家。王泳太、王兴建，俱在卢龙县安家楼庄住。又有在山西传教犯案王如青之次子，小名来子。……续……在安家楼庄，拿获王三乐、王三畏二名，讯据供称，伊等均未习教，惟伊次兄王三聘又名王绍英，曾在山西传教犯案，业已奏办。伊三兄王三顾，从前亦往山西，回家后旋患疯迷，于本年四月内外出，不知去向。……因查从前办过王烈案内，有王际昌、王汉倬、王秉钧三犯，分发邢台县充徒，行司提省质讯，至王殿魁供出在湖北传教之王书鲁一犯，现准湖广咨会内开。樊万兴案内之王姓，即王大鼻子，已准江苏省拿获，核与王殿魁所供形貌相符。其王泳太、王兴建二犯，亦在湖北传教，当即飞檄各委员访拿。……教犯王三乐、王三畏、王凤吉、王来子等四名，已饬提省审办，并仍……在于该州石佛口、卢龙县安家楼及阚家庄等处，实力查拿（劳乃宣《义和拳教门源流考》）。

义和拳一门，乃白莲教之支流。其教以练习拳棒为由，托言神灵附体，讲道教拳，诡称念诵咒语，能御枪炮。……其党自嘉庆年间惩办以后，根株迄未尽绝，直、东两省各州、县，所在多有（劳乃宣《义和拳教门源流考》）。

近年该拳起于山东曹州府之义和村，改名义和拳（艾声《拳匪纪略》）。

李秉衡抚山东，适有大刀会仇西教，秉衡奖借之，戕德国二教士。廷议以毓贤官鲁久，谙河务，擢代之。（光绪二十五年二月）既莅事，护大刀会尤力。匪首朱红灯构乱，倡言灭教。毓贤令知府卢昌诒按问，匪击杀官军数十人，自称义和拳。毓贤为更名曰“团”，团建旗帜，皆署“毓”字。教士乞保护，置勿问。匪浸炽，法使诘总署，乃征还。至则谒端王载漪、庄王载勋、大学士刚毅，盛言拳民忠勇得神助（《清史稿》列传卷二五二《毓贤传》）。

组织

义和团之组织，除设坛事事请命于诸神、设粮台以供食用二者之外，举不可知。大约以村为本，村与村联，略同于联庄会。旗帜之色，随卦而分，亦不止乾、坎二卦。手执刀棍者，皆戴红巾。相呼曰师兄，主坛者为大师兄，管事者为二师兄。张德成、曹福田为众所推奉，然亦不能统一指挥，忌讳甚多，讳败为胜，至讳同拜为同胜。知始于兵起之后，因造一切名目，一龙者光绪帝，二虎者礼、庆二王，羊者百官，二毛子三十以上之教民，三毛子则四十以上之教民。洋人谓之狗，或曰大毛子。洋钱谓之狗钞，洋炮谓之狗铳，洋枪谓之狗杆，火药谓之散烟粉，铁轨谓之铁蜈蚣，电报谓之千里杆，凡洋货皆必毁之。上阵曰杀狗，帽子曰开元宝盖，皮帽曰暖兜，酒曰降神汤，烟曰救睡药，棍曰二郎神，靴曰黑脚裹，水曰雷公汤，饼曰老君粮，箸曰小二郎神。改洋字为溮，谓水火夹攻也。清为掅，谓扶清也。或谓旗帜为扶清灭洋，容或有之。

其厂前横大刀一，大刀会所由名也。亦有枪、有炮、有戈矛之属。其神以杨戬为主，谓之太老师。其次则孙膑、马武、张飞、孙悟空等。神之所附，谓之马子。马子之年，率二十上下。其术有符、有咒，符加于顶，或佩身畔，则若风若颠，力大寻常数倍。其说则谓明年（光绪二十六年）为劫年，玉皇大帝命诸神下降。其党相呼以师兄，呼其渠为大师兄。渠姓名为朱红灯，或曰茌平人，或曰长清之李家庄人，其号谓之天龙。……朱红灯戴大红风帽，著红裤。头目各执两红旗。枪刀之属，以红布为饰。盖其色尚红，托南方火色，以别于它卦。其初出，向东南叩头，其令以鼓。其党有和尚，有道士。其队以四人为一圈，轮伏轮起，轮退轮进（蒋楷

《平原拳匪纪事》)。

其学拳者，称大师兄、二师兄、三师兄。其管事者，称大先生、二先生、三先生。其教师，皆由山东来，隐其姓名，行踪诡秘。其学法、画符、请神附体，一夜即成。能避火枪刀矛，小试辄验，临战则否。其神则《封神演义》《三国演义》《水浒》等书(艾声《拳匪纪略》)。

吾城中(定兴县城)见拳民，由东、南两门整队而来，或十数人一起，或二三十人一起，壮丁幼童皆有。持长枪者十之七八，持腰刀双手袋者十之二三，持鸟枪者甚少。或腰红带，或蒙红巾。目不旁视，鱼贯而行(艾声《拳匪纪略》)。

每传拳法一处，必须招集二十五人，是谓一团。每团立一团首，一团之人聚散，皆从其令(《拳匪纪事》卷六)。

取十八岁以下至十二岁以上之闺女，身穿红布衣履，手执红巾，一手持一小红灯笼者，名曰红灯照。言能上法后，用扇一煽，便能起空驾云至半空，若大红星者。或一煽而大炮自闭不响，或一煽而轮船在海中自烧，或一煽而城楼坚固石室俱焚。只见有此种人，从未见其一上法(袁昶《乱中日记残稿》)。

女童习红灯照，妇人习蓝灯照。降体之神，多半小说所云樊梨花、刘金定之类(《拳匪纪事》卷六)。

总匪首李来中，陕西人。京城匪首韩八，曾充吏部经承。……山东匪首徐天吉，或云总匪首系王觉一，现在四川。该匪系离卦教，色尚红，故红巾红带，间有黄带、蓝带者。……红灯照大头目曰黄莲圣母、曰二仙姑(《拳匪纪事》卷六)。

最著则为乾门，首曰张得诚，次曹福田。张乃静海人。……妄言联军败北，捏奏邀功者，即是人也。后为村人所戮。在北京者，曰李来中，亦称乾门。陕西逋民占踞涿州城，刚中堂奉命查勘，揭之去，侮大臣，攻使馆，称兵都下，焚大栅栏，皆李匪所为，事后乃逸。别有女匪黑儿，幼故绳伎，美其术曰红灯照，拳门之别派也。乘绿舆出入督辕，制府与之抗礼（支碧湖《续义和拳源流考》）。

伏查义和拳，即离卦教中所称之义和门，与白莲教同出一源，止有拳会之名，本无乡团之目。嘉庆年间……捕治……甚严。……日久……防范稍疏。……上年，遂复公然传习。入其教者，虽名为习拳练技，实乃演诵符咒，诡称神灵附体，舞枪操棍。……其附体，则托以王禅、杨戬、武松、黄飞虎、罗吒诸名号。其魁桀，则加以老祖师、大师兄、二师兄诸称谓。分设拳厂……入厂者并须输赀，又以输赀之多寡、入厂之先后，定其名称之尊卑。如欲赴某村讹抢，则送分传单，先期征召，迨齐集后，逐一吞符诵咒、焚香降神、杂遝跳舞。为首者指挥部署，附会神语，以诳其众。至临阵对敌，各插一小黄旗，又以红、黄巾带裹头束腰，胸际佩黄纸符。其头目手执黄旗，或身着黄袍，背负神像，其徒众分持枪刀及鸟枪抬炮，群向东南叩头，喃喃作法，起而赴斗，自谓无前。会中簿册，以红布为之，分别登载，有总办、统领、打探、巡营、前敌、催阵及分编哨队各名目。其充总办、统领者，皆险鸷教师。充前敌、催阵者，皆凶横匪类，骑马当先，往来督战。其名隶哨队者，皆丁壮少年。……部勒颇严……会中如有期约，虽在数百里外，亦须征徒往应。沿途令村店供给食物，去不偿值。……其用以惑人者，谓能避枪炮，然迭与乡团教民兵役格斗，一遇枪炮，辄伤毙多人，瓦解鼠窜。……每至弃其神像、旗帜、簿册（袁世凯《养寿园奏议辑要》卷四）。

（乙）民、教之相仇

义和团之起，由于民、教相仇，固为事实。自《江宁和约》，有传教专条，教堂例由各国保护，每藉教案以索权利。因贵州田兴恕杀开州教民，而勒令革职永不叙用，遣戍新疆。后来成都、高密教案，皆沿例要求。天津教案，至杀四十人以抵一法领事之命。府、县由论抵而减为遣戍，统兵之陈国瑞亦几不免。曹州教案，德人藉此强占胶州湾，索胶济铁路及沿路矿权，以致各国效尤，强占海港，划势力范围，几肇瓜分，国几不国。而教民恃教士为护符，县官竟不能执法。民、教诉讼，例必袒教。教民不信神佛，常诋毁人家神主牌位。尤恶拳民所奉诸神，故民、教相仇，拳民、教民尤相水火。义和团起，人民无不信之，士大夫能文章、讲气节、专精元史，称为学人，如湘中曾廉辈，亦信之。盖自鸦片战争横遭屈辱，人思雪耻，乃有维新之事。至于维新失败，外患更甚，人心愤激，乃不计成败利钝，与之并命，是则属于全国人心，不仅义和团而已。故维新不成，乃有义和团；又不成，乃有辛亥革命。其事不同，而抗强权则实一贯。

毓中丞贤，于光绪二十五年（一八九九年）令义和拳民教授兵勇拳艺，在按察司街设厂。……中丞赴兖州时，途次拳匪持枪刀出迓，中丞赏以银两，谕善习法术，以期大用。随即密奏朝廷，谓拳民具神力，能避枪炮，力胜洋兵。 ……是时省城内外，多设拳厂。……有名朱红灯者……与茌平城北三里堂僧人法号心诚者为拳首。……在新甸祠聚众督拳，烧茌、博、平等县教堂。……茌平张庄洋式教堂，价逾万金，顿成焦土。……北京总署以法使之请，行文到鲁，毓贤视为具文。……莘县民人刘日清、刘玉清、刘义清、刘宙清，与子侄思南、惟南纠匪二百余，擎红、白四旗，上书“保清灭洋”四字，将梨园庄教民于贵等二十五家抢劫尽净。……毓命……各处刀匪，改称民团。……十月初五日，茌平刀匪树毓抚黄旗，至李韶武庄抢教友两家（李杕《增补拳匪祸教记》）。

伏查东省民、教，积不相能，推究本原，实由地方州、县各官，平时为传教洋人挟制，不能按照约章持平办案，遇有交涉之案，但凭教民一诉，或教士一言，即签票传人，纵役勒索。到案复又不分曲直，往往抑制良民，希图易结，而教民转得藉官吏之势力，肆其欺凌，良民上诉亦难伸理，积怨成仇，有由然也。……良民郁极思逞，乃起而与教士、教民为难。官正苦于无如教何也，亦思藉民力以报复，有仇教者，不但不肯查禁，或对众讽煽，不啻潜导而阴驱之。迨教案既成，强邻执约以相诘责，则又张皇失措，听其所为。……东省自德人因教案构衅，租割胶澳，输偿巨赀。……而本年（光绪二十五年）春间，沂属教案，偿款十万余金。夏间，曹、济各属教案，德教士安治泰，拟索偿六七万金，迄今尚未议结。秋冬来，济东各属，焚劫大小教堂十处，抢掠教民三百二十八家，掳害教民二十三名，蔓延十数州、县，较之沂、曹两案，滋扰弥甚，将来索偿，更不知几何。……是则官吏不能持平办案，致使良民激于一逞，而重则割地，轻亦输金。……适有不逞之徒，乘间滋事，结伙聚徒，习知良民之为教民欺凌也，辄诳诱乡愚，勾引报复，焚毁教堂，劫掠教民。继因各处著名教堂，如禹城之韩庄、恩县之庞庄、平阴之白云峪，皆设备固守，屡攻弗克，转遭杀伤（袁世凯《养寿园奏议辑要》卷二）。

光绪二十五年己亥（一八九九年）二月癸卯（廿五日）……谕："……有人奏：近来山东民、教不和，屡屡滋衅。……著该抚谆饬各州、县……遇有词讼，无论教不教，地方官总应一律持平办理。"……寻，毓贤奏："东省民、教不和，由来已久。从前平民贱视教民，迨后彼强我弱，教民日见鸱张，横行乡里，鱼肉良民，断无虐待教民之事。"（《清德宗实录》卷四三九）

上年（光绪二十五年）十二月初一日，据平阴县知县梁石甫禀称：有寄居该县之英教士卜克斯，由泰安府城转回平阴，十一月二十八日经过肥城张家店地方，突遇头缠红布匪徒三十余人，各持刀械，殴伤卜克斯头额，架赴肥城境内隐匿等情。……初二日，据肥城县知县金猷大禀称：卜克斯已于二十八日，又遇骑马贼匪，掳架戕害（袁世凯《养寿园奏议辑要》卷三）。

（丙）义和团之起兵

胶澳之事，鲁人目击心伤，故义和团先起于山东。即无教民买米以致互哄、官吏屠杀教民之事，亦必起兵无疑。既起之后，外人责难鲁抚毓贤仇教，清廷命袁世凯署山东巡抚，兼率新练陆军入鲁，先剿后抚。世凯揣知执政者意不在剿，乃逼义和团入直隶境（今河北省）。

欧阳熙己亥冬月十八日与书李盛铎云：……山东平原因教民买米，义和拳出而相阻，并抗官抗捕，团总入城调停，官误以投之监，以致地方鼓噪，乃捏词请兵，东抚即派首府卢昌诒及候补知府袁世廉，率兵往弹压。袁先至，不分皂白，枪毙四五百人，德州、临邑万姓哗然。东抚据实参奏，请将袁交袁世凯随营学习，特旨严斥，将袁革职。初四，上谕命毓贤来京，以袁世凯署理东抚。闻系命其将所部八千人带往，再添募万二千人，训练备用。并闻其请训时，慈圣有先剿后抚之谕（《松堪小记》）。

自光绪二十五年秋，拳匪扰平原、禹城、茌平、恩县等邑，东昌十属教民，尽遭荼毒。二十六年春夏，拳匪蔓延三四十州、县，几遍济东。泰、武、临所属地方，焚拆教堂数百座，烧毁教民屋二千余家，杀教友二百九十余，其因难病故者又有百余人，受勒受伤，不胜屈指，总计教堂、教民所失物件，约值银一百六十万（李杕《增补拳匪祸教记》）。

毓贤抚山东纵匪，匪散入河间、深、冀。……已而毓贤去，袁世凯代之，自兴兵疾击，以故匪不敢近山东，而纷纷入畿疆矣（《清史稿》列传二五二《裕禄传》）。

（丁）直隶境内之蔓延

涞水案

时裕禄为直督，初颇袒教，后乃事团甚谨。庚子四月，有涞水之事，教民有被杀者。杨福同率兵往勘，击毙团众数十，杨福同亦遭团众袭杀。遂拆路，毁教堂，响应者遍于近畿。

光绪二十六年庚子（一九〇〇年）四月十一日，席教士来函：……高洛村阎洛福请来义和拳匪，现今聚人太众，口称杀害教民与奉教者，放火……恳祈阁下多费心神，速加护佑（祝芾《庚子剿办涞水拳匪始末摘要》）。

本年二月间，新城拳匪滋事。……四月……聚集千人，各持器械……焚烧教民房屋数十间，戕毙多命（祝芾《庚子剿办涞水拳匪始末摘要》）。

四月十六日，院委……前往查勘，计焚教民房屋八十二间。……拿获要犯蔡培、杨大柱两名。又因其设伏，邀击官兵，当格杀匪首一名，击毙数十名，擒获四十名，并枪械、牌位、符袋、传帖等件……余众均各散回房、涿、定兴各老团。……而教民尸身，亦先后起获十具。……二十四日卯刻，杨分统（福同），即带马队三十、步队四十，驰往查办，行近石亭左近之两狼沟地方……不意沟内聚伏多匪，约有二三千之数，群起突出，致将杨分统坐马扎伤，惊蹶而堕，锋刃交集，分统……力竭殒命（祝芾《庚子剿办涞水拳匪始末摘要》）。

四月二十七日，据探报称，匪尚团聚陈家庄、石亭一带，众约数千，领队者为房、涿拳师密熹和尚，并道士两名，曾在石亭左右亮队操演。……二十九日，散回房、涿一带，既焚毁涿州铁桥，又放烧高碑店、长辛店铁路车站。……闻烧高碑店时，左近村民，皆按户出给秫秸一束，外糊黄纸，蘸以火油，每人手持一把，点火飞传，故令东西明灭，闪烁无定，诡托神灯，以炫人目（祝芾《庚子剿办涞水拳匪始末摘要》）。

刚、赵之查办

清廷闻警，一面派聂士成率军弹压，一面命赵舒翘、刚毅往涿州查办，实觇团众可用与否。刚毅自命仇洋，力言团众可恃。团众入都者三万人，先设坛于庄王府，教民懔懔自危，各使馆遂各调兵自保。

二十六年五月庚戌，谕：“……近畿一带拳民聚众，昨已派令赵舒翘驰往剀切晓谕，著再派刚毅前赴保定一带地方，开诚布公，谕以拳民、教民皆朝廷赤子，务宜仰体皇仁，即日解散，各安本业。”（《清德宗实录》卷四六三）

本月（五月）初九日，该拳会复在高碑店扑攻防营。十二日，又在北河焚烧铁路。……十一日，刚相、赵兼尹先后到涿查办，该拳会始将红布红带等件藏过。……十八日，即闻该匪复聚数千，随即率众至高碑店，拆毁铁路。……近闻顺天、保定、天津、河间各属，遍地皆匪（祝芾《庚子剿办涞水拳匪始末摘要》）。

刚毅还朝，密陈拳民志在拒敌，非叛逆可比。今已俯首受约，不如因而用之。太后默然。……刚、赵既还，拳匪相继入城，借庙宇设坛练习拳勇。已乃盘踞民房，竖保清灭洋大旗（胡思敬《驴背集》卷一）。

（2）义和团之抗战

（甲）使馆及教堂之围攻

是时荣禄为军机大臣，兼掌武卫五军，最得西后宠信。首调董福祥甘军入卫，而端王载漪，以大阿哥之父，援醇王故事，得与闻军机重要事件，兼管虎神营，权势熏灼无比，极力主战。附之者庄王载勋、刚毅、徐桐。廷臣中自命老成、实图苟安者比比，皆言拳不可恃，衅不可启。西后颇徇端、庄，而不能骤决。荣禄视西后为从违，徘徊二者间，故虽命董军攻使馆、教堂，迨德使克林德（杀克林德者，神机营队长恩海，后自首，慷慨就死）、日馆书记官杉山彬先后被戕，而仍命总理衙门与各使通殷勤。盖攻使馆为清内顾之忧，而又不肯负杀公使之名，但欲令其自行撤退而已，故攻使馆、教堂五十日，不能下。

上曾有谕捉拿拳匪，命董福祥以甘军平之，董复以不能杀此老百姓苦娃娃为辞，内外交讧，而后有失和攻打使馆事。董福祥军其西，武卫中军军其东，自五月十九起，至今将议和，枪声络绎不绝（袁昶《乱中日记残稿》）。

光绪二十六年庚子（一九〇〇年）五月己未（十九日），谕："昨因拳匪滋扰京城，曾谕令步军统领衙门，严拿首要，认真梭巡。……乃昨日夜间，城内各处焚烧如旧。……并著派庆亲王奕劻、端郡王载漪、贝勒载濂、大学士荣禄，督饬派出各员，及马步各营，并地方文武，实力遵行。"（《光绪朝东华录》卷一六〇）

北京使馆被围，实自六月八号始。……自六月二十号，德公使被戕后。是日下午，所有西人悉入英馆，而所有水师兵，则仍守奥、法、德、美各馆。奥馆旋以不可守弃去，而意大利、荷兰二馆，亦为华人所焚。随后，法馆东面经华兵占据。余如德、日、西班牙、俄罗斯及洋客栈等处，均守至八月十四号，未为华人所夺（《拳匪纪事》卷二）。

五月二十二日，又召见大学士、六部、九卿，载漪请攻使馆，太后许之（李希圣《庚子国变记》）。

廿四日下午四点钟，甘军在王府大街长安牌楼北，与奥使署洋兵开仗。……闻是役系荣中堂发令，饬董军开仗。当议发令时，皇上痛哭曰："如此，则数千万生灵必遭涂炭，三百年宗社，必致不守。"（《拳匪纪事》卷二）

二十四日，遂令董福祥及武卫中军，围攻交民巷，荣禄自持檄督之，欲尽杀诸使臣。炮声日夜不绝，屋瓦自腾，城中皆哭。拳匪助之，巫步披发，升屋而号者数万人，声动天地。夷兵才四百，四面为营垒，穿地道，令教民分守之，人自为必死，皆奋。围攻五十余日，昼夜番战，苦相持。董军及武卫中军，死者无虑四千人，拳匪亦多有伤亡，皆引退（李希圣《庚子国变记》）。

庚子五月十二日，京都教民奏稿：……拳匪仇教……于四月二十日，焚烧固安县公村之教堂，杀毙教士二人。继于二十七日，又焚烧霸州之善来营村，杀毙教民男女十三人。又于五月初十日，通州东路焚烧教堂、教民住房数处，杀毙教民四十余人。其他永清、武清等处，杀毙英教士二人，教民死亡，无从稽考，其数不可得知，教堂教民房产，均焚掠一空。现在四外教民，携男抱女逃难到京者，多至数百人（鹿完天《庚子北京事变纪略》）。

十二日晚八点钟，城外人声鼎沸，从东便门至西便门，众口一词，佥云：烧香磕头，泼凉水，杀洋鬼子，即时火起。或云：是顺治门外本会南堂。……十七日……忽报拳匪拥进孝顺胡同，美兵迎战，喊声振地。拳匪……败北，向大街行……至本会外堂，举火焚烧。又北行至施医院，延烧伦敦会教堂、灯市口公理会教堂、二条胡同长老会教堂、东华门八面槽天主教堂，折而西，连烧鸭儿胡同教堂、驴肉胡同教堂、缸瓦市福音堂、顺治门内天主堂（鹿完天《庚子北京事变纪略》）。

十七日，拳匪于右安门内，火教民居，无老幼妇女皆杀之，一僧为之长。十八日，往宣武门内火教堂，又连烧他教堂甚众（李希圣《庚子国变记》）。

二十四日，拳匪既不得志于交民巷，乃往攻西什库教堂。副都统阿克达春为前锋，战不利，载漪大怒，立斩之。而教民皆坚壁以待攻，刚毅帕首靴刀请督战，张左右翼而前，拳匪死者数百人，刚毅跳而免，忿发詈曰："公等在涿州时，皆言何如？今若此，天下事不足言，吾与之俱受其戮矣。"其后崇绮又三往攻之，讫不能入（李希圣《庚子国变记》）。

西什库则虎神营与义和团合打，亦一月未攻开。则诡云镇物太多，有光腚女人无数，在楼上者云。而洋人用枪击杀义和团不出，则云为秽物所冲（袁昶《乱中日记残稿》）。

（乙）对外之宣战

宣战之诏书

庚子五月，外兵业已进攻大沽口，情势愈急。江苏粮道罗嘉杰，摭拾浮言，密禀荣禄，谓外人要挟四端：一、光绪帝亲政；二、西太后不得干预政事；三、全国之兵归外人统率、训练；四、全国之财，归外人整顿管理。荣禄不能秘，以呈西后，主战之意遂决。五月二十一、二、三三日，在仪鸾殿东暖阁，连叫大起，每日两次召见王公、贝勒、军机、内阁、六部、九卿，商和战，许景澄、袁昶力陈不可战，不听。五月二十五日，下诏宣战，有云："我国赤子，仇怨郁结，人人欲得而甘心，此义勇焚烧教堂、屠杀教民所由来也。"又云："与其苟且图存，贻讥万古，何若大张挞伐，一决雌雄？"其辞甚壮，军机章京连文冲所草。七月初三日，杀许景澄、袁昶，后又杀徐用仪、立山、联元，以离间为名。盖疑其招外兵，以谋复辟也。

二十日……午正，有旨命王、贝勒、大臣、六部、九卿传牌子，预备叫起。……申初，随班召见。慈圣再三谕："尔等各抒所见。"臣昶力言，莫急于先自治乱民，示各夷使以形势，俾折服其心，然后可以商阻夷使添调外兵，办法须有次第。佛谕："现在民心已变，总以顺民心为最要。汝所奏不合。"臣复奏："变者，但左道惑人心之拳匪耳。以辟止辟，捕杀为首要匪数十人，乱党乌合之众，必可望风解散。我自办乱民，免致夷人调兵代办，交哄毂辇之下，则大局糜烂，不可收拾。"佛不纳（袁昶《乱中日记残稿》）。

二十一日，召对时，诸王、贝勒及崇绮等二十余人，痛哭合词，面奏云："非战不可。"皆主张端邸之说。……决战之机，由罗粮道嘉杰上略园（荣禄）相书，称夷人要挟有四条：……致触宫闱之怒，端邸、徐相、刚相、启秀等，又力主惩治外人，推枰之几遂决。推原祸本，苏粮道罗嘉杰密禀大学士荣禄，所称夷人要挟四条，多悖逆语云云。……然罗嘉杰所称，既非各国提督照会裕禄，亦非天津各领事扬言。又李鸿章、刘坤一等，前后电奏各国外部语，绝无此说。各外部佥言，此次调兵，系为保护使臣，助剿乱民，断不干预中国国家政治家法。当时战未交绥，何所施其要挟？可知罗语妄诞不根，荒唐无据。轻率密禀，实为罪魁（袁昶《乱中日记残稿》）。

二十三日到署，始知朝议今晨决战，命署照会各国公使。因彼水师提督塞我大沽口门，占我炮台，饬各使限二十四点钟内，下旗出京回国。已成决裂之局，无可挽回矣。上对廷臣言："可惜十八省数万万之生灵，将遭涂炭。"临朝太息久之。……二十四日……大叫起，上询许景澄，手絜其右袂，言："天下数万万生灵，立见涂炭，汝不可不切言之。"御容戚然，许对以似宜保全公使，令其下旗生还。上首肯，举朝皆怒许之失言（袁昶《乱中日记残稿》）。

七月初四日，奉朱谕："吏部左侍郎许景澄、太常寺卿袁昶，屡次被人奏参，声名恶劣。平日办理洋务，各存私心。每遇召见时，任意妄奏，莠言乱政，且语多离间，有不忍言者，实属大不敬。若不严行惩办，何以整肃群僚？许景澄、袁昶均着即行正法。"（《松堪小记》）

七月丙辰（十七日），谕："……兵部尚书徐用仪，屡次被人参奏，声名甚劣，办理洋务，贻患甚深。内阁学士联元，召见时任意妄奏，语涉离间，与许景澄等厥罪惟均。已革户部尚书立山，平日语多暧昧，动辄离间。该大臣受恩深重，尤为丧尽天良，若不严行惩办，何以整饬朝纲？徐用仪、联元、立山，均著即行正法。"（《松堪小记》）

上谕："我朝二百数十年，深仁厚泽。凡远人来中国者，列祖列宗，罔不待以怀柔。迨道光、咸丰年间，俯准彼等互市，并乞在我国传教，朝廷以其劝人为善，勉允所请。初亦就我范围，遵我约束。讵三十年来，恃我国仁厚、一意拊循，乃益肆鸱张，欺凌我国家，侵犯我土地，蹂躏我民人，勒索我财物。朝廷稍加迁就，彼等负其凶横，日甚一日，无所不至，小则欺压平民，大则侮慢神圣。我国赤子，仇怨郁结，人人欲得而甘心，此义勇焚烧教堂、屠杀教民所由来也。朝廷仍不开衅、如前保护者，恐伤我人民耳，故再降旨申禁，保卫使馆，加恤教民。故前日有教民、拳民皆我赤子之谕，原为民、教解释宿嫌，朝廷柔服远人至矣尽矣。乃彼等不知感激，反肆要挟，昨日公然有杜士兰照会，令我退山大沽口炮台，归彼看管，否则以力袭取，危词恫吓，意在肆其猖獗，震动畿辅。平日交邻之道，我未尝失礼于彼，彼自称教化之国，乃无礼横行，专恃兵坚器利，自取决裂如此乎！朕临御将三十年，待百姓如子孙，百姓亦戴朕如天帝。况慈圣中兴宇宙，恩德所被，浃髓沦肌，祖宗凭依，神祇感格，人人忠愤，旷代所无。朕今涕泣以告先庙，慷慨以誓师徒，与其苟且图存，贻羞万古，孰若大张挞伐，一决雌雄？连日召见大小臣工，询谋佥同。近畿及山东等省义兵，同日不期而集者不下数十万人。下至五尺童子，亦能执干戈以卫社稷。彼尚诈谋，我恃天理；彼凭悍力，我恃人心。无论我国忠信甲胄、礼义干橹，人人敢死。即土地广有二十余省，人民多至四百余兆，何难翦彼凶焰，张国之威？其有同仇敌忾，陷阵冲锋，抑或仗义捐赀，助益饷项，朝廷不惜破格懋赏，奖励忠勋。苟其自外生成，临阵退缩，甘心从逆，竟作汉奸，即刻严诛，决无宽贷。尔普天臣庶，其各怀忠义之心，共泄神人之愤，朕实有厚望焉。钦此。”（《松堪小记》）

军民之苦战

联军既夺大沽炮台，守将罗荣光死之。聂士成扼天津，喋血八昼夜，中炮死。李秉衡率军入援，败于杨村，秉衡自杀。七月二十一日，京师陷。先一日，西后挟光绪帝仓猝出怀来，奔大同，经太原，以至西安，由马玉昆残众护之。荣禄率董部退保定。京、津之战，敌军多属日本，我固损折，敌亦死伤甚众。尤以团众肉搏陷阵，杀敌致果，为敌所畏。兵民合而抗敌，民之死绥，更多于兵也。

光绪二十六年（一九〇〇年）五月，联军攻我大沽口炮台，陷之。大沽炮台在白河口之南，北盐田之东，其北岸曰北炮台，南岸曰南炮台，聚于南部者，曰新炮台，筑以泥土，围以石墙，其口岸距京四百八十余里、天津二百余里，洵为天然要隘。先是，各国以得其使臣急电，调其水师舰队驻泊于此，每欲入据炮台而无其名，遂各互相聚议。于是月二十日，往见守将罗荣光，勒其让于各国屯兵，荣光不许，遂备战事。是晚，彼此开炮轰击，互有死伤。次日昧爽，炮台旁火药库中敌炮，兵丁受伤甚众，各敌舰即乘势驶至港口。未几，各台均被占据。此为中外开战之始（沈桐生《光绪政要》卷二十六）。

大沽一役，列国军舰之受伤者，计德舰薏芦崎号，受弹八枚，舰长肢下被伤，兵弁毙者一名，兵卒毙者六名，重伤一名，轻伤八名。俄舰吉利鼓号，受弹四枚，兵弁伤者二名，兵卒伤者四十六名，毙者八名；廓烈号，受弹未详，右舷侧约受五枚，船中被焚毙者十名，伤者二十名；菠蒲芦号，伤者一名。法舰利安号，受弹一枚，船中被焚伤者三名。英舰鸦舌玲号，受弹一枚，士卒无恙（《拳匪纪事》卷四）。

罗荣光，湖南乾州人。初隶曾国藩麾下，补把总。……光绪二十六年，擢喀什噶尔提督，未之官而拳乱起，八国兵舰入寇。荣光守大沽炮台，大沽水深广，河道萦曲，有台备险奥，外兵慑其势，弗敢进，荣光备益严。乃佯就款，使人言于裕禄，谓第得四五艘，入口护侨商，无他意，裕禄许之。荣光闻而大惊，力阻，而敌舰已踵入，将及台，遽出炮仰击。荣光再谒裕禄乞发战令，谍者已报台毁，荣光愤极，归，拔刀杀眷属，曰："毋令辱外人手。"遂出赴难，一仆随之，不知所终。他日，得其尸台下，仆尸亦在焉（《清史稿》列传二五四《罗荣光传》）。

六月丁亥（十七日），各国联军攻天津。……戊子（十八日），各国联军占据天津。宋庆、马玉昆、裕禄退守北仓（《光绪朝东华录》卷一六〇）。

聂士成字功亭，安徽合肥人。……光绪二十六年，拳匪乱，戕总兵杨福同，命士成相机剿办。匪焚黄村、郎坊铁轨，士成阻止之，弗应，击杀数十人，其党大恨，诉诸朝，朝旨诃责士成。时匪麇集天津可二万，遇武卫军，辄诟辱，士成检勒部下，毋妄动。荣禄虑激变，驰书慰解，士成覆书曰："匪害民必至害国，身为提督，境有匪不能剿，如职何？"乃郁郁驻杨村观变。会英法诸联军至，士成三分其军，一护铁路，一留芦台，而自率兵守天津，连夺陈家沟、跑马厂、八里台，径攻紫竹林，喋血八昼夜。敌来益众，燃毒烟炮，我军稍却。士成立桥上，手刃退卒，顾诸将曰："此吾致命之所也，逾此一步，非夫矣。"遂殒于阵，肠胃洞流（《清史稿》列传二五四《聂士成传》）。

七月……敌军英水师督西摩尔督军转战而前，兵势屡挫。及初十日，敌军联合一气，分路大举入犯，我军迎敌拒战。至十一日，洋兵麇集猛攻，北仓被占，裕禄、宋庆退驻杨村。越二日，洋兵进攻杨村，裕禄拒之，正酣战间，忽受飞炮，伤胸阵亡（沈桐生《光绪政要》卷二十六）。

裕禄字寿山，喜塔腊氏，满洲正白旗人。……光绪二十四年……督直隶。义和拳起山东，入直境。……裕禄初颇持正论，主剿。……居无何……承风指，忽主抚。……匪愈横，张德成居独流，称举国第一坛，曹福田为津匪魁，二人者，炫神术为妄，妖言相煽诱。裕禄不之问，已复致书，请饷二十万，自任灭外人。裕禄驰檄召之，于是二人出入节署，与裕禄亢礼。当是时，津城拳匪至可三万人，呼啸周衢市。又以红灯照荧众，每入夜，家家悬红灯，谓迎仙姑。顷之，各国兵舰大集，匪犹群聚督辕，求枪炮。裕禄命诣军械所，任自择，尽攫以去。而联军络绎登岸，索大沽炮台，裕禄惧，疏告急，请敕董福祥来援。联军索益坚，提督罗荣光不允，战失利。而裕禄且上天津团民杀敌状，于是朝廷以团民为可恃，宣战诏书遂下，而不知大沽已先数日失矣。裕禄又报大捷，盛张拳匪功，发帑金十万犒团，更荐德成、福田于朝，饬战状，获赏头品秩、花翎、黄马褂。事急，官军战车站，败绩，裕禄退保北仓。阅三日，城陷，德成、福田挟赀走，卒系而罪之。裕禄飞章自劾，诏革职留任。逾月，北仓失，裕禄又退杨村，遂自杀（《清史稿》列传二五二《裕禄传》）。

七月十二日，夜雨，东方未明，洋兵乘舟易装，潜袭韩家树营。我军辨认未清，猝不及防，死伤大半。此处不支，大队亦遂摇动，以致北仓失守（《津西毖记》上册）。

七月壬子（十三日），各国联军据我蔡村。……癸丑（十四日），李秉衡率夏辛酉、陈泽霖、张春发，合攻蔡村，不克。各国联军进据河西坞。……丙辰（十七日）……李秉衡督师规取河西坞，至武清县马头地方遇敌，败绩，死之。丁巳（十八日），各国联军进据通州（《光绪朝东华录》卷一六〇）。

李秉衡字鉴堂，奉天海城人。初入赀为县丞，迁知县。……光绪二十年（一八九四年），东事棘，召为山东巡抚。……其时大刀会起，主仇教，势渐张。二十三年，会众戕德国教士，德使海靖要褫秉衡职，编修王廷相力争之，徙督四川。海靖请益坚，乃罢免。……保东南约，秉衡与焉。无何，又请募师入卫。至京，入觐太后，力主战。遂命统张春发、陈泽霖、夏辛酉、万本华四军出屯杨村、河西坞。战才合，张、万二军先溃，泽霖自武清移壁，闻炮声，军皆走，秉衡不得已，退通州，疾书致将领，述诸军畏葸状，饮金死（《清史稿》列传二五四《李秉衡传》）。

七月丁巳（十八日），各国联军进据通州（《光绪朝东华录》卷一六〇）。

七月，联军进逼京师，敌军既获胜于河西务，迅速进兵，与我军在通州一带者接仗三次，守将先锋后营帮带杨长清、后哨哨官马占元，各受伤死。是月十九日，敌军至京城外，遂以巨木为架，升炮其上，向城开放，毁坏房屋人民，不可胜计。……旋经某提督传令，分地扎营，互相会议，定于翌晨，各认地段进攻（沈桐生《光绪政要》卷二十六）。

庚申（廿一日），上奉慈禧……皇太后启銮出德胜门驻园。壬戌（廿三日），上奉慈禧……皇太后至怀来县驻跸（《光绪朝东华录》卷一六〇）。

董福祥字星五，甘肃固原人。同治初回乱作……福祥亦起安化。……嗣为刘松山所败，其父世猷降，福祥亦率众乞归款，乃简其精锐者，编为董字三营。……光绪二十三年（一八九七年），入觐，命领武卫后军。召对，福祥曰："臣无他能，唯能杀外人耳。"荣禄颇信仗之。拳乱起……董军围东交民巷，攻月余不下。敌自广渠门入，福祥走彰仪门，纵兵大掠而西。两宫西幸，充随扈大臣。和议成，外人坚欲诛福祥，李鸿章曰："彼绾西陲军寄久，虑激回变，当缓图之。"乃褫职，锢于家。荣禄在西安综大政，福祥移书让之（《清史稿》列传二四二《董福祥传》）。

王懿荣字正儒，山东福山人。……二十六年，联军入寇，与侍郎李端遇同拜命，充团练大臣。懿荣面陈拳民不可恃，当联商民，备守御。然事已不可为。七月，联军攻东便门，犹率勇拒之。俄众溃，不可复成军，乃归语家人曰："吾义不可苟生。"家人环跽泣劝，厉斥之，仰药未即死，题绝命词壁上曰："主忧臣辱，主辱臣死。于止知其所止，此为近之。"掷笔赴井死（《清史稿》列传二五五《王懿荣传》）。

（丙）京津之沦陷

天津之外人管理

联军陷天津，城垣及大沽炮台等，凡被认为可以妨碍外国军队经过者，咸拆除之，又拆民房以建马路。联军往来四乡，皆由人民供应。自庚子至壬寅，始交还中国。二年之中，民力竭矣。

闻津城未陷之前，各国联军会议，有主张得城后即屠戮无遗者，有主张严行杀法者，独日本兵官主张剿捕乱匪，保护商民，英兵官及俄提督均赞成，议遂定。及城破后，各国议定分据地方，无分城内外，以鼓楼为中心，共分四隅，西南隅属英，西北隅属法，东南隅属美，东北隅及河北属日本，河东及铁路并北土墙内外属俄。后铁路又改归英国管理，德国兵到津最晚，故后始分一地以属之（刘孟扬《天津拳匪变乱纪事》卷下）。

七月初间，洋人就督署内设立衙署，办理地方事务。其官由英、德、美、日、法、俄六国各派一人，名为暂行管理津郡城厢内外地方事务都统。发出安民告示数张，凡一切抢劫犯法之事，一经告发，拿获该犯，立用洋枪击死。并谕令逃走人民，仍回本籍，照常安处（刘孟扬《天津拳匪变乱纪事》卷下）。

七月十八日，天津城厢内外，已设立华巡捕，共划各地方为八段，每段公举绅商六名，相助为理。其华巡捕仍由洋巡捕作为领袖，统为都统衙门巡捕官管辖（刘孟扬《天津拳匪变乱纪事》卷下）。

八月……都统衙门已开办各捐，在锅店街庆善银号内，设立官银号，为收捐处所（刘孟扬《天津拳匪变乱纪事》卷下）。

九月，驻津日本军于某日谕，令自闸口至南门外，桥子迤东，所有居民铺户，速行迁徙，其房间令各房主自为拆毁，即以其地修筑马路一条，以宽六丈为度。十月某日，日本人又谕，令自闸口至铁桥所有房屋，皆须自行拆毁，沿河堤开筑马路一条，其宽亦以六丈为度。十一月某日，都统衙门出示谕，令北门外至河滨所有被焚之房屋，均不准起盖，即在此地修筑马路一条，其宽亦以六丈为度（刘孟扬《天津拳匪变乱纪事》卷下）。

十二月初二日，都统衙门出示，将天津城垣全行拆去。实从十一月中旬业已动工，每日作工者数百人，其中曾充拳匪者甚多（刘孟扬《天津拳匪变乱纪事》卷下）。

北京之八国分占

北京既破，由八国分段管理，德军以其使臣之死，恣为报复，杀掠最惨。余亦纪律不严。惟日本极力示好。德军官占中海，法军官占南海，美占先农坛，日则赁屋而居，日人多谒孔庙者。惩于庚申英法联军劫掠圆明园古物，以致世人讥笑，守护清宫惟谨，而公私财物则尽取之，荡然一空。巨室多半倾家，部院大臣每被驱役，殴辱妇女，死者甚众。

各国以前门为界，外城前门东为俄、法，西为英、美，内城东为德国，西为日本。英、美政宽，俄、法政暴，故西城尚有完善之区，东城已寂无人迹（叶昌炽《缘督庐日记钞》卷八）。

日本初入城，即分兵防守宫禁。宫中死亡逃逸外，食指尚千人，皆日军供给之（胡思敬《驴背集》卷三）。

日本、义、俄、法、美、德、英七国而分列都城也。由朝阳门内，以大街分中，大街之北，西至地安门，东北皆至城根，皆属日本管辖也。朝阳门内，大街之南，西至东四牌楼，仍以大街分中，大街之东，南至崇文门城根，皆属俄国管辖也。东四牌楼南大街之西，西至西大街之东，南至南城根，皆属德国管辖也。马市之南，大街之西，西至东皇城根，南至东长安街，皆属义国管辖也。此东城之分界也。西直门内，以大街分中，大街之北，至城根，东至新街口之南，至毛家湾北，庄王府为界，大街东西，皆属日本；东北亦至地安门，亦日本管辖也。西直门大街之南，阜城门内大街之北，当街庙之南，至西四牌楼，北大街之西，至西城根，皆属义国管辖也。当街庙大街之东，南至西单牌楼北，东至西皇城根，皆属法国管辖也。西四牌楼大街，西至阜城门城根踊路之南，西四牌楼大街，南至宣武门城根踊路之西，皆属英国管辖也。西单牌楼之南，踊路之东，南至宣武门城根，东至前门，内至西长安街，西交民巷，皆属美国管辖也。此西城之分界也。东安门内以大街分中，南者乃英国占领也。北者至东三座门，乃日本估领也。东三座门之北，至地安门内之东，乃德国占领也。西华门外之南，乃美国占领也。西华门外之北，至西板桥，乃义国占领也。西安门内之南，乃法国占领也。西安门内之北，至地安门内之西，乃俄国占领也。此皇城内之分界也。正阳门外，以大街分中，由珠市口至广安门，亦以大街分中，其路南者，属美也。其路北者，德国也。正阳门外大街之东，东至崇文门外之西，南北皆至城根，属法国也。崇文门外大街之东，至东城根，南北亦至城根，属英国也。此外城之分界也。朝阳门外大关之北，西直门外关厢之北，及德胜、安定、东直各城外，皆属日本所管也。其余各城外，余不知属何国管辖也。……其后亦有日本相让，德与俄改换者矣（洪寿山《时事志略》）。

（七月）二十五日……日本出示晓谕，而抢掠渐息。……仍有不遵新法者，照前抢夺……被日本捉拿，审问确实，立刻明正典刑而诛之。由光绪二十六年七月下旬，至今二十七年二月中旬，出安定门而诛之者，已六百二十余人矣。其亦有出东直、西直、德胜者，余不知其数也（洪寿山《时事志略》）。

日本出示晓谕："尔等商贾知悉，自出示之后，尔等运贩货物，务须先至安民公所，领取保险执照，然后运货入城，则洋兵不能阻当耳。惟军器不许运贩也。亦不收国课、厘金、税务等费。其华洋交易，务要公平，勿许欺压强买强卖。如有交易不公者，禀报安民公所，即行拿问，从严治罪，绝不宽贷，为此持示。"（洪寿山《时事志略》）

各国出示晓谕："尔等知悉，自出示之后，大小街巷，皆宜扫除干净，不许门前堆积脏土。各处须择空闲处，公议砌垒厕所，以免街市巷口之小解出恭耳。如再有门前堆积粪土者，罚做一天苦工。如仍在路途巷口小解出恭者，罚钱四百，或罚做两天苦工。禁止斗殴、强争、词讼、烟馆、赌局，如有前项情弊，即行严拿治罪，绝不宽贷。如实有冤屈者，呈报顺天府，或安民公所，或附近分厅，从公审问，为此特示。"（洪寿山《时事志略》）

日本、美、英、俄、德各国占领之处，皆设土筐所，为住户、铺户之脏土倒于筐内。另设官车，各国约有三五百辆及五七百辆不等，以车载脏土而运于城之外也。……大小街巷泼水，以免扬尘矣。各处夜内点灯者，所为照看夜内贼盗之行迹也。……美国之处，小儿脸要洗净。……日本占领之处，添设牌头、街长者，所为稽查附近户口人名，恐有容留不明之人也。如有不法之人，以街长、牌头是问。设立巡捕处及步营，协尉官厅改为日本分厅也，所为缉捕匪徒，以清贼源而息盗风也（洪寿山《时事志略》）。

美提督戴丽生，用副都御史曾广銮、侍读学士黄思永、侍讲学士恽毓鼎、道员王瓘，为理事官。四人惟毓鼎最专，夷酋亦倾心倚任（胡思敬《驴背集》卷三）。

抗战各军简表

军号	统领	战迹	备注
武卫后军	董福祥	光绪二十六年，杀日本书记杉山彬，围东交民巷，攻月余未下。敌军至京，福祥大败于广渠门外。敌入广渠门，福祥走彰仪门，两宫西狩，八月初四日至阳高。福祥至，充随扈大臣。	《清史稿》卷四五五 《庚子国变记》
武卫前军	聂士成	庚子五月，裕禄调士成至津，连夺陈家沟、跑马厂、八里台，径攻紫竹林，喋血八昼夜，卒殒于阵，肠胃洞流。	《清史稿》卷四六七 《天津拳匪变乱纪事》卷上
武卫左军	宋　庆	六月十四日，援天津，大败，退北仓、杨村。杨村陷，退蔡村，走通州之于家圩。通州失，召守京师，驻南苑。	《天津拳匪变乱纪事》卷上 《庚子国变记》
武卫左军	马玉昆	庚子，联军入侵。六月初三日，玉昆至津应援，败于紫竹林。继战北仓，相持月余，卒以无援败退。两宫西狩，七月二十二日，至延庆州。玉昆至，命随扈。	《清史稿》卷四六一 《天津拳匪变乱纪事》卷上 《庚子国变记》
天津镇兵	罗荣光	庚子，八国兵舰入寇，总兵罗荣光守大沽炮台。炮台失，他日得其尸台下。	《清史稿》卷四六七

续表

军号	统领	战迹	备注
练　勇	王懿荣	七月，联军攻东便门，团练大臣王懿荣率勇拒之，众溃，赴井死。	《清史稿》卷四六八
勤王军	夏辛酉	袁世凯闻天津失，乃遣夏辛酉以嵩武军六营勤王。	《驴背集》卷四
勤王军	李秉衡	庚子事起，长江水师大臣李秉衡，请募师入卫，太后命统张春发、陈泽霖、夏辛酉、万本华四军，出屯杨村河西坞，溃败，走通州，饮金死。	《清史稿》卷四六七
勤王军	程文炳	诏福建提督程文炳，节度福建（二营）、江南浙江（四营）、安徽（五营）、江西（四营）勤王军，赴彰（德）、卫（辉）怀（庆）备守御。	《清史稿》卷四五七 《拳匪纪事》卷二
勤王军	岑春煊	甘肃藩司岑春煊，统甘军五营入卫，自陈新募之兵，不能当前敌。诏令驻张家口防俄，两宫过南口，率所部二千人赴之，寻简为陕西巡抚。	《驴背集》卷四
勤王军	鹿传霖	江苏巡抚鹿传霖，募三营入卫，至山东境，逡巡不前，闻京师陷，奔山西。八月十五日，两宫至忻州，传霖至，伏奏痛哭，自言赴援不力，即日迁两广总督。	《清史稿》卷四三八 《驴背集》卷四 《庚子国变记》
勤王军	锡　良	庚子京师危急，湖广总督、湖北、湖南巡抚，会委湖南布政使锡良，统率鄂湘军队入卫，迎驾山西，立授巡抚。通令晋境各军，严行防守。	《清史稿》卷四四九

入侵联军简表

国名	兵数	统带	战事经过	备注
德国	二万二千五百人	瓦德西	四百余人参加西摩尔由津去京救使馆中途退回之战，倚而的炮舰及上岸兵五百人参加夺大沽炮台之战，二百五十人参加解天津洋兵之围，一千三百余人参加天津附近之攻守，两中队兵参加攻夺天津城，二百人参加进攻北仓杨村，攻下即回津，约三四千人参加侵夺保定战。	法人佛甫爱加来、施米侬同撰，刘翘翰、程瞻洛同译《庚子中外战纪》第四、五、六章 《八国联军志》 瓦德西《拳乱笔记》
英国	二万人	盖斯里	九百余人随其提督西摩尔去京师救使馆，中途退回。灰丁、发霉、亚尔舍林三舰及上岸兵二百五十人参加夺大沽炮。台之战，约二百余人参加解天津驻军之围，一千九百余人参加天津附近之攻守，七百人及车轮炮大炮各四尊参加攻夺天津城，二千五百人、大炮十二尊进攻北仓、杨村至京师之战，约三千人参加侵夺保定之战。	《庚子中外战纪》第四、五、六章 《八国联军志》 瓦德西《拳乱笔记》
日本	二万二千人	山口素臣	五十二人参加西摩尔救使队，亚打告炮舰及上岸兵三百人参加夺大沽炮台，三千八百余人参加津城附近攻守，二千四百人夺下天津城，九千人大炮二十四尊进攻北仓至京师。	《庚子中外战纪》 第四、五、六章 瓦德西拳《乱笔记》

续表

国名	兵数	统带	战事经过	备注
俄国	一万八千人		三百余人参加西摩尔救使队，日爱立亚克、保布二炮船、稿烈巡洋舰参加夺大沽炮台之战，二千二百人解津驻兵之围，五千八百余人参加津城附近攻守，二千六百人攻夺天津城，三千五百人、大炮十六尊参加进攻北仓、杨村至京师。	《庚子中外战纪》第四、五、六章
法国	一万五千六百人	福里	一百五十余人参加西摩尔救使队，力勇炮舰参加夺大沽炮台战，四百余人参加津城附近攻守，炮兵一中队参加攻天津城，兵一千、大炮十二尊参加进攻北仓、杨村，即暂驻杨村，约三四千人参加侵夺保定。	《庚子中外战纪》第四、五、六章 瓦德西《拳乱笔记》
美国	五千八百人	沙飞	一百余人参加西摩尔救使队，毛拿加西船参加夺大沽炮台，二百余人参加解津驻军之围，三百五十人参加津城附近攻守，六百人参加攻夺津城，二千人、大炮六尊参加进攻北仓、杨村至京师。	《庚子中外战纪》第四、五、六章 瓦德西《拳乱笔记》
意国	二千数百人		四十人参加西摩尔救使队，一百三十八人参加津城附近攻守，数十人参加进攻北仓、杨村，克即回津，约千人参加夺保定。	

续表

国名	兵数	统带	战事经过	备注
奥国	四五百人		二十五人参加西摩尔救使队，一百三十九人参加天津附近攻守，数十人（意、奥共百人）参加进攻北仓、杨村，攻下即回津。	
总计八国	十万五千余人	总司令瓦德西	战事所及之地，南至青县、河间、肃宁、蠡县、祁州、新乐、行唐、西至阜平及西山一带，东至海口、永平、山海关，北至赤峰、长城、张家口，凡此数百里内，多为洋兵所蹂躏。	《拳匪纪事》卷四《八国联军志》

（丁）东南自保

京、津抗战，而东南乃成自保之局。英视上海商务为性命，甲申、甲午两次战役，英与法、日两国要约，不使战事波及上海。庚子肇衅，由英、美领事示意华官，自保东南，勿使战事波及长江。于是刘坤一与上海外国领事，签订东南自保之约。同时，东南督、抚由李秉衡领衔，电达京师，不奉矫诏。世多以此归功刘坤一、张之洞。文人若张謇辈，各以首倡奇谋自诩。其实听外人颐使，辱则有之，何功之有？

东南互保之议……予既为发议之人，更从事其间……应撮其大要记之。自五月初良乡车站拳匪发难……上海远隔海洋，忽传城内已有拳匪千人，飞渡而至。……其时南北消息顿阻。……各国兵舰连樯浦江。……英水师提督西摩，拟入长江。倘外舰到后，与各地方一有冲突，大局瓦解。……忧思至再，即访何梅生老友商之云。……予意欲与西摩商，各国兵舰勿入长江内地，在各省各埠之侨商、教士，由各省督、抚联合立约，负责保护。上海租界保护，外人任之；华界保护，华人任之。总以租界内无一华兵，租界外无一外兵，力杜冲突。虽各担责任，而仍互相保护。东南各省，一律合订中外互保之约。梅生极许可，惟须有任枢纽之人，盛杏生地位最宜。……旋杏生约予往晤，尚虑端、刚用事，已无中枢，今特与外人订此约，何以为继？予谓……可由各省督、抚派候补道员来沪，随沪道经与各国驻沪领事订约签字，公不过暂为枢纽，非负责之人。……后来自免关系，即定议由其分电沿江海各督、抚，最要在刘、张两督。……旋得各省复电，派员来沪。盛即拟约八条，予为酌改并为加汉口租界及各口岸两条，共成十条，并迅定中外会议签约之日。其会议之所，即在新建会审公廨。盛既不在签约之列，对外即不便发言。又虑沪道余联沅向拙于应对，即定为中外会议座次，外人以总领事在前，以次各领事。中则以沪道在前，盛以太常寺卿为绅士居次，与余道坐近，再次各省派来道员。先与余约，倘领事有问，难于置答者，即自与盛商后再答之。……议时，领袖系美国古纳总领事。果因五月二十五日上谕，饬全国与外人启衅，开口即云："今日各督、抚派员，与各国订互保之约，倘贵国大皇帝又有旨来杀洋人，遵办否？"此语颇难答，遵办则此约不须订，不遵办即系逆命，逆命即无外交，焉能订约？余道即转向盛踟躇，盛告余即答以今日订约，系奏明办理。此四字本公牍恒言，古领向亦解之，意谓已荷俞允，即诺诺，而两方签约散会。……自此互保签约后，西摩及各外舰停止入江（惜阴《东南互保之纪实》）。

札江汉关照会各领事，力任保护洋人（光绪二十六年五月二十二日）。……合亟札饬该关道，即便遵照，照会英国领事，告以两湖地方，本部堂力任保护，当不致痞匪滋生事端。即使偶有生事、猝防不及者，乌合之众，官兵威力亦可立时弹压扑灭，断断不能任其滋蔓。长江下游一带，有两江总督部堂刘，昨与电商，亦已严密布置防范，意见相同，力任保护下游。请英领事转达英政府，此时长江一带弹压痞匪，尚不须外人相助。若英水师遽进长江相助，不惟无益，且内恐百姓惊扰，外恐他国效尤，更致不可收拾。至若恐他国先进干预，吴淞有英国水师，尽可拦阻，英不先入，他国断不敢入，可请放心。一面嘱其将凡有该教士之教堂，及有洋人在内地地方，迅速开单前来，以便分饬加意保护。如有洋人携眷入内地者，务须劝令暂行带回汉口。洋人如无要事，戒饬暂勿外出游玩打鸟，免为小事致生枝节（《张文襄公全集》卷一〇三）。

盛京堂来电，并致江、鄂督、苏、皖抚，（光绪二十六年六月初一日）卅会议章程呈核：一，上海道台余，现奉南洋大臣刘、两湖督宪张电示，与各国驻沪领事官会商办法。上海租界归各国公同保护，长江及苏、杭内地，均归各督、抚保护，两不相扰，以保全中外商民人命、产业为主；二，上海租界公同保护章程，已另立条款；三，长江及苏、杭内地，各国商民、教士产业，均归南洋大臣刘、两湖督宪张允认切实保护，并移知各省督、抚，及严饬各文武官员，一体认真保护。现已出示，禁止谣言，严拿匪徒；四，长江内地中国兵力，已足使地方安静，各口岸已有各国兵轮者，仍照常停泊，惟须约束水手人等，不可登岸；五，各国以后如不待中国督、抚商允，竟至多派兵轮，驶入长江等处，以致百姓怀疑，藉端启衅，毁坏洋商、教士人命、产业，事后中国不认赔偿；六，吴淞及长江各炮台，各国兵轮，切不可近台停泊，及紧对炮台之处，兵轮水手亦不可在炮台附近地方操练，彼此免致误犯；七，上海制造局、火药局一带，各国允兵轮勿往游弋驻泊，及派洋兵巡捕前往，以期各不相扰。此局军火，专为防剿长江内地土匪，保护中外商民之用，设有督、抚提用，各国毋庸惊疑；八，内地如有各国洋教士，及游历各洋人，遇偏僻未经设防地方，切勿冒险前往；九，凡租界内一切设法防护之事，均须安静办理，切勿张皇，以摇人心云（《李文忠公全书·电稿》卷二十三）。

寄直藩转递军机处译署（光绪二十六年六月初九日），顷吕使电外部覆云：……各督、抚既认保护西人为己任，本部已立案，务望践言。并请奏明中朝，速离危机。惟华兵勾结匪党，合攻西人，德国在华应办事宜，归统将主裁，本部不愿分其权，致掣其肘。故江、鄂两督，拟订各章，碍难径允。两督美意傥能实践，我国亦不忘情，当即转达统将，于军事无碍者，皆可照行，并请转覆酌办云（《李文忠公全书·电稿》卷二十三）。

光绪二十六年（一九〇〇年）六月戊戌（廿八日），刘坤一等奏："……臣等于战事初起之时，即行出示晓谕，务各相安，不必妄生疑虑。并接出洋华人电禀，请保护各国洋人，以免报复，情词极为迫切。臣等遂乘各领事等来商保护商、教之时，会饬江海关道余联沅，与之订定章程。长江一带及苏、杭内地，各国如不侵犯，我当照常保护。经各领事电商外部，臣等亦电致各使臣，向各国切实声明。德因戕杀使臣，颇持异议，嗣因各国牵制，亦帖然就范。"……上谕：……朝廷本意，原不欲轻开边衅，曾致书各国，并电谕各疆臣，复屡次明降谕旨，以保护使臣及各口岸商民，为尽其在我之实，与该督等意见，正复相同（《光绪朝东华录》卷一六〇）。

（3）辛丑议和

（甲）辛丑和约

联军既破北京，急欲谋和。首由总税务司赫德示意总理衙门旧人，商由留京大员，具奏大同，请派讲和全权大臣。清廷乃令李鸿章、庆王为全权大臣，日本军遂往怀来，迎庆王回京。鸿章先已受命北来，旋调补直隶总督、北洋大臣，而迟疑未启行。久之，始至上海。七月杪，由俄船迓之北来。世皆以鸿章有声望，擅长外交，能收拾时局，实则联军急欲结束军事。英在出兵时，即已宣布速和之意，而和约条款苛酷，只有承认，并无磋商。唯清廷命荣禄参预和议，为外人所拒。鸿章令之速赴西安，促成和局。两人皆自以为功，自今观之，如苟且图成为非，则端、刚诸人坚主迁蜀之议，未尝不是。惜西后与端、刚，皆非真能抗战到底之人，纵使言战，亦不过空谈而已。

庚子七月廿一日，两宫西行，各国军队入京，庆邸随扈，因病留滞怀来县。适奉全权之命，八月初十入京，合肥李文忠早经奉命来京议约，甫卸粤督任，权寓沪上，直至闰八月十八日，始到京。先行传见总税务司赫德，遍拜各国公使，各国统兵大臣尚未能接见也，此为议和之始步。各公使与各军官先行商酌条款，有此国以为是，他国以为非者；有各公使以为然，而各军官否认者。类如驻兵及防护使馆、拓充守卫使馆汛地并营建炮台兵房等事，均由军官主议者，各使不得干预，纷纷扰扰，三月有余。迨议款粗有成局，各使遣员来告，并出示草案，谓：向各军官苦口商酌，竭力争执，始允如此定议。明知条款之酷虐，但中国铸此大错，亦实无可如何。现有一言奉告，将来条款送到中国政府，万不可一字驳复。须知我等公使，责任在重修旧好；各军官则穷兵黩武，意在直捣西安。中国政府若允照款议，自奉旨之日起，战事即为结束，各军官但办交地、退兵等事，军费大宗即于此日截止，随时再由中政府与各使妥商节目，徐图补救大纲之所不及，岂非轻而易举？若一时嫌条款酷烈，不允照办，各军官闻之，群相起哄，诚恐兵事一起，动员令一发，为害胡可胜言！彼时各公使竭尽能力，重订议款，原有各条款，自难删去，不知又增出几许条件，试问中国尚能领受乎？即幸而仍照原款定议，但经此波折，不知又费几许时日，即以兵费一项而论，恐又加增数百万以上。两全权以各使所论各节，意在关切而非恫喝。爰即密电行在备案（陈夔龙《梦蕉亭杂记》卷一）。

开议之日，先期由领袖日斯巴尼亚公使来照，谓该使馆廨宇狭隘，坐位无多，来宾请以十人为限，意极骄蹇。维时李文忠公病卧贤良寺寓所，不能莅会。庆邸约余及那琴轩相国（时官户部侍郎），并法、英、俄、德、日五翻译，偕赴日馆，各公使与参随各员咸集。首由领衔日使，将约文节略朗诵一过面交庆邸，邸答以今日承各公使面交和约一件，容即电奏西安行在，俟奉有电旨，即行恭录知照，随将来件交余收存，辞各公使出。……庆邸谓余曰："……尔速将各使交来条约，送请中堂阅看，即日会衔电奏行在。冀邀俞允，此事今日必须办竣，电奏稿不必送我酌定，但于发电后，抄稿送阅可耳。"……余只身往贤良寺，始知文忠病迄未愈，不能见客。当以此事紧要，讵能延误？商之杨莲府同年，先将条件呈文忠一阅，再行请示方略。莲府笑谓余曰："……不如由老宪台代拟电奏稿，呈中堂阅定，即行电发，较为便捷。"……余正踌躇如何下笔，始能动两宫之听。文忠之四公子季高世兄，出谓余曰："家君昨日曾经说过，此次奏件须用重笔。"余笑答曰："如用重笔，只好请出宗庙社稷方可压倒一切。"爰即本此意，拟一电奏稿，交季高送入卧内，请文忠阅定，即刻电发（陈夔龙《梦蕉亭杂记》卷一）。

当和约电奏寄到西安，两宫逐一阅视，以偿款数目太巨，惩办罪魁太重，德使克林德建碑京师，有关体制，防护使馆将六部、翰林院划入界内，堂子祀天重地亦须迁移，其他各款种种苛求，坚不允行。荣文忠公婉言力陈，以事机迫切，非俯允不能弭患。慈禧愠甚，谓："请皇上斟酌，我不能管。"次日，北京全权电催，以各使专俟准驳确信，以定师行进止。文忠复据以上陈，慈禧谓："两全权但知责难于君父，不肯向各使据情据理力与争辩。我既不管，皇上亦不管，由你们管去罢。"言毕，将电稿掷地，文忠皇恐万状，不敢再陈，惟有伏地碰头。皇上徐曰："尔等勿庸著急，明日再说。"文忠回邸私议，视此情状，明日上去，亦无结果。惟时全权电信又到，情形迫切，文忠喟然叹曰："此事责任在我，惟有淡中著笔，从权办理，庶几有济。默视慈禧之意，未尝不知非允不可，不过允之一字，难以当面说出。"越日入见，此事暂不提及，先将他事请旨讫，继云："前日两全权电奏之件，已阅数日。刻间又有电来催，前已面请圣旨，可否由奴才等下去，酌拟一稿，呈请改定，再行电发？"慈禧默然，继而曰：

“如此亦好。”文忠退出，即与枢府诸公，查照来电之意，大致以宗庙社稷为言，姑为允准。拟具电旨，不敢再请起面呈，即交内奏事处总监，呈请睿鉴。旋传旨：“知道了。”文忠得旨后，即行电发。京中即日接到，知照各国公使，和议遂由此定局。此系庚子十二月杪之事……文忠为余缕述之（陈夔龙《梦蕉亭杂记》卷一）。

惩办罪魁

和约将成，唯罪魁一项，西后意尚踌躇，令鸿章商免。鸿章密电荣禄，微示只有其上，更无其次之意。西后大惧，乃一一照办。后来下母子一心维新之诏，即在表明，并非顽固。废大阿哥，亦是为己洗刷。庚子以后，对外事事退让，皆由惧之一念而起。

和约第二次开议，惩办祸首，各公使订期在英馆齐集。……维时李文忠公病愈，与庆邸同入坐，随往者，仍那相与余及翻译各员，与上次相埒。全权中坐，各使环坐，余与那相坐于全权之后。……英使首先发言，谓：“今日特议严办祸首一条，有名单一纸在此。但某意此案罪魁，确系端王一人，若能将端王从严处置，其余均可不论，不知全权之意如何？”庆邸谓：“端王系皇室懿亲，万难重办。各国亦有议亲议贵之条，此事断不能行。我前日于私邸曾对诸君说过，诸君亦无他议，何以今日又复申此说？”英使笑曰：“我亦知其办不到也。”言次，将单开各员名及所拟罪名，逐一朗诵，请中国照办。单内人多，难以备录，中如庄王载勋、右翼总兵英年、刑部尚书赵舒翘、山西巡抚毓贤，均请从重论，余以次递减。全权告以庄王、毓贤诚有罪，总兵英年，当时并无仇洋实权，不过联衔出有告示，原难辞咎，但讵能正法？至重不过斩监候罪名。至赵尚书舒翘，仅随刚相往近畿调查情形一次，所居地位，亦无仇洋之举，更无罪之可科，即谓其不应附和刚相，革其任亦足蔽辜，讵可重论？各公使亦唯唯。文忠复谓：“前数日，诸位所言罪魁，并无启尚书秀、徐侍郎承煜在内，今日忽将二人加入，此是何意？”词未毕，义公使起而言曰：“某前日谒中堂于贤良寺，曾问徐侍郎为人如何，中堂告余曰：‘此人不好。’七月初三，监斩许侍郎景澄、袁太常昶即是他。十七，监斩徐尚书用仪等，也是他。二十一日，两宫西狩，逼令其父徐相国桐自尽者，又是他。此种人，中国不办，各国只好代办。至启秀之罪，日公使亦获有凭据。”文忠愕然曰：“我不过随便一句话，尔竟据为实录。”庆邸以他语乱之，义使始无词。时已傍夕，各使谓：“……请先散会，明日再具照会。”……越日，各使联衔照会送到，坚执如故，不能丝毫末减。而德使复怂恿其统帅瓦德西，以急下动员令相恫喝。厥后，均如来照办理（陈夔龙《梦焦亭杂记》卷一）。

十二月壬戌（廿五日），谕：“京师自五月以来，拳匪倡乱，开衅友邦。现经奕劻、李鸿章与各国使臣在京议和，大纲草约业已画押。追思肇祸之始，实由诸王、大臣等昏谬无知，嚣张跋扈，深信邪术，挟制朝廷，于剿办拳匪之谕，抗不遵行，反纵信拳匪，妄行攻战，以致邪焰大张，聚数万匪徒于肘腋之下，势不可遏。复主令卤莽将卒围攻使馆，竟至数月之间，酿成奇祸，社稷阽危，陵庙震惊，地方蹂躏，生民涂炭。朕与皇太后危险情形，不堪言状，至今痛心疾首，悲愤交深，是诸王、大臣等信邪纵匪，上危宗社，下祸黎元，自问当得何罪？前经两降谕旨，尚觉法轻情重，不足蔽辜。应再分别等差，加以惩处。已革庄亲王载勋，纵容拳匪，围攻使馆，擅出违约告示，又轻信匪言，枉杀多命，实属愚暴冥顽，著赐令自尽，派署左都御史葛宝华前往监视。已革端郡王载漪，倡率诸王、贝勒，轻信拳匪，妄言主战，致肇衅端，罪实难辞；降调辅国公载澜，随同载勋，妄出违约告示，咎亦应得，著革去爵职，惟念俱属懿亲，特予加恩，均著发往新疆，永远监禁。先行派员看管，已革巡抚毓贤，前在山东巡抚任内，妄信拳匪邪术，至京为之揄扬，以致诸王、大臣受其煽惑；及在山西巡抚任，复戕害教士、教民多命，尤属昏谬凶残，罪魁祸首，前已遣发新疆，计行抵甘肃，著传旨即行正法，并派按察使何福堃监视行刑。前协办大学士、吏部尚书刚毅，袒庇拳匪，酿成巨祸，并会出违约告示，本应置之重典，惟现已病故，著追夺原官，即行革职。革职留任甘肃提督董福祥，统兵入卫，纪律不严，又不谙交涉，率意卤莽，虽围攻使馆系由该革王等指使，究难辞咎，本应重惩，姑念在甘肃素著劳绩，回汉悦服，格外从宽，著即行革职。降调都察院左都御史英年，于载勋擅出违约告示，曾经阻止，情尚可原，惟未能力争，究难辞咎，著加恩革职，定为斩监候罪名。革职留任刑部尚书赵舒翘，平日尚无嫉视外交之意，前查办拳匪，亦无庇纵之词，惟究属草率贻误，著加恩定为斩监候罪名。英年、赵舒翘两人，均著先行在陕西省监禁。大学士徐桐、降调前四川总督李秉衡，均已殉难身故，惟贻人口实，均著革职，并将恤典撤销。经此次降旨以后，凡我友邦，当共谅拳匪肇祸，实由祸首激迫而成，决非朝廷本意。朕惩办祸首诸人，并无轻纵。即天下臣民，亦晓然于此案之关系重大也。”（《光绪朝东华录》卷一六四）

光绪二十七年辛丑（一九〇一年）正月庚午（初三日），谕：“此案首祸诸臣，昨已降旨，分别严行惩办。兹据奕劻、李鸿章电奏，按照各国全权大臣照会，尚须加重，恳请酌夺等语。除载勋已赐令自尽，毓贤已饬即行正法，均各派员前往监视外，载漪、载澜，均定为斩监候罪名。惟念谊属懿亲，特予加恩，发往极边新疆，永远监禁，即日派员押解起程。刚毅罪情较重，应定为斩立决，业经病故，免其置议。英年、赵舒翘，昨已定为斩监候，著即赐令自尽，派陕西巡抚岑春煊，前往监视。启秀、徐承煜，各国指称力庇拳匪，专与洋人为难，昨已革职，著奕劻、李鸿章照会各国交回，即行正法，派刑部堂官监视。徐桐轻信拳匪，贻误大局；李秉衡好为高论，固执酿祸，均应定为斩监候，惟念临难自尽，业经革职，撤销恤典，应免再议。”（《光绪朝东华录》卷一六五）

赔款

庚子赔款四亿五千万两，俄得一亿三千万，德九千万，英七千万，法、美、日、意、奥、荷、比以次递减。分三十九年还清，本利共九亿八千余万两。庚子以前，岁计不敷六百万两。至是由各省摊派，百计罗掘，正、杂各款之外，始有附加捐，而民困极矣。

光绪二十七年辛丑（一九〇一年）三月辛巳（十五日），奕劻、李鸿章电致行在军机处。……月朔，法、英、德、日本四使，约那桐、徐寿朋、周馥，赴德馆讨论赔偿抵款，称赔款须四万五千万两。答以太多，则称各国只索实用之数，并无虚开。旋问中国究有何款可以作抵？答以赔款数目太巨，甚难筹画。海关税因镑价今昔悬殊，拟按镑价加收，以作抵款，于洋商无损，于中国有益。各使称伊等亦有此意，但骤难商定，须另筹切实抵款。随遍问盐课、常税、折漕、土药，并开办印花税、房捐等项。答以旧有之款，均有要用；新筹之款，骤难办成，惟赔款总不可不筹，竭力腾挪，连海关加收，每年至多能筹一千五百万两。各使称，如此则须六十年，方能摊完。伊等拟请每年筹付三千万两，三十年可完。按借债周息五厘，二十年本利相平，四百五十兆，三十年成九百兆，计周息三厘三毫有零，利息尚不为重。答以分三十年摊毕，款实难筹。各使又称，内中尚有一二国愿得现银者，可否商借现银付给。答以中国情愿摊还，不愿借债。是日，各使相约，因赫德前曾分送节略，胪列京外各进款，及改章办法。该使等愿借面谈考证，并非与那桐等议事。及告以累年入不敷出，暨一切改章为难情形，各使称俟再商而散。……臣奕劻面询赫德，据称各使意见不一，有愿听摊还者，有愿索现银者。如付现银，必须借债，付四百五十兆之款，必须借六百兆方能敷用，以周息四厘计之，三十年须加息七百二十兆，大不合算。又称断不可以抵款难筹推托，恐各国藉口，占地自筹，为害尤大。各使约须至四月底方与全权会议，莫如及此闲暇，先与政府户部、各督、抚通盘筹画，速定大计，总期能指有的款作抵，先办撤兵，是为要着。……若俟会议时，再行往覆筹商，各督、抚意见不同，多烦商酌，恐议论未定，而赔款又增数千万矣（《光绪朝东华录》卷一六六）。

四月乙巳（初十日），奕劻、李鸿章电致行在军机处赔款一事。……顷闻各使会议已有照会，适德穆使过晤，与谈减数。彼云……必以四万五千万为定数，若迟则兵费须加。我们可先密商，倘贵国允定赔四万五千万，加息四厘，但有谕旨为凭，德国必撤兵，各国亦必随撤。……现议撤兵，节令正好。若交炎暑，便不能撤，须迟至九、十月以后，又须多添兵费。为中国计，实不合算。……鸿等昨晤瓦帅，亦盼赔款速定，可速撤兵。……今两宫急盼撤兵，方议回銮。若不速定见，瓦帅暨德兵不肯先撤，各国必更观望。迟一日则多费百万，至秋后须多赔一百余兆。……上谕："军机大臣等，阳电悉，偿款四万五千万，各国既不允减，尚可照准。惟前奏闻索息一倍，计合三厘三毫零，仍照此商减为要。……并请展宽年限，方能勉筹。"（《光绪朝东华录》卷一六七）

四月丙午（十一日），奕劻、李鸿章，电致行在军机处。……今午派徐寿朋往见德穆使，遵旨与商减息。穆称按现在各国借债四厘，已减让到家，万难再减。……又称瓦帅已奉本国政府训条，料理撤兵，专候中国认利准信，以定行止。伊亦奉到训条，四厘息一毫不能减。……刻下撤兵之事，最关紧要，一言可决，在四厘允与不允而已。……上谕："……电悉各国偿款四百五十兆，四厘息，应准照办。"（《光绪朝东华录》卷一六七）

驻兵

北京之东交民巷，划为使馆专用区域，华人不得居住，且驻重兵以守之。自北京经天津至山海关，设专站十二，分驻外兵，共约万人。海口及沿途，皆不得设防，以碍畅行。此世界所无之苛例，屈辱极矣。

光绪二十七年辛丑（一九〇一年）四月丁巳（廿二日），电谕："……

现已定期回銮，京师各使馆酌留兵队，前据奏各国统计，不过数百名，究竟确留若干。使馆租界逼近禁城，闻有筑城设炮台之说，拟饬电询，并令设法商阻。……津、京沿途，洋卡洋兵，酌留数目，以少为妥。”（《光绪朝东华录》卷一六七）

寄西安行在军机处（光绪二十七年六月初十日），语电旨谨悉：京城地面，各国已陆续交出。俄、美兵，除留护使馆外，余早撤净。英、德、日本，亦撤过半。保定仅有法兵未撤。闻各国现存在京兵队，望后可再撤三分之一，俟西安启跸，再撤二分之一。俟由河南回銮，即全数撤退。彼等撤兵，向不知照撤去若干，即问，亦不以实告，总称看运船多寡，陆续撤去。其各使馆留兵，现无确数，闻统计约在二千内外。天津及沿途洋卡，亦无确数，闻天津约留六千或八千，沿途洋卡，每卡约三百，共计不逾二千。屡经访询，均称回銮早，则撤兵速，迟则更多观望，请代奏。劻、鸿（《李文忠公全书·电稿》卷三十九）。

黄村、郎坊、杨村、天津、军粮城、唐沽、芦台、唐山、滦州、昌黎、秦皇岛、山海关，皆驻兵，兵八千人，而京师守使馆兵二千余人不与焉（李希圣《庚子国变记》）。

谢罪

因德使及日书记被害之故，分派使节，谢罪德、日。使德者醇亲王，为光绪帝胞弟。德衔旧隙，必欲副使跪拜，交涉数四，乃得免。使日者那桐，如礼而已。

寄西安行在军机处（光绪二十七年正月十五日）：……先是，德使派参赞来询，专使赴德，拟派何人？答以未定，伊询醇亲王何如？答尚谨慎，何不往来晤谈？醇遂与穆使、瓦帅相见。该使电知国王，均以为然。旋又照称本国皇帝提明，俟中国照各国公索各款，全行照允，方愿接待专使等语。查醇王年岁虽轻，志趣尚好。上年拳匪内讧，莫赞一词。尚守家教，惟交涉向未阅历。伊已约定张翼偕往赞助，记名副都统荫昌，前驻德年久，熟悉情形，拟请派该员等并充参赞，庶无陨越。……此事应俟公约画押时，再行降旨，请先代奏。劻、鸿（《李文忠公全书·电稿》卷三十二）。

光绪二十七年（一九〇一年）四月癸丑（十八日），奕劻、李鸿章电致行在军机处：醇亲王赴德一事，正月咸电已详陈，昨德穆使因赔款息银议定，欲催早去。顷接吕使覃电，德君以专使现可举行，届时当优礼接待。应请降旨，特派醇亲王为头等出使大臣，并令前内阁侍读学士张翼、副都统荫昌，随往赞助一切。臣等犹虑该员等情形未熟，与瓦帅商酌，添派德员随行。德君性急，醇去恐难迟缓，可否令其不必远赴行在请训，致需时日，国书礼物即代豫备。……上谕："醇亲王载沣著授为头等专使大臣，前赴大德国敬谨将命。前内阁诗读学士张翼、副都统荫昌均著随同前往，参赞一切。"（《光绪朝东华录》卷一六七）

四月丙辰（廿一日）奕劻、李鸿章，电致行在军机处：巧电旨到，遵拟国书一通，请代呈御览酌定，候覆即缮，恭拟国书全文如下：大清国大皇帝敬致书于大德国大皇帝陛下：朕维中国与贵国订约以来，信使往还，辑睦无间。前岁贵国亲王来京，朕叠次接见，情谊尤为款洽。乃上年五月，义和拳匪阑入京师，兵民交哄，贵国使臣克林德，竟至被戕殒命。该使臣衔命来华，办理交涉事件，悉臻妥协，朕甚嘉许。不意变生仓猝，遽尔捐躯。朕自维薄德，未能先事预防，保护多疏，疚心曷极！已于该使臣死事地方，敕建铭志之坊，用以旌善瘅恶，昭示后来。兹派醇亲王载沣为钦差头等专使大臣，亲赍国书，前往贵国呈递。该亲王分属近支，谊同休戚，特令竭诚将命，以表朕惭悔之意。又此次贵国劳师远涉，戢匪安民，和议早成，生灵无恙，尤征大皇帝顾全大局，并令该亲王代朕道达谢忱。惟望大皇帝尽弃前嫌，益敦夙好，从此我两国共享升平之福，永联玉帛之欢，惟大皇帝鉴察焉。军机大臣奉旨，所拟国书，准其照办（《光绪朝东华录》卷一六七）。

五月丁卯（初三日），奕劻、李鸿章电致行在军机处：昨据德穆使照称，奉本国电谕，德皇拟乘本年华历七月二十日，大阅驻扎德国京师御林军之便，堪以接待醇亲王，并谕达知妥为豫备，俾得趱程及时到柏林不误等因。现商令醇王整装豫备一切，国书礼物均赶办。穆使面称，六月初五日，有德公司船自沪开行，可搭坐，约五月廿六七由京起程。请代奏军机大臣奉旨，奕劻等电悉，醇亲王载沣初次出洋，一切言动，诸宜谨慎，饮食起居，随时调护。并著张翼等悉心照料，妥慎赞襄，礼毕即行回国。仍将外洋风土人情，随地留心体察，而资阅历（《光绪朝东华录》卷一六七）。

五月甲申（十九日），谕军机大臣等：奕劻、李鸿章效电悉。日使函称醇亲王使德回路，经美暨日本，政府望旌节抵日，藉伸同洲和好之谊等语。著照所请，以重邦交。英、比如有此意函请，亦可准行。即由该王大臣随时知照办理，仍一面电闻（《光绪朝东华录》卷一六七）。

柏林吕使来电（光绪二十七年七月初八日）：……醇邸递书礼节……于礼官处得悉，廿七，德皇在白厅坐见，王爷行三鞠躬礼，递书致颂。其参赞该同入见者，均照中国臣下觐君礼叩首。据云此次系赔礼，非寻常聘使可比，不知曾与穆使商及否？惟大局攸关，时甚迫促，海现力争，能否挽回，未敢预必（《李文忠公全书·电稿》卷四十）。

接赓参赞来电云：跪叩一节，迄无更改。荫昌仍以参赞看待，亦不能免。顷德皇遣内务官来，并交所定礼节单图。十四午刻，在柏林宫内接见，坐受专使三鞠躬礼，参随三跪礼，并跪听宣读颂词。此为西国向无之礼，大体攸关，万难迁就（《李文忠公全书·电稿》卷四十）。

坐受国书一节，鸿章丙申使俄，德皇派员邀请赴德，即系坐受国书。其傲慢性生，不足计较。惟参赞跪拜，有伤国体，兹拟折中定断。递书时，只带金楷理、赓音泰等传译，张翼、荫昌等，仍照前电，或托病，或暂避他处，以免跪拜受辱，已电醇王酌办。吕使拟交各使持平订定礼节，各使皆助德抑华，断乎无益（《李文忠公全书·电稿》卷四十）。

据艾领事来称，顷得外部电，命询王爷何时起身，以速为宜。我皇必见，跪礼已免，递书只带荫昌一人，余在别殿伺候等语。……廿一三点，到坡思丹。德皇又遣朝车并头等提督接澧等，均至旧皇宫居住，供应优渥。随商订次日进见，并送故德后花圈礼节。廿二巳刻，亲至故德后墓如礼。十二点，复遣朝车提督迎至新行宫。澧随带荫昌进见内殿，递书，宣读颂词，张翼六人在外殿侍立。礼成，德皇遣马队送归旧行宫。两点，德皇亲来答拜，意极殷勤，坐谈良久，并命备舟车，游览哈芳湖孔雀岛。廿三早看操，午后仍至新行宫进见德皇。并留多在柏林居住，看各厂院。又面属前赴丹西，会晤亨利亲王，看其水师，澧未便拂却。现拟见德后后，即赴柏林另住客寓（《李文忠公全书·电稿》卷四十）。

八月己亥（初六）……醇王柏林江电：澧奉命本为德国专使，自递书后，虽德皇款接优渥，但因前节，未免犹有介怀。屡晤外部，据称除美、日与彼无涉，若往欧洲英、意、比，有违专诚之旨，该皇深不谓然，收礼至今，尚在游移未定。澧今日前往丹溪阅大操，五日可回柏林，仍须看各厂院，约计八月廿，在德即可竣事。……澧此番远涉风涛，到德后历观各厂，精神劳顿，饮食减少，兼有水土不服之证，务恳与驻京英、意、比公使，设法托辞婉商，万勿宣示该外部阻行之意。现拟德事毕后，即行前赴美、日，顺道回国。……伏乞代奏请旨示遵云。上谕："……载澧……在德使事既毕，著即启程回华。……美、日、意、比各国使事，暂从缓议。"（《光绪朝东华录》卷一六九）

澧于初三随带翼、昌赴丹溪，次与德皇、亨利亲王晤面，礼接甚优，颇为笃念邦交。阅操三日，并邀澧同翼、昌在兵船与宴，赠澧红鹰宝星。宴毕辞行，于初八回柏林。礼物已收，接懿旨告知该外部，极为钦悦。现在克虏伯各厂看视制造毕，遵即于本月十九日，仍由折奴阿乘轮回华，九月内抵沪（《李文忠公全书·电稿》卷四十）。

西安来电（光绪二十七年五月初三日），奉旨：户部右侍郎那桐，著赏给头品顶戴，授为专使大臣，前往大日本国。敬谨将命（《李文忠公全书·电稿》卷三十八）。

光绪二十七年（一九〇一年）五月癸酉（初九日），奕劻、李鸿章电致行在军机处：那桐出使日本，应有国书。该国向例索观敕谕，兹谨拟就国书敕谕，照录于下。国书文曰：大清国大皇帝敬致书于大日本国大皇帝陛下：朕维中国与贵国同在亚洲，海程密迩。彼此遣使驻扎以来，诚信相孚，情谊弥挚。乃上年五月，京师猝遭拳匪之乱，兵民交讧，贵国使馆书记生杉山彬，竟致被戕殒命。该书记生随使来华，应获保护之益，不意变生仓猝，遽尔捐躯。朕自维薄德，未能先事预防，致令友邦官员惨遭不测，有伤睦谊，弥切疚心，业派大臣致祭，并颁发内帑，以示优恤。兹派头品顶戴、户部右侍郎那桐为钦差专使大臣，亲赍国书，前往贵国呈递。该大臣忠诚素著，朕所深信，特令敬谨将事，表明惋惜之怀，藉达优荣之典。此次大皇帝遣师远涉，到京之日，首先安民。又于和议要端，尽力维持，特伸公论，东方大局，赖以保全，义闻仁声，昭布遐迩。朕心尤为欣感，并令该大臣代达谢忱。惟望大皇帝尽弃前嫌，益敦夙好，唇齿辅车之谊，历久弥亲，从此海宇乂安，升平同享，惟大皇帝察焉。敕谕文曰：皇帝敕谕头品顶戴、户部右侍郎那桐：朕维交邻之道，详于古经。遣使之文，著为令典。矧在同洲之国，尤切辅车之依。兹因大日本国使馆书记生杉山彬，在京被戕，朕心惋惜，宜示优荣。特授尔为钦差专使大臣，亲赍国书，前往呈递，务宜殚竭忠诚，敬谨将事，于一切交际仪文，悉心经理，勉副皇华之选，益联与国之欢。尔其钦承朕命，无负委任。特谕：请代奏，军机大臣奉旨，所有国书敕谕，著准其照办（《光绪朝东华录》卷一六七）。

那侍郎自日本来电（光绪二十七年七月二十四日）：桐等今午安抵东京，俟定有递书日期，再电达（《李文忠公全书·电稿》卷四十）。

日本李使来电（光绪二十七年七月三十日）：外部定初一日那使呈递国书，接待仪注，与驻使相同。谨闻（《李文忠公全书·电稿》卷四十）。

寄西安行在军机处（光绪二十七年八月初二日）：顷接那使朔电，桐已于本日觐见，呈递国书。一切礼仪，均照接待专使向章，请转枢垣代奏云。庆、李（《李文忠公全书·电稿》卷四十）

和约

七月戊子（廿五日），全权大臣奕劻、李鸿章，与十一国驻京公使议订和约十二款成。其文曰：大德钦差驻扎中华便宜行事大臣穆默、大奥钦差驻扎中华便宜行事全权大臣齐幹、大比钦差驻扎中华便宜行事全权大臣姚士登、大日钦差驻扎中华全权大臣葛络幹、大美国钦差特办议和事宜全权大臣柔克义、大法钦差全权大臣驻扎中国京都总理本国事务便宜行事鲍渥、大英钦差便宜行事全权大臣萨道义、大义钦差驻扎中华大臣世袭侯爵萨尔瓦葛、大日本国钦差全权大臣小村寿太郎、大和钦差驻扎中华便宜行事全权大臣克罗伯、大俄钦命全权大臣内廷大夫格尔思、大清钦命全权大臣便宜行事总理外务部事务和硕庆亲王、大清钦差全权大臣便宜行事太子太傅文华殿大学士北洋大臣直隶总督部堂一等肃毅伯李鸿章，今日会同声明，核定大清国按西历一千九百年十二月二十二日，即中历光绪二十六年十一月初一日，文内各款，当经大清国大皇帝于西历一千九百年十二月二十七日，即中历光绪二十六年十一月初六日，降旨全行照允，足适诸国之意，妥办。第一款：一、大德国钦差男爵克大臣被戕害一事，前于西历本年六月初九日，即中历四月二十三日奉谕旨，钦派醇亲王载沣为头等专使大臣，赴大德国大皇帝前，代表大清国大皇帝暨国家惋惜之意。醇亲王已遵旨于西历本年七月十二日，即中历五月二十七日，自北京起程；二、大清国国家业已声明，在遇害处所，树立铭志之碑，与克大臣品位相配，列叙大清国大皇帝惋惜凶事之旨，书以辣丁、德、汉各文。前于西历本年七月二十二日，即中历六月初七日，经大清国钦差全权大臣，文致大德国钦差全权大臣。现于遇害处所建立牌坊一座，足满街衢，已由西历本年六月二十五日，即中历五月初十日兴工。第二款：一、惩办伤害诸国国家及人民之首祸诸臣。将西历本年二月十三、二十一等日，即中历上年十二月二十五、本年正月初三等日，先后降旨，所定罪名，开列于后。端郡王载漪、辅国公载澜，均定斩监候罪名。又约定，如皇上以为应加恩贷其一死，即发往新疆永远监禁、永不减免。庄亲王载勋、都察院左都御史英年、刑部尚书赵舒翘，均定为赐令自尽。山西巡抚毓贤、礼部尚书启秀、刑部左侍郎徐承煜，定为即行正法。协办大学士吏部尚书刚毅、大学士徐桐、前四川总督李秉衡，均已身故，追夺原官，即行革职。又兵部尚书徐用仪、户部尚书立山、吏部左郎许景澄、内阁学士兼吏部侍郎衔联元、太常寺卿袁昶，因上年力驳殊悖诸国义法极恶之罪，被害于西历本年二月十三日，即中历上年十二月二十五日，奉上谕开复原官，以示昭雪。……又西历本年二月十三日，即中历上年十二月二十五日，上谕将甘肃提督董福祥革职，俟应得罪名定谳惩办。西历本年四月二十九、六月初三、八月十九等日，即中历三月十一、四月十七、七月初六等日，先后降旨，将上年夏间凶惨案内，所有承认获咎之各外省官员，分别惩办；二、西历本年八月十九日，即中历二十七年七月初六日上谕，将诸人民遇害被虐之城镇，停止文武各等考试五年。第三款：因大日本国使馆书记生杉山彬被害，大清国大皇帝从优荣之典，已于西历本年六月十八日，即中历五月初三日降旨，简派户部侍郎那桐为专使大臣，赴大日本国大皇帝前，代表大清国大皇帝及国家惋惜之意。第四款：大清国国家允定，在于诸国被污渎及挖掘各坟茔，建立涤垢雪侮之碑，已与诸国全权大臣会同商定。其碑由各该国使馆督建，并由中国国家付给估算各费银两，京师一带每处一万两，外省每处五千两。此项银两，业已付清。……第五款：大清国国家允定，不准将军火暨专为制造军火各种器料运入中国境内，已于西历本年八月二十五日，即中历二十七年七月十二日降旨，禁止进口二年。嗣后，诸国以为有仍应续禁之处，亦可降旨将二年之限续展。第六款：按照西历本年五月二十九日，即中历四月十二日上谕，大清国大皇帝允定，付诸国偿款海关银四百五十兆两。此款系西历一千九百年十二月二十二日，即中历光绪二十六年十一月初一日条款内第二款所载之各国各会各人及中国人民之赔偿总数。……第七款：大清国国家允定，各使馆境界以为专与住用之处，并独由使馆管理，中国人民概不准在界内居住。亦可自行防守……中国国家应允，诸国分应自主常留兵队，分保使馆。第八款：大清国国家应允，将大沽炮台及有碍京师至海通道之各炮台，一律削平，现已设法照办。第九款：按照西历一千九百零一年正月十六日，即中历上年十一月二十六日，文内后附之条款，中国国家应允，由诸国分应主办，会同酌定数处，留兵驻守，以保京师至海通道无断绝之虞。今诸国驻守之处，系黄村、郎坊、杨村、天津、军粮城、塘沽、芦台、唐山、滦州、昌黎、秦皇岛、山海关。第十款：大清国国家允定，两年之久，在各府、厅、州、县，将以后所述之上谕，颁行布告：一、西历本年二月初一日，即中历上年十二月十三日上谕，以永禁或设或入与诸国仇敌之会，违者皆斩；二、西历本年二月十三、二十一、四月二十九、八月十九等日，即中历上年十二月二十五、本年正月初三、三月十一、七月初六等日，上谕一道，犯罪之人，如何惩办之处，均一一载明；三、西历本年八月十九日，即中历七月初六日上谕，以诸国人民遇害被虐，各城镇停止文、武各等考试；四、西历本年二月初一日，即中历上年十二月十三日上谕，以各省督、抚、文武大吏暨有司各官，于所属境内，均有保平安之责。如复滋伤害诸国人民之事，或再有违约之行，必须立时弹压惩办，否则该管之员即行革职，永不叙用；亦不得开脱，别给奖叙。以上谕旨，现于中国全境，渐次张贴。第十一款：大清国国家允定，将通商行船各条约内，诸国现为应行商改之处，及有关通商各项事宜，均行议商，以期妥善简易。现按照第六款赔偿事宜，约定中国国家应允襄办，改善北河、黄浦两水路。……第十二款：西历本年七月二十四日，即中历六月初九日降旨，将总理各国事务衙门，按照诸国酌定，改为外务部，班列六部之前。此上谕内，已简派外务部各王、大臣矣。且变通诸国钦差大臣觐见礼节，均已商定，由中国全权大臣，屡次照会在案。……兹特为议明，以上所述各语，及后附诸国全权大臣所发之文牍，均系以法文为凭。大清国国家既如此按以上所述……足适诸国之意妥办，则中国愿将一千九百年夏间变乱所生之局势完结，中国亦照允随行。自以诸国全权大臣，现奉各本国政府之命，代为声明。除第七款所述之防守使馆兵队外，诸国兵队，即于西历一千九百零一年九月十七日，即中历光绪二十七年八月初五日，全由京城撤退，并除第九款所述各处外，亦由西历一千九百零一年九月二十二日，即中历光绪二十七年八月初十日，由直隶省撤退。今将以上条款缮定同文十二份，由（诸中）国全权大臣画押。诸国全权大臣各存一份，中国全权大臣收存一份（《光绪朝东华录》卷一六八）。

（乙）东北俄约

各国撤兵，俄独不撤东三省之兵，且诱将军增祺订约，以东三省权利让俄。约成，各国大哗，清廷乃命杨儒与俄再议，俄卒因各国干涉，勉允退还东三省，分期撤兵。既而延宕不行，遂启日俄战争。

光绪二十六年庚子（一九〇〇年）初，海兰泡有俄兵数千，欲假道于齐齐哈尔，至哈尔滨保铁路。俄将固毕乃脱尔，先以公文告黑龙江将军寿山，寿山不允，因之开衅。十五日，寿将军电致爱珲副都统凤翔令戒备。十七日晨，有俄兵舰五艘及拖带驳船載兵下驶，寿山著爱珲所练靖边各军，开沿江各沟驻防。次日，俄将装载军火至江，我统兵官发炮攻之，俄兵官二人歼焉。二十一日，俄派马队至爱珲恣焚掠，凤翔派统领王仲良率马队三百渡江，驱逐俄兵，叠获小胜。二十六日，有俄马步兵六千名，从黑河上游五道河偷渡，登岸后，始知为俄兵，仓皇退至爱珲。次日，俄兵即由西山陆路直扑攻城，凤翔率军退至兜沟子。是日，俄军遂入爱珲城。……七月初四日，率兵进攻，用开花炸弹遥击我军，凤翔以兜沟子地势平衍，难资扼守，军士忍饥露宿，咸有怨言，遂以情形电禀军帅，结阵退守北大岭，徐图后计（沈桐生《光绪政要》卷二十六）。

北大岭为爱珲之后路，齐齐哈尔之门户，最为险要。……俄兵见我兵退守，即亦跟踪而入。十六日，全军进逼北大岭。……十七日晨，俄军在山下架开花炮，向我军猛攻。凤翔传令全军出队迎敌，徇师而誓曰："有退后者斩。"……我军勇气百倍，大败俄军。……而凤副都统……左腿右臂受枪子两伤。……回营，至晚呕血数升而死，士气熸焉。……寿（山）闻信……欲即将将军印信交副都统萨保护理，而自赴前敌督战。萨不允，乃派程雪楼太守为总统，饬令前赴北大岭迎战。程至军，即照会俄国统兵官停战议和。……于是程率队先行，为俄军前驱。……八月初二日，程太守先至卜奎（即齐齐哈尔城），即入见寿将军，面陈与俄军停战议和事宜，且言俄统兵官已率师前来，必欲亲见将军。寿将军闻之，自度终不能亲见俄将与议和事，又不欲使城中居民无端罹祸，又自念世受国恩，宜阖门殉节，遂决计誓死报国。……乃先令其妻及妇子速自裁。……初四日晨……俄将必欲入城见将军，将军闻之，即作遗书致俄将，请勿杀居民。书毕……朝衣朝冠，从容卧柩中……命其子开枪击之。其子手战，不忍发，误中左胁不死。又命其家将继之一枪，中小腹犹不死。……再开一枪，洞胸而亡。……是日，俄军遂入卜奎城（王彦威《西巡大事记》卷首）。

九月初三日，盛京将军增祺奏：自本年拳匪肇祸，中外失和，吉、江两省，相继沦陷。奉省自六月上旬，拳匪猝起，焚掠洋局，杀害教民，萑苻遍地。洋人护路平匪，来兵几千。……营口、复州、盖平、熊岳、金州、海城、辽阳等处，以次失陷。闰八月初六日，谨护圣容出省，晋昌、寿长均先后逃出。初九日，俄兵四百入省城。十一日，日本兵三百继至，把守各门，并有日兵分守福陵、昭陵（王彦威《西巡大事记》卷三）。

十月二十九日，盛京将军增祺片：……南路日逼日近，鸭绿江东岸，亦有倭兵数千分布。……自江省失，吉林又约定，俄兵所至，我兵手执白旗，各不开枪。而彼北路之兵，随由伯都讷、长春南下。……统将只晋昌、讷钦、寿张三人，现饷仅剩两月有余。……战则兵已溃散，和则彼不肯听，守则人心不固，到处以白旗相迓。现在吉林通省，及奉天、牛庄、辽阳、田庄台、怀德、奉化等县，莫不皆然。如黑龙江……进城时，即将粮饷三十余万两，以及军火等项，全行运走。……要马三百匹……并令将库存及各营兵丁现用军械，全行缴出。……吉林将军长顺……与俄总监工茹格维志商议停战，俄兵到处，我兵手执白旗。……令兵团呈缴军械，并将银库、军械派人看守。即电局亦把守，不令与各处通电（王彦威《西巡大事记》卷三）。

十月二十九日，奉旨寄增祺：览奏均悉，东三省俄国已许交还。……与俄员晤商接收（王彦威《西巡大事记》卷三）。

十一月十二日……旨电：出使俄国大臣杨儒，著充全权大臣，与俄外部商议东三省接收事宜（王彦威《西巡大事记》卷四）。

十一月二十六日电：杨儒电所称，增祺……与俄擅立奉天交地暂行约章九条，画押之语……增祺并未奏知。……著交部严加议处（王彦威《西巡大事记》卷四）。

李盛铎电奏：顷日外部言，此次议款，中国万不可割地。如允割地与一国，或虽未明割，而允其设官、置兵，亦是暗让，一经允定，他国群起效尤，大局当不可问，财政各种利权亦然。设有一国要挟太重，中国似可答以此项事变，关系各国，宜归入各国公约并议，庶免受亏（王彦威《西巡大事记》卷四）。

光绪二十七年（一九〇一年）正月初七日，张之洞电：……杨使电，约稿十二款。……大致仍与（增祺约）相仿。去腊，英领事面言，力陈此约万不可允。近日，日本外部屡次来电云，日本力劝各国阻止此约。英、德、美政府，意见皆同。各国之意，皆暗助中国拒绝俄国要求（王彦威《西巡大事记》卷五）。

美国分致英、法、俄、德、义、奥、日本诸国，满洲约议……当各国之派兵赴华也，均曾明认愿保中国土地，不使有伤。……倘中国并不预商各国，遽立专约，让人财土，则既缺于理，而复无所益。……美廷向主辟门共利之说，满洲亦在其例。……兹者美廷拟尽良言……以阻此约之成（吕海寰《庚子海外纪事》卷四）。

二月辛丑（初五），电谕：……俄约关系太重……不遽画押，仅只激怒于俄，画则群起效尤分据，其祸尤速。……著杨儒婉告俄外部……格外见谅（《光绪朝东华录》卷一六六）。

光绪二十八年（一九〇二年）三月辛酉朔，庆亲王奕劻、大学士王文韶，与俄国驻京公使雷萨尔，议订交收东三省条约四款成，其文曰：大清国大皇帝与大俄国大皇帝，愿将于华历光绪二十六年，即俄历一千九百年，在中国生出之变乱，所伤邻交，复行敦固。兹为商议东三省各事，大清国大皇帝，将派总理外务部事务、和硕庆亲王、军机大臣、文渊阁大学士、外务部会办大臣王文韶为全权大臣，便宜行事。大俄国大皇帝，特派驻华全权大臣正参政大臣雷萨尔为全权大臣，便宜行事。……会同议订各条款，开列于左：第一款，大俄国大皇帝，愿彰明与大清国大皇帝和睦及交谊之新证据，而不顾由东三省与俄国交界各处开仗攻打俄国安分乡民各情，允在东三省各地归复中国权势，并将该地方一如俄军未经占据以前，仍归中国版图及中国官治理。第二款，大清国国家，今自接收东三省自行治理之际，申明与华俄银行，于华历光绪二十二年八月初二日，即俄历一千八百九十六年八月二十七日，所立合同年限，及各条款，实力遵守，并按照该合同第五款，承认极力保护铁路，暨在该铁路职事各人，并分应保护在东三省所有俄国所属各人，及该人各事业。大俄国国家因有大清国国家所认以上各情，允认如果再无变乱，并他国之举动亦无牵制，即将东三省俄国所驻各军，陆续撤退。其如何撤退，开列于后：由签字画押后，限六个月，撤退盛京省西南段至辽河所驻俄国各官军，并将各铁路交还中国。再六个月，撤退盛京其余各段之官军，暨吉林省内官军。再六个月，撤退其余之黑龙江省所驻俄国各官军。第三款，大清国国家暨大俄国国家，为免华历光绪二十六年，即俄历一千九百年变乱后来再行复炽，且此变乱，皆属中国驻扎于俄国交界各省之官兵所为，今令各将军与俄国兵官会同筹定，俄兵未退之际，驻扎东三省中国兵队之数目，及驻扎处所，中国允认除将军与俄国兵官筹定必须敷剿办贼匪、弹压地方之用兵数，中国不另添练兵。惟在俄国各军全行撤退后，仍由中国酌核，东三省所驻兵数应添应减，随时知照俄国国家。盖因中国如在各该省多养兵队，俄国在交界各处亦自不免加添兵队，以致两国无益而加增养兵各费也。至于东三省安设巡捕，及绥靖地方等事，除指给中国东省铁路公司各地段外，各省将军教练专用中国马步捕队，以充巡捕之职。第四款，大俄国国家允准，将自俄历一千九百年九月底，即华历光绪二十六年闰八月间起，被俄兵所占据并保护之山海关、营口、新民厅各铁路，交还本主，大清国国家允许：一、设有应行保护该铁路情节，则专责成中国保护，毋庸请他国保护修养，并不可准他国占据俄国所退各地段；二、修完并养各该铁路各节，必确照俄国与英国一千八百九十九年四月十六日，即华历光绪二十五年三月十九日所定和约，及按照一千八百九十八年九月二十八日，华历光绪二十四年八月二十五日，与公司所立修该铁路借款合同办理。且该公司应遵照所出各结，不得占据。或藉端经理山海关、营口、新民厅铁路；三、至日后在东三省南段续修铁路或修枝路，并在营口建造桥梁、迁移铁路尽头等事，应彼此商办；四、应将大俄国国家交还山海关、营口、新民厅各铁路，所有重修及其养路各费，由中国国家与俄国国家商酌赔偿。俄国因此项未入大赔款内，两国从前所定条约，未经此约更改之款，应仍旧照行。此约自两国全权大臣彼此签押盖印之日起施行，并御笔批准之本，限三个月内，在森彼得堡互换。兹两国全权大臣，将此约备汉、俄、法三国文字，各二份，画押盖印，以昭信守。三国文字校对相符，惟辩解之时，以法文为本。订于北京，缮就二份（《光绪朝东华录》卷一七二）。

（十五）清末之时局

(1)庚子以后之维新

（甲）维新诏书

庚子十二月，下诏维新，称：母子一心，以示悔祸决意。因集众议，于是有江督刘坤一、楚督张之洞变法会奏，其第一折，兴学四端，曰设文武学堂，曰酌改文科，曰停罢武科，曰奖励游学。第二折，整顿中法十二端，曰崇节俭，曰破常格，曰停捐纳，曰重官禄，曰去书吏，曰去差役，曰恤刑狱，曰改选法，曰筹八旗生计，曰裁屯卫，曰裁绿营，曰简文法。第三折，采用西法十一端，曰广派游历，曰练外国操，曰广军实，曰修农政，曰劝工艺，曰定矿律、路律、商律、交涉、刑律，曰用银元，曰行印花税，曰推行邮政，曰官收洋药，曰多译东西各国书。以后改革，多依此次第，而以练兵、兴学为要政。京师先后设政务处、财政处、练兵处、学务处，以重臣司其事。

光绪二十六年庚子（一九〇〇年）十二月丁未，谕："……自播迁以来，皇太后宵旰焦劳，朕尤痛自刻责，深念近数十年积敝相仍，因循粉饰，以致酿成大衅。现正议和，一切政事尤须切实整顿，以期渐致富强。懿训以为，取外国之长乃可去中国之短，惩前事之失乃可作后事之师。自丁、戊以还，伪辩纵横，妄分新旧。康逆之祸，殆更甚于红巾。迄今海外逋逃，尚以富有贵为等票诱人谋逆，更藉保皇保种之奸谋，为离间宫廷之计。殊不知康逆之讲新法，乃乱法也，非变法也。该逆等乘朕躬不豫，潜谋不轨，朕吁恳皇太后训政，乃得救朕于濒危，而锄奸于一旦。实则剪除叛逆，皇太后何尝不许更新？损益科条，朕何尝概行除旧？酌中以御，择善而从，母子一心，臣民共睹。今者恭承慈命，壹意振兴，严祛新旧之名，浑融中外之迹。……晚近之学西法者，语言文字、制造器械而已,此西艺之皮毛,而非西学之本源也。……法令不更,锢习不破。欲求振作,须议更张。著军机大臣、大学士、六部、九卿、出使各国大臣、各省督、抚,各就现在情弊,参酌中西政治,举凡朝章、国政、吏治、民生、学校、科举、军制、财政,当因当革、当省当并,如何而国势始兴,如何而人才始盛,如何而度支始裕,如何而武备始精,各举所知,各抒所见,通限两个月内,悉条议以闻,再行上禀慈谟,斟酌尽善,切实施行。……朕与皇太后久蓄于中,物穷则变,转弱为强,全系于斯。"(《光绪朝东华录》卷一六四)

二十七年辛丑(一九〇一年)三月己巳,谕:"……设立督办政务处,派庆亲王奕劻、大学士李鸿章、荣禄、崑冈、王文韶、户部尚书鹿传霖为督办政务大臣,刘坤一、张之洞,亦著遥为参预,各该王、大臣等,于一切因革事宜,务当和衷商榷,悉心评议,次第奏闻,俟朕上禀慈谟,随时择定。俟回銮后,切实颁行,示天下以必信必果、无党无偏之意。其政务处提调各官、该王、大臣等,务择心术纯正,通达时务之员,奏请简派,勿稍率忽。此事予限两个月,现已过期,其未经陈奏者,著迅速汇议具奏,勿稍迟延观望。将此通谕知之。"(《光绪朝东华录》卷一六六)

丙午,谕:"……《六部则例》,本极详明,行之既久,书吏窟穴其中,渔财舞文,往往舍《例》引案,上下其手。当今变通政治之初,亟应首先整顿部务,为正本清源之道。非尽去蠹吏,扫除案卷,专用司员办公不可。兹值京师兵燹之后,各部署案卷不过十存四五,著即一并销毁。"(《光绪朝东华录》卷一六七)

七月壬辰,谕:"……嗣后无论何项事例,均著不准报捐实官。"(《光绪朝东华录》卷一六八)

十二月乙卯,谕:"……满汉臣民,朝廷从无歧视,惟旧例不通婚姻,原因入关之初,风俗、语言或多未喻,是以著为禁令。今则风同道一已历二百余年,自应俯顺人情,开除此禁,所有满汉官民人等,著准其彼此结

婚。……至汉人妇女率多缠足……嗣后搢绅之家，务当婉切劝导，使之家喻户晓，以期渐除积习。”(《光绪朝东华录》卷一七一)

(乙)练兵

清代经制之兵，曰八旗，曰绿营。嘉庆时，川楚教军起，始有募勇。太平天国兴，清所倚者湘、淮军也，后皆改用洋式枪炮。甲午之役，命胡燏芬用德国操法，练定武军五千，后归袁世凯，称为新建陆军。庚子后，设练军处，命袁世凯专任其事，由各省摊解经费，先后成立六镇。各省亦相继编练，预计全国成立新军三十六镇，期尽裁绿营巡防营。因之新、旧军意见极深，而新军下级军官多学生出身，入伍者亦多士人，皆倡言革命。辛亥革命振臂而起者皆新军也。

二十七年(一九〇一年)辛丑七月丙子，谕:“……所有各省原有之绿营防勇，均限于本年内，裁去十之二三。及上年有事时添募之勇营，亦一并酌量裁撤，以免虚糜。”(《光绪朝东华录》卷一六八)

壬辰，谕:“现在整顿兵制，停止武科，亟应于各直省会建立武备学堂，以期培养将才，练成劲旅。查北洋、湖北所设武备学堂，及山东所设随营学堂，均已办有规模，应即责成李鸿章、刘坤一、张之洞、袁世凯等，酌量扩充，认真训练。……其余各省，即著该督、抚设法筹建，一体仿照办理。”(《光绪朝东华录》卷一六八)

癸巳，谕:“……著各省将军、督、抚，将原有各营严行裁汰，精选若干营，分为常备、续备、巡警等军，一律操习新式枪炮，认真训练，以成劲旅。”(《光绪朝东华录》卷一六八)

二十九年癸卯(一九〇三年)十一月己丑，谕:“……商部左丞徐世昌，著开缺，以内阁学士候补，充练兵处提调。直隶即补道刘永庆，著充军政司正使。直隶补用道段祺瑞，著充军令司正使。候选道王士珍，著

充军学司正使。均著赏给副都统衔。”（《光绪朝东华录》卷一八四）

庚子乱后，各省皆起练新军，或就防军改编，或用新式招练。至光绪三十年，画定军制，京师设练兵处，各省设督练公所。改定新军区为三十六镇，新军制始画一。三十三年，京外新练陆军，除禁卫军外，统计近畿第一镇，驻京北仰山洼。……第六镇，驻南苑。……直隶第二镇，驻保定、永平等府。……第四镇，驻马厂。……山东第五镇，驻省城、潍县、昌邑等处。……江苏第二十三混成协，驻苏州等处。……江北第十三混成协，驻清江浦。……安徽步队二标、马队一营、炮队一队，驻省城。……江南第九镇步队一营、马队二队，驻省城等处。……江西步队一协、马队二队，驻省城。……河南第二十九混成协，驻省城……步队一协、马炮队各一营，调驻京城。……湖南步队一协、炮队一营，驻省城。……湖北第八镇，驻省城。……第二十一混成协，驻武昌、汉阳及京汉铁路。……浙江步队一协，驻省城。……福建第十镇，驻省城及福宁、延平等处。……云南步队一协、炮队一营，驻省城及临安。……贵州步队一标、炮队一队，驻省城。……四川步队一协，驻省城。……山西步队二标、马炮队各一营，驻省城。……陕西步队一协、炮队一队，驻省城。……甘肃步队二标、炮队一营，驻省城、河州、固原、西宁。……新疆步队一协、马队一标、炮队一营，驻省城。……东三省第三镇，驻吉林省城、长春、宁安、延吉及奉天、锦州等处。……第一混成协，驻奉天省城。……第二混成协，驻奉天、新民等处。……步队一协一标、炮队一营，驻吉林。……宣统三年统计，除前列外……云南成第十九镇……奉天成第二十镇……而三十六镇卒未全立云（《清史稿·兵志九》）。

（丙）兴学

京师初设管学大臣，后改学部，各省设提学使。扩充京师大学堂，拟建七科，而以仕学馆、译学馆隶之。又设农、工、医、法政、师范各高等专科，复设女学。各直省遍设高等学堂、两级师范学堂及中小学，广聘日本教习，增筑校舍。天津有北洋大学，各国教会皆办学堂，亦有大学。科举既废，乃以进士、举人名目，移为学堂出身，且授实官。出洋学生考试后，有授翰林院编修者，奖励极优，而学生则多谈革命。

二十七年（一九〇一年）七月己卯，谕："……著自明年为始，嗣后乡、会试，头场试中国政治史事论五篇，二场试各国政治艺学策五道，三场试《四书》义二篇、《五经》义一篇，考官评卷，合校三场以定去取，不得全重一场。生、童岁、科两考仍先试经古一场，专试中国政治史事，及各国政治艺学，策论正场试《四书》义、《五经》义各一篇。考试、试差、庶吉士、散馆，均用论一篇、策一道。进士、朝考、论疏、殿试策问，均以中国政治史事，及各国政治艺学命题。以上一切考试，凡《四书》《五经》义，均不准用八股文程式，策论均应切实敷陈，不得仍前空衍剽窃。"（《光绪朝东华录》卷一六八）

谕："……嗣后武生童考试及武科乡会试，著即一律永远停止，所有武举人、进士，均令投标学习。其精壮之幼生及向来所学之童生，均准其应试入伍，俟各省设立武备学堂后，再行酌定挑选。"（《光绪朝东华录》卷一六八）

八月乙未，谕："……除京师已设大学堂，应行切实整顿外，著各省所有书院，于省城均改设大学堂，各府及直隶州均改设中学堂，各州、县均改设小学堂，并多设蒙养学堂。其教法，当以《四书》《五经》、纲常大义为主，以历代史鉴及中外政治艺学为辅，务使心术纯正、文行交修、博通时务、讲求实学。……著各该督、抚、学政，切实通饬，认真兴办。"（《光绪朝东华录》卷一六九）

戊戌，谕："……前据江南、湖北、四川等省选派学生，出洋肄业，著各省督、抚，一律仿照办理，务择心术端正、文理明通之士遣往学习，将一切专门艺学，认真肄业，竭力讲求。学成领有凭照回华，即由该督、抚、学政，按其所学分门考验，如果学有成效，即行出具切实考语，咨送外务部覆加考验，据实奏请奖励。其游学经费，著各直省妥筹发给，准其作正开销。如有自备旅资出洋游学者，著各该省督、抚，咨明该出使大臣，随时照料。如果学成得有优等凭照回华，准照派出学生一体考验奖励，候旨分别赏给进士、举人各项出身，以备任用而资鼓舞。”（《光绪朝东华录》卷一六九）

三十一年乙巳（一九〇五年）八月甲辰……上谕：“……自丙午科为始，所有乡、会试一律停止。各省岁科考试，亦即停止。其以前之举、贡生员，分别量予出路。……严饬府、厅、州、县，赶紧于城乡各处，遍设蒙小学堂，慎择师资，广开民智。”（《光绪朝东华录》卷一九五）

（丁）改官制

首改总理衙门为外务部，巍然为各部之首。增设农工商部、邮传部、巡警部、学部，裁中外冗官。五大臣出洋后，复有更改，唯军机处仍旧。至宣统三年四月，始设内阁。地方官制，唯增设交涉、提学二使，劝业、巡警二道，其余终无定议。

二十七年（一九〇一年）六月癸卯，谕：“……总理各国事务衙门，著改为外务部，班列六部之前，简派和硕庆亲王奕劻，总理外务部事务。体仁阁大学士王文韶，著授为会办外务大臣，工部尚书瞿鸿玑，著调补外务部尚书，授为会办大臣。太仆寺卿徐寿朋、候补三四品京堂联芳，著补授外务部左、右侍郎。”（《光绪朝东华录》卷一六七）

二十九年（一九〇三年）七月戊戌，谕：“……设立商部衙门，商部尚书著载振补授。伍廷芳著补授商部左侍郎，陈璧著补授商部右侍郎。”（《光绪朝东华录》卷一八一）

三十一年（一九〇五年）九月庚辰，谕：“……设立巡警部，署兵部左侍郎徐世昌，著补授该部尚书。内阁学士毓朗，著补授该部左侍郎。直隶候补道赵秉钧，著赏给三品京堂，署理该部右侍郎。所有京城内外工巡事务，均归管理，以专责成。其各省巡警，并著该部督饬办理。”（《光绪朝东华录》卷一九六）

十一月己卯……上谕：“……设立学部，荣庆著调补学部尚书。学部左侍郎，著熙瑛补授。翰林院编修严修，著以三品京堂候补，署理学部右侍郎。国子监即古之成均，本系大学，所有该监事务，著即归并学部。”（《光绪朝东华录》卷一九七）

三十二年（一九〇六年）九月乙卯……上谕：“……内阁、军机处一切规制，著照旧行。其各部尚书，均著充参预政务大臣，轮班值日，听候召对。外务部、吏部，均著照旧。巡警为民政之一端，著改为民政部。户部，著改为度支部，以财政处、税务处并入。礼部，著以太常、光禄、鸿胪三寺并入。学部仍旧。兵部，著改为陆军部，以练兵处、太仆寺并入。应行设立之海军部及军谘府未设以前，均暂归陆军部办理。刑部，著改为法部，责任司法。大理寺，著改为大理院，专掌审判。工部，著改并入商部，改为农工商部。轮船、铁路、电线、邮政应设专司，著改为邮传部。理藩院，著改为理藩部。除外务部堂官员缺照旧外，各部堂官均改设尚书一员、侍郎二员，不分满、汉。都察院本纠察行政之官，职在指陈阙失、伸理冤滞，著改为都御史一员、副都御史二员。六科给事中，著改为给事中，与御史各员缺仍暂如旧。其应行增设者，资政院为博采群言，审计院为核查经费，均著以次设立。其余宗人府、内阁、翰林院、钦天监、銮仪卫、内务府、太医院、各旗营侍卫处、步军统领衙门、顺天府、仓场衙门，均毋庸更改。……此次斟酌损益，原为立宪始基，实行预备。如有未尽合宜之处，仍著……随时修改。”（《光绪朝东华录》卷二〇二）

谕：“此次改定官制，除民政部、学部、农工商部尚书、侍郎，均毋庸更换外，吏部尚书仍著鹿传霖补授，左侍郎著陈邦瑞、右侍郎著唐景崇调补。度支部尚书著溥颋补授,左侍郎著绍英补授,右侍郎仍著陈璧补授。礼部尚书仍著溥良补授,左侍郎著张嘉亨调补,右侍郎仍著景厚补授。陆军部尚书著铁良补授,左侍郎仍著寿勋补授,右侍郎仍著荫昌补授。法部尚书著戴鸿慈补授,左侍郎仍著绍昌补授,右侍郎著张仁黼补授。邮传部尚书著张百熙补授,左侍郎著唐绍仪补授,右侍郎著胡燏棻补授。理藩院尚书著寿耆补授,右侍郎著恩顺补授。都察院都御史仍著陆宝忠补授,副都御史仍著伊克坦、陈名侃补授。”(《光绪朝东华录》卷二〇二)

丁巳……改政务处为会议政务处(《光绪朝东华录》卷二〇二)。

光绪三十三年,归并会议政务处于内阁。

(戊)改革币制

自对日赔款规定,付款时应以银两折合当时镑价,庚子赔款因之。每至付款时,外国银行高抬汇价,每年多耗七百万两,谓之镑亏。以金银比价不定,乃倡为改革币制之说。设货币制度调查所,聘美国货币专家精琦来华,计议主买外汇。时论以为丧权,多主张用金本位,而黄金储备非易。久之,始定议改两为元,铸大清银币,辅币各以十进。然各省竞铸银元、铜元,以图余利,迄未统一。自使用铜元后,制钱不行,物价骤涨。清廷但欲假改革之名,以借外款,本意不在改革也。

宣统二年(一九一〇年)四月己丑,谕:“……中国国币单位,著即定名曰元,暂就银为本位,以一元为主币,重库平七钱二分。另以五角、二角五分、一角三种银币,及五分镍币,二分、一分、五厘、一厘四种铜币为辅币,元、角、分、厘,各以十进,永为定价,不得任意低昂。著度支部,一面责成造币厂迅即按照所拟各项重量、成色、花纹铸造新币,积有成数,次第施行。所有赋税、课、厘,必用制币交纳,放款亦然。并责成大清银行，会同造币厂，将新旧交换机关筹备完密。一面通行各省，将现铸之大小银、铜元一律停铸，并知照京外各衙门，按照单开折合标准，及改换计数名称各条，依限妥办。将来新币发行，地方所有生银，及从前铸造各项银、铜元，准其暂照市价行用，由部饬币厂、银行逐渐收换，并酌定限期，停止行用。迨新币通行以后，无论官私各款，均以大清银币收发交易，不得拒不收受，亦不准强行折扣。"（《宣统政纪》卷三十五）

（己）预备立宪

立宪之名，始于戊戌。梁启超往日本，渐知宪法，鼓吹君宪。流传内地，结社者甚众。其著者，郑孝胥、汤寿潜、张謇，结预备立宪公会。梁启超徒党，结政闻社，专主民权，较维新又进一步，以与革命为敌。

郑孝胥同议设预备立宪公会，会成，主急主缓，议论极分驳。余谓立宪大本在政府，人民则宜各任实业、教育，为自治基础，与其多言，不如人人实行，得尺则尺，得寸则寸。公推孝胥为会长、（汤）寿潜与余副之（张謇《啬翁自订年谱》卷下）。

光绪三十四年（一九〇八年）七月庚子，谕："近闻沿江沿海暨南北各省，设有政闻社名目，内多悖逆要犯，广敛资财，纠结党类，托名研究时务，阴图煽乱，扰害治安，若不严行查禁，恐将败坏大局。著民政部、各省督、抚、步军统领、顺天府，严密查访，认真禁止。遇有此项社伙，即行严拿惩办，勿稍疏纵，致酿巨患。"（《光绪朝东华录》卷二一八）

若夫政闻社所持之主义，欲以求同情于天下者，则有四纲焉。一曰实行国会制度，建设责任政府。……二曰厘订法律，巩固司法权之独立。……三曰确立地方自治，正中央、地方之权限。……四曰慎重外交，保持对等权利。……以上所举，虽寥寥四纲，窃谓中国前途之安危存亡，盖系于是矣（梁启超《饮冰室文集》卷四十四《政闻社宣言书》）。

清室为万世一系之说所动，方苦于革命排满者之多，欲姑借立宪以缓之，乃派五大臣出洋考察。回国后，倡议先改官制，藉口国民程度不足，久之始定为九年预备立宪。先设资政院，而其议员则宗室、王公、世爵占十四名，满汉世爵十二名，外藩王公世爵十四名，宗室觉罗六名，各衙门官三十二名，所谓硕学通儒者占十名，概由钦派，其余议员亦非真正民选。

光绪三十一年六月丙辰，谕："……兹特简载泽、戴鸿慈、徐世昌、端方等，随带人员，分赴东西洋各国，考求一切政治，以期择善而从。"（《光绪朝东华录》卷一九四）

七月乙酉，续派商部右丞绍英，为出洋考察政治大臣（《光绪朝东华录》卷一九五）。

中国讲自强者，谓必须立宪，并成立责任内阁，故朝廷派镇国公载泽、户部侍郎戴鸿慈、军机大臣徐世昌、湖南巡抚端方、前山东布政使尚其亨、商部右丞绍英，并奏调京外知名之士，随同出洋考查欧美及日本宪政。在前门登车时，为吴樾混入五大臣车内，吴惊惶无措，致触及所怀之炸弹，遂炸破自身，血染泽公褂袖，飞片伤及车外在站送行之外务部侍郎伍廷芳，及随员萨荫图之家眷，并车内之绍英，当由军事随员丁士源，抢护泽、徐、端、尚四人至站长室，并用陆军担架，送绍英至交民巷法国医院。越两日，京师设巡警部。……并由政府赏格万金，购缉吴之同党。徐世昌遂停止出洋。……吴为保定师范学生，犯案綦重，然并不彻底追求（丁士源《梅楞章京笔记》）。

八月戊辰，谕："载泽等奏，二十六日乘坐火车出京，正拟开行，陡闻轰震之声。查系炸弹猝发，载泽、绍英均受微伤，除车旁伤毙三人外，其余随员仆从，亦有被伤者。车内轰毙一人，验有炸弹毁裂痕迹等语。……责成步军统领衙门、顺天府工巡局、督办铁路大臣等，严切查拿。"（《光绪朝东华录》卷一九五）

九月戊戌，命尚其亨、李盛铎，会同载泽、戴鸿慈、端方，前往各国考察政治（《光绪朝东华录》卷一九六）。

十月戊辰，谕："……派政务处王大臣，设立考察政治馆，延揽通才，悉心研究，择各国政法之与中国体治相宜者，斟酌损益，纂订成书，随时进呈，候旨裁定。"（《光绪朝东华录》卷一九七）

光绪三十二年（一九〇六年）七月戊申，谕："……前简派大臣，分赴各国考查政治。现载泽等回国陈奏，深以国势不振，实由于上下相睽，内外隔阂。……而各国之所以富强者，实由于实行宪法，取决公论。……时处今日，惟有及时详晰甄核，仿行宪政，大权统于朝廷，庶政公诸舆论，以立国家万年有道之基。但目前规制未备，民智未开，若操切从事，徒饰空文，何以对国民而昭大信。……亟应先将官制分别议定，次第更张，并将各项法律详慎厘订。而又广兴教育，清厘财政，整顿武备，普设巡警，使绅民明悉国政，以预备立宪基础。著内外臣工，切实振兴，力求成效。俟数年后，规模粗具，查看情形，参用各国成法，妥议立宪实行期限，再行宣布天下，视进步之迟速，定期限之远近。"（《光绪朝东华录》卷二〇二）

三十三年（一九〇七年）七月甲午，奕劻等奏：……预备立宪……入手办法总以研究为主，研究之要，不外编译东西洋各国宪法，以为借镜之资，调查中国各行省政治以为更张之渐。……拟请旨，将考察政治馆，改为宪政编查馆。……上谕："……从前设立考察政治馆，原为办理宪政。……著即改为宪政编查馆。"（《光绪朝东华录》卷二〇八）

八月壬申，谕："……立宪政体，取决公论。上下议院，实为行政之本。中国上下议院，一时未能成立，亟宜设资政院以立议院基础。著派溥伦、孙家鼐充该院总裁。"（《光绪朝东华录》卷二〇九）

元年（一九〇九年）七月乙卯，谕："……资政院奏，续拟院章并将前奏各章改订开单呈览一折，朕详加披览。该院自职掌以下八章，与现订谘议局章程实相表里，即为将来上下议院法之始基，所拟尚属周妥。著京外各衙门一体遵行。其各项细则章程，仍著迅速筹拟，奏请宣布。”（《宣统政纪》卷十七）

九月辛丑，谕：“……今当开院会集之初，朕特命军机大臣暨参预政务大臣，将各项案件妥慎筹拟，照章交议。”（《宣统政纪》卷二十一）

又设地方谘议局，选用议员，由督、抚监督。

三十三年（一九〇七年）八月壬午，谕：“……上年降旨，宣布宪政。业经明白申谕，视进步之迟速，定期限之远近。朝廷廑怀宪政，盼望至殷，近已降旨，先设资政院，以立议院基础。顾议院言论之得失，全视议员程度之高下，非教育普及，则民智何由启发？非地方自治，则人才无从历练。至教育宗旨，必以忠君爱国、屏除邪说为归。自治法规，必以选举贤能、力谋公益为主。著学部通筹普及善法，编辑精要课本，以便通行。并著民政部，妥拟自治章程，请旨饬下各省督、抚，择地依次试办。……务使议员资格，日进高明，庶议院早日成立，宪政可期实行。”（《光绪朝东华录》卷二〇九）

九月辛丑，谕：“……著各省督、抚，均在省会速设谘议局，慎选公正明达官绅，创办其事。……公举贤能，作为该局议员。……凡地方应兴应革事宜，议员共同集议，候本省大吏裁夺施行。……将来资政院选举议员，可由该局公推递升。……其各府、州、县议事会，一并预为筹画。务期……庶政公诸舆论，与实相符。”（《光绪朝东华录》卷二一〇）

宣统元年（一九〇九年）正月戊申，谕：“……本年各省，均应举行谘议局选举，及筹办各州、县地方自治，设立自治研究所，并颁布资政院章程等事。……著各省督、抚及管理地方之将军、都统等，督率所属，选用公正明慎之员绅，一律依限成立。”（《宣统政纪》卷七）

八月丙午，谕：“……兹届九月初一日，各省招集议员开议之期，用特重申诰诫各该谘议局议员，于地方利弊情形，均当切实陈指。……勿挟私心以妨公益，勿逞意气以紊成规，勿见事太易而议论稍涉嚣张，勿权限不明而定法致滋侵越。各该督、抚，亦当虚公采纳，裁度施行。……至开局以后，各该督、抚尤应钦遵定章，实行监督，务使议决事件，不得逾越权限，违背法律。……著将此谕敬谨缮录，悬挂各省谘议局议场，一体钦遵。"(《宣统政纪》卷二十)

以立宪须从办自治始，多以劣绅充任自治局员，着手地方应行兴办事业者少，而干预词讼、争公款者多。

光绪三十四年(一九〇八年)十二月戊寅，谕："……地方自治为立宪之根本，城镇乡又为自治之初基，诚非首先开办不可。著民政部及各省督、抚，督饬所属地方官，选择正绅，按照此次所定章程，将城乡镇自治各事宜，迅即筹办，实力奉行，不准稍有延误。"(《宣统政纪》卷五)

十二月壬寅，谕："……本日宪政编查馆奏，复核府、厅、州、县地方自治章程，并府、厅、州、县议事会议员选举章程缮单呈览一折，朕详加披览，尚属周妥。……即著民政部会同各督、抚，按照定章，督饬各该地方官切实施行。"(《宣统政纪》卷二十八)

光绪三十四年八月，始奏颁《立宪大纲》及《议院法》《选举法》要领，并预备立宪九年期间逐年应行筹备事宜，限六个月呈报一次。国人见其过度尊崇君权，又逐年应办之事，无一实行。故请愿缩短年限，速开国会者，接踵而起。

光绪三十四年(一九〇八年)八月甲寅，宪政编查馆、资政院会奏：……夫宪法者国家之根本法也。……其最精之大义，不外数端：一曰君主神圣不可侵犯；二曰君主总揽统治权，按照宪法行之；三曰臣民按照法律，有应得应尽之权利、义务而已。……故一言以蔽之，宪法者所以巩固君权兼以保护臣民者也。……臣等公同商酌，拟自本年光绪三十四年起，至光绪四十二年止，限定九年，将预备各事一律办齐。……谨将遵拟《宪法大纲》暨《议院法》《选举法》要领，缮具清单，恭呈御览。……

谨按君主立宪政体，君上有统治国家之大权，凡立法、行政、司法皆归总揽，而以议院协赞立法，以政府辅弼行政，以法院遵律司法，上自朝廷，下至臣庶，均守《钦定宪法》，以期永远率循，罔有逾越，谨本斯义，恭拟如左。君上大权：一、大清皇帝统治大清帝国，万世一系，永永尊戴；一、君上神圣尊严不可侵犯；一、钦定颁行法律及发交议案之权。凡法律虽经议院议决，而未奉诏命批准颁布者，不能见诸施行；一、召集、开闭、停展及解散议院之权。解散之时，即令国民重行选举新议员，其被解散之旧议员，即与齐民无异，倘有抗违，量其情节，以相当之法律处治；一、设官制禄及黜陟百司之权。用人之权，操之君上，而大臣辅弼之，议院不得干预；一、统率陆海军及编定军制之权。君上调遣全国军队，制定常备兵额，得以全权执行，凡一切军事，皆非议院所得干预；一、宣战讲和、订立条约及派遣使臣与认受使臣之权。国交之事，由君上亲裁，不付议院议决。一、宣告戒严之权。当紧急时，得以诏令限制臣民之自由；一、爵赏及恩赦之权。恩出自君上，非臣下所得擅专；一、总揽司法权。委任审判衙门，遵钦定法律行之，不以诏令随时更改。司法之权，操诸君上，审判官本由君上委任，代行司法。不以诏令随时更改者，案件关系至重，故必以已经钦定法律为准，免涉纷歧；一、发命令及使发命令之权。惟已定之法律，非交议院协赞奏经钦定时，不以命令更改废止。法律为君上实行司法权之用，命令为君上实行行政权之用，两权分立，故不以命令改废法律；一、在议院闭会时，遇有紧急之事，得发代法律之诏令，并得以诏令筹借必需之财用，惟至次年会期，须交议院协议；一、皇室经费，应由君上制定常额，自国库提支，议院不得置议；一、皇室大典，应由君上督率皇族及特派大臣议定，议院不得干预。附：臣民权利义务。其细目当于宪法起草时酌定。一、臣民中有合于法律命令所定资格者，得为文武官吏及议员；一、臣民于法律范围以内所有言论、著作出版及集会、结社等事，均准其自由；一、臣民非按照法律所定，不加以逮捕监禁处罚；一、臣民可以请法官审判其呈诉之案件；一、臣民应遵守法律所定审判衙门之审判；一、臣民之财产及居住，无故不加侵扰；一、臣民按照法律所定，有纳税、当兵之义务；一、臣民现完之赋税，非经新定法律更改，悉仍照旧输纳；一、臣民有遵守国家法律之义务。附:《议院法》要领，其细目当于厘定《议院法》时酌定：一、议院只有建议之权，并无行政之责，所有决议事件，应恭候钦定后，政府方得奉行；一、议院提议事件，须关乎全国公同利害者，不得以一省寻常地方之事提议；一、君上大权所定及法律上必需之一切岁出，非与政府协议，议院不得废除删削，其细目另于《会计法》内定之；一、国家之岁入岁出每年预算，应由议院之协赞；一、行政大臣如有违法情事，议院只可指实弹劾，其用舍之权，仍操之君上，不得干预朝廷黜陟之权；一、议院所议事件，必须上下议院彼此决议后，方可奏请钦定施行；一、议院有上奏事件，由议长出名具奏；一、议员言论，不得对朝廷有不敬之语，及诬灭毁辱他人情事。违者分别惩罚；一、议院开会之际，议长有指挥警察整饬议场之权。如有违议院法律规则者，议长得禁止其发言，或令退出议场；一、议员如有不合选举资格者，由议长审查得实，随时立予除名；一、各省士绅所设研究议会之会社，须遵照政治结会、集社律办理，不准藉此敛派银钱，扰累地方。违者由地方官封禁惩治。附:《选举法》要领，其细目当于厘定《选举法》时酌定：一、议院举行选举事宜，俱由府、厅、州、县各官实行监督；一、不合于选举资格者，不得有选举权及被选举权。如品行悖谬、营私武断者、曾处监禁以上之刑者、营业不正者、失财产上之信用被人控实尚未清结者、吸食鸦片者、有心疾者、身家不清白者、不识文义者等项，违者立即撤销；一、举行选举之期，应设管理员、监察员，于投票开票时严加省视，以防舞弊；一、违背选举章程者，如以诈术获登选举人名册者等项，另定罚则，分别科以监禁、罚金；一、选举用投票之法，以得票多数而合例者方准当选。向来地方公举绅董之事，名为公举，或由官长授意，或由三数有力之绅推荐，不免有瞻徇情面、不孚众望之处。今用投票法，层层节制，期于力矫前项情弊；一、凡人民于选举之前，非在原籍地方住居满一年以上者，暂停其选举及被选举权（《光绪朝东华录》卷二一九）。

宣统三年四月，颁布《内阁官制》，成立内阁，世称皇族内阁。自载沣为监国摄政王，倚溥伦、载泽为腹心，参预密勿，皆妻党也。其弟载洵、载涛，又各用事，奕劻老而务得，善耆、毓朗房分较远，皇族之中，派别各异，庸碌则同。

谕内阁：上年降旨，饬将官制厘订提前颁布试办，并即组织内阁。……经朕定为宣统三年颁布《内阁官制》，设立内阁，所以统一政治，确定方针，用符立宪政体。……所拟《内阁官制》十九条，采取各国君主立宪之制，参酌现在时势之宜，审慎规定，尚属周妥。……著将《内阁官制》颁布，遵照此项钦定阁制，设立内阁。……附录《内阁官制》：第一条，内阁以国务大臣组织之；第二条，国务大臣以内阁总理及左列各部大臣为之：外务部大臣、民政大臣、度支大臣、学务大臣、陆军大臣、海军大臣、司法大臣、农工商大臣、邮传大臣、理藩大臣；第三条，国务大臣辅弼皇帝，担负责任；第四条，内阁总理大臣一人，为国务大臣之领袖，秉承宸谟，定政治之方针，保持行政之统一；第五条，内阁总理大臣于各部大臣之命令或其处分，视为实有妨碍者，得暂令停止，奏请圣裁；第六条，内阁总理大臣，就所管事务，对于各省长官及各藩属长官，得发训示；第七条，内阁总理大臣，就所管事务，监督指挥各省长官及各藩属长官，于其命令或处分，如有认为违背法令或逾越权限，得暂令停止，奏请圣裁；第八条，内阁总理大臣，依其职掌或特别之委任，得奏请颁发阁令；第九条，内阁总理大臣，得随时入对，各部大臣就所管事件，得随时会同内阁总理大臣入对，或请旨自行入对。除国务大臣外，凡例应召见人员，于国务有所陈述者，由国务大臣带领入对。其蒙特旨召见及法令有特别规定者，不在此限；第十条，关于国务之具奏事件，其涉及各部全体者，由国务大臣会同具奏。专涉一部或数部者，由内阁总理大臣会同该部大臣具奏。除国务大臣外，凡例应奏事人员于国务有所陈奏者，由国务大臣代递。其法令有特别规定者，不在此限；第十一条，法律敕令及其他关于国务之谕旨，其涉各部全体者，由国务大臣会同署名。专涉一部或数部者，由内阁总理大臣会同该部大臣署名；第十二条，左列事件应经内阁会议：一、法律案及敕令案，并官制；二、豫算案及决算案；三、豫算外之支出；四、条约及重要交涉；五、奏任以上各官之进退；六、各部权限之争议；七、特旨发交及议院移送之人民陈请事件；八、各部重要行政事件；九、按照法令，应经阁议事件；十、内阁总理大臣或各部大臣认为经阁议事件；第十三条，内阁会议以国务大臣之同意议定之。会议以内阁总理大臣为议长；第十四条，关系军机军令事件，除特旨交阁议外，由陆军大臣、海军大臣自行具奏，承旨办理后，报告于内阁总理大臣；第十五条，内阁总理大臣临时遇有事故，得奏请于国务大臣内特派一人代理；第十六条，各部大臣临时遇有事故，得奏明以他部大臣代理；第十七条，本《官制》第二条所列国务大臣外，有因临时重要事件，奉特旨列入内阁者，为特任国务大臣，但不在常设之例；第十八条，特任国务大臣所有入对，具奏署名，均以临时事件为限，仍依本《官制》第九条、第十条、第十一条之例，会同内阁总理大臣办理。附则：第十九条，本《官制》奉旨颁布之后，如有应行变通之处，随时恭候特旨裁夺，或经内阁奏明，仍恭候特旨裁夺（《宣统政纪》卷五十二）。

宣统三年（一九一一年）四月……戊寅……又谕："庆亲王奕劻（皇族），著授为内阁总理大臣，大学士那桐（八旗）、徐世昌，均著授为内阁协理大臣。……内阁总协理大臣业经简授，其各部行政长官……应即同时简授。梁敦彦著授为外务大臣，善耆（皇族）著授为民政大臣，载泽（皇族）著授为度支大臣，唐景崇著授为学务大臣，荫昌（八旗）著授为陆军大臣，载洵（皇族）著仍授为海军大臣，绍昌（八旗）著授为司法大臣，溥伦（皇族）著授为农工商大臣，盛宣怀著授为邮传大臣，寿耆（八旗）著授为理藩大臣，所有内阁总协理大臣，及各该大臣，均为国务大臣。……内阁总理大臣庆亲王奕劻，著仍管理外务部。……内阁总理大臣协理大臣，均著兼充宪政编查馆大臣。”……又谕：“郡王衔贝勒载涛（皇族）、贝勒毓朗（皇族），均著授为军咨大臣。”（《宣统政纪》卷五十二）

国人鉴于皇族专政，贿赂公行，故欲速开国会。督、抚苦于中央集权，亦多和之，于是各省人民数次请愿速开国会者，悉遭严斥，而人心尽失。

光绪三十四年（一九〇八年）六月辛卯，谕：“政闻社法部主事陈景仁等电奏，请定三年内开国会，革于式枚谢天下等语。朝廷预备立宪，将来开设议院，自为必办之事。……该主事等何得臆度率请？于式枚为卿贰大员，又岂该主事等所得擅行请革？闻政闻社内诸人，良莠不齐，且多曾犯重案之人。陈景仁身为职官，竟敢附和……著即行革职，由所在地方官查传管束，以示薄惩。”（《光绪朝东华录》卷二一七）

宣统元年（一九〇九年）二月乙丑，谕：“……国家豫备宪政、变法维新，叠奉先朝明谕，分年豫备，切实施行。朕登极后，复行申谕，依限筹办，毋得延缓。今特将朝廷一定实行豫备立宪、维新图治之宗旨，再行明白宣示，总之国是已定，期在必成。嗣后大小臣工，皆当共体此意，翊赞新猷。”（《宣统政纪》卷八）

十二月乙未，谕：“……据都察院奏，代递直隶各省谘议局议员孙洪伊等呈请速开国会一折，披览均悉，具见爱国悃忱，朝廷深为嘉悦。朕仰承先朝付托之重，于豫备立宪之要政，当御极之初，即布告内外，仍以宣统八年为限。……我国幅员辽阔，筹备既未完全，国民智识程度又未画一，如一时遽开议院，恐反致纷扰不安，适足为宪政前程之累。……朕开诚布公，无所隐饰，总之宪政必立，议院必开。……俟将来九年豫备，

业已完全，国民教育普及，届时朕必毅然降旨，定期召集议院。"（《宣统政纪》卷二十八）

二年（一九一〇年）五月癸亥，谕："……谘议局议员孙洪伊等并直省旗籍各代表等，呈请速开国会。……俟九年豫备完全，国民程度普及，必毅然降旨，定期召集。……毋得再行渎请。"（《宣统政纪》卷三十六）

十一月庚申，谕："……电寄直隶总督陈夔龙，据电奏顺直谘议局议长等呈请于明年即开国会等语，开设议院缩改于宣统五年，期限不为不近，所有提前应行豫备事宜，至为繁赜，已虑赶办不及。各督、抚陈奏，亦多见于此，岂能再议更张？著该督懔遵上次谕旨，剀切宣示，不准再行联名要求渎奏。"（《宣统政纪》卷四十五）

壬戌……谕："电寄……陈夔龙，据电奏二十日谕旨遵即恭录出示晓谕，饬巡警道侦查，不准聚众集议，请愿同志会亦饬解散等语，办理尚属认真。著陈夔龙严饬各员，开导弹压，如有不服劝谕，纠聚违抗，著仍即懔遵十月初三日谕旨，查拿严办，以保治安。"（《宣统政纪》卷四十五）

癸亥谕："内阁前据锡良代奏，奉天绅民呈请明年即开国会，当经批示。……开设议院，缩改于宣统五年，乃系廷臣协议……万不能再议更张。……今又有以东三省代表名词来京递呈，一再渎扰，实属不成事体。著民政部、步军统领衙门，立即派员，将此项人等迅速送回原籍，各安生业，不准在京逗遛。……各省如再有聚众滋闹情事，即非安分良民，该督、抚等，均有地方之责，著即懔遵十月初三日谕旨，查拿严办，毋稍纵容，以安民生而防隐患。"（《宣统政纪》卷四十五）

十二月壬申，谕："……不安本分之徒，藉速开国会为名，仍复到处鼓惑。各学堂学生，多系年幼无知，血气未定，往往被其愚弄，轻发传单，纷纷停课，聚众要求。闻奉天、直隶、四川等省，均有此项情事，恐他省亦在所不免。……前已面谕学部尚书唐景崇，通饬各省严行禁止，著各省督、抚，再行剀切晓谕，随时弹压……从严惩办。"（《宣统政纪》卷

四十六）

己卯，谕内阁："陈夔龙电奏，查拿著名无赖出身微贱之温世霖即温子英，原名温昱，曾充长随多年，声名恶劣，久为衣冠不齿。此次在津，竟敢假请愿国会为名，结众敛钱，已属有害地方；又复擅捏通国学界同志会名义，妄称会长，遍电各省，广肆要结，同时罢课，意图煽惑，居心实不可问，请严行惩儆等语，温世霖著即发往新疆，交地方官严加管束，以遏乱萌而弭隐患。"（《宣统政纪》卷四十六）

宣统三年辛亥（一九一一年）五月……乙卯……谕："本日朕览山东巡抚孙宝琦折一件，所陈宗支不宜豫政。……不知朝廷因时制宜之苦衷。且折中颇有措词失当之处，著传旨申饬，原折留中。"（《宣统政纪》卷五十四）

六月丙子……都察院代奏，直省谘议局议员呈称，皇族内阁不合君主立宪公例，失臣民立宪之希望，仍请另行组织以重宪政而固国本。得旨：黜陟百司系君上大权，载在先朝《钦定宪法大纲》，并注明议员不得干预。……乃该议员等，一再陈请议论，渐近嚣张，若不亟为伸明，日久恐滋流弊。朝廷用人，审时度势，一秉大公。尔臣民等，均当懔遵《钦定宪法大纲》，不得率行干请，以符君主立宪之本旨（《宣统政纪》卷五十五）。

盖袁世凯谋起废，请愿之事袁实与闻。俟国会召集，即推袁为内阁总理，清廷知之，愈靳不予。世本疑清廷非真欲立宪，自此清虽指天誓日，人愈以为期俙。及不得已而缩短立宪期限为五年，人亦以为五年之期决难实践。武昌兵起、滦州兵谏后，始有太庙宣誓十九条信约之事，人竟漠然视之。

宣统二年（一九一〇年）九月丙寅，谕："……本日资政院具奏，据顺、直各省谘议局及各省人民代表等陈请速开国会一折，又据锡良等及陈夔龙、恩寿电奏组织内阁、钦颁宪法、开设议院等语，著将原折电交会

议政务处王大臣公同阅看，豫备召见。”（《宣统政纪》卷四十二）

十月癸酉，谕内阁：“前据各省督、抚等先后电奏，以钦颁宪法、组织内阁、开设议院为请。又据资政院奏称，据顺、直各省谘议局及各省人民代表等，陈请速开国会等语……著缩改于宣统五年，实行开设议院，先将官制厘订，提前颁布试办。预即组织内阁，迅速遵照《钦定宪法大纲》，编定宪法条款，并将《议院法》上下议院议员选举法，及有关于宪法范围以内，必须提前赶办事项，均著同时并举，于召集议院之前，一律完备，奏请钦定颁行，不得少有延误。”（《宣统政纪》卷四十三）

又谕：“现经降旨，以宣统五年为开设议院之期，所有各省代表人等，著民政部及各省督、抚，剀切晓谕，令其即日散归，各安职业，静候朝廷详定一切，次第施行。”（《宣统政纪》卷四十三）

十二月丁亥，宪政编查馆奏，遵拟修正逐年筹备事宜，缮单呈览。……原单列在第六年以后者，兹均拟酌改年限，一律提前，以期无误（《宣统政纪》卷四十七）。

三年（一九一一年）九月癸酉，谕：“……兹特布告天下，誓与我国军民维新更始，实行宪政。凡法制之损益，利病之兴革，皆博采舆论，定其从违。以前旧制旧法，有不合于宪法者，悉皆除罢。”（《宣统政纪》卷六十二）

丙子，谕：“……第二十镇统制张绍曾等电奏，奉初九日上谕，仰见朝廷实行立宪，以与天下更始，三军感泣。惟内阁一日不成立，即内乱一日不平息，并宪法由议院制定等语，系为维皇室靖乱源起见。览奏具见爱国之诚，实深嘉许。内阁总协理大臣及各国务大臣，昨已具奏辞职，均经降旨允准，并另简袁世凯为内阁总理大臣，组织完全内阁，所有大清帝国宪法，均著交资政院起草，奏请裁夺施行，用示朝廷好恶同民、大公无私之至意。”（《宣统政纪》卷六十三）

丁丑，又谕：“资政院奏采用君主立宪主义，并先拟具重大信条十九条，缮单呈览，恳请宣誓太庙，布告臣民，以固邦本。而维皇室一折。……著即照准，一面择期宣誓太庙，将重要信条立即颁布，刊刻誊黄，宣示天下。将来该院草拟宪法，即以此为标准。”（《宣统政纪》卷六十三）

十月庚子，告祭太庙，宣誓宪法信条，监国摄政王代诣行礼誓词曰：……兹由资政院诸臣，博采列邦君主最良之宪法，上体亲贵不与政事之成规，先撰重大信条十九条，其余未尽事宜，一并归入宪法，迅速编纂，并速开国会，以符立宪政体。……所有重大信条，开列于后，谨誓：第一条，大清帝国皇统，万世不易；第二条，皇帝神圣不可侵犯；第三条，皇帝之权以宪法所规定者为限；第四条，皇位继承顺序，于宪法规定之；第五条，宪法由资政院起草议决，由皇帝颁布之；第六条，宪法改正提案权属于国会；第七条，上院议员由国民于有法定特别资格者公选之；第八条，总理大臣由国会公举，皇帝任命。其他国务大臣由总理大臣推举，皇帝任命。皇族不得为总理大臣及其他国务大臣并各省行政长官；第九条，总理大臣受国会弹劾时，非国会解散即内阁辞职，但一次内阁不得为两次国会之解散；第十条，陆、海军直接皇帝统率，但对内使用时，应依国会议决之特别条件，此外不得调遣；第十一条，不得以命令代法律。除紧急命令应特定条件外，以执行法律及法律所委任者为限；第十二条，国际条约，非经国会议决不得缔结。但媾和、宣战不在国会开会期中者，由国会追认；第十三条，官制、官规以法律定之；第十四条，本年度预算未经国会议决者，不得照前年度预算开支。又预算案内，不得有既定之岁出。预算案外，不得为非常财政之处分；第十五条，皇室经费之制定及增减，由国会议决；第十六条，皇室大典不得与宪法相抵触；第十七条，国务裁判机关，由两院组织之；第十八条，国会议决事项，由皇帝颁布之；第十九条，以上第八、第九、第十二、第十三、第十四、第十五、第十八各条，国会未开以前，资政院适用之（《宣统政纪》卷六十五）。

（2）庚子以后之外交

是时外交情势，日、俄角逐于东三省，英、法争长于云南，情势危急，国人惧亡，亟谋收回权利。清廷虽顾忌民意，不敢明目张胆以卖国，然十年之间，始则仇俄以亲日，继则仇日以亲美，决策无定，听人播弄，人民知其无能为，失望乃愈甚矣。

（甲）争路矿

海通以后，侵略者夺我利权，有索自战胜者，有索自居间调停者，有索自借款者。及各国规定势力范围，更予取予求，以索路矿。庚子之役，创深痛巨，人始呼号收回利权，学生倡之，国人和之，民意高张，势不可侮。外人知难而退，多半废约。收回京汉铁路与自办京张铁路两事，尤足令人张目。

京汉路

京汉路由比国借款修筑，而有外国股款羼杂其间。中国先已向美国赎回粤汉铁路，至是国人复倡议收回京汉路权，由邮传部自办赎路公债，并向汇丰、汇理两银行借款五百万镑，始将全路赎回，鼓励人心，为益不小。

邮传部奏，为注销京汉铁路借款行车各合同，并接收该路情形……：窃京汉铁路前议及时收回，当将筹办情形历次分别奏陈，并函照比公司声明，俟全款还清，迭次所订借款行车各合同，悉行作废，各在案。嗣比公司商定一切应还款项，统在法京交付，准本年十二月初六日，即西历一千九百零八年十二月二十八号，全数付清。当由出使比国大臣李盛铎，专办此项交款事宜，随时将所筹各款，督饬交通银行分起陆续筹汇等情。兹据李盛铎电称，所有应交本息经手费各项，共法金二万二千七百四十万零一千零四十一佛郎三十三生丁，业已如数交清。又照合同应交回比公司芦保三年官息二成，共银圆二十四万零一百二十九元九角，亦已由臣部付讫。当于十二月初十日，即西历一千九百零九年正月一号，派令铁路局长梁士诒、京汉铁路监督郑清濂，将比公司经手各项文卷、账目、款项材料一并点收，将抵押卷据悉数收回，迭次合同全行作废，即于是日为臣部收回京汉全路管理权之始。惟比公司于京汉一路，久据利权，一日拱手授人，中情似难允愿，故于收款、交路各事，要求挟制，迭发难端。经臣部加派委员叶恭绰、袁长坤、李大受、卢学孟等，随时随事，峻拒婉商，始克就范。迨本年十月间，比公司尚藉口比政府从前垫交该路赔款之担保，另归外务部与比国驻京使臣公断，各事均未了结，声言西明年正月一号，不能交回该路管理权。复经臣等援据合同辩驳，至于再三，直至十二月初九日，比国驻京使臣始照会外务部，定于初十日，先将管理权交出，注销各项合同，其余争执诸节，随时再行议结。窃思此路借债逾四千万两，比人干涉已越十年……得以完全收赎。此后工程、行车各项应行布置之事方多，容臣等随时妥筹，悉心办理，总期路务日臻完善，藉副朝廷慎重交通之至意。……光绪三十四年十二月十五日，奉旨：知道了（王彦威《清季外交史料》卷二一八）。

苏杭甬铁路

英人强修苏杭甬铁路，浙绅及浙路总理汤寿潜一再力争，以外部侍郎汪大燮与银公司商借一百五十万镑为卖乡，至欲掘其祖墓。后虽由外部与英人订《造路借款章程》，浙人终不承认，路竟未修。寿潜力攻盛宣怀不已，奉严旨革职，不准干预路事。宣怀起任邮传部尚书，以干路国有，遭全国反对，实由浙路之争，人人不满宣怀始。

苏杭甬路草议，并未具奏，是为私法人之关系，不足为据。此不能承认者一；凡办何省地方之事……如由地方绅民公同允许，方可议办，此一定之公理。草议立时，全浙……人无一预闻。此不能承认者二；且原议第三款载明，当从速测勘。……事隔四年零八个月，并未议立正约兴办，是与原议从速之说，该商显自违背。既经违背原议……原议人亦已不承认此议，何况浙人？此不能承认者三；且银公司代表人璧利南，亲受盛侍郎二十九年四月二十八日之函，函内载明，自函订之日起，如六个月内再不勘办，苏杭甬一路，均作罢论，以前合同作废。……二十九年九月二十八日，已满六个月（有闰五月）之限期……是已承认……均作罢论之确证。故自二十九年九月二十九日之后，此苏杭甬线，即为浙江人完全自办之路线。……英商既默许作废。此不能承认者四；英商无与浙江当道接议之权，所以重申前说者，藉口草议耳。及盛侍郎谓逾限作废，该商便置原议人于不理，此议从何接起？此不能承认者五。既有此不能承认之五种原因，在浙人固万无承认此草议之理。……倘英商必欲以强迫浙人为事，仍催换约勘路时，难保无愚民从而生衅，固非浙人之利，恐亦非英商之利也（《苏杭甬铁路始末记》）。

光绪二十四年（一八九八年），英使窦纳乐函请总理衙门准英商承修中国铁路五条：一、由天津至镇江；二、由河南、山西两省至长江；三、由九龙至广州；四、由浦口至信阳；五、由苏州至杭州，或展至宁波。经总理衙门分别行知督办铁路大臣盛宣怀，与英商怡和洋行议办。于是年九月间，议定《苏杭甬铁路草合同》四条：一、订立《草约章程》与《沪宁铁路章程》一样；二、将来订正约，仍与嗣后商定核准之沪宁正约一样；三从速测勘；四、如有地方窒碍之处，即行更正，俟订正约，即会同入奏钞录咨复在案。三十一年（一九〇五年）七月，商部具奏，浙江绅士筹办全省铁路，并请派员总理，先行立案，奉旨允准。又是年八月，御史朱锡恩奏请，将《苏杭甬草合同》速与撤废。奉上谕："著责成盛宣怀赶紧磋商，务期收回自办。并著聂缉椝会同妥速筹办。"……是年九月，奉旨："苏杭甬铁路收回自办，业经谕令聂辑椝会同盛宣怀妥速筹备，著即移交张曾敭遵照办理。钦此。"三十二年（一九〇六年）正月，准张曾敭电称，银公司拟派工程司续勘苏杭甬路，且偕英领事来杭争辩，拒不与议。

是年二月，盛宣怀以英公司不允作废，据实覆奏。……嗣后，英使迭次照会臣部，或谓浙抚纵令绅商抵制，故作难题；或谓浙省绅民无理之举动，颇有险碍。……虽经臣部照覆，由浙抚接议，而彼总谓浙抚无照办之意，不如在京议商。逮八月间，英使朱迩典接任后，复屡来臣部，面询办法。……再三商榷，始允俟《九广路约》订定，再为接议。迨《九广路约》议成，催商更为迫切。……惟有仍本自办主义，与英公司开议，力争主权。本年七月间，臣部右侍郎汪大燮与银公司商议，稍有端倪。……复由署侍郎臣敦彦与该公司接议，拟分办路、借款为两事，路由中国自造，除华商原有股本尽数备用，不使稍有亏损外，约仍需款英金一百五十万镑，即向英公司筹借。另指的款为抵押，使公司不能藉口干预路务。……光绪三十三年（一九〇七年）九月十四日，奉上谕："……苏杭甬一路……现经……汪大燮等与英议明，将借款暨造路分为两事，权自我操。……著外部即派员，按此妥为议定详细章程。……兼商令英公司，仍许江浙绅商分购股票，用示体恤。其原有办路人员，由邮传部查明，分别奏派差务，以资熟手。"（《苏杭甬铁路始末记》）

今十四日……之谕旨，与两公司所奉之谕旨相左，且与外部之原奏亦不符。……汪大燮等……背一二年新奉之谕旨，以徇英使之要求，破商办之成局，上欺朝廷，中欺部案，下欺商民。……而外交不可问，商办不可为矣。……如此已办已成之路……今外务部迫令借款……合苏、浙现有之款，视外务部之饬借之一百五十万镑，过无不及。……夫借款之害……昔盛大臣有言："今日路属何国，即他日地属何国。"明知故犯，引虎进狼。……不谓复有汪大燮等踵其后也。……外务部谓商令英公司，许江、浙商民入股，倒客为主，止许令附股四字，足使热诚爱国之商民解体矣。外务部又谓：原有办路人员，查明分别奏派。……岂前此商部所奏奉谕旨特派者，为不足据？直俟外款输入，始汲汲焉为此郑重分明之举？是以借款为未足，并用人之权，亦阴授以执持之柄也。……苏、浙多不逞之徒……汪大燮等若犹虑此曹之无所藉口，而必别予以可摇之柄。窃为大局危之（王彦威《清季外交史料》卷二〇六）。

所订合同二十四条，名为中国国家沪杭甬铁路五厘利息借款，数目系英金一百五十万镑，按九三折扣交纳，常年五厘利息，以三十年为期。若所收此路进项不足，则由关内外铁路余利项下拨付。……此铁路建造工程，以及管理一切之权，全归中国国家。该公司代购外洋材料机器，以三万五千镑为酬劳，一切用银均包在内。选用英总工程司一人，该总工程司须听命于总办各等语。名为铁路借款，而凡属铁路内之事，实与该公司均毫无干涉，尚无流弊之可虞。……路线起点亦改定系由上海或附近上海，俾与沪宁铁路一气衔接。凡系两省人民所注意之处，罔不审慎推求，期于就范。谨缮具合同清单，恭呈御览。俟奉旨允准，再行签押盖印。……光绪三十四年（一九〇八年）二月初四日，奉朱批：依议（王彦威《清季外交史料》卷二一一）。

福公司

英商福公司，非法攫得山西盂县、平定、泽州、潞安、平阳等处矿权，并由河南建筑铁路，直达浦口。经国人力争，久之，竟由山西出资二百七十五万两，赎回已失权利。

为照会事，本年（光绪三十三年）十二月十八日，据山西商务局总办、湖南试用道刘笃敬等呈称，晋省矿务由晋商与福公司商人罗沙第订立合同，旋于光绪二十四年（一八九八年），复由商务局绅商与福公司改订借款章程二十条，嗣于三十一年（一九〇五年）经盛大臣续立合同四条，至今轇轕多年，案悬不结。现经丁臬司会同商务局员绅，并全省代表各员，在京开议多次，彼此退让，订定赎回自办合同十二条，缮具正合同两分，请批准施行，并援案盖用关防等因前来。查山西矿务，既经该省商务局员绅与福公司订定赎回自办合同，所有光绪二十四年议定，山西开矿制铁以及转运各色矿产章程二十条，暨三十一年续定山西镕化厂并合办山西铁矿合同四条，自应一律注销作废。除由本部将此项赎回自办合同批准，盖用本部印信以资信守外，相应抄录原汉文合同，照送贵大臣查照存案，并见覆可也。须至照会者（十二月十八日）山西商务局与福公司议定赎回开矿制铁转运合同。……一、现在山西商务局与福公司商议，商务局愿晋省备款，将所有与福公司所定开矿制铁转运正、续各章程、合同，议定赎回作废。既经会议之后，福公司因体谅晋省甚愿自办本省矿务之至意，按其详细情形，应允……晋省赎回自办，以敦友谊而维和平；一、赎款计行平化宝银二百七十五万两，由山西商务局担任，按期交清；一、此项赎款数目，系晋省所担任，交与福公司收纳。认为赔偿福公司原订合同内应索之款，并各项所损失之利益，至福公司在他省另有经营，与晋省毫无干涉；一、此项赎款准于光绪三十四年（一九〇八年）正月二十日先交一半，计行平化宝银一百三十七万五千两。其余之款，分三期摊还，光绪三十五年（一九〇九年）四月初一日为第一批，计行平化宝银四十五万八千三百三十三两。三十六年（一九一〇年）四月初一日为第二批，计行平化宝银四十五万八千三百三十三两。三十七年（一九一一年）四月初一日为第三批，计行平化宝银四十五万八千三百三十四两；一、赎款按行平化宝银核算不折不扣，其由晋至京汇费等项，并先行借、垫款项利息，均归晋省承认；一、此案原由商务局禀奉山西巡抚批准，复经前总理衙门奏准。现既由晋省备款赎回，此项合同作废。应请外务部咨照山西巡抚，督饬商务局按期交款，不准稍有拖欠；一、晋省矿务既系收回自办，福公司将所有开矿制铁转运正、续各章程、合同之权，一概退回，晋省决无借洋款之意。惟此次福公司既将所有利益退回，将来晋省矿务制铁转运等事，万一有筹借外款之事，由晋省通告福公司，果其处处较廉，再行筹议，否则另借，各无异言；一、从此合同签字日起，三月之内，福公司应将平定州所有厂房一切交出，与所有机器等物，一并交与山西商务局。其开列于原定合同所定之五处福公司，将其已购之产，一概退还，不得再执为业；一、福公司所聘用之人，无论工程师或他项员役，因此而失其事业，以致不得营生，向福公司要求赔款者，福公司自行担任；一、此项赎款，由商务局先行筹借，由晋省亩捐的款项下，每年尽数拨用。……在未将此项赎款还清以前，不得将此亩捐稍为更改，或减免其数。如亩捐不敷此用，则晋省之大吏，须随时提用他款，以补不足；一、原合同议定之章程二十条，既为前总理衙门批准，今了结此事之合同，亦为外务部所批准，并为大英国使臣应允，以俾彼此保其本国之人遵守一切；一、现将此合同以华、英文缮具两份，各执一份为凭。山西商务局押，福公司梁押。大清光绪三十三年（一九〇七年）十二月十七日（王彦威《清季外交史料》卷二〇九）。

隆兴公司

英、法合资设立隆兴公司，非法攫得云南、澂江、临安、开化、楚雄、元江、永北七府矿山，滇学生力争，举国响应，终由云南出资一百五十万两，取消原订合同。

外务部、度支部、农工商部奏，为议结滇省隆兴公司矿案取销原订合同。……光绪二十八年（一九〇二年）五月初十日，臣部具奏遵议滇省矿务章程一折，奉朱批依议。……由臣部派员，与法员弥乐石，将议定云南府等七处矿务章程二十四款，于是年五月十六日，在臣部画押，并照会法、英两国使臣在案。该章程内载：法、英两国设立隆兴公司，纠集资本，开采云南、澂江、临安、开化、楚雄、元江、永北七处矿产。云南大吏允奏，请国家给该公司承办，以六十年为期限，开矿之股本不过关平银五千万两，公司事业亏累自行担任，与中国国家、云南大吏毫不干涉。倘照办时或有争执，应由云南大吏、法国公使、英国公使，各派一员，会议剖断各等语。嗣该公司履勘矿产，时启争端。滇省绅民数次集会，建议呈请废约。经云贵总督李经羲，与该公司商议，承办大宗借款，兴修滇路，即将前项矿约作废，意在筹边弭患，两益交资。……该公司代表高林士，忽置借款修路于不议，专就赎约一层，要求酬款四百万两。滇省仅允给一百万两，遂致所议中辍，高林士旋即来京，经法、英两国使臣，出而争论，坚请速定矿案办法，即行议结。臣等公同商酌……若仍将路款并提，彼必不肯续议，不如就矿约一节先与解决。……经臣部电商云贵总督，亦以路、矿分办为然。当由新任云南布政使高而谦，秉承臣部度支部筹拟应付方法，与该使臣等晤商多次，竭力磋磨，议定由中国以库平银一百五十万两给与隆兴公司，取消原订合同。其款分作六期归付，每期付银二十五万两。第一期一月内归款，余五期每六个月交一次，所有该公司暨分公司一切产业物件，均交还中国，永与该公司无涉。款项由度支部垫给，滇省分十年陆续归还。业经臣部照会，法、英两国使臣声明作据，该使臣等均先后照覆，允认备案。……宣统三年（一九一一年）七月十四日，奉朱批：依议，钦此（王彦威《清宣统朝外交史料》卷二十二）。

（乙）争界

西藏界

西藏与哲孟雄接壤，自英人攫哲为保护国，藏、哲界务，时启纠纷。光绪二十九年，复有争持，英兵入藏，达赖避至库伦。翌年，由班禅与英人结《拉萨条约》，不只正界，举西藏一切权利，悉归英人。中国屡向英抗议，至光绪三十一年，乃派唐绍仪为议约全权大臣，赴印度开议，卒因上国主国之争，不得要领而归。翌年，外部与英使萨道义续订《藏印条约》，以《拉萨条约》作为附款，而特立明文，承认西藏为中国领土，不准他外国干涉。然英人窥伺西藏之心，犹未已也。

英国自吞并印度后，时思窥藏，先收哲孟雄为保护国，藏人渐觉英之逼己，并憾哲部私结英人，于是遣兵入哲，并于印、哲境上建炮台，断英人贸易路。印度政府愤出师，败藏军而置统监于哲，自是哲虽名为英之保护国，而实无异英之领土。光绪十六年，《中英藏印条约》成，更明认哲部为英属地。十九年，缔结《藏印续约》，开亚东为通商市，规定交涉游牧办法。由是游牧事藏人大受限制，通商事英人独得其利，藏人坚执不允遵约，清廷亦置不问。藏人仇英久，隙愈深。二十九年，藏、印复以争界故，英政府命边务专员荣赫鹏率兵入藏，藏兵屡败。本年六月，英军直逼拉萨，达赖喇嘛走库伦，于是班禅喇嘛出任和局，与英缔结《拉萨条约》，允开江孜、噶大克、亚东为商市，承认除将来规定税则外，概不征收租税，并允将所有自印度边界至江孜、拉萨之炮台、山塞等一律削平。又西藏土地之让、买、租、典，铁路、电线、矿产，或别项利权，货物、金银、钱币等抵押拨兑，非得英政府许可不能举办。此约结果，实将西藏土地完全划归英国势力范围之内。外务部向英国抗议，英政府不顾，几经交涉，始允派员会议（《梁燕孙先生年谱》上）。

《中英续订藏印条约》正约……第一款，光绪三十年七月二十八日，英、藏所立之约暨其英文、汉文约本，附入现立之约，作为附约，彼此允认，切实遵守，并将更订批准之文据，亦附入此约。如遇有应行设法之时，彼此随时设法，将该约内各节切实办理；第二款，英国国家允不占并藏境，及不干涉西藏一切政治，中国国家亦应允不准他外国干涉藏境，及其一切内治；第三款，光绪三十年七月二十八日，英、藏所立之约第九款内之第四节所声明各项权利，除中国独能享受外，不许他国国家及他国人民享受。惟经与中国商定，在该约第二款指明之各商埠，英国应得设电线，通报印度境内之利益；第四款，所有光绪十六、十九年，中国与英国所定两次《藏印条约》，其所载各款，如与本约及附约无违背者，概应切实施行（《清季外交史料》卷一九六）。

片马

滇、缅界务，久未划定。宣统二年十二月十六日，英人突以兵侵据片马，举世大哗，开会力争。乃由滇督李经羲电达外部，向英国严辞抗议，英始退兵，而地终不反。

宣统二年（一九一〇年），英人以兵力据片马，设炮台于高黎贡山，侵踞小江以北茶山土司地。滇人大愤，各省人亦起应之，遂电政府，请力争。滇督李经羲，亦请外务部与英使交涉，英卒不退兵。三年（一九一一年），复派员与英划境（《清史稿·邦交志二》）。

宣统二年（一九一〇年）十二月二十六日，英人犯片马，奉委办片马防务，并会同迤西道筹办交涉事宜，步兵第七十六标西防、巡防各营，均准电呈调遣。片马者，旧茶山长官司地，今保山县属等埂土司辖境，距永昌府城六日程、腾越厅城五日程，居高黎贡山西麓。从行者辛丞贵、潘万成、刘礼权、王秉钧、聂绅文、何文麟、杨锡绶、蔡朝礼、任宗熙、景绍武等。二十八日出省，除夕日宿禄丰。……三年（一九一一年）元旦……行经楚雄下关、漾濞，抵永昌。走董达渡潞江，经蛮因、练地、六库，抵等埂。上至鲁掌、卯照、秤戛各地，知英兵大营驻他戛，小江、片马诸地，均驻重兵。英人先后自密只那侵入我茶山地者，数逾万人，然皆古尔廓兵，带兵官虽为英人，战斗力至薄弱。乃逾高黎贡山，由灰坡过天近山、腾云寺、马面关、界头渡、龙川江，至明光住茶山河，尤悉英兵情况。乃改装猓猓，入大小了口，经稗地、派赖、茨竹，涉滚马河至他戛（英人大营驻此）、望扒拉大山（再西为整冬温冬，我里麻长官司旧地，又名江心坡，蒲蛮浪猓人所居），杂土人小贩中，露宿英营外者二日。自独末溜渡小江……经干坤、痴戛、宿官寨，次日过鱼洞，至上下片马，北至古浪、冈房、板厂山一带，视察毕。归途沿楚余河南，出火草地。……次日，过分水岭、大竹坝，至大塘，复回茶山河。英人知余行动，下令缉捕，已无及矣。电总督李公，详报敌情，并陈办法：上策进兵驱逐；中策推翻五色线图，索还侵地，提请世界各国公断；下策由外部要求先退兵，后勘界。我总持定外部原定恩梅开江蓝色界线为据，不能退让一步。李公卒用余下策。惟李电军机处、外务部及各省督、抚文，皆本余所呈报，使国人知片马为中土，群起力争。……入腾越，会同迤西道与英领见面。英领谓未定界务，由北京解决，彼之进兵，为巡视边界，无他意。余曰：“恩梅开、迈立开两江流域，为未定界，本我里麻、孟养两司旧疆，从未属缅甸，非缅甸之地，英人不能过问。小江流域，乃我等埂、明光、大塘、茨竹诸土司累世管地，英兵更不能侵入，勒收我人民门户钱。”英领答曰“此为界务问题，有条约及历年两国往来公文可据，英国极愿速行勘划”云云。未一月，英兵退去，乃测勘腾属七土司，及各关隘要地（李根源《雪生年录》卷一）。

间岛

图们江北岸，绾毂俄、韩要地。光绪二十八年，即其地设延吉厅，旧有越垦韩民五万余户。日、韩合并后，日觊觎其地，妄造间岛之名，执为韩地，希图占据。清派陈昭常为边务大臣，吴禄贞为会办边务大臣，据理力争，禄贞始终其事，据光绪十三年韩王咨文为证，确凿不移。日人俯首无辞，始得保全。禄贞欲尽力经营，俾成重镇，而清廷不省，禄贞亦卸去。

图们江北为国朝根本重地，悉行封禁流民入境，禁例綦严。……迨光绪初元，删除旧禁，设局招垦，山东、直隶移民之来此者，皆远在数千里外。……而韩民则仅隔一江之水，携家挈眷，朝发夕至，其故一。朝鲜沿江六镇，地瘠民稠，生计维艰。……图们江北，则荒原沃甸，绵亘千里，平隰高原，悉宜农业，较彼故国，判若霄壤，其故二。甲午以前……韩民之越垦者，在朝廷存一视同仁之心，在疆吏行招携怀远之策，不施禁阻，反事招徕，其故三。朝鲜横征苛敛，民不聊生，而越垦之地，定例不交荒价，不纳杂项租税（每晌地纳吉钱六百六十文，此外各种租税，一律豁免，今尚仍此旧制），以示优待……之意，宽大之政，为环球各国所无。遂皆适我乐郊，去其故土，其故四。有此四故……不三十年，而韩民之生聚繁衍于此者，竟至五万余户（徐世昌《东三省政略》卷一《韩民越垦之始末》）。

至光绪二十八年（一九〇二年），始以延吉为管辖俄、韩重地，废国朝军政旧规，建延吉厅，以民官统治之。……中、韩界务，图门国界虽已订明，而红土、石乙二水数十里间，断断未定。自日俄战后，朝鲜夷为保护国，日人遂欲袭其争界故智，诡造间岛谬说，以谋侵占我领土（徐世昌《东三省政略》卷一《边务延吉篇》）。

顷接吉林巡抚朱电称，顷晤岛川，探询延吉厅事，据云：已由伊藤侯派斋藤中佐，约带兵二十，于（光绪三十三年七月）十二日，到彼处保护韩民。渠初拟与东省督、抚商允，再行派员。伊藤不听，渠现亦不管。……特此电闻等语……应请钧部诘问阿代使，嘱令将兵速行撤回，并告其已由我派员带队前往查看，如有应行保护之处，必当相机妥办也（王彦威《清季外交史料》卷二〇四《东督徐世昌致外部电》）。

（徐）世昌奉命督东，诇知情势，乃派吴禄贞驰往调查。到延之次日，日人适派员率兵入境，仓猝相遇，在日人固不料我之有备也，而我幸得竭力筹谋，以为应付抵制之策。于是日谋稍阻，乃可从容谈判，以折其方张之势。夫图们江北，确系我领土，为环球所公认。即谓江源国界，间有不明，亦应由两国政府派员会勘。若韩民越垦，夙归我国治理，则我自当力任保护之责。乃日人不顾公法，擅率宪兵越境，以保护韩民为词，窃欲据延吉为己有。……日人越境后，为捍卫边陲计，奏派边务督、帮办至延，专任一切交涉经营之责，凡可固吾圉、伐敌谋者，无不力筹抵制。两年以来，日人内制于我国之防维，外迫于世界之公论，始有解决界务之提议。今虽抗论未终，彼终不能以游移无据之词，夺我图们有定之界。领土所归，即主权所属，则其进取野心，未始不因之稍戢（徐世昌《东三省政略》卷一《边务延吉篇》）。

日人自起界务交涉，所致外部照会十余次。……屡经外部驳复，日人终藉词强辩。光绪三十四年十月，日外部小村，曾向唐（绍仪）大使有解决界务之说。十二月，日使忽又照会外部。……以光绪二十八年许大臣公文、及二十九年陈作彦等与韩边吏会订《善后章程》为据，外部以顾问官吴禄贞、周维桢于界务情形较悉，因令议覆日使来照。……引证确凿，日人无可置辩，遂不得不承认，延吉为我国完全领土（徐世昌《东三省政略》卷一《边务吉韩界务》）。

（丙）抵制外货

抵制美货

美政府虐待华工之事，自光绪十年后，日渐加酷。如天李架埠、洛市丙冷埠、舍路埠、倒路粉坑喊罢埠、尾矢近地各惨案，杀戮华侨，焚毁财产，时时有之。几经交涉，始有华工之约。光绪三十一年，复有华工入口之禁，甚且虐及华侨。国人大愤，倡议抵制美货。美人在无锡所设面粉厂、纱厂，一律倒闭，美商多半回国。抵制之名，盖始于此。

（光绪三十一年）八月壬寅……谕："御史王步瀛奏，各省工商抵制美约，风潮过激，请饬加意防范，以维大局一折，前据外务部王大臣面奏，美国工约一事，迭经出使大臣梁诚及外务部，先后与美政府商议，美政府已允优待华商，及教习学生游历人等，并允于议院开时，尽力公平妥办各在案。昨据该御史奏称，公愤既兴，人众言厉，难保无宵小生心，乘机窃发，恐误大局等语，亟应明白宣示，以免误会而释群疑。中、美两国睦谊素敦，从无彼此抵牾之事。所有从前工约，业经美国政府允为和平商议，自应静候外务部切实商改，持平办理，不应以禁用美货辄思抵制，既属有碍邦交，且于华民商务亦大有损失。迭经外务部电行该省督、抚，晓谕商民，剀切开导，务令照常贸易，共保安全。……倘有无知之徒从中煽惑，滋生事端，即行从严查究。"（《光绪朝东华录》卷一九五）

美见国人愤不可遏，乃变计减收庚子赔款半数，以设清华留美预备学堂，每年派遣留美学生一百人，并扩充教会学堂，创设各地青年会，阳示友好以结欢心，然后倡中美联盟。

光绪三十四年（一九〇八年）六月丙子，谕："外务部奏，美国减收赔款，请遣使致谢一折，美国与中国立约以来，邦交素笃。此次减收赔款，尤征友谊敦睦，允宜遣使致谢，用酬嘉意。奉天巡抚唐绍仪，著赏加尚书衔，派充专使大臣，前往美国致谢。"（《光绪朝东华录》卷二一七）

宣统元年（一九〇九年）五月，定留学生赴美名额。因美退还庚子赔款，为中国学生赴美游学费，议自退还之年起，初四年每年遣一百名，以后每年至少须遣五十名，遂订办法大纲（《清史稿·邦交志四》）。

抵制日货

光绪三十四年正月，日本船二辰丸私运军火至九洲洋中国海面卸货，为广督张人骏按约扣留船货。日领强硬交涉，人骏不理，而外务部反徇日使之请，由中国购买军火，赔偿轮船损失，并道歉了结。粤人大愤，商业自治会号召抵制日货，全国响应，波及海外。初庚子以后，中国维新，取法日本，中日国交甚固。日俄战后，日本在东三省事事横强，抵制日货，盖由此而来也。以前留日学生多至万人，自是留美学生骤增至二三千人。

顷据水师巡弁李炎山等由澳门电禀，日商船第二辰丸，装有枪二千余枝、码四万，（光绪三十四年正月）初四日巳刻，到九洲洋中国海面卸货，经会商拱北关员见证上船查验，并无中国军火护照。该船主无可置辩，已将船械暂扣。请示办理前来，查洋商私载军火，及一切违禁货物，业经拿获，按约应将船货入官，系照《通商条约》第三款，并统共章程办理。历经总署咨行有案，自应按照遵办，迭饬将船货一并带回黄埔，以凭照章充公按办。谨先电闻，并请照知日使（《清季外交史料》卷二一〇《张人骏致外部电》）。

光绪三十四年二月十一日，准贵大臣面交节略，本部已经阅悉，二辰丸一案，贵国政府愿和平办结，与本部意见相同。并允此案办结后，嗣后中国严禁私运军火办法，贵国政府亦当设法相助等因，足征贵国政府顾念邦交，实深感纫。……中国政府允将二辰丸即行释放。……粤省此次扣留，原为防止军火运入内地起见。日本政府既知此事为中国官宪所挂念，允将该项军火不再运往澳门，欲以日金二万一千四百元，由中国自行收买，自当电知粤督，先将军火起卸，按照此价购买。……第二辰丸损失之处，亦可允给实数，不得逾多。惟贵国政府既未查明，应由粤督酌核情形，与驻粤日本领事另行商定（《清季外交史料》卷二一二《外部致日使节略》）。

顷据粤中绅商士民万有余人来辕，恳求电陈钧部，设法将二辰丸一案伸明公理，措词甚为激烈，有罢市暴动之说。于赔偿损失一层，尤为鼓噪（王芸生《六十年来中国与日本》第五卷《张人骏致外务部电》）。

顷据粤省官接到该省正绅公函，称商业自治会陈基建即陈惠甫、陈漳浦、李戒欺、罗少翱等……二月十六日……纠集千余人，内多易服剪辮者，手持大旗三面，大书挽回国权等字样，并在督署演说，愈聚愈众，道途为塞。十七日，又在自治会招白，复沿街遍贴不买日货等条，且动言罢市（王芸生《六十年来中国与日本》第五卷《外务部致张人骏函》）。

（丁）东三省之设立

日、俄之战，中国名为中立，其实阴助日本。事后为应付日、俄交侵之局，乃设立东三省总督、巡抚，而日人肆意，先欲清廷以东省分封亲藩，为日、俄缓冲，未得如愿。伊藤来游，意欲与俄人分据三省，幸遭朝鲜人安重根刺杀而止。

日俄战后之东北

光绪三十一年八月，《日俄和约》成，日本取得旅顺、大连租借权，并得南满铁路及桦太南半。十一月，中日订结《满洲条约》，承认《日俄和约》中之满洲问题。翌年四月，日本遂有南满洲铁道株式会社之设，其条文：

第一条，政府准设南满洲铁道株式会社而经营铁路运输业于满洲地方。……第九条，社长、副社长经敕裁由政府任命之，其任期为五年。……第十二条，政府置南满洲铁道株式会社监理官，使监视会社之业务。……第十三条，政府关于会社之事业，得发监督上必要之命令，关东军司令官对于会社之业务，有关军事者，得为必要之指示。……上项敕令公布后……任命参谋总长儿玉源太郎为设立委员长。……儿玉逝世……以陆军大臣寺内正毅继任（王芸生《六十年来中国与日本》第五卷）。

是年六月，日本置关东都督府。所谓关东者，即金、复、海、盖也。

其官制法规如下：第一条，关东州置关东都督府；第二条，关东都督府置关东都督，都督管辖关东州，兼掌保护监督南满洲铁道线路，并监督南满洲铁道株式会社之业务；第三条，都督为现任职，以陆军大将或陆军中将充之……；第六条，都督关于军政及属于陆军军人及与陆军相关之事，承陆军大臣之命令。关于作战及动员之计划，承参谋总长之命令……；第十条，都督为保持所辖区域内安宁秩序，及警卫铁道线路必要时，得使用兵力。……敕令公布后，以陆军大将大岛义昌为关东都督，乃实行为殖民地之统治（王芸生《六十年来中国与日本》第五卷）。

光绪三十三年三月，签订《新奉吉长铁路协约》及《借款合同》。是年夏，日本于安奉铁路沿线侵占民房，擅自动工，并搭架鸭绿江铁桥。三十四年，复于各处勘查测量。几经清廷交涉，乃于宣统元年，议订《安奉铁路节略》，又订立《东三省五案条款》。

所谓五案：一、如筑新法铁路（新民屯至法库门），允与日先行商议；二、认大石桥至营口支路为南满铁路支路，期满交还中国；三、认日本有开采抚顺、烟台煤矿之权；四、安奉铁路及满洲铁路沿线矿物，由中日合办；五、日允京奉铁路展造至奉天城根（《梁燕孙先生年谱》上）。

宣统元年九月，伊藤博文至奉天，晤东三省总督锡良，闭目仰面而言，谓日本死数十万人、费军费亿万元，始夺回东三省。而中国不知振作，日本当自为计。锡良电奏云：

其语气直隐以朝鲜视中国，而急图进取之野心，尤流露于言表，阴谋密计，祸至无时，思之可为悚栗。……伊藤云："……若说到日本人民意思，则凡事只问能力若何。如彼此能力不相当，即无所谓持平办法。"（《清宣统朝外交史料》卷十）

东三省之措施

东三省初设，位次在各省之前。袁世凯欲为三省总督，西后不允，以与徐世昌，谓可共世凯商酌办理，世凯大沮。世昌务为铺张，糜费无算，而实无根本至计。

光绪三十三年（一九〇七年）三月己亥，谕："东三省吏治因循，民生困苦，亟应认真整顿，以除积弊。而专责成盛京将军，著改为东三省总督，兼管三省将军事务，随时分驻三省行台，奉天、吉林、黑龙江各设巡抚一缺，以资治理。徐世昌著补授东三省总督，兼管三省将军事务，并授为钦差大臣。奉天巡抚，著唐绍仪补授。朱家宝著署理吉林巡抚。段芝贵著赏给布政使衔，署理黑龙江巡抚。……其应如何分设职司之处，即著该督等妥议具奏。"（《光绪朝东华录》卷二〇五）

钦奉三月初八日谕旨，东三省应如何分设职司之处，著该督等妥议具奏。……臣等遵即详细筹商……拟于奉天、吉林、黑龙江三省，每省各设行省公署，以总督为长官，巡抚为次官，皆如各部堂官。于行省公署内，分设二厅：一曰承宣厅。禀承督、抚，掌一省机要总汇，考核用人各事；一曰谘议厅。掌议定法令章制各事。就现有局署，酌量归并，分设七司：一曰交涉；二曰旗务；三曰民政；四曰提学；五曰度支；六曰劝业；七曰蒙务。仿国初将军设参赞及出使大臣参赞之例，设左右参赞各一员，分领承宣、谘议两厅事务。交涉等七司，各设司使一员，总办司事。承宣厅及各司，均设分科，每科设佥事及一、二、三等科员佐之。谘议厅不设官缺，酌派议员、副议员、顾问员、额外议员，皆选明达政治者充之，以资研究。此外陆军关系綦重，应另设督练处以扩军政。司法分权，宜预拟专设提法使，以理刑法。其官制另由臣等详议具奏。他如划分权限，酌拟补署，建立衙署，筹支廉费，皆属更张之要务。……谨遵议章程，缮具清单，恭呈御览。……其道、府以下官制，亦拟酌定阶级，以期简捷，容俟到任后，体察三省情形，酌筹办法，再行具奏。……再，三省旗务，本归将军管理，今改设督、抚，现总督奉特恩兼管三省将军事务，则三省巡抚亦有分理旗务之责，相应吁恳天恩俯准，将奉天、吉林、黑龙江三省巡抚，皆兼副都统衔，以便措置而资坐镇。……光绪三十三年（一九〇七年）四月十一日具奏，本日奉旨：依议（徐世昌《东三省政略》卷五《官制》）。

锡良继徐世昌为东三省总督，密谋办理乡团，以清乡为名，由人民出资购械，官为训练，备缓急之用。又以办理实业须有资金，请款一千万两，先设立银行，而清廷无以应之。

为沥陈东三省外患交侵，生机日蹙，恳恩饬部拨款开设银行，以资挽救。……查东三省从前原有官银号、官帖局，惟资本薄弱，难资推广。仅官银号分设三省，略有基础。拟赶将款目清理，先就奉省设立东三省总银行，并于各处推广，多设分行，以期活泼流通。惟市面周转甚宽，即本金需用甚巨，综计广通汇兑，统一币权，兼营各项实业，至少非请款一千万两不敷布置。……此系专办银行生利事件，嗣后无论何项行政费，皆不得挪用丝毫，以防虚蚀。……宣统元年（一九〇九年）四月二十一日（锡良《东三省奏稿》）。

又欲借美款兴建锦瑷铁路，以破日、俄均衡之局，事为日所阻，锡良乃谢病去。继之者赵尔巽，习承平吏事，不能望其挽回危局也。

遵旨密筹东省大计，筹借外债，议筑铁路，以保危局。……宣统元年（一九〇九年）七月初四日，奉上谕：东省介居两强，势成逼处，积薪厝火，隐患日滋。该督等各密陈危急情形，所虑甚是，自宜预为筹备。迭据臣工陈奏，莫如广辟商埠，俾外人麇至，隐杜垄断之谋。厚集洋债，俾外款内输，阴作牵制之计。既使各国互均势力，兼使内地藉以振兴，似尚不为无见。即著该督等斟酌事理，体察情形，按照以上所指各节，详审熟筹，奏明办理等因。……窃维东三省大势，自日、俄罢战以来，权力竞争，久成南北分据之局。……东三省命脉，已悬日、俄两国之手。……我议自修，不见阻于日，即见阻于俄，无论何路，终无让修之日，束手待毙，可为痛心。臣等焦虑熟筹，非借外人之财，不足以经营东省。尤非藉外人之力，不足以抵制日、俄。谕旨厚集洋债，互均势力两言，实足拯东省今日之危，而破日、俄相持之局。现美国银行代表司戴德来奉，臣等公同接见，以筹修锦洮至瑷珲铁路，商议借款约三四百万金镑，司戴德业已允签字，立草合同。……将来该路勘修已定，或再议修由奉天至延吉一路，以为交通之筋络、商垦之机关，并为将来用军之惟一命脉。……宣统元年八月十九日（锡良《东三省奏稿》）。

（戊）中、美、德联盟之说

光绪末，即盛传中、美、德三国联盟，实无其事。然美舰来华游历，毓朗迓之于厦门，唐绍仪、溥伦先后使美；载洵、载涛出洋考察海、陆军，同时皆至柏林，一时亲德、亲美之声甚嚣尘上，英、日侧目。清之亡，于此亦有关焉。

时唐绍仪奉命赴美，致谢美政府退还庚子赔款。绍仪此行，有两大目的：一在缔结中、美、德三国同盟，一即接洽借款（王芸生《六十年来中国与日本》第五卷）。

光绪二十八年十二月癸巳，外务部奏：美国将……在散鲁伊所城，开设美国博览会。……系美国立国以来极为重大之事。六月间，其总理会务大臣巴礼德，前来中国，敦请赴会。……内可维持商务，外可联络邦交，虽当库藏奇绌之时，不得不勉为其难，力顾大局。……得旨：著派溥伦为正监督（《光绪朝东华录》卷一七七）。

光绪三十四年（一九〇八年）九月乙酉，军机大臣奉旨：美国海军将于十月初间游抵厦门，著派贝勒毓朗、外务部右侍郎梁敦彦，前往劳问（《光绪朝东华录》卷二二〇）。

是冬，美国陆军总长迭更生来游华北。……取道西伯利亚赴欧……路经奉天时，并下车瞻谒宫殿。长春、哈尔滨，亦下车游览。是事颇为英、法注意，故并在欧、美各报宣传，中、德、美将有同盟（丁士源《梅楞章京笔记》）。

宣统二年（一九一〇年）六月，又命载洵、萨镇冰前往美国及日本，考查海军（丁士源《梅楞章京笔记》）。

宣统二年（一九一〇年）二月，陆军部尚书铁良因病开缺，荫昌继任，以陆军官兵服装无半礼装，遂制定军官常服。将日本之狭肩章，改为德国式之宽肩章，即为半礼服。因此中、德、美联盟之风说更甚（丁士源《梅楞章京笔记》）。

（3）宣统间之中央集权

咸、同军兴以后，督、抚权力骤增。维新以后，各省自专兵、财，除督、抚更易尚凭廷旨外，中央与地方几于不相闻问。宣统改元，凡度支、外交、学务、司法、军事、盐课，皆直属中央，谓之中央集权，以减削地方权力，未为非是。而中央则政治昏浊，贿赂公行，欲谋振作，反以速亡。

（甲）军权之集中

谕："……前经宪政编查馆奏定《宪法大纲》内载统率陆、海军之权操之自上等语……兹特明白宣示，即依《宪法大纲》内所载，朕为大清帝国统率陆、海军大元帅。……并著先行专设军谘处，赞佐朕躬，通筹全国陆、海军各事宜。即著贝勒毓朗，管理军谘处事务。"（《宣统政纪》卷十四）

谕："……筹办海军处，著改为海军部，设立海军大臣一员、副大臣一员。……至应设之海军司令部事宜，著暂归海军部兼办。"（《宣统政纪》卷四十四）

以贝勒载洵为海军大臣，海军处参赞谭学衡为副大臣（《宣统政纪》卷四十四）。

改陆军部尚书为陆军大臣，侍郎为副大臣，以尚书荫昌为陆军大臣，左侍郎寿勋为副大臣（《宣统政纪》卷四十四）。

宣统三年四月戊寅，谕："自宣统元年五月，设立军谘处以为军谘府之基础，时阅两年，筹办已有端绪。参谋军事，最关重要，著即设立军谘府，秉承诏命，襄赞军谋。"（《宣统政纪》卷五十二）

又谕："郡王衔贝勒载涛、贝勒毓朗，均著授为军谘大臣。"（《宣统政纪》卷五十二）

当时督、抚，多不满中央集权，张人骏一奏，足以概之。

宣统三年八月丙午……两江总督张人骏奏：……窃谓今日厘订外官制所应申明者，约有数端：一曰督、抚权限。我国疆域广远，疆臣奏事不能直达，必致贻误事机。今应申明，一切具奏事件，悉仍旧制通则。所拟军政，仍责在督、抚。然有中央集权之说者，欲将外省军政直隶内部，将领不归督、抚任用节制，一旦有事，缓不济急。今应申明，督、抚有调遣兵队、节制进退将领之权。至外交虽统属于外部，然通商、游历、传教皆在外省，遇有事端，若在外了结，可免国际交涉。今应申明，督、抚有办理本省外交之权（《宣统政纪》卷六十）。

（乙）财权之集中

光绪甲午以降，中央财用益窘，岁亏六百万两。刚毅往江苏、广东搜括，仅得岁亏之半。庚子后，赔款而外，兴学练兵，需款更巨，清理财政之说以起。二十九年三月，遂命奕劻、瞿鸿禨会同户部，整顿财政，是即财政集中之始。

二十九年（一九〇三年）三月庚辰，谕："从来立国之道，端在理财用人。方今时局艰难，财用匮乏，国与民俱受其病，自非通盘筹画，因时制宜，安望财政日有起色？著派庆亲王奕劻、瞿鸿禨会同户部，认真整顿，将一切应办事宜，悉心经理。"（《光绪朝东华录》卷一七九）

九月丁酉，命外务部尚书那桐，会同庆亲王奕劻、瞿鸿禨，办理户部财政处事务（《光绪朝东华录》卷一八三）。

三十年（一九〇四年）七月，复命铁良往江苏等省，查各省进出款项。三十一年（一九〇五年）三月，派柯逢时管理八省土膏捐税事宜，搜括可谓至矣。

三月丙子，谕："铁良奏，湖北、湖南于宜昌设立总局，抽收土膏税捐。继又并江西、安徽两省合办，较各省分办之时，溢收甚巨。两广、苏、闽，亦系云、贵、川土行销之地，若合八省为一，收数必更可观等语，著财政处户部，即行切实举办。其统捐收数，除按各省定额拨给外，溢收之数另储候解，专作练兵经费的款，不得挪移。……合办统捐省分，为两湖、两广、江苏、江西、安徽、福建八省，凡云、贵、川土行销该八省者，经由总局分局，均即照收土税，无论轮船、民船载运，一律预征膏捐。……既纳统捐后，运往各处，如非落地销售，概不重征。……所有经征款目及支销等项，由总局按季册报户部查核。……派柯逢时管理八省土膏统捐事宜。"（《光绪朝东华录》卷一九二）

光绪三十四年（一九〇八年）十一月庚戌……度支部奏：……清理财政，要义有二：曰统一，曰分明。本此二义，于分年筹办之初，而为臣部职权所应及与现在急当整理者有六，外债之借还，宜归臣部经理。在京各衙门所筹款项，宜统归臣部管理。各省官银号，宜由臣部随时稽核。各省关涉财政之事宜，随时咨部，以便考核。直省官制未改以前，各省藩司宜由部直接考核。造报逾限，宜实行惩处。综此六端，虽不足尽财政奥蕴，实为九年中分年筹办初基所托。明知办理之难，不敢不竭力图维，期以必行（《宣统政纪》卷三）。

是年十二月，颁布《清理财政章程》。宣统元年二月，命设财政监理官，各省就地筹款，自筹自用之风始止。

谕："……清理财政为豫备立宪第一要政，各省监理官又为清理财政第一关键。所有正监理官，著该部自丞、参以下，开单请简，俾昭慎重。其副监理官，即由该部奏派。"（《宣统政纪》卷八）

中央款无可筹，始注意及盐。宣统改元，载泽遂以度支部尚书，兼督办盐政大臣。而以督、抚为会办，盖欲以盐税抵借外债。

谕："……著派贝子衔镇国公载泽，为督办盐政大臣，凡盐务一切事宜，统归该督办大臣管理，以专责成。其产盐省分各督、抚，本有兼管盐政之责，均著授为会办盐政大臣。"（《宣统政纪》卷二十六）

盐务既归中央，督、抚不平，藉口《章程》窒碍难行，以争权限。实则各省不得擅加盐价，以归省用，乃起争执。宣统二年四月，均传旨申饬，命仍照章办理。

谕内阁："督办盐政大臣载泽奏，遵旨会商一折，朝廷慎重盐政，特派大臣督办，原令直接管理，以一事权而资整顿。惟因疏销缉私，关涉地方，故命各督、抚会同办理。前据锡良等电奏，《盐政章程》诸多窒碍，当经谕令该大臣会商各督、抚详议具奏。兹据覆陈会商各节，朕详加披览，该督等拟将用人、行政悉归会办之督、抚，是与从前督、抚兼管盐政无异，朝廷何贵有此特举耶？且于前两次谕旨，毫未仰体，至该督办大臣受国重寄，应如何力任其难，认真筹办。乃此次仅据该督等复电具奏，意存诿卸，殊负委任，均著传旨申饬，所有盐务用人、行政一切事宜，仍著照奏定《章程》办理。……盐务关系重要，自此次严切申谕后，务各懔遵前两次谕旨，和衷共济，相与有成。若各怀挟成见，因循积习，龂龂权限，贻误要政，惟该大臣与各督、抚等是问。”（《宣统政纪》卷三十四）

盐务归中央二年有余，税收未见起色，而各省争执不已。乃改设盐政院，尽罢督、抚会办之名，以一事权。其争甚苦，足以见其时财政之窘。

今日盐务难于整理者，其故有二：一、在各省自为风气，不能祛官与商弊蠹；一、由各省自保藩篱，不能谋国与民公益，是以销数则彼此悬殊，引地则动成争执，自非改定盐政官制，设立专员不可。……窃思国家岁征盐税，同治以前不过一千一二百万两，光绪季年增至二千八九百万两，及试办宣统三年豫算，各省盐务收入，乃增至四千余万两，与地丁钱粮相埒。夫丁粮则有二十余藩司督征于上，千数百州、县经征于下，而盐务官乃散漫至此，自非酌定官制、特设京外盐务专官、统一事权、明定责任不为功。臣等共同酌议，拟请将督办盐政处，改为盐政院，设盐政大臣一员，管理全国盐政，统辖盐务各官。设盐政丞，以襄理鹾纲。厅长以承宣政令，参议、参事以佐拟法制，佥事、录事以执行事务。其在外省，则于产盐区域设正监督，于行盐区域设副监督，各置属官，分司榷政。……凡关于盐务用人、行政，均属盐政大臣专责，各省督、抚，毋庸再兼会办盐政大臣及会办盐政大臣衔。惟盐务与地方关系事件，仍由各省督、抚饬属办理。……得旨：前因各省盐务疲敝，特派大臣督办，以资整顿。惟事体重大，头绪纷繁，非设立专官无以收挈领提纲之效，著即将盐政院官制颁布，以盐政处改为盐政院，全国盐务均归管理，以一事权而重责成（《宣统政纪》卷六十一）。

命度支大臣载泽，兼任盐政院盐政大臣（《宣统政纪》卷六十一）。

（十六）辛亥革命

(1)孙中山之倡导

（甲）十次之失败

孙中山决意覆清，始于乙酉。自后，乙未有广州之役，庚子有惠州之役，皆由外患激成。在伦敦为龚照瑗所执，得英国政治保护而免。游日本，识宫崎寅藏、平山周，深与犬养毅、大隈重信相结纳，始为世界注目。革命之名，始于邹容《革命军》一书，章炳麟所定也。共和为容闳主张。自同盟会成立，而内地学堂与新军，悉为革命策源地，其势骤张。十次起兵，虽曰失败，而颠覆清室成功之速，实基于此。

予自乙酉中法战败之年，始决倾覆清廷、创建民国之志。由是以学堂为鼓吹之地，借医术为入世之媒，十年如一日。当予肄业于广州博济医学校也，于同学中物识有郑士良号弼臣者……与之谈革命，士良一闻而悦服，并告以彼曾投入会党，如他日有事，彼可为我罗致会党以听指挥云。……一年，闻香港有英文医校开设，可以鼓吹革命，故投香港学校肄业。数年之间……常往来于香港、澳门之间……闻而附和者，在香港只陈少白、尤少纨、杨鹤龄三人，而上海归客，则陆皓东而已。……此为予革命言论之时代也。及予卒业之后，悬壶于澳门、羊城两地以问世，而实则为革命运动之开始也。……至甲午中东战起，以为时机可乘，乃赴檀岛美洲创立兴中会，欲纠合海外华侨以收臂助。……数月，应者寥寥，仅得邓荫南与胞兄德彰二人，愿倾家相助，及其他亲友数十人之赞同而已。时适清兵屡败……遂与邓荫南及三五同志返国……开乾亨行于香港为干部，设农学会于羊城为机关。当时赞襄干部事务者，有邓荫南、杨衢云、黄咏商、陈少白等；而助运筹于羊城机关者，则陆皓东、郑士良并欧美技师及将校数人也，予则常往来广州、香港之间。……乃以运械不慎，致海关搜获手枪六百余杆，事机乃泄，而吾党健将陆皓东殉焉。……同时被株连而死者，则有丘四、朱贵全二人，被捕者七十余人，而广东水师统带程奎光与焉，后竟病死狱中。……此乙未九月九日，为予第一次革命之失败也。败后……乃得由间道脱险出，至香港。随与郑士良、陈少白同渡日本，略住横滨。……断发改装，重游檀岛。……复集合同志，以推广兴中会。……由太平洋东岸之三藩市登陆，横过美洲大陆，至大西洋西岸之纽约市。……于甫抵伦敦之时，即遭使馆之陷，几致不测，幸得吾师康德黎竭力营救，始能脱险。……暂留欧洲，以实行考察其政治风俗，并结交其朝野贤豪。两年之中，所见所闻，殊多心得。……予欲为一劳永逸之计，乃采取民生主义，以与民族、民权问题同时解决，此三民主义之主张所由完成也。……遂往日本……其民党领袖犬养毅，遣宫崎寅藏、平山周二人来横滨欢迎，乃引至东京相会，一见如旧识，抵掌谈天下事。……此为予与日本政界人物交际之始也。……各志士之对于中国革命事业，先后多有资助。……日本有华侨万余人……吾党同人，有往返于横滨、神户之间，鼓吹革命主义者，数年之中，而慕义来归者，不过百数十人而已。……由乙未初败以至于庚子，此五年之间，实为革命进行最艰难困苦之时代也。……予乃命陈少白回香港，创办《中国报》以鼓吹革命；命史坚如入长江，以联络会党；命郑士良在香港设立机关，招待会党。于是乃有长江会党及两广、福建会党，并合于兴中会之事也。旋遇清廷有排外之举……因而八国联军之祸起矣，予以为时机不可失，乃命郑士良入惠州招集同志，以谋发动。而命史坚如入羊城招集同志，以谋响应。……予乃与外国军官数人，绕道至香港……不期中途为奸人告密，船一抵港，即被香港政府监视，不得登岸。……乃将惠州发动之责，委之郑士良，而命杨衢云、李纪堂、陈少白等，在香港为之接济。予则折回日本，转渡台湾。……时台湾总督儿玉，颇赞中国之革命。……许以起事之后，可以相助。予于是一面扩充原有计画，就地加聘军官。……而一面令士良即日发动，并改原定计画，不直逼省城，而先占领沿海一带地点，多集党众，以候予来。……士良得令，即日入内地，亲率已集合于三洲田之众，出而攻扑新安、深圳之清兵，尽夺其械。随而转战于龙冈、淡水、永湖、梁化、白芒花、三多祝等处，所向皆捷，清兵无敢当其锋者。遂占领新安、大鹏至惠州、平海一带沿海之地，以待予与干部人员之入，及武器之接济。不图惠州义师发动旬日，而日本政府忽而更换新内阁，总理伊藤氏对中国方针，与前内阁大异，乃禁制台湾总督，不许与中国革命党接洽，又禁武器出口及禁日本军官投效革命军者，而予潜渡之计画乃为破坏。遂遣山田良政与同志数人，往郑营报告一切情形，并令之相机便宜行事。……士良连战月余，弹药已尽，而集合之众已有万余人，渴望干部、军官及武器之至甚切。而忽得山田所报消息，遂立令解散，而率其原有之数百人，间道出香港。……当郑士良之在惠州苦战也，史坚如在广州屡谋响应，皆不得当，遂决意自行用炸药，攻毁两广总督德寿之署而歼之。炸发不中，而史坚如被擒遇害。……庚子之役，为予第二次革命之失败也。……时适各省派留学生至日本之初……东京留学界之思想言论，皆集中于革命问题。刘成禺在学生新年会大演说革命排满，被清公使逐出学校，而戢元成、沈虬斋、张溥泉等，则发起《国民报》，以鼓吹革命。……在上海，则有章太炎、吴稚晖、邹容等，借《苏报》，以鼓吹革命。……邹容著有《革命军》一书，为排满最激烈之言论，华侨极为欢迎，其开导华侨风气为力甚大。此则革命风潮初盛时代也。壬寅、癸卯之交……河内开博览会，因往一行。……在河内时，识有华商黄龙生、甄吉亭、甄璧、杨寿彭、曾齐等，后结为同志，于钦廉、河口等役，尽力甚多。河内博览会告终之后，予再作环球漫游，取道日本、檀岛，而赴欧、美。过日本时，有廖仲恺夫妇、马君武、胡毅生、黎仲实等多人来会，表示赞成革命。予乃托以在东物色有志学生，结为团体，以任国事。后同盟会之成立，多有力焉。自惠州失败以至同盟会成立之间，其受革命风潮所感兴，起而图举义者，在粤则有李纪堂、洪全福之事，在湘则有黄克强、马福益之事，其事虽不成，人多壮之。……乙巳春间，予重至欧洲，则其地之留学生，已多数赞成革命。……予于是乃揭橥吾生平所怀抱之三民主义、五权宪法以号召之，而组织革命团体焉。于是开第一会于比京，加盟者三十余人。开第二会于柏林，加盟者二十余人。开第三会于巴黎，加盟者亦十余人。开第四会于东京，加盟者数百人。中国十七省之人皆与焉，惟甘肃尚无留学生到日本，故阙之也。此为革命同盟会成立之始。因当时尚多讳言革命二字，故只以同盟会见称，后亦以此名著焉。自革命同盟会成立之后……吾始信革命大业可及身而成矣。于是乃敢定立中华民国之名称，而公布于党员，使之各回本省，鼓吹革命主义，而传布中华民国之思想焉。不期年而加盟者已逾万人，支部则亦先后成立于各省，从此革命风潮，一日千丈。……同盟会成立未久，发刊《民报》，鼓吹三民主义，遂使革命思潮，弥漫全国，自有杂志以来，可谓成功最著者。其时慕义之士，闻风兴起……其最著者如徐锡麟、熊成基、秋瑾等是也。丙午萍醴之役，则同盟会会员自动之义师也。……本部于事前一无所知，故临时无所备。然而会员之纷纷回国从军者，已相望于道矣。寻而萍醴之师败，而禹之谟、刘道一、宁调元、胡英等，竟被清吏拿获，或囚或杀者多人，此为革命同盟会会员第一次之流血也。……时清廷亦大起恐慌，屡向日本政府交涉，将予逐出日本境外。予乃离日本，而与汉民、精卫二人同行，而之安南，设机关部于河内，以筹画进行。旋发动潮州、黄冈之师，不得利。此为予第三次之失败也。继又命邓子瑜发难于惠州，亦不利。此为予第四次之失败也。时适钦、廉两府有抗捐之事发生，清吏派郭人漳、赵伯先二人，各带新军三四千人往平之，予乃命黄克强随郭人漳营，命胡毅生随赵伯先营，而游说之以赞成革命，二人皆首肯，许以若有堂堂正正之革命军起，彼等必反戈相应。于是一面派人往约钦、廉各属绅士乡团，为一致行动；一面派萱野长知带款回日本购械，并在安南招集同志，并聘就法国退伍军官多人，拟器械一到，则占据防城至东兴一带沿海之地，为组织军队之用。东兴与法属之芒街，仅隔一河，有桥可达。……吾党可成正式军队二千余人，然后集合钦州各乡团勇六七千人，而后要约郭人漳、赵伯先二人所带之新军，约六千余人。……则两广可收入掌握之中。而后出长江，以合南京、武昌之新军，则破竹之势可成，而革命可收完全之效果矣。乃不期东京本部之党员忽起风潮，而武器购买运输之计画为之破坏。……攻防城之同志，至时不见武器之来，乃转而逼钦州，冀郭军之响应。郭见我军之薄弱，加以他军为之制，故不敢来。我军遂进围灵山，冀赵军之响应，赵见郭尚未来，彼亦不敢来。我军以力薄难进，遂退入十万大山。此为予第五次之失败也。钦、廉计画不成之后，予乃亲率黄克强、胡汉民，并法国军官与安南同志百数十人，袭取镇南关，占领三要塞，收其降卒，拟由此集合十万大山之众，而会攻龙州。不图十万大山之众以道远不能至，遂以百余众握据三炮台，而与龙济光、陆荣廷等数千之众，连战七昼夜，乃退入安南。予过谅山时，为清侦探所察悉，报告清吏，后清廷与法国政府交涉，将予放逐出安南。此为予第六次之失败也。予于离河内之际，一面令黄克强筹备再入钦、廉，以图集合该地同志；一面令黄明堂窥取河口，以图进取云南，以为吾党根据之地。后克强乃以二百余人出安南，横行于钦、廉、上思一带，转战数月。……克强之威名，因以大著，后以弹尽援绝而退出。此为予第七次之失败也。予抵星州数月之后，黄明堂乃以百数十人袭得河口，诛边防督办，收其降众千有余人，守之以待干部人员前往指挥。时予远在南洋，又不能再过法境，故难以亲临前敌以指挥之，乃电令黄克强前往指挥。不期克强行至半途，被法官疑为日本人，遂截留之而送之回河内，为清吏所悉，与法政府交涉，乃解之出境。而河口之众以指挥无人，失机进取……黄明堂守候月余，人自为战，散漫无纪，而虏四集，其数约十倍于我，新集之众，河口遂不守，而明堂率众六百余人退入安南。此为予第八次之失败也。……由黄冈至河口等役，乃同盟会干部由予直接发动，先后六次失败。经此六次之失败，精卫颇为失望，遂约合同志数人入北京，与虏酋拚命。一击不中，与黄复生同时被执系狱，至武昌起义后乃释之。……予自连遭失败之后，安南、日本、香港等地与中国密迩者，皆不能自由居处，则予对于中国之活动地盘，已完全失却矣。于是将国内一切计画，委托于黄克强、胡汉民二人，而予乃再作漫游，专任筹款以接济革命之进行。后克强、汉民回香港，设南方统筹机关，与赵伯先、倪映典、朱执信、陈炯明、姚雨平等，谋以广州新军举事。运动既熟，拟于庚戌年正月某日发难。乃新军中有热度过甚之士，先一日因小事生起风潮，于是倪映典仓卒入营，亲率一部分，从沙河进攻省城，至横枝冈为敌截击，映典中弹被擒死。军中无主，遂以溃散。此吾党第九次之失败也。时予适从美东行，至三藩市，闻败而后，则取道檀岛、日本而回东方。过日本时，曾潜行登陆，随为警察探悉，不准留居。遂由横滨渡槟榔屿，约伯先、克强、汉民等来会，以商卷土重来之计画。……时各人亲见槟城同志之穷……予乃招集当地华侨同志会议，勖以大义，一夕之间，则醵资八千有奇。再令各同志担任，到各埠分头劝募，数日之内，已达五六万元。……既有头批的款，已可分头进行。计画既定，予本拟遍游南洋英、荷各属，乃荷属则拒绝不许予往，而英属及暹罗，亦先后逐予出境。……予遂不得不远赴欧、美矣。到美之日，遍游各地，劝华侨捐资，以助革命，则多有乐从者矣，于是乃有辛亥三月二十九广州之举。是役也，集各省革命党之精英，与彼虏为最后之一搏。事虽不成，而黄花冈七十二烈士轰轰烈烈之概，已震动全球。而国内革命之时势，实以之造成矣。此为吾党第十次之失败也（《孙文学说》第八章《有志竟成》）。

（乙）同盟会

光绪三十一年七月，成立同盟会，推孙中山为总理，黄兴为总务，实主持革命事。留日学生多入会，士官学生加盟者尤众。后来新军起义，即由于此。同盟支会遂遍设于内地各省，海外亦多有之。

是年（光绪三十一年）六月，孙总理自南洋抵日本，邀集全国各省留日有志者，于是月二十八日开会于东京曲町区桧町内田良平寓所，到会者有总理、黄兴、陈天华、宋教仁、冯白由、张继、梁慕光、吴春阳、程家柽、黎勇锡、胡毅生、朱少穆、但焘、时功玖、田桐、曹亚伯、马君武、董修武、邓家彦、张我华、何天炯、康宝忠、谢良牧、刘道一、蒋尊簋、张伯乔、汪兆铭、朱大符、古应芬、金章、杜之杕、姚粟若、鲁鱼、柳聘侬、孙元、李四光、宫崎寅藏、内田良平等六十余人，除甘肃一省外，余十七省人皆有到者。首由总理说明开会理由，并提议定名为中国革命同盟会。众以本会为秘密组织，恐为实行之阻碍，卒以讨论结果，简称中国同盟会。时有主张对满同盟会者，总理谓革命党宗旨，不专在排满，当与废除专制、创造共和并行不悖。众赞成，次提议以“驱除鞑虏、恢复中华、创立民国、平均地权”十六字为誓辞。某某数人于平均地权有疑义，要求取消。总理乃起而详细解释，卒以大多数通过。次由黄兴提议，请赞成者书立誓约，于是会众由总理执行举手宣誓式。宣誓之外，总理并授以秘密口号，汉人、中国物、天下事三事，随与各会员一一行新握手礼。继复由众公议各会员盟书，于干事部未成立前，暂付托总理保管；而总理盟书，则众推黄兴保管。……众复推举马君武、汪兆铭、陈天华等，为会章起草员。十日后，复假赤阪区霞关子爵阪本金弥邸，开第二次成立会。……是日，通过会章后，投票选举孙公为总理，黄兴为庶务，陈天华为书记，宋教仁、程家柽等为交际，谢良牧为会计，邓家彦为执法部长，冯自由、汪兆铭等为评议员（冯自由《中国革命运动二十六年组织史》）。

同盟会为兴中会、光复会、华兴会合组而成。兴中由孙中山主之，多粤人及海外华侨。光复由蔡元培、章炳麟主之，多江浙文士，徐锡麟发难于安庆，最足振动人心。华兴由黄兴主之，多两湖人士，屡起兵湖湘间。

民国纪元前二十年（壬辰一八九二年），总理创设兴中会于澳门（邹鲁《中国国民党史稿》）。

甲午，中山在檀岛已极力筹饷，为革命进行之需。及归香港，即与郑士良、陆皓东、黄咏襄、陈少白、杨鹤龄、尤烈诸人，拟联络全省革命同志，扩大兴中会之组织，以利进行。因闻杨衢云、谢赞泰等所设辅仁文社，宗旨相同，于是孙、杨两派，遂于乙未正月廿七日合并为一，仍定名曰兴中会，设总机关于士丹顿街十三号，榜其名曰乾亨行。凡入会者，须一律宣誓，其誓词曰：驱除鞑虏、恢复中国、创立合众政府，倘有贰心，神明鉴察（冯自由《中华民国开国前革命史》）。

兴中会自乙未败后数年，会长一职，仍由杨衢云肩任，并未改选。惟在杨南游期间，与各省会党及日本志士之交际，概由中山任之，故中山已不啻为事实上之会长。及己亥冬，毕永年与哥老会龙头李云彪、杨鸿钧、张尧卿、辜天祐等，有联合各秘密会党，奉中山为首领之议，遂有人讽杨辞职让孙，期免党内纠纷。适杨于是年十二月廿四日乘日轮镰仓丸至香港，遂以此征求谢赞泰同意，谢亦赞同，杨于是提出辞职，并荐中山自代。未几，兴中、三合、哥老三会代表在香港开会，同举中山为总会长，并特制总会长印章，由日人宫崎寅藏赍往横滨，上诸中山。其所以特称总会长，即明示中山之被举，由于三会之公意，与普通会长不同也（冯自由《中华民国开国前革命史》）。

余年十三四，始读蒋氏《东华录》，见吕留良、曾静事，怅然不怡。辄言有清代明，宁与张李也。弱冠，睹全祖望文所述南田、台湾诸事甚详，益奋然欲为浙父老雪耻。次又得王夫之《黄书》，志行益定。而光复会初立，实余与蔡元培为之魁，陶成章、李燮和继之，总之不离吕、全、王、曾之旧域也（章炳麟《光复军志序》）。

癸卯年（光绪二十九年）秋，军国民教育会实行员龚宝铨自日归国。是冬，与同志组织光复会，为进行机关，群推蔡元培为会长，会址暂设爱国女学堂。徐锡麟、吕熊祥、赵卓、蔡元康、秋瑾、陈伯平、马宗汉、刘光汉、吴春阳等先后订盟，入会者以皖、湘两省志士为多（冯自由《中国革命运动二十六年组织史》）。

甲辰年（光绪三十年）春，湘人黄轸（后改名兴）、刘揆一、陈天华、杨守仁等，在日本发起华兴会。……夏秋间，自日返长沙，由刘揆一介绍哥老龙头马福益合作，更由同志陈天华、章行严、谭人凤、刘道一、萧堃、柳继贞、邹永成、宋教仁、胡瑛、柳聘侬诸人，各分途进行，杨守仁则驻上海，策应一切。会员先后加盟者四五百人，多属学界分子。因联络秘密会党，颇不便利，黄、刘等乃于华兴会外，另设同仇会，专为联络会党机关。……黄、刘、马等之大计划，预定于甲辰九月，清太后万寿节日，在长沙、岳州、衡州、宝庆、常德等处，分五路起事。……有会党何少卿、郭鹤卿二人，以机事不密，在湘潭县城被县吏逮捕，其大体计划亦被探悉。……未几，湘抚派兵查缉各党人寓所，全城骚扰，黄乃避居吉祥巷耶教圣公会，由牧师黄吉廷、同志曹亚伯保护出险。刘亦绕道赴汉口，得免于难。马福益由湘潭逃桂，次年返湘，欲图再举，为湘抚端方擒杀（冯自由《中华革命运动二十六年组织史》）。

同盟会既成立，首发布三民主义。

予维欧、美之进化，凡以三大主义，曰民族，曰民权，曰民生。罗马之亡，民族主义兴，而欧、美各国以独立，专制仆而立宪政体殖焉。世界开化，人智益蒸，物质发舒，百年锐于千载。经济问题，继政治问题之后，则民生主义，跃跃然动。二十世纪，不得不为民生主义之擅场时代也。是三大主义，皆基本于民，递嬗变易，而欧、美之人种，胥治化焉。其他施维于小己大群之间而成为故说者，皆此三者之充满发挥而旁及者耳。今者中国，以千年专制之毒而不解，异种残之，外邦逼之，民族主义、民权主义，殆不可以须臾缓。而民生主义，欧、美所虑积重难返者，中国独受病未深而去之易。是故或于人为既往之陈迹，或于我为方来之大患，要为缮吾群所有事，则不可不并时而弛张之。嗟夫！所陟卑者，其所视不远。游五都之市，见美服而求之，忘其身之未称也。又但以当前者为至美，近时志士，舌敝唇枯，惟企强中国以比欧、美。然而欧、美强矣，其民实困，观大同罢工，与无政府党、社会党之日炽，社会革命，其将不远。吾国纵能媲迹于欧、美，犹不能免于第二次之革命，而况追逐于人已然之末轨者之终无成耶？夫欧、美社会之祸，伏之数十年，及今而后发见之，又不能使之遽去。吾国治民生主义者，发达最先，睹其祸害之未萌，诚举政治革命、社会革命毕其功于一役，还视欧、美，彼且瞠乎后也（孙文《民报》发刊词）。

《民报》撰著人，曰章炳麟、汪兆铭、胡衍鸿、陈天华、朱大符、刘师培、汤增璧、宁调元、宋教仁、黄侃、汪东。而自外投稿，则有马君武、吕占东、白逾桓、景定成、雷昭性、田桐、仇式匡等若干人。经理始为董修五，继为黄树中，陶成章则出名向日政府立案（李根源《雪生年录》卷一）。

（丙）黄花冈

黄花冈死事者百余人，皆一时俊彦。当时有以为革命无法进展，乃为最后之一击者。又有以为此种类似暴动之举，绝无成功之希望者。后来武昌起义，其始亦不过一二百人，所不同者，武昌能得内应，而黄花冈则否。然黄花冈之事，激动全国人心，影响至巨，人人皆以为清廷旦夕将亡，宣传上之成功，视攻城得地者，相去不可以道里计。清之亡，虽由英与袁世凯交构于其间，若人心未去，交构者亦无所施其伎俩也。

原议三月十五日为发难期，继而不能不缓者：一则美属款未到齐；

二则温生才事件发生，省会戒严，欲待防稍弛；三则日本之械，其大数尚未到。……然早知四月初有二标退伍之确耗，则时期亦只能尽三月底。……省中已预定二十九举事……讵二十七，张鸣岐、李准调巡防二营回省，以三哨助守龙王庙高地。毅生即提议改缓时期，陈炯明和之，宋健侯（宋伯先在省之代表也）亦以为然，姚雨平则反对。……后林时爽、喻云纪到克处言，不特不能改期，且须速发，方可自救。以巡警早四五日已有搜索户口之札，旦夕必发也。克以二兄之决心，则欲集三四十人攻督署，以杀张鸣岐。议亦决。……二十八日，陈炯明、姚雨平偕到报告云，调来顺德三营内多同志，其哨官十人中，八为同志。……克仍攻督署，姚雨平任攻小北门，占飞来庙，并迎巡防营及新军。炯明攻巡警教练所，毅生以二十余人守大南门，约定二十九午后五点半钟同发。……临时克与所部由小东营出，枪杀巡警于道，疾行而前……入督署。……克与林时爽、朱蛰伸、李文甫、严骥君等，亲行遍搜，无一要人。……（二十六、七，毅生已疑陈镜波为侦探）……初入督署时，仅死三人。已出，则林时爽于东辕门招抚李准之先锋队（以伯先部常言，李准部下已运动多人），突攻，脑中枪而死，克中伤右手，断两指。他同志亦有数人死于卫队门首者。时就所余部，分为三路，克与十人出大南门，欲与巡防营接应；徐维扬以花县四十人，欲出小北门，与新军接应；余则川、闽同志及安南、南洋同志，往攻督练公所。福建方声洞与克出，行最先，遇巡防营于双门底，见其并无相应之号，且举枪相向，方乃发手枪杀其哨弁一人，敌枪环攻方，死之。克且战且前……以肩撞破一小店门，入之。从内发枪，中七八人。……克乃易衣而出，入河南女同志家，初二始返港（后乃知同时朱执信、郑坤、何克夫三人得生还，余则死矣）。喻云纪兄与众攻督练公所，途遇防勇，绕路攻龙王庙。一人当先，抛掷炸弹，防勇为之披靡，后失手遇害。李文甫攻督署时，非常猛烈，已出，伤其右足，后为虏获，从容谈笑而死。其余殉国而死者，粤同志则有罗则军、李子奎、李群、周华、王鹤明、杜君、马昌、罗坤、韦云卿，四川同志则有饶国樑、秦柄，闽同志则有林觉民、陈可钦、陈与新、刘六湖、刘元栋、陈更新、吴任之、冯郁庄、林尹民、郭炎利、郭钿官、郭天财、翁长祥、陈孝文、陈大发、林茂增、王文达、曾显、刘藩、虞全鼎、周团生、吴顺利、吴炎妹、吴七妹，尚有不知姓名一人。徐维扬（花县人）部下之众，死者二十四人，被捉在监者六人，负伤生还者十六人。朱执信攻督署，奋勇争先，迥非平日文弱之态。在二门，为后列误伤肩际，仍与克偕行至双门底，遇敌相失，后入其门生家，易服出险。何克夫与防营亦力战，负伤出大南门，过至戚家，匿三日而后出。郑坤负伤出大南门，入一店。……四川熊克武、福建王以通、严骥，皆负重伤而出。克同攻督署者百三十人，内徐维扬四十人，刘古香十四人，此二部稍弱，余则虽以朱执信、李文甫、陈与新之温文，均敢先当敌，无丝毫怯懦之态，盖义理之勇为之也。林时爽本同林觉民、陈与新在东筹有的款，将归闽举事，已来港则同死于广东。闽同志者多毕业高等专门学生，年少才美，伤心俱烬。……喻云纪药学毕业，能制炸弹炸药。精卫北京事件，喻同谋，炸药发见，再归日本合药。……罗则军本有十八人，任毁电信局。……李文甫任五十人，攻石马槽。……而二人再知定期二十九，则只身赴难，殉战而死。……王鹤明、杜某某、李文楷，事事勤慎……仓猝战死。……战之翌日，海防同志李德山等数人，走入米店，据米为垒，抛掷炸弹，营勇不敢近。张鸣岐下令焚烧，惟罗稳一人走免。伯先之代表宋健侯，亦轻裘缓带之士，既已遣散其部下，独与数人合克部攻督署，后不知如何被捉。各报登有宋玉琳，供词慷慨，可以见其平生矣。庞越为高州吴川人，素运动广州湾方面，此次亦遇害。石经武留宋健侯机关遇害，其余江、皖、湘、粤之士，虽未与战，而陷在城内，因无辫被害者不少（曹亚伯《武昌革命真史》前编《黄兴胡汉民海外报告书》）。

是役，党人死者，莫知其确数，检收遗骸，则得七十二人。

潘达微从葬于广州之红花冈，改红花为黄花，曰黄花冈七十二烈士墓。

方声洞福建闽侯，林盛初广西平南，徐佩旒广东花县，韦树模广西平南，徐礼明广东花县，徐日培广东花县，李炳辉广东肇庆，李晚广东东安，郭继枚广东增城，徐广滔广东花县，游寿广东南海，徐临端广东花县，李文楷广东清远，周华广东南海，陈春广东南海，徐茂燎广东花县，徐松根广东花县，徐满凌广东花县，庞雄广东吴川，冯超骧福建南平，韦荣初广西平南，江继复广东花县，徐昭良广东花县，徐培添广东花县，陈更新福建闽侯，秦炳四川广安，徐应安广东花县，劳培广东开平，曾日全广东花县，徐熠成广东花县，杜凤书广东南海，陈与桑福建闽侯，余东雄广东南海，徐保生广东花县，徐廉辉广东花县，陈文褒广东大埔，韦统铃广西平南，李文甫广东东莞，韦统淮广西平南，徐容九广东花县，徐进炤广东花县，程良安徽怀远，林觉民福建闽侯，宋玉琳安徽怀远，马侣广东番禺，陈潮广东海丰，陈清畴福建连江，罗乃琳福建连江，李德山广西罗城，喻培伦四川内江，罗仲霍广东惠州，卓秋元福建连江，胡应昇福建连江，罗坤广东南海，饶国樑四川大足，林尹民福建闽侯，黄鹤鸣广东南海，黄忠炳福建连江，王灿登福建连江，林西惠福建连江，饶辅廷广东梅县，李雁南广东开平，陈可钧福建闽侯，石德宽安徽寿县，陈发炎福建连江，周增广东梅县，林文福建闽侯，刘六符福建连江，刘元栋福建闽侯，林修明广东蕉岭，魏金龙福建连江，张学龄广东兴宁（《黄花冈七十二烈士碑》）。

辛亥以前革命军起义简表

地点	时间	起义经过	附注
羊城（广州）	光绪二十一年九月九日	海关搜获手枪，事泄，陆皓东等三人被害。	第一次革命失败

续表

地点	时间	起义经过	附注
惠州	光绪二十六年	郑士良率众占领新安、大鹏至惠州、平海一带之地，以无械接济、解散。	第二次革命失败
湘潭	光绪三十年	未及起义，因何少卿、郭鹤卿被捕而事泄。	
萍浏醴	光绪三十二年	会党首领李经其，被迫溺毙。萧克昌被诱杀，龚春台、姜守旦、王胜、蔡绍南举义，众至数万。萍乡以矿工为中坚，醴陵以防营为中坚，浏阳以会党为中坚，清军围攻，败退。	被杀万余人，同盟会会员亦有回国参加者
黄冈	光绪三十三年四月十一日	许雪秋、陈涌波、陈宏生，聚千余占黄冈、石林等地，退散时，遗下党籍，被捕杀二百余人。	第三次失败
惠州	光绪三十三年四月二十二日	邓子瑜举兵，所向无敌，西江震动，以无接济退散。	第四次失败
钦、廉	光绪三十三年七月二十四日	举义于钦州王光山，占防城县。又破南宁府属之横州、永淳，退入十万大山。	第五次失败
镇南关	光绪三十三年十月廿六日	黄明堂奉乡团百余人，攻占炮台。孙中山、黄兴、胡汉民皆参加，以无接济，退。	第六次失败
钦、廉、上思	光绪三十三年十月后	黄兴以二百余人转战数月，无援而退。	第七次失败
安庆	光绪三十三年五月二十六日	徐锡麟杀巡抚恩铭，攻据军械局，陈伯平战死，锡麟被害。	
云南河口	光绪三十四年三月二十九日	黄明堂袭得河口，杀边防督办王玉藩，进攻蒙自。月余，因无人指挥，率六百余人退入安南。	第八次失败

续表

地点	时间	起义经过	附注
安庆	光绪三十四年十月二十六日	熊成基夺菱湖嘴子弹库，还攻北门，不入，乃散出。	宣统元年，熊至哈尔滨欲暗杀载洵，事，被害
广州	宣统二年正月初三日	倪映典率兵三千余攻教会山，败，被害。	第九次失败
北京	宣统二年二月二十一日	江兆铭谋刺摄政王，被捕。	革命军起，始出狱
广州	宣统三年三月十日	温生才刺杀将军孚琦，生才亦被害。	
广州	宣统三年三月廿九日	黄兴率众攻督署失败，死者甚多，遗骸七十二人，葬于黄花冈。	即黄花冈之役，革命第十次失败

（2）川路风潮

自收回权利之风盛行于时，而后收回京汉铁路，且定粤汉、川汉为商办，随粮征股，久未兴工。郑孝胥独创干路国有之议，介陈宝琛以投盛宣怀，宣怀复由瑞澂以达于载泽，为三人起用之基。清廷遂定议以盛宣怀为邮传部尚书，收回粤汉、川汉两路为国有，命端方为督办，借外款兴修。实则度支告匮，在借日本及四国银行团外款外，尚欲大借外款，苦无抵押，意在觅抵押品，而不在修路，故人心大愤。

宣统三年二月壬辰……邮传部会奏：京汉路铁路赎回时，借用度支部官款银五百万两，今借日本正金银行一千万元，订立合同，以二十五年归还。此项借款除还清度支部外，作为各路还本还利之用。……得旨：著邮传部尚书签字（《宣统政纪》卷四十九）。

宣统三年三月乙卯，度支部会奏：拟定英、美、德、法四国银行借款合同二十一款。……为画一币制及兴办扩充东三省实业事务之用，总数一千万镑，利息五厘，折扣九五，还本以四十五年为期。……指定以东三省烟酒税、出产税、销场税、各省盐斤新加价四项，每年共库平银五百万两，为头次抵押。……扣支七万五千镑，以作酬费。……得旨：著度支部堂官签字（《宣统政纪》卷五十一）。

四月甲戌，谕："……饬部特借英、美、德、法四国银行一千万镑，日本横滨银行一千万元，专备改定币制、振兴实业以及推广铁路之用。该管衙门自应竭力慎节，不得移作别用。"（《宣统政纪》卷五十二）

盛宣怀为邮传部尚书，宣怀外授意四品京堂郑孝胥，条议铁路国有利益，揭之报纸，以回视听。内与度支部尚书载泽相结，极言铁路商办有百害无一利，且恐终不成，应仿外国制，收归国有、一事权。时载泽方用事，阴助之。更风给事中石长信奏言，铁路有干路，有支路，支路可许商修，干路必归国有（尚秉和《辛壬春秋》第二《四川》）。

己卯，谕："……中国幅员广阔……全国路政错乱纷歧，不分枝干，不量民力，一纸呈请，辄行批准商办。乃数年以来，粤则收股及半，造路无多。川则倒账甚巨，参追无著。湘、鄂则开局多年，徒资坐耗。竭万民之膏脂，或以虚糜，或以侵蚀，恐旷时愈久，民累愈深，上下交受其害，贻误何堪设想？用特明白晓谕，昭示天下，干路均归国有，定为政策。……各省分设公司集股商办之干路……应即由国家收回，赶紧兴筑。除枝路仍准商民量力酌行外，其从前批准干路各案，一律取消。"（《宣统政纪》卷五十二）

邮传部奏："粤汉铁路鄂境川汉铁路借款正合同签字，势难久延，请将该部批准前案，先行取销。"从之（《宣统政纪》卷五十二）。

戊子，谕内阁："端方著以侍郎候补，充督办粤汉、川汉铁路大臣，迅速前往。"（《宣统政纪》卷五十三）

庚寅，邮传部会奏：粤汉、川汉铁路接议英、德、美、法各银行借款合同，计二十五款，缮单呈进，并请旨签字盖印。得旨：著邮传大臣签字（《宣统政纪》卷五十三）。

七月甲申，御史陈善同奏：……今盛宣怀事前毫无预备，徒仰仗借款，突然将批准各案，奏请一律取消。各该路以十余年之经营，千数百万之筹集，一旦尽取诸其怀而夺之，而所订借款合同利率之高、虚折之多、抵押之巨、债权之重，又着着失败，予人口实。各该省人民痛念前劳，怵心后祸，宜其奔走骇告，岌岌若不终日也。查给事中石长信之请定干路、枝路办法，在四月初七日，邮传部之覆奏宣布国有政策，在十一日；而借款合同之签押，在二十二日；一似政策之改定，实缘借款而发生也（《宣统政纪》卷五十九）。

川、鄂、湘、粤同持异议，鄂、湘、粤先已由邮部收股，出立借据，并付息二厘了结。而川股二千万两内，由川路公司窃用至四百万两，政府不肯承认，以至由争论而请愿，请愿而设立争路同志会，罢市罢学。

五月辛丑，谕："……杨文鼎奏，湖南谘议局呈奏，湘路力能自办，不甘借债，据情代奏一折，铁路干路收归国有，业经定为政策。杨文鼎身任地方……竟率行代为渎奏，殊属不合。著传旨严行申饬。"（《宣统政纪》卷五十四）

癸卯，又谕："王人文电奏，据四川谘议局呈称，川省绅民自奉铁路改为国有之命，纷纷函电，请饬暂缓接收，并请缓刊誊黄等语。览奏殊堪诧异，铁道改归国有，乃以商民集款艰难，路工无告成之望，川省较湘省为尤甚。且有亏倒巨款情事，朘削脂膏，徒归中饱，殃民误国，人所共知。朝廷是以毅然收为国有，并停收租股以恤民艰。既经定为政策，决无反汗之理。该省谘议局不明此意，辄肆要求，并有缓刊誊黄之请，是必所收路款，侵蚀已多，有不可告人之处。一经宣布，此中底蕴恐不能始终掩饰，难保该局非受经手劣绅之请托，希图蒙混，为延宕时期，接续抽收之计。……王人文著传旨严行申饬。”（《宣统政纪》卷五十四）

丙辰……谕：“……此次粤省因收回路事，突然倡议不用官发纸币，纷纷持票取银。……著张鸣岐严饬地方文武，随时防范，认真弹压。或有不法行为，立予拿办。傥敢纠众作乱，准如该督所请，格杀勿论。”（《宣统政纪》卷五十四）

戊午，谕：“……度支部会奏……请将川、粤、湘、鄂四省所抽、所招之公司股票，尽数验明收回，由度支部、邮传部特出国家铁路股票，常年六厘给息。嗣后如有余利，按股分给。傥愿抽本，五年后亦可分十五年抽本。未到期者，并准将此次股票向大清交通银行照行规随时抵押。其不愿换国家铁路股票者，均准分别办理，以昭平允。粤路全系商股，因路工迟滞，糜费太甚，票价不及五成，现每股从优先发还六成，其余亏耗之四成，并准格外体恤，发给国家无利股票。路成获利之日，准在本路余利项下分十年摊给。湘路商股照本发还，其余米捐租股等款，准其发给国家保利股票。鄂路商股并准一律照本发还，其因路动用赈粜捐款，准照湖南米捐办理。川路宜昌实用工料之款四百数十万两，准给国家保利股票，其现存七百余万两，愿否入股，或归本省兴办实业，仍听其便等语。筹画尚属妥协，著督办粤汉、川汉铁路大臣，迅速前往，会同各该省督、抚，遵照所拟办法……实力奉行。”（《宣统政纪》卷五十四）

六月壬辰……护理四川总督王人文代奏，四川绅民罗纶等二千四百余人呈称，叠读收路国有谕旨，并盛、端两大臣，会同度支部酌定办法，不敢从命。查盛、端两大臣电称，川股由部筹还，必借洋债，必照湖北以川省部有之财政作抵等语。是意在挟持川人，不还股款可知。又度支部会议细则，谓公司股票如愿领保息股票，除倒账准不扣折等语。是倒款固永不归还，路本亦必扣折又可知。又度支部会奏，谓湘、粤商股一律照本发还，川路用款准给保路股票，其存款或令入股，或归本省举办实业等语。是川路虽有商股，不得如湘、鄂商股照本发还又可知。部臣对待川民，种种均以威力从事，毫不持平。敢同声吁于我皇上之前，惟裁察焉。得旨：铁路国有政策，早经宣示。借款合同，系有旨谕令签押，决无反汗之理。该护督一再渎奏，殊为不合（《宣统政纪》卷五十六）。

川路总理李稷勋，效忠于清廷，于是川事乃益亟。李稷勋者，川汉铁路驻宜总理。自铁道国有政策颁布，李曾具呈邮部，谓该路即收归国有，应俟从前支出各款，妥定归结办法，始由官局订期接收，恐非仓卒所能完竣。嗣后关于工程材料及工程司去留各事项，应如何办理？统候裁夺。旋又进京面呈，宜、夔工程照常办理，所有工项仍由川款开支。邮部因以宜、夔路工，责成李稷勋悉心主持。即由邮部咨行川督，转饬川路总公司。川人以李稷勋并无总公司之知会，股东之议决，四川总督之命令，擅自达部，邮部亦不问股东愿否，辄定宜、夔工程仍由川款开支。因具呈请川督代奏，严劾邮部。一面发传单通告全川，罢市罢课，一切厘税杂捐，概行不纳，扣抵股息。时七月初一日事也（郭孝成《中国革命纪事本末》第二编）。

宣统三年七月丁卯……又谕："电寄赵尔丰，据电奏，四川股东会议论激昂，正在传集劝诫，街市忽有匿名传单，鼓动罢市罢课情形等语。此次该省激动情形，有无匪徒从中煽惑，著赵尔丰确切查明，严行弹压。"（《宣统政纪》卷五十八）

省中各街衢，皆搭盖席棚，供设德宗景皇帝万岁牌，舆马皆不得过。……更有头顶万岁牌为护符（《文献丛编》第二十三辑《清宣统朝四川铁路案》）。

时袁世凯虽退居彰德，而与内阁徐世昌日由电报通消息。四川争路事起，世凯授意世昌，力主严办，欲使时局败坏，己得以乘机出山。

七月丁丑……又谕："……赵尔丰、玉崑等……仍以交院议决暂归商办为请。……著传旨申饬。"（《宣统政纪》卷五十八）

川人争路之焰，至于极点，皆由郭孝可、罗纶、颜楷、张澜等鼓吹而成，而蒲殿俊复暗中为之主谋，以为后援。……藉口保路……不纳厘税，实行抗粮抗捐。至（七月）十三，而逆书见。十六日，而起事之说已确。因于十五日，将该逆绅等诱入署中，一并拘留。在蒲殿俊家，搜得该逆党寄罗纶信，有倡举大义、资助枪弹等语，更属凭证确凿。当日午间，同志会党聚集万人，闯入督署，禁之不可。将及堂，不得已饬令开枪，毙数人，始行退去（《文献丛编》第二十三辑《清宣统朝四川铁路案·赵尔丰电》）。

七月十五日……九钟，铁路公司开股东会。先时，督院开列名单，来传股东会会长及同志会各部长共十九人到院，称北京来电，有好消息，立待磋商。登时往者有张表坊、罗子卿、江绪伦、邓慕鲁、叶炳成等五人，于是公司一时不能开会，专候回音。交午后一钟，突有兵到公司，将大门封闭，众人于是惊惶不知所以。问之队官，称由督院派来保护公司。……于是人心生疑，请伊将门打开，当即派人出街探听，果见各街口均驻巡兵，南院及各司道衙门尤多。巡兵围守，四城门已闭，出入杜绝。又见赵督告示，严厉异常。其一示中云：此次所拿首要，均系煽乱之人。又一示云：只拿首要，不问平民。首要诸人业已就擒，议会解散，谣言勿听。兵队保护，匪徒难侵。拥挤上院，格杀勿论等字样。于是人心大愤，鬼哭神号，各街坊传告各铺家坐户，无论老幼男女，各出一人，均头顶先皇神位纸条，奔往南院请罪。被各处巡兵阻止，不听。巡兵竟放枪击毙商民数人，而人心犹不畏死，直投南院，又被赵督及军官田征夔，立命亲兵队同巡兵，击毙数十余人，受伤者较多（渤海寿臣氏《辛亥革命始末记》）。

七月辛巳，谕："……赵尔丰……前奏川人抗粮抗捐等情，已属目无法纪。兹复倡言自保，意在独立，尤属罪无可逭。著赵尔丰迅速查拿，如得有狂悖不法确据，实系形同叛逆，无论是否职官，即将首要人犯先行正法。并妥速解散胁从，毋任蔓延为患。"（《宣统政纪》卷五十九）

壬午……又谕："电寄赵尔丰，电奏悉，川省逆党藉争路为名，鼓动愚民，意图独立。竟于十五日凶扑督署，肆行烧杀，并砍伤哨弁等数人，实属凶恶已极。该署督力饬兵队，将该逆党分头击退，并先将首要蒲殿俊等设法诱擒，办理尚属迅速。该署督以该省兵分力弱，请拨得力兵队数千人来川一节，著瑞澂就近遴派得力统将，酌带营队，迅即开拔赴川。"（《宣统政纪》卷五十九）

代表刘声元、阮峘等既入都，上书邮传部、都察院，请代奏，并哭诉于庆王府，均不得要领。摄政王入朝，声元等复拦舆哀诉，王大怒，命递解声元等回籍，（四川谘议局副议长）萧湘亦惧祸南归。载泽恐湘归煽乱，电瑞澂捕之，囚于武昌（尚秉和《辛壬春秋》第二《四川》）。

七月甲申……又谕："……四川……旅京绅商、学界屡次开会，聚集多人，投递呈词。……著学部严饬各学堂管理各员，认真约束学生，照常上课，不准随意出堂，干预外事。并著民政部、步军统领衙门，严行禁止聚众开会，多派兵警，加意弹压。……劝阻解散，傥或不遵，即行分别拿办。并将自称四川代表刘声元，严密查拿，押解回籍，交地方官严加管束。"（《宣统政纪》卷五十九）

清廷命岑春煊赴川查办，复命端方率兵入川。春煊负气返沪，川人争路愈烈。川路事起仅三月，而武汉起义。又三月而清以亡。

七月乙酉，谕："……自铁路干路收归国有，凡从前商股、民股，均经饬部妥定办法，明白宣示。……乃川人未明此意，开会演说，藉端争执。……本月十五日，竟有数千人凶扑督署，肆行烧杀，并毙弁兵。似此目无法纪,显系逆党勾结为乱,于路事已不相涉,万难再予姑容。已电饬赵尔丰相机,分别剿办……勿任蔓延。……至该省商民一切路股,仍著邮传部、督办会办铁路大臣,遵旨妥速办理。"(《宣统政纪》卷五十九)

癸巳,谕:"……赵尔丰电奏,自十五日乱民围攻督署之后,是夜即有大面铺牛市口民团数千人,麇集城下。连日又到有温江、郫县、崇庆州、灌县、成都、华阳、双流、新津、邛州、蒲江、大邑十余州、县民团,每县数起,每起数千人,或至万人,所到之处,抢掠烧劫,无所不为,附近居民纷纷逃徙,当经调派陆军及巡防军卫队迎剿。乃各该团恃其势众,分四路围城,并放枪炮,伤亡军士。迨经回击,犹敢抵死抗拒。及势难支,始行败退。嗣有大股匪团数千人,盘踞距省城五十里之龙泉驿山顶,扼守险要,密列炮械,扬言进攻省城。迨官军驰往剿击,匪即开炮轰打,经军队于黑夜猛扑山上,占据山顶,夺获大炮数十具,枪弹刀矛无算,匪遂下山纷窜。而西路犀浦、中和场等处匪徒,亦经击退。匪复分股围攻双流县城,焚烧关厢街寺,官军与之相持一昼夜,城围始稍松解,窜扰犀浦、中和场,并续窜唐家寺之匪,亦先后败退。自十六日至今,连战七日,擒斩甚多,夺获刀矛旗帜约二千余件。各路电线悉被砍断,驿递文件皆被截阻搜杀,现在各处仍复警报频闻。拟俟城守稍固,即抽队迎剿。先后阵擒被胁愚民,均开导宽免等语。办理尚合机宜。该匪等先期散有调兵木签,足见谋逆已非一日。及至逆谋败露,立时四处响应。……亟宜早图廓清。现在鄂军已经行抵川境,黔省援军亦经开拔,仍著赵尔丰严饬各军,分路剿办。"(《宣统政纪》卷五十九)

八月戊戌……又谕:"电寄赵尔丰,电奏双流防军,已将彭家场攻开,毙匪甚众。温江、崇庆之匪占踞要隘,新津、彭山两县已为匪踞,地方官皆被幽禁,成属各县几于无地不匪,各州、县亦纷纷告警。……著赵尔丰饬知田振邦,严饬军队,节节进行,迅速扑灭,毋任蔓延。"(《宣统政纪》卷六十)

壬子……又谕："电寄赵尔丰，端方电奏，嘉定失守。……著该署督严饬各军，迅将失守地方克复，不得少有延缓。"（《宣统政纪》卷六十一）

七月二十七日奉旨，沈秉堃电奏川省变乱，请饬邮传部分备银两，散还零星民股。其川路亏倒股本，并饬部垫认，按股散还，追缴归款等语。……二十九日又奉旨，岑春煊电……陈川省路股办法。……著邮传部速议具奏。……凡持有商办股票者，准赴各省路局清理股票处挂号。……到局支取现银，并换领国路股票。……本（八）月初八日，奉谕：……依议（盛宣怀《愚斋存稿》卷十八《遵旨议覆川省路股办法折》）。

川省风潮极急。时党人龙鸣剑，劝蒲殿俊以举大事，蒲不可。龙鸣剑遂归荣县，蒲等于罢市后，犹复刊布光绪牌位，令人遍贴门首，焚香致敬，以明非反抗清廷意也，党人固羞之。亦有少数党人，不惜贬损个人名誉，藉以鼓动民心。如龙鸣剑、李朝甫、陈孔伯、方朝桢、陈子玉、王世杰诸人，皆外以同志会之名，内行革命之事，极言国有巨弊，政府恶劣，使人人知清之不可恃，非改革不可。故八月鄂省革命事起，四川省城未克，而各属州、县已恢复数十处矣（郭孝成《中国革命纪事本末》第二编）。

九月己巳，又谕："资政院奏……称，祸乱之源，皆邮传大臣盛宣怀欺蒙朝廷，违法敛怨，有以致之。……此次川乱之起，大半原因，即以该部奏定仅给实用工料之款，以国家保利股票，不能与鄂路商股一律照本发还，又将施典章等所亏倒数百万，弃置不顾，怨苦郁结，上下争持，川乱既作，人心浮动，革党叛军乘机窃发。该大臣实为误国首恶等语。……盛宣怀著即行革职，永不叙用。"（《宣统政纪》卷六十二）

又谕："……查得川中罢市罢课，不戕官吏，不劫仓库，绝非逆党勾结为乱。其七月十五日，民居失火，仅系南打金街民人自行失慎。人民因蒲殿俊、罗纶等被拘，赴辕请释，统领田征葵擅行枪毙街正商民数十人，附近居民闻知，遂首裹白巾，奔赴城下求情，又为枪毙数十人，以致众情愤激。其所传告之自保商榷书，并无独立字样，亦无保路同志会及股东会图记，其中且有皇基万世等语，并非出自蒲、罗等之手。又有搜获之木牌血书，皆匪徒假托，非士人所为。川中官吏周善培、王棪、饶凤璪等，复挟谘议局纠举之嫌，构成冤狱。不纳捐粮一说，系官绅联合会内提倡，有缓办捐输以请息扣粮之议，并非股东实行征收国家租税等语。此次川事糜烂，既据端方查明，实由官民交哄而成，所有办理不善之地方官，自应分别惩治。……王人文、赵尔丰，均著交内阁议处。署松潘镇总兵营务处总办候补道田征葵，贪功妄举，擅毙平民，著即行革职，发往巴藏，责令戴罪图功。署提法使劝业道周善培，轻躁喜事，变诈无常；候补道王棪、王梓，结怨绅商，声名素劣，均著即行革职。候补道饶凤璪，资轻望浅，舆论不孚，著以同知候补，以昭炯戒。四川谘议局议长、法部主事蒲殿俊，副议长、举人罗纶，度支部主事邓孝可，翰林院编修颜楷，贡生张澜，民政部主事胡嵘，举人江三乘、叶秉诚、王铭新，对于匪事，绝无干涉，均著即行释放。法部主事萧湘，前被拘留，著一并免其置议。”（《宣统政纪》卷六十二）

（3）革命之成功

（甲）武昌起义

武汉居全国之中，唐才常亟欲据之，以号召四方，惜其事败。自后谋革命者，无不以汉口租界为策源地。张之洞时，得告密之书，立即焚之，亦幸无事。瑞澂恃妻舅载泽用事，数年之间，由九江道而总督两湖。时总督多加宫保，瑞澂亦欲得之，商于载泽，载泽告以惟捕革命党可以论功升赏，故瑞澂侦察革命党最严，欲借以立功。时谋革命者多立会名，一二人倡之，数人和之，会名无定，人之数亦无定；会与会之间，亦不甚关照，知有孙中山、黄兴而已，未尝有约。然各省学堂、军队中，此类结合，多至不可纪极。

光绪甲辰（一九〇四年）春，武汉志士刘静庵、吕槐廷、朱元成、时功璧、刘熙卿、时功玖、何季达、胡瑛、欧阳瑞骅等，常会集于武昌多宝寺街时宅，讨论革命进行方略。夏五月（六月）……组科学补习所于武昌多宝寺街。……十月（十一月）……张之洞派军警围搜……科学补习所遭受破坏。未几，党人曹亚伯归自日本，商之刘静庵，图再举。……以圣公会之日知会为革命机关，藉避耳目，而从事鼓吹革命，湖北军学界参加者甚众。……日知会自乙巳春组成以来，两易寒暑，成绩昭著。至丙午……有沔阳郭瑶阶者，因留日识胡瑛，侦知秘密，勒款不遂，乃报巡警道冯启钧。冯与外人交涉，封日知会，捕党人，胡瑛……张难先……刘静庵，均下武昌狱中。……戊申冬十月……杨王鹏邀唐羲友、郭抚宸、邹毓琳、钟畸、章裕昆，讨论团体名义，磋商至再，始定名为群治学社，外避目标，内策自治。……金台茶馆……在武昌小东门外三里许……地较僻静，行人稀少。……十一月二十日（十二月十三日），于此开成立大会。……各发起人即尽力联络。未几，四十一标姚钧、廖湘芸、王守愚、蔡大辅、陆国其，三十一标李鑫、谢鹄臣诸同志，均先后加入。……嗣后派邹润猷往安徽，邓刚往奉天，杨王巽往上海，社内同志渐分布他处矣。四十二标祝制六……与黄景贤等，秘密联络同志，鼓动革命。……章裕昆亦以群治学社组织情形相告，祝闻之喜，章即白众意，拟以四十二标事相属。祝诺……先后加入者踵相接，群治学社势力日见雄厚。……庚戌（一九一〇年），湘饥。四月（五月），党人鼓动饥民，以闭粜事，纵火焚抚署。……黄绅蓌在鄂，联合群治学社，发动响应。……风声所播，群治学社之名于焉益著，鄂督瑞澂遂饬军中严密搜检。……工作进行，大感困难。……不能沿用群治学社名义……决议易名为振武学社，扩大组织，各营标均设代表。……八月秋节（九月十八日），在黄土坡开一天酒馆，举行成立大会。……由杨王鹏主席，宣读简章，共推杨为社长，李六如任庶务兼文书。……施化龙到差……即将杨王鹏撤差，李六如……开除。……杨王鹏、李六如出营后……将社务交蒋翊武主持。……振武学社经施化龙破坏，停顿两月余。风潮略静，各标同志力促恢复。时已季冬，蒋翊武约詹大悲、刘复基、章裕昆等，开会于阅马厂集贤酒馆，讨论名称及进行策略。詹主改为文学社，从之。……辛亥年元旦（一九一一年一月三十日），开文学社成立大会于黄鹤楼之风度楼。……遂推蒋翊武为文学社正社长，詹大悲为文书部长，刘复基为评议部长，蔡大辅、王守愚为文书员，邹毓琳为会计兼庶务。……均以扩大范围为要，号召同志尽力介绍新同志入社。……时胡瑛在狱，蒋翊武辄往问策，故文学社之成功，胡赞襄之力实多。文学社成立仅月余，而声势几达湖北全军。……决议在小朝街八十五号设立机关，推刘复基住社办公。并增设总务部，推张廷辅任部长。时辛亥四月十二日（一九一一年五月十日）也（章裕昆《文学社武昌首义纪实》）。

共进会发起于日本东京。先是，中国同盟会于丁未新设十部中有联络部，专以联络各省秘密会党为职志。……一部分同盟会会员组织共进会，专司此项联络任务。……此事进行异常秘密，其编制三等九级，一如同盟会。……鄂人居正、孙武、杨时杰、彭汉遗、刘英、刘铁、向寿荫等皆与焉。……己酉三月，乃设总机关于汉口法租界长清里。……辛亥正月……会务进展极速……而武昌军学界同志，接谈集会非常便利，愈见活跃。……文学社更和衷共济，等于仲昆。乃于八月初三日，在胭脂巷机关开联合大会，出席者有孙武、刘尧澂、胡祖舜、蔡大辅、邓玉麟、李济臣、蔡汉卿、彭楚藩、熊秉坤、马荣、杨宏胜、蔡济民、杜武库、林翼友等。时蒋翊武赴岳未返，公推孙武主席。主席报告共进会、文学社联合经过后，即讨论首义方略及日期。决议乘八月十五中秋节日起事（张难先《湖北革命知之录·共进会始末》）。

各营既先后出发（入川），文学社与共进会……拟定辛亥八月二十日（一九一一年十月十一日）举事。……辛亥八月三日（九月二十四日），炮队盛发城等为入川同志饯行，至晚酒酣，忽拖炮出，谋举事。管带江明经制止，开除数人，外间风声益紧。清吏虑中秋有变，特令各标营于十四日（十月五日），提前举行中秋节，在营休息，不准外出，不准过量饮酒。十五日（十月六日），特别戒严，派军队逡巡，如临大敌（章裕昆《文学社武昌首义纪实》）。

八月十九日，武昌起义之初，军队参与者不过一二百人。而喧传张彪所部第九镇全军皆变，故瑞澂仓皇逃于兵轮，张彪所部一二千人，尚与义师相持一二日，始退归汉口。

八月甲寅，谕："……电寄瑞澂，据电奏，探知革党潜匿武昌，定期十九日夜间起事，正饬防拿。旋据齐耀珊电称，于汉口拿获要匪刘耀璋一名，起获伪印、伪示、伪照会等多件，遂与统制张彪等，督派弁兵在省城内，先后拿获匪目、匪党三十二名，并起获军火炸弹多件，内有刘汝夔开枪拒捕、杨宏胜私藏军械、彭楚藩语尤狂悖，当将该三犯讯明正法等语。该革匪在鄂创乱，意图大举，实属目无法纪。……即著严行研鞫，尽法惩治。"（《宣统政纪》卷六十一）

是晚（八月十九日）七时，工程营后队排长陶启胜，查有该排兵士程正瀛枪内装有子弹，又查有该排副目金兆龙亦擦枪装弹，遂传谕金兆龙为何如此。……程正瀛……即用枪柄向陶启胜头脑猛力一击……立时倒地。同时该营左队兵士方兴潜在营外，向营房掷一炸弹，响声大震。……后队正目熊炳坤借此一轰，群起哗变。该营督队官阮荣发及右队队官黄坤荣、司务长张文涛拔刀阻止，均为兵士所杀。……众兵士即将营内子弹，搬取一空。……左队司书生周定原谓："尔辈……当速到楚王台集合。"众兵士闻之……一哄而出……少顷即至。他营尚无动静。……共计工程第八营不到三百人，又虑瑞澂来袭，危险万状。……于是众兵士举左队队官吴兆麟为总指挥（曹亚伯《武昌革命真史》正编《辛亥八月十九日武昌起义》）。

当是时，驻扎武胜门外之第二十一混成协工程、辎重等队士兵李鹏升等，于自动发难后……率领七十余人，绕道通湘门，以集中楚望台。中和门内步队第二十九标二营排长蔡济民，亦于发难后率领士兵二十余人，与方兴所领测绘学生八十人，先后向楚望台集合（胡鄂公《辛亥革命北方实录》）。

城内工程第八营起义后，响应者仅炮队第八标城外辎重、工程两队，测绘学堂学生及步队二十九标约一排，共约二千余人（曹亚伯《武昌革命真史》正编《辛亥八月十九日武昌起义》）。

是晚（八月十九日）十二时，天微雨，各处电线均已割断。……革命军之炮队迷于方向，碍难描准。各路进攻督署之队伍，亦因督署教练队在墙内凿有枪眼，防御极严，甚难前进。……吴兆麟……传令，各队伍均在原地准备进攻。……将在楚王台之预备队，挑选勇敢者百人，派周定原、曹飞龙、黄楚楠各带兵一排，亲自督率前进。楚王台之军械局，暂令方兴、李鹏升严守。吴兆麟行至工程营后街……经王府口，到督署后侧，即命众兵士纵火……猛烈射击。……令炮队向火光附近射击。……吴兆麟因巷战伤人太多……专令炮队猛烈向督署火光施放，又命炮队分班向未响应之各营射击。少顷，风益猛，火益烈，革命军士气愈久愈振。……捕获督署折差马某……据称，瑞制台一闻炮队全体变了，即由督署后墙穿洞逃走……出文昌门，到兵船上躲避。……吴兆麟……即将瑞澂潜逃出城之事，传知各队。……前进，将督署占领（曹亚伯《武昌革命真史》正编《辛亥八月十九日武昌起义》）。

八月二十日拂晓，革命军遂将督署占领。革命军占领督署之后，中和门外陆军中学堂陆军学生约千名，遂自动整队，荷枪进城，到楚望台集合。城内外各协标营留守士兵，亦先后齐集楚望台。步队二十九标一、二两营，亦同时来归。但所来队伍均无长官，咸由其目兵率领。集合楚望台听候指挥者，兆麟乃将全城各门划定区域，命各部队分区防守（《辛亥革命北方实录》)。

先是，各省谘议局屡请开国会，湖北谘议局议长汤化龙为众人所注目，至是群推化龙为都督。化龙以不习兵事，推协统黎元洪，成立湖北都督府。各省先后独立者，皆称都督，无所统一。久乃议先统一外交。

马荣、程正瀛等，带队至黄土坡刘吉文家……请黎协统。……直至卧室搜查。斯时黎元洪……问何事？马荣曰："特请统领到楚王台，奉总指挥吴兆麟命令，即有要事相商。"黎无可如何，随带其执事官王安澜，同马荣等向楚王台。……与吴兆麟晤面时，即谓兆麟曰："你为甚么要革命？这是要全家诛戮的事。你学问很好，资格很深，你万不该与革命党共同革命。你若不革命，你在军队进级很易。请你快叫大众各回各营，事情太闹大了，更不得了。"马荣……即拔刀向黎元洪来斫，吴兆麟喝止之。……吴当向……黎云："……今闻瑞澂与张统制等，均已出走，仅统领一人在武昌城内。统领素爱军人，甚得军心。事已至此，实属天意，只好请统领出来维持大计。"……黎亦无语。……少顷，吴兆麟即请黎元洪到谘议局会议。……派人敦请之同志父老……有汤化龙、胡瑞霖、张振武、李作栋、陈磊、陈宏诰、邢伯谦、李翊东、赵学魁、杨玉如、苏成章、毕钟、向讦谟、刘公、蔡济民、徐达明、王文锦、吴醒汉、邓玉鳞、高尚志、周定原、高振霄、方定国、李国镛等，齐到谘议局会议厅，公推汤化龙主席。……于是大众在谘议局，商议进行各事宜。……一、以谘议局为军政府；二、称中国为中华民国；三、改政体为五族共和；四、规定国旗为五色，以红、黄、蓝、白、黑代表汉、满、蒙、回、藏为一家；五、称中华年号为黄帝纪元四千六百零九年；六、当以黎元洪为都督，布告地方；七、移檄各省，并照会各国领事，宣布满清罪状；八、布告全国国民并军民长官；九、布告湖北各府、州、县；十、军政府紧要谕令；十一、致书满清政府；十二、布告汉族同胞之为满洲将士者，促其觉悟；十三、军政府暂设四部:（甲）参谋部，（乙）军务部，（丙）政务部，（丁）外交部；十四、设立招贤馆（曹亚伯《武昌革命真史》正编《辛亥八月十九日武昌起义》）。

（乙）汉阳战事

八月十九起义之事，为清廷所知，时军机大臣载涛方在滦州举办秋操，闻报仓卒停操，遽命陆军大臣荫昌率冯国璋之师，编为第一军，南下平乱。而将士不甚用命，乃起用袁世凯为湖广总督督师，命海军提督萨镇冰率海军助之，镇冰遂举义。

八月乙卯，谕:“……瑞澂电奏，十八夜革匪创乱……正在提讯核办。革匪余党勾结工程营、辎重营，突于十九夜八钟响应。……瑞澂退登楚豫兵轮，移往汉口。……瑞澂……著即行革职，带罪图功。……并著军谘府、陆军部，迅派陆军两镇，陆续开拔，赴鄂剿办。一面由海军部加派兵轮，饬萨镇冰督率前进。并饬程允和率长江水师即日赴援。陆军大臣荫昌著督兵迅速前往，所有湖北各军及赴援军队，均归节制调遣，并著瑞澂，会同妥速筹办。”（《宣统政纪》卷六十一）

丁巳……谕:“湖广总督著袁世凯补授，并督办剿抚事宜。”……又谕:“袁世凯现简授湖广总督，所有该省军队暨各路援军，均归该督节制调遣。荫昌、萨镇冰所带水陆各军，并著袁世凯会同调遣，迅赴事机，以期早日戡定。”（《宣统政纪》卷六十一）

九月庚午，谕:“湖广总督袁世凯，著授为钦差大臣。……凡关于该省剿抚事宜，由袁世凯相机因应妥速办理。军情瞬息万变，此次湖北军务，军谘府、陆军部不为遥制，以一事权，而期迅奏成功。”（《宣统政纪》卷六十二）

黄兴自日本驰归，被推为总司令，与清军相持。冯国璋亦一战而克汉阳，幸江苏第八镇举义，会联军攻克南京，得失相抵。

黄兴被推为大元帅，往上海组织北伐军。

八月二十一日正午，汉口光复。……命何锡藩继任防御汉口。……张彪、张锡元……在刘家庙以南占领阵地防御民军。……二十五日……我军步炮队齐向敌还击……齐喊杀敌，声震如雷，清军溃退。我军追杀益猛……敌军大败，我军追蹑至三道桥停止，清军退至滠口。……二十七日，张景良奉命为汉口指挥官，所有军队悉归节制。……司令部设刘家庙车站。……二十九日拂晓，第二协令谢元恺之一标，潜由三道桥，陆续赴滠口。满军步哨已发觉，鸣枪，谢标队伍猛进。……敌用机枪扫射……死伤甚重……仍退回原地。两军在三道桥两端，各用炮射击。……（九月）初五日，阳逻海军乘拂晓天黑，偷入谌家矶，径抵造纸厂江岸，向我军防御阵地侧面猛击，将我散兵壕内及附近之兵击死五百余名，刘家庙亦无端起火，弹械粮秣尽遭焚如，军心由是摇动退却。而滠口敌军……复用机枪扫射，水陆夹攻，我军无力抵御，造纸厂遂为敌军占领。……我军不得已退至大智门，始占领阵地刘家庙，亦为敌有。……是日正午，我军誓图报复……于午后一时，开始进攻。……齐向刘家庙攻击，士气极盛。清军在刘家庙用机关枪及步炮队顽强抵抗，弹如雨注。我军冒弹猛进……与敌肉搏……夺回刘家庙，复向造纸厂追击。……初六日拂晓，清军乘我军未前进时，一由造纸厂，一由姑嫂树，分两路……攻击我军。……两军相持一日……战至天晚，我军终向大智门新停车场附近退却，清军复占领刘家庙一带。时军政分府得同志报告，谓指挥张景良已通敌。……旋奉命，将张景良、刘锡祺、罗家炎三人正法。景良诛后，都督即委派姜明经为汉口指挥官。……初七日……我军在大智门新停车场一带防御清军。……敌军进……我军猛扑追杀。……其时黄兴……自沪抵汉……乃公推黄兴为总司令。……至汉，则以歆生路满春茶园为总司令部。……正部署间，敌酋王占元、陈光远、鲍贵卿等，已带队侵至六渡桥。……初十日……两军仍在歆生路附近，以炮火战斗，皆未前进。……十一日午前十时，敌藉歆生路附近房屋掩护，用机关枪猛射。……敌乘机放火烧歆生路房屋，使我军失所依托。复用重炮猛击……午后二时……下令各部队退防玉带门。敌即节节纵火烧市街商店，烧一段即占据一段。……十二日……汉口被敌军纵火延烧，市民迁徙净尽，粮秣给养极其困难，我军因陆续向汉阳退却（张难先《湖北革命知之录·汉口战事始末》）

九月十三日下午，总司令黄兴赴汉阳，组织总司令部。……李书城……为参谋长。……二十四日午前九时，总司令集合各部队长官在司合部开军事会议，规定攻击计划。……二十六日……我炮队及兵工厂附近一带之步兵，并武昌凤凰山炮队，俱开始射击，汉口满军炮队，亦向我炮队还击。五时，桥梁架设完竣。……午后十时，部队陆续前进。……渡河……满军闻我军渡河，射击甚烈。……我军各部队死伤甚众，仍勇往直前。……二十七日午前三时……我军前进，占领玉带门一带。……午后二时……满军……复占玉带门。……我军死伤颇众……是日决定固守汉阳。……（十月）初二日午前七时，满军在三眼桥附近，与我军战斗甚烈。……午后六时……满军则进据仙女山。……山地势高，一可瞰制汉阳，一能侧击大别山，汉阳极形危险，非速驱逐，汉阳难保。……初三日午前五时，我步队第七标，由花园开始进攻。……午后二时，满军逐渐增加，火力益猛。……我军因火力不支，退占大吴湾西北高地，及扁担山、汤家山之线。……于是敌军将出全力以攻汉阳。……初四日……午前六时三十分，满军机关枪向我军开始射击。……是夜……满军已进扁担山花园之线。……初五日……我军在十里铺一带防御。……同时满军在汉口炮队，亦向十里铺注射，我军伤亡甚重。……目下军无斗志……汉阳更形危迫。……是日，两军在十里铺相持，彼此无进展。……初六日午前六时，满军在汉阳兵力逐渐增加，由花园以北，向我十里铺绕攻……弹下如雨……（我）军心涣散。午前十一时，满军渐渐前进，火力益猛。……初七日晨，总司令亦退同昭忠祠，十里铺遂失。……午前十时，总司令已渡江。满军节节搜索前进，汉阳城被敌军占领（张难先《湖北革命知之录·汉阳战事始末》）。

（丙）各省独立

自武昌起义后，浃月之间，各省先后起义。惟山东起义旋复取消，东三省改称保安，吴禄贞举义于石家庄，张绍曾举义于滦州，皆不成。清廷所拥，为直隶、东三省、山东、山西、河南之地而已。南方则湖南、贵州、四川都督皆有更易，江、浙两省府、县，亦有称都督者。而上海一隅，则有吴淞、上海两都督焉。

各省独立表

省名（地名）	独立年月	都督（主持人）	独立经过
湖南长沙	九月初一日	焦达峰	焦达峰、陈作新于九月初一日拂晓起事，占领长沙，清巡抚余诚格逸。翌日，各界集谘议局，推焦为都督，陈副之。九月初十日。焦、陈为乱兵所杀，谭延闿继为都督。
陕西西安	九月初一日	张凤翙	张凤翙、张益谦、钱鼎各率所部，于九月初一日起事，推张凤翙为都督，钱鼎副之，清将军文瑞投井死。
江西九江	九月初二日	马毓宝	九月初二日夜十时，马率所部起事。初三日，成立九江军政府，举马为都督，蒋群为参谋长。
南昌	九月初十日	吴介璋	初十日夜起事，十二日，成立江西军政府，举吴介璋为都督，清巡抚冯汝骙逸。吴旋辞职，由彭程万继任。十月初一日，彭辞职，由九江都督马毓宝继任，将九江军政府取消，改为都督行辕。次年三月廿一日，李烈钧由皖归赣，代马毓宝为都督。

续表

省名（地名）	独立年月	都督（主持人）	独立经过
云南腾越	九月初六日	张文光	九月初六日，张文光纠合戍腾越之陆军起事。初八日，称滇西军都督，省城光复后，乃归之。
昆明	九月初九日	蔡锷	九月初九日，光复军起事。十一日，公推蔡锷为都督。
山西太原	九月初八日	阎锡山	九月初七日夜，姚以价等起事，攻陷抚署，枪杀巡抚陆钟琦。初八日，推阎锡山为都督，温静安副之，姚以价为行军总司令。清廷复以吴禄贞为山西巡抚，吴被刺杀后，又以张锡銮代抚，并命曹锟、卢永祥率军入晋，阎锡山退守河津。迨议和告成后，始设都督府于太原，以阎锡山任之。
上海	九月十四日	陈其美	九月十三日，陈其美等进攻制造局。十四日，众推陈为都督。海军亦宣布独立。同日，吴淞亦光复。
浙江杭州	九月十四日	汤寿潜	九月十四日清晨，杭州起事，以周承菼为总司令，童伯吹为临时都督。十五日，清军均降。时汤寿潜由沪达杭，十七日，众推汤为都督，十八日，就任。继而浙东各地亦皆光复。
贵州贵阳	九月十四日	杨荩诚	九月十四日清晨，张百麟、黄泽霖率新军起事，巡抚沈瑜庆派兵镇压，杨荩诚等率新军往救，沈瑜庆乃请和。十五日，推杨荩诚为都督，赵纯诚副之。次年二月，杨辞职，赵继任。后刘显世杀赵，自为都督。
江苏苏州	九月十五日	程德全	九月十四日，上海都督陈其美派章梓等至苏州，筹划举事。十五日，各新军皆独立，清巡抚程德全亦允独立，成立江苏军政府，推程为都督。

续表

省名（地名）	独立年月	都督（主持人）	独立经过
松江	九月十六日	钮永建	松江闻苏州独立，乃于九月十六日，举钮永建为军政长，宣布独立。
镇江	九月十八日	林述庆	镇江新军于九月十七日夜起事，十八日克镇江城，推林述庆为都督。扬州亦独立，受镇江管辖。
清江浦	九月十五日	蒋雁行	清江浦新军于九月十四日夜起事，蒋雁行率军响应。十五日，占领清江浦，举蒋雁行为都督。
安徽寿州	九月十五日	王庆云	王庆云等率乡团，于九月十五日攻寿州，不战而克，乃公推王为总司令。再克颍州，与清军倪嗣冲战。又克凤阳，平定淮南。
安庆	九月二十一日	孙毓筠	九月初九日，安庆各军举事，未成。清巡抚朱家宝阳示反正，以待时变。各军遂于九月二十一日，推王天培为都督，宣布独立。后黄焕章之浔军入皖，与皖军不合，由李烈钧调停，浔军去皖，而王天培亦他往，遂推孙毓筠为都督。十一月下旬，皖军北伐，安徽统一。
广西桂林	九月十六日	陆荣廷	武昌起义后，刘古香等于广西各地起事。清巡抚沈秉堃与王芝祥、陆荣廷，于九月十六日联名通电独立。二十日，陆荣廷制造兵变，沈秉堃走湖南，陆荣廷遂为都督。
广东广州	九月十九日	胡汉民	九月十一日，陈炯明起义于东江，继而黄明堂等亦皆起事。十八日，绅商各界集议独立，举清督张鸣岐为都督，而张已遁，龙济光亦拒副都督之职。十九日，乃举胡汉民为都督，宣布独立。

续表

省名（地名）	独立年月	都督（主持人）	独立经过
福建福州	九月二十一日	孙道仁	九月十八日，许崇智任革命军总司令，向旗籍官兵攻击。十九日晨，双方激战，清总督松寿自杀，将军朴寿阵亡，福州光复。二十一日，各军推孙道仁为都督，许崇智为海陆军总司令。
东三省奉天	九月二十二日	赵尔巽	武昌起义后，蓝天蔚、吴景濂拟于奉天成立保安会，逐清督赵尔巽。九月二十二日，召开保安大会，赵尔巽利用张作霖、袁金铠等，以武力威胁会场，重组保安会，自任保安会长。各地党人乃陆续发难，顾振邦、杨大宝起庄河与复县，刘雍等起凤凰城，商蔚等起辽阳，赵中鹄等起海城，孙祥英等起铁岭，段右军等起开原，先后皆败。蓝天蔚走烟台，自任关外都督。
四川蜀北	十月初一日	曾省斋	九月初六日，曾省斋等起事塾江县，日夜练军，于九月二十一日出征，连克大竹、渠县、鄰水、广安、岳池、蓬溪、射洪、营山诸县。十月初一日，开全民代表大会，举曾省斋为蜀北都督。
重庆	十月初二日	张培爵	九月十五日，夏之时等于龙泉驿起事，率兵抵重庆，趣之独立，于是张培爵等于十月初二日起事，执知府钮传善，宣布独立，众推张为都督，夏副之。
成都	十月初七日	尹昌衡	十月初七日，四川宣布地方自治，蒲殿俊为都督，庆澜副之，仍以川督赵尔丰主边务。十八日，兵变，蒲、庆逸走，乃公推尹昌衡为都督，罗纶副之。赵尔丰密召边兵至川，乃诛尔丰，川局始定。次年二月，并成渝两军政府为四川军政府，尹昌衡为正都督，张培爵副之。

续表

省名（地名）	独立年月	都督（主持人）	独立经过
滦州	十月初三日	王金铭	十月初三日，王金铭、张建功、施从云、孙谏声、白玉昆等起事于滦州，成立北伐军政府，王金铭为都督。十月十七日，清军王怀庆来攻滦州。二十日，张建功等内叛，北伐军乃退走昌黎，王金铭、孙谏声、施从云等皆战殁，起义失败。
张家口	十月初		张雨岑、南琴轩、李飞迁等谋起事于张家口，为清吏所捕。李飞迁等死之，遂失败。
南京	十月初十日	程德全	九月底，苏、浙两省联军组成，以徐绍桢为总司令。浙军司令朱瑞、沪军司令洪承点、镇军司令林述庆、济军司令黎天才合攻南京，十月初十日攻入南京城，清督张人骏、将军铁良、统领张勋败走，林述庆乃称宁军都督。联军不服，后迎程德全入南京为都督。
山东济南	九月二十一日	孙宝琦	九月二十一日，山东宣布独立，举清巡抚孙宝琦为都督。十月初四日，因袁世凯之破坏，复取消独立。
烟台	十月二十二日	胡瑛	十月二十二日，王耀东等起事于烟台，道员徐世光逸，公举王传炯为司令。王暗通孙宝琦，王耀东等至上海求援，陈其美乃派胡瑛为鲁军都督，率军三千，由海道抵烟台，杜潜暂代胡瑛。王传炯逃，烟台光复。
河南开封	十一月初三日	张钟瑞	张钟瑞等定十一月初三日起事于开封，自任革命军总司令。谋泄，张等二十一人被捕死，起义失败。

续表

省名 （地名）	独立年月	都督 （主持人）	独立经过
新疆伊犁	十一月十九日	广福	冯特民、李辅黄等十一月十九日起事于伊犂，攻陷将军署，推将军广福为都督，杨缵绪为总司令。杀将军志锐，与巡抚袁大化相持于精河、西湖之间。
甘肃秦州	壬子年正月十一日	黄钺	黄钺等起事于秦州，辰刻入城，众推黄为都督，向燊副之。

（丁）各国中立

八月二十一日民军光复汉口后，即通告各领事，承认中外条约及外债赔款。旋各领事复文，认民军为交战团体，各国保守中立。

布告严守中立事：现值中国政府与中国民国军互起战争，查国际公法，无论何国政府与其国民开战，该国之内治管辖之事，其驻在该国之外国人无干涉权，并应严守中立，不得藏匿两有关系之职守者，亦不得有辅助何方面之状态。据此，本领事等，自应严守中立，并照租界规则，不准携带军械之武装人在租界发现，及在租界内储匿各式军械及炸药等事。此系本领事遵守公法、敦结交谊上应尽之天职。为此剀切布告，希望中国无论何项官民，辅助本领事等遵守达其目的，则本领事等幸甚，中国幸甚。谨此布告（郭孝成《中国革命纪事本末》第一编《汉口领事团布告中立文》）。

顷准贵各领事布告，严守中立，一遵国际公法办理，具见贵领事深明法理，笃爱友邦，本军政府不胜感戴。本军政府此次起义之由，全系民族奋兴，改革立宪假面，建立中华民国，维持世界和平。凡有欲限制本军政府之意思不能独立自由者，本军政府纵恣意如何损坏之手段，亦是我民族应有之天职。贵各领事，既经严守中立，本军政府凡有能尽保护之责，本军政府必竭尽义务，以表敬爱友邦之微忱（郭孝成《中国革命纪事本末》第一编《鄂军政府致汉口领事团照会》）。

为照会事，我军政府自广州之役团体溃后，乃转而向西，遂得志于四川。在昔各友邦未遽认我为与国者，以惟有人民主权而无土地故耳。今既取得四川属之土地，国家之三要于是乎备矣。军政府复祖国之情切，愤满奴之无状，复命本都督起兵武昌，共图讨贼，推倒满洲政府，建立民国。同时对于各友邦益敦睦谊，以期维持世界之和平，增进人类之幸福。所有国民军对外之行动，特先知照，免致误会。一、所有清国前此与各国缔结之条约，皆继续有效；一、赔款外债照旧担任，仍由各省，按期如数摊还；一、居留军政府占领地域内之各国人民财产，均一律保护；一、所有各国之既得权利，亦一体保护；一、清政府与各国所立条约所许之权利，所供之国债，其事件成立于此次知照后者，军政府概不承认；一、各国如有助清政府以妨害军政府者，概以敌人视之；一、各国如有接济清政府以可为战事用之物品者，搜获一概收没。以上七条，特行通告各友邦，俾知师以义动，并无丝毫排外之性质参杂于其间也。相应照会贵领事转呈贵国政府查照，须至照会者（郭孝成《中国革命纪事本末》第一编《鄂军政府照会各领事文》）。

（4）清之亡

（甲）南北议和

武昌革命之始，首先承认对外条约，保护外人权利，是为革命不彻底之原因。不数日，汉口英、美诸国领事，即承认革命军为交战团体，是为南北议和之张本。自是以后，英人一手操纵时局，袁世凯之督师，至为内阁总理大臣、南北之议和、南京政府之成立，皆由英人直接、间接参预其事。

九月乙亥，谕："……袁世凯著授为内阁总理大臣。该大臣现已前赴湖北督师，著将应办各事略为布置，即行来京组织完全内阁，迅即筹画改良政治一切事宜。"……又谕："……所有派赴湖北陆、海各军，及长江水师，仍归袁世凯节制调遣。"（《宣统政纪》卷六十三）

辛亥江苏独立时，作者正从程都督于南京。一日，某国领事来谒，程屏左右言："是夕，都督密语余，明日将往沪，请黄大元帅。"余曰："何也？"答曰："今日某国领事以某公使密电示余，谓南方非另立政府，不能推倒满清。故余必自往促克强来沪。"次日，都督即行，以刘君之洁为参谋长。刘君语余，近日北方军官某来言，北军要求以项城为大总统，南方先立政府而后让与项城。暨余次年入京，闻某使以清廷亲贵不足与谋，故劝项城自为之。合前后所闻，则民国成立，由南京政府让与项城为元首，则某国全权公使某为之也（张一麐《心太平室集》卷十五《十年来国事丛谈》）。

袁世凯遣蔡廷幹，先与黎元洪通音讯。元洪等利于革命速成，只要求清廷退位而已。蔡即奔走朱尔典之门者也。

二十日，袁世凯复派蔡廷幹、刘承恩，因汉口英国领事葛福来武昌，奉书都督，开列四条：（一）下罪己之诏；（二）实行立宪；（三）赦开党禁；（四）皇族不问国政。与我军议和。据称，如能承认君主立宪，两军即息战。都督召集居正、汤化龙、胡瑛、胡瑞霖等商议，一面招待蔡、刘二使，一面通知各机关高级职员，齐集都督府，开欢迎会，并请宣布来意。……两人演说毕，群推汤化龙致答词。……胡瑛、胡瑞霖等，亦相继演说，大意俱劝蔡、刘二使，转达项城，牺牲君主立宪，赞助共和。蔡等当答以诸君之意，二人已领教矣，一俟返汉，即当转达，能否收效，则不敢必。因我们所受意旨，是君主立宪，如项城能牺牲己见，免除战祸，亦属幸事。演说毕，都督在府欢宴二使，并为书交二使返汉，转达袁氏（张难先《湖北革命知之录·汉阳战事始末》）。

南北和议开于上海，清廷代表唐绍仪，革命军代表伍廷芳，建议停战，余尚未决。世凯遽撤绍仪，自与南军以电报商议。

十月初十日，驻汉英领事葛福出为介绍，两方商议停战（张难先《湖北革命知之录·汉阳战事始末》）。

十月辛亥，又谕："现在南北停战，应派员讨论大局，著袁世凯为全权大臣，由该大臣委托代表人驰赴南方，切实讨论，以定大局。"（《宣统政纪》卷六十六）

英公使续议停战事宜，三日停战期满，续停十五日，北军不遣兵向南，南军亦不遣兵向北。总理大臣派北方居留各省代表人前往，与南军各代表讨论大局。唐绍怡（仪）充总理大臣之代表，与黎元洪或其代表人讨论大局（《宣统政纪》卷六十五《附录》）。

至十五日，清内阁电开停战条件至汉口，有停战三日期满，续停战十五日，及唐绍仪充袁代表与黎都督或其代表讨论大局等语。是日，代表会讨论议和纲要：一、推倒满清政府；二、主张共和政体；三、礼遇旧皇室；四、以人道主义待满人。并决议以汉口为议和地点，黎大都督代表为伍廷芳，与唐绍仪对待。十月二十一日，唐绍仪抵汉口，伍廷芳在沪任外交，不能遽之汉，唐允赴沪就伍，于是改以上海为议和地点。唐于十月二十七至上海，伍之参赞为温宗尧、王宠惠、钮永建、胡瑛、王正廷，唐之参赞为杨士琦（张难先《湖北革命知之录·中华民国政府成立》）。

十一月壬申，谕内阁："……代递唐绍怡（仪）电奏，民军代表伍廷芳，坚称人民志愿以改建共和政体为目的等语，此次武昌变起，朝廷俯从资政院之请，颁布宪法信条十九条，告庙宣誓，原冀早息干戈，与国民同享和平之福，徒以大信未孚，政争叠起。予惟我国今日，于君主立宪、共和立宪二者以何为宜，此为对内对外实际利害问题，固非一部分人民所得而私，亦非朝廷一方面所能专决，自应召集临时国会付之公决。兹据国务大臣等奏，请召集近支王公会议，面加询问，皆无异词。著内阁即以此意电令唐绍怡（仪）转告民军代表，豫为宣示。一面由内阁迅将选举法妥拟协定施行，克期召集国会。并妥商伍廷芳，彼此先行罢兵，以奠群生而弭大难。”（《宣统政纪》卷六十七）

一九一二年一月一日，革命军成立政府于南京。十七省代表推孙文为大总统，于南京组织政府，黄兴为陆军参谋两总长，事多决于兴。定议南北成和，清室退位，推袁世凯为临时大总统，赴南京就职。当孙中山就任之初，采美国总统制。及和议之成，乃草定《约法》，改行内阁制。二月十二日，隆裕逊位诏下，故以是日为南北统一纪念日。

中华民国元年（一九一二年）正月一日，总理就临时大总统职，行宣誓礼，词曰：倾覆满清专制政府，巩固中华民国，图谋民生幸福，国民之公意，文实遵之。以忠于国，为众服务，至专制政府既倒，国内无变乱，民国卓立于世界，为列邦公认，文当解临时大总统之职。谨以此誓于国民（张难先《湖北革命知之录·中华民国政府成立》）。

此次变乱，各省扰攘，本政府不忍生灵涂炭，特备文委托唐代表赴沪，作为总理大臣全权代表，专为讨论大局之利害。其权限所在，只以切实讨论为范围。乃迭接唐代表电开与贵代表会议各条，均未先与本大臣商明，遽行签定。本大臣以其中有必须声明及碍难实行各节，电请唐代表转致。嗣据唐代表一再来电，请辞代表之任，未可强留。现经请旨，准其辞任，至另委代表接议，一时尚难其人。且南行需时，嗣后应商事件，先由本大臣与贵代表直接往返电商，以期简捷，冀可早日和平解决。特此电达，谨闻。内阁盐一（郭孝成《中国革命纪事本末》第三编《袁世凯致伍廷芳电》）。

北京袁总理鉴：文前日抵沪，诸同志皆以组织临时政府之责任相属。问其理由，盖以东南诸省久缺统一之机关，行动非常困难，故以组织临时政府为生存之必要条件。文既审艰虞，义不容辞，只得暂时担任。公方以旋转乾坤自任，即知亿兆属望，而目前之地位，尚不能不引嫌自避。故文虽暂时承乏，而虚位以待之心，终可大白于将来。望早定大计，以慰四万万人之渴望。孙文，蒸（郭孝成《中国革命纪事本末》第三编）。

孙逸仙君鉴：蒸电悉，君主、共和问题，现方付之国民公决。所决如何，无从预揣。临时政府之说，未敢与闻。谬承奖诱，惭悚至不敢当，惟希谅鉴为幸。凯，盐（郭孝成《中国革命纪事本末》第三编）。

袁慰亭君鉴：盐电悉，文不忍南北战争，生灵涂炭，故于议和之举，并不反对。虽民主、君主，不待再计，而君之苦心，自有人谅之。倘由君之力，不劳战争，达国民之志愿，保民族之调和，清室亦得安乐，一举数善，推功让能，自是公论。文承各省推举，誓词具在。区区此心，天日鉴之。若以文为有诱致之意，则误会矣。孙文，叩（郭孝成《中国革命纪事本末》第三编）。

（乙）清室退位

袁世凯既为内阁总理大臣，废除监国摄政王，先收回禁卫军，以保护为名，遍布守军于邸第。然后遣胡惟德、赵秉钧、梁士诒入宫，力说隆裕退位，订优待条件，清室王公及蒙古王公仍保旧时爵位，与清室岁费四百万元。而爱新觉罗入主中国二百六十八年之局，遂以逊位告终。

九月庚寅（二十一日），谕："……袁世凯面奏组织内阁，推举国务大臣，著命梁敦彦为外务大臣、赵秉钧为民政大臣、严修为度支大臣、唐景崇为学务大臣、王士珍为陆军大臣、萨镇冰为海军大臣、沈家本为司法大臣、张謇为农工商大臣、杨士琦署邮传大臣、达寿为理藩大臣。梁敦彦、严修、王士珍、萨镇冰、张謇未到任以前，外务大臣著胡惟德暂行署理，度支大臣著绍英暂时署理，陆军大臣著寿勋暂行署理，海军大臣著谭学衡暂行兼署，农工商大臣著熙彦暂行署理。”（《宣统政纪》卷六十四）

（一九一二年一月十六日）上午十一时三刻顷，（袁）世凯乘双马车，拥大队骑兵于前后，出东华门，以过东华门大街。（张）先培自三义茶叶店楼上掷下一弹……弹发车覆。……世凯出覆车后……遂于马上下令还击搜捕。适先培追袭至，世凯卫弁枪击先培头，先培踣地……被捕（《辛亥革命北方实录》）。

一月二十二日（辛亥，十二月初四日），我大总统始提出最后协议五条，交由民国政府伍廷芳转告清内阁总理大臣袁世凯：一、清帝退位。由袁同时知照驻京各国公使，请转知民国政府，现在清帝已经退位。或转饬旅沪领事转达亦可；二、同时，袁须布政见，绝对赞成共和主义；三、文接到外交团或领事团通知清帝退位布告后，即行辞职；四、由参议院举袁为临时总统；五、袁被举为临时总统后，誓守参议院所定之宪法，乃能授受事权（《辛亥革命北方实录》）。

（一月二十六日）彭家珍假得崇恭名刺，谒良弼于北京红萝厂。适良弼由外归，甫下车，家珍投以弹，弹发，爆下马石，良弼应声腾空而起，断一足，家珍当被碎石裂脑以殉。良弼亦以重伤，继家珍而死（《辛亥革命北方实录》）。

十二月己酉，谕：“……前据岑春煊、袁树勋等，暨出使大臣陆征祥等，统兵大员段祺瑞等，电请速定共和国体，以免生灵涂炭等语，现在时局阽危，四民失业，朝廷亦何忍因一姓之尊荣，贻万民以实祸？惟是宗庙、陵寝，关系重要，以及皇室之优礼、皇族之安全、八旗之生计、蒙古回藏之待遇，均应豫为筹画。著授袁世凯以全权，研究一切办法，先行迅速与民军商酌条件，奏明请旨。”（《宣统政纪》卷七十）

乙巳，太后复召集王公，特开御前会议，各王公仍唯诺无决词，太后曰:“尔等反复推求,迁延不定,疑义繁生,将来必演出同室操戈、涂炭生灵之惨剧。此后兹事,由我一人担承耳。”辞色甚厉。罢会,召袁内阁,撰拟宣布共和诏旨(尚秉和《辛壬春秋》第二十六《清室禅政记》)。

参议院乃于二月十二日(辛亥年十二月二十五日)议决,如三日内不依约退位,即收回优待条件(张难先《湖北革命知之录·中华民国政府成立》)。

戊午(二月十二日)……谕:“……钦奉隆裕皇太后懿旨,前因民军起事,各省响应,九夏沸腾,生灵涂炭。特命袁世凯遣员,与民军代表讨论大局,议开国会,公决政体。两月以来,尚无确当办法。南北睽隔,彼此相持,商辍于涂,士露于野,徒以国体一日不决,故民生一日不安。今全国人民心理,多倾向共和,南中各省既倡议于前,北方诸将亦主张于后,人心所向,天命可知,予亦何忍因一姓之尊荣,拂兆民之好恶?是用外观大势,内审舆情,特率皇帝将统治权公诸全国,定为立宪共和国体,近慰海内厌乱望治之心,远协古圣天下为公之义。袁世凯前经资政院选为总理大臣,当兹新旧代谢之际,宜有南北统一之方,即由袁世凯以全权组织临时共和政府,与民军协商统一办法。总期人民安堵,海宇乂安,仍合满、蒙、汉、回、藏五族完全领土为一大中华民国。予与皇帝得以退处宽闲,优游岁月,长受国民之优礼,亲见郅治之告成,岂不懿欤!”(《宣统政纪》卷七十)

又奉懿旨:前以大局阽危,兆民困苦,特饬内阁与民军商酌优待皇室各条件,以期和平解决。兹据覆奏,民军所开优礼条件,于宗庙、陵寝永远奉祀,先皇陵制如旧妥修各节,均已一律担承。皇帝但卸政权,不废尊号。并议定优待皇室八条、待遇皇族四条、待遇满、蒙、回、藏七条。览奏尚为周至,特行宣示皇族暨满、蒙、回、藏人等,此后务当化除畛域,共保治安,重睹世界之升平,胥享共和之幸福,予有厚望焉。附录优待条件:

甲、关于大清皇帝宣布赞成共和国体，中华民国于大清皇帝辞位之后，优待条件如左：第一款，大清皇帝辞位之后，尊号仍存不废，中华民国以待各外国君主之礼相待；第二款，大清皇帝辞位之后，岁用四百万两，俟改铸新币后，改为四百万元。此款由中华民国拨用；第三款，大清皇帝辞位之后，暂居宫禁，日后移居颐和园。侍卫人等照常留用；第四款，大清皇帝辞位之后，其宗庙、陵寝永远奉祀，由中华民国酌设卫兵，妥慎保护；第五款，德宗崇陵未完工程，如制妥修。其奉安典礼，仍如旧制，所有实用经费，均由中华民国支出；第六款，以前宫内所用各项执事人员，可照常留用，惟以后不得再招阉人；第七款，大清皇帝辞位之后，原有之私产，由中华民国特别保护；第八款，原有之禁卫军，归中华民国陆军部编制，额数俸饷仍如其旧。

乙、关于清族待遇之条件：一、清王公世爵，概仍其旧；二、清皇族对于中华民国国家之公权及私权，与国民同等；三、清皇族私产一体保护；四、清皇族免当兵之义务。

丙、关于满、蒙、回、藏各族待遇之条件。今因满、蒙、回、藏各民族赞同共和，中华民国所以待遇者如左：一、与汉人平等；二、保护其原有之私产；三、王公世爵概仍其旧；四、王公中有生计过艰者，设法代筹生计；五、先筹八旗生计。于未筹定之前，八旗兵弁俸饷，仍旧支放；六、从前营业居住等限制，一律蠲除，各州、县听其自由入籍；七、满、蒙、回、藏原有之宗教，听其自由信仰。以上条件，列于正式公文，由两方代表照会各国驻北京公使，转达各该政府（《宣统政纪》卷七十）。

清廷因即日退位，袁世凯亦电临时政府，宣布政见，绝对赞成共和主义。总理乃按各省代表会之原议，于二月十三日提出辞职书于参议院。十四日，可决。十五日，参议院开临时大总统选举会，袁世凯当选为中华民国临时大总统。二十日，参议院开临时副总统选举会，黎元洪当选为临时副总统。自袁世凯当选临时大总统后，临时政府即派教育总长蔡元培、外交次长魏宸组、海军顾问刘冠雄、参谋次长钮永建、法制局总裁宋教仁及汪精卫、戴传贤、万廷献等为专使，迎袁世凯来南京就职。二月二十六日，抵北京。袁从之不愿，拒之不可，乃嗾第三镇统制曹锟所部兵变。二十九日晚八时，东安门外及前门外一带，火光烛天，土匪乘之，抢掠达旦，商民被害者数千家。蔡等住政法学堂，乱兵持枪闯入，魏宸组越墙走，蔡元培、汪精卫匿于隐室，扃户息灯，仅免于难。袁复故作谣言，谓系反对于彼等等风说，以淆视听。蔡等为所欺，三月二日，电临时政府及参议院，略谓北京兵变，外人极为激昂，日本已派兵入京。设使再有此等事发生，外人自由行动，恐不可免。培等睹此情形，集议以为速建统一政府，为今日最要问题，余尽可迁就，以定大局。于是三月初六日，参议院议决办法六条。允袁世凯在北京就职，惟须电参议院宣誓。袁世凯乃在北京就临时大总统职，并电传誓词于参议院。……袁世凯就职后，拟派唐绍仪为国务总理，经参议院通过任命。三月二十五日，唐来宁组织新内阁，增为十一部，提出参议院通过：陆军总长段祺瑞、海军总长刘冠雄、外交总长陆征祥、司法总长王宠惠、财政总长熊希龄、内务总长赵秉钧、教育总长蔡元培、实业总长张謇、交通总长施肇基、农林总长宋教仁、工商总长陈其美。大总统就职，国务员议定《临时约法》。参议院于二月初六日起，开至三月初八日，全案告终。即日宣布，三月十一日，临时大总统公布之。中华民国之雏形，可谓完全告成矣（张难先《湖北革命知之录·中华民国政府成立》）。

中华二千年史

卷二　两晋及南北朝

邓之诚　著

李肇翔　点校

中華書局

VOL 2

目　录

两晋及南北朝

两晋及南北朝

晋及十六国世系

晋

自司马炎代魏（西元二六五），至恭帝禅位刘裕（西元四二〇），凡十五传，共一百五十六年。

世祖武皇帝，河内温县孝敬里人，姓司马氏，名炎，宣王之孙，文王之子。受魏禅，即皇帝位。建元泰始（十年）、咸宁（五年），灭吴统一天下，改元太康（十年），在位凡二十五年。

孝惠皇帝，名衷，武帝第二子。嗣立，改元永熙（一年）、永平、元康（九年）、永康（一年）、永宁（一年）、太安（二年）、永安、建武、永兴（二年）、光熙（一年），食饼中毒死，或云司马越所鸩，在位凡十七年。

孝怀皇帝，名炽，武帝第二十五子。继立，改元永嘉（六年），刘曜石勒兵陷洛阳，帝被虏于平阳，寻遇害，在位凡六年。

孝愍皇帝，名邺，武帝孙，吴孝王宴之子。洛阳倾覆，奔长安，众推为太子。怀帝崩，即帝位。改元建兴（四年），刘曜陷长安，被虏遇害，在位凡四年。

元皇帝，名睿，宣帝（司马懿）曾孙，琅琊恭王觐之子。袭封，镇建邺。中原沦陷，愍帝遇害，即位。改元建武（一年）、大兴（四年）、永昌（一年），在位凡六年。

明皇帝，名绍，元帝太子。嗣立，改元太宁（三年），在位凡三年。

成皇帝，名衍，明帝太子。嗣立，改元咸和（九年）、咸康（八年），在位凡十七年。

康皇帝，名岳，成帝母弟。嗣立，改元建元（二年），在位凡二年。

穆皇帝，名聃，康帝子。嗣立，改元永和（十二年）、升平（五年），在位凡十七年。

哀皇帝，名丕，成帝子。嗣立，改元隆和（一年）、兴宁（三年），在位凡四年。

废帝，名奕，哀帝母弟。哀帝崩，皇太后诏立之。改元太和（五年），桓温废为海西公，在位凡五年。

简文皇帝，名昱，元帝少子，封会稽王。桓温既废海西公（废帝），迎立之。改元咸安（二年），在位凡二年。

孝武皇帝，名曜，简文帝子。嗣立，改元宁康（三年）、太元（二十一年），在位凡二十四年。

安皇帝，名德宗，孝武帝长子。嗣立，改元隆安（五年）、元兴（三年）、义熙（十四年）。刘裕将谋禅代，密使王韶之缢杀帝，在位凡二十二年。

恭皇帝，名德文，安帝母弟。继立，改元元熙（二年），禅位于宋（刘裕），受封为零陵王。永初二年，刘裕使人杀之，在位凡二年。

（以上据《通考·帝系考》及《晋书》本纪）

按：自武帝至愍帝，凡四传，共五十二年，都洛阳，史称为西晋。元帝退保江左，十一传至恭帝，凡一百有四年，都建康，史称为东晋。合称之为两晋。

附帝系表

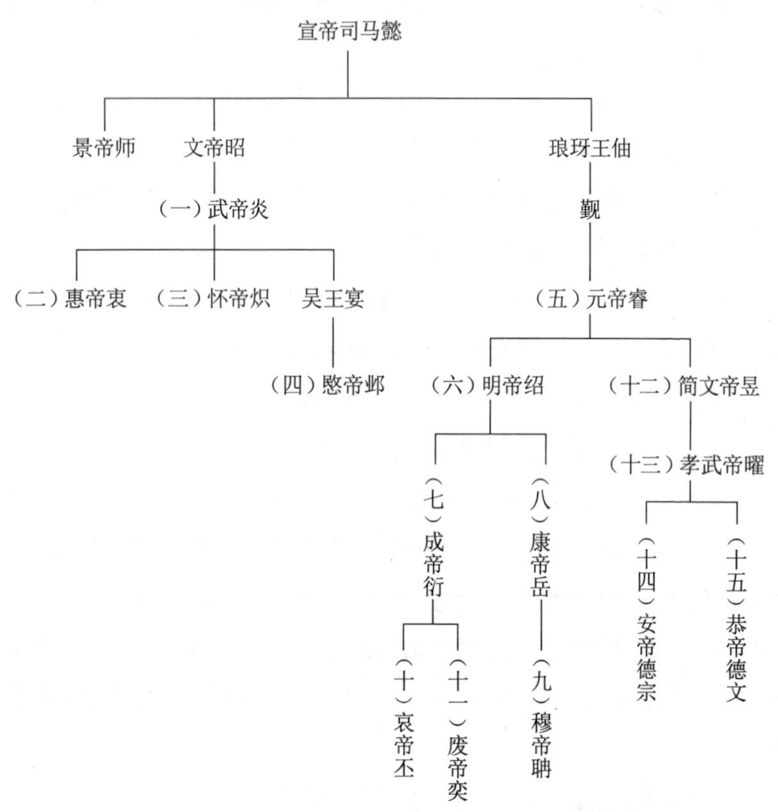

十六国

自晋惠帝永兴元年（西元三〇四）刘渊建号称王，至南宋文帝元嘉十六年（西元四三九）北凉降魏止，在宋、魏对峙以前凡一百三十六年，史称为“五胡乱华”。

汉魏以来，羌胡鲜卑降者，多处之塞内，降及晋初，生殖滋繁，遂渐不靖。

匈奴

前汉末，匈奴大乱，五单于争立，而呼韩邪单于失其国，携率部落，入臣于汉。汉嘉其意，割并州北界以安之。于是匈奴五千余落入居朔方诸郡，与汉人杂处。……多历年所，户口渐滋，弥漫北朔，转难禁制。后汉末，天下骚动，群臣竞言胡人猥多，惧必为寇，宜先为其防。建安中，魏武帝始分其众为五部，部立其中贵者为帅，选汉人为司马以监督之。魏末，复改帅为都尉。其左部都尉所统可万余落，居于太原故兹氏县；右部都尉可六千余落，居祁县；南部都尉可三千余落，居蒲子县；北部都尉可四千余落，居新兴县；中部都尉可六千余落，居太陵县。武帝践阼后，塞外匈奴大水，塞泥、黑难等二万余落归化，帝复纳之，使居河西故宜阳城下，后复与晋人杂居。由是平阳、西河、太原、新兴、上党、乐平诸郡靡不有焉。……太康五年，复有匈奴胡太阿厚率其部落二万九千三百人归化。七年，又有匈奴胡都大博及萎莎胡等各率种类大小凡十万余口，诣雍州刺史扶风王骏降附。明年，匈奴都督大豆得一育鞠等复率种落大小万一千五百口……来降，并贡其方物，帝并抚纳之。北狄以部落为类，其入居塞者有屠各种、鲜支种、寇头种、乌谭种、赤勒种、捍蛭种、黑狼种、赤沙种、郁鞞种、萎莎种、秃童种、勃蔑种、羌渠种、贺赖种、钟跂种、大楼种、雍屈种、真树种、力羯种，凡十九种，皆有部落，不相杂错（《晋书》卷九十七《匈奴传》）。

鲜卑

魏文帝初，步度根遣使献马，帝拜为王。后数与轲比能更相攻击，步度根部众稍弱，……而轲比能众遂强盛。……青龙元年（西元二三三），比能诱说步度根，使叛并州。其后幽州刺史王雄遣勇士……刺杀比能，更立其弟素利、弥加、厥机皆为大人，在辽西、右北平、渔阳塞外，道远初不为边患，……其后诸子争立，众离散，诸部大人慕容、托跋更盛焉（《通考》卷三四二《四裔考十九》）。

氐、羌

《西戎传》曰：氐人有王，所从来久矣。自汉开益州，置武都郡，排其种人，分窜山谷间，或在福禄，或在汧、陇左右。其种非一，称槃瓠之后，或号青氐，或号白氐，或号蚺氐，此盖虫之类而处中国，人即其服色而名之也。其自相号曰盍稚，各有王侯，多受中国封拜。近去建安中，兴国氐王阿贵、白项氐王千万各有部落万余，至十六年（西元二一一），从马超为乱。超破之后，阿贵为夏侯渊所攻灭，千万西南入蜀，其部落不能去，皆降。国家分徙其前后两端者，置扶风、美阳，今之安夷、抚夷二部护军所典是也。其太守善，分留天水、南安界，今之广平、魏郡所守是也。其俗，语不与中国同，及羌杂胡同，各自有姓，姓如中国之姓矣。其衣服尚青绛，俗能织布。善田种，畜养豕牛马驴骡。……皆编发。多知中国语，由与中国错居故也。其自还种落间，则自氐语。……今虽都统于郡国，然故自有王侯在其虚落间。又故武都地阴平街左右，亦有万余落（《三国·魏志》卷三十注引《魏略》）。

郭钦、江统等，以其逼处，恐为异日患，乃建徙戎之论，而不察诸族之冤苦莫诉。

泰始七年，单于猛叛，屯孔邪城，武帝遣娄侯何桢持节讨之。桢……乃潜诱猛左部都督李恪杀猛，于是匈奴震服，积年不敢复反。其后稍因忿恨，杀害长史，渐为边患。侍御史西河郭钦上疏曰：“戎狄强犷，历古为患。魏初人寡，西北诸郡皆为戎居。今虽服从，若百年之后，有风尘之警，胡骑自平阳、上党，不三日而至孟津，北地、西河、太原、冯翊、安定、上郡，尽为狄庭矣。宜及平吴之威，谋臣猛将之略，出北地、西河、安定，复上郡，实冯翊，于平阳已北诸县募取死罪，徙三河、三魏见士四万家以充之。裔不乱华，渐徙平阳、弘农、魏郡、京兆、上党杂胡。

峻四夷出入之防，明先王荒服之制，万世之长策也。”帝不纳（《晋书》卷九十七《匈奴传》）。

时关陇屡为氐羌所扰，孟观西讨，自擒氐帅齐万年。统深惟四夷乱华，宜杜其萌，乃作《徙戎论》，其辞曰：“……雍州之戎，常为国患，中世之寇，惟此为大。汉末之乱，关中残灭。魏兴之初，与蜀分隔，疆埸之戎，一彼一此。魏武皇帝，令将军夏侯妙才（渊）讨叛氐阿贵、千万等，后因拔弃汉中，遂徙武都之种于秦川，欲以弱寇强国，扞御蜀虏。……因其衰弊，迁之畿服，士庶玩习，侮其轻弱，使其怨恨之气，毒于骨髓。至于蕃育众盛，则坐生其心。……当今之宜，宜及兵威方盛，众事未罢，徙冯翊、北地、新平、安定界内诸羌，著先零、罕开、析支之地；徙扶风、始平、京兆之氐，出还陇右，著阴平、武都之地。……各附本种，反其旧土，使属国抚夷就安集之。……并州之胡，本实匈奴桀恶之寇也。汉宣之世，冻馁残破，国内五裂，后合为二，呼韩邪遂衰弱，孤危不能自存，依阻塞下，委质柔服。建武中，南单于复来降附，遂令入塞，居于漠南。……中平中，以黄巾贼起……乘衅而作，卤掠赵魏，寇至河南。……其部落散居六郡（太原、西河、平阳、上党、乐平、新兴）。咸熙之际，以一部太强，分为三率。泰始之初，又增为四。……今五郡之众，户至数万，人口之盛，过于西戎。然其天性骁勇，弓马便利，倍于氐、羌。若有不虞风尘之虑，则并州之域，可为寒心。荥阳句骊，本居辽东塞外。正始中，幽州刺史毌丘俭，伐其叛者，徙其余种。始徙之时，户落百数，子孙孳息，今以千计，数世之后，必至殷炽。”……帝不能用。未及十年，而夷狄乱华（《晋书》卷五十六《江统传》）。

前赵

自晋惠帝永兴元年（西元三〇四），刘渊称汉王，至成帝咸和四年（西元三二九），为石勒所灭，凡六传，共二十六年。

刘渊字元海，新兴匈奴人，冒顿之后也。初汉高祖以宗室女为公主以妻冒顿，约为兄弟，故其子孙遂冠姓刘氏。建武初，乌珠留若鞮单于子右奥鞬日逐王比，自立为南单于，入居西河美稷。中平中，单于羌渠使子於扶罗将兵助汉讨平黄巾，会羌渠为国人所杀，於扶罗以其众留汉，自立为单于。属董卓之乱，攻略太原、河东，屯于河内。於扶罗死，弟呼厨泉立，以於扶罗子豹为左贤王，即渊之父也。魏武分其众为五部，以豹为左部帅，其余部帅皆以刘氏为之。刘氏虽分居五部，然皆家居晋阳汾涧之滨。渊幼好学，师事上党崔游，习《毛诗》、京氏《易》、马氏《尚书》，尤好《春秋左氏传》《孙吴兵法》，略皆诵之;《史》《汉》、诸子，无不综览；学武事，善射，膂力过人。豹卒，以渊代为左部帅。晋乱，共推为大单于。永兴元年，即汉王位，建元元熙（四年），晋永嘉二年（西元三〇八），即皇帝位，改元永凤（一年）、河瑞（一年），在位凡六年。谥光文皇帝，庙号高祖。

和，字玄泰，渊皇太子，嗣立（永嘉四年，西元三一〇）。以兵攻刘聪等，事败被杀。

聪，字玄明，渊第四子，拜鹿蠡王。既杀其兄和，群臣劝即尊位，晋永嘉四年（西元三一〇）即皇帝位，改元光兴（一年）、嘉平（四年）、建元（一年）、麟嘉（二年），在位凡八年。谥昭武皇帝，庙号烈宗。

粲，字士光，聪太子。袭位，改元汉昌（一年）。粲荒耽酒色，委政于舅氏靳准。元帝太兴元年（西元三一八），准为乱，执粲数而杀之，自号大将军、汉天王。刘曜、石勒，起兵讨准，准将乔泰、马忠等杀准，降于曜。

曜，字永明，渊之族子。性拓落高亮，与众不群。善属文，工草隶。雄武过人，铁厚一寸，射而洞之，于时号为神射。渊世频历显职，后拜相国，都督中外诸军事，镇长安。靳准之难，曜经众推戴，晋太兴元年即皇帝位，改元光初（十一年），徙都长安，改国号曰赵。时石勒在襄国（河北邢台县），称赵王。咸和三年，曜率兵攻后赵将石生于金墉城（洛阳东北，魏明帝所筑），战败被擒。在位凡十一年。

熙，曜太子。曜败，石勒遣石虎入关，熙奔上邽（陕西南郑县），石虎攻执之。前赵亡。

后赵

自晋元帝太兴二年（西元三一九），石勒称赵王，至穆帝永和八年（西元三五二），为前燕所灭，凡二姓八传，共三十四年。

石勒，字世龙，初名匐，上党武乡（山西榆社县）羯人也。其先匈奴别部羌渠之胄。晋太安中，并州饥，刺史司马腾，执诸胡于山东，卖充军实。勒时年二十余，亦在其中，卖与茌平（山东茌平县）人师欢为奴，欢奇而免之。勒与马牧率汲桑往来，招集王阳、夔安、支雄、冀保、吴豫、刘膺、桃豹、逯明等八骑肆劫掠。后郭敖、刘征、刘宝、张噎仆、呼延莫、郭黑略、张越、孔豚、赵鹿支、屈六等又赴之，号为十八骑。及刘渊称汉王，晋成都王颖故将公师藩等自称将军，起兵赵魏，勒与汲桑帅牧人以赴之，桑始命勒以石为姓，勒为名焉。桑及勒后为汉阳太守苟晞所败，桑死，勒降于汉。渊加勒督讨山东诸军事，于是并有幽、并、青、冀、司、豫诸州。晋太兴二年汉乱，勒自称赵王，都邺。咸和三年建元太和（二年），五年即皇帝位，改元建平（四年）。称王十一年，称帝四年，在位凡十五年。谥曰明皇帝，庙号高祖。

弘，字大雅，勒之第二子。嗣立，改元延熙（一年）。时石虎专权，废之为海阳王，寻杀之，在位凡一年。

虎，字季龙，勒之从子，废弘自立，称大赵天王。改元建武（十四年），晋永和五年，即皇帝位，改元大宁（一年），在位凡十五年。谥武皇帝，庙号太祖。

世，虎幼子。嗣立，为石遵所杀，在位凡三十三日。

遵，虎第三子，废世而自立。为石闵所杀，在位凡一百八十三日。

鉴，虎子。继立，改元青龙（一年），谋诛石闵不克，反为所杀，在位凡一百三日。

祗，虎子，闻鉴死，称帝于襄国。改元永宁，为其将刘显所杀。

闵，字永曾，虎之养孙，本姓冉名良，魏郡内黄人。勇猛善战，以功封修成侯。永和六年（西元三五〇）杀石鉴，即帝位，改元永兴（三年），国号大魏，复姓冉氏。慕容儁克幽、蓟，略地至于冀州，闵帅骑距之，与慕容恪相遇于魏昌（河北无极县），战败，马无故而死，为恪所擒。在位凡三年。

前燕

自晋武帝太康七年（西元二八六）慕容廆称公，至帝奕太和五年（西元三七〇）为秦所灭，凡四传，共八十五年。

慕容廆，字奕洛瓌，昌黎棘城鲜卑人也。曾祖莫护跋，魏初率其诸部入居辽西，从宣帝伐公孙氏有功，拜率义王，始建国于棘城（热河朝阳县）之北。时燕代多冠步摇冠，莫护跋见而好之，乃敛发袭冠，诸部因呼之为步摇，其后音讹，遂为慕容焉。或云慕二仪之德，继三光之容，遂以慕容为氏。祖木延左贤王，父涉归以全柳城之功，进拜鲜卑单于，迁邑于辽东北。廆嗣立，与其邻部宇文氏有隙，请讨之，武帝弗许。（太和七年五月）叛攻辽西，后乃请降，拜为鲜卑都督。廆以宇文氏、段氏数加侵略，迁于徒河之青山（辽西锦县），后又徙于大棘城（辽西义县）。受晋官爵。在位凡四十九年。谥武宣皇帝。

皝，字元真，廆之第三子，嗣立。咸康三年（西元三三七）称燕王，又筑龙城（热河朝阳县附近），徙都之。先击破高句丽，复击破宇文氏、段氏，于是辽东西之地，悉为燕有。在位凡十四年。谥文明皇帝。

儁，字宣英，皝之第二子。永和五年（西元三四九）即燕王位，乘赵魏之乱，攻蓟下而徙都之，旋使慕容恪等击擒冉闵。永和八年，即皇帝位。建元燕元（三年）、元玺（五年）、光寿（三年），在位凡十一年。谥景昭皇帝，庙号烈祖。

暐，字景茂，儁第三子。初封中山王，寻立为太子。儁卒，暐立，改元建熙（十一年）。晋太和五年，秦王苻坚遣王猛、杨安率兵伐暐，破邺，暐出逃，为追兵所执。在位凡十一年。前燕亡。

前蜀

自晋惠帝太安元年（西元三〇二）李特称大都督，至穆帝永和三年（西元三四七），为桓温所灭，凡七传，共四十六年。

李特，字玄休，巴西宕渠氐人。汉末，张鲁居汉中，以“鬼道”教百姓，賨人敬信巫觋，多往奉之。值天下大乱，自巴西之宕渠，迁于汉中杨车坂，抄掠行旅，百姓患之，号为杨车巴。魏武帝克汉中，特祖将五百余家归之，魏武帝拜为将军，迁于略阳北土，复号之为巴氐。特父慕为东羌猎将，特少仕州郡，见异当时。元康中（六年，西元二九六），氐齐万年反，关西扰乱，频岁大饥，百姓乃流移就谷，入汉川者数万家，特随流人入蜀。永康元年（西元三〇〇），益州刺史赵廞，因内调遂谋叛，潜有割据之志。特之党类皆巴西人，与廞同郡，厚遇之以为爪牙，故特等聚众专为钞掠，蜀人患之。后特怨廞，引兵归绵竹。廞遣将遏之，为特击败。进攻成都，于是六郡流人，推特为主。太安元年，自称益州牧、都督梁益二州诸军事、大将军、大都督。建元二年，晋益州刺史罗尚出大军逆战，特败绩被杀，传首洛阳。在位凡二年。及雄称王，追谥为景皇帝，庙号始祖。

流，字玄通，特第四弟。特死，收遗众，自称大将军、大都督、益州牧。数月死，追谥秦文王。

雄，字仲儁，特第三子。诸将立雄为主，逐罗尚，克成都，奄有全蜀。永兴元年（西元三〇四）称成都王，建元建兴（二年），寻即皇帝位。改元太武，亦曰晏平（五年）、玉衡（二十四年），在位凡三十一年。谥武帝，庙号太宗。

班，字世文，雄养子。嗣立，仍用玉衡年号。雄子越，时镇江阳，以班非雄所生，意甚不平，以奔丧与其弟期密计图之，遂杀班于殡宫。

期，字世运，雄第四子。班死，越推让之，即皇帝位，改元玉恒（三年）。期外任奸邪，内宠宦寺，纲维紊乱，为李寿所废，自杀，在位凡三年。谥幽公。

寿，字武考，雄兄骧之子。咸康四年（西元三三八）废期而自立，改国号曰汉。改元汉兴（六年），在位凡六年。谥昭文帝，庙号中宗。

势，字子仁，寿之长子。嗣立，改元太和（二年）、嘉宁（二年），晋永和三年，桓温伐蜀，势穷蹙纳降，迁于建康，封归义侯，在位凡四年。前蜀亡。

前凉

自晋惠帝永宁元年（西元三〇一）张轨官凉州，至孝武帝太元元年（西元三七六）灭于前秦，凡九传，共七十六年。

张轨，字士彦，安定乌氏人，汉常山景王耳十七代孙。永宁初，出为护羌校尉、凉州刺史。时鲜卑反，劫掠者蜂起，轨到官，即讨破之，遂威著西州，在州十二年而卒。张祚称帝，谥武王。

寔，字安逊，轨之世子。轨卒，州人推寔摄父位。京兆人刘弘，挟左道以惑百姓，寔左右皆事之，帐下阎沙，牙门赵仰，皆弘乡人。弘谓之曰："天与我神玺，应王凉州。"沙、仰信之，密与寔左右十余人谋杀寔，奉弘为主。寔潜知其谋，收弘杀之，沙等不知之，以其夜害寔。寔改元建兴（七年），在位凡七年。谥昭王。

茂，字成逊，寔弟。寔遇害，州人推茂为大都督、太尉、凉州牧。改元永元（四年），在位凡四年。谥成王。

骏，字公庭，寔世子，茂卒继立。自轨据凉州，属天下大乱，所在征伐，军无宁岁，至骏境内渐平，又使其将杨宣率众越流沙，伐龟兹、鄯善，百域并降。骏有计略，勤修庶政，总御文武，咸得其用，远近嘉咏，号曰积贤君。改元太元（二十二年），在位凡二十二年。谥文王。

重华，字泰临，骏之第二子，继立。以永和二年，自称持节大都督、太尉、护羌校尉、凉州牧、西平公、假凉王，改元永乐（八年），在位凡八年。谥明王。

耀灵，字玄舒，重华子，嗣立。伯父祚废之，寻遇害。谥哀公。

祚，字太伯，骏之长庶子，废耀灵而自立。永和十年（西元三五四）称皇帝，改元和平（一年）。祚凶暴淫虐，立之明年，其河州刺史张瓘，起兵讨之，骁骑将军宋混率众应瓘。军至姑臧，祚厨士徐里杀祚。在位凡一年。

玄靓，字元安，重华少子，祚死继立。自号大都督、大将军、校尉、凉州牧、西平公，改元太始（二年），仍用建兴（五年）、升平（一年），为张天锡所害，在位凡八年。谥冲公。

天锡，字纯嘏，骏少子。玄靓死，国人立之，改元太清（十四年）。晋太元元年，苻坚遣其将苟苌、毛当、梁熙、姚苌等伐之。天锡战败，降苌等。在位凡十四年。前凉亡。

前秦

自晋穆帝永和七年（西元三五一年）苻洪称秦王，至孝武帝太元十九年（西元三九四年）而亡，凡七传，共四十四年。

苻洪，字广世，略阳（甘肃秦安县）临渭氐人也。其先世为西戎酋长，始其家池中蒲生长五丈五节，如竹形，时咸谓之蒲家，因以为氏焉。父怀归，部落小帅，永嘉之乱，宗人蒲光、蒲突，遂推洪为盟主。刘曜称帝长安，光等逼洪归曜，拜率义侯。曜败，洪保陇山，石虎攻上邽，洪又请降，拜冠军将军，委以西方之事。石遵即位，去洪都督，怨之，乃遣使降晋。石鉴杀遵，所在兵起，洪据枋头（河南濬县）。洪以谶文有“草付应王”，又其孙坚，背有“草付”字，遂改姓苻氏。自称大将军、大单于、三秦王，欲西取长安而都之，会为军师将军麻秋所鸩杀。健称帝，谥惠武帝。

健，字建业，洪第三子。洪卒，继统其众，进据关中，都长安。永和七年，称天王大单于，八年即皇帝位。建元皇始（四年），在位凡四年。谥明皇帝，庙号世宗，后改高祖。

生，字长生，健第三子。以谶言“三羊五眼应符”，故立为太子。永和十三年，健卒嗣立，改元寿光（二年）。生荒淫嗜杀，苻坚废而杀之，在位凡二年。谥厉王。

坚，字永固，一名文玉，苻雄之子。升平元年（西元三五七），弑生而自立。改元永兴（二年）、甘露（六年）、建元（二十年）。孝武帝太元八年（西元三八三），大举伐晋，败于肥水，国中大乱。十年，为姚苌所执，缢死。在位凡二十八年。谥世祖宣昭皇帝。

丕，字永叔，坚之庶长子，出镇邺。坚死，据晋阳，即皇帝位，改元太安（一年）。为慕容永所败，走死，在位凡一年。谥哀平皇帝。

登，字文高，坚之族孙。坚亡，于太元十一年立于南安（甘肃平凉县），改元太初（八年）。姚兴攻之，登战败被杀，在位凡八年。谥高皇帝，庙号太宗。

崇，登太子。姚兴攻杀登，崇奔于湟中，称尊号，改元延初（一年）。为西秦乞伏乾归所逐，崇死。前秦亡。

后秦

自晋孝武帝太元九年（西元三八四）姚苌称王，至安帝义熙十三年（西元四一七）为晋所灭，凡三传，共三十四年。

姚弋仲，南安赤亭羌人也。其先世为羌酋。其后，烧当雄于洮、罕之间，七世孙填虞，汉中元末，侵扰西州，为杨虚侯马武所败，徙出塞。虞九世孙迁那，率种人内附，汉朝嘉之，封归顺王，处之于南安之赤亭。那玄孙柯迴，为魏西羌都督。迴生弋仲，众皆畏而亲之。永嘉之乱，东徙榆眉，戎夏随之者数万，自称护西羌校尉、雍州刺史、扶风公。刘曜以弋仲为平西将军，封平襄公，邑之于陇上。及石虎克上邽，弋仲说之，徙陇上豪强以实畿甸。勒既死，虎执权，思弋仲之言，遂徙秦雍豪杰于关东，弋仲率步众数万，迁于清河。及虎废石弘自立，弋仲称疾不贺，虎惮其强正而不之责，迁持节十郡六夷大都督、冠军大将军，进封西平郡公。石祗称帝于襄国，以弋仲为右丞相。石氏已灭，中原无主，乃遣使请降于晋，封高陵郡公。苌称帝，追谥为景元皇帝，庙号始祖。

襄，字景国，弋仲之第五子，代领其众。殷浩北伐，襄袭破之，自称大将军、大单于。进攻外黄，为晋边将所败，乃据许昌。西图关中，进战于三原。襄败，为苻坚所杀。苌称帝，追谥为魏武王。

苌，字景茂，弋仲第二十四子。襄死，苌率诸弟降于苻生。及苻坚寇晋，以苌为龙骧将军，督益、梁州诸军事。坚败于淮南，归长安，慕容泓叛，坚遣子叡讨之，以苌为司马。为泓所败，叡死之，苌惧，奔于渭北。西州豪族，推苌为盟主。太元九年，遂自称大将军、大单于、万年秦王，建元白雀（二年）。坚为慕容冲所逼，走入五将山，苌遣将围坚，执而杀之。太元十一年，苌即皇帝位于长安，国号大秦，改元建初（八年），在位凡十年。谥武昭皇帝，庙号太祖。

兴，字子略，苌长子。嗣立，改元皇初（五年）、弘始（十七年），在位二十二年。谥文桓皇帝，庙号高祖。

泓，字元子，兴长子。嗣立，改元永和（二年）。晋义熙十三年，刘裕北伐，入关中，执泓，送建康斩之。在位凡二年。后秦亡。

西秦

自晋孝武帝太元十年（西元三八五）乞伏国仁称大单于，至宋文帝元嘉八年（西元四三一）灭于夏，凡四传，共四十七年。

乞伏国仁，陇西鲜卑人也。其五世祖祐邻，泰始初，率户五千，迁于夏缘。部众稍盛，徙居高平川。祐邻死，子结权立，徙于牵屯。结权死，子利那立。利那死，弟祁埿立。祁埿死，利那子述延立，讨鲜卑莫侯于菀川（甘肃靖远县），大破之，因居菀川。述延死，子傉大寒立。会石勒灭刘曜，惧而迁于麦田元孤山。大寒死，子司繁立，始迁于度迁山。寻为苻坚将王统所袭，部众叛降于统，乃诣统降于坚，坚署为南单于，留之长安。俄而鲜卑勃寒，侵斥陇右，坚以司繁讨诸胡，遂镇勇士川（甘肃金县）。司繁卒，国仁代镇。及坚寿春之役，征为前将军。会国仁叔父步颓，叛于陇西，坚遣国仁还讨之，国仁遂与颓合，众至十余万。及坚为姚苌所杀，以太元十年，自称大都督、大将军、大单于，领秦、河二州牧，建元建义（三年）。分其地为十二郡，筑勇士城而都之。在位凡三年。谥宣烈王，庙号烈祖。

乾归，国仁弟也。国仁死，群臣推乾归继立，称河南王，迁都金城（甘肃皋兰县），改元太初（二十一年）。为后秦姚兴所破，遂降，兴以为归义侯，还镇菀川，尽以部众配之。兴终虑乾归西州之患，因其朝也，留之。寻逃归菀川（降秦已九年），称秦王。改元更始（三年），为兄子公府所杀，在位凡二十四年。谥武元王。

炽磐，乾归长子也，杀公府而袭位。袭灭南凉秃发傉檀，兵强地广。改元永康（八年）、建弘（八年），在位凡十六年。

暮末，炽磐第二子。嗣立，改元永弘（四年）。后为夏主赫连定所逼，降于魏。宋文帝元嘉八年，赫连定攻杀之。在位凡四年。西秦亡。

后燕

自晋孝武帝太元九年（西元三八四）慕容垂称王，至安帝义熙五年（西元四〇九）灭于北燕，凡五传，共二十六年。

慕容垂，字道明，皝之第五子。慕容儁称帝，封吴王，徙镇信都。及暐嗣立时，垂与慕容评同秉政。桓温北伐，垂败之枋头，威名大振，评深忌之，乃谋诛垂。垂惧祸，奔于苻坚，坚以为冠军将军，封宾都侯。及坚擒暐，垂随坚入邺，为先导。坚之败于淮南也，垂军独全，遂以之叛，定都中山。太元八年称燕王，建元燕元（二年）。晋太元十一年称皇帝，改元建兴（十年），在位凡十二年。谥成武皇帝，庙号世祖。

宝，字道祐，垂之第四子。嗣立，改元永康（二年）。魏主拓跋珪来伐，克信都，宝大惧，率万骑奔蓟。宝子会守龙城，闻宝败，率众赴难，逢宝于路。宝分夺其军以授弟农，会怒，攻农杀之，遂攻宝。宝走龙城，会追围之，为宝将高云所败。会奔中山，为慕容详所杀，详遂称帝，改元建始。未几，宝弟麟叛，率众入中山，斩详，亦称帝，改元延平。宝率众自龙城将攻中山，众咸惮征，皆溃。宝还龙城，为舅兰汗所杀。在位凡二年。谥惠愍皇帝，庙号烈宗。

盛，字道运，宝之庶长子。宝南伐，留统后事。宝死，称制，改元建平（一年）。称帝，改元长乐（二年）。前将军段玑作乱，盛被伤，卒。在位凡三年。谥昭武皇帝，庙号中宗。

熙，字道文，垂之少子，继立。改元光始（六年）、建始（一年），为高云所杀，在位凡七年。谥昭文皇帝。

云，宝之养子。杀熙，即天王位，复姓高氏，改元正始（二年）。晋义熙五年，为下所杀，在位年余。谥惠懿皇帝。冯跋继立。后燕亡。

后凉

自晋孝武帝太元十一年（西元三八六）吕光称公，至安帝元兴二年（西元四〇三）降后秦，凡四传，共十八年。

吕光，字世明，略阳氐人也。其先吕文和，汉文帝初，自沛避难徙居焉，世为酋豪。父婆楼，佐命苻坚，官至太尉。光事坚，征西域，光平西域，有留焉之志。后东还，值坚丧败，中原大乱，坚凉州刺史梁熙发兵拒光，光击之，遂入姑臧（甘肃武威县），自领凉州刺史。光闻苻坚为姚苌所害，遂据酒泉，称凉州牧、酒泉公，建元太安（三年）。即三河王位，改元麟嘉（七年）。称天王，改元龙飞（三年）。诸郡叛离，不能有全凉，仅居姑臧。病甚，立其太子绍为天王，自号太上皇帝，在位凡十三年。谥武皇帝，庙号太祖。

绍，光太子，继立未久，为兄吕纂所杀。谥隐王。

纂，字永绪，光之庶长子。杀绍而立，改元咸宁（二年）。纂昏虐任情，忍于杀戮。纂弟超，杀纂而立其兄隆。在位凡二年。谥灵皇帝。

隆，字永基，光弟宝之子。超杀纂，让位于隆。及即位，改元神鼎（三年），为沮渠蒙逊与秃发傉檀所侵，以元兴二年降于后秦姚兴，在位凡三年。后凉亡。

南凉

自晋安帝隆安元年（西元三九七）秃发乌孤称王，至义熙十年（西元四一四）灭于西秦，凡三传，共十八年。

秃发乌孤，河西鲜卑人也。其八世祖匹孤，率其部自塞北迁于河西。匹孤卒，子寿阗立。初寿阗之在孕，母胡掖氏，因寝而产于被中，鲜卑谓被为秃发，因而氏焉。至乌孤嗣立，务农业，修邻好。吕光遣使署为河西鲜卑大都统、广武县侯。乌孤讨乙弗、折掘二部，大破之，筑廉川堡（青海乐都县）以都之。隆安元年，自称平西王，建元太初（三年），后堕马死，在位凡三年。谥武王，庙号烈祖。

利鹿孤，乌孤弟，继立。改元建和（二年），翌年，改称河西王，在位凡二年。谥康王。

傉檀，利鹿孤弟。改元弘昌（二年去年号），迁于乐都。初南凉畏后秦，颇自贬损，后傉檀败秦师，仍复称王，改元嘉平（七年）。其属部乙弗等叛，傉檀往讨，大破之。西秦主炽磐闻之，乘虚袭乐都，一旬而城溃，徙其太子百官等而归。傉檀将士闻乱，皆逃散。傉檀穷蹙，降于炽磐。在位凡十三年。南凉亡。

西凉

自晋安帝隆安四年（西元四〇〇）李暠称公，至宋武帝永初元年（西元四二〇）灭于北凉，凡三传，共二十一年。

李暠，字玄盛，陇西成纪人，汉前将军广之十六世孙。祖弇，仕张轨，为武卫将军，安世亭侯。父昶，幼有令名，早卒。后凉吕光龙飞二年（晋安帝隆安元年），其建康太守段业叛，自称凉州牧，以孟敏为沙州刺史，李暠为效谷（甘肃敦煌县西）令。敏死，众推暠领敏众。隆安四年，称凉公，迁于酒泉。建元庚子至甲辰（五年）、建初（十二年），在位凡十七年。谥曰武昭王，庙号太祖。

歆，字士业，暠第二子。嗣立，改元嘉兴（三年），与沮渠蒙逊战于蓼泉，被杀，在位凡三年。

恂，歆弟。歆死，自立于敦煌，改元永建（一年），复为沮渠蒙逊所攻灭，在位凡一年。西凉亡。

北凉

自晋安帝隆安元年（西元三九七）段业称公，至宋文帝元嘉十六年（西元四三九）降于魏，凡二姓三传，共四十三年。

沮渠蒙逊，临松卢水胡人。其先世为匈奴左沮渠，遂以官为氏。蒙逊雄杰有英略，滑稽善权变，梁熙、吕光皆奇而惮之。会伯父罗仇、麹粥，从吕光征河南，光前军大败，罗仇、麹粥，皆为光所杀。宗姻诸部会葬者万余人，蒙逊哭谓众曰："吕光昏耄，荒虐无道，君等岂可坐观成败，使二父有恨黄泉乎？"众咸称万岁，遂立盟约，一旬之间众至万余。隆安元年，乃推建康太守段业为凉州牧、建康公，建元神玺（二年）、天玺（二年）。业惮蒙逊雄武，微欲远之，蒙逊亦内不自安。蒙逊兄男成，素有恩信，部众附之，蒙逊乃密诬告男成叛逆，使业杀之。蒙逊乃泣告众，欲为男成复仇，众从之，遂攻杀业。隆安五年（西元四〇一）称凉州牧、张掖公，改元永安（十一年）。即凉王位，改元玄始（十六年）、承玄（三年）、义和（二年）。蒙逊克姑臧，灭敦煌，遂有全凉之境。在位凡三十二年。

牧犍，蒙逊子，嗣立。改元永和（七年），宋元嘉十六年，魏师来伐，势穷请降，在位凡七年。北凉亡。

南燕

自晋安帝隆安二年（西元三九八）慕容德称王，至义熙六年（西元四一〇）灭于刘裕，凡二传，共十三年。

慕容德，字玄明，皝之少子。慕容儁称帝，封为梁公。后遇暐败，徙于长安，苻坚以为张掖太守。坚之败也，从垂如邺。及垂称燕王，以德为车骑大将军，复封范阳王，居中镇卫，参断政事。宝既嗣位，以为使持节都督冀、兖、青、徐、荆、豫六州诸军事。魏师入中山，德兄子麟奔邺，劝德僭号。隆安二年，德率众自邺徙于滑台（河北滑县），自称燕王，建元燕平（二年），徐、兖之民尽附之。以滑台地居冲要难守，遂东取青州（隆安三年），都广固（山东益都县西北）。即皇帝位，改元建平（五年），在位凡七年。谥献武皇帝。

超，字祖明，德兄北海王纳之子，德立之为太子，继立。改元太上（六年）。义熙六年，刘裕伐之，破广固执超，送建康斩之，在位凡六年。南燕亡。

北燕

自晋安帝义熙五年（西元四〇九）冯跋称王，至宋文帝元嘉十三年（西元四三六），灭于魏，凡二传，共二十八年。

冯跋，字文起，长乐信都人也。后燕慕容宝称帝，署中卫将军。慕容熙即位，得罪亡命山泽，因民之乱遂为乱，推熙养子夕阳公高云为主，执熙杀之。云为其幸臣离班、桃仁所杀，跋将张泰、李桑斩班、仁，众推跋为主。义熙五年，乃称天王于昌黎，国号燕，建元太平（二十二年），在位凡二十二年。

弘，字文通，跋弟。跋寝疾，弘勒兵入，跋惊悸死，而弘杀跋子翼自立。改元太兴（六年），宋文帝元嘉十三年，为魏所破，弘走死高丽，在位凡六年。北燕亡。

夏

自晋安帝义熙三年（西元四〇七），赫连勃勃称王，至宋文帝元嘉八年（西元四三一），灭于吐谷浑，凡三传，共二十五年。

赫连勃勃，字屈孑，匈奴右贤王去卑之后，刘渊之族也。曾祖刘虎，母为鲜卑人。北人谓胡（匈奴）父鲜卑母为铁弗，虎遂以为号焉。虎始附拓跋氏，后事刘聪，拜安北将军。虎死，子务桓嗣。务桓死，弟阏陋头嗣。务桓子悉勿祈，逐阏陋头而自立。悉勿祈死，弟卫辰嗣。自务桓以来，皆依违于拓跋氏、石氏之间，至卫辰，乃道苻坚灭拓跋氏。坚分代为二部，自河以西属之卫辰，自河以东属之刘库仁。拓跋中兴，杀卫辰并其众，子勃勃奔于姚兴。兴大信重之，以为安北将军、五原公，镇朔方。勃勃众至数万，以义熙二年，称天王大单于，自以匈奴夏后氏之苗裔，国称大夏。耻姓铁弗，遂改为赫连氏，自云"徽赫与天连"。又号其支庶为铁伐氏，云"刚锐如铁，皆堪伐人"。筑统万城（陕西横山县北）以都之。及宋武入长安，擒姚泓，以内患南归，留子义真镇长安。勃勃大喜，义熙十四年（西元四一八年），伐义真，大破之。遂入长安，即皇帝位。建元龙升（六年）、凤翔（五年）、昌武（一年）、真兴（六年），在位凡十八年。

昌，勃勃第三子。嗣立，改元承光（三年）。魏师来伐，拔统万，昌奔上邽，为魏所擒，在位凡三年。

定，勃勃第五子。昌败，奔于平凉称帝，改元胜光（四年）。取长安，灭西秦，欲击北凉而夺其地。元嘉八年，为吐谷浑王慕璝所袭，定被执，送于魏。在位凡四年。夏亡。

按：以上史称为十六国。其未列入者，附录于下。

西燕

自晋孝武帝太元九年（西元三八四）慕容冲称帝，至太元十九年（西元三九四）灭于后燕，凡二姓七传，共十一年。

慕容冲，小字凤皇，暐之弟也。初前燕亡，暐弟济北王泓，随暐入秦，为北地长史。苻坚败归，中原纷乱，泓闻垂攻邺，乃亡命奔关东，收鲜卑数千人，还屯华阴。坚遣张永击之，为泓所败，泓遂称济北王。坚使苻叡率姚苌讨之，时冲为平阳太守，起兵河东亦叛，坚使窦衝讨之。叡击泓，大败，叡死之。衝击冲，大破之，冲遂奔于泓。鲜卑之众，因杀泓立冲。冲进据阿房，谋杀坚未果。以太元九年称帝，改元更始（二年），寻入长安。冲毒虐，失人心，其将许木末杀之。在位凡二年。

段随，冲将。冲死，众立之为燕王，改元昌平，寻为慕容永所杀。

觊，燕宗室，宜都王子。慕容永杀段随，遂立之为主，改元建明。率鲜卑男女三十余万口，去长安而东，为慕容韬所杀。

瑶，冲子，继立，改元建平。为慕容永所杀。

忠，泓子，继立，改元建武。忠以永为丞相，至闻喜，闻燕王垂已称帝，不敢进，筑燕熙城而居之，未几诸将杀忠，推永为主。

永，廆从孙。继立，称河东王，称藩于垂。永求东归，为苻丕所阻。时丕称帝于晋阳，永击丕，大败之，进据长子（山西长子县），遂称帝。改元中兴（九年），时太元十一年也（西元三八六）。永纳叛臣翟钊，太元十九年垂伐之，围长子，执永杀之，在位凡九年。西燕亡。

后蜀

自晋安帝义熙元年（西元四〇五）谯纵称王，至义熙十年（西元四一四）灭亡，凡十年。

谯纵，巴西南充人，为安西府参军。义熙元年，刺史遣纵及侯晖等领诸县氐进兵东下，晖有异谋，逼纵为主，据涪城，自号梁秦二州刺史。杀益州刺史毛璩，纵入成都，自称成都王，而称藩于后秦姚兴。义熙十年，为晋刘裕将朱龄石所攻灭。

（以上均据《晋书》列传及载记）

（一）两晋之疆域

晋初有州十九，惠帝置江州，怀帝置湘州，合为廿一州。

晋武帝太康元年，既平孙氏……省司隶，置司州，别立梁、秦、宁、平四州，仍吴之广州，凡十九州（注：司、冀、兖、豫、荆、徐、扬、青、幽、平、并、雍、凉、秦、梁、益、宁、交、广州）。郡国一百七十三（后增郡国十九，省二，共一百九十。〔《晋书》卷十四《地理志序》〕）。

晋武帝太康元年平吴，分为十九州部，置“司”州治洛阳，“兖”治廪丘，“荆河”治项，“冀”治房子，“并”治晋阳，“青”治临淄，“徐”治彭城，“荆”初治襄阳，后治江陵，“扬”初治寿春，后治建业，“凉”治武威，分三辅为“雍”治京兆，分陇山之西为“秦”治上邽，“益”治成都，分巴汉之地为“梁”治南郑，分云南为“宁”治云南，“幽”治涿，分辽东为“平”治昌黎，“交”治龙编，分合浦之北为“广”治番禺（《通典》卷一七一《州郡一》）。

永平元年，七月，分扬州、荆州十郡为江州（《晋书》卷四《惠帝纪》）。

永嘉元年，八月……分荆州、江州八郡为湘州（《晋书》卷五《怀帝纪》）。

南渡之后，境域殊狭，侨立州郡，名存实亡。

自夷狄乱华，司、冀、雍、凉、青、并、兖、豫、幽、平诸州，一时沦没。遗民南渡，并侨置牧司，非旧土也。江左……凡有扬、荆、湘、江、梁、益（宁）、交、广，其徐州则有过半，豫州唯得谯城而已（《宋书》卷三十五《州郡志》）。

后乘中原纷乱，恢复故地，不旋踵又复失陷。

初，元帝命祖逖镇雍丘，逖死，北境渐蹙，于是荆、司、青、兖四州，及徐州之半，陷刘曜、石勒，以合肥、淮阴、寿阳、泗口、角城为重镇。成帝时，鄷守将退屯襄阳（咸和初，魏该屯鄷，为刘曜将黄秀所逼而退守襄阳，后亦陷石勒，寻复之。庾翼、朱序皆镇于此，又为苻坚将苻丕所陷，寻又复之）。穆帝时平蜀汉（永和二年，桓温西讨，擒李势），复梁、益之地，又遣军西入关，至灞上（十年，桓温讨苻健于白鹿原，战败）。再北伐，一至洛阳（永和十二年，温讨慕容儁，破其将姚襄于伊水，时襄已降），一至枋头（废帝太和三年，温又讨慕容暐，败还），所得郡县，军旋又失。洎苻坚东平慕容暐，西南陷蜀汉，西北克姑臧（孝武太和五年，张天锡败），则汉水长淮以北，悉为坚有。及坚败，再复梁（九年，将郭宝平梁州，益蜀郡太守任权斩苻坚益州刺史李平，益州平）、青、徐、兖、荆河之地。其后青、兖陷于慕容德（安帝隆安三年，德据之），荆河司陷于姚兴（隆安三年），以彭城为北境藩捍（朱序镇守），后益、梁又陷于谯纵。每因刘、石、苻、姚衰乱之际，则进兵屯戍，在于汉中、襄阳、彭城，然大抵上明、江陵、夏口、武昌、合肥、寿阳、淮阴，常为晋氏镇守。义熙以后，又复青、兖、司、荆河、梁、益之地，而政移于宋矣（《通典》卷一七一《州郡一》）。

兹依《晋书·地理志》、洪亮吉《东晋疆域志》，参以诸书，列简表，著其沿革。

西晋			东晋		
州名	郡国	备考	州名	郡国	备考
司	治洛阳。 河南、荥阳、弘农、上洛、平阳、河东、汲郡、广平、阳平、魏郡、顿丘、河内。 统郡十二	《晋书·地理志》：永嘉之后，司州沦没于刘聪。	司	治荥阳，或洛阳、虎牢。 河南、荥阳、弘农、华山、汲郡、河内、阳平、魏郡、顿丘。 统郡九	《宋书·州郡志》：武帝北平关洛，置司州刺史，治虎牢。

续表

西晋			东晋		
州名	郡国	备考	州名	郡国	备考
兖	治廪丘。 陈留国、濮阳国、济阳、高平国、东平国、济北国、泰山。 统郡国七	同上。惠帝之末，兖州阖境沦没于石勒。	兖	治廪丘。 泰山、高平、鲁郡、济北、东燕、陈留、东平、济阳、济阴、濮阳国。 统郡、国十	《晋书·安帝纪》：义熙六年二月，刘裕攻慕容超，齐地悉平。
豫	治项。 颍川、汝南、沛国、鲁郡、谯郡、汝阴、安丰、弋阳、襄城、梁国、新蔡、陈郡、南顿。 统郡国十三	同上。永嘉之乱，豫州沦没于石氏。 同上。惠帝立新蔡、陈、南顿三郡。	豫		洪亮吉《东晋疆域志》：晋南渡初，豫州所得，唯有谯城。及祖约退还寿春，谯城亦陷，后又并寿春失之。至石氏丧亡，复收淮南之地，及苻坚败，而豫境渐复。义熙经略中原，奄有豫之故土。
冀	治房子。 赵国、巨鹿国、安平国、平原国、乐陵国、渤海国、章武国、河间国、高阳国、博陵国、清河国、中山国、常山国。 统郡、国十三	同上。惠帝之后，冀州沦没于石勒。			
幽	治涿。 范阳国、燕国、北平、上谷、广宁、代郡、辽西。 统郡、国七	同上。惠帝之后，幽州沦没于石勒。			

续表

西晋			东晋		
州名	郡国	备考	州名	郡国	备考
平	治昌黎。 昌黎、辽东国、乐浪、玄菟、带方。 统郡、国五	同上。咸宁二年，分（幽州五郡）置平州。初置以慕容廆为刺史，遂属之。永嘉之乱，廆为众所推。			
并	治晋阳。 太原国、上党、西河、乐平、雁门、新兴。 统郡、国六	同上。永兴元年，刘渊称尊号于平阳，于是并州之地，皆为元海所有。刘曜徙都长安。其平阳以东地入石勒。			
雍	治京兆。 京兆、冯翊、扶风、安定、北地、始平、新平。 统郡七	同上。雍州没于刘聪。			
凉	治武威。 金城、西平、武威、张掖、西郡、酒泉、敦煌、西海、晋昌。 统郡九	同上。永宁中，张轨为凉州刺史。中原沦没，轨乃控据河西，称晋正朔。 同上。惠帝置晋昌郡。			《晋志》及《通考》作领部八，盖未计晋昌。

续表

西晋			东晋		
州名	郡国	备考	州名	郡国	备考
秦	治上邽。 陇西、南安、天水、略阳、武都、阴平、狄道。 统郡七	同上。泰始五年，又置秦州，太康三年罢，并雍州。七年复立。 同上。惠帝置狄道郡，《晋书·元帝纪》：太兴二年，秦州刺史陈安，叛降于刘曜。	“东秦” “北秦”	遥领 仇池	《宋书·刘义真传》：领东秦州刺史。 《晋书·地理志》：江左又立氐池为北秦州。
梁	治南郑。 汉中、梓潼、广汉、涪陵、巴陵、巴西、巴东、宕渠、新城、魏兴、上庸。 统郡十一	《晋书·地理志》：泰始三年。分益州立梁州于汉中。惠帝时，没于李特。 同上。罢新都，惠帝置宕渠，以新城、魏兴、上庸属梁州。	梁 “秦”	治南郑，后治苞中县。 汉中、魏兴、晋昌、新城、上庸、梓潼、晋寿、广汉、遂宁、涪郡、巴郡、巴西、宕渠、新巴、汶阳、北巴。 统郡十六	《晋书·地理志》：江左分梁为秦，寄居梁州。
益	治成都。 蜀郡、犍为、汶山、汉嘉、江阳、朱提、越嶲、牂牁。 统郡八	同上。惠帝之后，李特自立，益州郡、县，皆没于特。	益	治成都。 蜀郡、宁蜀、晋原、江阳、东江阳、犍为、汶山、越嶲、平乐、沈黎。 统郡十	《晋书·地理志》：益州郡、县虽没李氏，江左并遥置之。 《晋书·帝纪》：穆帝永和三年，桓温攻成都克之，李势降，益州平。孝武帝宁康元年，苻坚陷梁、益二州。太元十年，蜀

续表

西晋			东晋		
州名	郡国	备考	州名	郡国	备考
益					郡太守任权斩苻坚益州刺史李平，益州平。安帝义熙元年，平西参军谯纵以蜀叛。九年，朱龄石克成都，斩谯纵，益州平。
宁	治云南。 云南、兴古、建宁、永昌、晋宁。 统郡五	同上。泰始七年，分益州之建宁、兴古、云南，交州之永昌，合四郡为宁州。 同上。惠帝置益州，怀帝改曰晋宁。	宁	治云南。 建宁、晋宁、牂牁、平蛮、夜郎、朱提、南广、清河、下邳、东莞、建都、兴古、西平、梁水、永昌、云南、东河、西河、兴宁。 统郡十九	《晋书·成帝纪》：咸和八年，李寿陷宁州，刺史尹奉及建宁太守，并降之。
青	治临淄。 齐国、济南、乐安、城阳、东莱、长广、平昌、高密国。 统郡、国八	同上。自永嘉丧乱，青州沦没于石氏。 同上。惠帝置平昌、高密国。	北青 “幽” “冀”	治东阳或碻磝。 齐郡、济南、乐安、高密、平昌、北海、东莱、东牟、长广。 统郡九	《晋书·地理志》：元帝渡江，于广陵侨置青州，至刘裕灭慕容超，始置北青州，镇东阳城。以侨立州为南青州。后省南青州，而北青州直曰青州。 同上。苻氏败，苻朗以州降，朝廷置幽州，镇广固。隆安四年，为慕容德所灭。 《宋书·州郡志》：冀州，义熙中更立，治青州，又省。

续表

西晋			东晋		
州名	郡国	备考	州名	郡国	备考
徐	治彭城。 彭城国、下邳国、平阳、琅邪、东莞、广陵、临淮、兰陵、东安、淮陵、堂邑。 统郡、国十一	同上。永嘉之乱，临淮、淮陵并沦没于石氏。 同上。惠帝置兰陵、东安、淮陵、堂邑四郡。	北徐	治彭城。 彭城、沛郡、下邳、东海、谯郡、梁国、兰陵、琅邪、淮阳、宿预、东莞、东安。 统郡十二	《宋书·州郡志》：晋明帝世，淮北没寇，侨立徐州治钟离。安帝义熙七年，始分淮北为北徐，淮南犹为徐州。 《东晋疆域志》：刘裕平广固后，尽得徐州故土。
			“南兖”	治广陵	《晋书·地理志》：元帝侨置兖州，寄居京口。明帝改为南兖州，或还江南，或居盱眙，或居山阳。后始割地为境，常居广陵。
			“司”		同上。元帝渡江，亦侨置司州于徐。
			“幽” “冀” “青” “并”	 治广陵	同上。江北又侨立幽、冀、青、并四州，后又以幽、冀合徐州，青州并合兖州。 《通典·州郡典》：东晋末，以广陵控接三齐，故青、兖二州刺史，皆镇于此。
荆	治襄阳，后徙江陵。 江夏、南、襄阳、南阳国、顺阳、义阳、建平、宜都、南平、武陵、天门、随、新野、竟陵。 统郡、国十四	同上。惠帝分桂阳、武昌、安成三郡立江州，以新城、魏兴、上庸三郡属梁州。怀帝又分长沙、衡阳、湘	荆 “雍” “梁”	治江陵或武昌。 南郡、南平、武宁、绥安、江夏、竟陵、襄阳、南阳、顺阳、义阳、随郡、新野、建平、宜都、	《宋书·州郡志》：胡亡氐乱，雍、秦流民多南出樊、沔，秦孝武始于襄阳侨立雍州。 同上。李氏据梁、益，江左于襄阳侨立梁州，李氏灭复旧。谯纵时，刺史治魏兴。纵灭，刺史还治汉中。

续表

西晋			东晋		
州名	郡国	备考	州名	郡国	备考
荆		东、零陵、邵陵、桂阳置湘州。 同上。惠帝立随、新野、竟陵三郡。		武陵、天门、巴东、临贺、始兴、始安。 统郡二十	
扬	治寿春,后徙建业丹阳。 宣城、淮南、庐江、晋陵、吴郡、吴兴、会稽、东阳、新安、临海、历阳、义兴。	同上。惠帝割豫章、鄱阳、庐陵、临川、南康、建安、晋安,置江州。按:共割郡七。	扬	治建业。 丹阳、宣城、吴郡、吴兴、会稽、东阳、新安、临海、永嘉、义兴、晋陵。	
扬	统郡十三	同上。惠帝置历阳、义兴二郡,改毗陵为晋陵。	“豫”	统郡十一 治芜湖。 郏城、武昌、牛渚、历阳、马头、谯城、寿春、姑孰、汝阳、南顿、汝阴、新蔡、陈郡、颍川、弋阳、历阳、马头、庐江、晋熙、秦郡。 统郡二十二	《晋书·地理志》:成帝乃侨立豫州于江淮之间。 《宋书·州郡志》:安帝义熙九年,割扬州大江以西、大靁以北,悉属豫州。豫州基址,因此而立。
江	治豫章。 豫章、鄱阳、庐陵、临川、南康、建安、晋安、武昌、桂阳、安成、寻阳。 统郡十一	同上。惠帝元康元年,割扬州七郡、荆州三郡,置江州。 同上。惠帝	江	治豫章或寻阳。 寻阳、豫章、鄱阳、庐陵、临川、南康、建安、晋安、	

续表

西晋			东晋		
州名	郡国	备考	州名	郡国	备考
江		分庐江之寻阳、武昌之柴桑，置寻阳郡，属江州。		武昌、桂阳、安成。 统郡十一	
湘	治临湘。 长沙、衡阳、湘东、零陵、邵陵、桂阳、临贺、始兴、始安。 统郡九	同上。怀帝分荆州六郡、广州三郡，置湘州。	湘	治长沙。 长沙、衡阳、湘东、零陵、邵陵、营阳。 统郡六	《晋书·地理志》：义熙十三年，省湘州。
交	治龙编。 合浦、交阯、新昌、武平、九真、九德、日南。 统郡七		交	治龙编。 交阯、合浦、新昌、武平、九真、九德、日南。 统郡七	
广	治番禺。 南海、苍梧、郁林、桂林、高凉、宁浦。 统郡六 （郡数从《晋书》）	同上。怀帝以临贺、始兴、始安为湘州。 同上。武帝后省高凉郡。	广	治番禺。 南海、东官、新会、苍梧、晋康、新宁、永平、郁林、晋兴、桂林、高凉、宁浦、义安。 统郡十三	

（二）两晋之政变

（1）八王之乱及怀、愍被虏

晋武帝惩魏氏孤立，恢复封建制度，大封子弟，假以兵权。

武帝受禅之初，泰始元年（西元二六五年），封建子弟为王二十余人，以郡为国。邑二万户为大国，置上中下三军，兵五千人。邑万户为次国，置上军下军，兵三千人。邑五千户为小国，置一军，兵千五百人。王不之国，宫于京师。……公侯邑万户以上为大国，五千以上为次国，不满五千户为小国。初虽有封国，而王公皆在京都。咸宁三年，诏徙诸王公皆归国。……其未之国，大国置守士百人，次国八十人，小国六十人，郡侯县公亦如小国，……皆自选其文武官（《通考》卷二七一《封建考十二》）。

王国有傅（即师也）、有典书令丞（掌国教令）、文学（一人）、郎中令、中尉、大农（为三卿）、左右常侍（大国各二人，次国各一人，掌赞相献替）、内史（改太守为内史）、将军（大国上中下军三将军，次国上下二军将军各一人，小国上军而已）、典祠、典卫、学官令、治书、中尉司马、世子、庶子、陵庙牧长、谒者中大夫舍人、典府等。其后省相及仆，省郎中，置侍郎二人。公侯以下国，官属递减（《通考》卷二七一《封建考十二》）。

武帝初封之二十七王，据《晋书》本纪及列传所载，表列于下。

武帝初封二十七王简表

国名	人名	亲属	备考
安平	孚	宣帝（司马懿）次弟，武帝叔祖。	
义阳	望	孚子，武帝从伯。	

续表

国名	人名	亲属	备考
平原	榦	宣帝子，武帝叔。	
扶风	亮	宣帝第四子，武帝叔。	武帝咸宁三年八月，徙封汝南王。
东莞	伷	宣帝子，武帝叔。	咸宁三年八月，徙封琅邪王。
汝阴	骏	宣帝子，武帝叔。	咸宁三年八月，徙封扶风王。
梁	肜	宣帝子，武帝叔。	
琅邪	伦	宣帝第九子，武帝叔。	咸宁三年八月，徙封赵王。
渤海	辅	孚子，武帝从叔。	咸宁三年八月，徙封太原王。
下邳	晃	孚子，武帝从叔。	
太原	瓌	孚子，武帝从叔。	薨，子颙立。咸宁三年八月，徙封河间王。
高阳	珪	孚子，武帝从叔。	
常山	衡	孚子，武帝从叔。	
沛	景	孚子，武帝从叔。	
彭城	权	宣帝弟馗之子，武帝从叔。	
陇西	泰	权弟，武帝从叔。	后徙封高密。
范阳	绥	权季弟，武帝从叔。	
济南	遂	宣帝弟恂之子，武帝从叔。	
谯	逊	宣帝弟进之子，武帝从叔。	
中山	睦	逊弟，武帝从叔。	后徙封高阳。
北海	陵	宣帝弟通之子，武帝从叔。	咸宁三年八月，徙封任城王。
陈	斌	陵弟，武帝从叔。	咸宁三年八月，徙封西河王。
河间	颙	孚孙，望子，武帝从兄。	

续表

国名	人名	亲属	备考
齐	攸	文帝（司马昭）子，武帝弟。	
安乐	鉴	文帝子，武帝弟。	
燕	机	宣帝子京之子，武帝弟。	
东平	楙	孚孙，望子，武帝从弟。	怀帝践阼，改封竟陵王。

武帝崩，贾后擅权，八王相继为乱。所谓八王者，据《晋书》本传，撮列于下。

汝南王亮，字子翼，宣帝第四子。

楚王玮，字彦度，武帝第五子。

赵王伦，字子彝，宣帝第九子。

齐王冏，字景治，文帝子齐王攸之子。

长沙王乂，字士度，武帝第六子。

成都王颖，字章度，武帝第十六子。

河间王颙，字文载，宣帝弟安平王孚之孙。

东海王越，字元超，宣帝弟东武城侯馗之孙。

其为乱如下：

武帝临崩，欲以汝南王亮与皇后父杨骏同辅政。骏匿其诏，矫令亮出镇许昌。惠帝既立，贾后擅权，杀杨骏（元康元年，西元二九一），废杨太后（元康二年）。征亮入，与卫瓘同辅政。亮与楚王玮不协，玮谄于贾后，诬亮、瓘有废立之谋，后乃使帝诏玮杀亮、瓘（元康九年，西元二九九）。又坐玮以矫杀亮、瓘之罪，即日杀玮。后益肆淫恣，废太子遹（注：惠帝长子，非贾后生），弑杨太后。时赵王伦在京师（注：懿第九子，惠帝之叔祖），素谄贾后。其嬖人孙秀，说以太子之废，人言公实与谋，宜废后以雪此声，伦从之。秀又恐太子聪明，终有疑于伦，不如待后杀太子而废后，为太子报仇，可以立功，乃使后党讽后，果杀太子。伦遂矫诏与齐王冏（注：齐王攸之子，惠帝从弟），率兵入官，废后幽于金墉城，寻害之（永康元年，西元三〇〇），伦自为相国、侍中，都督中外诸军事。孙秀等恃势肆横，冏内怀不平，秀觉之，出冏镇许昌，伦僭位（永宁元年，西元三〇一），以惠帝为太上皇，迁于金墉。于是冏及河间王颙（注：司马孚之孙，惠帝从叔，时镇长安）、成都王颖（注：武帝第十六子，惠帝之弟，时镇邺中），共起兵讨伦。伦兵败，其将王舆，废伦斩秀，迎惠帝复位，伦寻伏诛。颖遂还邺，冏入京，帝拜冏大司马，如宣、景辅魏故事。冏大权在握，沉湎酒色，不入朝，坐召百官，恣行非法。有校尉李含，奔于长安，诈称有诏，使河间王颙讨冏。颙遂上表，请废冏，以成都王辅政，并檄长沙王乂为内主（注：武帝第六子，惠帝之弟）。冏遣兵袭乂，乂径入宫，奉帝讨斩冏（太安元年，西元三〇二）。颙本以乂弱冏强，冀乂为冏所杀，而以杀乂之罪讨之，因废帝立颖，己为宰相，可以专政。及乂先杀冏，其计不遂，颖亦以乂在内，己不得遥执朝权，于是颙遣将张方，率兵与颖，同向京师。帝又诏乂为大都督拒方等，连战，先胜后败。东海王越在京，虑事不济，与殿中将收乂送金墉，乂为张方所杀（永兴元年，西元三〇四）。颖入京，寻还于邺。颙表颖为皇太弟，位相国，乘舆服御，及宿卫兵皆迁于邺，朝政悉颖主之。左卫将军陈眕不平，奉帝讨颖。颖遣将石超败帝于荡阴，超遂以帝入于邺。平北将军王浚，起兵讨颖，颖战败，仍拥帝还洛阳（永兴二年，西元三〇五）。时颙遣张方救颖，方遂挟帝及颖，归于长安。颙废颖，立豫章王炽（注：武帝第二十五子，惠帝之弟，是为怀帝）为皇太弟。东海王越自徐州起兵迎大驾，颙又命颖统兵拒之河桥，战败。越兵入关，奉惠帝还洛阳（光熙元年，西元三〇六）。颖窜于武关、新野间，有诏捕之，为刘舆所害。颙亦单骑逃太白山，其故将迎入长安。有诏征颙为司徒，颙入京，途次为南阳王模所杀。

惠帝崩，怀帝即位。越出讨石勒而卒（永嘉五年，西元三一一年）。此八王始末也（赵翼《廿二史札记》卷八《八王之乱》）。

八王之乱，始于惠帝元康元年（西元二九一），终于光熙元年（西元三〇六），亘十六年之久，国势陵夷，地方大乱。时匈奴刘氏，已称王于北方，利用机会，举兵南向，攻破洛阳，掳怀帝而去。

刘聪……既杀其兄和（永嘉四年，六月，刘渊死，子和嗣立），群臣劝即尊位。……于是以永嘉四年（西元三一〇）僭即皇帝位。……遣粲（其子）及其征东王弥、龙骧刘曜等，率众四万，长驱入洛川，遂出轘辕，周旋梁、陈、汝、颍之间。……署其卫尉呼延晏为使持节前锋大都督、前军大将军，配禁兵二万七千，自宜阳入洛川，命王弥、刘曜及镇军石勒进师会之。晏比及河南，王师前后十二败。……刘曜至，复与晏会围洛阳。时城内饥甚，人皆相食，百官分散，莫有固志。宣阳门陷（怀帝开华林园门，出河阴藕池，欲幸长安，为曜等所追及），弥、晏入于南宫……纵兵大掠，悉收宫人、珍宝。曜于是害诸王公及百官已下三万余人，于洛水北筑为京观（永嘉五年）。迁帝及惠帝羊后……于平阳（《晋书》卷一〇二《载记》第二《刘聪》）。

帝蒙尘于平阳，刘聪以帝为会稽公。……刘聪大会，使帝著青衣行酒，侍中庾珉号哭，聪恶之。帝遇弑，崩于平阳（《晋书》卷五《怀帝纪》）。

怀帝遇害，愍帝即位于长安。值丧乱之后，草草建国，殊无体统可言。

孝愍皇帝……及洛阳倾覆，避难于荥阳密县，与舅荀藩、荀组相遇，自密南趋许、颍。豫州刺史阎鼎，与前抚军长史王毗、司徒长史刘畴、中书郎李昕，及藩、组等同谋奉帝，归于长安，而畴等中途复叛。鼎追杀之，藩、组仅而获免。鼎遂挟帝乘牛车，自宛趋武关，频遇山贼，士卒亡散，次于蓝田。鼎告雍州刺史贾疋，疋遽遣州兵迎卫，达于长安，又使辅国将军梁综助守之。……贾疋讨贼张连遇害，众推始平太守麹允领雍州刺史为盟主，承制选置。……奉怀帝崩问……即皇帝位（西元三一三年）（《晋书》卷五《愍帝纪》）。

永嘉之乱，天下崩离，长安城中，户不盈百，墙宇颓毁，蒿棘成林。朝廷无车马章服，唯桑版署号而已。众唯一旅，公私有车四乘，器械多阙，运馈不继。……诸侯无释位之志，征镇阙勤王之举。故君臣窘迫，以至杀辱云（《晋书》卷五《愍帝纪》）。

麹允、索琳，辅翼王室，屡却敌兵。及刘曜再犯长安，以外援断绝，愍帝诣军前降。自此，中原沦陷于异族矣。

建兴四年（西元三一六）八月，刘曜逼京师，内外断绝。……麹允与公卿守长安小城以自固。……十月，京师饥甚，米斗金二两，人相食，死者大半。太仓有麹数十饼，麹允屑为粥以供帝，至是复尽。帝泣谓允曰："今窘厄如此，外无救援，死于社稷，是朕事也。……行矣遣书，朕意决矣。"十一月，使侍中宋敞，送笺于曜，帝乘羊车，肉袒衔璧舆榇出降。……帝蒙尘于平阳。……五年十月……刘聪出猎，令帝行车骑将军，戎服执戟为导，百姓聚而观之，故老或歔欷流涕，聪闻而恶之。聪后因大会，使帝行酒洗爵，反而更衣，又使帝执盖，晋臣在座者，多失声而泣。……十二月，帝遇弑，崩于平阳（《晋书》卷五《愍帝纪》）。

（2）东晋建国及私门政治

愍帝被害凶问传至江南，元帝遂即皇帝位于建业，晋祚得以再延。

永嘉初用王导计，始镇建业，以顾荣为军司马，贺循为参佐，王敦、王导、周顗、刁协并为腹心股肱，宾礼名贤，存问风俗，江东归心焉。……及怀帝蒙尘于平阳，司空荀藩等移檄天下，推帝为盟主……群僚参佐州征牧守等上尊号……为晋王。……即王位，大赦改元。……愍帝崩问至，即皇帝位（《晋书》卷六《元帝纪》）。

时元帝为琅邪王，与导素相亲善。导知天下已乱，遂倾心推奉，潜有兴复之志，帝亦雅相器重，契同友执。帝之在洛阳也，导每劝令之国。会帝出镇下邳，请导为安东司马，军谋密策，知无不为。及徙镇建康……百姓归心。……俄而洛京倾覆，中州士女避乱江左者十六七，导劝帝收其贤人君子与之图事。时荆扬晏安，户口殷实。导为政务在清静……朝野倾心，号为仲父。……晋国既建，以导为丞相（《晋书》卷六十五《王导传》）。

东晋中兴，政在王氏。王敦坐镇长江上游，手握重兵，时与朝廷龃龉，称兵犯顺，以固王氏之权。

以敦为扬州刺史。……帝初镇江东，威名未著，敦与从弟导等，同心翼戴，以隆中兴，时人为之语曰："王与马，共天下。"寻与甘卓等讨江州刺史华轶，斩之。蜀贼杜弢作乱，荆州刺史周顗退走，敦遣武昌太守陶侃、豫章太守周访等讨弢，而敦进住豫章，为诸军继援。及侃破弢……敦以元帅，进镇东大将军，开府仪同三司，加都督江扬荆湘交广六州诸军事。……敦始自选置，兼统州、郡焉。……初，敦……素有重名，又立大功于江左，专任阃外，手控强兵，群从贵显，威权莫贰，遂欲专制朝廷，有问鼎之心。帝畏而恶之，遂引刘隗、刁协等以为心膂，敦益不能平，于是嫌隙始构矣。……帝以刘隗为镇北将军，戴若思为征西将军，悉发扬州奴为兵，外以讨胡，实御敦也。永昌元年（西元三二二），敦率众内向，以诛隗为名。……帝……召戴若思、刘隗，并会京师……王师败绩。既入石头，拥兵不朝，放肆兵士，劫掠内外，宫省奔散。……敦收周顗、戴若思害之，以敦为丞相、江州牧，进爵武昌郡公……并伪让不受，还屯武昌。……帝崩……明帝……诏以王导为司徒，敦自为扬州牧。敦既得志，暴慢愈甚，四方贡献，多入己府，将相岳牧，悉出其门。……敦以温峤为丹阳尹，欲使觇伺朝廷。峤至，具言敦逆谋。帝欲讨之，知其为物情所畏服，乃伪言敦死，于是下诏，讨凤（钱凤为敦谋主）之罪。……敦病转笃，不能御众，使钱凤……等率众三万向京师。……凤等至京师，屯于水南，帝亲率六军以御凤，频战破之。……俄而敦死……含（敦兄）复率众渡淮，苏峻等逆击，大败之（《晋书》卷九十八《王敦传》）。

敦将谋篡逆，讽朝廷征己，帝乃手诏征之。……太宁二年（西元三二四年）六月……举兵内向。……至宣阳门北，中郎将刘遐、苏峻等自南塘横击，大破之。……于是分遣诸将追其党与，悉平之（《晋书》卷六《明帝纪》）。

王敦败后，庾氏继之执政。

庾亮……明穆皇后之兄也。……与司徒王导受遗诏辅幼主（成帝），加亮给事中，徙中书令。太后（庾氏）临朝，政事一决于亮。先是，王导辅政，以宽和得众，亮任法裁物，颇以此失人心。又先帝遗诏，褒进大臣，而陶侃（时为荆州刺史）、祖约（时为豫州刺史，屯寿春），不在其例。侃、约疑亮删除遗诏，并流怨言。亮惧乱，于是出温峤为江州以广声援，修石头以备之。会南顿王宗复谋废执政，亮杀宗。……琅邪人卞咸，宗之党也，与宗俱诛。咸兄阐亡奔苏峻（时为历阳太守），亮符峻送阐，而峻保匿之。峻又多纳亡命，专用威刑。亮知峻必为祸乱，征为大司农。……峻遂与祖约俱举兵反。……亮遣距之，不能制，峻乘胜至于京都。……亮……南奔温峤（时为江州刺史）……乃与峤推陶侃为盟主。侃至寻阳，既有憾于亮。……亮甚惧，及见侃，引咎自责……侃不觉释然。……峻平……亮乃求外镇自效……遂受命镇芜湖。……陶侃薨，迁亮都督江、荆、豫、益、梁、雍六州诸军事……乃迁镇武昌。……亮自邾城陷没（北伐失败），忧慨发疾。会王导薨，征亮为司徒、扬州刺史、录尚书事，又固辞。……咸康六年薨（西元三四〇年。〔《晋书》卷七十三《庾亮传》〕）。

翼（亮弟）……及亮卒，授都督江、荆、司、雍、梁、益六州诸军事……代亮镇武昌。翼以帝舅，年少超居大任，遐迩属目（《晋书》卷三十七《庾翼传》）。

初，成帝有疾，中书令庾冰（亮弟），自以舅氏当朝，权侔人主，恐异世之后，戚属将疏，乃言国有强敌，宜立长君，遂以帝（康帝）为嗣（《晋书》卷七《康帝纪》）。

康帝崩，兄冰卒，以家国情事，留方之（翼子）戍襄阳，还镇夏口，悉取冰所领兵自配，以兄子统为寻阳太守。……俄而疽发背疾笃，表第二子爰之行辅国将军、荆州刺史。……永和元年（西元三四五）卒。……爰之有翼风，寻为桓温所废。温既废爰之，又以征虏将军刘惔……代方之，而方之、爰之，并迁徙于豫章（《晋书》卷七十三《庾翼传》）。

庾冰兄弟，以舅氏辅王室，权侔人主。……庾翼将北伐，庾冰出镇江州……于是征充入为……扬州刺史，将军如故。……俄而帝疾笃，冰、翼意在简文帝，而充建议立皇太子。……帝崩，充奉遗旨，便立太子，是为穆帝，冰、翼甚恨之。……冰、翼等寻卒，充专辅幼主。翼临终表以后任委息爰之。……充曰："……桓温英略过人，有文武识度，西夏之任，无出温者。"……乃使温西，爰之果不敢争（《晋书》卷七十七《何充传》）。

此后庾氏势力消灭，桓温崛起。

桓温……宣城太守彝之子也。……选尚南康长公主，拜驸马都尉……迁徐州刺史。……翼卒，以温为都督荆、梁四州诸军事。……时李势微弱，温志在立勋于蜀。永和二年（西元三四六）率众西伐……势众大溃……势降……振旅还江陵，进位……封临贺郡公。及石季龙死，温欲率众北征，先上疏求朝廷议水陆之宜，久不报。时知朝廷仗殷浩等以抗己，温甚忿之，然素知浩，弗之惮也。以国无他衅，遂得相持弥年，虽有君臣之迹，亦相羁縻而已。……时殷浩（北伐）至洛阳……屡战屡败，器械都尽。……温……因朝野之怨，乃奏废浩，自此内外大权，一归温矣。温遂统步骑四万……征关中……至霸上。……而健（苻健）芟苗清野，军粮不属……而还。……太和四年（西元三六九），又上疏悉众北伐……至枋头……温军败绩（为燕慕容垂所袭）。……温既负其才力，久怀异志，欲先立功河朔，还受九锡，既逢覆败，名实顿减。于是参军郗超进废立之计，温乃废帝而立简文帝。……帝崩，遗诏家国事，一禀之于公，如诸葛武侯、王丞相故事。温初望简文临终，禅位于己，不尔便为周公居摄事。既不副所望，故甚愤怨……寝疾不起，讽朝廷加己九锡，累相催促。谢安、王坦之闻其病笃，密缓其事，锡文未及成而薨……使冲（温弟）领其众（《晋书》卷九十八《桓温传》）。

谢安当国，募练北府兵，下游形势顿强。桓冲死，又分弱其势，荆、扬之争暂息。

谢安……征西大将军桓温，请为司马。……简文帝疾笃，温上疏荐安宜受顾命。……孝武帝……亲万机，进安中书监……都督扬豫徐兖青五州、幽州之燕国诸军事，假节。时苻坚强盛，疆埸多虞。……安遣弟石及兄子玄等应机征讨，所在克捷（安使玄募精兵，号北府兵）。……坚后率众号百万，次于淮肥。……玄等既破坚（太元八年，西元三八三）……以总统功，进拜太保……都督扬、江、荆、司、豫、徐、兖、青、冀、幽、并、宁、益、雍、梁十五州军事，加黄钺。……是时桓冲既卒，荆、江二州并缺，物论以玄勋望，宜以授之。安以父子皆著大勋，恐为朝廷所疑，又惧桓氏失职，桓石虔（温弟豁之子）复有沔阳之功，虑其骁猛在形胜之地，终或难制，乃以桓石民（石虔弟）为荆州，改桓伊（宣族子）于中流（江州刺史），石虔为豫州（《晋书》卷七十九《谢安传》）。

会稽王执政，桓氏复兴，但终为北府将所攻灭。

会稽文孝王道子（简文帝子，孝武帝之弟）。……少以清淡，为谢安所称。……及谢安薨……进位丞相、扬州牧……并让不受。于时孝武帝不亲万几，但与道子酣歌为务。……窃弄其权，凡所幸接，皆出自小竖。

郡守长吏，多为道子所树立。既为扬州总录，势倾天下，自是朝野奔凑。中书令王国宝（王坦之子，谢安之婿），性卑佞，特为道子所宠昵。官以贿迁，政刑谬乱……帝益不平，而逼于太妃，无所废黜，乃出王恭为兖州（镇京口）、殷仲堪为荆州（镇江陵）、王珣为仆射、王雅为太子少傅，以张王室，而潜制道子也。……安帝践祚……王国宝始总国权，势倾朝廷（《晋书》卷六十四《会稽王道子传》）。

王恭……定皇后（孝武帝后）之兄也。……会稽王道子执政，宠昵王国宝，委以机权，恭每正色直言，道子深惮而忿之。……时国宝从弟绪说国宝，因恭入觐相王，伏兵杀之，国宝不许。……或劝恭因入朝以兵诛国宝，而庾楷（亮孙）党于国宝，士马甚盛，恭惮之不敢发。遂还镇……乃谋诛国宝，遣使与殷仲堪、桓玄（温子）相结，仲堪伪许之。恭得书大喜，乃抗表京师。……表至，内外戒严。国宝及绪惶惧不知所为，用王珣计，请解职。道子收国宝，赐死，斩绪于市，深谢愆失，恭乃还京口。……谯王尚之（宣帝弟进之玄孙）复说道子以藩伯强盛，宰相权弱，宜多树置以自卫。道子然之，乃以其司马王愉为江州刺史，割庾楷豫州四郡，使愉督之。由是楷怒，遣子鸿说恭曰：“尚之兄弟，专弄相权，欲假朝威，贬削方镇。……其议未成，宜早图之。”恭以为然，复以谋告殷仲堪、桓玄。玄等从之，推恭为盟主，克期同赴京师。……恭……乃先期举兵。……朝廷使元显（道子之子）及王珣、谢琰等距之。……元显使说牢之（刘牢之时为恭先锋），啖以重利，牢之乃……降……遣……轻骑击恭。恭败……单骑……将奔桓玄，至长塘湖……尉收之，以送京师……斩之（《晋书》卷八十四《王恭传》）。

道子日饮醇酒，而委事于元显。元显虽年少，而聪明多涉，志气果锐，以安危为己任……伐恭灭之。既而杨佺期、桓玄、殷仲堪等复至石头。……仲堪既知王恭败死，狼狈西走，与桓玄屯于寻阳，朝廷严兵相距。会道子有疾，加以昏醉，元显知朝望去之，谋夺其权，讽天子解道子扬州、司徒……自为扬州刺史。既而道子酒醒，方知去职，于是大怒，而无如之何。……时谓道子为东录，元显为西录。西府车骑填凑，东第门下可设雀罗矣(《晋书》卷六十四《会稽王道子传》)。

桓玄……温之孽子也。……太元末，出补义兴太守，郁郁不得志。……玄在荆楚积年，优游无事，荆州刺史殷仲堪甚敬惮之。及中书令王国宝用事，谋削弱方镇，内外骚动，知王恭有忧国之言，玄潜有意于功业，乃说仲堪。……国宝既死，于是兵罢，玄乃求为广州。……隆安(帝安)初，诏以玄督交、广二州……玄受命不行。其年，王恭又与庾楷起兵。……玄、佺期至石头，仲堪至芜湖，恭将刘牢之背恭归顺。恭既死，庾楷战败，奔于玄军。既而诏以玄为江州，仲堪等皆被换易，乃各回舟西还，屯于寻阳，共相结约，推玄为盟主，玄始得志。……荆州大水，仲堪振恤饥者，仓廪空竭，玄乘其虚而伐之。……仲堪遣众距之，为玄所败。……佺期自襄阳来赴……败走还襄阳。……玄遣将军冯该蹑佺期，获之……杀之。仲堪闻佺期死，乃……奔姚兴，至冠军城，为该所得，玄令害之(隆安三年，西元三九九年)，于是遂平荆、雍。……诏以玄都督荆、襄、雍、秦、梁、益、宁七州。……固争江州，于是进督八州及扬、豫八郡，复领江州刺史。……玄于是树用腹心，兵马日盛……自谓三分有二，知势运所归，屡上祯祥以为己瑞。……元兴初，元显称诏伐玄。……玄……率众下至寻阳……至姑孰……攻谯王尚之。尚之败，刘牢之(前锋都督，时怀疑贰，玄遣何穆说之)……诣玄降。玄至新亭，元显自溃。玄入京师……徙道子于安城郡，害元显于市(夺牢之兵权，牢之谋变未成，自缢而死)。于是玄入居太傅府……为楚王……讽帝以禅位……改元永始……迁帝居寻阳(元兴二年，西元四〇三)。……玄自篡盗之后，骄奢荒侈……朝野劳瘁，怨怒思乱。……于是刘裕(刘牢之将，时为建武将军)、刘毅(彭城沛人，为州中兵参军)、何无忌(刘牢之甥)等共谋兴复。裕等斩桓修(冲子，时为徐、兖二州刺史)于京口，斩桓弘(冲子，时为青州刺史）于广陵。……裕至蒋山……诸军一时奔溃，玄率亲信数千人……奉二后……入江陵。……时益州刺史毛璩，使其从孙祐之、参军费恬，送弟璠丧葬江陵，有众二百。璩弟子修之为玄屯骑校尉，诱玄以入蜀，玄从之。达枚回洲，恬与祐之迎击玄……玄被箭……遂斩之（元兴三年。〔《晋书》卷九十九《桓玄传》〕）。

刘裕继桓氏之后，集大权于一手，贵族擅权之风，始尽扫除，寒门与高门同得柄用，而晋祚亦移矣。

（三）十六国之分合

五胡之乱，起于刘渊，垂一百三十六年。其初最强者为后赵，前秦继之，版图尤广，几一北方。自前秦瓦解，又归分裂，较前益甚。至后魏拓跋氏崛起，攻灭诸国，中原复归于统一。是时晋室偏安江左，每遇北方之变，即出兵以图恢复，然终未得志，遂成南北对峙之局。至于诸族之分合兴灭，及所领之疆域，列具简表，以明大势。所录事实，亦以有关当时大局者为断。

十六国分合简表

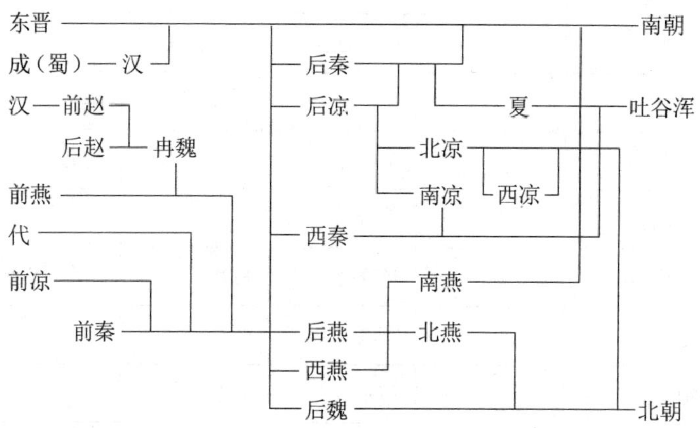

晋代十六国兴灭简表

种族	国名		建国人名	亡于	备考
	本称	史称			
匈奴	汉，后改赵	前赵	刘渊	后赵	
	凉	北凉	沮渠蒙逊	后魏	
	夏		赫连勃勃	吐谷浑	

续表

种族	国名		建国人名	亡于	备考
	本称	史称			
羯	赵	后赵	石勒	冉魏	
鲜卑	燕	前燕	慕容廆	前秦	
	燕	后燕	慕容垂	北燕	
	燕	西燕	慕容泓	后燕	不在十六国内
	燕	南燕	慕容德	晋	
	秦	西秦	乞伏国仁	夏	
	凉	南凉	秃发乌孤	西秦	
	辽西		段务勿尘	前燕后赵	不在十六国内
	代		拓跋猗卢	前秦	同上
	宇文		宇文普回	北燕	同上
氐	成、后改汉		李特	晋	
	仇池		杨茂搜	后魏	不在十六国内
	秦	前秦	苻洪	西秦	
	凉	后凉	吕光	后秦	
羌	秦	后秦	姚弋仲	晋	
汉	凉	前凉	张轨	前秦	
	魏		冉闵	北燕	附见后赵
	凉	西凉	李暠	北凉	
	燕	北燕	冯跋	后魏	
	蜀		谯纵	晋	不在十六国内

十六国疆域简表

国名	都城	辖地			备考
		州地	实际	今释	
前赵	平阳 后徙长安	雍、幽、冀、青、司、豫、荆、殷、卫、东梁、西河阳、北兖、并、秦、凉、朔、益。	东不过太行，南不越嵩、洛，西不逾陇坻，北不出汾、晋。	河北、山西、河南、陕西各一部。	《晋书·地理志》：刘聪以洛阳为荆州，又置殷、卫、东梁、西河阳、北兖五州，以秦、凉二州牧，镇上邽。《晋书》载记：刘曜以益州刺史镇仇池。
后赵	襄国 后徙邺	司、洛、豫、兖、冀、青、徐、幽、营、朔、并、雍、秦、荆、扬。	南逾淮、汉，东滨于海，西至河西，北尽燕、代。	河北、山西、河南、山东、陕西及江苏、安徽、甘肃、湖北、辽宁之一部。	《晋书·地理志》：石勒平朔方，又置朔州。《晋书》载记：勒攻寇徐、豫、兖州，徐州从事朱纵，杀刺史以彭城归晋。《晋书·成帝纪》：咸和七年，石勒将郭敬陷襄阳。《晋书·穆帝纪》：永和五年，石遵扬州刺史王浃，以寿阳来降。
前燕	蓟 后徙邺	平、幽、中、兖、青、冀、并、荆、徐。	南至汝、颍，东尽青、齐，西抵崤、黾，北守云中。	河北、山东、山西、河南及辽宁之一部。	《十六国春秋·前燕录》：元玺元年，儁以慕容评为司州刺史镇邺，改司州为中州。《晋书》载记：慕容垂为都督荆、扬、洛、徐、兖、豫、雍、益、凉、秦等十州诸军事、征南大将军、荆州牧，配兵一万，镇鲁阳。
前蜀	成都	益、梁、荆、宁、汉、安。	东守三峡，南兼僰、爨，西尽岷、邛，北据南郑。	四川及云南、贵州之一部。	《资治通鉴》：愍帝建兴中，李雄以恭为荆州刺史。按：仅有巴郡及巴东二郡。《晋书·成帝纪》：咸和八年，李雄将李寿陷宁州。《晋书·地理志》：李寿分宁州六郡为汉州，又分置安州。

续表

国名	都城	辖地			备考
		州地	实际	今释	
前凉	姑臧	凉、河、沙、定、商、秦。	南逾河湟，东至秦陇，西包葱岭，北暨居延。	甘肃西北部、新疆南部及宁夏辖地一带。	《晋书·地理志》：张茂分置定州，张骏分置河州、沙州，张祚又分置商州。
前秦	长安	司隶、雍、秦、南秦、洛、豫、东豫、并、冀、幽、平、梁、河、益、宁、兖、南兖、青、荆、徐、扬。	南至邛僰，东抵淮泗，西极西域，北尽大碛。	河北、山西、山东、陕西、甘肃、河南、四川、贵州及辽宁、江苏、安徽、湖北之一部，并新疆。	《晋书·地理志》：于雍州置司隶校尉，苻坚时，豫州移洛阳，以许昌置东豫州。 《晋书》载记：苻坚取仇池，以杨统为南秦州刺史。《通鉴注》，秦南兖州，镇湖陆。 洪亮吉《十六国疆域志》：案荆、徐、扬三州，苻坚时，尚皆属晋，或攻得一二郡，即便立州，及州治所在以领之，非若青州等郡。
后秦	长安	司隶、雍、秦、南秦、凉、河、并、冀、荆、豫、徐、兖、梁、南梁。	南至汉川，东逾汝、颍，西控西河，北守上郡。	陕西、甘肃、河南各地。	《晋书》载记：义熙二年，梁州督护苻宣大入汉中，兴梁州别驾吕营等起兵应宣，求救于杨盛。盛遣军临涢口，南梁州刺史王敏，退守武兴。 《读史方舆纪要》：置司隶于长安、秦州于上邽、雍州于定安、并州于蒲坂、河州于枹罕、凉州于姑臧、豫州于洛阳、兖州于仓垣、徐州于项城、荆州于上洛。

续表

国名	都城	辖地			备考
		州地	实际	今释	
后燕	中山	冀、幽、平、营、兖、青、徐、豫、并、雍。	南至琅邪，东讫辽海，西届河、汾，北暨燕、代。	河北、山东、山西及河南、辽宁之一部。	《读史方舆纪要》：州郡类多侨置，幽州置于令支，平州置于宿军，青州置于新城，并州置于凡城，冀州置于肥如。其视前燕版图，抑又末矣。
西秦	定乐 后徙金城	秦、东秦、河、北河、沙、凉、梁、南梁、商、益、定。	西逾浩亹，东极陇坻，北距河，南略吐谷浑。	甘肃西南部。	《十六国春秋·西秦录》：太初二年，枹罕羌彭奚念来附，乾归以为北河州刺史。 《资治通鉴》：乾归以定州刺史翟瑥为兴普太守，镇枹罕。 《读史方舆纪要》：置秦州于西安、河州于枹罕、凉州于乐都、梁州于赤水、益州于漒川、商州于浇河、沙州于湟河。
后凉	姑臧		初据姑臧，奄有前凉旧壤，乃未几而纷纭割裂。迨梁之亡，姑臧而外，惟余仓松、番禾二郡而已。	盛时与前凉同。	
南凉	乐都		东自金城，西至西海，南有河湟，北据广武。	甘肃西部。	《读史方舆纪要》注：南凉之亡，有乐都、西平、广武、浩亹四郡。

续表

国名	都城	辖地			备考
		州地	实际	今释	
西凉	酒泉		有郡凡七，最为弱小。	甘肃极西北部。	《读史方舆纪要》注：七郡曰敦煌、曰酒泉、曰晋兴、曰建康、曰凉兴、皆故郡也，又有会稽、广夏郡，皆李暠所置。
北凉	张掖	凉、秦。	西控西域，东尽河湟，前凉旧壤，几奄有之。	甘肃河西之一部。	
南燕	广固	青、并、幽、徐、兖。	东至海，南滨泗上，西带巨野，北薄于河。	山东、河南之一部。	《晋书·地理志》：慕容德以并州牧镇阴平，幽州刺史镇发干，徐州刺史镇莒城，兖州刺史镇梁父。
北燕	和龙	司隶、幽、冀、并、青。	（据后燕故壤，有辽东西之地）	河北东北及辽宁境。	《读史方舆纪要》：冯氏袭燕旧壤，司隶治和龙，以并、青二州镇白狼，幽、冀二州镇肥如。
夏	统万	幽、雍、朔、秦、北秦、并、凉、豫、荆。	南阻秦岭，东戍蒲津，西收秦、陇，北薄于河。（以上均顾祖禹《读史方舆纪要》）	陕西北部及河套地。	《晋书·地理志》：赫连勃勃置幽州牧于大城，以朔州牧镇三城，以豫州牧镇李闰，荆州刺史镇陕。《晋书·载记》：勃勃以并州刺史镇蒲坂。

（1）晋、赵、蜀之鼎立

晋室退保江东，受制权臣，不能发展。西蜀李氏，固守一隅，劳徕安辑，亦不遑远图。二赵奄有中原，国力较厚，特以内讧时起，无暇经略江南。燕与凉虽割一方，然犹称臣于晋。故在东晋初，成此鼎足之形势，江表所谓“二寇”是也。

李雄……以永兴元年，僭称成都王，赦其境内……除晋法，约法七章。……于是僭即帝位。……南得汉嘉、涪陵，远人继至，雄于是下宽大之令，降附者皆假复除。虚己爱人，授用皆得其才，益州遂定。……雄以中原丧乱，乃频遣使朝贡，与晋穆帝分天下。……时海内大乱，而蜀独无事，故归之者相寻。雄乃兴学校，置史官，听览之暇，手不释卷。其赋男子岁谷三斛，女丁半之，户调绢不过数丈，绵数两。事少役稀，百姓富实，闾门不闭，无相侵盗（《晋书》卷一二一《载记》第二十一《李雄》）。

按：李雄据蜀，专意内政，在此纷扰时代中，独有太平景象。

聪死，其子粲袭伪位，其大将军靳准，杀粲于平阳，勒命张敬率骑五千为前锋以讨准，勒统精锐五万继之，据襄陵北原，羌羯降者四万余落。准数挑战，勒坚壁以挫之。刘曜自长安屯于蒲坂（《晋书》卷一〇四《载记》第四《石勒上》）。

刘曜……拜相国，都督中外诸军事，镇长安。靳准之难，自长安赴之。至于赤壁（山西安泽县南），太保呼延晏等自平阳奔之，与太傅朱纪、太尉范隆等上尊号。曜以大兴（元帝）元年（西元三一八年）僭即皇帝位……使征北刘雅、镇北刘策次于汾阴，与石勒为犄角之势。靳准遣侍中卜泰降于勒，勒囚泰，送之曜（《晋书》卷一〇三《载记》第三《刘曜》）。

勒与刘曜，竞有招怀之计，乃送泰于曜，使知城内无归曜之意，以挫其军势。曜潜与泰结盟，使还平阳。……泰入平阳，与准将乔泰、马忠等起兵攻准，杀之，推靳明为盟主，遣泰及卜玄奉传国六玺送于刘曜。勒大怒……进军攻明，明出战，勒击败之。……靳明率平阳之众奔于刘曜，曜西奔粟邑，勒焚平阳宫室。……刘曜又……署勒太宰，领大将军，进爵赵王。……勒舍人曹平乐因使留仕于曜，言于曜曰：“大司马遣王脩等来，外表至虔，内觇大驾强弱，谋待脩之返，将轻袭乘舆。”时曜势实残敝，惧修宣之。曜大怒，追……斩脩……停太宰之授。……勒大怒……下令曰：“……帝王之起，复何常邪！赵王、赵帝，孤自取之，名号大小，岂其所节邪！”（太兴二年，勒伪称赵王。〔《晋书》卷一〇四《载记》第四《石勒上》〕）

按：刘曜称帝，改国号为赵，史谓之为前赵。石勒称赵王，史谓之为后赵。

石生攻刘曜河内太守尹平于新安，斩之，克垒壁十余，降掠五千余户而归。自是刘、石祸结，兵戈日交，河东、弘农间，百姓无聊矣（《晋书》卷一〇五《载记》第五《石勒下》）。

曜遣刘岳攻石生于洛阳……济自盟津，镇东呼延谟率荆司之众自崤、渑而东。岳攻石勒盟津、石梁二戍，克之……进围石生于金墉。石季龙率步骑四万入自成皋关，岳陈兵以待之。战于洛西，岳师败绩。……季龙又败呼延谟，斩之。曜亲率军援岳……次于金谷，夜无故大惊，军中溃散，乃退如渑池。夜中又惊，士卒奔溃，遂归长安。……石勒遣石季龙率众四万，自轵关西入伐曜……进攻蒲坂。……曜尽中外精锐水陆赴之。……季龙惧，引师而退。追之，及于高候，大战，败之。……季龙奔于朝歌。曜遂济自太阳，攻石生于金墉。……曜不抚士众，专与嬖臣饮博……闻季龙进据石门，续知勒自率大众已济……陈于洛西，南北十余里。曜少而淫酒，末年尤甚，勒至，曜将战，饮酒数斗……比出，复饮酒斗余。……勒将石堪因而乘之，师遂大溃，曜昏醉奔退，马陷石渠，坠于冰上，被疮十余通，中者三，为堪所执，送于勒所（成帝咸和四年，西元三二九年）。……其太子熙……率百官奔于上邽（陕西南郑县）。……关中扰乱。……季龙乘胜追战……上邽溃……执其伪太子熙……并将相诸王等及其诸卿校公侯已下三千余人，皆杀之（《晋书》卷一〇三《载记》第三《刘曜》）。

按：石勒灭前赵，复有秦陇之地，称赵天王。咸和五年，称皇帝。前凉张骏亦降附之，北方几成统一之局。

张宾，字孟孙，赵郡中丘人也。……少好学，博涉经史，不为章句，阔达有大节。……及永嘉大乱，石勒为刘元海辅汉将军，与诸将下山东。宾……请见，勒亦未之奇也。后渐进规模，乃异之，引为谋主。机不虚发，算无遗策，成勒之基业，皆宾之勋也。……肃清百寮，屏绝私昵，入则格言，出则归美，勒甚重之，每朝常为之正容貌，简辞令，呼曰"右侯"而不名之（《晋书》卷一〇五《载记》第五《张宾》）。

张宾进曰："……今天下鼎沸，战争方始，游行羁旅，人无定志，难以保万全、制天下也。夫得地者昌，失地者亡。邯郸、襄国，赵之旧都，依山凭险，形胜之国，可择此二邑而都之，然后命将四出，授以奇略，推亡固存，兼弱攻昧，则群凶可除，王业可图矣。"勒曰："右侯之计是也。"于是进据襄国。……勒谓张宾曰："邺，魏之旧都，吾将营建。"……勒以石季龙为魏郡太守，镇邺（《晋书》卷一〇四《载记》第四《石勒上》）。

按：勒死，子弘继立。从子虎，久掌兵权，废弘而代之。虎残暴不仁，兹撮举其扰民数事，以概其余。

季龙（本名虎，字季龙，唐避讳，故以字称），性既好猎，其后体重，不能跨鞍，乃造猎车千乘，辕长三丈，高一丈八尺，置高一丈七尺，格兽车四十乘，立三级行楼二层于其上，克期将校猎。自灵昌津，南至荥阳，东极阳都，使御史监察其中禽兽，有犯者罪至大辟。御史因之擅作威福，百姓有美女好牛马者，求之不得，便诬以犯兽，论死者百余家，海、岱、河、济间，人无宁志矣。又发诸州二十六万人修洛阳宫，发百姓牛二万余头配朔州牧官。增置女官二十四等，东宫十有二等，诸公侯七十余国，皆为置女官九等。先是大发百姓女二十已下、十三已上三万余人，为三等之第，以分配之。郡县要媚其旨，务于美淑，夺人妇者九千余人，百姓妻有美色，豪势因而胁之，率多自杀。石宣及诸公及私令采发者，亦垂一万。总会邺宫。季龙临轩简第诸女，大悦，封使者十二人皆为列侯。自初发至邺，诸杀其夫及夺而遣之缢死者三千余人。荆、楚、扬、徐间，流叛略尽，宰守坐不能绥怀，下狱诛者五十余人（《晋书》卷一〇六《载记》第六《石季龙上》）。

按：虎荒淫无道，国势日就衰落。及内乱一生，而鲜卑、氐、羌诸族，乘机而起，北方局面，遂呈大变化。

季龙荒耽内游，威刑失度，邃（太子）以事为可呈呈之，季龙恚曰："此小事，何足呈也。"时有所不闻，复怒曰："何以不呈？"诮责杖捶，月至再三。邃甚恨，私谓……李颜等曰："官家难称，吾欲行冒顿之事（言将弑父），卿从我乎？"颜等伏不敢对。……季龙……收李颜等诘问，颜具言始末。……季龙大怒，废邃为庶人。其夜杀邃……立其子宣为天王皇太子（《晋书》卷一〇六《载记》第六《石季龙》上）。

宣素恶韬（宣弟，有宠于季龙）。……谓所幸杨柸、牟成曰："韬凶竖悖逆，敢违我如是！汝能杀之者，吾入西宫，当尽以韬之国邑分封汝等。韬既死，主上必亲临丧，因行大事，蔑不济矣。"柸等许诺。……是夜，韬燕其寮属……宣使杨柸……等缘猕猴梯而入，杀韬。……季龙疑宣之害韬也……执赵生而诘之，生具首服，季龙悲怒弥甚，幽宣……牵之登梯，上于柴积……四面纵火。……东宫卫士十余万人，皆谪戍凉州。……遂立世（季龙少子，母刘曜之女）为皇太子。……故东宫谪卒高力等万余人当戍凉州，行达雍城，既不在赦例，又敕雍州刺史张茂送之。茂皆夺其马，令步推鹿车。至粮戍所。高力……等因众心之怨，谋起兵东还……所向崩溃，戍卒皆随之，比至长安，众已十万。……遂东出潼关，进如洛川……东掠荥阳、陈留诸郡。季龙大惧，以燕王石斌为大都督……统姚弋仲、苻洪等击……败之……讨其余党，尽灭之。……季龙疾甚，以石遵为大将军，镇关右。……季龙亦死。……世即伪位。……石遵闻季龙之死，屯于河内。姚弋仲、苻洪、石闵（即冉闵）、刘宁等，既平秦洛，班师而归，遇遵于李城（河南温县），说遵曰："……京师宿卫空虚……鼓行而讨之，孰不倒戈开门而迎殿下者邪？"遵从之。……石闵为前锋……张离率龙腾二千，斩关迎遵。……遵……入自凤阳门……僭即尊位。……封世为谯王……寻皆杀之。……初，遵之发李城也，谓石闵曰："努力事成，以尔为储贰。"既而立衍（斌子），闵甚失望，自以勋高一时，规专朝政，遵忌而不能任。……稍夺兵权，闵益有恨色……谋废遵。使将军苏亥、周成，率甲士三十执遵……杀之于琨华殿。……鉴乃僭位。……时石袛在襄国，与姚弋仲、苻洪等通和，连兵檄诛闵。……闵……废鉴，杀之（《晋书》卷一〇七《载记》第七《石季龙下》）。

冉闵杀鉴时，大诛胡羯，胡羯势力大衰，不能再起。

宣令内外六夷，敢称兵杖者斩之。胡人或斩关，或逾城而出者，不可胜数。……令城内曰："与官同心者住，不同心者，各任所之。"敕城门不复相禁。于是赵人百里内悉入城，胡羯去者填门。闵知胡之不为己用也，班令内外赵人，斩一胡首送凤阳门者，文官进位三等，武职悉拜牙门。一日之中，斩首数万。闵躬率赵人诛诸胡羯，无贵贱男女少长皆斩之，死者二十余万。……屯据四方者，所在承闵书诛之，于时高鼻多须至有滥死者半（《晋书》卷一〇七《载记》第七《石季龙下》）。

按：后赵亡时，北方又陷于混乱，其建号称国者如下。

冉闵，据邺称帝，国号曰魏。

慕容儁，灭冉魏称帝，国号曰燕。

苻健，据关中称帝，国号曰秦。

张祚，称凉州牧，寻称皇帝，国号曰凉。

按：当后赵亡（永和六年）之前三年（永和三年），晋桓温已灭蜀，凉偏处西隅，魏又灭于燕，北方之地，为燕、秦所分据。在其角逐之时，人民饱受荼毒，憔悴不堪。

贼盗蜂起，司、冀大饥，人相食。自季龙末年而闵尽散仓库，以树私恩。与羌胡相攻，无月不战。青、雍、幽、荆州徙户，及诸氐、羌、胡、蛮数百余万，各还本土。道路交错，互相杀掠，且饥疫死亡，其能达者十有二三。诸夏纷乱，无复农者（《晋书》卷一〇七《载记》第七《冉闵》）。

（2）前秦之强盛

秦主健卒，子生继立。生荒淫失人心，苻坚废之而自立。坚励精图治，国富兵强，奄有北方之土。乱世之民，承其抚驭，稍得息苏，亦一时清明景象也。兹分述之于左。

（甲）武功

儁死……立暐……以慕容恪为太宰、录尚书，行周公事，慕容评为太傅，副赞朝政……慕容垂为河南大都督。……晋大司马桓温……伐暐……次于枋头……乃以垂为使持节南讨大都督，慕容德为征南将军，率众五万距温。……温频战不利，粮运复绝……而退。德率劲骑四千，先温至襄邑东，伏于涧中，与垂前后夹击，王师大败（太和四年，西元三六九年）。……垂既有大功，威德弥振。慕容评素不平之……谋杀垂，垂惧，奔于苻坚（《晋书》卷三《载记》第十一《慕容暐》）。

坚……遣王猛与建威梁成、邓羌率步骑三万，署慕容垂为冠军将军，以为向导攻暐。……太和五年，又遣猛率杨安、张蚝、邓羌等十将，率步骑六万伐暐。……杨安攻晋阳，猛攻壶关……进师围邺……暐出奔高阳，坚将郭庆执而送之（《晋书》卷一一三《载记》第十三《苻坚上》）。

初，仇池氐杨世以地降于坚，坚署为平南将军、秦州刺史、仇池公，既而归顺于晋。世死，子纂代立，遂受天子爵命而绝于坚。世弟统，骁武得众，起兵武都，与纂分争。坚遣其将苻雅、杨安，与益州刺史王统，率步骑七万，先取仇池，进围宁、益。雅等次于鹫陕，纂率众……距，战于陕中，为雅等所败，纂收众奔还。雅进攻仇池，杨统帅武都之众降于雅。……纂惧，面缚出降……送之长安（《晋书》卷一一三《载记》第十三《苻坚上》）。

晋梁州刺史杨亮，遣子广袭仇池，与坚将杨安战，广败绩，晋阻水诸戍皆委城奔溃。亮惧而退守磬险，安遂进寇汉川。坚遣王统、朱彤率卒二万为前锋寇蜀，前禁将军毛当、鹰扬将军徐成，率步骑三万入自剑阁。杨亮率巴獠万余拒之，战于青谷，王师不利，亮奔固西城。彤乘胜陷汉中，徐成又攻二剑，克之，杨安进据梓潼……益州刺史周仲孙勒兵距彤等于绵竹，闻坚将毛当将至成都，仲孙……奔于南中。安、当进兵，遂陷益州。于是西南夷邛、莋、夜郎等皆归之。坚以安……镇成都，毛当……镇汉中……王统……镇仇池（《晋书》卷一一三《载记》第十三《苻坚上》）。

天锡……立……自号大将军、校尉、凉州牧、西平公。……太和初，诏以天锡为大将军、大都督，督陇右关中诸军事、护羌校尉、凉州刺史、西平公。……太元元年（西元三七六年），苻坚遣其将苟苌、毛当、梁熙、姚苌来寇，渡石城津。……天锡率万人顿金昌城，马达率万人逆苌等，因请降，兵人散走，常据、席仂皆战死。……天锡大惧，出城自战，城内又反。天锡窘逼，降于苌等。……苻坚……以为尚书，封归义侯（《晋书》卷八十六《张天锡传》）。

时匈奴左贤王卫辰遣使降于坚，遂请田内地，坚许之。……匈奴右贤王曹毂、左贤王卫辰举兵叛……索虏乌延等亦叛坚而通于辰、毂。坚率中外精锐以讨之……毂惧而降……进击乌延，斩之。……讨卫辰，擒之。……坚既平凉州，又遣……苻洛为北讨大都督……讨代王涉翼犍，又遣……邓羌等……东出和龙，西出上郡，与洛会于涉翼犍庭。翼犍战败，遁于弱水。苻洛逐之，势窘迫，退远阴山。其子翼圭缚父请降，洛等振旅而还（《晋书》卷一一三《载记》第十三《苻坚上》）。

先是，梁熙遣使西域，称扬坚之威德，并以彩缯赐诸国王，于是朝献者十有余国(《晋书》卷一一三《载记》第十三《苻坚上》)。

车师前部王弥寘、鄯善王休密驮朝于坚。……寘等请曰:“大宛诸国虽通贡献,然诚节未纯。请乞依汉置都护故事,若王师出关,请为乡导。”坚于是以骁骑吕光为持节、都督西讨诸军事(《晋书》卷一一四《载记》第十四《苻坚下》)。

坚既平山东,士马强盛,遂有图西域之志,乃授光使持节、都督西讨诸军事,率将军姜飞、彭晃、杜进、康盛等总兵七万,铁骑五千以讨西域。……至焉耆,其王泥流率其旁国请降。龟兹王帛纯距光……光攻城既急,帛纯……请救狯胡。狯胡弟呐龙、侯将馗率骑……并引温宿尉须等国王……以救之。……战于城西,大败之……帛纯……走,王侯降者三十余国。……诸国惮光威名,贡款属路。……光抚宁西域,威恩甚著。……坚闻光平西域,以为使持节……都督玉门已西诸军事(《晋书》卷一二二《载记》第二十二《吕光》)。

按:苻坚恃其强盛,用兵四方,版图之广,为“五胡”之冠。然因此而骄,致有肥水之败,以亡其国焉。

(乙)政治

坚广修学宫,召郡国学生,通一经以上充之,公卿已下,子孙并遣受业。其有学为通儒、才堪干事、清修廉直、孝弟力田者,皆旌表之。于是人思劝励,号称多士。盗贼止息,请托路绝。田畴修辟,帑藏充盈。典章法物,靡不悉备(《晋书》卷一一三《载记》第十三《苻坚上》)。

坚以境内旱,课百姓区种。……复魏晋士籍,使役有常,闻诸非正道典学,一皆禁之。……自永嘉之乱,庠序无闻,及坚之僭,颇留心儒学。王猛整齐风俗,政理称举,学校渐兴,关陇清晏,百姓丰乐。自长安至于诸州,皆夹路树槐柳,二十里一亭,四十里一驿,旅行者取给于途,工商贸贩于道(《晋书》卷一一三《载记》第十三《苻坚上》)。

遣使巡行四方，观风俗，问政道，明黜陟，恤孤独不能自存者。以安车蒲轮征隐士……置听讼观于未央之南，禁老庄图谶之学（《晋书》卷一一三《载记》第十三《苻坚上》）。

坚以关中水旱不时……发其王侯已下，及豪望富室僮隶三万人，开泾水上源，凿山起堤，通渠引渎，以溉冈卤之田。及春而成，百姓赖其利（《晋书》卷一一三《载记》第十三《苻坚上》）。

（丙）王猛为相

王猛，字景略，北海剧人也。……瑰姿俊伟，博学好兵书……隐于华阴山。……桓温入关，猛被褐而诣之，一面谈当世之事，扪虱而言，旁若无人，温察而异之。……温之将还，赐猛车马，拜高官……请与俱南……猛乃止。苻坚将有大志，闻猛名，遣吕婆楼招之，一见便若平生。……及坚僭位……为丞相。……猛宰政公平，流放尸素，拔幽滞，显贤才，外修兵革，内崇儒学，劝课农桑，教以廉耻，无罪而不刑，无才而不任，庶绩咸熙，百揆时叙。于是兵强国富，垂及升平，猛之力也（《晋书》卷一一四《载记》第十四《王猛》）。

猛卒后，坚务胜不休，内讧将作而事外征，以即于亡。

太元元年（西元三七六年），十二月，阳平国常侍慕容绍，私谓其兄楷曰："秦恃其强大，务胜不休，北戍云中，南守蜀汉，转运万里，道殣相望。兵疲于外，民困于内，危亡近矣（《资治通鉴》卷一〇四《晋纪二十六》）。

二年春，赵故将作功曹熊邈，屡为秦王坚言石氏宫室器玩之盛。坚以邈为将作长史，领将作丞，大修舟舰兵器，饰以金银，颇极精巧。慕容农私言于慕容垂曰："自王猛之死，秦之法制，日以颓靡。今又重之以奢侈，殃将至矣。……大王宜结纳英杰，以承天意，时不可失。"垂笑曰："天下事，非尔所及。"（《资治通鉴》卷一〇四《晋纪》二十六）

（丁）伐晋之失败

（太元八年，西元三八三）遣征南苻融、骠骑张蚝、抚军苻方、卫军梁成、平南慕容暐、冠军慕容垂，率步骑二十五万为前锋，坚发长安戍卒六十余万，骑二十七万，前后千里，旌鼓相望。坚至项城，凉州之兵，始达咸阳，蜀汉之军，顺流而下，幽冀之众，至于彭城，东西万里，水陆齐进。……晋遣都督谢石，徐州刺史谢玄，豫州刺史桓伊，辅国谢琰等，水陆七万，相继距。……晋龙骧将军刘牢之率劲卒五千，夜袭梁成垒克之，斩成……等十将。……谢石等以既败梁成，水陆继进。坚与苻融，登城而望王师，见部阵齐整，将士精锐，又北望八公山上草木，皆类人形，顾谓融曰："此亦勍敌也，何谓少乎！"怃然有惧色。……坚遣其尚书朱序说石等，以众盛欲胁而降之，序诡谓石曰："若秦百万之众皆至，则莫可敌也。及其众军未集，宜在速战，若挫其前锋，可以得志。"……时张蚝败谢石于肥南，谢玄、谢琰，勒卒数万，阵以待之，蚝乃退，列阵逼肥水。王师不得渡，遣使谓融曰："君悬军深入，置阵逼水，此持久之计，岂欲战者乎？若小退师，令将士周旋，仆与君公，缓辔而观之，不亦美乎？"融于是麾军却阵，欲因其济水，覆而取之，军遂奔退，制之不可止。融驰骑略阵，马倒被杀，军遂大败。王师乘胜，追击至于青冈，死者相枕。坚为流矢所中，单骑遁还于淮北……闻风声鹤唳，皆谓晋师之至。……坚至自淮南，次于长安东之行宫（《晋书》卷一一四《载记》第十四《苻坚下》）。

按：坚强盛时，对于征服之胡、羌、鲜卑等族，待遇颇优，往往假以重权。及淮南败归，势力崩溃，异族纷起，立国者有六。

慕容垂，据中山，为后燕。

慕容永，据长子，为西燕。

姚苌，据长安，为后秦。

吕光，据姑臧，为后凉。

乞伏国仁，据陇右，为西秦。

拓跋珪，据盛乐，为后魏。

厥后凉州内乱，又分立者三国。

秃发乌孤，据廉川，为南凉。

沮渠蒙逊，据张掖，为北凉。

李暠，据敦煌，为西凉。

后燕慕容垂，攻灭西燕，据有幽、冀、并三州，又南略青、徐、兖三州。后秦姚兴（苌子），攻破洛阳，并有淮汉以北诸部，又破降西秦，攻灭后凉，同称为北方大国。

（3）后秦、后燕之对峙

（甲）后秦之文化

姚兴……为皇太子。……及镇长安，甚有威惠。与其中书舍人梁喜、洗马范勖等，讲论经籍，不以兵难废业，时人咸化之。……天水姜龛、东平淳于岐、冯翊郭高等，皆耆儒硕德，经明行修，各门徒数百，教授长安，诸生自远而至者万数千人。兴每于听政之暇，引龛等于东堂，讲论道艺，错综名理。凉州胡辩，苻坚之末，东徙洛阳讲授，弟子千有余人，关中后进，多赴之请业。兴敕关尉曰："诸生咨访道艺，修己厉身，往来出入，勿拘常限。"于是学者咸劝，儒风盛焉（《晋书》卷一一七《载记》第十七《姚兴上》）。

按：姚兴好文学，提倡不遗余力，在混乱时期中，不可多觏者也。

兴如逍遥园，引诸沙门于澄玄堂，听鸠摩罗什演说佛经。罗什通辨夏言，寻览旧经，多有乖谬，不与胡本相应。兴与罗什及沙门僧略、僧迁、道树、僧叡、道坦、僧肇、昙顺等八百余人，更出大品，罗什持胡本，兴执旧经，以相考校，其新文异旧者，皆会于理义。续出诸经，并诸论三百余卷。今之新经，皆罗什所译。兴既托意于佛道，公卿已下，莫不钦附，沙门自远而至者五千余人。起浮图于永贵里，立波若台于中宫，沙门坐禅者，恒有千数。州郡化之，事佛者十室而九矣（《晋书》卷一一七《载记》第十七《姚兴上》）。

鸠摩罗什，天竺人也。……父鸠摩罗炎。……东度葱岭，龟兹王闻其名，郊迎之，请为国师。王有妹……乃逼以妻焉。……罗什……专以大乘为化，诸学者皆共师焉。……吕光……伐龟兹……破之，乃获罗什。……姚兴遣姚硕德西伐，破吕隆，乃迎罗什，待以国师之礼，仍使入西明阁及逍遥园，译出众经。罗什多所暗诵，无不究其义旨。既览旧经多有纰缪，于是兴使沙门僧叡、僧肇等八百余人，传受其旨，更出经论凡三百余卷。……兴奉之若神，尝讲经于草堂寺，兴及朝臣、大德沙门千有余人，肃容观听（《晋书》卷九十五《鸠摩罗什传》）。

按：佛学之昌明于北方，兴实开其端，其订译佛经，尤于佛学上有盛大之供献。

（乙）后燕伐魏之役

此役为魏氏兴起之关键，故特举之。

垂……遣其太子宝及农与慕容麟等率众八万伐魏，慕容德、慕容绍以步骑一万八千为宝后继。魏闻宝将至，徙往河西。宝进师临河，惧不敢济，还次参合（近山西大同）。……魏师大至，三军奔溃，宝与德等数千骑奔免，士众还者十一二，绍死之。……垂……自率大众出参合，凿山开导，次于猎岭。……垂至参合，见往年战处积骸如山，设吊祭之礼，死者父兄，一时号哭，军中皆恸。垂惭愤呕血，因而寝疾。……过平城……筑燕昌城而还（《晋书》卷一二三《载记》第二十三《慕容垂》）。

皇始元年（晋太元二十一年，西元三九六年）三月，慕容垂寇桑乾川……遂至平城西北，闻帝将至，乃筑城自守。疾甚，遂遁死于上谷

（《北史》卷一《道武帝纪》）。

魏自战胜后燕，乘势侵略，得地益广，国力益强。后燕分裂，后秦亦衰落不振，于是继起称国者有三。

冯跋，篡后燕自立，据和龙，为北燕。

慕容德，据广固，为南燕。

赫连勃勃，叛后秦，据统万，为夏国。

当后秦为魏、夏所逼时，乞伏乾归复背秦称王，仍为西秦。其子炽磐攻灭南凉，北凉沮渠蒙逊灭西凉，遂据有全凉之地。刘裕灭南燕，又遣将平定蜀谯纵，又北伐入关灭后秦。夏为魏所逼，战败西奔，袭灭西秦，旋亡于吐谷浑。魏灭北燕，破北凉，遂统一北方。刘裕已篡晋称宋，割据江左。于是五胡纷扰之局面告终，而南北对峙之局面开始矣。

（4）东晋之恢复事业

自中原沦没后，晋室每因北方发生变乱，乘机出师图恢复。然“政出多门，权去公家”（韦华对姚兴语，见《晋书》载记第十七），权臣欲树威望，垄断政权，辄假北伐为名，是以多无功也。兹叙当事主要人物于左。

（甲）祖逖

祖逖，字士稚，范阳遒人也。……时帝（元帝）方拓定江南，未遑北伐，逖进说曰……。帝乃以逖为奋威将军、豫州刺史，给千人廪、布三千匹，不给铠仗，使自招募。仍将本流徙部曲百余家……屯于江阴，起冶铸兵器，得二千余人而后进……克谯城……由是黄河以南尽为晋土。……诏进逖为镇西将军。石勒不敢窥兵河南……方当推锋越河，扫清冀朔，会朝廷将遣戴若思为都督……意甚快快。且闻王敦与刘隗等构隙，虑有内难，大功不遂，感激发病……卒于雍丘。……以逖弟约代领其众（《晋书》卷六十二《祖逖传》）。

于是冀、并、幽州、辽西、巴西诸屯结皆陷于勒。时晋征北将军祖逖据谯，将平中原。逖善于抚纳，自河以南，多背勒归顺，勒惮之不敢为寇。……自是兖、豫乂安，人得休息矣（《晋书》卷一〇五《载记》第五《石勒下》）。

石堪攻晋豫州，刺史祖约，于寿春屯师淮上。……祖约诸将佐，皆阴遣使附于勒。石聪与堪济淮，陷寿春，祖约奔历阳，寿春百姓陷于聪者二万余户（《晋书》卷一〇五《载记》第五《石勒下》）。

按：是时刘曜、石勒对抗，故祖逖能恢复河南诸郡。

（乙）庾亮

时石勒新死，亮有开复中原之谋，乃解豫州，授辅国将军毛宝，使与西阳太守樊峻精兵一万，俱戍邾城。又以陶称为南中郎将、江夏相，率部曲五千人入沔中，亮弟翼为南蛮校尉、南郡太守镇江陵，以武昌太守陈嚣为辅国将军、梁州刺史趣子午，又遣偏军伐蜀至江阳。……亮当率大众十万据石头城，为诸军声援，乃上疏曰："蜀、胡二寇，凶虐滋甚，内相诛锄，众叛亲离。……襄阳北接宛、许，南阻汉水，其险足固，其土足食。臣宜移镇襄阳之石城下，并遣诸军罗布江、沔。……乘衅齐进，以临河、洛。……"亮又上疏，便欲迁镇。会寇陷邾城，毛宝赴水而死。……亮自邾城陷没，忧慨发疾……咸康六年薨（西元三四〇年）（《晋书》卷七十三《庾亮传》）。

季龙……以其太子宣为大单于，建天子旌旗。以夔安为征讨大都督，统五将末骑七万寇荆扬北鄙。石闵败王师于沔阴，将军蔡怀死之。宣将朱保又败王师于白石，将军郑豹、谈玄、郝庄、随相、蔡熊皆遇害。季龙将张贺度攻陷邾城，败晋将毛宝于邾西，死者万余人。夔安进据胡亭，晋将军黄冲、历阳太守郑进皆降之，安于是掠七万户而还（《晋书》卷一〇六《载记》第六《石季龙上》）。

亮卒，授都督江、荆、司、雍、梁、益六州诸军事……假节，代亮镇武昌。……翼每竭志能，劳谦匪懈，戎政严明，经略深远。……遣使东至辽东，西到凉州，要结二方，欲同大举。慕容皝、张骏并报使请期。翼雅有大志，欲以灭胡平蜀为己任。……康帝即位，翼欲率众北伐。……翼时有众四万，诏加都督征讨军事。师次襄阳，大会僚佐。……康帝崩，兄冰卒，以家国情事……还镇夏口（《晋书》卷七十三《庾翼传》）。

按：石季龙时正盛强，故庾亮出兵挫败。

（丙）殷浩

石季龙死，胡中大乱，朝廷遂欲荡平关河。于是以浩为中军将军、假节、都督扬、豫、徐、兖、青五州军事。浩既受命，以中原为己任，上疏北征许、洛。……师次寿阳，潜诱苻健大臣梁安、雷弱儿等使杀健，许以关右之任。初，降人魏脱卒，其弟憬代领部曲。姚襄杀憬，以并其众，浩大恶之，使龙骧将军刘启守谯，迁襄于梁。既而魏氏子弟往来寿阳，襄猜惧。俄而襄部曲有欲归浩者，襄杀之，浩于是谋诛襄。会苻健杀其大臣，健兄子眉自洛阳西奔，浩以为梁安事捷，意苻健已死，请进屯洛阳……使襄为前驱，冠军将军刘洽镇鹿台，建武将军刘遁据仓垣。……浩既至许昌，会张遇反，谢尚又败绩，浩还寿阳。后复进军，次山桑，而襄反，浩惧，弃辎重退保谯城，器械军储皆为襄所掠，士卒多亡叛。浩遣刘启、王彬之击襄于山桑，并为襄所杀（永和九年，西元三五三）。桓温素忌浩，及闻其败，上疏罪浩……坐废为庶人（《晋书》卷七十七《殷浩传》）。

襄……弋仲之第五子也。……晋遣使拜襄持节、平北将军、并州刺史、即丘县公。……晋处襄于谯城（河南夏邑县）。……襄少有高名，雄武冠世。……殷浩惮其威名，乃因襄诸弟，频遣刺客杀襄，刺客皆推诚告实。……浩潜遣将军魏憬率五千余人袭襄，襄乃斩憬而并其众。浩愈恶之，乃使将军刘启守谯，迁襄于梁国。……闻关中有变，浩率众北伐，襄乃要击浩于山桑，大败之……收其资仗。……浩遣刘启、王彬之伐山桑，襄自淮南击灭之，鼓行济淮，屯于盱眙，招掠流人，众至七万。……朝廷大震。……襄将佐部众皆北人，咸劝襄北还……乃据许昌（《晋书》卷一一六《载记》第十六《姚襄》）。

健……遣雄、菁（健侄）率众略关东，并援石季龙豫州刺史张遇于许昌，与晋镇西将军谢尚战于颍水之上，王师败绩。雄乘胜逐北，至于垒门，杀伤大半，遂虏遇及其众归于长安（《晋书》卷一一二《载记》第十二《苻健》）。

（丁）桓温

永和十年（西元三五四）二月，温遂统步骑四万发江陵，水军自襄阳入均口。至南乡，步自淅川以征关中。……进至霸上，健以五千人深沟自固，居人皆安堵复业，持牛酒迎温于路者十八九，耆老感泣曰："不图今日复见官军。"初，温恃麦熟，取以为军资，而健芟苗清野，军粮不属，收三千余口而还（《晋书》卷九十八《桓温传》）。

永和十二年（西元三五六）三月，姚襄入于许昌，以太尉桓温为征讨大都督讨之。八月，桓温及姚襄战于伊水，大败之，襄走平阳，徙其余众三千余家于江汉之间……而归，使……河南太守戴施镇洛阳（《晋书》卷八《穆帝纪》）。

太和四年（西元三六九），又上疏悉众北伐。……以温领平北将军、徐兖二州刺史，率……步骑五万北伐。……军次胡（当作湖）陆，攻慕容暐将慕容忠，获之，进次金乡。时亢旱，水道不通，乃凿巨野三百余里以通舟运，自清水入河。暐将慕容垂、傅末波等，率众八万距温，战于林诸，温击破之，遂至枋头。……军粮竭尽，温焚舟步退，自东燕……垂以八千骑追之，战于襄邑，温军败绩（《晋书》卷九十八《桓温传》）。

（戊）刘裕

义熙五年（西元四〇九）二月，伪燕（南燕）主慕容超大掠淮北。三月，帝抗表北讨……乃浮淮入泗。……六月，超留羸老守广固……悉力据临朐。……比及临朐，贼骑交至。……帝……袭克临朐，贼乃大奔，超遁还广固。……六年二月，屠广固，超逾城走，追获之，斩于建康市……班师（《南史》卷一《宋武帝纪》）。

义熙八年（西元四一二）十二月，以西陵太守朱龄石……帅师伐蜀。……九年七月，朱龄石克成都，斩谯纵，益州平（《晋书》卷十《安帝纪》）。

十二年（西元四一六）三月……初，帝平齐，仍有定关、洛意。……会姚兴死，子泓新立，兄弟相杀，关中扰乱。四月，帝表伐关、洛……八月，率大众进发。……十月，众军至洛，围金墉，降之。……十三年二月，冠军将军檀道济等军次潼关。三月，帝率大军入河。五月，帝至洛阳。……七月，至陕，龙骧将军王镇恶，舟师自河浮渭。八月，扶风太守沈田子大破姚泓军于蓝田，王镇恶克长安，禽姚泓。……帝欲息驾长安，经略赵、魏……前将军刘穆之卒（裕谋主，留镇建业），乃归。……以桂阳公义真（裕子）为雍州刺史，镇长安，留腹心将佐以辅之。……安西中兵参军沈田子杀安西司马王镇恶，诸将杀安西长史王修，关中乱（《南史》卷一《宋武帝纪》）。

裕留子义真镇长安而还，勃勃闻之大悦，谓王买德曰："朕将进图长安，卿试言取之方略。"买德曰："刘裕灭秦，所谓以乱平乱，未有德政以济苍生。关中形胜之地，而以弱才小儿守之，非经远之规也。狼狈而返者，欲速成篡事耳，无暇有意于中原。……青泥、上洛，南师之冲要，宜置游兵断其去来之路。然后杜潼关，塞崤陕，绝其水陆之道。陛下声檄长安……义真独坐空城……不战而自定也。”勃勃善之，以子璝……率骑二万南伐长安……勃勃率大军继发。璝至渭阳……义真遣龙骧将军沈田子率众逆战，不利而退。……田子与义真司马王镇恶不平，因镇恶出城，遂杀之。义真又杀田子。于是悉召外军入于城中，闭门距守。……刘裕闻之大惧，乃召义真东镇洛阳，以朱龄石为雍州刺史，守长安。义真大掠而东，至于灞上，百姓遂逐龄石，而迎勃勃入于长安。璝率众三万追击义真，王师败绩，义真单马而遁（《晋书》卷一三〇《载记》第三十《赫连勃勃》）。

南北朝世系

自南宋文帝元嘉十六年（西元四三九）魏统一北方，至隋文帝开皇九年（西元五八九）灭陈统一止，共一百五十一年。

南朝

宋

自刘裕代晋（西元四二〇）至顺帝禅于齐（西元四七九），凡八传，共六十年。

高祖武皇帝，姓刘，名裕，字德舆，彭城绥舆里人。勇健有大志，仅识文字，以卖履为业，好樗蒱，为乡闾所贱。刘牢之击孙恩（妖人倡乱），引裕参军事，以功为下邳太守。后讨平桓玄，遂执朝政。平后秦归，进爵宋王。旋受晋禅，即皇帝位，国号宋，改元永初（三年），在位凡三年。

少帝，名义符，武帝长子。嗣立，改元景平（一年）。帝与宰相徐羡之、傅亮、谢晦等有隙，为羡之等所废，寻弑之。在位凡一年。

太祖文皇帝，名义隆，武帝第三子，封宜都王。少帝废，大臣迎立之，改元元嘉（三十年）。帝即位后，讨羡之、亮、晦，均诛之。躬勤政事，孜孜无怠，政平讼理，自江左之政，所未有也。太子劭无道，欲废之，劭乃弑帝。在位凡三十年。

世祖孝武皇帝，名骏，文帝第三子。封武陵王，诛劭继立，改元孝建（三年）、大明（八年）。帝疏忌宗室，削弱其权，多所翦除，大臣亦有遭杀戮者。在位凡十一年。

前废帝，名子业，孝武帝长子。嗣立，改元永光、景和。帝荒淫无度，而刻薄与孝武相同，旧臣多被诛戮。湘东王刘彧（为帝幽囚，备遭辱苦），密结帝左右寿寂之等弑之。

太宗明皇帝，名彧，文帝第十一子。封湘东王，废帝遇弑，继立，改元泰始（七年）、泰豫（一年）。初，废帝欲杀江州刺史晋安王子勋（孝武子），长史邓琬，奉之起兵。帝即位，谕罢兵，不听，称帝于寻阳。是时四方贡计，并诣寻阳，朝廷所保，唯丹阳、淮南等数郡而已。旋命沈攸之等讨平之。于是益忌孝武子孙，诛杀殆尽。帝末年，大事营建，军旅不息，府藏空虚，天下骚然，民不堪命，宋业遂衰。在位凡八年。

后废帝，名昱，明帝太子。嗣立，改元元徽（四年）。帝荒淫过于前废帝，左右阳玉夫弑之。在位凡四年。

顺皇帝，名准，明帝第三子。封安成王，废帝殒，萧道成奉太后命立之，改元升明（三年）。在位凡三年，禅于齐，寻遇害。宋亡。

（以上据《通考·帝系考》及《宋书》纪、传）

附帝系表

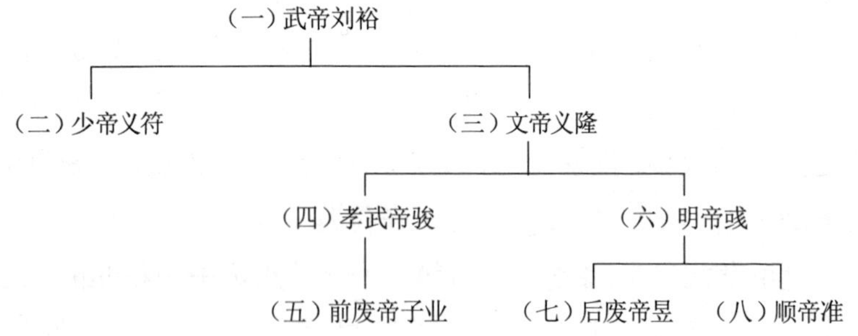

齐

自萧道成代宋（西元四七九）至和帝禅于梁（西元五〇

二），凡七传，共二十四年。

太祖高皇帝，姓萧，名道成，字绍伯，东海兰陵人。父承之仕宋，至南泰山太守。承之为宋将，数与北方相攻战。道成以将门子，亦屡与征讨，宋明帝之世，渐见信用。及平桂阳王休范之乱（休范文帝子，明帝卒，后废帝立，休范为江州刺史举兵反，袭建康，道成讨平之），威望始隆。苍梧王（后废帝）遇害，迎立顺帝，进封齐王。后废顺帝自立，国号齐，建元建元（四年），在位凡四年。

世祖武皇帝，名赜，高帝长子。嗣立，改元永明（十一年）。帝从高帝同起艰难，留心政治，永明之政，比元嘉焉。在位凡十一年。

废帝郁林王，名昭业，武帝长孙。嗣立，改元隆昌，为西昌侯萧鸾所弑。

废帝海陵恭王，名昭文，文惠太子长懋（武帝子）第二子也。萧鸾奉之继立，改元延兴，寻复废之，在位凡四月。

高宗明皇帝，名鸾，高帝兄子也。既废二王，继立，改元建武（四年）、永泰（一年）。帝杀高武子孙无遗，萧氏遂衰，在位凡五年。

废帝东昏侯，名宝卷，明帝第二子。嗣立，改元永元（三年）。淫昏嗜杀，为南朝诸帝之最。帝杀尚书令萧懿，其弟衍为雍州刺史起兵反，率众东下，败帝军，围建康，帝为新除雍州刺史王珍国、侍中张稷等所害。在位凡三年。

和帝，名宝融，明帝第八子。封南康王，出为荆州刺史。萧衍反，奉为帝。东昏侯既被杀，即帝位，改元中兴（一年），在位凡一年，禅于梁。齐亡。

（以上据《通考·帝系考》，参以《南齐书》纪、传）

附帝系表

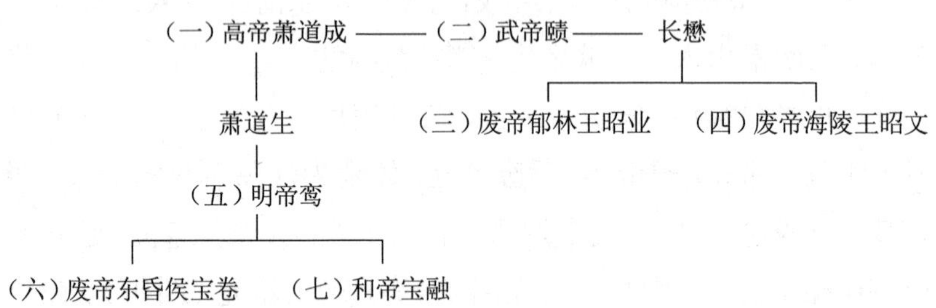

梁

自萧衍代齐(西元五〇二)至敬帝禅于陈(西元五五七),凡四传,共五十六年。

高祖武皇帝,姓萧,名衍,字叔达,南兰陵中都里人,齐之同族也。齐明帝时,为雍州刺史镇襄阳,知齐将乱,潜造器械,密为之备。及兄懿被杀,遂起兵,入建康,立和帝,独揽政权,进爵梁王。寻废和帝自立,国号梁。建元天监(十八年)、普通(七年)、大通(二年)、中大通(六年)、大同(十一年)、中大同(一年)、太清(三年)。帝勤政事,尚文学,境内称治。晚年好佛,三次舍身同泰寺,由是政刑不立,百度废弛。又纳东魏将侯景,终为景所制,忧愤而死。在位凡四十八年。

太宗简文皇帝,名纲,武帝第三子。昭明太子卒,立为太子。嗣立,改元大宝(二年)。受制于侯景,复为所弑,在位凡二年。

世祖孝元皇帝,名绎,武帝第七子。封湘东王,为荆州刺史镇江陵。侯景篡立,乃遣陈霸先、王僧辩分道讨诛景。即帝位,都江陵,改元承圣(三年)。西魏攻之,城陷遇害,在位凡三年。

敬皇帝,名方智,元帝第九子。封晋安王,魏克江陵,陈霸先、王僧辩等迎之至建康,以太宰承制,寻即帝位。改元绍泰

（一年）、太平（二年），在位凡三年，禅于陈。梁亡。

后梁

自萧詧建国（梁敬帝绍泰元年，西元五五五）至后主灭于隋（陈后主祯明元年，西元五八七），凡三传，共三十三年。

中宗宣皇帝，名詧，武帝孙也。大通时，封岳阳王，为雍州刺史镇襄阳。侯景执政时，与湘东王绎（元帝）相攻，战败降于西魏。及敬帝立，魏亦立詧于江陵使称帝，以兵守之，为北朝之附庸。改元大定（七年），在位凡七年。

世宗明皇帝，名岿，宣帝第三子。嗣立，改元天保（二十四年），在位凡二十四年。

后主，名琮，明帝太子。嗣立，改元广运（二年），在位凡二年，为隋所废。

（以上据《通考·帝系考》及《梁书》纪传、《周书·萧詧传》）

附帝系表

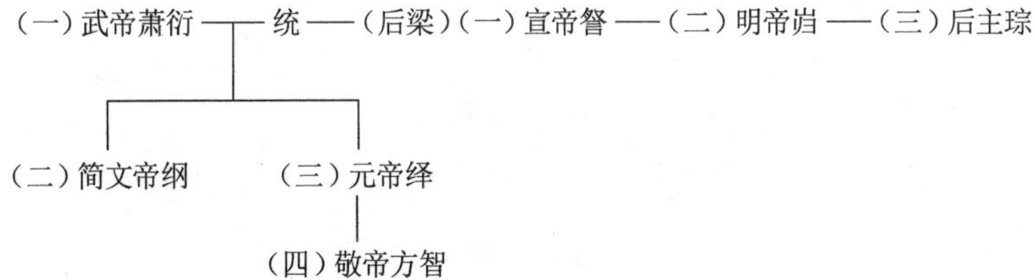

陈

自陈霸先代梁（西元五五七）至后主灭于隋（西元五八九），凡五传，共三十三年。

高祖武皇帝，姓陈，名霸先，字兴国，吴兴长城下若里人。初仕梁，为广州刺史萧映中直兵参。以高要太守起兵讨侯景，与王僧辩同有大功。西魏害元帝，乃同迎晋安王承制。北齐送贞阳侯萧明（萧懿子，守彭城为魏所俘），来主梁嗣，僧辩纳之。帝杀僧辩，黜萧明，而立晋安王（敬帝），遂专朝政，进爵为陈王。已而废敬帝自立，国号陈，建元永定（三年），在位凡三年。

世祖文皇帝，名蒨，武帝兄道谭之长子。封临川王，继立，改元天嘉（六年）、天康（一年）。帝起自艰难，知民疾苦，明察俭约，尤勤政事，为陈之令主。在位凡七年。

废帝，名伯宗，文帝长子。嗣立，改元光大（二年），为安成王顼所废，在位凡二年。

高宗宣皇帝，名顼，文帝之弟。继立，改元太建（十四年），在位凡十四年。

后主，名叔宝，宣帝太子。嗣立，改元至德（四年）、祯明（三年）。帝荒淫无度，兴土木，宠女色，尚浮华，长于文学而轻武士，将帅有过，辄夺其兵，配以文吏。于是臣民解体，国势益衰。隋文帝开皇九年，遣兵伐陈，入建康，擒叔宝。在位凡七年。陈亡。

（以上据《通考·帝系考》及《陈书》纪、传）

附帝系表

- （一）武帝陈霸先
- 陈道谭
  - （二）文帝蒨 ——（三）废帝伯宗
  - （四）宣帝顼 ——（五）后主叔宝

北朝

魏既奄有北方，当宋一代，为其最强盛之时。至齐稍衰，至梁而分为东魏、西魏，东魏篡于齐，西魏篡于周，周又灭齐，而篡于隋。隋再灭后梁及陈，始结南北对峙之局，中国始复归于一，以成秦、汉以后第二回之大一统局面。

魏

自拓跋珪改称魏王（晋孝武帝太元十一年，西元三八六）至恭帝禅于周（西元五五六），凡十七传，共一百七十一年。

太祖道武皇帝，姓拓跋，名珪。其先世为代北鲜卑君长。秦苻坚自淮南败归，国中大乱，珪称代王。旋改称魏王，建元登国（十年）、皇始（二年）。取燕称帝，国号魏，改元天兴（六年）、天赐（五年）。帝晚年嗜杀，朝野危惧，其子清河王绍弑之，在位凡二十三年。

太宗明元皇帝，名嗣，道武帝长子。封齐王，诛绍继立，改元永兴（五年）、神瑞（二年）、泰常（八年），在位凡十五年。

世祖太武皇帝，名焘，明元帝长子。嗣立，改元始光（四年）、神䴥（四年）、延和（三年）、太延（五年）、太平真君（十一年）、正平（一年）。帝时击破夏国，灭北燕、北凉，统一北方。晚年以太子晃监国，为宦官宗爱所构以忧卒，后悟其无罪，追悼不已，宗爱惧，弑之，在位凡二十八年。

高宗文成皇帝，名濬，太武帝嫡孙。宗爱弑太武帝，立南安王余。余谋夺爱权，爱怒，又弑之。帝继立，改元兴安（二年）、兴光（一年）、太安（五年）、和平（六年），在位凡十四年。

显祖献文皇帝，名弘，文成帝长子。嗣立，改元天安（一年）、皇兴（四年）。帝慕黄老浮屠之学，有遗世之志，传位于太子，自称太上皇。在位凡五年。

高祖孝文皇帝，名宏，献文帝太子。嗣立（宋明帝泰始七年，西元四七一年），改元延兴（五年）、承明（一年）、太和（二十三年）。帝迁都洛阳，改姓元氏，为魏之令主，在位凡二十九年。

世宗宣武皇帝，名恪，孝文帝第二子。嗣立，改元景明（四年）、正始（四年）、永平（四年）、延昌（四年），在位凡十六年。

肃宗孝明皇帝，名诩，宣武帝第二子。嗣立，改元熙平（二年）、神龟（二年）、正光（五年）、孝昌（三年）、武泰，为母胡太后所杀，在位凡十二年。

敬宗孝庄皇帝，名子攸，献文帝孙，彭城王勰第三子，封长乐王。明帝殂，尔朱荣立之，改元永安（二年）。帝诛尔朱荣，为尔朱兆所杀，在位凡二年。

长广王晔，献文帝孙，咸阳王禧子。孝庄帝杀尔朱荣，尔朱兆反，据晋阳，奉晔为帝，改元建明（一年）。及兆入洛阳，执孝庄帝，挟还晋阳缢杀之，又以晔疏远无人望废之。在位凡一年。

节闵帝（亦称前废帝），名恭，献文帝孙，广陵王羽子。尔朱兆等废晔，遂立恭，改元普泰。尔朱氏败，为高欢所杀。

后废帝，名朗，太武帝子晃玄孙，章武王融第三子。为渤海太守，高欢起兵讨尔朱氏，乃推戴之立于信都，改元中兴（一年）。欢既得志，杀节闵帝，帝亦被害，在位凡一年（两废帝同时并立）。

孝武皇帝，名修，孝文帝孙，广平王怀之第三子。封平阳王，高欢迎立之（梁武帝中大通四年，西元五三二），改元太昌、永兴、永熙（三年）。帝欲图欢不胜，奔于宇文泰，于是魏分东西（中大通六年，西元五三四）。帝寻为泰所杀，在位凡三年。

东魏

孝静皇帝，名善见，孝文帝之玄孙，河清王亶之世子。孝武既入关，高欢奉立为帝，改元天平（四年）、元象（一年）、和兴（四年)、武定(八年),在位凡十七年。禅位于齐(高洋)。东魏亡。

西魏

文皇帝,名宝炬,孝文帝之孙,京兆王愉之子。封南阳王,孝武被害,宇文泰立之,改元大统(十七年),在位凡十七年。

废帝,名钦,文帝长子。嗣立,不建年号,在位凡二年,为宇文泰所废,寻弑之。

恭皇帝,名廓,文帝第四子。嗣立,在位凡三年,禅位于周(宇文觉)。西魏亡。

(以上据《通考·帝系考》及《魏书》纪、传)

附帝系表

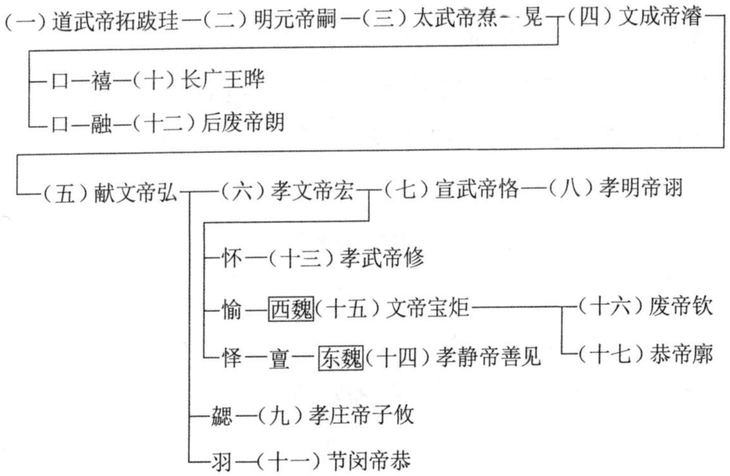

齐

自高洋代东魏(梁简文帝大宝元年,西元五五〇)至幼主灭于周(陈宣帝太建九年,西元五五七),凡六传,共二十八年。

显祖文宣皇帝，姓高，名洋，字子进，渤海蓨人，高欢之次子。受东魏禅，国号齐，建元天保（十年）。帝初得国，颇能治其军民，后嗜酒昏狂，滥杀无辜，凡所作为，如有心疾。在位凡十年。

废帝，名殷，文宣太子。嗣立，改元乾明，为常山王高演所弑。

孝昭皇帝，名演，高欢第六子。杀殷继立，改元皇建（一年），在位凡一年。

世祖武成皇帝，名湛，高欢第九子。继立，改元太宁（一年）、河清（三年）。荒怠无道，齐政始乱，后禅位于太子，称太上皇，在位凡四年。

后主，名纬，武成帝长子。嗣立，改元天统（五年）、武平（六年）、隆化（一年）。为周兵所逼，传位于太子恒，自称太上皇，在位凡十二年。

幼主，名恒，后主之长子。嗣立，改元承光（一年）。周师破邺，后主与帝俱亡走，为周所获，在位凡一年。齐亡。

（以上据《通考·帝系考》及《北齐书》纪、传）

附帝系表

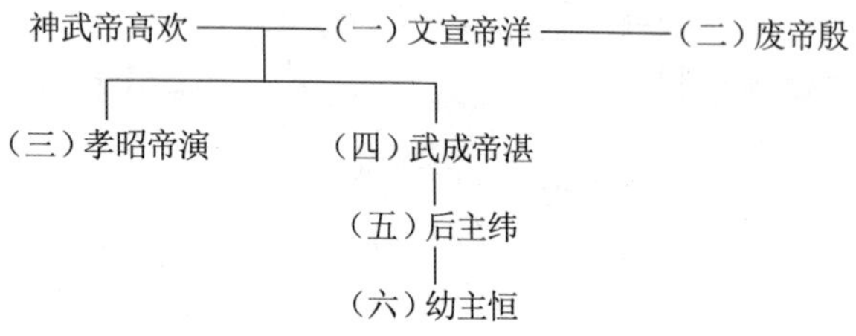

周

自宇文觉代西魏（梁敬帝太平元年，西元五五六）至静帝禅于隋（陈宣帝太建十三年，西元五八一），凡五传，共二十六年。

孝闵帝，姓宇文，名觉，代郡武川鲜卑人，宇文泰之第三子。受西魏禅，国号周，不改元。晋公护久专政，帝欲除之，反为所害。在位凡一年。

世宗明皇帝，名毓，泰之长子。护废杀孝闵帝，迎而立之，改元武定（二年）、武成（二年）。复为护所杀，在位凡四年。

高祖武皇帝，名邕，泰之第四子。继立，改元保定（五年）、天和（六年）、建德（六年）、宣政（一年）。帝立之十二年（建德元年，西元五七二）诛护，始亲政。帝沉毅有智谋，克己励精，听览不倦，用法严整，群下畏服。至于征伐之处，躬在行阵。灭北齐，统一北方。在位凡十八年。

宣皇帝，名赟，武帝长子。嗣立，改元大成。帝荒淫无度，周政遂衰。帝弃位于太子阐，称天元皇帝。

静帝，名阐，宣帝长子。嗣立，改元大象（二年）、大定（一年）。初，宣帝立隋公杨坚之女为后（坚，杨忠之子。忠初从宇文泰入关，以功封隋公，赐姓普六茹氏），及殂，静帝年幼，内史上大夫郑译等，矫诏引坚辅政。坚大杀周宗室，尽握朝权。相州总管尉迟迥、郑州总管司马消难、益州总管王谦等，起兵讨坚，皆为坚所败。帝禅位于隋（杨坚），在位凡三年。周亡。

（以上据《通考·帝系考》及《周书》纪、传）

附帝系表

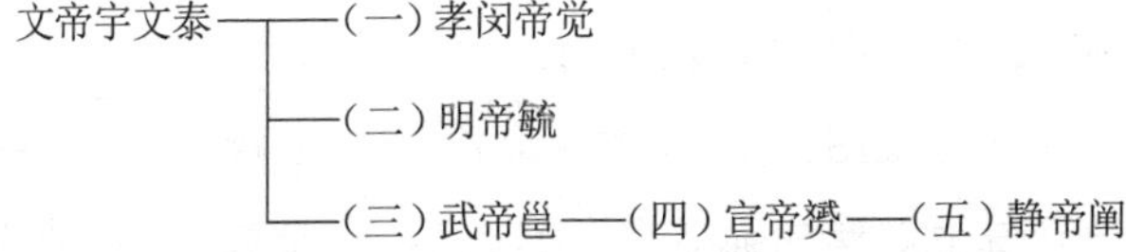

（一）南北朝之疆域

（1）南朝

宋

都建业。

自夷狄乱华，司、冀、雍、凉、青、并、兖、豫、幽、平诸州，一时沦没。……江左又分荆为湘，或离或合，凡有扬、荆、湘、江、梁、益、（宁）交、广。其徐州则有过半，豫州唯得谯城而已。及至宋世，分扬州为南徐，徐州为南兖，扬州之江西悉属豫州，分荆为雍，分荆湘为郢，分荆为司，分广为越，分青为冀，分梁为南、北秦。太宗初，索虏南侵，青、冀、徐、兖及豫州、淮西，并皆不守，自淮以北，化成虏庭。于是于钟离置徐州，淮阴为北兖，而青、冀二州治赣榆之县（《宋书》卷三十五《州郡志序》）。

宋武北平广固（灭南燕），西定梁、益（灭后蜀），又克长安（灭后秦），尽得河南之地。长安寻为赫连勃勃所陷，至废帝荥阳王景平中，虎牢以西复陷于后魏。今大较以孝武大明为正，凡二十有二州。扬治建业，南徐治京口，徐治彭城，南兖治广陵，兖治瑕，南荆河治历阳，荆河治汝南，江治浔阳，青治临淄，冀治历城，司治义阳，荆治南郡，郢治江夏，湘治临湘，雍治襄阳，梁治南郑，秦亦治南郑，益治成都，宁治建宁，广治南海，交治龙编，越治临鄣。郡凡二百三十有八，县千一百七十有九。初，文帝元嘉中，遣将北伐，水军入河克魏碻磝（山东东阿南山）、滑台、虎牢、洛阳四城，其后又失。又分军北伐，西军克弘农、开方二城，以东攻滑台不克，而平碻磝守之，寻皆败退。于是后魏主太武，总师经彭城，临江屯于瓜步（江苏仪征县南），退攻盱眙，不拔而旋。明帝时，后魏又南侵，淮北青、冀、徐、兖四州，及荆河州西境悉陷没，则长淮为北境，侨徐、兖于淮南（注：淮阴立兖州，钟离立徐州），立青、冀二州寄治赣榆。其后十余年而宋亡。然初强盛也，南郑、襄阳、悬瓠（河南汝南县）、彭城、历城、东阳,皆为宋氏藩捍(《通典》卷一七一《州郡一》)。

齐

都建业。

齐氏淮北之地,所以全少,青州治朐山,冀治涡(李按:涡或当作涟,今临淮郡涟水县)口,荆河治寿春,北兖治淮阴,北徐治钟离(安徽凤阳县),又置巴东治巴,其余州郡,悉因宋代。州二十有三,郡三百九十有五,县千四百七十有四。其后频为后魏所侵,至东昏永元初,沔北诸郡,相继败没。又遣军北伐,败于马圈,退屯盆城,又失寿春(注:永元二年,荆河州刺史裴叔业,以城叛入魏),后三年齐亡。始全盛也,南郑、樊城、襄阳、义阳、寿春、淮阳、角城、涟口、朐山(江苏东海县)为重镇(《通典》卷一七一《州郡一》)。

梁

都建业。侯景乱后,元帝都江陵。魏人灭之,敬帝复都建业。

梁氏州郡,多沿旧制,天监中,州二十有三,郡三百五十,县千二十有五。其后更有析置,大同中,州百有七,郡县亦称于此。自侯景逆乱,建康倾陷,坟籍散逸,不可得而详焉。初,武帝受禅数年,即失汉川及淮西之地(注:天监三年,梁州刺史夏侯道迁,以本部叛降后魏,自剑阁以北并陷没。又魏将元英破将军马仙琕于义阳失地)。其后诸将频年与魏军交战于淮南淮北,互有胜负。……中大通初,大举北伐,淮北城镇相次克平,直至洛阳,暂为梁有,其后又复汉中。至东魏将侯景以河南地降,逆乱相寻,有名无实。及景平后,江北之地,悉陷高齐,汉川、蜀川,及于西魏。大抵雍州、下溠戍、夏口、白苟堆、硖石城、合州、钟离、淮阴、朐山为重镇(《通典》卷一七一《州郡一》)。

陈

都建业。

陈氏比于梁代，土宇弥蹙，西不得蜀汉，北失淮肥，以长江为境。有州四十有二，郡百有九，县四百三十有八。宣帝大建中，频年北伐，诸将累捷，尽复淮南之地，更经略淮北，大破齐军于吕梁。及旋师属高齐国亡，又总军北伐至吕梁，周军来拒，又大破之。旋为周军所败，悉虏其众。自是江北之地，尽没于周，又以长江为界。及隋军来伐，遣将守狼尾滩、荆门、安蜀城、公安，巴陵以下，并风靡退败，隋军自采石（注：隋将韩擒虎袭陷之）、京口（注：贺若弼袭陷之）渡江而平之（《通典》卷一七一《州郡一》）。

（2）北朝

魏

初都平阳，孝文帝迁洛阳。

后魏起自北方，至道武率兵下山东，攻拔慕容宝（后燕）中山，遂有河北之地，于是迁都平城。慕容氏丧败，遣将南略地，至于滑台、许昌、彭城。明元帝泰常中，始于滑台、许昌置兵镇守。太武帝时，又得蒲阪、长安、统万（破夏）、神䴥中。宋师来伐，碻磝、滑台、虎牢戍将皆不守，寻并复之。太延以后，东平辽东（灭北燕），西平姑臧（灭北凉），于是西至流沙，东接高丽。所未得者，汉中及南阳、悬瓠、彭城、青州之南而已。其后帝自南征，遂临瓜步，宋淮北城镇守将，多有败没。献文天安初，自河之南，长淮之北，皆为魏有。孝文迁都洛阳，频岁亲征，皆渡淮、沔。宣武初，又得寿春，续收汉川至于剑阁，兼得淮西之地。庄帝时，梁军洛阳，数旬败走。尔后内难相继，不暇外略，三四年后，分为东、西魏矣，皆权臣擅命。自永安末年，尔朱世隆称兵入洛，图籍散亡，不可详记。今按旧史，管州百十有一，郡五百十有九，县千三百五十有二。自太武以后,渐更强盛,东征西伐,克定中原。属宋明以后,及于齐、梁,国土渐蹙,自守不暇,虽时有侵掠,而退不旋踵。故魏之城镇,少被攻围,因利进取,不常所守也(《通典》卷一七一《州郡一》)。

齐

都邺。

北齐神武,东魏天平末,大举西伐至蒲津,西魏乘胜攻陷陕州。神武西至沙苑,西军又胜袭陷洛阳。明年,西师又至于河阴,时拒守河阳城,西师败归。其后神武攻围西魏玉壁,不克。西师来伐,至于邙山。后神武又围玉壁,不克。文襄遣将围颍川,拔之。于是河南自洛阳之西,河北自晋州之西,悉入西魏。文宣之代,命将略地,南际于江矣。武成河清中,筑戍于轵关,其年,周军至洛阳败还。后主武平中,陈军来侵,尽失淮南之地,周师攻拔河阴大城。后主隆化末,西师攻拔晋州,因之国灭。自东、西魏之后,天下三分,梁、陈有江东,宇文有关西,高氏据河北。有州九十有七,郡百六十,县三百六十有五(《读史方舆纪要》注:《后周书》,周灭齐得州五十,郡一百六十二。时齐共有六十州,其淮南十州先没于陈)。当齐神武之时,与周文帝抗敌,十三四年间,凡四出师大举西伐,周师东讨者三焉。自文宣之后,才守境而已。大抵西则姚襄城、洪洞、晋州、武平关、柏崖、轵关、河阳,南则虎牢、洛阳、北荆州、孔城防、汝南郡、鲁城,置兵以防周寇。及陈师侵轶,数岁齐亡,南境要害,未遑制置也(《通典》卷一七一《州郡一》)。

周

都长安。

周文帝,西魏大统中,东魏师至蒲津。文帝东征,克陕州,兼得宜阳郡、邵郡。东师又至沙苑。后文帝东征至河阴,先胜后败,筑城于玉壁。

文帝又至邙山，先胜后败，得梁雍州。废帝初，克平汉中，又遣军平蜀。文帝西征至姑臧，后又平江陵。自是疆理西有姑臧，西南有全蜀，南至于江矣。其河南自洛阳之东之北，河东自平阳之界，属于高齐。至武帝建德中，东征拔齐晋州城，寻又东征，破齐师于晋州城下，乘胜平齐。后遣军破陈军于吕梁，其东南之境，尽于长沙。通计州二百十有一，郡五百八，县千二十有四。当全盛战争之际，则玉壁、邵郡、齐子岭、通洛防、黄栌三城、宜阳郡、陕州、主划、三荆、三鸦镇，置兵以备东军（《通典》卷一七一《州郡一》）。

按：自东晋以迄隋初，南北州郡，建置纷如，最为淆乱，所立州、郡、县之数，多难实举。大抵江左则纷纶于晋、宋，增于齐，甚于梁。北方则元魏正始（宣武帝）之际，下逮东、西魏之余，同一繁复者也。

魏、晋以来，迁徙百计，一郡分为四五，一县割成两三。或昨属荆、豫，今隶司、兖，朝为零、桂之士，夕为庐、九之民。去来纷扰，无暂止息，版籍为之浑淆，职方所以不能记（《宋书》卷十一《律志序》）。

自夷狄乱华，司、冀、雍、凉、青、并、兖、豫、幽、平诸州一时沦没，遗民南渡，并侨置牧司，非旧土也。江左……凡有扬、荆、湘、江、梁、益、交、广，其徐州则有过半，豫州唯得谯城（河南夏邑县）而已。及至宋世……太宗初，索虏南侵……自淮以北，化成虏庭。……地理参差，其详难举，实由名号骤易，境土屡分，或一郡一县，割成四五，四五之中，亟有离合。千回百改，巧历不算，寻校推求，未易精悉（《宋书》卷三十五《州郡志序》）。

梁天监十年（西元五一一年）以前，大抵因宋、齐之旧。是后州名浸多，废置离合，不可胜纪。大同二年（西元五三六年），朱异奏：顷置州稍广，小大不伦，请分五品，其位秩高卑，参僚多少，皆以是为差。于是上品二十州，次十州，又次八州，又次二十三州，下二十一州。时方事征伐，恢拓境宇，北逾淮汝，东距彭城，西开牂牁，南平俚洞（注：交、广界表俚人，依阻深险，各自为洞），纷纶甚众，故异请分之。其下者皆异国之人，徒有州名而无土地，或因荒徼之民所居村落置州及郡县，刺史、守令皆用彼人为之，尚书不能悉领，山川险远，职贡鲜通。五品之外，又有二十余州，不知处所。凡一百七州。又以边境镇戍，虽领民不多，欲重其将帅，皆建为郡，或一人领二三郡，州郡虽多，户口耗矣（顾祖禹《读史方舆纪要》卷四）。

天保七年（西元五五六）十一月，诏曰："……两汉承基，曹马属统，其间损益，难以胜言。魏自明帝孝昌之季，禄去公室，政出多门。……是使豪家大族，鸠率乡部，托迹勤王，规自署置。……牧守令长，虚增其数，求功录实，谅足为烦。……而丁口减于畴日，守令倍于昔辰。……要荒之所，旧多浮伪。百室之邑，便立州名，三户之民，空张郡目。……循名督实，事归乌有。"（《北齐书》卷四《文宣帝纪》）

尚希时见天下州、郡过多，上表曰："……窃见当今郡、县，倍多于古，或地无百里，数县并置，或户不满千，二郡分领。所谓民少官多，十羊九牧。……今存要去闲，并小为大。"……帝（隋高祖）览而嘉之，于是遂罢天下诸郡（《隋书》卷四十六《杨尚希传》）。

南北朝疆域简表（南北朝侨立州郡至繁，兹依晋、宋《志》为纲，分疏南北各州，州数与志不尽合，则存废不时之故）

<table>
<tr><th rowspan="3">晋</th><th colspan="4">南朝</th><th colspan="5">北朝</th></tr>
<tr><th rowspan="2">宋</th><th rowspan="2">齐</th><th rowspan="2">梁</th><th rowspan="2">陈</th><th colspan="3">魏</th><th rowspan="2">齐</th><th rowspan="2">周</th></tr>
<tr><th>魏</th><th>东魏</th><th>西魏</th></tr>
<tr><td>司州</td><td>"司"
治虎牢</td><td></td><td></td><td></td><td>"洛"
司
治洛阳
领郡十二</td><td>洛
仍
领郡六</td><td></td><td>洛
仍</td><td>洛
仍
置东京六府洛州总管</td></tr>
</table>

续表

晋	南朝				北朝				
	宋	齐	梁	陈	魏			齐	周
					魏	东魏	西魏		
司州	《晋书·地理志》：永嘉（五年）之后，司州沦没刘聪。元帝渡江，亦置司州于徐，非本所也。永和五年，桓温入洛，复置河南郡属司州。 《宋书·州郡志》：武帝北平关洛，河南底定，置司州治虎牢，领河南荥阳、弘农实土三郡，又有河内、东京兆二侨郡。少帝景平初，司州复没北虏。				北豫 治虎牢 领郡三	北豫			荥 治虎牢
						北荆 治梁			和 仍
					“陕” 治陕城	陕 仍 领郡五			陕 仍
									“中” 治新安
					东义 治卢氏				东义 仍
					阳 治宜阳 领郡二	阳 仍			熊 仍
					相 治邺	司 仍			相 治安阳
						义 寄治陈城 领郡七			卫 仍
					“怀” 治野王	怀 仍 领郡二		怀 仍	怀 仍

续表

晋	南朝				北朝				
	宋	齐	梁	陈	魏			齐	周
					魏	东魏	西魏		
司州					“雍” “秦” 治河东郡	秦 治河东郡 领郡二			蒲 仍
									西怀 治王屋
					南汾 治定阳 领郡九	南汾		西汾 仍	汾 仍
							邵 治泉县		邵 仍
					“唐” 治白马城				
					晋 领郡十二			晋 仍	晋 仍 置总管府
					东雍 治柏壁 领郡三				绛 仍
					“汾” 治蒲子城徙治西河				“汾” 治龙泉郡
									勋 治稷山 置总管府

续表

晋	南朝				北朝				
	宋	齐	梁	陈	魏			齐	周
					魏	东魏	西魏		
兖豫州	“兖” 治滑台 领郡六								杞 治滑台
	《晋书·地理志》：惠帝之末，阖境沦没石勒。《宋书·州郡志》：武帝平河南，治滑台。宋末失淮北，侨立兖州，寄治淮阴。				济 治碻磝 领郡五				济
									“鲁” 治清潭
			谯 治谯城 领郡一		南兖 治谯城 领郡七			南兖 仍	亳 仍
					西兖 治定陶 徙左城 领郡二				曹 仍
			西徐 治涡阳 领郡六		谯 治涡阳 涡 《隋志》注：后魏置。	谯 仍 领郡四			谯 仍
					扬 治梁郡 领郡十				
						梁 治大梁城 领郡三			

续表

晋	南朝				北朝				
	宋	齐	梁	陈	魏			齐	周
					魏	东魏	西魏		
兖豫州	《晋书·地理志》:永嘉之乱,豫州沦没石氏。《梁书·武帝纪》:太清元年二月,魏司徒侯景。求以豫章广颖洛阳西扬东荆北荆襄东豫南兖西兖齐等十三州内属,以景为大将军,封河南王,大行台承制,如邓禹故事。《魏书·孝静帝纪》:武定六年(梁太清二年)正月,大都督高岳等于涡阳大破侯景。景走淮南,七年三月,衍弟子北兖州刺史定襄侯萧祗相,潭侯萧退来降,江北郡国皆内属。		陈 治许昌 领郡十二		"颍" 治长城	郑 治颍阴 领郡三		南郑 仍	许 仍
			殷 治项城		北扬 治项城 领郡五	北扬		信 仍	陈 仍
									汝 治襄城
			汴 治汴城 领郡二		汴 仍 领郡二				
			"西豫" 淮 治新息 领郡一		东豫 治新息 领郡六	东豫			息 仍
	"司" 侨立悬瓠 领郡四		"豫" 陈 《隋志》汝南郡郎山注:梁置陈州。		豫 治上蔡 领郡九	蔡 财 治固始 广 治襄城 领郡七		荆 洧	蔡 威
			建 治高平城		南建 仍 领郡七			东建 仍	东建 仍

续表

晋	南朝				北朝				
	宋	齐	梁	陈	魏			齐	周
					魏	东魏	西魏		
兖豫州	《南齐书·州郡志》：宋景平初，失河南地。元嘉末，侨立州于汝南悬瓠，寻罢。泰始中，立于义阳郡，有三关之隘，常为边镇。		“滇” 治新息		蔡 治鲖阳 领郡二			北建 治固始	浍 仍
			西淮 治真阳 白狗堆 领郡一		西淮 仍				
					“颍” 治汝阴 领郡二十				
			“南定” 治蒙笼城		南定 仍 领郡五				
					襄 治叶 领郡六			襄 仍	
			楚 治楚城 领郡三		西楚 仍 领郡三	西楚		永	
			南朔 治齐坂城		南朔 仍 领郡六				
			“湘” 治大治关 领郡二		湘 仍 领郡三				

续表

晋	南朝				北朝				
	宋	齐	梁	陈	魏			齐	周
					魏	东魏	西魏		
冀州	《晋书·地理志》:惠帝之后,冀州沦没于石勒。勒以太兴二年,僭号于襄国,称赵,后为慕容儁所灭,慕容氏又为苻坚所灭。坚败,其地入慕容垂,垂僭号于中山,是为后燕。卒灭于魏。				冀 治信都 领郡四			冀 仍	冀 仍
									魏 治贵乡
									毛 治馆陶
					黎 治黎阳	黎		黎	黎
									貝 治清河郡
					瀛 治乐成 领郡三			瀛	瀛 仍
					沧 治饶安城 领郡三	束 《隋志》河间郡束城注:旧曰束州,后齐废。			恒 治真定
					“安”定 治灵奴 领郡五				定 仍 置总管府,寻罢

续表

晋	南朝				北朝				
	宋	齐	梁	陈	魏			齐	周
					魏	东魏	西魏		
冀州					殷 治广阿 领郡三				“赵” 仍
									洺 治广平
幽州	《晋书·愍帝纪》：建兴二年三月，石勒陷幽州。《晋书·地理志》：惠帝之后，幽州没于石勒。				幽 治蓟 领郡三			幽 仍 东北道行台	幽 仍 置总管府
					“燕”	东燕 寄治宣都城 领郡三		东燕 仍	
								北燕 治怀戎 领郡二	燕
					南营 寄治英雄城 领郡五			南营 仍	南营 仍
					安 治方城	安 寄治幽州北界		安 仍	玄 仍

续表

晋	南朝				北朝				
	宋	齐	梁	陈	魏			齐	周
					魏	东魏	西魏		
平州	《晋书·地理志》：平州初置，以慕容廆为刺史。永嘉之乱，廆为众所推。及其孙儁，移都于蓟。其后慕容垂子宝，又迁于和龙。自幽州至于庐溥镇，以南地入于魏。冯跋僭号于和龙，卒灭于魏。				平 治肥如 领郡二			平 仍	平 仍
					“益” 侨立治广阳				
					“交” 侨立				“魏”
					营 治和龙城 领郡二	营		营 仍 领郡二	
并州及朔方					并 治晋阳 领郡五			并 仍 置省立别宫	并 仍 置六府后置总管废六府
	《晋书·地理志》：惠帝永兴元年，刘元海僭号于平阳，称汉，于是并州之地，皆为元海所有。刘曜徙都长安，其平阳以东地入石勒。 《晋书·愍帝纪》：建兴四年十一月，乐平太守韩据出奔，司空长史李弘，以并州叛降于勒。				汾 治西河 领郡四			南朔 仍	介 仍
						宁 寄治汾州介休城 领郡四		西汾 治昌化	石 治石离

续表

晋	南朝				北朝				
	宋	齐	梁	陈	魏			齐	周
					魏	东魏	西魏		
并州及朔方					显 治六壁城 领郡四	灵 寄治汾州隰城			韩 治襄垣
					建 治高都城 领郡四	西夏 寄治并州界 领郡二		建 仍	建 仍
					丰 《隋志》上党郡乡注:又后魏有南垣州,寻改丰州,后周废。				潞 治上党
					恒 治代	恒 寄治肆州秀容 领郡八		恒	朔
					朔 治定襄 领郡五			朔 置于新城迁马邑城	
					蔚 寄治并州乌县界 领郡三				蔚 治灵丘

续表

晋	南朝				北朝				
	宋	齐	梁	陈	魏			齐	周
					魏	东魏	西魏		
并州及朔方					肆 治九原 领郡三			肆 仍	肆 治广武
					武 治雁门川 领郡三			“北灵”	
					“司” 云 领郡四	廓 治崞		北显	
雍州	《晋书·地理志》：建兴之后，雍州没于刘聪。石勒克长安，复置雍州，石氏既败，苻健僭据关中。姚苌灭苻氏，及姚泓为刘裕所灭，其地寻入赫连勃勃。				雍 治长安 领郡五		京兆		
					东雍 治郑县 领郡三		华 仍		华
					北雍 治泥阳 《隋志》京兆郡华原注：后魏置北雍州，西魏改为宜州。		宜 仍		宜

续表

晋	南朝				北朝				
	宋	齐	梁	陈	魏			齐	周
					魏	东魏	西魏		
雍州					华 治冯翊 《隋志》冯翊郡注:后魏置华州,西魏改曰同州。		同 仍		同 仍
									恒 治盩厔
					岐 治雍城镇 领郡三		岐 仍		岐 仍
					东秦 治汧阴 领郡三		陇 仍		陇 仍
									“显” “朔”
									翔 治虢城
									燕 治美阳
					“东秦” 北华 治杏城 领郡二		敷 仍		敷 治敷城

续表

晋	南朝				北朝				
	宋	齐	梁	陈	魏			齐	周
					魏	东魏	西魏		
雍州					东夏 领郡四		延 仍 置总管府		
									银 治骢马城
									胜 治榆林
					燕 治襄乐		燕 仍		
							豳 治新平		
								显 治阳周	
						绥 治上郡	丹 治三堡镇 领郡二	丹 仍	丹 治丹阳
					夏 治大夏 领郡四			夏 仍	夏 仍 置总管府
							长 治太安郡		长 仍

续表

晋	南朝				北朝				
					魏				
	宋	齐	梁	陈	魏	东魏	西魏	齐	周
凉州					凉 治武威 领郡十		凉 仍		凉 仍 置总管府
							“西凉” 甘 治张掖		甘 仍
					瓜 治敦煌				
					鄯 治西都郡				
					灵				灵 仍 置总管府
							朔 治郁郅		
							恒		
					豳 领郡三		宁		宁
							蔚 治洛蟠城		
							云 治彭阳		
							“恒” 治三水		

《晋书·地理志》：中原沦没，元帝徙居江左，张轨乃控据河西，称晋正朔。

续表

晋	南朝				北朝				
	宋	齐	梁	陈	魏			齐	周
					魏	东魏	西魏		
凉州	《齐书·州郡志》：惠帝元康七年，中原乱，没于胡。穆帝永和八年，胡伪秦州刺史王擢降，仍以为刺史，寻为苻健所破。永明郡国志，秦州寄治汉中南郑。						“西安” 盐 治马岭		盐 仍
秦州					秦 治上邽 领郡三				秦 仍 置总管府
							“交” 治安阳		
					东梁 治金城 领郡四				
					渭 陇西郡 领郡三		渭 仍		
					泾 治临泾 领郡六		泾 仍		
					原 治高平 领郡二		原 仍		
							“北秦” 治长川		
							南豳 治新平县		豳 仍
							会 治会宁		

续表

晋	南朝				北朝				
	宋	齐	梁	陈	魏			齐	周
					魏	东魏	西魏		
秦州					河 治枹罕 领郡四		河 仍		
							廓 治浇河郡 置廓州总管		
梁州	梁 治南郑 领郡十九	梁 仍 领郡廿一	北梁 仍 领郡三				梁		
							“东梁” 金 治上津		
			华 治华阳 领郡一						
							洋 治西乡 领郡四		洋 仍 领郡三
			东巴 治巴岭 领郡三				集 寄治梁州		集 治难江县 领郡五
									“洵” 治吉安

续表

晋	南朝				北朝				
	宋	齐	梁	陈	魏			齐	周
					魏	东魏	西魏		
梁州					东梁 治安康 萧詧更名直州				
			岐 治房陵 领郡二				岐 仍		迁 仍
							罗 治竹山		
			巴 治梁广 领郡十三		巴 治汉昌				
									蓬 治安固
			万 治宁汉 领郡五				通 仍		通 仍 领郡七
							石 治东乡		
							迁 治石鼓		
							并 治东关		“并” 仍
							开 治新宁 领郡四		开 治西流
			渠 治流江 领郡一				渠 仍		渠 仍

续表

晋	南朝				北朝				
	宋	齐	梁	陈	魏			齐	周
					魏	东魏	西魏		
梁州			邻 治邻水		《隋志》：后魏改邻山郡。				
					南秦 治洛谷城 领郡六		成 治上禄		
			梁 《隋志》宕渠郡注：梁置渠州。						
	秦 寄治南郑 领郡十四	秦 仍 领郡十四	秦		梁 治巴郡 领郡五				
									洮 治洮阳
									叠 治叠川
									弘 治归政
									旭 治洮源
							岷 治渠株川		岷 仍

续表

晋	南朝				北朝				
	宋	齐	梁	陈	魏			齐	周
					魏	东魏	西魏		
梁州									宕 治阳宕 置总管府
							武 治石门		武 治长松
							文 治阴平		文 仍
							邓 治尚安		
									芳 治封德
					南岐 治河池郡 领郡三		“南岐” 凤 仍		凤 仍
									康 治同谷
					东益 治武兴 领郡七		兴 仍		兴 仍
			黎 治兴安 领郡二		益 治绵谷 领郡五		“西益” 利 仍		
					龙 《隋志》普安郡阴平注：魏置龙州。				

续表

晋	南朝				北朝				
	宋	齐	梁	陈	魏			齐	周
					魏	东魏	西魏		
梁州			绳 治广阳 《隋志》汶山郡汶山注:梁置绳州,后周改曰汶州。						汶 仍
									扶 治甘松
									翼 治广年
									覃 治覃川
			“南梁” 治普安 领郡三						始 仍
			南梁 北巴				隆 仍		
			新 治五城 梁武陵王萧纪立 领郡七				新 仍		新 仍
									遂 治方义

续表

晋	南朝				北朝				
	宋	齐	梁	陈	魏			齐	周
					魏	东魏	西魏		
梁州							合 治石镜		合 仍
			楚 治垫江 萧纪立 领郡三				巴 仍		楚 仍
			信 治鱼复 领郡三						信 仍 置总管 府
									南 治武宁
									临 治临江
							容 治垫江		容 仍
									“奉” 黔 治汉故 葭
									费
益州	益 治成都 领郡二 十九	益 治成都 领郡二 十六又 獠左郡 八	益 仍 领郡十 一				益 仍		

《北史·周帝纪》：大统十七年十月，遣大将军达奚武出散关伐南郑。废帝元年四月，围南郑，梁州刺史萧修以州降。

续表

晋	南朝				北朝				
	宋	齐	梁	陈	魏			齐	周
					魏	东魏	西魏		
益州			东益 治晋寿 领郡一						陵 治仁寿
							资		资 治资中城
									普 治安岳
							潼 治巴西		
			邛 治蒲水口				邛 治依仁		邛 治临邛
			“青” 治齐通郡 领郡一 《元和志》：武陵王萧纪立。				眉 仍		
					嘉				嘉 治峨眉县
			江 治江阳 领郡一				江		

续表

晋	南朝				北朝				
	宋	齐	梁	陈	魏			齐	周
					魏	东魏	西魏		
益州			戎 治僰道 领郡一				戎 仍		戎 仍
			泸 治江阳				瀘 仍		瀘 仍
			《梁书·元帝纪》：承圣二年正月，西魏遣大将尉迟迥袭益州。八月，陷益州。						“黎” 治沈黎郡
									严 治越嶲郡
宁州	宁 治宁建 领郡十五	宁 仍 领郡二十八	宁 仍						
青州	“青” 治东阳 领郡九	《宋书·明帝纪》：泰始二年十二月，徐州刺史薛安都，要引索虏，张永、沈攸之大败。于是遂失淮北四州及豫州淮西地。 《魏书·显祖献文帝纪》皇兴元年正月，大破张永、沈攸之于吕梁。闰月，刘彧（宋明帝）青州刺史沈文秀、冀州刺史崔道固，举州内属。			青 治东阳 领郡七			青 仍	青 治益都 置总管府
	“冀” 治历城 领郡九				齐 治历城 领郡六			齐 仍	齐 仍
					光 治掖 领郡三			光 仍	光 仍
					胶 治东武陵 领郡三			胶	胶

续表

晋	南朝				北朝				
	宋	齐	梁	陈	魏			齐	周
					魏	东魏	西魏		
徐州	“徐” 治彭城 领郡十五 《宋志》明帝世，淮北没寇，侨立徐州治钟离。泰豫元年。移治东海朐山。后废帝元徽元年，还治钟离。		徐 治彭城 领郡一		徐 治彭城 领郡七		徐 仍 置东南道行台		徐 仍 立总管府
	兖 侨立 治瑕丘 领郡六				兖 治瑕丘 领郡六			兖 仍	兖
								仁 治蕲	仁
					北徐 治临沂 领郡二			北徐	沂 仍

续表

晋	南朝				北朝				
	宋	齐	梁	陈	魏			齐	周
					魏	东魏	西魏		
徐州	青 侨立 治东海 领郡九 《宋志》：明帝失淮北，侨立青州于赣榆县。	青 治朐山 徙治郁洲	南 北青 治东海郡 领郡四			海 治龙沮城 领郡六		海 仍	海 仍
	冀 侨立 治郁洲	冀 仍 领郡一	冀 领郡二						
			东徐 治宿豫 领郡二十一	安 治宿豫	南徐 治宿豫	东楚 仍			泗 仍
			睢 潼 治顿丘 领郡二			睢 治取虑城 领郡五		睢 仍 寻废	睢
			武 治下邳 领郡二		东徐 治下邳	东徐 仍 领郡四		东徐 仍	邳 仍
									宋
					南青 治新泰 领郡三			潼 治夏丘	莒 仍

续表

晋	南朝				北朝				
	宋	齐	梁	陈	魏			齐	周
					魏	东魏	西魏		
荆州	荆 治江陵 领郡十二	荆 仍	荆 仍 领郡九 “梁元帝都之。”	荆 治公安 《通典》：梁元帝都之，为西魏所陷，迁后梁居之为藩国。《太平寰宇记》：梁初陷于魏，后复之。梁元帝，侯景既平。遂都之。为西魏所陷，复迁后梁居之，位为藩国。《通鉴》：元帝承圣元年，侯景之乱，州郡大半入魏，自巴陵以下至建康，以长江为限。	荆 治上洛 改治穰城 领郡八				
					洛 治上洛 领郡五		洛 仍		商
			南梁 治西城郡				东梁 仍 金		
			南洛 《隋志》上洛郡上津注：梁改为南洛州。				上 分商州南洛郡立		
									丰 仍
			兴 治郧乡 领郡三				蒙 治武川		蒙 仍
							淅		
					东荆 治阳平 《隋志》：淮安郡注：后魏置。		淮 仍		淮 仍

续表

晋	南朝				北朝				
	宋	齐	梁	陈	魏			齐	周
					魏	东魏	西魏		
荆州					西郢 治比阳。 《隋志》 淮安郡 比阳注: 后魏置。		鸿 仍		
					殷 (同上)				
							鲁 寻废		鲁
					南襄 治湖阳 领郡三		“升” 湖 仍		
			华 治淮安				纯 仍 寻废		
							辅		
					广 治鲁阳 移治襄 城				
					析 治郧阳 郡 领郡五				
					南荆 治襄乡				昌 仍

续表

晋	南朝				北朝				
	宋	齐	梁	陈	魏			齐	周
					魏	东魏	西魏		
荆州					南雍 《隋志》春陵郡蔡阳注：后魏置南雍州，西魏改曰蔡州。	蔡			
							并 治随		并 仍
			应 治永阳 领郡一				应 仍		应 仍
			北郢 治定阳 领郡一				款 仍		“并入 唐州”
							“肆” 唐 治下溠		唐 仍
							冀		顺 仍
							“南豫” 寻废		
			宜 治夷陵 领郡一				拓 仍		硖 仍
									“平” 治当阳 领郡二

续表

晋	南朝				北朝				
	宋	齐	梁	陈	魏			齐	周
					魏	东魏	西魏		
荆州									“沮” 治重阳 寻废
							鄀 治乐襄		鄀
							基 治章山		
									复 治建兴
			“新” 治新阳 领郡一				温 仍		温 治京山
	雍 治襄阳 领郡十七 《宋志》：晋孝武始于襄阳侨立雍州。宋文帝元嘉二十六年，割荆州之襄阳、南阳、新野、顺阳、随五郡	雍 仍 领郡二十二	雍 仍 领郡十三				襄 仍 立总管府		襄 仍
			“南司” 治安陆 寻废为安陆郡				安 仍		郧 仍
			岳 治孝昌				岳 仍		岳 仍
									澴 治京池 寻废
								巴 治南安	弋 仍 领郡三

续表

<table>
<tr><th rowspan="3">晋</th><th colspan="4">南朝</th><th colspan="5">北朝</th></tr>
<tr><th rowspan="2">宋</th><th rowspan="2">齐</th><th rowspan="2">梁</th><th rowspan="2">陈</th><th colspan="3">魏</th><th rowspan="2">齐</th><th rowspan="2">周</th></tr>
<tr><th>魏</th><th>东魏</th><th>西魏</th></tr>
<tr><td rowspan="9">荆州</td><td rowspan="5">为雍州，而侨郡县犹寄寓在诸郡界。孝武大明中，又分实土郡县以为侨郡县境。</td><td></td><td></td><td></td><td></td><td></td><td></td><td>衡
治安郡</td><td>衡
与巴州同治</td></tr>
<tr><td></td><td></td><td></td><td></td><td></td><td></td><td>南司
治黄陂</td><td>黄
仍置总管府</td></tr>
<tr><td></td><td>义
治罗田
领郡二</td><td>义
仍</td><td></td><td></td><td></td><td></td><td></td></tr>
<tr><td></td><td>定
治信安
领郡一</td><td>定
仍</td><td></td><td></td><td></td><td></td><td>亭
仍</td></tr>
<tr><td></td><td></td><td></td><td></td><td></td><td></td><td>罗
治蕲阳</td><td>蕲
仍</td></tr>
<tr><td></td><td></td><td>北江
治鹿城关
领郡五</td><td></td><td></td><td></td><td></td><td>“湘”
北江</td><td></td></tr>
<tr><td></td><td></td><td></td><td></td><td></td><td></td><td></td><td>产</td><td></td></tr>
<tr><td>郢
治夏口
领郡六</td><td>郢
治夏口
领郡十五</td><td>郢
治夏口
领郡十四</td><td>郢
治夏口</td><td></td><td></td><td></td><td></td><td>郢
仍</td></tr>
<tr><td></td><td></td><td></td><td>北新
治江夏</td><td></td><td></td><td></td><td>温</td><td>北新
仍
初仍，后废</td></tr>
</table>

续表

晋	南朝				北朝				
	宋	齐	梁	陈	魏			齐	周
					魏	东魏	西魏		
荆州			土 富 洄 泉 濠 沙 隽 沅 卢	《隋书·地理志》江夏郡注：梁分置北新州，寻又分北新，立土、富、洄、泉、豪五州。按：州治与郡县待考。					土 富 洄 泉 濠
			沙 治白沙关		沙 仍 领郡二				
			隽 治蒲圻 领郡一	隽 初仍，后废					
			沅 治临沅 领郡三	沅 仍					
			卢						北衡 治零阳
									施 治清江
									业 治建始

续表

晋	南朝				北朝				
	宋	齐	梁	陈	魏			齐	周
					魏	东魏	西魏		
荆州									“亭” 治石地
									江 治宜都
			巴 治巴陵 领郡二	巴 治巴陵					
			“罗” 治岳阳 领郡二						
湘州	湘 治临湘 领郡十一	湘 治长沙 领郡十一	湘 仍 领郡八	湘 仍					
			彬 治彬						
			衡 治含洭						
扬州	扬 治建业 领郡十	扬 仍 领郡八	扬 仍 领郡八	扬 仍					
			北江 治鹿城关	北江 治南陵	北江 仍 领郡六				

续表

晋	南朝				北朝				
	宋	齐	梁	陈	魏			齐	周
					魏	东魏	西魏		
扬州	南徐 治京口 领郡十七 《宋书·州郡志》：晋安帝义熙七年，始分淮北为北徐，淮南犹为徐州。武帝永初二年，加徐州曰南徐，而淮北但曰徐。	南徐 仍 领郡十三	南徐 仍 领郡九	南徐 仍					
			吴 治无锡	吴 治无锡					
			震 治吴兴郡						
	东扬 治会稽。《宋书·州郡志》：孝建元年，分扬州五郡为东扬州，大明三年罢州，以其地		东扬 仍 领郡七	越 仍 领郡八					
			“婺” 缙 治长山 领郡一	缙 治东阳郡 寻废					

续表

晋	南朝				北朝				
	宋	齐	梁	陈	魏			齐	周
					魏	东魏	西魏		
扬州	为王畿，而东扬州直云扬州。八年，复立扬州，扬州还为东扬州。前废帝永光元年，省东扬州。		东嘉 治永宁 领郡一						
				“闽”丰 治侯官 领郡三					
	豫 治寿春 领郡十	豫 治寿春 领郡二十一	南豫 治寿阳 领郡十	豫 治寿阳	扬 《隋志》淮南郡注：后魏曰扬州。	扬			扬
	南豫 治历阳 领郡九。《宋书·武帝纪》：永初三年二月，诏淮西诸郡，可立	南豫 仍 领郡六		宣 仍					
			和 治历阳郡 领郡二	和 仍				和	

续表

晋	南朝				北朝				
	宋	齐	梁	陈	魏：魏	魏：东魏	魏：西魏	齐	周
扬州	为豫州， 自淮以 东为南 豫州。 《宋志》： 武帝分 淮东为 南豫州， 治历阳。 淮西为 豫州。		"豫" 合 治合肥 领郡一		合 仍 领郡八				
			相 《隋志》 卢江郡 卢江注： 梁置相 州，后齐 州废。						
			霍 治天柱 山 领郡三	霍 仍 领郡十 七					
			南郢 治赤石 关	南郢 仍 领郡三				南郢 治定城 县	
			光 治光城 领郡六		光 领郡五				
	司 侨立 治义阳 郡	司 仍 领郡十 八	北司 仍 领郡十 七		郢 仍	南司 仍 领郡二			申

续表

晋	南朝				北朝				
	宋	齐	梁	陈	魏			齐	周
					魏	东魏	西魏		
扬州	领郡四 《宋志》：明帝复于南豫州之义阳郡立司州，渐成实土。		“安” 治定远 侯景乱废						
			晋 治怀宁 领郡二					江 仍 寻废	
	徐 侨立 治钟离	北徐 仍 领郡五	北徐 仍 领郡七			楚 治钟离 领郡十二		西楚 仍	
	南兖 治广陵 领郡九	南兖 仍 领郡五	南兖 仍 领郡六	南兖				东广 仍	吴 仍
			南谯 治新昌城 领郡六			谯 仍		南谯 仍	南谯 仍
	兖 侨立 治淮阴 领郡六 《宋志》：兖州，武帝平河南，治滑台。文帝元	北兖 治盱眙 领郡七	北淮 仍 治淮阴 领郡三	北谯 治盱眙 寻阳	淮 治淮阴 领郡四			淮 仍	淮 仍
			仁 治赤坎城		仁 仍 领郡一				

续表

晋	南朝				北朝				
	宋	齐	梁	陈	魏			齐	周
					魏	东魏	西魏		
扬州	嘉十三年，治邹山，又寄治彭城。二十年省。三十年复立，治瑕丘。宋末失淮北，侨立兖州，寄治淮阴。		秦 治尉氏 领郡一					秦 治六合	方 治方山
			泾 治石梁 领郡二						
江州	江 治寻阳 领郡九	江 仍 领郡十	江 仍 领郡五	江 仍					
			西江 领郡五						
			吴 治鄱阳 领郡一						
			高 治巴山 领郡四						

续表

晋	南朝				北朝				
	宋	齐	梁	陈	魏			齐	周
					魏	东魏	西魏		
广州	广 治番禺 领郡十	广 仍 领郡十五	广 仍 领郡六	广 仍					
			瀛 治海阳 领郡四						
			西衡 治含洭	西衡 仍					
			东衡 治曲江 领郡二	东衡 仍					
			新 治新兴 领郡一	新 仍					
			泷 治双头洞 领郡三						
			建 治安遂 领郡一						
			成 治梁信 领郡二						
			石 治天宁 领郡四						

续表

晋	南朝				北朝				
	宋	齐	梁	陈	魏			齐	周
					魏	东魏	西魏		
广州			高 治高凉 领郡十二	高 仍					
			罗 治石龙 领郡二	罗 仍					
	越 治临漳郡 领郡九	越 仍 领郡九							
	《宋书·明帝纪》:泰始七年二月,分广、交州三郡,合九郡立越州。		安 治安 领郡二	安 仍					
			黄 治安平 领郡一	黄 仍					
			南合 治徐闻 领郡五	南合 仍					
			崖 治珠崖 领郡一	崖 仍					

续表

晋	南朝				北朝				
	宋	齐	梁	陈	魏			齐	周
					魏	东魏	西魏		
广州			桂 治始安郡 《隋志》始安郡注：梁置桂州。	桂 仍					
			南定 治郁林 领郡二	南定 仍					
			龙 治龙城 领郡七	龙 仍					
		东宁 治潭中	东宁 仍 领郡四	东宁 仍					
			静 治龙平 领郡四	静 仍					
交州	交 治龙编 领郡八	交 仍 领郡九	交 仍 领郡三	交 仍 置郡督府					
			兴 治嘉宁 领郡一	兴 仍					
			驩						

续表

晋	南朝				北朝				
	宋	齐	梁	陈	魏			齐	周
					魏	东魏	西魏		
交州			爱 治九真郡 领郡一	爱 仍					
			德 治九德 领郡二	德 仍					
			明 治交合	明 仍					
			利 治金宁	利 仍					
附记	以上据《宋书·州郡志》。	以上据《齐书·州郡志》。	以上据洪齮孙《补梁疆域志》及《隋书·地理志》。	以上据陈芳绩《历代地理沿革表》及徐文范《东晋南北朝州郡表》,参以《隋书·地理志》《通典·州郡典》。	以上据《魏书·地形志》及《隋书·地理志》《通典·州郡典》,参以《读史方舆纪要》《历代地理沿革表》《东晋南北朝州郡表》。			以上据《隋书·地理志》及《通典·州郡典》,参以《读史方舆纪要》《历代地理沿革表》《东晋南北朝州郡表》。	

（二）南朝之治乱

（1）宋初之政治

宋自文帝以后，诸王作乱，自相残杀，以无关大局，故仅记其初政。

（甲）武帝之人才政治

京兆韦华……叛晋奔于兴。兴引见东堂谓华曰："晋自南迁，承平已久，今政化风俗何如？"华曰："晋主虽有南面之尊，无总御之实，宰辅执政，政出多门，权去公家，遂成习俗。刑纲峻急，风俗奢宕，自桓温、谢安已后，未见宽猛之中。"（《晋书》卷一一七《载记》第十七《姚兴上》）

自晋中兴以来，朝纲弛紊，权门兼并，百姓流离，不得保其产业。桓玄颇欲厘改，竟不能行。帝既作辅，大示轨则，豪强肃然，远近禁止。……先是山湖川泽，皆为豪强所夺，百姓薪采渔钓，皆责税直，至是禁断之（《南史》卷一《宋武帝纪》）。

据此观之，可见世族专政之害。武帝出身草泽，思惩其弊，颇加抑制，而佐命元勋，多出寒门。唯当时门户之见，积重难返，凡寒族而登要路者，率以恩幸目之，而史家并有《恩幸传》之作，未免失衡。至武帝所拔擢之人，率建殊功。兹略举数人，以概其余。

刘穆之，字道和，小字道人，东莞莒人也，世居京口。初为琅邪府主簿……往见帝，帝谓曰："我始举大义，须一军吏甚急，谁堪其选？"穆之曰："无见逾者。"帝笑曰："卿能自屈，吾事济矣。"即于坐受署。从平建业，诸大处分，皆仓卒立定，并穆之所建，遂动见咨询。……帝北伐……转穆之左仆射，领监中军二府军司。……穆之内总朝政，外供军旅。……卒，帝在长安……闻问惊恸……以根本虚，乃驰还彭城。……谥曰文宣。

穆之少时家贫，诞节嗜酒食，不修拘检，好往妻兄家乞食，多见辱，不以为耻（《南史》卷十五《刘穆之传》）。

檀道济，高平金乡人也，世居京口。少孤。……宋武帝建义，道济与兄韶、祗等从平京城，俱参武帝建武将军事，累迁太尉参军，封作唐县男。……武帝北伐，道济为前锋，所至望风降服，径进洛阳。……武帝受命，以佐命功，改封永修县公（《南史》卷十五《檀道济传》）。

朱龄石，字伯儿，沛郡沛人也。世为将。……龄石少好武，不事崖检。……武帝克京城，以为建武参军。……以平蜀功，封丰城侯（《南史》卷十六《朱龄石传》）。

（乙）文帝元嘉之治

文帝励精图治，二十七年间，称为小康。

元嘉八年闰六月，诏曰："自顷农桑惰业，游食者众，荒莱不辟，督课无闻。一时水旱，便有罄匮，不深存务本，丰给靡因。郡守赋政方畿，县宰亲民之主，宜思奖训，道以良规，咸使肆力，地无遗利，耕蚕树艺，各尽其力。若有力田殊众，岁竟条名列上。"（《宋书》卷五《文帝纪》）

十七年十一月……诏曰："前所给扬、南徐二州百姓田粮种子，兖、两豫、青、徐诸州，比年所宽租谷，应督入者，悉除半。今半有不收处，都原之。凡诸逋债，优量申减。又州郡估税，所在市调，多有烦刻。山泽之利，犹或禁断，役召之品，遂及稚弱。诸如此比，伤治害民。自今咸依法令，务尽优允。如有不便，即依事别言，不得苟趣一时，以乖隐恤之旨。主者明加宣下，称朕意焉。"（《宋书》卷五《文帝纪》）

二十一年正月……大赦天下，诸逋债在十九年以前，一切原除。去岁失收者，畴量申减。尤弊之处，遣使就郡县随宜赈恤。凡欲附农而种粮匮乏者，并加给贷，营千亩诸统司役人，赐布各有差（《宋书》卷五《文帝纪》）。

帝注重民生，务以休养为事，观上各诏，可见其关怀之切。而整顿吏治，犹遑遑如恐不及。

元嘉三年，五月……诏曰：“……今氛祲祛荡，宇内宁晏，旌贤弘化，于是乎始。可遣大使巡行四方，其宰守称职之良，闺荜一介之善，详悉列奏，勿或有遗。若刑狱不恤，政治乖谬，伤民害教者，具以事闻。”（《宋书》卷五《文帝纪》）

帝聪明仁厚，雅重文儒，躬勤政事，孜孜无怠，加以在位日久，惟简靖为心，于时政平讼理，朝野悦睦，自江左之政，所未有也。又性存俭约，不好奢侈（《南史》卷二《宋文帝纪》）。

及正位南面，历年长久，纲维备举，条禁明密，罚有恒科，爵无滥品，故能内清外晏，四海谧如（《南史》卷二《宋帝纪论》）。

帝复好文学，重教化，大兴学校（见《制度》）。而搜集图书，尤于文化上，裨益不尠。

宋元嘉八年，秘书监谢灵运，造《四部目录》，大凡六万四千五百八十二卷（《隋书》卷三十二《经籍志序》）。

按：文帝即位之初，承累胜之余，兵力尚强，故能抗拒北方；而魏氏正当草创，惩于苻秦之败，无并吞江南之志。宋得于此期间，致力政事。厥后宿将被疑而诛，魏兵南下，虽临江而还，然所过残破，元嘉之政衰矣。

（2）梁武之中兴

齐高、武二代，皆起自艰难，即位之后，措置稍省。厥后骨肉相残，阢陧不宁，益以东昏之暴，国祚遂移。梁武承其凋敝之后，锐意图治，颁律令，设学校（均见《制度》），民得生养，境内乂安，故天监之治，称中兴焉。帝尤笃学，力加提倡，南朝文风，于斯更盛。

少而笃学，洞达儒玄。虽万机多务，犹卷不辍手，燃烛侧光，常至戊夜。造《制旨孝经义》《周易讲疏》，及《六十四卦》二《系》《文言》《序卦》等义，《乐社义》《毛诗答问》《春秋答问》《尚书大义》《中庸讲疏》《孔子正言》《老子讲疏》，凡二百余卷，并正先儒之迷，开古圣之旨。王侯朝臣皆奉表质疑，高祖皆为解释。修饰国学，增广生员，立五馆，置五经博士。天监初，则何佟之、贺瑒、严植之、明山宾等，复述《制旨》，并撰《吉凶军宾嘉五礼》凡一千余卷，高祖称制断疑，于是穆穆恂恂，家知礼节。大同中，于台西立士林馆，领军朱异、太府卿贺琛、舍人孔子袪等，递相讲述。皇太子、宣城王亦于东宫宣猷堂及扬州解开讲，于是四方郡国，趋学向风，云集于京师矣。兼笃信正法，犹长释典，制《涅槃》《大品》《净名》《三慧》诸经《义记》，复数百卷。听览余闲，即于重云殿及同泰寺讲说，名僧硕学、四部听众，常万余人。又造《通史》，躬制赞序，凡六百卷。天情睿敏，下笔成章，千赋百诗，直疏便就，皆文质彬彬，超迈今古。……凡诸文集又百二十卷。……又撰《金策》三十卷。草隶尺牍……莫不奇妙（《梁书》卷三《武帝纪下》）。

论曰：……及据图箓，多历岁年，制造礼乐，敦崇儒雅，自江左以来年逾二百，文物之盛，独美于兹（《南史》卷七《梁武帝纪下》）。

梁武帝天监五年，置集雅馆，以招远学。又诏皇太子及王侯之子，年在从师者皆入学。幸国子学，策试胄子，赐训授之司各有差（《通考》卷四十一《学校考二》）。

帝晚年迷信佛教，政务废弛，遂为祸乱之阶。

天监十六年三月，敕太医不得以生类为药，公家织官纹锦饰，并断仙人鸟兽之形，以为亵衣裁剪，有乖仁恕。于是祈告天地宗庙，以去杀之理，欲被之含识，郊庙牲牷，皆代以面（《南史》卷六《梁武帝纪》上）。

中大通元年九月……幸同泰寺，设四部无遮大会，上释御服，披法衣，行清净大舍，以便省为房，素床瓦器，乘小车，私人执役。升讲堂法座，为四部大众开《涅槃经》题。群臣以钱一亿万奉赎皇帝菩萨大舍，僧众默许。百辟诣寺东门，奉表请还临宸极，三请乃许。帝三答书，前后并称顿首。十月，又设四部无遮大会，道俗五万余人，会毕，帝……还宫（《南史》卷七《梁武帝纪中》）。

晚乃溺信佛道，日止一食，膳无鲜腴，惟豆羹粝饭而已。……非宗庙祭祀、大会飨宴及诸法事，未尝作乐。勤于政务，孜孜无怠。……然仁爱不断，亲亲及所爱愆犯多有纵舍，故政刑弛紊。每决死罪，常有哀矜涕泣，然后可奏（《南史》卷七《梁武帝纪中》）。

帝笃尚文雅，疏简刑法，自公卿大臣，不以鞫狱为意。奸吏柄权弄法，贿赂成市，枉滥者多，大率二岁刑以上，岁至五千人。徒居作者具五任，其无任者著升械。若疾病，权解之。是后囚徒，或有优剧。时王侯子弟，多骄淫不法。上年老，厌于万机，又专精佛戒，每断重罪，则终日不怿。或谋反逆，事觉，亦泣而宥之。由是王侯益横，或白昼杀人于都街，或暮夜公行剽掠。有罪亡命，匿于王家，有司不敢搜捕。上深知其弊，而溺于慈爱，不能禁也（《通考》卷一六五《刑考四》）。

（3）侯景之乱

景虽为祸于梁，然南朝经此巨创，愈衰弱不振，而以北制南之形势遂成。关键所在，故特表而记之。

侯景，字万景，魏之怀朔镇人也。……为镇功曹史。魏末北方大乱，乃事边将尔朱荣，甚见器重。……后以军功为定州刺史。始魏相高欢微时，与景甚相友好，及欢诛尔朱氏，景以众降，仍为欢用。……使拥兵十万，专制河南。……及欢疾笃，其世子澄矫书召之。景知伪，惧祸……乃以太清元年……上表求降。……帝由是纳之。于是封景河南王。……高澄嗣事……遣其将慕容绍宗围景于长社。景急……请救于西魏，魏遣五城王元庆等率兵救之，绍宗乃退。……澄……乃遣军相继讨景。……景退保涡阳。……即授南豫州刺史。……魏人入悬瓠，更求和亲，帝……许之。……于是遂怀反计。……又知临贺王正德（文帝子宏之子，帝初养为子，许以为太子。既而生统，正德还本，怏怏不满意）怨望朝廷，密令要结，正德许为内启。二年八月，景遂发兵反于豫州。……景发寿春……袭谯州。……乃自采石济。……萧正德先屯丹阳郡，至是率所部与景合。……景乘胜至阙下。……不克，士卒死者甚多，乃止攻，筑长围以绝内外。……景立萧正德为帝……自为相国。……运漕路绝，野无所掠。……拜表伪降……请割江右四州地……然后解围济江。……许焉。遂于西华门外设坛……共盟。……守埤者止二三千人，并悉羸懦。……景……攻城……众悉上。……自为大都督、都督中外诸军、录尚书事，其侍中、使持节、大丞相、王如故。……降萧正德为侍中、大司马。……帝……每征求，多不称旨，至于御膳亦被裁抑，遂怀忧愤。感疾馁，崩。……迎简文即位。……杀萧正德。……乃废简文……迎豫章王栋即皇帝位。……初，景既平建业，便有篡夺志，以四方须定，故未自立。既而巴陵失律，江、郢丧师，猛将外歼，雄心内沮，便欲速僭大号。……受禅……大赦，改元（国号曰汉）。……王僧辩等，进营于石头城北，景列阵挑战，僧辩大破之。景既退败，不敢入宫，敛其散兵屯于阙下。……百余骑东奔。……自沪渎入海至胡豆洲。前太子舍人羊鲲杀之，送于王僧辩（《南史》卷八十《侯景传》）。

侯景之乱，影响于南朝传统文化之丧失者甚大。

烧东宫台殿遂尽，所聚图籍数百厨，一皆灰烬。……王克开台城门，引裴之横入宫，纵兵蹂掠。是夜遗烬烧太极殿及东西堂、延阁、秘署皆尽，羽仪辇辂，莫有孑遗（《南史》卷八十《侯景传》）。

梁有秘书监任昉、殷钧《四部目录》，又《文德殿目录》。其术数之书，更为一部，使……祖暅撰其名，故梁有《五部目录》。普通中，有处士阮孝绪……采宋、齐已来王公之家凡有书记，参校官簿，更为《七录》：一曰《经典录》，纪六艺；二曰《记传录》，纪史传；三曰《子兵录》，纪子书、兵书；四曰《文集录》，记诗赋；五曰《技术录》，记数术；六曰《佛录》，七曰《道录》。其分部题目，颇有次序。……梁武敦悦诗书，下化其上，四境之内，家有文史。元帝克平侯景，收文德之书及公私经籍，归于江陵，大凡七万余卷。周师入郢，咸自焚之（《隋书》卷三十二《经籍志序》）。

胡风传入江南，实由侯景为始。史家记景事，如“橐驼”“垂脚坐”，皆著特笔，以见南朝在景前，无其物并无其制。

受禅文物，并依旧仪，以辒车床载鼓吹，“橐驼”负牺牲，辇上置“筌蹄”（按：筌蹄不详其制。《南史·侯景传》，上索筌蹄，曰：“我为公讲。”刘孝标有《谢太子五色籐筌蹄启》，疑为麈尾之类），“垂脚坐”。……自篡立后，时著白纱帽，而尚披青袍，或以牙梳插髻。床上常设胡床及筌蹄，著靴垂脚坐（《梁书》卷五十六《侯景传》）。

（三）北朝之治乱

（1）魏之兴起

魏之先，出自黄帝轩辕氏。黄帝子曰昌意，昌意之少子受封北国，有大鲜卑山，因以为号。其后世为君长，统幽都之北，广漠之野，畜牧迁徙，射猎为业，淳朴为俗，简易为化，不为文字，刻木结绳而已。时事远近，人相传授，如史官之纪录焉。黄帝以土德王，北俗谓土为拓，谓后为跋，故以为氏。其裔始均，仕尧时，逐女魃于弱水北，人赖其勋，舜命为田祖。历三代至秦汉，獯鬻、猃狁、山戎、匈奴之属，累代作害中州，而始均之裔，不交南夏，是以载籍无闻。积六七十代，至成皇帝，讳毛立，统国三十六，大姓九十九，威振北方（《北史》卷一《魏纪一》）。

宣帝（成帝后五传）南迁大泽，方千余里。厥土昏冥沮洳，谋更南徙，未行而崩。……献皇帝隣立（又七传），时有神人，言此土荒遐，宜徙建都邑。献帝年老，乃以位授于圣武皇帝，命南移。山谷高深，九难八阻，于是欲止。有神兽似马，其声类牛，导引历年乃出，始居匈奴故地。其迁徙策略，多出宣、献二帝，故时人并号曰推寅，盖俗云钻研之义（《北史》卷一《魏纪一》）。

按：魏至宣帝，始有传说，以先俱托诸神话而伪造者。然其本来之居地，以迁徙经过路程“昏冥沮洳”等语推之，其地或在今西伯利亚，未可知也。

后魏之先，为鲜卑索头（南人称魏为索虏）部，世居北荒，后渐徙而南，居匈奴故地。至拓跋力微（《魏书》称神元帝），遂徙居定襄之盛乐（呼和浩特之北）。四传至禄官（昭帝），分其国为三部（晋惠帝元康五年，即西元二九五）。一居上谷之北，濡源（今滦河源）之西，自统之。一居代郡参合陂（近山西大同）之北，使兄子猗㐌（恒帝）统之。一居盛乐，使猗㐌弟猗卢（穆帝）统之。其后猗卢遂总摄三部。晋永嘉四年（西元三一〇），并州刺史刘琨讨刘虎（匈奴铁弗氏酋长，《北史》作刘武，避唐讳）及白部（注：皆鲜卑种，在并州西北），请兵于猗卢，大破之。琨因表猗卢为大单于，以代郡封之，为代公。猗卢以封邑去国悬远，乃帅部落自云中入雁门，从琨求陉北地，琨与之，由是益盛。（晋愍帝）建兴二年（西元三一四），进猗卢为代王，食代、常山二郡。其后国乱，四传至郁律（平文帝），筑城于东木根山徙居之。又再传至纥那，为石虎所败，徙都大宁。纥那国乱（猗㐌后害纥那，立子贺傉，临朝称制，时人谓之女国），翳槐（郁律子）有其地，乃复城盛乐而居之。其弟什翼犍代立（昭成帝，立于晋成帝咸康四年，即西元三三八），国益强，东自涉貊（注：今朝鲜北境），西及破落那（注：今甘肃西北塞外），南距阴山，北尽沙漠，悉皆归服。晋咸康六年，什翼犍始都云中（山西大同县）之盛乐宫。既而刘卫辰（刘虎之孙，虎死，子务桓立，与代讲和。务桓死，弟阏头立，复与代构衅。后为务桓子悉勿祈所逐，逃归于代。悉勿祈死，弟卫辰代立）引苻秦兵（坚遣苻洛伐之）击代，代乱。秦兵趋云中，遂定代地（什翼犍病，不能战，避于阴山之北，秦军退乃还。其子实君弑之，秦闻讯复伐之，遂杀实君），分代民为二部，自河以东属别部大人刘库仁（注：库仁什翼犍之甥，亦刘卫辰族也），自河以西属刘卫辰（顾祖禹《读史方舆纪要》卷四）。

太祖道武皇帝，讳珪，昭成皇帝之嫡孙。……昭成崩，苻坚遣将内侮，将迁帝长安，赖燕凤乃免。坚军既还，国众离散。坚使刘库仁、刘卫辰分摄国事，南郡大人长孙嵩，及元他等尽将故人众，南依库仁，帝于是转在独孤部。……晋败苻坚于淮南，慕容文等杀刘库仁，弟眷代摄国部。……刘库仁子显，杀眷而代之，乃将谋逆。……帝乃阴结旧臣长孙犍、元他等，因幸贺兰部。其日，显果使人杀帝不及。……姚苌杀苻坚。……帝即代王位。……帝亲征刘显，显奔慕容永，尽收其部落。……卫辰遣子直力鞮寇南部，帝大破之。……卫辰父子奔遁……灭之。……自河以南诸部悉平。……定国号……为魏（《北史》卷一《魏道武帝纪》）。

先是，鲜卑慕容垂，僭号中山。晋孝武太元二十一年（西元三九六）垂死，开（即珪）率十万骑围中山，明年四月克之，遂王有中州，自称曰魏，号年天赐。九年，治代郡桑乾县之平城，立学官，置尚书曹（《宋书》卷九十五《索虏传》）。

按：魏至道武帝，创制设官，略具国家之规模。唯北方之俗，未能尽退，用刑最严，果于杀戮，至末年而尤甚。

天赐六年夏，帝不豫。……朝臣至前，追其旧恶，皆见杀害。其余或以颜色变动，或以喘息不调，或以行步乖节，或以言辞失措，帝皆以为怀恶在心，变见于外，乃手自殴击，死者皆陈天安殿前。于是朝野人情，各怀危惧，有司懈怠，莫相督摄，百工偷劫，盗贼公行，巷里之间，人为希少（《魏书》卷二《太祖道武帝纪》）。

按：道武帝为其子清河王绍所弑。明帝讨绍自立，又服寒食散不能治事，传位于太武帝。太武击灭夏、北燕、北凉，统一北方，国势益强。然连年用兵，国颇虚耗。文成帝立，守之以静，民乃复安。献文帝继立，好佛，传位于孝文帝。太后冯氏弑献文帝而称制，凡十五年。冯太后卒，孝文帝始亲政。

（2）孝文帝之改制

帝深慕华风，锐意模仿改革，于是魏之制度，始厘然而大备。魏于此时，最称兴盛。然以崇尚文治之故，消灭雄武之风，他日之衰微，亦肇端于此。其初改制，与政治及民生最有关系者为班禄、均田、户籍三种，兹分志如下。

（甲）班禄

时官无禄，力唯取给于民，宽善抚纳，招致礼遗，大有受取，而与之者无恨。又弘农出漆蜡竹木之饶，路与南通，贩贸来往，家产丰富，而百姓乐之。诸镇之中，号为能政（《魏书》卷二十四《崔玄伯附崔宽传》）。

拜允中书令。……司徒陆丽曰："高允虽蒙宠待，而家贫布衣，妻子不立。"高宗（文成帝）怒曰："何不先言！今见朕用之，方言其贫。"是日，幸允第，惟草屋数间，布被缊袍，厨中盐菜而已。……时百官无禄，允常使诸子樵采自给（《魏书》卷四十八《高允传》）。

和平二年正月，诏曰："刺史牧民，为万里之表。自顷每因发调，逼民假贷，大商富贾，要射时利，旬日之间，增赢十倍，上下通同，分以润屋。故编户之家，困于冻馁，豪富之门，日有兼积。为政之弊，莫过于此。其一切禁绝，犯者十匹以上皆死（《魏书》卷五《高宗文成帝纪》）。

按：魏初百官无禄，取给于人民，廉者不得温饱，贪者坐拥厚资，实政之最秕者。旋知其弊，勒为厉禁。然不制禄以养廉，徒恃法以诛赃吏，非正本清源之计也。孝文帝时，淮南王他，奏求依旧断禄。文明太后（时临朝称制）令召群臣议之，尚书中书监高闾，乃上表请准其奏。

自中原崩否，天下幅裂，海内未一，民户耗减，国用不充，俸禄遂废。此则事出临时之宜，良非久长之道。……饥寒切身，慈母不保其子；家给人足，礼让可得而生。但廉清之人，不必皆富；丰财之士，未必悉贤。今给其俸，则清者足以息其滥窃，贪者足以感而劝善。若不班禄，则贪者肆其奸情，清者不能自保。难易之验，灼然可知（《魏书》卷五十四《高闾传》）。

帝从其请，乃下诏班禄，并严定罚章，以止贪墨。

太和八年（齐武帝永明二年，即西元四八四）六月，诏曰："置官班禄，行之尚矣。……自中原丧乱，兹制中绝，先朝因循，未遑厘改。朕永鉴四方，求民之瘼。……故宪章旧典，始班俸禄，罢诸商人，以简民事。户增调三匹，谷二斛九斗，以为官司之禄。均预调为二匹之赋，即兼商

用。虽有一时之烦，终克永逸之益。禄行之后，赃满一匹者死。”（《魏书》卷七上《高祖孝文帝纪上》）

九月……诏曰：“俸制已立，宜时班行。其以十月为首，每季一请。”于是内外百官，受禄有差（《魏书》卷七上《高祖孝文帝纪上》）。

（乙）均田

时民困饥流散，豪右多有占夺。安世乃上疏曰：“臣闻量地画野，经国大式，邑地相参，致治之本。……田莱之数，制之以限。盖欲使土不旷功，民罔游力。雄擅之家，不独膏腴之美，单陋之夫，亦有顷亩之分。所以恤彼贫微，抑兹贪欲，同富约之不均，一齐民于编户。窃见州郡之民，或因年俭流移，弃卖田宅，漂居异乡，事涉数世。三长既立，始返旧墟，庐井荒毁，桑榆改植。事已历远，易生假冒。强宗豪族，肆其侵凌，远认魏晋之家，近引亲旧之验；又年载稍久，乡老所惑，群证虽多，莫可取据。……争讼迁延，连纪不判，良畴委而不开，柔桑枯而不采。……欲令家丰岁储，人给资用，其可得乎？愚谓今虽桑井难复，宜更均量，审其径术，令分艺有准，力业相称。细民获资生之利，豪右靡余地之盈，则无私之泽，乃播均于兆庶。……然后虚妄之民，绝望于觊觎；守分之士，永免于凌夺矣。”高祖深纳之。后均田之制，起于此矣（《魏书》卷五十三《李孝伯附李安世传》）。

太和九年（齐武帝永明三年，即西元四八五），下诏均给天下民田：诸男夫十五以上，受露田（不栽树木者谓之露田）四十亩，妇人二十亩，奴婢依良丁。牛一头，受田三十亩，限四牛。所授之田，率倍之，三易之田，再倍之，以供耕作及还受之盈缩。诸民年及课则受田，老免及身没则还田。奴婢、牛，随有无以还受。诸桑田不在还受之限，但通入倍田分。于分虽盈，没则还田，不得以充露田之数，不足者以露田充倍。诸初受田者，男夫一人给田二十亩，课莳余，种桑五十树，枣五株，榆三根。非桑之土，夫给一亩，依法课莳榆、枣。奴各依良。限三年种毕，不毕，夺其不毕之地。于桑、榆地分，杂莳余果及多种桑、榆者不禁。诸应还之田，不得种桑、榆、枣果，种者以违令论，地入还分。诸桑田皆为世业，身终不还，恒从见口。有盈者无受无还，不足者受种如法。盈者得卖其盈，不足者得买所不足。不得卖其分，亦不得买过所足。诸麻布之土，男夫及课，别给麻田十亩，妇人五亩，奴婢依良，皆从还受之法。诸有举户老小癃残无授田者，年十一已上及癃者各授以半夫田，年踰七十者不还所受，寡妇守志者虽免课亦授妇田。诸还受民田，恒以正月。若始受田而身亡，及卖买奴婢、牛者，皆至明年正月乃得还受。诸土广民稀之处，随力所及，官借民种莳，役有土居者，依法封授。诸地狭之处，有进丁受田而不乐迁者，则以其家桑田为正田分，又不足不给倍田，又不足家内人别减分。……乐迁者听。……进丁受田者，恒从所近。若同时俱受，先贫后富。再倍之田，放此为法。诸远流配谪，无子孙及户绝者，墟宅桑榆，尽为公田，以供授受，授受之次，给其所亲，未给之间，亦借其所亲。诸宰民之官，各随地给公田，刺史十五顷，太守十顷，治中、别驾各八顷，县令、郡丞六顷，更代相付，卖者坐如律（《魏书》卷一一〇《食货志》）。

（丙）户籍

太和十年，二月，初立党、里、邻三长，定民户籍（《魏书》卷七下《高祖孝文帝纪下》）。

魏初不立三长，故民多荫附。荫附者皆无官役，豪强征敛，倍于公赋。（太和）十年，给事中李冲上言，宜准古五家立一邻长，五邻立一里长，五里立一党长，长取乡人强谨者。邻长复一夫，里长二，党长三。所复复征戍，余若民。三载亡愆，则陟用陟之一等（《魏书》卷一一〇《食货志》）。

后魏初，不立三长，唯立宗主督护，所以人多隐冒，五十、三十家，方为一户，谓之荫附。……太和十年，纳给事中李冲之说，遂立三长（《通考》卷十二《职役考一》）。

孝文帝复以平城地寒，国俗鄙陋，遂违众议而迁都于洛阳，群情不免滋扰，旋即平定。然去塞辽远，边防从此遂轻，六镇旋变，遂伏亡魏之机。

乃独谓澄曰："今日之行，诚知不易。但国家兴自北土，徙居平城，虽富有四海，文轨未一。此间用武之地，非可文治，移风易俗，信为甚难。崤函帝宅，河洛王里，因兹大举，光宅中原，任城意以为何如？"澄曰："伊洛中区，均天下所据，陛下制御华夏，辑平九服，苍生闻此，应当大庆。"（《魏书》卷十九中《任城王云附子澄传》）

太和十七年（齐武帝永明十一年，即西元四九三）八月……发京师，南伐，步骑三十余万。……帝戎服执鞭御马而出，群臣稽颡于马前，请停南伐，帝乃止。仍议迁都计。……诏征司空穆亮，与尚书李冲、将作大匠董爵，经始洛京。……初，帝之南伐，起宫殿于邺西。……十八年正月，朝群臣于邺宫。……十九年六月，诏迁洛，人死葬河南，不得还北，于是代人南迁者，悉为河南洛阳人。……九月，六宫及文武，尽迁洛阳（《北史》卷三《魏孝文帝纪》）。

车驾南伐……至于洛阳，霖雨不霁，仍诏六军发轸。高祖戎服，执鞭御马而出，群臣启颡于马首之前。……高祖乃谕群臣曰："今者兴动不小，动而无成，何以示后？……若不南銮，即当移都于此，光宅中土，机亦时矣。"……高祖初谋南迁，恐众心恋旧，乃示为大举，因以协定群情，外名南伐，其实迁也。旧人怀土，多所不愿，内惮南征，无敢言者，于是定都洛阳。……冲机敏有巧思……洛都初基，安处郊兆，新起堂寝，皆资于冲。勤志强力，孜孜无怠，旦理文簿，兼营匠制，几案盈积，剞劂在手，终不劳厌也（《魏书》卷五十三《李冲传》）。

性机巧，颇能画刻。……及华林殿诏修旧增新，改作金墉门楼，皆所措意，号为妍美（《北史》卷九十《蒋少游传》）。

平城……土气寒凝，风砂恒起，六月雨雪，议迁都洛京。（南齐武帝）永明九年，遣使李道固、蒋少游报使。少游有机巧，密令观京师宫殿楷式。……少游安乐人，虏宫室制度，皆从其出（《南齐书》卷五十七《魏虏传》）。

按：据此知北魏营建，垂为隋唐规模，而其实摹自南朝，足证建筑之文明，至此时复南北混合为一。上起秦汉，下迄明清，有一脉相传之系统。

乞为恒州，遂转陆叡为定州，以泰代焉。泰不愿迁都，叡未及发而泰已至，遂潜相扇诱，图为叛。乃与叡……等谋推朔州刺史阳平王颐为主。颐不从，伪许以安之，密表其事。高祖乃遣任城王澄率并肆兵以讨之。……泰等伏诛（《魏书》卷二十七《穆崇附穆泰传》）。

恂不好书学，体貌肥大，深忌河洛暑热，意每追乐北方。……高祖幸嵩岳，恂留守金墉，于西掖门内与左右谋，欲召牧马，轻骑奔代。……领军元俨勒门防遏，夜得宁静。……高祖……还，引恂数罪……乃废为庶人……赐恂死（《魏书》卷二十二《废太子恂传》）。

孝文帝既迁都于洛，乃大革旧俗，表面上虽曰从汉，鲜卑遗风播于民间者，势力乃愈趋深固。证以齐、周、隋及唐初风俗，可以知中原旧风俗在此时期中泯没殆尽矣。

（丁）改姓氏

太和二十年（齐明帝建武三年，即西元四九六）正月，诏改姓为元氏（《魏书》卷七下《高祖孝文帝纪下》）。

魏主下诏，以为北人谓土为拓，后为跋，魏之先出于黄帝，以土德王，故为拓跋氏。夫土者黄中之色、万物之元也，宜改姓元氏。诸功臣旧族，自代来者，姓或重复，皆改之（《资治通鉴》卷一四〇《齐纪六》）。

魏氏本居朔壤，地远俗殊，赐姓命氏，其事不一。……初，安帝统国诸部，有九十九姓。至献帝时，七分国人，使诸兄弟各摄领之，乃分其氏。自后兼并他国，各有本部，部中别族，为内姓焉。……太和十九年，诏曰："代人诸胄，先无姓族……比欲制定姓族，事多未就。……令司空公穆亮、领军将军元俨、中护军广阳王嘉、尚书陆琇等，详定北人姓，务令平均，随所了者，三月一列簿帐，送门下以闻。"（《魏书》卷一一三《官氏志》）

（戊）断北语

魏初鲜卑语与汉语并行，孝文帝特禁之。

太和十有九年六月，诏不得以北俗之语，言于朝廷。若有违者，免所居官（《魏书》卷七下《高祖孝文帝纪下》）。

高祖曰："……今欲断诸北语，一从正音。年三十以上，习性已久，容或不可卒革。三十以下，见在朝廷之人，语音不听仍旧。若有故为，当降爵黜官。各宜深戒！如此渐习，风化可新。"（《魏书》卷二十一上《咸阳王禧传》）

（己）禁胡服

太和十年正月，帝始服衮冕，朝飨万国。……始制五等公服（《通鉴》注：公服，朝廷之服。五等，朱、紫、绯、绿、青，法服衮冕，以见郊庙之服。〔《魏书》卷七下《高祖孝文帝纪下》〕）。

太祖天兴六年，诏有司制冠服，随品秩各有差。时事未暇，多失古礼。世祖经营四方，未能留意，仍世以武力为事，取于便习而已。至高祖太和中，始考旧典以制冠服，百寮六宫，各有差次（《魏书》卷一〇八之四《礼志四》）。

高祖……责留京之官曰："昨望见妇女之服，仍为夹领小袖……何为

而违前诏？”（《魏书》卷二十一上《咸阳王禧传》）

（庚）婚名族

太和七年十有二月，诏曰：“……周世始绝同姓之娶，斯皆教随时设、治因事改者也。皇运初基，中原未混，拨乱经纶，日不暇给。古风遗朴，未遑厘改，后遂因循，迄兹莫变。朕……思易质旧，式昭惟新。自今悉禁绝之，有犯，以不道论。”（《魏书》卷七上《高祖孝文帝纪上》）

高祖……诏曰：“……至于诸王娉合之仪，宗室婚姻之戒……人乏窈窕，族非百两，拟匹卑滥，舅氏轻微，违典滞俗，深用为叹。以皇太子茂年，宜简令正，前者所纳，可为妾媵，将以此年，为六弟娉室。长弟咸阳王禧，可娉故颍川太守陇西李辅女；次弟河南王幹，可娉故中散代郡穆明乐女；次弟广陵王羽，可娉骠骑咨议参军荥阳郑平城女；次弟颍川王雍，可娉故中书博士范阳卢神宝女；次弟始平王勰，可娉廷尉卿陇西李冲女；季弟北海王详，可娉吏部郎中荥阳郑懿女。”（《魏书》卷二十一上《咸阳王禧传》）

（辛）重文学

太和中，改中书学为国子学，建明堂辟雍。……又开皇子之学。及迁都洛邑，诏立国子太学、四门小学。高祖钦明稽古，笃好坟典，坐舆据鞍，不忘讲道。刘芳、李彪诸人以经书进，崔光、邢峦之徒以文史达，其余涉猎典章，闲集（李按：《魏书》闲集作关历）词翰，莫不縻以好爵，动贻赏眷。于是斯文郁然，比隆周汉（《魏书》卷八十四《儒林传序》）。

雅好读书，手不释卷，《五经》之义，览之便讲……史传百家，无不该涉。善谈庄老，尤精释义。才藻富赡，好为文章，诗赋铭颂，任兴而作。……自太和十年已后，诏册皆帝之文也。自余文章，百有余篇。爱奇好士，情如饥渴。待纳朝贤，随才轻重。……悠然玄迈，不以世务婴心。……帝之雅志，皆此类也（《魏书》卷七下《高祖孝文帝纪下》）。

（3）魏之衰亡

（甲）灵胡后称制

魏道武帝为防外戚擅政，仿汉武杀钩弋夫人事，立太子即杀其母，遂相沿成为家法。

初，帝母刘贵人赐死，太祖（道武帝）告帝曰："昔汉武帝将立其子，而杀其母，不令妇人后与国政，使外家为乱，汝当继统，故吾远同汉武，为长久之计。"帝素纯孝，哀泣不能自胜（《魏书》卷三《太宗明元帝纪》）。

至宣武帝好佛，始废其法，胡太后遂得临朝称制，浊乱朝政。

宣武灵皇后胡氏……既诞肃宗，进为充华嫔（《魏书》卷十三《宣武灵皇后传》）。

梁天监十一年十月，魏立皇子诩为太子，始不杀其母（《资治通鉴》卷一四七《梁纪三》）。

十四年正月……魏主有疾殂……侍中中书监太子少傅崔光、侍中领军将军于忠、詹事王显、中庶子代人侯刚，迎太子诩于东宫……即皇帝位（即孝明帝）。……高后（宣武帝后）欲杀胡贵嫔，中给事谯郡刘腾以告侯刚，刚以告于忠，忠问计于崔光，光使置贵嫔于别所，严加守卫，由是贵嫔深德四人（《资治通鉴》卷一四八《梁纪四》）。

及肃宗（孝明帝）践阼……尊为皇太后，临朝听政。……太后得志，逼幸清河王怿，淫乱肆情，为天下所恶。领军元乂（太后之妹夫）、长秋卿刘腾等，奉肃宗于显阳殿，幽太后于北宫，于禁中杀怿。……自刘腾死，乂又宽怠，太后与肃宗及高阳王雍为计，解乂领军，太后复临朝，大赦改元。自是朝政疏缓，威恩不立，天下牧守，所在贪惏，郑俨污乱宫掖，势倾海内，李神轨、徐纥，并见亲侍，一二年中，位总禁要，手握王爵，轻重在心。……文武解体，所在乱逆，土崩鱼烂，由于此矣（《魏书》卷十三《宣武灵皇后传》）。

魏宣武帝，笃信佛教，营造石窟，费资颇巨。胡太后继之，耗财尤多，又赏赐无度，国储顿罄。苛取于民，民不聊生，祸变以作。

景明（宣武帝）初，世宗诏大长秋卿白整准代京灵岩寺石窟，于洛南伊阙山，为高祖、文昭皇太后营石窟二所。初建之始，窟顶去地三百一十尺，至正始二年中，始出斩山二十三丈。至大长秋卿王质谓斩山太高，费功难就，奏求下移就平，去地一百尺，南北一百四十尺。永平中，中尹刘腾奏为世宗复造石窟一，凡为三所。从景明元年，至正光四年六月已前，用工八十万二千三百六十六。肃宗熙平中，于城内太社西起永宁寺，灵太后亲率百寮表基立刹。佛图九层，高四十余丈，其诸费用，不可胜计。景明寺佛图，亦其亚也。至于官私寺塔，其数甚众。……自迁都已来，年逾二纪，寺夺民居，三分且一（《魏书》卷一一四《释老志》）。

神龟、正光（孝明帝）之际，府藏盈溢，灵太后曾令公卿已下，任力负物而取之，又数赉禁内左右，所费无赀。……正光后，四方多事，加以水旱，国用不足，“预折天下六年租调”而征之，百姓怨苦，民不堪命。有司奏断百官常给之酒。……尔后寇贼转众，诸将出征，相继奔败，所亡器械资粮，不可胜数，而关西丧失尤甚，帑藏益以空竭。有司又奏内外百官及诸蕃客禀食及肉，悉二分减一。……孝昌二年冬，税京师田租，亩五升，借赁公田者，亩一斗，又税市入者人一钱，其店舍又为五等，收税有差（《魏书》卷一一〇《食货志》）。

（乙）六镇之变

魏初因北有柔然之患，乃缘边置六镇，各配兵以防御之。中叶以后，役同厮养，不加重视，于是郁极而思变。

初，魏都平城，于缘边置六镇，曰武川（山西大同县北塞外），曰抚冥（山西大同县北塞外武川之东），曰怀朔（山西右玉县北塞外），曰怀荒（山西大同县东北，与河北蔚县相近），曰柔玄（山西天镇县之北），曰御夷（河北怀安县西北），皆恃为藩卫（顾祖禹《读史方舆纪要》卷四）。

魏兰根，巨鹿……人也。……尚书令李崇……以兰根为长史，因说崇曰："缘边诸镇……昔时初置，地广人稀，或征发中原强宗子弟，或国之肺腑，寄以爪牙。中年以来，有司乖实，号曰府户，役同厮养，官婚班齿，致失清流，而本宗旧类，各居荣显，顾瞻彼此，理当愤怨。……宜改镇立州，分置郡县，凡是府户，悉免为民，入仕次叙，一准其旧，文武兼用，威恩并施。此计若行，国家庶无北顾之虑矣。"崇以奏闻，事寝不报（《北齐书》卷二十三《魏兰根传》）。

深上书曰："……昔皇始以移防为重，盛简亲贤，拥麾作镇，配以高门子弟，以死防遏，不但不废仕宦，至乃遍得复除。当时人物，忻慕为之。及太和在历，仆射李冲，当官任事，凉州士人，悉免厮役，丰沛旧门，仍防边戍，自非得罪当世，莫肯与之为伍。征镇驱使，为"虞候""白直"，一生推迁，不过军主。然其往世房分留居京者，得上品通官，在镇者便为清途所隔……多复逃胡乡。乃峻边兵之格，镇人浮游在外，皆听流兵捉之，于是少年不得从师，长者不得游宦。……自定鼎伊洛，边任益轻，唯底滞凡才，出为镇将。转相模习，专事聚敛。或有诸方奸吏，犯罪配边，为之指踪，过弄官府，政以贿立，莫能自改。"（《北史》卷十六《广阳王建附子深传》）

拓跋氏起自云朔，据有中原，兵戎乃其所以为国也。羽林虎贲（见《制度·兵制》）则宿卫之兵，六镇将卒则御侮之兵，往往皆代北部落之苗裔，其初借之以横行中国者（注：孝文诏军士自代来者皆以为羽林虎赍）。自孝文定鼎伊洛，务欲以夏变夷，遂至矫枉过正、宗文鄙武，六镇兵卒，多摈抑之，有同奴隶，边任浸轻，裔夷内侮，魏之衰弱，实肇于此（《通考》卷一五一《兵考三》）。

至孝明帝正光四年（梁武帝普通四年，即西元五二三），柔然入扰怀荒镇，事变遂因之而作。

武卫将军于景，忠之弟也，谋废乂，乂黜为怀荒镇将。及柔然入寇，镇民请粮，景不肯给，镇民不胜忿，遂反，执景杀之。未几，沃野镇民破六韩拔陵聚众反，杀镇将，改元真王，诸镇华夷之民往往响应（《资治通鉴》卷一四九《梁纪五》）。

自破六韩拔陵崛起，六镇尽变，兵争不已，秦、陇以西，冀、并以北，皆锋镝之区。兹将其拥众建号者，表列之于下。

魏末群雄简表

人名	称号	起事年月	初起地点	强盛时代	兴亡事略
破六韩拔陵	真王	正光五年三月。	沃野镇民。	破六镇。	孝昌元年，为蠕蠕主阿那瓌所破，其众后多归杜洛周。
胡琛	高平王	正光五年四月。	高平酋长。		高平镇民赫连恩等起事，推敕勒酋长胡琛为高平王，攻高平镇以应拔陵，后为拔陵诱杀，万俟丑奴并其众。
莫折太提	秦王	正光五年六月。	秦州城人。	有雍、凉诸州。	太提寻死，子念生代立，称天子，年号天建，置立百官。 孝昌二年八月，秦州城民杜粲，杀念生，自行州事，遣使诣萧宝寅请降。

续表

人名	称号	起事年月	初起地点	强盛时代	兴亡事略
就德兴	燕王	正光五年十月。	营州城人。		刘安定、就德兴据城起事，执刺史。城人王恶完杀安定以降，德兴东走，自号燕王。
元法僧	宋王	孝昌元年正月。	徐州刺史。		法僧称宋王，归于萧衍。
杜洛周	改元真王	孝昌元年八月。	柔玄镇人，率众起事于上谷。		武泰元年二月，葛荣击洛周杀之，并其众。
刘蠡升	天子，改元神嘉	孝昌元年十二月。	山胡。		
鲜于修礼	改元鲁兴	孝昌二年正月。	五原降户，于定州之左城起事。		是年八月，元洪业杀鲜于修礼，请降于魏。葛荣复杀洪业自立。
陈双炽	始建王	孝昌二年六月。	绛蜀人，聚众起事。		是月，为魏镇西将军都督长孙稚所平。
葛荣	齐，改元广安	孝昌二年九月。	鲜于修礼部将。	冀、定、沧、瀛、殷五州。	建义元年八月，率众围相州，号百万。九月，柱国大将军尔朱荣与荣战于滏口，荣被俘，送京师。
赵显德	都督	孝昌三年二月。	东郡民，杀太守。		是年四月，别将元斌之攻东郡，杀显德。
刘钧	大行台	孝昌三年三月。	齐州广川民，起兵，执清河太守。		是年四月，为都督李叔仁所平。
房须	大都督	孝昌三年三月。	清河民。	据昌国城。	同上。

续表

人名	称号	起事年月	初起地点	强盛时代	兴亡事略
刘获 郑辩	改元天授	孝昌三年七月。	陈郡民，于西华起事。		是月，为州军所平。
萧宝寅	齐，改元隆绪	孝昌三年十月。	雍州刺史，据州自立。	摄关中。	宝寅讨关中义军，战败。惧诛，遂自立称帝。武泰元年，雍州城人侯终德攻之，宝寅出走，奔万俟丑奴。后被擒斩。
邢杲	汉王，改元天统	建义元年六月。	幽州平北府主簿，率流民十余万户，起于青州之北海。		义建二年三月，上党王天穆、高欢攻杲，大破杲于齐州之济南。杲降，送京师，被杀于都市。
刘举	皇武大将军	建义元年七月。	光州人，聚众数千，起事于濮阳。		
万俟丑奴	天子，改元神兽	建义元年七月。	高平镇人，胡琛将。		建义三年四月，雍州刺史尔朱天光，攻丑奴、萧宝寅于安定，破擒之。送京师，被杀于都市。
韩楼		建义元年十二月。	葛荣余党，据幽州起事。	摄幽州。	二年九月，大都督侯渊攻韩楼于蓟，韩楼被杀。
王庆祖	王	建义二年二月。	燕州民，聚众起事于上党。		是月，为尔朱荣所擒。

续表

人名	称号	起事年月	初起地点	强盛时代	兴亡事略
庆云	帝	建义三年六月。	白马龙涸胡王，据永洛城。		是年七月，为尔朱天光所平，庆云被擒。
说明	一、上表参考《魏书》《北史》及《资治通鉴》。 一、当时举义旗者甚多，其旋起旋灭而未建号者，俱从略。 一、灭亡不详者在河北多归于葛荣。				

（丙）尔朱氏之乱

尔朱荣，字天宝，北秀容人也。其先居于尔朱川，因为氏焉。常领部落，世为酋帅。高祖羽健登国初，为领民酋长……从驾平晋阳，定中山。论功……以居秀容川，诏割方三百里封之，长为世业。……荣袭爵后……四方兵起，遂散畜牧，招合义勇，给其衣马。……秀容内附，胡民乞扶莫于破郡，杀太守。南秀容牧子万子乞真反叛……并州牧子素和婆仑崄作逆，荣并前后讨平之。……加使持节、安北将军、都督恒朔讨虏诸军。……率众至肆州，刺史尉庆宾畏恶之，闭城不纳，荣怒攻拔之，乃署其从叔羽生为刺史。……自是荣兵威渐盛，朝廷亦不能罪责也。寻……都督并、肆、汾、广、恒、云六州诸军事（《魏书》卷七十四《尔朱荣传》）。

魏灵太后再临朝以来，嬖佞用事，政事纵弛……盗贼蜂起，封疆日蹙。魏肃宗（孝明帝）年浸长，太后自以所为不谨，恐左右闻之于帝，凡帝所爱信者，太后辄以事去之，务为壅蔽，不使帝知外事。……荣尝与元天穆及帐下都督贺拔岳密谋欲举兵入洛，内诛嬖幸，外清群盗。……徐纥说太后，以铁券间荣左右，荣闻而恨之。魏肃宗亦恶俨、纥等（郑俨、徐纥，皆太后幸临），逼于太后，不能去，密诏荣举兵内向，欲以胁太后。荣以高欢为前锋，行至上党，帝复以私诏止之。俨、纥恐祸及己，阴与太后鸩帝，帝暴殂。太后立……故临洮王宝晖世子钊。……钊始生三岁，太后欲久专政，故贪其幼而立之（《资治通鉴》卷一五二《梁纪八》）。

肃宗之崩，事出仓卒，时论咸言郑俨、徐纥之计，于是朝野愤叹。……立临洮王子钊为主，年始三岁，天下愕然。及武泰元年（梁武帝大通二年，即西元五二八）尔朱荣称兵渡河，太后尽召肃宗六宫皆令入道，太后亦自落发。荣遣骑拘送太后及幼主于河阴……并沉于河（《魏书》卷十三《宣武灵皇后传》）。

荣遂起兵晋阳，自上党入河内，至河阳，立长乐王子攸（敬宗孝庄皇帝），而沉胡太后、幼主钊于河，遂入洛阳，留其党元天穆总朝政而还。荣复讨擒贼帅葛荣于邺北，冀、定、瀛、沧、殷五州悉定。会梁人送元颢（魏北海王，尔朱荣入洛，奔于梁。梁武帝乘魏乱，于大通二年，即魏建义元年，以为魏王，送之北还，遂入洛阳）入洛，魏主北走（河内郡）。荣复南击颢，收洛阳，河南悉定。又遣将侯渊讨平幽州贼帅韩楼，尔朱天光讨擒关中贼帅万俟丑奴等，关陇悉定（顾祖禹《读史方舆纪要》卷四）。

荣身虽居外，恒遥制朝廷，广布亲戚，列为左右，伺察动静。……庄帝外迫于荣，恒怏怏不悦，兼惩荣河阴之事，恐终难保……于是庄帝密有图荣之意。三年（永安）九月，荣启将入朝。……荣至入见，即欲害之，以天穆在并，恐为后患，故隐忍未发。……及天穆至，帝伏兵于明光殿东廊，引荣及荣长子菩提、天穆等俱入。坐定，光禄少卿鲁安、典御李侃晞等抽刀而至，荣窘迫，起投御坐，帝先横刀膝下，遂手刃之，安等乱斫，荣与天穆、菩提，同时俱死（《魏书》卷七十四《尔朱荣传》）。

汾州刺史尔朱兆（荣从子）闻荣死，自汾州帅骑据晋阳。世隆（荣从弟）至长子（世隆从荣入洛，荣被害，奉荣妻率众逃走）兆来会之，共推太原太守行并州事长广王晔（献文帝孙）即皇帝位。……谋引兵向洛……倍道兼行，从河桥西涉渡。……兆骑叩宫门，宿卫乃觉……矢不得发，一时散走。……兆骑执帝，锁于永宁寺。……敬宗诏河西贼帅纥豆陵步蕃使袭秀容，及兆入洛，步蕃南下，兵势甚盛，故兆不暇久留，亟还晋阳以御之，使尔朱世隆、度律（荣从父弟）、彦伯（荣从弟）等留镇洛阳。兆迁敬宗于晋阳……缢敬宗于晋阳三级佛寺（《资治通鉴》卷一五四《梁纪十》）。

尔朱世隆镇洛阳……密议以长广王疏远又无人望，欲更立近亲……广隆王恭……即位（即前废帝，又谓之节闵帝）。……时天光（荣从祖兄子）专制关右，兆奄有并、汾，仲远（荣从弟）擅名徐、兖，世隆居中用事，竞为贪暴。……四方之人，皆恶尔朱氏，而惮其强，莫敢违也（《资治通鉴》卷一五五《梁纪十一》）。

高欢出于怀朔，为群盗（从杜洛周），寻归尔朱荣。永安（孝庄帝）中，尔朱荣以欢为晋州刺史。荣死，尔朱兆以河西贼纥豆陵步蕃侵晋阳，召欢并力破之，因使欢统六镇降众（葛荣部众，皆六镇破六韩拔陵、杜洛周及鲜于修礼之众。荣败，流入并、肆二十余万，大小二十六反，诛夷者半，犹草窃不止）建牙阳曲川。无何，请就食山东（注：冀、定、瀛、相、殷，皆在太行山东）。乃出滏口，至信都，高乾等开门纳之（时乾等起义兵据冀州），遂起兵信都，兼有殷州，奉勃海太守元朗为帝（即后废帝）。尔朱兆等击之，败于广阿，欢因进军拔邺。兆等合军攻欢于邺，大败，斛斯椿等因拒尔朱，据河桥，尽诛其族。欢入洛，幽魏主恭，并废朗而立平阳王修，以欢为大丞相，还镇邺。寻击尔朱兆，取晋阳，建大丞相府居之。永熙二年（梁武帝中大通五年，即西元五三三），复袭秀容，兆走死（顾祖禹《读史方舆纪要》卷四）。

（丁）魏分东西

神武（高欢）之入洛也，尔朱仲远部下都督桥宁、张子期自滑台归命，神武以其助乱，且数反覆，皆斩之。斛斯椿由是内不自安，乃与南阳王宝炬，及武卫将军元毗、魏光禄王思政，构神武于魏帝。……魏帝……

贰神武……于是以斛斯椿兼领军，分置督将及河南、关西诸刺史。……初，神武自京师将北，以为洛阳久经丧乱……不如邺，请迁都。……至是复谋焉，遣兵千骑镇建兴，益河东及济州兵于白沟，虏船不听向洛诸州，和籴粟运入邺城。……魏帝乃……下诏罪状神武，为北伐经营。神武亦勒兵宣告曰："……为斛斯椿谗构……今者南迈，诛椿而已。"……魏帝征兵关右……遣大行台长孙承业、大都督颍川王斌之、斛斯椿共镇武牢，汝阳王暹镇石济，行台长孙子彦、帅前恒农太守元洪略镇陕，贾显智率豫州刺史斛斯元寿（椿弟）伐蔡儁。神武使窦泰与左厢大都督莫多娄、贷文逆显智，韩贤逆暹。元寿军降泰。贷文与显智遇于长寿津，显智阴约降，引军退。军司元玄觉之，驰还请益师。魏帝遣大都督侯几绍赴之，战于滑台东，显智以军降，绍死之。……魏帝躬率大众，屯河桥……神武乃引军渡河。魏帝……未决，而元斌之与斛斯椿争权不睦，斌之弃椿径还，绐帝云，神武兵至，即日魏帝逊于长安。神武入洛……立清河王世子善见……是为孝静帝，魏于是始分为二。神武以孝武既西，恐逼崤陕，洛阳复在河外，接近梁境，如向晋阳，形势不能相接。依议迁邺。……神武……还晋阳，自是军国政务，皆归相府（《北史》卷六《齐神武帝纪》）。

宇文泰，出于武川（注：其先为辽西宇文部，后居武川）。永安末，尔朱荣使从贺拔岳入关中，岳以泰行原州事。尔朱氏亡，岳都督关西诸州，表泰为夏州刺史。永熙三年，岳为秦州刺史侯莫陈悦所杀，众共推泰为主。泰驰入平凉，魏主修即命泰统岳军，泰遂击杀悦，兼有秦陇，抚定关中。会魏主为高欢所逼，泰因迎魏主入长安，东克潼关，与高欢相距。魏主以泰为大丞相，未几鸩魏主而立南阳王宝炬，东与高欢角逐于河汾汝颍间（顾祖禹《读史方舆纪要》卷四）。

按：东魏政权，操之于高欢，西魏政权，操之于宇文泰，二魏名存而实亡矣。其后高洋篡东魏，是为北齐；宇文觉篡西魏，是为北周，而魏氏遂亡。

（4）齐、周之对峙

（甲）齐之兴灭

齐文宣（高洋）初代东魏而得国，颇能治其军民。后嗜酒昏狂，滥杀无辜，赖有杨愔总摄机衡，弥补其阙，政业得以不坠。

及登极之后，神明转茂，外柔内刚，果于断割，人莫能窥。又特明吏事，留心政术，简靖宽和，坦于任使。故杨愔等得尽于匡赞，朝政粲然。……至于军国机策，独决怀抱，规谋宏远，有人君大略。……六七年后，以功业自矜，遂留情耽湎，肆行淫暴。……内外憯憯（《北史》卷七《齐文宣帝纪》）。

及居端揆，权综机衡，千端万绪，神无滞用。自天保（文宣帝）五年以后，一人丧德，维持匡救，实有赖焉（《北齐书》卷三十四《杨愔传》）。

文宣……自六年之后，帝遂以功业自矜，恣行酷暴。……然帝犹委政辅臣杨遵彦（愔字）弥缝其阙，故时议者窃云："主昏于上，政清于下。"（《隋书》卷二十五《刑法志》）

传至武成，荒怠无道，齐政始乱。后传位于子纬（后主），任用群小，国势益衰。

后主任陆令萱、和士开、高阿那肱、穆提婆、韩长鸾等宰制天下，陈德信、邓长颙、何洪珍参预机权，各引亲党，超居非次，官由财进，狱以贿成，其所以乱政害人，难以备载。诸官奴婢、阉人、商人、胡户、杂户、歌舞人、见鬼人，滥得富贵者，将以万数。……特爱非时之物，取求火急，皆须朝征夕办，当势者因之贷一而责十焉。赋敛日重，徭役日烦，人力既殚，帑藏空竭，乃赐诸佞幸卖官……各分州、郡，下逮乡官，亦多降中者。故有敕用州主簿，敕用郡功曹。于是州、县职司，多出富商大贾，竞为贪纵，人不聊生。……凡此诸役，皆渐于武成，至帝而增广焉（《北史》卷八

《齐幼主纪》)。

时周武帝在位,励精图治,见齐政衰败,遂议伐之。唯齐将斛律光猛勇善战,颇多顾忌。及光以谗诛,而周兵即东下矣。

光……虽极贵盛(时为左丞相),性节俭,简声色。……行兵……军营未定,终不入幕,或竟日不坐,身不脱介胄,常为士卒先。……自结发从戎,未尝失律,深为邻敌慑惮。罪既不彰,一旦屠灭,朝野惜之(周勋州刺史韦孝宽忌光英勇,乃作谣言,谓光将反,齐权臣祖珽等构之,遂被害)。周武帝闻光死,赦其境内(《北史》卷五十四《斛律光传》)。

建德四年(北齐后主武平六年,陈宣帝太建七年,即西元五七五)七月……召大将军以上于大德殿,帝亲谕以伐齐之旨。……上亲帅六军,众六万,直指河阴。八月……拔河阴大城,攻子城未克,上有疾。九月,班师。……五年,十月……帝总戎东伐……克晋州。……十二月,齐主自并州帅众来援,帝以其兵新集,且避之,乃诏诸军班师。齐主遂围晋州,……度河,与诸军合。十二月,次晋州。……帝……勒诸军击之……齐主与其麾下数十骑,走还并州,齐众大溃。……率诸军追齐主……大军次并州,齐主……走邺……帝帅六军趣邺。六年正月,齐主传位于其太子恒……自号太上皇。帝至邺,帅诸军围之,齐人拒守,诸军奋击大破之,遂平。齐主先送其母及妻子于青州,及城陷,帅数十骑走青州。遣大将军尉勤追之……禽齐主及其太子恒于青州(《北史》卷十《周武帝纪》)。

(乙)周之兴灭

宇文泰之专制西魏,崇儒好古,政治上一切设施,均摹拟古制,而其遗制,遂为隋、唐所源本。当时计画之人物,则苏绰与卢辩也。

苏绰,字令绰,武功人。……少好学,博览群书,尤善算术。……太祖泰……任之以政……参典机密,自是宠遇日隆。绰始制文案程式,朱出墨入，及计帐（课役之大数）、户籍（户口之籍）之法。……太祖方欲革易时政，务弘强国富民之道，故绰得尽其智能，赞成其事。减官员，置二长，并置屯田，以资军国。又为六条诏书，奏施行之。其一先治心……；其二敦教化……；其三尽地利……；其四擢贤良……；其五恤狱讼……；其六均赋役……。太祖甚重之，常置诸座右，又令百司习诵之。其牧守令长，非通六条及计帐者，不得居官。自有晋之季，文章竞为浮华，遂成风俗。太祖欲革其弊，因魏帝祭庙，群臣毕至，乃命绰为大诰，奏行之。……自是之后，文笔皆依此体（《周书》卷二十三《苏绰传》）。

卢辩，字景宣，范阳涿人。……少好学，博通经籍。……自魏末离乱，孝武西迁，朝章礼度，湮坠咸尽。辩因时制宜，皆合轨度。……初，太祖欲行周官，命苏绰专掌其事。未几而绰卒，乃令辩成之。于是依《周礼》建六官，置公、卿、大夫、士（见《制度》），并撰次朝仪，车服器用，多依古礼，革汉魏之法，事并施行（《周书》卷二十四《卢辩传》）。

宇文泰时，吏治整理，国力强盛，但终身为西魏丞相。泰卒，子觉嗣，始篡魏，而政权操诸从兄宇文护手。翌年，欲除护，反为护所弑。立明帝（泰子），护又弑之，而立其弟武帝。武帝为英明之主，卒能内诛权臣，外灭齐氏，复统一北方。

帝沉毅有智谋。初以晋公护专权，常自晦迹，人莫测其深浅。及诛护之后（建德元年，西元五七二），始亲万机。克己励精，听览不怠。用法严整，多所罪杀。……属意于政，群下畏服。……以海内未康，锐情教习。至于校兵阅武，步行山谷。……征伐之处，躬在行阵。性又果决，能断大事，故能得士卒死力（《周书》卷六《武帝纪下》）。

继武帝者为宣帝，荒淫无度，周政遂衰。传位于静帝，自称天元皇帝，未几死。静帝年幼，宣后父杨坚辅政，勤王之兵遂起。

尉迟迥……为相州（治邺）总管。……以隋文帝当权，将图篡夺，遂谋举兵。……众咸从命……乃自称大总管，承制署置官司。……迥所管相、卫、黎、毛、洺、贝、赵、冀、瀛、沧……青、胶、光、莒诸州，皆从之，众数十万。……又北……通突厥，南连陈人。……隋文帝于是征兵讨迥，即以韦孝宽为元帅。……又遣高颎驰驿督战。……孝宽……至邺……失利而却。……高颎与李询……因其扰而乘之。迥大败，遂入邺。迥走保北城，孝宽纵兵围之。迥……乃自杀（《周书》卷二十一《尉迟迥传》）。

王谦……进……益州总管。时谦令司录贺若昂奉表诣阙。昂还，具陈京师事势。谦……将图匡复，遂举兵。……隋文即以睿（梁睿）为行军元帅……讨之。……谦先无筹略……任用多非其才，及闻睿兵奄至，惶惧，乃自率众迎战。……军皆叛，谦以二十骑奔新都，县令王宝斩之（《周书》卷二十一《王谦传》）。

司马消难……为交州总管。隋文帝辅政，消难既闻蜀公迥不受代，遂欲与迥合势，亦举兵应之。……隋文帝命襄州总管王谊为元帅，发荆襄兵以讨之。……消难闻谊军将至，夜率其麾下归于陈（《周书》卷二十一《司马消难传》）。

杨坚削除异己，势力养成，遂代周而自立，建国号曰隋（按，隋本作随，以周、齐不遑宁处，乃去“辵”作隋，以“辵”训“走”故也）。

（5）北方之边患

北朝边患，初为柔然，末为突厥，兹特分述之。

（甲）柔然

蠕蠕（东胡之苗裔，即鲜卑种。可汗阿那瓌启魏主云：“臣先世源由，出于大魏。”），姓郁久闾氏，始神元（魏始祖力微）之末，掠骑有得一奴，发始齐眉，亡本姓名，其主字之曰木骨闾。“木骨闾”者，首秃也。

"木骨闾"与"郁久闾"声相近，故后子孙因以为氏。木骨闾既壮，免奴为骑卒。穆帝时，坐后期当斩，亡匿广漠溪谷间，收合逋逃，得百余人，依纯突邻部。木骨闾死，子车鹿会雄健，始有部众，自号柔然。后太武以其无知，状类于虫，故改其号为蠕蠕。车鹿会既为部帅，岁贡马畜。……冬则徙度漠南，夏则还居漠北（《北史》卷九十八《蠕蠕传》）。

柔然之强盛，始于社仑（木骨闾七传），以屡侵北魏边，知识渐增，立法置战，始为北边之患。

太祖……击破之。社仑远遁漠北，侵高车，深入其地，遂并诸部，凶势益振。……其西北有匈奴余种……尽为社仑所并，号为强盛。随水草畜牧，其西则焉耆之地，东则朝鲜之地，北则渡沙漠、穷瀚海，南则临大碛。其常所会庭则敦煌、张掖之北，小国皆苦其寇抄，羁縻附之，于是自号丘豆伐可汗。"丘豆伐"，犹魏言驾驭开张也;"可汗"，犹魏言皇帝也。……太祖谓尚书崔玄伯曰:"蠕蠕之人，昔来号为顽嚣。……今社仑学中国，立法置战陈，卒成边害。"（《魏书》卷一〇三《蠕蠕传》）

唯柔然所用之兵，皆高车之众，实不足以当大敌，每为魏所破。

无都统大帅，当种各有君长。为性粗猛，党类同心，至于寇难，翕然相依。斗无行阵，头别冲突，乍出乍入，不能坚战（《北史》卷九十八《高车传》）。

柔然旋降旋叛，为北边之患，实与元魏相终始。直至北齐文宣帝天保三年（西元五五二）为突厥所破，始底于亡。其立国制度及风俗，略举如下。

社仑……北徙弱各水，始立军法。千人为军，军置将一人。百人为幢，幢置帅一人。先登者赐以虏获，退懦者以石击首杀之，或临时捶挞。无文记，将帅以羊屎粗计兵数，后颇知刻木为记（《魏书》卷一〇三《蠕蠕传》）。

蠕蠕之俗，君及大臣因其行能即为称号，若中国立谥。既死之后，不复追称（《魏书》卷一〇三《蠕蠕传》）。

明帝之后，中原丧乱，未能外略。阿那瓌统率北方，颇为强盛。……阿那瓌因入洛阳，心慕中国，立官号，僭拟王者，遂有侍中、黄门之属（《北史》卷九十八《蠕蠕传》）。

蠕蠕……魏自南迁，因擅其地。故无城郭，随水草畜牧，以穹庐居。辫发，衣锦小袖袍、小口裤、深雍靴。其地苦寒，七月流澌亘河（《南史》卷七十九《北狄传》）。

（乙）突厥

突厥兴起，史有三说，分列之如下。

突厥者，其先居西海之右，独为部落，盖匈奴之别种也，姓阿史那氏。后为邻国所破，尽灭其族。有一儿年且十岁，兵人见其小，不忍杀之，乃刖足断其臂，弃草泽中。有牝狼以肉饵之，及长，与狼交合，遂有孕焉。彼王闻此儿尚在，重遣杀之，使者见在狼侧，并欲杀狼。于时若有神物，投狼于西海之东，落高昌国西北山。山有洞穴，穴内有平壤，茂草周回数百里，四面俱山，狼匿其中，遂生十男。十男长，外托妻孕，其后各为一姓。阿史那即其一也，最贤，遂为君长，故牙门建"狼头毒"，示不忘本也。渐至数百家。经数世，有阿贤设者，率部落，出于穴中，臣于蠕蠕（《北史》卷九十九《突厥传》）。

或云，突厥本平凉杂胡，姓阿史那氏。魏太武皇帝灭沮渠氏，阿史那以五百家奔蠕蠕，世居金山之阳，为蠕蠕铁工。金山形似兜鍪，借号兜鍪突厥，突厥因以为号（《北史》卷九十九《突厥传》）。

又曰，突厥之先，出于索国，在匈奴之北。其部大人曰阿谤步，兄弟七十人。其一曰伊质泥师都，狼所生也。阿谤步等性并愚痴，国遂被灭。泥师都既别感异气，能征召风雨。娶二妻，云是夏神、冬神之女，一孕而生四男，其一变为白鸿；其一国于阿辅水、剑水之间，号为契骨；其一国于处折水；其一居跋斯处折施山，即其大儿也。山上仍有阿谤步种类，并多寒露，大儿为出火温养之，咸得全济，遂共奉大儿为主，号为突厥，即纳都六设也。都六有十妻，所生子皆以母族姓，阿史那，是其小妻之子也。都六死，十母子内欲择立一人，乃相率于大树下，共为约曰："向树跳跃，能最高者，即推立之。"阿史那子年幼而跳最高，诸子遂奉以为主，号阿贤设（《北史》卷九十九《突厥传》）。

以上所记，虽涉于荒渺，然细加探讨，即可知突厥乃为匈奴之一种。初居于近塞地方，知识较高，故能为铁工。魏太武帝灭沮渠氏，突厥亦破灭，逃遁而北。以地理推之，所谓金山，即阿尔泰山，剑水即谦河，则其兴起，即在唐努乌梁海境内也。其与齐、周交通，则自土门始。

其后曰土门，部落稍盛，始至塞上市缯絮，愿通中国。西魏大统十一年（梁武帝大同十 年，东魏孝静帝武定三年，即西元五四五年），周文帝遣酒泉胡安诺槃陁使焉。……十二年，土门遂遣使献方物。时铁勒将伐蠕蠕，土门率所部邀击破之，尽降其众五万余落，恃其强盛，乃求婚于蠕蠕，主（蠕蠕）阿那瓌大怒，使人詈辱之。……土门亦怒，杀其使者，遂与之绝，而求婚于魏，周文帝许之。十七年六月，以魏长乐公主妻之。……废帝元年（西元五六〇）正月，土门发兵击蠕蠕，大破之……阿那瓌自杀。……土门遂自号伊利可汗，犹古之单于也；号其妻为可贺敦，亦犹古之阏氏也。亦与齐通使往来（《北史》卷九九《突厥传》）。

土门死，子科罗立。科罗……且死，舍其子摄图，立其弟俟斤，是为木杆可汗。俟斤……勇而多知，务于征伐……西破吠哒，东走契丹，北并契骨，威服塞外诸国。其地东自辽海以西，至西海万里，南自沙漠以北，至北海五六千里，皆属焉（《北史》卷九十九《突厥传》）。

突厥辟土既广，国力强盛，遂挟其势以凭陵齐、周。时齐、周分争，畏而结之，以为外援。于是结婚姻，遗缯帛，买其欢心，而突厥之势愈强。

俟斤死，复舍其子大逻便而立其弟，是为他钵可汗。……自俟斤以来，其国富强，有凌轹中夏之志。朝廷既与之和亲，岁给缯絮锦彩十万段。突厥在京师者，又待以优礼，衣锦食肉，常以千数。齐人惧其寇掠，亦倾府藏以给之。他钵弥复骄傲，乃令其徒属曰："但使我在南两个儿孝顺，何忧无物邪！"（《北史》卷九十九《突厥传》）

突厥内部，颇有组织，非纯无文化者。兹略举之于下。

（子）官制

可汗者，犹古之单于；妻号可贺敦，犹古之阏氏也。其子弟谓之特勒（《旧唐书》作勤），别部领兵者皆谓之设。其大官屈律啜，次阿波，次颉利发，次吐屯，次俟斤，并代居其官而无员数，父兄死则子弟承袭（《旧唐书》卷一九四上《突厥传上》）。

其别部典兵者曰设，子弟曰特勒。大臣曰叶护，曰屈律啜，曰阿波，曰俟利发，曰吐屯，曰俟斤，曰阎洪达，曰颉利发，曰达干（于），凡二十八等，皆世其官而无员限。卫士曰附离（《唐书》卷二一五上《突厥传上》）。

（丑）刑法

其刑法，反叛，杀人，及奸人之妇，盗马绊者，皆死。淫者割势而腰斩之。奸人女者，重责财物，即以其女妻之。斗伤人者，随轻重输物，伤目者偿以女，无女则输妇财，折支体者输马。盗马及杂物者，各十余倍征之（《北史》卷九十九《突厥传》）。

（寅）生活

其俗畜牧为事，随逐水草，不恒厥处。穹庐毡帐，被发左衽，食肉饮酪，身衣裘褐（《隋书》卷八十四《突厥传》）。

（卯）礼俗

死者停尸于帐，子孙及亲属男女各杀羊马，陈于帐前祭之，绕帐走马七匝，诣帐门以刀剺面且哭，血泪俱流，如此者七度乃止。择日，取亡者所乘马及经服用之物，并尸俱焚之，收其余灰，待时而葬。……葬日，亲属设祭及走马、剺面如初死之仪。表为茔，立屋中，图画死者形仪，及其生时所战阵状。尝杀一人，则立一石，有至千百者。又以祭之羊马头，尽悬之于标上。是日也，男女咸盛服饰，会于葬所。男有悦爱于女者，归即遣人聘问，其父母多不违也（《北史》卷九十九《突厥传》）。

可汗恒处于都斤山……每岁率诸贵人，祭其先窟。又以五月中旬集他人水，拜祭天神。……敬鬼神，信巫（《北史》卷九十九《突厥传》）。

（辰）文化

其书字类胡，至不知年历，唯以草青为记（《北史》卷九十九《突厥传》）。

齐有沙门惠琳，被掠入突厥中，因谓佗钵曰：“齐国富强者，为有佛法耳。”遂说以因缘果报之事。佗钵闻而信之，建一伽蓝，遣使聘于齐氏，求《净名》《涅槃》《华严》等经，并《十诵律》。佗钵亦躬自斋戒，绕塔行道，恨不生内地（《隋书》卷八十四《突厥传》）。

（四）南北朝之和战

（1）战争之概况

南北对峙，时起冲突。但北强于南，历次战争之结果，胜利多属之北方。而南朝疆宇日削，国势日蹙，终为北朝所并。

刘裕相晋，灭慕容超而复青、齐，降姚洸而复洛阳，灭姚泓而复关中。其后关中虽为赫连勃勃所夺，而溯河西上时，遣王仲德在北岸陆行，魏将尉建弃滑台，仲德入据之。自后魏屡攻，得而复失。……直至魏太武帝（宋文元嘉二十七年，遣王元谟等北伐）遣安颉攻拔洛阳，克虎牢，克滑台，帝临江起行宫于瓜步，宋馈百牢，乃班师，于是河南之地多入魏。魏孝文帝时，宋薛安都以彭城、毕众敬以兖州、常珍奇以悬瓠，俱属于魏。张永、沈攸之与魏战，又大败（宋明帝泰始二年，魏献文帝天安元年，西元四六六年），于是宋遂失淮北四州（徐、兖、青、冀）及豫州淮南地（汝南、新蔡、谯、梁、陈、南顿、颍川、汝阳、汝阴等郡）。其后（齐明帝永泰元年，即魏孝文帝太和二十二年，与魏战败，失沔北南阳、新野、南乡、北襄，城西汝南、北义阳等郡）齐将裴叔业，又以寿春降魏（齐东昏侯永元二年，魏宣武帝景明元年），于是淮北之地亦尽入于魏。故萧齐北境，已小于宋。迨梁武帝使张绍惠取宿豫，萧容取梁城，韦叡取合肥（天监五年五月），以及义阳、邵阳之战，浮山堰之筑（天监十三年筑，十五年成，寻溃），两国交兵，争沿淮之地者十余年，互有胜负。……魏末尔朱荣之乱，北海王颢奔梁，梁立为魏主，使陈庆之送之归国，深入千里（大通二年，魏孝庄帝永安元年，遣陈庆之将兵送魏北海王颢还，自铚城入魏国，西至洛阳，凡克三十二城，又北渡河，取河内），孝庄帝北走，颢遂入洛，梁之势几振。其后颢战败被擒（尔朱荣将兵攻之），魏仍复所失地，而梁之地尚无恙也。及侯景之乱，西魏寇安陆，执司州刺史柳仲礼，尽没汉东之地（梁简文帝大宝元年）。其淮阳、山阳、淮阴等地，俱降东魏，鄱阳王范又以合州降东魏，东魏遂尽有淮南之地。景又攻陷广陵，使郭元建守之。景败，元建以广陵降北齐（注：时东魏孝静帝，已逊位于齐文宣），于是江北亦为北齐所有。是时萧绎在江陵，乞师于西魏（为侯景所逼），令萧循（梁、秦二州刺史）以南郑与西魏，西魏遂取汉中（循不可，宇文泰遣达奚武攻克之）。绎称帝于江陵（即元帝），武陵王纪自成都起兵伐之（时已称帝），西魏使尉迟迥攻成都以救绎，及纪为绎所杀，而迥亦取成都，于是蜀地尽入于西魏矣（均元帝承圣元年事）。是时梁之境，自巴陵至建康，惟以长江为限，荆州界北尽武宁，西拒峡口。而岳阳王萧詧，以绎杀其兄誉（誉封河东王，时为湘州刺史，因讨侯景，与绎有隙，绎攻杀之），遂据襄阳降西魏。西魏遣于谨等伐江陵，克之，杀元帝（承圣三年十二月，西魏恭帝元年，即西元五五四年），乃以江陵易襄阳，使詧为梁王，而襄阳亦入于西魏矣。元帝殁后，王僧辩、陈霸先立其子方智（敬帝）于建业，北齐文宣纳萧渊明（攻章城时为东魏所获）入为梁主（王僧辩迎立之），陈霸先废杀之，仍奉方智。其时徐嗣徽（谯、秦二州刺史）、任约（南豫州刺史）降北齐，方据石头城（霸先东攻义兴太守韦载，徐乘京师无备，遂取之，引齐兵入），文宣又遣萧轨、柳达摩、东方老等来镇石头，为霸先所擒杀，金陵之地得以不陷。计是时江以北，尽入于北齐，西境则蜀中及襄阳俱入西魏，江陵又为萧詧所有，梁地更小于元帝时矣。陈霸先篡位，因之以立国，其地之入于周者（注：西魏恭帝逊位于周），惟湘州在江之南（赵翼《廿二史札记》卷十二《南朝陈地最小》一节）。

初，齐人因江陵之亡，取郢州（即江夏，梁敬帝初，司徒陆法和以郢附齐），又东拔谯郡，取皖城，克东关，既纳萧渊明，乃归郢城于梁。及渊明废，徐嗣徽以谯、秦二州降齐，引齐兵入姑孰，据石头，旋败却。复自芜湖东下，战于台城南北，霸先大破之（梁敬帝太和元年六月），自是齐兵不复渡江，然江北之地悉没于齐矣。又湘州刺史王琳（通款于魏，欲攻陈霸先）据州不下，东略郢州，霸先遣将侯安都等击之，军败，琳进据江州（陈武帝永定元年十月），奉萧庄为主（庄，湘东世子方之子，封永嘉王。齐人初攻建康，庄质于齐，琳请于齐而立之）。会齐兵东下，战于芜湖，败奔齐（陈文帝天嘉元年，齐废帝乾明元年），江、郢之地，乃归于陈。而后梁主又因琳军之东，遣将略取长沙、武陵、南平、巴陵诸郡，归之于周（陈武帝永定二年十二月），周人使梁戍之。琳既平，于是遣侯瑱等西略巴、湘，周人复增兵戍守。久之，巴陵、湘州降（陈文帝天嘉元年，周将独孤盛，领水陆军趋巴湘，太尉侯瑱自寻阳御之。十二月，周巴陵城主尉迟宪降。二年正月，湘州城主殷亮降），周军引去。于是武陵、天门、南平、义阳（侨置）、河东（侨置）、宜都诸郡，始为陈境。其后（陈宣帝）太建五年（齐后主武平四年，西元五七三年，后主荒纵国乱，陈乃乘之），遣吴明彻等北伐（吴明彻克寿阳城，斩王琳。七年闰九月，又大破齐军于吕梁），淮南州郡，次第降下，淮北亦皆响应。九年（周武帝建德六年，西元五七七年），因周人灭齐，复命明彻图淮北，攻围彭城。周将王轨驰救，引轻兵据淮口，遏陈船归路。明彻引还，至清口（即淮口）败没（太建十年，周武帝宣政元年，西元五七八年，明彻大败于吕梁，与将卒皆被囚俘）。十一年（周静帝大象元年），周将韦孝宽等渡淮，江北之地，尽为所略。十二年（大象二年），司马消难复以郧、随、温、应、土、顺、沔、澴、岳九州及鲁山等镇来降（杨坚辅政，郧州总管司马消难举兵战败，遂奔于陈），周复取之。卒不能振，以至于亡（顾祖禹《读史方舆纪要》卷四）。

（2）通聘重使才

南北通好，颇重使才，自梁以后，益重才华。凡为使，必择其容止可观、文学优赡者，以充任之，亦当时之风尚也。

南北通好，务以俊乂相矜，衔命接客，必尽一时之选，无才地者，不得与焉。梁使每入，邺下为之倾动，贵胜子弟，盛饰聚观，礼赠优渥，馆门成市。……魏使至梁，亦如梁使至魏（《北史》卷四十三《李谐传》）。

时与梁和，妙简聘使，邵与魏收及从子子明被征入朝。当时文人，皆邵之下，但以不持威仪，名高难副，朝廷不令出境（《北史》卷四十三《邢邵传》）。

赡经热病，面多瘢痕，然雍容可观，辞韵温雅，南人大相钦服。陈舍人刘师知见而心醉，乃言："常侍，前朝通好之日何意不来？今日谁相对扬者。"其见重如此（《北史》卷二十四《崔赡传》）。

其南北通使，增重邻国者，略举数人于下。

太延中，以前后南使不称，妙简行人，游雅荐推应选。……使刘义隆（宋文帝），南人称其才辩（《魏书》卷四十八《高允附高推传》）。

齐永明二年，使魏，武帝谓曰："以卿有将命之才。"（《南史》卷三十三《裴昭明传》）

游明根……性贞慎寡欲，综习经典。……高祖以其小心敬慎，每嗟美之。……使于刘骏（宋武帝），直使明僧暠相对。前后三返，骏称其长者，迎送之礼有加（《魏书》卷五十五《游明根传》）。

彪……使于萧赜……将还，赜……以殊礼相送……亲至琅邪城，登山临水，命群臣赋诗以送别，其见重如此。彪前后六度衔命，南人奇其謇谔（《魏书》卷六十二《李彪传》）。

天平末，魏欲与梁和好，朝议将以崔㥄为使主。㥄曰："文采与识，㥄不推李谐，口颊顑颔，谐乃大胜。"于是以谐……卢元明……李业兴……聘焉。梁武使朱异觇客，异言谐、元明之美。谐等见，及出，梁武目送之，谓左右曰："朕今日遇勍敌，卿辈常言北间都无人物，此等何处来？"（《北史》卷四十三《李谐传》）

聘使至梁，梁武谓之曰："伯阳之后，久而弥盛，赵李人物，今实居多。"（《北齐书》卷二十九《李浑传》）

神武南上，帝西入关。收……副王昕使梁，昕风流文辩，收辞藻富逸，梁主及其群臣，咸加敬异。先是，南北初和，李谐、卢元明首通使命，二人才器，并为邻国所重。至此，梁主称曰："卢、李命世，王、魏中兴，未知后来复何如耳。"（《北齐书》卷三十七《魏收传》）

世宗初……陈氏请敦邻好，诏彦穆使焉。彦穆风韵闲旷，器度方雅，善玄言，解谈谑，甚为江陵所称（《周书》卷三十六《崔彦穆传》）。

选使既如上述，则接待聘使，亦必择有才行者以充之。

融少而神明警惠，博涉有文才。……上（武帝）以融才辩……使兼主客，接虏使房景高、宋弁。弁见融年少，问主客年几。融曰："五十之年，久逾其半。"因问："在朝闻主客作《曲水诗序》。"景高又云"……实愿一见"。融乃示之。……弁……曰："昔观相如封禅，以知汉武之德；今览王生诗序，用见齐王之盛。"（《南齐书》卷四十七《王融传》）

北虏使来，绘以辞辩，敕接虏使。事毕，当撰语辞，绘谓人曰："无论润色未易，但得我语亦难矣。"（《南齐书》卷四十八《刘绘传》）

夬少勤学，有局干。……永明（武帝）中，与魏和亲，敕夬与……任昉同接魏使，皆时选也（《梁书》卷十九《宗夬传》）。

岫文虽不逮沈约，而名行为时辈所与，博涉多通。……永明中，魏使至，有诏妙选朝士有词辩者，接使于界首，以岫兼淮阴长史迎焉（《梁书》卷二十六《范岫传》）。

缵好学……昼夜披读，殆不辍手。……普通（梁武帝）初，魏遣彭城人刘善明诣京师请和，求识缵。缵时年二十三，善明见而嗟服（《梁书》卷三十四《张缵传》）。

天安（魏献文帝）初……以温敏敬慎，高宗亲爱之，累迁主客令。萧赜使刘缵朝贡，安世美容貌，善举止，缵等自相谓曰："不有君子，其能国乎？"（《魏书》卷五十三《李孝伯附李安世传》）

萧扬……梁武帝弟安成王秀之子也。性温裕，有仪表。……博观经史，雅好属文。……东魏遣李谐、卢元明使于梁，梁武帝以㧑辞令可观，令……受币于宾馆（《周书》卷四十二《萧㧑传》）。

陆卬……少机悟，美风神，好学不倦，博览群书，《五经》多通大义，善属文。……名誉日高，儒雅搢绅，尤所推许。……自梁、魏通和，岁有交聘，卬每兼官燕接。在帝席赋诗，卬必先成，虽未能尽工，以敏速见美（《北齐书》卷三十五《陆卬传》）。

时萧衍使……刘孝仪等来朝贡，诏昕……迎于境上（《魏书》卷八十五《邢昕传》）。

祖珽……神情机警，词藻遒逸。少驰令誉，为世所推。……其文典丽。由是神武闻之。……江南使人来聘，为中劳使。……珽弟孝隐，亦有文学，早知名，词章虽不逮兄，亦机警有辩。……魏末为散骑常侍，迎梁使。时徐君房、庾信来聘，名誉甚高，魏朝闻而重之，接对者多取一时之秀，卢元景之徒并降阶摄职，更递司宾。孝隐少处其中，物议称美（《北齐书》卷三十九《祖珽传》）。

裴让之……少好学，有文情，清明俊辩，早得声誉。……梁使至，帝令让之摄主客郎（《北齐书》卷三十五《裴让之传》）。

道衡……专精好学……其后才名益著。……武成即位，兼散骑常侍，接对周、陈二使。……陈使傅縡聘齐，以道衡兼主客郎接对之，縡赠诗五十韵，道衡和之，南北称美（《北史》卷三十六《薛辩附薛道衡传》）。

（3）军事之影响

南北构兵，征调频仍，军费浩繁，遂不得不多方搜括矣。

元嘉二十七年二月……以军兴，减百官俸三分之一。三月，淮南太守诸葛阐求减俸禄，同内百官，于是州及郡县丞、尉，并悉同减（《宋书》卷五《文帝纪》）。

元嘉二十七年……军旅大起，王公妃主，及朝士牧守，各献金帛等物，以助国用。……有司又奏军用不充，扬、南、徐、兖、江四州富有之民，家资满五千万、僧尼满二千万者，并四分换一，过此率讨事息即还（《宋书》卷九十五《索虏传》）。

建元（高帝）初，狡虏游魂，军用殷广，浙江五郡，丁税一千，乃有质卖妻儿以充此限，道路愁穷，不可闻见。所逋尚多，收上事绝（《南齐书》卷二十六《王敬则传》）。

齐自永元（东昏侯）以后，魏每来伐，继以内难，扬、徐二州人丁三人取两，以此为率，远郡悉令上米，准行一人五十斛，输米既毕，就役如故（《通考》卷十《户口考一》）。

天监四年十月……是岁以兴师费用，王公以下，各上国租及田谷以助军资（《梁书》卷二《武帝纪中》）。

天监十三年……时，魏降人王足，陈计求堰淮水以灌寿阳。……咸谓淮内沙土漂轻不坚实，其功不可就。高祖弗纳，发徐、扬人率二十户取五丁以筑之。假绚节、都督淮上诸军事，并护堰作役人及战士，有众二十万。于钟离南起浮山（安徽盱眙县西），北抵巉石（安徽五河县东），依岸以筑土，合脊于中流。十四年，堰将合，淮水漂疾，辄复决溃。……乃伐树为井干，填以巨石，加土其上。缘淮百里内，冈陵木石，无巨细必尽，负担者肩上皆穿。夏日疾疫，死者相枕。……是冬又寒甚，淮、泗尽冻，士卒死者十七八。……十五年四月，堰乃成，其长九里，下阔一百四十丈，上广四十五丈，高二十丈，深十九丈五尺。夹之以堤，并树杞柳，军人安堵，列居其上。……八月，淮水暴涨，堰悉坏决，奔流于海（《梁书》卷十八《康绚传》）。

普通六年五月，修宿豫堰，又修曹公堰于济阴。……大通二年二月，筑寒山堰（《南史》卷七《梁武帝纪下》）。

天嘉元年三月，诏曰：“……兴师以来……府藏虚竭，杼轴岁空。”（《陈书》卷三《文帝纪》）

先是，（文成帝）太安中，高宗以常赋之外，杂调十五，颇为烦重，将与除之。尚书毛法仁曰:“此是军国资用，今顿罢之，臣愚以为不可。”（《魏书》卷一一〇《食货志》）

延兴三年（宋后废帝元徽元年）十月，太上皇帝将南讨，诏州郡之人，十丁取一充行，户租五十石，以备军粮（《北史》卷三《魏孝文帝纪》）。

魏自永安（孝庄帝）之后，政道陵夷，寇乱实繁，农商失业。官有征代，皆权调于人，犹不足以相资奉，乃令所在迭相纠发，百姓愁怨，无复聊生。寻而六镇扰乱，相率内徙，寓食于齐、晋之郊，齐神武因之以成大业。魏武西迁，连年战争，河、洛之间，又并空竭（《隋书》卷二十四《食货志》）。

文宣受禅，多所创革。六坊之内徙者，更加简练，每一人必当百人，任其临阵必死，然后取之，谓之“百保鲜卑”。又简华人之勇力绝伦者，谓之“勇夫”，以备边要。始立九等之户，富者税其钱，贫者役其力。……其后南征诸将，频岁陷没，士马死者以数十万计。……是时用度转广，赐与无节，府藏之积，不足以供，乃减百官之禄，撤军人常廪，并省州、郡、县镇戍之职。又制刺史守宰行兼者并不给干（南齐有僮干，若今驱使门仆之类），以节国之费用焉（《隋书》卷二十四《食货志》）。

因战争之结果，人口减少，互相掳掠，以供役使。

宋明帝泰始五年（魏献文帝皇兴三年）五月，魏徙青、齐民于平城，置升城、历城民望于桑乾，立平齐郡以居之，自余悉为奴婢，分赐百官。魏沙门统昙曜奏:“平齐户及诸民，有能岁输谷六十斛入僧曹者，即为僧祇户，粟为僧祇粟，遇凶岁赈给饥民。”又请“民犯重罪及官奴，以为佛图户，以供诸寺洒扫”。魏主并许之，于是僧祇户、粟及寺户遍于州镇矣（《资治通鉴》卷一三二《宋纪十四》）。

自晋、宋以后，经纬在魏境江、淮以北，南人皆谓为虏。是时以赏俘贸酒者，一人裁得一醉（《南史》卷九陈《武帝纪》）。

建德六年二月……诏自伪武平三年以来，河南诸州人，伪齐破掠为奴婢者，不问公私，并放免之。其住在淮南者亦即听还，愿住淮北者可随便安置（《北史》卷十《周武帝纪》）。

当时曾提倡生育，亦可见人口减少之一斑。

永明七年正月……申明不举子之科，若有产子者，复其父（《南史》卷四《齐武帝纪》）。

建武四年正月……诏人产子者，蠲其父母调役一年，又赐米十斛。新婚者蠲夫役一年（《南史》卷五《齐明帝纪》）。

敕曰："……东南不宾，为日已久，先朝已来，置之度外。今天下户口减半，未宜穷兵极武。"（《北史》卷六《齐神武帝纪》）

两晋南北朝制度

(一)官制

(1)中央

两晋及南朝官制,多相承袭,虽设宰相,非寻常之职。

魏文帝复置中书监令,并掌机密,自是中书多为枢机之任。其后定制,置大丞相第一品。后又有相国,齐王以司马师为之,高贵乡公以司马昭为之。晋惠帝永宁元年,罢丞相,复置司徒。永昌元年,罢司徒并丞相,则与司徒不并置矣。其后或有相国,或有丞相,省置无恒,而中书监令,常管机要,多为宰相之任。自魏晋以来,相国、丞相,多非寻常人臣之职。……宋孝武帝,初唯以南郡王义宣为丞相,而司徒府始如故,亦有相国。……齐丞相不用人,以为赠官。梁罢相国,置丞相;罢丞相,置司徒。陈又置相国,位列丞相上,并丞相并为赠官。按:自魏晋以来,宰相但以他官参掌机密,或委知政事者则是矣,无有常官。其相国、丞相,或为赠官,或则不置,自为尊崇之位,多非人臣之职。其真为宰相者,不必居此官(《通典》卷二十一《职官三》)。

东汉时,尚书令之权颇重,直代相职。魏、晋以降,参赞机要,乃移之于中书与门下,尚书仅执行政务而已。

魏武帝为魏王,置秘书令,典尚书奏事,又其任也。文帝黄初初,改为中书令,又置监,以秘书左丞刘放为中书监,右丞孙资为中书令,并掌机密。中书监令始于此也。及明帝时,中书监令号为专任,其权重矣。晋因之,置监令一人,始皆同车,后乃异焉。魏晋以来,中书监令,掌赞诏命,记会时事,典作文书。以其地在枢近,多承宠任,是以人固其位,谓之“凤凰池”焉(《通典》卷二十一《职官三》)。

自魏晋重中书之官,居喉舌之任,则尚书之职,稍以疏远。至梁、陈,举国机要,悉在中书,献纳之任,又归门下,而尚书但听命受事而已

(《通典》卷二十二《职官四》)。

至九卿之官，亦皆设置，但均失其职矣，归入尚书各曹中。中央执政权者，则唯尚书、中书、侍中。然诸官皆秦汉时少府所属之宦寺，虽改用士人，无异私豢。关于组织，列简表于左。

三省官制简表

区别	官名	员数	备考
尚书省	尚书令	一	《通典·职官典》：后汉总谓尚书台，亦谓中台。宋曰尚书寺，居建礼门内，亦曰尚书省，亦谓之内台。 又魏以五曹尚书、二仆射、一令为八座，宋、齐八座与魏同。
	左右仆射	各一	《晋书·职官志》：经魏至晋，迄于江左，省置无恒。置二，则为左右仆射；或不两置，但曰尚书仆射。令阙，则左为省主。
	列曹尚书	六或五	《通典·职官典》：晋太康，有吏部、殿中、五兵、田曹、度支、左民，为六曹尚书。及渡江，有吏部、祠部、五兵、左民、度支五尚书。宋有吏部、祠部、度支、左民、都官、五兵六尚书。齐、梁与宋同，亦别有起部，而不常置也。陈与梁同。
	左右丞	各一	《晋书·职官志》：晋左丞主台内禁令，右丞掌台内库藏庐舍。
	尚书郎		《通典·职官典》：晋尚书郎选极清美，号为大臣之副，武帝时有三十四曹，后又为三十五曹，置郎中二十三人，更相统摄。或为三十六曹。东晋有十五曹，官资小减。宋高祖时有十九曹，元嘉以后有二十曹。梁加三曹为二十三曹。陈有二十一曹。
中书省	中书监	一	《通典·职官典》：中书省自魏、晋始，梁、陈时，凡国之政事，并由中书省。
	中书令	一	

续表

区别	官名	员数	备考
中书省	中书侍郎	四	《通典·职官典》：中书侍郎，副掌王言，更入直省。
	通事舍人		徐坚《初学记》：自晋、宋以来，唯掌呈奏，宣王言，甚用事。
门下省	侍中	四	《通典·职官典》：门下省后汉谓之侍中寺，《晋志》曰给事黄门侍郎与侍中，俱管门下众事，或谓之门下省。至齐亦呼侍中为门下，梁门下省有侍中、给事黄门侍郎四人。梁侍中高功者，在职一年，诏加侍中祭酒，与散骑侍卫高功者一人对掌禁令，此颇为宰相矣。陈侍中亦如梁制。
	给事黄门侍郎	四	《通典·职官典》：魏、晋以来，给事黄门侍郎，并为侍卫之官。

北朝魏氏初兴，制多草创。至孝文帝太和中，王肃来奔，为制官品百司位号，皆准南朝，以为永制。南北文化，因此遂得一种结合。

初，帝（道武）欲法古纯质，每于制定官号，多不依周、汉旧名，或取诸身，或取诸物，或以民事，皆拟远古云鸟之义。诸曹走使，谓之“凫鸭”，取飞之迅疾；以伺察者为候官，谓之“白鹭”，取其延颈远望。自余之官，义皆类此，咸有比况（《魏书》卷一三三《官氏志》）。

魏氏世君玄朔……掌事立司，各有号秩。及交好南夏，颇亦改创……余官杂号，多同于晋朝。……其诸方杂人来附者，总谓之乌丸，各以多少，称酋庶长，分为南北部，复置二部大人以统摄之。……太祖（道武帝）登国元年（西元三八六年），因而不改，南北犹置大人，对治二部。是年置都统长，又置幢将，及外朝大人官。其都统长领殿内之兵，直王宫；幢将员六人，主三郎卫士直宿禁中者，自侍中已下、中散已上皆统之。外朝大人无常员，主受诏命，外使出入禁中，国有大丧大礼，皆与参知，随所典焉（《魏书》卷一一三《官氏志序》）。

神瑞（明帝）元年（西元四一四年）春，置八大人官，大人下置三属官，总理万机，故世号八公（《魏书》卷一一三《官氏志》）。

义熙中，仇池公杨盛表云……国中呼内左右为直真，外左右为乌矮真，曹局文书吏为比德真，檐衣人为朴大真，带仗人为胡洛真，通事人为乞万真，守门人为可薄真，伪台乘驿贱人为拂竹真，诸州乘驿人为咸真，杀人者为契害真，为主出受辞人为折溃真，贵人作食人为附真，三公贵人通谓之羊真。佛狸（太武帝字）置三公，太宰尚书令，仆射侍中，与太子共决国事，殿中尚书知殿内兵马仓库，乐部尚书知伎乐及角史伍伯，驾部尚书知牛马驴骡，南部尚书知南边州郡，北部尚书知北边州郡。又有俟懃地何比尚书，莫堤比刺史，郁若比二千石，受别官比诸侯，诸曹府有仓库，悉置比官，皆使通虏汉语，以为传驿（《南齐书》卷五十七《魏虏传》）。

自太祖至高祖（孝文帝）初，其内外百官，屡有减置，或事出当时，不为常目。……太和中，高祖诏群寮，议定百官，著于令（《魏书》卷一一三《官氏志》）。

北齐创业，亦遵后魏，台省位号，与江左稍殊。后周初据关中，犹依魏制。及平江陵，酌《周礼》之文，建六官之职，遂为唐以后六部制度所本。

恭帝三年正月……帝以汉、魏官繁，思革前弊。大统中，乃令苏绰、卢辩，依周制改创其事，寻亦置六卿官。然为撰次未成，众务犹归台阁，至是始毕，乃命行之（《北史》卷九《周恭帝纪》）。

初，太祖欲行周官，命苏绰专掌其事，未几而绰卒，乃令辩成之。于是依《周礼》建六官，置公、卿、大夫、士。……今录辩所述六官，著之于篇。天官府（管冢宰等众职）、地官府（领司徒等众职）、春官府（领宗伯等众职）、夏官府（领司马等众职）、秋官府（领司寇等众职）、冬官府（领司空等众职），史虽具载，文多不录（《周书》卷二十四《卢辩传》）。

周太祖初据关内，官名未改魏号。及方隅粗定，改创章程，命尚书令卢辩，远师周之建职，置三公三孤，以为谕道之官。次置六卿，以分司庶务（《隋书》卷二十七《百官志》）。

北周官制九命简表

三公	太师 太傅 太保 （正九命）	三孤	少师 少傅 少保 （正八命）	六卿	天官府大冢宰 地官府大司徒 春官府大宗伯 夏官府大司马 秋官府大司寇 冬官府大司空 （正七命）	六卿之属	诸上大夫（正六命） 诸中大夫（正五命） 诸下大夫（正四命）	诸上士（正三命） 诸中士（正二命） 诸下士（正一命）

（2）地方

晋为州、郡、县三级制度。

州置刺史（《晋书》卷二十四《职官志》）。

郡皆置太守，河南郡京师所在则曰尹。诸王国，以内史掌太守之任（《晋书》卷二十四《职官志》）。

县大者置令，小者置长（《晋书》卷二十四《职官志》）。

外官权力，日趋于重，皆带军职。

自魏、晋以后，刺史多带将军“开府”，则州与府各置僚属，州官理民（别驾、治中以下是），府官理戎（长史、司马等官是。〔《通典》卷三十二《职官十四》〕）。

魏、晋为刺史，任重者为使持节都督，轻者为持节。……自魏以来，庶姓（谓非帝族）为州而无将军者，谓之“单车刺史”。……晋制，刺史三年一入奏(《通典》卷三十二《职官十四》)。

晋郡守皆加"将军",无者为耻(《通典》卷三十三《职官十五》)。

都督诸州军事,创于曹魏,晋采其制,北周改为总管。

光武建武初,征伐四方,始权时置督军御史,事竟罢。……魏文帝黄初三年,始置都督诸州军事,或领刺史。……及晋受禅,都督诸军为上,监诸军次之,督诸军为下。使持节为上,持节次之,假节为下。使持节得杀二千石以下,持节杀无官位人。若军事得与使持节同假节,唯军事得杀犯军令者。江左以来,都督中外尤重(《晋书》卷二十四《职官志》)。

武成元年正月……初,改都督诸州军事为总管(《北史》卷九《周明帝纪》)。

魏黄初,始置都督诸州军事,后周改都督诸军事为总管。武帝时,以王谦为益州总管,总管之名始此(《通考》卷五十九《职官考一一二》)。

晋乡官其设置如下。

郡国及县,农月皆随所领户多少为差,散吏为劝农。又县五百以上皆置乡,三千以上置二乡,五千以上置三乡,万以上置四乡,乡置"啬夫"一人。乡户不满千以下,置"治书史"一人;千以上,置"史""佐"各一人,"正"一人;五千五百以上,置"吏"一人,"佐"二人。县率百户置"里吏"一人。其土广人稀,听随宜置里吏,限不得减五十户。户千以上,置校官掾一人(《晋书》卷二十四《职官志》)。

官之品级,自曹魏定九品制,梁改为十八班,后魏又有正、从之分。

天监初,武帝命尚书删定郎济阳蔡法度,定令为九品。……至七年(西元五〇八年),革选,徐勉为吏部尚书,定为十八班。以班多者为贵,同班者则以居下者为劣(《隋书》卷二十六《百官志上》)。

陈……遵梁制为十八班,而官有清浊,自十二班以上并诏授,表启不称姓。从十一班至九班,礼数复为一等。又流外有七班,此是寒微士人为之。从此班者,方得进登(《隋书》卷二十六《百官志上》)。

后魏置九品，品各置从，凡十八品。自四品以下，每品分为上、下阶，凡三十阶（《通典》卷十九《职官一》）。

后周制九命，每命分为二（内命王朝之臣，外命诸侯及其臣），以正为上，凡十八命（《通典》卷十九《职官一》）。

（二）兵制

晋中央军，有七军、五校之设。

晋初宿卫禁兵，有“七军”“五校”。七军者，左卫、右卫、前军、后军、左军、右军、骁骑也，皆有将军，而中领军总统之。其前、后、左、右，补称四军。五校者，屯骑、越骑、步兵、长水、射声也，各领千兵为营，皆在城中。又有翊军营……积弩营，亦典宿卫（钱仪吉《补晋兵志》）。

武帝以伐吴，遂分左、右各一将军，又置羽林、虎贲、上骑、异力四部，皆领于骁骑。又有左、右、前、后四军，四护军领之。凡二卫、左、右、前、后、骁骑七军，皆以中军将军羊祜领之（注：祜罢，改北中军候。〔《通考》卷一五一《兵考三》〕）。

晋武帝惩魏氏孤立，大封同姓，授以兵权，又防地方官专擅，悉去州、郡兵。

武帝惩魏氏孤立，大封同姓，大国三军，兵五千人；次国二军，兵三千人；小国一军，兵千五百人（《通考》卷一五一《兵考三》）。

吴平之后，帝诏天下罢军役，示海内大安，州、郡悉去兵，大郡置武吏百人，小郡五十人。……及永宁（惠帝）之后，屡有变难，寇贼猋起，郡国皆以无备不能制，天下遂以大乱（《晋书》卷四十三《山涛传》）。

太康元年（西元二八〇），既平吴，诏悉去州、郡兵。诏曰：“昔自汉末，四海分崩，刺史内亲民事，外领兵马。今天下为一，当韬戢干戈，刺史分职，皆如汉氏故事，悉去州、郡兵，郡置武吏百人，小郡五十人。”……及永宁以后，盗贼群起，州、郡无备，不能禽制，天下遂大乱。……其后刺史复兵民之政，州镇愈重矣（《通考》卷一五一《兵考三》）。

南渡之后，兵制废弛，每有征战，辄发奴兵。

元帝南渡，有大将军都督四镇、四征、四平之号，然调兵不出三吴，大发毋过三万，每议出讨，多取奴兵（《通考》卷一五一《兵考三》）。

以奴为兵，取将吏客使转运，皆协所建也（《晋书》卷六十九《刁协传》）。

大兴四年（西元三二一）五月……诏曰："昔汉二祖及魏武，皆免良人。武帝时，凉州覆败，诸为奴婢，亦皆复籍。此累代成规也。其免中州良人遭难为扬州诸郡僮客者，以备征役。"（《晋书》卷六《元帝纪》）

发东土诸郡免奴为客者，号曰乐属，移置京师，以充兵役。东土嚣然，人不堪命，天下苦之矣（《晋书》卷六十四《会稽王道子传》）。

翼欲率众北伐……于是并发所统六州奴，及车牛驴马，百姓嗟怨（《晋书》卷七十三《庾翼传》）。

出为义兴太守……迁射声校尉。时军校无兵，义兴人多义随，超因统其众以宿卫，号为君子营（《晋书》卷七十《刘超传》）。

入为中书监……又隐实户口，料出无名万余人，以充军实（《晋书》卷七十三《庾冰传》）。

谢玄募劲卒，号称北府兵。

太元初，谢玄北镇广陵。时苻坚方盛，玄多募劲勇，牢之……等以骁猛应选。玄以牢之为参军，领精锐为前锋，百战百胜，号为北府兵（《晋书》卷八十四《刘牢之传》）。

南北朝虽为一长期战争时代，但所用之兵，多系临时招募。

宋文帝元嘉二十七年，大举伐魏，以兵力不足，悉发青、冀、徐、豫、二兖三州（李按：三当作六）三五民丁，倩使暂行，符到十日装束。缘江五郡集广陵，缘淮三郡集盱眙。又募中外有马步众艺武力之士应科者，皆加厚赏。江南白丁，轻进易退，卒以败师（《通考》卷一五一《兵考三》）。

齐高祖受禅，自泰始以来，内外多虞，将帅各募部曲，屯聚建康。李安上表，请自非淮北常备外，余军悉皆输遣。若亲近宜以随身者，听限人数。上从之。武帝末年，魏孝文欲迁都洛阳，声言南伐，诏发扬、徐州民丁，广设招募以备之（《通考》卷一五一《兵考三》）。

永兴四年七月……置四厢大将，又放十二时置十二小将。五年正月……诏诸州六十户，出戎马一匹，大阅于东郊，署将帅（《北史》卷一《魏明元帝纪》）。

魏孝文帝行均田之法，户口始有可稽，渐复征兵之制。

太和十九年八月……诏选天下勇士十五万人，为羽林武贲，以充宿卫。……二十年十月，以代迁之士，皆为羽林武贲，司州之人，十二夫调一吏，为四年更卒，岁开番假，以供公私力役（《北史》卷三《魏孝文帝纪》）。

至东、西魏与周、齐对峙时代，战争剧烈，遂实行征兵。

北齐军制，别为内外，领之二胄，外步兵曹，内骑兵曹，十八受田，二十充兵，六十免役，颇追古意（《通考》卷一五一《兵考三》）。

周更定制编练，于是略为整齐之府兵遂乃产生。

周太祖辅西魏时，用苏绰言，始仿周典置六军，籍六等之民，择魁健材力之士以为之，首尽蠲租调，而刺史以农隙教之。合为百府，每府一郎将主之，分属二十四军，开府各领一军。大将军凡十二人，每一将军统二开府，一柱国主二大将，将复加持节都督以统焉。凡柱国六员，众不满五万人（《通考》卷一五一《兵考三》）。

闵帝时，改八丁兵为十二丁兵，率岁一月一役（《通考》卷一五一《兵考三》）。

武帝既诛晋公护，始亲政。初，周太祖为魏相，立左、右十二军，总属相府。……克齐之后，并相，各置六府，而东北别为七总管（《通考》卷一五一《兵考三》）。

北周府兵简表

官名	员数	说明
柱国	六	每柱国主二大将军。
大将军	十二	每大将军统二开府。
开府	二十四	全国兵分为二十四军，每开府领一军。
郎将	一〇〇	全国为百府，每府一郎将主之。

（三）刑法

（1）律令

我国法律，自李悝订定，始具雏形，至于晋室，乃臻完备，且减轻汉法严酷。惟晋律现已不传，据近人研究，则其单辞只义，殊为文明，转非隋、唐以后之法律所能及。盖隋、唐法律，原承袭于北魏、齐、周，其间杂有鲜卑法也。

文帝（司马师）为晋王，患前代律令本注烦杂，陈群、刘邵，虽经改革，而科网本密，又叔孙、郭、马、杜诸儒章句，但取郑氏，又为偏党，未可承用。于是令贾充定法律，令与太傅郑冲、司徒荀觊、中书监荀勖、中军将军羊祜、中护军王业、廷尉杜友守、河南尹杜预、散骑侍郎裴楷、颍川太守周权、齐相郭颀、都尉成公绥、尚书郎柳轨及吏部令史荣邵等十四人典其事，就汉九章，增十一篇，仍其族类，正其体号，改旧律为刑名、法例，辨囚律为告劾、系讯、断狱，分盗律为请赇、诈伪、水火、毁亡，因事类为卫宫、违制，撰《周官》为《诸侯律》，合二十篇（刑名、法例、盗律、贼律、诈伪、请赇、告劾、捕律、系讯、断狱、杂律、户律、擅兴、毁亡、卫宫、水火、厩律、关市、违制、诸侯），六百二十条，二万七千六百五十七言。蠲其苛秽，存其清约，事从中典，归于益时。其余未宜除者……权设其法，悉以为令。……违令有罪则入律。……凡律、令合二千九百二十六条，十二万六千三百言，六十卷，故事三十卷。泰始三年事毕……武帝亲自临讲，使裴楷执读。四年正月，大赦天下，乃班新律（《晋书》卷三十《刑法志》）。

初，晋张斐（李按：斐当作裴）、杜预共注律三十卷，自泰始以来用之，律文简约。或一章之中，两家所处生杀顿异，临时斟酌，吏得为奸（《通考》卷一六五《刑考四》）。

宋仍晋旧，齐虽删定，而未实行，至梁、陈始加修改。

齐武帝永明九年，令删定郎王植之集注张、杜旧律合为一书，凡千五百三十条。事未施行，其文殄灭（《通考》卷一六五《刑考四》）。

梁武帝……时……得齐时旧郎济阳蔡法度，家传律学云。齐……王植之集注……于是……使损益植之旧本，以为梁律。天监元年八月……以尚书令王亮……等参议断定，定为二十篇。一曰刑名，二曰法例，三曰盗劫，四曰贼叛，五曰诈伪，六曰受赇，七曰告劾，八曰讨捕，九曰系讯，十曰断狱，十一曰杂，十二曰户，十三曰擅兴，十四曰毁亡，十五曰卫宫，十六曰水火，十七曰仓库，十八曰厩，十九曰关市，二十曰违制，其制刑为十五等之差……凡定罪二千五百二十九条。二年四月……又上令三十卷、科三十卷（《隋书》卷二十五《刑法志》）。

陈氏承梁季丧乱，刑典疏阔。及武帝即位，思革其弊……令……尚书删定郎范泉，参定律令；又敕尚书仆射沈钦、吏部尚书徐陵……参知其事，制律三十卷，令律四十卷。采酌前代，条流冗杂，纲目虽多，博而非要（《隋书》卷二十五《刑法志》）。

北魏自道武帝入据中原以后，始订定法律，而门房之诛，最为严酷。齐、周建国，各加修订，虽兼采魏、晋，较为进步，然仍多沿袭拓跋氏遗意。齐定十恶之条，为唐以后所本。

道武既平定中原，患旧制太峻，命三公郎王德除其酷法，约定科令（《通考》卷一六五《刑考四》）。

神䴥四年十月，诏司徒崔浩改定律令（《北史》卷二《魏太武帝纪》）。

太武帝……正平中，又命太子少傅游雅、中书侍郎胡方回等改定律制，凡三百七十条，门房之诛四，大辟百四十五，刑二百二十一（《通考》卷一六五《刑考四》）。

孝文帝……又令高闾修改旧文，随例增减，凡八百三十二章，门房之诛十有六，大辟之罪二百三十五，刑三百七十七（《通典》卷一六四《刑二》）。

北齐文宣帝受禅后，命群官刊定魏朝《麟趾格》（于麟趾阁议定法制，故谓之《麟趾格》）。又议造齐律，积年不成，其决狱，犹依魏旧式（《通典》卷一六四《刑二》）。

武成帝河清三年，尚书令赵郡王叡等，奏上《齐律》十二篇，一曰名例，二曰禁卫，三曰户婚，四曰擅兴，五曰违制，六曰诈伪，七曰斗讼，八曰贼盗，九曰捕断，十曰毁损，十一曰厩牧，十二曰杂，其定罪九百四十九条。又上《新令》四十卷，大抵采魏晋故事。……又列重罪十条，一曰反逆，二曰大逆，三曰叛，四曰降，五曰恶逆，六曰不道，七曰不敬，八曰不孝，九曰不义，十曰内乱，其犯此十者，不在八议论赎之限。是后法令明审，科条简要。又敕仕门之子弟常讲习之，齐人多晓法律，盖由此也。其不可为定法者，别制《权令》二卷，与之并行（《隋书》卷二十五《刑法志》）。

周武帝保定三年三月，（司宪大夫拓跋迪撰新律）乃就，谓之《大律》，凡二十五篇，一曰刑名，二曰法例，三曰祀享，四曰朝会，五曰婚姻，六曰户禁，七曰水火，八曰兴缮，九曰卫宫，十曰市廛，十一曰斗竞，十二曰劫盗，十三曰贼叛，十四曰毁亡，十五曰违制，十六曰关津，十七曰诸侯，十八曰厩牧，十九曰杂犯，二十曰诈伪，二十一曰请求，二十二曰告言，二十三曰逃亡，二十四曰系讯，二十五曰断狱，大凡定罪一千五百三十七条。……不立十恶之目，而重恶逆、不道、大不敬、不孝、不义、内乱之罪（《隋书》卷二十五《刑法志》）。

（2）刑名

晋之刑罚，采自魏制，灭省苛条，称为简惠。

世祖武皇帝，接三统之微，酌千年之范，乃命有司大明刑宪。于时诏书颁新法于天下，海内同轨，人甚安之，条纲虽设，称为简惠（《晋书》卷三十《刑法志序》）。

魏文帝……傍采汉律，定为魏法。……更依古义，制为五刑。其死刑有三，髡刑有四，完刑、作刑各三，赎刑十一，罚金六，杂抵罪七，凡三十七名，以为律首。……文帝为晋王……令贾充定法律……蠲其苛秽，存其清约，事从中典，归于益时。……减枭斩族诛从坐之条……省禁固相告之条，去捕亡、亡没为官奴婢之制。轻过误老小女人当罚金杖罚者，皆令半之（《晋书》卷三十《刑法志》）。

南朝沿晋之旧，虽间有更改，但仍无大出入，兹依《隋书·刑法志》，将所定刑名，列表于下。

南朝刑名简表

罪名	犯罪	等差	备考
死	死	大罪枭首，次罪弃市。	
髡钳	五岁刑。		
耐罪	二岁刑以上。		按“耐”亦作“耏”，《汉书》“耐为鬼薪”，谓罪不至髡，但鬅其颊毛。
鞭	一岁、半岁、百日刑，并科。	二百、一百、五十、三十、二十、一十凡六等，鞭有制鞭、法鞭、常鞭，杖有大杖、法杖、小杖。	制鞭、制杖、法鞭、法杖，自非特诏，皆不得用。
杖			

其特异之点，颇重清议，而陈氏定律，更以之为骨干。

梁……士人有禁锢之科，亦有轻重为差，其犯清议，则终身不齿（《隋书》卷二十五《刑法志》）。

陈……武帝……定律令……其制唯重清议、禁锢之科，若缙绅之族，犯亏名教，不孝及内乱者，发诏弃之，终身不齿。先与士人为婚者，许妻家夺之（《隋书》卷二十五《刑法志》）。

魏法严峻，以杀戮立威，所定刑制，名目甚繁。

穆皇帝（猗卢）八年，晋愍帝进帝为代王。……先是，国俗宽简，民未知禁。至是明刑峻法，诸部民多以违命得罪。凡后期者，皆举部戮之，或有室家相携而赴死所，人问“何之”，答曰:“当往就诛。”(《魏书》卷一《帝纪一》)

后魏起自北方，属晋室之乱，部落渐盛，其主乃峻刑法，每以军令从事。人乘宽政，多以违令得罪，死者以万计，于是国落骚然。其后当死者，听其家献金、马以赎。犯大逆者，亲族男女无少长皆斩，男女不以礼交皆死。人相杀者，听与死家牛马四十九头及送葬器物以平之，无系讯连逮人。坐盗官物一备五，私物一备十。及道武既平定中原，患旧制太峻……除其酷法，约定科令（《通典》卷一六四《刑二》）。

道武……季年被疾，刑法滥酷。太宗承之，吏文亦深（《通考》卷一六五《刑考四》）。

太武帝神䴥中，诏崔浩定律令。除五岁、四岁刑，增一年刑。大逆不道“腰斩”，诛其同籍，年十四以下“腐刑”，女子“没县官”。害其亲者“轘”之。为蛊毒者男女皆斩，而“焚其家”。巫蛊者“负羖羊抱犬，沉诸泉”。当刑者赎，贫则加鞭二百。畿内人富者“烧炭于山”，贫者“役于圊溷”，女子“入舂槁”。其瘤疾不逮于人，“守苑囿”(《通典》卷一六四《刑二》)。

至孝文帝，始减门房之诛，亦缘习染华风，欲渐进于文治也。

故事斩皆裸形伏椹（砧也），太和初，制不令裸形。……除群行剽劫首谋门诛，律重者止枭首（《通典》卷一六四《刑二》）。

太和五年三月……诏曰:“……其五族者降止同祖，三族止一门，门诛止身。”(《魏书》卷七上《高祖孝文帝纪上》)

北齐、北周刑制，大抵采取魏晋故事，而名有五，惟齐有耐刑而周无之，周有徒刑而齐无之。兹将两代刑制，表列于后。

齐、周刑制简表（据《隋书·刑法志》）

北齐			北周		
刑名	差别	附刑	刑名	差别	附刑
死	轘 枭首陈尸 斩 绞		死	斩 绞 磬 裂 枭	
流		论犯可死，原情可降，鞭笞各一百，髡之。投于边裔，以为兵卒，未有道里之差。	流	卫服去皇畿二千五百里，要服去皇畿三千里，荒服去皇畿三千五百里，镇服去皇畿四千里，蕃服去皇畿四千五百里。	卫服鞭一百，笞六十。 要服鞭一百，笞七十。 荒服鞭一百，笞八十。 镇服鞭一百，笞九十。 蕃服鞭一百，笞一百。
耐	五岁 四岁 三岁 二岁 一岁	各加鞭一百，五岁加笞八十，四岁加笞六十，三岁加笞四十，二岁加笞二十，一岁无笞。	徒	五年 四年 三年 二年 一年	五年，鞭一百，笞五十。四年，鞭九十，笞四十。三年，鞭八十，笞三十。二年，鞭七十，笞二十。一年，鞭六十，笞十。
鞭	一百 八十 六十 五十 四十		鞭	一百 九十 八十 七十 六十	
杖	三十 二十 一十		杖	五十 四十 三十 二十 一十	

（四）学校

晋依汉、魏之制，京师立太学。自魏以来，学风颓败，不事学业，晋武帝遂汰遣之。

从初平之元至建安（皆东汉献帝年号）之末，天下分崩，人怀苟且，纲纪既衰，儒道尤甚。至（魏文帝）黄初元年之后……太学始开。……至太和、青龙（魏明帝）中，中外多事，人怀避就……多求诣太学。太学诸生有千数，而诸博士率皆粗疏，无以教弟子。弟子本亦避役，竟无能习学，冬来春去，岁岁如是。……正始（魏齐王芳）中，有诏议圜丘，普延学士。是时郎官及司徒领吏二万余人，虽复分布，见在京师者尚且万人，而应书与议者略无几人。又是时朝堂公卿以下四百余人，其能操笔者未有十人，多皆相从饱食而退（《三国·魏志》卷十三《王肃传》注引《世语》）。

晋武帝初，太学生三千人。太始八年，有司奏："太学生七千余人，才任四品，听留。"诏曰："已试经者留之。大臣子弟堪受教者，令入学。其余遣还郡国。"（《通典》卷五十三《礼十三》）

武帝别设国子学，与太学并存。惠帝又立国子官品，士庶阶层，由之以分。

咸宁二年五月……立国子学（《通典·礼典》注：法《周礼》，国之贵游子弟，国子受教于师者也。〔《晋书》卷三《武帝纪》〕）。

永泰元年……领国子助教曹思文上表曰："……据臣所见，今之国学，即古之太学。晋初太学生三千人，既多猥杂，惠帝时欲辩其泾渭，故元康三年始立国子学，官品第五以上得入国学。……太学之与国学，斯是晋世殊其士庶，异其贵贱耳。然贵贱士庶，皆须教成，故国学、太学两存之也。"（《南齐书》卷九《礼志上》）

初亦置博士教生徒，渡江之后，不复分掌《五经》。

晋初承魏制，置博士十九人。及咸宁四年，武帝初立国子学，定置国子祭酒、博士各一人，助教十五人，以教生徒。博士皆取履行清淳、通明典义者，若散骑常侍、中书侍郎、太子中庶子以上乃得召试。及江左初，减为九人。元帝末，增《仪礼》《春秋公羊》博士各一人，合为十一人。后又增为十六人，不复分掌《五经》，而谓之太学博士也。孝武太元十年，损国子助教员为十人（《晋书》卷二十四《职官志》）。

东晋建国，困于干戈，太学时废时兴，有名无实。

建武元年十一月……立太学（《晋书》卷六《元帝纪》）。

成帝咸康三年，国子祭酒袁瓌、太常冯怀，以江左浸安，请兴学校。帝从之。乃立太学，征生徒。而士大夫习尚老庄，儒术终不振（《通考》卷四一《学校考二》）。

自穆帝至孝武，并以中堂为太学。太元九年，尚书谢石请兴复国学，以训胄子，颁下州、郡，普修乡校。帝纳其言。明年，选公卿二千石子弟生，增造庙房屋百五十五间。而品课无章，君子耻与其列。国子祭酒殷茂上言："臣闻旧制，国学生皆取冠族华胄，比列皇储。而中混杂兰艾，遂令人情耻之。"诏虽褒纳，竟不施行（《通典》卷五十三《礼十三》）。

至于郡国学，间有提倡者，而不能遍兴。

晋虞溥，太康（武帝）时为鄱阳内史，大修庠序，广招学徒，移告属县，具为条制。于是至者七百余人（《通考》卷四十六《学校考七》）。

东晋穆帝永和中，征西将军庾亮，在武昌开置学官，起立讲舍。亮家子弟及参佐大将子弟，悉令入学。四府博学识义、通涉文学经论者，建儒林祭酒，班同三署，厚其供给，皆妙选邦彦，必有其实者，以充此举。近临川、临贺二郡，并求修复学校。若非束脩之流，礼教所不及，而欲阶缘免役者，不得为生。明为条制，令法清而人贵（《通典》卷五十三《礼十三》）。

宋文帝雅好文艺，始立玄、儒、文、史四学。

元嘉十五年，征次宗至京师，开馆于鸡笼山，聚徒教授，置生百余人。会稽朱膺之，颍川庾蔚之，并以“儒学”监总诸生。时国子学未立，上留心艺术，使丹阳尹何尚之立“玄学”，太子率更令何承天立“史学”，司徒参军谢元立“文学”。凡四学并建，车驾数幸次宗学馆，资给甚厚（《宋书》卷九十三《雷次宗传》）。

宋、齐皆立国学，然辍置无常，成为具文。

宋武帝诏有司立学，未就而崩。文帝元嘉二十年，立国学，二十七年废。明帝太始中，初置总明观祭酒一人，有玄、儒、文、史四科，置学士十人（《通典》卷五十三《礼十三》）。

齐高帝建和四年，诏立国学，置学生五十人。取王公以下子孙年十五以上，二十以下，家去都二千里为限。帝崩，乃以国讳废。武帝永明三年，诏立学，乃省总明观，召公卿以下弟子，置生二百二十人，其年秋中悉集。东昏侯永元初，诏依永明旧事废学。时有司奏国学、太学两存焉（《通典》卷五十三《礼十三》）。

自是中原横溃，衣冠道尽。逮江左草创，日不暇给，以迄宋、齐，国学时或开置，而劝课未博，建之不能十年，盖取具文而已。是时乡里莫或开馆，公卿罕通经术。朝廷大儒，独学而弗肯养众。后生孤陋，拥经而无所讲习，大道之郁也久矣乎（《南史》卷七十一《儒林传序》）。

至梁武帝开五馆，复置五经博士。

梁武帝天监四年，诏……置五经博士各一人，广开馆宇，招内后进。……馆有数百生，给其饩廪。……十数月间，怀经负笈者，云会京师。又……分遣博士、祭酒到州、郡立学（《梁书》卷四十八《儒林传序》）。

天监四年，置五经博士各一人。旧国子学生，限以贵贱，帝欲招来后进，五馆生皆引寒门俊才，不限人数（《隋书》卷二十六《百官志》）。

北朝魏氏，虽兴自北荒，而对于学校颇知重视，历世相承不改。此则北朝经学盛兴，山东之学流传有绪，胜于南朝之确证也。

太祖初定中原，虽日不暇给，始建都邑，便以经术为先，立太学，置五经博士，生员千有余人。天兴二年春，增国子太学生员至三千。……世祖始光三年春，别起太学于城东……而令州、郡各举才学。……显祖天安初，诏立乡学，郡置博士二人，助教二人，学生六十人。后诏大郡立博士二人，助教四人，学生一百人；次郡立博士二人，助教二人，学生八十人；中郡立博士一人，助教二人，学生六十人；下郡立博士一人，助教一人，学生四十人。太和中，改中书学为国子学，建明堂辟雍。……及迁都洛邑，诏立国子太学、四门小学。……世宗时复诏营国学，树小学于四门，大选儒生，以为小学博士，员四十人。……时天下承平，学业大盛。……暨孝昌之后，海内淆乱，四方校学，所存无几（《魏书》卷八十四《儒林传序》）。

齐、周连年交兵，不遑文事，学校仅依制设置，名存而实亡。

北齐国子寺有太学博士十人，后周置太学博士下大夫六人（《通典》卷二十七《职官九》）。

齐时，师保疑丞皆赏勋旧，国学博士徒有虚名，唯国子一学，生徒数十人耳。胄子以通经进仕者，唯博陵崔子发、广平宋游卿而已（《通考》卷四十一《学校考二》）。

北齐制，诸郡并立学，置博士、助教授经，学生俱被差逼充员，士流及豪富之家皆不从调。备员既非所好，坟籍固不关怀，又多被州、郡官人驱使。纵有游惰，亦不检察，皆由上非所好之所致也（《通考》卷四十六《学校考七》）。

（五）选举

晋选举常科，依魏氏九品中正之制。

晋依魏氏九品之制，内官吏部尚书、司徒、左长史，外官州有大中正，郡国有小中正，皆掌选举。若吏部选用，必下中正征其人居及父祖官名（《通典》卷十四《选举二》）。

汉末颇重清议，故九品中正法之初行，尚能矫一时之失。沿习既久，流弊滋生。

毅以魏立九品，权时之制，未见得人，而有八损，乃上疏曰："臣闻，立政者以官才为本，官才有三难。……人物难知一也，爱憎难防二也，情伪难明三也。今立中正，定九品，高下任意，荣辱在手。……公无考校之负，私无告讦之忌。……今之中正，不精才实，务依党利；不均称尺，务随爱憎。所欲与者，获虚以成誉；所欲下者，吹毛以求疵。高下逐强弱，是非由爱憎。……或以货赂自通，或以计协登进。……是以上品无寒门，下品无势族。"（《晋书》卷四十五《刘毅传》）

上表曰："……今台阁选举，徒塞耳目。九品访人，唯问中正。故据上品者，非公侯之子孙，则当涂之昆弟也。……则筚门蓬户之俊，安得不有陆沉者哉。"（《晋书》卷四十八《段灼传》）

汉制察举秀、孝，晋亦行之。东渡以后，多规避不就。

东晋元帝，制扬州岁举二人，诸州各一人。时以天下丧乱，务存慰勉，远方孝、秀，不复策试，到即除署。既经略粗定，乃诏试经，有不中科，刺史太守免官。其后孝、秀莫敢应命，有送至京师，皆以疾辞。太兴（元帝）三年，尚书孔坦，议请普延五岁，许其讲习。乃诏孝廉申至七年，而秀才如故也（《通考》卷二十八《选举考一》）。

南朝宋氏，沿用晋法，不过为除积弊，略更改其方式。

宋制，丹阳、吴会、会稽、吴兴四郡，岁举二人，余郡各一人。凡州秀才，郡孝廉至，皆策试，天子或亲临之。及公卿所举，皆属于吏部，叙才铨用。凡举得失，各有赏罚。失者，其人加禁锢，年月多少，随部议制。文帝元嘉中，限年三十而仕，郡、县以六周而代，刺史或十余年。及孝武即位，仕者不复拘老幼，守宰以三周为满。……帝又不欲重权在下，乃分吏部，置两尚书，以散其权（《通典》卷十四《选举二》）。

宋文帝元嘉时，守宰以六期为断。及宋末，以治民之官，六年过久，乃以三年为断，谓之小满（《通考》卷三九《选举考十二》）。

齐举士考试，定策秀才格，而选官限年岁，复有甲族、后门（即寒门）之分，采取等级制度。

齐尚书都令史骆宰议策秀才格，五问并得为上，四、三为中，二为下，一不合与第（《通考》卷二十八《选举考一》）。

齐因习宋代限年之制，然而乡举里选，不核才德，其所进取以官婚胄籍为先。遂令甲族以二十登仕，后门以三十试吏，故有增年矫貌以图进者（《通考》卷二十八《选举考一》）。

其时士人皆厚结姻援，奔驰造请，浸以成俗（《通考》卷二十八《选举考一》）。

梁初无中正，限年入仕，后委官搜荐，稍泯膏粱寒素之隔。

梁初无中正制，年二十五方得入仕。天监中，又制："九流常选，年未三十，不通一经者，不得为官。若有才同甘（甘罗，战国秦人，年十二即以才显，为秦上卿）、颜（颜渊），勿限年次。"至七年，州置州重，郡置郡崇，乡置乡豪，各一人，专典搜荐，无复膏粱寒素之隔。普通七年，诏凡州岁举二人，大郡一人（《通考》卷二十八《选举考一》）。

太平二年正月……诏："诸州各置中正，依旧访举。不得辄承单状序官，皆须中正押上，然后量授。详依品制，务使精实。……其选中正，每求耆德该悉，以他官领之。"（《梁书》卷六《敬帝纪》）

陈采梁限年制，而多例外，但委官较为隆重。

陈依梁制，凡年未三十，不得入仕，唯经学生策试得第……得未壮而仕。……有高才、异行、殊勋，别降恩旨叙用，不在常例。凡选无定时，随缺则补。官有清浊，以为升降，从浊得清，则胜于迁。若有迁授，吏部先为白牒，列数十人名，尚书与参掌者共署奏。敕或可或否。其可者，则下于选曹，量贵贱，别内外，随才补用，以黄纸录名，八座通署，奏可，乃出以付于典名。典名书其名帖鹤头板，修容整仪，送所授之家。其别发诏除者，即宣付诏局，诏局草奏闻。敕可，黄纸写出门下。门下答诏，请付外施行。又书可，付选司行名。……凡拜官皆在午后（《通典》卷十四《选举二》）。

北魏举士，初置中正，兼行考试。后废中正，而登仕者须在位人担保。又为抑制武人，遂创停年之制。

后魏州、郡，皆有中正掌选举，每以季月与吏部铨择可否，其秀才对策，第居中上，表叙之（《通考》卷三十六《选举考九》）。

自太和以前，精选中正，德高乡国者充。其边州小郡，人物单鲜者，则并附他州。其在遐陋者，则阙而不置。……及宣武、孝明之时，州无大小，必置中正。既不可悉得其人，故或有庸鄙者操铨核之权，而选叙颓紊。至正始元年冬，乃罢诸郡中正。时有以杂类冒登清流，遂令在位者皆五人相保，无人保任者，夺官还役（《通考》卷三十六《选举考九》）。

征西将军、冀州大中正张彝之子仲瑀上封事，请铨别选格，排抑武夫，不使预清品。于是武夫愤怒，羽林虎贲千余人，焚彝第，杀其父子。……张彝既死，灵太后乃命武官得依资入选。既而官员少，应调者多，选曹无以处之。及崔亮为吏部侍郎，乃奏为“格制”，官不问贤愚，以停解日月为断。虽复官需此人，停日后者终不得取。庸才下品，年月久者则先擢用。时沉滞者，皆称其能（《通考》卷三十六《选举考九》）。

孝庄帝初，诏求德才文艺政事强直者，县令、郡守、刺史皆叙其志业，具以表闻。得三人以上，县令、太守、刺史赏一阶，举非其人者黜一阶。凡官郡守、县令，六年为满，满后六年为叙（《通考》卷三十六《选举考九》）。

北齐袭魏制立中正，尤重考课之法。

北齐选举，多沿后魏之制，凡州、县皆置中正。其课试之法，中书策秀才，集书策贡士，考功郎中策廉良。天子常服乘舆出，坐于朝堂中楹，秀、孝各以班草对，字有脱误者，呼起立席后；书有滥劣者，饮墨水一升；文理孟浪者，夺席脱容刀（《通考》卷二十八《选举考一》）。

北齐武平中，后主失政，多有佞幸，乃赐其卖官，分占州、郡，下及乡官，多降中旨，故有敕用州主簿、郡功曹者。自是之后，州、郡辟士之权，浸移于朝廷，以故外吏不得精核，由此起也（《通典》卷十四《选举二》）。

齐因魏朝，宰县多用厮滥，至于士流，耻居百里。文遥以县令为字人之切，遂请革选。于是密令搜扬贵游子弟，发敕用之。犹恐其披诉，总召集神武门，令赵郡王叡宣旨唱名，厚加慰喻。士人为县，自此始也（《北齐书》卷三十八《元文遥传》）。

后周从苏绰议，破除门资之制，广收遗逸，选举之法，为之一变。

后周以吏部中大夫一人掌选举，小吏部下大夫一人以贰之。初，霸府时，苏绰为六条诏书，其四曰擢贤良。绰深思本始，惩魏、齐之失，罢门资之制，其所察举，颇加精谨。及武帝平齐，广收遗逸，乃诏山东诸州举明经干理者，上县六人，中县五人，下县四人（《通考》卷三六《选举考九》）。

宣帝大成元年，诏州举高才博学者为秀才，郡举经明行修者为孝廉，上州、上郡岁一人（《通典》卷一四二）。

后周时，刺史僚佐州吏则自署，府官则命于朝廷（《通考》卷三十九《选举考十二》）。

按：自魏立九品中正，历晋至南北朝，沿用不改，施行已久，遂造成一种等级制度。

汉末丧乱，魏武始基，军中仓卒，权立九品。盖以论人才优劣，非为世族高卑。因此相沿，遂为成法。自魏至晋，莫之能改。州都郡正，以才品人，而举世人才，升降盖寡，徒以凭借世资，用相陵驾。都正俗士，斟酌时宜，品目少多，随事俯仰，刘毅所云“下品无高门，上品无贱族”者也。岁月迁讹，斯风渐笃，凡厥衣冠，莫非二品，自此以还，遂成卑庶。周、汉之道，以智役愚，台隶参差，用成等级。魏、晋以来，以贵役贱，士庶之科，较然有辨（《宋书》卷九十四《恩幸传序》）。

梁鸿胪卿裴子野……论曰：“……迄于二汉，尊儒重道，朝廷州里，学行是先。虽名公子孙，还齐布衣之士，士庶虽分，而无华素之隔。有晋以来，其流稍改，草泽高士，犹厕清途。降及季年，专称阀阅。自是三公之子，傲九棘之家；黄散之孙，蔑令长之室。转令互争铢两，所论必门户，所议莫贤能，苟且之俗成，傲慢之祸作（《通考》卷二十八《选举考一》）。

自晋以后，识治体者，未尝不知九品之弊，故屡更制度，冀有补苴。但等级观念，深中于人心，不能骤改。降及隋氏，犹有州都（即中正，避杨忠讳而改）与考试并行，唐初亦然。迨后考制试度专行，平民始有进身之阶，而门资之制亦遂废矣。

两晋及南北朝之社会

（一）生活状况

（1）田赋

晋武帝平吴之后……制户调之式：丁男之户，岁输绢三匹，绵三斤，女及次丁男为户者半输，其诸边郡或三分之二，远者三分之一。夷人输賨布，户一匹，远者或一丈。男子一人占田七十亩，女子三十亩。其外丁男课田五十亩，丁女二十亩，次丁男半之，女则不课。男女年十六已上至六十为“正丁”，十五已下至十三、六十一已上至六十五为“次丁”，十二已下、六十六已上为“老小”，不事。远夷不课田者输义米，户三斛，远者五斗，极远者输算钱，人二十八文（《晋书》卷二十六《食货志》）。

其官品第一至于第九，各以贵贱占田，品第一者，占五十顷（每品减五顷以为差）……第九品十顷。而又各以品之高卑，荫其亲属，多者及九族，少者三世。宗室、国宾、先贤之后及士人子孙亦如之。而又得荫人以为衣食客及佃客（量给官品以为差降。〔《晋书》卷二十六《食货志》〕）。

晋之户调式，实合“田”“户”赋而为一，与两汉不同。

按：两汉之制，三十而税一者，田赋也；二十始傅，人出一算者，户口之赋也。今晋法如此，则似合二赋而为一。然男子一人占田七十亩，丁男课田五十亩，则无无田之户矣。此户调所以可行欤（《通考》卷二《田赋考十一》）。

自南迁而后，其制大坏。

自东晋寓居江左，百姓南奔者，并谓之“侨人”，往往散居，无有土著。而江南之俗，火耕水耨，土地卑湿，无有蓄积之赀。诸蛮陬俚洞，沾沐王化者，各随轻重收财物，以裨国用。又岭外酋帅，因生口、翡翠、明珠、犀象之饶，雄于乡曲者，朝廷多因而署之收其利。历宋、齐、梁、陈，皆因而不改。其军国所须杂物，随土所出，临时折课市取，乃无恒法定令。列州郡县，制其任土所出，以为征赋。其无贯之人，不乐州县编者，为“浮浪人”，乐输亦无定数，任量，唯所输终优于正课焉。都下人多为诸王公贵人左右、佃客、典计、衣食客之类，皆无课役（《通考》卷二《田赋考二》）。

北魏因大乱之后，地旷人稀，乃行“均田”之制，计口授田。

孝文太和九年，下诏均给天下人田，诸男夫十五以上，受“露田”四十亩，妇人二十亩，奴婢依良。丁牛一头，受田三十亩，限四牛。……人年及课则受田，老免及身没则还田。……诸“桑田”不在还受之限。……初受田者，男夫一人，给田二十亩。………诸桑田，皆为代业，身终不还，恒从见口。有盈者无受无还，不足者受种如法。盈者得卖其盈，不足者得买所不足（《通典》卷一《食货一》）。

按：……后魏孝文，始纳李安世之言，行均田之法。……观其立法，所受者露田，诸桑田不在还受之限。意桑田必是人户世业，是以栽植桑、榆其上，而露田不栽树，则似所种者皆荒闲无主之田。必诸远流配谪、无子孙及户绝者，墟宅、桑、榆尽为公田，以供授受，则固非尽夺富者之田以予贫人也。又令有盈者无受不还，不足者受种如法；盈者得卖其盈，不足者得买所不足；不得卖其分，亦不得买过所足。是令其从便买卖，以合均给之数，则又非强夺之以为公田，而授无田之人（《通考》卷二《田赋考二》）。

魏令，每调一夫一妇，帛一匹，粟一石。人年十三以上未娶者，四人出一夫一妇之调。奴任耕、婢任绩者，八口当未娶者四。耕牛十头，当奴婢八。其麻布之乡，一夫一妇，布一匹，下至半，以此为降。大率十匹中，五匹为“公调”，二匹为“调外费”，三匹为“内外百官俸”（《通考》卷二《田赋考二》）。

太和（孝文）八年，始准古班百官之禄，以品第各有差。先是，天下户以九品混通，户调帛二匹、絮二斤、丝一斤、粟二十石；又人帛一匹二丈，委之州库，以供调外之费。至是，户增帛三匹，粟二石九斗，以为官司之禄。后增调外帛，满二匹。所调各随其土所出。其司、冀……十九州，贡绵绢及丝。其余郡县少桑蚕处……皆以麻布充税（《魏书》卷一一〇《食货志》）。

孝昌（孝明）二年冬，税京师田租，亩五升。借赁公田者，亩一斗（《魏书》卷一一〇《食货志》）。

庄帝即位，因人贫富，为租输三等九品之制，千里内纳粟，千里外纳米。上三品户入京师，中三品入他州要仓，下三品入本州（《通考》卷二《田赋考二》）。

北齐、后周承之，亦行授田之制，而略变其制。

北齐给授田令，仍依魏朝。每年十月，普令转授，成丁而授，老而退，不听卖易。文宣天保八年，议徙冀、定、瀛无田之人，谓之“乐迁”，于幽州宽乡以处之。时始立九等之户，富者税其钱，贫者役其力（《通考》卷二《田赋考二》）。

河清三年定令……男子率以十八受田，输租调，二十充兵，六十免力役，六十六退田免租调。京城四面诸坊之外，三十里内为“公田”。受公田者，三县代迁。……其方百里外及州人，一夫受“露田”八十亩，妇四十亩。奴婢依良人。……丁牛一头，受田六十亩，限止四牛。又每丁给永业二十亩为“桑田”……不在还受之限（《隋书》卷二十四《食货志》）。

定令……率人一床，调绢一匹，绵八两，凡十斤绵中，折一斤作丝，垦租二石，义租五斗，奴婢各准良人之半。牛调二尺，垦租一斗，义租五升。垦租送台，义租纳郡，以备水旱。垦租皆依贫富为三枭，其赋税常调，则少者直出上户，中者及中户，多者及下户。上枭输远处，中枭输次远，下枭输当州仓，三年一校焉。租入台者，五百里内输粟，五百里外输米，入州镇者输粟。人欲输钱者，准上绢收钱（《隋书》卷二十四《食货志》）。

后周文帝霸政之初，创置六官，司均掌田里之政令，凡人……有室者田百四十亩，丁者田百亩（《通考》卷二《田赋考二》）。

后周……司赋，掌均赋之政令，凡人自十八以至六十有四，与轻癃者，皆赋之。……有室者，岁不过绢一匹，绵八两，粟五斛，丁者半之。其非桑土有室者，布一匹，麻十斤，丁者又半之。丰年则全赋，中年半之，下年三之，皆以时征焉。若艰凶札，则不征其赋（《隋书》卷二十四《食货志》）。

至于田赋制度之变迁，与社会之生计状况，极有关系。兹叙之如下。

按：自秦废井田之制……始舍地而税人。……汉时，官未尝有授田限田之法……“田税”随占田多寡为之厚薄，而“人税”则无分贫富，然所税每岁不过十三钱有奇耳。至魏武初平袁绍，乃令田每亩输粟四升，又每户输绢二匹，绵二斤，则户口之赋始重矣。晋武帝又增而为绢三匹，绵三斤。……然晋制，男子一人，占田七十亩，女子及丁男丁女，占田皆有差，则出此户赋者，亦皆有田之人……宜其重于汉也。自是相承，户税皆重。然至元魏而均田之法大行，齐、周、隋、唐因之。赋税沿革，微有不同，史文简略，不能详知，然大概计亩而税之令少，计户而税之令多。然其时户户授田，则虽不必履亩论税，只逐户赋之，则田税在其中矣。……授人以田而未尝别有户赋者，三代也；不授人以田，而轻其户赋者，两汉也。因授田之名，而重其户赋，田之授否不常，而赋之重者，已不可复轻，遂至重为民病，则自魏至唐之中叶是也。自两税之法行，而此弊革矣（《通考》卷三《田赋考十二》）。

（2）职役

县户五百以上，皆置乡。三千以上，置二乡；五千以上，置三乡；万以上，置四乡，乡置啬夫一人。乡户不满千以下，置治书史一人。千以上，置史、佐各一人，正一人。五千五百以上，置吏一人，佐二人。县率百户置里吏一人，其土广人稀，听随宜置里吏，限不得减五十户。千以上，置校官掾一人（《晋书》卷二十四《职官志》）。

男女年十六已上至六十为正丁，十五已下至十三，六十一已上至六十五为次丁，十二已下六十六已上，为老小，不事（《晋书》卷二十六《食货志》）。

宋孝武大明中，王敬弘上言："旧制人年十二半役，十六全役。当以十三以上，自能营私及公，故以充役。考之见事，犹或未尽，体有强弱，不皆称耳。循吏恤隐，可无甚患，庸愚守宰，必有勤剧，况值苛政，岂可称言？至今逃窜求免，胎孕不育，乃避罪宪，实亦由兹。今皇化维新，四方无事，役名之宜，应存消息，十五至十六，宜为半丁，十七为全丁。"帝从之（《通考》卷十《户口考一》）。

上为两晋及南朝之沿革，北朝则稍有违异。

后魏初，不立三长，唯立宗主督护，所以人多隐冒。……孝文太和十年，纳给事中李冲之说，遂立三长（注：三长，谓五家一邻长，五邻一里长，五里一党长。〔《通考》卷十二《职役考一》〕）。

北齐武成清河三年，乃令男子十八以上六十五以下为丁，十六以上十七以下为中丁，六十六以上为老，十五以下为小（《通考》卷二十《户口考一》）。

北齐令人居十家为邻比，五十家为闾，百家为族党。一党之内，则有党族一人，副党一人，闾正二人，邻长十人，合十有四人，共领百家而已。至于城邑，一坊侨旧或有千户以上，唯有里正二人，里吏二人，里吏不常置，隅老四人。非是官府，私充事力，坊事亦得取济，若论外党，便是烦多（《通考》卷十二《职役考一》）。

周制，司役掌力役之政令，凡人自十八至五十九，皆任于役。丰年不过三旬，中年则二旬，下年则一旬。起徒役，无过家一人，有年八十者一子不从役，百年者家不从役，废疾非人不养者一人不从役，若凶札亦无力征（《通考》卷十《户口考一》）。

自中原分裂，人民避乱迁徙，侨寓各地。国家为立侨州郡县，以系其人，不著土籍。因与赋役有关，而土断之制遂行。

东晋哀帝隆和元年三月庚戌，天下所在土断（《通典》卷三《食货三》）。

兴宁二年三月庚戌朔，大阅户人，严法禁，称为庚戌制（《晋书》卷八《哀帝纪》）。

孝武时，宁又陈时政曰："……昔中原丧乱，流寓江左，庶有旋反之期，故许其挟注本郡。自尔渐久，人安其业，丘垄坟柏，皆已成行，虽无本邦之名，而有安土之实。今宜正其封疆，以土断人户，明考课之科，修闾伍之法（《晋书》卷七十五《范宁传》）。

安帝义熙九年，宋公刘裕，缘人居土，上表曰："……自永嘉播越，爰托淮、海，朝运匡复之算，人怀思本之心，经略之图，日不暇给。是以宁人绥理，犹有未遑。及至大司马桓温，以人无定本，伤理为深，庚戌土断，以一其业。于时财阜国丰，实由于此。自兹迄今，弥历年载，画一之制，渐用颓弛。杂居流寓，闾伍不修。……自非改调，无以济理。……请依庚戌土断之科，庶存其本。"……于是依界土断……诸流寓郡县，多被并省（《通典》卷三《食货三》）。

当时徭役甚繁，人图避免，率依附于世宦之家，以贵族不任鄙事故也。

齐自永元以后，魏每来伐，继以内难，扬、徐二州人丁，三人取两，以此为率，远郡悉令上米。……输米既毕，就役如故。又先是诸郡役人，多依人士为附隶，谓之"属名"。又东境役苦，百姓多注籍诈病，遣外医巫，在所检占，诸属名并取病身。凡属名多不合役，往往所在并是复荫之家；凡注病者，或以积年，皆摄充将役，又追责病者租布，随其年岁多少。

衔命之人，皆务货赂，随意纵舍（《通考》卷十《户口考一》）。

齐虞玩之上表曰："宋元嘉二十七年，八条取人。……自孝建以来，入勋者众，其中操干戈卫社稷者，三分殆无一焉。……又有改注籍状、诈入仕流、昔为人役者，今反役人。又生不长发，便谓道人。或抱子并居，竟不编户，迁徙去来，公违土断。"（《通考》卷十二《职役考一》）

梁武帝……纳尚书令沈约之言，诏改定《百家谱》。……按：魏晋以来，最重世族，公家以此定选举，私门以此订婚姻，寒门之视华族，如冠履之不侔。则夫徭役贱事，人之所惮，固宜其改窜冒伪，求自附流品，以为避免之计。然徭役当视物力，虽世族在必免之例，而官之占田有广狭，泽之荫后有久近，若于此立法以限之，不劳而定矣。不此之务，而方欲改定谱籍。……然伪冒之久者滋多，非敢于任怨者，谁有澄汰（《通考》卷十二《职役考一》）。

（3）征税

（甲）盐税

陈文帝天嘉二年，太子中庶子虞荔、御史中丞孔奂，以国用不足，奏立煮海盐税，遂从之（《通考》卷十五《征榷考二》）。

后魏宣武时，河东郡有盐池，旧立官司，以收税利。是时罢之，而民有富强者专擅其用，贫弱者不得资益。延兴末，复立盐司，量其贵贱，节其赋入，于是公私兼利。世宗即位……复罢其禁，与百姓共之（《魏书》卷一一〇《食货志》）。

至于永熙，自迁邺后，于沧、瀛、幽、青四州之境，傍海煮盐，沧州置灶一千四百八十四，瀛州置灶四百五十二，幽州置灶一百八十，青州置灶五百四十六，又于邯郸置灶四，计终岁合收盐。……军国所资，得以周赡矣（《魏书》卷一一〇《食货志》）。

齐神武霸政之初……于沧、瀛、幽、青四州之境，傍海置盐官以煮盐，每岁收钱，军国之资，得以周赡（《隋书》卷二十四《食货志》）。

后周文帝霸政之初……（置）掌盐，掌四盐之政令，一曰散盐，煮海以成之；二曰盬盐，引池以化之；三曰形盐，物地以出之；四曰饴盐，于戎以取之。凡盬盐、形盐每地为之禁，百姓取之皆税焉（《隋书》卷二十四《食货志》）。

（乙）榷酤

宋文帝时，扬州大水，主簿沈亮建议禁酒，从之（《通考》卷十七《征榷考四》）。

陈文帝天嘉中，虞荔等以国用不足，奏请榷酤，从之（《通典》卷二《食货志十一》）。

后魏明帝正光后……国用不足……有司奏断百官常给之酒，计一岁所省，合米五万三千五十四斛九升，蘖谷六千九百六十斛，麹三十万五百九十九斤。其四时郊庙百神群祀，依式供营，远蕃使客，不在断限（《魏书》卷一一〇《食货志》）。

隋文帝开皇三年，先时尚依周末之弊，官置酒坊收利，至是罢酒坊，与百姓共之（《通考》卷十七《征榷考四》）。

（丙）杂税

晋自过江，至于梁、陈，凡货卖奴婢、马牛、田宅，有文券率钱一万，输估四百入官，卖者三百，买者一百；无文券者，随物所堪，亦百分收四，名为散估。历宋、齐、梁、陈，如此以为常（《通考》卷十四《征榷考一》）。

后魏明帝孝昌二年……税市入者人一钱。其店舍又为五等，收税有差（《魏书》卷一一〇《食货志》）。

后周闵帝元年，初除市门税。及宣帝即位，复兴入市之税（每人一钱。〔《隋书》卷二十四《食货志》〕）。

北齐黄门侍郎颜之推奏请立关市邸店之税，开府邓长颙赞成之，后主大悦。……税僧尼令曰："僧尼坐受供养，游食四方，损害不少，虽有薄敛，何足为也？"（《通考》卷十四《征榷考一》）

宋孝武大明八年，诏东境去岁不稔，宜广商贾，远近贩鬻米粟者，可停道中杂税。自东晋至陈，西有石头津，东有方山津，各置津主一人……直水五人，以检察禁物及亡叛者，获炭鱼薪之类，小津并十分税一以入官。淮水北有大市百余，小市十余所，备置官司。税敛既重，时甚苦之（《通考》卷十四《征榷考一》）。

齐武帝时为……会稽太守……会土边带湖海，民丁无士庶，皆保塘役。敬则以功力有余，悉评敛为钱，送台库以为便宜。上许之（《南齐书》卷二十六《王敬则传》）。

（丁）苛敛

宋文帝元嘉二十七年，魏师南侵，军旅大起，用度不充，王公妃主及朝士牧守，各献金帛等物以助国用，下及富室小人，亦有献私财数千万者。扬、南徐、兖、江四州富有之家，赀满五十万，僧尼满二十万者，并四分借一。过此率计，事息即还（《通考》卷十九《征榷考六》）。

魏自永安之后，政道陵夷，寇乱实繁，农商失业，官有征代，皆权调于人，犹不足以相资奉，乃令所在迭相纠发，百姓愁怨，无复聊生（《隋书》卷二十四《食货志》）。

（4）钱币

汉钱旧用五铢，自王莽改革，百姓皆不便之。……光武中兴，除莽货泉。建武十六年……复铸五铢钱，天下以为便。及章帝时，谷帛价贵。……尚书张林言……宜令天下悉以布帛为租，市买皆用之，封钱勿出，如此则钱少，物皆贱矣。……及献帝初平中，董卓乃更铸小钱，由是货轻而物贵，谷一斛，至钱数百万。至魏武为相，于是罢之，还用五铢。是时不铸钱既久，货本不多，又更无增益，故谷贱无已。及黄初二年，魏文帝罢五铢钱，使百姓以谷帛为市。至明帝世，钱废谷用既久，人间巧伪渐多，竞湿谷以要利，作薄绢以为市，虽处以严刑，而不能禁也。……魏明帝乃更立五铢钱，至晋用之，不闻有所改创。孙权嘉平五年，铸大钱，一当五百。赤乌元年，又铸当千钱。……晋自中原丧乱，元帝过江，用孙氏旧钱，轻重杂行，大者谓之比输，中者谓之四文。吴兴沈充又铸小钱，谓之沈郎钱。钱既不多，由是稍贵（《晋书》卷二十六《食货志》）。

元嘉中，铸四铢钱，轮郭形制，与古五铢同价，无利，百姓不资盗铸。孝武孝建初，铸四铢，文曰“孝建”，一边为“四铢”，其后稍去四铢，专为孝建（《通典》卷九《食货九》）。

废帝景和二年，铸二铢钱，文曰景和，形式转细。官钱每出，人间即模效之，而大小厚薄，皆不及也。无轮郭不磨剪凿者谓之“莱子”，尤薄轻者谓之“荇叶”，市井通用之。永光元年，沈庆之启通私铸，由是钱货乱改，一千钱长不盈三寸，大小称此，谓之“鹅眼钱”，劣于此者，谓之“綖环钱”，入水不沉，随手破碎，市井不复断数，十万钱不盈一掬，斗米一万，商货不行（《通典》卷九《食货九》）。

梁初，唯京师及三吴、荆、郢、江、湘、梁、益用钱，其余州郡，则杂以谷帛交易，交、广之域，全以金银为货。武帝乃铸钱，肉好周郭，文曰五铢，重如其文。而又别铸，除其肉郭，谓之“女钱”。二品并行。百姓或私以古钱交易，有直百五铢、五铢、女钱、太平百钱、定平一百、五铢雉钱、五铢对文等号，轻重不一。天子频下诏书，非新铸二种之钱，并不许用，而趋利之徒，私用转甚。至普通中，乃议尽罢铜钱，更铸铁钱，人以铁贱易得，并皆私铸。及大同已后，所在铁钱，遂如丘山，物价腾贵。交易者以车载钱，不复计数，而唯论贯。商旅奸诈，因之以求利（《隋书》卷二十四《食货志》）。

陈初，承梁丧乱之后，铁钱不行。始梁末，又有两柱钱及鹅眼钱，于时人杂用，其价同，但两柱重而鹅眼轻。私家多镕钱……兼以粟帛为货。至文帝天嘉五年，改铸五铢。初出，一当鹅眼之十。宣帝大建十一年，又铸大货六铢，以一当五铢之十，与五铢并行，后还当一，人皆不便。……帝崩，遂废六铢而行五铢，竟至陈亡。其岭南诸州，多以盐米布交易，俱不用钱（《隋书》卷二十四《食货志》）。

北朝钱币，初尚完好，并许民人鼓铸。其后渐至滥恶，与南朝相同。

魏初至于太和，钱货无所周流（《魏书》卷一一〇《食货志》）。

高祖（孝文帝）始诏天下用钱。……十九年，冶铸粗备，文曰“太和五铢”，诏京师及诸州、镇，皆通行之。……在所遣钱工备炉冶，民有欲铸，听就铸之。铜必精炼，无所和杂（《魏书》卷一一〇《食货志》）。

宣帝永平三年冬，又铸五铢钱，京师及诸州、镇，或不用，或有止用古钱，不行新钱，致商货不通，贸迁颇隔（《通考》卷八《钱币考一）》。

孝庄帝永安二年秋，诏更铸，文曰“永安五铢”钱，官自立炉，亦听人就铸。……利之所在，盗铸弥众，巧伪既多，轻重非一（《通考》卷八《钱币考一》）。

齐神武霸政之初，承魏，犹用永安五铢。迁邺已后，百姓私铸，体制渐别，遂各以为名，有雍州青赤、梁州生厚、紧钱、吉钱、河阳生涩、天柱、赤牵之称。冀州之北，钱皆不行，交贸者皆绢布。神武帝乃收境内之铜及钱，仍依旧文更铸，流之四境。未几之间，渐复细薄，奸伪竞起。文宣受禅，除永安之钱，改铸“常平五铢”，重如其文，其钱甚贵，且制造甚精。至乾明、皇建之间，往往私铸。邺中用钱，有赤熟、青熟、细眉、赤生之异，河南所用，有青薄铅锡之别。青、齐、徐、兖、梁、豫州，辈类各殊。武平已后，私铸转甚，或以生铁和铜，至于齐亡，卒不能禁（《隋书》卷二十四《食货志》）。

后周之初，尚用魏钱。及武帝保定元年七月，乃更铸“布泉”之钱，以一当五，与五铢并行。……建德三年六月，更铸“五行大布钱”，以一当十，大收商估之利，与布泉钱并行。……五年正月，以布泉渐贱而人不用，遂废之。……齐平已后，山东之人，犹杂用齐氏旧钱。至宣帝大象元年十一月，又铸“永通万国”钱，以一当十，与五行大布及五铢凡三品并用（《隋书》卷二十四《食货志》）。

北朝与西域诸部交通互市，外币始输入中原。

河西诸郡，或用西域金银之钱，而官不禁（《隋书》卷二十四《食货志》）。

西域诸部，多以金银为钱。

罽宾国……以金银为钱，文为骑马，幕为人面（注：张晏曰：“钱文面作骑马形，漫面作人面目也。”如淳曰：“幕音漫。”师古曰：“幕即漫耳。”〔《前汉书》卷九十六上《罽宾国传》〕）。

乌弋山离国……钱货……之属，皆与罽宾同（《前汉书》卷九十六上《乌弋山离国传》）。

安息国……亦以银为钱，文独为王面，幕为夫人面。王死，辄更铸钱（《前汉书》卷九十六上《安息国传》）。

大月氏国……钱货与安息同（《前汉书》卷九十六上《大月氏国传》）。

大秦国……以金银为钱，银钱十，当金钱一（《后汉书》卷一一八《大秦国传》）。

（5）生业

（甲）农

武帝……是时江南未平，朝廷厉精于稼穑。四年正月，帝亲耕籍田（《晋书》卷二十六《食货志》）。

苞奏州郡农桑，未有赏罚之制，宜遣掾属循行，皆当均其土宜，举其殿最，然后黜陟（《晋书》卷三十三《石苞传》）。

元帝为晋王，课督农功，诏二千石长吏，以入谷多少为殿最。其非宿卫要任，皆宜赴农，使军各自佃作，即以为廪。太兴元年，诏曰："徐、扬二州，土宜三麦，可督令汉地，投秋下种，至夏而熟，继新故之交，于以周济，所益甚大。"（《晋书》卷二十六《食货志》）

国君注重农政，提倡于上，而臣下亦能实力奉行之。

周访……既在襄阳，务农训卒（《晋书》卷五十八《周访传》）。

刘弘……为镇南将军，都督荆州诸军事。……弘于是劝课农桑……岁用有年，百姓爱悦（《晋书》卷六十六《刘弘传》）。

宣……平襄阳，侃使宣镇之。……宣招怀初附，劝课农桑……或载锄耒于轺轩，或亲芸获于陇亩（《晋书》卷八十一《桓宣传》）。

穆帝升平初，荀羡为北部都尉，镇下邳，屯田于东阳之石鳖，公私利之（《通典》卷二《食货二》）。

自此以后，历宋、齐、梁、陈，君臣上下，莫不注意农事，以裕国计。

宋孝武帝大明初……时山阴县人多田少，孔灵符表请徙无赀之家，于余姚、鄮、鄞三县，垦开湖田。……帝违众议徙人，并成良业（《通典》卷一《食货一》）。

天监十七年正月，诏曰："……朕矜此庶氓……亟弘生聚之略，每布宽恤之恩，而编户未滋，迁徙尚有。……思俾黔黎，各安旧所，将使郡无旷土，邑靡游民，鸡犬相闻，桑柘交畛。……其流寓过远……不乐还者，即使著土籍为民。……若流移之后，本乡无复居宅者……诣县告请，村内官地官宅，令相容受。"（《梁书》卷二《武帝纪中》）

大同七年十一月……诏曰："……凡是田桑废宅没入者，公创之外，悉以分给贫民，皆使量其所能，以受田分。"（《梁书》卷三《武帝纪下》）

天嘉元年三月，诏曰："自丧乱以来，十有余载，编户凋亡，万不遗一。……且兴师以来……府藏虚竭，杼轴岁空。……思俾余黎，陶此宽赋。今……守宰明加劝课，务急农桑，庶鼓腹含哺，复在兹日。"（《陈书》卷三《世祖纪》）

太建二年八月……诏曰："……有能垦起荒田，不问顷亩少多，依旧蠲税。"（《陈书》卷五《宣帝纪》）

后主……即皇帝位……诏曰："……今阳和在节……宜展春耨。……其有新辟塍畎，进垦蒿莱，广袤勿得度量，征租悉皆停免。私业久废，咸许占作公田。……倘良守教耕，淳民载酒，有兹督课，议以赏擢。"（《陈书》卷六《后主纪》）

北朝亦颇重农业，不减于南朝。

太祖定中原……兵革并起，民废农业。……登国六年……徙……十余万家以充京都，各给耕牛，计口授田（《魏书》卷一一〇《食货志》）。

道武帝天兴初，制定京邑，东至代郡，西及善无，南极阴馆，北尽参合，为畿内之田。其外四方四维，置八部帅以监之，劝课农耕，量校收入，以为殿最（《魏书》卷一一〇《食货志》）。

后魏明帝永兴中，频有水旱。神瑞二年，又不熟。于是分简尤贫者，就食山东，敕有司劝课田农。……自是人皆力勤，岁数丰穰，畜牧滋息。太武帝初为太子监国，曾令有司课畿内之人……各列家别口数，所种顷亩，明立簿目。所种者，于地首标题姓名，以辨播殖之功（《通典》卷一《食货一》）。

北齐废帝乾明中，尚书左丞苏珍芝议修石鳖等屯，岁收数万石。自是淮南军防，粮廪充足（《隋书》卷二十四《食货志》）。

孝昭皇建中，平州刺史稽晔建议，开幽州督亢旧陂，长城左右营屯，岁收稻粟数十万石，北境得以周赡（《隋书》卷二十四《食货志》）。

武成帝河清三年，诏每岁春月，各依乡土早晚，课人农桑。自春及秋，男子十五以上，皆营蚕桑，孟冬布田亩。蚕桑之月，妇女十五以上，皆营蚕桑。孟冬，刺史听审教之优劣，定殿最之科品（《通典》卷二《食货二》）。

水利有关于农业，其最著者，略举如下。

预既还镇（荆州）……又修召信臣遗迹（召信臣所作钳卢陂六门堰），激用滍、淯诸水以浸原田万余顷，分疆刊石，使有定分，公私同利，众庶赖之，号曰“杜父”。旧水道，唯沔、汉达江陵，千数百里，北无通路。又巴丘湖沅湘之会，表里山川，实为险固。……预乃开杨口，起夏水，达巴陵千余里，内泻长江之险，外通零、桂之漕（《晋书》卷三十四《杜预传》）。

张闿……补晋陵内史……时所部四县，并以旱失田，闿乃立曲阿新丰塘，溉田八百余顷，每岁丰稔（《晋书》卷七十六《张闿传》）。

出为镇军将军，会稽内史。……句章县有汉时旧陂，毁废数百年，愉自巡行修复故堰，溉田二百余顷，皆成良业（《晋书》卷七十八《孔愉传》）。

宋文帝元嘉七年，刘义欣为荆河刺史，镇寿阳。……芍陂良田万顷，堤堰久坏，秋夏常苦旱。……因旧沟引淠水入陂，伐木开榛，水得通泾，由是遂丰稔（《通典》卷二《食货二》）。

后魏……裴延携为幽州刺史，范阳郡有旧沈渠，径五十里；渔阳燕郡有故戾诸堰，广袤三十里，皆废毁时多不复，水旱为害。延携自度水形营造，未几而就，溉田万余顷，为利十倍（《通考》卷六《田赋六》）。

（乙）商

商贾虽受恶税影响，而南北贸易甚盛，常借互市以维持南北和局。

（祖逖在镇），石勒……求通使交市，逖不报书，而听互市，收利十倍，于是公私丰赡（《晋书》卷六十二《祖逖传》）。

迁……武昌太守……立夷市于郡东，大收其利（《晋书》卷六十六《陶侃传》）。

淮水北有大市百余，小市十余所（《隋书》卷二十四《食货志》）。

魏……于南垂立互市，以致南货，羽毛齿革之属，无远不至（《魏书》卷一一〇《食货志》）。

北魏之官吏，初因无俸，多兼营商业，仰机射利，最为稗政。

诏曰："刺史牧民，为万里之表。自顷每因发调，逼民假贷，大商富贾，要射时利，旬日之间，增赢十倍，上下通同，分为润屋。故编户之家，困于冻馁，豪富之门，日有兼积。为政之弊，莫过于此。其一切禁绝（《魏书》卷五《高宗文成帝纪》）。

荥阳郑云，谄事长秋卿刘腾，货紫缬四百匹，得为安州刺史。除书旦出，晚往诣回，坐未定，问回："安州兴生，何事为便？"回曰："卿荷国宠灵，位至方伯，虽不能拔园葵，去织妇，宜思方略，以济百姓，如何见造问兴生乎？封回不为商贾，何以相示？"云惭失色（《北史》卷二十四《封回传》）

魏与西域交通，商业亦盛。

自葱岭已西，至于大秦，百国千城，莫不款附。商胡贩客，日奔塞下，所谓尽天地之区矣。乐中国土风，因而宅者，不可胜数。是以附化之民，万有余家。门巷修整，阊阖填列，青槐荫陌，绿柳垂庭，天下难得之货，咸悉在焉。别立市于洛水南，号曰四通市，民间谓永桥市。伊洛之鱼，多于此卖，士庶须脍，皆诣取之。鱼味甚美，京师语曰："伊洛鲤鲂，贵于牛羊。"（杨衒之《洛阳伽蓝记》卷三）

（丙）矿冶

梁……诸王，皆假金兽符……盐、铁、金、银、铜、锡……皆不以属国

（《隋书》卷二十六《百官志上》）。

永明八年，悛启世祖曰：“南广郡界蒙山下，有城名蒙城，可二顷地，有烧炉四所，高一丈，广一丈五尺。从蒙城渡水南百许步，平地掘土深二尺，得铜。又有古掘铜坑，深二丈，并居宅处犹存。邓通，南安人，汉文帝赐严道县铜山铸钱，今蒙山近青衣水南，青衣在侧，并是故秦之严道地。青衣县又改名汉嘉，且蒙山去南安二百里，案此必是通所铸。近唤蒙山獠出，云‘甚可经略’。此议若立，润利无极。”并献蒙山铜一片，又铜石一片，平州铁刀一口。上从之，遣使入蜀铸钱，得千余万，功费多，乃止（《南齐书》卷三十七《刘悛传》）。

世宗延昌三年春，有司奏长安骊山有银矿，二石得银七两。其年秋，桓州又上言，白登山有银矿，八石得银七两，锡三百余斤，其色洁白，有逾上品。诏并置银官，常令采铸。又汉中旧有金户千余家，常于汉水沙淘金，年终总输。后临淮王彧为梁州刺史，奏罢之（《魏书》卷一一〇《食货志》）。

尚书崔亮奏，恒农郡铜青谷有铜矿，计一斗铜得五两四铢；苇池谷矿，计一斗得铜五两；鸾帐山矿，计一斗得铜四两；河内郡王屋山矿，计一斗得铜八两。南青州苑烛山，齐州商山，并是往昔铜官，旧迹见在。谨按铸钱方兴，用铜处广，既有冶利，并宜开铸。诏从之（《魏书》卷一一〇《食货志》）。

（二）学术思想

（1）玄学

两汉重儒学，其末也流于烦碎，不足以餍学者之望，而所谓玄学者，遂因之勃兴。玄学之始倡者，为魏正始时王弼、何晏，以老庄、《周易》为宗。

弼（王弼），字辅嗣。何劭为其传曰：弼幼而察惠，年十余，好老氏，通辩能言。父业，为尚书郎。时裴徽为吏部郎，弼未弱冠，往造焉，徽一见而异之，问弼曰："夫无者，诚万物之所资也，然圣人莫肯致言，而老子申之无已者何？"弼曰："圣人体无，无又不可以训，故不说也。老子是有者也，故恒言无所不足。"……于时何晏为吏部尚书，甚奇弼，叹之曰："仲尼称后生可畏，若斯人者，可与言天人之际乎！"正始中……以弼补台郎。……弼在台既浅，事功亦雅非所长，益不留意焉。淮南人刘陶，善论纵横，为当时所称，每与弼语，尝屈弼。弼天才卓出，当其所得，莫能夺也。性和理，乐游宴，解音律，善投壶。其论道，附会文辞不如何晏；自然有所拔得多晏也。……何晏以为圣人无喜怒哀乐，其论甚精。……弼与不同，以为圣人茂于人者神明也，同于人者五情也。神明茂，故能体冲和以通无；五情同，故不能无哀乐以应物。然则圣人之情，应物而无累于物者也。今以其无累，便谓不复应物，失之多矣。弼注《易》……注《老子》，为之指略，致有理统（《三国·魏志》卷二十八《钟会传》注）。

魏正始中，何晏、王弼等祖述老、庄，立论以为天地万物，皆以无为为本。无也者，开物成务，无往不存者也。阴阳恃以化生，万物恃以成形，贤者恃以成德，不肖恃以免身。故无之为用，无爵而贵矣（《晋书》卷四十三《王衍传》）。

继王、何而兴者则为嵇、阮，玄学轮廓，始大具矣。

嵇康，字叔夜。……早孤，有奇才，远迈不群。……美词气，有风仪，而土木形骸，不自藻饰。……天质自然，恬静寡欲。……学不师受，博览无不该通。长好老、庄。……拜中散大夫，常修养性服食之事，弹琴咏诗，自足于怀。以为神仙禀之自然，非积学所得，至于导养得理，则安期、彭祖之伦可及，乃著《养生论》。又以为君子无私，其论曰："……君子行道，忘其为身。"斯言是矣。君子之行贤也，不察于有度而后行也。任心无邪，不议于善而后正也。显情无措，不论于是而后为也。是故傲然忘贤，而贤与度会；忽然任心，而心与善遇；傥然无措，而事与是俱也。"其略如此（《晋书》卷四十九《嵇康传》）。

阮籍，字嗣宗。……容貌瑰杰，志气宏放，傲然独得，任性不羁。……博览群籍，尤好庄、老。……著《达庄论》，叙无为之贵。……著《大人先生传》，其略曰："世之所谓君子，惟法是修，惟礼是克。手执圭璧，足履绳墨。行欲为目前检，言欲为无穷则。少称乡党，长闻邻国。上欲图三公，下不失九州牧。独不见群虱之处裈中，逃乎深缝，匿乎坏絮，自以为吉宅也。行不敢离缝际，动不敢出裈裆，自以为得绳墨也。然炎丘火流，焦邑灭都，群虱处于裈中而不能出也。君子之处域内，何异夫虱之处裈中乎？"此亦籍之胸怀本趣也（《晋书》卷四十九《阮籍传》）。

向秀，字子期。……清悟有远识……雅好老、庄之学。庄周著《内外》数十篇，历世才士虽有观者，莫适论其旨统也。秀乃为之隐解，发明奇趣，振起玄风，读之者超然心悟，莫不自足一时也。惠帝之世，郭象又述而广之，儒、墨之迹见鄙，道家之言遂盛焉（《晋书》卷四十九《向秀传》）。

学者探究老、庄，推崇《易》理，多假为口舌之助，清谈之风大盛。

乐广……性冲约，有远识，寡嗜欲，与物无竞。尤善谈论，每以约言析理，以厌人之心，其所不知，默如也。……尚书令卫瓘，朝之耆旧，逮与魏正始中诸名士谈论，见广而奇之，曰："自昔诸贤既没，常恐微言将绝，而今乃复闻斯言于君矣。”……王衍自言:“与人语甚简至,及见广,便觉己之烦。”其为识者所叹美如此。……广与王衍俱宅心事外,名重于时,故天下言风流者,谓王、乐为称首焉(《晋书》卷四十三《乐广传》)。

衍,字夷甫。……有盛才美貌,明悟若神。……声名籍甚,倾动当世。妙善玄言,唯谈老、庄为事。每捉玉柄麈尾,与手同色。义理有所不安,随即改更,世号“口中雌黄”,朝野翕然,谓之“一世龙门”矣。累居显职,后进之士,莫不景慕仿效。选举登朝,皆以为称首。矜高浮诞,遂成风俗焉(《晋书》卷四十三《王衍传》)。

甚者以达庄为名,恣意而行,遂流于放荡。

学者以老、庄为宗而黜《六经》,谈者以虚荡为辨而贱名检,行身者以放浊为通而狭节信,进仕者以苟得为贵而鄙居正,当官者以望空为高而笑勤恪。……其倚杖虚旷,依阿无心者,皆名重海内(《晋书》卷五《怀愍帝纪论》)。

母终,正与人围棋,对者求止,籍留与决赌。既而饮酒二斗,举声一号。……及将葬,食一蒸肫,饮二斗酒,然后临诀,直言穷矣,举声一号……裴楷往吊之,籍散发箕踞,醉而直视,楷吊唁毕便去。或问楷:“凡吊者,主哭,客乃为礼。籍既不哭,君何为哭?”楷曰:“阮籍既方外之士,故不崇礼典。我俗中之士,故以轨仪自居。”时人叹为两得(《晋书》卷四十九《阮籍传》)。

澄,字平子。……衍有重名于世,时人许以人伦之鉴。尤重澄……澄由是显名。……时王敦、谢鲲、庾敳、阮修,皆为衍所亲善,号为四友,而亦与澄狎,又有光逸、胡母辅之等亦豫焉。酣燕纵诞,穷欢极娱。惠帝末……以澄为荆州刺史。……将之镇,送者倾朝。澄见树上鹊巢,便脱衣上树,探鷇而弄之,神气萧然,旁若无人(《晋书》卷四十三《王澄传》)。

光逸,字孟祖。……辅之与谢鲲、阮放、毕卓、羊曼、桓彝、阮孚散发裸袒，闭室酣饮已累日。逸将排户入，守者不听，逸便于户外脱衣露头，于狗窦中窥之而大叫。辅之大惊曰：“他人决不能尔，必我孟祖也。”遽呼入，遂与饮，不舍昼夜。时人谓之八达（《晋书》卷四十九《光逸传》）。

刘伶恒纵酒放达，或脱衣裸形在屋中。人见讥之，伶曰：“我以天地为栋宇，屋室为裈衣，诸君何为入我裈中？”（刘义庆《世说新语》卷五《任诞篇》注）

当时亦有欲挽回颓俗，特著论纠正之者。

頠深患时俗放荡，不遵儒术，何晏、阮籍素有高名于世，口谈浮虚，不遵礼法，尸禄耽宠，仕不事事。至王衍之徒，声誉太重，位高势重，不以物务自婴，遂相放效，风教陵迟，乃著《崇有》之论以释其蔽曰：“……立言借于虚无，谓之玄妙；处官不亲所司，谓之雅远；奉身散其廉操，谓之旷达。故砥砺之风，弥以陵迟。放者因斯，或悖吉凶之礼，而忽容止之表，渎弃长幼之序，混漫贵贱之级，其甚者至于裸裎言笑。”（《晋书》卷三十五《裴秀附裴頠传》）

惇……以为君子立行，应依礼而动，虽隐显殊途，未有不傍礼教者也。若乃放达不羁，以肆纵为贵者，非但动违礼法，亦道之所弃也。乃著《通道崇检论》，世咸称之（《晋书》卷五十六《江惇传》）。

时以浮虚相扇，儒雅日替。宁以为其源始于王弼、何晏，二人之罪，深于桀、纣，乃著论曰：“……王、何蔑弃典文，不遵礼度，游辞浮说，波荡后生，饰华言以翳实，骋繁文以惑世。搢绅之徒，翻然改辙，洙泗之风，缅焉将坠。遂令仁义幽沦，儒雅蒙尘，礼坏乐崩，中原倾覆。古之所谓言伪而辩，行僻而坚者，其斯人之徒欤？……王、何叨海内之浮誉，资膏粱之傲诞，画魑魅以为巧，扇无检以为俗。郑声之乱乐，利口之覆邦，信矣哉！吾固以为一世之祸轻，历代之罪重；自丧之衅小，迷众之愆大也。”（《晋书》卷七十五《范宁传》）

魏正始之间，蔚为文林。元康以来，贱经尚道，以玄虚宏放为夷达，以儒术清俭为鄙俗。永嘉之弊，未必不由此也（《晋书》卷七十《应詹传》）。

时贵游子弟，多慕王澄、谢鲲为达，壸厉色于朝曰："悖礼伤教，罪莫斯甚。中朝倾覆，实由于此。"（《晋书》卷七十《卞壸传》）

惟清谈习尚已成，虽有诤论，卒莫之能挽也。

楷弟……绰子遐，善言玄理，音辞清畅，泠然若琴瑟。尝与河南郭象谈论，一座嗟服。（《晋书》卷三十五《裴楷传》）

玠……好言玄理……亲友时请一言，无不咨嗟，以为入微。琅邪王澄有高名，少所推服，每闻玠言，辄叹息绝倒。……时大将军王敦镇豫章，长史谢鲲先雅重玠，相见欣然，言语弥日。敦谓鲲曰："昔王辅嗣吐金声于中朝，此子复玉振于江表，微言之绪，绝而复续，不意永嘉之末，复闻正始之音。"（《晋书》卷三十六《卫瓘附卫玠传》）

桓温尝问惔："会稽王谈更进邪？"惔曰："极进，然故第三流耳。"温曰："第一复谁？"惔曰："故在我辈。"其高自标置如此（《晋书》卷七十五《刘惔传》）。

梁武帝始崇经学，儒术稍振。然谈玄之习已成，所谓经学者，只为谈辩之资。《五经》之外，不废老、庄，并增佛义。晋人空虚之习，且加甚焉。

清谈雅论，剖玄析微，宾主往复，娱心悦耳，非济世成俗之要也。洎于梁世，兹风复阐，《庄》《老》《周易》，总谓三玄。武皇、简文，躬自讲论。周弘正奉赞大猷，化行都邑，学徒千余，实为盛美。元帝在江荆间，复所爱习，召置学生，亲为教授，废寝忘食，以夜继朝。至乃倦剧愁愤，辄以讲自释（颜之推《颜氏家训》卷上《勉学篇》）。

越……特善庄、老，尤长论难。……武帝尝于重云殿自讲《老子》，仆射徐勉举越论义。越抗首而请，音响若钟，容止可观，帝深赞美之（《南史》卷七十一《顾越传》）。

简文在东宫，召衮讲论。又尝置宴集玄儒之士，先命道学互相质难。……衮精采自若，领答如流，简文深加叹赏（《南史》卷七十一《戚衮传》）。

梁邵陵王纶……自讲《大品经》，令枢讲《维摩》《老子》《周易》，同日发题，道、俗听者二千人。……乃谓众曰："与马学士论义，必使屈服，不得空立客主。"于是……各起问端。枢……转变无穷，论者拱默听受而已（《南史》卷七十六《马枢传》）。

专务清谈，遗弃世务，社会上蒙受影响，所造成之人生观，多为灰心绝望者。王羲之所记《兰亭序》，即足以代表一般人之心理。

羲之，雅好服食养性，不乐在京师，初渡浙江，便有终焉之志。会稽有佳山水，名士多居之，谢安未仕时亦居焉。孙绰、李充、许询、支遁等，皆以文义冠世，并筑室东土，与羲之同好。尝与同志宴集于会稽山阴之兰亭，羲之自为之序以申其志曰："……仰观宇宙之大，俯察品类之盛，所以游目骋怀，足以极视听之娱，信可乐也。……当其欣于所遇，暂得于己，快然自足，曾不知老之将至。及其所之既倦，情随事迁，感慨系之矣。……况修短随化，终期于尽。古人云，死生亦大矣，岂不痛哉。……固知一死生为虚诞，齐彭殇为妄作，后之视今，亦犹今之视昔，悲夫！"（《晋书》卷八十《王羲之传》）

又自晋以后，佛学大兴，然实与清谈互相发明，皆欲了解人生。佛徒每假借清谈，以与士流周旋，其教始盛。

又沙门支遁，以清谈著名于时，风流胜贵，莫不崇敬，以为造微之功，足参诸正始。而遁常重超，以为一时之俊，甚相知赏（《晋书》卷六十七《郗超传》）。

支遁，字道林。……幼有神理，聪明秀彻。初至京师，太原王濛甚重之，曰："造微之功，不减辅嗣。"……家世事佛，早悟非常之理。……

每至讲肆，善标宗会，而章句或有所遗，时为守文者所陋。谢安闻而善之曰：“此乃九方歅之相马也，略其玄黄而取其骏逸。”王洽、刘恢、殷浩、许询、郗超、孙绰、桓彦表、王敬仁、何次道、王文度、谢长遐、袁彦伯等，并一代名流，皆著尘外之狎。遁尝在白马寺与刘系之等谈《庄子·逍遥篇》，云：“各适性以为逍遥。”遁曰：“不然。夫桀、跖以残害为性，若适性为得者，彼亦逍遥矣。”于是退而注《逍遥篇》，群儒旧学，莫不叹服。……王羲之时在会稽，素闻遁名，未之信。……王故往诣遁……谓遁曰：“《逍遥篇》可得闻乎？”遁乃作数千言，标揭新理，才藻惊绝。王遂披襟解带，留连不能已（慧皎《高僧传初集》卷四《晋剡沃洲山支遁》）。

释道安，姓卫氏。……习凿齿书与谢安，书云：“来此，见释道安……其人理怀简衷，多所博涉，内外群书，略皆遍睹；阴阳算数，亦皆能通；佛经妙义，故所游刃。”……其为时贤所重，类皆然也（慧皎《高僧传初集》卷五《晋长安五级寺释道安》）。

释道渊……弟子慧琳……善诸经及《庄》《老》，俳谐好语笑。长于制作，故集有十卷，而为性傲诞，颇自矜伐（慧皎《高僧传初集》卷七《宋京师彭城寺释道渊》）。

（2）经学

东汉儒术，至郑康成而集其大成。至魏王肃出，务非难郑氏，郑学始衰。

何休，木讷多智，《三坟》《五典》，阴阳算术，河洛谶纬，及远年古谚，历代图籍，莫不咸诵也。门徒有问者，则为注记，而口不能说。作《左氏膏肓》《公羊废疾》《穀梁墨守》，谓之“三阙”。言理幽微，非知机藏往，不可通焉。及郑康成，蜂起而攻之，求学者不远千里，赢粮而至，如细流之赴巨海。京师谓康成为“经神”、何休为“学海”（王嘉《拾遗记》卷六）。

初，肃善贾、马之学，而不好郑氏，采会同异，为《尚书》《诗》《论语》《三礼》《左氏》解（《三国·魏志》卷十三《王肃传》）。

康成生炎汉之季，训义优洽，一世孔门，褒成并轨，故老以为前修，后生未之敢异。而王肃依经辩理，与硕相非，爰兴《圣证》，据用《家语》，外戚之尊（肃为晋武帝外祖），多行晋代。江左儒门，参差互出，虽于时不绝，而罕复专家（《南齐书》卷三十九《刘瓛传论》）。

王肃以帝室戚谊，其学盛行于晋，遂为经学南派宗主，一时礼制，俱黜郑伸王。学者竞求新知，乃有《汲冢书》及梅赜《古文》之发现。同时风行王弼、何晏之学，盖儒家思想，已与佛、老混合矣。

元嘉建学之始，玄、弼两立。逮颜延之为祭酒，黜郑置王，意在贵玄，事成败儒（《南齐书》卷三十九《陆澄传》）。

自两汉登贤，咸资经术。洎魏正始以后，更尚玄虚，公卿士庶，罕通经业。……自是中原横溃，衣冠道尽。逮江左草创，日不暇给，以迄宋、齐，国学时或开置，而劝课未博，建之不能十年，盖取文具而已。……至梁武创业，深愍其弊，天监四年，乃诏开五馆，建立国学，总以《五经》教授，置五经博士各一人……于是怀经负笈者云会矣。……陈武创业，时经丧乱……敦奖之方，所未遑也。天嘉以后，稍置学官，虽博延生徒，成业盖寡，其所采缀，盖亦梁之遗儒（《南史》卷七十一《儒林传序》）。

晋世以玄言方道，宋氏以文章闲业，服膺典艺，斯风不纯，二代以来，为教衰矣（《南齐书》卷三十九《刘瓛传论》）。

北朝风气，变动稍迟，仍谨守郑氏之学。至隋代统一，南北派经学，始有混合统一之盛，而郑学实衰矣。

六朝人虽以词藻相尚，然北朝治经者，尚多专门名家。盖自汉末郑康成以经学教授门下，著录者万人，流风所被，士皆以通经绩学为业，而上之举孝廉、举秀才，亦多于其中取之。故虽经刘、石诸朝之乱，而士习相承，未尽变坏。大概元魏时，经学以徐遵明为大宗；周、隋间，以刘炫、刘焯为大宗。按:《北史·儒林传》，遵明讲郑康成所著《易》，以传卢景裕、崔瑾，是遵明深于《易》也。《尚书》之业，遵明所通者，郑注之今文，后以授李周仁等，是遵明深于《尚书》也。三《礼》并出遵明之门，传李铉、祖隽、熊安生，是遵明深于《礼》也。馆陶赵世业，家有《服氏春秋》，乃晋永嘉旧本，遵明读之，手撰《春秋义章》三十卷，河北诸儒，能通《服氏春秋》者，并出徐生之门（遵明传），是遵明又深于《春秋》也。至隋刘焯于贾、王、马、郑章句，多所是非，著有《五经述义》行世，与刘炫齐名，时称二刘。炫尤博学多识，韦世康问其所能，炫曰:“《周礼》《礼记》《毛诗》《尚书》《公羊》《左传》《孝经》《论语》，孔、郑、王、何、服、杜等注，凡十三家，并堪讲授。《周易》《仪礼》《穀梁》用功差少。”在朝知名之士七十余，皆谓炫所陈不谬，是炫之深于诸经也。其时治经者，各有师承，如李铉从李周仁受《毛诗》，刘子猛受《礼记》，房虬受《周官》《仪礼》，鲜于灵馥受《左氏春秋》，又受业徐遵明者五年。杨汪受《礼》于沈重，受《汉书》于刘臻。刘焯亦受《诗》于刘轨思，受《左氏传》于郭懋，问《礼》于熊安生，又以刘智海家多坟籍，就之读十年。此可见诸儒师资有自，非同后世稗耳贩目之学也。其业既成，则各有所著，以开后学。……此又可见当时治经者，各有心得，笔之于书，非如后世记问掇拾之学也。其所以多务实学者，固由于士习之古，亦上之人有以作兴之（赵翼《廿二史札记》卷十五《北朝经学》）。

南北所治章句，好尚互有不同，江左《周易》则王辅嗣，《尚书》则孔安国，《左传》则杜元凯；河、洛《左传》则服子慎，《尚书》《周易》则郑康成，《诗》则并主于毛公，《礼》则同遵于郑氏（《隋书》卷七十五《儒林传序》）。

汉《熹平石经》、魏正始《三体石经》之相继造作，实于经学上，有正定文字之功。顾历汉自唐，石经已毁，说者不一，隋、唐三《志》著录，各有差别。

太和四年二月……诏太傅三公，以文帝《典论》刻石，立于庙门之外（《三国·魏志》卷三《明帝纪》）。

明帝立，诏三公曰："先帝昔著《典论》，不朽之格言，其刊石于庙门之外及太学，与石经并，以永示来世（《三国·魏志》卷四《齐王芳纪》注引《搜神记》）。

黄初元年之后，新主乃复始扫除太学之灰炭，补旧石碑之缺坏（《三国·魏志》卷十三《王肃传》注引《世语》）。

汉魏以来，置太学于国子堂东。汉灵帝光和六年，刻石镂碑，载《五经》立于太学讲堂前，悉在东侧。蔡邕以熹平四年，与五官中郎将堂谿典、光禄大夫杨赐、谏议大夫马日碑、议郎张驯、韩说、太史令单飏等，奏求正定《六经》文字，灵帝许之。邕乃自书丹于碑，使工镌刻，立于太学门外。于是后儒晚学，咸取正焉。及碑始立，其观视及笔写者，车乘日千余辆，填塞街陌矣。今碑上悉铭刻蔡邕等名。魏正始中，又立古、篆、隶《三字石经》……树之于堂西，石长八尺，广四尺，列石于其下，碑石四十八枚（郦道元《水经注》卷十六）。

天保元年八月，诏郡国修立黉序。……往者文襄皇帝所建蔡邕石经五十二枚，即宜移置学馆，依次修立（《北齐书》卷四《文宣帝纪》）。

大象元年二月……诏徙邺城石经于洛阳（《周书》卷七《宣帝纪》）。

六年（开皇），运洛阳石经至京师，文字磨灭，莫能知者，奉敕与刘炫等考定（《隋书》卷七十五《刘焯传》）。

后汉镌刻七经，著于石碑，皆蔡邕所书。魏正始中，又立一字石经，相承以为七经正字。后魏之末，齐神武执政，自洛阳徙于邺都，行至河阳，值岸崩，遂没于水。其得至邺者，不盈大半。至隋开皇六年，又自邺京载入长安，置于秘书内省。议欲补缉，立于国学。寻属隋乱，事遂寝废，营造之司，因用为柱础。贞观初，秘书监臣魏徵始收聚之，十不存一

(《隋书》卷三十二《经籍志一》)。

此外于学术上大有贡献，而属于新发现者，则为汲冢之竹书。

咸宁五年十月……汲郡人不准掘魏襄王冢，得竹简小篆古书十余万言，藏于秘府(《晋书》卷三《武帝纪》)。

太康二年，汲郡人不准盗发魏襄王墓，或言安釐王冢，得竹书数十车。其《纪年》十三篇，记夏以来至周幽王为犬戎所灭，以事接之，三家分，仍述魏事至安釐王之二十年，盖魏国之史书，大略与《春秋》皆多相应。其中经传大异，则云夏年多殷；益干启位，启杀之；太甲杀伊尹；文王杀季历；自周受命至穆王百年，非穆王百岁也；幽王既亡，有共伯和者摄行天子事，非二相共和也。其《易经》二篇，与《周易》上下经同。《易爻阴阳卦》二篇，与《周易》略同，《爻辞》则异，《卦下易经》一篇，似说卦而异。《公孙段》二篇，公孙段与邵陟论《易》。《国语》三篇，言楚、晋事。《名》三篇，似《礼记》，又似《尔雅》《论语》。《师春》一篇，书《左传》诸卜筮，师春似是造书者姓名也。《琐语》十一篇，诸国卜梦妖怪相书也。《梁丘藏》一篇，先叙魏之世数，次言丘藏金玉事。《缴书》二篇，论弋射法。《生封》一篇，帝王所封。《大历》二篇，邹子谈天类也。《穆天子传》五篇，言周穆王游行四海，见帝台、西王母。《图诗》一篇，画赞之属也。又杂书十九篇，《周食田法》《周书》《论楚事》《穆王美人盛姬死事》。大凡七十五篇，七篇简书折坏不识名题。冢中又得铜剑一枚，长二尺五寸。漆书皆科斗字。初发冢者烧策照取宝物，及官收之，多烬简断札，文既残缺，不复铨次。武帝以其书付秘书，校缀次第，寻考指归，而以今文写之。晳在著作，得观竹书，随疑分释，皆有义证。……时有人于嵩高山下得竹简一枚，上两行科斗书，传以相示，莫有知者。司空张华以问晳，晳曰:“此汉明帝显节陵中策文也。”检验果然(《晋书》卷五十一《束晳传》)。

时秘书丞卫恒，考正汲冢书，未讫而遭难。佐著作郎束晳述而成之，事多证异义。时东莱太守陈留王庭坚难之，亦有证据。皙又释难，而庭坚已亡。散骑侍郎潘滔谓接曰："卿才学理议，足解二子之纷，可试论之。"接遂详其得失，挚虞、谢衡皆博物多闻，咸以为允当（《晋书》卷五十一《王接传》）。

续咸……著……《汲冢古文释》……十卷，行于世（《晋书》卷九十一《续咸传》）。

（3）史学

自魏、晋迄于隋初，史学称为发达，撰作甚众。其成为一代之史者。

（甲）《后汉书》

永平中，班固、陈宗、尹敏、孟异，共撰《世祖本纪》，固又撰列传、载纪二十八篇，而纪传始立。安帝永初、永宁间，刘珍、騊駼、张衡、李尤等撰集为《汉记》，于是又有《名臣列士传》焉。永寿中，则有崔寔、边韶、延笃、朱穆、邓嗣、伏无忌之著作。熹平中，则有卢植、马日磾、蔡邕、韩说、杨彪之补续。又作《灵纪》及补诸列传四十二篇，而纪传益备，唯书志缺，邕以《十意》足之（王应麟《玉海》卷四十六《正史》）。

按：东观集诸儒奉诏修当代之史，是为后世官修国史所本。前后凡五修，乃成《东观汉纪》一百四十三卷。伏无忌等曾作《王子》《恩泽侯》《单于》《西羌》《地理志》，边韶作《皇后外戚传》《百官表》，是体制已备，不得云缺书志，岂后有散佚耶？今《四库》辑本二十四卷，有《天文志》《地理志》。

《后汉书》一百三十卷（注：无《帝纪》，吴武陵太守谢承撰）……今存姚之骃辑本四卷。〔章宗源《隋经籍志考证》卷一〕）。

降及晋、宋，著者先后辈出，姚辑薛莹书一卷，司马彪书一卷，谢沈书一卷，袁山松书一卷，合《东观纪》、谢承书、华峤书、刘义庆书，为八家《后汉书》。

峤以《汉纪》烦秽，慨然有改作之意。会为台郎，典官制事，由是得遍观秘籍，遂就其绪。起于光武，终于孝献，一百九十五年，为帝纪十二卷，皇后纪二卷，十典十卷，传七十卷，及三谱、序传、目录，凡九十七卷。峤以皇后配天作合，《前史》作《外戚传》以继末编，非其义也，故易为皇后纪，以次帝纪。又改志为典，以有《尧典》故也。而改名《汉后书》。……峤性嗜酒，率常沉醉，所撰书十典未成而终，秘书监何劭奏峤中子彻为佐著作郎，使踵成之，未竟而卒。后监缪徽又奏峤少子畅为佐著作郎，克成十典。……永嘉丧乱，经籍遗没，峤书存者五十余卷（《晋书》卷四十四《华峤传》）。

汉氏中兴，迄于建安……而时无良史，记述烦杂，谯周虽已删除，然犹未尽，安、顺以下，亡缺者多。彪乃讨论众书，缀其所闻，起于世祖，终于孝献，编年二百，录世十二，通综上下，旁贯庶事，为纪、志、传凡八十篇，号曰《续汉书》（《晋书》卷八十二《司马彪传》）。

何允、庾冰并称沈有史才，迁著作郎……著《后汉书》百卷（《晋书》卷八十二《谢沈传》）。

山松，少有才名，博学有文章，著《后汉书》百篇（《晋书》卷八十三《袁山松传》）。

宏有逸才，文章绝美。……孝武太元初，卒于东阳。……撰《后汉纪》三十卷（《晋书》卷九十二《袁宏传》）。

《后汉记》六十五卷（注：本一百卷，梁有，今残缺，晋散骑常侍薛莹撰。〔《隋书》卷三十三《经籍志二》〕）。

《后汉南记》四十五卷（注：本五十五卷，今残缺，晋江州从事张莹撰。〔《隋书》卷三十三《经籍志二》〕）。

至南宋范晔乃删取各家“后汉书”为一家之作，即今传之

《后汉书》也。

范晔，字蔚宗。……博涉经史，善为文章。……元嘉元年……左迁晔宣城太守。不得志，乃删众家“后汉书”为一家之作。……晔《狱中与诸甥侄书》，以自序曰：“……吾杂传论，皆有精意深旨，既有裁味，故约其词句。至于《循吏》以下，及《六夷》诸序论，笔势纵放，实天下之奇作。其中合者，往往不减《过秦篇》。尝共比方班氏所作，非但不愧之而已。……自是吾文之杰思，殆无一字空设，奇变不穷，同舍异体，乃自不知所以称之。此书行，故应有赏音者。纪、传例为举其大略耳，诸细意甚多。自古体大而思精，未有此也。恐世人不能尽之，多贵古贱今，所以称情狂言耳（《宋书》卷六十九《范晔传》）。

惟晔著成十纪、九十列传、十志，书未成即遇祸，后人以司马彪《续汉书》志补成之，共为一百二十篇。

刘昭，字宣卿。……昭又集《后汉》同异，以注范晔书，世称博悉（《梁书》卷四十九《刘昭传》）。

初，晔令谢俨撰志，未成而晔伏诛，俨悉蜡以覆车。梁世刘昭得旧本，因补注三十卷。……又曰，《志》三十卷，晋秘书监河内司马彪绍统撰，梁剡令平原刘昭宣卿补注。晔本书……刘昭所注，乃司马彪《续汉书》之八志尔。序文固云，范志今阙，乃借旧志注以补之（《通考》卷一九一《经籍考十八》）。

（乙）《三国志》

魏正元中，迁散骑常侍侍中，典著作，与荀顗、阮籍共撰《魏书》，多为时讳，未若陈寿之实录也（《隋书·经籍志》：《魏书》四十八卷，晋司空王沈撰。〔《晋书》卷三十九《王沈传》〕）

右国史华覈上疏曰：“……大皇帝末年，命太史令丁孚，郎中项峻，始撰《吴书》。孚、峻俱非史才，其所撰作，不足纪录。至少帝时，更差韦曜、周昭、薛莹、梁广及臣五人，访求往事，所共撰立，备有本末。昭、广先亡，曜负恩蹈罪，莹出为将，复以过徙，其书遂委滞，迄今未撰奏。”（《隋书·经籍志》:《吴书》二十五卷，韦昭撰。本五十五卷，梁有，今残缺。〔《三国·吴志》卷八《薛综附薛莹传》〕）。

晋陈寿撰《三国志》，称为良史，流传至今。计全书凡魏四纪、二十六列传，蜀十五列传，吴二十列传，凡六十五篇。

陈寿，字承祚。……除佐著作郎……撰魏、吴、蜀《三国志》，凡六十五篇。时人称其善叙事，有良史之才。……元康七年病卒。……梁州大中正尚书郎范頵等上表曰:“臣等按：故治书侍御史陈寿作《三国志》，辞多劝诫，明乎得失，有益风化，虽文艳不若相如，而质直过之。愿垂采录。”于是诏下河南尹、洛阳令，就家写其书（《晋书》卷八十二《陈寿传》）。

惟寿书过简，宋文帝命裴松之注之。松之因兼采众书，补其阙略，由是世言《三国志》者以裴注为本。

裴松之，字世期。……元嘉三年……转中书侍郎。……上使注陈寿《三国志》，松之鸠集传记，增广异闻，既成，奏上（元嘉六年）。上善之曰:“此为不朽矣。”(《宋书》卷六十四《裴松之传》)

臣前被诏，使采三国异同，以注陈寿《国志》。寿书铨叙可观……近世之嘉史。然失在于略，时有所脱漏。臣奉旨寻详，务在周悉，上搜旧闻，傍摭遗逸。……寿所不载，事宜存录者，则罔不毕取以补其阙。或同说一事而辞有乖杂，或出事本异，疑不能判，并皆抄内以备异闻。若乃纰缪显然，言不附理，则随违矫正，以惩其妄。其时事当否，及寿之小失，颇以愚意，有所论辩。自就撰集，已垂期月，写校殆讫，谨封上呈（裴松之《上三国志注表》）。

（丙）《晋书》

著《晋书》者，有十八家。至唐太宗时撰成新《晋书》，名曰御撰，诸家之作，多半散亡矣。其属于纪传体者，列举如下。

元帝以草创务殷，未遑史官，遂寝。……太兴初，典章稍备，乃召隐及郭璞俱为著作郎，令撰晋史。……时著作郎虞预私撰《晋书》，而生长东南，不知中朝事，数访于隐，并借隐所著书窃写之，所闻渐广。……隐竟以谤免，黜归于家，贫无资用，书遂不就。乃依征西将军庾亮于武昌，亮供其纸笔，书乃得成，诣阙上之（《隋书·经籍志》:《晋书》八十六卷，本九十三卷，今残缺，晋著作郎王隐撰。〔《晋书》卷八十二《王隐传》〕）。

谢沈……撰《晋书》三十余卷（《晋书》卷八十二《谢沈传》）。

预雅好经史，憎疾玄虚……著《晋书》四十余卷（《晋书》卷八十二《虞预传》）。

《晋书》十卷（注：未成，本十四卷，今残缺，晋中书郎朱凤撰，讫元帝。〔《隋书》卷三十三《经籍志二》〕）。

《晋中兴书》七十八卷（注：起东晋，宋湘东太守何法盛撰。〔《隋书》卷三十三《经籍志二》〕）。

太祖……征为秘书监……使整理秘阁书，补足阙文。以晋氏一代，自始至终，竟无一家之史，令灵运撰《晋书》，粗立条流，书竟不就（《隋书·经籍志》:《晋书》三十六卷，宋临川内史谢灵运撰。〔《宋书》卷六十七《谢灵运传》〕）。

臧荣绪……纯笃好学，括东、西晋为一书，纪录志传百一十卷。……建元中，司徒褚彦回启高帝，称述其美，以置秘阁（《南史》卷七十六《臧荣绪传》）。

子云……以晋代竟无全书，弱冠便留心撰著，至年二十六，书成，表奏之。……著《晋书》一百一十卷（《梁书》卷三十五《萧子云传》）。

《晋史草》三十卷（注：梁萧子显撰。梁有郑忠《晋书》七卷，沈约《晋书》一百一十一卷，庾铣《东晋新书》七卷，亡。〔《隋书》卷三十三《经籍志二》〕）。

其属于编年体者。

《晋纪》四卷（注：陆机撰。〔《隋书》卷三十三《经籍志二》〕）。

《晋纪》十卷（注：晋前军咨议曹嘉之撰。〔《隋书》卷三十三《经籍志二》〕）。

凿齿在郡，著《汉晋春秋》……起汉光武，终于晋愍帝。于三国之时，蜀以宗室为正，魏武虽受汉禅晋，尚为篡逆。至文帝平蜀，乃为汉亡，而晋始兴焉。……凡五十四卷（《晋书》卷八十二《习凿齿传》）。

粲以父骞，有忠信言而世无知者，乃著《元明纪》十篇（《隋书·经籍志》:《晋纪》十一卷，讫明帝，晋荆州别驾邓粲撰。〔《晋书》卷八十二《邓粲传》〕）。

盛……著《魏氏春秋》《晋阳秋》（《通志》：凡三十二卷）。……《晋阳秋》词直而理正，咸称良史焉。既而桓温见之，怒谓盛子曰："枋头诚为失利，何至乃如尊君所说！若此史遂行，自是关君门户事。"其子遽拜谢，谓请删改之。时盛年老还家，性方严。……诸子乃共号泣稽颡，请为百口切计。盛大怒，诸子遂窃改之。盛写两定本，寄于慕容隽。太元中，孝武帝博求异闻，始于辽东得之，以相考校，多有不同，书遂两存（《晋书》卷八十二《孙盛传》）。

中兴草创，未置史官。中书监王导上疏："……宜备史官，敕佐著作郎干宝等渐就撰集。"元帝纳焉。宝于是始领国史。……著《晋纪》，自宣帝迄于愍帝，五十三年，凡二十卷，奏之。其书简略，直而能婉，咸称良史（《晋书》卷八十二《干宝传》）。

义熙初……尚书奏……宜敕著作郎徐广撰成国史。于是敕广撰集焉。……十二年，勒成《晋纪》，凡四十六卷，表上之（《晋书》卷八十二《徐广传》）。

王韶之……父伟之……少有志尚，当世诏命表奏，辄自书写。泰元、隆安时事，小大悉撰录之。韶之因此私撰《晋安帝阳秋》。既成，时人谓宜居史职，即除著作佐郎，使续后事，讫义熙九年。善叙事，辞论可观，为后代佳史（《宋书》卷六十《王韶之传》）。

弟谦之，好学，撰《晋纪》二十卷（《南史》卷十七《刘康祖附刘简之传》）。

超叔父道鸾，字万安。位国子博士、永嘉太守，亦有文学，撰《续晋阳秋》二十卷（《南史》卷七十二《檀超传》）。

《续晋纪》五卷（注：宋新兴太守郭季产撰。〔《隋书》卷三十三《经籍志二》〕）。

（丁）《宋书》

先是元嘉中，使著作郎何承天草创国史。世祖初，又使奉朝请山谦之、南台御史苏宝生踵成之。六年，又以爰领著作郎，使终其业。爰虽因前作，而专为一家之书（《隋书·经籍志》：《宋书》六十五卷，宋中散大夫徐爰撰。〔《宋书》卷九十四《徐爰传》〕）。

《宋书》六十五卷（注：齐冠军录事参军孙严撰。〔《隋书》卷三十三《经籍志二》〕）。

宋世史官，屡修国史，惟避讳甚多，究非实录。至梁沈约，奉命著成《宋史》，起自义熙（晋安帝）肇号，终于升明（顺帝）三年，凡纪十，志三十，列传六十，合为百卷。

建元四年……被敕撰国史。……永明五年春，又被敕撰《宋书》。六年二月毕功，表上之曰："……宋故著作郎何承天始撰《宋书》，草立纪、传，止于武帝功臣，篇牍未广。其所撰志，唯天文、律历，自此外悉委奉朝请山谦之。谦之孝建初，又被诏撰述，寻值病亡，仍使南台侍御史苏宝生续造诸传，元嘉名臣，皆其所撰。宝生被诛，大明中，又命著作郎徐爰踵成前作。爰因何、苏所述，勒为一史，起自义熙之初，讫于大明之末。至于臧质、鲁爽、王僧达诸传，又皆孝武所造。自永光以来，至于禅让，十余年内，阙而不续。一代典文，始末未举，且事属当时，多非实录。……臣今谨更创立，制成新史，始自义熙肇号，终于升明三年。……本纪、列传，缮写已毕，合志、表七十卷。……所撰诸志，须成续上。”（《宋书》卷一〇〇《自序》）

是时裴子野，更删为《宋略》。今裴《略》久亡，只存沈《书》。

子野曾祖松之，宋元嘉中受诏续修何承天宋史，未及成而卒，子野常欲继成先业。及齐永明末，沈约所撰《宋书》既行，子野更删撰为《宋略》二十卷。其叙事评论多善，约见而叹曰：“吾弗逮也。”（《梁书》卷三十《裴子野传》）

（戊）《南齐书》

江淹……永明初，迁骠骑将军，掌国史。……淹少以文章显。……凡所著述百余篇，自撰为前后集，并《齐史》十志，并行于世（《梁书》卷十四《江淹传》）。

沈约……所著……《齐纪》二十卷（《梁书》卷十三《沈约传》）。

梁代对于齐史，亦有撰者，及萧子显书成，遂为正史。其书起升明之年，尽永元（废帝宝卷）之代，为纪八、志十一、传四十，合成五十九篇。

子显……又启撰《齐史》，书成表奏之，诏付秘阁（《梁书》卷三十五《萧子显传》）。

同时吴均撰《齐春秋》三十篇，其书称梁帝为齐明佐命，帝恶其实，诏燔之。然当时有私本，与萧氏所撰并传，今亦亡矣。

先是，均表求撰《齐春秋》，书成奏之。高祖以其书不实，使中书舍人刘之遴诘问数条，竟支离无对，敕付省焚之（《梁书》卷四十九《吴均传》）。

（己）梁、陈书

《梁书》四十九卷（注：梁中书郎谢吴撰，本一百卷。〔《隋书》卷三十三《经籍志二》〕）。

《梁史》五十三卷（注：陈领军大著作郎许亨撰。〔《隋书》卷三十三《经籍志二》〕）。

中书侍郎领著作杜之伟，与察深相眷遇，表用察佐著作，仍撰史。……察所撰梁、陈史，虽未毕功，隋文帝开皇之时，遣内史舍人虞世基索本且进上（《陈书》卷二十七《姚察传》）。

父察……在陈尝修梁、陈二史，未就。……贞观三年，又受诏与秘书监魏徵同撰梁、陈二史，思廉又采谢炅等诸家《梁史》，续成父书，并推究陈事，删益傅縡、顾野王所修旧史，撰成《梁书》五十卷（《旧唐书》卷七十三《姚思廉传》）。

按：今《梁书》百五十六卷，察撰二十六篇，余称史臣。《陈书》三十卷，二三两卷题察撰。思廉父子，以散文述史，实开韩、柳先河。

（庚）《魏书》

太祖诏渊撰《国记》，渊造十余卷，惟次年月起居行事而已，未有体例（《魏书》卷二十四《邓渊传》）。

世祖……乃诏浩曰："……逮于神䴥，始命史职，注集前功，以成一代之典。自尔已来，戎旗仍举。……而史阙其职，篇籍不著，每惧斯事之坠焉。……命公留台，综理史务，述成此书，务从实录。"浩于是监秘书事，以中书侍郎高允、散骑侍郎张伟参著作，续成前纪，至于损益褒贬，折中润色，浩所总焉。……真君十一年六月，诛浩。……初，郄标等立石，铭刊《国记》，浩尽述国事，备而不典。而石铭显在衢路，往来行者咸以为言，事遂闻发。有司按验……其秘书郎吏已下尽死（《魏书》卷三十五

《崔浩传》）。

著作令史闵湛、郄檦……为浩信待。……湛有著述之才，既而劝浩刊所撰国史于石，用垂不朽，欲以彰浩直笔之迹。……未几而难作……世祖怒甚，敕允为诏，自浩已下、僮吏已上百二十八人，皆夷五族。……浩竟族灭，余皆身死（《魏书》卷四十八《高允传》）。

自崔浩族诛后，魏废史官，至文成帝始复其职，而以高允典著作，修国史。允仍邓、崔之旧，为编年之体。

允……虽久典史事，然而不能专勤属述。时与校书郎刘模，有所缉缀，大较续崔浩故事，准《春秋》之体，而时有刊正（《魏书》卷四十八《高允传》）。

至孝文帝太和中，李彪、崔光等修史，始分为纪传之体。

自成帝以来，至于太和，崔浩、高允，著述国书，编年序录，为《春秋》之体，遗落时事，三无一存。彪与秘书令高祐，始奏从迁、固之体，创为纪、传、表、志之目焉。……彪在秘书岁余，史业竟未及就，然区分书体，皆彪之功（《魏书》卷六十二《李彪传》）。

自后撰著虽众，至北齐魏收始勒成《魏书》，虽被谤毁，其佳处终不可没，诸志尤见卓识。惜今本残缺三十卷，宋人以《北史》及《修文御览》《高氏小史》等书补缀之，非收书之旧也。

《魏书》，十二纪，九十二列传，十志，凡一百一十四篇，旧分为一百三十卷，北齐尚书右仆射魏收撰。初，魏史官邓渊、崔浩、高允，皆作编年书，遗落时事，三不存一。太和中，李彪、崔光始分纪、传、表、志之目。宣武时，邢峦撰《高祖起居注》，崔鸿、王遵业补续，下逮明帝。其后温子昇作《庄帝纪》三卷，济阴王晖业撰《辨宗室录》三十卷。魏末山伟，以代人谄附元天穆、尔朱世隆，綦儁更主国书二十余年，事迹荡然，万不记一。北齐文宣天保二年，诏魏收修魏史，博访百家谱状，搜采遗轶，包举一代始终，颇为详悉。收所取史官，本欲才不逮己，故房延祐、辛元植、睦仲、刀柔、裴昂之、高孝幹，皆不工纂述。其三十五例，二十五序，九十四论，前后二表、一启，咸出于收。五年，表上之，悉焚崔、李旧书。收党齐毁魏，褒贬肆情，时论以为不平。文宣命收于尚书省，与诸家子孙诉讼者百余人评论。收始亦辨答，后不能抗，范阳卢斐、顿丘李庶、太原王松年，并坐谤史，受鞭配甲坊，有致死者，众口沸腾，号为“秽史”。时仆射杨愔、高正德用事，收皆为其家作传，二人深党助之，抑塞诉辞，不复重论，亦未颁行。孝昭皇建中，命收更加审核。收请写二本，一送并省，一付邺下，欲传录者，听之。群臣竞攻其失，武成复敕收更易刊正。收既以魏史招众怨咎，齐亡之岁，盗发其冢，弃骨于外。隋文帝以收书不实，平绘《中兴书》叙事不伦，命魏澹、颜之推、辛德源更撰《魏书》九十二卷，以西魏为正，东魏为伪，义例简要，大矫收、绘之失，文帝善之。炀帝以澹书犹未尽善，更敕杨素，及潘徽、褚亮、欧阳询，别修《魏书》，未成而素卒。唐高祖武德五年，诏侍中陈叔达等十七人，分撰后魏、北齐、周、隋、梁、陈六代史，历年不成。……《唐书·艺文志》，又有张大素《后魏书》一百卷，裴安时《元魏书》三十卷，今皆不传……惟以魏收书为主焉（《魏书目录》）。

（辛）《十六国春秋》

鸿，字彦鸾。少好读书，博综经史。……以刘渊、石勒、慕容儁、苻健、慕容垂、姚苌、慕容德、赫连屈孑、张轨、李雄、吕光、乞伏国仁、秃发乌孤、李暠、沮渠蒙逊、冯跋等，并因世故，跨僭一方，各有国书，未有统一，鸿乃撰为《十六国春秋》，勒成百卷，因其旧记，时有增损褒贬焉。鸿二世仕江左，故不录僭晋、刘、萧之书，又恐识者责之，未敢出行于外。世宗闻其撰录，遣散骑常侍赵邕诏鸿曰：“闻卿撰定诸史，甚有条贯，便可随成者送呈，朕当于机事之暇览之。”鸿以其书有与国初相涉，言多失体，且既未讫，迄不奏闻。鸿后典起居，乃妄载其表曰：“……昔晋惠不竞，华戎乱起……中原无主，八十余年。……自晋永宁以后……成为战国者，十有六家。……始自景明之初，搜集诸国旧史，属迁京甫尔，率多分散，求之公私，驰驱数岁。……暨正始元年，写乃向备，谨于吏按之暇，草构此书，区分时事，各系本录，破彼异同，凡为一体，约损烦文，补其不足。……考诸旧志，删正差谬，定为实录，商校大略，著《春秋》百篇。至三年之末，草成九十五卷，唯常璩所撰李雄父子据蜀时书，寻访不获，所以未及缮成，辍笔私求，七载于今。此书本江南撰录，恐中国所无，非臣私力所能终得。”（《魏书》卷六十七《崔光附崔鸿传》）

按：晁公武《郡斋读书志》，称司马光所考《十六国春秋》已非鸿全书，则鸿书至北宋已亡佚矣。今通行一百卷本，乃明万历中檇李屠乔孙、姚士粦取《晋书·载记》《北史》《册府元龟》等书伪为之，又十六卷本亦非原文。

（壬）通史

以上均为一代之史。梁武帝复有《通史》之制，为南、北史之先河。此一时代中史学之盛，于焉可见。

又造《通史》，躬制赞序，凡六百卷（《梁书》卷三《武帝纪下》）。

高祖雅爱子显才，又嘉其容止吐纳，每御筵侍坐，偏顾访焉。尝从容谓子显曰：“我造《通史》，此书若成，众史可废。”子显对曰：“仲尼赞《易》道，黜《八索》，述职方，除《九丘》，圣制符同，复在兹日。”时以为名对（《梁书》卷三十五《萧子显传》）。

《通史》四百八十卷（注：梁武帝撰，起三皇，讫梁。〔《隋书》卷三三《经籍志二》〕）。

至梁武帝，又敕其群臣上自太初，下终齐室，撰成《通史》六百二十卷。其书自秦以上，皆以《史记》为本，而别采他说，以广异闻。至两汉已还，则全录当时纪传，而上下通达，臭味相依。又吴、蜀二主皆入世家，五胡及拓跋氏列于《夷狄传》。大抵其体皆如《史记》，其所为异者，唯无表而已（刘知幾《史通》卷一《六家篇》）。

（癸）舆地

与史学最有关系之地理，撰著亦甚多。

裴秀……以职在地官，以《禹贡》山川地名，从来久远，多有变易。后世说者，或强牵引，渐以暗昧。于是甄擿旧文，疑者则阙，古有名而今无者，皆随事注列，作《禹贡地域图》十八篇，奏之，藏于秘府。其《序》曰："……今秘书……惟有汉氏《舆地》及《括地》诸杂图，各不设分率，又不考正准望，亦不备载名山大川。虽有粗形，皆不精审，不可依据，或荒外迂诞之言，不合事实，于义无取。大晋龙兴，混一六合。……今上考《禹贡》山海川流，原隰陂泽，古之九州，及今之十六州，郡国县邑，疆界乡陬，及古国盟会旧名，水陆径路，为《地图》十八篇。制图之体有六焉。一曰分率，所以辨广轮之度也。二曰准望，所以正彼此之体也。三曰道里，所以定所由之数也。四曰高下，五曰方邪，六曰迂直，此三者，各因地而制宜，所以校夷险之异也。有图象而无分率，则无以审远近之差；有分率而无准望，虽得之于一隅，必失之于他方；有准望而无道里，则施于山海绝隔之地，不能以相通；有道里而无高下、方邪、迂直之校，则径路之数必与远近之实相违，失准望之正矣，故以此六者参而考之。然远近之实定于分率，彼此之实定于道里，度数之实定于高下、方邪、迂直之算，故虽有峻山巨海之隔、绝域殊方之迥、登降诡曲之因，皆可得举而定者。准望之法既正，则曲直远近，无所隐其形也。"（《晋书》卷三十五《裴秀传》）

制木方丈，图山川土地，各有分理，离之则州别郡殊，合之则寓内为一（《宋书》卷八十五《谢庄传》）。

道元好学，历览奇书，撰注《水经》四十卷（《魏书》卷八十九《郦道元传》)。

晋世挚虞，依《禹贡》《周官》，作《畿服经》。其州郡及县，分野、封略、事业、国邑、山陵、水泉、乡亭城、道里、土田、民物、风俗、先贤旧好，靡不具悉，凡一百七十卷，今亡。而学者因其经历，并有记载，然不能成一家之体。齐时陆澄，聚一百六十家之说，依其前后远近，编而为部，谓之《地理书》。任昉又增陆澄之书八十四家，谓之《地记》。陈时顾野王，抄撰众家之言，作《舆地志》(《隋书》卷三十三《经籍志二》)。

(4)文学

(甲)文

自晋历宋、齐、梁、陈，骈体文盛行于世，承学之士，尚不纯一。及昭明太子统与高斋十学士刘孝威、庾肩吾、徐防、江伯操、孔敬通、惠子忱、徐陵、王囿、孔烁、鲍至，共集《文选》以树其准的；刘勰撰《文心雕龙》，以示其法则，而文章品格始归雅正。

昭明太子统，字德施，高祖长子也。……美姿貌，善举止。读书数行并下，过目皆忆。……引纳才学之士，赏奖无倦。恒自讨论篇籍，或与学士商榷古今，闲则继以文章著述，率以为常。于时东宫有书几三万卷，名才并集，文学之盛，晋、宋以来，未之有也。性爱山水，于玄圃穿筑，更立亭馆，与朝士名素者游其中。……薨时，年三十一……谥曰昭明。……所著《文集》二十卷，又撰古今典诰文言为《正序》十卷，五言诗之善者为《文章英华》二十卷，《文选》三十卷(《梁书》卷八《昭明太子传》)。

刘勰，字彦和，东莞莒人也。……早孤，笃志好学。家贫不婚娶，依沙门僧祐居，遂博通经论，因区别部类，录而序之。……梁天监中，兼东宫通事舍人……深被昭明太子爱接。初，勰撰《文心雕龙》五十篇，论古今文体，其《序》略云："……敷赞圣旨，莫若注经，而马、郑诸儒，弘之已精，就有深解，未足立家。唯文章之用，实经典枝条，《五礼》资之以成，《六典》因之致用。于是搦笔和墨，乃始论文，其为文用四十九篇而已。”既成，未为时流所称，勰欲取定于沈约，无由自达，乃负书候约于车前，状若货鬻者。约取读，大重之，谓得文理，常陈诸几案。勰为文长于佛理，都下寺塔及名僧碑志，必请勰制文。敕与慧震沙门，于定林寺撰《经证》，功毕，遂求出家。……敕许之，乃变服，改名慧地云（《南史》卷七十二《刘勰传》）。

昭明《文选》继挚虞《文章流别》而作。虞书早亡，《文选》遂为分类集文之始。取舍之间，立有标准，据其《自序》云：

尝试论之曰：……诗者，盖志之所之也，情动于中，而形于言。……颂者，所以游扬德业，褒赞成功。……箴兴于补阙，戒出于弼匡。论则析理精微，铭则序事清润。美终则诔发，图像则赞兴。又诏、诰、教、令之流，表、奏、笺、记之列，书、誓、符、檄之品，吊、祭、悲、哀之作，答客、指事之制，三言、八字之文，篇、辞、引、序，碑、碣、志、状。众制锋起，源流间出。譬陶匏异器，并为入耳之娱；黼黻不同，俱为悦目之玩。作者之致，盖云备矣。余监抚余闲，居多暇日，历观文囿，泛览辞林，未尝不心游目想，移晷忘倦。自姬汉以来，眇焉悠邈，时更七代，数逾千祀。词人才子，则名溢于缥囊；飞文染翰，则卷盈乎缃帙。自非略其芜秽，集其精英，盖欲兼功，大半难矣。若夫姬公之籍，孔父之书……孝敬之准式，人伦之师友，岂可重以芟夷，加之翦截？老、庄之作，管、孟之流，盖以立意为宗，不以能文为本。今之所撰，又以略诸。若贤人之美辞，忠臣之抗直，谋夫之话，辨士之端……乃事美一时，语流千载……虽传之简牍，而事异篇章，今之所集，亦所不取。至于记事之史、系年之书，所以褒贬是非，纪别异同，方之篇翰，亦已不同。若其赞、论之综缉辞采，序、述之错比文华，事出于沉思，义归乎翰藻，故与夫篇什杂而集之。远自周室，迄于圣代，都为三十卷，名曰《文选》云耳（萧统《文选序》）。

刘勰所著《文心雕龙》，论文章组织之工，为古今所不能外。

其词有云：

夫情动而言形，理发而文见，盖沿隐以至显，因内而符外者也。然才有庸俊，气有刚柔，学有浅深，习有雅郑，并情性所铄，陶染所凝，是以笔区云谲，文苑波诡者矣。……若总其归涂，则数穷八体：一曰典雅，二曰远奥，三曰精约，四曰显附，五曰繁缛，六曰壮丽，七曰新奇，八曰轻靡。典雅者，镕式经诰，方轨儒门者也。远奥者，馥采典文，经理玄宗者也。精约者，核字省句，剖析毫厘者也。显附者，辞直义畅，切理厌心者也。繁缛者，博喻酿采，炜烨枝派者也。壮丽者，高论宏裁，卓烁异采者也。新奇者，摈古竞今，危侧趣诡者也。轻靡者，浮文弱植，缥缈附俗者也。……夫才有天资，学慎始习，斲梓染丝，功在初化，器成彩定，难可翻移。故童子雕琢，必先雅制，沿根讨叶，思转自圆。八体虽殊，会通合数，得其环中，则辐辏相成。故宜摹体以定习，因性以练才，文之司南，用此道也（刘勰《文心雕龙》卷六《体性篇》）。

夫情致异区，文变殊术，莫不因情立体，即体成势也。……然渊乎文者，并总群势，奇正虽反，必兼解以俱通；刚柔虽殊，必乘时而适用。若爱典而恶华，则兼通之理偏；……若雅郑而共篇，则总一之势离。……是以括囊杂体，功在铨别，宫商朱紫，随势各配。章、表、奏、议，则准的乎典雅；赋、颂、歌、诗，则羽仪乎清丽；符、檄、书、移，则楷式于明断；史、论、序、注，则师范于核要；箴、铭、碑、诔，则体制于宏深；连珠、七辞，则从事于巧艳。此循体而成势，随变而立功者也。……然密会者以意新得巧，苟异者以失体成怪。旧练之才，则执正以驭奇；新学之锐，则逐奇而失正。势流不反，则文体遂弊。秉兹情术，可无思邪（刘勰《文心雕龙》卷六《定势篇》）。

故立文之道，其理有三：一曰形文，五色是也；二曰声文，五音是也；三曰情文，五性是也。五色杂而成黼黻，五音比而成韶夏，五情发而为辞章。……夫铅黛所以饰容，而盼倩生于淑姿；文采所以饰言，而辩丽本于情性。故情者文之经，辞者理之纬，经正而后纬成，理定而后辞畅，此立文之本源也（刘勰《文心雕龙》卷七《情采篇》）。

情理设位，文采行乎其中。刚柔以立本，变通以趋时。立本有体，意或偏长；趋时无方，辞或繁杂。蹊要所司，职在镕裁。……规范本体谓之镕，剪截浮词谓之裁，裁则芜秽不生，镕则纲领昭畅。……是以草创鸿笔，先标三准：履端于始，则设情以位体；举正于中，则酌事以取类；归余于终，则撮辞以举要。然后舒华布实，献替节文，绳墨以外，美才既骋，故能首尾圆合，条贯统序（刘勰《文心雕龙》卷七《镕裁篇》）。

故言语者，文章神明，枢机吐纳，律吕唇吻而已。……凡声有飞沉，响有双叠（叠韵，二字同在一韵；双声，二字同一字母）。双声隔字而每舛，叠韵杂句而必睽。沉则响发而断，飞则声扬不还，并辘轳交往，逆鳞相比，迂其际会，则往蹇来连，其为疾病，亦文家之吃也。……是以声画妍媸，寄在吟咏；滋味流于字句，气力穷于和韵。异音相从谓之和，同声相应谓之韵。韵气一定，故余声易遣；和体抑扬，故遗响难契。属笔易巧，选和至难；缀文难精，而作韵甚易。虽纤意曲变，非可缕言，然振其大纲，不出兹论（刘勰《文心雕龙》卷七《声律篇》）。

李斯删籀而秦篆兴，程邈造隶而古文废。汉初章律，明著厥法：太史学童，教试六体。……至孝武之世，则相如撰篇。及宣、成二帝，征习小学，张敞以正读传业，扬雄以奇字纂训，并贯练《雅》《颂》，总阅音义。鸿笔之徒，莫不洞晓。且多赋京苑，假借形声，是以前汉小学，率多玮字，非独制异，乃共晓难也。暨乎后汉，小学转疏，复文隐训，臧否大半。及魏代缀藻，则字有常检，追观汉作，翻成阻奥。故陈思称："扬、马之作，趣幽旨深，读者非师传不能析其辞，非博学不能综其理。"岂真才悬，抑亦字隐。自晋来用字，率从简易；时并习易，人谁取难？今一字诡异，则群句震惊；三人弗识，则将成字妖矣。……是以缀字属篇，必须练择：一避诡异，二省联边，三权重出，四调单复。诡异者，字体瑰怪者也；……联边者，半字同文者也；重出者，同字相犯者也；……单复者，字形肥瘠者也。……凡此四条，虽文不必有，而体例不无。若值而莫悟，则非精解（刘勰《文心雕龙》卷八《练字篇》）。

刘勰且对魏、晋以来之文章家，各加以适当之批评：

嵇康师心以遣论，阮籍使气以命诗，殊声而合响，异翮而同飞。张华短章，奕奕清畅，其《鹪鹩》寓意，即韩非之《说难》也。左思奇才，业深覃思，尽锐于《三都》，拔萃于《咏史》，无遗力矣。潘岳敏给，辞自和畅，钟美于《西征》，贾余于哀诔，非自外也。陆机才欲窥深，辞务索广，故思能入巧而不制繁；士龙朗练，以识检乱，故能布采鲜净，敏于短篇。孙楚缀思，每直置以疏通；挚虞述怀，必循规以温雅；其品藻《流别》，有条理焉。傅玄篇章，义多规镜；长虞笔奏，世执刚中；并桢幹之实才，非群华之韡萼也。成公子安，选赋而辞美，夏侯孝若，具体而皆微，曹摅清靡于长篇，季鹰辨切于短韵，各其善也。孟阳景阳，才绮而相埒，可谓鲁卫之政，兄弟之文也。刘琨雅壮而多风，卢谌情发而理昭，亦遇之于时势也。景纯艳逸，足冠中兴，郊赋既穆穆以大观，仙诗亦飘飘而凌云矣。庾元规之表奏，靡密以闲畅；温太真之笔记，循理而清通，亦笔端之良工也。孙盛、干宝，文胜为史，准的所拟，志乎典训；户牖虽异，而笔彩略同。袁宏发轸以高骧，故卓出而多偏；孙绰规旋以矩步，故伦序而寡状。殷仲文之孤兴，谢叔源之闲情，并解散辞体，缥缈浮音；虽滔滔风流，而大浇文意。宋代逸才，辞翰鳞萃，世近易明，无劳甄序。观夫后汉才林，可参西京；晋世文苑，足俪邺都。然而魏时话言，必以元封为称首；宋来美谈，亦以建安为口实（刘勰《文心雕龙》卷十《才略篇》）。

逮晋宣始基，景文克构。……至武帝惟新，承平受命，而胶序篇章，弗简皇虑。降及怀、愍，缀旒而已。然晋虽不文，人才实盛：茂先摇笔而散珠，太冲动墨而横锦，岳、湛曜联璧之华，机、云标二俊之采，应、傅、三张之徒，孙、挚、成公之属，并结藻清英，流韵绮靡。前史以为运涉季世，人未尽才，诚哉斯谈，可为叹息。元皇中兴，披文建学，刘、刁礼吏而宠荣，景纯文敏而优擢。逮明帝秉哲，雅好文会……庾以笔才逾亲，温以文思益厚……及成、康促龄，穆、哀短祚，简文勃兴。……至孝武不嗣，安、恭已矣，其文史则有袁、殷之曹，孙、干之辈，虽才或浅深，珪璋足用。……自宋武爱文，文帝彬雅；秉文之德，孝武多才，英采云构。自明帝以下，文理替矣。……王、袁联宗以龙章，颜、谢重叶以凤采，何、范、张、沈之徒，亦不可胜也。……暨皇齐驭宝，运集休明；太祖以圣武膺箓，高祖以睿文纂业，文帝以贰离含章，中宗以上哲兴运，并文明自天，缉遐景祚（刘勰《文心雕龙》卷九《时序篇》）。

文体至于梁、陈，牵拘声韵，弥为缛丽，而徐陵、庾信辈，词尚轻险，情多哀思。斯时北方文风已变，渐染轻浮，然南赋北碑，徐、庾实为先导。

陵，字孝穆。……博涉史籍，从横有口辩。……自陈创业，文檄军书及受禅诏策，皆陵所制，为一代文宗。……其文颇变旧体，缉裁巧密，多有新意。每一文出，好事者已传写成诵，遂传于周、齐，家有其本。后逢丧乱，多散失，存者三十卷（《南史》卷六十二《徐陵传》）。

庾信，字子山。……博览群书，尤善《春秋左氏传》。……父肩吾，为梁太子中庶子，掌管记。东海徐摛为右卫率，摛子陵及信并为抄撰学士。父子东宫，出入禁闼，恩礼莫与比隆，既文并绮艳，故世号为徐庾体焉。当时后进，竞相模范，每有一文，都下莫不传诵。累迁通直散骑常侍，聘于东魏，文章辞令，盛为邺下所称。……梁元帝承制……聘于西魏，属大军南讨，遂留长安。……明帝、武帝并雅好文学，信特蒙恩礼。……群公碑志，多相托焉。唯王褒颇与信埒，自余文人，莫有逮者。……隋开皇元年卒，有《文集》二十卷（《北史》卷八十三《庾信传》）。

北朝之文，初颇醇厚。后取法江左，风气为之一变。

洎乎有魏，定鼎沙朔，南包河、淮，西吞关、陇。当时之士，有许谦、崔宏、宏子浩、高允、高闾、游雅等，先后之间，声实俱茂，词义典正，有永嘉之遗烈焉。及太和在运，锐情文学，固以颉颃汉彻，跨蹑曹丕，气韵高远，艳藻独构。衣冠仰止，咸慕新风；律调颇殊，曲度遂改。辞罕泉源，言多胸臆；润古雕今，有所未遇。是故雅言丽则之奇，绮合绣联之美。……既而陈郡袁翻、河内常景，晚拔畴类，稍革其风。及明皇御历，文雅大盛……于时陈郡袁翻、翻弟跃、河东裴敬宪、弟庄伯、庄伯族弟伯茂、范阳卢观、弟仲宣、顿丘李谐、渤海高肃、河间邢臧、赵国李骞，雕琢琼瑶，刻削杞梓，并为龙光，俱称鸿翼。乐安孙彦举、济阴温子昇，并且孤寒，郁然特起，咸能综采繁缛，兴属清华（《北史》卷八十三《文苑传序》）。

邵，字子才。……博览坟籍，无不通晓。晚年尤以《五经》章句为意，穷其指要。吉凶礼仪，公私咨禀，质疑去惑，为世指南。每公卿会议，事关典故，邵援笔立成，证引该洽。……当时与济阴温子昇为文士之冠，世论谓之温、邢。巨鹿魏收，虽天才艳发，而年事在二人之后，故子昇死后，方称邢、魏焉。……有集三十卷，见行于世（《北史》卷四十三《邢邵传》）。

温子昇，字鹏举。……博览百家，文章清婉。……梁使张皋，写子昇文笔传于江外，梁武称之曰："曹植、陆机复生于北土，恨我辞人，数穷百六。"……济阴王晖业尝云："江左文人，宋有颜延之、谢灵运，梁有沈约、任昉，我子昇足以陵颜轹谢，含任吐沈。"……集其文笔为三十五卷（《北史》卷八十三《温子昇传》）。

魏收，字伯起。……博洽经史。……始收比温子昇、邢邵稍为后进，邵既被疏出，子昇以罪死，收遂大被任用，独步一时。议论更相訾毁，各有朋党。收每议陋邢文。邵又云："江南任昉，文体本疏，魏收非直模拟，亦大偷窃。"收闻，乃曰："伊常于沈约集中作贼，何意道我偷任。"任、沈俱有重名，邢、魏各有所好。……自武定二年以后，国家大事诏命、军国文词，皆收所作。每有警急，受诏立成。或时中使催促，收笔下有同宿构，敏速之工，邢、温所不逮也。……有集七十卷。……初，河间邢子才、子明及季景，与收并以文章显，世称“大邢小魏”，言尤俊也（《北史》卷五十六《魏收传》）。

独西魏宇文泰，以自晋之季，文章竞为浮华，遂以成俗，乃欲革其弊，因魏帝祭庙，命苏绰仿《尚书》体，绰作《大诰》，宣示群臣，依为体制。其词曰：

惟中兴十有一年仲夏，庶邦百辟，咸会于王庭，柱国泰洎群公列将，罔不来朝。时乃大稽百宪，敷于庶邦，用绥我王度。皇帝若曰：“昔尧命羲和，允厘百工。舜命九官，庶绩咸熙。武丁命说，克号高宗。时惟休哉，朕其钦若。格尔有位，胥暨我太祖之庭，朕将丕命女以厥官。……俾九域幽遐，咸昭奉元后之明训，率迁于道，永膺无疆之休。”帝曰：“钦哉。”（《北史》卷六十三《苏绰传》）

至于南北文体之得失，则实如下所述。

自汉、魏以来，迄乎晋、宋，其体屡变。……暨永明、天监之际，太和、天保之间，洛阳、江左，文雅尤盛，彼此好尚，雅有异同。江左宫商发越，贵于清绮；河朔词义贞刚，重乎气质。气质则理胜其词，清绮则文过其意。理深者便于时用，文华者宜于咏歌。此南北词人得失之大较也。若能掇彼清音，简兹累句，各去所短，合其两长，则文质彬彬、尽美尽善矣（《北史》卷八十三《文苑传序》）。

文章当以理致为心肾，气调为筋骨，事义为皮肤，华丽为冠冕。今世相承，趋末弃本，率多浮艳。辞与理竞，辞胜而理伏；事与才争，事繁而才损。放逸者流宕而忘归，穿凿者补缀而不足。时俗如此，安能独违？但务去泰去甚耳。……古人之文，宏材逸气，体度风格，去今实远，但缉缀疏朴，未为密致耳。今世音律谐靡，章句偶对，讳避精详，贤于往昔多矣（颜之推《颜氏家训》卷上《文章篇》）。

（乙）诗

晋太康中，三张（张载，字孟阳；弟协，字景阳；协弟亢，字季阳）、二陆（陆机，字士衡；弟云，字士龙）、两潘（潘岳，字安仁；从子尼，字正叔）、一左（左思，字太冲），勃尔复兴，踵武前王，风流未沫，亦文章之中兴也。永嘉时贵黄老，稍尚虚谈，于时篇什，理过其辞，淡乎寡味。爰及江表，微波尚传，孙绰、许询、桓、庾诸公诗，皆平典似《道德论》，建安风力尽矣。……郭景纯（璞）用俊上之才，变创其体；刘越石（琨）仗清刚之气，赞成厥美。然彼众我寡，未能动俗。逮义熙中，谢益寿斐然继作。元嘉中，有谢灵运，才高词盛，富艳难踪，固已含跨刘、郭，陵轹潘、左。故知陈思（曹植）为建安之杰，公幹、仲宣为辅；陆机为太康之英，安仁、景阳为辅；谢客（灵运）为元嘉之雄，颜延年（名延之）为辅，斯皆五言之冠冕，文词之命世也（钟嵘《诗品序》）。

晋世群才，稍入轻绮，张、潘、左、陆，比肩诗衢，采缛于正始，力柔于建安，或析文以为妙，或流靡以自妍，此其大略也。江左篇制，溺乎玄风。……袁、孙已下，虽各有雕采，而辞趣一揆，莫与争雄，所以景纯仙篇，挺拔而为俊矣。宋初文咏，体有因革，庄、老告退，而山水方滋，俪采百字之偶，争价一句之奇……此近世之所竞也。……若夫四言正体，润雅为本；五言流调，清丽居宗。……故平子得其雅，叔度含其润，茂先凝其清，景阳振其丽（刘勰《文心雕龙》卷二《明诗篇》）。

有疑陶渊明诗，篇篇有酒，吾观其意不在酒，亦寄酒为迹者也。其文章不群，辞彩精拔；跌宕昭彰，独超众类；抑扬爽朗，莫之与京。横素波而傍流，干青云而直上。语时事则指而可想，论怀抱则旷而且真。加以贞志不休，安道苦节，不以躬耕为耻，不以无财为病，自非大贤笃志、与道污隆，孰能如此乎（萧统《陶渊明集序》）。

乐府者，声依永，律和声也。……逮于晋世，则傅玄晓音，创定雅歌。……张华新篇，亦充庭万（刘勰《文心雕龙》卷三《乐府篇》）。

爰逮晋氏，见称潘、陆，并黼藻相辉，宫商间起。……永嘉已后，玄风既扇。……降及江东，不胜其弊。宋、齐之世，下逮梁初，灵运高致之奇，延年错综之美，谢玄晖之藻丽，沈休文之富溢，辉焕斌蔚，辞义可观。梁简文之在东宫，亦好篇什，清辞巧制，止乎衽席之间；雕琢蔓藻，思极闺闱之内。后生好事，递相放习，朝野纷纷，号为宫体。流宕不已，讫于丧亡。陈氏因之，未能全变（《隋书》卷三十五《经籍志四》）。

以上略举诗体变迁，及诗人造诣。至梁时沈约诸人，提倡四声八病之说，声律渐谐，格调一变，而唐律始兴。

沈约……又撰《四声谱》，以为在昔词人，累千载而不寤，而独得胸衿，穷其妙旨，自谓入神之作，高祖雅不好焉（《梁书》卷十三《沈约传》）。

厥少有风概，好属文，五言诗体甚新奇。……永明末，盛为文章，吴兴沈约、陈郡谢朓、琅邪王融，以气类相推毂。汝南周颙善识声韵，约等文皆用宫商，以平上去入为四声，以此制韵，不可增减，世呼为“永明体”。沈约《宋书·谢灵运传》后，又论宫商，厥与约书曰：“范詹事自序‘性别宫商，识清浊，特能适轻重，济艰难。古今文人，多全不了斯处，纵有会此者，不必从根本中来’。沈尚书亦云‘自灵均以来，此秘未睹’，或‘暗与理合，匪由思至，张、蔡、曹、王，曾无先觉，潘、陆、颜、谢，去之弥远’。大旨钧使‘宫羽相变，低昂舛节；若前有浮声，则后须切响；一简之内，音韵尽殊；两句之中，轻重悉异’。辞既美矣，理又善焉。但观历代众贤，似不都暗此处，而云‘此秘未睹’，近于诬乎。”（《南齐书》卷五十二《陆厥传》）

北朝诗学，初本不盛，自孝文帝崇尚文雅，斯道遂兴。

雅好读书，手不释卷。……才藻富赡。好为文章，诗赋铭颂，任兴而作。有大文笔，马上口授，及其成也，不改一字。自太和十年已后，诏册皆帝文也。自余文章，百有余篇。爱奇好士，情如饥渴。……悠然玄迈，不以世务婴心（《北史》卷三《魏孝文帝纪》）。

其中原则兵乱积年，文章道尽。后魏文帝颇效属辞，未能变俗，列皆淳古。齐宅漳滨，辞人间起，高言累句，纷纭络绎，清辞雅致，是所未闻。后周草创，干戈不戢，君臣勠力，专事经营，风流文雅，我则未暇。其后南平汉沔，东定河朔，讫于有隋，四海一统，采荆南之杞梓，收会稽之箭竹，辞人才士，总萃京师（《隋书》卷三十五《经籍志四》）。

魏孝武帝时，宫中妇人，皆能咏南方文士诗歌，足证此风之靡漫矣。

帝内宴，令诸妇人咏诗，或咏鲍照乐府（《北史》卷五《魏孝武帝纪》）。

（5）书画

（甲）书

晋之书法，师承汉魏。卫恒作《四体书势》，于字体之变迁、书家之短长，论之綦详。

恒，字巨山。……善草隶书。为《四体书势》曰：……仓颉者，始作书契，以代结绳，盖睹鸟迹以兴思也。因而遂滋，则谓之字，有六义焉。一曰指事，上下是也；二曰象形，日月是也；三曰形声，江河是也；四曰会意，武信是也；五曰转注，老考是也；六曰假借，令长是也。夫指事者，在上为上，在下为下；象形者，日满月亏，效其形也；形声者，以类为形，配以声也；会意者，止戈为武，人言为信也；转注者，以老寿考也；假借者，数言同字，其声虽异，文意一也。……及秦用篆书，焚烧先典，而古文绝矣。……时人以不复知有古文，谓之“科斗”书。……魏初传古文者，出于邯郸淳，恒祖敬侯（卫觊）写淳《尚书》，后以示淳，而淳不别。……古无别名，谓之“字势”。……昔周宣王时，史籀始著《大篆》十五篇，或与古同，或与古异，世谓之籀书者也。……秦始皇帝初兼天下，丞相李斯……作《仓颉篇》，中车府令赵高作《爰历篇》，太史令胡母敬作《博学篇》，皆取史籀大篆，或颇省改，所谓小篆者。或曰下土人程邈，为衙狱吏……作大篆，少者增益，多者损减，方者使员，员者使方。……始皇善之，出以为御史，使定书。或曰邈所定，乃隶字也。自秦坏古文，有八体：一曰大篆，二曰小篆，三曰刻符，四曰虫书，五曰摹印，六曰署书，七曰殳书，八曰隶书。……秦时李斯，号为工篆，诸山及铜人铭，皆斯书也。汉建初中，扶风曹喜，少异于斯，而亦称善。邯郸淳师焉，略究其妙，韦诞师淳而不及也。太和中，诞为武都太守，以能书留补侍中，魏氏宝器铭题，皆诞书也。汉末又有蔡邕，采斯、喜之法，为古今杂形，然精密闲理，不如淳也。邕作《篆势》。……秦既用篆，奏事繁多，篆字难成，即令隶人佐书，曰隶字。汉因行之，独符、印玺、幡信、题署用篆。隶书者，篆之捷也。上谷王次仲始作楷法，至灵帝好书，时多能者，而师宜官为最，大则一字径丈，小则方寸千言，甚矜其能。或时不持钱诣酒家饮，因书其壁，顾观者以酬酒讨钱，足而灭之。每书辄削而焚其柎，梁鹄乃益为版，而饮之酒，候其醉而窃其柎。鹄卒以书至选部尚书。宜官后为袁术将，今巨鹿宋子有《耿球碑》，是术所立，其书甚工，云是宜官也。梁鹄奔刘表，魏武帝破荆州，募求鹄……在秘书以勤书自效。……今宫殿题署，多是鹄篆。鹄宜为大字，邯郸淳宜为小字，鹄谓淳得次仲法，然鹄之用笔尽其势矣。鹄弟子毛弘，教于秘书，今八分，皆弘法也。汉末有左子邑，小与淳、鹄不同，然亦有名。魏初有钟（繇）、胡（昭）二家，为行书法，俱学之于刘德升，而钟氏小异，然亦各有巧，今大行于世云。作《隶势》。……汉兴而有草书，不知作者姓名。至章帝时，齐相杜度号善作篇。后有崔瑗、崔寔，亦皆称工。杜氏结字甚安，而书体微瘦，崔氏甚得笔势，而结字小疏。弘农张伯英者，因而转精甚巧，凡家之衣帛，必书而后练之，临池学书，池水尽黑。下笔必为楷则……今世尤宝其书，韦仲将谓之草圣。伯英弟文舒者，次伯英。又有姜孟颖、梁孔达、田彦和及韦仲将之徒，皆伯英弟子，有名于世，然殊不及文舒也。罗叔景、赵元嗣者，与伯英并时，见称于西州，而矜巧自与，众颇惑之。故伯英自称："上比崔、杜不足，下方罗、赵有余。"河间张超亦有名；然虽与崔氏同州，不如伯英之得其法也。崔瑗作《草书势》(《晋书》卷三十六《卫瓘附卫恒传》)。

宋时羊欣撰《能书人名》，上自秦、汉，下迄晋末，达七十余人，各论其所长。

欣所撰《能书人名》，史以文繁不载，兹附记其略，以便省览。李斯、赵高善大篆。程邈善隶书。曹喜、蔡邕、陈道善篆、隶。王次仲作八分楷法。师宜官能为大字方一丈、小字方寸千言。梁鹄得师宜官法。邯郸淳得次仲法。毛弘，鹄弟子，秘书八分。左子邑，与淳小异。杜度始有草名。崔瑗善草书，瑗子实亦能草书。张芝善草书，芝弟昶亦能草。姜诩、梁宣、田彦和、韦诞，皆芝弟子，并书草，诞最优，亦善楷。诞子少季，亦有能称。罗晖、赵袭，与伯英同时见称。张超亦善草。刘德升善为行书。钟繇书有三体：一曰铭石之书；二曰章程书，传秘书；三曰行押书。繇子会，能学父书。卫觊善草，觊子瓘，采张芝法，以觊法参之，更为草藁。瓘子恒，亦善书。索靖，芝姊之孙，善草书。皇象亦能草。陈畅善八分。杨肇善草隶，肇孙经亦善草隶。杜畿、子恕、孙预，三世善草书。王攸善草行书。羊忱、羊固，并善行书。李式善写隶草，弟定、子公府，能名同式。李充母卫夫人善钟法，王逸少之师。王廙能章楷，谨传钟法。廙从兄王导，善藁、行。导子恬，善隶书。括弟洽，众书通善，尤能隶、行。洽少子岷，善隶、行。廙兄子羲之，博精群法，特善书隶。羲之弟七子献之，善隶、藁。献之兄玄之、徽之，兄子淳之，并善草、行。王舒子允之，亦善草、行。王濛能草、隶，子修善隶、行。王绥善隶、行。郗愔善章草，亦能隶，子超亦善草。庾亮善草、行，庾翼善隶、行，与羲之齐名。谢安善隶、行。许靖民善隶草，羲之高足。晋穆帝时，有张翼善学人书。谢敦、康昕并工隶草。张弘特善飞白（《南齐书》卷三十三《殿本考证》）。

自晋至宋，书家优劣，至齐时王僧虔，尝为之论评如下。

其论书曰：宋文帝书，自云可比王子敬，时议者云“天然胜羊欣，功夫少于欣”。王平南廙、右军叔，过江之前以为最。亡曾祖领军书，右军云“弟书遂不减吾”。变古制，今唯右军。领军不尔，至今犹法钟、张。亡从祖中书令书，子敬云“弟书如骑骡，駸駸恒欲度骅骝前”。庾征西翼书，少时与右军齐名，右军后进，庾犹不分，在荆州与都下人书云：“小儿辈贱家鸡，皆学逸少书，须吾下，当比之。”张翼、王右军自书表，晋穆帝令翼写题后答，右军当时不别，久后方悟，云“小人几欲乱真”。张芝、索靖、韦诞、钟会、二卫，并得名前代，无以辨其优劣，唯见其笔力惊异耳。张澄当时亦呼有意。郄愔章草亚于右军，郄嘉宾草亚于二王，紧媚其父。桓玄自谓右军之流，论者以比孔琳之。谢安亦入能书录，亦自重，为子敬书嵇康诗。羊欣书见重一时，亲受子敬，行书尤善，正乃不称名。孔琳之书，天然放纵，极有笔力，规矩恐在羊欣后。丘道护与羊欣，俱面受子敬，故当在欣后。范晔与萧思话，同师羊欣，后小叛，既失故步，为复小有意耳。萧思话书，羊欣之影，风流趣好，殆当不减，笔力恨弱。谢综书，其舅云“紧生起，是得赏也，恨少媚好”。谢灵运乃不伦，遇其合时，亦得入流。贺道力书亚丘道护。庾昕学右军，亦欲乱真矣（《南齐书》卷三十三《王僧虔传》）。

自齐至陈，其善书者有：

王僧虔，琅邪临沂人也。祖珣，晋司徒。……僧虔弱冠弘厚，善隶书，宋文帝见其书素扇，叹曰：“非唯迹逾子敬，方当器雅过之。”……孝武欲擅书名，僧虔不敢显迹。大明世，常用拙笔书，以此见容。……泰始中，出为辅国将军，吴兴太守。……王献之善书，为吴兴郡，及僧虔工书，又为郡，论者称之。……太祖善书，及即位，笃好不已，与僧虔赌书毕，谓僧虔曰：“谁为第一？”僧虔曰：“臣第一，陛下亦第一。”上笑曰：“卿可谓善自为谋矣。”示僧虔古迹十一袠，就求能书人名。僧虔得民间所有，袠中所无者……十二卷奏之，又上羊欣所撰《能书人名》一卷（《南齐书》卷三十三《王僧虔传》）。

周颙，字彦伦，汝南安城人。……颙善尺牍，沈攸之送绝交书，太祖口授令颙裁答。……少从外氏车骑将军臧质家，得卫恒散隶书法，学之甚工。文惠太子使颙书玄圃茅斋壁，国子祭酒何胤以倒薤书求就颙换之，颙笑而答曰：“天下有道，丘不与易也。”（《南齐书》卷四十一《周颙传》）

融，字思光。……善草书，尝自美其能。帝曰：“卿书殊有骨力，但恨无二王法。”答曰：“非恨臣无二王法，亦恨二王无臣法。”（《南史》卷三十二《张融传》）

刘休，字弘明。……元嘉世，羊欣受子敬正隶法，世共宗之。右军之体微古，不复见贵，休始好此法，至今此体大行（《南齐书》卷三十四《刘休传》）。

子云，字景乔。……善草隶，为时楷法。自云，善效钟元常、王逸少，而微变字体。……其书迹雅为武帝所重，帝尝论书曰：“笔力劲骏，心手相应，巧逾杜度，美过崔寔，当与元常并驱争先。”其见赏如此。……子特，字世达，早知名，亦善草隶，时人比之卫恒、卫瓘。武帝尝使特书，及奏，帝曰：“子敬之迹，不及逸少。萧特之书，遂逼于父。”（《南史》卷四十二《萧子云传》）

颜协……博涉群书，工于草隶飞白。时吴人范怀约，能隶书，协学其书，殆过真也。荆楚碑碣，皆协所书。时又有会稽谢善勋，能为八体六文，方寸千言，京兆韦仲善飞白，并在湘东王府。……府中以协优于韦仲，而减于善勋（《南史》卷七十二《颜协传》）。

志弟彬，字思文。好文章，习篆、隶，与志齐名，时人为之语曰：“三真六草（以志等行次言也），为天下宝。”（《南史》卷二十二《王彬传》）

引，字叔休。……善隶书，为当时所重。高宗尝披奏事，指引署名曰："此字笔势翩翩，似鸟之欲飞。"（《陈书》卷二十一《萧引传》）

释智永，会稽人也，晋右军将军王羲之之裔。学书以羲之为师法，笔力纵横，真、草兼备，绰有祖风。初，励志书札，起楼于所居之侧，因自誓曰："书不成，不下此楼。"后果大进，为一时推重，而求其书者，缣素笺纸，堆案盈几，先后积压，尘为之生。又户外之屦常满，宾客造请，门阈穿穴，以铁固其限，故人号曰"铁门限"（《宣和画谱》卷十七）。

北朝书法，别为一体，亦为后世所重。至魏、齐、周三代，以善书得名者，有：

玄伯自非朝廷文诰，四方书檄，初不染翰，故世无遗文。尤善草、隶、行押之书，为世摹楷。玄伯祖悦，与范阳卢谌，并以博艺著名。谌法钟繇，悦法卫瓘，而俱习索靖之草，皆尽其妙。谌传子偃，偃传子邈；悦传子潜，潜传玄伯，世不替业。故魏初重崔、卢之书。又玄伯之行押，特尽精巧（《魏书》卷二十四《崔玄伯传》）。

崔浩，字伯渊。……白马公玄伯之长子。……太祖以其工书，常置左右。……浩既工书，人多托写《急就章》，从少至老，初无惮劳，所书盖以百数。……浩书体势及其先人，而妙巧不如也。世宝其迹，多裁割缀连，以为模楷（《魏书》卷三十五《崔浩传》）。

渊，字伯源。……初，谌父志，法钟繇书，传业累世有能名，至邈以上，兼善草迹。渊习家法，代京宫殿，多渊所题。白马公崔玄伯亦善书，世传卫瓘体。魏初工书者，崔、卢二门（《魏书》卷四十七《卢渊传》）。

刘芳，字伯文。……常为诸僧佣写经论，笔迹称善，卷直以一缣。……芳从子懋，字仲华。……聪敏好学，博综经史，善草、隶书，多识奇字（《魏书》卷五十五《刘芳传》）。

初，宏父潜，为兄浑等诔，手笔本草。延昌初，著作佐郎王遵业买书于市，遇得之，年将二百，宝其书迹，深藏秘之。武定中，遵业子松年将以遗黄门郎崔季舒，人多摹拓之。左光禄大夫姚元标，以工书知名于时，见潜书，以为过于浩也（《北史》卷二十一《崔浩传》）。

彦深有七子，仲将知名。仲将沉敏有父风……学涉群书，善草、隶。虽与弟书，书字楷正，云："草不可不解，若施之于人，即似相轻易；若与当家中卑幼，又恐其疑所在宜尔，是以必须隶笔。"（《北齐书》卷三十八《赵彦深传》）

张景仁者，济北人也。幼孤家贫，以学书为业，遂工草、隶。选补内书生，与魏郡姚元标、颍川韩毅、同郡袁买奴、荥阳李超等齐名，世宗并引为宾客（《北齐书》卷四十四《张景仁传》）。

王褒，字子渊。……梁国子祭酒萧子云，褒之姑夫也，特善草、隶。褒少以姻戚，去来其家，遂相模范。俄而名亚子云，并见重于世（《周书》卷四十一《王褒传》）。

冀俊，字僧俊。……性沉谨，善隶书。……寻征教世宗及宋献公等隶书。时俗入书学者，亦行束脩之礼，谓之"谢章"。俊以书字所兴，起自仓颉，若同常俗，未为合礼。遂启太祖，释奠仓颉及先圣先师（《周书》卷四十七《冀俊传》）。

赵文深，字德本。……少学楷、隶。年十一，献书于魏帝，立义归朝，除大丞相府法曹参军。文深雅有钟、王之则，笔势可观，当时碑牓，唯文深及冀俊而已。……太祖以隶书纰缪，命文深与黎季明、沈遐等，依《说文》及《字林》刊定六体，成一万余言，行于世。及平江陵之后，王褒入关，贵游等翕然并学褒书，文深之书，遂被遐弃。文深惭恨，形于言色，后知好尚难反，亦攻习褒书，然竟无所成，转被讥议，谓之学步邯郸焉。至于碑牓，余人犹莫之逮，王褒亦每推先之，宫殿楼阁，皆其迹也。……世宗令至江陵书景福寺碑，汉南人士，亦以为工。梁主萧詧，观而美之，赏遗甚厚。天和元年，露寝等初成，文深以题牓之功，增邑二百户，除赵兴郡守。文深虽外任，每须题牓，辄复追之（《周书》卷四十七《赵文深传》）。

（乙）画

顾恺之，字长康，晋陵无锡人也。……尤善丹青，图写特妙，谢安深重之，以为有苍生以来，未之有也。恺之每画人成，或数年不点目精。人问其故，答曰："四体妍蚩，本无阙少于妙处，传神写照，正在阿堵中。"……恺之每重嵇康四言诗，因为之图，恒云："手挥五弦易，目送归鸿难。"每写起人形，妙绝于时。尝图裴楷象，颊上加三毛，观者觉神明殊胜。又为谢鲲象，在石岩里，云"此子宜置丘壑中"。……恺之尝以一厨画，糊题其前，寄桓玄，皆其深所珍惜者。玄乃发其厨后，窃取画，而缄闭如旧以还之，绐云未开。恺之见封题如初，但失其画，直云妙画通灵，变化而去，亦犹人之登仙，了无怪色。……俗传恺之有三绝：才绝、画绝、痴绝（《晋书》卷九十二《顾恺之传》）。

戴逵，字安道，谯国人也。……工书画，其余巧艺，靡不毕综。……长子勃，有父风（《晋书》卷九十四《戴逵传》）。

戴安道就范宣学，视范所为，范读书亦读书，范抄书亦抄书。唯独好画，范以为无用，不宜劳思于此，戴乃画《南都赋图》，范看毕咨嗟，甚以为有益，始重画（刘义庆《世说新语》卷五《巧艺篇》）。

戴颙，字仲若。……父逵兄勃，并隐遁有高名。……自汉世始有佛像，形制未工，逵特善其事，颙亦参焉（《宋书》卷九十三《戴颙传》）。

上颇好画扇，宋孝武赐戢蝉雀扇，善画者顾景秀所画，时陆探微、顾彦先皆能画，叹其巧绝。戢因王晏献之，上令晏厚酬其意（《南齐书》卷三十二《何戢传》）。

弟瑱，字士温。好文章，饮酒奢逸，不吝财物。荥阳毛惠远善画马，瑱善画妇人，世并为第一（《南齐书》卷四十八《刘绘传》）。

测善画，自图阮籍遇苏门于行障上，坐卧对之。又画永业佛影台，皆为妙作（《南齐书》卷五十四《宗测传》）。

帝工书善画，自图宣尼像，为之赞而书之，时人谓之"三绝"（《南史》卷八《梁元帝纪》)。

张僧繇,吴中人也。天监中,为武陵王国侍郎,直秘阁,知画事。……武帝崇饰佛寺,多命僧繇画之。时诸王在外,武帝思之,遣僧繇乘传写貌,对之如面也(张彦远《历代名画记》卷七)。

梁大同四年……宣城王为扬州刺史,野王及琅邪王褒,并为宾客,王甚爱其才。野王又善丹青,王于东府起斋,乃令野王画古贤,命王褒书赞,时人称为“二绝”(《陈书》卷三十《顾野王传》)。

顾野王……画草虫尤工,多识草木虫鱼之性,诗人之事,画亦野王无声诗也(《宣和画谱》卷二十)。

陈郡殷蒨,善写人面,与真不别(《南史》卷三十九《刘瑱传》)。

昭胄子同……同弟贲……能书善画,于扇上图山水,咫尺之内,便觉万里为遥。矜慎不传,自娱而已(《南史》卷四十四《齐竟陵王子良附子昭胄传》)。

北朝工画者,首推曹仲达。

曹、吴二体,学者所宗。按:唐张彦远《历代名画记》,称北齐曹仲达者,本曹国人。最推工画梵像,是为曹。谓唐吴道子曰吴。吴之笔,其势圜转,而衣服飘举。曹之笔,其体稠叠,而衣服紧窄。故后辈称之曰:“吴带当风,曹衣出水。”(郭若虚《图画见闻志》卷一)

(6)声韵学

声韵出于自然,与律相协,其来甚古,特汉以后分析愈精,其用更繁。世谓切音之法,源于印度佛法入中国以后,隋、唐人皆具此见解。然观《六经》韵语,皆有谐节,高下敛侈,各得其宜,未必邃古之人,不明声音之变也。

自后汉佛法行于中国,又得西域胡书,能以十四字,贯一切音,文省而义广,谓之婆罗门书(《隋书》卷三十二《经籍志一》)。

世皆谓翻切始于孙炎，特初标此名，因而明其用耳（炎字叔言，生汉、魏间，受学郑玄之门）。

夫九州之人，言语不同，生民已来，固常然矣。自《春秋》标齐言之传，《离骚》目楚词之经，此盖其较明之初也。后有扬雄著《方言》，其书大备，然皆考名物之同异，不显声读之是非也。逮郑玄注《六经》，高诱解《吕览》《淮南》，许慎造《说文》，刘熹制《释名》，始有譬况假借，以证音字耳。而古语与今殊别，其间轻重清浊，犹未可晓。加以外言、内言、急言、徐言、读若之类，益使人疑（高诱有急气、缓气，当即急言、徐言。又有闭口、笼口之法。晋灼《汉书音》，亦云内言、外言）。孙叔言（炎）创《尔雅音义》，是汉末人独知反语。至于魏世，此事大行。高贵乡公，不解反语，以为怪异。自兹厥后，音韵锋出（颜之推《颜氏家训》卷下《音辞篇》）。

古人音书，上为譬况之说，孙炎始为反语，魏朝以降渐繁（陆德明《经典释文·叙录》）。

先儒音字，比方为音，至魏秘书孙炎，始作反音，又未甚切，今并依孙反音，以传后学（张守节《史记正义·论例》）。

自后音声之辨愈严。五音之分配，始于李登、吕静，所谓“始判清浊、才分宫羽”是也。

《声类》十卷（注：魏左校令李登撰。〔《隋书》卷三十二《经籍志一》〕）。

《韵集》六卷（注：晋安复令吕静撰。〔《隋书》卷三十二《经籍志一》〕）。

魏时有李登者，撰《声类》十卷，凡一万一千五百二十字，以五声命字，不立诸部（封演《封氏闻见记》卷二）。

延昌三年三月，式上表曰：……晋世义阳王典祠令任城吕忱，表上《字林》六卷。……忱弟静别放故左校令李登《声类》之法，作《韵集》

五卷，宫、商、角、徵、羽，各为一篇（《魏书》卷九十一《江式传》）。

秦孝王俊闻其名，召为学士……并遣撰集字书，名为《韵纂》。徽为序曰："……乃讨论群艺，商略众书，以为小学之家，尤多舛杂……且文讹篆隶，音谬楚夏。《三苍》《急就》之流，微存章句；《说文》《字林》之属，唯别体形。至于寻声推韵，良为疑混，酌古会今，未臻功要。末有李登《声类》、吕静《韵集》，始判清浊，才分宫羽。"（《隋书》卷七十六《潘徽传》）

五音既正，四声遂起，其书见于著录者：

《四声韵林》二十八卷（注：张谅撰。〔《隋书》卷三十二《经籍志一》〕）。

《四声指归》一卷（注：刘善经撰。〔《隋书》卷三十二《经籍志一》〕）。

《四声》一卷（注：梁太子少傅沈约撰。〔《隋书》卷三十二《经籍志一》〕）。

《四声韵略》十三卷（注：夏侯咏撰。〔《隋书》卷三十二《经籍志一》〕）。

至梁沈约辈精于声韵，用于诗文，自成体制，其学愈益进步，遂为后世所宗。然约为继述，非由其创造也。

颙，字彦伦。……音辞辩丽，长于佛理。……太学诸生慕其风，争事华辩，始著《四声切韵》，行于时（《南史》卷三十四《周颙传》）。

沈约，字休文，吴兴武康人也。……又撰《四声谱》，以为在昔词人，累千载而不悟，而独得胸衿，穷其妙旨，自谓入神之作。"武帝雅不好焉，尝问周舍曰："何谓四声？"舍曰："天子圣哲是也。"然帝竟不甚遵用约也（《南史》卷五十七《沈约传》）。

永明末，盛为文章，吴兴沈约、陈郡谢朓、琅邪王融，以气类相推毂。汝南周颙，善识声韵。约等文皆用宫商，以平、上、去、入为四声，以此制韵，不可增减，世呼为“永明体”。沈约《宋书·谢灵运传》后，又论宫商。厥与约书曰：“范詹事《自序》‘性别宫商，识清浊，特能适轻重，济艰难。古今文人，多不全了斯处，纵有会此者，不必从根本中来’。沈尚书亦云‘自灵均以来，此秘未睹’，或‘暗与理合，匪由思至。张、蔡、曹、王，曾无先觉，潘、陆、颜、谢，去之弥远’。大旨钧使‘宫羽相变，低昂舛节。若前有浮声，则后须均响，一简之内，音韵尽殊，两句之中，轻重悉异’。辞既美矣，理又善焉。但观历代众贤，似不都暗此处，而云‘此秘未睹’，近于诬乎？”……约答曰：“宫商之声有五，文字之别累万。以累万之繁，配五声之约，高下低昂，非思力所举，又非止若斯而已也。十字之文，颠倒相配，字不过十，巧历已不能尽，何况复过于此者乎？灵均以来，未经用之于怀抱，固无从得其髣髴矣。若斯之妙，而圣人不尚，何邪？此盖曲折声韵之巧，无当于训义，非圣哲立言之所急也。是以子云譬之‘雕虫篆刻’，云‘壮夫不为’。自古辞人，岂不知宫羽之殊、商徵之别，虽知五音之异，而其中参差变动，所昧实多，故鄙意所谓‘此秘未睹’者也。以此而推，则知前世文士，便未悟此处。若以文章之音韵，同弦管之声曲，则美恶妍蚩，不得顿相乖反。譬犹子野操曲，安得忽有阐缓失调之声，以《洛神》比陈思他赋，有似异手之作。故知天机启，则律吕自调；六情滞，则音律顿舛也。士衡虽云‘炳若缛锦’，宁有濯色江波，其中复有一片是卫文之服？此则陆生之言，即复不尽者矣。韵与不韵，复有精粗，轮扁不能言，老夫亦不尽辨此。”（《南齐书》卷五十二《陆厥传》）

周颙好为体语，因此切字皆有纽，纽有平、上、去、入之异。……沈约文词精拔，盛解音律，遂撰《四声谱》。……王融、刘绘、范云之徒……慕而扇之，由是远近文学，转相祖述，而声韵之道大行（封演《封氏闻见记》卷二）。

汉以前不知四声，但曰某字读如某字而已。四声起于江左，李登有

《声类》、周颙有《四声切韵谱》、沈约有《四声》，皆今韵书之权舆。以诗韵读之，实有其声，此后人补前人未修之一端。前人以宫、商、角、徵、羽五字，状五音之大小高下；后人以平、上、去、入四字，状四声之阴阳流转，皆随类偶举一字。知其意者，易以他字，各依四声之次，未尝不可。梁武帝问周舍曰："何为平上去入？"对曰："天子圣哲是也。"可谓敏捷而切当矣。"天子圣哲"，又可曰"王道正直"，学者从此隅反（江永《音学辨微》）。

江左之文，自梁天监以前，多以去、入二声同用，以后则若有界限，绝不相通。是知四声之论，起于永明，而定于梁、陈之间也（顾炎武《音论》中）。

刘勰《文心雕龙》，亦以声韵为主。

夫音律所始，本于人声者也。声含宫商，肇自血气，先王因之以制乐歌，故知器写人声，声非学器者也。故言语者，文章神明，枢机吐纳，律吕唇吻而已。古之教歌，先揆以法，使疾呼中宫，徐呼中徵。夫商徵响高，宫羽声下，抗喉矫舌之差，攒唇激齿之异，廉肉相准，皎然可分。……凡声有飞沉，响有双叠。双声隔字而每舛，叠韵杂句而必睽（叠韵，二字同在一韵；双声，二字同一字母）。沉则响发而断，飞则声扬不还，并辘轳交往，逆鳞相比，迂其际会，则往蹇来连，其为疾病，亦文家之吃也。夫吃文为患，生于好诡，逐新趣异，故喉唇纠纷；将欲解结，务在刚断。左碍而寻右，末滞而讨前，则声转于吻，玲玲如振玉；辞靡于耳，累累如贯珠矣。是以声画妍媸，寄在吟咏，滋味流于字句，气力穷于和韵。异音相从谓之和，同声相应谓之韵。韵气一定，故余声易遣；和体抑扬，故遗响难契。属笔易巧，选和至难，缀文难精，而作韵甚易。……凡切韵之动，势若转圜，讹音之作，甚于枘方，免乎枘方，则无大过矣（刘勰《文心雕龙》卷七《声律篇》）。

至隋时陆法言等，斟酌古今南北，撰为《切韵》，可谓集其大成。后代屡加增补，定为官韵，今传世《广韵》，即其始制也。

昔开皇初，有仪同刘臻（外史颜之推，著作郎魏渊，武阳太守卢思道，散骑常侍李若，国子博士萧该，蜀王咨议参军辛德源，吏部侍郎薛道衡）等八人，同诣法言门宿。夜永酒阑，论及音韵。以今声调，既自有别，诸家取舍，亦复不同。吴、楚则时伤轻浅，燕、赵则多伤重浊，秦、陇则去声为入，梁、益则平声似去，又支（章移切）、脂（旨夷切）、鱼（语居切）、虞（遇俱切），共为一韵，先（苏前切）、仙（相然切）、尤（于求切）、侯（胡沟切），俱论是切。欲广文路，自可清浊皆通；若赏知音，即须轻重有异。吕静《韵集》、夏侯该《韵略》、阳休之《韵略》、周思言《音韵》、李季节《音谱》、杜台卿《韵略》等，各有乖互。江东取韵，与河北复殊。因论南北是非，古今通塞。欲更捃选精切，除削疏缓，萧、颜多所决定。魏著作谓法言曰："向来论难，疑处悉尽，何不随口记之。我辈数人，定则定矣。"法言即烛下握笔，略记纲纪，博问英辩，殆得精华。于是更涉余学，兼从薄宦，十数年间，不遑修集。今返初服，私训诸弟子，凡有文藻，即须明声韵。屏居山野，交游阻绝，疑惑之所，质问无从。亡者则生死路殊，空怀可作之叹；存者贵贱礼隔，以报绝交之旨。遂取诸家音韵、古今字书，以前所记者定之，为《切韵》五卷。剖析毫厘，分别黍稷。……于时岁次辛酉，大隋仁寿元年（陆法言《广韵序》）。

隋朝陆法言，与颜、魏诸公，定南北音，撰为《切韵》，凡一万二千一百五十八字，以为文楷式（封演《封氏闻见记》卷二）。

声韵之学，盛于六代。周舍以"天子圣哲"，分为四声，而学者言韵，悉本沈约，顾其书终莫有传者。今之《广韵》，源于陆法言《切韵》，而长孙纳言为之笺注者也。其后诸家，各有增加，已非《广韵》之旧。然分韵二百有六部，未之紊焉（朱彝尊《重刊〈广韵〉序》）。

翻切须依字母，始能成声。今所传三十六字母，创自何时何人，学者不一其说。江慎修（永）始于隋唐间之说，较可取信。

张守节谓孙炎始作反切。反切即与字母相为表里，而孙炎不言字母。至六朝，僧神珙始作三十字母。珙有《反纽图》，在唐宪宗元和以后。吕新吾则云，唐初僧舍利，作三十字母。后有僧守温者，时人呼温首坐，益以六字，于是始为三十六字母。谓见、溪、群、疑、端、透、定、泥、知、彻、澄、娘、帮、滂、并、明、非、敷、奉、微、精、清、从、心、邪、照、穿、床、审、禅、晓、匣、影、喻、来、日也（王鸣盛《蛾术编》卷三十四）。

至晋魏六朝以迄隋唐，音学大畅，立四声以综万字之音，区二百六部，以别四声之韵。复审其音，呼出诸牙舌唇齿喉，与半舌半齿，实有七音，分阴阳，辨清浊，异鸿杀，殊等列，括以三十六母，命曰“等韵”（江永《音学辨微·引言》）。

等韵三十六母，未知传自何人，大约六朝之后，隋唐之间，精于音学者为之。自孙炎撰《尔雅音义》，反切之学，行于南北，已寓三十六母之理。传字母为之比类诠次，标出三十六字，为反切之总持。不可增，不可减，不可移动。学者既识四声，即当精研字母，不但为切字之本原，凡五方之音，孰正孰否，皆能辨之。三十六位，杂取四声四等之字，位有定而字无定，能知其意，即尽易以他字，未尝不可。今即三十六字，注明音切、声韵、音呼、等第如左。

“见”古电切，去声，霰韵，开口呼，四等第一位。

“溪”苦奚切，平声，齐韵，开口呼，四等第二位。

“群”渠云切，平声，文韵，合口呼，三等第三位。

“疑”牛其切，平声，之韵，开口呼，三等第四位（之韵今并支）。

“端”多官切，平声，桓韵，合口呼，一等第五位（桓韵今并寒）。

“透”他候切，去声，候韵，开口呼，一等第六位（候韵今并宥）。

“定”徒径切，去声，径韵，开口呼，四等第七位。

“泥”奴低切，平声，齐韵，开口呼，四等第八位。

“知”陟离切，平声，支韵，开口呼，三等第九位。

“彻”丑列切，入声，薛韵，开口呼，三等第十位（薛韵今并屑）。

“澄”直陵切，平声，蒸韵，开口呼，三等第十一位。

“娘”女良切，平声，阳韵，开口呼，三等第十二位。

“邦”博江切，平声，江韵，开口呼，二等第十三位。

“滂”普郎切，平声，庚韵，开口呼，一等第十四位（庚韵今并阳）。

“并”蒲顶切，上声，迥韵，开口呼，四等第十五位。

“明”眉兵切，平声，庚韵，开口呼，三等第十六位。

“非”甫微切，平声，微韵，合口呼，三等第十七位。

“敷”芳无切，平声，虞韵，合口呼，三等第十八位。

“奉”扶陇切，上声，肿韵，合口呼，三等第十九位。

“微”无非切，平声，微韵，合口呼，三等第二十位。

“精”子盈切，平声，清韵，开口呼，四等第二十一位（清韵今并庚）。

“清”七情切，平声，清韵，开口呼，四等第二十二位。

“从”疾容切，平声，钟韵，合口呼，四等第二十三位（钟韵今并冬）。

“心”息林切，平声，侵韵，开口呼，四等第二十四位。

“邪”似嗟切，平声，麻韵，开口呼，四等第二十五位。

“照”之笑切，去声，笑韵，开口呼，三等第二十六位（笑韵今并啸）。

“穿”昌缘切，平声，仙韵，合口呼，三等第二十七位（仙韵今并先）。

“床”仕庄切，平声，阳韵，合口呼，二等第二十八位。

“审”式荏切，上声，寝韵，开口呼，三等第二十九位。

“禅”市连切，平声，仙韵，开口呼，三等第三十位。

“晓”馨了切，上声，筱韵，开口呼，四等第三十一位。

“匣”胡甲切，入声，狎韵，开口呼，二等第三十二位（狎韵今并洽）。

“影”于丙切，上声，梗韵，开口呼，三等第三十三位。

“喻”羊戍切，去声，遇韵，合口呼，四等第三十四位。

“来”落哀切，平声，咍韵，开口呼，一等第三十五位（咍韵今并灰）。

“日”人质切，入声，质韵，开口呼，三等第三十六位。

三十六母，各有定位，如度上分寸、衡上铢两，不可毫厘僭差。学者知有字母，且勿轻读，一一考其音，明其切，调其清浊轻重，俟有定呼，乃熟读牢记，以为字音之准则，切法之根源（江永《音学辨微》）。

音韵有四等，一等洪大，二等次大，三、四等皆细（江永《音学辨微》）。

音学不止为切字，而切字为读书之一事。切字者，两合音也。字或无同音之字，以两音合之，则无同音者亦有音，法之至善者也。汉以前注书者，但曰某字读如某音，或不甚的。孙炎《尔雅音义》，始有反切之法，古曰反，或曰翻，后改曰切，其实一也。上一字取同类同位（七音同类，清浊同位），下一字取同韵（韵窄字少者，或借相近之韵）；取同位同类者，不论四声（平、上、去、入，任取一字）；取同韵者，不论清浊（清浊定于上一字，不论一字也。〔江永《音学辨微》〕）。

（三）宗教

（1）佛教

佛教传入中国，至汉与西域交通，其事始显著。中国之有佛经，则始于东汉明帝时。

按：汉武元狩中，遣霍去病讨匈奴，至皋兰，过居延，斩首大获。昆邪王杀休屠王，将其众五万来降，获其金人，帝以为大神，列于甘泉宫。金人率长丈余，不祭祀，但烧香礼拜而已。此则佛道流通之渐也。及开西域，遣张骞使大夏还，传其旁有身毒国，一名天竺，始闻有浮屠之教。哀帝元寿元年，博士弟子秦景宪受大月氏王使伊存口授浮屠经，中土闻之，未之信了也。后孝明帝夜梦金人，顶有白光，飞行殿庭，乃访群臣，傅毅始以佛对。帝遣郎中蔡愔、博士弟子秦景等使于天竺，写浮屠遗范。愔仍与沙门摄摩腾、竺法兰东还洛阳。中国有沙门及跪拜之法，自此始也。愔又得佛经《四十二章》及释迦立像，明帝令画工图佛像，置清凉台及显节陵上，经缄于兰台石室。愔之还也，以白马负经而至，汉因立白马寺于洛城雍关西。摩腾、法兰，咸卒于此寺。浮屠正号曰佛陀，佛陀与浮图声相近，皆西方言，其来转为二音。华言译之，则谓净觉，言灭秽成明，道为圣悟（《魏书》卷一一四《释老志》）。

蔡愔既至彼国，兰与摩腾……遂相随而来。……既达雒阳，与腾同止。少时便善汉言，愔于西域获经，即为翻译，所谓《十地断结》《佛本生》《法海藏》《佛本行》《四十二章》等五部（慧皎《高僧传初集》卷一《汉雒阳白马寺竺法兰》）。

其时佛法虽传，尚未通行于社会，至桓帝以君主之力，提倡于上，其教始渐盛。但当时对于佛、老并尊，似未了澈佛教本旨。

世传明帝梦见金人长大，顶有光明，以问群臣，或曰：“西方有神，名曰佛，其形长丈六尺，而黄金色。”帝于是遣使天竺问佛道法，遂于中国图画形像焉。楚王英始信其术，中国因此颇有奉其道者。后，桓帝好神，数祀浮图、老子，百姓稍有奉者，后遂转盛（《后汉书》卷一一八《天竺国传》）。

英……晚节更喜黄老学，为浮屠，斋戒祭祀。八年（永平），诏令天下死罪，皆入缣赎。英遣郎中令奉黄缣白纨三十匹，诣国相曰："托在蕃辅，过恶累积，欢喜大恩，奉送缣帛以赎愆罪。"国相以闻，诏报曰："楚王诵黄老之微言，尚浮屠之仁祠，洁斋三月，与神为誓，何嫌何疑，当有悔吝？其还赎，以助伊蒲塞桑门之盛馔。"（注：伊蒲塞即优婆塞也，桑门即沙门。〔《后汉书》卷七十二《楚王英传》〕）。

自永平以来，臣民虽有习浮图者，天子未之好。至桓帝始笃好之，于禁中铸黄金浮图、老子像，亲于濯龙宫设华盖之座，用郊天之乐（志磐《佛祖统记》卷三十五《法运通塞志》）。

佛法传布，信奉者渐众。汉时僧侣皆来自西域，至三国魏文帝时，始许人民受戒为僧。

魏黄初中，中国人始依佛戒，剃发为僧（《隋书》卷三十五《经籍志四》）。

奉佛者既众，戒律产生，规模益具。

昙柯迦罗，此云法时，本中天竺人。……以魏嘉平中，来至雒阳。于时魏境虽有佛法，而道风讹替……未禀归戒，正以翦落殊俗耳。设复斋忏，事法祠祀。迦罗既至，大行佛法，时诸僧共请迦罗译出戒律……乃译出《僧祇戒心》，止备朝夕，更请梵僧立羯磨法，中夏戒律，始自乎此（慧皎《高僧传初集》卷一《魏雒阳昙柯迦罗》）。

佛法行于南方，始自孙权，权以康僧会、支谦为博士，复好神仙之说。是其时佛法虽行，尚未成立宗教面目也。

康僧会，其先康居人，世居天竺。……时孙权已制江左，而佛教未行。先有优婆塞支谦……本月支人，来游汉境。初，汉桓灵之世，有支谶，译出众经。有支亮……资学于谶，谦又受业于亮，博览经籍，莫不精究。……汉献末乱，避地于吴。孙权闻其才慧，召见悦之，拜为博士，使辅道东宫，与韦曜诸人，共尽匡益。……谦以大教虽行，而经多梵文，未尽翻译，已妙善方言，乃收集众本，译为汉语……皆行于世。时吴地初染大法，风化未全，僧会欲使道振江左，兴立图寺，乃杖锡东游，以吴赤乌十年初达建业，营立茅茨，设像行道。……权大嗟服，即为建塔，以始有佛寺，故号“建初寺”，因名其地为“佛陀里”，由是江左大法遂兴（慧皎《高僧传初集》卷一《吴建业建初寺康僧会》）。

自此以降，西域僧侣来者益众。在东晋初，最著名者则为佛图澄。然其术怪诞，专骛人主之尊信，及图谶先知之说，时复代决军国之事。

竺佛图澄者，西域人也，本姓帛氏。少出家，清真务学，诵经数百万言。……以晋怀帝永嘉四年，来适洛阳，志弘大法，善诵神咒。……欲于洛阳立寺，值刘曜寇斥洛阳台，帝京扰乱，澄立寺之志遂不果（慧皎《高僧传初集》卷十《晋邺中竺佛图澄》）。

石勒时，有天竺沙门浮图澄，少于乌苌国就罗汉入道，刘曜时到襄国。后为石勒所崇信，号为大和尚，军国规模颇访之，所言多验（《魏书》卷一一四《释老志》）。

佛教初盛，沙门专意译经，传教则自澄弟子道安始。

释道安，姓卫氏，常山扶柳人也。家世英儒，早失覆荫，为外兄孔氏所养。……至年十二出家……笃性精进，斋戒无阙……师大惊嗟而敬异之。后为受具戒，恣其游学。至邺，入中寺，遇佛图澄……因事澄为师。……冉闵之乱，人情萧索……遂复率众入王屋女林山。顷之，复渡河依陆浑。……俄而慕容儁逼陆浑，遂南投襄阳。行至新野，谓徒众曰：“今遭凶年，不依国主，则法事难立。又教化之体，宜令广布。”咸曰：“随法师教。”乃令法汰诣扬州，曰彼多君子，好尚风流；法和入蜀，山水可以修闲；安与弟子慧远等四百余人渡河。……既达襄阳，复宣佛法。……安在樊沔十五载，每岁常再讲《放光般若》，未尝废阙。……后……苻丕南攻襄阳，安与朱序，俱获于坚。……既至，住长安五重寺，僧众数千，大弘法化。初，魏晋沙门，依师为姓，故姓各不同。安以为大师之本，莫尊释迦，乃以释命氏。后获《增一阿含》果，称四河入海，无复河名，四姓为沙门，皆称释种。既悬与经符，遂为永式（慧皎《高僧传初集》卷五《晋长安五级寺释道安》）。

以前所传者，多为小乘经典，至后秦姚兴时鸠摩罗什入长安，始传译大乘经典，且斠旧译之误，为六代译经最盛之时。于是佛教始成宗教，学者信向之，中国学术思想界乃生一大变化。

鸠摩罗什，天竺人也。……年七岁，母遂与俱出家。年十二，其母携到沙勒国，王甚重之。……博览五明诸论，及阴阳星算，莫不必尽，妙达吉凶，言若符契。……专以大乘为化，诸学者皆共师焉。年二十，龟兹王迎之还国，广说诸经，四远学徒，莫之能抗。……苻坚闻之，密有迎罗什之意。……吕光等率兵七万，西伐龟兹……乃获罗什。……光还至凉州，闻苻坚已为姚苌所害，于是窃号河右。……罗什之在凉州积年，吕光父子，既不弘道，故蕴其深解，无所宣化。姚兴遣姚硕德西伐，破吕隆，乃迎罗什，待以国师之礼。乃使入西明阁，及逍遥园，译出众经。罗什多所暗诵，无不究其义旨。既览旧经，多有纰缪，于是兴使沙门僧叡、僧肇等八百余人传受其旨，更出经论，凡三百余卷。沙门慧叡，才识高明，常随罗什传写，罗什每为慧叡论西方辞体，商略同异。……罗什雅好大乘，志在敷演，常叹曰："吾若著笔，作大乘阿毗昙，非迦旃子比也。今深识者既寡，将何所论！"惟为姚兴著《实相论》二卷，兴奉之若神。尝讲经于草堂寺，兴及朝臣大德沙门，千有余人，肃容观听（《晋书》卷九十五《鸠摩罗什传》）。

同时南方有释慧远，为一时士大夫所宗，佛教始风靡于南北。

释慧远，本姓贾氏，雁门楼烦人也。……博综《六经》，尤善庄、老。……年二十一，欲度江东……中原寇乱，南路阻塞，志不获从。时沙门释道安，立寺于太行恒山，弘赞佛法，声甚著闻，远遂往归之，一面尽敬，以为真吾师也。后闻安讲《般若经》，豁然而悟……便与弟慧持，投簪落发，委命受业。……后随安公南游樊沔。伪秦建元九年，秦将苻丕寇并襄阳，道安为朱序所拘，不能得去，乃分张徒众，各随所之。……远于是与弟子数十人，南适荆州，住上明寺。后欲往罗浮山，及届浔阳，见庐峰清静，足以息心，始住龙泉精舍……因号精舍为龙泉寺焉。……于是率众行道，昏晓不绝，释迦余化，于斯复兴。既而谨律息心之士，绝尘清信之宾，并不期而至，望风遥集，彭城刘遗民、豫章雷次宗、雁门周续之、新蔡毕颖之、南阳宗炳、张莱民、张季硕等，并弃世遗荣，依远游止。……陈郡谢灵运，负才傲俗，少所推崇，及一相见，肃然心服（慧皎《高僧传初集》卷六《晋庐山释慧远》）。

中国僧侣始入印度求经者，则为法显。

释法显，姓龚，平阳武阳人。……常慨经律舛阙，誓志寻求。以晋（安帝）隆安三年（西元三九九年），与同学慧景、道整、慧应、慧嵬等发自长安，西渡流沙……凡所经历三十余国。……后至中天竺，于摩竭提波连弗邑阿育王塔南天王寺，得《摩诃僧祇律》，又得《萨婆多律》，抄《杂阿毗昙心线经》《方等泥洹经》等。显留三年，学梵语梵书，方躬自书写。……既而附商人大舶，循海而还。……经十余日，达耶婆提国。停五月，复随他商，东适广州，举帆二十余日，夜忽大风……任风随流，忽至岸，见藜藿菜依然，知是汉地，但未测何方。即乘船入浦寻村，见猎者二人，显问："此是何地耶？"猎者曰："此是青州长广郡牢山南岸。"……遂南造京师，就外国禅师佛驮跋陀。……后至荆州，卒于辛寺（慧皎《高僧传初集》卷三《宋江陵辛寺释法显》）。

又沙门法显，慨律藏不具，自长安游天竺，历三十余国，随有经律之处，学其书语，译而写之。十年，乃于南海师子国随商人泛舟东下，昼夜昏迷，将二百日，乃至青州长广郡不其劳山南下，乃出海焉。是岁，神瑞（魏明元帝）二年也（晋安帝义熙十一年，即西元四一五）。法显所径诸国传记之，今行于世（《魏书》卷一一四《释老志》）。

《佛国记》一卷（注：沙门释法显撰。〔《隋书》卷三十三《经籍志二》〕）。

自佛教传入中国，奉之者多不晓其义，惟顶礼膜拜以祈福而已。至晋支遁、道安等，又以老、庄之说，铺张其道。及达摩东来，辟除因果之说，主张人心至善，开禅宗之鼻祖，为理学之先导。

东土初祖菩提达磨尊者，南天竺国香至王第三子，名刹帝利，本名菩提多罗。二十七祖般若多罗至其国，受其王供养，得所施珠，试其所言。祖谓之曰："汝于诸法已得通量。夫达磨者，通大之义也，宜名菩提达磨。"磨咨之曰："我既得法，当往何国而作佛事？"祖曰："汝虽得法，未可远游，且止南天。待吾灭后六十七载，当往震旦，设大法乐，护菩提者不可胜数。"磨于是恭禀教义，服勤左右，垂四十年。迨祖顺世，演化本国。时有二师，一名佛大先，一名佛大胜多，俱同学于佛陀跋陀小乘禅观。佛大先既遇般若多罗尊者，舍小趣大，与达磨并化，号二甘露门。……时国王名异见，磨之侄也，初信外道，达磨化之归正。既而念震旦缘熟，行化时至，辞于侄王。王为具大舟，实以珍宝，泛重溟，三周寒暑，达于南海，当梁普通元年九月二十一日也（《传灯》曰七年，今从《正宗记》）。广州刺史萧昂迎礼，表闻，武帝览奏，遣使迎请，次年十月一日，至建康。帝问曰："朕即位以来，造寺写经，度僧不可胜纪，有何功德？"祖曰："此但人天小果，如影随形，虽有非实。"帝曰："如何是真功德？"祖曰："净智妙圆，体自空寂。"帝曰："如何是圣谛第一义。"祖曰："廓然无圣。”帝曰：“对朕者谁？”祖曰：“不识。”帝不领悟，祖知机不契，是月十九日，潜之江北。十一月二十三日，届洛阳，当魏孝明帝正元二年也。寓止嵩山少林寺，面壁而坐，魏明帝三诏之，祖终不起。……太守杨衒之问祖曰：“西天五印师承为祖，其道如何？”祖曰：“明佛心宗，行解相应，名之曰祖。”又问：“此外如何？”祖曰：“须明他心，知其今古；不厌有无，于法无取；不贤不愚，无迷无悟；若能如是，故称为祖。”……即说偈曰：“亦不睹恶而生嫌，亦不观善而勤措，亦不舍智而近愚，亦不抛迷而就悟，达大道兮过量，通佛心兮出度，不与凡圣同躔，超然名之曰祖。”……祖于是奄然长逝，魏幼主钊与孝庄帝废立之际，当梁大通之二年十月十五日也。其年十二月二十八日，葬于洛阳嵩州之熊耳山，起塔于定林寺。魏遂以其丧告梁，梁武皇帝即赐宝帛，悉诏宗子诸王，以祭礼而供养之（《释氏稽古略》卷二引《正宗记》）。

综之，南朝崇尚清谈，《老》《易》虽为高深之哲学，人生真相，终有不能解决之感，佛学乃乘之而起。北方袭前、后二秦之迹，历世奉佛。经二武之厄，终逊南朝之盛，道教因得以成立焉。

世祖即位……虽归宗佛法，敬重沙门，而未存览经教，深求缘报之意。及得寇谦之道，帝……遂信行其术。时司徒崔浩……奉谦之道，尤不信佛，与帝言，数加非毁，常谓虚诞为世费害，帝以其辩博，颇信之。会盖吴反杏城，关中骚动，帝乃西伐，至于长安。先是，长安沙门，种麦寺内，御驺牧马于麦中，帝入观马。……从官入其便室，见大有弓矢矛楯，出以奏闻。帝怒曰：“此非沙门所用，当与盖吴通谋，规害人耳。”命有司案诛一寺，阅其财产，大得酿酒具，及州郡牧守富人所寄藏物。……帝既忿沙门非法，浩时从行，因进其说。诏诛长安沙门，焚破佛像，敕留台下四方，令一依长安行事。又诏：“……有司宣告征镇诸军刺史，诸有佛图形像及胡经，尽皆击破焚烧，沙门无少长，悉坑之。”是岁真君七年三月也（西元四四六年）。恭宗言虽不用，然犹缓宣诏书，远近皆豫闻知，得各为计。……而土木宫塔……莫不毕毁矣（《魏书》卷一一四《释老志》）。

建德二年十二月，集群官及沙门道士等，帝升高座，辨释三教先后，以儒教为先，道教次之，佛教为后。……三年五月……初断佛、道二教，经像悉毁，罢沙门、道士，并令还俗，并禁诸淫祀，非祀典所载者，尽除之（《北史》卷十《周武帝纪》）。

因信佛之结果，建筑雕刻之技术，遂以精进。像祀之盛，似始于南方，迨元魏崛起，屡世营建，穷极物力，其艺术传自师子国，远非南朝所能企及，大同及龙门石佛，至今成为举世研究六朝雕刻之中心。

自洛中构白马寺，盛饰佛图，画迹甚妙，为四方式。凡宫塔制度，犹依天竺旧状而重构之，从一级至三、五、七、九，世人相承谓之“浮图”，或云“佛图”（《魏书》卷一一四《释老志》）。

笮融……督广陵、彭城……大起浮图祠，以铜为人，黄金涂身，衣以锦采，垂铜盘九重，下为重楼阁道，可容三千余人（《三国·吴志》卷四《刘繇传》）。

晋义熙初，始遣献玉像，经十载乃至。像高四尺二寸，玉色洁润，形制殊特，殆非人工。此像历晋、宋世在瓦官寺，寺先有征士戴安道手制佛像五躯，及顾长康维摩画图，世人谓为三绝。至齐东昏，遂毁玉像（《梁书》卷五十四《师子国传》）。

宋世子铸丈六铜像于瓦官寺，既成，面恨瘦，工人不能治，乃迎颙看之。颙曰：“非面瘦，乃臂胛肥耳。”既错减臂胛，瘦患即除，无不叹服焉（《宋书》卷九十三《戴颙传》）。

高宗践极……诏有司为石像，令如帝身。……兴光元年秋，敕有司于五级大寺内，为太祖已下五帝，铸释迦立像五，各长一丈六尺，都用赤金二万五千斤。太安初，有师子国胡沙门邪奢遗多、浮陁难提等五人，奉佛像三到京都，皆云备历西域诸国，见佛影迹及肉髻，外国诸王相承，咸遣工匠摹写其容，莫能及难提所造者，去十余步，视之炳然，转近转微。又沙勒胡沙门赴京师，致佛钵并画像迹（《魏书》卷一一四《释老志》）。

初，昙曜……被命赴京……帝后奉以师礼。昙曜白帝，于京城西武州塞，凿山石壁，开窟五所，镌建佛像各一。高者七十尺，次六十尺，雕饰奇伟，冠于一世。……景明初，世宗诏大长秋卿白整准代京灵岩寺石窟，于洛南伊阙山，为高祖、文昭皇太后营石窟二所。初建之始，窟顶去地三百一十尺，至正始二年中，始出斩山二十三丈。至大长秋卿王质，谓斩山太高，费功难就，奏求下移就平，去地一百尺，南北一百四十尺。永平中，中尹刘腾奏为世宗复造石窟一，凡为三所。从景明元年至正光四年六月已前，用工八十万二千三百六十六。肃宗熙平中，于城内太社西起永宁寺，灵太后亲率百寮，表基立刹，佛图九层，高四十余丈。……景明寺佛图，亦其亚也。至于官私寺塔，其数甚众（《魏书》卷一一四《释老志》）。

自晋以还，寺庙之建立，遍于南北，尤以南朝为盛，则私人舍宅为寺，成为风俗故也。

高祖以三桥旧宅为光宅寺，敕兴嗣与陆倕各制寺碑。及成，俱奏，高祖用兴嗣所制者（《梁书》卷四十九《周兴嗣传》）。

举尤长玄理，及释氏义……举宅内山斋，舍以为寺，泉石之美，殆若自然（《南史》卷二十《谢弘微附谢举传》）。

何氏自晋司空充、宋司空尚之，世奉佛法，并建立塔寺。至敬容，又舍宅东为伽蓝，趋势者因助财造构，敬容并不拒。故此寺堂宇校饰，颇为宏丽，时轻薄者，因呼为众造寺焉（《梁书》卷三十七《何敬容传》）。

永平二年，澄（任城王）……启云：“……比日私造，动盈百数。或乘请公地，辄树私福；或启得造寺，限外广制。……都城之中及郭邑之内，检括寺舍，数乘五百，空地表刹，未立塔宇，不在其数。……自迁都已来，年逾二纪，寺夺民居，三分且一。……如臣愚意，都城之中，虽有标榜，营造粗功，事可改立者，请依先制。在于郭外，任择所便。其地若买得，券证分明者，听其转之。若官地盗作，即令还官。”……奏可。未几，天下丧乱，加以河阴之酷，朝士死者，其家多舍居宅以施僧尼，京邑第舍，略为寺矣（《魏书》卷一一四《释老志》）。

（2）道教

鬼神之说，倡自方士。在西汉时，方士侪于儒生，复由儒分而为方术。于是天文风角、河洛风星之说，兀特立于六艺之外，自成一家，符箓丹鼎，复分派别。及张道陵出，集众说于一身，遂为道教成立之原始。

张陵受道于鹤鸣，因传天官章本千有二百，弟子相授，其事大行。斋祠跪拜，各成法道，有三元、九府、百二十官，一切诸神，咸所统摄。又称劫数，颇类佛经。其延康、龙汉、赤明、开皇之属，皆其名也。及其劫终，称天地俱坏。其书多有禁秘，非其徒也，不得辄观。至于化金销玉，行符敕水，奇方妙术，万等千条，上云羽化飞天，次称消灾灭祸，故好异者，往往而尊事之（《魏书》卷一一四《释老志》）。

张道陵著《道书》二十四篇，及卒，以经箓印剑传其子衡，衡传其子鲁。是时其道大行，灵帝时，张角、张鲁皆聚众起兵。

初，巨鹿张角，自称“大贤良师”，奉事黄老道，畜养弟子，跪拜首过，符水咒说以疗病，病者颇愈，百姓信向之。角因遣弟子八人，使于四方，以善道教化天下，转相诳惑。十余年间，众徒数十万。……遂置三十六方，方犹将军号也。大方万余人，小方六七千，各立渠帅。讹言“苍天已死，黄天当立；岁在甲子，天下大吉”。……约以三月五日，内外俱起。未及作乱，而张角弟子济南唐周上书告之……推考冀州，逐捕角等。角等知事已露，晨夜驰敕诸方，一时俱起。皆著黄巾为标识，时人谓之黄巾，亦名为蛾贼(《后汉书》卷一〇一《皇甫嵩传》)。

张鲁……字公旗。初，祖父陵，顺帝时客于蜀，学道鹤鸣山中，造作符书，以惑百姓。受其道者，辄出米五斗，故谓之米贼。陵传子衡，衡传于鲁，鲁遂自号师君。其来学者，初名为鬼卒，后号祭酒。祭酒各领部众，众多者名曰理头。皆校以诚信，不听欺妄，有病但令首过而已。诸祭酒各起义舍于路，同之亭传，悬置米肉，以给行旅。食者量腹取足，过多则鬼能病之。犯法者先加三原，然后行刑。不置长吏，以祭酒为理，民夷信向(《后汉书》卷一〇五《刘焉传》)。

初，熹平中，妖贼大起，汉中有张修为太平道，张角为五斗米道。太平道师持九节杖为符祝，教病人叩头思过，因以符水饮之，病或自愈者，则云此人信道；其或不愈，则云不信道。修法略与角同，加施净室，使病人处其中思过，又使人为奸令、祭酒，主以《老子》五千文使都习。号奸令为鬼吏，主为病者请祷之法，书病人姓字，说服罪之意。作三通，其一上之天，著山上，其一埋之地，其一沉之水，谓之三官手书。使病者家出米五斗以为常，故号五斗米师。实无益于疗病，小人昏愚，竞供事之。后角被诛，脩亦亡。及鲁自在汉中，因其人信行修业，遂增饰之。教使起义舍，以米置其中，以止行人。又使自隐其小过者，当循道百步则罪除。又依月令，春夏禁杀。又禁酒，流移寄在其地者，不敢不奉也(《后汉书》卷一〇五《刘焉传》注引《典略》)。

自魏、晋之时，天师道盛行于上流社会。时玄学正盛，而所谓道家者，窃取《易》《老》之义，以自文其教，实已渐入于哲学化。至葛洪诘鲍，陶弘景预知清谈足致侯景之难，明与玄学立异，树立道教面目，实为道教成立之功臣。

葛洪，字稚川，丹阳句容人也。……少好学，家贫，躬自伐薪，以贸纸笔，夜辄写书诵习，以儒学知名。性寡欲，无所爱玩。……为人木讷，不好荣利，闭门却扫，未尝交游。……究览典籍，尤好神仙道养之法。从祖玄，吴时学道得仙，号曰葛仙公，以其炼丹秘术，授弟子郑隐。洪就隐学，悉得其法焉。后师事南海太守上党鲍玄，玄亦内学，逆占将来，见洪深重之。……洪传玄业，兼综练医术，凡所著撰，皆精核是非。……以年老，欲炼丹以祈遐寿。……遂将子侄俱行至广州……乃止罗浮山炼丹。……在山积年，优游闲养，著述不辍。其自序曰："……予所著子，言黄白之事，名曰《内篇》。其余驳难通释，名曰《外篇》，大凡内外一百一十六篇。"……自号抱朴子，因以名书。……洪博闻深洽，江左绝伦。……又精辩玄赜，析理入微（《晋书》卷七十二《葛洪传》）。

陶弘景，字通明，丹阳秣陵人也。……年十岁，得葛洪《神仙传》，昼夜研寻，便有养生之志。……齐高帝作相，引为诸王侍读，除奉朝请。虽在朱门，闭影不交外物，唯以披阅为务。……永明十年，上表辞禄，诏许之。……于是止于句容之句曲山，恒曰："此山下是第八洞宫，名金坛华阳之天，周回一百五十里。昔汉有咸阳三茅君，得道来掌此山，故谓之茅山。"乃中山立馆，自号华阳隐居。始从东阳孙游岳受符图经法，遍历名山，寻访仙药。……永元初，更筑三层楼，弘景处其上，弟子居其中，宾客至其下，与物遂绝，唯一家僮得侍其旁。……性好著述……老而弥笃。尤明阴阳五行，风角星算，山川地理，方图产物，医术本草。……高祖既早与之游，及即位后，恩礼逾笃，书问不绝。……天监四年，移居积金东涧，善辟谷导引之法。……大同二年卒……诏赠中散大夫，谥曰贞白先生（《梁书》卷五十一《陶弘景传》）。

陶弘景者，隐于句容，好阴阳五行、风角星算，修辟谷导引之法，受道经符箓，武帝素与之游。及禅代之际，弘景取图谶之文，合成"景梁"字以献之，由是恩遇甚厚。又撰《登真隐诀》，以证古有神仙之事。又言神丹可成，服之则能长生，与天地永毕。帝令弘景试合神丹，竟不能就，乃言中原隔绝，药物不精故也。帝以为然，敬之尤甚。然武帝弱年好事，先受道法，及即位，犹自上章，朝士受道者众。三吴及边海之际，信之逾甚。陈武世居吴兴，故亦奉焉(《隋书》卷三十五《经籍志四》)。

北魏时，有寇谦之，为太武帝所崇信，其教盛行于北方，经典仪式，一取则于佛教，遂为国家所崇信，与佛教并立。唐、宋因之，不啻国教矣。然其教所传者，实不出符箓丹鼎之范围，不如佛法渊微，故时盛时衰，以至于今。

后魏之世，嵩山道士寇谦之，自云尝遇真人成公兴，后遇太上老君，授谦之为天师，而又赐之《云中音诵科诫》二十卷。又使玉女授其服气导引之法，遂得辟谷，气盛体轻，颜色鲜丽。弟子十余人，皆得其术。其后又遇神人李谱，云是老君玄孙，授其图录真经，劾召百神，六十余卷，及销炼金丹云英八石玉浆之法。太武始光之初，奉其书而献之。帝使谒者奉玉帛牲牢祀嵩岳，迎致其余弟子，于代都东南起坛宇，给道士百二十余人，显扬其法，宣布天下。太武亲备法驾，而受符箓焉。自是道业大行，每帝即位，必受符箓，以为故事。刻天尊及诸仙之像，而供养焉。迁洛已后，置道场于南郊之旁，方二百步。正月、十月之十五日，并有道士哥人百六人，拜而祠焉。后齐武帝迁邺，遂罢之。文襄之世，更置馆宇，选其精至者使居焉。后周承魏，崇奉道法，每帝受箓，如魏之旧。寻与佛法俱灭(《隋书》卷三十五《经籍志四》)。

（四）风俗与习惯

（1）门第

自魏行九品中正之制，其弊至“上品无寒门，下品无世族”，等级制度，因之益严。

六朝最重世族……其时有所谓“旧门”“次门”“后门”“勋门”“役门”之类，以士庶之别，为贵贱之分，积习相沿，遂成定制。陶侃微时，郎中令杨暭与之同乘，温雅谓暭曰：“奈何与小人同载？”郗鉴陷陈午贼中，有同邑人张实先附贼，来见，竟卿鉴。鉴曰：“相与邦壤，义不及通，何可怙乱至此！”实惭而退。杨方在都，缙绅咸厚之。方自以地寒，不愿留京，求补远郡，乃出为高梁太守。王僧虔为吴兴郡守，听民何係先等一百十家为旧门，遂为阮佃夫所劾。张敬儿斩桂阳王休范，以功高当乞镇襄阳，齐高辅政，以敬儿人位本轻，不欲便处以襄阳重镇。……即有出自寒微，奋立功业，官高位重，而其自视，犹不敢与世族较。陈显达既贵，自以人微位重，每迁官，常有愧惧之色，诫诸子曰：“我本志不及此，汝等勿以富贵骄人。”又谓诸子曰：“麈尾是王、谢家物，汝不须捉此。”王敬则与王俭同拜开府，褚渊戏俭以为连璧，俭曰：“老子遂与韩非同传。”或以告敬则，敬则欣然曰：“我本南沙小吏，今得与王卫军同拜三公，复何恨？”……且不特此也，齐高在宋，以平桂阳之功，加中领军，犹固让，与袁粲、褚渊书，自称下官常人，志不及远。及即位后，临崩，遗诏亦曰：“吾本布衣素族，念不到此。”可见当时门第之见，习为固然，虽帝王不能改易也（赵翼《廿二史札记》卷十二《江左世族无功臣》）。

士、庶之区别，南朝士大夫主之，北方则天子主之。

中书舍人纪僧真，幸于武帝，稍历军校，容表有士风。谓帝曰：“臣小人，出自本县武吏，邀逢圣时，阶荣至此。为儿昏，得荀昭光女，即时无复所须，唯就陛下乞作士大夫。”帝曰：“由江敩、谢瀹，我不得措此意。

可自诣之。”僧真承旨诣敩，登榻坐定，敩便命左右曰：“移吾床让客。”僧真丧气而退，告武帝曰：“士大夫故非天子所命。”时人重敩风格，不为权幸降意。（《南史》卷三十六《江敩传》）

神䴥四年九月……诏曰：“……访诸有司，咸称范阳卢玄、博陵崔绰、赵郡李灵、河间邢颖、勃海高允、广平游雅、太原张伟等，皆贤俊之胄，冠冕州邦，有羽仪之用。”（《魏书》卷四上《世祖太武帝纪上》）

六朝氏族，以郡望分甲乙丙丁四等为贵族，谓之四姓。四姓者，吴姓、侨姓、郡姓、虏姓也。

绾……出为豫章内史，在郡述制旨《礼记正言》义，四姓衣冠士子听者常数百人（《南史》卷五十六《张绾传》）。

庶族为求进身，往往附于士族而为门生。其时仕宦者许各募部曲，谓之义从，其在门下亲侍者则谓之门生。门生之称，汉已有之，六朝特更多耳。虽曰门生，亦如傔从之类而已。

内史诸葛恢见而奇之，待以门人之礼，由是始得周旋贵人间（《晋书》卷六十八《杨方传》）。

周嵩嫁女，门生断道，解庐斫伤二人（《晋书》卷六十九《刘隗传》）。

坐辄杀门生，免官（《宋书》卷六十七《谢灵运传》）。

一时门生千余人，皆三吴富人之子，姿质端妍，衣服鲜丽，每出入行游，途巷盈满，泥雨日，悉以后车载之。太祖嫌其侈纵，每以为言（《宋书》卷七十一《徐湛之传》）。

凡所莅任，皆阙政刑，辄开丹阳库物贷借，吏下多假资礼，解为门生，充朝满野，殆将千计（《宋书》卷七十五《颜竣传》）。

尚书寺门有制，八座以下，门生随入者各有差，不得杂以人士。琛以宗人顾硕头，寄尚书张茂度门名，而与硕头同席坐。明年（元嘉八年）坐遣出，免中正（《宋书》卷八十一《顾琛传》）。

怀珍北州旧姓，门附殷积，启上门生千人充宿卫，孝武大惊（《南齐书》卷二十七《刘怀珍传》）。

中正选举，必稽谱籍而定真伪。由是同姓通谱之风大行，为庶族依附高门，辟一途径。

同姓通族，见于史者，自晋以前未有。《晋书·石苞传》："曾孙朴，没于寇，石勒以与朴同姓，俱出河北，引朴为宗室，特加优宠，位至司徒。"《南史·侯瑱传》："侯景以瑱与己同姓，托为宗室，待之甚厚。"此以殊族而附中国也。《晋书·孙旂传》："旂子弼，及弟子髦、辅、琰，四人并有吏材，称于当世，遂与孙秀合族。"《南史·周宏正传》："谄附王伟，与周石珍（注：建康之厮隶也，为梁制局监，降侯景）合族。……此以名门而附小人也。"（顾炎武《日知录》卷二十三《通谱》）

北朝亦有通谱之风。同族相处，则南北有厚薄之不同。

王懿，字仲德，太原祁人。……北士重同姓，谓之骨肉，有远来相投者，莫不竭力营赡。若不至者，以为不义，不为乡里所容。仲德闻王愉在江南，是太原人，乃往依之，愉礼之甚薄（《宋书》卷四十六《王懿传》）。

初，宽之通款也，见司徒浩，浩与相齿次，厚存抚之（《魏书》卷二十四《崔玄伯附崔徽传》）。

初，密太后父豹丧在濮阳，世祖欲命迎葬于邺，谓司徒崔浩曰："天下诸杜，何处望高？"浩对京兆为美。世祖曰："朕今方改葬外祖，意欲取京兆中长老一人，以为宗正，命营护凶事。"浩曰："中书博士杜铨，其家今在赵郡，是杜预之后，于今为诸杜最。"密召见。铨器貌瑰雅，太武感悦，谓浩曰："此真吾所欲也。"以为宗正，令与杜超子道生送豹丧柩，致葬邺南。铨遂与超如亲。超谓铨曰："既是宗近，何缘复侨居赵郡？"乃迎引同属魏郡（《北史》卷二十六《杜铨传》）。

初，鼎之聘周也，尝遇隋文帝。……及陈亡，驿召入京。……时吏部尚书韦世康，兄弟显贵，隋文帝从容谓鼎曰："世康与公远近？"对曰："臣宗族南徙，昭穆非臣所知。”帝曰：“卿百代卿族，岂忘本也？”……遣世康请鼎还杜陵，鼎乃自楚太傅孟以下二十余世，并考论昭穆，作《韦氏谱》七卷示之，欢饮十余日，乃还（《南史》卷五十八《韦鼎传》）。

六朝最重谱学，唐柳芳论之最详。

芳之言曰：……魏氏立九品，置中正，尊世胄，卑寒士，权归右姓已。其州大中正、主簿，郡中正、功曹，皆取著姓士族为之，以定门胄，品藻人物。晋、宋因之，始尚姓矣。然其别贵贱、分士庶，不可易也。于时有司选举，必稽谱籍，而考其真伪。故官有世胄，谱有世官，贾氏、王氏谱学出焉。由是有谱局，令史职皆具。过江则为侨姓，王、谢、袁、萧为大；东南则为吴姓，朱、张、顾、陆为大；山东则为郡姓，王、崔、卢、李、郑为大；关中亦号郡姓，韦、裴、柳、薛、杨、杜首之；代北则为虏姓，元、长孙、宇文、于、陆、源、窦首之。虏姓者，魏孝文帝迁洛，有八氏十姓，三十六族九十二姓。八氏十姓，出于帝宗属，或诸国从魏者；三十六族九十二姓，世为部落大人，并号河南洛阳人。郡姓者，以中国士人差第阀阅为之制，凡三世有三公者曰膏粱，有令、仆者曰华腴，尚书、领、护而上者为甲姓，九卿若方伯者为乙姓，散骑常侍、太中大夫者为丙姓，吏部正员郎为丁姓。凡得入者，谓之四姓。又诏代人诸胄，初无族姓，其穆、陆、奚、于，下吏部勿充猥官，得视四姓。北齐因仍，举秀才、州主簿、郡功曹，非四姓不在选。故江左定氏族，凡郡上姓第一，则为右姓；太和以郡四姓为右姓；齐浮屠昙刚《类例》凡甲门为右姓；周建德氏族以四海通望为右姓；隋开皇氏族以上品、茂姓则为右姓；唐《贞观氏族志》凡第一等则为右姓；路氏著《姓略》，以盛门为右姓；柳冲《姓族系录》凡四海望族则为右姓。不通历代之说，不可与言谱也。今流俗独以崔、卢、李、郑为四姓，加太原王氏号五姓，盖不经也。夫文之弊，至于尚官；官之弊，至于尚姓；姓之弊，至于尚诈。隋承其弊，不知其所以弊，乃反古道，罢乡举，离地著，尊执事之吏。于是乎士无乡里，里无衣冠，人无廉耻，士族乱而庶人僭矣。故善言谱者，系之地望而不惑，质之姓氏而无疑，缀之婚姻而有别。山东之人质，故尚婚娅，其信可与也；江左之人文，故尚人物，其智可与也；关中之人雄，故尚冠冕，其达可与也；代北之人武，故尚贵戚，其泰可与也。及其弊，则尚婚娅者先外族、后本宗，尚人物者进庶孽、退嫡长，尚冠冕者略伉俪、慕荣华，尚贵戚者徇势利、亡礼教。四者俱弊，则失其所尚矣。人无所守，则士族削；士族削，则国从而衰。管仲曰："为国之道，利出一孔者王，二孔者强，三孔者弱，四孔者亡。"故冠婚者，人道大伦。周、汉之官人，齐其政，一其门，使下知禁，此出一孔也，故王；魏、晋官人，尊中正，立九品，乡有异政，家有竞心，此出二孔也，故强；江左、代北诸姓，纷乱不一，其要无归，此出三孔也，故弱；隋氏官人，以吏道治天下，人之行，不本乡党，政烦于上，人乱于下，此出四孔也，故亡。唐承隋乱，宜救之以忠，忠厚则乡党之行修；乡党之行修，则人物之道长；人物之道长，则冠冕之绪崇；冠冕之绪崇，则教化之风美，乃可与古参矣。晋太元中，散骑常侍河东贾弼撰《姓氏簿状》，十八州百十六郡，合七百一十二篇，甄析士庶无所遗。宋王弘、刘湛好其书。弘每日对千客，可不犯一人讳。湛为选曹，撰《百家谱》以助铨序，文伤寡省，王俭又广之，王僧孺演益为十八篇，东南诸族自为一篇，不入百家数。弼传子匪之，匪之传子希镜，希镜撰《姓氏要状》十五篇，尤所谙究。希镜传子执，执更作《姓氏英贤》一百篇，又著《百家谱》，广两王所记。执传其孙冠，冠撰《梁国亲皇太子序亲簿》四篇。王氏之学，本于贾氏。唐兴，言谱者以路敬淳为宗，柳冲、韦述次之。李守素亦明姓氏，时谓"肉谱"者。后有李公淹、萧颖士、殷寅、孔至，为世所称。初，汉有邓氏《官谱》、应劭有《氏族》一篇、王符《潜夫论》亦有《姓氏》一篇，宋何承天有《姓苑》二篇，谱学大抵具此。魏太和时，诏诸郡中正，各列本土姓族次第为举选格，名曰方司格，人到于今称之（《唐书》卷一九九《柳冲传》）。

（2）嫁娶

士、庶界限既严，以至不通婚姻。偶有歧异者，往往为清议所不许，甚且见之弹章，如沈约奏弹王源是也。

杨佺期，弘农华阴人，汉太尉震之后也。……自云门户承籍，江表莫比。有以其门地比王珣者，犹恚恨。而时人以其晚过江，婚宦失类，每排抑之（《晋书》卷八十四《杨佺期传》）。

景……又请娶于王、谢，帝曰："王、谢门高非偶，可于朱、张以下访之。"（《南史》卷八十《侯景传》）

初，巨伦有姊明惠，有才行，因惠眇一目，内外亲类，莫有求者。其家议欲下嫁之，巨伦姑赵国李叔胤之妻……闻而悲感曰："吾兄盛德……岂令此女屈事卑族？"乃为子翼纳之，时人叹其义（《魏书》卷五十六《崔辩附崔武传》）。

当时庶人，攀缘高门而不得，至有幸得罪人之女以为荣者。

魏尚书仆射范阳卢道虞女，为右卫将军郭琼子妇。琼以死罪没官，高祖启以赐元康为妻，元康乃弃故妇李氏（《北齐书》卷二十四《陈元康传》）。

孙搴……高祖……大见赏重，赐妻韦氏，既士人子女，又兼色貌，时人荣之（《北齐书》卷二十四《孙搴传》）。

魏太常刘芳孙女，中书郎崔肇师女，夫家坐事，帝并赐收为妻，时人比之贾充，置左右夫人（《北齐书》卷三十七《魏收传》）。

其后高门亦与卑族为婚，必多索财货，以至有"卖女买妇"之讥。虽遭时严禁，然风尚已成，不能改也。

近世嫁娶，遂有卖女纳财，买妇输绢，比量父祖，计较锱铢，责多还少，市井无异。或猥婿在门，或傲妇擅室，贪荣求利，反招羞耻（颜之推《颜氏家训》卷上《治家篇》）。

和平四年十有二月……诏曰："夫婚姻者，人道之始。……然中代以来，贵族之门，多不率法，或贪利财贿，或因缘私好，在于苟合，无所选择。令贵贱不分，巨细同贯，尘秽清化，亏损人伦，将何以宣示典谟，垂之来裔。今制皇族师傅王公侯伯及士民之家，不得与百工伎巧卑姓为婚，犯者加罪。”(《魏书》卷五《高宗文成帝纪》)

前妻河内司马氏一息，为娶陇西李士元女，大输财娉。及将成礼，犹竞悬违，述忽取供养像，对士元打像作誓。士元笑曰：“封公何处常得应急像，须誓便用。”一息娶范阳卢庄之女，述又经府诉云：“送赢乃嫌脚跛，评田则云咸薄，铜器又嫌古废。”皆为吝啬所及，每致纷纭(《北齐书》卷四十三《封述传》)。

贵族嫁娶，踵事增华，庶民效之，遂成颓俗。

永明七年四月，诏曰：“婚礼下达，人伦攸始。《周官》设媒氏之职，《国风》兴及时之咏。……晚俗浮丽，历兹永久。每思惩革，而民未知禁。乃闻同牢之费，华泰尤甚，膳羞方丈，有过王侯。富者扇其骄风，贫者耻躬不逮。或以供帐未具，动致推迁。年不再来，盛时忽往，宜为节文，颁之士庶，并可拟则公朝，方樏供设，合卺之礼无亏，宁俭之义斯在。如故有违，绳之以法。”(《南齐书》卷三《武帝纪》)

建德二年九月……诏曰：“政在节财，礼唯宁俭。而顷者婚嫁，竞为奢靡，牢羞之费，罄竭资财，甚乖典训之理。有司宜加宣勒，使咸遵礼制。”(《周书》卷五《武帝纪上》)

夫妇之始，王化所先，共食合瓢，足以成礼。而今之富者弥奢，同牢之设，甚于祭盘，累鱼成山，山有林木，林木之上，鸾凤斯存。徒有烦劳，终成委弃(《北史》卷十六《临淮王谭附孝友传》)。

因奢侈之故，贫者至不能娶妻，乃有敛钱助娶之事。

修居贫，年四十余，未有室，王敦等敛钱为婚，皆名士也。时慕之者，求入钱而不得(《晋书》卷四十九《阮修传》)。

其婚嫁之俗，有相沿至后代犹存者。

临城公纳夫人王氏，即太宗妃之侄女也。晋、宋已来，初婚三日，妇见舅姑，众宾皆列观。……太宗以问摛，摛曰："《仪礼》云'质明赞见妇于舅姑'。《杂记》又云'妇见舅姑，兄弟姊妹，皆立于堂下'。政言妇是外宗，未审娴令，所以停坐三朝，观其七德。舅延外客，姑率内宾，堂下之仪，以备盛礼。近代妇于舅姑，本有戚属，不相瞻看。夫人乃妃侄女，有异他姻，觌见之仪，谓应可略。"（《梁书》卷三十《徐摛传》）

俗间有戏妇之法，于稠众之中，亲属之前，问以丑言，责以慢对，其为鄙黩，不可忍论（葛洪《抱朴子外篇》卷二《疾谬篇》）。

段昭仪，韶妹也。婚夕，韶妻元氏，为俗弄女婿法戏文宣。文宣衔之，后因发怒，谓韶曰："我会杀尔妇。"元氏惧，匿娄太后家，终文宣世不敢出（《北史》卷十四《文宣皇后附段昭仪传》）。

北朝婚礼，青布幔为屋，在门内外，谓之青庐，于此交拜。迎妇……婿拜阁日，妇家亲宾，妇女毕集，各以杖打聓为戏乐，至有大委顿者（段成式《酉阳杂俎》卷一）。

继娶纳妾，南北风尚亦殊不同。

江右不讳庶孽，丧室之后，多以妾媵终家事。疥癣蚊虻，或未能免，限以大分，故稀斗阋之耻。河北鄙于侧出，不预人流，是以必须重娶，至于三四，母年有少于子者。后母之弟，与前妇之兄，衣服饮食，爰及婚宧，至于士庶贵贱之隔，俗以为常。身没之后，辞讼盈公门，谤辱彰道路，子诬母为妾，弟黜兄为佣，播扬先人之辞迹，暴露祖考之长短，以求直己者，往往而有（颜之推《颜氏家训》卷上《后娶篇》）。

（3）丧祭

自晋以后，风俗奢靡，多以厚葬夸耀于人。贤者欲挽颓风，辄制遗命薄葬，盖惩于乱世无不发之墓，虽曰遵礼，而世乱亦可知已。

苞豫为《终制》曰："延陵薄葬，孔子以为达礼；华元厚葬，《春秋》以为不臣。……自今死亡者，皆敛以时服，不得兼重。又不得饭唅，为愚俗所为。又不得设床帐明器也。定窆之后，复土满坎，一不得起坟种树。……"遗令，又断亲戚故吏设祭（《晋书》卷三十三《石苞传》）。

永宁二年卒，遗命濯巾浣衣，榆棺杂砖，露车载尸，苇席瓦器而已（《晋书》卷九十一《徐苗传》）。

又疾世浮华，不修名实，著论以非之。……临终，敕子珉，朝卒夕殡，幅巾布衣，葬勿择日（《晋书》卷五十《庾峻传》）。

奢侈之俗愈甚，至劳时王禁断，然终无益于俗也。

永明七年十月，诏曰："三季浇浮，旧章陵替，吉凶奢靡，动违矩则。或裂锦绣以竞车服之饰，涂金镂石以穷茔域之丽，至班白不婚，露棺累叶，苟相姱衒，罔顾大典。可明为条制，严勒所在，悉使画一。如复违犯，依事纠奏。"（《南齐书》卷三《武帝纪》）

和平四年十有二月，诏曰："……今丧葬……大礼未备，贵势豪富，越度奢靡，非所谓式昭典宪者也。有司可为之条格，使贵贱有章，上下咸序，著之于令。"（《魏书》卷五《高宗文成帝纪》）

丧葬之礼，南北不同，习礼之家，颇以是为重。其时议礼诸作，率渊源古制，足存一代礼文，今皆见于《通典》历代沿革礼。

江南凡遭重丧，若相知者同在城邑，三日不吊则绝之；除丧，虽相遇则避之，怨其不已悯也。有故及道遥者，致书可也，无书亦如之。北俗则不尔。江南凡吊者，主人之外，不识者不执手；识轻服而不识主人，则不于会所而吊，他日修名诣其家（颜之推《颜氏家训》卷上《风操篇》）。

阴阳说云："辰为水墓，又为土墓，故不得哭。"王充《论衡》云："辰日不哭，哭则重丧。"今无教者，辰日有丧，不问轻重，举家清谧，不敢发声，以辞吊客。道书又曰："晦歌朔哭，皆当有罪，天夺之算。"哭家朔望，哀感弥深，宁当惜寿，又不哭也，亦不论（颜之推《颜氏家训》卷上《风操篇》）。

偏傍之书，死有归煞，子孙逃窜，莫肯在家；画瓦书符，作诸厌胜；丧出之日，门前然火，户外烈炭，祓送家鬼，章断注连。凡如此比，不近有情（颜之推《颜氏家训》卷上《风操篇》）。

其俗以四月祠天，六月末，率大众至阴山，谓之却霜。阴山去平城六百里，深远饶树木，霜雪未尝释，盖欲以暖气却寒也。死则潜埋，无坟垄处所。至于葬送，皆虚设棺柩，立冢椁，生时车马器用，皆烧之以送亡者（《宋书》卷九十五《索虏传》）。

期功之丧，晋代犹重之。自谢安期丧不废乐，遂成风俗。

性好音乐，自弟万丧，十年不听音乐。及登台辅，期丧不废乐。王坦之书喻之，不从。衣冠效之，遂以成俗（《晋书》卷七十九《谢安传》）。

停丧改葬，亦肇始于斯时。

后为武康令，俗多厚葬，及有拘忌回避岁月，"停丧"不葬者，循皆禁焉（《晋书》卷六十八《贺循传》）。

除衡阳内史。……土俗，山民有病，辄云先人为祸，皆开冢剖棺，水洗枯骨，名为除祟（《梁书》卷五十二《顾宪之传》）。

坟墓必择吉地，谓之相墓术。此术之流传，世谓始于郭璞。

璞以母忧去职，卜葬地于暨阳，去水百步许。人以近水为言，璞曰："当即为陆矣。"其后沙涨，去墓数十里，皆为桑田。……璞尝为人葬，帝（明帝）微服往观之，因问主人，何以葬龙角，此法当灭族。主人曰："郭璞云，此葬龙耳，不出三年，当致天子也。"帝曰："出天子邪？"答曰："能致天子问耳。"帝甚异之（《晋书》卷七十二《郭璞传》）。

自汉以来，人多于墓立碑，以褒扬先世。自晋以后，南朝屡禁而屡弛。北方尤以碑传为重，故今世南碑流传绝少，而北碑见于著录者至多。

晋武帝咸宁四年，又诏曰："此石兽碑表，既私褒美，兴长虚伪，伤财害人，莫大于此，一禁断之。其犯者，虽会赦令，皆当毁坏。”至元帝太兴元年，有司奏故骠骑府主簿故恩营葬旧君顾荣求立碑，诏特听立。自是后禁又渐颓，大臣长吏，人皆私立。义熙中，尚书祠部郎中裴松之，又议禁断，于是至今（《宋书》卷十五《礼志二》）。

民间成为风俗，祭祀鬼神，其遗俗流传者，即宗懔《荆楚岁时记》所载，后世犹有遵守奉行者：

正月一日，是三元之日也，《春秋》谓之端月。鸡鸣而起，先于庭前爆竹，以辟山臊恶鬼。……贴画鸡户上，悬苇索于其上，插桃符其旁，百鬼畏之。……又以钱贯系杖脚，回以投粪扫上，云令如愿。

正月七日，为人日（《北齐书》卷三十七《魏收传》：晋议郎董勋《答问礼俗》云“正月一日为鸡，二日为狗，三日为猪，四日为羊，五日为牛，六日为马，七日为人”），以七种菜为羹，剪彩为人，或镂金簿为人，以贴屏风，亦戴之头鬓。又造华胜以相遗。

正月十五日，作豆糜，加油膏其上，以祠门户。先以杨枝插门，随杨枝所指，仍以酒脯饮食及豆粥插箸而祭之。……其夕迎紫姑，以卜将来蚕桑，并占众事。……正月夜多鬼鸟度，家家搥床打户，捩狗耳，灭灯烛以禳之。……正月未日夜，芦苣火照井厕中，则百鬼走。

去冬节一百五日，即有疾风甚雨，谓之寒食，禁火三日，造饧大麦粥。

三月三日，士民并出江诸池沼间，为流杯曲水之饮。……是日，取鼠麴汁蜜和粉，谓之龙舌料，以厌时气。

五月俗称恶月，多禁忌曝床荐席，及忌盖屋。……五月五日，四民并踏百草，又有斗百草之戏，采艾以为人，悬门户上，以禳毒气。……以五彩丝系臂，名曰辟兵，令人不病瘟。又有条达等，织组杂物，以相赠遗，取鸲鹆教之语。

夏至节日，食粽，周处谓为角黍。人并以新竹为筒，粽练叶。插五彩系臂，谓为长命缕。

六月伏日，并作汤饼，名为辟恶。

七月七日，为牵牛织女聚会之夜。……是夕，人家妇女，结彩缕，穿七孔针，或以金银鍮石为针。陈瓜果于庭中以乞巧，有喜子网于瓜上，则以为符应。

七月十五日，僧尼道俗，悉营盆供诸佛。

八月十四日，民并以朱水点儿头额，名为天灾，以厌疾。又以锦彩为眼明囊，递相饷遗。

九月九日，四民并籍野饮宴。……《续齐谐记》云：汝南桓景，随费长房游学，长房谓之曰："九月九日，汝南当有大灾厄，急令家人缝囊，盛茱萸，系臂上，登山饮菊花酒，此祸可消。"景如言，举家登山，夕还，见鸡犬牛羊，一时暴死。长房闻之曰："此可代也。"今世人九日登高饮酒、妇人带茱萸囊，盖始于此。

十月朔日，黍臛，俗谓之奉岁首。

十二月八日，为腊日，谚语："腊鼓鸣，春草生。"村人并击细腰鼓，戴胡头，及作金刚力士，以逐疫。……其日，并以豚酒祭灶神。

（4）饮食

太官进御食，有"裹蒸"。帝曰："我食此不尽，可四片破之，余充晚食。"（《南齐书》卷六《明帝纪》）

太祖为领军，与戢来往，数置欢宴。上好"水引饼"，戢令妇女躬自执事，以设上焉（《南齐书》卷三十二《何戢传》）。

于是设供食，具大馐"薄饼"（《北史》卷八十九《陆法和传》）。

宋初，吴郡人陈遗，少为郡吏。母好食"锅底饭"，遗在役，恒带一囊，每煮食，辄录其焦以贻母（《南史》卷七十三《潘综附陈遗传》）。

世祖幸芳林园，就悰求"扁米糲"。悰献糲及杂肴数十轝，太官鼎味不及也（《南齐书》卷三十七《虞悰传》）。

崇为客作“豆粥”，咄嗟便办。每冬得“韭蓱虀”……恺……乃密货崇帐下，问其所以。答云：“豆至难煮，豫作熟末，客来但作白粥以投之耳。韭蓱虀，是捣韭根，杂以麦苗耳。”（《晋书》卷三十三《石苞附石崇传》）

修之尝为“羊羹”，以荐虏尚书，尚书以为绝味。献之于焘，焘大喜，以修之为太官令（《宋书》卷四十八《毛修之传》）。

羲之……年十三，尝谒周顗，顗察而异之。时重“牛心炙”，坐客未噉，顗先割啗羲之，于是始知名（《晋书》卷八十《王羲之传》）。

当时嗜酒之风甚盛，而酒之酿造，亦有种种名称。

胡人奢侈，厚于养生。家有“蒲桃酒”，或至千斛，经十年不败，士卒沦没，酒藏者相继矣（《晋书》卷一二二《载记》第二十二《吕光》）。

又在任昉坐，有人饷昉槰酒而作�字。昉问杳：“此字是不？”杳对曰：“葛洪《字苑》作木旁呑。”昉又曰：“酒有千日醉，当是虚言。”杳云：“桂阳程乡有千里酒，饮之至家而醉，亦其例也。”（《梁书》卷五十《刘杳传》）

清河王怿，为元叉所害，悦了无仇恨之意，乃以“桑落酒”候伺之，尽其私佞（《魏书》卷二十二《汝南王悦传》）。

太宗……赐浩御“缥醪酒”十觚，水精、戎盐一两，曰：“朕味卿言，若此盐酒，故与卿同其旨也。”（《魏书》卷三十五《崔浩传》）

敕有司日给“河东酒”一斗，号之曰逍遥公（《周书》卷三十一《韦夐传》）。

九月佩茱萸，食蓬饵，饮“菊花酒”，令人长命。菊花舒时，并采茎叶，杂黍米酿之，至来年九月九日始熟，就饮焉，故谓之菊花酒（干宝《搜神记》卷二）。

河东郡……多……徙民。民有姓刘名堕者，宿擅工酿，采挹河流，酝成芳酎，悬食同枯枝之年，排于桑落之辰，故酒得其名矣。然香醑之色，清白若滫浆焉……最佳酌矣。自王公庶友，牵拂相招者，每云索郎。……索郎反语为桑落也（郦道元《水经注》卷四）。

糖于此时，尚无法制，多饮蜜。

明帝……素能食，尤好鱁鮧，以银钵盛蜜渍之，一食数钵（《南齐书》卷五十三《虞愿传》）。

陶弘景……永明十年，脱朝服，挂神武门，上表辞禄。诏许之，赐以束帛，敕所在月给茯苓五斤、白蜜二升，以供服饵（《南史》卷七十六《陶弘景传》）。

疾久口苦，索蜜不得，再曰荷荷，遂崩（《南史》卷七《梁武帝纪下》）。

风俗奢华，精于饮馔者，颇有其人。兹略举以示其概。

财产丰积，室宇宏丽。……庖膳穷水陆之珍，与贵戚王恺、羊琇之徒，以奢靡相尚（《晋书》卷三十三《石苞附石崇传》）。

曾……性奢豪，务在华侈，帷帐车服，穷极绮丽，厨膳滋味，过于王者。每燕见，不食太官所设，帝辄命取其食，蒸饼上不拆作十字不食。食日万钱，犹曰"无下箸处"（《晋书》卷三十三《何曾传》）。

又于土山营墅，楼馆林竹甚盛，每携中外子侄，往来游集，肴馔亦屡费百金，世颇以此讥焉（《晋书》卷七十九《谢安传》）。

夫食，方丈于前，所甘一味。今之燕喜，相竞夸豪，积果如山岳，列肴同绮绣，露台之产，不周一燕之资，而宾主之间，裁取满腹，未及下堂，已同臭腐（《梁书》卷三十八《贺琛传》）。

在御史台，恒于宅中送食，备尽珍羞，别室独飡，处之自若。有一河东人士，姓裴，亦为御史，伺瞻食便往造焉，瞻不与交言，又不命匕箸，裴坐观瞻食罢而退。明日，裴自携匕箸，恣情饮噉，瞻方谓裴云："我初不唤君食，亦不共君语，君遂能不拘小节。昔刘毅在京口，冒请鹅炙，岂亦异于是乎？君定名士。”于是每与之同食（《北齐书》卷二十三《崔瞻传》）。

（5）服饰

是时服饰，非诡奇矜异，即染被胡风，已非复秦、汉之旧矣。

（甲）冠

初，魏造白帢，横缝其前以别后，名之曰“颜帢”，传行之。至永嘉之间，稍去其缝，名“无颜帢”（《晋书》卷二十七《五行志上》）。

明帝初，司徒建安王休仁，统军赭圻，制“乌纱帽”，反抽帽裙，民间谓之“司徒状”，京邑翕然相尚（《宋书》卷三十《五行志一》）。

太康中，天下又以毡为絈头，及络带衿口（《宋书》卷三十《五行志一》）。

是时为衣者，又上短，带至于掖；著帽者，以带缚项（《宋书》卷三十《五行志一》）。

晋末皆冠小冠，而衣裳博大，风流相仿，舆台成俗（《宋书》卷三十《五行志一》）。

永元中……群小又造四种帽，帽因势为名，一曰山鹊归林。……二曰兔子度坑。……三曰反缚黄离喽。……四曰凤皇度三桥（《南齐书》卷十九《五行志》）。

齐制，宫内唯天子纱帽，臣下皆戎帽，特赐归彦纱帽以宠之（《北齐书》卷十四《平秦王归彦传》）。

宣政元年三月……初服“常冠”，以皂纱为之，加簪而不施缨导，其制若今之折角巾也（《周书》卷六《武帝纪下》）。

汉、魏已前，始戴幅巾，晋、宋之世，方用羃䍦。后周以三尺皂绢，向后幞发，名折上巾，通谓之“幞头”。武帝时，裁成四脚（郭若虚《图画见闻志》卷一）。

（乙）服

好衣“刺文袴”，诸父责之，因而自改（《晋书》卷七十九《谢尚传》）。

晋孝怀永嘉以来，士大夫竟服生笺单衣（《宋书》卷三十《五行志一》）。

善制珍玩之物，织孔雀毛为裘，光彩金翠，过于雉头矣（《南齐书》卷二十一《文惠太子传》）。

诏天台侍卫之官，皆著五色及红紫绿衣，以杂色为缘，名曰“品色衣”。有大事，与公服间服之（《周书》卷七《宣帝纪》）。

元嘉二十七年……魏群臣初闻有宋师，言于魏主，请遣兵救缘河谷帛。魏主曰：“马今未肥，天时尚热，速出必无功。若兵来不止，且还阴山避之。国人本著‘羊皮袴’，何用绵帛？展至十月，吾无忧矣。”（《资治通鉴》卷一二五《宋纪七》）

（丙）履

旧为屐者，齿皆达楄上，名曰“露卯”。太元中，忽不彻，名曰“阴卯”（《晋书》卷二十七《五行志上》）。

初，作履者，妇人员头，男子方头。……晋太康初，妇人皆履方头……与男无别也（《宋书》卷三十《五行志一》）。

时王俭当朝，琛年少，未为俭所识，负其才气，欲候俭。时俭宴于乐游苑，琛乃著“虎皮靴”，策桃枝杖，直造俭坐，俭与语，大悦（《梁书》卷二十六《萧琛传》）。

时政归门下，世谓侍中黄门为小宰相，而遵业从容恬素，若处丘园。尝著“穿角履”，好事者多毁新履以学之（《魏书》卷三十八《王慧龙附王遵业传》)。

（丁）佩

梁朝全盛之时，贵游子弟，多无学术……无不熏衣剃面，傅粉施朱，驾长檐车，跟高齿屐，坐棋子方褥，凭班丝隐囊（颜之推《颜氏家训》卷上《勉学篇》)。

汉制，自天子至于百官，无不佩刀。……自晋代以来，始以木剑代刃剑（《宋书》卷十八《礼志五》)。

尚书令、仆射尚书，手板头，复有白笔，以紫皮裹之，名“笏”。朝服肩上有紫生袷囊，缀之朝服外，俗呼曰“紫荷”。或云，汉代以盛奏事，负荷以行（《宋书》卷十八《礼志五》)。

（戊）妇人装饰

惠帝元康中，妇人之饰有“五兵佩”。又以金银玳瑁之属，为斧钺戈戟以当笄。……是时妇人结发者，既成，以缯急束其环，名曰“撷子紒”。始自中宫，天下化之（《晋书》卷二十七《五行志上》)。

太元中，公主妇女，必缓鬓倾髻，以为盛饰。用发既多，不可恒戴，乃先于木及笼上装之，名曰“假髻”，或名假头。至于贫家不能自办，自号无头，就人借头，遂布天下（《晋书》卷二十七《五行志上》)。

宋文帝元嘉六年，民间妇人结发者，三分发，抽其鬟，直向上，谓之“飞天紒”。始自东府，流被民庶（《宋书》卷三十《五行志一》)。

高祖……又引见王公卿士，责留京之官曰:“昨望见妇女之服，仍为‘夹领小袖’，我徂东山，虽不三年，既离寒暑，卿等何为而违前诏？”（《魏书》卷二十一上《咸阳王禧传》)

妇人皆剪剔以著假髻，而危邪之状如飞鸟，至于南面则髻心正西。始自宫内为之，被于四远（《北齐书》卷八《幼主纪》)。

石崇常择美容姿相类者十人，装饰衣服，大小一等，使忽视不相分别，常侍于侧。使翔风（婢名）调玉以付工人，为“倒龙”之佩，萦金为“凤冠”之钗，言刻玉为倒龙之势，铸金钗象凤皇之冠（王嘉《拾遗记》卷九）。

（6）世风

（甲）乡议

晋承汉末遗风，犹重乡评。一被清议，即遭废弃。

陈寿……遭父丧，有疾，使婢丸药。客往见之，乡党以为贬议，及蜀平，坐是沉滞者累年。……以母忧去职，母遗言令葬洛阳，寿遵其志，又坐不以母归葬，竟被贬议……至此再致废辱（《晋书》卷八十二《陈寿传》）。

时淮南小中正王式继母，前夫终更适式父，式父终丧服讫，议还前夫家。前夫家亦有继子，奉养至终，遂合葬于前夫。式自云：“父临终，母求去，父许诺。”于是制出母齐衰期。壸奏曰：“……式……亏损世教，不可以居人伦铨正之任。”……疏奏，诏……式付乡邑清议，废弃终身（《晋书》卷七十《卞壸传》）。

中正主铨选之权，其有违反礼教者，则贬黜之。

梁州刺史杨欣，有姊丧，未经旬，车骑长史韩预，强聘其女为妻。辅为中正，贬预以清风俗，论者称之（《晋书》卷六十《张辅传》）。

初，恒为州大中正，乡人任让，轻薄无行，为恒所黜（《晋书》卷四十四《华恒传》）。

有遭乡议被抑者，中正亦可为之昭雪。

攀居心平允，莅官整肃，爱乐人物，敦儒贵才，为梁、益二州中正，引致遗滞。巴西陈寿、阎乂，犍为费立，皆西州名士，并被乡闾所谤，清议十余年，攀申明曲直，咸免冤滥（《晋书》卷四十五《何攀传》）。

降及南北朝，其风不改。

惠连先爱幸会稽郡吏杜德灵，及居父忧，赠以五言诗十余首，“乘流遵归路”诸篇是也。坐废，不豫荣位（《南史》卷十九《谢方明附谢惠连传》）。

率……父忧去职，有父时妓数十人，其善讴者有色貌，邑子仪曹郎顾珖之求娉，讴者不愿，遂出家为尼。尝因斋会率宅，珖之乃飞书言与率奸。南司以事奏闻，武帝惜其才，寝其奏。然犹致时论，服阕久之不仕（《南史》卷三十一《张率传》）。

宣德右仆射刘朗之，游击将军刘璩之子，坐不赡给兄子，致使随母他嫁，免官禁锢终身，付之乡论（《南史》卷五《齐明帝纪》）。

自宋以后，犯乡论清议，有记注之目，故每次大赦，并有洗除先注之文。

建元元年四月……大赦天下……有犯乡论清议，赃污淫盗，一皆荡涤，洗除先注，与之更始（《南齐书》卷二《高帝纪下》）。

（乙）避讳

家讳之重，自晋时始，而南北朝尤甚。

王羲之父讳正，故每书正月为初月，或作一月，余则以政字代之（周密《齐东野语》卷四）。

桓南郡（玄）被召作太子洗马，船泊荻渚。王大服散后已小醉，往看桓，桓为设酒，不能冷饮，频语左右令温酒来。桓乃流涕呜咽，王便欲去。桓以手巾掩泪，因谓王曰：“犯我家讳，何预卿事。”王叹曰：“灵宝（玄小字）故自达。”（刘义庆《世说新语》卷五《任诞篇》）

帝每朝燕接，琛以旧恩，尝犯武帝偏讳。帝敛容，琛从容曰：“名不偏讳，陛下不应讳顺。”上曰：“各有家风。”琛曰：“其如礼何。”（《南史》卷十八《萧琛传》）

好学有文辞，盛得名誉，选补新安王子鸾国常侍。王母殷淑仪卒，超宗作诔奏之，帝大嗟赏，谓谢庄曰："超宗殊有凤毛，灵运复出。"（超宗父名凤。凤，灵运之子也）时右卫将军刘道隆在御坐，出候超宗曰："闻君有异物，可见乎？"超宗曰："悬罄之室，复有异物邪？"道隆武人无识，正触其父名曰："旦侍宴至尊，说君有凤毛。"超宗徒跣还内。道隆谓检觅毛，至暗，待不得，乃去（《南史》卷十九《谢灵运附谢超宗传》）。

慈……少与从弟俭共书学，谢凤子超宗，尝候僧虔，仍往东斋诣慈。慈正学书，未即放笔，超宗曰："卿书何如虔公？"慈曰："慈书比大人，如鸡之比凤。"超宗狼狈而退。十岁时，与蔡兴宗子约，入寺礼佛，正遇沙门忏，约戏慈曰："众僧今日，可谓虔虔。"慈应声曰："卿如此，何以兴蔡氏之宗？"（《南史》卷二十二《王慈传》）

累迁晋陵太守，在职清公，有美政。时有晋陵令沈巑之，性粗疏，好犯亮讳，亮不堪，遂启代之。巑之怏怏，乃造坐云："下官以犯讳被代，未知明府讳。若为攸字，当作无骹尊傍犬？为犬傍无骹尊？若是有心攸？无心攸？乞告示。"亮不履下床，跣而走，巑之抚掌大笑而去。"（《南史》卷二十三《王亮传》）

梁世谢举，甚有声誉，闻讳必哭，为世所讥。又臧逢世，臧严之子也，笃学修行，不坠门风。孝元经牧江州，遣往建昌督事，郡县民庶，竞修笺书，朝夕辐辏，几案盈积。书有称严寒者，必对之流涕，不省取记，多废公事，物情怨骇，竟以不办而还。此并过事也。近在杨都，有一士人，讳审，而与沈氏交结周厚。沈与其书，名而不姓，此非人情也。凡避讳者，皆须得其同训以代换之。……梁武小名阿练，子孙皆呼练为绢，乃谓销炼物为销绢物，恐乖其义。或有讳云者，呼纷纭为纷烟；有讳桐者，呼梧桐树为白铁树，便似戏笑耳（颜之推《颜氏家训》卷上《风操篇》）。

江南至今不讳字也，河北士人，全不辨之。……尚书王元之兄弟，皆号名人，其父名云，字罗汉，一皆讳之（颜之推《颜氏家训》卷上《风操篇》)。

刘绦、绥、绥兄弟，并为名器，其父名昭，一生不为照字，唯依《尔雅》，火傍作召耳（颜之推《颜氏家训》卷上《风操篇》）。

（丙）家庭

南方大家族制度，至六朝时代已渐少。盖宋、齐屡次搜括进帐，不容合居也。

世祖（孝武帝）即位，除建平王宏中军录事参军。时普责百官谠言，朗上书曰："……今士大夫以下，父母在而兄弟异，计十家而七矣；庶人父子殊产，亦八家而五矣。凡甚者，乃危亡不相知，饥寒不相恤，又嫉谤谗害其间，不可称数。宜明其禁，以革其风。先有善于家者，即务其赏；自今不改，则没其财。"（《宋书》卷八十二《周朗传》）

北方素笃族谊，以同居为美，惟渐染南俗，亦日趋于薄。

植虽自州送禄奉母，及赡诸弟，而各别资财，同居异爨，一门数灶，盖亦染江南之俗也（《魏书》卷七十一《裴植传》）。

当时虽重门第，而一族之中，贫富贵贱各有不同。

咸与籍居道南，诸阮居道北，北阮富而南阮贫。七月七日，北阮盛晒衣服，皆锦绮粲目。咸以竿挂大布犊鼻于庭，人或怪之，答曰："未能免俗，聊复尔耳。"（《晋书》卷四十九《阮咸传》）

迁御史中丞，领骁骑将军。甲族由来多不居宪台，王氏分枝居乌衣者，位官微减。僧虔为此官，乃曰："此是乌衣诸郎坐处，我亦可试为耳。"（《南齐书》卷三十三《王僧虔传》）

纳博陵崔显妹，甚有色宠，欲以为妃。世宗初以崔氏世号东崔，地寒望劣难之，久乃听许（《魏书》卷二一上《高阳王雍传》）。

家庭组织改革已不容缓，而当局为维持风化，对于同居者，必加以褒奖，史家亦乐为之铺张，且赞美之。

汉寿人邵荣兴，六世同爨，表其门闾（《南齐书》卷三十七《刘悛传》）。

西阳县人董阳，三世同居，外无异门，内无异烟，诏榜门曰“笃行董氏之闾”，蠲一门租布（《南史》卷七十三《刘瑜传》）。

播家世纯厚，并敦义让，昆季相事，有如父子。……一家之内，男女百口，缌服同爨，庭无闲言。魏世以来，唯有卢渊兄弟，及播昆季，当世莫逮焉（《魏书》卷五十八《杨播附杨元让传》）。

渊、昶等并循父风，远亲疏属，叙为尊行长者，莫不毕拜致敬，闺门之礼，为世所推。……同居共财，自祖至孙，家内百口。在洛时有饥年，无以自赡，然尊卑怡穆，丰俭同之。亲从昆弟，常旦省谒诸父，出坐别室，至暮乃入，朝府之外，不妄交游，其相勖以礼如此（《魏书》卷四十七《卢玄附卢子潜传》）。

李几，博陵安平人也，七世共居同财，家有二十二房，一百九十八口，长幼济济，风礼著闻。至于作役，卑幼竞进，乡里嗟美，标其门闾（《魏书》卷八十七《李几传》）。

至于家事，率由妇人主持。其风在北，尤甚于南。

江东妇女，略无交游，其婚姻之家，或十数年间，未相识者，唯以信命赠遗，致殷勤焉。邺下风俗，专以妇持门户，争讼曲直，造请逢迎，车乘填街衢，绮罗盈府寺，代子求官，为夫诉屈，此乃恒代之遗风乎。南间贫素，皆事外饰，车乘衣服，必贵齐整，家人妻子，不免饥寒。河北人事，多由内政，绮罗金翠，不可废阙，羸马顇奴，仅充而已，唱和之礼，或尔汝之（颜之推《颜氏家训》卷上《治家篇》）。

河北妇人，织纴组紃之事，黻黼锦绣罗绮之工，大优于江东也（颜之推《颜氏家训》卷上《治家篇》）。

妇人之性，率宠子婿而虐儿妇。宠婿则兄弟之怨生焉，虐妇则姊妹之谗行焉。然则女之行留，皆得罪于其家者，母实为之，至有谚云“落索阿姑飡"，此其相报也。家之常弊，可不诫哉（颜之推《颜氏家训》卷上《治家篇》）。

自晋人尚清谈，流于放荡，其风渐被闺中，内外防闲，疏于往昔，所谓名门妇女，亦得与士大夫接谈。

王凝之妻谢氏，字道韫，安西将军弈之女也，聪识有才辩。……凝之弟献之尝与宾客谈议，词理将屈，道韫遣婢白献之曰："欲为小郎解围。"乃施青绫步障自蔽，申献之前议，客不能屈。……嫠居会稽……太守刘柳闻其名，请与谈议。道韫素知柳名，亦不自阻，乃簪髻素褥，坐于帐中。柳束脩整带，造于别榻。道韫风韵高迈，叙致清雅……徐酬问旨，词理无滞。……初，同郡张玄妹，亦有才质，适于顾氏，玄每称之，以敌道温。有济尼者，游于二家，或问之，济尼答曰："王夫人神情散朗，故有林下风气；顾家妇清心玉映，自是闺房之秀。"（《晋书》卷九十六《王凝之妻谢氏传》）

淮陵内史虞珧子妻裴氏，有服食之术，常衣黄衣，状如天师。道子甚悦之，令与宾客谈论，时人皆为降节。恭抗言曰："未闻宰相之坐，有失行妇人。"坐宾莫不反侧（《晋书》卷八十四《王恭传》）。

道虔又娶司马氏，有子昌裕。后司马氏见出，更娉元氏，甚聪悟，常升高座讲《老子》，道虔从弟元明，隔纱帷以听焉（《北史》卷三十《卢思道附卢道虔传》）。

宋、齐以来，诸公主率习于骄淫，不讲礼法。

帝姊山阴公主，淫恣过度，谓帝曰："妾与陛下，虽男女有殊，俱托体先帝。陛下六宫万数，而妾唯驸马一人，事不均平，一何至此？"帝乃为主置面首左右三十人。……主以吏部郎褚渊貌美，就帝请以自侍。……渊侍主十日，备见逼迫，誓死不回，遂得免（《宋书》卷七前《废帝纪》）。

宋世诸主，莫不严妒，太宗每疾之。湖孰令袁慆妻，以妒忌赐死，使近臣虞通之撰《妒妇记》。左光禄大夫江湛、孙敩，当尚世祖女，上乃使人为敎作表让婚……太宗以此表遍示诸主（《宋书》卷四十一《孝武文穆王皇后传》）。

梁武帝与叡（钧父）少故旧，以女永兴公主妻钧，拜驸马都尉。……自宋、齐以来，公主多骄淫无行，永兴主加以险虐。钧形貌短小，为主所憎，每被召入，先满壁为殷叡字，钧辄流涕以出。主命婢束而反之，钧不胜怒而言于帝。帝以犀如意击主，碎于背，然犹恨钧（《南史》卷六十《殷钧传》）。

北齐之人，多不蓄媵妾，妒忌之风，成为家教，是知隋独孤后妒及臣子，盖有所本也。

尝奏表曰："……将相多尚公主，王侯娶后族，故无妾媵，习以为常。……举朝既是无妾，天下殆皆一妻。……凡今之人……父母嫁女，则教以妒；姑姊逢迎，必相劝以忌。以制夫为妇德，以能妒为女工，自云：不受人欺，畏他笑我。"（《北齐书》卷二十八《元孝友传》）

家人称谓，南北攸殊，士庶之间，亦各沿其风习。

昔侯霸之子孙，称其祖父曰家公，陈思王称其父为家父、母为家母，潘尼称其祖曰家祖，古人之所行，今人之所笑也。及南北风俗，言其祖及二亲，无云家者，田里猥人，方有此言耳。凡与人言，言己世父，以次第称之，不云家者，以尊于父，不敢家也。凡言姑姊妹女子子，已嫁则以夫氏称之，在室则以次第称之。言礼成他族，不得云家也。子孙不得称家者，经略之也。蔡邕书集，呼其姑女为家姑家姊，班固书集，亦云家孙，今并不行也。凡与人言，称彼祖父母、世父母、父母及长姑，皆加"尊"字，自叔父已下，则加"贤"字，尊卑之差也。王羲之书，称彼之母，与自称己母同，不云尊字，今所非也（颜之推《颜氏家训》卷上《风操篇》）。

兄弟之子……北土多呼为侄。……侄名虽通男女，并是对姑之称。晋世已来，始呼叔侄，今呼为侄，于理为胜也（颜之推《颜氏家训》卷上《风操篇》）。

父母之世叔父皆当加其次第以别之，父母之世叔母皆当加其姓以别之。父母之群从世叔父母，及从祖父母，皆当加其爵位若姓以别之。河北士人，皆呼外祖父母为家公家母，江南田里，间亦言之。以家代外，非吾所识。凡家亲世数，有从父，有从祖，有族祖。江南风俗，自兹已往，高秩者通呼为尊，同昭穆者，虽百世犹称兄弟，若对他人称之，皆云族人。河北士人，虽三二十世，犹呼为从伯从叔。……吾尝问周弘让曰："父母中外姊妹，何以称之？"周曰："亦呼为丈人。"自古未见丈人之称施于妇人也。吾亲表所行，若父属者，为某姓姑；母属者，为某姓姨。中外丈人之妇，猥俗呼为丈母，士大夫谓之王母、谢母云（颜之推《颜氏家训》卷上《风操篇》）。

（丁）仕宦

风俗浮薄，人慕虚荣，每以得官为能，不以奔竞为耻。

多见士大夫耻涉农商，羞务工伎，射既不能穿札，笔则才记姓名，饱食醉酒，忽忽无事，以此销日，以此终年。或因世家余绪，得一阶半级，便谓为足，安能自苦？及有吉凶大事，议论得失，蒙然张口，如坐云雾。公私宴集，谈古赋诗，塞默低头，欠伸而已。……梁朝全盛之时，贵游子弟，多无学术，至于谚云："上车不落则著作，体中何如则秘书。"无不熏衣剃面，傅粉施朱，驾长檐车，跟高齿屐，坐棋子方褥，凭班丝隐囊，列器玩于左右，从容出入，望若神仙。明经求第，则顾人答策；三九公燕，则假手赋诗。当尔之时，亦快士也。及离乱之后，朝士迁革，铨衡选举，非复曩者之亲，当路秉权，不见昔时之党。求诸身而无所得，施之世而无所用。被褐而丧珠，失皮而露质，兀若枯木，泊若穷流；孤独戎马之间，转死沟壑之际。当尔之时，诚驽材也（颜之推《颜氏家训》卷上《勉学篇》）。

江南朝士，因晋中兴南渡江，卒为羁旅，至今八九世，未有力田，悉资俸禄而食耳。假令有者，皆信僮仆为之，未尝目观起一拨土、耘一株苗，不知几月当下，几月当收，安识世间余务乎？故治官则不了，营家则不办，皆优闲之过也（颜之推《颜氏家训》卷下《涉务篇》）。

齐朝有一士大夫，尝谓吾曰："我有一儿，年已十七，颇晓书疏，教其鲜卑语及弹琵琶，稍欲通解，以此伏事公卿，无不宠爱，亦要事也。"吾时俯而不答。异哉，此人之教子也。若由此业，自致卿相，亦不愿汝曹为之（颜之推《颜氏家训》卷上《教子篇》）。

（戊）赌博

自晋以来，特多嗜赌，人主摴蒱于上，臣庶风靡于下，竟成风俗。

诸参佐或以谈戏废事者，乃命取其酒器蒱博之具，悉投之于江，吏将则加鞭扑，曰："摴蒱者，牧猪奴戏耳。"（《晋书》卷六十六《陶侃传》）

后在东府聚摴蒱大掷，一判应至数百万，余人并黑犊以还，唯刘裕及毅在后。毅次掷，得雉大喜，褰衣绕床，叫谓同坐曰："非不能卢，不事此耳。"裕恶之，因挼五木，久之曰："老兄试为卿答。"既而四子俱黑，其一子转跃未定，裕厉声喝之，即成卢焉，毅意殊不快（《晋书》卷八十五《刘毅传》）。

混女夫殷叡，素好摴蒱，闻弘微不取财物，乃滥夺其妻妹及伯母两姑之分，以还戏责。……弘微舅子领军将军刘湛，性不堪其非，谓弘微曰："天下事宜裁衷，卿此不治，何以治官？"弘微笑而不答。或有讥之曰："谢氏累世财产，充殷君一朝戏责，理之不允，莫此为大。卿亲而不言，譬弃物江海以为廉耳。设使立清名，而令家内不足，亦吾所不取也。"（《宋书》卷五十八《谢弘微传》）

梁主萧詧，曾献玛瑙钟，周文帝执之顾丞郎曰："能掷摴蒱头得卢者，便与钟。"已经数人，不得。顷至端，乃执摴蒱头而言曰："非为此钟可贵，但思露其诚耳。”便掷之，五子皆黑。文帝大悦，即以赐之（《北史》卷三十六《薛端传》）。

周文帝曾在同州，与郡公宴集，出锦罽及杂绫绢数千段，令诸将摴蒱取之。物尽，周文又解所服金带，令诸人遍掷曰：“先得卢者即与之。”群公掷将遍，莫有得者。次至思政……揽摴蒱……掷之……已掷为卢矣，徐乃拜而受带（《北史》卷六十二《王思政传》）。

其时博具所谓五木之戏，其法如次。

洛阳令崔师本，又好为古之摴蒱。其法：三分其子三百六十，限以二关，人执六马。其骰五枚，分上为黑，下为白。黑者刻二为犊，白者刻二为雉。掷之全黑者为卢，其采十六；二雉三黑为雉，其采十四；三犊三白为犊，其采十；全白为白，其采八：四者“贵采”也。开为十二，塞为十一，塔为五，秃为四，撅为三，枭为二：六者“杂采”也。贵采得连掷，得打马，得过关，余采则否。新加“进九”“退六”两采（李肇《国史补》卷下）。

摴蒱五木玄白判，厥二作雉，背雉作牛。王采四：卢、白、雉、犊。甿采六：开塞塔秃撅捣。全为王，驳为甿。皆玄曰“卢”，厥筴十六。皆白曰“白”，厥筴八。雉二玄三曰“雉”，厥筴十四。牛三白三曰“犊”，厥筴十。雉一牛二白三曰“开”，厥筴十二。雉如开，厥余皆玄曰“塞”，厥筴十一。雉白各二玄一曰“塔”，厥筴五。牛玄各二白一曰“秃”，厥筴四。白三玄二曰“撅”，厥筴三。白二玄三曰“捣”，厥筴二。矢百有二十，设关二，间矢为三，马筴二十，厥色五。凡击马及王采皆又投，马出初关叠行，非王采不出关，不越坑。入坑，有谪。行不择筴马，一矢为坑（李翱《五木经》）。

（己）弈棋

弈棋亦为当时上下所同嗜，能者并列为品第。

当时能棋人，琅邪王抗第一品，吴郡褚思庄、会稽夏赤松第二品。赤松思速，善于大行；思庄戏迟，巧于斗棋。宋文帝时，羊玄保为会稽，帝遣思庄入东，与玄保戏，因置局图，还于帝前覆之。齐高帝使思庄与王抗交赌，自食时至日暮，一局始竟。上倦，遣还省，至五更方决，抗睡于局后寝，思庄达旦不寐。时或云，思庄所以品第致高，缘其用思深久，人不能及（《南史》卷十八《萧思话附萧惠基传》）。

甚者定立官名，博求能手。

明帝好围棋，置围棋州邑，以建安王休仁为围棋州都大中正，谌与太子右率沈勃、尚书水部郎庾珪之、彭城丞王抗四人为小中正，朝请褚思庄、傅楚之为清定访问（《南齐书》卷三十四《王谌传》）。

更有以物品赌胜负者。

溉素谨厚，特被高祖赏接，每与对棋，从夕达旦。溉第山池有奇石，高祖戏与赌之，并《礼记》一部，溉并输焉（《梁书》卷四十《到溉传》）。

天子优遇大臣，或以局子为赐赉品。

承天素好弈棋，颇用废事。太祖赐以局子，承天奉表陈谢，上答："局子之赐，何必非张武之金邪？"（《宋书》卷六十四《何承天传》）

因嗜弈而成笑柄，足证沉溺之深。

帝好围棋，甚拙，去格七八道，物议共欺为第三品。与第一品王抗围棋，依品赌戏，抗每饶借之曰："皇帝飞棋，臣抗不能断。"帝终不觉，以为信然，好之愈笃。愿又曰："尧以此教丹朱，非人主所宜好也。"（《南齐书》卷五十三《虞愿传》）

弘微性宽博，无喜愠。末年尝与友人棋，友人西南棋有死势，复一客曰："西南风急，或有覆舟者。"友悟，乃救之。弘微大怒，投局于地，议者知其暮年之事（《南史》卷二十《谢弘微传》）。

举秀才，入都积岁，颇以弈棋弃日，至乃通夜不止。手下苍头常令秉烛，或时睡顿，大加其杖，如此非一。奴后不胜楚痛，乃白琛曰："郎君辞父母仕宦京师，若为读书执烛，奴不敢辞罪，乃以围棋日夜不息，岂是向京之意？而赐加杖罚，不亦非理？”琛惕然惭感，遂从许叡、李彪假书研习，闻见益优（《魏书》卷六十八《甄琛传》）。

弈棋之著作，梁武帝时，有柳恽之《棋谱》。

恽善弈棋，梁武帝每敕侍坐，仍令定《棋谱》，第其优劣（《梁书》卷二十一《柳恽传》）。

梁武帝好弈棋，使恽品定《棋谱》，登格者二百七十八人，第其优劣，为《棋品》三卷，恽为第二焉（《南史》卷三十八《柳元景附柳恽传》）。

北周武帝，亲撰《象经》，集群臣而讲说之。

天和四年五月，帝制《象经》成，集百僚讲说（《周书》卷五《武帝纪上》）。

世传象棋为周武帝制，按：后《周书》天和四年，帝制《象经》成，殿上集百寮讲说，《隋·经籍志》，《象经》一卷，周武帝撰，有王褒注、王裕注、何妥注。又有《象经发题义》。又据小说，周武帝《象经》，有日月星辰之象，意者以兵机孤虚冲破，寓于局间，决非今之象戏车马之类也（杨慎《丹铅总录》卷八）。

（庚）宴会

江南风俗，儿生一期，为制新衣，盥浴装饰，男则用弓矢纸笔，女则刀尺针缕，并加饮食之物，及珍宝服玩，置之儿前，观其发意所取，以验贪廉愚智，名之为“试儿”。亲表聚集致燕享。自兹以后，二亲若在，每至此日，尝有酒食之事耳。……虽已孤露，其日皆为供顿，酣畅声乐（颜之推《颜氏家训》卷上《风操篇》）。

按：此为后代作寿之滥觞。其宴集关于时令，相沿久远者，特举如下。

汉仪，季春上巳……禊于东流水上。……自魏以后，但用三日，不以上巳也(《晋书》卷二十一《礼志下》)。

永和九年，岁在癸丑，暮春之初，会于会稽山阴之兰亭，修禊事也(《晋书》卷八十《王羲之传》)。

统乃诣洛市药，会三月上巳，洛中王公已下，并至浮桥，士女骈填，车服烛路。统时在船中曝所市药……太尉贾充怪而问之……答曰:“会稽夏仲御也。”充……问:“卿居海滨，颇能随水戏乎?”答曰:“可。”统乃操舵正橹，折旋中流，初作鯔鸲跃，后作鯆鲱引，飞鹢首掇兽尾，奋长梢而船直逝者三焉(《晋书》卷九十四《夏统传》)。

九月九日，桓温燕龙山，寮佐毕集。时佐吏并著戎服，有风至，吹嘉帽堕落，嘉不之觉。……温……命孙盛作文嘲嘉……嘉还见，即答之，其文甚美(《晋书》卷九十八《孟嘉传》)。

永明五年九月己丑，诏曰九日出商飙馆“登高”宴群臣。辛卯，车驾幸商飙馆。馆上所立，在孙陵岗，世呼为九日台者也(《南齐书》卷三《武帝纪》)。

南兖州，广陵……为州镇，土甚平旷。刺史每以秋月，多出海陵“观涛”。与京口对岸，江之壮阔处也(《南齐书》卷十四《州郡志上》)。

岁暮，家家具肴蔌，诣宿岁之位，以迎新年，相聚酣饮(宗懔《荆楚岁时记》)。

(7)音乐

(甲)雅乐

魏武挟天子而令诸侯，思一戎而匡九服。时逢吞灭，宪章咸荡，及削平刘表，始获杜夔，扬鼙总干，式遵前记。三祖纷纶，咸工篇什，声歌虽有损益，爱玩在乎雕章。是以王粲等各造新诗，抽其藻思。……武皇帝采汉、魏之遗范，览景、文之垂则，鼎鼐唯新，前音不改。泰始九年，光禄大夫荀勖，始作古尺，以调声韵，仍以张华等所制高文，陈诸下管。永嘉之乱，伶官既减，曲台宣榭，咸变污莱，虽复象舞歌工，自胡归晋……其能备者，百不一焉（《晋书》卷二十二《乐志序》）。

永嘉之乱，海内分崩，伶官乐器，皆没于刘石。江左初立宗庙……于时以无雅乐器及伶人，省大乐并鼓吹令。是后颇得登歌举食之乐，犹有未备。太宁末，明帝又访阮孚等增益之。咸和中，成帝乃复置太乐官，鸠集遗逸，而尚未有金石也。庾亮为荆州，与谢尚复修雅乐，未具而亮薨。庾翼、桓温，专事军旅，乐器在库，遂至朽坏焉。及慕容儁平冉闵，兵戈之际，而邺下乐人，亦颇有来者。永和十一年，谢尚镇寿阳，于是采拾乐人，以备大乐，并制石磬，雅乐始颇具。而王猛平邺，慕容氏所得乐声，又入关右。太元中，破苻坚，又获其乐工扬蜀等，闲习旧乐，于是四厢金石始备焉（《晋书》卷二十三《乐志下》）。

自晋而后，宋、齐、梁、陈迭相承袭，而声务求新，词皆尚巧，亦当时风气使然。

顺帝升明二年，尚书令王僧虔上表言之……曰："……今之清商，实犹铜雀。魏氏三祖，风流可怀，京洛相高，江左弥重。谅以金县干戚，事绝于斯，而情变听改，稍复零落，十数年间，亡者将半。自顷家竞新哇，人尚谣俗，务在噍危，不顾律纪，流宕无涯，未知所极，排斥典正，崇长烦淫。士有等差，无故不可以去礼；乐有攸序，长幼不可以共闻。故喧丑之制，日盛于廛里；风味之韵，独尽于衣冠。……臣以为宜命典司，务勤课习，缉理旧声，迭相开晓。……反本还源，庶可跂踵。"（《宋书》卷十九《乐志一》）

梁氏之初，乐缘齐旧。武帝思弘古乐，天监元年，遂下诏访百寮曰："夫声音之道，与政通矣，所以移风易俗，明贵辨贱。而《韶》《濩》之称空传，《咸》《英》之实靡托，魏晋以来，陵替滋甚。遂使雅郑混淆，钟石斯谬。……朕昧旦坐朝，思求厥旨，而旧事匪存，未获厘正。……卿等学

术通明，可陈其所见。”（《隋书》卷十三《音乐志上》）

魏氏兴自北方，虽得中原乐器，然以俗尚，仍杂胡乐。

永嘉已下，海内分崩，伶官乐器，皆为刘聪、石勒所获。慕容儁平冉闵，遂克之。王猛平邺，入于关右。苻坚既败，长安纷扰。慕容永之东也，礼乐器用，多归长子。及垂平永，并入中山。自始祖内和，魏、晋二代，更致音伎。穆帝为代王，愍帝又进以乐物，金石之器，虽有未周，而弦管具矣。逮太祖定中山，获其乐县，既初拨乱，未遑创改，因时所行而用之。世历分崩，颇有遗失（《魏书》卷一〇九《乐志五》）。

太祖初……正月上日，飨群臣，宣布政教，备列宫悬正乐，兼奏燕赵秦吴之音，五方殊俗之曲，四时飨会亦用焉。凡乐者，乐其所自生，礼不忘其本。掖庭中歌《真人代歌》，上叙祖宗开基所由，下及君臣废兴之迹，凡一百五十章，昏晨歌之，时与丝竹合奏，郊庙宴飨亦用之（《魏书》卷一〇九《乐志五》）。

魏乐府始有北歌，即《魏史》所谓《真人代歌》是也。代都时命掖庭宫女晨夕歌之（《旧唐书》卷二十九《音乐志二》）。

至孝文帝深慕华风，力求复古，于是魏之雅乐，始得粗具。

高宗显祖，无所改作。诸帝意在经营，不以声律为务，古乐音制，罕复传习，旧工更尽，声曲多亡。太和初，高祖垂心雅古，务正音声。时司乐上书，典章有阙，求集中秘群官，议定其事，并访吏民有能体解古乐者，与之修广器数，甄立名品，以谐八音。诏“可”。虽经众议，于时卒无洞晓声律者，乐部不能立，其事弥缺。然方乐之制，及四夷歌舞，稍增列于太乐，金石羽旄之饰，为壮丽于往时矣（《魏书》卷一〇九《乐志五》）。

太和十五年冬，高祖诏曰：“……逮乎末俗陵迟，正声顿废，多好郑、卫之音，以悦耳目，故使乐章散缺，伶官失守。今方厘革时弊，稽古复礼，庶令乐正雅颂，各得其宜。今置乐官，实须任职，不得仍令滥吹也。”遂简置焉（《魏书》卷一〇九《乐志五》）。

（乙）俗乐

自宋大明以来，声伎所尚，多郑、卫淫俗，雅乐正声，鲜有好者（《南齐书》卷四十六《萧惠基传》）。

侃性豪侈，善音律，自造《采莲》《棹歌》两曲，甚有新致。姬妾侍列，穷极奢靡（《梁书》卷三十九《羊侃传》）。

以宫人有文学者袁大捨等为女学士，后主每引宾客对贵妃等游宴，则使诸贵人及女学士与狎客共赋新诗，互相赠答，采其尤艳丽者以为曲词，被以新声，选宫女有容色者以千百数，令习而歌之，分部迭进，持以相乐。其曲有《玉树后庭花》《临春乐》等，大指所归，皆美张贵妃、孔贵嫔之容色也（《陈书》卷七《后主张贵妃传》）。

后主嗣位，耽荒于酒，视朝之外，多在宴筵。尤重声乐，遣宫女习北方箫鼓，谓之“代北”，酒酣则奏之。又于清乐中造《黄鹂留》及《玉树后庭花》《金钗两臂垂》等曲，与幸臣等制其歌词，绮艳相高，极于轻薄。男女唱和，其音甚哀（《隋书》卷十三《音乐志上》）。

同时北朝，亦竞尚淫靡之音。

杂乐有西凉、鼙舞、清乐、龟兹等。然吹笛，弹琵琶、五弦及歌舞之伎，自文襄以来，皆所爱好。至河清以后，传习尤盛。后主唯赏胡戎乐，耽爱无已，于是繁手淫声，争新哀怨。故曹妙达、安未弱、安马驹之徒，至有封王开府者，遂服簪缨而为伶人之事。后主亦自能度曲，亲执乐器，悦玩无倦，倚弦而歌。别采新声为《无愁曲》，音韵窈窕，极于哀思，使胡儿阉官之辈，齐唱和之，曲终乐阕，莫不陨涕。虽行幸道路，或时马上奏之（《隋书》卷十四《音乐志中》）。

周宣帝即位……好令城市少年有容貌者，妇人服，而歌舞相随，引入后庭，与宫人观听，戏乐过度，游幸无节焉（《隋书》卷十四《音乐志中》）。

晋以后，崇尚清谈，其解音律者，多以弹琴名，尚为不废古乐。

康将刑东市，太学生三千人，请以为师，弗许。康顾视日影，索琴弹之曰："昔袁孝尼尝从吾学《广陵散》，吾每靳固之，《广陵散》于今绝矣。"……初，康尝游乎洛西，暮宿华阳亭，引琴而弹。夜分，忽有客诣之，称是古人，与康共谈音律，辞致清辩。因索琴弹之，而为《广陵散》，声调绝伦，遂以授康，仍誓不传人，亦不言其姓字（《晋书》卷四十九《嵇康传》）。

父善琴书，颙并传之。……会稽剡县多名山，故世居剡下。颙及兄勃，并受琴于父。父没，所传之声，不忍复奏，各造新弄，勃五部，颙十五部。颙又制长弄一部，并传于世（《宋书》卷九十三《戴颙传》）。

仲雄善弹琴，当时新绝。江左有蔡邕焦尾琴，在主衣库，上敕五日一给仲雄（《南齐书》卷二十六《王敬则传》）。

初，宋世有嵇元荣、羊盖，并善弹琴，云传戴安道之法。恽幼从之学，特穷其妙。齐竟陵王闻而引之，以为法曹行参军，雅被赏狎。王尝置酒后园，有晋相谢安鸣琴在侧，以授恽，恽弹为雅弄。子良曰："卿巧越嵇心，妙臻羊体，良质美手，信在今辰，岂止当世称奇，足可追踪古烈。"（《梁书》卷二十一《柳恽传》）

尝赋诗未就，以笔捶琴，坐客过，以箸扣之，恽惊其哀韵，乃制为雅音。后传击琴，自于此（《南史》卷三十八《柳元景附柳恽传》）。

述祖能鼓琴，自造《龙吟》十弄，云尝梦人弹琴，寤而写得，当时以为绝妙（《北齐书》卷二十九《郑述祖传》）。

惟胡乐，如羌笛、琵琶已遍于民间矣。

琵琶，傅玄《琵琶赋》曰："汉遣乌孙公主嫁昆弥，念其行道思慕，故使工人裁筝、筑，为马上之乐。欲从方俗语，故名曰琵琶，取其易传于外国也。"《风俗通》云："以手琵琶，因以为名。"杜挚云："长城之役，弦鼗而鼓之。"并未详孰实，其器不列四厢（《宋书》卷十九《乐志一》）。

笛，案马融《长笛赋》，此器起近世，出于羌中，京房备其五音。又称丘仲工其事，不言仲所造。《风俗通》则曰:“丘仲造笛，武帝时人。”其后更有羌笛尔(《宋书》卷十九《乐志一》)。

篋，杜摯《笳赋》云:“李伯阳入西戎所造。”汉旧注曰:“箛，号曰吹鞭。”《晋先蚕仪注》:“车驾住，吹小箛；发，吹大箛。”箛即篋也。又有胡箛。汉旧《筝笛录》，有其曲，不记所出本末(《宋书》卷十九《乐志一》)。

其能者甚众，略举如下。

魏、晋之世，有孙氏善弘旧曲，宋识善击节倡和，陈左善清歌，列和善吹笛，郝索善弹筝，朱生善琵琶，尤发新声(《宋书》卷十九《乐志一》)。

晔长不满七尺，肥黑，秃眉须，善弹琵琶，能为新声。上欲闻之，屡讽以微旨，晔伪若不晓，终不肯为上弹。上尝宴饮欢适，谓晔曰:“我欲歌，卿可弹。”晔乃奉旨，上歌既毕，晔亦止弦(《宋书》卷六十九《范晔传》)。

渊涉猎谈议，善弹琵琶。世祖在东宫，赐渊金缕柄银柱琵琶(《南齐书》卷二十三《褚渊传》)。

高祖龙潜时，颇好音乐，常倚琵琶，作歌二首，名曰《地厚》《天高》，托言夫妻之义。因即取之为房内曲，命妇人并登歌上寿并用之。职在官内，女人教习之(《隋书》卷十五《音乐志下》)。

(丙)技乐

魏、晋讫江左，犹有《夏育扛鼎》《巨象行乳》《神龟抃舞》《背负灵岳》《桂树白雪》《画地成川》之乐焉(《宋书》卷十九《乐志一》)。

于是除《高絙》《紫鹿》《跂行》《鳖食》，及《齐王卷衣》《笮儿》等乐。……其后复《高絙》《紫鹿》焉(《宋书》卷十九《乐志一》)。

元帝又诏罢三日（三月）弄具，今相承为百戏之具，雕弄技巧，增损无常（《南齐书》卷九《礼志上》）。

史臣曰："案晋中朝元会，设卧骑、倒骑、颠骑，自东华门驰往神虎门。此亦角抵杂戏之流也。"（《南齐书》卷九《礼志上论》）

有弹筝人陆太喜，著鹿角，爪长七寸。舞人张净琬，腰围一尺六寸，时人咸推能掌中舞。又有孙荆玉，能反腰帖地，衔得席上玉簪（《梁书》卷三十九《羊侃传》）。

（天兴）六年冬，诏太乐、总章、鼓吹增修杂伎，造五兵、角觝、麒麟、凤皇、仙人、长蛇、白象、白虎，及诸畏兽、鱼龙、辟邪、鹿马仙车、高絙百尺、长趫、缘橦、跳丸、五案，以备百戏。大飨设之于殿庭（《魏书》卷一〇九《乐志五》）。

大象元年十二月……御正武殿，集百官及宫人、内外命妇，大列妓乐。又纵胡人"乞寒"，用水浇沃为戏乐（《周书》卷七《宣帝纪》）。

明帝武成二年正月朔旦，会群臣于紫极殿，始用百戏。武帝保定元年，诏罢之。及宣帝即位，而广召杂伎，增修百戏，鱼龙漫衍之伎，常陈殿前，累日继夜，不知休息（《隋书》卷十四《音乐志中》）。

始齐武平中，有鱼龙烂漫、俳优、侏儒、山车、巨象、拔井、种瓜、杀马、剥驴等，奇怪异端，百有余物，名为百戏。周时郑译，有宠于宣帝，奏征齐散乐人，并会京师为之，盖秦角抵之流者也（《隋书》卷十五《音乐志下》）。

（五）制造

（1）舟车

武帝谋伐吴，诏濬修舟舰。濬乃作大船连舫，方百二十步，受二千余人。以木为城，起楼橹，开四出门，其上皆得驰马来往。又画鹢首怪兽于船首，以惧江神。舟棹之盛，自古未有（《晋书》卷四十二《王濬传》）。

垂引师伐钊（翟钊）于滑台，次于黎阳津，钊于南岸距守。诸将恶其兵精，咸谏不宜济河。垂笑曰:“竖子何能为？吾今为卿等杀之。”遂徙营就西津，为“牛皮船”百余艘，载疑兵列仗，溯流而上（《晋书》卷一二三《载记》第二十三《慕容垂》）。

晋代又有“指南舟”（《宋书》卷十八《礼志五》）。

敬儿乘“舴艋”（小舟也）过江，诣晋熙王燮（《南齐书》卷二十五《张敬儿传》）。

王师次于南洲，贼帅侯子鉴等，率步骑万余人，于岸挑战，又以“鵃䑠”（战船长而小者）千艘并载士两边，悉八十棹，棹手皆越人，去来趣袭，捷过风电（《梁书》卷四十五《王僧辩传》）。

琳将张平宅，乘一舰，每将战胜，舰则有声如野猪，故琳战舰以千数，以“野猪”为名（《南史》卷六十四《王琳传》）。

太平真君十一年十有二月，东驾至淮，诏刈萑苇作筏数万而济（《魏书》卷四下《世祖太武帝纪下》）。

南朝以马少之故，多用牛驾车。而车之制造，亦有种种名称。

犊车，軿车之流也。汉诸侯贫者乃乘之，其后转见贵。孙权云“车中八牛”，即“犊车”也。江左御出，又载储峙之物。汉代贱轺车而贵辎軿，魏、晋贱辎軿而贵轺车。又有“追锋车”，去小车盖，加通幔，如轺车而驾马。又以云母饰犊车，谓之“云母车”，臣下不得乘，时以赐王公。晋氏又有“四望车”（四面皆通），今制亦存。又汉制，唯贾人不得乘马车，其余皆乘之矣。除吏赤盖杠，余则青盖杠云（《宋书》卷十八《礼志五》）。

羊车，一名辇，其上如轺，小儿衣青布袴褶，五瓣髻，数人引之，时名羊车小史。汉氏或以人牵，或驾果下马。梁贵贱通得乘之，名曰“牵子”（《隋书》卷十《礼仪志五》）。

其有因求自便，而另造车舆者。

万尝衣白纶巾，乘“平肩舆”（《晋书》卷七十九《谢万传》）。

性好畋游，以体大不堪乘马，又作“徘徊舆”，施转关，令回动无滞（《晋书》卷九十九《桓玄传》）。

在州不知政事，日出田猎，或乘“眠举”至于草间，辄呼民下从游，动至旬日，所捕獐鹿，多使生致（《陈书》卷三十六《新安王伯固传》）。

指南车辨别方位，其制亦更精进。

指南车……至于秦、汉，其制无闻。后汉张衡，始复创造。汉末丧乱，其器不存。魏……明帝青龙中，令博士马钧更造之而车成。晋乱覆亡，石虎使解飞、姚兴使令狐生又造焉。安帝义熙十三年，宋武帝平长安，始得此车。其制如鼓车，设木人于车上，举手指南，车虽回转，所指不移。大驾卤簿，最先启行。此车戎狄所制，机数不精，虽曰指南，多不审正，回曲步骤，犹须人功正之。范阳人祖冲之，有巧思，常谓宜更构造。宋顺帝升明末，齐王为相，命造之焉。车成，使抚军丹阳尹王僧虔、御史中丞刘休试之，其制甚精，百屈千回，未尝移变（《宋书》卷十八《礼志五》）。

（2）器物

杜预元凯，作“连机水碓”（傅畅《晋诸公赞》引《白帖·舂》）。

尚书杜预欲为“平底釜”，谓于薪火为省（傅畅《晋诸公赞》引《御览》七五七）。

于乐游苑造“水碓磨”，世祖亲自临视（《南齐书》卷五十二《祖冲之传》）。

驰骋渴乏，辄下马解取腰边“蠡器”，酌水饮之，复上马驰去（《南齐书》卷七《东昏侯纪》）。

献……“玳瑁槟榔柈”一枚（《南齐书》卷五十八《扶南国传》）。

以绳相交，络纽木枝枨，覆以青缯，形制平圆，下容百人坐，谓之为伞，一云“百子帐”也（《南齐书》卷五十七《魏虏传》）。

所居室，唯有一“鹿床”，竹树环绕（《梁书》卷五十一《阮孝绪传》）。

鱼弘……有眠床一张，皆是“蹙柏”，四面周匝，无一有异，通用银镂金花，寿福两重为脚（《南史》卷五十五《夏侯鱼弘传》）。

安西长史袁彖，钦其风，通书致遗，易以“连理机”、竹翘书格报之（《南齐书》卷五十四《庾易传》）。

齐世青溪宫，改为芳林苑。天监初，赐伟为第，又加穿筑，果木珍奇，穷极雕靡，有侔造化。立游客省。寒暑得宜，冬有“笼炉”，夏设“饮扇”，每与宾客游其中（《南史》卷五十二《梁南平元襄王伟传》）。

梁雍州刺史岳阳王萧詧，钦其节俭，乃以“竹屏风”、絺绤之属及以经史赠之（《周书》卷二十《贺兰祥传》）。

元康中，天下始相效为“乌杖”以柱掖，其后稍施其镦，住则植之（《晋书》卷二十七《五行志上》）。

世祖御物“甘草杖”，宫人寸断用之（《南齐书》卷四《郁林王纪》）。

六朝人清谈，必用麈尾，遂为士流必携之具。

妙善玄言，唯谈老、庄为事，每捉“玉柄麈尾”，与手同色（《晋书》卷四十三《王衍传》）。

盛尝诣浩，谈论对食，奋掷“麈尾”，毛悉落饭中（《晋书》卷八十二《孙盛传》）。

僧虔宋世，尝有书诫子曰……便盛于“麈尾”，自呼谈士，此最险事（《南齐书》卷三十三《王僧虔传》）。

举造坐，屡折广（卢广），辞理通迈，广深叹服，仍以所执“麈尾”荐之，以况重席焉（《梁书》卷三十七《谢举传》）。

孝秀性通率，不好浮华。常冠谷皮巾，蹑蒲履，手执“并榈皮麈尾”，服寒食散，盛冬能卧于石。博涉群书，专精释典（《梁书》卷五十一《张孝秀传》）。

晋陆机《羽扇赋》曰……诸侯掩麈尾而笑。……武王玄览，造扇于前。而五明安众，世繁于后，各有托于方圆，盖受则于篦甫。……晋王导《麈尾铭》曰："……勿谓质卑，御于君子。拂秽清暑，虚心以俟。"……陈徐陵《麈尾铭》曰："爰有妙物，穷兹巧制。员上天形，平下地势。靡靡丝垂，绵绵缕细。入贡宜吴，出先陪楚。壁悬石拜，帐中玉举。既落天花，亦通神语。用动舍默，出处随时。扬斯雅论，释此繁疑。拂静尘暑，引饰妙词。谁云质贱，左右宜之。"（欧阳询《艺文类聚》卷六十九）

后主尝幸钟山开善寺……敕召讥竖义。……后主敕取松枝，手以属讥曰“可代麈尾”（《陈书》卷三十三《张讥传》）。

（3）文具

蜜香纸，以蜜香树皮作之。……极香而坚韧，水渍之不溃烂。（晋）太康五年，大秦国献三万幅，帝以万幅赐……杜预，令写所撰《春秋释例》及《经传集解》以进（嵇含《南方草木状》卷上）。

张华……造《博物志》四百卷，奏于武帝。帝诏……更芟截浮疑，分为十卷。即于御前赐“青铁砚”。此铁是于阗国所出，献而铸为砚也。赐“麟角笔”，以麟角为笔管，此辽西国所献。“侧理纸”万番，此南越所献。后人言陟里与侧理相乱，南人以海苔为纸，其理纵横邪侧，因以为名（王嘉《拾遗记》卷九）。

《东宫旧事》曰：皇太子初拜，给赤纸、缥红纸、麻纸、敕纸、法纸各一百（欧阳询《艺文类聚》卷五十八）。

范宁教曰：土纸不可以作文书，皆令用藤角纸。……晋虞预《请秘府纸表》曰：秘府中有布纸三万余枚（徐坚《初学记》卷二十一）。

晋王隐《笔铭》曰："岂其作笔，必兔之毫。调利难秃，亦有鹿毛。"（欧阳询《艺文类聚》卷五十八）

聪假怀帝仪同三司，封会稽郡公。……聪引帝入燕，请帝曰："……卿赠朕柘弓、银研，卿颇忆否。"（《晋书》卷一〇二《载记》第二《刘聪》）

韦仲将《墨方》曰："合墨法，以真朱一两，麝香半两，皆捣细后，都合下铁臼中，捣三万杵，杵多愈益，不得过二月、九月。"（徐坚《初学记》卷二十一）

曹植《乐府诗》曰："墨出青松烟。"（徐坚《初学记》卷二十一）

上古无墨，竹挺点漆而书，中古以石磨汁，或云是延安石液。魏、晋时始有"墨丸"，乃漆烟松媒为之。晋人用"凹心砚"者，欲磨墨贮沈耳。自后有螺子墨，亦墨丸遗制（赵希鹄《洞天清录》）。

古用"松烟""石墨"二种，石墨自晋、魏以后无闻，松烟之制尚矣。汉贵扶风隃麋、终南山之松……晋贵九江庐山之松（《晁氏墨经》）。

永……又有巧思，益为太祖所知。纸及墨皆自营造，上每得永表启，辄执玩咨嗟，自叹供御者了不及也（《宋书》卷五十三《张永传》）。

（4）纺织

出……吉贝、沉木香。吉贝者，树名也，其华成时如鹅毳，抽其绪纺之以作布，洁白与纻布不殊，亦染成五色，织为"斑布"也（《梁书》卷五十四《林邑国传》）。

多草木，草实如茧，茧中丝如细纩，名为"白叠子"，国人多取织以为布。布甚软白，交市用焉（《梁书》卷五十四《高昌国传》）。

普通元年，又遣使献黄师子、白貂裘、“波斯锦”等物（《梁书》卷五十四《滑国传》）。

尝有私门生……送“南布”一端、“花练”一匹，察谓之曰：“吾所衣著，止是麻布蒲练，此物于吾无用。”（《陈书》卷二十七《姚察传》）

广州尝献“入筒细布“，一端八丈，帝恶其精丽劳人，即付有司弹太守，以布还之，并制岭南禁作此布（《南史》卷一《宋武帝纪》）。

荥阳郑云，谄事长秋卿刘腾，货腾“紫缬”四百匹，得为安州刺史（《魏书》卷三十二《封回传》）。

献……“仙人文绫”一百匹（《魏书》卷六十一《毕众敬传》）。

曾贡世宗蒲桃酒一盘，世宗报以“百练缣”（《北齐书》卷二十二《李元忠传》）。

诸人尝就珽宿出“山东大文绫”并“连珠孔雀罗”等百余匹，令诸妪掷摴蒱赌之，以为戏乐（《北齐书》卷三十九《祖珽传》）。

（5）琉璃

六朝崇信佛法，大修庙宇，务求宏壮，建筑事业因以进步。琉璃之制法，遂由西方传入中土。

世祖时，其国人商贩京师，自云能铸石为“五色琉璃”。于是采矿山中，于京师铸之。既成，光泽乃美于西方来者。乃诏为行殿，容百余人，光色映彻，观者见之，莫不惊骇，以为神明所作。自此国中琉璃遂贱，人不复珍之（《魏书》卷一〇二《大月氏国传》）。

（六）域外交通

（1）西域

汉通西域，后为羌所阻。苻坚遣吕光征西域。魏太武时，葱岭以西再通中国，西域高僧相继而至，遂开隋唐之盛。

汉氏初开西域，有三十六国。其后分立五十五王。……后汉班超所通者，五十余国。……魏、晋之后，互相吞灭，不可复详记焉。太祖（道武帝）初，经营中原，未暇及于四表。既而西戎之贡不至，有司奏依汉氏故事，请通西域，可以振威德于荒外，又可致奇货于天府。……不从。……太延（太武帝）中，魏德益以远闻，西域龟兹、疏勒、乌孙、悦般、渴盘陁、鄯善、焉耆、车师、粟特诸国王始遣使来献。世祖（太武帝）……于是始遣行人王恩生、许纲等西使。恩生出流沙，为蠕蠕所执，竟不果达。又遣散骑侍郎董琬、高明等多赍锦帛，出鄯善，招抚九国，厚赐之。初，琬等受诏，便道之国可往赴之。琬过九国，北行至乌孙……琬于是自向破落那。……已而琬、明东还，乌孙、破落那之属遣使与琬俱来贡献者，十有六国。自后相继而来，不间于岁，国使亦数十辈矣。初，世祖每遣使西域，常诏河西王沮渠牧犍令护送，至姑臧。……牧犍事主稍以慢惰，使还，具以状闻，世祖遂议讨牧犍。凉州既平，鄯善国以为唇亡齿寒……乃断塞行路，西域贡献，历年不入。后平鄯善，行人复通。始琬等使还京师，具言凡所经见及传闻傍国，云西域自汉武时五十余国，后稍相并。至太延中，为十六国，分其地为四域。自葱岭以东流沙以西为一域，葱岭以西海曲以东为一域（即今伊朗高原），者舌以南（今苏联哈萨克共和国）月氏以北为一域，两海之间水泽以南为一域（今苏联乌兹别克共和国），内诸小渠长盖以百数。其出西域本有二道，后更为四：出自玉门，渡流沙，西行二千里至鄯善为一道。自玉门渡流沙，北行一千二百里至车师为一道。从莎车西行百里至葱岭，葱岭西一千三百里至伽倍为一道。自莎车西南五百里葱岭，西南一千三百里至波路为一道焉（《魏书》卷一〇二《西域传序》）。

魏当全盛时，四裔往还极盛。洛阳实为之绾毂。

永桥以南，圜丘以北，伊洛之间，夹御道有四夷馆。道东有四馆，一名“金陵”，二名“燕然”，三名“扶桑”，四名“崦嵫”。道西有四馆，一曰“归正”，二曰“归德”，三曰“慕化”，四曰“慕义”。吴人投国者，处金陵馆，三年已后，赐宅归正里。……北夷来附者，处燕然馆，三年已后，赐宅归德里。……北夷酋长，遣子入侍者，常秋来春去，避中国之热，时人谓之雁臣。东夷来附者，处扶桑馆，赐宅慕化里。西夷来附者，处崦嵫馆，赐宅慕义里。自葱岭已西，至于大秦，百国千城，莫不款附。商胡贩客，日奔塞下，所谓尽天地之区矣。乐中国土风，因而宅者，不可胜数。是以附化之民，万有余家，门巷修整，阊阖填列，青槐荫柏，绿柳垂庭。天下难得之货，咸悉在焉。别立市于洛水南，号曰四通市（杨衒之《洛阳伽蓝记》卷三）。

东汉而后，葱岭以东诸国，各成吞并之局，率为柔然、突厥所役属。其在葱岭以西，则有月氏与哌哒，相继称雄长。东方突厥族，侵入中央亚细亚，实始于是时。

大月氏国，都剩监氏城，在弗敌沙西，去代一万四千五百里。北与蠕蠕接，数为所侵。遂西徙都薄罗城，去弗敌沙二千一百里。其王寄多罗勇武，遂兴师越大山，南侵北天竺。自乾陁罗以北五国，尽役属之（《北史》卷九十七《大月氏国传》）。

梁简文帝大宝二年（西元五五一年），月氏为哌哒所破，其支庶仍分王于西域，即后来所谓昭武九姓是也。

康国者，康居之后也。……其王本姓温，月氏人也。旧居祁连山北昭武城，因被匈奴所破，西逾葱岭，遂有国。枝庶各分王，故康国左右诸国并以昭武为姓，示不忘本也（《北史》卷九十七《康国传》）。

康国……君姓温，本月氏人。始居祁连山北昭武城，为突厥所破，稍南依葱岭，即有其地。支庶分王，曰安，曰曹，曰石，曰米，曰何，曰火寻，曰戊地，曰史，世谓九姓，皆氏昭武（《唐书》卷二二一下《康国传》）。

哌哒攻灭月氏，国势骤盛，虎踞一方，后为突厥所破，部落始分散。

哌哒国（西史称为白匈奴），大月氏之种类也，亦曰高车之别种，其原出于塞北。自金山而南，在于阗之西，都乌许水南二百余里，去长安一万一百里。其王都拔底延城，盖王舍城也。其城方十里余，多寺塔，皆饰以金。风俗与突厥略同。其俗兄弟共一妻，夫无兄弟者其妻戴一角帽，若有兄弟者依其多少之数，更加角焉。衣服类加以缨络。头皆翦发。其语与蠕蠕、高车及诸胡不同。众可十万。无城邑，依随水草，以毡为屋，夏迁凉土，冬逐暖处。……王位不必传子，子弟堪任，死便授之。其国无车有舆，多驼马。用刑严急，偷盗无多少皆腰斩，盗一责十。死者，富者累石为藏，贫者掘地而埋，随身诸物，皆置冢内。其人凶悍，能斗战。西域康居、于阗、沙勒、安息及诸小国三十许皆役属之，号为大国。与蠕蠕婚姻。自太安（魏文成帝年号。太安元年，即西元四五五年）以后，每遣使朝贡。……永熙（孝武年号。永熙元年，即西元五三二年）以后，朝献遂绝。初，熙平（孝明帝年号。熙平元年，即西元五一六年）中，肃宗（孝明帝）遣王伏子统宋云、沙门法力等使西域，访求佛经。时有沙门慧生者亦与俱行，正光（孝明帝年号。正光元年，即西元五二〇年）中还。慧生所经诸国，不能知其本末及山川里数，盖举其略云（《魏书》卷一〇二《哌哒国传》）。

敦煌人宋云……与惠生向西域取经。……十月初旬，入哌哒国。土田庶衍，山泽弥望，居无城郭，游军而治。以毡为衣，随逐水草。夏则随凉，冬则就温。乡土不识文字，礼教俱阙。阴阳运转，莫知其度。年无盈闰，月无大小，用十二月一岁。受诸国贡献，南至牒罗，北尽敕勒，东被于阗，西及波斯，四十余国，皆来朝贡。……四夷之中，最为强大。不信佛法，多事外神。……按：哌哒国去京二万余里（杨衒之《洛阳伽蓝记》卷五）。

哌哒国……大统十二年，遣使献其方物。魏废帝二年、明帝二年，并遣使来献。后为突厥所破（周武帝天和五年，陈宣帝太建二年，即西元五七〇年），部落分散，职贡遂绝（《周书》卷五十《哌哒国传》）。

（2）海外

海上交通，两汉已萌其端，然东通倭，南通日南而已。东晋建国，海上商舶日盛，东西交通始有异常进步。

海南诸国，大抵在交州南，及西南大海洲上，相去或四五千里，远者二三万里，其西与西域诸国接。汉元鼎中，遣伏波将军路博德开百越，置日南郡。其徼外诸国，自武帝以来皆朝贡。后汉桓帝世，大秦、天竺皆由此道遣使贡献。及吴孙权时，遣宣化从事朱应、中郎康泰通焉。其所经过及传闻则有百数十国，因立记传。晋代通中国者盖鲜，故不载史官。及宋、齐至梁，其奉正朔、修贡职，航海往往至矣（《南史》卷七十八《夷貊传序》）。

交通既繁，佛教徒因之往来愈众，故此时对于印度之纪述，亦较详确矣。

天竺国，即汉之身毒国，或云婆罗门地也（《西域记》卷二，印度四姓：一曰婆罗门，净行也，守道居贫，洁白其操。二曰刹帝利，王种也，弈世君临，仁恕为志。三曰吠奢，商贾也，贸迁有无，逐利远近。四曰戍陁罗，农人也，肆力畴垄，勤身稼穑）。在葱岭西北（印度在葱岭东南，而此言西北。误也），周三万余里。其中分为五天竺，其一曰中天竺，二曰东天竺，三曰南天竺，四曰西天竺，五曰北天竺，地各数千里，城邑数百。南天竺际大海，北天竺拒雪山。……东天竺东际大海，与扶南（暹罗湾）、林邑（越南中部）邻接，西天竺与罽宾、波斯相接。中天竺据四天竺之会。……中天竺王姓乞利咥氏，或云刹利氏……厥土卑湿暑热，稻岁四熟，有金刚，似紫石英，百炼不销，可以切玉。又有旃檀、郁金诸香。通于大秦，故其宝物或至扶南、交阯贸易焉。百姓殷乐，俗无簿籍，耕王地者输地利，以齿贝为货。人皆深目长鼻，致敬极者，舐足摩踵。家有奇乐倡伎。其王与大臣多服锦罽。上为螺髻于顶，余发翦之使拳。俗皆徒跣。衣重白色。唯梵志种姓披白叠以为异。死者或焚尸取灰，以为浮图；或委之中野，以施禽兽；或流之于河，以饲鱼鳖。无丧纪之文。……有文字，善天文算历之术。其人皆学《悉昙章》，云是梵天法。书于贝多树叶以纪事。不杀生饮酒。国中往往有旧佛迹。……五天竺所属之国数十，风俗物产略同（《旧唐书》卷一九八《天竺国传》）。

是时交通达于扶桑，为今何地，尚不可悉。或谓为桦太，或谓即墨西哥，举出土中国古钱、偶像及十二相属为证，殊嫌强合。然远航二万余里，则无可疑。海东诸国，往来必盛，则可断言也。

扶桑国者，齐（东昏侯）永元元年（西元四九九年），其国有沙门慧深来至荆州，说云，扶桑在大汉国东二万余里（文身国，在倭东北七千余里。大汉国，在文身国东五千余里），地在中国之东。……名国王为乙祁。贵人第一者为对卢（高句丽），第二看为小对卢，第三者为纳咄沙。……其衣色随年改易，甲乙年青，丙丁年赤，戊己年黄，庚辛年白，壬癸年黑。……其昏姻法，则婿往女家门外作屋（与新罗俗同），晨夕洒扫。经年而女不悦，即驱之，相悦乃成昏。昏礼，大抵与中国同。亲丧，七日不食。祖父母丧，五日不食。兄弟、伯叔、姑、姊妹，三日不食。设坐为神像，朝夕拜奠，不制衰绖。嗣王立三年不亲国事（《南史》卷七十九《扶桑国传》）。

是时有所谓昆仑奴者。昆仑二字之义，见于《晋书》，意谓黑色之人。奴者或掠卖而至也。依寻书史所载甚多，其人必不甚少。

时后为宫人，在织坊中，形长而色黑，宫人皆谓之昆仑（《晋书》卷三十二《孝武文李太后传》）。

宋孝武……又宠一昆仑奴子，名曰主，常在左右，令以杖击群臣，自柳元景以下，皆罹其毒（《宋书》卷七十六《王玄谟传》）。

又有昆仑舶，足征是时海上贸易，多操自昆仑人。

张景真于南涧寺舍身斋，有元徽紫皮袴褶，余物称是。于乐游设会，伎人皆著御衣。又度丝锦，与"昆仑舶"营货，辄使传令防送过南州津（《南齐书》卷三十一《荀伯玉传》）。

又以托附陈使封孝琰，牒令其门客与行，遇"昆仑舶"至，得奇货猓然褥表、美玉盈尺等数十件，罪当流，以赎论（《北齐书》卷三十七《魏收传》）。

中华二千年史

卷三　隋唐五代

邓之诚　著

任梦一　陈虎　点校

中華書局